EX BIBLIOTHECA
FF. PRÆDICATORUM
Sti JACOBI,

9134

GVILLELMI PERALDI,

ORDINIS PRAEDICAT.

SS. THEOLOG. PROFESS. AC EPISCOPI LVGDVNENSIS.

SVMMÆ VIRTVTVM AC VITIORVM, TOMVS PRIMVS.

Hâc postremâ editione,

IN GRATIAM CONCIONATORVM, CONFESSARIORVM, ET RELIGIOSÆ VITÆ CVLTORVM.

Iuxta nouas Concordantias Romanæ Correctionis, à mendis, & erroribus purgata, & SS. Scripturæ locis correspondentibus (aliàs omißis) notísque marginalibus illustratæ.

Studio & operâ R. P. F. RODOLPHI CLVTII, eiusdem Ordinis Alumni.

CVM INDICIBVS LOCVPLETISSIMIS.

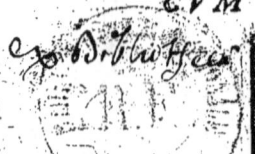

PARISIIS,

Apud LVDOVICVM BOVLLENGER, viâ Iacobæâ, sub signo sancti Ludouici, è regione D. Yuonis.

M. DC. XLVIII.

CVM LICENTIA SVPERIORVM.

REVERENDO, RELIGIOSO,
DOCTRINAQVE PRÆSTANTI VIRO. P. FR.

COSMÆ MORELLES,

SS. THEOLOG. DOCTORI,

APOSTOLICÆ SEDIS INQVISITORI,
ſtudi Conuentus Colonienſis Regenti
vigilantiſſimo, Patri ſuo in Chriſto
plurimum colendo.

VM elapſis proxime diebus, REVERENDE
ET EXIMIE PATER, ad manus hic liber mi-
hi peruenisset, ſub titulo SVMMA VIRTVTVM
ET VITIORVM R.mi Dni. GVILLELMI PERALDI,
Epiſcopi quondam Lugdunenſis, eùmque recu-
ratius intuitus fuiſſem, ob grauitatem & pondus
ſententiarum, quæ velut in gnomologia hic perpetuo occurrunt: quibus & ad virtutes ſectandas
excitat, & à peccatorum cœno deterret, mirificè me delectauit; ac
profecto ab eximiam, claram, catholicam, profundamque doctrinam, quę ANGELICI DOCT. NOSTRI D. THOMAE ſapientiam re-
dolebat, non prius, quam iucundo hoc paſtu ſatiatur eſſem, è manibus deponendum iudicaui. Aſt, maximam cum partem lectitando
percurriſſem, reperi, imprimentium iniuria, prælique vitio, adeo
grauibus mendis & erroribus, quibus minus cautus ac prudens lector in manifeſte falſas opiniones facillimè induceretur: præter
innumerabilia etiam ortographica monſtra vndecumque reſper-
ſum atque repletum, vt penè neceſſarium foret, aut eam ita im-
preſſum nullibi vendere, aut denuo diu, noctuque laborare, vt cor-
rectior prodeat. Conſpiciens itaque intra memetipſum ex vna
parte naturale & intrinſecum huiuſmodi operis emolumentum,
vtilitamque cum ſpiritus, tum intellectus, quæ veluti ab exube-
ranti fonte piis ab eo Lectoribus, ſi bene correctum iterum prælo

A ij

PRÆFATIO.

imprimendum traderetur, & ad communem omnium Catholicorum vtilitatem & commodum in lucem prodiret, facile prouenire posset, omni apposita diligentia, totis & animi, & corporis viribus ad hoc à mendis expurgandum me contuli & penitùs adiudicaui: adeò, vt nunc (Deo auspice) ab omnibus, absque vllo discrimine quoquam cæspitandi, aut in aliquem labendi errorem legi possit. Is igitur, qua fieri potuit diligentia tersus, & suo nitori tandem restitutus gestat rursus in lucem exire, nec est quod diu deliberem, cui potissimum studium & laborem inscribam atq; offeram. Nam circumspicienti mihi TVA ex omnibus REVER. & EXIMIA PATERNITAS primo mihi occurrit, quæ ea nominis sui auctoritate, virtutumque splendore posset, ac vellet ab inuidorũ calumniis vindicare. Quid enim de præclaris animi tui virtutibus, quæ, tum propter multitudinem, tum propter magnitudinem & raritatem earum, omnibus te charum & admirabilem reddunt, dicam? Quid primum aut postremum? Mirentur alij singularem in verbis facundiam, alij in cathedra fluentem quasi ex immenso Oceano profundam doctrinam Scholasticam: alij in nodosis & intricatis argumentorum solutionibus facilitatem & claritatem, alij demùm in conuersatione comitatem; alij alias. Ego verò potissimum admirabor & prædicabo, vbique decantabo summum tuum in Religione Romana Catholica defendenda zelum & constantiam, quam non modò priuatim, sed etiam plublicis operibus reducendo ad gremium S. matris Ecclesiæ hæreticos, declarasti. Testatur idipsum triumphalis & victoriosa disputatio inter Orthodoxos sectarios Francofurti habita, qua illorum furorem, & impietatem falsæ doctrinæ euertisti. Testatur & alia Parisiis, toto Regis Francorum Parlamento præsente, fœliciter in exaltationem Romanæ Ecclesiæ expedita, quæ toti retro posteritati de insigni tua obtenta victoria, doctrina, religione, testimonium fecit. Nec ideò mirandum, quod Sanctissimum Christi in terra Vicarius, huius nominis Diuina Prouidentia PAVLVS V. melioris iudicij de te Generalem Prouinciæ Rhenanæ prauitatis hæreticæ Inquisitorem fecerit, maioribusque te honoribus cumulare cogitet. Sed pedem refero, & alia tua, non modò in vniuersum Ordinem nostrum beneficia, sed etiam priuatim in me (quem non modò in studiis Philosophicis, sed etiam Theologicis instituisti & promouisti) collata prætereo: tum ne panegyricum alicui scribere, & supra veritatem res ipsas exaggerare videar; tum ne P. T. in nimiis laudibus (quas illa sacris litteris edo-

PRÆFATIO.

&a summoperè fastidit) congerendis, quod necessariò, si omnia velim attingere, futurum esset, molestus sim.

Accipe igitur, R. & Eximie P. munus hoc litterarium, in præmium pietatis tuæ erga Deum, zeli & studii in Catholicam Religionem, & beneuolentiæ erga me testimonium, gratitudinis & officii symbolū de iure à me debitum. Neque id vitio mihi vertendum erit, quod nō tam proprium foetum, quàm probati huius Auctoris vtilitatem librū ab iniuria temporum & mendarum nebulis, nonnulla etiam luce addita, Rdæ. & Exim. Pti. T. liberatū obtulerim, cū multorū scripturiendi prurigo nunc doctis & grauibus viris non immeritò displiceat, quamuis (qui non prauo aliàs hoc morbo inductus animum ad scribendum appulerit) per hoc haud absterreri debeat. Quod quidem genus officii eo gratius fore confido, quod hæc, quam offero, SVMMA, illud argumentum contineat, de quo, magno cum Monasticæ perfectionis fructu, in celeberrimo nostro Conuentu Coloniensi Theologicas habuit disputationes; vt interim taceam alia id genus domestica exercitia & conferentias perutiles, in quibus partim scripturæ sacræ mysteria, partim etiam scholasticorum dogmata laudabiliter explicauit. Recipe inquam, quâ soles, R. & exim. P. benigna manu debitum, quod cliens tuus pro sui officii ratione promptus exsoluit, & viue Ecclesiæ Christi, & Ordini sacro Prædicatorio per multos annos incolumis.

Reu. & Eximiæ P. V.

Obseruantiss.

F. ROD. CLVTIVS,
Ord. Prædicatorum.

REVERENDISSIMI AC EXIMII SACRÆ
THEOLOGIÆ PROFESSORIS
GVILLELMI PERALDI,
EPISCOPI LVGDVNENSIS, EX SACRO
ORDINE PRÆDICATORVM, IN TOTVM
primum, qui SVMMA VIRTVTVM
appellatur.

PROLOGVS.

VM circa vtilia etiã docere debeamus, exẽplo Salomonis dicẽtis: Cogitaui in corde meo abstrahere à vino carnem meã, vt animam meam transferrem ad Sapientiam, deuitarémq; stultitiam, donec viderem quid esset vtile filiis hominum. *Eccl.* 2. *Vtilia etiã docere debeamus exemplo Domini dicentis Esa.* 48. *Ego Dominᵘˢ Deus tuus, docẽs te vtilia.* Virtutibus vero nihil sit vtilius in hac vita hominibus, *Sap.* 8. *circa virtutes specialiter versari debet studium & doctrina, præcipue cum sine studio & doctrina virtus vix vel nunquã haberi possit.* Sen. Virtus sine studio sui esse non potest. Bernard Primũ opus virtutis est doceri: Virtus cum humilitate vult doceri, cum labore quæri, cum amore haberi potest. Item Senec. Cito nequitia surripit: difficile virtus inuenta est, ducem rectoremque desiderat: sine magistro vitia discuntur. Idem: Erubescimus discere bonam mentẽ: & turpe est huius rei quærere magistrum: desperandum est posse casu tantum bonum nobis influere: præcipua pars Philosophiæ est (quæ circa virtutes versatur) studiosis minimè negligenda. Vnde Senec. dicit, Philosophiam studium esse virtutis. Ideo ego minimus de ordine fratrum Prædicatorum desideraui colligere aliqua, quæ diffuse in scripturis inueniuntur de Virtutibus. Quod cum dissuaderet mihi ingenÿ paruitas & materiæ difficultas, (Materiæs enim grandes ingenia parua non sustinẽt, vt ait Hieron.) præualuit superioris auctoritas, qui hoc onus mihi iniunxit: cui non ausus fui contradicere, sciens quod omnis potestas à Deo est: & qui potestati resistit: Dei ordinationi resistit. *Rom.* 13. Et in memoria habens illud verbum Saluatores, *Luc.* 10. Qui vos audit, me audit: verbũ à ministro eius dictum habui, ac si de cœlo sonuisset. Fiduciam ergo habens in Deo quod vellet mihi ministrare, quod per ministrum suum à me dignabatur exigere: cum tamen sciret me nisi ab ipso hæc habere non posse. Incassum enim laborat in doctrina virtutum, qui aliunde eam sperandam putat, quam à Domino virtutum, ad gloriam Domini nostri Iesu Christi, qui est Virtus & Sapientia Dei Patris, ausus sum aggredi Tractatum Virtutum, ad utilitatē humilium. Superbi enim dimittendi sunt sibi: quia separatum est conuiuium eorum, Osee. 4. Dedignantur enim sedere ad communem mensam cum alijs, scripta communia contemnentes. Vnde eo ipso quod aliqua scriptura humilibus publicatur, superbis absconditur. Facies enim eorum nimis inflata non sinit eos videre quæ ab alijs videntur. Matth. 11. Abscondisti hæc à sapientibus & prudentibus, &c. Superbi erubescunt aliquid discere, ex quo semel dictum est: cum tamen dicat Senec. quod nunquam nimis dicitur quod satis non dicitur, quibusdam remedia demonstranda, quibusdam inculcanda sunt. Gregor. Oportet sæpe reminisci quod modus cogit obliuisci. Superbi nolunt aliquid dicere postquam bene illud sciunt: cum tamen Socrates inquirenti cuidam quomodo posset optime dicere, dixit: Si nihil dixeris, nisi quod bene scieris. August. in lib. de utilitate credendi: Miseri homines quibus cognita vilescunt, & nouitatibus gaudent: libentius discunt, quã norunt, cum cognitio sit finis discendi: malunt vesci, quam saturari, cum finis voluptatis sit nec esurire nec sitire. Nec de solis Scripturis sacris testimonia volui assumere in opere isto: sed etiam de scripturis Philoso. Iuxta verbum Senec. In aliena castra transiens, non tanquam transfuga, sed tanquam explorator. Nec hoc reprehēsibiliter: Sicut enim dicit Augustin. in lib. de Doctr. Christiana: Si Philosophi aliqua forte vera & fidei nostræ accommoda dixerunt, non solum formidanda non sunt, sed etiam ab eis tanquam ab iniustis possessoribus in usum nostrum vindicanda. Et Exod. 12. Aegyptij ab Hebræis præcepto Domini spoliantur. In principio vero operis, de Virtute in communi aliqua tangere volui. Secundo prosequimur de tribus virtutibus Theologicis. Tertio de quatuor Cardinalibus. Quarto de donis. Quinto de beatitudinibus.

IOANNES TRITEMIVS ABBAS SPAN-
HEIMENSIS, LIBRO DE SCRIPTORIBVS
Ecclesiasticis suo, 6. Calend. Maij, Anno Domini 1492.

VILLELMVS PERAL- | tate plura instructa volumina, quibus no-
dus, natione Gallus, Ord. S. | men suum non solum tunc præsentibus,
Dominici, Lugdunensiū Epis- | sed etiam futuris notum facit. E quibus
copus: Vir in scrip. S. studio- | extant.
sus & eruditus, atque in secularibus lit- | Summa Virtutum & Vitiorū Lib. II.
teris, maxime in Philosophia Aristoteli- | De Eruditione Religiosorum Lib. I.
ca, satis egregiè doctus: ingenio promp- | Sermones de Tempore Lib. I.
tus: eloquio scholasticus: in declaman- | Sermones de Sanctis Lib. I.
dis ad populum sermonibus excellentis | Et alia complura, quæ ad notitiam meam
industria fuit. Edidit in vtraque facul- | adhuc minimè peruenerunt.

Hic Liber nil continet quod sapiat hæresim, sed dilucidè Virtutes & Vitia
vtiliter omnibus palam facit.

Franciscus Doncker Scholasticus
& Sigillifer.

Ode Tricolos Tetrastrophos,
DE SVMMA VIRTVTVM DOMINI
D. GVILLELMI PERALDI, &c.

Ad Lectorem benevolum.

Quisquis sacrati propositi tenax,
Largúsque Diuûm cultor & im-
piger,
   Excelsa virtutum volatu,
   Astra paras superare cæli:
Quisquis Tonantis sic tibi creditas
Oues sacratis pascere ferculis,
   Diæque virtutis suaui
   Ambrosiâ recreare curas:
Huc, huc potenti remigio tuæ
Mentis sagacis non reses aduola,

Extraque nocturnâ PERAL-
DVM,
   Atque etiam replica diurnâ.
   Hic anteibit perpetuus viæ
Dux, hic profanum vulgus & impium
E criminum raptum barathro,
   Reddere cælicolis docebit;
   Quin & sequaces propositi boni,
Tandem sacratam sic benè semitam
Virtutis emensos, Deorum
   Sedibus emeritos locabit.

Ad

Ad R. P. Fr. RODOLPHVM CLVTIVM,
Ord. Prædicatorum, veteri splendori restituentem
SVMMAM VIRTVTVM, &c.

Qvod nunc, repulsa nocte menda- *rum procul,* *Suo relucet lumine,* PERALDVS ISTE, *scrimus acce-* *ptum tuo,*	CLVTI, *labori sedulo,* *Sic, eia, veteres, perge, restaura libros,* *Mundus perennem gloriam,* *Deus rependet lucidi sedes poli,* *Dignum labore præmium.*

Cecinit Ioann. Marcus Aldringen.
Artium Magister & Professor
Montanus.

TITVLI VTRIVSQVE TOMI VIRTVTVM
& VITIORVM ordine Alphabetico dispositi.

De **A** cedia.
De Adulatoribus.
Ambitione.
De Amicitia.
De Auaritia.
De Bilinguis.
De Blasphemia.
De Charitate.
De Choreis.
De Clementia.
De Compassione.
De Contemplatione.
De Continentia.
De Cordis munditia.
De Derisoribus.
De Desperatione.
De Detractoribus.
De Dilectione.
De Discordia.
De Dotibus.
De Ebrietate.
De Feruore indiscreto.
De Fide.
De Fortitudine.
De Gula.

De Humilitate.
De Hypocrisi.
De Incendiariis.
De Indeuotione.
De Inuidia.
De Ira & odio.
De Iudicijs falsis.
De Iustitia.
De Linguæ peccato.
De Lusoribus.
De Luxuria.
De Maledicis.
De Martyrio spirituali.
De Mendacio.
De Misericordia & compassione.
De Monachorum silentio & vitio proprietat.
De Multiloquio.
De Munditia cordis.
De Murmure claustralium.
De Obedientia.
De Pace.
De Patientia.
De Paupertate.

De Periurio.
De Perseuerantia.
De Prælatis.
De Proximi dilectione.
De Prouidentia.
De Proprietate.
De Prudentia.
De Raptoribus.
De Silentio.
De Simonia.
De Singularitate.
De Spe.
De Superbia.
De Suspicione.
De Temperantia.
De Timore.
De Tribulatione.
De Verbi Dei efficacia.
De Victoria.
De Vita Contemp.
De vita æterna.
De Virtutibus.
De Vitiis.
De Vsurariis.

Alia quærito in Indice rerum.

SVMMÆ VIRTVTVM GENERALIS
distinctio materiarum.

Tomus primus, qui appellatur SVMMA VIRTVTVM, *diuiditur in quinque Tractatus, quorum Tituli generales hi sunt.*

I. De Virtute in communi.	Pag. 1
II. De Virtutibus tribus Theologicis.	19
III. De Quatuor Virtutib. Cardinalib.	187
IV. De Donis.	398
V. De Beatitudinibus.	448

Sequitur particularis eorundem titulorum subdiuisio.

PRIMA PARS PRINCIPALIS, AGIT DE VIRTVTE IN COMMVNI, habétque Capita tredecim.

Caput 1. *Quod expediat Virtutem commendari.* Pag. 1
2. *de Virtutis cognitione, seu notificatione.* 2
3. *Virtutis descriptio definitióque.* 4
4. *Virtutis triplex commendatio.* 6
5. *Virtutem res omnes excellere.* 7
6. *Virtutem esse solum bonum nostrum, veramque possessionem.* 8
7. *Virtutem magnæ esse dignitatis.* 9
8. *Virtutis statum proximè ad felicitatem accedere.* 10
9. *Virtutis gaudium, mundi gaudium longè vincere.* 11
10. *In Virtute quæ sint Gaudy materiæ.* 12
11. *Virtutis commendatio, futurorum bonorum respectu.* 14
12. *Virtutis commendatio ex Saluatoris nostri verbis.* 15
13. *Virtutis multiplices laudes ab effectibus.* 15

SECVNDA PARS PRINCIPALIS QVÆ AGIT DE THEOLOG. VIRTVTIB. diuiditur in quatuor Tractatus.

ij. Partis TRACTATVS I. agit de numero & ordine Theologicarum Virtutū. 18

ij. Partis TRACTATVS II. agit de Fide, habétque Capita triginta. 19

Caput 1. *de Fidei necessitate.* ibid.
2. *de Fidei descriptione.* 22
3. *Quod vna, eáque Christiana sit Fides.* 24
Argumenta, quibus Fides Christiana vnica & vera ostenditur. 26
4. *de Fidei commendatione.* 33
5. *de Fidei articulis.* 42
6. *de Errore eorum qui negant Deum esse.* 46
7. *de Errore Idololatriæ.* 51
8. *de Manichæorum Erroribus.* 59
9. *de Ciborum distinctionibus.* 75
10. *de Iis, qui ponunt Veterem legem à Principe Dæmoniorum datam.* 76
11. *de Iis qui damnant Patres Veteris Testamenti.* 79
12. *de Iis qui asserunt Animas de nouo non creari.* 80
13. *de Errore eorum, qui dicunt Animas esse Angelos apostatas.* 87
14. *de Iis qui dicunt duas Animas corpori inesse.* 88
15. *de Iis qui aiunt Animas simul esse creatas.* ibid.
16. *de Iis qui credunt Animas, vt corpora, de semine nasci.* ibid.
17. *de Negantibus Christum veram humanam naturam habuisse.* 90

Tomus primus.

28. de Condemnantibus Ioannem Baptistam. 91
19. de Negantibus pluralitatem vel æqualitatem diuinarum personarum. 93
20. de Negantibus Filij Dei Incarnationem. 99
21. de Affirmantibus Animam perire cum Corpore. 100
22. de Negantibus Resurrectionem Corporum. 106
23. de Credentibus vnumquemque saluari sua Fide. 180
24. de Negantibus Animas in Mortali peccato descendentes non puniri æternaliter. 110
25. de Affirmantibus Animas in charitate discedentes, nulla Purgatorij pœna puniri. 113
de Iis qui dicunt nullum peccatum esse veniale. ibid.
26 de Iis qui credunt cum culpa, semper & pœnam dimitti. 114
27. de Negantibus, Defunctis suffragia Ecclesiæ non prodesse. 115
28. de Eorum causis octo. 116
29. de Fidei diuersitatibus. 118
de Fide viua & mortua. ibid.
Ficta & non Ficta. 119
Magna & Modica. ibid
de Fide Explicita & Implicita. 120
30. de Quibusdam Fidem commendantibus. 120

ij. Partis TRACTATVS III. qui est de Spe, per sex Capita.

Caput 1. de Spei descriptionibus. 121
2. de Commendatione Spei. 122
3. de Considerationibus quatuor Spem adiuuantibus. 126. Species 1. est directe in Deum. ibid. Species 2. circa ea quæ pro Deo agimus vel sustinemus. 127. Species 3. circa Dei beneficia generalia vel particularia. 128. Species 4. circa Sanctorum merita. 129
Et hæc subdiuitur in 4. alias Species.
1. Circa mediatorem Dei & hominū Iesum Christum. ibid.
2. Circa mediatricem Virginem Mariam, vbi agitur de eius misericordia. 301
3. Circa Angelos. 133
4. De His quæ Spei aduersantur. 134.
De speratione nempe, & Confidentia in Creaturam. 134. de Causis Desperationis. 135
5. de Rebus Sperandis. 157
de XII. quæ valent ad futuræ gloriæ cognitionem. ibid.
de XII. fructibus ligni Vitæ. 139
de multiplici materia futuri gaudij. ibid. 140. & 141
de Differentia futuri gaudij. 142
de Duodecim cognitionibus intellectis per XII. stellas. 143
6. de Spei diuersitatibus. ibid.

ij. Partis TRACTATVS IV. agens de Charitate, habens Cap. octodecim.

Caput 1. Charitatis descriptio. 144
2. Charitatis commendatio. 146
3. de Amore Dei, & ad eum quæ incitent. 157
4. Quæ sint quæ reddant nos Deo dilectos. 161
5. Modus amandi Deum. 164
6. de Diuersis speciebus diuini amoris. 165
7. de Signis diuini amoris. 166
8. de Iis quæ incitant ad amorem Proximi. 167
9. Quæ reddant nos Proximo acceptos. 170
10. Modus amandi Proximum. 171
11. de Diuersis speciebus amorem Proximi. Et de amore parentum. 175
12. de Amore viri & vxoris. 176
13. de Amore bonorum. 178
14. de Inimicorum dilectione, & quæ eo inducant. ibid.
15. de Amicitia vera. Amicus quo modo eligendus. 180
16. de Charitatis ordine. 182
17. Quæ Charitati aduersentur. 183

B ij

Index particularium Titulorum,

18. de Diuersis Charitatis gradibus. 183.

TERTIA PARS PRINCIPALIS diuiditur in sex Tractatus.

iij. Partis Tractatvs I. est de ipsis Virtutibus Cardinalibus.

Caput 1. Quare ista 4. Virtutes Cardinales nominentur.
2. de Numero praedictarum Virtutum. 188
iij. Partis Tractatvs II. de Prudentia, habet Capita sex.
1. Prudentia diuersis significationibus 190.
2. Prudentia descriptio & definitio. 191.
3. Prudentiae officia quae. 193
  de Stultitiis, quibus prudentes in bello spiritualis succumbunt. 196
4. de Prudentiae commendatione. 197
5. de Speciebus Prudentiae & eius triplici diuisione. 201
  de Memoria & obliuione. ibid.
  de Prouidentia. 203
  Prudentiae diuisio ex Senec. 204
  de alia eius diuisione. 205.
  de XII. quae iuuant vt aliquis debitè doceat. 206
  Vt quis benè addiscat, quid requiratur. 209
6. de His quae Prudentiae aduersantur. 212.
  de XII. Stultitiis, quibus peccantes mortaliter adhaerent.
iij. Partis Tractat. III. de Temperātia, habens Cap. octodecim.

Caput 1. de ordine Cardinalium Virtutum.
2. de Diuersis Temperantiae acceptionibus. 218
3. Temperantiae descriptio. ibid.
4. Temperantiae commendatio. ibid.
5. de Partibus Temperantiae ex sententia M. Ciceronis, & primùm de Continentia. 210.
6. Clementiae descriptio: quodque ea principi verò maximè necessaria. 223
7. de Modestia. 225
8. de Temperantiae partibus. 227.
9. de Sobrietate: & eius commendatione. 228. de officiis Sobrietatis. 231
10. Temperantiae diuisio, quae attenditur circa delectationes Tactus. 231
11. de Virginali continentia. 233
  Virginitatis distinctio, descriptio, commendatio. ibid.
  Quaenam specialiter Virgines timere debent. 237
  de Aureola triplici, Praedicatorum, Virginum & Martyrum. 240
12. de Viduali continentia. 242
13. de Castitate ministrorum Ecclesiae: & octo causis quare castitas eis competat. 243
14. de Continentia coniugali: & in eos qui matrimonium damnant. 245.
15. de Matrimony commendatione. 247
16. de Modo contrahendi Matrimonium. 249
17. Carnale opus quando licitum, & quando illicitum. ibid.
  Quae requirantur in tali opere vt sit sine culpa. 251
  de Matrimony inseparabilitate. ibidem
18. de Temperantia delectationum, secundum visum, auditum, & olfactum. 253.

iij. Partis Tractatvs IV. de Fortitudine diuisus in partes decem.

Pars 1. agit de distinctione nominis Fortitudinis. 254
2. agit de Fortitudinis descriptionibus & definitionibus.
3. de commendatione Fortitudinis. 256.
4. de his quae Fortitudinem iuuant. ibidem
5. agit de Fortitudinis partibus: primò de Securitate. 258.

Tomus primus

de XII. Solatiis contra timorem mortis. 259
de timore inordinato. 261
de Securitate laudabili & vitiosa.
[Pars 6. agit de Patientia, capita habens sex.]
Caput 1. Patientiæ descriptio ac distinctio. 263
2. Patientiæ commendatio. 264
3. Patientiam adiuuantia, ac de tribulatione. 268
de Tribulationibus, eorumque vtilitatibus. 271
4. Patientiæ diuisio. 279
5. de Tentationibus Dæmonum. 280
de Vtilitate tentationum. 281
de Modo impugnandi quem habet Tentator. 282
Mundus repugnandi Diabolo. 286
6. de Aliis diuisionibus Patientiæ. 289
[Pars 7. quæ agit de Constantia. 292
8. de perseuerantia. 294
9. de Magnanimitate. 296
10. de Fiducia & Magnificentia. 297
de Officiis Magnificentiæ. ibid.

iij. Partis TRACTATVS V. de Iustitia, quæ diuiditur in partes xvi.

[Pars 1. de iustitiæ diuersis acceptionibus. 298
2. Iustitiæ descriptio & definitio. 299
3. Iustitiæ commendatio. 300
4. Iustitiæ diuisio & distributio. 301
5. de Latria & Relig. vt Cicero Religio. sumit.
6. de Dulia, habens tria capita. 306
Cap. 1. de Duliæ descriptione ac distinctione. ibid.
2. de Speciebus Duliæ. 307
3. de Errore illorum qui dicunt Ecclesiam idololatrare circa Sanctos ac eorum Imagines. 308
[Pars 7. de Oratione habet capita decem.

1. de Orationis nominibus & significationibus. 310
2. Orationis definitio & descriptio. ibid.
3. Orationis commendatio. 311
4. de Orationis præparatione. 315
5 de Impedimentis Orationis. 317
6. Quando sit orandum. 319
7. Vbi sit orandum. 320
8. Quomodo sit orandum. 321
9. Quid in oratione sit petendum. 322
10. de Speciebus Orationis. 323
[Pars 8. de Laude Dei, & quod illum laudare perpetuò oporteat.
9. de His qui hominem prouocant ad gratiarum actionem. 328
de Beneficijs pro quibus homo Deo gratus esse debet. ibid.
10. de Obedientia habens Capita septem.
Caput 1. Obedientiæ descriptio. 331
2. Obedientiæ commendatio. 332
3. de Iis quæ Obedientiam adiuuant. 340.
4. de Gradibus Obedientiæ. 341
5. de Obedientiæ partibus. 345
6. de His, quæ Obedientiæ aduersantur. 346
7. de Errore illorum, qui iactant soli Deo obediendum. 347
[Pars 11. de Disciplina, & subdiuiditur in 7. Capita.
Cap. 1. de Disciplinæ diuersis significationibus 349
2. Quæ incitent ad Correptionem faciendam. 350
3. de Impedimentis Correptionis. 351
4. de Modo corripiendi. 352
5. de Iis, quæ incitant ad Correptiones libenter accipiendas. 356
6. de Disciplinæ partibus, & primo de Ieiunio. ibid.
7. de Erroribus circa disciplinam, præsertim de ijs, qui aiunt nullum esse excommunicandum. 360
de Illis, qui dicunt maleficos non esse temporaliter puniendos. 361

Index particularium Titulorum,

[Pars 12. de Aequitate & Pietate, ex definitione Ciceronis & Macrobij. 365
de Pietate. 366
13. de Gratia, uti Cicero de ea loquitur. ibid.
Quæ sint observanda docenti vel accipienti Beneficia. 368
Vindicatio quid sit. 369
14. de Misericordia per capita septem.
Caput 1. Misericordiæ descriptiones. ibid.
2. Misericordiæ commendatio. ibid.
3. Quæ Misericordiam adiuuent & premoueant 377
4. de Misericordiæ diuisionibus & Operibus Spiritualibus. 378
5. Eleemosyna de quibus rebus danda. 386
6. Eleemosyna cui sit danda. 386
7. Eleemosyna quomodo sit danda. ibid.
[Pars 15. de his quæ omnibus debemus, videlicet dilectione, veritate & fide. 388
de Errore illorum qui aiunt, Veritatem non deberi Iuramento firmari. 396
16. de Fide, quæ idem est quod Fidelitas 394
iij. Pars TRACTATVS VI. agens de Virtutum Cardinalium diuisione, ex Macrobio.
iv. Patris de Donis Tractatus diuiditur in duodecim partes.
1. de Donis, & quare vocentur Dona. 398
2. de Donorum commendatione & eorum numero. 399
3. de Dono Timoris: quæ subdiuiditur in capita. 4.
Cap. 1. Doni Timoris descriptio. 402
2. de Commendatione Timoris. 403
3. de Speciebus Timoris. 406
4. de Incutientibus Timorem, quæ sunt. 409
de Inferni pœnis. 415
[Pars 4. de Pietatis dono. 417

5. de Scientiæ dono. 418
6. de dono Fortitudinis. 421
7. de dono Consilij. 422
8. de vita contemplatiua præminentia, respectu actiuæ. 424
9. de distinctione contemplationis à simplici consideratione. 426
10. de 12. quæ præparant ad contemplationem. 440
de 8. Grad. ex Bern. 443
de 7. Grad ex Aug. ibid.
de triplici specie visionis. 444
11. de Intellectus dono. 445
12. de dono Sapientiæ. 446
v. Partis Tractatus de Beatitudinibus diuisus in duodecim partes.
1. de Beatitudinis descriptione. 448
2. de Obseruandis quinque in doctrina nouæ Legis. 449
3. de Paupertate Spiritus. 452
Quare pauperes spiritu sint beati. 453
Quare pauperum spiritu sit regnum cælorum. ibid.
Paupertas spiritus dono Timoris adaptatur. 454
4. Subdiuiditur in quinque capita.
Caput 1. de Humilitatis descriptione. ibid.
2. de Humilitatis commendatione. 456
3. de Causis Humilitatis. 465
De Iis qui valent ad Humilitatem. 467
4. de Humilitatis signis. 469
5. de Diuisione Humilitatis. 470
[Pars 5. de Paupertate. 472
6. de Mansuetudine & eius descriptione. 471
de Mansuetudine commendatione. ibid. 477
7. de Luctu & eius descriptione. 480
De Speciebus luctus. ibid.
Quare lugentes sint beati. 482
de Virtute lacrymarum. 483
de impedimentis lacrymarum. 494
Coaptatione lectus in Donum scientiæ. 485

Tomus primus.

8. de Esurie Iustitiæ.	ibid.	de Pacis commendatione.	495
9. de Misericordia.	487.	de Iis quæ valent ad habendam pacem.	497
10. de Munditia cordis, & eius descriptione.		de Iis quæ aduersantur paci.	498
de his quæ efficiunt munditiam.	idid.	de Diuisione pacis.	ibid.
quare mundi corde sint beati.	ibid.	Qui sint pacifici.	499
de Iis quæ faciunt ad commendationem munditiæ.	492	Quare pacifici sint beati.	500
		Paci adaptatur Donum Sapientiæ.	ibid.
de Partibus munditiæ.	494		
11. de Pace.	ibid.	12. de Patientia persecutionum.	501

Finis Indicis particularium Titulorum.

SVMMÆ VIRTVTVM ET VITIORVM,
PER FIGVRAS.
SVMMARIVM.

Tituli Summarij Summæ Virtutum.	Tituli Summarij Summæ Vitiorum.
De Fide.	De Vitiis in genere.
De Spe.	De Gula.
De Charitate.	De Ebrietate.
De Dilectione proximi.	De Remediis gulæ.
De Prudentia.	De Luxuria.
De Temperantia.	De Speciebus luxuriæ.
De Iustitia.	De Remediis contra luxuriam.
De Fortitudine.	De Choreis.
De Victoria.	De Auaritia.
De Patientia.	De Vsuris.
De Martyrio spirituali.	De Raptoribus.
De Tribulatione.	De Monachis proprietariis.
De Paupertate.	De Lusoribus.
De Humilitate.	De Acedia & Otio.
De Obedientia.	De Indeuotione.
De Timore.	De Desperatione.
De pace.	De Indiscreto feruore.
De Continentia in genere.	De Ira & Odio.
De Continentia virginali.	De Guerris.
De Munditia cordis.	De Incendiariis.
De Misericordia & compassione.	De Homicidio.
De vita activa.	De Remediis iræ.
De Contemplatione & Consolatione.	De Inuidia.
De Perseuerantia.	De Superbia.
De efficacia verbi diuini.	De Superbia vestium.
De Prælatis, & primo de ætate eorum.	De Hypochrisi.
De Solicitudine eorum.	De Peccato linguæ.
De Continentia eorum.	De Blasphemia.
De Constantia eorum.	De Murmure claustralium.
De vita eorum.	De Periurio.
De Contemplatione eorum.	De Mendacio.
De Scientia eorum.	De Bilinguibus.
De Prædicatione eorum.	De semine discordiæ.
De Misericordia eorum.	De Derisoribus.
De Ambitione dignitatum.	De Maledicis. De Detractione.
De Pluralitate beneficiorum.	De Adulatoribus. De Iactantia.
De Simonia.	De Multiloquio.
De Dotibus Animæ.	De Silentio Religiosorum.
De Dotibus corporis.	De Singularitate.
De Vita æterna.	De Suspicione & falsis Iudiciis.

SVMMÆ

SVMMÆ VIRTVTVM ET VITIORVM, PER FIGVRAS, SVMMARIVM.

FIDES generat { Victoriam, Iustitiam, Gloriam.

De primo, 1. Ioann. 5. *Hac est victoria, qua vincit mundum, fides nostra.* Sed nota quod omne quod est in mundo, aut est *concupiscentia*, &c, 1. Ioan. 2. *Ista tria vincuntur fide incarnationis, passionis, ascensionis.* De secundo, Genes. 15. *Credidit Abraham Deo, & reputatum est*, &c. De tertio, Apoc. 2. *Esto fidelis vsque ad mortem.* Hæc notantur ad Heb. 11. *ibi, Sancti per fidem vicerunt*, &c.

Item Fides { A peccato purgat, Animam saluat, In tentione confortat.

De primo, Act. 5. *Fide purificans corda eorum.* De secundo, Luc. 17. *Fides tua te saluam fecit.* De tertio. Hebr. 11. *Fortes facti sunt in bello.* Est enim sicut clypeus & lorica, 1. Thess. 5. *Induti loricam fidei*, Eph. 6. *In omnibus sumentes scutum fidei*, Heb. 11. *Fide muri Iericho corruerunt.*

Item Fides { Mentem illuminat, Tentationes mittigat, Filios Dei parit.

De primo Luc. 18. *Respice, fides tua te saluum fecit.* De secundo Heb. 11. *Fide transierunt mare rubrum.* De tertio, Ioan. 1. *Quotquot autem receperunt eum, dedit eis potestatem filios Dei*, &c.

Item Fides { Virtutes generat, Confusionem deuitat, Christū adorandū incitat.

De primo, Aug. *Fides bonorum operum fundamentum, Fides humanæ salutis est indicium*, Matth. 7. *Fundata enim erat supra firmam petram.* Hac ratione dicitur mater & radix virtutum: & hoc intellige quo ad motus, non quoad habitus. De secundo, Rom. 10. *Qui credit in illum, non confundetur.* De tertio, Ioan. 17. *Non pro his rogo tantum: sed & pro his qui credituri sunt per verbum eorum in me.*

Item Fides est { Miraculorum, Sacramentorum, Scripturarum.

De primo, Marc. 17. *Signa autem eos qui crediderint, hæc sequentur.* Item: *Omnia possibilia sunt credenti.* Eiusd. 9. De secundo, Greg. *Fides non habet meritum cui*, &c. De tertio, Heb. 11. *Credere oportet accedentem ad Deum.*

Item Fides { Vitam tribuit, Beatum reddit, Terrena contemnit.

De primo, Apostolus Roman. 1. *Iustus ex fide viuit.* Ioann. 11. *Qui credit in me, et iam si mortuus fuerit, viuet.* Intellige de vita gratiæ. Item gloriæ, Marc. 16. *Qui crediderit, & baptizatus fuerit*, &c. De secundo, Ioan. 20. *Beati qui non viderunt, & crediderunt.* De tertio, Hier. *Qui veram fidem de Deo habet, nō quærit in his miseriis fieri diues.* Nota quod iste contemnit diuitias, delicias, & honores. Quæ tria notantur Heb. 11. *Fide Moyses grandis factus.*

Item Fides debet esse { Charitate formata, Constantia fundata, Humilitate subiecta.

De primo, Iacob. 2. *Fides sine operibus mortua est.* De secundo, Matth. 17. *Si habueritis fidem sicut granum sinapis.* Licet modicum sit, tamen est acerbum & feruidum: sic fuerunt martyres qui sua corpora tradiderūt. De tertio, Apostolus 2. Corinth. 10. *In captiuitatem redigentes*

C

omnes intellectum in obsequium Christi. Fides super omnem sensum est, & naturam & intellectum.

Spes operatur { A peccato liberatione, A diabolo protectione, Orationis exauditione.

De his tribus in Psal. 90. *Quoniam in me sperauit*, &c. August. Dulcis Iesus, sub quo nemini desperandum.

Item est spes { Veniæ, Gratiæ, Gloriæ.

De primo, Aug. *O breue verbum Peccaui. O tres syllabæ, quæ portas aperiunt paradisi!* De secundo, Iob 14. *Lignum habet spem, si præcisum fuerit.* De tertio, August. Nos cum illo per spem in cœlo, ipse nobiscum in terra per charitatem. Greg. Spes sine meritis non est spes, sed præsumptio.

Item spes confert { Gratitudinem, Agilitatem, Dei inhabitatione.

De primo, Psal. 39. *Beatus vir, cuius est nomen Domini spes eius.* De secundo, Esa. 40. *Qui autem sperant in Domino, mutabunt fortitudinem.* De tertio, Psal. 5. *Lætentur omnes qui sperant in te, in æternum exultabunt, & habitabis in eis.*

DILIGERE DEVM EST { Vtile, Delectabile, Honestum.

De primo, 1. Ioan. 4. *Qui manet in charitate.* De secundo, Augustin. Solus sine molestia animatur, cum iucunditate amplectitur, cum securitate desideratur. De tertio, Augustin. Suaue mihi factum est, &c. vnde vestis nuptialis dicitur.

Item Charitas { Rationabile illuminat, Concupiscibile inebriat, Irascibilem confortat.

De primo, Anselm. O immarcessibilis decor, & purus. De secundo, Aug. Quis mihi det, vt venias in cor meum, &c. Est enim charitas vinum cypri. De tertio, Cat. *Fortis est vt mors dilectio.* Hæc inseparabilem separauit, immortalem occidit. Laurentiū assauit, Bartholomæū excoriauit.

Item Charitas { Incipientes mundat, Proficientes ditat, Perfectos glorificat.

De primo, Luc. 7. *Dimissa sunt ei*, &c. De secundo, Aug. Sectamini charitatem, sine qua diues pauper est, & cum qua pauper diues. De tertio, Iud. 5. *Domine, qui diligunt te; quasi sol in ortu suo splendet, ita rutilant.*

Item diligitur Deus { Intellectu sine errore, Memoria sine obliuione, Voluntate sine contradictione.

De primo, Apost. 1. Corint. 12. *Adhuc excellentiorem viam vobis demonstro.* De secundo, Prou. 17. *Omni tempore diligit qui amicus est*, quia amore Dei delectatur iugiter. De tertio, Aug. Gratis ametur, & opus quo ministratur ei merces sit cū illo.

Ité Charitas { Opera facit vtilia & aurea, Restituit amissa, Aliena facit propria.

De primo, Greg. Nō habet aliquid viriditatis ramus boni operis, &c. Apost. 1. Cor. 13. *Si linguis ho. loquar.* Honorabilis esset lapis, quo, si quidquam tāgeretur, totū aureū esset. De secundo, nota quod charitas est ānus Iubileus, in quo redibūt possessiones ad proprios possessores. De 3. Aug. Quidquid in alio diligo, mea facio.

Item Charitas { Mentem accendit, Securum reddit, Peccata operit.

De primo, Luc. 12. *Ignem veni mittere*, &c. Aug. O amor qui semper ardes? De secundo, Aug. Habe charitaté, & fac quod vis. De tertio, 1. Pet. 4. *Charitas operit multitudinem peccatorum*, est enim quasi cappa quæ reddit inuisibilem, hanc si haberet aliquis captus, multum gauderet.

Item Charitas { Deo vnit, Mansiones in cœlo distinguit, Christi discipulos ostendit.

De primo, Osex 11. *In funiculis Adam traham eos* &c. Est enim quasi bitumen quo linita fuit Arca. De secundo, not. quod significata est per auream virgam qua mensurauit Angelus longitudinem & latitudinem Ierusalem. Apoc. 31. De tertio, Ioan. 13. *In hoc cognoscent omnes, quia mei dis. &c.*

Item Charitas { Fessos alleuiat.
Legem obseruat.
Mœstos lætificat.

De primo, Matth. 11. *Iugum enim meum suaue est.* De secūdo, Greg. *Charitas operatur magna, si est.* Item Rom. 13. *Qui diligit proximū, Legem impleuit.* De tertio, Aug. *Infunde Domine dilectionē tuam.*

Item Charitas impedit { Inhæsionem temporalium,
Obliuionem Christi beneficiorum,
Tentationes affligentium.

De primo, Aug. *Tanto quisque à superno amore disiungitur, quāto inferius delectatur.* De secundo. *Vis scire homo, quare Deum non diligis ? Idem Super omnia te mihi reddit amabilem calix.* De tertio exēplum: quia sicut magnus ignis per vētum augetur: sic paruus extinguitur, ita dilectionem modicam tentationes annihilant.

Item in charitate habes { Finem,
Modum,
Ordinem.

De primo nota exemplum de B. Francisco, de quo legitur quod quidquid in rebus reperit delectamenti, redegit ad gloriam Dei. De secundo, Bern. *Causa diligendi Deum. Deus est modus sine modo.* De tertio, Cant. 2. *Ordinauit in me charitatem*, scilicet vt primò Deum, deinde nos, pòst proximum.

Dilectio proximi debet esse { Munda,
Vera,
gratuita.

Primum est, quod homo non ad malū diligatur: vt Herodes & Pilatus qui facti sunt amici, vt dicitur, Luc. 23. De secūdo, 1. Ioan. *Quos ego diligo in veritate*, &c. quia tunc cor concordat cum ore: sic nō facit Iudas, nec ille 1. Reg. 10. qui dixit ad Amasam, *Salue mi frater*, tenens mentum eius, &c. De tertio, Matth. 5. *Si diligitis tantùm eos qui vos diligunt, quam mercedem*, &c. Ecclesiastic. 6. *Est amicus socius mensæ.* Hæc est amicitia Laban ad Iacob. Sic sequitur musca mensam, cadauera lupi.

Item diligendus est proximus, quia { Hæres est regni,
Imago Dei,
Socius prælii.

De primo, Psalm. 60. *Dedisti hæreditatem ei*, &c. Apost. Rom. 8. *Si filij, & hæredes.* De secundo, 1. Ioann. 2. *Qui diligit fratrem suum*, &c. De tertio, Prou. 18. *Frater qui adiuuatur à fratre, quasi ciuitas firma.* Sed de quibusdam dicitur: cu.n fueris felix. Christus autem dilexit inimicos, dicens: *Pater ignosce illis, quia*, &c. Luc. 23.

Item diligendus est proximus, vt { Ius naturale impleatur,
Charitas Dei habeatur,
Ad diligendum prouocetur.

De primo, Matth. 9. *Quæcunque vultis vt faciant vobis homines.* Etiam naturaliter, simile simili congaudet. De secundo, 1. Ioann. 3. *Qui viderit fratrem suum necessitatem habere, &c.* Idem: *Filioli mei non diligamus verbo, neque lingua, &c.* De tertio, Apostolus Rom. 12. *Si esurierit inimicus tuus, ciba illum: si sitit, potum da illi: hoc enim faciens, carbones ignis congeres super caput eius.*

PRVDENTIA { Beatum constituit,
Claritatem tribuit,
Omnia bona adiicit.

De primo, Eccles. 12. *Beatus vir qui in sapientia morabitur.* De secundo, Dan. 12. *Docti fulgebunt sicut stellæ*, &c. De tertio, Sap. 7. *Venerunt mihi omnia bona pariter cum illa*, &c.

Item prudentia { Virtutes dirigit,
Iras compescit,
Insidias non metuit.

De primo, Leuit. 2. *In omni sacrificio sal off.* De secundo Prou. 15. *Stultus suscitat rixas, sapiens autē mitigat suscitatas.*

C ij

De tertio, Sap. 7. *Et proposui pro luce habere illā.* Prou. 7. *Dic Sapientiæ, soror mea es: & prudentiam voca amicam tuam.* Sic non fecit Samson, Amasa, Nabal.

Item prudentia acquiritur { Studio scripturarum, Contēptu deliciarum, Exemplo creaturarū.

De primo, Psalm. 18. *Præceptum Domini lucidū, illuminans oculos.* Item de septē artib. De secundo, Apostolus 1. Cor. 3. *Si quis vult sapiens fieri, stultus fiat,* scilicet terrena contēnendo, vt sit sapiēs. Nō enim inuenitur in terra suauiter viuentiū Iob. 18. De tertio, Matth. 10. *Estote prudentes sicut serpentes.* Prou. 6. *Vade ad formicam, ò piger.*

Item prudens cōsiderat { Præterita, Præsentia, Futura.

De primo Apocalyps. 4. & Ezech. 1. *Animalia erant plena oculis, antè & retrò.* De secundo, Naum 3. loquens de voluptate mundi: *Omnis qui viderit te, à te resiliet:* est enim transitoria, amaritudine permixta, & nociua. De tertio, Prouerb. 4. *Palpebræ tuæ gressus tuos præcedāt.* De his tribus Bernard. Vide homo vnde veneris, & erubesce &c. Item Deuteron. 32. *Vtinam saperent & intelligerent, ac nouissima prouiderent.*

Item habet Prudentiam { Pugnatoris, Mercatoris, Nauigatoris.

De primo, August. Arma virtutis nō ne feras, aduersarium tuum atteras. Apostolus ad Ephes. 6. *Nō est nobis colluctatio aduersus carnem.* De secundo, Augustin. Vis esse optimus mercator &c. Matth. 25. *Domine, quinque talenta tradidisti mihi.* De tertio, Augustin. Stude habere remos charitatis Dei & proximi, & haustorium confortationis, & velum crucis: & cum ventos tribulationis videris, ad littus tēde perpetuæ beatitudinis. Psalm. *Hoc mare magnum, &c.*

Item sis prudens contra deceptionem { Mundi, Carnis, Diaboli.

Mūdus enim decipit sicut calamus qui trahitur ante catum: & sicut lignum putridum de nocte lucēs, & sicut somnium. Caro autem decipit, sicut Papelardus, qui dicit se infirmum & pauperem, cùm non sit: & sicut vinum inebrians potentem: & sicut latro qui se socium simulat in via, donec decipiat. Diabolus verò decipit vt cuculus arundineus, & sicut venialis, & sicut ille qui vult canem submergere.

Item prudēter cognosce { Interiora vt custodias, Superiora vt diligas, Inferiora vt timeas.

De primo, Bernard. Multi multa sciunt. &c. Idē. Integritatis sis curiosus explor. De secūdo, Ier. 2. *Si obliuisci potest mulier ornamenti sui.* De tertio Psalm. *Descendunt in inferiora terra.* Bernard. Ne descendant morientes.

TEMPERANTIA { Beatum ostendit, Decorem tribuit, Gloriæ cōiungit.

De primo, *Medium tenuere beati.* Bernard. Tene medium, si non vis perdere modum. De secundo, nota quod sol qui est decēdissimus Planetarum est medius inter illos. De tertio, nota quod comparatur ligno vitæ quod est in medio paradisi ferens fructus yberes.

Item Tēperantia { Afflictiones tēperat, Vitia refrenat, Medium seruat.

De primo, Apostolus Rom. 12. *Rationabile obsequium vestrum.* Nota, quod modus in omnibus commendatur; & sæpe plus quàm actio. Item forma dignior est materia. De secundo, nota quod Temperātia comparatur ferro limæ quæ tollit super fluuium De tertio: *Medio tutissimus ibis.* Hoc medium seruauit Dominus quando fecit Euam, non de manu vel de pede, sed de costa: & quando fecit hominem partim corporalem, partim spirituā lem, & etiam poſuit eum inter creaturas partim ſpirituales & partim corporales.

IVSTITIA { Hominem beatum facit, / Floridũ ante Deũ cõſtituit / Suum vnicuique tribuit.

De primo, Eccleſ. 14. *Beatus vir qui in ſapientia mor. & qui in iuſtitia mea.* De ſecũdo. Pſal. 91. *Iuſtus germinabit ſicut liliũ.* Item: *Iuſtus vt palma flor.* &c. Tèrtium patet, quia reddit Deo honorem, proximo compaſsionem, ſibi ſuſtētationem. Vnde hæc via regia, nec ad ſiniſtram, nec ad dexteram declinabit.

Item iuſtus { A Domino deducitur, / Chriſto in cælis iungitur, / De anguſtijs liberatur.

De primo Sapient. 10. *Iuſtum deduxit Dominus per vias rectas,* De ſecundo. Pſalm. 14. *Innocentes & recti adhæſerunt mihi.* Et notãdum quod lilium habet rectum ſtipitem, in ſummo florem: ſic rectus per iuſtitiam Chriſtum habebit florem. De tertio, Prou. 11. *Iuſtus de anguſtia liberatus eſt.*

Item iuſtus { Viuet æternaliter, / Epulabitur delectabiliter / Securus erit finaliter.

De primo, Pſal. 67. *Iuſti autem in perpetuum viuent.* De ſecundo, Pſal. *Iuſti epulentur,* &c. De tertio, Prouer. 28. *Iuſtus quaſi leo confidit,* hoc & in morte.

Item iuſtus { Seruat rectitudinem, / Inducet pulchritudinem, / Recipiet benedictionem.

De primo, Pſal. 31. *Lætamini in Domino, & exultate iuſti.* Rectum autem eſt cuius medium non exit ab extremis. De ſecundo, Sapien. 3. *Fulgebunt iuſti &c.* Pſal. *Lux orta eſt iuſto.* De tertio Prouerb. 10. *Benedictio Domini ſuper caput iuſti.*

Item iuſtitia corrumpitur { Amore, / Timore, / Rancore.

De primo, Eſa. 5. *Qui iuſtificatis impiũ pro muneribus.* Nota, quod duplex amor corrumpit iuſtitiam: ſcilicet perſonæ & pecuniæ. De ſecũdo, Matth. 10. *Nolite ti-* *mere eos qui occidunt corpus,* Item Ioannes Baptiſta potius voluit occidi, quàm non veritatem dicere. Item exemplum in Eleazaro 1. Machab. 7. De tertio, Matth. 27. *Sciens quod per inuidiã tradidiſſent eũ.*

Item in iuſtificatione impii concurrunt { Infuſio gratiæ, / Dimiſsio culpæ, / Remiſsio pœnę æternę, / Dolor pœnitentiæ:

Vltimũ eſt ex parte noſtri, alia ex parte Dei. De primo, Apoſtolus 1. ad Corinth. 1. *Gratiâ Dei ſum id quod ſum.* De ſecundo Eſa. 43. *Ego ſum qui deleo iniquitatem propter me.* De tertio, Sapient. 3. *Iuſtorũ animæ in manu Dei ſunt.* De quarto Ioël. 2. *Conuertimini ad me in toto corde veſtro, in ieiunio & fletu.*

FORTITVDO conſiſtit { In aggreſsione arduorũ, / In cõtemptu proſperorũ, / In perpeſsione aduerſorũ.

De primo, Pſal. 26. *Viriliter age, & cõfortetur cor tuum.* Aug. Libenter debet facere immortalis futurus. De ſecundo, Luc. 14. *Qui non odit patrem & matrem.* De tertio Cant. 8. *Fortis eſt vt mors dilectio.* Apoſtolus ad Romanos 1. *Quis nos ſeparabit à charitate Chriſti, &c.*

Item Fortitudo { Mentem protegit, / Perſeuerãtiã adducit, / Regnũ cælorũ tribuit.

De primo, nota quod protegit, ſicut veſtis à pluuia. Prouerb. vltim. *Fortitudo, & decor indumentum eius.* Item ſicut arma. Boëtius: Talia contuleramus arma, &c. Item ſicut cuſtos caſtrum. Luc. 11. *Cum fortis armatus &c.* De ſecundo, nota quod eſt ſicut cæmentum tenens lapides ne ſoluantur, & quaſi bonum fundamentum, Matthæi 7. *Venerunt flumina & flauerunt venti.* De tertio Matt. 11. *Regnum cælorum vim patitur, & violenti &c.* Prou. 31. *Mulierem fortem quis inueniet?*

Itē firmi ſimus contra { Mũdũ, vt diuitias cõtēnamus, / Corpus, vt delicias reſpuamus, / Diabolum, vt honores non appetamus.

De primo, nota quod Samſon vicit Philisthæos in mandibula asini, id est, amore paupertatis. prouerb. 30. *Leo fortissima bestiarum*. Si ergo leo. De secundo, Apostolus ad Gal. 5. *Caro concupiscit aduersus spiritum*. Vnde nota: *Si ea quæ nobis vicina sunt, nō prosternimus, inaniter ad ea, quæ longe sunt à nobis impugnanda transimus: Sed in his tene modum: qui carnem multum affligis, ciuem tuum occidis. Si plus debito reficis, hostem nutris*. De tertio, 1. Reg. 17. Qualiter Dauid Goliam vicit: sic & tu diabolum baculo crucis, & fundā orationis. Item nota quod cibus & potus confortat. 3. Reg. 9. Elias ambulauit in fortitudine cibi illius, & Petrus potatus gratiā Spiritus S. dixit Act. 5. *Oportet magis obedire Deo, quàm hominibus*, qui prius dixit: *Nō noui hominem*. Matth. 26.

victoria ⎰ Hominem in cælo collocat,
⎨ fortitudinē incorruptionis præ
⎱ Ferculis æternis cibat. (parat

De primo Apoc. 3. *Qui vicerit, dabo ei sedere mecum in throno meo*. De secundo, Apocalyp. 3. *Qui vicerit, faciam illum columnam in templo Dei mei, & foras non egredietur amplius*. De tertio, Apocalyp. 2 *Vincenti dabo edere de ligno vitæ, quod est in Paradiso Dei mei*.

Item victori ⎰ Gloria ineffabilis,
dabitur ⎨ Corona admirabilis,
⎱ Laus interminabilis.

De primo, Apoc. 2. *Vincenti dabo manna absconditum, & dabo illi calculum candidum, & in calculo nomen nouum scriptum quod nemo scit, nisi qui accipit*. In hoc quod dicit absconditum, notatur ineffabilitas: de qua Apostolus 1. Cor. 2. *Quod oculus non vidit, nec auris audiuit*. De secundo, Apostolus 2. Tim. 2. *Nemo coronabitur, nisi qui legitime certauerit*. Nota quod victores olim coronabātur lauro. Itē cantica de ipsis fiebāt, sicut 1. Reg. 18. *Saul percussit mille, & Dauid decē millia*. Adapta de tertio, Apoc. 3. *Qui vicerit, non delebo nomē eius de libro vitæ, & confitebor nomen eius corā Patre meo & angelis eius*. Item Amb. Lauda ducis virtutē, sed cùm venerit ad triumphum: lauda nauigantis facilitatem, sed cùm peruenerit ad portum.

Itē victoria ⎰ A morte gehennæ liberat,
⎨ claritatē æternā expectat,
⎱ Vestitu regio decorat.

De primo, Apoc. 2. *Qui vicerit, non lædetur a morte secunda*. Itē de secundo, ibidem. *Qui vicerit, dabo illi stellam matutinam*. De tertio Apoc. 3. *Qui vicerit, vestietur vestimentis albis*.

⎰ Christo assimilat,
PATIENTIA ⎨ Iocunditatem expectat,
⎱ Sustinendo coronat.

De primo, Luc. 13. *Pater ignosce illis*. Bern. Vtrumque es mihi Domine Deus, & speculum patienti, & præmium patiētis. Sed quidam dicūt se nō meruisse dolorem. Tales potius volunt assimilari latroni, qui propter culpā passus est, quàm Christo. De secundo, Ecclesiast. 1. *Vsque in tempus sustinebit patiens, & postea reddîtio iocunditatis*. De tertio, Ioan. 12. *Qui odit animam suam in hoc mūdo*. Item malum in bono conuertit, de felle fauū elicit, de mœrore gaudiū facit. Deut. 33. *Inundationes maris quasi lac suget*.

Item patiens ⎰ Martyr probabitur,
⎨ Beatus ostenditur,
⎱ Miraculis decoratur.

De primo, Gregorius: Sine ferro martyres esse possumus, si patientiam in animo veraciter conseruamus. De secundo, Matt. 5. *Beati qui persecutionem patiuntur*. De tertio, Gregorius. Ego virtutē patiētiæ maiorem puto signis & miraculis.

Item patientia ⎰ Iram temperat,
⎨ Linguam refrænat,
⎱ Mentem gubernat.

De primo, Apostolus Rom. 12. *Noli vinci à malo*. De secundo, Prouerbiorum vigesimo sexto. *Non respondeas stulto*. De tertio, Lucæ vigesimo primo: *In patientia vestra possidebitis animas vestras*.

Item patientia ⎰ Iniuria verborum,
debet esse in ⎨ Molestia verborum,
⎱ Ablatione rerum.

De primo, 1. Petr. 2. *Qui cum maledi-*
ceretur, non maledicebat. Exemplum in
vitis Patrum qui munera dedit iniuriati-
bus. De secundo, Iob. 2. *Si bona suscepi-*
mus, &c. Vnde patiens assimilatur ada-
manti. De tertio, Matt. 5. *Si quis aufert*
tunicam, dimitte ei & pallium. Exemplū
in Vitis Patrum, de senibus qui nesciebāt
litigare pariter.

SPECIES ⎧ Abstinentia in abundātia,
martirij spi- ⎨ Abiectio in gloria,
ritualis sūt ⎩ Mansuetudo in iniuria.

De primo, Hieronymus: Duplex est
species martyrij. Vna, quando quis pro
Christo occiditur. Alia, quādo caro Deo
maceratur. Primo martyrio dabitur corona de rosis. Secundo, de liliis. Congau-
dendum est tali, qui in aqua non submergitur, sicut Ionas & filij Israel in mari rubro. Et inter spinas non suffocatur, & in
luto non coinquinatur. De secundo,
Apostolus 2. Corinth. 8. *Cum esset diues,*
propter vos egenus factus est. Exemplum
in Balaam de quatuor gladiis. De tertio,
Matth. 5. *Si quis te percusserit in maxilla,*
&c. Iste est quasi scorpius, qui sub lapide
non frangitur.

Item species ⎧ Continētia in iuuentute,
martyrij ⎨ Largitas in paupertate,
sunt ⎩ Gaudium in aduersitate.

De primo, Matt. 19. *Sūt eunuchi, qui seip-*
sos castrauerunt propter reg. cœ. De secundo, exemplum in muliere, quæ misit duo
minuta, Marc. 12. De tertio, Actor. 5.
Ibant Apostoli gaudentes, &c.

Item species ⎧ Charitas cum litigiosis.
martyrij sūt ⎨ Iustitia cum peruersis,
⎩ Obedientia in contrariis.

De primo, Matth. 5. *Diligite inimicos*
vestros. Psal. *Cum his qui oderunt pacem,*
&c. Isti cum sint inter bestias, non dila-
cerantur, sicut Daniel. De secundo, Psal.
17. *Cum sancto sanctus eris.* Sed iste licet picem tangat, non inquinatur: licet
in rota sit, non moritur, & hoc mirabile
est. De tertio, Gregorius: Obedientia
quæ habet aliquid de suo, nulla est.

Per Figuras.

TRIBVLATIO ⎧ Viam ad cælum parat,
⎨ Lætificat,
⎩ Coronat.

De primo, Actuum 14. *Per multas tri-*
bulationes oportet, &c. Exod. 13. *De colum-*
na ignis in nocte, &c. Item filiis Israel erāt
aquæ pro muro. De secundo, Iacob. 1.
Omne gaudium existimate fratres &c. gl.
ne indignemini, &c. Actuum. 5. *Ibant A-*
postoli gaud. &c. De tertio Iac. 1. *Beatus*
vir qui suffert tenta, &c. Item in Vitis
Patrum de VII. coronis, quas meruit quidam nocte vna. Iob. 2. *Pellem pro pelle.*

Item tribulatio ⎧ Erudit,
⎨ Vestit,
⎩ Deum attrahit.

De primo, Esa. 28. *Vexatio dabit intel-*
lectum auditui. De secundo, Apoc. 7. *Isti*
sunt qui venerunt ex magna trib. De tertio,
Psal. *Cum ipso sum in tribulatione.* Sicut cum Susanna Daniel. 13.

Item tribulatio ⎧ Probat,
⎨ Roborat,
⎩ Refrigerat.

De primo, Tob. 12. *Qui acceptus eras*
Deo, Eccles. 27. Vasa figuli probat fornax.
Nota de illo in Vitis Patrum, qui furi dixit, Ecce oblitº es. De secūdo, Apostolus
2. Cor. 12. *Quando enim infirmor, tunc*
potens sum. Sicut testa in igne: sic nobilis
lapis cum sculpitur, non frangitur. De
tertio, Psal. *Transiuimus per ignem &*
aquam.

Item tribulatio ⎧ A peccato conuertit,
⎨ Peccata tollit,
⎩ Pœnam peccati soluit.

De primo, Psal. 31. *Conuersus sum ærū-*
na, &c. De secundo, exemplum in tribus
pueris quibus ignis soluit tantum vincula, vnde tribulatio est quasi rosarium, vel
scopa, vel pecten tollens immunditiam.
De tertio, Apocalyp. 21. *Absterget Deus*
omnem lacry. 3. Reg. 6. Sonus malleorum
non audiebatur in temp.

Item tribulatio ⎧ Stimulat,
⎨ Humiliat,
⎩ Glorificat.

De primo, Psal. 82. *Imple facies eo ig. &c.* Vnde est quasi ventus pellens nauem, & quasi calcar. De secundo, Apostolus 2. Corinth. 12. *Ne magnitudo reuelationum.* Exemplum in marina. De tertio, Roman. 8. *Non sunt condignæ passiones huius temp.* id est, id quod in præsenti est. Greg. Considerato præ.v.f.

Item tribulatio { Consolationem tribuit, Virtutes perficit, Acceptum Deo reddit.

De primo, Psal. 22. *Virga tua, & baculus tuus, &c.* Apostolus 2. Corinth. 1. *Qui consolatur nos in omni tribulatione nostra.* De secundo, Apostolus 2. Cor. 12. *Virtus in infirmit. perficitur.* De tertio. Tob. 12. *Qui acceptus eras Deo.* Apoc. 3. *Ego quos amo, arg.*

Item tribulatio { Beatum constituit, Filium Dei ostendit, In tentatione defédit.

De primo Iob. 5. *Beatus homo qui corripitur à Domino.* De secudo, Apostolus Hebr. 12. *Flagellat omnem fi. &c.* Exemplum de illo qui fleuit, quia cum Dominus vno anno per infirmitatem non visitauit. De tertio, Os. 2. *Sæptam vias spinis.*

Item tribulatio { Conuiuium in cœlo præparat, Inimicum debilitat, Charitatem inflammat.

De primo, Matth. 20. *Voca operarios, &c.* Nota quod canis libenter vult proiici cum carnibus quas comedat. De secundo, Eccles. 33. *Virga & onus & cibus asino.* De tertio, August. Accendebas nos validè, nota quod paruus ignis extinguitur, sed magnus accenditur vento. Quidam in vitis Patrum oscalabatur cuidam furi manus in morte.

Item tribulatio { Paradisum referat, Conscientiam seruat, Virtutes augmentat.

De primo, Acton 7. *Ecce video cælos apertos*, vnde comparatur flammeo gladio. August. hic vre, hic seca, &c. De secundo, Tob. 3. *Post tempestatem tranquillum facis.* Item Dominus mutauit aquam in vinum. Ioann. 2. De tertio, Exod. 1. *Quanto magis opprimebant eos, tanto magis crescebant.*

PAVPERTAS meretur. { Curam Dei in exilio, Iudicandi potestatem in iudicio, Laudem perpetuam in cælo.

De primo, Psal. 39. *Mendicus sum & pauper, & Dominus solicitus est mei*, sicut pater de filio, magister de discipulo, medicus de infirmo, aduocatus de clietulo, speculator de castro, agricola de agro. De secundo, Iob 36. *Pauperi iudicium tribuit.* De tertio, Psalm. *Pauper & inops laud. &c.*

Item pauperes { Orantes exaudiuntur, Venientes recipiuntur, Morientes ad patriam reducuntur.

De primo Psal. 10. *Desiderium pau. &c.* De secundo, Psal. 93. *Factus est mihi Dominus in refugium.* De tertio, Luc. 16. *Factum est vt moreretur mend.*

Item pauperes. { Imitatores Christi se esse ostendant, Diaboli manum effugiunt, Obliuionem Dei non incurrunt.

De primo, Apost. 2. Corinth. 8. *Cum esset diues, propter vos egenus, &c.* Item Matth. 8. *Filius hominis non habet vbi caput reclinet.* De secundo, Psal. 9. *Tibi derelictus est pauper, tanquam paruulus proiectus à matre.* Psalm. 26. *Pater meus, & mater mea derelinquerunt me.* De tertio, Psal. ibidem: *Quoniam nō in fi. obl. er. pau.*

Item paupertas. { Hominem perfectum facit, Beatum ostendit, Pondus deponit.

De primo, Matth. 19. *Si vis perfectus esse, vade, &c.* De secundo. Matth. 5. *Beati pauperes spiritu.* De tertio, Luc. 18. *Facilius est camelum transire, &c.* Vnde Socrates proiecit thesaurum suum in aquam,

Per Figuras.

aquam, dicens: Mergã te, ne mergas me.
Item paupertas {Securum efficit, Regnum tribuit, Iudicem lenit.

De primo, Poëta: *Cantabit vacuus coram latrone viator.* De secundo, August. Paupertate comparatur regnum, labore requies, dolore gaudiũ, ignominia gloria. De tertio, Matth. 11. *Venite ad me omnes qui labo. & one. estis.* Nota exemplum de stipendiis, quod non dantur libenter his, qui prius acceperunt.

HVMILITAS meretur {Dei memoriam, Spiritus sancti gratiam, Cælestem gloriam.

De primo, Psal. 135. *In humilitate nostra memor fuit.* De secũdo, Psal. 103. *Inter medium montium pertrans. aqua,* & 1. Pet. 5. *Deus superbis resistit, humilibus autem dat gratiam,* De tertio, Prou. 29. *Humilem spiritu suscip. gloria.*

Item humilitas meretur {Spiritus Sãcti inhabitationẽ, Honorabilem exaltationem, Ostij cælestis apertionem.

Primum datur in exilio. Secundum in iudicio. Tertium in cælo. De primo, Esa. 66. *Super quem requiescet spiritus meus, nisi super hu.* Item Cant. 2. *Ego flos campi & lil, conual.* De secundo, Luc. 14. *Qui se humiliat, exalta.* Item: *Amice, ascende superius.* De tertio, Apoc. 3. *Quia modicã habes virtutem, &c.*

Item in humilitate {Præceptum Dei seruatur, Christus imitatur, Orationis efficacia habetur.

De primo, Eccl. 7. *Humilia valde spiritũ tuũ.* De secũdo, Matt. 11. *Discite à me quia mitis sũ, & humilis corde,* Nota, Christus asinũ equitauit. Iudæ pedes lauit. De tertio, Eccles. 35. *Oratio humiliantis se, &c.*

Item humilitas {Erudit, Vestit, Deo iungit.

De primo, Prou. 11. *Vbi humilitas, ibi sapiẽtia.* Psal. 118. *Declaratio sermo tuorũ illum. & intellectum dat, &c.* De secundo, Esa. 18. *Palliũ breue vtrũque oper.* De ter-

tio, Marc. 10. *Sinite paruulos venire ad me.* Hæc est præcursor charitatis & socia.

Item humilitas {Liberat, Saluat, Virtutes seruat.

De primo, Psal. 141. *Humiliatus sum, & libe. me.* exemplum de laqueis quos vidit beatus Antonius per totum mundũ. De secũdo, Psal. 17. *Quoniam tu populum hu. fal. fac.* De tertio, Greg. Qui virtutes sine hum. congre. quasi pul. in ven. por. Bern. In veritate didici, vnde ipsa est mater virtutum, & cinis conseruans ignem. Quid autem humiliare debeat, require de miseria vitæ præsentis.

OBEDIENTIA {Christo assimilat, Victimas superat, Victoriam parat.

De primo, Apostolus ad Phil. 2. *Christus factus est pro nobis obediens.* Imo ei cuncta obediunt. Iob. 38. Stellæ vocatæ dixerunt: Assumus. De secundo, 1. Reg. 15. *Melior est obedientia,* &c. gloss. quia dum alienæ voci, hic subditur, nosipsos superamus, quasi diceret propriam carnem mactamus, sed ibi aliená. De tertio, Prou. 21. *Vir obediens loquitur victoriam:* quia Adam fuit inobediens, victus est.

Item obedientia {Deo est grata, Angelis iucundia, Sibi fructuosa.

De his Bernard. Nihil angelis charius, nihil Deo acceptius, nihil hominibus fructuosius, quàm in suscepta cõuersatione subsistere.

Item obedientia debet esse {Parata, Ordinata, Ardua.

De primo, Bernard. illum optimum obedientiæ dixit, &c. Augustin. Verus obediens mandatũ non procrastinat, aures parat auditui, linguam voci, manus operi, pedes itineri, &c. De secundo, Actuũ 5. *Oportet Deo magis obedire, quàm hominibus.* De tertio, Bernard. Ille tuus minister est, Domine, qui non intuetur audire quod voluerit, sed velle quod au-

D

dierit. Talis fuit Abraham, Genesis 12. *Egredere de terra.* Item 12. *Tentauit Deus Abraham.*

Item obedientia debet esse { Vniuersalis, Lætabilis, Rationabilis

De primo, dixit beata Virgo ministris in nuptiis, Ioan. 2. *Omnia quæ dixerit vobis, facite.* De secundo, Psalmista: *Paratus sum, & non sum turbatus.* De tertio, Gregorius: Scito quod propter obedientiam malum nunquam debet fieri, sed bonum quandoque potest intermitti. Iosue 1. *Qui cunctis non obedierit ser.*

Item est obedientia { Sufficiens, Abundans, Superabundans.

Prima est, quando obeditur maiori. Secunda, quando æquali. Tertia, quando minori. De primo, Apostolus ad Heb. 13. *Obedite præpositis vestris*: post, *Non tantùm bonis & modestis, sed etiam discolis,* Apostol. Rom. 13. *Qui potestati contradicit, Dei ordinationi contradicit.* Vnde quia Adam nō obediuit suo superiori, inobediens ei factum est suum inferius. De secundo, exemplū de duobꝰ fratribus in Vitis Patrum, quorum vnus iussit alterum accendere toties lucernam, &c. De tertio, Luc. 2. *Et erat subditus illis.*

Timor alius est { Seruilis, Initialis, Finalis.

De primo, Eccles. 1. *Timor Domini expellit peccatum.* De secundo, Psalm. 111. *Beatus vir qui timet Dominum.* De tertio, Actuum 10. *In veritate comperi, &c.*

Item timor { Peccatum pellit, Beatum ostendit, Acceptabilem reddit.

De primo, Eccles. 1. *Timor Domini expellit peccatum.* De secundo, Psal. ibid. *Beatus vir qui timet Dominum.* De tertio, Actuum 10. *In veritate comperi, &c.*

Item timor { Sapientiam generat, Mentem roborat, In fine remunerat.

De primo, Eccles. 1. *Radix sapientiæ est timere Deum.* De secundo, Eccles. 17. *Nisi in timore Domini tenueris te.* De tertio, Eccl. 1. *Timenti Deū bene erit in extremis.*

Item timor Domini { Animam ditat, Peccatū deuitat, Gratiā conseruat.

De primo, Psal. 33. *Non est inopia timētibus eum.* De secūdo, Prou. 15. *Timore Domini declinat omnis à malo,* & per consequens à malo pœnæ. vnde Matt. 10. *Nolite timere eum qui cor. occi.* De tertio, Eccles. 15. *Qui timet Deum faciet bona.*

Item timor Domini { Cor delectat, Negligētiā fugat, Vitam prolongat.

De primo, Eccl. 1. *Timor Domini delectabit cor, & dabit gaudium, & lætitiam, long. dierum.* De secūdo Eccl. 7. *Qui timet Deum nihil negli.* De tertio, Prou. 10. *Timor Domini apponet dies.*

Item timens Deum { Iustitiam exequitur, Respectū Dei meretur, Fonte vitæ irrigatur.

De primo, Malach. 1. *Si ergo Dominus, vbi est timor meus?* De secundo, Es. 66. *Ad quem autem respiciā, nisi ad pau. & contri. spiritū?* De tertio, Prou. 14. *Timor Domini fons vitæ, vt declinet à ruina mortis.*

P a x { Consilium Dei firmat, Pœnam deuitat, Inimicos reconciliat.

De primo, Ioan. 14. *Pacem relinquo vobis.* Hanc non habuit Cain & Ioab. De secundo, Apostolus Heb. 12. *Pacem sequimini, & sanctimo. sine qua nemo videbit Deum.* August. Qui in pace non fuerit inuentus, abdicatur à Patre, exhæredatur à Filio, & à Spiritu Sācto alienus efficitur. De tertio, Apostolus, Rom. 12. *Si esurierit inimicus tuus, & sequitur. Hoc enim faciens carbo.* Psal. *Cum his qui oderunt pacē.*

Item est pax { Temporis, Pectoris, Æternitatis.

De tertio, Augustinus: Tantum bonū est pax, quod etiam in suo cōtrario quæritur. Genef. 13. *Diuifi funt alter ab altero.* De fecundo, Luc. 2. *Et in terra pax hominibus bonæ voluntatis.* Hoc dicitur fabbatum delicatum. De tertio, Efa. 32. *Sedebit populus meus in pompa.* Hæc in cælo ordinat hierarchias.

Item pacificus } Dei filius oftenditur, Angelis affociatur, Chrifto affimilatur.

De primo, Matth. 5. *Beati pacifici, quoniam filij Dei voc.* De fecundo, Bafilius: homo côfortium angelorum merebitur. De tertio patet: quia Chriftus propter manfuetudinem agno comparatur. Si ieiunas vel vigilas, diabolus his non terretur, quia his non vtitur. Sed fi pacem habeas, expavefce: quia hoc feruas in terris quod ille noluit in cœlis.

CONTINENTIA alia eft } Coniugalis, Vidualis, Virginalis.

De primo, Auguftinus loqués de Abraham. *O virum factis vtentem viriliter, vxore temperáter, ancilla obtemperanter, nullo intemperanter.* De fecundo, 1. ad Tim. 5. *Quæ vere vidua eft & defolat afperet in Deo, & inftet orationibus & obferuationibus nocte & die.* De tertio, Apoftolus 2. ad Corinth. 1. *Defpondi vos vni viro virginem caft. &c.*

Item virginitas } Mandatum cuftodit, Decorem tribuit, Hominê beatû oftêdit.

De primo, Luc 12. *Sint lumbi veftri præcin.* De fecundo, Pfal. 44. *Audi filia, & vide, &c.* Hæc eft arca deaurata intus & foris: hæc eft fol inter planetas. De tertio, Matth. 5. *Beati mundo corde.*

Item virginitas } Deo locum parat, pretiû de longè portat, Dignitatem Angelorum miniftrat.

De primo, Cant. 2. *Qui pafcitur inter lilia.* De fecundo, Prouerb. 31. *Mulierem for. quis inueniet?* De tertio, Ecclef. 16. *Non eft condigna ponderatio continentis animæ.* Propter hoc erat Auguft. dicens: *Da quod iubes, &c.*

Item hæc eft hortus qui } Floribus ornatur, Fontibus irrigatur, A iuuenculis inhabitatur.

De primo. Cant. 2. *Sicut lilium inter fpinas.* De fecundo, Cant. 4. *Fons hortorum.* De tertio, Cant. 2. *Sonet vox tua in aur.*

VIRGINITAS } In cœlo fe Deo iungit, Canticum nouû inftruit, Aureolam imponit.

De primo, Sap. 6. *Incorruptio proximû facit effe Deo.* De fecundo Apoc. 14. *Et nemo poterat dicere canticum.* De tertio, Cantic. 4. *Veni de libano, &c.*

Item } Amiffa non recuperatur, Chriftum in cœlo fequitur, In oratione exauditur.

De primo, Hieronym. *Cum Deus poffit omnia, &c.* bene ergo cuftodientibus, eft flos ifte ne marcefcat. De fecundo. Apocalyp. 14. *Sequitur agnum quocunque, &c.* De tertio, Cantic. 2. *Sonet vox tua in aur. meis.* Vnde de fancta Catharina cantatur, Vox de cœlis intonuit

Item per hanc } Confilium Dei feruatur, Anima pulchre veftitur, A Deo virgo iuuatur.

De primo, Matth. 19. *Sunt eunuchi qui fcipfos, &c.* De fecundo, Prouerbior. 3. *Purpura & biffus, &c.* Pfal. 44. *Aftitit regina à dext. &c.* De tertio, Pfalm. 45. *Adiuuabit eam, &c.*

Item virgo } Honeftè contrahit, Delectabiliter parit, Vtiliter diligit.

Primum patet, qui fponfu accipit pulchrum, diuitem, fortem, virtuofum Secundum patet, quia proles funt opera bona, de quibus Pfal. *Vt videas filios filiorum tuorum*, id eft mercedem, quæ fequatur operationem. Can. 7. *Vmbilicus tuus crater tor, vallatus liliis,* De tertio, nota quod in his nuptiis dos eft vita æterna, thalamus cordis munditia, amplexus gratia. Cant. 5. *Læua eius fub capite meo.*

MVNDITIA cordis {Beatificat, Vitam præstat, Mentem decorat.

De primo, Matth. 5. *Beati mundo corde.* De secundo, Prou. 4. *Omni custodia serua cor tuum.* De tertio, Apoc. 1. *Præcinctum ad mammillas.* Nota cum florent vineæ fugiunt serpentes: decorat ergo sicut flores campum, sicut arbores hortum, sicut carbunculus annulum. Gen. 2. *Plantauerat autem Dominus Deus paradisum voluptatis.*

Item {Dominus D eo præparat, Sedem illi collocat, Deum pro sigillo seruat.

De primo, 3. Reg. 7. *Fecit rex Salomon thronum & templum, vbi fuit mensa & candelabra.* De secundo, 3. Reg. 22. *Vidi Dominum sedentem super sol.* Vnde similis est ordini thronorum. De tertio, Cant. 8. *Pone me sicut signaculum super cor tuum.*

Item mentem {Ordinat, Sanat, Irrigat.

Propter primum comparatur claustro. Vnde distingue in mente officina. Propter secudum comparatur theriacæ, quæ morsus serpētis & venena curat radicitus: immunda verò cogitatio morsus serpentis, mala radix est. Propter tertium, comparatur fonti, vnde Ezech. 16. *Effundam super vos aquam mundam*, Gen. 2. *Fons egrediebatur de loco vol.*

Item {Hostem interficit, Mortem excludit, Turpia fugit.

De primo, Hieronym. *Non est timendus hostis qui, &c.* Gen. 3. *Ipsa conteret caput.* De secundo, Ierem. 9. *Mors intrauit per fenestras.* De tertio, Ecclef. 13. *Qui tangit picem, &c.* Sed illas cogitationes quas diabolus immittit contra voluntatem hominis, ipse diabolus cōfiteatur & satisfaciat, & non homo.

Item gratiæ fructum {Producit, Colligit, Custodit.

Propter primum comparatur ficulneæ. Propter secundum, similis est apothecæ. Sed nota, *Vbi est thesaurus tuus, ibi, &c.* Matth. 6. Hoc patet in statera: quia illuc ponderat, vbi magis grauatur. Propter tertium comparatur castro. Luc. 10. *Intrauit Iesu in quoddam castellum.* Expone tropologicè.

Misericordia, siue cōpassio {Vincit sacrificium, Efficit beatum, Pauperum est refugium.

De primo, Oseæ 6. *Misericordiam volui, & non sacrificium.* De secundo, Matt. 5. *Beati misericordes.* De tertio, Psalm. 9. *Et factus est Dominus refu. pau.*

Item {Præceptum naturæ seruat, Charitatem manifestat, Regnum cæli comparat.

De primo, Matth. 7. *Quacunque vultis vt faciāt vobis, &c.* Apostolus Rom. 12. *Gaudete cum gaudentibus, &c.* De secundo, 1. Ioan. 3. *Qui viderit fratrem suum necessitatem pati.* Nota sex opera misericordiæ, quibus charitas ostenditur. vnde Matth. 23. *Esuriui, & dedistis mihi, &c.* De tertio, Apostolus 2. ad Timoth. 2. *Si compatimur, & conregnabimus.*

Item {Vocem Christi audit, Martyrem spiritualem facit, Duritiam emollit.

De prim. Cant. 5. *Anima mea liquefacta*, &c. De secundo, Greg. Qui dolorem excipit in aliena necessitate, crucem portat in mente. Apostolus 1. Corinth. 12. *Si dolet vnum membrorum, &c.* De tertio, Ezechiel. 11. *Auferam à vobis cor lapideum.* Vnde comparatur oleo, cuius est emollire.

Item {Amicum probat, Vitam prolongat, In iudicio commendat.

De primo, Luc. 10. *Quis horum tibi videtur proximus fuisse illi?* De secundo, Apostolus 1. ad Timoth. 4. *Pietas ad omnia valet.* De tertio, Matth. 25. *Esuriui, & dedistis mihi, &c.*

Item opera misericordiæ spiritualia sũt { Peccantem corripere, Ignorantem instruere, Delinquenti ignoscere.

De primo, Matth. 18. *Si peccauerit in te frater tuus.* De secundo, Iac. 5. *Qui conuerti fecerit pec.* De tertio, Luc. 6. *Dimitte & dimit. &c.* Gregor. Districtio debetur vitiis, compassio naturæ.

Actiua vita meretur { Retributionem, Exultationem, Dei commendationem.

De primo, Matth. 20. *Voca operarios, &c.* De secundo, Psal. 125. *Qui seminãt in lacrymis, &c.* De tertio, Matth. 25. *Esuriui, & dedistis mihi, &c.*

Item actiua vita { Merita multiplicat, Tẽtationem declinat, Charitatem propalat.

De primo, Cant. 7. *Venter tuus sicut aceruus.* Psal. *Vt videas filios filiorum.* Filij sunt opera filiorum sunt præmia quæ debetur operibus. De secundo, Hierem. *Semper aliquid operis facito.* De tertio, 3. Ioan. 3. *Qui viderit fratrem suum necespati. Et de operibus misericordiæ.*

Item { Meretur beatitudinem, Implet Dei ordinationem, Imperat ad contemplationem.

De primo, Psal. *Labores manuum tuarum, &c.* De secundo, Genes. 3. *In sudore vultus tui.* De tertio, Gen. 32. Quia prius vocatus est Iacob, sed post Israel. Item primo Iacob dixit Liam, post Rachel. Item Benjamin primo vocatus est Bennon. Item prius sumus viatores, quàm comprehensores.

Item vita actiua { Meretur exaltationẽ, Expectat satietatem, Euadit medicitatem.

De primo, Luc. vlt. *Nonne oportuit Christum pati?* De secundo, Ap. 2. ad Thess. 3. *Qui non laborat, non manducet:* ergo è contra. De tertio, Prou. 20. *Propter frigus piger arare noluit.* Eiusd. 6. *Vade ad for. &c.*

Contemplationis species sunt { Lectio, Meditatio, Oratio.

Primo modo, non solùm sit contemplatio in libro vitæ vel creatore, sed etiã creaturæ: *Quia inuisibilia Dei per ea quæ facta sunt, intellecta conspic.* Rom. 1. De secũdo, Apostolus ad Philip. 3. *Nostra cõuersatio in cælis est.* Sap. Stans in terra, scilicet corpore, cęlũ tãgebat, scilicet mente. De tertio, Apostolus ad Philipp. 4. *In omni oratione pet. vestra innot.*

Item contemplatio opera- tur { Vitiorum eiectionem, Virtutum irrigationem, Conscientiæ decorem.

De primo, August. Suaue mihi factum est: &c. De secundo, Esaiæ 58. *Eris quasi hortus irriguus.* Cogitatio enim de Deo quasi canalis est positus ad fontem vitæ. Gen. 2. *Filius egrediebatur, &c.* De tertio, Cant. 1. *Lectulus noster floridus,* Eiusd. 2. *Fulcite me floribus.*

Item contemplatione conuersandum est in cælo, vt { Dulcedo hauriatur, Idioma angelicum discatur, Familiaritas acquiratur.

De primo, Augustin. Infunde Deo dilectionem tuam. Vnde contemplatiuus quasi apes volat in horto cælesti supra flores gaudiorum. De secundo, Apostolus 1. Corinth. 12. *Si linguis hominum loquar.* Sed qui de terra est, de terra loquitur. Ioann. 3. De tertio, Apostolus Ephes. 2. *Iam non estis hospites,* quasi dicat, etiam hoc prius fuistis. Sed heu! quibusdam dicitur: *Amen dico vobis, nescio vos.* Matth. 25.

Item contemplatiuus à Deo { Diligitur, Exauditur, Cibatur.

De primo, Cant. 2. *Ne suscitetis dile. &c.* nam contẽplatio somnus est eiusd. 5. *Ego dormio, & cor meum vigilat.* De secũdo, Psl. 36. *Delectare in Domino, &c.* De tertio, Eccl. 15. *Cibauit illum pane vitæ, &c.*

Item contemplatio { Illuminat intellectum, Accendit affectum, Præparat Deo dominum.

De primo, Eccles. 11. *Dulce lumen &*

delectabile, &c. vnde scimus, quod aquila irreuerberatis oculis intuetur solem, & proprium pullum eiicit qui non idem facit. De secũdo, August. Accendebas nos tam valide. De tertio, Prouerb. 11. *Sapientia ædificauit sibi do.*

Item { Temporalia contemnit, / Secreta petit, / Finiri nescit.

De primo, Psalm. 76. *Renuit consola. anim.* Bernardus: Delicata est diuina consolatio, ne facile, &c. Gregor. Tanto quisque à superno amore dis. quanto inferius delect. De secundo, Tren. 3. *Sedebit solitarius, & tacebit.* Hoc ideo facit, quia *qui tetigerit picem, inquinabitur ab ea.* Prouerb. 13. Exemplũ in topazio. De tertio, Luc. 10. *Maria optimam partem elegit, &c.*

Item mentem { Eleuat, / Lætificat, / Inebriat.

De primo, Apoc. 12. *Luna sub pedibus eius.* De secundo, Psal.15. *Prouidebam Dominum in conspectu meo semper, propter hoc lætatum est cor meum.* De tertio, Can. 5. *Comedi fauum, &c.* Aug. Quis mihi det vt ven. &c.

Item { Angelicum officium assumit, / Dilectionem ingerit, / Secreta pandit.

De primo, patet: quia Angeli semper vident faciem Patris, & speculum æternitatis intuẽtur: sic & iste. Apoc. 4. *Plena oculis ante & retro.* De secundo, Augustinus: Memoria tua super mel dulcis. vnde tales quandoque rapiuntur in iubilum: est autẽ iubilus, gaudium quod pro sui dulcedine vel magnitudine taceri nõ potest, & tamen propter immensitatem rei non potest exprimi: & sic quatuor de causis vel insinuandam nostram infirmitatem, vel desiderij immensionem, vel rei, quam expectamus immẽsitatem, vel ad causandam nimiam rei dilationem. De tertio, Apostolus 2. Cor. 12. *Scio hominẽ raptũ, talis in secreto sit loco.* Cant. 6.

Ego dilecto meo, & dilectum meus mihi, &c.

Item contemplatiuus gaudium cœli iam inchoat, habens { Dei præsentiam, / Societatem angelicam, / Dotum quãdam gloriam.

De primo, 1. Ioan. 4. *Qui manet in charitate, in Deo manet,* sed sicut dicitur, Vbi Papa, ibi Roma: ita potest dici: Vbi Deus, ibi vita æterna, Luc. 17. *Regnum Dei intra vos est.* De secundo, Matth. 18. *Angeli eorum semper vident faciem.* Tertium patet: quia iam habet quandam cognitionem dilectionum, claritatem consciẽtiæ, agilitatem in bono opere. Aug. Ducis me in quandam inconsuetam dulcedinem.

Item inhæret anima Deo per contemplationem, sicut { Ramus trũco / Cera sigillo, / Nauis pelag.

De primo, Ioan. 5. *Sicut palmes non potest facere fructum à semetipso, nisi manserit in vit. &c.* Secundum patet: quia sicut cera recipit imaginem sigilli, sic anima virtutum similitudinem. Apostolus Ephes. 5. *Imitatores Dei estote, sicut filij chariss.* De tertio, Psal. 71. *Mihi autem adhærere Deo bonum est:* quia in procellis tribulationum non mouetur animus in Deo fixus: vnde cum Diabolus læsisset Iob in corpore, rebus, & pueris, anima non metuit, quia illam in cœlo fixit, vbi diabolus non habet agere.

Perseuerantia { Viam rectam custodit, / Maledictionem euadit, / Opera ad perfectionem perducit.

De primo, 2. Petr. 2. *Melius est viam veritatis non agnoscere.* De secundo, Heb. 6. *Terra sæpe venientem super se bibens imbrem.* Sic Paulus euasit quod Iudas incurrit. De tertio, illud Philosophi: Cuius finis bonus est, ipsum to. bo. Item: *Hic homo cœpit ædificare,* Luc. 14. Item vna manus ædificans.

Per Figuras.

Item {Saluat,
Coronat,
Damnationem declinat.

De primo, Matth. 10. *Qui perseuerauerit vsque in finem.* Nota in vespere laudatur serenitas. De secundo, Apocal. 2. *Esto fidelis vsque ad mortem.* Apostolus 2. Timoth. 2. *Nemo coronabitur, nisi qui legitime certet.* De tertio, nota exemplū Dan. 2. Vbi statua quæ incœpit ab aureo capite consummata est in fictili, & contrita est per lapidem præcisum de monte sine manibus.

Item {Animam vestit,
Ianuam cœli aperit,
Instabilitatem contemnit.

De primo, nota quod hæc est tunica talaris, qua filij regū indui solebant. De secundo, Lucæ. 11. *Si perseuerauerit pulsans*, &c. De tertio, Thren. 1. *Peccatum peccauit Ierusalem.* Nota exemplum in Vitis Patrum, de dæmone qui gloriabatur quod intra 40. annos deiecit vnum monachum.

Item {Christum imitatur,
Claritate remuneratur,
Laude digna monstratur.

De primo, Ioan. 13. *Cum dilexerit suos, vsque in fin. dilexit eos.* vnde dum clamarent Iudæi, Matth. 27. *Si rex Israel est, descendat de cruce*, perseuerauit pendens. De secūdo, Apoc. 2. *Qui vicerit, dabo illi stellam matut.* De tertio, Gregor. Lauda nauigantis felicitatem, cum venerit ad portum: lauda ducis virtutem, cum peruenerit ad triumphum.

Item {Brauium percipit,
Acceptum Deo reddit,
Virtutes ad maturitatem ducit.

De primo, Apost. 1. Cor. 9. *Omnes quidem currunt: sed vnus*, id est, perseuerans, *recipit brauium.* De secūdo, Leu. 22. Hostia sine cauda nō offertur: imo ouis sine cauda mōstruosa res non esset. De tertio, nota si fons irrigans hortum deficeret, herbæ perirent. Propter ista Psal. 72. dicit: *Mihi adhærere Deo bonum est.*

Item {Amicum Dei verum ostendit,
Insidias diaboli non metuit,
Stultitiam expellit.

De primo, Eccles. 6. *Est amicus socius mensæ, & non permanet.* Item Prou. 17. *Omni tempore dil. qui amicus est*, sic non fuit Petrus, dicens Luc. 22. *Non noui illū.* Sed nota quod turpius eiicitur quàm non admittitur hospes. Aug. Peccatum est spreto incōmutabili bono, &c. Gen. 3. *Insidiaberis calc. eius, & ipsa conteret caput tuum.* Sciendum, quod diabolus interdum suadet bonum homini instabili, vt per residuum grauius peccet: vnde facit illud, Gen. 19. *Noli respicere retro*, &c. De tertio, 2. Pet. 2. *Canis reuersus ad vomitum*, &c. Item stultus esset, qui agrum bene seminaret, & non meteret: vel thesaurum diu collectum dispergeret, vel clypeum in fine certaminis proijceret.

Verbum Dei {Mundat,
Illuminat,
Cibat.

De primo, Ioan. *Iam vos mundi estis.* De secundo, Psalm. 118. *Lucerna pedibus meis verbum tuum*, Psalm. 18. *Præceptum Domini lucidum illuminās oculos*, &c. De tertio, Matt. 4. *Non in solo pane viuit homo*, &c. Cant. 2. *Qui pascitur inter li.* &c.

Item {Sanat,
Irrigat,
Dulcorat.

De primo, Sap. 16. *Neque herba, neque malagma*, &c. Psal. 106. *Misit verbum suum, & sa. eos.* De secundo, Gen. 2. *Fons egred. de loco*, &c. De tertio, Apoc. 10. *Comedit librū.* Psal. 118. *Quàm dulcia faucibus meis eloquia tua.*

Item {Ad bonum incitat,
Tentationes mitigat,
Dæmones fugat.

De primo, Eccles. 12. *Verba sapientium sicut stimuli.* De secundo, Psal. 106. *Dixit, & stetit spiritus procellarum*, vnde comparatur verbum Dei incantatoribus serpentum. De tertio, Marc. 16. *In nomine meo dæmonia eiyci.*

Summa Virt. & Vit.

Item { Iustificat, Beatificat, Confortat.

De primo, Iac. 1. *Non auditores tantùm.* De secundo, Luc. 11. *Beati qui audiunt verbum Dei.* De tertio, psal. 32. *Verbo Domini cœli firmati sunt.*

Item { Vias demonstrat, Mentem penetrat, Deum homini reconciliat.

De primo, Matth. 2. *Stellam quam viderant Magi in Oriente,* &c. De secundo, Ezech. 3. *Qui audit,* scilicet foris, *audiat* intus. Apostolus Hebr. 4. *Viuus est sermo Dei, & efficax,* &c. De tertio, Prou. 21. *Qui obturat aurem suam.* Similiter exponit illud Esa. 28. *Munda remunda,* &c.

Item { Mortuos viuificat, Filios Dei generat, Mala extirpat.

De primo, Ioann. 5. *Venit hora & nunc est.* Psal. 67. *Dabit voci suæ vocem virtutis,* gloss. suscitandi mortuos. Sed hoc erit in die iudicij. De tertio, Iac. 1. *Genuinos verbo veritatis.* Nota tria habent virtutem, scilicet: herbæ, lapides & verba. De tertio, Ier. 1. *Ecce constitui te,* &c.

Item { Conuertit, Erudit, Præmunit.

De primo, Psal. 18. *Lex Domini immaculata conuertens animas,* &c. De secundo, Psal. ibid. *Testimonium Domini fidele sapie. præstās,* &c. De tertio, Ezech. 3. *Speculatorem dedi te,* &c.

Item { Vitia necat, Gratiam initiat, Affectum inflammat.

De primo, Apost. Ephes. 6. *Gladium spiritus, quod est verbum,* &c. Apoc. 1. *Ex ore eius ex vtraque parte acutus.* Propter secundum comparatur semini, quod est initium fructuum. Lucæ 8. *Semen est verbum Dei,* &c. De tertio Lucæ 24. *Nonne cor nostrum,* &c. Act. 2. *apparuerunt illis dispersitæ linguæ.*

Item { Animum emollit, De peccato extrahit, Omnia bona adducit.

De primo, Cant. 5. *Anima mea liquefacta est.* Ier. 23. *Nonne verba mea quasi malleus,* &c. De secundo, Luc. 5. *In verbo autem tuo lux a.* &c. De tertio, Sap. 7. *Venerunt mihi omnia bona pariter cum illa.*

Item generat { Admirationem, Correctionem, Cognitionem.

De primo, Psal. 118. *Mirabilia testimonia tua Domine. ideo scru.* &c. De secundo, Psal. ibid. *In quod corrigit adol. viam suā?* De tertio, Iac. 1. *Qui auditor est verbi, & non factor, hic comparabitur.* Psalm. ibid. *Tunc non confundar cùm perspe.* &c.

Prælatus debet habere ætatem vt per hoc { Christo conformetur, Maledictio declinetur, Grex viriliter custodiatur.

De primo Luc. 3. *Et ipse Iesus erat annorum 30.* De secundo Eccles. 40. *Væ terræ, cuius rex puer est.* De tertio, Iud. 8. *Iuxta ætatem robur est hominis.* Sed heu! hodie committitur cura animarum homini, cui non committitur cura porcorum vel pomorum. Item: *Quomodo arcebit puer lupum à grege?* &c.

Item solicitus sit { Ne de illo querimon. moueatur, Vt Christi patrimon. deseruiatur, Ne velut infidelis condēnetur.

De primo, Eccles. 41. *De patre impio conquerentur filij.* Sed Dominus fecit sententiam, Gen. 41. *Non videbitis faciem meam, donec adduc. fratrem vestrum minimum.* De secundo, Bern. lucrantur cantando, reddēt flendo. De tertio, Apost. 1. ad Tim. 5. *Qui suorum, maximè domesticorum non habet,* &c. Sed hodie maxima cura est de lana & lacte: sicut dicitur Ezech. 34. minima de animabus.

Item

Per Figuras.

Item solici- {In sui ordinis executione,
tus sit   {In subditorum cognitione,
             {In vitiorum extirpatione.

De primo, nota quod magis iam student in schacco, quàm in antiphonario. Vnde officium vel ex toto negligũt, vel differunt, vel more fœminæ faciunt, aut malo modo. De secundo, Prou. 27. *Diligenter cognosce vultum pecoris tui.* De tertio, Ier. 1. *Ecce constitui te super gentes & regnum, vt euellas.* Sed magis laborant in euacuandis bursis, quàm peccatis. Item semper sit sollicitus qualiter respõdeat Deo in die iudicij facièt has quęstiones:

             {Quomodo intrasti?
Quæstiones   {Quomodo vixisti?
             {Quomodo rexisti?
             {Quomodo expendisti?

De primo, Ioan. 10. *Qui non intrat per ostium,* &c. De secũdo, 1. Mach. 6. *Refulsit sol in clypeos aureos.* Debet autem vita prælati quasi regula esse subditi: sed modo incorrecta, & furati sunt eam sicut Achor. De tertio, Prou. 6. *Fili, si spoponderis pro amico tuo,* &c. Item Esa. 62. *Super muros tuos Ierusalem consti. custo. die & nocte.* Sic ergo præsit vt prosit. De quarto, exemplum in filio prodigo.

             {Vt in hoc mandatum Dei
Continens   {seruetur,
sit præla-   {Ne pœna incurratur,
tus,   {Ne irreuerenter Christus
             {tractetur.

De primo, Luc. 12. *Sint lumbi,* &c. De secundo, exemplum in Oza, qui tangens arcam percussus est, 1. Reg. 6. Ps. 22. *Fiat mensa eorum,* &c. De tertio, Esaiæ 52. *Mũdamini qui fertis vasa Domini,* in huius signum albam induunt.

Item hæc   {In lege præfiguratur,
continẽ-   {In scripturis commendatur,
tia   {A Domino remuneratur.

De primo, exemplum Exod. 12. vbi comedẽtes agnum renes accingebãt. Item sacerdos ministraturus vtebatur femora-libo, Exod. 28. De tertio, Cant. 3. Lectulum Salomonis ambiunt.

             {Bonos defendendo,
Constans sit {Malos puniendo,
             {Tentationes vitando.

De primo, Ioan. 20. *Bonus pastor animam suam,* &c. Gloss. super illud 2. ad Cor. 11. *Dimissus sum in sporta per murum,* dicit: quòd quando persona quæritur, fugere potest prælatus. Sed quando commune bonum periclitatur, tunc non debet fugere: sed animam ponere. De secundo, Gen. 1. *Vt præsit in volatilibus,* id est superbis, *& piscibus,* id est luxuriosis, *& bestiis,* id est auaris. Nã subditi, inquatum boni sunt, similes sunt prælatis. De tertio, Ezech. 3. *Vt adamantem posui te.*

Item   {Iustitiæ rectitudine,
constans   {Fortitudinis magnitudine,
sit   {Perseuerãtiæ longanimitate.

De primo, Greg. Misericordia & iustitia multum destruũtur, si vna sine altera teneatur: vnde gigas non est occidendus cum acu, & pulex cũ securi. De secũdo, Greg. nõ hunc prospera eleuent, nec aduersa perturbent. Vnde mulier nõ suscipit charactere ordinum. De tertio, dicit Bern. quod noui sacerdotes primo anno sunt angeli, secundo homines, tertio dæmones, vnde cõparantur statuæ, Dan. 2. quæ caput habuit aureũ, tandem terminabatur in fictili, sed stola datur eis in signum perseuerantiæ.

            {Affectum subditorum inflammat,
Bona vita   {Exemplo intellectum illuminat,
prælati   {Scandalum infirmorum declinat.

De primo, Luc. 12. *Lucernæ ardentes in man.* Sed heu! sol conuertitur in tenebras & lun. in scilicet. Item secũdum notatur in acolitatu. Item superiora per influxũ virtutis suæ regunt inferiora. Tertium patet: quia dolente capite, dolent omnia membra, & sequitur; *Qui scandalizat vnum,* &c.

E

Item per ⎧ Subditos sanctitate præcellat,
bonam ⎨ Alios curans, se non negligat,
vitam ⎩ Maledictionem euadat.

De primo 2. Regum 4. *Saul ab humero sur.* Greg. tantùm eminere debet prælatus subditis, quantùm gregem præcedere solet vita pastoris. De secũdo, Apostol. 1. ad Cor. 9. *Castigo corpus meum.* Vnde portat superhumerale. De tertio, Matth. 23. *Væ qui decimatis mentham, & prætermittitis,* &c.

Item Præ- ⎧ Virtute decoretur,
latus ⎨ Doctrinæ propriæ conformetur.
⎩ Laudabilis comprobetur.

De primo, Psalm. 131. *Sacerdotes tui induantur iusti.* De secundo, Esa. 1. *Super mon. excel.* &c. Gen. 27. *Vox quidem vox Iacob est.* Matth. 23. *Super cathedrã Moysi.* De tertio, 1. Petr. 2. *Vos estis genus electum, reg. sacerdot.* Sed hæc omnia modo possunt legi per contrarium.

Item sint ⎧ Efficaciam prædicationis,
bonæ vitæ ⎨ Euasionem diuinæ correptionis,
propter ⎩ Honorem sacerdotalis dignitatis.

De primo, Aggæi 1. *Factum est verbum Domini, &c.* vnde Gallus cantans, primò alis percutit se. De secundo, Ier. 11. *Quid est quod dilectus meus in domo.*, &c. De tertio, Gen. 1. *Faciamus hominem ad imaginem.* Item datum est eis quod non angelis: scilicet, consecrare corpus Christi. Item corona traditur eis in signum regalis dignitatis.

Item sit ⎧ Famam perdat,
bonæ ⎨ Exemplo corrumpat,
vitæ, ne ⎩ Indignus prælaturam teneat.

De primo, Apost. 1. Cor. 4. *Sic nos existimet homo.* vnde consecratur chrisma, in quo ponitur balsamus. De secũdo, Ose. 5. *Facti estis laqueus venationi siue speculationi.* vnde comparatur gladio versatili quo clauditur paradisus, Gen. 3. quia nec ipsi intrant, nec alios sinunt intrare. Matth. 24. De tertio, Psalm. 23. *Quis ascendet in montem Domini?*

Item viuas ⎧ Sobriè sibi,
⎨ Iustè proximo,
⎩ Piè Deo.

De primo, Apostolus ad Timoth. 3. *Oportet episcopum irreprehensibilem esse.* Sed incrassatus est, dilatatus: vnde potest dici prælatus quasi præ aliis latus: scilicet in crassitudine & in vitiis. Nam modo aliqui plus terunt tabernas quàm Ecclesias, & diem expendunt in ebrietate, & noctem in luxuria. De secundo, Prou. 22. *Pondus & pondus, &c.* De tertio, legitur Num. 18. quod Leuitę non habebant hęreditatem inter tribus, quia pars illorum Deus. Sed modo prælati, possũt dici prælati: & ministri Christi sunt, sed seruiunt antichristo.

CONTEMPLA- ⎧ Studij lectionem,
TIVVS sit præ- ⎨ Sanctam meditationem,
latus per ⎩ Deuotam orationem.

De primo, Apocal. 10. *Comedi librum,* &c. Item animal quod non ruminat, immundum est. Leuit. 10. De secundo, Apostolus ad Philip. 3. *Nostra conuersatio in cælis est.* Quare vt hauriret in contemplatione quod effunderet in prædicatione, dico vobis cum fiducia quod vos qui claues Petri geritis, & clauos Christi nõ respicitis, dæmonium incurretis. De tertio, Eccles. 44. *In tempore iracundiæ factus est reconciliatio.*

SCIENTIAM ⎧ Ianuam cæli aperiat,
prælatus ha- ⎨ Fidem defendere sciat,
beat, ⎩ Sibi commissos puniat.

De primo, Matth. 16. *Tibi dabo claues regni cælorum,* sed istas modo resignauerunt. & assumpserunt claues mortis & inferni: quia nec ipsi cælum intrant, nec alios intrare permittunt. De secundo, 1. Pet. 2. *Vt sciant rationem reddere omni poscenti de ea, quæ in vobis est, spe.* Malac. 2. *Legem requirent de ore eius.* Quia officium eorum esset ad eam scitè respondere, & scire Articulos fidei implicitè &

explicitè. De tertio, Luc. 6. *Si cæcus cæcū ducit.* Talis facit sicut medicus impius qui cauterizat cornua.

Item scientia prælati {
  Fulgore clarificat,
  Maledictionem declinat.
  Salubriter fructificat.
}

De primo, nota quod clarificat in futuro per gloriam. Daniel. 12. *Qui docti fuerint.* In præseti per gratiam. Exod. 28. *Pones in rationali iudicij doctrinam & veritatem, quæ erunt in pectore Aaron.* Deuteron. 27. *Maledictus qui errare fecerit cæcum in via. Et dicet omnis populus, amen.* Sint ergo prælati animalia plena oculis, nō loculis. De tertio, Psal. 1. *Erit tanquam lignum quod plantatum est.* Sap. 8. *Venerunt mihi omnia bona, &c.* sed è contra dicitur de ignorantia, *Quia tu scientiam repuli.* Osee 4.

Prædicator debet esse prælat⁹ {
  Ne pro subditis damnetur,
  Vt incautus præmuniatur,
  Vt iussio diuina seruetur.
}

De primo, Exod. 28. *Tintinnabula audiri debent Aaron ingrediente ad ministerium in Sancta sanctorum.* Greg. Sunt nonnulli, qui magni videri volunt: & tamen magni non sunt. De secundo, nota quod tubis vtebantur, & in bellis, conuiuiis, & tabernaculorum eleuatione. De tertio, Ioan. 21. *Pasce oues meas.*

Item docet {
  Verbo prædicationis,
  Exēplo bonæ operationis,
  Fama sanctæ opinionis.
}

De primo, 2. ad Timoth. 4. *Prædica verbum, insta, &c.* Item Ioann. 21. *Pasce oues meas.* De secundo, Ioan. 1. *Ego vox clamantis in deserto.* Et hoc, ne vna manus sit ædificans, alia destruens, Bern. Multi sunt catholici prædicando qui hæretici sunt operando: & tantò grauiores sunt, quantò pı æualēt opera. Iob. 19. *Arcus meus in manu mea.* Vnde os Prophetę calculo mūdabatur. Esa. 6. De tertio, 1. ad Cor. 4. *Sic nos existimet homo,* sed heu! dispensatores, modo sunt dissipatores.

Item prælatus prædicando {
  Affectum subditorū irrigat,
  Intellectum illuminat,
  Fidelem se demonstrat.
}

De primo, Genes. 2. sed ipsi sunt canalis, quo aqua fontis egrediēs de loco voluitur, transit, & vacuus tandem remanet, & lixiuia alios lauās ipsa sordidatur. De secundo. Psal. 118. *Lucerna pedibus meis verbum tuum,* sed modo prælati comparantur faci, quæ lucens hominibus seipsam consumit. De tertio, Matth. 24. *Quis, putas, est fidelis seruus & prudens, &c.*

Benignitas & misericordia prælati. {
  Bonitati diuinæ se conformat,
  Seueritatem iudicij declinat,
  Humilitatis indicia demonstrat.
}

De primo. Chrys. Si Dominus largus, &c. Item Deus semper punit citra condignum. Confitemur enim in tribus personis potentiam, sapientiam, bonitatem, quæ signantur per tria quæ fuerūt in arca. De secundo, Iac. 2. *Iudicium sine misericordia illi, qui non facit misericordiam:* sit ergo flos per pietatem, non rhamnus. De tertio, Matth. 7. *Qui vides festucam in oculo fratris tui, Non ergo camelam glutiat, & culicem excol.* Ibidem 13. Sic fecit Dauid cum dixit ad Angelum percutientem: *Vertatur obsecro manus,* &c. 2. Reg. 24. Gregorius: Quare Domus Petrum negantem cadere permisit? scilicet vt sua culpa disceret qualiter aliis misereri debuisset.

Item mansuetus sit prælatus. {
  Per misericordiæ compassionem,
  Per patiētiæ lenitatem,
  & Correctionis moderationem.
}

De primo, Ier. 9. *Quis dabit capiti meo, &c.* Apostolus ad Rom. 12. *Flete cum flentibus, &c.* Sed sic non sunt modo: quia pastores mutati sunt in tonsores, imo excoriatores. De secūdo. 2. Reg. 3. *Quasi tenerrimus ligni vermiculus,* ex eis manus inungantur in consecratione. De tertio, nota quod stultus esset qui persequeretur pulicem cũ securi, Matth. 13. *Imponũt onera, &c.* Sed non quod in subcinendo strictior pars ad proprium subiectum conuertitur.

AMBITIONEM dignitatum fugiat propter { Christi conformitatem, Pœnarum declinationem, Humilitatis probationem.

De primo, exemplum in Christo qui fuit raptus in regem, Ioan. 6. sed è cóuerso rhamus ingessit se prælationi lignorum cæterorum. Iudic. 9. Item inclinato capite quasi fugit titulum vbi scriptum fuit, *Rex Iudæorum*, Ioan. 19. De secundo, Luc. 14. *Ne forte veniat qui te inuita, & incip. cum rub. nouiss. locum tenere.* Item Num. 16. Dathan & Abiron absorpti sunt, Giezi leprosus factus est, 4. Reg. 5. De tertio, Apost. ad Hebr. 5. *Nemo assumat sibi honor. &c.* Item Ier. 1. *A, a, a, Domine Deus, nescio loqui.* Matth. 23. Amant primos recubitus.

Vnico beneficio sit contentus, vt { Ordinatio Apo. seruetur, Res figuræ conformentur, Stultitia declinetur.

De primo, Apost. 2. ad Timoth. 3. *Vnius vxoris virum*, Psal. 77. *Vnam petij à Domino, hanc requir. &c.* Cant. 6. *Vna est columba mea.* De secundo. Gen. 6. *In vno cubito consummabis eam*: scilicet arcam. Tertium patet: quia stultus est, qui vni Ecclesiæ regendæ non sufficit, quod se de pluribus intromittit. Item, quia ad impossibilia se obligat, quia in vtra que Ecclesia debet horas dicere, missas celebrare, & onus importabile sibi est impositum.

SIMONIACÈ NON intret, ne { Leprâ inquinetur, Perditione damnetur, Cœlo priuetur.

De primo, exemplum in Giezi, 4. Reg. 5. De secundo, Act. 8. *Pecunia tua tecum sit in perditionem.* De tertio, Matth. 21. *Christus eiecit ementes & vendentes.*

Item simonia { Maledictionem inducit, Fures discernit, Iussa diuina contemnit.

De primo. Amos 6. *Væ qui ingredimini pompaticè in domum Domini.* Item Mich. 3. *Væ qui ædificatis Sion in sanguinib.* De secundo, Ioan. 10. *Qui non intrat per ostium, &c.* De tertio, Matth. 11. *Gratis accepistis, gratis date.*

DOTES animæ erunt { Cognitio primæ veritatis, Dilectio summæ bonitatis, Fruitio diuinæ maiestatis.

De primo, Esa. 60. *Tunc videbis, & afflues, &c.* Matth. 5. *Beati mundo corde, &c.* Ioan. 17. *Hæc est vita æterna, &c.* De secundo, Esa. 31. *Cuius ignis in Sion, &c.* Gen. 6. Arca linita fuit bitumine. Item propter charitatem, quod proprium est singulorum, commune est omnium. De tertio, Ans. Anteueniat oro tempus. Itē nota circa primam, dicentur animæ scil. cognitionũ, quod illa visio cognitio erit matutina, vespertina, meridiana. Prima in verbo. Secunda in proprio genere. Tertia, in aperta Dei visione. De primo, Gen. 1. *Factum est vespere & mane, &c.* Nam sicut modo creaturæ sunt speculũ creatoris: sic erunt tunc èconuerso. De secũdo, Greg. Quid est quod non videt, qui videt omnia? Bern. Fili, ad scholas propera. De tertio, August. Videbimus tuæ maiestatis, &c. Esaiæ 33. *Videbũt oculi tui regem in decore suo.*

DOTES corporis erunt { Claritatis pulchritudo, Agilitatis promptitudo, Subtilitatis aptitudo, Impassibilitatis fortitudo.

De primo, Matth. 13. *Fulgebunt iusti &c.* Psal. 102. *Renouabitur vt aquila, &c.* Nota quod pulchritudo Absalonis est tibi fœditas. De secundo, Esa. 40. *Assument pennas vt aquilæ.* Aug. Protinus vbi voluerit spiritus, &c. Nota quod agilitas Azaëlis esset ibi claudicatio. De tertio, Sap. 3. *Tanquam scintilla in, &c.* Ioan. 10. *Intrauit Iesus ianuis clausis.* Exemplum de sole qui vitrum transit. De quarto,

Esa. 25. *Præcipitabit mortem in sempiternū.* Nota, quod fortitudo Samsonis esset ibi infirmitas, Moysi sanitas esset ibi vilitas, Saulis strenuitas esset ibi debilitas, Dauid & Ionathæ amicitia ibi esset peruersitas, Absalonis formositas ibi esset deformitas, Salomonis sapientia ibi esset stoliditas, Assueri diuitiæ ibi essent mendicitas, Augusti liberalitas ibi essent mendicitas.

In vita æterna erit { Affluentia diuitiarum, Influentia deliciarum, Confluentia bonorum.

De primo, Gen. 15. *Ego ero merces tua magna nimis.* De secundo, Leu. 20. *Dabo tibi terram fluentem lacte & melle.* De tertio, Psal. 8. *Gloria & honore coro.* Esa. 61. *Vt darem eis coronam pro cinere.*

Item ibi erit Deus { Speculum visui, Cithara auditui, Mel gustui, Flos tactui, Balsamus olfactui.

De primo, Sap. 7. *Candor lucis æternæ, speculum sine macula.* De secundo, Esa. 16. *Venter meus quasi cithara.* Item exemplū de cithara eremitæ. De tertio, Eccl. 24. *Spiritus meus super mel dulce.* Psal. 30. *Quàm magna multi. dulc. tuæ.* Aug. Ducis me in quandam dulce. De quarto, Cat. 2. *Ego flos campi*, &c. De quinto, Ec. 24. *Sicut cinnamomum & balsamum arom.* &c.

Item ibi erit gloria sine { Contrarij permissione, Finis terminatione, Fastidij abominatione.

De primo, Esa. 1. *Excoquam ad purum,* &c. De secundo, Sap. 5. *Iusti autem in perpetuum,* &c. Nota quod vita Mathusalem esset ibi mors. De tertio, Eccl. 24. *Qui edunt me, adhuc esurient.*

Item ibi gaudebimus de { Periculorum euasione, Mansionum ordinatione, Felicitatis communitate.

De primo, Psal. 88. *Misericordias Domini in æternum cantabo.* De secundo, ibi: *Locabuntur omnes secundum ordinem primogenituræ.* De tertio, Aug. Bonum singulorum erit omnium, & quod quisque non habet in se, habebit in alio.

Item ibi erit { Conuiuium iocunditatis, Pax tranquilitatis, Facultas libertatis.

De primo, exemplum in conuiuio Assueri, Esth. 1. Bernard. Angelorum & hominum vnum conuiuium. Item actor seruitor. De secūdo, Esa. 32. *Sedebit populus meus in pulchritudine.* De tertio, Cessabit omnis prælatio.

Item ibi erit { Gaudium in corde, Melos in ore, Redolentia in corpore.

De primo, Esa. 9. *Lætabuntur coram te sicut,*&c. De secundo, Esa. 51. *Gaudium & lætitia audietur in ea.* Exemplum de auicula quæ 300. annis cantauit. De tertio, Eccl. 24. *Sicut cinnamomum,* &c.

Item gaudebimus { Supra, de diuina consolatione, Infra, de loci amœnitate, Iuxta, de amicabili societate.

De primo, Apoc. 21. *Absterget Deus omnem lacrymam, &c.* De secūdo, Apoc. 21. *Platea & muri eius,* &c. De tertio, Bernard. Angelorum & hominum vnum erit conuiuium. Item de corporis & animæ glorificatione, Esa. 35. *Fugiet dolor & gemitus,* &c. Luc. 6. *Mensuram bonam & confertam.*

Item ibi erit { Amœnitas vernalis, Lux æstiualis, Vbertas autumnalis, Quies hyemalis.

De primo, Ansel. O immarcessibilis decor! Ibi igitur rosæ, lilia, & violæ. De secundo, Apoc. 2. *Ciuitas illa non eget sole & luna.* De tertio, Ps. 143. *Promptuaria eorum plena,* &c. De quarto, Esa. 32. *Sedebit populus meus in pulchritudine,* &c. Idem: *Sedebit vnusquisque sub ficu sua,* Mich. 4.

Item implebitur { Rationalis sapientiæ illustratione, Concupiscibilis desiderabilium adoptione, Irascibilis triūphi decoratione

De primo, Bern. *Fili ad scholas propera*, &c. De secundo, Psal. 102. *Qui replet in bonis desiderium*, &c. De tertio, de Dauid de quo cantabant 1. Reg. 29. *Et Dauid decem millia in millibus suis*.

GENERALITER omne peccatum fugiendum est, quia { Dæmonibus placet, Deo displicet, Homini nocet.

Primum patet per hoc quod diabolus semper homines tentat, vt in peccata præcipitet. Greg. Nihil se fecisse æstimat, cùm animas non sauciat. Idem. Assidua tentatione diabolus tentat vt saltem tædio vincat. Secundum patet per hoc quod Deus sēper est paratus peccata destruere, sicut dicit Ezec. 18. *Quacunque hora peccator ingemuerit*, &c. Itēm patet per hoc quod nullum tantùm amat, quem nō pro peccato mortali damnaret, si id faceret. Item per hoc quod filium tradidit, vt peccata destrueret, & similiter matrem pati permisit, sicut dicitur Luc. 2. *Tuam ipsius animam pertransibit gladius*. De tertio, Greg. Quidquid patimur, peccata nostra meruerunt. Nota peccatum mortale est cōtemptus Dei, fuga Angeli, odium sanctorum, clausura regni Dei, perditio virtutum, obtenebratio animæ, conformitas satanæ, meritum gehennæ. Veniale peccatum est, distractio sensuū, impedimentum feruoris charitatis, obstaculum diuinæ cōsolationis, via peccati mortalis, dilatio futuræ retributionis.

Item peccatum fugiendū est, quia { Benignitatem furibundam reddit, Angelum custodiæ ab homine repellit, Corpus & animā occidit.

De primo, Psal. 6. *Domine, ne in furore tuo arguas me*, &c. De secundo, Exemplum in Vitis Patrum: quod quando loquebantur mala, dæmones in specie porcorum volutabant se coram illis gaudentes, & angeli à longe stabant. De tertio, exemplum 1. Reg. 31. De Saul qui occidit se gladio proprio: sic quilibet peccato proprio. Item peccatum etiam occidit quasi venenum. Item quasi serpens. Item quasi sagitta diaboli.

Item peccatum fugiendum est, quia { Mala præterita reuocat, Vitā temporalē breuiat, A Deo elongat.

De primo, Matth. 18. *Serue nequam, omne debitum*, &c. De secundo, Psal. 54. *Viri sanguinum & dolosi*, &c. Exemplum in Sodomis, in Dathan & Abiron, in mari Rubro, in Adam & Eua. De tertio, exēplum in filio prodigo *qui abiit in regionē longinquam diss*. Luc. 15.

Item peccatum { Excœcat rationabilem, Excœcat concupiscibilem, Debilitat irascibilem.

De primo, exemplum Tob. 2. De secundo, Psal. 142. *Anima mea sicut terra sine aqua*, &c. vnde tales æterno incendio præparantur. De tertio, exemplum in Samsone, qui post abscissionem crinium, id est, donorum Spiritus sancti, non potuit aduersariis resistere. Iud. 16.

Item peccatum fugiendum est, quia { In naturalibꝰ vulnerat, Gratuitis spoliat, Maculando deturpat.

De primo, Esa. 1. *A planta pedis vsque ad verticem cap*. Thren. 4. *Quomodo obscuratum est aurum?*

Item peccatum { Hominem captiuat, Conscientiā amaricat, Premendo grauat.

De primo, Psalm. *Educ de carc*. &c. Idem: *Anima nostra erepta est*, &c. Peccatum autem ligat omnia membra, vt ad Christi obsequium sint inhabilia. De secundo, Iere. n. 2. *vide quàm malum & amarum est dereliquisse te*. &c. Psalm. 51. *Conuersus sum in ærum*. &c. Esa. 66. *Vermis eorum non morietur*. De tertio, Psal. 17. *Sicut onus graue grauata*, &c. nota quod omnes montes non possent hominem premere tam profundè sicut vnum mortale peccatū. Est enim mortale peccatum sicut lapis suspensus in collo canis qui submergi debet. Et sicut canis primo sentit ponderositatem lapidis quando de manu proijcitur: sic anima primò sentit grauitatem peccat cùm exierit de corpore.

Item peccatum { Apostasiam inducit, Insensibilem reddit, Ad plura peccata trahit.

De primo, exemplum in filio prodigo qui abijt, Luc. 15. Facit autem peccator cõtra illud promissum baptismale, Abrenuntio Satanæ, &c. & quia talis nõ soluit Deo promissionem suam: nec Deus soluit ei suam. De secundo, Psalm. 13. *Aures habent, & non aud.* Satis insensibilis est qui non audit tonitruum prædicationis, & tubæ nouissimæ, & clamoris Christi in cruce. Item qui iacens in igne concupiscentiarum mundi non sentit. Item qui captiuus tenetur, & quotidie moritur, non sentit. De tertio, Greg. Peccatum quod per pœnitentiam non di. &c. & hoc ideo est, quia per peccatum iste efficitur minus potes resistere, quia naturalia vulnerantur: & armis suis, id est, virtutibus spoliatus adiutorem suum amisit.

Item peccatum { Deum damnificat, Angelum defraudat, Hominem contristat.

Primum patet: quia animam aufert quam proprio sanguine redemit, & Deũ de domo propria expellit. Secũdum patet: quia Angelus fraudatur illo gaudio, quod de gloria istius habiturus esset, sicut dicit August. quod vnusquisque tantùm ibi gaudet de bono alterius, sicut si esset in seipso. De tertio, nota quod peccatum istius nocet hominibus in mundo per vnius adiutoris amissionem. Ecclesia enim est, *vt castrorum acies ordinata.* Item nocet his qui sunt in purgatorio per suffragiorum diminutionem. Item illis qui sunt in inferno per ignis augmentationem: quia non minus ardet, qui cum multis ardet: imò plus, quia materia igni augmentatur.

Per Figuras.

Item peccatum { In præterito de paradiso expulit, In præsenti omnia mala inducit, In futuro iudicio hominem confundit.

De primo patet, Genes. 3. De secundo, Greg. Quidquid patimur, peccata nostra meruer. Igitur si odimus illum, qui interficit patrem nostrum, magis est odiendum peccatum, quod mortalitatem inducit, & omnes parentes nostros interfecit. Genes. 2. *Quacunque hora comed. morte,* imò Christum occidit peccatum. Vnde 1. Pet. 2. *Qui peccato nostra pertulit in corpore,* scilicet super. De tertio, Apostol. Hebr. 4. *Omnia nuda & aperta sunt.* Dan. 7. *Antiquus dierum sedit.*

Gvla fugienda est, quia { Deijcit, Idololatriam inducit, Spiritualia bona contemnit.

De primo, exemplum in Adam qui propter cibum vetitum deiectus est de paradiso. Genes. 3. De secundo, Exod. 32. *Sedit populus mandu.* &c. Apost. Phil. 3. *Quorum Deus venter est,* De tertio, exemplum in Esau, Gen. 25.

Item Gula { Diabolo domum præparat, Spiritum grauat, Seruum contra se armat.

De primo, Matth. 8. *Mitte nos in porcos.* Item exemplum in dialogo de illa quæ comedit dæmonem in lactuca. De secundo, Luc. 21. *Videte ne grauentur corda vestra crapu. & ebri.* De tertio Prou. 29. *Qui delicatè nutrit seruum suum.* Eccl. 33. *Virga & cibus,* & *onus asino,* &c.

Item Gula { Luxuriam inducit, Homicidia & Acediam malam facit, Bursam vacuam reddit.

De primo, Apost. Ephes. 5. *Nolite inebriari vino, in quo est luxuria.* Exemplum in Loth, Genes. 19. De secundo, Exemplum in Ioanne Bapt. & filijs Iob, & Aman, qui omnes in conuiuijs perierunt.

De tertio, Salomon Prou. 12 *Quia amat pinguia, non ditabitur.*

Item gula inducit mortem { Naturæ, Culpæ, Gehennæ.

De primo, Genef. 2. *Quacunque hora comede, mori.* De secũdo, Apost. 1. Tim. 5. *Vidua viuens in deli. mor. est.* De tertio, Gen. 41. *Septem boues, septem anni sunt,* &c. Efa. 17. *Auferetur gloria Iacob & ping. car. eius mar.* Vnde quidam in Vitis Patrũ afflixit se in sole propter cucumerem quem concupiuit. Species huius quinque sunt. Vnde versus. *Præ, properé, lauté, nimis ardenter, studiosé.*

EBRIETAS { Hominem maledicit, Æternam sitim inducit, Apostatare facit.

De primo, Esaiæ, 5. *Væ quí mane surgitis, &c.* De secundo, Luc. 6. *Mitte Lazarum vt intingat, &c.* De tertio, Eccl. 19. *Vinum & mulieres apostatare faciunt.*

REMEDIA Gulæ { Spiritualium ciborum frequens sumptio, Futuræ carnis consideratio, Æternæ cœnæ meditatio.

De primo, Deuter. 8. *Non in solo pane viuit homo.* Vnde quidam in Vitis Patrum propter diuina colloquia, ciborũ sunt obliti sumptione. De secundo, Eccl. 20. *Cum moritur homo, hæreditabit serpentes, bestias & vermes.* Peccator tres habet hæredes: Amici namque auferunt res, diabolus animam, vermes corpus. De tertio, Luc. 34. *Quidam homo fecit cœnam magnam.*

LVXVRIA fugienda est. { quia { Placet dæmonibus, Displicet Angelis, Deo est contumeliosa, Proximo iniuriosa.

De primo, Iob. 40. *Behemoth: Dormit in locis humentibus.* De secundo, exemplum in Angelo qui obstruxit aures. De tertio, quia tẽplum Dei iniquinat. Apostolus 1. Cor. 6. *Qui autem fornicatur, in corpus, &c.* Item quia sponsam Christi violat. Apost. 2. Cor. 11. *Despondi vos vni viro virg. &c.* De quarto, quia proximum scãdalizat. Oseæ. 5. *Facti estis quasi laqueus speculationi, & quasi rete expansum subter montem Thabor.* 2. Reg. 12. *Non recedet gladius meus de domo tua.* Hoc dicitur ad Dauid propter Bersabee.

Item luxuriosis. { Pars vilissima datur, Mens infatuatur, Christus de corde repellit.

De primo, Genes. 3. *Quia obedisti voci vxoris tuæ plus quàm meæ, maledicta terra, &c.* De secundo, 4. *Vinum & ebrietas auferunt cor.* De tertio. Exemplũ de monacho, qui filiam sacerdotis idolorum voluit accipere vxorem. Matt. 6. *Non potestis Deo seruire & mammonæ.* Item. *Vulpes foueas habent.* ibit. 8. Item in peccato luxuriæ delinquitur tripliciter: Corde, ore, & opere.

Corde, per { Cogitationem, Delectationem, Consensum.

Hæc tria signata sunt, Genes. 3. per serpentem, mulierem & virum. De primo, Iob. 3. *Pepigi fædus cum oculis meis.* Et quidam dixit in Vitis Patrum mulieri roganti quod haberet sui memoriam, rogo Deum vt auferat memoriam tui à me, De secundo, Genes. 3. *Ipsa conteret caput tuum.* De tertio, Ier. 9. *Intrauit mors per fenestras, &c.*

Item ore tripliciter delinquitur, scilicet { Turpiter, Cum turpibus, De turpibus.

De primo, Psalm. 140. *Pone Domine custod. ori meo.* De secundo, Eccles. 9. *Colloquium eius sicut ignis exar.* Exemplum Genes. 39. de Ioseph. De tertio, Psalm. 100. *Qui loquitur ini qua, non dir. in conspectu oculorum meorum.* Talis similis est scrophæ, quæ semper rostrum ponit in stercore.

Item

Per Figuras.

Item opere delinquitur { Ipso facto, Intuitu incauto, Tactu inordinato.

De primo, Exod. 20. *Non mœchaberis.* De secundo, exemplum in Dauid, Bersabee, & Ioseph, Iudith, & Susanna. De tertio, Eccles. 23. *Qui tāgit picem, inquinabitur ab ea.* Eiusd. 26. *Qui tenet eam, quasi qui apprehendit scorpionem.*

REMEDIA huius peccati sunt { Mortis extrema cogitare, Occasiones fugere, De se non nimis præsumere.

De primo, Eccles. 7. *Fili mi, memorare nouissima tua, & in æternum non pec.* Hieronymus: Facile contemnit omnia, qui se semper cogitat moriturum. De secundo, Apostolus 1. ad Corinth. 6. *Fugite fornicationem, &c.* nam contra alia vitia pugnandum est, istud tantùm fugiēdum est. De tertio, nota quomodo Dauid cecidit sanctissimus, Salomon sapientissimus, Samson fortissimus.

Item remedia sunt { Frequens occupatio, Carnis mortificatio, Tētationis repugnatio.

De primo Ecclesiast. 11. *Malitia vnius horæ obli.* Item de secundo, 2. Regum 11. *Factum est eo tempore, quo reges solent ad bella procedere, &c.* Matth. 17. *Hoc genus dæmoniorum non eiicitur nisi in oratione & ieiu.* Hieron. Non sanat oculum quod sanat calcaneū. De tertio, Iac. 4. *Resistite diabolo, & fugiet à vobis,* de hoc nota exemplū in Vitis patrum, de illo qui impugnabatur à spiritu fornicationis, & sæpius veniens ad senem non est liberatus: Tandem seni ostensa est illius negligentia: qui quando dæmones ludebant coram ipso in specie diuersarum mulierum, ipsis condelectabatur plus debito. Item de illo qui accepit carnes putridas illius mulieris de qua tentabatur & posuit in cella sua. Item de monacho qui fecit limosam mulierem & filiam.

PER choream { Deum offendimus, Idololatriam introducimus, Festis iniuriam facimus.

De primo, Exod. 32. qualiter multa millia interfecta & tabulæ testamēti fractæ, quando coram vitulo cœperunt ludere. Secundum patet, quia processiones soli Deo exhibendæ sunt, & isti diabolo faciunt, vel hirco, pro quo chorizant. De tertio, Aug. dicit Melius est in dominicis dieb⁰ arare, quàm chorizare, vel choreas ducere. Exod. 20. *Memento vt diem sabbati sanctifices,* id est, te sanctum facias in eo: scilicet orādo, bonis operibus vacando, non Deum impugnando.

Item per choreā { Exercitus diaboli contra Deū congregatur, Proximus scandalizatur, Miseria præsens non attenditur.

De primo, 1. Machab. 9. *Congregati sunt inimici nostri, & gloriantur:* tot autem gladij sunt ibi, quot mulieres ornatę. Hier. Species mulieris gladi⁰ igneus est. De secundo, Matth. 18. *Qui scandalizauerit:* scilicet vana audiēdo, stulta loquendo, nociua tangendo. De tertio, Ecclef. 11. *In die bonorum ne immemor sis malorum:* scilicet præteritorum quæ recolimus, præsentium quæ sentimus, futurorum quæ timemus.

Item chorizatores { Mendaces se ostendunt, Impios se faciunt, Sacramēta Ecclesię contemnunt.

Primum patet: quia contra illam promissionem faciunt: Abrenuntio satanæ, &c. De secundo, Psal. 11. *In circuitu impij ambulant.* Tertium patet, quia baptismalem innocentiam amittūt, Confirmationis signum deponunt, Eucharistiam quam sumpserunt paulò ante contemnunt: & sic de aliis sacramentis, scilicet Pœnitentia, extrema Vnctione, &c.

F

Summa Virt. & Vit.

Item isto- { Passus omnes numerantur,
rum { Gaudium in tristitiam vertetur,
{ Via temporalis breuiabitur.

De primo, Iob 13. *Vestigia pedum me consydera.* De secundo, Luc. 6. *Va qui ridetis, quia flebitis.* Esa. 3. *Erit pro zona funiculus.* De tertio, Apostolus 1. ad Cor. 11. *Propter quod dormiunt multi, &c.*

Avar. { Naturæ contrariatur,
{ A Domino maledicitur,
{ Scelestus demonstratur.

Primum patet : quia creaturæ se communicant, quod ipse non facit. Item terram super omnia diligit, quam natura infirmam ordinauit. De secundo, Esa. 5. *Va qui coniungitis domum ad domũ.* August. *Maledictus dispẽsator auarus, cuius largus est Dominus.* De tertio, Eccles. 10. *Auaro nihil est scelestius*: dat enim Christum pro denario. Vnde quátum ad hoc peior est Iudâ.

Item auarus est iniquus { In Deum,
{ In seipsum,
{ In proximũ.

Primum patet : quia Deum suis donis impugnat. Secundum patet : quia transeundo maria & Alpes seipsum euiscerat. Tertium patet: quia proximum pro eleemosynarum subtractione iugulat. De primo, Psal. 34. *Retribuunt mihi mala pro bonis.* De secundo, Ioan. 4. *Impij laborauerunt, & alij in labores eorum intro.* scilicet raptores vel mali filij: vnde diuitias quas ipsi acquirunt cum labore, possident cum timore, amittunt cum dolore. Isti similes sunt araneæ, quæ faciendo telam vt muscas capiat, seipsam euiscerat. De tertio, Ambrosius ; *Pasce fame morientem: quòd si non pauisti, occidisti: &* hoc ideo, quia in necessitate omnia sunt communia.

Item aua- { Introitum paradisi claudit,
ritia { In infernum demergit,
{ Idololatram hominem constituit.

De primo, Matth 19. *Facilius est camelum per fora. &c.* De secundo, Augustinus, *Naufragium fugies, & plumbum amplecteris*: Vnde Socrates magnam massam pecuniæ proiecit in fluuium, dicens; *Mergam te, ne demergas me.* Item tertium patet : quia dat fidem auaris, spem & charitatem pecuniæ, quibus in Deum debemus moueri. Apostolus Eph. 5. *Auaritia est idolorum seruitus.*

Item amor { Dominum interficit,
pecuniæ { Doctrinam contemnit,
{ Cœcitatem spiritualem inducit.

De primo, habemus exemplum in Iuda. De secundo, nota quod Christus docuit nos auaritiam declinare verbo & exemplo. Verbo, Matth. 5. *Beati pauperes spiritu.* Item exemplo, Matth. 8. *Vulpes foueas habent.* Luc. 2. *Inuenietis infantem pannis inuolutum.* De tertio, exemplum Tob. 1.

Item auari- { Hominem captiuat,
tia { Hominem inquinat,
{ In homine omnia vitia parat.

De primo, Gloss. super Lætatus sum: *Amor temporalium fastus est pennarum cœlestium siue æternarum.* Apostolus 1. ad Tim. 6. *Qui volunt diuites fieri, incidunt in laqueum Diaboli.* De secundo, Oseæ 2. *Vt quid aggrauant contra se densum lutum.* Exod. 1. *In luto & latere.* De tertio, 1. ad Tim. 6. *Radix omnium malorum, &c.* Ex hac enim sequuntur oppressiones. Sen. *Quietissimè viuerent homines, si hæc duo pronomina tollerentur, Meum & Tuum.* Item sequuntur lites. Exemplum habes in Abraham & Loth: Gen. 13. Item ex hac sequitur gula, luxuria, inuidia, superbia &c.

Item auaritia { In seruitutem redigit,
{ In terra mentem figit,
{ Insatiabilem facit.

De primo, Eccles. 10. *Pecunia obediunt omnia.* Sed difficile est tali dominæ seruire, quæ facit famulam mori fame. Si quis seruit auaritiæ, non audet ad sufficientiã comedere. De secundo. Gen. 3. *Supra pectus tuum grudieris*. Talis comparatur talpæ. Sed nota, leuia tendunt sursum. vnde pauperũ est cælum: quia in vltima sponda dabitur illis, quibus primo non fuit datum: De tertio, Eccles. 5. Auarus non implebitur pecunia, vnde comparatur hydropico, & sacco pertuso, & inferno, qui nunquam dicit, Sufficit: & mari, cui omnia influunt, & tamen non redundat. Hieron. Auaro tam deest quod habet, quàm quod non habet. Vnde accidet ei sicut cani, qui voluit in aqua vmbram carnis capere, & illam quam habuit, amisit.

Vsurarius $\begin{cases}$ Rem mortiferam sitit, \\ Magnum pretium negligit, \\ Expensas super nobile pignus recipit. $\end{cases}$

De primo, Iob. 20. *Diuitias quas deuorauit euomet*: vnde comparatur sanguisugæ. De secundo, Augustinus: Fœnerare, & centuplum accipies. Item: Vis esse optimus mercator, egregius fœnerator, da quod non potes retinere, vt cõsequaris quod non potes amittere. Bernard. Optimus mercator, qui nil suorum sibi præferendum putat. Item tertium patet, quia recipitur super animam.

Item Vsurarius $\begin{cases}$ Viam paradisi obstruit \\ De aqua igne accendit, \\ Proprios filios occidit. $\end{cases}$

Primum patet: quia cum *arcta sit via qua ducit ad vitam*, Matth. 7. Ipse tamen magnum pondus super se ponit: De secundo, Ecclesiastici. 3. *Aqua extinguit ignem, ita eleemosyna*. Igitur cum quo deberet ignem extinguere, ignem accedit. De tertio, Oseæ. 9. *Ephraim ad occisionem filios suos ducit*. Vnde in inferno pater filio maledicit, & econuerso: quia vterque potest alteri causam damnationis imponere. Ecclesiast. 41. *De patre impio conqueruntur filii, quoniam propter illum sunt in opprobrio.*

Item vsurarius $\begin{cases}$ Naturæ ordinem peruertit, \\ Requiem & lucem vendit, \\ Festa Sanctorum contemnit. $\end{cases}$

Primum patet: quia naturæ est vis insita rebus ex simil. similia procreans. Ipse autem ex auena facit triticum, & sui nũmi frumentum pariunt, & hoc singulis diebus. De secundo, Ezech. 7. *Qui vendit, ad id quod vendidit non reuertetur*. ergo vsurarius luce perpetua carebit. Non ergo cantetur ei, *Requiem æternam*. Vendit & tempus, quod commune est omnibus. De tertio, habemus quod colligens ligna sabbato mortuus est. Num. 15. Præterea omnes sancti derelinquent eum in die iudicij, quorum dies vendidit.

Item vsurarius $\begin{cases}$ Legem triplicem transgreditur, \\ Vix ab hoc vitio compescitur, \\ Diabolo assimilatur. $\end{cases}$

De primo, Gen. 3. *In sudore vultus tui, &c.* Sed iste sine labore vult comedere. Psal. 72. *In labore hominũ non sunt*. Item facit contra illud, Deut. 23. *Non fœneraberis fratri tuo, sed alieno.* vnde quantum ad hoc peior est Iudæo. Secundum patet, quia vix restituit. vnde peior est inferno, qui aliena in passione Domini restituit. Iste autem passioni Domini nil restituit, imò prædicationem eius fugit, sicut bufo odorem floris vinearum. Item ipse peior est Iuda, qui xxx. denarios restituit. Tertium patet: quia sicut diabolus non dormit, ita nec iste quantum ad lucrum. Ex quo igitur vsurarius nocte & die ad infernum tendit, non est mirum si citius peruenit. Item diabol. aliena rapit, & est astutus in lucro animarum, sic & ille:

Item vsurarius $\begin{cases}$ Plura peccata simul in diuersis locis perpetrat, \\ Plus quàm latro spoliat, \\ Stultum se esse demonstrat. $\end{cases}$

Propter primum comparatur grandini, quæ propter suam dilatationẽ simul in diuersis locis nocet: vnde quantum ad hoc peior est aliis peccatoribus, ex quo ergo rustici pulsant contra grandinem,

F iij

multò fortiùs pulsare deberent aduenienté vsurario. Quia cùm grando percutit fructus in campo, percutit & fruges: iste vero pertulit ex arca frumentũ, denarium de bursa, lectum de dorso, pallium de collo. Secundum patet: quia lacrymas & sanguinẽ pauperum deuorat. Esa. 9. *Vestimentum mixtum sanguine erit in combust. & cibus ignis.* è contra dixit Dauid. 2. Reg. 25. *Viuit Dominus, non bibam sanguinem virorum, qui cum periculo hauserunt aquam.* vnde peior est lupo: quia lupo sufficeret vna capra, isti nõ sex porcæ. Præterea lupus tantum dẽtibus; sed quidquid iste habet, comedit, immò & homines. vnde Esa. 33. *Væ qui prædaris, nonne & ipse prædaberis?* Item vsurarius spoliabitur cælo, terra, & omnibus bonis: quò ergo deueniet cum diuidetur: quia datur caro vermibus, anima dæmonibus, res parentibus. De tertio, nota quod stultus esset, qui asino suo vel iumento diuitias congregaret: sic iste facit corpori, nõ animæ. Item stultus apparet; quia Deum decipere putat, cùm vsuram diuersis nominibus palliet, sed nonne est ita sicut asinus qui diuersimodè nominatur, & tamen semper est asinus.

Raptores { In oratione non exaudiuntur, Preces pro eis factæ frustrabuntur, Pro spoliatis damnabuntur.

De primo, 1. *Cum multiplicaueritis orationes vestras, non exaud.* Secundum patet: quia lacrymæ pauperum obsistũt Eccles. 35. *Non despicit Deus preces pupillorum, immò lacryma viduarum per maxillam descendunt, & exclamatio super deducentem eas,* scilicet super raptorem. Eiusdem 34. *Vnus orans, & alter maledicens; cuius vocem exaudiet Dominus?* Nihil potest obtinere in curia regũ, qui ibi multos habet aduersarios. De tertio, Sapient. 5. *Tunc stabunt iusti in magna constantia aduersus eos qui se angustiauerunt, & qui abstulerunt labores eorum.*

Item raptores { Homicidæ iudicantur, In iudicio damnabũtur, Diabolo assimilantur.

De primo, Eccl. 34. *Qui aufert in sudore panem, quasi qui fratrem suum occidit.* De secundo, Esa. 33. *Væ qui prædaris, &c.* Greg. Qui mihi visibiliter rapit vrgente exitu, inuisibiliter rapietur, & certè rapietur vt fur, cuius collo imponitur furtum. Tren. 1. *Iniquitates meæ circumuolutæ sunt & ligatæ collo.* Hæc attendens quidam in Vitis Patrum, qui cum cucumerem rapere voluit, in sole se afflixit. Tertium patet: quia diabolus in cælo rapere voluit, & in paradiso, & adhuc facit. Item diabolus affligit malos, isti autem bonos & malos, Esaiæ 59. *Qui recessit à malo, prædæ patuit.* Item deferunt angelo ad custodiam deputato, iste non: vnde quantum ad hoc, peiores sunt diabolo.

Item rapina { Deo est odibilis, Proximo detestabilis, Sibi damnabilis.

De primo, Esa. 61. *Ego Dominus amans iudicium, & odio habens rapinam.* Eccles. 34. *Qui offert sacrificium de substantia pauperis, quasi qui vic. fil. in con pat.* Secũdum patet, quod plus nocet proximo, quàm fur vel vsurarius: nocet enim manifestè & violenter. Item lupo comparatur qui semper viuit de alieno, imo sibi quandoque sufficit capra vna, isti non. Item sunt nuntij diaboli, quia perimunt homines in mundo, sicut ille in inferno, vnde eis Matth. 25. dicitur, *Ite maledicti in ignem æternum,* & sequitur, *qui paratus est diabolo & angelis eius.* De tertio, Augustin. Lucrum in arca, damnum in anima. Item si damnabũtur qui aliena rapiunt? Vnde potest Dominus dicere, *Esuriui,* & non solum dedistis mihi manducare, sed quod comedere debui, mihi abstulistis, & sic de aliis operibus misericordiæ.

Per Figuras.

Monachus proprietarius. { Furtum committit, Vilem se ostendit, Damnationem incurrit.

De primo, Ios. 6. Achior furatus est chlamydem coccineam & regulam auroā contra prohibitionem Domini, propter quod multi sunt puniti. Item Gen. 31. Rachel furata est idola patris. Ananias & Saphira fraudātes de pretio agri, mortui sunt. Actuum 5. De secundo, Hieron. Monachus habens obolum, non valet oboluin: imò comparantur tales Iudæ, qui loculos habuit. De tertio, Actuum 8. *Pecunia tua tecum sit in perditionem*, ita dixerunt sancti patres ad quendam sepeliendum, sicut legitur in diabolo. Greg. vnde de porta cœli facit portam inferni, claustrum enim porta cæli est, Genes. 38. *Vidit Iacob scalam, &c.* & quia huiusmodi furtum est, meritò talis sicut fur suspenditur, imò vt gallus gallinaceus.

Item { Sacrilegium committit, Apostasiam incurrit, Stultum se ostendit.

Primum patet: quia sacrum de sacro tollit: animas quoque fraudat, propter quas eleemosinæ datæ sunt. Secundum patet: quia non magis habere proprium potest, quàm non ire de claustro. Item molam asinariam amotam de collo iterum alligat, & in spinas quas euaserat iteratose proiicit: & luto quod proiecerat secundario se inquinat, vt sus lota, & canis reuersus ad vomitum, & vxor Lot respiciens retrò. Luc. 9. *Nemo mittens manum ad aratrum.* Tertium patet: quia cùm in naui sit, guttam haurit vt in mari seipsum submergat. Cum sit in horto, sal spargit, ne herba gratiæ sibi crescat: & fontem pietatis obstruit, ne sibi fluat. Item cum mortuus sit mundo, timet fame mori. Item facit sua pretiosiora seipso.

Lusor { Idololatriam incurrit, Proximum corrumpit, Multa bona perdit.

Primum patet: quia Haschart dominum appellat, & ipsum inuocat & plus obedit taxillis, quàm sanctus Martinus Domino: quia ille dedit tantùm dimidium pallium, iste totum. Secundum similiter patet, quia conuenientes ad ludum ad similia incitantur: Personæ quæ locant taxillos, asserem & lumen, omnes peccant, imò porrigunt illis gladium vt se interficiāt. Tertium patet: quia perdit tempus, gratiam & gloriam, diabolus autem nunquam perdit. Ad minus enim lucratur duas animas.

Item lusor { Maledictionem incurrit, Plura peccata committit, Stultum se ostendit.

De primo, Esa. 65. *Maledictus puer centum annorum.* Secundum patet: quia ibi sunt periuria, vituperia, maledictiones, iræ, rixæ, homicidia, mendacia, auaritia, furta, scandala, blasphemiæ. Vnde tales quandoque puniuntur, sicut quidam qui iurauit per oculos Dei, & suus exiliit. Item quidam voluit sagittare Deum, & cruentata sagitta rediit. Tertium patet, quia illum ordinem peruertit. Eccles. 3. *Est tempus flendi & tempus ridendi.* Nota exemplum in Barlaam, de quatuor gladiis.

Acedia fugienda est, ne { Præceptum Domini negligamus, Maledictione incurramus, A creaturis cæteris discrepemus.

De primo, Gen. 3. *In sudore vultus tui.* De secundo, exemplum de ficu, quam Dominus maledixit, quia folia tantùm habuit. De tertio, nota quod exemplum debemus sumere in corporibus inanimatis sicut in herbis & arboribus, quæ licet in hyeme sint nudæ, tamen virtutem suam seruant, & tempore suo redeunt ad cōsueta. Item in corporibus sensibilibus. Prouerb. 6. *Vade ad formicā, ô piger.*

E iij

Item in rationabilibus. Augustin. O si tales essemus amatores vitæ permanētis, quales illi sunt vitæ fugientis! Idem: Inquietum est cor nostrum, donec requiescat in te.

Item acedia fugienda est, { Vt denarius diurnus recipiatur,
Ne tempus amittatur,
Ne vita temporalis succidatur.

De primo, Matth. 10. *Ite & vos in vineam meam.* De secundo, Bernard. Nihil pretiosius tempore. hoc ideo dicit, quia breui hora potest quis acquirere veniā, gloriam, & gratiam, & sequitur in auctoritate. Sed heu! nihil vilius reputatur. Dicunt homines, Venite, ducamus tempus, cùm breue sit. De tertio, Luc. 13. *Succide illam, vt quid etiam terram occupat?* Dignum est vt inutiliter vitam expendens, vitam amittat.

Item acedia fugienda est { Vt futuram famem præueniamus,
Ne expectantē Deum contemnamus,
Ne cæli gloriam negligamus.

De primo, Apostolus 2. Corinth. 9. *Qui parcè seminat, parcè & metet.* Prouer. 20. *Propter frigus piger arare noluit.* De secundo, Esaiæ 5. *Expectaui vt faceret vuas, & fecit labruscas.* De tertio, exemplum in fatuis virginibus. Matt. 25. Item qui non mercatur in nundinis, postea non habebit. Item qui propter pigritiam non extendit manum ad recipiendam gratiam, postea non habebit gloriam.

Item acedia { Deo displicet,
Diabolo placet,
Homini nocet.

De primo, Apocalyp. 3. *Vtinam frigidus esses, aut calidus: sed quia tepidus es, &c.* displicet autem Deo, quòd in luto iacens propter prigritiam nonvult surgere, & in igne concupiscentiæ, & in stillicidio præsentis miseriæ. De secundo,

Matthæi 8. *Mitte nos in porcos*, & quum porcus mactandus est, permittitur in quiete pinguescere. Sed stultus est, qui propter pulchram viam tendit ad mortem. De tertio, Prou. 24. *Per agrum pigri hominis transiui, & per vineam viri stulti, & ecce totum repleuerant, &c.* Nota quod aqua corrumpitur ex quiete, & ferrum rubiginem contrahit. Augustinus, Differebam viuere in te, & non differebam in me mori.

Item acediosus { Hostem contra se armat,
Diabolo locum parat,
Tentandi fiduciam præstat.

Primum patet: qui corpus per quietem nutrit, lasciuere facit, 1. Petr. 5. *Sobrij estote, & vigilate, quia aduersarius vester diabol. tanquam leo. &c.* De secundo, Hieron. Semper aliquid operis facito vt te diabol. inueniat occupatum. Est puluinar diaboli otiosus homo. Nota, quòd patellam vacantem libenter petunt vicini non occupatam: sic & diabolus. Item muscæ libenter incidunt ollæ tepidæ nō feruidæ. De tertio, dixerunt sancti in Vitis Patrum, quod monachum operantem vnus dæmon impulsat, otiosum innumeri. Est enim otiosus homo quasi vrbs absque murorum ambitu, & sicut signum positum ad sagittam, & quasi cera subitò liquescens ad ignem.

Item { Deum à se elongat.
Dæmonum pœnis se sociat,
Stultum se esse demonstrat.

De primo, Iob 28. *Non inuenitur in terra suauiter vi.* De secundo, Psal. 72. *In labore hominum non sunt.* Tertium patet, quia metere vult, & non seminare. Item languens & paralyticus, & claudicans non quærit medicum, sciens se esse in aquis, non mouet manum. Vincula non vult per pigritiam soluere.

Per Figuras.

Item nimis est acediosus qui
- Furem fodiétem parietem non repellit,
- Se receptaculum sordium facit.
- Tonitrua audiens non surgit.

De primo, Matthæi. 24. *Si sciret paterfamilias qua hora fur veniret,* mors fur quotidie tollit vnum asserem: id est, vnum diem. Exemplum in Balaam de vnicorne. Senec. Incertum est quo loco te mors expectet, ideo tu illam in omni loco expecta. De secúdo. Bern. Omnium tētationum sentina est otium: nam occasio est luxuriæ. 2. Reg. 11. *Factum est eo tempore quo solent reges ad bella procedere, &c.* Item nugarum. Athenienses ad nihil vocabant, nisi, &c. Item curiositatis. 1. ad Timoth. 5. *Discunt circuire domos.* De tertio, Cantic. 5. *Vocaui, & non respondit mihi.* Tonuit autem Christus in prædicatione, & tonabit etiam in die iudicij.

Item piger est qui
- Ad cælum non scandit,
- Stercora de oculo non eiicit,
- Iaculum de vulnere non extrahit.

De primo, Matth. 11. *Regnum cælorum vim patitur,* sed tardè perueniret ad locum, mouens vnum pedem hodie, per annum alterum: sic & illi quorum motus est pes intellectus, sed non affectus. De secundo, exemplum in Tob. 2. Matth. 7. *Eyce primum trabem de oculo.* De tertio, cantamus. *Peccata mea do, sicut sang.* Stultus est, qui vulnera non præcauet arma sumendo, Boëtius. Talia tibi cnosulueramus arma, quæ nisi prior abiecisses inuicta de infirmitate tuerentur.

Indeuotio nascitur ex
- Remorsu conscientiæ,
- Cibi spiritualis esurie,
- Vitio superbiæ.

De primo, August. Palato non sano pœna est pa. qui sano, &c. & oculis ægris odiosa lux que puris, &c. De secundo, Psal. 101. *Aruit cor meum, quia oblitus sum come. &c.* Isti semper sunt in pasculis & macilenti manent: & hoc ideo, quia tædium habent terere aromata, & applicare olfactui. De tertio, 2. Reg. 1. *Montes Gelboë, nec ros nec pluuia ve.* Isti semper iuxta ignem frigidi manent: quia inter ipsos & solem iustitiæ ponitur mons superbiæ.

Item indeuotio nascitur ex defectu
- Timoris,
- Amoris,
- Occupationis.

De primo, Eccles. 7. *Qui timet Deum, nihil negligit.* Est enim timor Domini quasi stimulus agitans. De secundo, Gregor. Qui amat ardentius, currit velocius, & peruenit citius. Christus est ignis mobilis, & anima spiritualis subleuans hominem, & reddens agilem. Tertium patet, quia aqua ex quiete putrescit, & ferrum rubiginem contrahit.

Desperatio
- Deo displicet,
- Dæmonibus placet,
- Homini nocet.

De primo, Hieron. Magis offendit Iudas quòd se suspendit, quàm quòd Deum tradidit. Secundum patet: quia homo per desperationem efficitur similis diabolo. De tertio Prouerb. 24. *Si desperaueris lapsus, in die angustiæ minuetur fortitudo tua.* Nota, nimis arctù haberet cor, qui timeret mori fame, si múdus plenus esset panibus. Sic qui desperat, cùm misericordia Domini plena sit terra, secundum Psalm.

Item talis
- Infinito finem ponit,
- Fontem misericordiæ Dei obstruit,
- Deum inexorabilem credit.

De primo, August. Deus est inter omnia non inclusus, extra omnia non exclusus: quanta autem Dei est maiestas, tanta & bonitas. vnde idem, Ingenti libertate atque vbertate replet omnes creaturas pro capacitate earum. De secundo, Ans. O æternum & incessabile, clarum & dulce profluuium, cuius vnda sine ortu, profundum fine fundo, cuius altitudo incircumscriptibilis, cuius puritas imperturbabilis, Cant. 4. *Fons hortorum, puteus aquarum.* De tertio, nota quod iste credit Deum nunc crudeliorem, quàm quando latronem saluauit, Mariam Magdalenam, Paulum, Petrum, & deprehensam in adulterio.

Item remedium ⎧ Dominicæ passionis,
desperationis est ⎨ Diuinæ veritatis,
consideratio ⎩ misericordiæ virtutis.

De primo, Bernard. Duplici ratione debetur vita æterna, scilicet filiali hæreditate, & meriti virtute, ideò vnum sufficit, aliud mihi reliquit. Sic respondit diabolo volenti eum in desperationem ducere. Item desperas vilipendit passionem Christi, quasi nõ sufficiat delere peccata. De secundo, Ezech. 23. *Quæcunque hopec. &c.* Item. *Viuo ego, dicit Dominus, nolo mor.* Nota quod peccator dicitur magnus propter peccatorũ magnitudinem vel multitudinem. Contra hoc misericordia Dei magna est & multa. Psalm. 50. *Miserere mei Deus secundum magnam misericordiam tuam, &c.* Tanta verò Dei est misericordia, quod geometrici nequeunt mensurare eius magnitudinem, nec arithmetici possent numerare eius multitudinem. Ansel. Quanto, Deus maior est homine, tanto inea malitia inferior est bonitate eius. De tertio, Dixit beatus Martinus ad diabolum, Si adhuc ageres pœnitentiam, consequereris veniam.

FERVOR ⎧ Corpori boni operis effectũ
indiscretus ⎨ Spiritui affectum,
aufert ⎩ Deo honorem diuinum.

Primum patet: quia arcus nimis tensus frãgitur. Exemplum de illo, qui propter nimiam festinantiam, frangit ollas. De secundo, Prouerb. 10. *Qui festinus est pedibus, offendet.* Nota quod periculosa est infirmitas quæ est ex calore. Item peius est equum habere inter hostes sine calcaribus, quàm cum calcaribus. Tertium patet, quia aufert Deo debitum sacrificium, quia sine sale. Item quia magi-

strum, scilicet Christum, volunt excedere: & eius obsequium fuit rationabile. Rom. 12. *Rationabile obsequium vestrum.* sis ergo animal findens vngulam.

⎧ Diurnum bonum breuiter
⎪   destruunt,
Item tales ⎨ Arma nimis ponderosa sumunt,
⎩ Vanam gloriã in se nutriũt.

De primo, Psal. 58. *Fortitudinem meam ad te cu. &c.* Nota cùm equo subtrahitur auena, facit malam dietam. Eccles. 33. Virga, & onus, & cibus asino. De secundo, exemplum de Dauid, quando debuit pugnare Nota nauis nimis onerata submergitur. De tertio, Bernardus: Quæ maior superbia, quàm quod vnus homo toti congregationi iudicium suum præferat, tanquam solus habeat spiritum Dei.

⎧ Imaginem Dei dissipat,
IRA ⎨ Hospitium Spiritus sãcti turbat,
⎩ Execrabilem se demonstrat.

De primo, Augustinus: Mansuetudo imaginem Dei in nobis seruat, qui semper tranquillus est: sed ira dissipat, & multis virtutibus priuat. De secundo, Gregorius: Dum ira animum pulsat, Spiritui sancto hospitium suum turbat. Eccles. 27. *Furor & ira vtraque execrabiles sunt.* Et dicit gloss. interlin. in conspectu Dei.

⎧ Diabolum introducit,
Item ira ⎨ Se Deum ostendit,
⎩ Templum Dei incendit.

Pimum patet, quia sicut in pace factus est locus Dei: sic ita locus diaboli. Secundum patet, quia vindictam, quæ Deo seruanda est, sibi vsurpat. Rom. 12. *Mihi vindictam, & ego retribuam.* Vnde quidam in Vitis Patrum, Domine, non es nobis necessarius. De tertio, Psal. 73. *Incenderunt igne sanctuarium tuum,* Ioëlis 1 *Ignis comedit speciosa deserti.* Isti sunt similes draconi, qui vomit ignem.

Item

Item ira { Excæcat,
Captiuat,
Mortificat.

De primo, a &tor. 7. *Domine, ne statuas illis hoc peccatum, quia nesciunt, &c.* Item dixit Christus. De secundo, Luc. 6. *Dimitte, & dimittemini, &c.* De tertio, Iob 5. *Virum iniustum interficit iracundia,* & furiosi solent se occidere, de his Augustinus: Qui per corpus suum mittit gladium, vt lædat tunicam alterius: talis, primò deberet vindicare in seipso, quia se occidit.

Item talis { Iudicium extremum præuenit,
Aures Dei sibi claudit,
Infirmum se esse ostendit.

De primo, Apostolus 1. Cor. 4. *Nolite ante tempus iudicare.* talis vult esse actor & iudex in eadem caussa. August. Dicit malus, Domine occide malum. Respondet tibi Deus. Quem vestrum? imò sic orando facis te iudicem, & Deum vis esse tortorem, quod est officium diaboli. De secundo, Eccles. 28. *Homo homini reseruat iram, & à Deo quærit medelam.* Item Luc. 7. *Duo debitores erant cuidam fæneratori,* &c. Tertium patet, quia ira tremere facit hominem, sicut febris mouens hominem decies in die. Vnde talibus infirmis potius est miserādum, quàm irascendum. Vnde vngendi sunt consolationibus, & non mortui lacerandi sicut domus.

Item iracundus { Seipsum perdit,
Stultum se ostendit,
Bonum sibi malum facit.

De primo, Luc. 21. *In patientia vestra poss.* &c. Prou. 16. *Melior est patiens viro forti.* Ibidem: *Melior est patiens expugnatore vrbium.* Sancti temporalem pœnam lucrum putant, quia per hanc æternam euadere non ignorant. Secundum patet, Qui aufert tibi pallium bonæ famæ, da tunicam innocétiæ. Tertium patet, quia talis auro tribulationis obruitur, & fornace tribulationis annihilatur.

Per guerras { Fraternitas violatur,
Maius periculum non præcauetur,
Regnum animæ desolatur.

Primum patet, quia sumus omnes fratres, & Deus pater noster est. De secūdo, nota quod minores guerræ sedeant propter maiores quæ imminēt, scilicet propter mundum, carnem, & diabolum. De tertio, Matth. 12. *Omne regnum in se diuisum desolabitur.*

Item per has { Beatitudo amittitur,
Peccatum incurritur,
Diabolus in extremis inuitatur.

De primo, Matth. 5. *Beati pacifici.* De secundo, nota quod ex talibus sequūtur rapinæ & incēdia. Innocentes opprimūtur & pauperes. De tertio, Prou. 7. Semper iurgia quærit malus, angelus autem crudelis mittetur contra eum.

Peccatum incendij { Spiritui sancto contrariatur,
Diabolo assimilatur,
Stultum monstratur.

Primum patet: quia puræ malitiæ est, nec quidquam excusationis habebunt in iudicio: cum enim Dominus improperabit in iudicio quibusdam: *Hospes fui, & collegistis me:* tunc istis dicet, qui non solùm non collegerunt eum, sed & expulerunt. Secundum patet, quia diabolus nunc incendit per concupiscentiam, & in inferno per pœnam. Tertium patet, quia seipsum incendit, tenetur enim ad restitutionem. Item parat sibi ignem æternum.

Homicida { Filium Dei occidit,
Gladio peribit,
Angelo contumeliam facit.

De primo, Matth. 23. *Vnus est pater vester, Deus.* De secundo, Matt. 26. *Omnis qui accipit gladium, gladio peribit?* Illo inquam gladio de quo Apoc. 1. *Et gladius*

G

ex vtraque parte acutus exibat. Tertium patet, quia occidit eũ, cui angelus est ad custodiam deputatus.

Item homicidium { Ad Deum clamat, Diabolo se assimilat, Christum inhonorat.

De primo, Gen. 4. *Ecce vox sanguinis, &c.* De secũdo, Ioan. 8. *Ille homicida erat.* Tertium patet ex eo, quod naturam quã Christus assumpsit, iugulat, & imaginem ad quam homo factus est, dissipat.

Remedia iræ sunt, { Silentij obseruatio, Mollis responsio, Dominicę passionis recordatio

De primo, Prou. 26. *Cum defecerint ligna, ignis extinguetur.* Nota quod ex collisione duorum lapidũ elicitur ignis: sic ex amaris verbis duorum ira. De secundo, Prou. 15. *Responsio mollis frangit iram.* Eiusdem 26. *Quasi qui canem auribus apprehendit, sic, &c.* Rom 12. *Si esurierit inimicus tuus, ciba illum.* De tertio, Greg. Si passio Domini ducitur ad memoriam. Vnde *respicientes serpentem æneum.*

Inuidus { Per lumen excæcatur, De vita moritur, Diabolo assimilatur.

Primum patet, quia ad bona proximi torquetur: vnde comparatur noctuę, quę lumen diei non potest sustinere. Secundum patet, quia sicut omnia munda mũdis, sic omnia istis nociua, sicut febricitanti boni cibi sunt contrarij. De tertio, Sapient. 3. *Inuidia diaboli intrauit mors.* nimis esset inuidus qui vellet erui oculum, vt alij sic fieret: sic facit diabolus; & isti per hoc quod aliis inuident, sibi magis nocent. Vnde nota exemplum de inuido & auaro. Sicut ergo dicit Dominº. Ioan. 13. *In hoc cognoscent omnes, quia discipuli mei estis:* sic potest diabolº dicere de inuido.

Item inuidia { Proximum occidit, De suis spinas colligit, Seniut corrumpit.

De primo, Gen. 37. *Fera pessima deuorauit filium meum,* hæc enim occidit Abel, & Ioseph vendidit, nec Domino Iesu Christo pepercit. vnde Marc. 15. *Sciens quod per inuidiam tradidissent eum.* De secundo, Senec. Vtinam indi omnium oculos & aures haberent, vt de omnium profectibus torquerentur. Tertium patet, quia amara dulcia facit, & ècõuerso. Esa. 5. *Væ qui dicitis bonum malum.*

Item contrariatur { Spiritui sancto, Tollit bona proximi, More gerit perfidi.

Primum patet: quia diu sãcta: omnia bona communicat, & bonum hominis sibi placet, mala verò displicent. De secundo, Hugo de sancto Victore: Superbia aufert mihi Deum, inuidia proximum, ira meipsum. August. Quidquid in alio diligo, meum facio, bonum vel malum. Tertium patet, quia facit vt canis mordens à tergo, cum cauda blanditur in facie, & sicut fur qui subtrahit occulte, & sicut perfidus homo qui lædit alium, qui non contradicit ei prius, & talis magis nocet. Greg. Iacula quæ præuidentur minus feriunt.

Superbia { Diabolo assimilatur, Gloriam Dei vsurpat, Perfectos impugnat.

De primo, Iob 41. *Ipse est Rex super omnes filios superbiæ.* Vnde est signum per quod diabolº suos cognoscit, sicut Christus suos per charitatem. De secundo, Esa. 42. *Gloriam meam, alteri non dabo.* De tertio, August. Superbia etiam bonis operibus insidiatur vt pereant, vnde est quasi turris Babel, ad cælum, id est, cælestes viros pertingens, inexpugnabilis vt castrum in alto situm.

Item superbia { Deo odibilis, Proximo detestabilis, Sibi damnabilis.

Per Figuras.

De primo, Eccles. 25. *Tres species odiuit anima mea*, &c. Pauper superbus est homo respectu angeli. Secundū patet, quia subueniendum esset pauperibus de talibus, quibus mulieres ornatæ sunt, quasi laqueus, & rete, & hamus, & gladius, & sagitta diaboli. De tertio, Apocal. 18. *Quātum glorificauit se, & in deliciis fuit, tantum date illi tormentum.* Item amittit quod expendit in huiusmodi.

Item superbia { Bona expellit præsētia, Excludit absentia, Falsificat omnia.

De primo, Greg. Superbia virtutes destruit. De secundo, 2. Reg. 1. *Montes Gelboë, nec,* &c. De tertio. Ecel. 13. *Qui tangit picem, inquinabitur ab ea,* est autem superbia quasi cuprum diaboli, quo falsificatur moneta Christi. Aug. Superbia etiā bonis operibus insidiatur, vt pereant.

Item superbia { Auxilium Dei subtrahit, Alia vitia parit, Homines deijcit.

De primo, Hugo de sancto Victore. Superbia aufert mihi Deum. De secūdo, Eccles. 10. *Initium omnis peccati est superbia,* scilicet hæresis, contētionis, rapinæ, &c. vnde nō venit sola, sed cum exercitu quasi regina vitiorum. De tertio, exemplum in Lucifero & Adam, Lucæ 14. *Qui se exaltat, humiliabitur.* Scandentes libenter cadunt: & qui se eleuant, sub ostio humiliter lædunt caput.

Item superbia { Memoriam hominis annihilat, A Deo elongat, Deum impugnat.

De primo, Eccles. 10. *Memoriam superborum.* Psal. 33. *Vt perdat de terra memoriam eorum.* De secūdo, nota quod elongatio à Deo est dissimilitudo. Christus autem fugit ne fieret rex. De tertio, nota quod quando alia cauentur, tunc istam præcipuè exercent homines: scilicet sacro loco, & sacro tempore.

Item superbia { Hominem confundit, Apostatam facit, Ordinem Dei peruertit.

De primo, Esa. 3. *Erit pro zona, &c.* De secundo, Eccles. 10. *Initium superbia hominis, apostatare à Deo:* quia votum istud transgreditur, Abrenuntio Satanæ. De tertio. Eccles. 3. *Est tempus flendi, & tempus ridendi.* Præterea isti ancillam ornāt, dominam nudant: præterea mulieres cōtra naturæ ordinem cornua sibi faciūt & caudas. In Vitis Patrum, quomodo diabolus equitauit super cauda talis.

Item superbia { Hominem decipit, Scandala tendit, Stultitiam facit.

De primo, Matth. 23 *Sepulchra dealbata.* De secundo, nota mulieres videntes hoc, inuident, & quærunt similia; & maritis suis sunt molestæ, vt vestiantur permittētes eos fieri vsurarios. Psal. 139. *Iuxta iter scandalum posuerunt mihi.* Tertium patet, quia magna pro paruis vendūt, scilicet laude. Item stultus esset qui iudicaret equum suum ornatum sele. Item tales plus laborant vt oculos hominum reficiant quàm suum ventrem.

Item superbia { Inflat, Captiuat, Damnat.

De primo, Sap. 4. *Dirumpet illes inflatos.* Nota, inflati non possunt currere: ita nec isti ad regnum cœlorum. De secūdo, nota quod aues cum magnis pedibus capiuntur de facili cum laqueis. Item isti capillos nutriunt, & vestes multiplicant vt teneri possint à diabolo.

Item isti offendunt { Deum, Sanctos, Angelos.

Primum patet, quia templum Dei incendunt: id est, corda intuentium. Psalm. 73. *Incenderunt igne sanctuarium tuum,* Item vexillum inimici sui, id est, diaboli, ponūt in castro suo, & deponitur signum Christi, id est, crucis. Secundum patet, quia in festis sanctorum se ornant. Esa. 3.

C ij

In die illa auferet. Tertium patet, quia clientulos angelorum mortificant.

Superbia ve-⎫ ⎧Pretiositate,
stium repre-⎬ ⎨Mollitie,
henditur ⎭ ⎩Superfluitate.

De primo, Luc. 16. *Induebatur purpurâ & bysso.* Contra secundum, est consideratio vestium infernalium. Esa. 14. *Subter te sternetur tinea.* De tertio, Iacob. 5. *Vestimenta vestra à tineis comesta sunt.* vnde perticæ clamare possunt in die iudicij, quia nimis onerabantur. Nota quod pellis catti comburitur, ne aliquis furetur, propter pulchritudinem ergo prædicantur vestes.

Item vestis ⎫ ⎧Colore,
reprehendi-⎬ ⎨Forma,
tur ex ⎭ ⎩Ostensione.

De primo, Esa. 13. *Facies combustæ vultus eorum.* Eiusd. 3. *Erit pro zona funiculus,* &c. De secundo, Genes. 3. *Fecit eis tunicas pelliceas.* Nota quod artifex dolet, cuius forma alteratur: Sic Dominus indignari potest nobis. Contra tertium, quia in Christo apparuit humanitas, latuit quod nobilius fuit, scilicet diuinitas. Nota quod circulus est signū vēditionis vini, & frondes in capite signum venditionis equi.

Hypocrita ⎧Homines decipit,
 ⎨Duplicitate viuit,
 ⎩Diabolum se facit.

De primo, nota quod assimilatur vulpi, & falsæ monetæ, & simulacro in horto. De secundo, Deut. 21. *Non indueris veste,* &c. talis comparatur simiæ quæ imitatur actus humanos, non tamen est homo. De tertio, 2. Cor. 11. *Angelus satanæ transfigurat se,* &c. vnde est quasi dæmonium meridianum.

Item ⎫ ⎧Animam deturpat,
hypo- ⎬ ⎨Spiritum sanctum fugat,
crisis ⎭ ⎩Conspectu Dei se priuat.

Propter primū comparatur sepulchro dealbato, & mirum est, quia omnia sua sunt munda, ipse autem turpis. *Tales lauant de foris quod calic.* &c. De secundo, Sap. 1. *Spiritus sanctus disciplinæ effugiet*

fictum. De tertio, Iob. 13. *Non veniet in conspectu eius omnis hypocrita.*

Item hy- ⎫ ⎧A Deo maledicetur,
pocrita ⎬ ⎨in iudicio confundetur,
 ⎭ ⎩Martyr diaboli efficitur.

De primo, Matth. 23. *Væ vobis hypocritæ.* Nota de secundo, quod accidit ei, sicut coruo, qui accommodauit pennas ab omnibus auibus; quibus ablatis, confusus stetit. De tertio, nota quod isti portant crucem sicut Simon Cyrenæus. vnde propter te mor. tota die.

⎧Virtutes in se corrumpit,
Item ⎨In infernum se demergit,
⎩Lupum se constituit.

De primo, Luc. 12. *Attendite à fermento Phar.* Isti sunt quasi arbores cum foliis sine fructu. De secundo, Apoc. 6. *Ioannes vidit equum pallidum, & infernus sequebatur eum, & qui sedebat super eum, nomen illi mors.* Sic isti sunt equus pallidus per sanctitatem quam prætendūt. Matt. 6. *Exterminant enim facies suas, vt appareant hominibus ieiunantes,* & mors, id est, diabolus equitat eos, infernus autem sequitur: id est, æterna damnatio. De tertio, Matth. 7. *Veniunt in vestimentis ouium, intrinsecus autem sunt lupi rapaces:* quia hypocritæ spoliant homines.

Mala cocutio ⎧Angelos fugat,
 ⎨Pyxidē Christi deturpat,
 ⎩A gratia cor. euacuat.

De primo, exemplum in Vitis Patrum, de porcis, qui venerunt, &c. Secundum patet, cum enim homo communicat os suum, quasi pyxis Christi est. De tertio, Eccles. 20. *Gratia stultorum effundentur.*

Item ma- ⎫ ⎧Nocet loquenti,
la locu- ⎬ ⎨Nocet audienti,
tio ⎭ ⎩Et illi de quo fit sermo.

Primum patet, quia talis aperit inimicis suis portas castri sui, Ierem. 9. *Intrauit mors per fenestras.* De secundo, Iac. *Lingua inquietum malum est.* Propter tertium comparatur gladio & sagittæ, quia nocet à remotis. Psal. 139. *Acuerunt linguas suas sicut serpentes.*

Item {Vagum reddit,
In iudicio confundit,
In inferno punit.

De primo, exemplum in equo sine fræ-no, & naui sine gubernaculo, & momento in statera, quod inclinatur vbi maius est pōdus: sic qui de terra est, de terra loquitur. De secundo, Matth. 12. *De omni verbo otioso*, &c. ergo & de nociuo. De tertio, Luc. 16. *Mitte Lazarū, vt intingat*, Apoc. 16. *Commanducauerunt linguas suas præ dolore*. Propter hæc omnia tribus annis quidam pōrtauit lapidem in ore, ne verbis excederet. Nota etiam exemplum de duabus mulieribus in Vitis Patrum, quæ disponebant non loqui secularia.

BLASPHEMIA {Essentialiter damnat,
Subito mortificat,
Insanum demonstrat.

De primo, Matth. 12. *Spiritus blasphemiæ non dimittetur*. De secundo, patet, quia sæpe videtur quod vel exilit oculus, vel lingua punitur. Exēplum de illo, qui voluit sagitare Deum, & sagitta rediit cruentata. Tertium patet, quia canis non mordet Dominum suum, nisi sit rabidus.

Item talis {Iudæos superat,
Deum sine causa inhonorat,
Mala pro bonis donat.

Primum patet: quia Iudæi blasphemāt tantum mortalem & ignoranter, iste immortalem & scienter. Item peior est bufone & serpente, quia omnis creatura Deum laudat suo modo, iste autem vituperat. De secundo, Ierem. 2. *Quid inuenerunt in me patres vestri?* Item Michææ 6. *Popule meus, quid feci tibi?* &c. vnde homo facit Deo quod non faceret gartioni. De tertio. Psal. 34. *Retribuebant mihi mala pro bonis*.

Item talis {In statuam salis se conuertit,
Ordinē diuinum peruertit,
De alieno se intromittit.

De primo, in Vitis patrum, Qui querulosus est, monachus nō est: quasi dicat, idolum est, siue statua & simulachrum. Secundum patet, quia plus ponderat pa-bulum quàm pacem: mirum esset, si mortuus loqueretur vel iumentum. Ipsi autē tales sunt. Psal. 72. *Vt iumentum factus sum*. Sed isti assueti monstris, vt Balaam non curant, De tertio, Bern. Qui curam vestri semel nobis commissis, &c.

MVRMVRATORES in claustro. {Fel in escam Dei ponunt,
Vacuos gratia se ostendunt,
De alieno se intromittunt.

De primo, Psal. 68. *Dederunt in escam meam fel*. Secundum patet: quia crepant ad ignem tribulationis, sicut vasa vacua. Item vt currus non vnctus, murmurant. Eccles. 33 *Præcordia fatui quasi rota carri*. de hoc potest dici: Ecce homo plenus querela, falsus Dei cultor. De tertio, Bernard. Dominus docet animas in hoc mūdo perdere, hypocritas saluare, cuius cōsilio acquiesces, cuius vis esse discipulus. Idem, Puta te quæso esse monachum nō medicum.

PERIVRVS {Manum diabolo porrigit,
Sigillum Domini corrumpit,
Peiorem diabolo se ostendit.

Primum patet, quia manum contra Deum extendit: vnde quando talis se benedicit, hoc manu diaboli facit. Secundum patet, quia scripturam sanctam vel reliquias ducit in testimonium de falso. Vnde excommunicatus est, sicut qui bullam Domini Papæ falsificat. Tertium patet similiter: quia licet diabolus sit mendax & pater eius, non tamē periurus est.

MENDAX {Deum contemnit,
Proximum fallit,
Seipsum lædit.

Primum patet, quia veritatem necat, Deum autem est Veritas. Secundum patet, quia est velut denarius falsus, maximē enim fallit in mercationibus. Vnde Cain legitur primus mendax, qui interpretatur maledictionē passus. De tertio, Ac. 5.

De Anania, &c. Sap.1. *Os quod mentitur, occidit animam.*

BILINGVIS est { Diabolo assimilatur, / Filius diaboli ostenditur, / In lingua punietur.

De primo, Ioan. 8. *Mendax est, & pater eius.* Gen. 3. *Nequaquam moriemini,* &c. De secundo, Ioan. 8. *Vos ex patre diabolo estis.* De tertio, Sap. 11. *Per qua quis peccat, per hac & punietur.*

BILINGVIS est { Deo odiosus, / Sibi damnosus, / Proximo monstruosus.

De primo, Prou. 8. *Os bilingue detestor,* &c. quia tales sunt apostoli diaboli: loquuntur enim variis linguis. De secundo, Eccles. 28. *Susurro & bilinguis maledictus: multos enim turbauit pacem habentes.* Iste est similis serpenti qui tortuosum habet incessum, quia modò mouetur huc amicabiliter loquendo, modò illuc detrahendo, vel deridendo. Tertium patet, quia duplicem videtur habere linguam. Vnde exemplum in Aniano, de illo qui propter duplicem flatum expulsus est. Genes. 27. *Vox quidem vox Iacob.* vnde versus: *Si Deus elinguem faceret quemcunque bilinguem.* Vnaquaque die multi fierent Zachariæ.

SEMINATOR discordiæ est { Odibilis Deo, / Similis diabolo, / Damnandus in iudicio.

De primo, Prou. 6. *Septimum detestatur anima eius,* &c. Et est ratio: quia ipse pro concordia voluit mori, & videtur peccatum in Spiritum sanctum. De secundo, Ioan. 10. *Lupus rapit & dispergit oues.* De tertio, Apost. Gal. 6. *Qua enim seminauerit homo, hac & metet.*

DERISOR { Deo exprobrat, / Se damnat, / Proximum irritat.

De primo, Prou. 14. *Qui deridet pauperem exprobrat,* &c. Hi sunt vulpeculæ quæ demoliuntur vineas, id est, bonos, imò quasi bufones non sustinent odorem florentis vineæ. De secundo, Matth. 5. *Qui dixerit fratri suo fatue.* De tertio, Exod. 22. *Si egressus ignis inuenerit spicas,* &c. Et post: *Reddet damnum, qui ignem succenderit.* sed iste cor proximi incendit. Isti etiam quasi noctuæ lucem odiunt: & vt Pharao, & Herodes, paruulos, id est, nouiter conuersos occidunt.

MALEDICVS { Regnum cœlorum amittit, / Seipsum interficit, / Vacuum gratia se ostendit.

De primo, 1. ad Cor. 6. *Neque maledici regnum Dei possidebunt.* De secundo, Prou. 26. *Qui voluit lapidem, reuertetur ad eum.* August. Dicit malus, Domine, occide me. Vilis esset sagitta, quæ emissa perimeret sagittantem. Tertium patet: quia quod est in vase, de vase egredietur. vnde sicut facit, sic fiet ei in iudicio. Gen. 27. *Qui maledixerit tibi, sit ille maledictus.* Detractionis tria distinguentur genera super illud Psal. 100. *Detrahentem secretò proximo suo.*

Gaudent { Malum de aliquo dicere, / Audita mala cum augmento referre, / Detractiones libenter audire.

De primo, Leu. 19. *Non maledices surdo.* Talis est vt canis rabidus mordens retrò. Eccles. 19. *Sicut sagita in femore canis.* De secundo, Luc. 19. *Carnem cum sanguine non comedetis.* De tertio, dicit Bernard. Nescio vtrum maius peccatum sit, detrahere vel detrahentem audire.

Item detractor crudelis est { Sibi, / Deo, / Proximo.

Primum patet, quia os iniquinat, Psal. 5. *Sepulcrum patens est guttur eorum.* vnde comparatur porco qui rostrum ponit in stercore, & ciconiæ, quæ venenosis animalibus pascitur. Secundum patet, quia bonos qui Dei sunt, malos esse dicit: vnde peiores sunt inferno qui tantum malos deuorat. De tertio, Eccl. 10. *Si mordeat serpens in silent.* &c. in sexta feria comedunt carnes, imò vno morcello hominem deuorant, dicentes: Ille nullus est.

Item detractor $\begin{cases} \text{A domino maledicitur,} \\ \text{Furi comparatur,} \\ \text{Stultus ostenditur.} \end{cases}$

De primo, Gen. 4. *Maledictus Cain*: talis vtro comparatur, Daniel. 7. qui habebat tres ordines dentium: quia iste sibi nocet, & auditori, & ei cui detrahit. De secundo, Ambr. Tolerabiliores sunt qui vestes diripiunt, quàm qui famam nostram lacerat: imò quasi lupi qui oues errantes inuadunt, quæ potius essent reducendæ. De tertio, Matth. 7. *Eijce primum trabem de oculo tuo*. Item nota, quod vnius hominis testimonium, vel vilis, non est accipiendum. Seneca. Non refert de his garsionibus aut superioribus, quia nō minus à superiori quàm ab inferiori ferent.

Adulator $\begin{cases} \text{Deum gloriâ suâ priuat,} \\ \text{Proximum in peccato ligat,} \\ \text{Contra se maledictionem congregat.} \end{cases}$

De primo, Apostolus 1. ad Timoth. 1. *Soli Deo honor & gloria*. Secundum patet: quia est quasi cæmentum quo peccator linitur, vt fortior sit in malo. Esa. 3. *Populus meus qui te beatum, &c*. De tertio, Esa. 5. *Væ qui dicunt bonum malum, & malum bonum*. Ex isto patet quod sunt incātatores diaboli: quia dicunt bonum malum, & èconuerso. Sed nota quod qui laudem non habet, laudare non potest.

Item talis $\begin{cases} \text{Nutritor diaboli dicitur,} \\ \text{Sacerdos eiusdem ostenditur,} \\ \text{Proditor esse probatur.} \end{cases}$

De primo, Prou. 1. *Fili, si te lactauerint peccato, &c*. De secundo, Gregor. Tunc mortuus mortuum sepelit, cùm peccator peccatorem aggere adulationis premit. Inungitur etiam oleo in extremis. Psal. 140. *Oleum autem peccatoris non impinguet caput meum*. De tertio, Luc 22. *Osculo filium hominis tradis*. Prou. 27. *Meliora sunt vulnera diligentis, quàm fraudulenta oscula*.

Per iactantiam homo $\begin{cases} \text{Proprios filios occidit,} \\ \text{Gratiam Dei effundit,} \\ \text{Idolum seipsum facit.} \end{cases}$

Primum patet: quia bona opera sunt filij Dei quæ per iactantiam amittimus. De secundo, Eccles. 10. *Gratia stultorum effundentur*: istis contingit sicut gallinæ, quæ cum facit ouum cantat, & sic amittit. Tertium patet: quia seipsum colit per iactantiam. Nota, quòd duo sunt in bono opere, gratia videlicet & vtilitas. Vnum Deus sibi tenuit, & aliud nobis dedit. Si ergo Deum fraudamus in parte sua, ipse fraudabit nos in parte nostra.

Multiloquium $\begin{cases} \text{Iustificationē impedit,} \\ \text{Peccatum inducit,} \\ \text{In iudicio punit.} \end{cases}$

De primo, Iob 11. *Nunquid verbosus iustificabitur*? quia vbi multum est de palea, parum est de grano. De secundo Eccles. 10. *In multiloquio peccatum non deerit*. De tertio, Matth. 12. *De omni verbo otioso*, &c. propter ista, equo est frenum ungendum, & vineæ sepes.

Item multiloquium $\begin{cases} \text{Pacem dissipat,} \\ \text{Hominem præcipitat,} \\ \text{Diabolo viam parat.} \end{cases}$

De primo, Prou. 26. *Qui imponit stulto silentium, iras mitigat*. Vnde gladius acutus in vagina seruandus est. Psalm. 56. *Lingua eorum gladius acutus*. & fera crudelis incarceranda est Iacob. 3. *Linguam nullus hominum domare potest*. Secundum patet, quia fouea cauenda est, in qua sæpe cades collum freget. De tertio, Iob 20. *Quasi rupto muro, &c*.

Fractiosilentij $\begin{cases} \text{Cōtēplationē impedit,} \\ \text{Furem facit,} \\ \text{Tempus amittit.} \end{cases}$

De primo, Thren. 3. *Sedebit solitarius & tace, & leua*. Nota: foramina obstruenda sunt, ne virtus vini euaporet. Secundum patet, quia lingua religiosi prælato est tradita: vnde si loquatur sine licentia, violator templi videtur, vel fur. Nota si brutum animal loquatur, mirum videtur. Psalm. 72. *Vt iumentum factus sum*

Summa Virt. & Vit. per Figuras.

De tertio, Greg. Licet fabulari, aiunt, donec hora pertráseat, quam sibi ad pœnitentiam agendam ad obtinendá veniá, ad quærendam gratiam, ad promerendá gloriam miseratio conditoris indulserat. Nota, quod lingua religiosi est calamus Spiritus sancti, quo non debemus inutiliter vti. Psal. 44. *Lingua mea calamus scribæ velociter scribentis.*

Singularitas { Deo priuat, Mentem sordidat, Animam mortificat.

De primo, Thren. 1. *Quomodo sedet sola ciuitas?* De secundo, Bern. vbi angulus, ibi sordes. De tertio, Aug. Vbi singularitas, ibi angelus.

Item { Lucem fugat, Maledictionem ostendit, Exemplum bonorum destruit.

De primo, Ioann. 3. *Qui malè agit, odit lucem.* Numer. 11. *Extrema castrorum consumpsit ignis.* talis comparatur vespertilioni. De secundo, Eccles. 3. *Væ soli* è cōuerso, *Ecce quàm bonum & quàm iucundum*, &c. Bernard. Arbitror quod tu qui in cōgregatione es, &c. De tertio, Apost. 1. ad Cor. 9. *Omnibus omnia factus su*, &c.

Suspicio { Iudicium contra se prouocat, Officium diuinum vsurpat, Plus alios, quàm se, curat.

De primo, Matth. 7. *Nolite iudicare, & non iudicabimini.* Secundum patet: quod solus Deus nouit intentionem hominis. De tertio, Bernard. Integritatis tuæ, &c. talis alienum hortum colit, suum relinquit.

Item { Spiritui sancto detrahit, Tempus iudicij præuenit, Stultum se ostendit.

De primo, Ambrosius: Nescit tarda molimina Spiritus sancti gratia. Act. 2. *Factus est repente de cœlo sonus.* Gregor. Qui videtur malè facere, subitò potest bonus esse. De secundo, Apostolus 1. ad Corinth. 4. *Nolite ante tempus iudicare.* Tertium patet: quia stultus est, *qui trabem habens in oculo, &c.* Item *qui gluciens camelum,* &c.

FINIS.

PRIMA PARS
PRINCIPALIS DE VIRTVTE IN COMMVNI.

CAPVT PRIMVM.

Quòd expediat Virtutem commendari.

I *separaueris pretiosum à vili, quasi os meum eris.* Hier. 15. Pretiosum est anima. Prouerb. 9. Mulier animam viri pretiosá rapit. Ideo filius Dei seipsum pretium animarum posuit, ne animæ nobis vilescerent. Pretiosæ etiam sunt virtutes. Bern. Veræ diuitiæ non sunt opes, sed virtutes, quas secum conscientia portat vt in perpetuum diues fiat. Vile verò est corpus, animi enim pondus ac pœna est, vt ait Senec. Imnò quod plus est, factum est immundities & materia propinqua vermium. 1. Mach. 2. *Gloria impij, stercus & vermis.* Gloria impij vocatur corpus. Vilia etiam sunt bona temporalia, etiam quæ pretiosiora videntur. Aurum enim & argentum (secundùm Bernard. in quodam sermone de Ad- uentu) sunt terra rubra & alba, quæ solus error hominum facit, aut magis reputat pretiosa. Sap. 7. *Omne aurum in comparatione ipsius arena est exigua, & tanquam lutum æstimabitur argentum in conspectu illius.* Pretiosum à vili separat, qui pretiositatem virtutum ostendit, & temporalium vilitatem, & animam ab amore temporalium seiungit, & ad amorem virtutum inducit; & talis quasi os Dei est. Saluator enim os suum aperiens, doctrinam suam à contemptu temporalium inchoauit, dicens Matth. 5. *Beati pauperes, &c.* Et de amore virtutis subdidit: *Beati qui esuriunt & sitiunt iustitiam, &c.* Vnde doctrina quæ contemptu temporalium inducit, & ad amorem virtutis allicit, quasi processisset ex ore Dei habenda est. Frater Guido Carthusensis: Rationalis creaturæ vera perfectio est, vnamquamque rem tanti habere quanti habenda est. Senec. Quid tam necessarium quam pretia rebus im-

A

ponere? Secundum Senec. tres sunt partes moralis doctrinæ. Prima rebus dignitates distribuit, & pretia imponit, maxime vtilis. Secunda impetum animi reprimit. Tertia actionem regit: ostendens quando vnunquodque & vbi, & quemadmodum agi debeat. Ideo commendationi virtutis in hac prima parte operis insistemus, vt eius pretiositas appareat, & vt ad amorem eius homines alliciantur. Magna enim pars bonitatis est, vt ait Senec. velle fieri bonum. Et August. Socratis sententia est, quibus hominibus satis persuasum esset vt nihil mallent se esse quam bonos viros, his reliquam facilem esse doctrinam. Virtus commendatione indiget: quia hęc thesaurus est absconditus in agro cordis: qui ideo non quæritur, quia ignoratur, Matth. 13. Est etiam velut lapis pretiosus qui conculcatur ab his à quibus virtus eius ignoratur. Eccles. 6. *Quasi lapidis virtus probatio erit in illis*. Hoc est dictum de sapientia, quæ est de sapore virtutum condita scientia, quem reprobant & despiciunt qui eius virtutem non agnoscut. Matth. 7. *Neque mittatis margaritas ante porcos, ne forte conculcent eas pedibus suis*. Ex ignorantia pretiositatis virtutis accidit, quod ipsa adeo despicitur, quod si esset venalis, non inueniretur qui eam emeret. Senec. Bona mens nec commodatur, nec venditur. Et puto si venalis esset, non haberet emptorem: at mala quotidie emitur. Gregor. Carnalium mentes bona pensare non valent nisi quæ carnaliter vident. Aug. Vix est aliquis qui diligat interiora bona quæ sola diligenda sunt: cæteris autem ad necessitatem vtendum, non ad gaudium perfruendum est. Virtus quia non agnoscitur, ideo à Deo non petitur nec accipitur, qui paratus est eam dare si esset qui desideraret eam accipere. Hebr. 12. *Contemplantes ne quis desit gratia Dei*. Et 1. Pet. 1. *Sperate in eam quæ vobis offertur gratiam*. Extentam habet Deus manum dexteram ad largiendum bona spiritualia, sed non est qui accipiat. Omnes enim ad sinistram aspiciunt, vt inde temporalia recipiant. Commendationi vero virtutis aliqua, quæ pertinent ad eius notificationem, breuiter præmittemus.

Caput II.

De notificatione Virtutis.

Notandum ergo quod nomen virtutis antiquitus fuit solius fortitudinis, vt ait Tullius. Ratio vero huius hæc est: quia non statim innotuit hominibus virtuositas aliarum virtutum: sed virtuosi semper apparuerunt, qui laboribus & doloribus non facile vinci potuerunt. Sed post experientia docuit, animum habere multa certamina contra diuitias, delicias & honores, quorum victoria difficilis est & vtilis: vnde & virtuosi nominati sunt, qui tales vincere potuissent. Item notandum, quod nomen virtutis in canone Sacræ scripturæ vt frequentius sumitur pro fortitudine, vel pro potentia, vel pro opere mirabili. Ratio autem prout hic de ea intendimus. Sed quod Philosophi in morali doctrina virtutem vocant, Scriptura sacra vt frequentius, gratiam nominat. Ratio autem huius diuersitatis hæc est. Virtus duplicem habet comparationem. Vnam ad id à quo est, scilicet ad Dei liberalitatem, cuius donum est, & sic dicitur gratia. Et est gratia donum à Deo gratis datum, habentem se, Deo gratum faciens: & opus eius Deo gratum reddens. Aliam comparationem habet Virtus ad id quod ab ea est, scilicet ad opus suum: & sic vocatur Virtus: & sic nominant eam Philosophi faciem habentes ad donum Dei, & dorsum ad datorem. Aug. 4. lib. Conf. Dorsum habebant ad lumen, & ad ea quæ illuminant faciem, & ipsa facies, quæ illuminata cernebam, non illuminabatur. Philosophi fuerunt propriæ gloriæ amatores, & diuinæ gloriæ neglectores, de proprijs viribus confidentes, conditori suo

De Virtute in communi.

gratias non agentes; secundùm illud dictum de ipsis. Rom. 1. *Non sicut Deum glorificauerunt, aut gratias egerunt, sed euanuerunt in cogitationibus suis.* Sancti verò faciem habentes ad lumen, in lumine Dei agnoscunt insufficientiam suam. 2. Cor. 3. *Non quòd sufficientes simus cogitare aliquid à nobis, quasi ex nobis, sed sufficientia nostra ex Deo est.* Item agnoscunt boni ad quam tendimus eminentiam, quod supra vires nostras est. Vnde super illud Matth. 11. *Regnum cœlorum vim patitur, &c.* dicit glossa. Grandis violentia est in terra nasci, & cœlum rapere, & habere per virtutem quod per naturam non possumus. Agnoscunt etiam hostium inuisibilium præeminentiam secundùm potestatem & statum malitiæ. Iob. 40. *Non est potestas super terram quæ comparetur ei. Nos quasi locustæ sumus, & ipsi velut gigantes.* Numer. 13. *Vidimus monstra filiorum Enac de genere gigantaneo: quibus comparati locustæ videbamur.* Origenes. Vult Dominus Iesus mirabiles res facere: vult enim de locustis superare gigantes, & de his quæ in terra sunt, cælestes vincere nequitias. Ideo sancti intelligentes adiutorium gratiæ adeo eis esse necessarium, vt sine eo nihil possint, neque bonum agere, neque tueri: oportet enim gratiam præuenire vt velint, & subsequi ne inaniter velint, secundùm Greg. Parum enim prodest homini bonum velle, nisi tentanti postea possit resistere, & tueri bonum quod acquisitum est, omnia Deo attribuunt, & radicem meriti, virtutum scilicet, & præmium, non videntes nec in se, nec in alio bonum aliquod, nisi gratiam Dei. 1. Corinth. 15. *Gratia Dei sum id quod sum.* Et Ioannes testatur se vidisse Iesum plenum gratiæ. Ioan. 1. Et Angelus Mariam plenam gratia nominat Luc. 1. Et Gabriel monet natum ex sterili Ioannem vocari, quod gratiam sonat Lucæ 1. Anima ex se sterilis secundùm naturam, non potens ad meritum regni æterni, gratiam Dei reputare debet tam meritum quàm præ-

mium. Rom. 6. *Gratia Dei vita æterna.* Gloss. Confitendū est gratiam Dei vitam æternam vocari: quia his meritis redditur quæ gratia contulit homini. Simile Ioan. 1. *Gratiam pro gratia.* Et initium boni & finis gratia est. August. in libr. de Correctione & gratia. Desiderare auxilium gratiæ, initium gratiæ est. Psalm. *Qui coronat te in misericordia & miserationibus.* Apcalyp. 4. *Viginti quatuor seniores mittebant coronas suas ante thronum,* ostendendo sedenti in throno deberi honorem, quòd coronas recepissent. Rom. 9. *Non est volentis, neque currentis, sed miserentis Dei.* Esa. 26. *Omnia opera nostra in nobis operatᵘ es Domine.* Ro. 7. *Velle adiacet mihi, adiacet, inquā quasi infirmum: perficere autem bonum non inuenio.* 1. Corinth. 15. *Abundantius illis omnibus laboraui: non ego autem, sed gratia Dei mecum.* Philipp. 2. *Deus est enim qui operatur in nobis & velle & perficere.* Ioan. 15. *Sine me nihil potestis facere.* Et notandum quòd virtus dicitur à vi, vnde Dominus vocat virtuosos violentos. Matth. 11. *Violenti rapiunt illud.* Et Luc 16. loquens de regno cœlorum: *Omnis enim in illud vim facit.* Virtuosus tripliciter vim facit sibi. Primò, ardua aggrediendo, & quæ sunt supra hominem. Secundò, aduersa patiendo. Acto. 14. *Per multas tribulationes oportet nos intrare in regnum Dei.* Tertiò, à placitis abstinendo. Genes. 8. *Sensus & cogitatio humani cordis in malum prona sunt ab adolescentia sua.* Ideo quasi cum quadam violentia oportet hominem ab his quæ sibi placent compesci. Ouidius in Epistol. Est virtus placitis abstinuisse bonis. Vel dicitur virtus quasi viri status, siue virilitas; virtus enim est perfecti animi, & ad rectas operationes robusti: sicut virilis ætas est corporis robusti & perfecti. Item notādum quòd sicut dicit Tullius in libro de Offic. Virtus & honestas nomina diuersa sunt: res autem subiecta prorsus eadem. Honestum verò est quod sua vi ad se nos allicit & dignitate trahit: vt idem Tullius dicit 1. Rhetoric. Honestus verò dicitur aliquis eò quòd nihil habeat turpitudinis: vt dicit Isidor. in libro Etymolog. Et subdit: Nam quid est honestas, nisi honor perpetuus, & quasi honoris status? Vnde hominibus virtuosis & honestis honor maximè exhibendus est. Inueniuntur in scripturis multæ descriptiones virtutis: de quibus ad ipsius maiorem declarationem aliquas ponemus, & exponemus.

Caput III.
De descriptionibus virtutis.

Virtus sic describitur in libro de Spiritu & anima. Virtus est habitus mentis bene institutæ. Et intellige mentem bene institutam, ad similitudinē regni quod bene institutum est, si rectè in eo consulatur, & rectè imperetur, & rectè obediatur. Sic mens bene instituta est, quum ratio rectè consulit, voluntas rectè imperat, & vires subiectæ voluntati rectè obediūt. Hanc bonam institutionem virtus in mente facit. Ipsa enim rationem illuminat, & voluntatem de seruitute vitiorum ad imperium sublimat. Sine virtute mens pueriliter regitur. Vnde væ ei Ecclesiast. 10. *Væ tibi terra cuius Rex puer est*. Sine ea regum mentis simile est regno Roboam, qui potius acquieuit cōsilio iuuenum imprudentum, quàm consilio senum. 3. Regnum 21. Sic vbi virtus non est, derelicto cōsilio rationis, sensibus acquiescitur: vbi virtus non est, quod debuit in homine seruire, imperat, non sine magna inordinatione. Prouerb. 19. *Non decet seruum dominari principibus*. Et eiusdem 30. *Per tria mouetur terra* (idest, turbatur) *& quartum quod non potest sustinere, per seruum quum regnauerit*. Virtus facit in regno mentis partem nobiliorem regnare, & tunc beata est anima. Ecclesiast. 10. *Beata est terra, cuius rex nobilis est*. Ipsa solium iudicij rationi reddit: ex quo sequitur dissipatio omnis mali. Prouerb. 20. *Rex qui sedet in solio iudicij, intuitu suo dissipat omne malum*. Virtus veram nobilitatem in anima perficit, quam natura inchoauit. De initio nobilitatis, ait Seneca: Quis est generosus? Ad virtutem à natura bene dispositus. De perfectione dicit Hieronymus. Sola apud Deum libertas est, non seruire peccatis: summa apud eum nobilitas, clarere virtutibus. Item virtus sic describitur ab Augustino, in libro de quantitate animæ: Virtus est æqualitas quædam vitæ vndiq; consonans rationi. Virtus vitæ æqualitatem facit: quia secundùm Senecam, animum reddit asperis blandisq; inuictum, neutri se fortunæ submittentem, quem nulla vis frangat, quem nec attollat fortuna, nec deprimat. Tullius: Præclara est æqualitas in omni vita: idem cui semper vultus, eademque frons: vt de Socrate accepimus. Virtus in vtráque fortuna par est: virtutem materia non mutat, nec peiorem facit dura aut difficilis: nec meliorem, hilaris & læta, vt ait Seneca, virtus per omnia consonat rationi. Vnde Bernardus in Epistol. ad fratres de monte Dei: Virtus est ad iudicium rationis vsus liberæ voluntatis. Seneca: Humanis virtutibus regula vna est, ratio recta.

Virtus etiam sic describitur à Philosopho. Virtus est habitus animi, modo naturæ consentaneus rationi. Ad opera virtutum, Primò incitat nos natura. Secundò, ratio. Tertiò, gratia. Verbi gratia. Natura incitat vt subuenias proximo indigenti. Idem etiam ratio dictat, quia similis indigentia potest tibi accidere, in qua velles idem tibi fieri. Gratia verò hoc suadet tibi, quia proximus est Dei imago, Dei filius: vel ad hoc creatus, vt in æterna beatitudine sit tibi socius. De instinctu naturæ dicit Tullius: Sunt nobis innata virtutum initia, quæ si adolescere liceret & paterentur, nos ad beatitudinem cum diuino munere ipsa natura perduceret. Idem: Nos igniculos natura datos extinguimus. Si quis autem obiiciat, quod ad opus patientiæ non incitamur à natura, quod videtur potius esse contra naturam. Respōdet Seneca quòd materia boni contra naruram est vt vulnerari, & subiecto igne tabescere, sed bonum numquam. Seruare enim animum infatigabile inter ista, quod est opus virtutis, secundum naturam est: quia nullum bonum sine ratione est, vt ipse ait. Sequitur autem ratio naturam. Bernard. Omnis virtus homini naturalis est. Idem: Virtus quoniam naturæ res est, cùm venit in animum, aliquando non venit sine labore, sed venit in locum suum, & fideliter sedet, & bene cum ea natura conuenit. Seneca: Virtus secundùm naturam est: vitia verò inimica sunt & infesta. Et secundùm Arist. Virtus non est præter naturam. Chrysost. verò in quadam hom. dicit, quòd virtus animi est rectè de Deo sentire, & rectè inter homines agere. Virtus etiam sic describitur à Philosopho: Virtus est habitus voluntarius in medietate consistens, quo ad nos. Medietas ista attenditur inter superfluitatem & indigentiam. Vnde idem Philosophus dicit, quòd virtus est medietas duarum malitiarum: huius quidem secundùm superfluitatem, huius verò secundùm indigentiam. Boëtius, Virtutes medium tenent: si vel vltra vel citra quàm oportuerit fiat, à virtute disceditur. Hæc autem medietas in virtutibus cardinalibus inuenitur: in virtutibus verò theologicis non videtur posse inueniri. Remigius: Ea quæ sunt puræ delectationes animæ: id est, quæ sunt animæ secundùm se: non determinantur secundù superfluum & diminutum. Cant. 1. *Adolescentulæ dilexerunt te nimis*, ergo nimietas dilectionis in Deum non videtur esse superfluum vel vitium. Quo ad nos dicitur esse hæc medietas: quia determinando hanc medietatem, habendus est respectus ad personam operantis. Alicui enim esset parum quod alij esset nimium, vel è conuerso. Augustinus in libro de libero arbitrio sic describit virtutem: Virtus est bona qualitas mentis, qua rectè viuitur, quanemo male vtitur, quam Deus in nobis operatur. Virtus dicitur bona eo modo quo albedo dicitur color albus: non ideo quod albedo colori inhæreat vt accidens, sed color est ipsa albedo, sic est virtus bonitas mentis mentem bonam faciens. Virtus etiam bona est: quia ducens ad summum bonum. Virtute etiam rectè viuitur: vitam autem rectam intellige quæ extenditur ad Deum principium, & Deum finem, Deo qui est principium omnium bonorum de omnibus bonis gratias agendo, iuxta illud 1. Thess. 5. *in omnibus gratias agite*. Et gloriam eius in omnibus quærendo: ad hoc enim creati sumus. Deuteron. 26. *Faciet te Dominus excelsiorem cunctis gentibus, quas creauit in laudem & nomen & gloriam suam*. Esa. 44. *In gloriam meam creaui eum*. 1. Corint. 10. *Siue manducatis, siue bibitis, siue aliquid aliud agitis, omnia in gloriam Dei facite*. Vita eius qui sibi solùm vult viuere, tantùm quæ sua sunt quærens, & ad gloriam Dei non attendens, non est recta, imò curua, quum in se reflectatur. Item non est recta quæ declinat quasi in latus per superfluitatem vel indigentiam. Virtutes cardinales obliquitatem, quæ est secundùm superfluitatem vel indigentiam, excludunt: Theologicæ verò curuitatem quæ est vbi vita reflectitur in vtilitatem proprij subiecti, non ordinata ad finem vltimù. Virtutes ergo Cardinales cum theologicis vitam rectà efficiunt. Item quum rectum sit cuius medium non exit ab extremis: extrema autem vitæ nostræ quum sit Deus principium, & Deus finis, vita recta est quæ sicut est à Deo & ad Deum: ita & sub Deo humiliter implens eius imperium, sicut ab eo habuit initium & ab eo expectat præmium. Vitam verò hic intelligas quatuor partes conuersationis, scilicet cogitationem, affectionem, locutionem, & operationem. Rectitudo verò horum est quùm non discordant à regula legis diuinæ, quæ nobis indicat diuinam voluntatem. Huic autem rectitudini oppositum est peccatum, prout describit illud Augustinus dicens: Peccatum est dictum, vel factum, vel concupitum contra legem Dei. Per concupitum verò intellige cogitationem & affectionem. Item vita recta est cùm voluntas in nullo dissentit ab eo quod ratio rectè sentit. Voluntate enim rectè viuitur, voluntate peccatur, vt dicit Augustin. Ratio recta regula est voluntatis. Bernard. super illud Cantic. *Recti diligunt te.* Illum verè rectû corde dixerim, qui & rectè in omnibus sentiat, & à recto quod senserit in nullo dissentiat. Virtute etiam nemo male vtitur propriè loquêdo. Si quis tamen obijciat de illo verbo Isidori, interdum male vsæ virtutes vitia generant, dicendum est quòd virtus potest esse occasio alicuius mali, sed nunquam actus eius erit abusus: sicut accidit in potentiis naturalib. quibus homo potest bene vti vel abuti. Per hoc quod subditur, quam Deus in nobis sine nobis operatur: patet quod hæc descriptio est intelligêda de virtute gratuita; præcedens vero virtus est habitus voluntarius, &c. Intelligenda est de virtute consuetudinali. Aliæ vero descriptiones positæ fere omnes possunt intelligi & de gratuita & de consuetudinali. Si quis vero obijciat de illo verbo Augustini. Qui fecit te sine te, non iustificat te sine te. Vnde videtur quòd Deus nô operetur in nobis virtutem sine nobis. Respondendum est, quòd Deus iustificat hominem sine homine cooperante, sed non sine homine adoperante: sicut sol illuminat domum cû aliquis aperit fenestram non sine homine adoperante, tamen sine homine cooperante, homo enim non cooperatur soli illuminando domum. Sic verus sol infundit virtutes nobis præparatis ad earû susceptionem, non tamen cooperamur illi in illa infusione.

Caput IV.

De triplici Virtutis commendatione.

Sequitur de commendatione Virtutis. Et notandum, quod virtus est primo commendabilis à dignitate dantis. Retinuit enim Deus donationem eius ad manum suam. Psal. *Gratiam & gloriam dabit Dominus.* Virtus fructus est Spiritus sancti. Gal. 5. *Fructus est Charitas, gaudium, pax, &c.* Ex nobilitate arboris fructus bonitatem agnosce: *Arbor bona fructus bonos facit.* Matth. 7. ergo optima optimos. Secundo à dignitate eorum quibus datur: hoc enim donum non est nisi bonorum & amicorum Dei; temporalia bona & etiam naturalia corporis vel animæ communia sunt bonis & malis, amicis Dei & inimicis. Et frequenter mali & inimici Dei potius in talibus abundant quam amici Dei. Ex quo apparet nô esse vera bona. Si enim vera bona essent, potius daret ea amicis quam inimicis. August. in primo lib. de Ciuitate Dei. Ista temporalia bona & mala voluit Deus bonis & malis esse communia, vt nec bona cupidius appetantur quæ mali quoque habere cernuntur, nec mala turpiter euitentur, quibus & boni plerumque afficiuntur. Item August. in codê li. 20. Profectò salubriter discimus, non magnipendere seu bona seu mala quæ videmus esse bonis malisq; communia, & illa bona quærere quæ bonorum, & illa mala maximè fugere quæ propriè sunt malorum. Item August. in eodem: Pulchritudinem idcirco Dominus largitur etiam malis ne magnum bonum videatur bonis. Deserto itaque bono bonorû proprio lapsus est factus ad bonorum minimum non bonis proprium, sed bonis malisq; commune. Tertio quasi à situ: quia possessio est valdè bona benè sedens. Benè sedet possessio quæ propinqua est ciuitati: melius quæ infra muros ciuitatis: optimè quæ infra muros propriæ domus tuta est, & ab hostibus & à ciuibus. Peroptimè sedet virtus quæ est in secreto cordis. Seneca: Hunc dicito, hunc habe beatum, non quem vulgus vocat, sed cui omne bonum in animo est. Item Sen. Sapiens intra se omne bonum terminabit. Et dicit quod quidam capta patria & vxore & liberis amissis, quum ex incendio publico solus & tamen beatus exiret, interroganti victori, nunquid aliquid perdidisset: Nihil, inquit, perdidi, bona mea mecum sunt.

Caput V.

Quod Virtus sit optimum præsentis vitæ & bonitas aliarum rerum.

Quarto commendabilis est comparatione aliorum bonorum. Et primò facta comparatione ad bona præsentia, Secundò ad futura. Secundum comparationem primam, virtutis optimum dicitur. Heb. 15. *Optimum est gratia stabilire cor.* August. in lib. de moribus Ecclesiæ: Erit, inquit, hominis optimum quod animam optimam facit: nemo autem dubitauerit quin virtus animam faciat optimam. Et Iac. 1. *Omne datum optimum, &c.* Datum optimum, virtus vel gratia dicitur: respectu cuius simpliciter bona dicuntur quæ communia sunt nobis & brutis, vt fortitudo corporis, agilitas, pulchritudo, sanitas & ea quæ pertinent ad corporis sustentationem, vel ornatum, vel protectionem. Bona meliora sunt bona animæ, quæ tamen animam non reddunt de necessitate bonam, quæ similiter sunt communia bonis & malis, vt scientia & similia. Optimum verò virtus vel gratia. Perfectum, gloria. 1. Cor. 13 *Quum venerit quod perfectum est, euacuabitur quod ex parte est.* Virtus non solùm bona est, sed etiam bonitas, bonum faciens necessariò possessorem suum. Arist. in lib. de eligendis. Si hoc facit bonum id cui adest, illud autem non facit; quod facit, magis est eligendum, vel quod melius & principalius facit bonum: & siquidem hoc facit animam, illud autem corpus. Non sic dignitates & diuitiæ, quæ vt frequenter malos faciunt possessores suos, vel magis malos ostendunt. Boetius: Collata improbis dignitas non modò non efficit dignos, sed potius prodit & ostendit indignos, Eccles. 11. *Si diues fueris, non eris immunis à delicto.* Seneca: Multum est non corrumpi diui tiarum contubernio. Ideo virtus multù appetenda esset, tanquam propria bonitas: sed tanta est hodie hominum stultitia, quod de propria bonitate non curent, cum in omnibus suis bonitatem quærant. Seneca: Nihil est cuique se vilius. Augustin. Bona vis habere, & bonus non vis esse. Idē. Quid est quod te velis malum habere? Nihil omnino. Non vxorem, non filium, non seruum, non tunicam, postremo non caligam, & tamen vis habere malam vitam. Rogo te præpone vitam tuam caligæ tuæ. Idem: Quid te offendit vita tua, quàm solam vis malam, vt inter omnia bona tua tu solus sis malus? Idem: Adeo cæcitas mentis inualuit, adeo homo interior obsurduit, vt omnia velit habere bona præter seipsum. Plus deberet homo amare bonitatem sui, quàm totum mundum. Cum enim homo præualeat toti mundo, bonitas eius bonitatis mundi totius præualet. Senec. In homine nihil ad rem pertinet, à quàm multis salutetur, quàm pretioso incubet lecto, quàm perlucido poculo bibat, sed quàm bonus sit. Hoc autem debet mouere homine ad amorem propriæ bonitatis, quod sicut ipse quando bonus est, melior est omnibus creaturis visibilibus: sic quando malus est, peior est illis: qui non solum malus est malitia pœnæ, sed etiam malitia culpæ, ipse debitor est mortis temporalis & æternæ. In hoc deterioris conditionis est serpentibus & bufonibus. Nec solùm virtus bonitas est hominis, sed etiam est bonitas operum. Plus enim valet vna eleemosyna, vel aliud bonum opus ex virtute vel gratia procedens, quàm mille sine gratia. Si aliquis mille annis facit opera de genere bonorum sine gratia, non meretur regnum æternum, quod tamen meretur vnico bono opere ex gratia facto. Seneca: Vnus dies hominum eruditorum plus valet, quàm imperiti longissima ætas. Qui faciunt opera de genere bonorum sine gratia, picturas habent bonorum operum, non bona opera. Seneca. Apud sapientes sunt

Virtus opera bona in gratia efficit meritoria.

honesta, apud vulgus simulacra rerum honestarum. Opus de genere bonorum sine gratia factum, lumen esse videtur, & tamen non est verè lumen. Matth. 6. *Si lumen quod in te est, tenebræ sunt, ipsæ tenebræ quantæ erunt?* Tale opus simile est ligno putrido, quod his qui in tenebris sunt, lucidum videtur. Tale opus videtur esse aurum, quum sit aurichalchum. Bernar. Melius est pallens aurum, quàm fulgens aurichalchum. Qui habet abundantiam talium operum est quasi diues, quum nihil habeat. Prouerb. 13. Item opus tale est velut cadauer exanime. Vnde anima cuius sunt opera talia, est velut mulier infœtrix, omnes fœtus suos pariens mortuos. Quid est fides quæ non operatur ex dilectione, nisi cadauer exanime? Quod de fide informi dicitur, verum est de omnibus operibus informibus quæ scilicet sine gratia fiunt. Homo absque gratia est velut arbor syluestris ferens fructus quibus porci infernales pascuntur. Gratia verò est velut ramusculus cœlestis, qui huic arbori insertus facit eam ferre fructus optimos, qui lætificent Deum & Angelos. Luc. 15. *Gaudium erit in cœlo super vno peccatore pœnitentiam agente*, &c. Nec solum virtus est bonitas operum, sed etiam rerum temporalium. Bonum enim rerum temporalium, est laudabilis vsus earum qui virtutis est vel gratiæ. Vnde malis temporalia bona non sunt, cùm male illis vtantur. Senec. Stulto nulla re opus est, nulla enim re scit vti. Eccl. 13. *Bona est substantia, cui non est peccatum in conscientia*. Sicut sanguis in corpore humano non est bonus, si sit materia infirmitatis, vnde euacuandus est: sic temporalia non sunt bona his quibus sunt materia infirmitatis spiritualis. Seneca dicit, pecuniam perdidi. O te felicem si cum ea auaritiam perdidisti! sed si manet illa apud te, es tantùm felicior, quo tanto malo materia subducta est. Prouerb. 1. *Vsquequo stulti ea quæ sibi sunt noxia cupient?* Fit iusto Dei iudicio, vt cùm aliquis malus est, verè domino illa mala sint ei quibus ipse dominatur, quasi vindicantia creatorem suum. Virtus etiam mala pœnæ in bona conuertit: iuxta verbum Senec. Ecclef. 8. *Qui custodit præceptum, non experietur quidquam mali*. Non est mala aduersitas viro iusto, cùm sit ei materia coronæ æternæ. Et vt breuiter dicatur, Virtus siue gratia est totum verum bonum hominis in vita ista. Vnde glossa Augustini super illud Psalm. *Signatum est super nos lumen*, &c. dicit de lumine gratiæ. Hoc lumen est totum & verum homini verè bonum, vel bonum naturæ, vel bonum fortunæ. Bernard, Si quis callidus est ingenio, si viget arte, si præeminet intellectu, instrumenta sunt hæc tam vitiorum quàm virtutum. Seneca: Non viuere bonum est, sed benè viuere: bene autem viuere virtutis est. Tullius: Quod rectum & honestum est, & cum virtute, id solum bonum arbitror. Nunquid potest cuiquam malo bonum esse, aut potest quisquam in abundantia bonorum esse non bonus? Seneca: Doce non esse positum bonum vitæ in spatio eius, sed in vsu: vsus autem rectæ virtutis est. Sapiens: Omnia quæ extra nos sunt dona, quæque hominibus fortè contingunt, non ideo laudantur, quòd habuerit quis ea, sed quod his honestè sit vsus. Aug. Non vtiliter in tempore viuitur, nisi ad comparandum meritum quo in æternitate viuatur.

Virtus mala pœnæ in bona vertit.

CAPVT VIII.

Quòd Virtus sit propriè bonum nostrum, possessio libera & sufficiens.

Virtus, secundùm Philosophos, bonum nostrum est propriè, quum bona fortunæ sint bona aliena à nobis. Hoc bonum nulla vis à nobis excutit, iuxta verbum Senecæ, Non potest auferri ab homine, nec in vita, nec in morte. Tullius: Omnia alia caduca sunt, virtus vna est, altissimis defixa radicibus. Tullius: Hæc demùm sapientia est vt omnia tua in te posita esse

esse dicas, humanosque casus virtute inferiores putes. Senec. Non est tuum fortuna quod fecit tuum. Boëtius in libro Consol. Nunquam tua faciet esse fortuna, quæ natura rerum à te facit esse aliena. Seneca: Periturum est, nempe quod aduentitium fuit. Idem: Quid stultius est, quam in homine aliena laudare? quid eo dementius qui circa se miratur ea quæ ad alium protinus transferri possunt? Non faciunt meliorem equum aurei fræni. Augustinus in libro Soliloquiorum. Deus per quem dicimus aliena esse quæ aliquando nostra: & nostra esse quæ aliquando aliena putauimus, accipe me ab istis fugientem famulum tuum: quia & ista me quando fugiebam à te, acceperunt alienum, ad te mihi redeundum esse sentio, nihil aliud scio nisi fluxa & caduca spernenda esse, & certa & æterna requirenda. Senec. Ratio arbitra est bonorum & malorum: aliena & hesterna pro vilibus habet, omne illi bonum in animo est. Habacuc. 2. *Væ qui congregat non sua.* Non sua vocat temporalia. Senec. Huc cogitationes tuæ tendant, hoc cura, hoc opta, omnia alia Deo vota missurus vt contentus sis temetipso, & ex te nascentibus bonis. Item virtus possessio libera est, quæ possidet bona têporalia in subiectione, est aliqua vel fortunæ, vel ipsarum diuitiarum, vel eorum quibus occasione diuitiarum indiget. Senec. Incipit esse fortunæ subiectus, si quis partem sui foris quærit. Augustin. Venditis rebus nostris nullum magis earum accipimus pretium, quam nos ipsos. Implicati enim talibus non eramus nostri. Seneca. Minus quam seruus est qui seruos timet. Item virtus possessio est habenti sufficiens. 2. Corinth. 12. *Sufficit tibi gratia mea.* Seneca. Virtus nudo homine contenta est. Idem. Sapiens se contentus est, non vt velit esse sine amico, sed vt possit. Item Seneca: Se contentus est sapiens ad benè viuendum, non ad viuendum: ad hoc enim rebus multis illi opus est, ad illud tantum animo sano & erecto & despiciente fortunam. Idem. Virtus nullo eget, & præter summum bonum extrinsecus instrumenta non quærit. E contrario, diuitiæ terrenæ multis indigent. Boëtius: O angustas inopesque diuitias, quas nec habere totas pluribus licet, & ad quemlibet sine cæterorum paupertate non veniunt. Idem: Verum illud est, permultis illos indigere, qui permulta possident. Homo absque virtute vel gratia, est regio egestatis. August. in lib. Confess. Defluxi à te ego, & erraui: erraui Deus meus nimis deuius à stabilitate tua in adolescentia mea, & factus sum mihi regio egestatis.

Caput VII.

Quòd Virtus sit magnæ iucunditatis & dignitatis.

Item Virtus bonum est & magnæ iucunditatis, & magnæ dignitatis. Boëtius de Consolat. Nunquam sine pœna sunt vitia, nunquam sine præmio sunt virtutes. Seneca: Rerum honestarum pretium in ipsis est: hoc pretium est mentis lætitia. Idem, Rectè factorum verus fructus est in ipsis: nec vllum virtutum pretium dignum ipsis extra ipsas est. Bernardus: Delectationes non perdimus, sed mutamus à corpore ad animam, à sensibus ad conscientiam. Item Greg. super Iob. 1. Filij per domos conuiuium faciunt, dum virtutes singulæ iuxta modum proprium mentem pascunt. E contrario curre per singula, tot inuenies animæ tormêta quot vitia, vt ait August. Gaudium virtutis est velut fons gaudij in domo propria nascês. Senec. Existimas me detrahere tibi multas voluptates, qui fortuita submoueo, qui dulcissima spei oblectamenta censeo deuitanda, imò è contra volo, tibi nunquam deesse lætitiam; volo illam tibi domi nasci, nascitur si intra teipsum sit. Idem: Tu iudicas enim gaudere qui ridet: animus debet esse alacer & fidens, & super omnia rectus. Ecclesiast. 30. *Non est oblecta-*

tum super cordis gaudium. Senec. Conculca ista quæ extrinsecus splendent, & de tuo gaude. Quid est auré hoc de tuo? de teipso, & tui optima parte. Idem: Viri boni gaudium est ex bona conscientia, ex contemptu fortuitorum, ex honestis consiliis, ex rectis actionibus, ex placito vitæ & cõtinuo tenore vnam prementis viam. Idem: Hæc quibus delectatur vulgus, tenuem habent ac perfusoriam voluptatem, & quodcunq; inuentitium est gaudium, fundamento caret: hoc de quo loquor, ad quod te conor perducere, solidum est, & quod plus pateat introrsus. Idem: Fundamentum bonæ mentis est non gaudere vanis. Fundamentum hîc esse dixi culmen, cum ad summa peruenit qui scit quo gaudeat, qui felicitatem suam in aliena potestate non posuit. Item Seneca: Improbæ voluptates non sunt solidæ, non sunt fideles: etiam si non nocent, fugiunt: potius aliquod bonum mansurum circumspice. Sola virtus præstat gaudium perpetuum, securum: etiam si quid obsistat nubium, materia interuenit qua infra ferunt, nec vnquam die. vincunt. Gregor. Absit vt tãta sit delectatio in vitiis, quanta est in virtutibus. De dignitate virtutis dicit Boëtius. Non virtutibus ex dignitate: sed ex virtutibus dignitati honor accessit. Idem: Virtuti propria dignitas inest. Virtus est beatitudo, vel felicitas præsentis vitæ. Beatitudo virtutum de fonte cælestis beatitudinis, amicis Dei in hac valle miseriæ stillatur. Vnde 2. Corinth. 12. dicit glos. Augustini: In regione intelligibilium beata vita in fonte suo bibitur: inde aliquid aspergitur huic humanæ vitæ, vt in tentationibus huius sæculi temperanter, fortiter, iustè, prudenterque viuatur. Tullius. In quo virtus est, nihil ei deest ad benè ac beatè viuendum. Macrobius. Solæ virtutes faciunt beatum, nullaque alia via quisquam hoc bonum adipiscitur. Senec. Ratio recta & consummata felicitatem hominis impleuit: hoc vnum bonum hominis est, quod qui habet, etiam si aliis destituitur, laudandus est: quod qui non habet, in aliorum omnium copia damnatur. Rationem verò rectam & consummatam facit virtus. Vnde August. dicit in libro Soliloquiorum, quod virtus est recta vel perfecta: id est, rationis rectitudo, vel perfectio.

Caput VIII.

Quòd status Virtutum assimilatur paradiso terrestri & cælesti.

Virtus seu gratia quasi paradisum facit in corde hominis. Eccl. 41. *Gratia Dei sicut paradisus in benedictionibus.* Assimilatur cor vbi gratia est, paradiso & terrestri & cælesti. Terrestri tripliciter, scilicet amœnitate, fœcunditate, & securitate. Amœnitatem & fœcunditatem ibi faciunt quatuor virtutes, velut quatuor flumina paradisi, mentem irrigantes: Vnde glos. Gregor. super illud Genes. 2. *Fluuius egrediebatur de loco voluptatis ad irrigandum paradisum, &c.* quatuor flumina paradisum irrigant: quia dum his quatuor virtutibus cor infunditur, ab omni desideriorũ carnalium æstu temperatur. Ecclesiast. 40. *Super omnem aquam viriditas, & ad oram fluminis.* Altitudo verò facit securitatem: quia sicut paradisus terrestris in alto situs est pertingens vsque ad lunarem circulum, sicut dicit gloss. Strab. super illud Gen. 2. *Plantauerat Deus paradisum voluptatis*: sic cor vbi Dei gratia est, in alto situm est. Senec. Talis est sapientis animus, qualis mundus supra lunam, semper illic serenum est, quod non alieni muneris, nec arbitrii alieni est, quod non dedit fortuna non eripuit. Paradiso verò cælesti in quatuor assimilatur. Primo, in hoc quod est Dei habitatio: Placet enim Deo habitare in anima virtutibus ornata. Hiero. Nihil quietius, nihil purius ea mente debet esse quæ in Dei habitaculum præparanda est: quem non auro templa fulgentia, non gemmis altaria

Cor assimilatur paradiso dupliciter 1. Terrestri.

2. Cœlesti

distincta delectant: sed anima ornata virtutibus. Prou.8. *Deliciæ meæ esse cum filiis hominum:* Bernardus animam huiusmodi coelum vocat, dicens: Nec mirum si coelum hoc libēter inhabitat Dominus Iesus, quod nō quomodo cæteros dixit tantum vt fieret, sed pugnauit vt acquireret, occubuit vt redimeret. Secūdo in hoc quod est locus luminis. Iob.38. *Nosti per quam viam spargitur lux.* Gloss. iustitia est lux. Tertio, quia locus est ordinati amoris. Breuis enim & vera diffinitio Virtutis, est ordo amoris, vt ait August. in lib. de Ciuit. Dei. Quarto, quia locus est gaudii. Esa. 51. *Ponam desertum eius delicias, & solitudinem eius quasi hortum Domini.* Cor hominis antequam sit in gratia Dei, est velut desertum, sed per gratiam sit quasi hortus Domini. Ista quatuor in paradiso cælesti inueniuntur: Est enim Dei habitatio, locus luminis, & ordinati amoris, & gaudii. Contraria vero quatuor prædictis cor peccatoris faciunt quasi infernum, cū sit habitatio dæmonum, & habeat tenebras ignorantiæ & culpæ, & ignem prauæ concupiscentiæ, & vermem remordentis conscientiæ. Hæc enim quatuor sunt in inferno. Væ illis qui multis in laboribus & expensis sibi faciunt infernum: Væ illis qui potius eligunt habitare in inferno quā in paradiso. Mira insania talium qui infernum præoccupant, quasi timerent se nimis tardè peruenturos ad eum.

Cor per gratiam fit hortus Domini.

Caput IX.

De præexcellentia gaudii Virtutis, respectu gaudii mundani.

Gaudiū virtutis præcellit gaudio mūdi in quatuor.

ET notandum quod gaudium virtutis quadrupliciter præcellit respectu gaudii mundani. Primo continuitate. Homo carnalis non semper sedet ad mensam corporalem, sed homini virtutis, *secura mens est quasi iuge conuiuium* Prouerb.15. Iob. 20. *Gaudium hypocritæ ad instar puncti.* Hypocrita est mundus exterius deauratus.

August. in lib. Confess. Si quid arrisisset prosperum, tædebat apprehendere: quia pene priusquàm teneretur auolabat. Gaudium mundanum venit de foris, & facile impeditur & discontinuatur. Seneca vitam virtutis luci comparat, vitam vero mundanam fulgori, dicens: Magna existimas esse quæ relicturus es, &c. proposuisti illam securitatem ad quam iturus es, retinet te huius vitæ fulgor à qua transiturus es tanquam in sordida & obscura casurum: erras. Ex hac vita ad illam ascenditur, quod interest inter splendorem & lucem, cum hæc certam originem habeat, atque suam, ille niteat ex alieno: hoc interest inter hanc vitam & illam, hæc fulgore veniente extrinsecus percussa est, statim crassam faciet illi vmbram quicquid obstiterit, illa suo lumine illustris est, fulgor est luminis repercussio. Secundò in puritate. Dulcedo enim felicitatis humanæ multis amaritudinibus respersa est, iuxta verbum Boetii. Homo enim carnalis vnam amaritudinem habet ex dilatione deliciarum quas vehementer appetit: aliā ex defectu quem inuenit in vsu earum: vbicunque enim caro quærit refectionem, inuenit defectionem iuxta verbum August. Excessum etiam insumendo delectabilia sequitur duplex amaritudo, scilicet remorsio conscientiæ, & grauamen naturæ. Seneca. Voluptas quo auidius hausta est, citius in contrarium recedit. Ecclesiast. 31. *Amaritudo animæ vinum multum potatum.* Gaudium vero virtutis purum est, non respersum tot amaritudinibus. Augustinus in libro Confessionum: Tu semper aderas misericorditer sæuiens, & amarissimis aspergēs offensionibus omnes illicitas iucunditates meas, vt ita quærerem sine offēsione iucundari: & vbi hoc possem, non inuenirem quidpiam præter te Domine. Tertiò in dignitate. Gaudium virtutis est de iis de quibus dignum est gaudere. Vnde super illud Galat. 5. *Fructus Spiritus, est charitas, gaudium*, dicit gloss. id est, elatio animi de his quæ digna

B ij

sunt gaudii: gaudium mundi de indignis est. Seneca. In voluptate nihil est magnificum, nihil quod naturam Deo proximâ deceat membrorum vilium ac turpium ministerio veniens, exitu fœda. Prouerb. 3. *Stultorum exultatio ignominia.* Item 15. *Stultitia est gaudium stulto.* Et Dominus gaudenti Hierusalem, flens ait, *Si cognouisses & tu.* Luc. 19. Innuens cœcitatem causam esse illius gaudii. Prouerb 2. *Qui lætantur cum malefecerint, & exultant in rebus pessimis.* August. Quid est seculi gaudium? breuiter dico: Seculi lætitia est impunita nequitia: scilicet luxuriari, in spectaculis vagari, ebriositate ingurgitari, turpitudine fœtere, & nihil mali pati, hoc gaudiû deterius est dolore. Peius est enim gaudere de iniquitate, quàm dolere de corruptione, vt ait Augustinus. Quarto in salubritate. Gaudiû virtutis salubre est faciens contemni gaudia vana. Ecclesiast. 1. *Vbi multa sapientia, multa est indignatio.* Vbi enim sapor virtutum sentitur, iucunditas carnalis despicitur: quia gustato spiritu, desipit omnis caro, iuxta verbum Augustini. Item facit triumphare de diabolo. Vnica enim ratio vincendi inimicum, est lætitia spiritualis, vt ait Antonius. Ecclesiast. 30. *Iucunditas cordis hæc est: vita hominis & thesaurus sine defectione sanctitatis.* Qui gaudium sentit in vita bona, perseuerare potest in ea: contrario in mœrore animi deiicitur spiritus. Prouerb. 15. Deiicietur inquam ab altitudine virtutû. Gaudium vero mundi noxium est. Nec mirum cum sit à Deo maledictum. Lucæ 6. *Væ vobis diuitibus, qui hîc habetis consolationem vestram, &c.* Si quis non audeat gustare cibum ab aliquo sancto maledictum, quanto minus maledictum à Deo? Gaudium illud hominem infatuat: vt patet in Salomone, qui non prohibuit cor suum quin omni voluptate frueretur. Ecclesiast. 2. Et infatuatus est. 3. Reg. 11. Iob. 28. *Sapientia non inuenitur in terra suauiter viuentium.* Hoc gaudium in dolorem verteretur. Prouerb. 14. *Extrema gaudij luctus occupat.*

Capvt X.
De his quæ faciunt ad gaudium Virtutis.

ET notandum quod octo sunt quæ facere videntur ad gaudium eius in quo virtus est. Primo conscientiæ puritas. Animus enim generosus potius quiescit in lecto conscientiæ, quando est mundus, quâ quando est immundus, naturaliter abhorrens immunditiam. Vnde super illud Galat. 5. *Fructus Spiritus, est charitas, gaudium,* dicit gloss. id est, puritas animi. Secundo sanitas virium animæ quam gratia facit. Anima sanata maiorem quietem habet. Prou. 16. *Dulcedo animæ sanitas ossium,* id est, virium. Chrysost. Gratia est sanitas mentium. Tertio libertas. Peccator ligatus est ante aduentum gratiæ seruitute peccati, vt nonpossit facere quod vult superior pars rationis, iuxta illud Prou. 5. *Iniquitates suæ capiunt impium, & funibus peccatorum suorum quisque constringitur.* August. in lib. Confess. Suspirabam ligatus non ferro alieno, sed mea ferrea voluntate: velle meum tenebat inimicus, & inde mihi catenam fecerat, & constrixerat me, quippe ex voluntate peruersa facta est libido: & dum seruitur libidini, facta est consuetudo: & dum consuetudini non resistitur, facta est necessitas. Gratia vero Spiritus sancti adueniens libertatem in homine facit. 2. Cor. 3. *Vbi Spiritus Domini, ibi libertas.* Quarto quies à cruciatu tumultuosarum cogitationum & inordinatarum affectionum, & à cruciatu vermis conscientiæ: Ab illis enim vis gratiæ cor liberat. Omnes qui illicita appetunt, vel in hoc mundo aliquid videri volunt, densis cogitationum tumultib. in corde comprimuntur, vt ait Greg. Sancti vero, quia nihil huius mundi appetunt, nullis proculdubio in corde tumultibus opprimuntur, vt idem Greg. ait. Item mali cruciantur in corde inordinatis affectionibus,

Octo generât gaudiû animæ.
1.
2.
3.
4.

De Virtute in communi.

Augustin. in lib. Confess. Iussit Deus, & sic est vt pœna sibi sit inordinatus animus. Alij cupiditate cruciantur, quasi fame & siti insatiabili bonorum temporalium, qui cruciatus non cessat, nisi Dei gratia famem & sitim huiusmodi sedet. Seneca. Si vis animum in perpetua voluptate esse, non voluptatibus adiiciendus est, sed cupiditatibus detrahendus. Augustinus. Qui biberit de fluuio paradisi, cuius gutta vna maior est quàm Oceanus; restat vt in eo sitis mundi huius extincta sit. Alij autem timore cruciantur habentes caput tremulum sicut campanæ. Iob. 15. *Sonitus terroris semper in auribus eius, & cum sit pax, ille semper insidias suspicatur.* Alij cruciantur inuidia, amittentes quidquid alij lucrantur: alij exuruntur ira. Has affectiones gratia cessare facit: vnde animus quiescit & iucundus est. Item peccatorem vermis conscientiæ cruciat. Hierem. 2. *Scito & vide quam malum & amarum est reliquisse te Dominum Deum tuum.* Augustin. Tale bonum est Deus, vt nemini eum deserenti bene sit. Hæc est prima vindicta quam sumit Deus de peccatore, non sinens dedecus culpæ esse sine decore vindictæ. Seneca: Scelera etiam si non sunt deprehensa cum fierent, solicitudo cum ipsis abiit, Poët. Prima est hæc vltio, quod se iudice nemo nocens absoluit. Cum gratia hunc vermem cessare facit, animus quiescit, sicut aliquis melius quiescit in lecto suaui, quàm spinis pleno. Cantic. 1. *Lectulus noster floridus.* Lectulus inquam conscientiæ. De conscientia potest dici, quod dixit Philosophus Zeno de vxore. Vxor, inquit, aut perpetuale refugium est, aut perenne tormentum. Quinto conuenientia virtutis cum natura. Bene enim conuenit natura cum virtute iuxta verbum Bernard. Chrysost. Gratia est cordis delectatio. Prouerb. 3. *Lux iustorum lætificat.* Lux iustorum gratia est, quæ naturæ coniuncta lætificat. Sexto iucunditas boni operis. Psalm. *In custodiendis illis retributio multa.* gloss. non tantum pro eis in futuro reddetur præmium: sed hîc in eorum custodia magnum est gaudiū. Cuius gaudij ratio potest esse quod opus virtutis est in medietate: natura verò in medijs delectatur, & in extremis contristatur: vt visus delectatur in viridi colore qui medius est inter album & nigrum. Sicut mulier naturaliter gaudet cum peperit filium: si autem peperisset bufonem, vel aliud contra naturam, doleret: sic anima gaudet quando bonum opus fecit, tanquam fructum sibi competentem: & contristatur de malo opere, tanquam de fœtu contra naturam. Ioan. 17. *Mulier cum parit,* & cætera, propter gaudiū, dicunt virtutes. Esa. 3 *Panem nostrum comedemus, & vestimentis nostris operiemur.* In operibus enim earum quæda spiritualis refectio est. Septimo discretum regimen corporum. Hi in quibus virtus est, non habent tot molestias ex parte corporis, & diutius viuunt, quia corpus discrete regunt. Eccles. 25. *Beatus qui habitat cum muliere sensata.* Mulier sensata est caro disciplinata. Seneca. Potest nostra prouidentia longiorem prorogare huic corpusculo moram, si voluptates quibus maior pars perit, poterimus regere & coërcere. Octauo quod boni voluntatem suam conformant voluntati diuinæ. Vnde sicut voluntas Dei impletur, ita voluntas eorum. Augustin. Iugum Christi suaue est, & onus eius leue: quia qui huic iugo subiectus est, cætera ei subiecta sunt, & nihil ei repugnat. Non habent mali pacem, qui Deo resistunt. Ioël. 9. *Quis resistit ei, & pacem habuit?* Seneca: Vir bonus quidquid ei acciderit, æquo animo sustinebit: scit enim hoc accidisse ex lege diuina ex qua vniuersa procedunt. Via virtutis in principio habet aliquid difficultatis: quia insueta est. Hieron. Insuauem & asperam fecit nobis viam virtutum longa consuetudo peccandi. *Dulce est lumen, & delectabile oculis videre solem.* Eccl. 11. & tamen lux solis contristat oculos tenebris assuetos; sic via virtutum in principio est molesta, sed post

B iij

iucūda efficitur gratia & assuetudine. Bernardus. Facillimum esset & delectabile adiuncto Dei amoris condimento secundum naturam viuere, si insania nostra nos permitteret, qua sanata statim naturalibus natura arridet. Tullius: Optima forma viuendi eligenda est, quam incundam reddet assuetudo. Glossa super illud Matth. 11. *Iugum meum suaue est.* Angusta est via quæ ducit ad vitam, quia non nisi angusto initio incipitur: processu vero temporis ineffabili delectationis dulcedine dilatatur. Prouerb. 4. *Ducam te per semitas æquitatis, quas cum ingressus fueris, non arctabuntur gressus tui.* Seneca. Initium eundi ad virtutes arduum est: quia hic primum imbecillæ mentis, & ægræ est inexperta formidare: itaque cogenda est vt incipiat, delectat dum sanat. Aliorum remediorum post sanitatem voluptas est philosophia, pariter & salutaris & dulcis est.

Caput XI.

De commendatione Virtutis, facta comparatione ad bona futura.

Comparatione ad futura bona commendabilis est Virtus multipliciter. Primo, quia signum est quo distinguuntur recipiendi ad gloriam æternam à non recipiendis. Ephes. 4. *Nolite contristare Spiritum sanctum in quo signati estis* &c. Apocal. 3. *Ecce dedi ostium apertum coram te, quod nemo potest claudere, quia modicam habes virtutem,* id est, humilem virtutem. De defectu huius signi conqueruntur damnati in inferno. Sapient. 5. *Virtutis* (inquit) *nullum quidem signum valuimus ostendere.* Item virtus pignus & arra est hæreditatis æternæ. Ephes. 1. *Signati estis spiritu promissionis sancto, qui est pignus hæreditatis nostræ.* Quidam tamen codices melius habent, arram. Gloss. Interest inter arram & pignus: quia pignus quando datur, soluto eo pro quo ponitur, aufertur Arra vero est cum de ipso pretio datur aliquid quod non est auferendum, sed complendum. Virtus vel gratia est arra beatitudinis: quia quædam inchoatio eius est. 2. Corint. 1. *Signauit nos & dedit pignus Spiritus in cordibus nostris.* Item vnctio est ad regnum: non ad regnum Franciæ, sed ad regnum gloriæ. Serua vnctionem, securus es de regno. 1. Ioan. 2. *Et vos vnctionem quam accepistis ab eo, maneat in vobis.* hanc vnctionem facit Deus ipse. 2. Corint. 1. *qui vnxit nos, Deus est.* Nec solum vnctio est ad regnum futurum: immo per ipsam viri sancti vitam ducunt regiam in præsenti. Luc. 18. *Regnum Dei intra vos est.* Rom. 13. *Regnum Dei non est esca, & potus, sed iustitia, & pax, & gaudium in spiritu sancto.* Non solum regnum Dei dicitur esse in cordibus sanctorum: quia Deus in eis regnat, cuius imperio in omnibus obediunt: sed etiam quia ipsi quodammodo regnant ad Dei similitudinem. Omnia enim & prospera & aduersa seruiunt eis, & cooperantur in bonum. Seneca: Si vis omnia tibi subiicere, subiice te rationi. Idem: Vis habere honorem magnum? imperium dabo tibi, impera tibi. Bernardus. Non putent diuites huius seculi fratres Christi possidere sola cœlestia, quia audiunt Christū dicente: Beati pauperes, &c. possidet & terrena. Fideli homini totus mundus diuitiarum est. Plane totus, quia tam prospera quam aduersa opus ipsius æquè omnia seruiunt ei & cooperantur in bonum. Sapient. 17. *Omnia transfigurata omnium nutrici gratiæ tuæ deseruiebant.* Item virtus vel gratia pretium est regni cœlestis. Rom. 6. *Gratia Dei vita æterna.* Macrobius: Quanquam sapientibus conscientia ipsa factorum egregiorum amplissimū virtutis est præmium: tamen illa diuina virtus stabiliora quædam præmiorum genera desiderat: Virtus est pretium quodammodo ipsius Dei. Augustinus, in libro de Ciuitate Dei: Præmium virtutis erit ipse qui virtutem dedit.

Caput XII.

De commendatione Virtutis, auctoritate Saluatoris.

Qvinto commendabilis est virtus auctoritate Saluatoris, qui virtutem monet quærere, cum bona terrena consulat relinquere. Matth. 6. *Primum quærite regnum Dei, & iustitiam eius, &c.* Matth. 19. *Si vis perfectus esse, vade & vende omnia quæ habes, & da pauperibus, &c.* August. Cum ea quæ Deus laudat & promittit, ab illo petitis, securè petite. Illa enim Deo propitio conceduntur. Quando autem petitis temporalia, cum modo petite, & eum timore illi committite, vt si profint, det: si scit obesse, non det. Quid enim obsit vel profit medicus nouit, non ægrotus. Amatores virtutis Christus beatos prædicat, cum contemptores temporalium beatos dicat. Matth. 5. *Beati pauperes spiritu, &c.* Et in eodem. *Beati qui esuriunt & sitiunt iustitiam, quoniam ipsi saturabuntur.* Cum Christus pauperrimus esse voluerit quantum ad bona temporalia, tamen quantum ad virtutes ditissimus voluit esse, vnde Ioannes refert se vidisse eum *plenum gratiæ.* Ioan. 1. Et in eodem: *De plenitudine eius nos omnes accepimus.* Præmiserat Deus diuersos sanctos in mundum ad diuersas virtutes ostendendas: tandem venit ipse in propria persona eas docere, & per experientiam addiscere. Greg. in Moral. Ad ostendendam innocentiam venit Abel. Ad docendam munditiam venit Enoch. Ad insinuandam longanimitatem spei & operis venit Noë. Ad manifestandam obedientiam venit Abraham. Ad demonstrandam coniugalis vitæ castimoniam venit Isaac. Ad insinuandam laboris tolerantiam venit Iacob. Ad rependendam pro malo bonæ retributionis gratiâ venit Ioseph. Ad ostendendam mansuetudinem venit Moyses. Ad insinuandam contra aduersa fiduciam venit Iosue. Ad ostendendam inter flagella patientiam venit Iob. Magisterium mansuetudinis & humilitatis sibi ascribit Saluator. Matth. 11. *Discite à me*, inquit, *quia mitis sum, & humilis corde.* Et eiusdem 10. docet prudentiam: *Estote*, inquit, *prudentes.* Et Luc. 21. sobrietatem: *Attendite vobis, ne forte grauentur corda vestra in crapula & ebrietate.* Ioan. 13. charitatem, humilitatem, in ablutione pedum. Eiusdem 15. charitatem: Ceteras virtutes similiter docet, sicut patebit, cum de singulis virtutibus tractabitur. Addiscere etiam eos voluit per experientiam. Vnde Lucas ostendit eum profecisse sapientiâ, & ætate, & gratiâ apud Deum & homines. Lucæ 2. Et ad Hebr. 5. *Cum esset filius Dei, ex his quæ passus est, didicit obedientiam.* Non parum efficax est exemplum virtutum Christi. Augustinus. Exemplo virtutum Christi nostra vitia curantur, vt id quod ostendit esse faciendum, non solùm sine murmure, sed etiam cum delectatione faciamus.

Quid propriū Christo

Caput XIII.

De commendatione Virtutis à multiplici suo effectu.

Sexto commendabilis est virtus à multiplici suo effectu. Vnus effectus eius est, quo à malis defendit. Vnde quidam dixit, virtutem dici, eo quod vi tueatur possessorem suum. Ideò Dominus exponere noluit post passionem suam discipulos periculis antequàm virtute muniti essent. Lucæ 24. *Sedete in ciuitate quousque induamini virtute ex alto.* Seneca: Nullus contra fortunam inexpugnabilis murus est: intus instruamur, si pars illa tuta est, pulsari homo potest, capi non potest. Tullius: Mors terribilis est his quibus cum vita omnia extinguuntur: Sapientis animus virtutibus omnibus & manibus septus est. Item virtus etiam bona temporalia discrete disponit. Vnde Augustinus. Deus ostendit in opulentissimo & præclaro imperio Romanorum quantum valerent ciuiles etiam sine vera religione virtutes, vt intelligeretur hac addita homines fieri ciues alterius ciuitatis, cuius rex veritas, cuius lex charitas, cuius modus æternitas. Vnicum vitium, vt superbia, vel ira, vel odium, occasio est quandoque destructionis vnius regni. E contrario virtus vna occasio est conseruationis. Item virtus felicem communicationem facit in anima. Stabulum enim conuertit in templum, desertum in cœlum, habitationem dæmonum in Dei habitaculum. Esa. 35. *In cubilibus in quibus prius habitabant dracones, orietur viror calami & iunci, & erit semita, & via sancta vocabitur.* Hoc tecum anima virtutibus ornatur in amœnum Dei habitaculum, quæ prius erat habitaculum dæmonum. Conscientia peccatoris bestialiter viuentis, quasi stabulum est. Bernardus. Puto iumenta dicerent, si loqui fas esset: Ecce Adam quasi vnus ex nobis factus est. Augustinus: Domine, merito dedignaris inhabitare corda infidelium, fornacem corruptionis, domos luteas, cloacam immunditiæ. Conscientia etiam peccatoris quasi desertum est. Ioël. 2. *Quasi hortus voluptatis terra coram eo, & post eum solitudo deserti.* Item virtus siue gratia animam abominabilem peccato, adeo decoram efficit, quod eius decorem rex gloriæ concupiscit. *Concupiscit rex decorem tuum.* Gratia deformitatem diabolicam expellit, & decorem diuinum introducit. Decorem animæ habentis gratiam, sol & luna mirantur: quia decor illorū decore illius vincitur. Væ illis qui de hoc decore non curant, cum tamen in omnibus suis decorem quærant. Augustinus: Cum iniquis omnia sunt pulchra, & ipsi sunt turpes. Diogenes, cum illi domum suam homo turpis formæ ostenderet, omnibus in ea locis lapidibus & auro nitentibus, in faciem Domini expuit, dixitque, aliud vilius in domo illa non respexisse. Simile huic accidit in peccatore decorē proprium negligente, & in aliis pulchritudinem exquirente. Item virtus vel gratia lux est, eum in quo est non sinens periculose errare. 1. Ioan. 2. *Vnctio eius docet vos de omnibus.* Sine hac luce homo in periculo est in mundo isto. Esa. 9. *Habitantibus in regione vmbræ mortis lux orta est eis.* Sine hac luce non habet homo veram lætitia. Tobiæ 5. *Quale gaudium mihi erit, qui in tenebris sedeo, & lumen cæli non video?* Item virtus hominē pretiosum facit, Prouerb. 16. *Pretiosi spiritus vir eruditus.* Sicut prudentia hominem reddit pretiosum, sic & temperantia. Ecclesiast. 26. *Omnis ponderatio non est digna continentis animæ.* Idem intelligendum est de cæteris virtutibus. Vnde virtus similis est virtuti quæ dicitur esse in lapidibus pretiosis, quæ vnum modicum lapidem præualere facit multis magnis lapidibus communibus. Sic vnus homo virtutem habens videtur præualere multis hominibus, virtutem non habentibus, Eccles. *Melior est vnus timens Deum, quàm mille filij impij.* Et hoc perpendi potest fatuitas hominum qui tantum desiderant meliorationem rerum suarum, de sui melioratione non curantes, nolentes laborare vt virtutes habeant quę adeo meliorarent eos. Ad ostendendam pretiositatem hominum in quibus virtus est, designati sunt viri virtutis, scilicet duodecim Patriarchæ, vel duodecim Apostoli, in duodecim lapidibus pretiosis, qui fuerunt in rationali. Exod. 28. Et in duodecim lapidibus pretiosis, qui erunt in fundamento spiritualis Hierusalem. Apocalyp. 21. Item virtus mira efficit. De mirabilibus eius effectibus patebit cum de singulis virtutibus agetur. Sed quantum ad præsens, ipsa operatur mira in cœlo, in mundo, in inferno, & in corde humano. In cœlo, quia regno cœlorum vim facit, dum illis, qui per peccatum illud sibi clauserant, illud aperit. In mundo, quia hominem ne in mari huius mundi mergatur

Virtutis operatio mira in quatuor.

De Virtute in communi.

tūr custodit. Gen. 1. *Spiritus Domini ferebatur super aquas.* Esaiæ. 43. *Cum transieris per aquas, tecum ero, & flumina non obruent te.* Ab igne etiam tribulationis defendit. Esa. 44. *Cū ambulaueris in igne, non combureris.* Ipsa est ros, eos qui fidem habent Trinitatis, in fornace Babilonica custodiens. Daniel. 3. In inferno : quia igne infernalem, quantum ad illum in quo est extinguit, vt nihil possit ignis ille in cum in quo gratia vel virtus est. In corde verò humano : quia plus potest vna gutta gratiæ ad extinguendum ibi ignem concupiscentiæ, quàm totus mundus. Plus etiam valet ad repletionem cordibus humanis, quàm omnes diuitiæ mundi. Vna gutta gratiæ Pharaonem infernalem cum exercitu vitiorum submergit in amaritudine contritionis, quasi in mari rubro. Hæc sola cor humanum replere potest. Acto. 2. *Repleti sunt omnes Spiritu sancto.* Ioan. 3. *Qui biberit ex aqua quam ego dabo ei, non sitiet in æternum.* Sine gratia anima est sicut terra sine aqua, quæ in puluerem euanescit. Psalm. 1. *Non sic impÿ, non sic, &c.* Anima sine gratia, est quasi terra maledicta, spinas & tribulos germinans Genes. 3. Homo absque gratia est velut inermis in medio inimicorum suorum positus, qui vndique sagittatur : nocent enim ei, & prospera & aduersa. Thren. 3. *Tetendit arcum suum, & posuit me quasi signum ad sagittam.* Item gratia vel virtus vita spiritualis est. Homo sine gratia est velut mortuus. Ecclesiast. 9. *Melior est canis viuus leone mortuo.* Glos. Canis viuus, pauper iustus, leo mortuus, potens iniquus. Homo sine gratia quasi nihil reputatur. Esa. 40. *Omnes gentes quasi non sint, sic sunt coram eo.* Gentes sunt gentiliter viuentes. Psal. *Ad nihilum deductus est in conspectu eius malignus &c.* Esa. 41. *Omnes gentes quæ pugnant aduersum te, erunt quasi non sint.* Esse laudabile, & quod alicuius valoris est, esse gratiæ est. 1. Corinth. 15. *Gratia Dei sum id quod sum.* Ipsa potentia recipiendi gratiam videtur præualere toti mundo, cuius signum est quod damnatis potius videretur expedire esse in statu, in quo gratiam posset recipere, quàm totum mundum habere. Homo sine gratia vel virtute est velut arbor arida incendio infernali apta. Luc. 23. *Si in viridi ligno hoc faciunt, in arido quid fiet?* Eccles. 6. *Non te extollas in cognitione animæ tuæ velut taurus: ne forte elidatur virtus tua per stultitiam.* Et subditur : *Et relinqueris velut lignum aridum in eremo.* Figura hominis absque gratia, est ficus maledicta à Domino, & arefacta. Matth. 21. Vita gratiæ multum est amanda. Cum enim triplex sit vita : naturæ scilicet, gratiæ & gloriæ, vita naturæ valorem suum habet ex vita gratiæ. Seneca. Non viuere bonum est, sed bene viuere. Vita naturæ viuunt & dæmones & animæ damnatæ, quibus bonum esset non esse. Vita verò gloriæ acquiritur per vitam gratiæ. Filius Dei vitam gratiæ morte sua voluit restaurare, & sustentandam eam pabulo doctrinæ vel exemplo ferè triginta tribus annis voluit in miseria huius mundi manere. Item virtus vel gratia hominem super se leuat. Thren. 3. Leuauit se super se. Seneca. O quàm contempta res est homo nisi supra humana surrexerit. Item, virtus non solù grata est Deo, immo est ipsa gratia hominem faciens gratum Deo & opera eius. Sine ea nullus Deo gratus est, cum ea nullus potest esse quin sit Deo gratus. Vnica gutta gratiæ si in diabolo esset, ipsum Deo gratum faceret. Omnes in quibus gratia non est, filii sunt iræ. Gratius est vnicum opus ex gratia factum, quàm infinita absque gratia. Ex hoc perpendi potest fatuitas eorum quibus gratia grata non est, qui vel mala sua vel bona contemptibilia ei præponunt. Seneca. Adeò gratiosa est virtus, vt insitum sit malis probare meliora. Seneca in epistolis : Errare mihi visus est qui dixit : Gratior est pulchro veniens è corpore virtus. Non enim vllo honestamento eget : ipsa magnum sui decus est, & corpus suum consecrat.

Vita triplex.

C

SECVNDÆ PARTIS PRINCIPALIS
De tribus virtutibus Theologicis, Tractatus primus vnicum continet capitulum, in quo succinctè de numero & ordine earum in communi agitur.

Ictum est de Virtute in communi: nunc dicendum est de speciebus virtutum. Et primo de Theologicis, scilicet Fide, Spe, & Charitate. De quibus. 1. Corinth. 13. *Nunc manent fides, spes, charitas.* Hic scientia & prophetia militant: vt dicit ibi gloss. August. in lib. de Trinitate, dicit quod propter ista tria in animo ædificanda omnium diuinorum librorum machinamenta consurgunt. Ideò verò priùs dicetur de theologicis quàm de cæteris, quia theologicæ ordinant animam ad finem supremum: cæteræ verò circa ea quæ sunt ad finem illum. In intentione verò operantis, prior est finis, his quæ sunt ad finem. Secundùm enim naturâ finis, sumuntur ea quæ sunt ad finem: Causa finalis, causa causarum est. Secudum enim exigentiam finis causa efficiens eligit materiam, & in materia electa intendit acquirere formam competentem fini, v.g. Qui vult facere instrumentum ad secandum, eligit materiam duram. Si enim esset mollis, potius cederet quàm secaret. In materia verò dura, acquiritur forma acuta; si enim obtusa esset, non esset penetratiua, neque idonea ad secandum. Sic finis in intentione operantis, prior est his quæ sunt ad finem, tanquam quædam causa motiua ad illa. Et virtutes Theologicæ quæ ordinant ad finem supremum, priores sunt cæteris virtutibus, quæ disponunt animam ad ea quæ sunt ad finem. Tres verò sunt, quia necesse habemus finis bonitatem cognoscere & desiderare, & aliquam fiduciam obtinendi habere, vt scilicet agnoscamus quo debeamus tendere, & velimus venire, & speremus posse peruenire. Non enim tentanda sunt quæ omnino ef-

Tria ad benè operandum exiguntur.

fici non possunt vt ait Sapiens: Fide bonitatem finis agnoscimus, Charitate desideramus, Spe fiduciam obtinendi habemus. Quùm tria exigantur ad benè operâdum, scire, posse, & velle, & scire nostrum propter peccata sit diminutum in vi rationabili, & posse in irascibili, & velle inordinatum in concupiscibili, fides supplementû est cognitionis in rationabili, spes supplementum fortitudinis in irascibili, charitas est inordinatiuæ voluntatis in concupiscibili. Fide cognoscimus supremum sinem siue summum bonum esse bonum se communicans. Ex qua cognitione duæ affectiones oriuntur: scilicet spes, ex eo quod cognoscitur liberalissimus bona sua communicando, & desiderû, ex eo quod cognoscitur esse bonum quo nihil melius potest desiderari. Bonum enim est quod desideratur ab omnibus, vt ait beatus Dionysius. Etiam secundum Aristotel. Omnia bona exoptant. Vita hominis absque lumine fidei vaga est; nesciens quò tendat. Ioan. 12. *Qui ambulat in tenebris, nescit homo quò vadat.* Homo absque fide ad molam temporalium istorum circuit ad modum Samsonis exoculati. Iudi. 16. æterna nec cognoscens, nec cupiens. Psalm. *In circuitu impij ambulant.* Item: *Viam ciuitatis habitaculi non inuenerunt.* Ecclesiast. 10. *Labor stultorum affliget eos qui nesciunt ad vrbem pergere.* Thren. 4. *Errauerunt cæci in plateis.* Fide homo in via dirigitur. Et quia via ardua est, spe omnipotenti innititur. Et per charitatem suauitate summi boni trahitur. Trahit enim sua quemque voluptas. Cantic. 8. *Quæ est ista quæ ascendit de deserto, delicijs affluens, innixa super dilectum?* Augustinus in libro de libero arbitrio. Tanta est iucunditas diuini

Psal. 13.

aspectus, quod non potest videri sine amore. Harum trium virtutū est mentem virginem castam exhibere Christo. Virginitas enim mentis (vt ait Augustinus) consistit in hoc quod fides sit integra, spes solida, & charitas syncera. Et vt ait idem Augustinus in libro de doctrina Christiana: homo fide, & charitate subnixus, & eas inconcusse retinens, non indiget scripturis, nisi ad alios instruendos. Et subdit: Multi per hæc tria etiam in solitudine sine codicibus viuunt. Fides (vt ait Augustinus) nos Deo supponit, spes erigit, charitas vnit. Fide agnoscimus nos sub Deo esse, & debitores esse seruitij. Spes nos cleuat, vt audeamus aggredi quod supra vires nostras est. Charitas verò nos facit vnū esse cum Deo. Amor enim est vis vnitiua, vt dicit Dionysius. Inter virtutes theologicas prius de Fide dicetur: quia actus fidei prior est actu spei & charitatis: vt patebit inferius.

SECVNDÆ PARTIS PRINCIPALIS DE VIRTVTIBVS THEOLOGICIS.

TRACTATVS SECVNDVS DE FIDE.

CAPVT PRIMVM.

De ordine dicendum in hoc tractatu, & de necessitate fidei.

DE Fide verò hoc modo dicemus. Primò ostendemus necessitatem huius virtutis. Secundò descriptiones eius ponemus. Tertiò, de vnitate fidei tangemus. Quartò, commendationi ipsius insistemus. Quintò, tangetur de articulis. Sextò, de erroribus & causis errorum. Septimò, ad diuersitates fidei descendemus. Circa primum, notandum quod cum homo sit ab aliquo, & sub aliquo, & ad aliquid, & supra aliqua, necesse habet cognoscere illum à quo est, ne sit de tanto beneficio ingratus, & per consequens cæteris beneficiis indignus. Bernardus. Ingratitudo est ventus vrens, siccans sibi fontem pietatis, rorem misericordiæ, fluenta gratiæ. Item, necesse habet cognoscere eum sub quo est, ne sit inutilis seruus, & per consequens iræ Domini pœna dignus. Prouerb. 14. *Acceptus est regi minister intelligens: iracundiam eius inutilis sustinebit.* Matth. 25. *Seruum inutilem proijcite in tenebras exteriores.* Circa illum verò sub quo est, necesse habet cognoscere & eius maiestatem, vt sciat eum glorificare. Maiestas est quod significatur per hoc aduerbium, summe: quum dicitur, summe potens, summe sapiens, summe bonus. Et quæ sit eius voluntas, vt sciat ei ad eius beneplacitum seruire. Et iustitiam, & misericordiam eius in seruos suos, & exhibitam & exhibendam iustitiam in offendentes, misericordiam in debito modo seruientes. Item necesse habet cognoscere illud ad quod est. Sine hac cognitione erit in mari huius mundi quasi sopitus gubernator amisso clauo. Prouerb. 23. Et nesciet se dirigere, nescit se regere qui ignorat quo debeat tendere. In exilio etiam huius mundi quasi in patria appetit manere. Gregor. Qui peregrinationem pro patria appetit, inter dolores dolere nescit. Item in itinere presentis vitæ & fatigabitur, & quiete finis frustrabitur. August. in lib. Confess. Domine fecisti nos, ad te inquietū est cor nostrum donec requiescat in te. Necesse etiam habet cognoscere à quo teneat ea supra quæ positus est, ne sit infidelis seruus in his ia quibus folum miniſteriũ habet, ſibi vſurpans dominium, vel alij quam debeat ſeruitium reddens : & ita qui pro fidelitate fuerat remunerandus, pro infidelitate ſit puniendus. Matth. 25. *Euge ſerue bone & fidelis quia ſuper pauca,&c.* Et Lucæ 16. *Si in alieno fideles non fuiſtis , quod veſtrum eſt quis dabit vobis ?* Alienum eſt bonum tranſitorium, noſtrum eſt bonũ æternum. Bern. in quodam ſermone aduentus. Terrenæ diuitiæ nec veſtræ nec noſtræ ſunt. Et paulò poſt: Denique ſi veſtra ſunt hæc, tollite ea vobiſcum. Pſalm. *Homo cum interierit non ſumet omnia, nec deſcendet cum eo gloria eius.* Conuenientiſſimus verò modus cognoſcendi prædicta per fidem eſt : nec mirandum eſt ſi oportet habere cognitionem per fidem de patre inuiſibili à quo ſumus, quum etiam de parentibus carnalibus aliter cognitio haberi non poſſit,: vt oſtendit Gregor. 4. lib. dialog. his verbis: Audenter dico, quia ſine fide neq; infidelis viuit. Si eundem infidelem percontari voluero, quem vel quam matrem habuerit, protinus reſpondet illum atque illam: quem ſi ſtatim requiram: vtrum nouerit quando conceptus ſit, vel viderit quando natus fuerit, nil vel vidiſſe, vel nouiſſe minime fatebitur : & tamen quod non vidit, credit. Item ſi de ipſo ſuo viſibili corpore credunt quod minime viderunt, cur inuiſibilia non credunt, quæ corporaliter videri non poſſunt ? Iſte modus cognoſcendi & Deo eſt glorioſus, & homini meritorius, & laude dignus, & hunc requirit natura eorum quæ cognoſcẽda ſunt, & etiam natura eorum qui cognituri ſunt. Quod Deo ſit glorioſus, ex hoc patet quod glorioſum eſt principi ſi ſimplici verbo eius credatur abſque cautione pignoris, vel iuramenti, vel fideiuſſoris. Ignominioſum verò eſt ei ſi ſimplici verbo eius non credatur. Etiam cuilibet viro notæ bonitatis & ſufficientis facultatis moleſtum eſt, ſi ſimplici verbo eius non credatur : quanto magis Regi gloriæ qui nec falli, nec fallere poteſt, diſplicet, ſi non credatur verbis eius ſine cautione rationum quam quærũt gẽtiles, vel cautione ſignorum quam quẽrunt Iudæi ? 1. Corinth. 1. Iudæi ſigna petunt, Græci ſapientiam quærunt. Quantum Deus offendatur per hoc oſtendit Matth. 12. & 16. *Generatio mala & adultera ſignum quærit.* Eiuſdem 17. *O generatio incredula & peruerſa vſquequo patiar vos?* Hippocrates & Pythagoras indixerũt hanc legem diſcipulis ſuis, vt non eſſent auſi in ſententiis ſuis interrogare, propter quid: ſed eſſet eis pro ratione diçẽtis auctoritas: quanto magis auctoritas diuina pro ratione habenda eſt ? Meritorius etiam eſt homini hic modus cognoſcendi. Cum enim homo aſſentit Deo in his quæ non ſunt ſenſui manifeſta, nec per ſe nota intellectui, nec violentia neceſſariæ probationis oſtenſa libera eſt aſſenſio illa, & ideo meritoria : aſſenſio verò qua homo aſſentit vel manifeſtis ſenſui, vel per ſe noris intellectui, vel neceſſario probatis, meritum non habet, quia quaſi coacta eſt. Vnde gloſſ. ſuper illud ad Hebræos 10. *Habẽtes fiduciam in introitum ſanctorum in ſanguine Chriſti, &c.* Fides non habet meritum vbi humana ratio, id eſt, humanus ſenſus prebet experimentum. Quę gratia eſt creditori ſi ſub bona cautione credat verba alicuius ? Item hic modus cognoſcendi laude dignus eſt. Non eſt virtuoſum videre lucidum, ſic nec credere quod manifeſte probabile eſt. Sed virtuoſum & laude dignum eſt credere Deo in his quæ ſenſus, vel ratio videtur diſſuadere. Sicut fecit Abraham, de quo legitur. Rom. 4. *Quod contra ſpem in ſpem credidit.* Gloſſa. Prior. Spes ſecundum naturam fuit, dum iuuenis ex iuuencula ſecundum naturam ſperauit ſobolem, nec tamen habuit: modo contrarium illi ſpei ſperauit, ſcilicet vt vetulus ex vetula ſterili generaret. De eodẽ habes Geneſ. 15. dicit Dominus Abraham: *Qui egredietur de vtero tuo, habebis eum hæredem : Et ibidem : Suſpice cœlum & numera ſtellas ſi potes, ſic erit ſemen tuum.* Impoſſibilia poterant hæc videri, quum Do-

Meritorium ſi. de credere.

minus conclufiffet Saram. Genef. 16. Et quum ipfa confenfiffet, & Abraham vetulus effet. Eiufdem 18. *Et tamen credidit Abraham Deo, & reputatum est ei ad iustitiam.* Eiufdem 15. Similiter beata virgo beatificatur. Lucæ 1. quæ credidit angelo in illa fublimi promiffione: *Beata*, inquit, *quæ credidisti, &c.* E contrario verò Moyfes & Aaron puniuntur de incredulitate. Numer. 20. *Quia non credidistis mihi vt fanctificaretis me coram filiis Ifraël, non introducetis hos populos in terram quam daturus fum eis.* Et Zacharias fimiliter punitur. Lucæ 1. *Ecce*, inquit angelus, *eris tacens, & non poteris loqui vsque in diem quo hæc fiant, pro eo quod non credidisti verbis.* Ecclefiaft. 16. In gente incredibili exardefcit ira. Apocalyp. 21. *Timidis & incredulis pars illorum erit in stagno igne ardenti, & sulphure, quod est secunda mors.* Natura eorum quę cognofcęda funt, requirit hunc modū cognitionis, cum quædam eorum fint preterita, quædam futura. Et cum quædam fint in cœlo, quædam in inferno. Quomodo enim de his omnibus cognitio haberi poterit, nifi per fidem? Præterea Deus, de quo hæc cognitio principaliter eft, lucem habitat inacceffibilem, quam nullus hominum vidit, nec videre poteft. 1. Timot. 6. Exod. 33. *Non videbit me homo, & viuet.* Efaiæ 45. *Verè tu es Deus absconditus.* Ioan. 1. *Deum nemo vidit vnquam, nisi vnigenitus filius qui est in finu patris, ipse enarrauit.* Et Matth. 11. Nemo nouit filium, nifi pater: neque patrem quis nouit, nifi filius, & cui filius voluerit reuelare. Credendum eft ergo de Deo filio enarranti, & h's quibus filius enarrauit, quum à nobis in præfenti videri non poffit. Et fecundùm verbum Hilarij, foli Deo de fe credendum eft, qui fe folus nouit. Benè credit Deo, qui credit fanctis in quibus Deus loquitur. Nec mirandum eft fi neceffe habemus credere Deo de fe, quum homini de interioribus fuis neceffe habeamus credere, 1. Corinth. 2. *Quis scit hominum quæ sunt hominis, nisi spiritus hominis qui in ipso est?*

Ita & quæ Dei funt, nemo nouit, nifi fpiritus Dei. Et fubditur: *Nos autem non spiritum mundi huius accepimus, sed spiritum qui ex Deo est.* Gloff. Ambrof. Manifeftum eft cogitationes à nullo fciri, nifi ab animo noftro. Nō timeas viris fanctis credere affenfum tuum, cum Dominus eis crediderit fenfum fuum. 1. ad Corinth. 2. *Nos autem sensum Christi habemus.* Gregorius etiam in quarto libro dialogorum dicit. Quifquis incredulitate inuifibiliū folidus non eft, debet procul dubio maiorum dictis fidem prębere, eifque per Spiritū fanctum inuifibilium experimentum habentibus credere. Nam ftultus eft puer, fi matrem ideo exiftimat de luce mentiri, quia ipfe nihil aliud quā tenebras carceris nouit. Loquitur Gregorius de puero nato, & nutrito in carcere, cui mater quæ grauida de eo pofita fuit in carcere, de luce folis quam ipfa quādoque nouit, loquitur. Natura etiam eorum qui cognituri funt, hunc modum cognitionis requirit. Cognitio enim ifta pertinet ad communitatem hominum, imò ad vniuerfitatem. Eft enim cognitio neceffitatis, fine qua nō eft falus. Heb. 11. *Sine fide impossibile est placere Deo.* Multi verò funt qui capaces non funt rationum, quibus eis perfuadere poffint ea quæ neceffe eft cognofci accedentibus ad Deum: vnde oportet eos credere his qui talium funt capaces. Bruta animalia non funt Dei perceptibilia: fic nec homines animales capaces funt eorū quæ Dei funt, nifi credendo viris fpiritualibus. 1. Cor. 2. *Animalis homo non percipit ea quæ Dei sunt.* Vbi oftendit gloff. Auguft. quod animalis eft quis vel in vita vel in fenfu. Vita animalis eft quam intra naturalis ordinis metas fpiritus rector non continet, eo quod ipfe Deo regendum fe non fubiicit. Animi verò fenfu quis animalis eft: quia de Deo iuxta corporum fantafiam, vel legis literam, vel ratione phyficam iudicat. Ifte modus cognofcēdi fupplet defectus aliarum cognitionum. Si alicui deficit vifus, neceffe habet credere alij de via & de aliis

C iij

quæ ad visum pertinent. Si est intellectus parui & rudis, necesse habet credere his qui habent magnum intellectum & exercitatum. Discentem enim oportet credere. Ergo quum prædicta sensui non subiaceant, & intellectus humanus secundum verbum Philosophi, se habeat ad diuinam essentiam sicut visus noctuæ ad solem, necesse est per fidem talia cognosci. Præterea cum Deus altissimus sit, non est possibile reperire scalam sufficientis rationis, qua quilibet ad eum attingat. Non attingit Nanus quocunque attingit Gigas: nec attingit qui est parui intellectus, ad comprehendendum per rationes omnia ad quæ attingit qui est magni intellectus. Item qui non appropinquat rei subtili, non potest eam videre, licet ille qui propinquus est, eam videat. Sic homines qui in sensibilibus commorantur, non appropinquantes studio vel exercitatione ad ea quæ sunt inuisibilia, non possunt ea cognoscere quæ agnoscunt qui studio & exercitatione propinquant. Philosoph. Imperiti velut longe distantes speculantur. Item intellectus grossus subtilia videre non potest. Qui habet turbidum oculum, non videt pilum quem videt qui habet clarum: non videt visus humanus, quidquid videt aquilinus: non potest ergo communitas hominum cognoscere quæ necesse est cognosci accidentibus ad Deum, nisi per fidem. Fides est qua intellectus humanus Deo subditus est, qui indubitanter subiectionem ei debet, sicut & affectus eumdem similiter sit. Nulla enim ratio est quare potius intellectus ab hac subiectione sit exēptus, quam affectus. Et enim duæ sunt partes legis Dei, scilicet testimonia & mandata: intellectus credit testimonia, sicut affectus implet mandata. Item cum intellectus induendus est gloria sicut & affectus, & gloria ipsius intellectus principalis videatur esse secundum id quod dicit gloss. super illud, Psal. *Ostendam illi salutare meum* id est, Christum in maiestate. Hæc visio est tota merces. Intellectus hic gratia fidei induendus. Quomodo enim fieret in futuro à Deo gloriosus, nisi in præsenti Deo esset gratus vel gratiosus?

CAPVT II.

De descriptionibus Fidei.

Ostensa necessitate fidei ponendæ sunt descriptiones eius. Prius tamen notandæ sunt diuersæ acceptiones huius nominis fides, vt appareat quomodo hic fidem accipiamus. Fides quandoque dicitur sponsio. 1.Tim.5. *Quia primam fidem irritam fecerunt*. Quandoque fidelitas. Prou. 20. *Virum fidelem quis inueniet?* Quandoque conscientia. Rom. 14. *Omne quod non est ex fide, peccatum est*. Quandoque creditum, vel collectio creditorum. Vnde Athanas. Hæc est fides catholica. Quandoque sacramentum fidei. August. ad Bonifac. Quid est paruulos habere fidem, nisi fidei sacramentum? Quandoque fides informis. 1.Cor.13. *Et si habuero omnem fidem, ita vt montes transferam, &c.* Quandoque fides viua. Sic sumitur hic, & secundum hoc sic describitur. Heb. 11. *Fides est substantia rerum sperandarum, argumentum non apparentium.* Fides substantia est. Substantia stat sub accidentib. ea supportans & sustinens, & non eget alio subiecto. Sic fides in ædificio spirituali substat, totum ædificium supportans & sustinens, non eget virtute aliqua quæ eam præcedat. Ipsa est firma petra supra quam sapiens ædificat domum suam. Matth. 7. & eiusdem 16. *Super hanc petram ædificabo Ecclesiam meam.* Petram vocat firmitatem fidei in Petro. Hoc fundamentum non timet, nec pluuiam, nec flumina, nec ventos. Nec mirum. Innixum enim est primæ veritati: Fides nannititur primæ veritati. Matth. 7. *Descendit pluuia, & venerunt flumina, & flauerunt venti, & non cecidit, fundata enim erat supra firmam petram.* Pluuia quæ desursum venit, est imaginatio aereæ potestatis. Flumina quæ de montibus descendunt, sunt persecutiones

De Fide.

potentum. Venti dicuntur omnium tentationum genera. De hoc fundamento legitur. Corinth. 3. *vt sapiens architectus fundamentum posui.* Gloss. id est fidem Christi. Et paulo post: *Fundamentum aliud nemo potest ponere præter id quod positũ est, Iesus Christus,* id est, fides Christi. Apocalyp. 21. *Fundamentum primum iaspis.* Iaspis viridis est coloris, & fugat fantasmata, & fidem significat, quæ viriditate æternorum oculos cordis delectat, & vanitatem huius mundi quæ quasi fantasma est fugat, dum fugiendum esse indicat. Augustinus. O munde immunde quid strepis ? quid auertere conaris, tenere vis fugiens, quid faceres si maneres ? Absque fundamẽto fidei vanum est ædificium spirituale : id est, vadens in nihilum. Sapient. 13. *Vani sunt omnes homines, in quibus non subest scientia Dei.* Scientia Dei, seu cognitio, fides est. Sine hoc fundamento est ædificium spirituale quasi supra arenam, quod necesse habet corruere ad descensũ pluuiæ, vel impetum fluminis, vel venti. Matth. 7. *Descendit pluuia, venerunt flumina, & flauerunt venti, & irruerunt in domum illam, & cecidit.* In descriptione fidei res sperandæ ponuntur : quia digniores sunt inter ea quæ sunt fidei, & quia sunt finis. Sicut enim fides bonum inchoat, sic adeptio rerum sperandarũ consummat. Actus vero sperandi potius nominatur ibi quam diligendi, quia immediatus est d actum fidei : & quia sic notatur absent a eorum, de quibus est fides, diligi possunt & præsentia & absentia; sed non sperantur, nisi absentia, vel futura. Fides autem dicitur substantia rerum sperandarum : quia causa est vt res quæ sperantur in futuro, in nobis subsistant. In præsenti etiam quodammodo facit eas in nobis subsistere. Per fidem enim futura bona menti nostræ quodammodo sunt præsentia ; per eam etiam quæ inuisibilia sunt quodammodo videntur. Propter primũ, dicitur substantia rerum sperandarum; propter secundum, dicitur argumentum non apparentium. Gloss. Fides propriè est de his quæ nõ videntur. De visis enim non est fides, sed agnitio ; & subditur : Hæc est laus fidei, si quod creditur non videtur. Fides dicitur argumentum non apparentium, quia est inuisibilium certitudo : vt dicit gloss. super Galat. 5. ipsa est probans non probatum : dedignatur enim esse conclusio. Tria sunt quæ sequuntur ex hoc argumento, scilicet articulorum certitudo, vitæ rectitudo, præmij æterni celsitudo. De primo iam habitum est. De secundo habetur, Rom. 1. *Iustus autem ex fide viuit:* id est, vitam suam regit & disponit. De tertio, Ioann. 3. *Qui credit in filio, habet vitam æternam.* Fides nobis primo proponitur. Secundo vitæ rectitudo assumitur, ex quibus vita æterna concluditur. Ex certitudine fidei infertur vita æterna, tanquam ex imperfecta argumentatione. Ioan. 6. *Qui credit in me, habet vitam æternam.* Ex fide vero cum vitæ rectitudine, quasi ex perfecta argumentatione vita æterna infertur. Ex fide cum vitæ prauitate concluditur mors æterna. De qua conclusione. Ezech. 7. *Fili hominis fac conclusionem : quoniam terra plena est iudicio sanguinum, & ciuitas plena iniquitate.* Iacob. 2. *Quid proderit fratres mei, si fidem se dicat quis habere : opera autem non habeat ? nunquid poterit fides saluare eum ?* Secundum Chrysost. Fides maiorum est, argumentum fidei minorum. Confirmatur enim fides in minoribus per hoc quod tot & tam sancti homines eam tenuerunt. Et notandum quod ad viuam fidem duo pertinent, scilicet primam veritatem cognoscere, & in ea tanquam summum bonum vel beatitudinem tendere. Quantum ad primum, dicitur fides argumentum non apparentium. Quantum ad secundum, dicitur substantia rerum sperandarum. Item fides sic describitur ab August. in libro de Prædest. sanct. Fides est cogitare cum assensione ea quæ ad Christianam pertinent religionem. Et Isidor. Fides est qua veraciter credi-

Duo ad fidẽ necessaria.

Fidei definitio.

mus. Chrysost. dicit quod fides est sanctissimæ religionis fundamentum. Religio (vt ait Isido.) est appellata, quod per eam vni Deo religamus animas nostras ad cultum diuinum seruiendi vinculo. Magistraliter etiam sic describitur: Fides est virtus qua ea quæ ad fundamentum religionis pertinent, recté firmiterque creduntur. Ber. in lib. de Consideratione: Fides est voluntaria quædam & certa prælibatio necdum propalatæ veritatis. Et notandum quod quatuor videntur facere ad hoc quod fides viua licet sit cognitio, virtus sit. Primum est, quod actus ipsius multum habet à voluntate. Sicut enim ille qui multum amat aliquem, voluntarius est ad credendum bona de eo: mala vero de eo credere non vult: Sic ille in quo est amor Dei intensus, voluntarius est ad credendum de Deo omnia quorum credulitatem credit esse placitam Deo: vnde sine ratione sufficiéti assentit talibus. 1. Corinth. 13. dicitur quod *charitas omnia credit*. Secundum est, quia consentit his in quæ difficile est consentire. Vnde sicut diligere inimicum, virtutis est, cum ad dilectionem illam meritum eius qui diligitur non iuuet, sed potius repugnet: sic consentire Deo in his quæ contra rationé videntur esse, virtutis est. Tertium est, quod fides viua radius viuus est procedens à fonte vitæ, à sole scilicet intelligentiæ. De quo Sapient. 5. *Sol intelligentiæ non est ortus nobis*. Fides mortua est, sicut lumen solis, quod est in locis obumbratis, non habens calorem. Fides vero viua non solú lucet, sed etiam calefacit: nec solum lumen est ostendendum, sed etiam vita mouens: scilicet ad faciendum bonum & declinandum à malo. Cui videtur concordare quod dicit Aristotel. de Diuina sciétia, quod plus est virtus quam ars. Quartum est, quod mira operatur, vt infra patebit. Marci vltimo: *Signa autem eos qui crediderint, hæc sequentur*. Sicut impetuositas fluminis tunc primo apparet quú fluuius inuenit obstaculum: sic fidei virtuositas, cum aliquid impugnans habuerit. Item fides potest describi: Fides est digna Deo credulitas. Credulitas digna Deo est, credere ei propter se: & super illud 2. Corinth. 3. *Non quod sufficientes simus cogitare aliquid à nobis quasi ex nobis*, dicit glossa, quod cogitare est initium fidei, assentire autem summæ veritati propter se & super omnia, est eius complementum. Et notandum, quod licet fides viua non assentiat primæ veritati principaliter propter rationes: tamen rationes possunt esse introductiuæ ad eam. Sed postquam ipsa introducta fuerit, dicit sicut dixerunt Samaritani mulieri Samaritanæ: *Iam non propter tuam loquelam recedimus: ipsi enim audiuimus, & scimus, quia hic est saluator mundi*. Ioann. 4. Augustinus in libr. de Correctione & gratia: Aliud est adiutorium sine quo aliquid nō fit, & quo aliquid fit: nam sine alimentis non possumus viuere: non tamen afferunt alicui alimenta quod viuat qui mori voluerit, quasi causa sine qua non fit vel ratio fit. Fides viua in anima est, vel speculum creaturarum, vel miracula, vel rationes, vel doctrina: sed lux infusa desuper principalis causa est, quod intellectus consentiat firmé in ea quæ sunt fidei. Vnde Augustinus dicit, quod fides est illuminatio mentis ad summam veritatem. Et super illud Marci 9. *Credo Domine, adiuua meam incredulitatem*, dicit gloss. Credulitas nostra infirma est, nisi sit innixa adiutorio Dei.

Caput III.

Quod vna sit vera Fides. Et quod illa sit Christiana, multis argumentis ostenditur.

Sequitur de vnitate fidei, de qua legitur Ephes. 4. *Vnus Dominus, vna fides*. Quinque vero videntur facere ad vnitatem fidei. Primo hoc, quod illud de quo principaliter est fides, vnum est. Vnde

De Fide.

de super illud, *Vna fides*, dicit gloss. Vnū & idem est quod creditur à cunctis fidelibus. Vnde fides catholica dicitur, id est, vniuersalis. Deus de quo fides est, principaliter vnus est, & non mutatur. Exod. 10 *Audi Israël, Deus tuus vnus est.* Psal. *Non erit in te Deus recens.* Iac. 2. *Apud quem non est transmutatio.* Hier. *Nec fides mutatur.* Tob. 2. *Vitam illam expectamus, quā Deus daturus est his qui fidem suā nunquā mutant ab illo.* Secundo hoc, quod fides est lumen infusum desuper, & non est à probabilitate rerum quæ creduntur: ideo non diuersificatur secundum diuersitatem rerum creditarum. Ipsa est lucerna quam Dei sapientia accendit ad recuperandam drachmam perditam. Luc 15. gloss. drachma est nummus certæ quantitatis habens imaginem regis. Drachma perdita est: homo qui ad imaginem Dei creatus, in peccatum lapsus est. Ad eandem lucernam possunt diuersa videri, & vna fide diuersa credi. Tertio hoc, quod vna est ratio credendi in omnibus articulis, scilicet prima veritas, cui fides vna semper principaliter innititur. Credulitas quæ per rationes est secundum diuersitates rationū debet diuersificari: sed non sic est in fide. Quarto hoc, quod natura hominum vna & eadem est apud omnes: ergo & naturalia hominum eadem debent esse apud omnes; sed intellectus debet Deo de iure naturali obsequium fidei: ergo fides vna & eadem debet esse apud omnes; vnica ergo est vera fides. Quinto hoc, quod affectiones quas affectus hominis debet Deo, eædem sunt apud omnes: ergo & eade ratione quod debet intellectus Deo, idem erit apud omnes. Præterea affectionum causæ sunt apprehensiones præambulæ: vt timoris causa est apprehensio diuinæ potentiæ vel iustitiæ: spei causa est apprehensio diuinæ liberalitatis, vel misericordiæ: amoris causa est apprehensio diuinæ bonitatis: ergo cum affectiones istæ eædem sint apud omnes, & apprehensiones quæ sunt causa illarum eædem

erunt apud omnes. Apprehensiones vero de Deo in præsenti oportet esse fidei, propter prauitatem intellectus hominum, sicut prius ostensum est: ergo vera fides vna & eadem est apud omnes. Præterea aut aliquod obsequium debet Deo intellectus humanus: quod sine eius iniuria nō possit non soluere, aut nullum. Si dicatur quod nullum, ostenditur hoc esse falsum, per hoc quod simili ratione nec affectus aliquod obsequium deberet Deo, nec etiam corpus: ergo Deus non esset Dominus verus, cum nullum seruitium deberetur ei. Præterea conqueritur Dominus de subtractione seruitii affectus Malach. 1. *Si pater ego sum, vbi est honor meus? & si Dominus ego sum, vbi est timor meus?* Præterea certum est cuilibet habenti rationem bene dispositam, quod sine Dei iniuria non potest Deum non esse adorandum, vel venerandum, vel timendum, vel amandum. Præterea omnis secta igne & ferro persequitur sentientes contraria fidei suæ, etiam potius quam fures vel raptores. Philosophus etiam dicit, eos qui dicunt deos non esse adorandos, pœna indigere. Relinquitur ergo quod aliquod certum seruitium intellectus debetur Deo, quod specialiter consistit in credendo illi. Aliud enim obsequium secundum intellectum non videtur ei posse soluere vniuersitas hominum. Cogitare solum siue bonum, siue malum, non videtur meritorium esse vel demeritoriū: alioqui Deus qui omnia mala videt, pessimus esset: ergo assensus vel dissensus cogitationis adueniens, meritum vel demeritum facit. Assensus possibilis vniuersitati hominum circa illa quæ de Deo sunt, fidei est: ea autem quæ homo tenetur credere de Deo, non sunt infinita: Sunt ergo aliqua certa quæ quilibet adultus nisi mente alienatus tenetur credere de Deo. Vnde Heb. 11. *Credere oportet accedentem ad Deum quia est, & inquirentibus se remunerator sit.* Vbi dicit gloss. Sine hac fide nemo vnquam saluari potuit. Si quis tamen obiiciat quod

Seruitiū intellectus erga Deū, est credere Deo.

non est necesse eadem credi de Deo ab omnibus propter paruitaté intellectus quorundam, vel propter defectum doctrinæ vel gratiæ, sed sufficit quædam de Deo credi ab vno, & alia ab alio. Ad hoc dicendum est, quod nullus est adultus nisi sit mente alienatus, cuius intellectus capax esse non possit eius quod est Deum esse timendum, honorandum, amandum, & in eo esse sperandum : & nunquam fuit mundus quin habuerit doctrinam sufficientem ad huiusmodi credenda. Vnde Greg. loquens de parabola illa quæ est de operariis in vineam missis, Matth. 20. dicit, Paterfamilias conditor noster est qui habet vineam vniuersalem Ecclesiam, quæ ab Abel vsque ad vltimum electum qui in fine nasciturus est, quot sanctos protulit, tot palmites misit. Hic pater exiit ad excolendam vineam mane hora tertia, sexta, nona, vndecima, operarios conduxit: quia à mundi huius initio vsque ad finem ad erudiendam fidelium plebem, prædicatores mittere non desistit. Gratia etiam non deest alicui adulto sanæ mentis ad prædicta, nisi culpa eius impediat. Si quis tamen esset in loco vbi doctrinam circa talia non posset habere, verisimile est nisi culpa sua hoc impediret, occultam inspirationem ei vicem doctrinæ supplere, vel per creaturam pulchritudinem de conditore & rectore vniuersitatis admoneri. Est igitur vna fides vera omnium vere fidelium, licet inter eos aliqui plura, aliqui pauciora de Deo explicite credant. Omnes tamen parati debent esse credere Deo in omnibus quæ vel per se, vel per viros fide dignos eos docere vellet. Debent etiam omnes credere omnia illa esse vera quæ prophetæ & alii homines spiritu Dei edocti crediderunt & docuerunt. Omnes autem sectæ quantum ad ea in quibus non conueniunt cum illa vera & vnica fide, errores sunt.

Argumenta quibus fides Christiana vnica & vera ostenditur.

Illa vero vera & vnica fides, fides Christiana est : sicut multipliciter potest ostendi. Et primo miraculorum confirmatione. Nulla enim alia facta habet miracula ad sui confirmationem. Miracula huius fidei ab Abel filio Adam facta leguntur. De quo legitur Genes. 4. *Respexit Deus ad Abel & ad munera eius.* Quomodo respexit, alia translatio determinat, quæ sic habet. *Inflammauit Deus super Abel & super munera eius.* Ignis enim de cœlo oblationem eius incendit: vt legitur factū Eliæ in Carmelo. 3. Reg. 17. Et in leuit. 9. sub Moyse. Deinde subsecuta sunt miracula sub Noe, & sub Abraham, & sub aliis vsque ad legem Moysi: & in gente Hebræorum multiplicata sunt, & ab exitu Ægypti vsque ad ingressum terræ promissionis consolata sunt gentem illam, & donec gens illa deseruit hanc fidem, non deseruerūt eam miracula. Tandem cum hac fide in Apostolis miracula translata sunt ad Ecclesiam ex Iudæis & Gentibus collecta. Miracula vero quibus hæc fides cōfirmata est, talia fuerunt quod solus Deus ea facere poterat: sicut fuit statio solis & lunæ ad spatium XII. horarū ad præceptum Iosue ministri Dei obediente Domino voci hominis, Ios. 10. Et regressus solis tempore Ezechiæ. Esa. 38. Et obscuratio solis & lunæ in passione Domini facta, propter quam Philosophi qui Athenis erant, non valentes inuenire naturalem causam illius obscurationis, inducti sunt ad hoc vt dicerent quòd Deus naturæ patiebatur : & constituerunt aram illi Deo ignoto, de qua Act. 17. *Quis dubitat de hoc quod ille solus cursum solis mutare potest qui instituit?* Item notitia linguarum data Apostolis, & illuminatio subdita, quia qui erant idiotæ docti facti sunt secundum promissionem eis factam à Christo. Ioan. 14. *Paracletus autem Spiritus sanctus quem mittet Pater in nomine meo, ille vos docebit omnia &c.* Luc. 21. *Ego dabo vobis os & sapientiam, cui non poterunt resistere & contradicere. omnes ad-*

Fides vna ostenditur.
1. *Miraculis.*

uersarij vestri. Item roboratio Apostolorum, qui cum adeo debiles essent quod Petrus qui maior videbatur esse, ad vocem vnius ancillæ, dum mori timuit, vitam negauit, virtute Spiritus sancti induci ex alto adeo fortes facti sunt vt nullum timerent. Luc. vlt. *Sedete in ciuitate quousq;, induamini virtute ex alto.* Non timebant eos qui iam Dominum eorum occiderant. Act. 4. *Non possumus,* inquiunt Petrus & Ioannes, *quæ vidimus & audiuimus non loqui.* Item subiugatio mundi per paucos simplices. Bernard. licet magna & diuina planè fuerint miracula quæ Dominus gessit in terris: hoc tamen super omnia alia enituit, quod in paucis simplicibus totu mundum & omnem eius altitudinem sibi subiugauit. Item coniunctio fidei cum ratione quasi per totum mundum, quod est vnum trium operum mirabilium Dei quæ enumerat Bern. dicens: Tria opera, inquit, fecit omnipotens illa maiestas in assumptione nostræ carnis, ita singulariter mirabilia, & mirabiliter singularia, vt talia nec facta sint, nec facienda sint amplius super terram. Coniuncta sunt quippe ad inuicem Deus & homo, mater & virgo, fides & cor humanum. Multi etiam mortui resuscitati sunt & à Christo, & à fidelibus in nomine Christi. Quis autem dubitat, quod Deus solus qui homini vitam dedit, potest ei eam reddere postquà eam amisit? Ioan. 10. *Potestatem habeo ponendi animam meam, & iterum sumendi eam.* Quomodo purus homo hoc posset? Posita enim anima iam non esset homo qui eam posset sumere. Cùm enim anima ponitur, homo desinit esse. Qui verò non est, se reficere non potest. In nomine etiam Christi cœci sunt illuminati, leprosi mundati, paralytici & alij infirmi insanabiles secundum naturam sanati. Quæ omnia quum Deus qui solus ea facere potuit, ad confirmationem dictæ fidei fecerit, & certissimum sit Deum nolle testificari mendacium aliquod, nec velle miraculis homines inducere in errorem, nec eos subtrahere à cultura sua, & sic diminuere gloriam suam; manifestum est veram fidem esse fidem Christianā, quam Deus sic confirmare voluit. Nullus enim intellectus benè dispositus hoc reciperet, quod prima veritas posset esse mendax, vel vellet esse causa erroris sibi contumeliosi. De hac testificatione dicitur. 1. Ioan. 5. *Qui non credit Filio, mendacem facit Patrem, quia non credit in testimonium quod testificatus est Deus de Filio suo.* Item Ioan. 5. *Ego habeo testimonium maius Ioanne. Opera enim quæ dedit mihi Pater vt perficiam, ea ipsa opera quæ ego facio testimonium perhibent de me: quia Pater misit me.* Item eiusdem 15. *Si opera non fecissem in eis quæ nemo alius fecit, peccatum non haberent.* Et eiusd. 14. *Pater in me manens ipse facit opera: Non creditis quia ego in Patre, & Pater in me est? Alioquin propria ipsa opera credite:* Si quis tamen dicat miracula illa non esse facta ad fidei testificationem: Patet hoc falsum esse per modum quo miracula facta sunt. Et exempli causa pauca miracula ponamus. Matth. 9. dicit Christus: Vt sciatis quia filius hominis habet potestatem in terra dimittendi peccata: tunc ait paralytico. *Surge, tolle lectum tuum, & vade in domum tuam, & surrexit, &c.* Patet ex ipsa litera miraculum illud factum esse in testimonium fidei. Et Act. 3. dixit Petr. claudo ex vtero matris suæ: *In nomine Iesu Christi Nazareni surge & ambula.* Et sequitur: *Et protinus consolidatæ sunt bases eius, & plantæ, & exiliens stetit & ambulabat.* Et de Dion. Areopagita legitur, quod cum disceptaret cum Paulo, forte pertransiit cœcus per viam coram eis, & statim ait Dionys. Paulo: Si dixeris huic cœco: In nomine Dei tui, vide, & viderit, ego credam statim. Sed ne vraris verbis magicis, quia forte nosti verba quæ habent huiusmodi efficaciam, ego præscribam tibi formam verborum. Hanc, inquit, formam verborum dices ei: *In nomine Iesu Christi nati de Virgine, crucifixi, mortui, qui resurrexit & ascendit in cœlum, vide.* Et vt omnis tolleretur suspicio, præcipit

Paulus Dionysio vt ipse eadem verba proferret. Et in ea verborum forma dixit Dionysius cæco vt videret: & statim vidit, & cófessus est Dionysius se credere. De probatione per miracula, dicit Petrus Act. 2. *Iesum Nazarenum verum approbatum à Deo in vobis virtutibus, & prodigiis & signis quæ fecit Deus per illum in medio vestri, sicut vos scitis: hunc definito consilio & præscientia Dei traditum per manus iniquorum affligentes interemistis.* Et Bern. in serm. de Ascens. ostendit Christum perfecisse probationem domini sui, cùm in cœlum ascendit, his verbis: Cum Iesus se dominum vniuersorum quæ sunt in terra, & in mari, & in inferno probasset, non restabat nisi vt aëris & cœlorum se Dominum probaret. Terra eum Dominum cognouit, quia ad voce virtutis eius cum clamaret voce magna, *Lazare veni foras,* mortuum reddidit. Cognouit mare, quia solidum se præbuit sub pedibus eius. Cognouit infernus, cuius ipse portas aëreas & vectes ferreos cófregit, & satanam ligauit. Sic quam qui in ore piscis cum ipso pisce stateram inuenire prædixit, procul dubio & maris, & omnium quæ in mari sunt Dominus fuit. Qui mortuos suscitauit, leprosos mūdauit, cæcos illuminauit, omnes effugauit infirmitates, Dominus omnium fuit, & eadem manu qua fecerat quæ defecerant reficiebat. Ad perficiendā igitur fidei nostræ integritatem restat, vt videntibus discipulis per medium aëris Dominus ascendat, & tunc probabitur, quia *Dominus vniuersorum es,* etiam tibi profectò debebitur, vt in nomine tuo omne genu flectatur. Circa miracula verò notabile est, quod ministri Christi post passionem eius in nomine ipsius maiora miracula fecerūt quam Christus fecisset, sicut ipse promiserat. Ioan. 4. *Qui credit in me, opera quæ ego facio & ipse faciet, & maiora horum faciet.* Maius fuit, quod ad vmbram Petri sanabantur infirmi, Act. 5. quam quod ad tactum vestimenti eius mulier fluxum sanguinis patiens sanata est, Matth. 9. Item lōge fuit maius quod duo latrones qui veneno sumpto mortui erant, suscitati sunt tunica B. Ioan. Euang. posita super eos. Item Dominus in Euangelio legitur tres mortuos suscitasse: sed de B. Andrea legitur, quod quadraginta submersos suscitauerit: Item sancti non solum viui, sed & mortui fidem istam miraculis confirmauerunt. Et vt vno verbo dicam, quasi vniuersitas rerum fidē istam mirabiliter confirmauit. Vnde Greg. in Hom. Epiph. Omnia, inquit elementa authorem suum venisse testata sunt: vt enim de his quidem vsu humano loquar, Deum hunc cęli esse cognouerunt, quia protinus stellam miserunt. Mare cognouit, quia sub plantis eius se calcabile præbuit. Terra cognouit, quia eo moriente cōtremuit. Sol cognouit, quia lucis suæ radios abscōdit. Saxa & parietes cognouerunt, quia tempore mortis eius scissa sunt. Infernus cognouit, quia hos quos tenebat mortuos reddidit, & tamen hunc quem Dominum omnia insensibilia elementa senserunt, adhuc infidelium Iudæorum corda Deum esse minimè cognoscunt, & duriora saxis scindi ad pœnitentiam nolunt: eumq; confiteri abnegant, quem elementa (vt diximus) aut signis aut scissionibus Deum clamant. Secūdo potest veritas fidei Christianæ testiū multitudine, omni exceptione maiore ostendi: & primo producamus in medium Ioannem Baptistam, qui à prophetis prædictus fuit. In Psal. *Paraui lucernam Christo meo.* Esa. 40. *Vox clamantis in deserto, &c.* Et Mal. 3. *Ecce ego mittam Angelum meum, & præparabit viam antè faciem meam.* Hunc Deus miraculosè nasci fecit in mūdo isto ex sanctis parentibus. Cum Elizabeth esset sterilis & ambo processissent in diebus suis, Luc. 1. vt ferret testimoniū Christo. Ioan. 1. *Hic venit in testimonium, &c.* Quis dubitat de hoc quod Deus non ideo fecit eum nasci miraculosè in mundo isto vt testimoniū perhiberet mendacio? Ioa. 5. *Vos misistis ad Ioannem & ipse testimoniū perhibuit veritati.* Eius conceptio & natiuitas prænūtiata sunt ab Angelo. Luc. 1. *Hic in vtero materno testimonium dedit Christo.* In eodem. *Ecce vt*

2. Testiū multitudine.

facta est vox salutationis tuæ in auribus meis, ait Elizabeth: *Exultauit infans in gaudio in vtero meo.* Sine omni dolo fuit testimonium illud. Ipse tātæ sanctitatis fuit, quod Iudæi miserunt ad eum Sacer. & Leuitas vt scirent ab eo vtrū ipse esset Christus: Ioan. 1. Et credidissent ei, si dixisset se esse Christum. Ioan. 5. *Voluistis exultare ad horā in luce eius, vt crederetis ipsū esse Christum,* dicit gloss. interli. Quantò magis debuerunt credere ei ferenti testimoniū alij? efficacius enim est testimonium quod aliquis perhibet alij, quam quod perhibet sibi. Ioa. 5. *Si ego testimoniū perhibeo de meipso, testimonium meum non est verum.* Sanctitas Ioannis non solum Christianis, sed etiam gentilibus & Iudæis nota est. Testimonium eius multū efficax est ad confundendū Iudæos: Ideo post illud Psalm. *Paraui lucernam Christo,* subditur: *Inimicos eius induam confusione, &c.* Qualiter Christus testimonio Ioan. confuderit Iudæos, habes Matth. 21. *Baptismus,* inquit, *Ioannis vnde erat? de cœlo, an ex hominibus? & illi cogitabant intra se, dicentes: Si dixerimus de cœlo, dicet nobis: quare ergo non credidistis ei? Si autem dixerimus, ex hominibus: timemus turbam.* Omnes enim habebant Ioannem sicut prophetam. De testimonio Ioannis de Christo habes Ioan. 1. *Qui post me venturus est, ante me factus est.* Ante, scilicet dignitate, quia prior me erat, & de plenitudine eius nos omnes accepimus. Et post: *Cuius non sum dignus, vt soluam corrigiam calceamenti eius.* Item: *Ecce agnus Dei, ecce qui tollit peccata mundi.* Item: *Vidi spiritum descendentem quasi columbam de cœlo, & manentem super eum, & ego nesciebam eum: sed qui misit me baptizare in aqua, ille mihi dixit, Super quem videris spiritum descendentem, & manentem super eum, hic est qui baptizat in Spiritu sancto. Et ego vidi, & testimonium perhibui, quia hic est filius Dei.* Aliud testimoniū est Ioan. Euangelistæ: *Vidimus,* inquit, *gloriam eius, gloriam quasi vnigeniti à patre.* Vidimus, id est, cognouimus: per miracula, per vocem elapsam de cœlo, per transfigurationem, Resurrectionem, Ascensionem, Spiritus sancti missionem, gloriam eius talem & tantam, vt decet vnigenitum Dei Patris. Et 1. *Quod fuit ab initio, quod audiuimus & vidimus oculis nostris: quod perspeximus & manus nostræ contrectauerunt, de verbo vitæ & vita manifestata est, & vidimus & testamur, & annuntiamus vobis.* Fidei nostræ testimonium dant Deus, & homo, & Angelus. De primo habemus 1. Ioan. 5. *Tres sunt qui testimonium dant in cœlo, Pater, Verbum, & Spiritus sanctus.* Et subditur: *Si testimonium hominum accipimus: testimonium Dei maius est* secundum glossam. Pater perhibuit testimonium Christo dicendo: *Hic est filius meus dilectus.* Filius in Transfiguratione, ostendendo potentiam Deitatis, & speciem beatitudinis: Spiritus sanctus super Christum in specie columbæ descendendo, & in nomine Christi corda discipulorum implendo. Testimonium verò hominum talium fuit qui notæ fuerunt sanctitatis, mundi contemptores, nullum hominem timentes, qui veritatem fidei morte propria ausi sunt cōfirmare, cum manifestum sit quod nullus sani capitis morte mendacium auderet confirmare. Etiam homines mendaces in morte veritatem confitentur. Etiam ipse Christus veritatem fidei morte propria confirmauit. Hoc signū speciale tamquam certissimum promittebat ipse Iudæis. Mat. 12. & 16. *Generatio,* inquit, *mala & adultera signum quærit, & non dabitur ei nisi signum Ionæ Prophetæ. Sicut enim fuit Ionas in ventre ceti tribus diebus & tribus noctibus, sic erit filius hominis in corde terræ tribus diebus & tribus noctibus, &c.* Cum omnino duæ res peccatum faciant, scilicet timor & cupiditas: vt dicit gloss. super illud Psalm. *Incensa igni & suffossa,* quæ causa posset esse mendacij in illis qui transitoria bona contemnebant, & mala lætanter sustinebant? Philip. 3. *Omnia arbitror vt stercora vt Christum lucrifaciam.* Act. 20. Spiritus sanctus per omnes ciuitates proteſtatur mihi, dicens: *Quoniam vincula & tribulationes Hieroſolymis me manent, ſed nihil horum vereor.* Si quis verò dicat ſanctos noluiſſe decipere, ſed deceptos fuiſſe: Quomodo potuit Chriſtus decipi circa ſuum eſſe, cũ natura rationalis maximè habeat cognoſcere ſe eſſe? Auguſt. in lib. de Anima & Spiritu: Nihil tam nouit mens vel anima, quam id quod ſibi præſto eſt: nec menti vel animæ quicquã magis præſto eſt quam ipſa ſibi: nihil ergo tantum nouit quantum ſe eſſe. Quomodo ergo Chriſtus decipi poterat cũ dicebat. Ioa. 8. *Amen, amen, dico vobis, antequam Abraham fieret, ego ſum.* Item 10. *Ego & Pater vnum ſumus.* Item cum naturæ rationalis per ſe notæ ſint operationes ſuæ, Anima enim per ſe cognoſcit ſe credere, vel intelligere, vel diligere: quomodo poterat decipi, circa illud. Ioan. 8. *Ego principium, qui & loquor vobis?* ipſe ſciebat ſe ſimpliciter omnium que creata erant principiũ fuiſſe. Luc. 8. *Tetigit me aliquis: nam & ego cognoui virtutem de me exiſſe,* Item quomodo Paulus circa cœleſtia bona decipi potuit, qui raptus eſt vſque ad tertium cœlum, vbi audiuit arcana verba quæ nõ licet homini loqui. 2. Cor. 12. De teſtimonio hominum de Chriſto legitur. Act. 10. *Nos teſtes ſumus,* ait Petrus, *omnium quæ fecit Ieſus in regione Iudæorum & Hieruſalem, qui occiderunt ſuſpendentes in ligno. Hunc Deus ſuſcitauit tertia die, & dedit eum manifeſtum fieri non omni populo, ſed teſtibus præordinatis à Deo, nobis qui manducauimus & bibimus cum illo poſtquam reſurrexit à mortuis, & præcepit nobis prædicare populo, & teſtificari quia ipſe eſt qui conſtitutus eſt à Deo iudex viuorum & mortuorum. Huic omnes prophetæ teſtimonium perhibent, remiſſionem peccatorum accipere per nomen eius omnes qui credunt in eum.* Teſtimonium verò iſtud tam cito Deus confirmauit: Vnde ſubditur: *Adhuc loquente Petro verba hæc, cecidit Spiritus ſanctus ſuper omnes qui audiebant verbum.* Teſtimonium Petri de Chriſto habes ſimiliter, Matth. 16. *Tu es Chriſtus filius Dei viui.* Et Ioan. 6. Ait Petrus: *Nos credimus & cognouimus, quia tu es Chriſtus filius Dei viui.* Fidei noſtræ teſtimonium dedit Angelus in Chriſti conceptione. Luc. 2. Item in eius Natiuitate ibidem. *Ecce Angelus Domini ſtetit iuxta illos, &c.* Et poſt: *Ecce Euangelizo vobis gaudium magnum.* Item, *& facta eſt cum Angelo multitudo militiæ cæleſtis exercitus.* Item in Reſurrectione. Matth. Marci, & Luc. vlt. Ioan. penultim. Item in Aſcenſione. Actu. 1. Fides iſta teſtimonium habet, & à domeſticis, & ab extrâneis. Exod. 8. *Magi Pharaonis deficientes, in tertio ſigno compulſi ſunt confiteri, digitus Dei eſt hic,* Deut. 32. *Non enim eſt Deus noſter vt dij eorum, & inimici noſtri ſunt iudices.* Et Matth. 9. *Videntes turbæ Chriſtum mirabilia operantem, dixerunt: Nunquam ſic apparuit in Iſraël.* Et Ioan. 9. *Illuminatus cæcus à natiuitate, dixit. A ſæculo non eſt auditum quod quis aperuit oculos cæci nati.* Et Ioan. 11. Ipſi Pontifices & Phariſæi dixerunt: *quid facimus? quia hic homo multa ſigna facit: ſi dimittimus eum ſic, omnes credunt in eum.* Et Ioſephus qui ſemper fuit Iudæus ſapientiſſimus in veteri lege, qui captus fuit in vltima captiuitate Hieruſalem facta per Titum & Veſpaſianum, tale teſtimonium dedit Chriſto: Fuit eiuſdem temporibus Ieſus ſapiens vir, ſi tamen eum virum dicere fas ſit. Erat enim mirabilium operum effector, & doctor eorum qui libenter quæ ventura ſunt audiunt, & multos ex gentibus ſibi adiunxit. Chriſtus hic erat. Item poſt crucem his qui ab initio eum dilexerant, apparuit eis iterum viſus ſecundum quod prophetæ vel hæc vel alia de eo futura prædixerant. Sed vſque in hodiernum diem Chriſtianorum qui ab eo dicti ſunt, & nomen perſeuerat, & genus. Hodie etiam fidei noſtræ aliæ ſectæ teſtimonium perhibent eam poſt ſuam aliis præferendo. Vnde cum teſtimoniũ quod pro ſe perhibent, nullum reputemus, teſtimonium eorum quod alicuius valoris

De Fide.

est, pro fide nostra est. Item nobiles Philosophi in his quæ de Deo noscibilia sunt, fidei nostræ testimonium perhibent, vt circa hoc, quod vna sit prima causa, & quod æterna sit summæ potentiæ, summæ sapientiæ, summæ bonitatis. Vnde quantum ad ista fides nostra ex intimis Philosophiæ sumpta est disciplinis, iuxta verbū Boëtij in Procemio lib. de Trinit. Fidei etiam nostræ testimonium perhibet vniuersitas creaturarum, quantum ad ea quæ de Deo cognoscibilia sunt. Hoc enim quod vnus est mundus, attestatur quod vnus sit Deus. Accedat quæcūque vis creatura, & faciat alium mundum tantum, & talem qualis est iste mundus, & dicam, Quia Deus est. Perpetuitas creaturarum attestatur æternitati creatoris, cum omnis causa potentior sit suo effectu. Magnitudo vero eius potentiæ, pulchritudo sapientiæ, vtilitas creaturarum bonitati. Tertio potest ostendi veritas fidei nostræ per hoc quod reuelationes & prophetias habet. Reuelationes habuit ante legem; vt sub Noe, Abraham, & Iacob, vt patet ex lib. Genesis, quæ multiplicatæ sunt lege suscepta. Num. 12. *Si quis fuerit inter vos propheta Domini, in visione apparebo ei, vel per somnium loquar ad eum: at non talis seruus meus Moyses, qui in omni domo mea fidelissimus est: ore enim ad os loquor ei.* Deut. 4. *Non est alia natio tam grandis quæ habeat Deos appropinquantes sibi, sicut Deus noster adest cunctis obsecrationibus nostris.* Psal. *Non fecit taliter omni nationi*, &c. Et Bar. 4. *Beati sumus Israel quia quæ placent Deo, nobis manifesta sunt.* Prophetiæ quas habet fides nostra multum confirmant eam. Vnde cum Ioannes Baptista misisset discipulos ad Christum ad certificandum eos de Christo. Matt. 11. Dominus certificauit eos ostendēdo prophetiam esse impletam quam prædixerat Esaias de aduentu eius. Esa. 35. *Deus ipse veniet, & saluabit nos. Tunc aperiētur oculi cæcorum, & aures surdorum patebunt. Tunc saliet sicut ceruus claudus, & aperta erit lingua mutorum.* Vnde ait Dominus Discipulis Ioannis; *Euntes renunciate Ioanni quæ audistis, & vidistis: cæci vident, claudi ambulant, &c.* Item Esa. 41. Dicit Dominus ad Deos non veros, *Annunciate quæ ventura sunt in futuram, & sciemus quia dij estis vos.* Reuelationes & prophetiæ cum hac fide translatæ sunt in Ecclesiam collectam ex Gentibus: vt patet in reuelatione illa excellenti, de qua 2. Cor. 12. quæ Paulo facta est vsque ad tertium cœlum rapto. Et in Ioanne cui reuelata sunt tot mysteria, quæ in Apocal. cōtinentur. Iudæi vero modo non habent reuelationes vel prophetias, quia hanc fidem deseruerunt. Quarto per hoc quod fides nostra dignissima de Deo sentit. Aug. Prudentum est æstimare & fidelium, quæ sit fides purior & maiestate Dei dignior. Aliæ sectæ male sentiunt vel de Dei omnipotentia. Sicut qui negant Deum posse corpora nostra suscitare, vel naturam nostra potuisse sumere. Alij de eius bonitate: vt qui negant lapsos in peccatum per pœnitentiam posse redire ad Deum. Alij de eius iustitia: vt qui negant Deum vindicaturum peccata, aut qui dicunt eum saltem non vindicaturum æternaliter. Fides vero nostra omnipotentiam Dei prædicat, & summam eius sapientiam & bonitatem. Quinto per hoc quod fides nostra de Deo probabiliora sentit, & quæ magis deceant creaturam rationalem. Dicit enim eū ad imaginē Dei creatū. Gen. 1. *Creauit Deus hominem ad imaginem & similitudinem suam.* Ad similitudinem etiā Dei monet viuere. Ephes. 5. *Estote imitatores Dei sicut filij charissimi*, & ad gloriam simile diuinæ gloriæ promittit peruenire. 1. Ioan. 3. *Charissimi nunc filij Dei sumus, & nondum apparuit nobis quid erimus. Scimus quoniam cum apparuerit, similes ei erimus.* Gens Iudæorum & gens Mahometi sentiunt indigna de Dei magnificentia, dum gens Iudæorum sperat solam affluentiam temporalium a Deo, & gens Mahometi solas delicias corporales quantum ex promissione legis eorum. Vtraque autem spes dicta videtur esse hominum qui in vanum acceperunt animas suas, & fere est brutalis. Cum anima inuisibilis sit, bonis inuisibilibus remuneranda est: nec natura rationalis bonis se inferioribus beata fieri potest. Aug. Beata vita inuenitur cum id quod est hominis optimum, & amatur, & habetur, quod deterius esse quam ipse homo non potest: quisquis quod seipso deterius est sequitur, fiet ipse deterior. Fides etiam Christiana hominem ad maiorem perfectionem perducit, quantum ad Deum, & quantum ad proximū: quantum ad Deū, quia de Deo prædicat quæ maxime timorem Dei nobis incutiunt, & ad spem maxime erigunt, & Dei amorem in nobis maxime accendunt. Ostendit enim districtissimam iustitiam Dei in rebelles ipsius & vindictam æternam miræ acerbitatis, quod efficacissimum est ad timorem incutiendum. Item ostendit liberalitatem Dei qua filio proprio propter nos non pepercit, propter quod nullus locus desperationis in nobis relinquitur. Rom 8. *Qui proprio filio suo non pepercit, sed pro nobis omnibus tradidit illum: quomodo non cū illo omnia nobis donauit?* Item beneficiū redemptionis, quod est maior ignis ad accendendum cor nostrum, quā esset totus mundus ad accendendum corpus nostrum si totus arderet, cordibus nostris immittit amorem: quid magis idoneum ad incendendum & inflammādum diuinum amorē in nobis? Non accenditur melius ignis quam igne: nec est maior ignis spiritualis amore quo filius dei amauit nos Ioa. 15. *Maiorem hac dilectionem nemo habet, quam vt animam suam ponat quis pro amicis suis,* quar tum ad proximum, quia dilectionem iubet ad inimicos extēdere, & nostra proximo cōmunicare: & si necesse est, etiam animam pro eo ponere. Matt. 5. *Diligite inimicos vestros: benefacite his qui oderunt vos, &c.* 1. Ioa. 3. *Qui habuerit substantiam mundi huius, & viderit fratrem suum necessitatem habere, & clauserit viscera sua ab eo: quomodo charitas Dei manet in eo?* In eodem: *In hoc cognouimus charitatem Dei: quoniam ille animam suam pro nobis posuit, & nos debemus pro fratribus animas ponere.* Sexto per successum quem habuit populus qui hanc fidem suscepit, dum secundum eam vixit, & deiectionem ipsius: vel dum fidem istam deseruit, vel dum secundum eam non vixit. Vt enim omittamus de aliis, quis sufficeret narrare nobiles triūphos quos habuit populus iste in paucis vincens infinitos, iuxta promissionē Domini. Leuit. 26. *Si in præceptis meis ambulaueritis &c. persequimini inimicos vestros, & corruent coram vobis: persequentur enim de vestris quinque centum alienos & centum ex vobis decem millia.* Quando autē male se habebant in fide, vincebantur. Leuit. 26. *Quod si non audieritis me, nec feceritis omnia mandata &c. corruetis coram hostibus vestris, & subyciemini his qui oderunt vos. Fugietis nemine persequente,* Et paulo post.: *Terrebit vos sonitus folij volantis &c.* Et Ios. 7. *Non poteris stare coram hostibus tuis, donec deleatur ex te qui contaminatus est hoc scelere.* Deut. penult. *Beatus es tu Israel: quis similis tui in populo, qui saluaris in Domino? scutum auxilij tui, & gladius gloriæ tuæ Deus tuus.* Item Iudith. 5. *Deus eorū pugnauit pro eis, & vicit, & non fuit qui insultaret populo isti, nisi quando recessit à cultura Domini Dei sui. Quotiescunque autem præter ipsum Deum suum alterum coluerunt, dati sunt in prædā, & in opprobriū, & in gladium. Quotiescūque autem pœnituerunt se recessisse à cultura Dei sui, dedit eis Deus cœli virtutē resistendi.* Quum igitur fides Christiana tot habeat veritatis suæ argumenta, inexcusabiles sunt tot argumentis nolentes acquiescere, & merito punientur. Valde incredulus est, cui tot testimonia facere fidem non possunt. Valde ponderosus est vel valde debilis, quem tot appodiationes sustentare non sufficiunt. Nec mirum si offenditur prima veritas, quando tot pignoribus signorum

6. Fœlici successu

gnorum vel aliarum probationum ei non creditur, cum paucioribus testibus crederetur vni Iudæo vel Saraceno. De punitione infidelium legitur Deut. 18. *Prophetam suscitabo ei de medio fratrum suorum similem sui &c. Quia aut verba eius quæ loquetur in nomine meo audire noluerit, ego vltor exiſtam.* Quod verbū aſsumit Petrus Act. 3. dicens: *Omnis anima quæ non audierit prophetam illum, exterminabitur de plebe.* Eiuſdem 4. *Non est in alio aliquo ſalus, nec nomen est aliud ſub cœlo datum hominibus in quo oportcat nos ſaluos fieri.* Et Ioa. 3. *Qui non credit, iam iudicatus est, quia non credit in nomine vnigeniti filij Dei.* Hoc autē iudicium, id est, causa damnationis: dicit Aug. *quia lux venit in mundum, & dilexerunt homines tenebras magis quam lucem.* Et eiuſdem. 8. *Si non credideritis quia ego ſum, moriemini in peccato veſtro.* Et eiuſdem 15. *Si non veniſſem, & locutus eis non fuiſſem, peccatum non haberent: nunc autē excuſationem non habent de peccato ſuo.* Eſa. 60. *Gens & regnum quod non ſeruierit tibi peribit.* Matt. vlt. *Qui non crediderit, condemnabitur.* Ioa. 3. *Niſi quis renatus fuerit ex aqua & ſpiritu ſancto, non poteſt intrare in regnum Dei.* 1. Corint. 14. *Ignorans ignorabitur.*

CAPVT IV.
De commendatione Fidei.

Sequitur de commendatione Fidei. Notandum ergo quod fides Deo multū placet, diabolo diſplicet, homini multū prodeſt. De primo. Eccl. 1. *Beneplacitum eſt Deo fides & manſuetudo.* Hæ duæ virtutes multum placent Deo in homine, quia fides Deo ſubiicit intellectum, manſuetudo affectum: vnde Dominus hominem manſuetum & fidelem diligit quaſi ſuū. Fides adeo placet Deo quod ſine ipſa nihil placet ei. Heb. 11. *Sine fide impoſſibile eſt placere Deo.* Omnes infideles filij iræ ſunt. Vnde Ioa. 3. *Qui incredulus eſt filio, non videbit vitam æternam, ſed ira*

Dei manet ſuper ipſum. Oculi diuinæ miſericordiæ non reſpiciūt niſi vbi eſt fides. Vnde propitiatorium non excedit arcam. Exod. 25. Arca ſignificat populum fidelem quem propitiatio diuina non excedit. Remiſſio enim peccatorū non eſt extra fidem Eccleſiæ. Hier. 5. *Domine oculi tui proſpiciunt fidem.* Vbi amor, ibi oculus. Ioa. 6. *Hoc eſt opus Dei, vt credatis in eum quem miſit ille.* Credere in Deum eſt ſpeciale opus Dei: & quia Dei donum, & quia Deo valde acceptum: nec mirum ſi multum placeat Deo fides quum ipſa primum obſequium faciat Deo. Signum huius placentiæ eſt hoc, quod Deus tantum facit pro fide. Matt. 8. *Vade*, dixit Ieſus Centurioni, *Et ſicut credidiſti, fiat tibi.* Hier. Cuique ſicut credit ita fit. Fides Deo placet etiam ſine ſacramentis, vt patet in Abraham, qui ante ſacramentum circumciſionis per fidem Deo placuit. Geneſ. 15. *Credidit Abraham Deo, & reputatum eſt ei ad iuſtitiam.* Sacramenta vero ſine fide Deus quaſi nō reputat. Galat. 5. *In Chriſto Ieſu neque circumciſio aliquid valet, neque præputium: ſed fides quæ per charitatem operatur.* Fides porta eſt per quam princeps vniuerſorum intrat ad cor hominis. Ezec. 46. Sine ea non videtur Dominus dominiū habere in corde, quum non habeat ibi ingreſſum. Ipſa eſt porta aurea per quam intrauit in mentem Virginis lux & decus vniuerſæ fabricæ mundi. Prius enim intrauit filius Dei in mentem Virginis, quam in ventrem. Luc. 1. *Beata quæ credidiſti, quia perficientur in te quæ dicta ſunt tibi a Domino.* Aug. in lib. de Virginit. Beatior fuit Maria percipiendo fidem Chriſti, quam concipiendo carnem Chriſti. Materna propinquitas nihil Mariæ profuiſſet, niſi felicius Chriſtum corde quā carne geſtaſſet. Porta fide morti & authori mortis clauſa eſt: nec infernalis exercitus præualebit aduerſus eam. Vnde ſuper illud Matt. 16. *Et portæ inferi:* dicit gloſ. Qui intimo cordis amore fidem Chriſti percipit, quicquid ingerit extra, facile vincit.

Hæc porta sanguinem agni debet habere & in superliminari & in vtroque poste, ne exterminator menti noceat. Exod. 12. Superliminare tinctum debet esse sanguine Christi, vt intuitu humilitatis Christi & passionis eius mens superbiam caueat. In vtroque etiã poste debet esse sãguis agni, vt exemplo Christi, nec aduersa mens timeat, nec prospera concupiscat. Fides porta est tabernaculi, scilicet militantis Ecclesiæ, vbi hostia offerenda est. Leuit. 17. *Homo quilibet de domo Israel, qui occiderit bouem, aut ouem, siue capram in castris siue extra castra, & non obtulerit ad ostium tabernaculi oblationem Domino, sanguinis reus erit.* Nec mirum si fides valde est Deo grata: quia sine fide Deus non colitur, quum de eo non cognoscatur quare timendus sit, vel amandus, vel obsequio honorandus. Fides thesaurum absconditum regni cælestis quem daturus est Dominus seruientibus sibi hominibus, ostendit. Fides primum Dei hostem, scilicet sensum humanum, occidit. Hostis iste in sapientibus huius mundi est fortissimus hostis Dei, qui significatus est per cinifes, quorum plaga non legitur curata. Exo. 8. *Cinifes de puluere terræ educti*, argumenta sunt philosorum de subtili terreno sensu prodeuntia, qui oculum fidei lædunt. Vnde glos. *Hoc animal corpus cui insederit, acerbissimo terebrat stimulo, vt quem voluntatem videre quis non valet sentiat stimulantem.* Hoc ergo animal arti dialecticæ comparatus, quæ minutis, & subtilibus verborum stimulis animas terret, & tanta calliditate circumuenit, vt deceptus non videat nec intelligat vnde decipiatur. Hæc plaga non curatur. Idola enim philosphorum remanserunt, quum idola gentium destructa fuerunt, vt ait quidam.

Fides intellectum captiuat in seruitium Christi. 2. Corin. 10. *In captiuitatem redigentes omnem intellectum in obsequium Christi.* Fides in arce mentis, scilicet in intellectu insigne regium ponit, scilicet filium in cruce pendentem de morte, & de mortis authore trium phantem.

Item fides matrimonium inter animam & Deum initiat. Osee. 2. *Sposabo te mihi in fide quod charitas consumat.* 1. Cor. 6. *Qui adhæret Domino, vnus spiritus est cum illo.*

Fides est velut annulus argenteus positus in digito sponsæ. Ornamentum enim est à Christo datum rationi quæ per digitum intelligi potest: quia discretiua est. Annulus nec excedere debet, nec excedi: Sic fides nec excedere debet, nec excedi. Non enim debet Christo attribuere alter quid, quod eius nõ sit: nec de eo negare quod ipsius sit. In argento verò intellige quod fides candore puritatis & luce salutaris veritatis debet resplendere, & suauitate synceræ cõfessionis debet resonare. Argentum enim candidum est & resonat.

Item fides virginitas est, mentis intellectum à corruptione erroris seruans, & vndique protegens: sicut annulus digitum cingit ex omni parte. Fides quantum proprio sensui detrahit, tantum intellectum diuini sensus capacem facit: sicut Sapiens dicit de propria voluntate, quod tantum virtuti adiicies, quantum propriæ voluntati detraxeris. Qui vult venire post Christum, debet abnegare semetipsum: iuxta verbum Domini. Matth. 16. & quantum ad proprium sensum, & quantum ad propriam voluntatem.

Fides primogenita est inter virtutes: ideo merito à Deo benedicta. *Beati qui non viderunt, & crediderunt.* Ioan. 20. & Luc. 16. *Beati oculi qui vident quæ vos videtis*: quod de visu fidei intelligendum est, Galat. 3. Qui ex fide sunt, benedicentur cum fideli Abraham: propter prædicta non est mirum si fides Deo placet. Diabolo verò multum displicet: nec mirum, quum ipsa ei cultum & honorem qui ei in mundo exhibebatur, abstulerit: ipsa diabolum expulit ab hominibus, & quantum ad animas, & quantum ad corpora. Act. 11. *Fide purificans corda eorum.* Marc. vlt. *Signa autem eos qui crediderint, hæc sequentur. In nomine meo dæmonia eiicient*, hæc est quæ diabolo resistit. 1. Pet. vlt. *Cui re-*

Fides inter Virtutes prima.

De Fide.

sistite fortes in fide. Ipsa est scutum, ignea tela inimici extinguens. Ephes. 6. *In omnibus sumentes scutum fidei*, in quo possitis omnia tela inimici ignea extinguere. Ipsa est lorica totum hominem interiorem à diabolo protegens. 1. Thessal. 4. *Sobrij simus induti loricam fidei.* Ipsa caput serpentis infernalis, quod est error vel infidelitas, conterit, Genes. 3. *Ipsa conteret caput tuum.* Eccl. 25. *Non est caput nequius super caput colubri.* Sicut caput noui hominis fides, scilicet diligentissime custodiendum est, secundum illud. Matt. 10. *Estote prudentes sicut serpentes*, sic ad destruendum caput serpentis infernalis, scilicet errorem, maxime est conandum. Et in primo peccato angeli, & in primo peccato hominis error videtur fuisse. Esa. 14. *Ero similis Altissimo.* Genes. 3. *Nequaquam morte moriemini. Scit enim Deus &c.* Fides diabolum de arce mentis expellit, ponens vexilium Christum in cruce pendentem, quod multum diabolo displicet. Quum enim superbissimus sit, multum displicet sibi quum ab arce mentis expellitur, & cum vexillum illud exosum ei sit, eo quod in cruce deuictus fuerit, hoc vexillum timet hostis, sciens adesse regis præsentiam. Non enim dat regale vexillum exercitui, nisi rex præsens fuerit. Videns ergo illud, de Victoria desperat, sciens se contra regem dimicare. Item quia diabolus in cruce deuictus fuit, multum timet crucem. Bern. Nullus dæmonu prope stare poterit, vides gladium in quo deiectus est: crucem scilicet. Fides lux est valde exosa latroni infernali. Ioan. 3. *Qui male agit, odit lucem.* Iob. 34. de latronibus: *Quum subito apparuerit aurora, arbitrantur vmbram mortis.* Ipse est vt falsus mercator volens homines decipere: ideo tenebras quærit. Et est velut deformis adulter, qui non vult se ad lucem ostendere. Iob. 4. *Oculus adulteri obseruat caliginem.* Fides oculus est quem coruus infernalis multũ quærit eruere: sicut coruus visibilis primo currit ad oculum cadaueris. Nec mirum, quum fides diabolum & eius insidias detegat. Sine fide hostis inuisibilis non videtur: & ideo non cauetur. Oculum fidei diabolus seruientibus sibi velat, ne videant quò ducantur, sicut solent oculi velari his qui ducuntur ad patibulum. Quidam senex dicit in vitis Patrum: quando operiuntur oculi animalis, tunc circuit ad molendinum, alioquin non ambulat in circuitu molæ: sic cùm diabolus, operuit oculos mentis, in omne peccatum humiliat hominem. Iudic. 6. Samson, erutis oculis ad molam circuit. Fides est oculus dexter animæ, quo amisso homo ad pugnam inutilis est: ideo hostis inuisibilis fidem multum conatur destruere. 1. Reg. 11. *In hoc feriam vobiscum fœdus, vt eruam omnium vestrum oculos dextros.* Cuius intentio erat quod dextris oculis erutis, quum operiretur sinistri scuto, ipsi inutiles fierent ad pugnam. Fides diabolo non cessat contumeliam facere: ipsa ostendit eum nullius creaturæ dominum esse, & auctorem totius mali, & propter culpã suam iam iudicatum, Ioa. 16. *Princeps mundi huius iam iudicatus est,* ideo non est mirum si fides multum exosa est diabolo. Fides est valde vtilis homini: ipsa est lux tenebras infidelitatis expellens: vbi fides nõ est, tenebræ sunt. Exod. 10. *Facta sunt tenebræ horribiles in vniuersa terra Ægypti.* Et subditur: *Vbicunque habitabant filij Israel, lux erat.* Fides inter opera recreationis prima est, in minori mundo, homine scilicet, sicut lux in maiori mundo prima fuit. Genes. 1. Post creationem cœli & terræ, subditur: *Fiat lux, &c.* Fides columna nubis est, de Ægypto tenebrarũ errorum intellectum potenter educens. Exod. 13. Fides columna est fulciens cor hominis. Vetus enim homo qui per ea significatus est, habet caput tremulum, & oculos caligantes: sed fides viua, & oculum intellectus illuminat, & cordi vacillanti fulcimentum præstat. Est enim fides fida & salutaris credulitas. Bernard, in quinto lib. de Consideratione, In his quæ fidei sunt,

Fides infert diabolo contumeliam.

E ij

Fides fidelibus lux, infidelibus tenebræ.

omnino cauenda est confessio, ne aut incertum opinionis fides figat, aut quod firmum sit, inque est fidei opinio renocet in quæstionem. Opinio enim si habet assertionem, temeraria est: fides si habet hæsitationem, infirma est. Et notandum quod columna illa ex parte filiorum Israel lucida erat : ex parte vero Ægyptiorum, tenebrosa; sic fides fidelibus lux est, quam infideles tenebras reputant: maxime quantum ad ea quæ pertinent ad incarnationē filij Dei, & liberationem generis humani. Ipsi sunt quasi noctuæ lucem reputantes tenebras. Isa. 5. *Væ qui dicitis bonum malum, & malum bonum : ponentes lucem tenebras, & tenebras lucem.* Fides videtur eis stultitia, cum tamen sit vere sapientia. 1. Corinth. 1. *Quod stultum est Dei, sapientius est hominibus.* Fides est lucerna ad quā in nocte vitæ præsentis ambulatur. 2. Corinth. 5. *Per fidem ambulamus, & non per speciem.* Augustin. in lib. de Fide, ad Petrum : Si quis non ambulauerit per fidem, non perueniet ad speciem. Fides cæteris virtutibus lumen ministrat. Ipsa est stella matutina, sole iustitiæ & intelligētiæ præueniens. Per eam oritur dies gratiæ, quem sequetur dies gloriæ. Ipsa est stella cardinalis nauigantib. per mare huius mundi, portam ostendens & patriam. Ipsa est stella reges spirituales ad Saluatorem adducēs, Matt. 2. Ipsa est prima gemma in corona intellectus, quæ ex quinq; luminibus fabricatur. Corona intellectus est lumen salubris cognitionis. Iob. 31. *Librū scribat ipse qui iudicat, vt in humero meo portem illum & circundem illum quasi corona mihi.*

Ab intellectu quinq; radij luminis fluunt, & quæ singulorum officia.

A sole intelligentiæ quasi quinque radij luminis viui fluunt super intellectum nostrum: scilicet lumen fidei, consilij, prudētiæ, intellectus, & scientiæ. Diuersitas vero horum luminum videtur sic posse ostendi. Anima ad tria habet comparationem; scilic. ad principium à quo est, scilicet ad Deum, & ad opera quorum ipsa est principium, & ad ea quæ dant ei occasionem vt sit principium eorum, instruendo scilicet eius intellectum, vel mouendo affectū siue voluntatem. Signa naturalia vel positiua intellectum instruunt : bona & mala inquantum talium talia mouent affectū. Fides est lumen illuminans intellectū circa principium, à quo est anima, ostendens ei Dei maiestatem, & iustitiam, & misericordiam Dei in creaturas rationales. Donum vero consilii & virtus prudentiæ illuminat animum circa opera quorum ipsa est principium. Ad consilium pertinet deliberare an aliquid sit faciendum. Ad prudentiam vero pertinet prouidere, vt opus fiat eo fine quo debet, & vestire illud aliis debitis circunstantiis; prudētia vero prouidere debet vt opus agenti sit fructuosū, Deo gratum, proximo lucens per bonum exemplum : Et sicut alterius scientiæ est cognoscere an expediat alique sanari; alterius vero cognoscere qualiter aliquis sit sanandus, quia primum pertinet ad theologiam, secundum ad medicinā; sic aliud lumen est donum consilii quam prudētia. Donum vero scientiæ proprie pertinet ad bonum & malum, inquantum mouent affectum nostrum. Vnde a tali materia denominatur, Gen. 2. cum dicitur lignum scientiæ boni & mali. Et eiusd. 3. *Eritis sicut dij, scientes bonum & malum.* Ad hoc bonum pertinet cognoscere deceptiones, quas bona præsentia, & mala quæ non sūt vera bona, vel vera mala, faciunt hominibus. Tripliciter fallūt homines bona tēporalia. Primo quia faciūt eos credere quod ipsa habeant suauitatem veram & magnā, cum aliter sit. Sic falluntur voluptuosi. Eccl. 7. *Inueni amariorem morte mulierem.* Hæc mulier voluptas carnalis est & temporalis. Secundo faciunt credere quod in eis sit copia, cum in veritate exinaniant possessores suos. Luc. 1. *Diuites dimisit inanes.* Tertio faciūt credere quod sit honor, quod est ignominia, Luc. 16. *Quod hominibus altum est, abominatio est ante Deum.* Propter has deceptiones cupiunt homines non vera bona pro veris bonis. Fugiunt etiam mala pœnæ præsentis, quæ non sunt vera mala, pro veris malis quæ sunt mala

Bona temporalia quot modis fallant.

De Fide.

culpæ & mala futura. Ad donum vero intellectus pertinet cognoscere signa naturalia & positiua, scil. creaturas quæ sunt quasi libri naturales; & sacramenta, quæ sunt quasi signa positiua & situs, & formas, & ornatus Ecclesiarum, & ministrorum, & habitus religiosorum, & similia in quantum pertinent ad salutem animarum. Quæ significatio præcipue est ratione similitudinis. v. g. Homo per terram significatus ratione similitudinis, vt intelligat homo se ad modū terræ esse sterilē, nisi excolatur, & quod super nihil temporale debet esse fundatus, sed Deo inniti, & quod desuper irrigari debet rore gratiæ & pluuia doctrinæ. Item fides est initium vitæ spiritualis. *Per fidem enim habitat Christus in cordibus nostris.* Ephes. 3. *Qui vita est,* vt ipse ait Ioan. 14. Et sicut vnumquodq; vitium mors spiritualis est: sic vnaquæq; virtus vita est. Vnde dicitur Rom. 7. de prudentia spiritus, quod vita est. Fides vita est intellectus. Est enim viuus radius à vero sole procedēs, sufficiēs ad producendum fructum boni operis, sicut arbor viua fructus ex se producit. Ipsa etiam est causa residui vitæ spiritualis. Ipsa causa amoris est, qui dicitur vita animæ. Vnde super illud Galat. 5. *Fides quæ per dilectionem operatur:* dicit gloss. *Opus fidei dilectio est.* Bernard. ad fratres de Mōte Dei: Vita animæ amor Dei. Hunc fides cōcipit, spes parturit, Spiritus sanctus format & viuificat, lactat lectio, meditatio pascit, oratio cōfortat & illuminat. Amor Dei dici potest vita: quia opera bona ideo sūt Deo accepta & remuneratione digna, quia ex amore Dei processerunt, & in hoc attendi potest vita eorum. Fides ergo causa est dilectionis, & per dilectionem causa est operum. Vnde ipsa est prima pars vitæ gratiæ, & causa totius residui vitæ. Ideo bene dicitur. Rom. 1. & Hebr. 10. *quod iustus ex fide viuit.* Et Gal. 1. *In fide viuo filij Dei.* Vita etiā gloriæ ex fide erit. 1. Ioan. 5. *Vitam habebitis æternam, qui creditis in nomine filij Dei.* Extra fidem nihil viuit: in mari mortuo nihil viuere potest, sed ante faciem fidei ibit mors. Habac. 3. Ipsa est lux quæ oritur his qui sunt in vmbra mortis, &c. Esa. 9. *Habitantibus in regione vmbræ mortis, &c.* Ante faciem eius ibit triplex mors. Prima mors culpæ. Prouerb. 5. *Per misericordiam & fidem purgantur peccata.* Galat. 1. *Ex operibus legis non iustificabitur homo, nisi per fidē Iesu Christi.* Ro. 1. *Iustificati igitur ex fide, &c.* Act. 10. *Huic omnes prophetæ testimonium perhibent, remissionem peccatorum accipere per nomen eius omnes qui credunt in eum. In hoc omnis qui credit iustificatur.* Secunda est mors temporalis, quæ in portam vitæ æternæ per fidem conuertitur. August. 13. lib. de Ciuitat. Dei: Tantam Deus fidei gratiam præstitit, vt mors quam constat vitæ esse contrariam, instrumentum fieret per quod transiretur ad vitam. Ioan. 11. *Qui credit in me etiam si mortuus fuerit, viuet.* Interl. Credens etiam mortuus viuit, sicut non credens etiam viuus mortuus est. Tertia mors æterna. vnde Ioan. 11. *Omnis qui viuit, & credit in me, non morietur in æternum.* Item fides est initium salutis humanæ, vt dicit August. Et causa totius salutis est aspectus ille Christi in cruce exaltati, qui sanat à morsu serpentum infernaliū. Ioa. 3. *Sicut Moyses exaltauit serpentem in deserto: ita exaltari oportet filium hominis: vt omnis qui credit in eum, non pereat, sed habeat vitam æternam.* Hoc significatum est Num. 21. Rom. 10, *Si confitearis in ore tuo Dominum Iesum Christum, & in corde tuo credideris, quia Deus suscitauit eum à mortuis, saluus eris.* Fides est fundamentum omnium bonorum: vt dicit Aug. Vnde videtur ruinam quærere, qui sine ea vult ædificare. Rom. 11. *Tu autem fide stas.* 1. Cor. 16. *Vigilate & state in fide.* Eccl. 2. *Qui timetis Dominum, credite illi, & non euacuabitur merces vestra.* Esa. 7. *Si non credideritis, non permanebitis.* In fide stabile est ædificium: cum fides in aliquo destruitur, funditus bonum in eo destruitur. Senec. Nihil retinet qui fidem perdidit. Qui sine

Mors triplex.
1.

2.

3.

E iij

fide est, omni vero bono vacuus est. Vnde de quodam Iudæo qui propter defectum hospitij in templo Apollinis iacebat, dæmones qui ibi couenerant requisiti à magistro suo, quis ibi iaceret, Responderunt, *Vah, vah, vas vacuum, sed signatum*, vt refert Gregor. in Dial. Ille non habebat fidem Christianam: sed sibi in nocte impresserat signũ crucis, quia viderat Christianos sic facientes: vnde cum non haberet veram fidem, vacuus erat omni bono. Item fides est radix omniũ bonorum. Cæteræ virtutes sunt radices suorum operũ: sed ipsa est radix cæterarum virtutum. Si hæc radix auellatur, cæteræ virtutes arescunt. August. super Ioan. Sicut in radice arboris nulla prorsus apparet species pulchritudinis & decoris: & tamen quidquid est in arbore pulchritudinis & decoris, ex illa procedit. Sic ex fidei humilitate, quidquid meriti, quidquid vel beatitudinis anima susceptura est, procedit. Itẽ Greg. Sicut rami sine radice virtutis arescunt: ita quælibet opera licet bona videatur, nulla sunt si à fidei soliditate disiunguntur. Fides hominẽ filium Dei efficit. Gal. 3. *Omnes filij Dei estis per fidem*. Io. 1. *Dedit eis potestatem filios Dei fieri, &c.* Io. 5. *Omnis qui credit quoniam Iesus est Christus, ex Deo natus est.* Aug. de Fide ad Petrum: Sine fide nemo potest ad filiorum Dei numerum peruenire. Fides est quæ viam ostendit regni. Vnde August. super illud Rom. 3. Arbitramur hominem iustificari per fidem. Bona ante fidem inania sunt: ita enim mihi videntur esse vt magnæ vires & cursus celerrimus præter viam. Nemo ergo cõputet vere bona opera sua ante fidem: vbi fides non erat, vere bonum opus non erat, bonum enim opus intentio facit, intentionem fides dirigit. Idem de fide ad Petrum: Sine fide omnis labor hominis vacuus est. Tale quippe est, vt sine vera fide quisque velit Deo placere: quale si quisque tendens ad patriam in qua scit se bene victurum, relinquat itineris rectitudinem & improuidus sectetur errorem quo non ad beatam vitam perueniat, sed in præcipitiũ cadat vbi non gaudium peruenieti detur, sed cadenti interitus inferatur. Idem: Si bona videbantur antequam crederes, currebas quidem: sed præter viam currendo, errabas potius quam perueniebas. Item fides videtur esse mater cæterarum virtutũ genitura: vt tangit gl. interli. super illud Matth. 1. *Abraham genuit Isaac, &c.* Item fides habet primum congressum in bello spirituali: secundum illud Prudentij. *Prima petit campum dubia sub sorte duelli, Pugnatura fides.* Fidei in Scriptura S. specialiter victoria adscribitur. Vnde de sanctis dicitur Heb. 11. quod per fidem vicerunt regna: Vicit fides & regnum inferni, & regnum cœli, & regnum mundi. Regnum inferni vicit, cum fidelib. Christus contriuit portas æreas, & vectes ferreos confregit, & quotidie infernum vincit, dum oratio fidelium animas à porta inferi eripit, & dum ignem infernalem quantum ad eos qui vere fideles efficiuntur, extinguit. Legitur etiã de B. Gregorio, quod cum quodam tempore ante palatia Traiani, qui Imperator fuerat, transiret: recordatus clementiæ eius, amarissime flere cœpit, & pro eo tandiu ante altare S. Petri flès orauit, donec obdormiuit, & ad eum dormientem vox dixit, Traianum precibus eius à pœnis infernalibus liberatum: sed de cætero caueret, ne pro aliquo infideli defuncto orare præsumeret. Regnũ cœli etiam vincit, quia quasi quádam violentia illud acquirit, per fidem enim sancti adepti sunt repromissiones. Heb. 1. 1. Pet. 1. *Reportantes finem fidei salutem animarum vestrarum.* Item vincit mundum 1. Ioan. 5. *Hæc est victoria quæ vincit mundum, fides nostra.* Fides vincit mundum, in quibusdã mundum subiiciendo, in aliis eum abijciendo. Subiiciendo vincunt mundum, qui remanentes in mundo terrena sibi subiiciunt, & dominantes eis faciunt quodammodo se altiores, & ad impugnandũ inimicum potentiores. Faciunt enim inde largas eleemosynas. Qui modus impugnã-

De Fide.

Psal. 143.

di diabolum valde efficax est. Vnde super illud. Pf. *Misericordia mea, & refugium meum*, dicit Aug. De nulla re sic vincitur inimicus diabolus, sicut de misericordia. Et Eccles. 29. dicitur de eleemosyna: *Super scutum potentis, & super lanceam aduersus inimicum tuum pugnabit.* E contrario cupidi & auari nō sibi terrena subiiciunt, sed potius se terrenis, super humeros suos ponentes ea quæ male acquirunt, & quasi se vino sepelientes, similes talpæ super humeros suos ponenti terram quam fodit. Secundo modo vincunt mundum, qui rebus mundi pro amore Christi renunciant, qui ad modum luctātium se terrenis spoliant, ne diabolus habens quo eos teneat, *Fides* deiiciat eos & deuincat. Luc. 14. *Omnis ex vincit vobis qui non renunciauerit omnibus quæ mundū. possidet, non potest meus esse discipulus.* Fides vincit mundum, id est, ea quæ sunt in mundo: scilicet diuitias, delicias, & honores. Diuitias vincit, dum ostendit corpus nostrum latronem esse morti cōdemnatum: de quo patet quod non decet eum deliciæ, Senec. Omnes capitali supplicio condemnati sumus. Eccles. 33. *Seruo maleuolo tortura & compedes.* Esa. 11. *Et erit fides cinctorium renum eius.* Diuitias vincit, dum ostendit eas esse muscipulam diaboli. August. Præda quam vis rapere, muscipula est: tenes aliud nū, & eneris à diabolo. Item diuitias vincit, dum æternas longe meliores eis ostendit. Heb. 10. *Rapinam bonorum vestrorum cum gaudio suscepistis, cognoscentes vos habere meliorem & manentem substantiam.* 1. Timoth. vlt. super illud, *Sectare iustitiam, pietatem, fidem*, dicit gloss. Qui veram fide de Deo habet, nō cupit in miseriis sæculi diues fieri: nec pluris est ei mundus quam Deus. Greg. Vilescunt temporalia, dum considerantur æterna: honores vincit, dum plenos confusione eos esse ostendit. Philip. 3. *Gloria in confusione eorum qui terrena sapiunt.* Bernard. Omnis purpura illusionis est, postquam Domino in purpura illusum est. Hæc tria Moyses fide vicit. Vnde ad

Heb. 11. *Fide Moyses factus grandis, negauit se filiū esse filiæ Pharaonis:* ecce contemptus honoris. Magis eligens affligi cū populo Dei, quam temporalis peccati habere iocunditatem: ecce contemptus deliciarum. Maiores diuitias estimans thesauro Ægyptiorum improperium Christi: ecce contemptus diuitiarum. Aspiciebat enim in remunerationem. De hac victoria mundi dicitur 1. Ioan. 5. *Quis est qui vincit mundum, nisi qui credit quoniam Christus est filius Dei viui?* quod intelligendū est de illo qui hoc credit fide viua. De fide enim mortua dicit Bernard. Nec mirum videri potest si nequaquam vincit fides, quæ nec viuit. Et notandum quod mundus quasi duabus manibus nobiscum pugnat, scilicet dextera prosperitatis & sinistra aduersitatis, prosperis scilicet alliciens, & aduersis terrens: quem ille vincit qui credit quod Christus est filius Dei? Qui enim hoc credit, cum filius Dei fuerit summe bonus, nouit quoniam in ipso non fuit defectus veri boni nec præsentia veri mali. Vnde cum in eo tēporalis prosperitas defuerit, & aduersitas affuerit, cognoscere potest, quod temporalis prosperitas non est verum bonum, nec temporalis aduersitas verum malum: vnde nec illa est appetenda, nec est timenda, August. Omnia bona terrena contempsit homo Christus, vt contemnenda monstraret, & omnia mala terrena sustinuit quæ sustinēda præcipiebat, vt nec in illis quæreretur felicitas, nec in istis timeretur infelicitas. Item fides regna vincit faciendo ne peccatum in nobis regnet. Rom. 6. *Non regnet peccatum in vestro mortali corpore, vt obediatis concupiscentiis eius.* Fides est scutum triāgulare quo circundat nos veritas Dei. Vnus angelus est fides de pœnis æternis. Alius de bonis æternis. Tertius fides Christi mediatoris. Fides ostendit eis qui sunt in pugna spirituali ex vna parte regnū eis paratum si vicerint, ex alia parte patibulum infernale eis paratum si victi fuerint: & sic causa est strenue pugnandi & vin-

Mundus pugnat nobiscum.

cendi. Bernard. Quid est quod non optamus etiam per medios enses, si oporteat declinare tantam miseriam ad tantam accelerare gloriam, nisi quod mortua est fides nostra?

Fides ostendit pugnantibus Christum. Et hoc tripliciter. Primo vt strenuum ducem strenue agendi exemplum dantem. Secundo, vt fortissimum adiutorem. Tertio, vt liberalissimum remuneratorem. Primo modo ostendit ipse se Apostolis cū essent clausi in domo propter metum Iudæorum ostendēs eis manus & latus, Luc. vlt. & Ioan. penult. & 16. *Confidite, ego vici mundum.* Thren. 3. *Dabis eis scutum cordis laborem tuum.* August. Magna consolatio membris ex capite Gregor. Si passio Domini ad memoriam reuocetur, nihil est adeo durum quod non æquo animo toleretur. Hebr. 12. *Recogitate eum qui talem sustinuit à peccatorib. aduersus semetipsum contradictionem, vt non fatigemini animis vestris deficientes.* Secundo modo ostendit se Christus Stephano pro eo lapidando, qui vidit gloriam Dei, & Iesum stantem à dextris eius, tanquam paratum ad adiuuandum. Actor. 7. 1. Corinth. 10. *Fidelis Deus qui non patietur vos tentari supra id quod potestis: sed faciet cum tentatione prouentum, vt possitis sustinere.* Iosue 1. *Confortare, & esto robustus, noli metuere, & noli timere, quia tecum est Dominus.* Iob. 17. *Pone me Domine iuxta te, & cuiusuis manus pugnet contra me.* Fides ponit Deum iuxta hominem, immo infra hominem. Per fidem enim habitat Deus in cordibus nostris: vnde ipse pugnans in homine triūphat. 2. Paral. 20. *Non est pugna vestra: sed Domini*, Et post. *non eritis vos qui dimicabitis: sed tantummodo confidenter state, & videbitis auxilium Domini super vos.* Bernar. Quoties tentationibus resistis, quotiens vincis malum, noli propriis tribuere viribus: noli in te, sed magis in Domino gloriari: quando enim fortis ille armatus tuæ cederet infirmitati? Tertio modo ostendit se Deus Abraham Genes. 15. *No-*

li (inquit) *timere, ego protector tuus, & merces tua magna nimis.* Augustin. Labor te terret, vide mercedem. Bernard. Vtrūque mihi es Domine Iesu, & speculum patiendi & præmium patienti: fides determinat nobis & locum pugnæ spiritualis, & tempus. De loco dicit Bernard. In mūdo isto quasi in stadio certaminis positi sumus, vbi Christus mortuus est. Quisquis ergo hic liuorem vel plagam nō susceperit, in futuro iudicio miles inglorius apparebit. Tempus vero militare est tempus præsentis vitæ. Iob. 7. *Militia est vita hominis super terram*. Fides ostendit hostes cum quibus pugnare habemus, & modum pugnandi quem habent. Fides etiam ostendit & Deum, & angelos bonos, & malos aspicientes certamē nostrum. Boni aspiciunt, vt si vicerimus gaudeant: mali vt si victi fuerimus, irrideant, 1. Corinth. 4. *Spectaculum facti sumus mundo, & angelis, & hominibus.* Homo sine fide est quasi homo cœcus qui pugnat cum vidente. Fides radix sapiētiæ. Ecclesiast. 1. Gregor. vocat eam sapientiam in 1. Mora. Fides est sapientia illa quam non vincit malitia. Sapient. 7. *Attingit enim à fine vsque ad finem fortiter.* A fine inquam cogitationis vsque ad finem operis. Fides enim ostendit cogitationem malam esse velut caput serpentis infernalis, cui fortiter resistendum est. Hieronymus: Lubricus est antiquus serpens, & nisi capite teneatur statim totus illabitur. Item, fides attingit à fine: id est, vsque ad extremum iudicium. Per beneficium creationis inuitans homines ad Dei seruitium, & per districtionem iudicij exterrens à Dei offensa. Item fides attingit à fine vsque ad finem, à cœlo, scilicet vsque ad infernum, à delectationibus transitorijs separans homines amaritudine suppliciorum infernalium, & amaritudines quæ occurrunt in seruitio Dei dulcorans magnitudine præmiorū. Greg. si dulcia quærimus, necesse est vt amara toleremus. Ecclesiast. 1. *Vsque in tempus sustinebit patiens & postea redditio iucunditatis,*

De Fide.

ditatis. Sic sapientia disponit omnia suauiter; guttas amaritudinum præsentium immensa dulcedine futurorum bonorum condiens. Fides dicit illud Esa. 38. *In dimidio dierum meorum vadam ad portas inferi.* Nunc habitat in cœlo, nunc in inferno. Ipsa descendit in infernum viuens, ne descendat moriens. Fides triumphat de vitiis, alia aquâ lachrymarum submergendo, alia igne infernali exurendo, alia fame ieiuniorum & aliis afflictionib. effugando, & sacerdoti ea exponendo, vt præ erubescentia & confusione ab homine recedant. Fides à Deo fortitudinem recipit. 2. Paralipom. 16. *Præbet fortitudinem his qui perfecto corde credunt in eum.* Fide Deus ab hostibus protegit. Eiusdem 20. *Credite in Dominum Deum vestrum & securi eritis.* Item à periculis eripit. Matth. 2. *Ananias, Azarias, Mizaël credentes liberati sunt de flamma.* Fides miracula facit. Marc. 16. *Signa eos qui crediderint, hæc sequentur: In nomine meo*, &c. Matth. 17. *Si habueritis fidem sicut granum sinapis, dicetis monti huic, transi hinc, & transibit, & nihil impossibile erit vobis.* Et Marc. 12. *Si potes credere, omnia possibilia sunt credenti.* Ioan. 14. *Qui credit in me, opera quæ ego facio ipse faciet, & maiora horum faciet.* Heb. 11. *Fide transierunt mare rubrum tanquam per aridam terram, & post: Fide muri Iericho corruerunt.* Matth. 9. *Fides tua te saluam fecit*: dictum est mulieri patienti fluxum sanguinis. Et Marc. 10. dictum est cœco: *Vade, fides tua te saluum fecit.* Etiam fidei informi fiunt miracula. Vnde cùm Alexander venisset ad montes Caspios, & petiissent filij captiuitatis x. tribuum licentiam egrediendi ab eo, ipsa cognita causa inclusionis eorum, quod scilicet recessissent aperte à Deo Israel vitulis aureis immolando, & per prophetas Dei prædictum eos à captiuitate non redituros: respondit quod arctius includeret eos. Cùmque angustas vias eorum obstruere vellet molibus bituminatis, videns laborem humanum non sufficere, orauit Deum Israël vt opus illud compleret: & accesserunt ad se inuicem prærupta montium, & factus est locus immeabilis. Et vt ait Ioseph. Deus quid facturus est pro fidelibus suis, si tantù fecit pro infideli? etiam fides informis triumphare facit. Sicut videtur accidisse Alexandro, cui per somnium Deus apparuit in habitu summi sacerdotis, dum adhuc Alexander in Dio ciuitate Macedoniæ esset constitutus: dumque cogitaret vtrum Asiam posset obtinere, iussit eum confidere: nam ipse exercitum eius perduceret, & principatum Persarum ei traderet. Qui promissioni eius credidit, & secundum fidem suam factum est ei. Vnde cum ipse Alexander iratus Iudæis veniret Hierosolymam, & pontifex Iudæorum præcepto Domini pontificalibus indutus, & reliqui sacerdotes cum eo legitimis stolis induti obuiam exirent ei extra ciuitatem, Alexander intuens antistitem pontificali stola insignem, & super cidarim laminam in qua scriptum erat nomen Domini, descendit de equo, & adiit eum solus, & nomen Domini adorauit, & pontificem veneratus est. Et obstupuerunt principes exercitus putantes mentem regis ludificatam. Solus Parmenio quæsiuit ab eo cur sacerdotem gentis Iudææ adorasset, respondit: Non hunc adoraui, sed Deum cuius principatum sacerdotij gerit: nam per somnium in tali habitu Deum conspexi. Item fides vsque ad Deum attingit. Vnde Aug. Fides est res audax & improba, perueniens quo non pertingit intelligentia: ipsa ascendit super Cherubin, & volat super Seraphin senas alas habentia. Esaiæ 6. Bernardus. Quid non inueniat fides? Attingit inaccessa, reprehendit ignota, comprehendit immensa, apprehendit nouissima, ipsam deniq; æternitatem suo illo vastissimo sinu quodammodo circumcludit. Fides est virtus probata quæ corripit insipientes Sap. 1. *Ipsa est communis via salutis, & sapientibus & insipientibus: ipsa in fornace præsentis tribulationis non læditur, sed melioratur.* 1. Pet. 1.

F

Vt probatio fidei vestræ multo pretiosior sit auro quod per ignem probatur. Ipsa ordinat & regit totam vitam præsentem. Vnde Apostolus Heb. 11. *Opera antiquorum patrum quibus vel Deo placuerunt, vel hominibus mirabiles extiterunt:* fidei attribuit, exempla ponens de diuersis libris. Veteris testamenti. Apoc. 13. *Hæc est potentia & fides sanctorum.* Et hæc de cōmendatione fidei sufficiant, licet multa ad eius laudē pertinentia deficiant. Apostolus ad Heb. 11. Laudes fidei non cōpleuit. *Deficiet*, inquit, *tempus me enarrantem de Gedeon* &c. Vnde non est mirum si nos eas non expleamus.

Caput V.
De Articulis Fidei.

Omnia credenda articuli fidei.

Sequitur de articulis fidei. Sunt autem articuli modicæ partes fidei prout fides nominat eas quæ creduntur: sicut articulos dicimus modica membra in corpore humano. Arctamur ad articulos credendos: & ipsi crediti arctāt nos ad timorem Dei, vel amorem, vel aliam affectionem in Deum. Et notandum quod non omnia credenda dici possunt articuli fidei. Sunt enim quædam quæ fidem antecedunt, vt quæ sunt iuris naturalis, sicut est hoc, quod proximo non est nocendum. Quædam vero consequuntur fidem: vt antichristum esse futurum. Et licet tam hæc quàm illa sint credenda: tamen non sunt articuli fidei, vt videtur quibusdam quod non sint articuli nisi sint de Deo. Item notandum quod inter credēda quædam sunt de Deo, quædam de aliis. Inter ea verò quæ sunt de Deo, quædam sunt de Deo sine respectu creaturarum: quædam de Deo per respectum ad creaturas. Quæ sunt sine respectu creaturarum, sunt vnitas essentiæ, singularitas in nobilitate, & supereminentia: contra quæ blasphemauit Manichæus ponens duo principia, bonorum scilicet & malorum, & duos principes lucis & tenebrarum, & duo regna, æternitas, simplicitas, immutabilitas per-

Error Manichæi.

sonarum, Trinitas, & earūdem æqualitas: hæc sunt quasi septem stellæ in dextera Apocalyp. 1. Fides enim illuminans circa ista septem, donum Christi est. Inter ea vero quæ dicuntur respectu creaturarum, principalia sunt, Dei potentia, sapientia, bonitas vel benignitas. Cōsequentia vero ad hæc sunt, creatio, recreatio, & similia. Ex apprehensione diuinæ potentiæ adoratio & veneratio: Ad adorationem pertinet humiliatio nostra exterior, vel interior, qua recognoscimus nos subesse Deo ad saluandum vel perdendum iure plenissimo. Exterius fit hæc recognotio curuatione, genuflexione, prostratione, & cum exprimimus verbo nostram subiectionem ad dominatissimam potentiam Dei. Interius vero fit hæc recognitio, dum cogitamus paruitatem nostram diuinæ maiestati subiectam. Ad venerationem vero pertinet quod ad Deum non nisi loti præsumimus accedere, vel sacra loca intrare, vel sacra contrectare. Item ad eandem pertinet sacrorum locorum decor, vasorum & ornamentorum & illuminarium apparatus, & celebritas diuini officii. Ex sapientia vero Dei cuncta lucide intuente oriuntur timor, & pudor, & solicitudo declinandi ea quæ Deo displicent, & quærendi ea quæ Deo placent. De bonitate vero primo oritur amor: & si referatur bonitas ad operationes, quatuor sortitur nomina. Primo vocatur gratuita beneficētia, inquantum gratis tribuit bona sua: Secundo misericordia, inquantum tollit vel lenit mala nostra. Tertio iustitia, inquantum vlciscitur mala. Quarto, largitas remunerans obsequia. Ex bonitate Dei primo modo nominata oriuntur quatuor partes diuini cultus ex radice vnius virtutis procedentes, quę dici potest gratitudo vel deuotio. Prima pars est gratiarū actio. Secunda benedictio, seu bonorum imprecatio. Tertia laudatio. Quarta glorificatio, quæ est beneficiorum Dei prædicatio ad alios. Ex misericordia vero oriuntur multę partes diuini cultus procedentes ex

De Fide.

radice vnius virtutis, quæ est spes veniæ vel gratiæ. Prima pars est deprecatio pro malis tollēdis vel leniendis. Secunda, oratio pro bonis obtinendis. Tertia, afflictio, vt ieiunium. Quarta, eleemosyna. Ex iustitia per donum timoris oriuntur pœnitentia de præteritis, & cautela à malis futuris, inquantum refertur ad fugiendam diuinam vltionem. Ex largitate obsequia remunerante oritur spes remunerationis, ex qua est omnis diuinus cultus, inquantum via est ad mercedem æternam. Inter credenda vero quæ sunt de aliis rebus à Deo, Primum est, quod nihil numinis est in aliis rebus à Deo. Secundum, mundi inchoatio cum vniuersis quæ de eo sunt. Tertium, creatio animarum in corporib. Quartum, earum immortalitas. Quintum, singularitas corporum contra pluralitatem Phythagoricam. Sextum, resurrectio corporum. Septimum, loca tormentorum futurorum, scilicet infernus & purgatorium. Octauum, sacramenta. Nonum, gratia. Decimum, liberum arbitrium. Circa ista inueniuntur errores. Item notandum quod articuli fidei collecti sunt in tribus locis, scilicet in symbolo Apostolorum, quod dicitur submisse, & in illo symbolo quod cantatur in Missa quod à sanctis compositum est : & in Symbolo Athanasii, quod cantatur ad Primam, scilicet. Quicunque vult. Primum factum fuit ad instructionem Ecclesiæ, quando nouella erat. Aliud post, hæresibus ortis, ad explanationem primi, & expugnationem quarūdam hæresum ortarum, & maxime contra illam quæ dicebat adorationem Spiritui sancto non esse tribuendam, vnde contrarium multum exprimitur in illo Symbolo. Tertium vero factum fuit contra alias hæreses & maxime contra illas quæ erant contra incarnationem Filii & resurrectionem mortuorum. Primum ideo dicitur submisse : quia quando factū fuit, non ita publice fiebat fidei protestatio. Alia vero duo alta voce : quia facta fuerunt contra hęreticorum proclamatio-

Articuli fidei in tribus comprehensa.

nem, & quia tūc publicata erat fidei protestatio. Primum Symbolum dicitur ad Primam & ad Completoriū duplici ratione. Primo, quia altera harum horarum principium diei est, altera noctis. In principio ergo diei & in principio noctis dicitur Credo in Deum, quia fides est principium omnis boni. Secundo, quia fidei professio valet ad effugādos dæmones, qui diurnis & nocturnis actibus insidiantur, & eisdem horis, eisdem rationibus à laicis fidelibus dicendum esset. A religiosis tamen dicitur, quando frater morti appropinquat ad dæmones effugandos, qui fini hominis insidiantur, secundum illud. Genes. 3. *Tu insidiaberis calcaneo illius.* Possumus autē distinguere Symbolum Apostolorum in duodecim articulos, sicut duodecim fuerunt Apostoli qui composuerunt. Fides vere horum duodecim articulorum est velut corona duodecim stellarum in capite sponsæ : in intellectu scilicet. Apocalyp. 12. Primus articulus pertinet ad Patrem, sex sequentes ad filium. Primus illorum secundum deitatem, quinque alii secundum humanitatem, & quinque vltimi pertinent ad Spiritum Sanctum. Primus articulus est. *Credo in Deum Patrem omnipotentem, creatorem cæli & terræ.* Et notandū quod non est idem credere Deo, & credere in Deum. Deo credit, qui credit esse vera quæ ab eo dicuntur : & hoc modo possumus dicere quod aliquis credit Petro & Paulo. Credere in Deum est credendo diligere, & credendo in eum ire. Vnde Gloss. August. super illud Rom. 4. *Credenti in eum qui iustificat impium &c.* Quid est credere in Deum ? Credendo amare, credendo diligere, credendo in eū ire, & membris eius incorporari : Fides ostendit homini Deum esse summum bonum : ideo gressu amoris & boni operis habens fidem tendit in Deum. Ex dictis patet, quod ille qui in peccato mortali est, mentitur cum dicit : Credo in Deum, si intendit illud dicere in propria persona. Aliud est si intendat hoc dicere in persona

Ecclesiæ fidem eius profitendo. Ad declarationem vero eius verbi, Credo in Deum: additur in symbolo sanctorum vnū, cum dicitur, Credo in vnum Deum. Sequitur, Patrem omnipotentem. Omnipotentia in tribus attenditur, scilicet in amplitudine potentiæ: potest enim quæcumque vult facere. Secundo in hoc quod ad agendum nullo indiget. Tertio in hoc quod à nullo prohiberi potest. Et attende hanc coniunctionem Patrem omnipotentem, valde dulcem esse vere fideli. Patri enim non deest bona voluntas ad filios, præcipue patri misericordiarum qui minus obliuiscitur filiorum suorum quam mater. Esa. 49. Omnipotenti vero non deest potestas implendi illam bonam voluntatem. Patris omnipotentiam non videntur credere, qui relicto Deo adhærent diabolo, credentes se fame morituros si Deo seruierint: quasi diabolus vel melioris voluntatis, vel maioris potestatis sit ad prouidendum his qui sibi seruiunt, quam Deus. Sequitur, *Creatorem cœli & terræ.* Creare est de nihilo aliquid facere. Ad declarationem huius verbi, dicitur in symbolo Sanctorum. *Factorem cœli & terræ, visibiliū, & inuisibilium.* Quæ expressio facta est contra illam hæresim, quæ dicit visibilia esse à principe tenebrarum, inuisibilia vero à Deo. Secundus articulus est. *Et in Iesum Christum filium eius vnicum, Dominum nostrum.* Et est sensus: Credo, &c. id est, fide tendo in Iesum Christum, fidem habeo de ipso quod ipse sit Iesus, id est, Saluator eorum qui ei adhærent, ideo ei adhæreo. Et iterum quia fidem habeo quod ipse sit Christus: id est, vnicus & benignus. Bernardus: Omnino propter mansuetudinē quæ prædicatur in te, currimus post te Domine Iesu, auditis quod pauperes non spernas, peccatores nō horreas. Itē credo quod sis filius Dei cui seruire honor est. In hoc quod dicitur filius Dei, insinuatur quod ipse sit Deus. Sicut. n. filius hominis homo est non alterius speciei: sic filius Dei Deus est. Sequitur. *Vnicum Dominum nostrum.* Christus Dominus noster est duplici iure, scilicet iure creationis & iure redeptionis. Creatura necessario est creatoris, cum eam gratis fecerit & ex nihilo. Tribus de causis aliquis habet ius in re, quæ sit, vel quia eam facit, vel quia pretio eius sit, vel quia materia ex qua sit ipsius est: sed nulla harum causarū, aliquod habet dominium in creatura, nisi creator. Contra vniuersale dominiū Christi peccare videntur, hi qui volunt dominari, & qui contra voluntatem Dei terrenis dominis nolunt obsequi. Qui ascendit super occasum, Dominus nomen est illi, ille solus pro Domino habendus est, qui suscitare potest hominem, si in eius seruitio mortuus fuerit. Non libenter sequitur miles dominum illum qui non potest ei restituere equū suū si in seruitio eius eū amiserit. Primus inter articulos pertinentes ad filij humanitatem, est hic, *Qui conceptus est de Spiritu sancto, natus ex Maria virgine.* Christus conceptus est de Spiritu sancto: id est, Spiritus sancti operatione: quia Spiritus sanctus separauit à beata Virgine quod purissimum erat in ea, & formauit inde corpus Christi, & instanti animam infudit, vt tam cito esset verus homo & verus Deus. Non fuit anima infusa circa. 40. diem à conceptione, sicut dicitur fieri in aliis. Immo fuit vir ab ipsa conceptione. Hierem. 31. *Nouum creauit Dominus super terram, fœmina circumdabit virum, &c.* Christus in conceptione culpam cauit, in natiuitate vero matri suæ damnum virginitatis non intulit, nec ei doloris causa fuit. Mansit enim mater eius virgo post partum, & sine dolore eum peperit; in quo dedit exempla aliis vt benigne sese habeant erga matres suas, nec sint eis causa doloris vel de pauperationis. Secundus articulus, pertinens ad humanitatem est. *Passus sub Pontio Pilato, crucifixus, mortuus & sepultus.* Attendere debet fidelis quanta pro eo sit passus, & à persona quæ indigna erat etiam vita, cum esset infidelis. Cruci etiam affixus est, quod erat viliſſimum genus tormentorum, in qua perſeuerauit vſque ad mortem, vt fideles à cruce pœnitentiæ ad ſuggeſtionẽ diaboli non deſcendant. Sepultus eſt, licet corpus eius non eſſet dandum corruptioni, ſecundum illud: *Non dabis ſanctum tuum videre corruptionem.* Volens in iſta abſconſione aliis aſſimilari. Tertius articulus pertinens ad humanitatem, eſt, *Deſcendit ad inferna:* & hoc ſecundum animam, vt extraheret ſuos qui in limbo erat. Et attende peruerſitatem hominis qui non vult Chriſtum ſequi in cœlum qui hominem ſecutus eſt in infernum. Quartus eſt. *Tertia die reſurrexit à mortuis.* Si Chriſtus mortuus ſua virtute reſurrexit: veriſimile eſt quod ipſe iam viues mortuus ſuſcitare poſſit. Quintus eſt. *Aſcendit ad cœlos, ſedet ad dexteram Dei Patris omnipotentis : inde venturus eſt iudicare viuos & mortuos.* Si Chriſtus aſcendit in cœlum, aſcendent poſt eum qui ei adhærent. In eodem enim hoſpitio membra recipientur, in quo caput receptum eſt. Chriſtus ſecundum quod homo, ſedet à dextris Patris, quia eſt in potioribus bonis eius, ſecundum vero quod Deus eſt, conregnat æqualis ei, vt tangit Gloſſ. ſuper illud Pſalm. *Sede à dextris meis.* Chriſtus ſibi & ſuis ad dexteram Patris locum elegit, quia in dextera ſint delectationes eius vſque in finem. *Inde venturus eſt iudicare viuos & mortuos:* id eſt, bonos & malos, vel illos qui in aduentu ſuo viui reperientur, qui in momento morientur, & poſtea reſurgent, & illos qui prius erant mortui. Magna fiducia erit fidelibus quod frater eorum iudicabit. Ioa. 1. *Pater non iudicat quenquam ſed omne iudicium dedit filio.* Primus articulus pertinens ad Spiritum ſanctum eſt. *Credo in Spiritum ſanctum, ſanctam Eccleſiam catholicam.* Credo, id eſt, fide tendo in Spiritum ſanctum. Qui fidẽ habet quod Spiritus ſanctus magnæ bonitatis & ſuauitatis ſit his in quibus habitat, præparat ſe ad hoc quod ſit eius habitaculum: hic per gratiam, in futuro per gloriam. Sap. 12. *O quam bonus & ſuauis eſt Domine Spiritus tuus in nobis.* Eccleſiaſt. 24. *Spiritus meus ſuper mel dulcis.* Ad Spiritum ſanctum tria pertinent in præſenti, duo in futuro. Cum enim ipſe ſit bonitas ad eum pertinet deſtructio malitiæ, bonitas enim contraria eſt malitiæ. Vnde ad eum pertinet ſanctificatio, ideo dicitur. *Sanctam Eccleſiam catholicam.* Et pertinet ad eundem articulum hæc duo: *Spiritum ſanctum, ſanctam Eccleſiam catholicam.* Credere enim debemus quod Spiritus ipſe ſanctus ſit, & quod Eccleſia ſancta ſit ab eo. Itẽ ad Spiritum ſanctum pertinet ſanctorum communicatio: vnio membrorum in corpore Eccleſiæ & ad caput & ad inuicem; ſicut ſpiritus humanus in corpore humano mẽbra vnit, cuius vnionis ſignum eſt ſacramentum Dominici corporis. Item ad Spiritum ſanctum pertinet communio quam habent ſancti ad inuicem, in hoc quod ſunt ſocij in lucro, quod tangit Dauid, dicens: *Particeps ego ſum omnium timentium te &c.* In communione ergo ſanctorum tria intelligamus ad quæ pertinet ſecundus articulus. Sacramentum communionis myſtici corporis quod eſt Eccleſia. Communionem ſanctæ ſocietatis, ex qua accidit quod quilibet qui eſt de Eccleſia, vere patrem habet in omnibus bonis quæ fiunt in Eccleſia, per quam viam aliquis de facili ditatur. Ad quam etiam communionem ſequi debet communicatio tam bonorum quam malorum temporalium, vt mala proximorum nobis aſſumamus per compaſſionem, & bona noſtra eis cõmunicemus per eleemoſynarum largitionem. Item ad Spiritũ S. pertinet remiſſio offenſionum, cum ipſe ſit benignitas, ad quod pertinet tertius articulus, *Peccatorum remiſſionem.* Credere enim debemus quod peccata remittuntur in Eccleſia per baptiſmum & pœnitentiam & alia ſacramenta: nec ſolum ſemel remittit Spiritus ſanctus peccata homini, ſed quotieſcunque vere quis pœnitet. Ad bonitatem etiã

F iij

Spiritus sancti pertinet remuneratio tam in corpore quam in anima. Ad remunerationem corporis pertinet quartus articulus. *Carnis resurrectionem.* Ad remunerationem animæ quintus. *Vitam æternam.* Qui carnis resurrectionē fideliter credit, non timet miserum corpus expendere in seruitio Christi, ex quo sperat se recepturum illud cum quadruplici gloria claritatis, impassibilitatis, subtilitatis, & agilitatis. Item qui fidem habet de vita æterna, solicitus debet esse quomodo illi prouideat. Si cum tanta solicitudine prouidetur huic miseræ vitæ de qua nemo certus est per diem : quanta solicitudo debet esse prouidendi illi vitæ de qua certū est quod erit æterna ? Ibi nec locus erit mendicandi, vt manifestum est in diuite epulone. Luc. 16. Et in fatuis virginibus. Matt. 25. Nec locus laborandi, nec aliquid mutuo accipiendi. In vita enim præsenti vix est aliquis cuius paupertati non consulatur aliquo istorum trium modorum. Ibi vero qui sibi non prouiderit, egestatem æternam patietur, vt nec guttam aquæ modicam habere possit. Et notandum quod Aug. in lib. de fide, ad Petrum, enumerat 40. firmiter credenda & indubitanter tenenda, quæ causa breuitatis hīc non posuimus.

CAPVT VI.

De erroribus qui Fidei Catholicæ aduersantur. Et primo de errore illorum qui negant Deum esse.

SEquitur de erroribus qui fidei catholicæ aduersantur. Et primo dicetur de errore illo quem tangit Dauid, dicens: *Dixit insipiens in corde suo, Non est Deus.* Et notandum quod hi qui sunt in errore isto, omni bono sunt indigni, quia largitori omnis boni ingrati: vnde indigni sunt disputatione quia laboratur ad destructionem erroris eorum, ipsi merito sunt à Deo despecti, cùm ipsi Deum non reputent: & ideo à correctione sunt valde remoti Eccl.

7. *Considera opera Dei, quod nemo possit corrigere quem ille despexerit.* Tum quia Dei misericordia immensa est, & quia scriptum est. *Responde stulto iuxta stultitiam suā ne sibi sapiens esse videatur.* Prou. 16. Ad extirpationem huius erroris aliqua dicemus. Error iste non solù est insipiētia, imo insania. Quæ maior insania quam dicere, illud non esse quod causa est omnibus vt sint; Cum insano verò nemo solet philosophari ad destructionem errorū ipsius philosophi. Stultum est quolibet cōtraria opinionib. proferente esse solicitum. Item philos. Non oportet omne problema, nec omnem positionem desiderare: sed quam dubitabit aliquis indigentium rationis & non pœnæ vel sensus. Nā qui dubitant vtrum oporteat Deum venerari, & parentes honorare, vel non, pœna indigent: qui autē vtrū nix alba, vel nō, sesu. Vere qui Deū nō agnoscūt, pœna indigent, vt qui in bonis positi non agnoscūt bonorum omnium largitorem, in malis positi agnoscant malorum liberatorem. Greg. Oculos quos culpa claudit, pœna aperit. Esa. 28. *Sola vexatio tantummodo dabit intellectum auditui.* Hier. 16. secundum aliam trāslationem, *Per omne flagellum & dolorem erudieris Hierusalem.* Et Tob. 11. *Recuperauit visum Tobias, cum filius eius liniuisset oculos eius felle.* Et Mar. 19. Antiochus Deum recognouit in tormentis à Deo positus, dicens: *Iustum est subditum esse Deo & mortalem non paria Deo sentire.* Pœna timorem inciuit. timor (verò) *initium sapientiæ est.* Prou. 1. Qui in errore isto sunt, rusticissimi & ignobilissimi sunt: vnde verbis erudiri non possunt. Prou. 29. *Seruus verbis erudiri non potest: quia quod dicis audit, & respondere contemnit.* Vere contemptus siue voluntas in causa est, vel potius in culpa est, quod tales non credant Deum esse. Animo. n. inuito nihil facile suadetur. Ignobilis animi est & ingrati, nolle agnoscere benefactorem suum : nobilis vero animi est, multum desiderare agnoscere eum à

Deus totius esse causa est.

quo beneficia recipit. Sicut patet in paupere illo de quo legitur in vita D. Nicolai: cui cum S. Nicolaus multiplici iniectione auri in domum eius paupertati ipsius consuluisset, proposuit deinceps vigilare donec sciret quis esset qui aurum in domum illius tam caute proiecisset. Patet ergo valde ingratos esse, qui negant Deū esse à quo incessanter beneficia recipiunt, nec infinitis testib. hoc credere volunt. Tale est hoc ac si aliquis nollet credere igne esse à quo tamen incessanter & vehementer calefieret. Psal. *Non est qui se abscondat à calore eius.* Ber. in lib. de diligendo Deum: Inexcusabilis est infidelis si non diligit Deum toto corde, tota anima, tota virtute. Clamat intus ei innata iustitia: quia ex toto se illum diligere debeat, cui totum se debere non ignorat. Idem: Infidelem vrget iustitia naturalis se totum tradere illi à quo se totum habet, & ex se toto diligere. Nullus est qui compos sit mentis suæ, qui nō possit agnoscere quod ipse non semper fuit, & cum non fuit, nihil boni habuit: ergo esse suum & quidquid boni habet, ab alio habet: ergo vel à solis parentib. carnalibus, aut non: si à solis parentib. carnalib. illi non semper fuerunt: vnde ab aliis habuerunt, & illi similiter ab aliis, donec perueniatur ad aliquem qui semper fuit, à quo primus pater carnalis initium habuit, à quo etiam habuit vt posset alium generare. Constat. n. quod parentes carnales non habent à se quod generent filium, cum quandoque generent quādo nollent generare, & quādoque non generent cum vellent: & cum vellent generare filiū, quandoque generant filiam. Nescit etiam mater quomodo filius in ea generetur: sicut quædam laudabilis mater quæ dixit filiis suis. 2. Mat. 7. *Nescio*, inquit, *qualiter in vtero meo apparuistis, neque. n. ego spiritum & animam donaui vobis, & vitam, & singulorum membra non ego ipsa compegi.* Si vero non à solis parentib. carnalibus esse suum habuit, sed à parentib. carnalibus corpus, & à patre spiritūm spiritum: secundum illud Arist. in lib. de Anim. Intellectus diuinitus ab extrinseco aduenit, cū primus pater carnalis qui non semper fuit, ab aliquo qui semper fuit, totum esse suum acceperit, & quod aliquid boni posset habere, & quod aliquid boni posset conferre: patri illi qui semper fuit, omne bonum debetur, quod à nobis habetur qui vere Deus est. Magna est ergo ingratitudo illum non agnoscere, cuius beneficia non cessamus recipere: nec solum per parentes carnales beneficia ipsius recipimus, sed etiam per alias creaturas. Collatio vero beneficiorum ipsius quædam exhortatio est ad amorem ipsius. Aug. l. 10. Confes. Cœlum & terra, & omnia quæ in eis sunt, ecce vndique mihi dicūt vt te amen, nec cessant dicere omnibus vt sint inexcusabiles. Error iste est quem odire debet quidquid odire potest, cum interimat patrem omnium. Vnde debemus eum odire sicut aliquis odit eum qui patrem eius interemit. Qui in hoc errore sunt, dæmonib. quantum ad hoc deteriores etiam videntur, qui saltem Deum credunt esse. Iac. 2. *Tu credis quoniam vnus est Deus, benefacis, & dæmones credunt & contremiscunt.* Qui in hoc errore sunt, in vanum videntur accepisse animam suam, cum Deum non agnoscant. Ad quem cognoscendum ratio eis data est. Propter quod enim rationem habent potius quam bruta animalia, si tantum illa quæ sensibus corporis subiacent, agnoscunt sicut & illa? Vnde Dominus iustissime posset tales punire, sicut puniuit Nabuchodonosor. Dan. 4. *Ab hominib. eÿcient te, cum bestiis & feris erit habitatio tua. Fœnum quasi bos comedes, & septem tempora mutabuntur super te, donec scias quod dominetur Excelsus in regno hominum, & cuicunque voluerit, det illud.* Bernard. super Cant. An non tibi videtur ipsis bestiis quodammodo bestialior esse homo ratione vigens & ratione non vtens? Magna fatuitas dubitare de fonte ex quo apparet fluuius continue perseuerans. Fonti indeficienti attestatur fluuii cōtinuitas & certissimum iudicium creatoris est continuus fluxus creaturarum. Et notandum quod ad cognoscendum Deum esse, natura incitat. Hoc idem omnis scriptura indicat, & omnis creatura clamat. De primo, Ioan. Damasc. Cognitio existendi Deum nobis naturaliter inserta est. In tantū vero præualuit malitia hominū naturæ, vt quosdam in irrationabilissimum & omnium malorum pessimum perditionis barathrum deduceret, vt dicant non esse Deum. Deum esse, vox omniū est. Apud omnes enim nationes instinctus naturæ habetur. Vox autem omniū, vox naturæ est: iuxta verbum Sapientis. Secundum manifestū est: quia & scriptura gentilium, & Iudæorum, & Christianorum affirmat Deum esse. Doctrina etiam nobilissimorum philosophorum hoc indicat, vt Platonis, Arist. Tullii. Sen. & similium. Scriptura Iudæorum in principio asserit omnia à Deo esse creata. Scriptura Christianorum in principio Euangelij. Ioa. per Deum verbum asserit omnia esse facta. Omnis etiam creatura clamat Deum esse, vt ostendit Aug. 11. l. de Ciu. Dei: exceptis propheticis vocib. Mundus ipse ordinatissima sua mutabilitate & mobilitate visibilium omnium pulcherrima specie quodammodo tacitus & factum se esse, & non nisi à Deo ineffabiliter atque inuisibiliter fieri se non potuisse proclamat. Idem 10. 1. Confes. Interrogaui de Deo meo, cœlum, solem, lunam stellas, neque nos sumus Deus quem quæris, inquiunt, & dixi omnib. qui circumstant carnem meam: Dicite mihi de Deo aliquid: exclamauerunt voce magna: Ipse fecit nos. Interrogatio mea, intentio mea, & responsio eorum, species, flores, & alia quæ terra producit quæ est infimū elementorum, & pedibus omnium calcatur, speciem nobis talem ostendunt qualem nullus homo qui dignissima creatura est, & qui rationem habet, cuius est discernere, posset facere; vnde offensione illius speciei apparet maiorem homine esse qui talia facit. Terra enim per se talia facere non potest. Sicut mater non parit nisi aliunde receperit: sic terra aliunde recipit quod talia producat. August. in lib. de Trin. Sicut matres grauidæ sunt fœtibus, sic ipse mundus grauidus est, caussis nascentium. Ostensione ergo speciei suæ exclamat flos se à Deo factum esse, cum nulla creatura nec etiam rationalis eum possit facere. Matth. 6. *Considerate lilia agri*, &c. *Dico autem vobis, quod nec Salomon in omni gloria sua coopertus est, sicut vnum ex istis.* Quod de flore dictū est, intelligatur de aliis creaturis. August. in lib. ne vtilitate credendi: Non frustra intueri oportet & inaniter pulchritudinem cœli, ordinem syderum, vicissitudines temporum, in quorum consideratione non curiositas est exercenda, sed gradus ad æterna faciendus. Sa. 13. *A magnitudine speciei & creaturæ cognoscibiliter poterit creator horum videri.* Iob. 12. *Interroga iumenta & docebunt te, & volatilia cœli, & indicabunt tibi: loquere terræ, & respondebit tibi, & narrabunt pisces maris. Quis ignorat quod omnia hæc manus Domini fecerit?* Rom. 1. vbi loquitur Apostolus de philosophis, *Deus*, inquit, *reuelauit eis.* glos. Amb. Vt Deus qui natura inuisibilis est, etiam à visibilibus posset sciri, opus fecit quod opificem visibilitate sua manifestauit, vt per certum incertum posset sciri, & ille esse omnium Deus crederetur qui hoc fecit, quod ab aliis impossibile est fieri. Et subditur ibi in textu. Inuisibilia. n. ipsius à creatura mundi per ea quæ facta sunt, intellecta conspiciuntur: sempiterna quoq; eius virtus & diuinitas. Dum sumus in hoc mundo inferiori, quasi per quandam scalam creaturarum ad cognitionē corporis oportet nos ascēdere. Bern. Sane hac scala cœli ciues nō eget, sed nos exules; quia creatura cœli in verbo conspicit facta per verbum, nec opus habet ex his quæ facta sunt, factoris notitiam mendicare. Esa. 40. *Leuate in excelsum oculos vestros, & videte quis*

De Fide. 49

te quis creauit hæc, qui eduxit in numero militiam eorum. Et gloss. August. super cap. ad Rom. 1. Philosophe totum considerasti rerum ordinem, & non vis attendere quod mundus opus Dei sit, idolum opus fabri. Si faber idolo sicut dedit figuram daret & cor, ab ipso idolo faber adoraretur. Ex quo sequitur, inexcusabilem esse qui creatorem suum non adorat, qui cũ præ creaturis visibilibus honorauit dando ei rationem. Cum homines agnoscant animã esse per effectus ipsius in corpore, vt est vita, sensus, motus, licet ipsa inuisibilis sit, & omnino insensibilis: quare similiter non agnoscunt ipsi creatorem esse in mundo per eius opera? Amb. super ca. 1. ad Rom. Sicut ex motibus & administratione corporis animam quam non vides intelligis: sic ex administratione totius mundi & regimine omnium creatorem Philosophi intellexerunt. Sen. in lib. de naturalib. quæst. Quid est Deus meus, inquit, vniuersi. Sic se habet Deus regendo vniuersum, sicut mens regendo corpus proprium. Noli ergo de Deo dubitare etsi eum non videas, sicut non dubitas de anima, etsi eam non videas: certissimum habeas multa esse quæ tamẽ inuisibilia sunt. Inuisibilia sunt caussa visibilibus vt cognoscantur. Vnde Greg. 4. l. dialog. Nulla visibilia nisi per inuisibilia videntur. Ipse corporeus oculus nihil corporeũ videret, nisi hunc res incorporea ad videdũm acueret. Nam tolle mentem quæ non videtur, & incassum patet oculus qui videbat. Si oculi per se videbant, cur descendente anima non vident? Item in hoc mundo visibili nihil nisi per creaturam inuisibilem disponi potest. Bern. Nobilem hospitem habes ô caro, & nobilem valde, tota salus tua pendet ex eius salute: da honorem hospiti tanto: diligenter attende quid hospitis huius presentia largiatur. Ipse est qui retribuit oculis visum, auditum auribus, præstat. Denique discessus probat quid præsentia conferat. Item cum ad fidem faciendam de parentibus carnalibus sola fama publica sufficiat, nec testes super hoc requirantur, nec aliæ probationes, maxime cum parentes carnales nobiles sunt, nec cedunt ad dedecus filio, & cũ sperat se successurum eis in magna hæreditate, quæ caussa est quod cum tanta difficultate sit fides aliquibus de patre cælesti qui nobilissimus est, & à quo tanta speratur hæreditas? Præterea secundum considerationem Sapientis, cui consequens est maius bonum, hoc magis est eligendum: si autem consequentia sunt mala, cui consequens est minus malum, hoc magis eligendum est. Sed ex eo quod aliquis credit Deum esse, consequens est magis bonum quam ex eo quod aliquis credit Deũ non esse, si bonum ex hoc sequitur: & si malum inde sequeretur, minus malũ sequeretur, ergo magis eligendum est quod homo credat Deum esse, quàm quod credat Deum non esse. Media propositio sic potest manifestari: Si aliquis credat Deum esse, & est, sequitur inde vitæ æternæ remuneratio. 1. Ioan. 5. *Habebitis vitam æternam qui creditis in nomine filij Dei.* Posito autem per impossibile quod Deus nõ sit, nullum sequetur malum post præsentem vitam, ex eo quod aliquis credit Deũ non esse, quia non erit qui eum puniat. Ille vero qui credit Deum non esse, si ipse est, magnum malum habebit, quia mortem æternam. Posito autem per impossibile quod Deus non sit, nullum lucrum in futuro habebit aliquis, ex eo quod credidit Deum non esse: ergo maius bonum consequens est ad hoc quod aliquis credit Deum esse, quam ex hoc quod aliquis credit Deum non esse, & si malum sequeretur ex his credulitatibus, minus malum sequeretur ex eo quod aliquis credit Deũ esse, quam ex alia credulitate. Item interea quæ incœperunt esse, nihil est cuius ortum causa non præcesserit: sed causa quæ præcessit omne quod incœpit esse, non est de numero eorũ quæ incœperunt esse. Sic enim præcessisset se ipsam, quod est impossibile, ergo aliqua causa est quæ nun-

G

quam incœpit esse. Sed quod non incœpit esse, non desinit esse. Esse enim quod habet ex se, amittere non potest. Sen. Periturum est, nempe quod aduentitium fuit; ergo aliqua causa est sine principio, & sine fine, & hoc indubitanter est Deus. Item Ioan. Damasc. Creabilia siue creata omnino ab aliquo condita sunt : oportet autem conditorem increabilem esse. Si enim & ipse creatus est, omnino ab aliquo creatus est, quousque deueniamus ad aliquid increabile. Probatio autem hæc Ioan. Damasc. supponit quod Philosophis probatum est, quod in causis non est processus in infinitum. Vnde demonstrato aliquo causato sic potest procedi: Aut causa huiusmodi habet causam, aut non. Si non, est ergo causa, ita quod non causatum: ergo est prima causa. Si autem habet aliam causam, & illa causa aliam, cum in causis non sit processus in infinitum, ad vltimum inuenietur aliqua causa quæ ita est causa quod non causatum: vnde & prima causa est Deus. Præterea potentia agendi quæ est in igne, & sole, & aliis creaturis visibilibus non est potentia libera : ideo quũ aliquis grauatur ab igne, vt cum domus eius comburitur, vel ab æstu solis, si discertus est, non rogat ignem vel solem vt cessent. Potentia enim eorum est vt potentia ministrorum, qui necesse habent implere imperium dominorum quib. subiecti sunt. Constat ergo aliam potentiam superiorem esse quæ libera est, cui hæc potentia subiecta est: & hæc est potentia Dei cuius voluntatem necesse habent implere dictæ creaturæ : nec possunt cessare ab operatione indicta eis à Deo nisi Dei voluntas aliter ordinaret : sicut accidit quando sol & luna steterunt per spatium 12. horarum. Iosue 10. & in regressu solis tempore Ezechiæ. Esa. 28. Et in fornace Babyl. quãdo pueros in igne positos ignis non læsit. Dan. 3. Item potentia agendi quæ est in elementis & aliis creaturis visibilibus absque sapientia & discretione, est quæ sit illarum creaturarum, & tamen opera earum discretissimè fiunt : ergo necesse est sapientiam aliquam esse à qua operationes earum ordinatæ sint. Ad hoc autem non sufficit aliqua sapientia creata, cũ nec ad cognitionẽ earũ videatur sufficere. Est ergo aliqua sapiẽtia increata infinita à qua est ordinatio vniuersorũ. Ioa Damasc. Sit omnia generari casus cuius erit ordinare; & hoc si videtur, demus cuius erit obseruare & custodire. Item ipsa creationis permanentia, & conseruatio, & gubernatio docet nos : quoniam est Deus qui hanc vniuersitatem consistere facit, & continet, & conseruat, & semper ei prouidet : quæliter vtique contrariæ naturæ, ignis dico & aquæ, aeris ac terræ in vnius mundi consummationem adinuicem conuenissent, & indissolubiles permansissent, nisi aliqua omnipotens virtus ea concordasset, & semper indissolubilia conseruaret. Item cum visibilia sint causæ aliquorum, aut sunt causæ primæ, aut non. Causæ primæ esse non possunt. Sunt enim omnia composita : vnde necessario præcessit ea aliquid quod ea composuit Præterea partes sunt quædam causa totius, & pars est naturaliter prior suo toto: ergo necesse est aliquid incompositũ & simplex quod omnia composita præcessit, à quo omnia sunt composita. Item in eis quæ creata sunt quædam sunt corruptibilia, quæ principium habuerunt & finem sunt habitura; quædam vero habent perpetuitatem quæ principium habuerunt, sed finem non sunt habitura: ergo cum causa abundare debeat ab eis quorum est causa, & causa eorum habebit æternitatem, vt sit sine principio & sine fine. Item omnis potentia creata determinata est circa esse, & operatur circa materiam existentem, & nullatenus trãscendit esse vt de nihilo aliquid possit facere, ergo oportet aliquam potentiam increatam esse quæ infinita sit, & transcendat esse, & de nihilo fecerit illud ex quo creaturæ operantur. Item cum in rebus sit inuenire quædam bona & quædam meliora, aut non erit perfectio in vniuersitate rerum, aut necesse est aliquid esse optimum. Item cum appetitus sum-

Creatio cõserua- tio, & guberna- tio, Deum esse te- stantur.

De Fide.

mi boni naturaliter in anima sit, nullus autem motus naturalis frustra sit. Frustra autem esset appetitus ille, nisi aliquid esset summum bonum: ergo aliquid est summum bonum. Hoc autem non est nisi Deus. Item secundum Aristo. Magis eligendum est quod natura est, eo quod non est natura, vt iustitia iusto: hæc enim natura. Illud autem acquisitum est. Est igitur aliquid quod est sua bonitas, & sua iustitia, omnibus illis quæ bona sunt super participationem præferendum. Item nihil quod mutabile sit, optimum est. In mutatione enim aliquid boni amittitur, & aliquid acquiritur quod optimo accidere non potest. Item dicit Augustinus quod in omni re quę mutari potest, nonnulla mors est ipsa mutatio: mors autem optimo accidere non potest. Omnis autem creatura mutabilis est: ergo nulla creatura optimum est, aliquid tamen optimum est, aliter non esset perfectio in vniuersitate rerum: ergo aliquid increatum est. Aug. super. 1. ad Roman. Viderunt summi philosophi quos cæteris non immerito fama atque gloria prælatos cernimus, quidquid mutabile est non esse summum Deum: & ideo omnem animam mutabilem esse quia specium transcenderunt: deinde viderunt omnem speciem in re quacunq; mutabili quæ naturaliter est, omneque vniuersi mundi corpus non posse esse nisi ab illo qui incommutabilis & simplex est: quia non aliud est illi esse, aliud viuere, intelligere, aliud beatum esse: sed quod est illi viuere, intelligere, beatum esse, hoc est illi esse. Propter hanc incommutabilitatem & simplicitatem intellexerunt eū & omnia bona fecisse, & à nullo fieri potuisse. Item cum modico corpori hominis regendo ratio sit accommodata qua ipsum regatur, qua impedita vel omnino amissa, corpus periclitatur, vel in puluerem redigitur, verisimile est rationem aliquam esse qua vniuersitas fabricæ mūdi regatur. Itē cum ratio quæ in homine est agnoscat se esse & non semper fuisse, & causam ali-

quam habuisse quæ eam præcesserit, causa autē rationis irrationabilis esse non potuerit: necessario rationē humanā & quācunque aliā rationē quæ esse incœpit, præcedit aliqua ratio quæ esse non incœpit: & hæc ratio Deus est qui vniuersitatem rerum regit. Vnde Sen. in libro de naturalibus quæstionibus. Nostri melior pars est animus: ideo extra animum nulla est pars, totus est ratio.

CAPVT VII.

De errore idololatriæ. Et primo de descriptione idololatriæ. Secundo de causis eius. Tertio de speciebus, & quarto de destructione erroris idololatriæ.

Dictum est de errore eorum qui Deū esse negat. Nunc dicēdū est de errore eorum qui creaturas deificant, qui error idololatria dicitur. Primo ostendemus quid sit idololatria. Secundo tangemus de causis. Tertio de speciebus. Quarto de destructione eius intendemus. Notādum ergo quod latria est sūmæ venerationis cultus soli Deo exhibendus. Vel latria est volūtaria possessio diuinæ maiestatis. Idololatria vero est cultus Deo debitus, creaturæ exhibitus. Et dicitur quasi idololatria: non quia iste cultus semper idolo exhibeatur, sed quia frequenter, vel quia idolo primo est exhibitus. Et notandum quod idolum quandoque dicitur lignum, vel alia res sic figurata: quandoque vero dicitur coniunctum ex imagine & dæmone præsidente. Et sic sumitur 1. Corinthiorum. 7. vbi dicit Apostolus quod nihil est idolum in mundo. Illud enim quod putabant esse idolum personam scilicet subsistentem ex simulachro & spiritu præsidente, nihil erat. Item notandum quod inter idola gentiliū, quædam imagines erant tantum ad memoriam & repræsentationem aliquorum in quibus nihil numinis esse credebatur: aliæ vero erant quæ credebantur esse habitacula Deorum, id est, dæmoniorum. Omnes enim Dij gentium dæmonia: in

Idolum Quid.

quibus dæmones decipiebant homines dantes eis responsa ac si in ipsis habitarent inducti ad hoc sacrificiis & honoribus quæ eis exhibebantur. In quibusdam etiam imaginibus credebant gentiles aliquam virtutem esse infusam, eo quod sub certis horis funderentur, vel sculperentur, vel fabricarentur: sicut Mathematici mentiuntur, homines trahere mores ex hoc quod tali hora, vel tali nascuntur. Similis error inuenitur in quibusdam vetulis nomine Christianis, quæ dicunt imagines lx. annos à factione sua virtute sortiri, & de cætero habere eā. Imagines prædictas quas nō credebant solum esse imagines, vocauit Mercurius Deos factitios, scribens librū de Deo Deorum. Proaui, inquit, nostri inuenerunt artem qua Deos efficerent: & quoniam animas facere non poterant, inuocantes animas Deorum: eas indiderunt imaginibus factis. Possumus autem octo rationes seu causas ostēdere quibus idololatria vel inducta est vel augmentata. Vna causa fuit, dolor nimius de amissione alicuius amici. Pater enim amisso filio nimiū dolens, imaginem filij fieri fecit, vt ei esset qualecunque solatium. Vnde sapient. 14. *Acerbo luctu dolens pater, cito sibi rapti filij fecit imaginem.* Ac illum qui tunc quasi homo mortuus fuerat, nunc tanquam Deum colere cœpit, & constituit inter seruos suos sacra & sacrificia. Deinde interueniente tempore conualescente iniqua consuetudine, hic error tanquam lex custoditus est. Hanc primam causā idololatriæ ostendit Greg. super illud Lucæ. 11. *In Beelzebub principe dæmoniorum, &c.* dicens: Ninus rex Niuiuæ Belo patre suo mortuo statuam fecit, quā summa reuerentia honorauit, ita vt etiam reis ad eam fugientibus parceret: vnde progressu temporis homines cœperunt eā venerari vt Deum, & multiplicare: & quidā vocauerunt Bel, alij Baal, alij Baalim, alij Beelzebub secundum varietatem linguarum. Alia causa fuit vesana superbia principum, qui non attendentes infirmitatem suam voluerunt se vt Deos honorari, vt Nabuchodonosor, qui præcepit Holoferni principi militiæ suæ, vt omnes Deos terræ exterminaret, vt ipse solus Deus diceretur ab his nationibus quæ potuissent Holofernis potentia subiugari. Iudith. 2. Principes superbi imagines suas faciebant adorari ab his qui erant subiugati ab eis. Vnde Sapient. 14. Tyrannorum imperio colebantur figmenta: & hos quos palam homines honorare non poterant, propter hoc quod longe essent, à longico figuram llorum allatam euidentem imaginem regis quem honorare volebant fecerunt, vt illum qui aberat tanquam præsentem colerent. Aliqui etiam vt diuina stirpe nati viderentur, diuinos honores parentibus detulerunt deferrique iusserunt: vt dicit Gloss. super 14. Sapient. Tertia causa fuit adulatio, seu desiderium quod habebant minores acquirendi gratiam maiorem. Sapient. 14. *Affectui aut regibus deseruientes homines incommutabile nomen lapidibus & lignis imposuerunt.* Per hoc quod dicitur affectui, tangitur prima causa iam habita: per hoc quod dicitur, regibus, tertia causa, de qua etiam dicit gloss. Per populos & regiones paria sacra suscepta sunt, dum homines grati esse in suos principes cupiunt. Augustinus in libro 10. de Ciuitate Dei. Multa vsurpata sunt de cultu diuino quæ honoribus deferuntur humanis, siue humilitate nimia, siue adulatione pestifera. Quarta causa fuit amorā reipublicæ. Vnde dicit Glossa ibidem. Alio loco dicit Cicero, quod in plerisque ciuitatibus acquirendæ virtutis gratia, vt libentius gratia Reipublicæ periculum adirent, optimos quosque viros fotium honore Deorum immortalium esse consecratos: hinc Romani Cæsares suos consecrauerunt, & Mauri suos Reges. Quinta, decor, vel operis humani, vel alterius creaturæ. De primo Sapient. 14. *Multitudo hominum adducta per speciem operis, eum qui ante tempus tanquam homo honoratus fuerat, nunc Deum existimaue-*

octo causæ idololatriæ.

runt. De secundo Sapient. 13. quando locutus de stellis, sole, & luna subditur: *quorum si specie delectari Deos putauerunt, sciant quando his dominator eorum speciosior est.* Sexta, potentia, quam crediderunt supereminere in his quos Deos putauerūt, vt dæmones crediderunt potestatem habere in homines, & res humanas, & etiam in eleme̅ta. Cuius erroris occasio fuit quod credebant dæmones sanare læsiones corporum, dum ab eis cessabant. Credebant etiam eos sedare mundi turbationes, dum eas facere cessabant. Credebāt etiam eos prænoscere futura: quia prædicebant eis mala quæ Dei permissione ipsi erant illaturi hominibus, & malorum cessationes, quod non erat mirum. Item alia causa huius erroris fuit, quod facere videbantur quædam opera quæ vere naturalia erant: sed imperitis videbantur esse supra naturam. Tale opus est subita generatio ranarum, & pediculorum, & vermium in quibus natura operatur. Dæmonibus tamen procurantibus quod hæc citius fiant, coniungendo vel commiscendo ipsas naturas rerum, & addendo aliqua semina, quæ semina naturam adeo adiuuant quod opus tardū acceleratur: ita quod creditur non esse opus naturæ quæ tardius operari consueuit: sicut factum est in signis quæ facta sunt à magis Pharaonis. Septima, cæca cupiditas hominum, qui tantū sunt curiosi sciendi vel cupidi aliqua acquirendi vt se ipsos vendant dæmonibus, vt cupiditatem suam possint adimplere. Octaua voluptas & lasciuia quæ erant in festis idolorum: vacabant. n. idololatræ, deliciis & ludis, quæ multum alliciebant homines ad idololatriam, 1. Corinth. 10. *Sedit populus manducare & bibere, & surrexerunt ludere.* Et notandum multas esse species idololatriæ. Quædā est cultus dæmonum, alia luminum, vt solis & lunæ vel stellarum: tertia, elementorum: quarta, hominum: quinta, animalium irrationalium: sexta imaginum vel alterius operis humani: septima, temporis vel partium

6.

7.

8.

Species idololatriæ variæ.

eius. Est etiam idololatria aliarum rerum. Et notandū quod idololatria ideo peccatū magnum est: quia Deo honorem suum aufert, & creaturæ cuius non est, confert, & æquat creaturam creatori. Si pro modico furto, vel rapina quam aliquis facit homini, meretur exilium, vel mortem, vel aliam magnam pœnam, quanta pœna dignus est, qui diuinum honorem Deo surripit? Duplex autem rapina est in peccato idololatriæ. Vna eius qui honorē Dei Deo aufert, & alii offert. Alia eius qui honorem diuinum sibi oblatum suscipit. Idolorum cultura omnis mali causa est, & initium & finis, Sapien. 13. Gloss. Cum enim mens à creatore se auertit, omnibus implicatur sceleribus. Aggrauatur autem peccatū idololatriæ ex vtilitate rei in quā transfertur honor diuinus. Maius enim peccatum est cum honor iste transfertur in quadrupedes aut reptilia, quam quando in homines: & quando in imagines hominum, aut animalium, quam quando in homines vel animalia, Rom. 1. *Et mutauerunt gloriam incorruptibilis Dei in similitudinem imaginis corruptibilis hominis, & volucrum, & quadrupedum, & serpentum.* Glos. Ambr. Quanta est stultitia eorum apud quos plus potest imago quam veritas, & potiores sunt mortui quā viui? Psal. *Mutauerunt gloriam suam in similitudinem vituli comedentis fœnum.* Tanto magis contumeliosum est Deo quanto vilior est creatura quæ ei æquatur, & magis contra rationem est. Contumelia etiam fit humanæ naturæ, quando creaturæ inferiori se subdit. Refert August. in lib. de vera religione quod Socrates occisus fuit, quia noluit adorare idola, quia erat tantum opus hominis, & dixit se prius adorare canem qui erat opus naturæ, cum causa nobilior sit suo effectu. Multum est contra rationem quod homo adoret opera manuum suarum. Illa species idololatriæ qua homo adorat creaturam: se manifeste inferiorem hominē reddit infelicem & maledictum & derisione dignum. De

Omnis mali causa.

Psal. 105.

G iij

Primo Sap.13. Postquam præmissum est de sole, & luna, & stellis quæ aliqui rectores orbis terrarū & Deos putauerunt, subditur. *Sed in his adhuc minor est querela.* Et paulo post: *infelices autē sunt, & inter mortuos spes illorum est, qui appellauerunt Deos opera manuū hominū.* De secundo Deut.27. *Maledictus homo qui facit sculptile & conflatile abominationem Domini, opus manuū artificum ponitque illud in abscondito.* Sapient. 4. *Per manus autem quod fit idolum, maledictum est & ipsum & qui fecit illud.* De tertio Hierem.10. *Non est Spiritus in eis, vana sunt, & opus risu dignum.* Irrisione digni ostenduntur qui sunt in hoc genere idolatriæ Sapient.13. vbi sic legitur. *Non erubescūt loqui cum illo qui sine anima est, & pro sanitate quidem infirmum deprecatur, & pro vita mortuum rogat, & in adiutorium inutilem inuocat, & pro itinere petit ab eo qui ambulare non potest.* Et Esa. 44. *Medietatem eius combussi igne, & de reliquo eius idolum faciam: ante truncum ligni procidam, pars eius cinis est.* Quibus verbis vilitas materiæ ostenditur ex qua fit idolum, & vilitas materiæ in quam redigitur. De materia eadem habes Baruch. 6. *Subtrahunt ab eis sacerdotes aurum & argentum: dant autem & ex ipso prostitutis, & meretrices ornant.* Item: *quum receperunt illud à meretricibus: ornant Deos suos.* Et subditur, ibi multum de vilitate & impotentia idolorum: *Hi* (inquit) *non liberabuntur ab ærugine & tinea.* Item: *habet in manu gladium & securim, se autem de bello & latronibus non liberat.* Item: *oculi eorum pleni sunt puluere à pedibus introeuntium.* Et paulo post. *Lucernas accendunt illis, & quidem multas ex quibus nullam videre possunt.* Item: *nigræ sunt facies eorum à fumo qui in domo fit. Supra corpus eorum & supra caput eorum volant noctuæ & hirundines.* Item: *sine pedibus in humeris portantur ostentantes ignobilitatem suam hominibus.* Mirum erit si idola iuuare possunt quum nec preces auxilio indigētium possint audire, nec defectum corū intellige-

re. Vnde subditur in Bar. *Quum audierint, mutum non posse loqui, offerunt illud ad Bel, postulantes ab eo loqui, quasi possint sentire qui non habent motum.* Psa. *Os habent & non loquentur, &c.* Et Baruch. eodem cap. *Quū superuenerit illis prælium & mala, cogitant sacerdotes vbi se abscondant cum illis.* Quomodo ergo sentire debeat, quoniam dii sunt qui nec de bello se liberant, neq; de malis se eripiunt? Item: *sicut in cucumerario formido nihil custodit: ita sunt dij illorum lignei, argentei, & inaurati.* Post idololatriā illam quæ est cultus illarū creaturarū quæ manifestè sunt homine inferiores, destrucda est illa idololatria quæ est cultus dæmonū, quæ valde detestabilis est. Primò, quia dæmones hostes Dei sunt, & magis displicet Deo quum honor eius transfertur in eos, quam quando ad alias creaturas. Et etiam magis periculosa homini. Quum enim dæmones hostes sunt humani generis, & cultoribus suis fiant familiares: ipsi sunt eis familiares inimici. Nulla autem pestis efficacior est ad nocēdum, quam familiaris inimicus. Ideo dicit Augustin. in lib.83. quæstionum: *Nihil tam contrariū Christiano, quam si curam artibus magicis adhibeat.* Tunc enim eos recipit familiares qui damnationem animarum quærunt. Item Aug.19.l. de Ciuitate Dei: Magna Dei misericordia necessaria est, ne quisquam cum bonos angelos se amicos habere putat, habeat malos dæmones factos amicos, eosq; tanto nocētiores quanto astutiores aut fallaciores patiatur inimicos. Periculosum est valdè ei credere qui mendacissimus est. Ioa. 8. *Ipse est mendax, & pater eius.* Præterea dæmones licet sublimes sint conditione naturæ: inferiores tamen sunt etiam brutis animalibus deiectione culpæ: cum miseri sint non solum miseria pœnæ, sed etiam culpæ: imò inferiores videntur esse simpliciter cęteris rebus quę sunt. Vnde diab. nō esse dicitur. Iob.18. *Habitent* (inquit) *in tabernaculo illius socij eius qui nō est.* Multipliciter autem potest ostēdi quod spiritus illi nō sint colē-

Non sunt colendi Spiritus.

De Fide.

di. Primo, quia aut ipsi sunt boni, aut sunt mali. Si boni sunt, offenduntur, cum honor qui soli Altissimo exhibendus est, eis exhibetur. Non enim potest eis placere tanta contumelia & iniuria Domini eorum. Præterea si boni sunt, placabuntur malitia offerentium eis honorem alienum. Quis bonus & discretus honorem reputet, & non magis derisionem, si quis mentiatur eum esse regem vel episcopum cum non sit? Sic si sunt boni spiritus, & discreti, erubescent honorem Altissimi sibi exhiberi. Iuxta verbum Sapientis. Qui falso prædicatur, necesse est vt suis laudibus erubescat. Item quanto quis maiorem honorem indebitū sibi vult impendi: tanto ipse superbior & vanior est: vt clericus si honorem sacerdotalem vult sibi impendi, superbus est: si episcopalem superbior, ergo si ipsi volunt sibi impendi summum honorem, superbissimi & vanissimi sunt. Si vero ipsi sunt mali, indigni sunt & honore isto & alio. Item aut ipsi præstant beneficia cultoribus suis de suo, aut non. De suo non possunt. Vnica enim potentia est increata, vt in sequentibus ostenditur à qua & sub qua sunt omnia: & cum eos creauit Deus, non à se alienauit, nec à potestate sua eos exemit. Ipsi ergo à Deo sunt & Dei sunt, & beneficia si qua præstāt cultoribus suis, dona Dei sunt ad hoc data vt dentur. Igitur ipsi sunt vt nuntii & deferentes dona illa. Nuntii vero & deferentes beneficia non sunt habendi vt domini, nec deificandi: sed gratia reddenda est ipsi Deo eorum. Bernardus loquens de bonis spiritibus: Honoremus, inquit, eos quantum debemus: totus tamen ei reddatur amor & honor noster, à quo tam ipsis quam nobis est totum: vnde honorare possumus, vel amare, vnde honorari, vel amari demereamur. Loca remota à fonte ita habent aquam ab ipso sicut & loca fonti proxima: licet aqua fontis primo perueniat ad loca proxima, & per ea ad loca remota. Sic cum vnicus sit fons omnium bonorum Deus: ita habent bona sua ab eo creaturæ, quæ remotæ sunt ab eo dissimilitudine, sicut & illæ quæ sunt propinquæ ei dissimilitudine: vt sunt spirituales creaturæ. Deo ergo soli debetur totus honor & gloria. Item aut potentiæ quibus possunt spiritus isti dare beneficia cultoribus suis, sunt potentiæ irrationales siue naturales; sicut potentia calefaciendi quæ est in igne quæ ex necessitate sic operatur: aut sunt potentiæ libere agentes seu rationales. Si primo modo, nulla gratia debetur eis propter illa beneficia, nec propterea sunt colendi. Tales enim potentiæ operantur per modum seruientis, vt ait Sapiens. Si vero libere agunt aut consulunt voluntatem diuinam cultoribus suis dando beneficia, aut non. Si sic, ergo se habent vt dispensatores secundum voluntatem Domini sui dispensando bona ab eo accepta: non ergo habendi sunt vt domini, & multo minus vt dii. Si autem non consulunt voluntatem Dei, non curantes vtrum Deus hoc velit vel non, indiscrete dispensant, nec videntur curare de rectitudine operū suorum, quum non respiciant ad voluntatem Dei, quæ regula est bonorum operum, & ideo sunt mali. Si quis vero dicat quod isti spiritus placandi sunt ab hominibus, quia ab eis sunt offensi. Si boni sunt, non debent ab hominibus offendi, nisi propter peccata. Si autem propter peccata ab eis sunt offensi, per recessum à peccatis maxime deberent placari. Cōtrariorum enim contrariæ sunt causæ. Si vero iustificatio eorum non placat eos, sed manet adhuc ira eorum donec offerantur eis carnes & sanguis animalium, ira talis non est ira diuina, sed potius ira leonum, aut aliarum bestiarum, quæ non quiescunt donec aliquid prædæ ceperint: vnde si propter hanc iram colendi sunt, & diuino honore digni, deificemus leones & alias bestias. Item aut placato Altissimo & amico existente mortalium, potest ira huiusmodi deorum eis aliquid nocere, aut non potest. Si sic, non videtur Altissimus esse omnipotens, quum coërcere non possit illos deos ne noceant amicis suis. Si vero non potest eis nocere, non est timenda ira eorum amicis Dei, nec ira eorum sacrificiis placanda. Praeterea nulla potentia aliquid potest contra beneplacitum Dei: Nulla enim est quae non redigeretur in nihilum, nisi à Dei potentia à qua accepit esse, in ea retineretur: ergo in tuto est omnis homo qui Dei fauorem habet, vel gratiam. Non est ergo necesse gratiam istorum deorum sacrificiis quaerere gratia Altissimi obtenta. Item spiritus isti qui falso dii vocantur, si mali sunt, aut Altissimus compescit malitiam ipsorum, non est malitia eorum timenda. Si vero permittit eos exercere malitiam suam, aut hoc facit ignorantia, aut quia non curat, aut iudicio quia videt expedire. Ignorantia non est, quum enim ipse sit sapientissimus, ignorantia in eum non cadit. Iterum non accidit hoc quod ipse non curet de malis quae fiunt in mundo: cum enim ipse sit rex iustissimus, non potest non curare de malis quae fiūt in regno suo. Ergo quando permittit hos spiritus immortales saeuire, ipse facit hoc iudicio, quia videt hoc mortalibus expedire: ergo non est timenda malitia eorum mortalibus. Item cum spiritus iam dicti potestatem habeant ab Altissimo, aut illam potestatem comitantur sapientia & iustitia moderantes eam, aut non. Si sic, cum ipsi sint sapientes & iusti, ipsi non irascuntur mortalibus bonis, nec nocent eis: peccatoribus vero nunquam sunt placati, nisi à peccatis recedant. Inutile ergo est eis sacrificia offerre tam bonis quam malis quantum ad eorum placationem: sed mali si volunt eos placare, recedant à peccatis suis. Si vero sapientia & iustitia non comitantur eorum potestatem: ergo potestas eorum est, vt gladius in manu furiosi: vnde si propter hanc potestatem aliquis eos deos reputat, reputet ergo Deum si quem viderit furiosum in manu tenentem gladium. Mira fatuitas cum Deum reputare quem homo cognoscit esse sine sapientia & bonitate. Bestiainum est potius quam diuinum, potestate vti absque sapientia & iustitia. Item potestas eorum aut ligata est, aut non est ligata. Si non est ligata mirum est quomodo non occidunt omnes contemptores sacrificiorum eorum. Praeterea longe videtur esse à sapientia & bonitate Dei ponere gladium in manu furibundi: dando potentiam cui homo non possit resistere maligno, nisi ipse eam velit compescere. Si vero ligata est, ille qui tenet eam ligatam, obsequiis est placandus, non ipsi. Cum aliquis tenet aliquam bestiam ligatam, ille orandus est, vt bestiam compescat ab his qui saeuitiam bestiae timent, & non ipsa bestia. Item cum cultura illorum deorum exterminata sit à terra promissionis iussu Dei Hebraeorū, & iterum de regno Christianorum, etiam de Aegypto vbi omnes colebantur, & de vrbe Romana, maxime de templo quod Pantheon vocabatur, quod erat vnum templum omnium deorum: constat hoc factum fuisse à maiori potentia quam esset potentia eorū. Luc. 11. *Cum fortis armatus custodit atrium suum, in pace sunt omnia quae possidet: si autem fortior eo superueniens vicerit illum, vniuersa eius arma auferet &c.* Illa ergo potentia aut fuit diuina, aut humana. Si diuina ergo ipsi erant aduersarii Dei & mali. Si vero humana, ergo magis timenda est humana potestas eorum hominibus. Et notandum quod aliqui peruenerunt ad tantam fatuitatem, vt crederent deos huiusmodi partitos fuisse totum orbem. Sed puerile est dicere Altissimum sortem misisse pro diuisione illa, cum sors non habeat locum nisi vbi est ignorantia, quae in Altissimum qui sapientissimus est, non cadit. Si vero ipsi Altissimo inconsulto sortem miserunt, nihil iuris per hoc habuerunt in orbem terrarum. Si vero de beneplacito Altissimi, quod ridiculum est, quomodo de partibus illis exterminati sunt? Item aut amicitia est inter deos huiusmodi, aut non. Si est, ergo vnus eorum

rum amat cultores alterius: nec propter cultores suos proprios inimicus erit cultoribus aliorum, nec contra illos iuuabit cultores suos. Si vero non est amicitia, sed odium; ergo ipsi mali sunt. Quia aut est iustum odium inter eos, aut non iustum. Si iustum, ergo ipsi sunt iuste odiendi, & ita sunt mali. Si iniustum, illud non possunt ipsi habere nisi sint mali. Malitiam etiam eorum ostendit, quod cultores suos iuuant in eis quae mala sunt, vt patet ex scriptis Magicis, vbi docetur quomodo consilio talium spirituum viri vel mulieres nimio amore incendantur, vel quomodo alia scelere possint perpetrari. Si quis vero dicat tales spiritus non esse honorandos honore diuino, sed honore qui eis cōpetit, quia apud Deum possunt impetrare vel procurare aliquod beneficium eis, qui eos honorant. Hoc plane concedendum est, & haec est assertio fidei Catholicae. Quid si spiritus boni honorandi sunt tanquam amici Dei, non tanquam domini vel dii, sed tanquam serui Altissimi, quorum ministerio multa beneficia possunt nobis prouenire, & spes suffragii in eis potest poni? sed non debemus eos reputare auctores salutis, sed potius impetratores: nec sacrificium faciendum est in eis. Eo enim quod aliquis alicui sacrificat, eum cui offert, auctorem sanctitatis confitetur, & eum inuocat ad sanctificandum illum pro quo illud sacrificium offertur. Item facto profitetur se esse in manibus illius cui sacrificat ad perdendum vel ad saluandum: sicut animal illud est in manibus suis ad occidendum vel perdendum. Ista vero soli Altissimo attribuenda sunt. Mali vero spiritus non sunt honorandi, quia apud Deum nullum bonum nobis impetrare possunt. Nō sunt etiam timendi amicis Dei cum non possint eis nocere. Consequēter tangendū est aliquid de illa specie idololatriae quae est cultus luminum. Et notandum quod hi qui sunt huius erroris, dicunt mortales subiectos esse soli, & lunae, & stellis, etiam quantum ad Sapientiam vel ignorantiā, & quantum ad mores bonos siue malos. Et dicunt caelestia lumina secundum situs suos seu constellationes causam esse morū bonorum vel malorum in hominibus. Quod multis modis patet esse falsum. Primo, quia non propter stellas homo, sed stellae propter hominem factae sunt, vt dicit Greg. Item haberi potest ex principio Gen. vbi sic legitur. *Fiāt luminaria in firmamento coeli, &c.* Et subditur. *Vt illuminent terram.* Illuminatio terrę causa fuit quare fierent, vnde subditur ibidem: Et posuit eas in firmamento coeli, vt lucerent super terram. Propterea Iosue iubenti sol & luna obediunt. Iosue 10. Ergo cultoribus Dei sol & luna subiecta sunt, & non ipsi cultores soli & lunae. Item & sol & luna naturaliter operatur in hominibus ea quae ipsi eis imponunt, aut scienter & voluntarie. Si naturaliter operatio illa seruilis est, propter quod dicit Philosophus, quod natura operatur per modū seruientis? Vnde virtus sic operans ignobilis est respectu virtutis libere operantis, quę potest super vtrumque oppositorum, scilicet super suum operari & suum non operari: quod autem ignobilius est, non est causa rei nobilioris: ergo virtus naturalis luminum coelestium nō efficiet sapientiam, vel virtutes, vel bonos mores, vel quascunque artes in hominibus, cum haec sint nobiliora virtute naturaliter operante quam ponunt in dictis luminibus. Si vero scienter & voluntarie operantur prauos mores vel errores in hominibus: ergo ipsa mala sunt, & Deo inimica. Praeterea malitia ista aut est eis innata, aut est acquisita. Si innata, ergo sunt mala naturaliter: hoc autem impossibile est quod aliquid sit naturaliter malum. Praeterea cum nihil sit in eis naturaliter quod Deus non creauerit in eis, Deus illam malitiam creasset, quod longe est à Dei bonitate. Si vero acquisita: ergo corrupti sunt & mutati à suo statu naturali quantum ad spiritum, quem secundum istum errorē necesse est ponere in eis: haec autem corruptio non potest esse in eis se-

De cultu luminum error ostenditur.

H

cundum spiritum, cum corpora eorum sunt incorruptibilia. In substantiis enim ex spiritu & corpore compositis, quales filii qui sunt huius erroris credunt esse coelestia lumina, necesse est nobiliorem esse statum spirituum, quam corporum. Praeterea creaturae rationales cum aliquid voluntarie operantur, primo intelligunt & desiderant: ex quo sequeretur lumina illa coelestia mala esse quae desiderarent malos mores esse in hominibus. Item hic est modus operandi substantiarum quae compositae sunt ex spiritu & corpore, vt primo operentur in seipsis operationes mere spirituales, vt est intelligere & desiderare: secundo in corporibus sibi coniunctis operationes corporales, vt est motus, & per illas iterum alias in corpora aliena, & iste ordo operationum semper procedit quasi ingrossando & quasi per elongationem à spirituali subtilitate & nobilitate. Vnde si iste est modus coelestium luminum operandi in homines, per hanc viam non poterant imprimi nisi corporales dispositiones ignobiles in hominibus, & non scientiae & virtutes. Praeterea diuersitas hominum qui eadem hora nascuntur & mores habent diuersos, ostendit falsa esse quae dicuntur ab his qui sunt in hoc errore de coelestibus luminibus. Dicunt enim, qui sub tali constellatione nascitur, talem hominem futurum, & qui tale opus sub tali hora incipiet, prosperaturum. Manifeste autem videtur quod nati & vna & eadem hora; vel aggressi opus aliquod, diuersos habent euentus. Falsum est ergo quod praedicti idololatrae de effectibus coelestium luminum dicunt. Item constellationes seu positiones stellarum aut sunt tantum signa euentuum inferiorum, aut sunt signa & causae. Si tantum signa, aut comitantur res de necessitate, aut non. Si sic, cum signa euerti non possunt, vel mutari, erunt ipsi euentus ineuitabiles, & omnia de necessitate euenient mortalibus. Si non, erunt signa ista possibilia separari ab his quorum sunt signa: ergo poterunt fallere: ergo non est scientia de significationibus eorum. Scientia enim & ars non sunt de fallibilibus. Si vero signa sunt & causae istorum euentuum, erunt euentus rerum necessarii, cum causae istae sunt necessariae: motus enim coelorum cum suis dispositionibus necessarius est immutabilis. Figura enim coeli & positio stellarū futura cras hac hora, nullo modo auerti possunt quin sint futura cras: & similiter se habet de omni dispositione coeli & coelestium: ergo omnes euentus quorū causa est constellatio, sunt ineuitabiles. Praeterea, qui luminibus coelestibus seruiebant, aut intendebāt seruire spiritibus qui praesidebāt huiusmodi corporibus, aut compositis ex corporibus & spiritibus, aut corporibus inanimatis. Si solis spiritibus, eisdem rationibus potest destrui haec species idololatriae quibus cultus daemonum prius destructus est. Si vero corporibus inanimatis, vane & ignominiose ei seruiebant, cum nec seruitium eorū nec seruitores agnoscerent, nec in remunerationem eorum intendere possent. Si vero compositis, composita erant animalia, vt ipsi credebant: ergo vel rationalia & intelligentia, aut non. Si non, ergo ignobiliora erant homine: animal enim rationale nobilius est irrationali: peruertebatur ergo naturalis ordo cum homo colebat animal irrationale. Praeterea cum tanta distantia esset huiusmodi animalium ab hominibus vt nullus clamor hominum ad ea posset attingere, idem erat ac si surdis tales preces fierent. Praeterea impossibile est quod deitas sit in eo quod non intelligit. Intelligere enim est illud in quo maxime spiritus creatus Deo assimilatur. Si vero rationabilia & intelligibilia, impossibile est eos deos esse, cum secundum astronomos ipsimet fiant infortunati & non liberi à malis, & impediantur casu aut oppositione fortiorum signorum. Diuinitas enim semper est libera & inuicta, & impedimentum signum est impotentiae. Vltimo tangendum est de illa specie idololatriae

Species idololatriae cultus militiae coeli,

quæ est cultus militiæ cœli: de qua frequenter loquitur scriptura sacra. Adorans militiam cœli, siue sit vir, siue mulier, iubetur lapidib. obrui. Deut. 17. De militia cœli habes 4. Reg. 21. & 23. Et Esa. 34. Et Soph. 1. Act. 7. Et notandum quod militiam cœli vocauerunt qui huius erroris fuerunt, multitudinem spirituum, quorum quosdam dicebant præesse cœlo stellato, alios autem Sartunio & circulo eius; alios aliis planetis & circulis eorum: alios vero præesse igni, alios mari, alios terræ, & vtebantur inuocationibus huiusmodi spirituum prout credebant congruere maleficiis suis. Impietas autem huius erroris manifesta potest esse ex hoc, quod inuocationes huiusmodi spirituum æque fiebant ad bona facienda & ad mala. Vnde si spiritus illi exaudiebant illos & in bonis & in malis, ipsi erant mali. Si vero in bonis tantum, mendaces erant libri eorum, & scriptores eorum, & ipsi spiritus secundum ipsos, quorum reuelatione se talia scripsisse scripserunt.

Caput VIII.

De errore principali Manichæorum. Et primo auctoritates & rationes, quibus ipsi innituntur, eis subtrahuntur; deinde ponuntur auctoritates & rationes quibus error ille destruitur.

Sequitur de errore Manichæorum, qui vt ait August. in lib. de nat. boni, sensum perdiderunt studio contradicendi. Hi ponunt duo principia: vnum principiũ boni, alterum mali. Vnus secundum eos, princeps lucis est, cuius habitatio est regio lucis super ista visibilia. Alter est princeps tenebrarum ex aduerso, cuius habitatio est regio tenebrarum, & vterque princeps habet secundum eos, populum suum. Manichæi ad principem tenebrarum ponunt esse corruptibilia & mutabilia. Iste error valde cõtumeliosus est & creatori & creaturis. Creatori, quia magnam partem regni sui & gloriæ suæ ei aufert, dum aufert ei dominium creaturarum visibilium, quæ plures videntur esse quam inuisibiles. Creaturis etiam contumeliosus est, quas subtrahit dominio tam honorabili: & subdit eas tam vili seruituti, vt est seruitus diaboli. Vnde error iste valde odibilis est & creatori & creaturis. Huic errori primo subtrahemus auctoritates & rationes quibus innititur. ostendendo auctoritates impertinentes esse ad eius confirmationem, & rationes infirmas, vt sic facilius corruat. Auctoritates vero quibus innituntur, hæ sunt. Legitur Gen. 1. *Post creationem cœli & terræ, quod tenebræ erant super faciem abyssi.* Ex quo ipsi inferunt non fuisse Deum benignum qui opus suũ incœpit à tenebris, nõ intelligentes tenebras non esse alicuius rei existentiam, sed lucis absentiam. Vnde non oportet pone.. re aliquem auctorem tenebrarum, cum tenebræ nihil sint nisi lucis absentia. Nec minus laudabilis est mundi creator si à nullo incœpit, immo hoc commẽdat eius potentiam, quod ex nihilo lucem & alia creauit. Per hoc enim ostenditur per se potens operari sine materia præiacẽte vel instrumento, quod proprium est omnipotentis. Item Matth. 4. legitur de diabolo, quod ostendit Christo omnia regna mundi & gloriam eorum, & dixit ei: *Hæc omnia tibi dabo, si cadens adoraueris me.* Ex quo inferunt: omnia ergo regna mundi diaboli erant, cum omnia Christo promiserit. Quæ probatio ridiculosa est, cum diabolus sit mendax, & pater eius. Ioan. 8. Et cum Ouid. primo de Arte amandi dicat: *Pollicitis diues quilibet esse potest.* Itẽ Matth. 6. dicit Christus *Nemo potest duobus dominis seruire*: vocans diabolum dominum, eo quod sit dominus mundi, vt ipsi aiunt; ergo ipse est Deus vel creator ipsius. Quæ argumentatio nulla est, *cum reges gentium dominentur eorum.* Luc. 22. qui tamen non sũt dij vel creatores. Præterea diabolus dominus est vsurpatione iniuste detinens alienum, secundum illud Luc. 11. Hanc autẽ

Manichæi duo posuere principia.

H ij

filiam Abrahæ, quam alligauit Satanas, ecce decem & octo annis, non oportuit solui à vinculo isto die Sabbati? Item legitur Matthæi 7. *Non potest arbor bona malos fructus facere.* Ex quo inferunt: ergo mala non possunt esse ab eodem principio à quo sunt bona: ergo sunt duo principia, vnum bonorum, & aliud malorum. Sed sermo veritatis quo vtuntur ad confirmationem falsitatis, materiam ministrat confusionis eorum. Licet enim arbor bona, non faciat fructum malum: tamen nihil prohibet fructum quem arbor bona bonum produxit, post putrefieri & corrumpi: & nemo adeo fatuus est, cum videt diuersa poma in arca vel in mensa, quorum alia putrida sunt, alia sana, quod propter hoc credat ea non posse esse ex eadem arbore. Præterea multæ mulieres sunt hodie corruptæ, quæ tamen virgines natæ sunt, nec aliquis credit duas mulieres non habere posse vnam matrem, eo quod vna virgo, alia corrupta sit. Sic nihil prohibet diabolum esse bonum creatione & factum à Deo: malum vero sua peruersa voluntate. Item. Ioan. 8. *Vos ex patre diabolo estis.* Ex quo inferunt: ergo diabolus est creator eorum. Sed non sequitur. Pater enim dicitur aliquis alterius, vel quia ab eo habet substantiã, vel quia ab eo habet mores, suscipiendo eius doctrinam, vel imitando vitam, hoc tertio modo, scil. per imitationem diabolus erat pater eorum, imitabantur enim eum. Sic Paulus. 1. Corinth. 4. ostendit se patrem Corinthiorum qui eius susceperant doctrinam dicens: *Vos vt filios meos charißimos moneo. Nam si decem millia pædagogorum habeatis in Christo, sed non multos patres: nam in Christo Iesu per Euangelium ego vos genui.* Hunc sensum Dominus insinuat in hoc, quod eos qui sunt ex Deo, distinguit ab his qui non sunt ex Deo per auditum diuini verbi, dicens: *Qui ex Deo est, verba Dei audit. Propterea vos non auditis quia ex Deo non estis.* Obedientia diuini verbi ostendit qui per gratiam sint filii Dei: inobedientia vero qui filii diaboli. Item. Ioan. 14. *Venit princeps mundi huius, & in me non habet quidquam:* diabolus princeps huius mundi dicitur: ergo mundus est ab eo. Sed non sequitur. Non enim omnes principes sunt dii vel creatores. Præterea ipse princeps erat vsurpatiue, vnde iudicio à mundo erat eiiciendus. Ioan. 12. *Nunc iudicium est mundi, nunc princeps mundi huius eiicietur foras.* Eiusdem. 16. *Princeps mundi huius iam iudicatus est.* Item. Ioan. 8. dicit Christus: *Regnum meum non est de hoc mundo:* Christus non est rex huius mundi: ergo mundus regnũ diaboli est. Sed dicendum quod regnum Christi fideles vocatur, qui non sunt de hoc mundo, quia non sunt dediti mundanis: sunt tamen in mundo, sed quasi exulantes & æternum regnum Christi desiderantes. Ioan. 14. *Si de mundo fuissetis, mundus quod suum erat diligeret: quia vero de mundo non estis, sed ego elegi vos de mundo, propterea odit vos mundus.* Fuerunt ergo quandoque Apostoli de mundo, scilic. de amatoribus mundi, sed iam non erant. Item. Ioan. 17. *De mundo non sunt sicut & ego non sum de mundo.* Regnum etiam Christi in quo ipse perfecte regnat, regnum celeste est, vbi nihil fit nisi beneplacitum suum, de quo potest intelligi verbum prædictum. Item legitur. 2. Corinth. 4. *In quibus Deus huius sæculi exœcauit mentes infidelium:* diabolus ergo deus huius sæculi est. Sed ad hoc satis respondet Paulus. 1. Corinth. 8. dicens: *Scimus quod nullus est Deus, nisi vnus: nam & si sunt qui dicantur dy, siue in cœlo, siue in terra, si quidem sunt dy multi, & domini multi: nobis tamen vnus Deus pater, ex quo omnia.* Diabolus ergo nuncupatiue solum Deus vel Dominus est, & non secundum veritatem. Venter etiam aliquorum deus vocatur ad Philip. 3. vbi dicitur. Quorum Deus venter est: non tamen venter creator eorum est. Item. 1. Iohan. vltim. *Mundus totus in maligno positus est:* ergo malignus fecit

De Fide. 61

mundum. Sed non sequitur: non enim dicitur quod mundus à maligno conditus sit, sed in maligno positus, id est, in potestate maligni: amatores enim mundi qui mundi dicuntur, supposuerunt se seruituti maligni. Item legitur. Ephes. 2. *Eramus natura filii iræ*: ergo eramus natura mali, ergo natura est mala, ergo à principio malo. Ad quod dicendum, quod sicuti contigit, patrem carnalem adeo irasci filio propter magnitudinem culpæ eius, vt ira illa extendatur etiam ad filium filij quantum ad priuationem hæreditatis, vel alterius beneficij quod esset ei daturus, nisi fuisset culpa patris: sic Deus adeo iratus fuit primis parentibus propter magnitudinem peccati eorum, vt ira illa extenderetur vsque ad filios eorum quantum ad priuationem visionis diuinæ. Nullus enim homo dignus fuit videre faciem Dei vsque ad Christum, in quo Deus pater sibi bene complacuit, per quem credentes in eum perfecte sunt reconciliati Deo. In verbo ergo Apostoli natura dicit non prout est primo instituta, sed pro natiuitate qua nati sumus à parentibus qui peccauerunt, à quibus habebamus quod filij iræ essemus. Causam quare valde magnum fuit peccatum primorum parentum, tangit Aug. 14. lib. de Ciuit. Dei, dicens: In paradiso tanto maior inobedientia fuit, quanto id quod præceptum est, nullius difficultatis fuit: vbi enim magna est inobedientiæ pœna proposita, & res à creatore facilis imperata, quisnam satis explicet quantum malum sit non obedire in re facili, & tantæ potestatis imperio, & tanto terrente supplicio? Rationes quibus innituntur Manichæi, hæ sunt. Dicunt enim: si Deus bonus creauit ista corruptibilia, aut potuit ea facere incorruptibilia, aut non. Si non potuit, impotens fuit. Si potuit & noluit, inuidus fuit. Sed mira est consequentia ista quod Deus inuidus fuerit, si facere vel dare noluit quod potuit; simile etenim est, ac si diceretur fuit inuidus, si non prodigus, vel indiscretus. Sapientiæ est moderari potestatem & voluntatem. Insipiens est qui omnia vult quæ potest. Summæ bonitatis fuit, quod visibilia ista fecit. Sapientiæ vero fuit, quod voluit ea finem habere, vt manifestum fieret ea habuisse principium & esse, quæ poterant amittere, aliunde habuisse, & sic essent via veniendi ad cogitationem Dei: voluit enim Deus bona trasitoria esse, ne quis adhæreret eis, bonis permanétibus neglectis. Aug. O munde immunde quid strepis? quid auertere conaris? tenere vis fugiens, quid faceres si maneres? Item, peccare est spreto incommutabili bono commutabilibus adhærere. Alia ratio eorum est, quod vident multa noxia inter creaturas quæ nullam videtur habere vtilitatem: vt sunt serpentes, muscæ, araneæ quæ non videntur eis esse à Deo. Sed certe nulla creatura est quæ non habeat vtilitatem licet aliquando lateat. Aug. in lib. 11. de Ciu. Dei. Venena ipsa quæ per inconuenientiam perniciosa sunt, probe adhibita, in salubria medicamenta vertuntur, nequaquam à contrario etiam hæc quibus delectantur, sicut cibus & potus, & ista lux, immoderato & importuno vsu noxia sentiuntur. Vnde nos monet diuina prouidentia, non res insipienter vituperare, sed vtilitatem rerum diligenter inquirere: & vbi nostrum ingenium, vel infirmitas deficit, ita credere occulta: sic erant quædam quæ vix potuimus inuenire, quia ipsa vtilitatis occultatio, aut humilitatis exercitatio est, aut elationis attritio. Item lib. 11. Quid igne flammante, vigente atque lucente pulchrius? quid calefaciente, currente, coquente vtilius, quamuis nihil in vrente molestius? Creaturæ vtiles sunt discrete vtentib. noxiæ indiscrete vtentibus. Inter creaturas quædam sunt creatæ in nutrimentum, vt herbæ & fructus arborum. Quædam in adiumentum, vt iumenta. Quædam ad humiliandum hominem, vt muscæ & pulices, à quibus homo non potest se defendere. Aug. Homo dicit tibi coütiū, & tumes, & iratus es: pulicibus re-

Omnia creata vtilia sunt.

H iij

siste vt dormias. Quædam ad eruditionē, vt formica. Prou. 6. *Vade ô piger ad formicam, & considera vias eius, & disce sapientiam.* Quædam ad puniendum peccatores, vt gehenna. Quædam ad exercitiū patientiæ nostræ, vt serpentes. Quædam ad consolationem vel delectationem, vt flores. Bern. Quanta largitus est nobis Deus ad sustentationem, quanta ad eruditionem, quanta ad correctionem, quanta ad delectationem? Alia ratio eorum est, quod vident multa in hoc mundo inordinate fieri propter quod eis videtur, quod Deus non sit huius mundi rector, nec dominus, neque creator. Ad quod dicendum quod vniuersitas creaturarum in mundo isto ordinata est, & vt ait Philosophus. Nulla res est cuius ortū legitima causa & ratio nō præcedat. Iob. 5. *Nihil sit in terra sine causa.* Etiam aues viles non moriuntur in mundo isto sine Dei prouidentia. Matth. 10. *Nonne duo passeres asse veneunt? & vnus ex illis non cadet super terram sine patre vestro.* As assis, est nomen ponderis quod non solent pōderatores diuidere propter sui paruitatem. Eccl. 5. *Ne dicas coram angelo, Non est prouidentia: quia angelus tibi deputatus est à Deo ad custodiam: ne forte iratus Dominus super sermones tuos dissipet cuncta opera manuum tuarum.* Et in eodem: *Si videris calumnias egenorum, violenta iudicia, & subuerti iustitiam in prouincia, non mireris super hoc negotio: quia excelso excelsior alius est: & super hoc quoque eminentiores sunt alij, & insuper vniuersæ terræ rex imperat seruienti.* Aug. Omne quod in terra fit ab intelligibili aula summi Imperatoris, procedit iusta permissione, salubri ordinatione, vel efficaci voluntate. Bona Deus volendo ea efficit; mala vero iuste permittit fieri, & salubriter ordinat. Tripliciter autē ordinata sunt mala culpæ. Primo modo, quia habent secum mala pœnæ, vt non sit dedecus culpæ absque dedecore pœnæ vel vindictæ. Iudas ita sedet in inferno, sicut lapis pretiosus in auro, Aug. in libro de lib. arbit. Nullo interuallo temporis ista diuiduntur, vt quasi alio tempore non faciat quod debet, & alio patiatur, ne vel temporis pūcto vniuersalis naturæ pulchritudo turpetur, vt sit in ea peccati dedecus sine dedecore vindictæ. Secundo quia bona cōparata malis, pulchriora apparent. Aug. 11. lib. de Ciui. Dei. Mala voluntas quæ ordinem naturæ seruare noluit, non ideo iusti Dei leges omnia bene ordinantis effugit: quia sicut pictura cum colore nigro, loco suo posito, ita vniuersitas rerū si quis possit intueri, etiam cum peccatoribus pulchra est, quamuis eos per se ipsos consideratos sua deformitas deturpet. Tertio, quia prosunt bonis. Rom. 8. *Scimus quoniam diligentibus Deum omnia cooperantur in bonum.* Aug. 11. lib. de Ciuitate Dei: Deus sicut naturarum bonarum optimus creator est: ita malarum voluntatum iustissimus ordinator, vt cum illæ male vtantur naturis bonis, ipse etiam bene vtatur voluntatibus malis. Itaque fecit vt diabolus institutione illius bonus, voluntate sua malus in inferioribus ordinatus illuderetur ab angelis eius: id est, vt prosint tentationes eius sanctis quibus obesse desiderat: & quoniam Deus cum eum condēret, futuræ malignitatis eius non erat ignarus, & præuidebat quæ de malo eius esset facturus. Præterea Psal. ait: *Draco iste quē formasti ad illudendum ei,* vt in eo ipso quod fecit eum, licet per bonitatem suam bonum, iam per suam præsentiam præparasse intelligatur quomodo illo vteretur & malo. Neque enim Deus vllum non dico angelorum, sed vel hominum crearet quē malum futurum esse præsciisset, nisi pariter nosset, quibus eos honorum vsibus commodaret. Bernard. Iucundum Dei iudicium, quod ille superbus malleator humilium nesciens eis coronas fabricat perpetuas, omnes impugnando, & omnibus succumbendo. Alia ratio eorum est, quod si causa est immutabilis, erit immu-

Psal. 103.

Mala tripliciter ordinata.

De Fide. 63

tabilis effectus. Sed hoc non est verum vniuersaliter. Non enim necesse est quod effectus assimiletur causæ efficienti voluntarie operanti: imo fœdus pictor interdum pingit imaginem pulchram, & pictor pulcher interdum pingit imaginem turpem. Alia ratio est quod contrariorū contrariæ sunt causæ: vnde cum secundum eos bonum & malum sint contraria, erunt à contrariis principiis, scil. à principio bono & principio malo. Ad quod dicendum quod illud verbum, contrariorum contrariæ sunt causæ: non est verum vniuersaliter. Causa enim efficiens voluntarie operans potest esse causa cōtrariorum. Idem enim pictor potest facere imaginem albam & imaginem nigram, & pulchram & turpem. Rom. 9. *An non habet potestatem figulus luti ex eadem massa facere, aliud quidem vas in honorem, aliud vero in contumeliam?* Sed causa naturaliter operans quæ operatur secundum similitudinem, dans speciem suam patienti, non potest esse caussa contrariorum, cum non habeat in se contrarias species seu formas. Præterea malum non est contrarium bono, sed boni priuatio: vnde non est necesse aliquid existens ponere eius principium. Ioann. 1. *Sine ipso factum est nihil.* August. in lib. Soliloq. Deus qui paucis ad id quod vere est refugientibus ostendit malum nihil esse. Idem 12. lib. de Ciuit. Dei. Malæ voluntatis causa efficiēs nihil est. Et iterum; Nemo quærat causam efficientem malæ voluntatis. Non enim est efficiens, sed deficiens: quia nec illa est affectio sed defectio: deficere enim ab eo quod summe est ad id quod minus est, hoc est, incipere habere voluntatem malam. Quod idem Augustin. exclamat in lib. de liber. arbit. dicens: Peccare est spreto incommutabili bono, bonis commutabilibus adhærere. Idem lib. de natura boni: Deus non plantauerat arborem malam in paradiso, sed ipse erat melior qui eam tangi prohibebat. Non est ergo peccatum malæ naturæ appetitio, sed melioris desertio. Item cum duplex dicatur esse malum, scilicet pœnæ, & malum culpæ. De malo pœnæ constat quod bonum est cum sit & punitiuum & destructiuum mali culpæ, & à Deo potest esse, cum ad iustitiam eius pertineat punire offensas suas, & hoc cedat Deo ad gloriam. Augustin. 12. lib. de Ciuitate Dei: Cum in pœnis est natura vitiosa excepto eo quod natura est, etiam hoc ibi bonum est, quod impunita non est: hoc enim est iustum, & omne iustum proculdubio bonum. Item in libr. de natura boni: Peccantes ordinantur in suppliciis: quæ ordinatio quia naturæ eorum non competit, pœna est: sed quia culpæ competit, iustitia est. Item cum alicui pœna debita redditur nulla, est iniquitas apud Deum, quia melius ordinatur natura vt iuste doleat, quam in peccato impune gaudeat: Malum etiam culpæ est in natura bona: & ideo malum est, quia naturæ bonæ nocet. Augustin. 12. lib. de Ciuit. Dei: Etiam vitio valde magna valdeque laudabilis ostēditur ipsa natura. Cuius enim recte vituperatur vitium, proculdubio natura laudatur, nam recta vitii vituperatio est, quod eo honestatur natura laudabilis. Item si naturæ bonæ non essent, eis vitia nocere non possent. Nunquid eis nocendo faciunt nisi quod adimunt integritatē, pulchritudinem, salutem, virtutem, & quicquid bonæ naturæ per vitium detrahi siue minui consueuit? Quod si omnino desit, nihil boni adimendo, non nocet, ac pro hoc nec vitium est. Nam esse vitium, & non nocere, esse non potest. Idem in lib. de natura boni: Non potest esse dolor in naturis bonis: hoc enim ipsum quod resistit vt doleat, quodammodo recusat non esse quod erat, quia bonum aliquod erat. Item in animo dolorem facit voluntas resistens potestati maiori: in corpore dolorem facit sensus resistens corpori potentiori. Dionys. Non est natura mala, sed hoc est naturæ malum, non posse quæ sunt naturæ perficere. Damas. Malitia non substantia aliqua est neque substantiæ idioma, i. e. proprietas, sed accidens, si ex eo quod secundum naturam voluntarie est euersio. Idioma vel proprietas dicitur quod inest substantiæ secundum primam institutionem naturæ quod non est peccatum. Damasc. Omnia quæcunq; fecit Deus ita manentia quemadmodú creata sunt, bona sunt valde: voluntarie autem secedentia ab eo quod secundum naturam ad id quo præter naturam est venientia in eo quod malum est. Eunt igitur secundum naturam, omnia seruientia naturæ, & obedientia sunt conditori. Quádo igitur voluntarie aliqua creaturarum effrenata & inobediens facienti eam fit, in se ipsa constituit malitiam. Malum culpæ est actus deficiens vel imperfectus, & est velut fructus degener. Ab eadem vite potest esse vua & labrusca. Esa. 5. dicitur de vineá synagogæ. *Expectaui vt faceret vuas, & fecit labruscas.* Et Hie. 2. *Ego plantaui te vineam electam omne semen verum: quomodo ergo conuersa es in prauum vinea aliena?* Eundem patrem possunt habere filius degenerans, & filius secundum generositatem patris viuens: Sic ab eodem possunt esse bonus actus, scilicet ex libero arbitrio. Sed malus actus qui est actus imperfectus, est ab eo, non defectu, sicut eadem potentia gradiendi potest esse principium recte ambulationis & claudicationis: sed claudicationis est principium ipsa deficiens. Dionys. Bonum in quibuscunque perfecte inest, perfecta facit & integra & pura & optima: minus vero ipsum participantia & imperfecta sunt bona & mista per defectú boni. Item defectus formæ est priuatio ordinis: hoc non omnino malum, sed minus bonum. Item malum est infirmitas & defectus boni: & sicut ex stipite arboris inflexibili est virga flexibilis, eo quod virga est tenuis & infirma: sic ex Deo inflexibili ad malum est liberum arbitrium, flexibile ad bonum & malum. Ad bonum, quia ex Deo bono: ad malum, quia ex nihilo. Augustin. in lib. de Fide, ad Pet. Quia

Deus summe bonus est: dedit omnibus naturis quas fecit vt bonæ sint. Ideo naturæ factæ ex Deo proficere possunt, quia esse cœperunt. Ideo deficere, quia ex nihilo factæ sunt. Idem in lib. de lib. arbit. Ideo possibilitas ad defectum est in creatura: quia à non esse in esse procedit. Secundum Damasc. Quæcunque creata sunt alterabilia sunt, vel secundum corruptionem, vel secundum electionem, vel voluntatem. Secundum corruptionem, corruptibilia ista; secundum electionem vel voluntatem, spirituales substantiæ. Et notandum quod actus qui est peccatum malus est, cum sit miseriæ adductiuus. Dionys. Non est malum puniri, sed malum est dignum pœna fieri. Est etiam malus qui Deum bonum ostendit commutabile ei præeligendo. Peccamus enim præeligentes, vt dicit August. & hæc præelectio contumeliosa est. Item malus est: quia potentiam & à qua est corrumpit, diminuendo habilitatem eius ad bonum. Iusto n. iudicio Dei fit, cum potentiam Domini à quo est offendit, vt ipsa corrumpatur ab actu qui ab ea est: Et sicut virga flexibilis ad dexteram & sinistram, si frequenter flectatur ad sinistram, remanet magis inclinata ad partem illam: sic liberum arbitrium si frequenter inclinetur ad malum, pronum sit ad illud, & magis elongatur à bono. Item est malus: quia legi diuinæ est contrarius, & ita voluntati diuinæ non subiectus, secundum illud Augustin. Peccatum est factum, vel dictum, vel concupitum contra legem Dei. Item est malus, quia imperfectus respectu actus qui deberet exire à tali potentia, scilicet libero arbitrio, est enim quasi brutalis actus qui in cane vel in leone non esset malus actus, qui in libero arbitrio malus est. Et ponit exemplum Dionys. de ferocitate leonis & ira canis. Ira enim in cane bona est, cum sit animal custoditiuum, & ad ipsum pertineat extraneum abigere. Ferocitas etiam non est mala in leone cum naturam eius non corrumpat: quod enim

non

De Fide. 65

non corrumpit naturam, non est malum, vt ait Dionys. Item malus est actus: quia est in habente rationem à quo ordinari debuit, & non ordinatur: vnde in puero nondum habente vsum rationis malus non esset, nec in insano qui rationem haberet omnino impeditam. Dionys. Malum dæmoni est contra deiformem intellectum esse, animæ contra rationem, corpori contra naturam. Et licet actus malus deficiens sit prædictis modis; tamen adhuc non est omnino priuatus bonitate, cum principium eius & finis sit bonum. Item Dionys. Principium enim eius est liberum arbitrium quod bonum est: Finis eius est bonum aliquod transitorium, nemo enim malum respiciens facit quæ facit, vt ait idem Dionys. Et propter bonum sunt omnia, & quæcunque sunt bona & quæcunque sunt contraria: vt ipse ait. Et ponamus exemplum in comestione cibi vetiti, quæ bona est in præsenti, quia delectabilis, licet in futurum occasio sit maioris tristitiæ, & potest esse expediens etiam ipsi agenti in casu. Vnde August. Audeo dicere superbis esse vtile cadere in aliquod apertum manifestumque peccatum, vnde sibi displiceant qui iam sibi placendo ceciderant. Salubrius enim sibi Petrus displicuit quando fleuit, quam placuit quando præsumpsit. Vnde verum est quod dicat Dionys. quod nihil existentium priuatur vniuersaliter bono. Et iterum, quod per omnem modum bono priuatum est, nunquam, nusquam, neq; erat, neq; est, neque erit, neque esse potest. Est etiam malus actus ordinatus, vt prius ostensum est Dion. Factis malis optime & pulchre diuina prouidentia vsa est ad nostram aut aliorum formationem aut vtilitatem. Subtractis erroris Manichæorum auctoritatibus & rationibus quibus innituntur, ponendæ sunt auctoritates & rationes quibus ipse directe destruitur, & quibus ostenditur vnicum esse principium à quo sunt omnia visibilia & inuisibilia. Et primo ponentur auctoritates; quia, vt ait August.

Auctoritates destruentes errores Manichæi.

in lib. de morib. Eccl. naturæ ordo ita se habet, vt cum aliquid dicimus, rationem præcedat auctoritas: nam infirma videri ratio potest quæ cum reddita fuerit, auctoritatem postea per quam infirmetur, assumit. Legitur Matt. 6. *Respicite volatilia cœli, &c.* Et subditur: *Et pater vester cœlestis pascit ea.* ergo cibus corruptibilis quo aues pascuntur à patre cœlesti est: non ergo sola incorruptibilia ab eo sunt. Item Matth. 3. *Si fœnum agri quod hodie est, & cras in clibanum mittitur, Deus sic vestit: quanto magis vos modicæ fidei?* ergo decor quo herba prati vestitur, à Deo est. Eiusdem 5. dicitur de patre cœlesti quod pluit *super iustos & iniustos:* ergo pluuia est ab eo. Item Christo venti & mare obediunt tanquam domino Matt. 8. Ergo ipse erat Dominus maris: simili ratione aliarum rerum visibilium. Item eiusdem 14. & 15. Ipse panes multiplicat quibus pascitur populus: sed eiusdem potentiæ est panes sic multiplicare, & de nouo facere: ergo panes corruptibiles ab ipso poterant esse. Item Marci 5. Vitam mortalem amissam reddidit filiæ archisynagogi: Et vnico filio viduæ. Lucæ 7. Et Lazaro. Ioan. 11. ergo non solum incorruptibilia, sed & corruptibilia ab ipso sunt. Et Marci 10. legitur: *Ab initio creaturæ masculum & fœminam fecit eos Deus.* Item Luc. 11. dicit Pharisæis. *Quod intus est vestrum, plenum est rapina & iniquitate.* Stulti, nonne qui fecit quod deforis est, etiam id quod deintus est, fecit? Ergo ab eodem principio est anima & corpus. Lucæ 3. vbi texitur genealogia Christi, dicitur: *Qui fuit Adam, qui fuit Dei.* Adam ergo fuit filius Dei: fuit ergo à Deo, & non à diabolo. Item Ioan. 1. dicitur de Deo. *Omnia per ipsum facta sunt.* Ergo visibilia, & inuisibilia. Et post, *Mundus per ipsum factus est.* Et iterum: *In propria venit, & sui &c.* Non erant sui per gratiam cum essent mali, ergo sui erant creatione. Item mutauit aquam in vinum corruptibile. Ioan. secundo, ergo etiam corruptibilia sunt ab ipso. Rom.

I

nor. 11. *O altitudo diuitiarum sapientiæ & scientiæ Dei, &c.* Et paulo post, subditur: *Ex ipso, & per ipsum, & in ipso sunt omnia.* Præterea Psalm. *Domini est terra & plenitudo eius.* Ephes. 2. *Ipsius factura sumus, &c.* Eiusdem. 3. *In Deo qui omnia, omnia creauit.* Colos. 1. *In ipso condita sunt quæ sunt in cœlo & in terra visibilia & inuisibilia.* & 1. Timoth. 4. *In nouißimis temporibus discedent quidem à fide, &c.* Et subditur, *prohibentium nubere, & abstinere à cibis quos Deus creauit ad percipiendum cum gratiarum actione fidelibus.* Hebræorum 1. *Initio tu Domine terram fundasti, &c.* Et in eodem. *Quem constituit hæredem vniuersorum.* Actorum 4. *Domine tu fecisti cœlum & terram.* Et 17. eiusdem. *Deus qui fecit mundum & omnia quæ in eo sunt, hic cœli & terra cum sit Dominus.* Et Canonica Iudæ. *Solum dominatorem & Dominum nostrum Iesum Christum negantes.* Et Apocal. 10. *Iurauit per viuentem in secula seculorum qui creauit cœlum & omnia quæ in eo sunt, & terram, & omnia quæ in ea sunt, mare, & omnia quæ in eo sunt.* Et Petrus in 1. ele. Totius mundi machinam cum vna esset domus, in duas regiones diuisit Deus, vt superior ergo angelis, inferior vero hominibus præberet habitaculū. In Symbolo etiam Apost. dicitur, Creatorem cœli & terræ. In hoc etiam conueniunt nobiscum nobiles Philosophi, Plato loquens de Deo, Genitorem, inquit, vniuersitatis tam inuenire difficile est, quam inuentu dignum profari. Boet. libr. Consolat. *O qui perpetua mundum ratione gubernas, Terrarum cœlique sator.* Sen. *Vir bonus quidquid ei acciderit, æquo animo sustinebit. Sciet enim hoc accidisse lege diuina ex qua vniuersa procedunt.* Nunc ponendæ sunt rationes ad destructionem dicti erroris. Dicunt Manichæi lucem & tenebras non posse esse ab eodem principio. Sed eadem ratione vox & silentium erunt à cōtrariis principiis. Sic enim se habet silétium ad vocem vt tenebræ ad lucem. Vnde Aug. irridendo Manichæos ait: Si est gens tenebrarum pugnans contra Dei lucem, quare non est gens silétiorum pugnans contra vocem? item, si lux à bono Deo, visus qui melior est luce, cum lux propter visum sit, & sine visu inutilis sit, erit à Deo: quis dubitat eum cui seruit lumen candelæ præualere lumini illi? Et si visus & lux quæ maxime est visibilis, sunt à Deo: eadem ratione auditus & audibile, olfactus & odorabile, gustus & gustabile, tactus & tangibile; ergo omnia corruptibilia corpora sunt à Deo. Item cum viuere sit melius quàm fulgere, & si nihil potest fulgere, sine Deo, multominus nec viuere, vt ait Augustin. Ergo omnia vitam habentia sunt à Deo. Item August. in lib. de duabus animabus: Sensibus omnibus intelligentia præstat & excellit: ergo intelligibilibus sensibilia inferiora sunt. Dementia igitur est cum omnis vita & omnis anima solo intellectu percipi queat, sol autem & luna & omnis lux mortalibus oculis cernatur: quamlibet animam Deo auctore priuare, & quod lux bono Deo tributa dicatur. Item aut ista corruptibilia sunt pure mala, aut mista ex bono & malo: ergo sunt quantum ad bonum à bono principio: quantum ad malum à malo: ergo aliquod corruptibile à bono principio est. Præterea secundum hoc est aliqua societas lucis ad tenebras, aliqua conuentio Christi ad Belial: cuius contrarium ostenditur 2. Corinth. 6. Sic vero sunt pure mala. Contra, cum bonū tripliciter dicatur, honestum, delectabile, expediens: hæ tres species boni inueniuntur in his corruptibilibus. Honestum, vt pascere esurientem, dare potum sitienti: & cætera opera misericordiæ quæ commendat Dominus. Matt. 25. Delectabile, vt cum coniungitur conueniens cum conuenienti. Expediens, vt cum infirmi bibunt potiones amaras, salubres tamen, vel causa sanitatis vruntur, vel secantur: ergo omnem spem boni possumus inuenire in his corruptibilibus: ergo non pure mala sunt. Item quilibet sensus dicit aliquod bonū in eis, vt gustus dicit aliquod bonum vinum, Io. 2. *Tu autem bonum vinum seruasti vsque adhuc.* Dicit auditus vocem aliquam bonam. Dicit visus formā aliquam bonam. Dicit tactus vestem aliquam bonam & suauem. Dicit odoratus aliquem odorem bonum. Ergo sicut ille qui negat niuem esse albam, sensu indiget: Sic Manichæi omni sensu videntur indigere. Ipsi videntur esse & cæci & surdi, & alij sensibus indigentes: nec digni sunt vt contra errorem eorum disputetur. Arist. Non oportet omne problema nec omnium pcsit onem considerare, sed quā dubitabit aliquis rationis indigentium & non pœnæ vel sensus. Videtur quod ipsi velint hominibus oculos eruere, & non solum oculos, sed omnem sensum eis auferre, vnde multum sunt odiendi quantum ad hanc malitiam. Videntur etiam bestiis bestialiores esse: cum bestiæ inter hæc corruptibilia, quædam bona sibi à quibusdam malis distinguant: hæc fugiendo, illa appetendo. Item cognitio boni bona est: ergo cum lux bona sit, cognitio lucis bona est: ergo in illis corruptibilibus quæ possunt lucem cognoscere, aliquid boni est: ergo non sunt pure mala. Item legitur Matt. 6. *Benefacite his qui oderunt vos &c.* vt scitis filij patris vestri qui in cœlis est, qui solem suum facit oriri super bono & malos: ergo pater cælestis facit bonum malis, faciendo solem suum oriri super eos: ergo mali sunt receptibiles boni ipsius. Sed potentia recipiendi bonum bona est: ergo ipsi habent aliquid boni: ergo non sunt pure mali. Item corruptibilia ista aut ideo mala sunt quia possunt corrumpi, aut alia de causa. Si quia possunt corrumpi: ergo creata sunt mala. Omnia enim à Deo possunt dissolui quæ ab eo cōposita. Facilius enim est destruere quam construere: vt ait Philosophus. Ioan. Damas. Omne quod incipit esse, finitur secundum naturam. Greg. Esse omnium quæ de nihilo sunt, in nihilū tenderet, nisi ea omnium auctor manu regiminis retineret. Omnia itaque creata nec per se subsistere, nec mouere præualent. Quod dicit Greg. sic potest probari: Quod semel requiritur ex necessitate ad essentiam alicuius rei, semper ad eam requiritur: sed prima causa requirebatur ad hoc quod hæc anima esset quando primo fuit: per aliam enim causam non potuit à non esse in esse adduci: ergo semper prima causa ad hoc quod illa anima sit, requiritur. Item si non potuit illa anima esse in anisi per primā causam: ergo eadē ratione nec in b, nec in c, & sic de vno quoque instanti in quo ipsa fuit: ergo prima causa requiritur ad esse huius animæ, eadē ratione ad esse vniuscuiusque creaturæ. Item sicut inchoatio diei est à sole visibili: sic eius continuatio, & si desinat esse sol, vel lume eius iuxta ipsum intercidatur, desinit totū lume esse in aëre. Sic posito quod prima causa desinat esse, vel cesset à conseruatione rerum quas creauit, omnes desinunt esse. Sicut vita corporis inchoationē habet ab alia, sic & continuationem. Vnde recedente anima à corpore, desinit corpus viuere: sic si prima causa desineret esse, cuncta desineret esse. Itē sicut ascēsus lapidis in aëre non potest fieri propria virtute: sic nec permanētia ipsius ibidē. Non minoris virtutis est in bono inchoato perseuerare, quam illud inchoare. Ouidius in Epistolis. *Non minor est virtus quam quærere parta tueri.* Sic non minoris est virtutis creaturæ esse cōseruare, quā creare. Aug. Deus ex nihilo omnia fecit, & si se subtraheret, in nihilū redigerentur. Et Plato introducit Deum loquentem ad nobiliora opera sua dicentem ea natura dissolubilia. Si vero sunt mala alia de causa: aut sunt mala quia variabilia, aut propter aliud. Si quia variabilia: ergo animæ quæ sunt à principio bono, erunt malæ: cū sunt variabiles ab ignorātia ad scientiam, à gaudio ad tristitiā, ab iniustitia ad iustitiā. Luc. 15. *Gaudium erit angelis Dei super vno peccatore pœnitentiam agente,* Ex hoc verbo cōstat quod aliquis potest peccare & malus fieri: & qui iā peccator est, per pœnitē tiã fieri bonus. Sed cuius erit hæc variatio? Aut pure boni, aut pure mali. Pure malum nullatenus potest fieri bonum, cum sit essentialiter malum: vnde si desinit esse malum, desinit esse. Neque pure bonū secundum eos potest fieri malum: ergo perit pœnitentia. Aug. Nunquam negauerunt Manichæi dari veniam peccatorum, cum fuerit ad Deum quisque conuersus? quæro ex illis, duobus generibus animarum, cuius sit pœnitere peccati; & scio hoc nec illius animæ posse quę malefacere, nec illius quæ benefacere potest. Dic etenim anima quam de substantia Dei asserunt, quomodo nihil ex me mali si ego perperã feci? Aut quomodo recte pœnitet si ego non feci? Audi partem alteram. Quomodo ex me nihil boni est cui bona voluntas inest? Aut quomodo me recte pœnitet si non inest? Mihi autem satis est sic scire quod Manichæi errant, aut scio pœnitendum esse peccati. Si vero mala sunt qua corporalia & visibilia: ergo sol & luna & stellæ mala essent, cum sint corpora visibilia. Si vero mala sunt propter contrarietatem quam habent: ergo cum summe bonum habeat contrarietatem cum summe malo, summum bonum erit malum. Si vero propter cõtrarietatem quam habent adinuicem, mala dicuntur: sicut aliqua dicuntur mala, quia contrarietatẽ & bellum habent cum aliquibus: sic & bona, dicenda sunt propter conuenientiam & pacem quam habent cum aliis, vel bona simpliciter, vel bona quantum ad hoc: ergo non erunt pure mala. Et si odium inter aliqua corruptibilia malitiæ attestatur: amor qui inter aliqua inuenitur, bonitati attestabitur. Præterea cũ bonum sit quod desideratur ab omnibus; vt ait Dionysius, & secundum Aristot. omnia bonum exoptent, & omnia appetant esse sui conseruationem: esse vniuersaliter est bonum. Dolor qui inuenitur etiam in animalibus irrationalibus quum occiduntur vel lædũtur, attestatur amori quem habet ad suum esse: Præterea cum sit scriptum in corde hominis, quod sicut bona sunt facienda, ita mala sunt destruenda: si corruptibilia ista sunt mala: destructio illorũ est bona: ergo contrarietas vel potestas destruendi se inuicem bona est. Item si corruptibilia ista mala sunt, quia destructiua sui inuicem, necessario esse eorum bonum est: ergo cum Manichæi ponunt quod mala sunt quæ sũt destructiua sua inuicem: per consequens ponunt quod ipsa sunt mala & bona. Item si principium malum: per se potest esse causa malorũ, ergo semper potest esse causa eorum: ergo potest perpetuare ea: ergo perpetua & non solum corruptibilia possunt esse à principio malo. Item cum aliqua mors iusta sit, secundum illam sententiam Domini, Matth. 26. *Omnes qui gladium acceperint, gladio peribunt:* ergo mors potest esse à Deo & corruptio: ergo corruptibilia possunt esse à bono principio. Item corruptio istorum corruptibilium aut est bona, aut est mala. Si bona: ergo est à Deo bono, ergo corruptibilia possunt esse ab eo. Si mala, sed cuius corruptio mala est, ipsum quoque bonum, iuxta verbum Sapientis: ergo ipsa sunt bona: ergo possunt esse à Deo bono. Item principium malum aut est mutabile, aut non. Si non est mutabile: ergo non erunt potius mutabilia ab eo, quam à principio bono. Præterea immutabilitas non solum pertinet ad bonum, immo ad optimum. Dionys. Proprium est optimi esse semper idipsum. Sen. Necesse est eadem placere, cui nisi optima placere non possunt; Deo scilicet. Dionys. Malum quidem instabile est. Item non sunt immobilia & semper sic habentia mala: ait idem Dion. Non est ergo principiũ mali immutabile. Item cum sapientia bonum sit, non erit in summo malo. *Stultus autem vt luna mutatur.* Eccles.27. Sen. Stultitiæ nihil constat, nihil diu placet. Si vero principiũ mali mutabile est: ergo habet aliquã compositionẽ ad minus quæ est proprietas ad subiectũ. Vbi enim est mutatio & recessus alicuius proprietatis & accessus alterius, necesse est etiam ibi esse aliquam essentialem compositionem. Nihil enim est agens & patiens, secundum idem. Ergo oportet aliquid esse in eo quo agit dando esse eis quorum est principium, & aliquid quo recipit proprietatem quæ ei aduenit cum mutatur. Si autem compositum est, ergo compositum ab aliquo quod est eius principium: aliud autem principium habere non potest, nisi principium bonum: ergo est à bono principio: sed ab eo non potest esse nisi bonum fuit: ergo ab eo factum bonum, sed postea factum est malum. Et hoc est quod veritas dicit, Ioan. 8. *Ille homicida erat ab initio*: Ergo habuit initium. Et subditur: *Et in veritate non stetit*: In bona enim voluntate non perseuerauit. Item Lucæ 10. *Videbam Satanam sicut fulgur de cœlo cadentem*. Fuit ergo aliquando bonus & in cœlo: sed peccauit, & de cœlo cecidit. Item *radix omnium malorum est cupiditas* 1. Timot. vlt. Ergo ante cupiditatem non est malum, sed ante naturaliter est potentia à quo exit actus cupiditatis: ergo potentia illa non est mala: ergo natura ipsius diaboli bona est. Præterea si principium mali non habet principium: ergo habet esse & non ab alio: sed hoc non solummodo boni est, sed etiam melioris: melius enim est quod natura est, quam acquisitiuum: ergo principium mali non solum bonum est, sed etiam melius his quæ esse incœperunt. Item proprium est Altissimi à nullo aliquid tenere, nulli aliquid debere, nulli subesse: absit ergo vt talia malo conueniant. Præterea, impossibile est duo esse principia absolutè. Si enim aliquid est principium absolutè, est primum. Si autem est primum, non habet prius vel coæuum. Vnde Dionys. Omnis dias siue dualitas non est principium: monas autem siue vnitas erit totius diadis, id est dualitatis principium. Item oppositorum opposita sunt causæ: ergo si principiū boni est ens, principium mali est non ens. August. 12. lib. de Ciuit. Dei: Et natura quæ summè est, qua faciente sunt quæcunque sunt contraria naturæ, non est nisi quæ non est. Item aut principium boni & mali in aliquo conueniunt, aut in nullo. Si in nullo, ergo nec in esse, nec in potentia: ergo si principium boni, est principium mali, non est. Et si principium boni est, omnipotens: principium mali est, nihil potens: ergo nullius rei principium. Si vero conueniunt in aliquo, vt in eo quod est esse, & viuere, & intelligere, & posse: non est ergo pure malum quod in tot conuenit cum summe bono. Dio. Si omnino bonum consumpseris, neque essentia est, neque vita concupiscentia, neque motus, neque aliud aliquid. Præterea aut in aliquo differunt: aut non. Si non, ergo sunt idem principium, & non duo principia. Si vero in aliquo differunt: hæc differentia videtur esse in malitia voluntatis. Posito. n. quod voluntas eius sit bona, iam habet pacem & amicitiam cum summo bono, & non contrarietatem. Sicut. n. pax est hominibus bonæ voluntatis, Lucæ 2. sic & angelis bonæ volūtatis. Iam imago Dei relucet in eo, cum in eo sit & potentia & sapientia, bonitas siue bona volūtas: vnde relinquitur quod à Deo sit. Similitudo enim inter aliqua ostendit ea eandem vel similem causam habere, vel vnum esse causam alterius: Præterea si principium mali in aliquo differt à principio boni, & in aliquo cōuenit: ergo ipsum habet aliquid & aliquid: ergo est compositum, ergo non est principium primum. Illud enim est prius à quo compositum est. Item constat quod principium bonum est perfectum & sine aliquo defectu. Matth. 5. *Pater vester cœlestis perfectus est*. Damasc. Deus perfectus est, & indeficiens, & secundum bonitatem, & secundum sapientiam, & secundum virtutem, sine principio infinitus, æternus, incircumscriptibilis, & simpliciter per omnia perfectus: ergo potentia ipsius non habet defectum, nec admistionem impotentiæ: ergo nihil est quod non subsit illi potentiæ: ergo dominiū eius vniuersale est: & nihil est exceptum ab eius iu-

I iiij

risdictione: ergo si principium malum habet potestatem aliquam, potestas illa est à Dei potentia & sub ea. Matth. vlt. *Data est mihi omnis potestas in cælo & in terra*, ait Christus. Et Rom. 13. *Non est potestas nisi à Deo*. Et vt vno verbo dicamus, Dei potentia omnipotentia est. Apocalyp. 4. *Sanctus, sanctus, sanctus, Deus omnipotens qui erat, & qui est, & qui venturus est*. Eiusdem. 5. *Magna enim & mirabilia sunt opera tua Domine Deus omnipotens*. Et 16. *Domine Deus omnipotens, vera & iusta iudicia tua*. Et 21. *Dominus Deus omnipotens, templum illius est*. Et Matth. 19. dicitur, *quod apud Deum omnia possibilia sunt*. Et Luc. 1. *Non erit impossibile apud Deum omne verbum*: imo quod plus est, *omnia possibilia sunt credenti in eum*. Matth. 9. & Matth. 17. *Nihil impossibile erit vobis*. Manifestum est ergo ex prædictis, diabolum non esse exemptum à potestate Dei. Vnde Lucæ 10. *Ecce dedi vobis potestatem calcandi super omnem potestatem inimici*. Non est ergo diabolus principium malum æternū quod sit à se: sed natura eius à bono principio est, & ab institutione prima bona: sed à corruptione voluntatis est in eo malitia. Præterea, cum Deus sit incircumscriptus, non sic capitur vno loco quod non possit esse in alio: nec potest esse locus sine eo, quod non esset si duo essent principia. Damasc. Quomodo diis multis existentibus incircuscriptibile seruabitur quod in Deo dicimus? Vbicunq; enim fuerit vnus, nequaquam erit alter. Item cum castra destruantur propter diuersitatem dominiorū: quomodo non esset iam mundus dissolutus si essent diuersi domini? Damasc. Qualiter à multis gubernabitur mundus, & nō dissoluetur & corrumpetur; pugna in gubernantibus considerata? Et subdit. Si autem dixerit quis, quoniam vnusquisq; parti principatur, quid est quod ordinat & permanentiam eius facit? Illud vtique erit Deus magis. Item si multos diceremus deos, necesse esset differentiam in multis considerare. Si enim nulla est differentia in eis, vnus magis est & non multi. Si autem differentia est in eis, vbi est perfectio? Siue ei secundum bonitatem, siue secundum virtutem, siue secundum sapientiam, siue secundum tempus, siue secundum locum defecerit à perfectione, nequaquam erit Deus. Item nō minus pertinet ad Deū bonitas, quam potentia vel sapientia: ergo sicut ridiculum esset ponere aliquem Deum sine potentia vel sapientia: sic ridiculum est ponere Deum sine bonitate. Dionys. Neque diuinum malum est, neque malum diuinum. Præterea, impossibile est perfectam esse sapientiam & potentiam absq; bonitate. Impotentia enim est si non potest velle bonum cognitum. Si autem potest velle bonum, non est sine aliqua bonitate. Posse enim velle bonum, bonum est. Item duo sunt principia, aut principium malum non est inuisibile sicut bonum, aut est visibile. Si est visibile, est corpus, & ita compositum: ergo habuit initium. Si vero inuisibile, ergo per ea quæ facta sunt conspicitur, sicut & principium bonum. Cum ergo esse principii per se eorum quæ facta sunt agnoscatur: per quid cognoscitur multitudo principiorum, nisi multitudine eorum quæ facta sunt? ergo tot sunt ponenda principia quot sunt res factæ. Si vero contrarietate rerum quæ factæ sunt, cognoscatur diuersitas principiorum: ergo omnia contraria erunt à contrariis principiis: ergo album & nigrum non erunt ab eodem principio, neque calidum & frigidum, & sic de aliis contrariis: vnde oportebit multo plura principia quam duo poni. Item potentia Dei & sapientia, de quibus constat, sufficiūt ad creationem omnium, & ipsa mors etiam potest esse ad eius bonitatem. Multoties enim valde vtilis est homini, vt viris sāctis, quibus est finis miseriæ & porta gloriæ, vnde multū desideratur ab eis, vt in Paulo patet Philip. 1. *Desideriū habeo dissolui* &c. Etiā mors malorū est à iustitia Dei. Luc. 12. *Timete eum qui postquam occiderit, habet potestatem mittere in gehen-*

nam. De potetia vero alia non potest constare per aliquem propriū effectum eius. Quanta ergo fatuitas est, Deo omnipotēti propter illam potentiam somniatam auferre dimidiū regni sui & gloriæ suæ. Quis est qui nesciat quod duo possunt habere eundem patrem, vnus tamen eorum est sanus & alter æger, & filio existente infirmo pater potest esse sanus, & ab eadem radice potest esse & spina & rosa? Preterea quotidie videmus hoc in corporibus, corpus quod sanum est, fieri ægrum, & è contrario. Idem etiam necesse habemus concedere de animabus: anima enim peccando potest fieri mala, & pœnitentiam agendo potest fieri bona. Alioquin pro nihilo monetur aliquis ad agendam pœnitentiam. Matth. 3. *Agite dignum fructum pœnitentiæ*. Et eiusdem 4. *Pœnitentiam agite*: ergo potest accidere in spiritibus corpori non vnitis, vt qui boni sunt natura, fiant mali malo consentiendo. Vnde 2. Pet. 2. *Si Deus Angelis peccantibus non pepercit, sed rudentibus inferni detractos in tartarum tradidit cruciandos in iudicium reseruari, &c.* Et Canonica Iudæ, *Angelos qui non seruauerunt principatum suum, sed dereliquerunt suum domicilium, in iudicium magni Dei vinculis æternis sub caligine reseruauit.* Et aduertendum est, quoniam sapientia Dei noluit quod aliqua diuersitas creaturarū cōtrarietatem principiorum posset ostendere. Prima diuersitas in rebus est substantiæ & accidentis: sed vnum istorum inest alteri, scilicet accidens substantiæ. Substantia vero causa est accidentis, nec possunt esse à contrariis principiis, cum tanta sit eorum conuenientia & adhærentia, & maxime cum nulla sit societas lucis ad tenebras, nec conuentio Christi ad Belial. 2. Corinth. 6. Alia est diuersitas materiæ & formæ, quarum conuenientia manifeste indicat ea nō esse à diuersis principiis. Alia est diuersitas substātiæ corporeæ & incorporeæ. Sed cum substātia incorporea perfectior sit corporea, & conueniat cum ea ad perficiendum vnum vt in arboribus est vegetabile, in brutis animalibus sensibile, & in hominibus anima rationalis: manifestum est quod non sunt à contrariis principiis. Alia diuersitas est corruptibilium. Sed nec ista diuersitas ostendit contraria esse principia, cū corruptibilitatem inueniamus non solū in corporibus, sed etiam in substantiis incorporeis, vt in vegetabili, & sensibili: imo quædam corruptibilitas videtur esse in omni creatura à prima conditione ipsius. Qui, sicut ait Augustin. lib. de Ciuit. Dei. *Omnis creatura mutabilis, quia de nihilo facta.* Preterea corruptibile & incorruptibile cōueniunt ad vnum perficiendum: & corpus & anima ad perficiendum hominem: & est naturalis amor vnius ad alterum, quod indicat separatio vnius ab altero, quæ cum dolore fit, ex quo manifestum est ea non esse ex contrariis principiis. Item si duo sunt principia, vnum boni, & alterum mali: aut creare pertinet ad principium boni sicut ad principiū mali, aut non. Si non, aut principium mali ex materia quæ sit à principio bono operabitur, aut nihil omnino operabitur. Si nihil omnino, ergo non erit principiū. Si ex materia creata à bono principio, quod tamen fiet, non erit pure malum, cum materia sit bona. Præterea forma quæ erit à principio malo, mala erit, nec conueniet materiæ bonæ vt faciat vnum cum ea. Si vero creare est vtriusque principii, aut bonum principium habebit hoc à malo, aut ambo ab altero. Dion. Si malum æternum est, & creat, & potest, & est, & agit: vnde ei hoc, aut ex bono, aut ex malo, aut ambobus ex alia causa. Si bonum principium hoc habet à malo, malum tantummodo erit principium & non bonum. Si malum à bono tantum, bonum erit principium & non malum. Si ambo ex alia causa, illa magis erit principium. Item cum operatio sit secundum virtutem & virtus secundum essentiam: si operatio creandi communis est duobus principiis, vna virtus communis erit illis à qua erit ista operatio, & vna essentia siue vnum essentiale ad quod pertinebit virtus ista. Et si illud erit principium malum, pure malum, cum habeat bonum sibi essentiale. Si vero illud est malum, non erit principium bonum summe bonum, cum habeat malum sibi essentiale. Præterea si duo principia in aliquo essentiali conueniunt, & in aliquo alio differunt, vtrumque compositum est: ergo neutrum est principium simpliciter, cum aliquid sit prius à quo compositum est. Præterea malum videtur esse contra naturam principij. Ad principium enim pertinet facere, non destruere: malum vero destructiuum est. Dionys. Malo natura est corrumpere & perdere. Item malum secundū quod nullius est generatiuum vel nutritiuum, aut omnino factiuum, aut saluatiuum: ergo malum non est primum principium. Item bonum in quantum bonum est ex se diffusiuum, vt ait Dion. quia multiplicatiuum est: ergo cum malum bono sit contrarium secundum quod malum: non erit multiplicatiuum, sed potius retentiuum vel contractiuum: ergo non erit principium. Item corruptio naturaliter est posterior generatione: ergo potentia corrumpendi erit potentia generandi. Quæ enim est proportio actus ad actum, & eadem est potentiæ ad potentiam: ergo destructiuum boni naturaliter est posterius principio boni: ergo malum & bonum non sunt principia coæua. Item priuatio naturaliter posterior est habitu: ergo destructiuum boni naturaliter est posterius bono. Item aut sunt aliqui spiritus mali à principio malo, aut non. Si non, sed constat quod sunt aliqui spiritus mali ex Euangelio in multis locis Matth. 12. *Cum immundus spiritus exierit &c.* Et paulo post: *Et assumit septem spiritus nequiores se.* Et Luc. 8. de quodam dicitur, *Ruptis vinculis agebatur à dæmoniis in deserto. Et interrogauit illum Iesus, quod tibi nomen est? at ille dixit: Legio,* quia intrauerant multa dæmonia in eum. Aut igitur sunt æterni spiritus illi, aut non. Si sic, non sunt ergo tantum duo principia à quibus sint omnia alia. Præterea cum boni spiritus creati sint, verisimile est quod & mali spiritus sint creati. Absit enim quod hæc nobilis conditio non esse ab alio sit in malis spiritibus & non in bonis. Si vero creati sunt: ergo aut ex principio bono, vel ex malo. Si à bono, ergo tunc erant boni: sed post facti sūt mali, sicut asserit veritas fidei catholicæ. Si vero à principio malo: ergo ab eo non solummodo sunt corpora, sed etiam spiritus: nec solum corruptibilia, sed etiam incorruptibilia. Item dicit Senec. in libr. de Naturali. quæstio. Deus est quo maius excogitari non potest. Et sicut ait Augustin. in libro de fide ad Pet. Deus est immensus virtute non mole. Virtu ergo Dei est, qua maior excogitari nō potest: sed maior est virtus quæ summe malum potest destruere, quam quæ non potest: ergo virtus diuina potest summe malum destruere: ergo summe malum habuit principium & potest finem habere: ergo non est primum principium. Præterea ad bonitatem pertinet non solum velle bonum facere, sed etiam velle malum destruere, & magis malum magis velle destruere: ergo maxime malum maxime velle destruere: ergo cum summe bonum habeat potestatem illud destruendi, iam illud destruxit tanquam radicem omnis mali. Securis enim ad radicem arboris à sapiente ponitur, non ad ramos: hac radice extirpata omne malum cessat. Item Deus excedit intellectum nostrum: potentior enim est agendo, quam nos intelligendo: sed intellectus noster attingere potest tam regionem tenebrarum, quam regionem lucis: ergo Deus non est exclusus à regione tenebrarum: nec inclusus in regione lucis, vt dicunt Manichæi. Quod manifeste ostenditur 1. Corinth. 6. *Nescitis quia membra vestra templum sunt Spiritus sancti qui in vobis est?* Et eiusdem 3. *Nescitis quia templum Dei estis vos, & spiritus Dei habitat in vobis?* Et subditur: *Qui violauerit templum hoc, disperdet illum Deus.* Græci vero sic habent: *Qui corruperit*

De Fide.

ruperit templum hoc, corrumpet illum Deus. Deus ergo non est exclusus à regione tenebrarum. Nec membra illa mala sunt in quibus Deus habitat, & quorum violationem vindicat. Nec omnis corruptio mala est ex qua Deus corrumpetes bonos, corrumpit. Item cum magis conueniat aliquid cum quolibet, quam aliquid cum nihilo, quod potest per se ex nihilo aliquid facere, potest quodlibet ex aliquo facere: ergo quicunque potest creare, est omnipotens: Verisimile est quod potentia quę extendit se ad quę nō sunt, extēdat se ad omnia quæ sunt: ergo cum principium malum non sit omnipotens, non potest creare. Itē si duo sūt principia: aut vtrunque erit imperfectum, aut alterum erit superfluum. Item dicit Damasc. Contraria sunt inuicem bonum & perniciosum, & sui inuicem corruptiua, & in se inuicem & cum se inuicem non subsistentia. Et subdit: Necesse est duorum esse alterum: vel tangere & corrumpere se inuicē, vel esse quid medium in quo nec bonum nec malum erit: velut quædam maceries separans ab inuicem vtraque, & non duo, sed tria erunt principia. Item necesse est horum alterum vel pacificare: quod illud quod malum est non potest: vel præliari, quod id quod perfecte bonum est, non potest: vel quod malum est quidem præliari, & quod bonum nōn ex aduersario præliari, sed corrumpi, vel semper contristari, vel malum pati. Item beatus est cui omnia optata succedunt: sed si summum bonum habet aliquid sibi contrarium, non omnia optata sibi succedunt: ergo non est beatum. Item Deus bonus aut potest cohibere mala quæ fiunt à principio malo suis, & vult; & sic cohibet: aut potest & non vult: si non est summe bonus, aut vult, & non potest, & tunc est impotens. Item cum bonum sit quod desideratur ab omnibus, vt dicit Dionysius, ergo malum est quod oditur ab omnibus. Sicut ergo Deum diligit quidquid diligere potest, vt ait Augustinus, & ipse diligit omnes quos creauit, nisi ipsi fiant mali, & inter eos est mutuus amor: sic mutuum odiū erit inter eos qui sunt à malo principio, & ipsi odient malum principium, & ipsum eos. Ergo mirum est si iam non destruxit eos. Non potest ergo stare regnum tale nullo amore compactum. Item cum ipsum summe malum sit, ergo vult malum & sibi & suis, & non modicum malum cum non sit modicum malus: quomodo permittit ergo suos viuere? Item aut princeps iste vel gens eius aliquid amat, vel nihil. Si nihil, ergo nec seipsum, quod non est verisimile. Si enim esset superbus, esset & amator gloriæ suæ. Præterea si non potest amare: ergo nec odire: amare enim & odire contraria sunt & nata fieri circa. idem. Præterea principium bonum & quæ ab eo sunt, dicuntur odire mala & amare bona: ergo principium malum odit bona & amat mala. Si vero amat aliquid, ergo vult ei quod optatur esse bonum: sed aliquem velle quod ipse opinatur esse bonum, quoddam bonum est: ergo principium mali habet aliquod bonum: ergo nō est summe vel pure malum. Item ridiculum est dicere aliquid non esse bonum, quia non est vbique: ergo ridiculum est dicere aliquid non sit bonum: quia nō semper, vel quia est corruptibile. Præterea si non facit aliquod malum, hoc quod habet principium, ergo neque hoc quod ipsum habet finem, vel quod est corruptibile. Item cum non sit malum nisi respectu boni, & summum malum, & ea quæ sunt ab eo sint pure mala, nihil est malum respectu alicuius eorum: ergo si ipsa sunt mala, ipsa erunt mala: vel quia nociua summe bono, vel bonis quæ sunt ab eo: sed non quia sint nociua summe bono. Ei enim nihil potest nocere, quia vt dicit Aug. Non est Deus inuiolabilis, si aliquid potest ei nocere. Item non possunt nocere bonis quæ sunt à principio bono, cum illa sint pure bona, nullius mali susceptibilia, & cum princeps eorum tamquam summe potens eos seruare possit, & tamquā sum-

K

me bonus velit: ergo non sunt mala, quia bonis nociua: ergo simpliciter loquendo non sunt mala. Præterea natura bona non potest cogi à mala vt consentiat malo: cū bonum potentius sit, quam malum. Si autem voluntarie potest consentire malo, ergo bonū natura voluntate potest fieri malum: ergo non est necesse ponere aliquam naturam essentialiter mala à qua sint aliæ naturæ malę: sed omnis natura à principio bono est & ab institutione bona, sed volūtate postea facta est mala, sicut fides Catholica dicit. Item summum malum cum fecit visibilia ista, aut fecit ea ex bonitate, vel ex malitia. Si ex bonitate, ergo aliqua bonitas erat in eo: ergo non erat pure malum. Si ex malitia fecisset, non esset tanta pulchritudo, nec tanta vtilitas, nec tanta ordinatio in eis. Item princeps tenebrarū est aut bonus sibi, aut malus. Si bonus, ergo non est summe malus, cum alicui sit bonus. Si malus sibi, ergo est malus malo: ergo ipse est contrarius malo: sed esse contrarium malo est bonum, ergo aliquid habet boni, & non est summe malus. Item summum malum aut est malum malitia culpę, aut malitia pœnæ. Si pœnæ, sed sūmum malum pœnæ videtur esse gehenna: ergo vel ipsum non est maximum malum, vel est ipsa gehenna. Si forte dicatur quod summum malum est miseria suorum, sicut bonum summum est beatitudo suorum: contra, delectatio est coniunctio conuenientis cum conuenienti, ergo ea quæ sunt à summo bono, & sunt eius capacia, vt sunt creaturæ rationales, delectationem habet cum coniunguntur ei, eo quod sint conuenientia illi. Similiter ea quæ sunt à summo malo, si sunt eius capacia & coniunguntur ei, cum sint conuenientia cum eo, habebunt in eo delectationem. Item cum ipsa sint pure mala, & ament omne malum; amor vero amanti suaue faciat quod amatur: gehenna etiam suauis esset his qui in ea erunt si amarent eam, & placeret eis: ergo summum malum delectabile erit malis qui ab eo sunt. Si vero ipsum est malum malitia culpæ, culpa non potest esse nisi vbi est lex. *Vbi enim non est lex, nec præuaricatio.* Rom. 4. Ergo summum malum legi alicui subiectum est, cuius transgressione malum est factum, ergo non est primum principium. Præterea operatio qua ipsum operatur malum, aut naturalis est, aut voluntaria. Si naturalis, ergo nō est culpabilis. August. Peccatum sine voluntate esse non posse omnis mens apud se conscriptum legit. Si vero voluntaria est, & habet potentiam liberam faciendi malum, vel declinandi à malo, cum potentia declinandi à malo sit bona, aliquid boni est in eo: ergo non est summe malum. Item cum aliquid horum corruptibilium destruitur, non intendit agens destructionem, sed generationem. Et est certamen quod est inter creaturas: tamen est quasi liberalitatis. V. G. Cum agit ignis in ligna, & facit inde carbones, intendit ignis dare speciem suam materiæ in quam agit, & semper in corruptione remanet aliquid vtile. Etiam post destructionem quam facit ignis, qui vehementissime videtur destruere, remanet cinis qui habet vim mundificatiuam: ergo corruptibilia ista non sunt pure mala. Præterea licet corruptibilia ista non possint seruare speciem suam in seipsis: tamen in recompensationem huius habent potentiam dandi speciem suam alteri materiæ & multiplicandi eam, quod non habent incorruptibilia. Sol non efficit alium Solem, nec Angelus Angelum, sed ignis causa est ignis. Bona ergo sunt etiam corruptibilia. Multi sunt qui non minus amarent vaccam vnam, licet mori posset, quæ valde fœtosa esset, de qua mille alias habituri essent, quam vnam sterilem quæ mori non posset.

Caput IX.

De aliis erroribus Manichæorum, quorum aliqui enumerantur. Et de primo errore qui est in distinctione ciborum.

Manichæorum Errores in distinctione ciborum.
1.
1.

2.
3.
4.
5.
6.

Post destructionem erroris Manichæorũ quātũ ad radicē ipsius licet rami nō soleant proficere radice destructa, secundũ illud Oseæ 9. *Radix eorum exiccata est, fructum nequaquam facient*, tamē aliqua breuiter dicemus contra aliquos errores qui velut rami à radice venenata, de qua iam tactum est, processerunt. Vnus error est distinctio ciborum. Dicunt enim aliquos cibos non esse comedendos, vt carnem & caseum. Alius est quod lex vetus data est à principe tenebrarũ, & quod mala fuit. Tertiũ est, quod Patres veteris Testamēti mali fuerunt, & damnati sunt. Quartus, quod non creantur animæ de nouo quæ corporibus infundantur. Alius error est, quod Christus veram naturam humanam non assumpserit. Vltimus de quo ad præsens dicere intendimus, quod Ioannes Baptista malus fuerit. Sunt multi alij errores eorũ, sed adeo irrationabiles quod indigni sunt vt ad eorũ destructionē ratiocinatio procedat. Primo errori occasionem dare potuit, quod Dominus terræ maledixit. Gen. 3. Ideo carnes animalium quæ de fructu terræ pascuntur, dicunt non esse comedendas. Pisces bene comedũt qui in aqua nutriantur, cum non legant Dominum aquis maledixisse. Sed hæc ratio nulla est. Si enim carnes animalium comedendæ non sunt, quia de fructu terræ viuunt: multo fortius ipsi fructus terræ comedendi non essent: propter quod enim vnumquodque est tale, illud magis est tale, fructus autem terræ omnis secta comedit. Rom. 13. *Qui infirmus est, olus manducet*. Glos. Infirmus est qui cibos discernit: hic olus manducet, in cuius esu omnis secta consentit. Præterea maledictio terræ quā Dominus fecit, fuit quod fertilitatē eius abstulit. Et ibidē post illā maledictionē subditur: *In laborib. comedes ex ea cunctis diebus vitæ tuæ*. Vnde noluit Dominus quod propter illā maledictionē dimitteret homo comedere, vel quæ ex terra nasceretur, vel quæ ex ea nutrirentur. Itē dedit occasionem huic errori, quod caro per peccatum de carne nascitur, vt ipsi dicunt. Sed fatuum est dicere carnem animalium brutorum per peccatũ nasci, cũ vbi non est lex, nō sit præuaricatio. Ro. 4. Itē 14. *Bonum est non manducare carnem, nec bibere vinũ*. Sed si propter verbũ illud carnē comedere dimittunt: eadem ratione deberent dimittere bibere vinum. Itē quod viri sancti leguntur à carnib. abstinuisse, sed ipsi non ideo abstinuerũt quia iudicarēt quod nō possent sine peccato comedi: sed quia quādoque sunt occasio concupiscentiæ vt excedant, sicut & vinũ quādoque. Tamen non sequitur ex hoc quod vino nō sit vtendum. 1. Timoth. 5. *Noli adhuc aquam bibere, sed modico vino vtere propter stomachum tuum & frequentes tuas infirmitates*. Et Ecclesiast. 31. *Si bibas vinum moderate, eris sobrius*. Et paulo post. *Exultatio animæ & corporis vinũ moderate potatũ*. Sicut aliquib. infirmis secundũ corpus abstinendũ est à carnib. & vino: non tamen sequitur propter hoc quod caro & vinum infirma sint vniuersaliter corpori: sic eadem infirma sunt quandoque etiam spiritui: aliquib. enim sunt occasio peccandi. Sunt multæ causæ quare à delicatis abstinendũ est, quæ in tractatu de vitio gulæ assignatæ sunt, & aliquæ tangētur in tractatu de virtute Sobrietatis. Sicut diuitiæ malæ nō sunt, etsi à viris sactis quādoque cōtemnātur. Sic caro mala nō est, si à viris sāctis quādoque comedatur. Gloss. super illud Romanorũ 14. *Olus manducet*. Crassitudo carniũ, & deliciosæ epulæ prouocant corpus ad libidinem. Quandoque aliquis abstinet à talibus, quia sibi videt expedire, vel ne proximum scandalizet. 1. Corinth. 10. *Omnia mihi licent, sed non omnia expediũt. Omnia mihi licent, sed non omnia ædifi-*

K ij

cant. Sed qui abstinet, non debet danabiles iudicare eos qui talibus vtuntur. Ro. 13. *Qui non manducat, manducantem non iudicet.* Item occasionem dedit huic errori, quod non legunt Christum carnes comedisse. Sed licet hoc non legeretur: tamen non sequeretur propter hoc quod non comedisset: *multa enim facta sunt quæ non scripta sunt.* Ioan. vlt. Sunt & alia multa quæ fecit Iesus: quæ si scribantur per singula, nec ipsum arbitror mundum capere posse eos, qui scribēdi sūt, libros. Et quod comederit agnum paschalem, potest haberi ex Euangelio Matth. 24. *Vbi est,* inquit, *refectio mea, vbi pascha cum discipulis meis manducem?* Pascha vocatur agnus paschalis. Luc. 22. *Vbi est diuersorium, vbi pascha cum discipulis meis manducem?* Et paulò post: *Desiderio desideraui hoc pascha manducare vobiscum.* Quòd autem licitum sit comedere carnes, & alios cibos sine distinctione, probari potest his testimoniis Noui Testamenti. Legitur Luc. 10. *In eadem domo manete edentes & bibentes quæ apud illos sunt.* Et Matth. 15 *Non quod intrat in os, coinquinat hominem.* Et ad Rom. 14. *Scio & confido in Domino Iesu, quia nihil commune siue immundum per ipsum nisi ei qui existimat commune esse illi, commune est.* In eodem: *Omnia quidem munda sunt.* Et 1. Corinth. 10. *Omne quod in macello vænit, id est, venditur, manducate, nihil interrogantes propter conscientiam Domini, est terra & plenitudo eius.* Et iterum: *Si quis infidelium vocat vos ad cœnam, & vultis ire, omne quod apponitur vobis, manducate, nihil interrogantes propter conscientiam.* Et 1. Timo. 4. *Omnis creatura Dei bona est, & nihil reyciendum quod cum gratiarum actione percipitur.* Et Tim. 1. *Omnia munda mundis.* Item probatum est superius omnia creata fuisse à Deo: nihil vero immundum à Deo creatum est: caro ergo animalium immunda non est: ergo non est abstinendum à carne propter carnis immunditiā. Præterea si non est vtendum carnibus talium animalium in cibum: ergo nec lana,

Psal. 105.

nec pellibus eorum est vtendum in vestitum.

CAPVT X.

De errore ponente legem veterem datam à principe tenebrarum, & malam.

SEquitur de secundo errore qui ponit legem veterem esse datam à principe tenebrarum, & malam esse. Cui errori occasionem dedit legis grauitas. Visum est enim aliquibus non fuisse Deum benignū qui tam graue opus populo imposuit. Ad quod dicendū quod corda Iudæorum erecta erant per præsumptionem. Vnde dicebant. *Non deest qui impleat, sed deest qui iubeat.* Exod. 19. *Respondit vniuersus populus, simul cuncta quæ locutus est Dominus faciemus.* Eiusd. 24. habetur idem. Vnde humiliandi fuerunt graui onere legis, vt videtes insufficientiam suam, humiliati ad auxilium gratiæ curreret. *Dominus enim humilib. dat gratiam.* 1. Pet. vlt. Dedit etiā occasionem huic errori iustitia quæ fiebat in veteri lege: quam aliqui mentiuntur crudelitatem. Vnde dicunt non fuisse Deū benignum, qui legem tam crudelem dedit. Ad quod dicendū est quod cum principium sapientiæ sit timor Domini. Prou. 1. perfectio vero sapientiæ sit amor Dei, secundum illud Eccl. 1. *Dilectio honorabilis sapientia.* Prima lex debuit sapientiam inchoare, timorem Dei per iustitiam incutiendo. Secunda lex debuit sapientiam perficere, ad amorem multis admonitionibus & promissionib. & beneficiorum exhibitionibus incitando. Vnde iustitia in veteri lege debuit abundare: iustitia vero non est crudelitas, sed bonitas: vt in tractatu iustitiæ ostendetur. In illa vero iustitia latebat misericordia. Qui enim corrigebantur pœna temporali, euadebāt æternam. Incorrigibiles vero amittebant potentiam Deum offendendi, & pœnam suam in futuro augendi: vnde misericorditer cum eis agebatur. Si. n. diutius viuerent, diutius peccarent, & in futuro grauius punirentur. In hoc etiam quod trans-

De Fide.

gressores legis Moysi ita grauiter puniebantur, nobis misericorditer ostendebatur, quam grauiter punientur transgressores legis datæ per filium Dei. Hebræ. 10. *Irritam quis faciens legem Moysi, sine vlla miseratione, duobus vel tribus testib. moritur: quanto magis putatis deteriora mereri supplicia qui filium Dei conculcauerit?* Item dedit occasionem huic errori illud Apostoli Rom. 5. *Lex subintrauit vt abundaret delictum.* Et illud eiusd. 7. *Nunc soluti sumus à lege mortis.* Et vocatur ab Apostolo lex vetus, lex mortis. Vnde visum est ab aliquibus quod mala fuerit. Et dicendum est ad secundum quod lex illa mortis fuit suis transgressoribus: sed lex vitæ fuit suis obseruatoribus. Lex vitæ fuit intentione dantis: sed lex mortis fuit vitio transgredietis. Vnde subdit ibi Apostolus: *Quid ergo dicemus: Lex peccatum est? Absit.* Et paulo post subdit: *Inuentum est mihi mandatum quod erat ad vitam;* intellige ex intentione dantis, hoc esse ad mortem. Apostoli aliis erant odor mortis in mortem, aliis odor vitæ in vitam. 2. Cor. 1. *non tamen erant mali.* Occasio fuit prohibitio legis multitudinis peccatorum. Sicut enim dicit Gloss. super illud ad Roman. 7. *Occasione accepta peccatum per mandatum operatum est in me omnem concupiscentiam.* Talis est nostra carnalitas, vt ardétius desideret prohibita: quibus non memoratis, iaceret quasi sopita. Item Gloss. Frenatus est concupiscentiæ fluuius oppositis obicibus legis, sed non siccatus: imo quia de se nó de gratia homo præsumpsit, aucta est concupiscentia opposita lege, & quæ prius eum ducebat obice nullo, obruit eum opice obrupto. Triplici ratione peccata abundauerunt lege data, in his in quibus non erat gratia. Primo, quia, sicut dicit Ambrosius, diabolus videns legem in auxiliú hominibus datam, magis exarsit iracundia aduersus hominem, & magis instituit legem vertere in perniciem, cum primo quasi securè possidens minus tentare. Gregorius: Illos negligit pulsare quos quieto

Lege data peccatum abunda- re con- set.

se possidere sentit. Secundò, quia homo naturaliter appetit libertatem, & fugit seruitutem, Et iuxta verbum Senecæ. Natura contumax est animus humanus, & in contrarium atque arduum nitens. Natura semper aduersatur sibi aduersanti. *Nitimur in vetitum semper, cupimusque negata.* Prouerb. 9. *Aquæ furtiuæ dulciores sunt.* Hieronym. Quidquid non licet, magis desideratur: & quod raritate dulce est, assiduitate in amaritudinem vertitur. Et super illud Roman. 9. *Peccatum occasione accepta per mandatum seduxit me*, dicit gloss. Ex prohibitione vbi charitas deficit, desiderium mali crescit, quo aucto dulcius sit quod prohibetur. Tertio, quia prohibitio erat occasio frequentis recordationis rei prohabitæ. Recordatio vero irritatiua est concupiscentiæ. Illud autem verbum: Lex subintrauit vt abundaret delictum: intelligendum est cósequutiue. Hoc enim cósequutum est ex lege data quantum ad illos qui gratiam non habebant, & viribus suis confidebant, quod amplius peccauerunt: & hoc ipsum eis expediebat. Vnde gloss. Augustin. Non crudeliter hoc fecit Deus, sed consilio medicinæ. Aliquando enim homo videtur sibi sanus, & ægrotat: & quia non sentit morbum, medicum non quærit. Augetur morbus, crescit molestia, quæritur medicus, cuius & totum sanatur corpus. Magnum ergo Dei consilium fuit vt per legem abundaret delictú, vt in austeritate suam intelligentes infirmitatem, infirmi ad medicum confugerent, vt auxilium gratiæ quærerent. Sicut Deus creans diabolú, malignitatis eius futuræ nó ignarus, præuidebat quæ bona de malo eius esset facturus: vt dicit August. Sic dans legé veterem ad meritum custodientium eam, non ignarus transgressionem quæ abundaturæ erant, præuidit quæ bona de malo transgredientium esset facturus. Item lex subintrauit vt abundaret delictum quantum ad cognitionem. Si enim lex nó fuisset, peccatum lateret. Vnde Rom. 7. *Peccatum non cognoui nisi per legem.* Et sicut ra-

K iij

dius solis non est malus, licet ostēdat pulchritudinem nociuam quam aliquis appetit; & sicut scientia medicinæ non est mala quæ ostēdit venenū esse mortiferum, quāuis eo aliquis abutatur ad mortē suam vel alterius: sic lex non est mala, licet sit occasio mali. Item occasionē dedit huic errori veteris legis cessatio. Visū est enim aliquibus, quod si bona fuisset, nō cessasset. Præterea modo peccaret qui seruaret eā: ergo tūc peccabant qui eam seruabāt. Ad quod dicēdum est quod vetus lex cessare debuit quantum ad illa quæ erāt figuratiua futurorum, sicut vmbra lumine veritatis adueniente, & sicut promissiones solutione væ facta. Nec cessauit lex tanquam mala, sed cessit meliori quantū ad prædicta moralia: tamen quæ erant de iure naturali manserunt. Item occasionem dare potuit prædicto errori quod Deus dator illius legis apparuit in flāma rubi. Exod. 3. *Et rapuit Heliam in curru igneo.* 4. Reg. 4. Vnde visum est aliquibus quod non fuerit benignus Deus, qui sic apparuit, & ministrū suū sic rapuit. Ad quod dicendum, speciem ignis idoneā esse, vt Deus in illa appareat, vel in illa significetur. Vnde Spiritus sāctus super discipulos in specie ignis apparuit. Act. 2. Et de ipso dicitur ad Heb. 12. *Deus noster ignis consumens est.* Peccata enim consumit & purgat. Et Luc. 12. *Ignem veni mittere in terram*, &c. Et Ioan. 1. *Ipse baptiẑabit vos in Spiritu S. & igne.* Non est ergo mirandū si in flāma rubi apparuit. Nunc multis auctoritatibus Noui Testamenti ostendemus legem veterē esse bonam & datam à Deo. Legitur Matth. 5. *Nolite putare quoniam veni soluere legem aut prophetas: non veni soluere legem, sed adimplere.* Si data fuisset à principe tenebrarū, non impleuisset eā. Et ibidem: *Amen dico vobis, donec transeat coelum & terra, iota vnū aut vnus apex non præteribit de lege donec omnia fiant.* Et eiusd. 7. *Omnia quæcunqʒ vultis vt faciant vobis homines, & vos facite illis. Hæc est enim lex & prophetæ.* Ergo lex & prophetæ bona sunt, sicut illud mandatū bonū est. Eiusd.

Lex vetus bona.

22. dicitur de mandato dilectionis Dei: *In his duobus mandatis tota lex pendet & prophetæ:* ergo lex & prophetæ bona sūt, cum sint ad dilectionē Dei & proximi. Et Luc. 10. *In lege quid scriptum est? At ille respondens dixit: Diliges Dominū Deum tuum*, &c. *& proximū tuum sicut teipsum: Dixitqʒ illi: Recte respōdisti, hoc fac & viues.* Ergo præcepta legis obseruata vitam conferebant. Item Matth. 19. *Si vis ad vitam ingredi, serua mandata*, dixit illi: *Quæ? Iesus autem dixit: Non homicidium facies, Non adulterabis, Non facies furtum, Non falsum testimonium dices, Honora patrem tuum & matrem tuam.* Quæ constat mandata esse veteris legis. Exod. 20. Ergo mandata veteris legis vitam conferebant æternam. Item Matth. 7. *Bene irritum fecistis mandatum Dei vt traditionem vestram seruetis.* Moyses enim dixit: *Honora patrem tuum & matrem tuam.* Ibi mādatum Moysi, Dei mandatum dicitur. Item Luc. 2. *Vt sisterent eum Domino, sicut scriptū est in lege Domini.* Lex Domini vocatur lex vetus. Et eiusdem 16. *Habent Moysen & Prophetas, audiāt illos.* Item Luc. vlt. *O stulti & tardi corde ad credendum in omnibus quæ locuti sunt prophetæ.* Et paulo post: *Incipiens à Moyse & omnibus prophetis interpretabatur illis in omnibus scripturis quæ de ipso erāt.* Et iterum: *Necesse est impleri omnia quæ dicta sunt in lege Moysi, & prophetis, & psalmis de me.* Et Ioan. 5. *Scrutamini scripturas: quia vos putatis in illis vitam æternam habere, & illæ sunt quæ testimonium perhibent de me.* Et eiusd. 8. *Est pater meus qui glorificat me quem vos dicitis, quia Deus vester est.* Et Rom. 1. *Quod ante promiserat per prophetas suos in scripturis sactis de filio suo.* Et eiusd. 7. *Lex quidem sancta, & mandatum sanctū, & iustum, & bonum.* Et in eod. *Scimus quia lex spiritualis est.* Ad Galat. 3. *Lex pædagogus noster fuit in Christo.* 1. Thess. 5. *Prophetias nolite spernere.* Et 1. Timoth. 1. *Scimus quia bona est lex si quis ea legitime vtatur.* Et ad Heb. 1. *Multifariam multisqʒ modis olim loquens Deus in prophetis: nouissimē*

De Fide. 79

diebus istis loquutus est nobis in filio. Actor. 1. *Oportet impleri scripturam quam prædixit Spiritus sanctus per os Dauid.* Eiusd. cap. 2. dicitur de eo: *Quum esset propheta, &c.* Prouidens loquutus est de Resurrectione Christi. Et eiusd. cap. 3. *Deus Abraham, Deus Isaac, Deus Iacob, Deus Patrum nostrorum glorificauit filium suum Iesum*: Ergo Iesus fuit filius Dei veteris legis: ergo lex vetus non fuit à principe tenebrarum. Item Act. 3. *Vos estis filij prophetarum & testamenti quod disposuit Deus ad Patres nostros*: ergo testamentum veteris legis erat à Deo ordinatum. Item eiusd. cap. 10. *Verbum misit Deus filiis Israel annuntians pacem per Iesum Christum: hic est omnium Dominus.* Et paulo post subditur: *Huic omnes prophetæ testimonium perhibent.* Et 2. Pet. 1. *Habetis firmiorem propheticum sermonem, cui benefacitis attendentes quasi lucernæ ardenti in caliginoso loco.* Ergo quam propheticus sermo lucerna sit, non est à principe tenebrarum. Item in eodem: *Non voluntate humana allata est aliquando prophetia; sed Spiritu sancto inspirati loquuti sunt sancti Dei homines.*

CAPVT XI.
De errore illo qui damnat patres Veteris Testamenti.

ERror ille qui ponit quod patres Veteris Testamenti mali fuerunt & sunt damnati, sequitur. Cui errori occasionem dedit quod leguntur aliquando peccasse. Sed si ideo damnati creduntur, eadem ratione credendu erit quod Petrus & Paulus damnati sint, qui quandoque peccauerunt. Item occasionem dedit huic errori, quod leguntur in infernum descedisse. Genes. 17. *Descendam ad filium meum lugens in infernum*, ait Iacob. Et Esa. 38. dixit Ezechias: *in dimidio dierum meorum vadam ad portas inferi*. Ad quod dicendum quod ob peccatum primorum parentum ianua regni clausa fuit toti generi humano. Quod figuratum est in hoc quod flammeus gladius positus est ante paradisum. Gen. 3. quasi prohibens ingressum. Descendebant ergo antiqui patres in oram inferni, vbi manebant felici spe consolati, sed non descendebant in inferni profundum vbi nulla est redemptio. Nec habebant pœnam materialem, sed solum carebant visione Dei. Ad quem locum Christus descendit, & inde suos liberauit, vt legitur Act. 2. *Quem Deus suscitauit solutis doloribus inferni: iuxta quod erat impossibile teneri illum ab eo.* Et in eod. *Quoniam non derelinques animam meam in inferno, &c.* Potest autem probari testimoniis Noui Testamenti antiquos patres bonos fuisse & saluatos. Matth. 8. *Multi ab oriente & occidente venient & recumbent cum Abraham, Isaac, & Iacob in regno cœlorum.* Ergo Abraham, Isaac, & Iacob ingressi erat vel ingressuri regnum cœlorum. Item Domino trasfigurato apparuerunt Moyses & Helias loquentes cum eo Matth. 17. si damnati fuissent, constat quod in transfiguratione Domini non apparuissent, ad quam tres tantum Apostolos sibi familiarissimos admisit. Item eiusd. 23. *Ecce mitto ad vos prophetas.* Et eiusd. 22. dicitur de Christo, *Quomodo Dauid in spiritu vocat eu Dominum, dicens: Dixit Dominus, &c.* Et Luc. 16. *Lazarus mortuus ab angelis deportatus est in sinum Abrahæ*: ergo Abraham non erat damnatus. Et paulo post. *Vidit à longe Abraham & Lazarum in sinu eius.* Item commendantur patres veteris Testamenti. Heb. 11. & de Moyse dicitur specialiter Heb. 3. *Moyses quidem fidelis erat in tota domo eius.* Moysen fuisse nuntium Dei, & legem datam esse Deo inspirante, ostenderunt miracula facta per Moysen. Et notandum quod lex illa valde sapienter tradita fuit. Primo ostenditur omnia creata à Deo esse. Secundo ostenditur iustitia Dei in pœna pro peccato primorum parentum inflicta, & in diluuio, & in subuersione Sodomoru, & flagellatione Ægyptioru. Tertio interseritur obedietia patru & beneficia Dei eis exhibita. Per primum apparet creaturas nihil numinis habere: &

Anti- quos fuisse sanctos patres probatur.

Lex vetus sapienter tradita.

sic nullus locus idololatriæ relinquitur: Per secundum terretur populus à legis trasgressione. Per tertium allicitur ad eius impletionem. Consequenter vero datur lex in terrore. Sine timore enim magno non poterat populus separari ab erroribus inueteratis.

Inter hæc vero quæ in lege præcepta sunt, quædam manifeste pertinent ad honorem Dei & vtilitatem proximi: quędam vero signa sunt futurorum, quædam vero quæ videntur esse sine ratione. Præcepta sunt propter idololatriam, cui abolendæ magna pars legis intendit. Multa enim præcepit Deus sibi offerri, ne idolis offerrentur. De Abraham dicitur Ioan. 8. *Abraham pater vester exultauit vt videret diem meum: vidit & gauisus est.* Iacob. vltim. commendantur prophetæ. *Exemplum* (inquit) *accipite laboris & patientiæ,* prophetarum, qui loquuti sunt in nomine Domini. Et Iacob. 2. commendatur multum Abraham. *Credidit Abraham Deo, & reputatum est ei ad iustitiam, & amicus Dei appellatus est.* Et in eodem. *Abraham pater vester nonne ex operibus iustificatus est?* Commendatur etiam Galat. 3. Et 1. Petri 3. commendatur Sara: *Sic,* inquit, *sanctæ mulieres sperantes in Deo, non in ornatu vestium ornabant se subiectæ propriis viris: sicut Sara obediebat Abrahæ.* Et Loth commendatur 2. Pet. 2. Et iustum Loth oppressum à nefandorum iniuria eripuit, &c. habitans apud eos qui de die in diem animam iustam iniquis operibus cruciabant. Patet ergo, quod boni fuerunt antiqui patres & saluati.

Caput XII.

De quarto errore qui ponit animas non de nouo creari: qui diuersificatur in quatuor oppositos errores.

Sequitur de quarto errore, qui ponit animas de nouo nõ creari, quæ corporibus infunduntur. Qui error diuersificatur in quatuor oppositos errores. Primus ponit in corporibus non esse animas nisi angelos apostatas, seu dæmones qui in eis includuntur vt agant ibi pœnitentiam, & successiue possunt esse in diuersis corporibus: vt si pœnitentiam non agunt in vno corpore, agant illam in alio. Secundus ponit duas animas esse in corporibus. De quo errore loquitur August. in lib. de duabus animabus. Tertius ponit animas creatas simul fuisse. Quartus ponit animas sicut corpora seminari. Licet autem hi quatuor errores diuersi sint, tamen in hoc conueniūt quod veritati fidei Catholicę contradicút, quæ asserit animas creari, & creando corporibus infundi, & infundendo creari. Quam veritatem confirmat illud Psalm. *Qui finxit sigillatim corda eorum.* Gloss. id est, creauit animas singulas per se ex nihilo. Aug. in ecclesiasticis dogmatibus. Credendum est & firmiter tenendum, quod animæ non sunt ab initio creatæ, vt Origenes fingit: nec cum corporibus seminātur, vt Luciferiani, & Cyrillus, & quidam Latinorum affirmant: sed dicimus animam infundi & creari simul in corpore compacto & formato, vt viuat in vtero homo.

Caput XIII.

De errore primo qui ponit animas esse angelos apostatas.

Illi qui sunt primi erroris, aliqua verba S. Scripturæ adducunt ad confirmationem ipsius, impertinētia tamen ad propositum si vere intelligantur. Legitur Matt. 10. *Ite ad oues quæ perierunt domus Israel:* Oues illas intelligūt angelos apostatas ad quos solos saluandos missus est filius Dei, vt aiunt, secundum illud Matt. 15. *Non sum missus nisi ad oues quæ perierunt domus Israel.* Sed si inspiciatur quæ præcedunt, apparet ridiculosam esse hac expositionem. Christus enim missurus Apostolos ante passionem suam prohibuit eis ne irent ad gētes vel Samaritanos, ne Iudæi haberent occasionem repellendi eum: ideo dixit eis, *In viam gentium ne abieritis, & in ciuitates*

tes Samaritanorum ne intraueritis, sed potius ite ad oues, &c. Vnde patet oues istas de quibus loquitur esse Iudæos. Si enim intelligerentur secundum expositionem eorum, oues quæ perierunt, id est, dæmones, vel spiritus qui de cœlo ceciderunt, essent in gentibus & Samaritanis sicut & in Iudæis: vnde non fuissent prohibendi Apostoli à prædicatione corū. Item legitur Luc. 16. de villico iniquitatis, qui amotus est à villicatione sua, quod ipsi exponunt de diabolo, quem dicunt fuisse præpositum aliis angelis, & prudēter gratiam illorum acquisiuisse de seruitio Deo debito relaxando eis: sed propter peccatum suum fuisse amotum, & Michaëlem pro eo fuisse substitutum, & eum cū complicibus suis de cœlo fuisse eiectum, & corpora fabricasse, quæ secundum eos, inhabitant spiritus qui de cœlo ceciderunt. Sed quod sequitur in fine illius parabolæ, non concordat expositioni eorum: scil. quod Dominus laudauit villicum iniquitatis: absit enim quod Deus diabolum laudauerit. Item legitur Ioan. 4. *Nemo ascendit in cœlum, nisi qui descendit de cœlo.* Ex quo ipsi inferūt solos spiritus, qui de cœlo descenderūt saluandos. Sed patet quod nulla est expositio eorum, per id quod sequitur verbū prædictū, *Filius hominis qui est in cœlo.* Cōstat enim quod Christus seu vocat filium hominis. Matth. 8. *Filius hominis non habet vbi caput suū reclinet.* Et 24. eiusf. *Estote parati, quia qua hora nō putatis, filius hominis venturus est.* Vnde impertinens est illud verbum ad angelos Apostatas, sed tēpore quo Christus dicebat verbū illud, quum nondū esset ianua regni aperta per passionem ipsius, nullus adhuc purus homo ascēderat in cœlum vel ascēdere poterat, nisi solus filius hominis qui de cœlo descēderat in carne assumpta visibilis hominibus apparendo, qui erat in cœlo patri æqualis inquantū Deus, ascēdere poterat in cœlū in humanitate: & iam ascēderat: id est, à Deo alius erat secundū diuinitatem, vt pater. Solus etiam Christus erat ascensurus in cœlum, scilicet caput cū membris. Rationes quibus innitatur error ipse, non ponimus: quia vel non sunt, vel nullius probabilitatis sunt. Error vero iste tria ponit: quorum falsitas de facili potest ostendi. Ponit enim dæmones esse saluandos, ponit animas non esse, & ponit dæmones esse incarceratos in corporibus humanis. Primum vero multis auctoritatibus potest destrui. Legitur Matth. 3. *Paleas comburet igni inextinguibili*: ergo pœna malorum erit æterna: sed dæmones maxime sunt puniendi; ergo pœna eorum erit æterna. Ad idem possunt adduci testimonia sacræ Scripturæ quæ sequuntur. Matt. 25. *Discedite a me maledicti in ignem æternum, qui paratus est diabolo & angelis eius.* Et in eodem: *Hi ibunt in supplicium æternum: iusti autem in vitam æternam.* Et 2. Thessal. 1. dicitur de non obedientibus Euangelio Christi. *Qui pœnas dabunt in interitu æternas.* Et in Canonica Iudæ. *Quibus procella tenebrarū conseruata est in æternum.* Et in eadem: *Angelos qui non seruauerunt suum principatum: sed dereliquerunt suum domicilium, in iudicium magni Dei, vinculis æternis sub caligine reseruauit:* Ergo vincula dæmonū æterna sunt, & ipsi reseruantur in iudicio magni Dei puniendi. Vincula æterna ista sunt, obstinatio eorum, & sētētiæ diuinæ inflexibilitas. Item 2. Pet. 2. *Si Deus angelis peccantib. non pepercit, sed rudentib. inferni detractos in tartarū tradidit in iudicium cruciendos reseruari.* Secundum Gloss. rudentes sunt funes quibus nautæ vela suspendunt, hic vero dicitur rudentes immundorū spirituum conamina, qui mox vt flatē superbia impulsi se aduersus creatorem erexerunt, ipsis elationis conatibus in abyssi profundum sunt rapti. Ad ostendendam vero falsitatem illius erroris qui ponit animas non esse: sufficiunt verba Euangelii, & aliarum scripturarum Noui Testamenti, quæ in tot locis contrariū exprimūt, quorum aliqua ponemus. Legitur Matt. 6. *Nonne anima vestra plus est quā esca, & corpus plus quam vestimentū?* Et eiusd.

Animas esse probat.

L

10. *Nolite timere eos qui occidunt corpus, animam autem non possunt occidere, &c.* Et eiusd. 11. *Inuenietis requiem animabus vestris.* Item 16. *Quid prodest homini si vniuersum mundum lucretur: animæ vero suæ detrimentum patiatur?* Item 22. *Diliges Dominum Deum tuum ex toto corde tuo, & ex tota anima tua.* Et 26. *Tristis est anima mea vsque ad mortem.* Item Ioan. *Potestatem habeo ponendi animam meam, & potestatem habeo iterum sumendi eam.* Et Iacob. 5. *Qui conuerti fecerit peccatorem, ab errore viæ suæ, saluabit animam eius à morte.* Et 1. Pet. 1. *Animas vestras castificantes in obedientia charitatis.* Eiusdem 4. *Fideli creatori commendent animas suas.* Et Apocalyps. 7. *Vidi subtus altare animas interfectorum propter verbum Dei.* Error vero tertius valde odibilis est Deo & hominibus, quantum ad hoc quod ponit dæmones esse in hominibus: Deo: ideo quia cōtumeliam magnam ei facit, cum vituperat hominem nobilissimam eius creaturam quam creauit ad imaginem & similitudinem suam. Genes. 1 Et eiusd. 9. Ecclesiast. 17. Et 1 Corinth. 11. dicitur. *Vir imago & gloria Domini est.* Homini: quia magnam contumeliam facit ei, quum dicit eum dæmonium habere. Hoc reputauit sibi Christus contumeliosum, Ioan. 8. quum diceretur ei à Iudæis. *Samaritanus es tu, & dæmonium habes:* vnde subdit: *Ego dæmonium non habeo: sed honorifico Patrem meum, & vos inhonorastis me.* Imo quod plus est, qui sunt huiusmodi erroris homines reputant dæmones incarceratos, quum ipsi diaboli potius reputandi sint, imitando eos in obstinatione. Ioan. 6. *Ego duodecim vos elegi: & vnus ex vobis diabolus est.* Secundum errorem istum, vt videtur, Dominus potius debuit dicere: & omnes dæmones estis, quam, vnus ex vobis diabolus est. Quod autem falsum sit quod ipsi ponūt, patet ex hoc quod legitur Roman. 9. de Esau & Iacob. quum nondum nati essent, aut aliquid egissent boni aut mali: ostendit ibi Apostolus, vt patet ex his quę præcedunt & sequuntur, quod Esau & Iacob ante natiuitatem suam nihil boni, vel mali egerint, propter quod vnus eorum à Deo diligeretur, & alter odiretur. Non erat ergo angeli apostatæ in eis qui inclusi essent ad pœnitētiam agendam ibi de peccatis quæ fecissent antequam incluterentur. Item si angelus malus est in malo homine: ergo bonus angelus est in bono: ergo in Christo fuit angelus bonus: ergo nō est verum quod legitur ad Heb. 2. de filio Dei, quod nusquam angelos apprehendit, sed semen Abrahæ apprēhēdit: non assumpsit ergo angelicam naturam. Si vero dicatur quod in Christo non fuit nisi spiritus diuinus, hoc non potest dici, cum scriptū sit. Ioan. 12. *Nūc anima mea turbata est.* Et Matth. 26. *Tristis est anima mea vsque ad mortem.* Turbatio enim vel tristitia non cadit in Deum. Item verbum illud Genes. 1. *Faciamus hominem ad imaginem & similitudinem nostram: & præsit piscibus, &c.* non videtur esse verbum volentis punire vel incarcerare eum qui crimen commisisset, sed potius volētis facere quod nondum erat, & volentis eum honorare cum iam factus esset. Item si spiritus hominis fuisset antequam infunderetur corpori & creatorem suum offendisset, hoc fecisset sciens & volēs. Peccatum enim non posset esse sine voluntate. Omnis mens apud se conscriptum legit, vt ait Augustinus. Et si hoc fuisset, nullus alius melius sciret qua ipse spiritus. 1. Corinth. 2. *Quis scit hominum quæ sunt hominis, nisi spiritus hominis qui in ipso est?* Et in lib. de anima & spiritu: Nihil tam nouit mens, vel anima, quam id quod sibi præsto est.: nec menti vel animæ quidquam magis præsto est, quam ipsa sibi: ergo nihil tam nouit quam se. Si vero dicatur quod spiritus obliuiscitur cū corpori infunditur quæ prius sciebat, ridiculum est quod Deus spiritum includat corpori ad agendam pœnitentiam ibi, cum sciat ipsum obliuisci quam cito erit ibi, malum quod fecit. Quomodo enim potest agere pœnitentiam de malo quod

ignorat? Initium salutis cognitio est peccati, vt ait Seneca. Ergo qui peccatum ignorat, viam salutis etiam inchoare non potest. Item dixit Plato animas introeuntes in hanc vitam potari ab eo spiritu qui est super introitum poculo obliuionis, antequam intrent corpora, nullam huius rei ostentationem faciens: vt ait beatus in libr. contra hæreses. Et quærit à Platone, vnde hoc sciret. Si enim anima eius potata erat poculo obliuionis, non reminiscebatur nec spiritus, nec populi, nec quod aliquid sciuisset, nec oblitus fuisset: & si ista reminiscebatur, eadem ratione & alia. Item Irenæus: Si hoc quod in breuissimo tempore visum est, vel in fantasmate conceptum est, & ab anima sola per somnium postea quam commista sit corpori, & inde vniuersa membra dispersa commemoraret: multo magis ipsorum reminisceretur in quibus temporibus tantis & vniuerso præteritæ vitæ seculto immorata est. Item dixerunt quidam ipsum corpus esse obliuionis causam. Sed quærit Irenæus. Si hoc est, quomodo anima quod per semetipsam videt reminiscitur, & renūtiat proximo? Item nec ea quæ olim agnita sunt, aut per oculos, aut per auditum meminisset anima in corpore existens si esset corpus obliuionis causa. Anima enim in obliuione existēs nihil aliud cognoscere posset, nisi quod in præsenti videret. Item quomodo diuina disceret, & meminisset ipsorū existens in corpore? Itē quum non sit corpus fortius quam anima, non amitteret anima scientiā suam propter corpus. Præterea nō est verisimile, quum corpus organum sit animę, quod scientiā suam ei auferat. Non solet enim instrumentum scientiam suam auferre artifici. Iam enim potius esset impedimentum quam instrumentum. Præterea raptus est Paulus vsque ad tertium cœlum. 2. Cor. 12. & tamen rediens ad se memor fuit visionis suæ: quod non fuisset si corpus necessario obliuione induceret. Item si corpus obliuionem inducit, potius inducere debet obliuionem eorum, quæ

cognoscuntur viribus illis secundū quas anima vnitur corpori, quam eorum quæ intellectu agnoscuntur, secundum quæ nō vnitur anima corpori. Præterea aut spiritus apostata potestatem habet viuificandi corpus, aut non. Et videtur quod nō, secūdum ea quæ ponit error iste: ponit enim quod cum diabolus duo homini corpora fabricasset, non potuit per triginta annos vitalem spiritū illis corporibus infundere: sed accedēs ad misericordiā Altissimi duos angelos ab ipso quæsiuit. Præterea si spiritus malus potest corpus viuificare, aut potestas illa est volūtaria aut naturalis. Non videtur esse volūtaria, vt sc. voluntate sua corpora viuificet: hoc enim solius Dei est. Ioan. 5. *Sicut pater suscitat mortuos, & viuificat: sic & filius quos vult, viuificat.* Si vero naturalis nō videtur hic aliter facere quā forma, & perfectio ipsius corporis. Et hoc etiam dicit Philosophus, quod anima est actus prim⁹ siue perfectio primi physici seu naturalis corporis organici potentia vitā habētis. Si vero est spiritus qui est in corpore, corporis est perfectio: incōueniēs est dicere quod spiritus ille tēpore sit prior, quam ipsum corpus: perfectio enim rei non potest esse prior tēpore quam eius inchoatio: nec forma prior est tēpore, quā eius materia, quū forma sit actus, materia sit potētia: actus enim nō potest præcedere potentiā suam. Imago quæ ceræ imprimitur nō potest prior esse tempore, quàm possibilitas ipsius ceræ ad receptionem ipsius imaginis. Præterea vbi Scriptura sacra dicit diabolum intrasse in hominem, constat quod ipse erat prius homo viuens, sentiens, intelligens: vt patet in Iuda. Ioan. 13. Vbi legitur, quod post bucellam introiuit in eum Sathanas. Et Matth. 12. *Intrantes habitant ibi, & fiunt nouissima hominis illius peiora prioribus:* loquitur de dæmonibus. Vnde constat quod ante ingressum erat homo. Item cū expellebantur dæmonia ab hominibus: cōstat quod remanebāt homines viuentes, sentientes, intelligētes. Luc. 11. *Erat Iesus eijciens dæmonium, & il-*

lud erat mutum: & quum eiecisset dæmonium, loquutus est mutus. Ergo aliquid erat in eo præter dæmonium quo viuebat, sentiebat, discernebat. Hoc autem animam vocamus, quod sc. est in homine principium viuendi, sentiendi, & discernendi. Item vbi Euangelium loquitur de dæmonibus qui erāt in hominibus: non dicit eos in hominibus puniri, sed potius eos homines punire: nec eos vexari, sed potius vexare, Matth. 15. *Filia mea male à dæmonio vexatur.* Et Luc 6. *Qui vexabantur à spiritibus immundis, curabantur.* Dæmones vero expulsionem ab hominibus cruciatum reputabāt, & non inhabitationem hominū. Vnde dicunt Christo expellenti eos. Mat. 8. *Fili Dei cur venisti ante tempus torquere nos?* Vnde ergo habent quod angeli apostatæ inclusi sint in corporibus humanis vt agant ibi pœnitentiam? Item error iste destruit resurrectionem corporū. Si enim corpora solummodo carceres sūt spirituū saluandorum, non est verisimile quod spiritus illi corpora sua debeāt resumere cum beati efficientur, incarceratio enim & glorificatio non videtur simul debere esse. Itē natura non appetit quod sibi contrarium est: ergo si corpus à prima institutione pœna est spiritus inhabitantis, nō habebit spiritus naturalem appetitum ad corpus: ergo separatio eorū non faciet naturaliter dolorem in morte. Item omne quod contra naturam per violentiam detinetur, naturaliter appetit liberari: ergo si spiritus illi violēter detinentur in corporibus, naturaliter appetent liberari: ergo homines in quibus sunt naturaliter appetunt mori, ergo appetitus mortis naturalis est homini, quod constat esse falsum. Item natura non agit contra se: ergo si corpus à prima conditione sui pœna est spiritus inhabitantis: spiritus non erit eius naturalis perfectio. Item constat quod Deus non dedit spiritibus potentias quæ essent otiosæ, si ipsi debito modo se haberent: sed potentiæ viuificandi & sentiendi otiosæ essent in eis si ipsi debito modo se haberēt, quia non includerentur corporibus: extra corpus vero otiosæ sunt: ergo illæ potentiæ non sunt datæ spiritibus qui peccauerunt à creatione. Si vero post datæ sunt, quum hæ virtutes specie differant ab intellectu qui est in spiritibus qui sūt substantiæ separatæ: spiritus quorum sunt hæ virtutes specie differūt ab aliis spiritibus. Item aut boni angeli habent illas potentias, aut non habent. Si habēt eas, otiose habent, quum secundum eas non vniantur corporibus sine quibus exercere nō possunt operationes talium potentiarū. Si vero non habent eas: ergo specie differunt ab illis spiritibus qui vniuntur corporibus, quum non habeant potentias illas quas ipsi habent quæ sunt specie differentes à potentiis eorum: & quum angeli boni sint substantiæ perfectæ, non natæ fieri partes essentiales alicuius totius, spiritus vero qui vniūtur corporibus, nati sunt esse partes essentiales ipsius hominis. Si vero dicatur omnes angelos cecidisse de cœlo & malos esse in corporibus inclusos, vt quidam hæretici dixerunt, hoc non est verisimile. Quū enim Deus spiritus sit, oportet aliquos ministros eius esse spirituales. Greg. Dubitare non debes inuisibilem Deum inuisibilia obsequia habere: debent quippe ea quæ ministrant ad similitudinem eius tendere cui ministrant. Scriptura etiam Euangelii manifeste obuiat huic errori, quæ distinguit inter angelos Domini & angelos diaboli. De angelo Domini habes Matth. 1. *Angelus Domini apparuit Ioseph.* Simile habes Matth. 2. Et eiusdem 4. habes, quod, *accesserunt angeli, & ministrabant ei.* Et 18. *Angeli eorum semper vident faciem patris mei qui in cœlis est:* quod de malis angelis intelligi non potest. Et eiusd. 22. *Sunt sicut angeli Dei in cœlo.* Et 28. eiusd. *Angelus Domini descendit de cœlo.* Et Luc 1. Dicit Gabriel: *Ego sū Gabriel qui asto ante Deū.* Constat ergo quod sūt aliqui angeli Dei. Et patet quod sūt diuersi ab angelis diaboli, de quibus Mat. 25. *Qui paratᵘ est diabolo & angelis eius. Nemo enim potest duobus dominis*

De Fide.

seruire. Matth. 6. Maxime Deo & diabolo, qui contrarij sunt. Praeterea legitur Apoc. 12. quod, *draco traxit tertiam partem stellarum*, stellae vocantur angeli, quorum tertiam partem traxit diabolus: quia aliqui peccato eius consenserunt, & non omnes. Item aut spiritus qui sunt in corporibus humanis vnum faciunt cum corporibus, aut non. Si non, ergo non faciunt aliquid vnum. Vnum enim & aliquid sunt conuertibilia: ergo homo non est aliqua species creaturae. Si vero vnum faciunt: ergo aliquo genere vnionis: ergo vel vnum continuatione, sicut partes carnis vnum faciunt: aut contiguatione, sicut os & caro, vnum faciunt: aut vnum per comistionem, sicut ex diuersis elementis fit vnum elementum, aut vnum per impressionem, sicut figura & cera vnum faciunt: aut vnum secundum exigentiam naturalem, sicuti materia & forma vnum faciunt compositum. Exigit enim materia formam vt suam perfectionem, & forma materiam vt suum perfectibile: aut vnum quantum ad operationem, sicuti artifex & instrumentum vnam habent operationem. Primo modo non: vnum enim continuatione non sunt, nisi ea quae habent dimensionem longitudinis, & latitudinis, & spissitudinis. Vnde cum spiritus simplex sit, ex eo & corpore non fiet vnum per continuationem. Eodem modo neque vnum per contiguationem. Contiguatio enim similiter non est nisi eorum quae habent dimensionem. Item neque per comistionem: qua quae vtuntur sic desinunt esse actu, licet maneant virtute: vt elementa in elemento. Spiritus vero & corpus in homine manent actu. Item nec per impressionem: quia forma impressa non subsistit sine eo cui imprimitur, anima vero destructo corpore subsistit. Item si secundum exigentiam naturalem, vt spiritus sit vt forma, corpus vero vt materia, forma & materia immediata quae vocatur necessitas simul sunt tempore, & neutrum tempore praecessit reliquum. Vnde secundum hoc spiritus tempore non praecesserunt corpora in quibus sunt inclusi: materia vero quae non est immediata praecedere potest formam. Cum enim non sit perfecte aptata, aptari oportet eam antequam adueniat forma eius perfectiua, sed forma quae est perfectiua quam cito est, perfecta est. Et cum sit melior & nobilior quam materia, non decet eam esse otiosam propter defectum materiae: vt scilicet primo existens materiam vel instrumentum expectet otiosa. Si enim sapientia humana non vult artificem otiosum esse propter defectum materiae vel instrumenti, quanto magis sapientia diuina hoc non permittet? Si quis tamen obiiciat animas erutas à corpore otiosas esse quantum ad viuificationem & sensum propter instrumenti defectum. Dicendum est quod culpa earum occasio fuit huius defectus, sed non fuit hoc secundum primam ordinationem creatoris: imo si nunquam peccassent, nunquam defectum organi paterentur. Item neque vnum quantum ad operationem. Ex his enim quae sic vniuntur, nunquam fit vnum aliquid secundum substantiam, vt ex nauta & naui non fit aliquod tertium, ex anima vero & corpore fit vnum secundum substantiam, scilicet homo. Item bonitas Dei cuncta fecit propter creaturae vtilitatem, non propter suam, cum bonorum nostrorum non egeat: sed ea quae pure corporalia sunt non videtur fecisse propter eorum vtilitatem, cum nullius boni perceptiua sint: ergo fecit ea propter creaturae spiritualis vtilitatem. Sed non videtur quod propter vtilitatem illius creaturae spiritualis quae pure est spiritualis. Illa enim non videtur egere creatura corporali: ergo propter vtilitatem creaturae, quae est partim corporalis & partim spiritualis. Si ergo corporalia creata sunt secundum primam ordinationem creatoris, ergo creatura partim spiritualis & partim corporalis est secundum primam ordinationem creatoris. Homo ergo factus fuisset, licet nullus Angelus corruisset. Ité sicut omnia sunt à Deo vt primo principio: ita omnia sunt ad Deum tanquam ad finem supremum. Quæ autem propinquiora sunt Deo similitudine, immediate ad eum ordinantur: vt creaturæ spirituales. Quæ autem magis distant ab eo similitudine: mediate ad Deum ordinantur, vt corporales creaturæ. Creaturæ vero pure corporales non videntur posse ordinari ad Deum per pure spirituales cum quibus habent disconuenientiam. Est igitur creatura partim spiritualis & partim corporalis: Homo scilicet per quem creaturæ corporales ad Deum ordinantur. Et hoc tripliciter. Vno modo, quia in homine est inuenire quasi naturam omnis creaturæ: quia corporeum, vegetabile, sensibile, rationabile, vnde in eius beatificatione quasi natura omnis creaturæ beatificatur. Secundo, quia homo positus est quasi medius inter creatorem & creaturas corporales, secundum dignitatem Deo inferior, creaturis illis superior, & vt Deo ministret, & sibi ab illis ministretur. Tertio, quia cum homo ratione corporis quo similitudinem habet cum omnibus corporalibus creaturis capax sit bonitatis eorum, manifeste apparet quod ratione animæ qua Deo similis est, capax esse potest beatitudinis diuinæ. Vnde in lib. de Anima & spiritu: Fecit Deus hominem de limo terræ, & inspirauit in faciem eius spiraculum vitæ, dans ei sensum & intellectum, vt per sensum lutum sibi sociatum viuificaret, & per intellectum regeret, vt per intellectum intus ingrederetur, & contemplaretur Dei sapientiam, & per sensum foris egrederetur & contemplaretur opera sapientiæ: intellectu intus illustrauit, sensu foris decorauit, vt in vtroque refectionem inueniret. Intus ad felicitatem, foris ad iucunditatem. Item in eodem: Si tam disparem naturam carnis & animæ ad vnam fœderationem atque amicitiam Deus coniungere potuit, nequaquam erit

Homo partim spiritualis, partim corporalis.

impossibile ei rationabilem spiritum qui vsque ad consortium terreni corporis humiliatus est cum eodem corpore glorificato, vt sit ei gloriæ quod fuit ei sarcinæ ad consortium beatorū spirituum qui in sua puritate perstiterunt exaltare. Ité in eodē: Plenum fuit miraculo quod tam diuersa & tā diuersa abinuicem, ad inuicem potuerūt coniungi; nec minus mirabile fuit, quod limo nostro Deus seipsum coniunxit, vt sibi inuicem vnirentur Deus & limus, tanta sublimitas & tanta vilitas: nihil enim Deo sublimius, & nihil limo vilius. Mirabilis fuit coniunctio prima, mirabilis & secunda, nec minus mirabilis erit & tertia, cum homo & Angelus, & Deus vnus erit spiritus.

Caput XIV.
De Errore qui ponit duas animas esse in corporibus.

Error ille qui ponit duas animas esse in corporibus humanis, sequitur: quarum vnam dicit partem Dei esse, alteram de gente tenebrarum, quam Deus non condidit, quæ mala est & propria carnis, & omnia bona hominis tribuit illi bonæ animæ, omnia vero mala illi malæ animæ. Bonam animam dicunt esse arborem bonam quæ non potest facere fructum malum: animam vero malam, malam arborem quæ non potest facere fructum bonum. Bonas vero missas esse ad reprimendam malitiam gentis tenebrarum. Hunc errorē destruit Aug. in lib. de duabus animabus: & in lib. contra Fortunatum quendam Manichæorum presbyterum. Et hæc sunt verba August. in lib. de duabus animabus. Quæro ergo ab eis, vtrum peccasse videretur, de cuius manu dormientis scripsisset alius aliquid flagitiosum? quod quis dubitet eos esse negaturos? Quæro etiam si aliquis valentior alterius vigilantis & scientis, sed omnino nolentis manu aliquid mali fecisset, vtrum vigilans & sciens, sed nolens, vllo peccati no-

De Fide. 87

mine teneretur? Respõdebunt nihil istum omnino peccasse. Quid si dormiens ille iam sciret quid alius de manu facturus esset, & de industria plus ne expergisceretur à somno sedaret: nunquid ei quidquam somnus ad innocentiam suffragaretur? Respondebunt quod non. Quid si alius vigilans & sciens, volens superatus est vt aliquem prætenta defensione deciperet: quid ei vt peccato careat profuit impotẽtia, quamuis resistere non valeret? Quibus concessis, colligo nusquam nisi in voluntate esse peccatum. Et subdit Peccatum sine voluntate esse non posse, omnis mens apud se conscriptum legit. Voluntas vero, vt ipse dicit ibidem, est animi motus cogente nullo ad aliquid vel non admittendum, vel adipiscendum. Peccatum vero est voluntas retinendi vel consequendi quod iustitia vetat. Et subdit, has duas diffinitiones voluntatis & peccati recipiens, Manichæorum hæresim cõdemnat. Nam illud malum genus animarum si antequam bonũ misceretur non habebat aliquam voluntatem, sine peccato erat atque innocens. Quod si voluntas inerat, ergo volebat aliquid adipisci vel non admittere. Illud autem aut bonum erat, aut bonum putabatur: sed nihil tale in suo genere erat: ergo illud bonum quod extra erat appetebat: ergo bonam voluntatem habebat. Præterea opinionem boni habebat: ergo non erat summe malum. Et paulo post: Nũc illud genus videamus quod ita ipsi laudant vt ipsam Dei substantiam dicant esse. Et cum manifestum sit non peccare animas in eo quod non sunt tales quales esse non possunt: vnde iam constat animas alias non peccare: relinquitur vt non tribuantur peccata nisi bono generi animarum & substantiæ Dei. Præterea nunquam negauerunt, dari veniam peccatorum cum fuerit quisquam ad Deum conuersus. Negant etiam malũ genus animarum bonum posse fieri & regnum Dei possidere. Restat igitur vt nõ solum ipsas quas de substãtia Dei perhibent: sed ipsas solas peccare fateantur. Sed dicunt quod mali commistione coguntur: sed si illa coguntur vt resistere non possint, non peccant. Si possunt, & propria voluntate consentiunt. Cur hoc malum in summo bono cogimur per eorum doctrinam inuenire? Summum bonum vocat animam quam dicunt esse de diuina substãtia. Contra Fortunatum sic destruit hũc errorem August. In primis, inquit, summum errorem puto Deum ex aliqua parte esse violabilem aut coinquinabilem, aut corruptibilem credere: & hoc vestram hæresim affirmare scio, sed nõ his verbis. Dicitis enim Deum omnipotentem cum videret quanta labes & vastitas immineret regnis suis nisi aliquid aduersæ genti opponeret & ei resisteret, misisse hãc virtutem, de cuius commistione cum malo & gente tenebrarum mundus sit fabricatus. Hinc esse quod hinc animæ bonæ laborant, errant, corrumpuntur, vt necessarium haberent liberatorem qui eas ab errore purgaret, & à commistione solueret, & à seruitute liberaret. Sed nefas puto credere Deum omnipotentem aliquam aduersam gentem timuisse aut necessitatem esse passum, vt nos in ærumnas præcipitaret. Item in eodẽ. Si enim potest aliquid nocere Deo, non est inuiolabilis. Si non potest aliquid ei nocere; quid ei erat factura gens tenebrarum contra quam dicitis bellum gestum esse à Deo ante mundi constitutionem? Responde ad illud breuissimum. Si poterat ei nocere, non est inuiolabilis: si non poterat, crudeliter huc nos misit vt nos ista patiamur. Item in eodem: Quæro à te quomodo habeamus peccata si natura contraria nos cogit facere quod facimus? Qui enim cogitur aliquid necessitate facere, non peccat. Item quæro de indulgentia peccatorum cui detur: nobis aut genti tenebrarum? Si genti tenebrarum, regnabit & ipsa cum Deo. Si autem nobis, manifestum est quod voluntate peccauimus. Nihil enim mali fecit qui nihil sua voluntate fecit. Idem in eodem

Prudentum est æstimare & fidelium quæ sit fides purior & maiestate Dei dignior. Quæ ergo erit illa vbi asseritur vel virtus Dei, vel pars aliqua Dei, vel sermo Dei posse commutari, violari, corrumpi, ligari? An ea vbi dicitur & omnipotentem Deum & omnem ipsius naturam & substantiam, nulla parte posse vnquam corrumpi? Item qui inuoluntarie peccat, non peccat. Si quis enim cæteris membris ligaretur ab aliquo & manu eius falsum scriberetur sine eius propria voluntate: quæro si hunc hominem posset iudex falsitatis crimine condemnare? Quid ergo anima quæ Dei pars est, cum liberum arbitrium non habeat, mali fecit, vt adeo puniatur, aut pœnitentiam agat: aut veniam mereatur? Item si neque malum, neque peccatum nisi à natura contraria esse potest, pœnam ipsa sola potest mereri: non anima in qua non est peccatum, nec anima quæ non peccauit, iussa est pœnitere. Nonne stultum & plenum dementiæ est vt gens tenebrarum peccauerit vt me pœniteat de peccatis, qui possum dicere secundum fidem nostram, quid feci? quid commisi? qui cum tuis regnis vastitas immineret, necessitate oppressus sum, cui resistere non potui. Item iniqua fuit voluntas mittendi animam ad tantas miserias, cum Deo noceri non possit. An Deus summe misericors vt modum imponeret naturæ contrariæ, ideo nos immoderatos efficere voluit? Ad verba ista nesciuit Fortunatus quid dicturus esset. Vnde dixit Augustin. ei: Ego noui non te habere quid dicas, & me cum vos audirem in hac quæstione nunquam inuenisse quod dicerem, & tamen fuisse admonitum diuinitus illum vt errorem relinquerem. Error iste, quantum ad hoc quod ponit animas bonas esse de substantia Dei, facile potest destrui. Cum enim substantia diuina simplicissima sit, vt prius ostensum est, non habet partes: vnde si dat alicui substantiam suam, dat totum: ergo est Deus perfectus. Item ex simplicissimo secundum substantiam non possunt esse animæ, cum differant secundum substantiam. Hunc errorem destruit gl. Augustin. super illud Gen. 2. *Inspirauit in faciem eius spiraculum vitæ*. Non sunt, inquit, audiendi qui putant animam partem esse Dei. Si enim hoc esset, nec à se, nec ab vllo decipi posset, nec ad malum faciendum vel patiendum compelli, nec in melius nec in deterius mutari. Idem in lib. 83. Quæstionum: Aliud est veritas, aliud anima: veritas enim falsitatem non habet, anima autem falsitatem habet: ergo non est veritas: nec de veritate licet sit à veritate. Item in lib. de Anima & spiritu: Anima non est pars Dei. Probat hoc mutabilitas quam incurrit. Deus enim immutabilis est: hæc sæpe mutata est pro culpa, quandoque damnata: pro pœna quoque fit misericordia, cum in Deo sit omnipotentia, & omnium scientia, & summa bonitas: in eo non habet locum violentia propter omnipotentiam, neque ignorantia propter omnium scientiam, neque malitia propter bonitatem summam: ergo si anima est de diuina substantia, nec violentia, nec ignorantia, nec malitia in ea locum habebit. Præterea si esset de diuina substantia, non esset creatura. Nam creatura est de nihilo: esse vero de nihilo, & esse de Deo opposita sunt maxima disparatione. Item si animæ sunt de diuina substantia, quomodo differunt à filio Dei qui similiter est de diuina substantia? Item cum omne totum maius sit sua parte, si animæ partes sunt diuinæ substantiæ, cum animæ mittuntur ad corpora, diminuitur diuina substantia: ergo & diuina potentia. Potentia enim sequitur substantiam, aut est ipsa substantia: ergo Deus non remanet omnipotens. Item si diuina substantia habet partes, aut omnipotentia ita est totius vt etiam partium, aut ita totius quod non partium. Si primo modo: ergo animæ quæ sunt partes ipsius habent omnipotentiam. Si secundo modo, ergo non remanet omnipotentia in Deo tot partibus ei detractis quot sunt animæ:

animæ: non enim remanet totum vbi tot partes detrahuntur. Item diuina substantia habet partes, aut omnes partes sunt eiusdem naturæ, aut non: si sunt eiusdem naturæ, & omnipotentia est vnius partis, erit etiam & omnium aliarum. Si vero diuersarum, qui illas diuersas naturas coniunxit, ille potius Deus erit. Item si animæ sunt partes diuinæ substantiæ, non habuerunt initium: ergo non sunt factæ, cuius contrarium dicitur Luc. 11. *Quod intus est vestrum, plenum est rapina & iniquitate*, & subditur: *Stulti, nonne qui fecit quod de foris est, etiam id quod de intus est fecit?* Id quod deintus est plenum iniquitate, non potest intelligi nisi de anima.

Caput XV.

De Errore qui ponit omnes animas simul fuisse creatas.

ERror ille qui dixit omnes animas simul fuisse creatas, sequitur. Contra quem errorem sic potest obiici. Constat quod habebant animæ potentiam cognoscendi & volendi antequam corporibus infunderentur. Si omnes à principio creatæ sunt: ergo cum non haberent eas otiose merebantur vel demerebantur. Si merebantur, debuerunt in bonitate confirmari sicut & Angeli. Si demerebantur, obstinatæ sunt factæ sicut Angeli qui peccauerunt: & peccatum earum fuit irremissibile, sicut & Angelorum malorum. Item si habuerunt potentiam cognoscendi & volendi cum cognoscerent carnem corruptam cui vniebantur: aut voluntarie vniebantur, & tunc erat in eis peccatum actuale, aut inuoluntarie, & tunc iniuste cum eis agebatur, cum corpori maculanti ea vniebantur. Ad hunc errorem destruendum pro magna parte aptari possunt auctoritates & rationes quæ positæ sunt ad destruédum errorem illú, qui ponit Angelos apostatas esse in corporibus humanis.

Caput XVI.

De Errore qui ponit animas de semine traduci vt corpora.

SEquitur de Errore illo qui ponit animas seminari vt corpora, id est, cum semine traduci decisione facta ab anima sicut à corpore. Contra quem primo est quod legitur Genes. 2. *Hoc nunc os ex ossibus meis, & caro de carne mea*, ait Adam per Spiritum sanctum: si esset anima de anima sicut os de osse, & caro de carne, debuit hoc Spiritus Sanctus dicere. Vnde glos. Aug. super prædictú verbum: Si aliud, inquit, fiebat in fœmina quam in viro, vt à carne animata anima eius duceretur, non sicut viri aliunde corpus, aliunde anima, quod aliter fiebat, scriptura facere non debuit, nec ita factum putaremus sicut iam didiceramus: quia ergo non dixit, ex anima viri factam animam mulieris, innuit nihil aliud putandum quam quod de viro fuerat dictum, scilicet *inspirauit in faciem eius spiraculum vitæ*. Genes. 2. secundum gloss. August. Inspirare est flare, vel sufflare. Flare vero hic dicitur flatum facere, id est, animam facere. Item legitur Eccles. 12. *Antequam reuertatur puluis in terram suam vnde erat, & spiritus redeat ad illum qui dedit illum*. Et Esa. 57. *Flatus ego faciam*. Et Arist. in libr. de Animal. dicit quod solus intellectus diuinitus ab extrinseco prouenit. Præterea cum anima rationalis immortalis sit, non est corruptibilis per corporis corruptionem: ergo non est generabilis per eius generationem. Sicut enim se habet generatio ad generationem: sic corruptio ad corruptionem. Item cum anima simplex sit, non potest anima ab alia esse per decisionem: sicut corpus per decisionem est à corpore. Item si anima seminatur cum corpore, cum irrita fluunt sine conceptibus semina, quomodo perit anima immortalis? vt ait Aug. ad Optatum. Item corruptibilibus substantiis

M

quæ non poſſunt cóſeruare ſpeciem ſuam in ſe, ſpecialiter datum eſt multiplicare ſpeciem ſuam, vt ſic conſeruetur in alio. Ergo cum anima rationalis non ſit corruptibilis, non eſt hoc datum ei: ergo non eſt anima rationalis ab anima. Item propinquiſſimum æterno eſt perpetuum: ergo cum anima rationalis perpetua ſit, immediate ipſa eſt à Deo qui æternus eſt. Non videmus aliquam ſubſtantiam perpetuam cui pura creatura conferat eſſe: ergo nec animæ rationali conferet. Item potentia creandi ſolius Dei eſt, vt prius oſtenſum eſt: anima vero rationalis per creationem eſt: ergo à ſolo Deo eſt: Quod anima rationalis per creationem ſit, oſtendi poteſt ſic: Aut anima rationalis ex nihilo eſt, aut ex aliqua materia præexiſtente. Si ex nihilo, ergo per creationem. Creare enim eſt aliquid facere ex nihilo. Si vero eſt ex materia præexiſtente, materia illa neceſſario erat ſub aliqua forma. Cum enim materia corporalis non ſit ſine aliqua forma, nec ſpiritualis erit ſine aliqua forma: ergo vel erat corporea, vel non erat corporea. Si corporea erat, non poterat ergo ex illa fieri anima quæ eſt incorporea ſubſtantia: ſimplex enim non fit ex compoſito, nec compoſitum ex ſimplici. Si vero erat incorporea, aut viuebat, aut non viuebat. Si non viuebat, erat ergo ſubſtantia incorporea non viuens, quod falſum eſt: nulla enim inuenitur ſubſtantia incorporea non viuens. Si vero viuebat: ergo erat vel Deus, vel angelus, vel anima, vel animal, vel planta, quod eſt inconueniens. Item materia illa rationalis erat antequam ex ea anima fieret, aut non. Si non, ſed facta eſt rationalis quum ex ea anima facta eſt: ergo habens vitam irrationabilem materia animæ erat: quid ergo à pecoris ſpiritu diſtabat? vt ait Auguſt. Si vero erat rationalis, ergo iam vel angelus, vel anima erat. Præterea ſi eſſet ſpiritualis materia ſicut corporalis, oporteret quod ipſa eſſet continua: exiſtens, vbicunque eſt aliqua ſpiritualis ſubſtantia: vel quod tot eſſent materiæ, quot ſunt ſpirituales ſubſtátiæ, cum ipſæ ſint ſeparatæ ab inuicem. Præterea cum illa virtus animæ quæ dicitur intellectus, operatur per abſtractionem à materia, ipſa virtus immaterialis eſt: ergo & ipſa anima immaterialis eſt. Operatio enim ſequitur naturam virtutis & virtus naturam ſubſtantiæ. Non eſt igitur anima ex materia præexiſtente, ſed ex nihilo: ergo & per creationem, & ita à ſolo Deo. Item potentia rei affectæ ſubiecta eſt ſuæ cauſæ efficienti: potentia vero animæ rationalis, ſcilicet liberum arbitrium, nulli puræ creaturæ ſubiecta eſt, quum à nulla poſſit cogi: ergo nulla creatura pura cauſa efficiens eius eſt. Solus ergo Deus creator eſt animarum, vt fides catholica aſſerit.

CAPVT XVII.

De quinto Errore, qui ponit Chriſtum non habuiſſe veram humanam naturam.

SEquitur de quinto errore qui ex errore Manichæorum proceſſit, qui ponit Chriſtum non habuiſſe veram humanam naturam. Cui errori occaſionem dedit illud Philip. 2. *Et habitu inuentus vt homo.* Ex hoc enim inferunt Chriſtum fuiſſe vt hominem, & non vere hominem. Sed ſimili ratione poſſunt dicere eum fuiſſe quaſi vnigenitum Patris, & non vere vnigentium, quum ſcriptum ſit Ioan. 1. *Vidimus gloriam eius gloriam quaſi vnigeniti à Patre.* Ideo potius dicendum eſt quod hæc dictio, vt, vel quaſi, non ſemper eſt nota improprietatis vel ſimilitudinis: imo aliquando expreſſiua eſt veritatis, vt in verbis prædictis. Dederunt etiam occaſionem dicto errori quædam opera miraculoſa quæ Chriſtus legitur feciſſe: vt quod de vtero materno clauſo exiuit, & quod ſuper mare ſiccis pedibus ambulauit. Matth. 14. Sed opera quæ Chriſtus miraculoſe fecit, diuinæ naturæ oſtendunt

De Fide. 91

veritatem, & non humanæ naturæ probant falsitatem: & sicut opera sua naturam attestantur eius Deitati, sic defectus & eius infirmitates quæ in Sacra scriptura leguntur, attestantur veræ eius humanitati. Sicut esuries de qua legitur. Matth. 4. *Quum ieiunasset 40. diebus & 40. noctibus, postea esurijt.* Et eiusdem 21. *Mane reuertens in ciuitatem esurijt.* Et 26. *Cœpit contristari & mœstus esse.* Et post: *Tristis est anima mea vsque ad mortem.* Habuit ergo veram animam, eadem ratione & veram carnem. Et Ioan. 4. *Iesus ex itinere fatigatus sedebat super fontem.* Et eiusdem 11. *Lachrymatus est Iesus.* Et 12. *Nunc anima mea turbata est.* Præterea si veram humanam naturam non habuit, non fuit verus homo. Vnde non vere mortuus est, nec vere resurrexit. Cuius contrarium habetur. Luc. vlt. *Surrexit Dominus vere & apparuit Simoni.* Eiusd. 8. *Postquam flagellauerint, occident eum, & tertia die resurget.* Auctoritates vero quibus manifestum est eum verum hominem fuisse, hæ sunt quæ sequuntur. Matth. 1. *Liber generationis Iesu Christi filij Dauid, &c.* Et eodem: *De qua natus est Iesus, qui vocatur Christus.* Et iterum: *Inuenta est in vtero habens de Spiritu sancto.* Et post: *Peperit filium suum primogenitum.* Et Lucæ 7. *Venit filius hominis manducans & bibens.* Erat ergo vere homo qui manducabat & bibebat. Et eiusdem vlt. *Palpate & videte, quoniam spiritus carnem & ossa non habet, sicut me videtis habere.* Et iterum: *Et quum manducasset, coram illis sumens reliquias dedit eis.* Et Ioan. 1. *Verbum caro factum est.* Et eiusdem 10. *Potestatem habeo ponendi animam meam:* ergo habebat veram animam, eadem ratione & veram carnem. Item Rom. 1. *Qui factus est ex semine Dauid secundum carnem.* Et eiusdem 9. Ex quibus Christus secundum carnem. Ad Hebr. 7. *Ex Iuda ortus est Dominus noster.* Act. 1. *Conuescens præcepit eis, &c.* Et eiusdem 10. *Nobis qui manducauimus & bibimus cum illo.* 1. Ioan. 1. *Quod perspeximus*

& manus nostra contrectauerunt de verbo vitæ. Eiusd. 4. *Omnis spiritus qui confitetur Iesum Christum venisse in carne, ex Deo est.* Et 2. Ioan. *Multi seductores exierunt in mundum istum qui non confitentur Iesum Christum venisse in carne, &c.* Et post: *Qui non confitetur Iesum Christum venisse in carne, hic est seductor & antichristus:* quum Christus veritas sit: secundum illud Ioan. 14. *Ego sum via, veritas & vita.* Non est verisimile eum falsitate humanæ naturæ homines decepisse.

Item quum vere sit mundi redemptor, secundum illud ad Titum 2. *Qui dedit semetipsum pro nobis vt nos redimeret ab omni iniquitate,* verum pretium soluit. Pretium vero pœna erat, cuius debitor erat genus humanum. Ergo vere pœnam sustinuit: ergo verum corpus habuit. Non est ergo verisimile quod redimendo genus humanum falsum monetam soluerit. Præterea si corpus Christi verum corpus non fuit, sed vmbra corporis, quomodo verum est illud Philipp. 2. *Christus factus est pro nobis obediens vsque ad mortem, &c.* Et illud 1. Petr. 2. *Christus passus est pro nobis.* Et illud Apocalyp. 1. *Lauit nos à peccatis in sanguine suo.* Et quod legitur Ioan. 13. de ablutione pedum Apostolorum. Ablutio enim contactum requirit. Si vero dicatur corpus illud cæleste fuisse, ergo impossibile fuit: quod ex diuersis locis Euangelij constat esse falsum. Præterea secundum hoc non est verum quod legitur ad Hebræos 2. *Quod semen Abrahæ apprehenderit.* Secundum hoc etiam nunquam comedit vel bibit, cuius contrarium prius ostensum est.

CAPVT XVIII.
De Errore illo qui condemnat Ioannem Baptistam. Et de commendatione ipsius Ioannis.

SEquitur de errore 6. qui ex errore Manichæorum processit, qui condemnat Ioann. Baptist. Cui errori occa-

M ij

sionem dedit quod legitur Matth. 11. *Cum audisset Ioann. in vinculis opera Christi: mittens duos de discipulis suis, ait illi: Tu es qui venturus es, an alium expectamus?* Ex quo inferunt Ioannes dubitasse de Christo, quum interrogauerit, & propter dubitationem condemnatum esse. Sed nõ sequitur si interrogauit quod dubitauerit. Interrogauit enim Christus cuius esset imago denarii & superscriptio. Matth. 22. non tamen de hoc dubitauit. Item non sequitur, si dubitauit quod propter hoc damnatus fuerit: non enim omnis dubitatio damnabilis est. Potuit dubitare vtrum Christus in propria persona descensurus esset ad inferos, & inde exacturus amicos suos, an per alium hoc esset facturus. Quod propter illam dubitationem damnatus non sit, patet per hoc quod Christus postquam nuntii Ioannis redierant, tantum testimonium dedit Ioanni vocans eum angelum & plusquam prophetam, & dicens quod inter natos mulierum maior illo non surrexit. Et verisimile est quod Ioannes sibi illud non interrogauerit, sed discipulis suis qui de Christo dubitabant, volentes eos per Christum certificari: quos Christus certificauit, ostendens signum impletum quod dederat Esaias de aduentu Christi. Esa. 35. *Deus*, inquit, *ipse veniet & saluabit nos: & tunc aperientur oculi cæcorum, & aures surdorum patebunt &c.* Vnde Dominus ait: *Cæci vident, claudi ambulant, &c.* Potuit etiam dare occasionem huic errori, quod Ioannes Baptista non secutus fuit Christum, dicunt enim quod si bonus fuisset, eum secutus fuisset. Sed hoc non sequitur. Multi enim boni fuerunt, qui tamen Christum corporaliter secuti non sunt. Noluit Christus quod Ioannes eum corporaliter sequeretur, ne testimonium eius suspectum haberetur: & plus profuit ad confirmationem fidei testimonium quod Ioannes in absentia Christi tulit, quam si illud in eius præsentia tulisset. Simile habes Matth. 5. de illo qui à dæmonio liberatus erat, qui rogauit Christum vt esset cum eo. Iesus autem non admisit eum, sed ait illi: *Vade in domum tuam ad tuos, & nuntia illis quanta tibi Deus fecerit. Et abijt, & cœpit prædicare in Decapoli quanta sibi fecisset Iesus, & omnes mirabantur.* Plus profuit prædicatio eius in absentia Christi, quam profuisset in eius præsentia. Vt autem manifesta fiat falsitas istius erroris, ponamus commendationes Ioannis quæ à scripturis sacris possunt haberi, quæ 16. sunt. Prima est, quod à prophetis est prænuntiatus. Vt Esa. 40. *Vox clamantis in deserto.* De eodem habes Matth. 3. Et Marc. 1. Item prænuntiatus est Malac. 3. *Ecce ego mitto angelum meum.* De eodem habes Matth. 11. *Hic est de quo scriptum est: Ecce ego mitto angelum meum.* Item prænuntiatus est in Psal. *Paraui lucernam Christo meo.* De eodem habes Ioan. 5. *Ipse erat lucerna ardens & lucens.* Secunda est, quod angeli nuntiatione præuenta est eius conceptio & natiuitas, & non cuiuscunque angeli, sed eius qui Christi conceptionem prænuntiauit. Lucæ 1. *Ego sum Gabriel qui asto ante Deum.* Tertia est, quod de parentibus sanctis miraculose natus est. Luc. 1. *Erant iusti ambo, &c. Et post: Non erat illis filius, eo quod esset Elizabeth sterilis, & ambo processissent in diebus suis.* Quarta est, quod ante fuit sanctus quam natus. Lucæ 1. *Spiritu sancto replebitur adhuc ex utero matris suæ.* Quinta est, quod fuit propheta, ita quod in vtero prophetare incœpit, dum exultando in vtero, testimonium Christo dedit. Luc. 1. *Vt facta est vox salutationis tuæ in auribus meis, exultauit in gaudio infans in utero meo.* Absque dolo fuit testimonium illud, Nec solum fuit propheta, sed etiam plusquam propheta. Matt. 11. Quia Christum digito demonstrauit. Ioannis 1. Sexta est, quod fuit angelus nomine & virtute, licet non natura. Matth. 11. Chrysostom. Puto si non est audacia dicere, quod gloriosior est Ioannes quia homo fuit, & propter meritum virtutis ange-

Commendationes Ioannis Baptistæ.

1.

2.

3.

4.

5.

6.

lus est vocatus, quàm si nomine & natura angelus fuisset. Septima est, quod Christum baptizare meruit. Matth. & Luc. 3. Octaua est, quod vocem patris audire dignus fuit, dicentis: Hic est filius meus dilectus. Matth. 3. Nona est, quod Spiritum sanctum super Christum in specie columbæ descendentem vidit, & dictum est ei à Patre: *Super quem videris Spiritum descendentem & manentem super eum, hic est qui baptizat in Spiritu sancto.* Decima est, quod tria merita quibus debetur aureola, habuit: virgo enim, & martyr, & prædicator fuit. Vndecima est, quod sanctitas eius & Iudæis & gentibus, & Christianis manifesta fuit. Duodecima est, quod carnis suæ fuit perfectissimus dominator. Lucæ 1. *Vinum & siceram non bibet.* Matth. 3. *Esca eius erat locustæ & mel syluestre.* Et 11. *Venit Ioannes non manducans, neque bibens.* Supra 3. *Ioannes habebat vestimentum de pilis camelorum.* Matth. 3. *Quid existis in desertum videre? hominem mollibus vestitum? &c.* Tertiadecima est, quod ipse fuit mundi maximus contemptor. Vnde erat in deserto vsque ad tempus ostensionis suæ ad Israël. Luc. 2. Decimaquarta est, quod regni cœlestis prædicator, ante ipsum qui prædicabant, terram promittebant. Lucæ 16. *Lex & prophetæ, vsque ad Ioan.* supple prædicauerunt. Lex autem terrena promittebat: ex eo vero regnum Dei euangelizatur. Matth. 3. *Pœnitentiam agite, appropinquabit regnum cœlorum, &c.* Decimaquinta est, quod ipse vitiorum fuit zelatissimus persecutor: zelus iste fuit ei mortis occasio. Marci 6. Decimasexta est, quod post Christum & beatam Virginem dies natiuitatis eius, solennis est.

Caput XIX.
De Erroribus negantibus pluralitatem vel æqualitatem diuinarum personarum.

Destructis erroribus pertinentibus ad diuinam essentiam vel eius vnitatem, destruendi sunt errores pertinentes ad personarum Trinitatem vel æqualitatem. Ad destructionem vero horum errorum, sufficit ponere testimonia sacræ scripturæ, quæ ostendunt personarum Trinitatem vel æqualitatem. Nullum enim genus ostensionis conuenientius est in his quæ sunt supra rationem, quà per sacram scripturam. In talibus enim soli Deo de se credendum est, qui se solus nouit, iuxta verbum Hilarii. Aug. in libr. de Trinitate: Omnes Catholici tractatores, qui de Trinitate scripserunt, quæ Deus est, hoc intendūt secundum scripturas docere quod Pater, Filius, & Spiritus sanctus vnius sint substantiæ & inseparabili æqualitate vnus sit Deus. Ioann. Damascen. Dominus per legē & per prophetas prius, deinde vero per vnigenitum filium suum secundum quod possibile est, nobis sui ipsius manifestauit cognitionem. Diuina igitur quæ tradita sunt nobis per legem, & per Prophetas, & per Apostolos, & Euangelistas, suscipimus & reueremur nihil vltra inquirentes. Prouerb. 30: *Ne addas quidquam verbis illius.* Quod specialiter seruandum est in his quæ sunt supra rationem. Augustin. Quum res naturaliter obscura modulum nostrum vincit, & aperta diuina scriptura non subuenit, temere diffinire humana coniectura præsumit. Ecclesiast. 5. *Nec temere quid loquaris, nec cor tuum sit velox ad proferendum sermones coram Deo: Deus enim in cœlo, & tu super terram, idcirco sint pauci sermones tui.* Intelligendum de Deo, de quo & vera dicere periculosum est. Pluralitas personarum insinuatur Genes. 1. vbi loquitur Pater ad Filium &

Spiritum sanctum, dicens: *Faciamus hominem ad imaginem & similitudinem nostram.* Non potest enim dici quod loquatur ad angelos, quum angeli non sint creatores. Item eiusdem 8. *Vbi Abraham tres vidit, & vnum adorauit.* Item insinuatur in verbo illo Psalm. *Verbo Domini coeli firmati sunt, & spiritu oris eius omnis virtus eorum.* Item ibi: *Benedicat nos Deus Deus noster: benedicat nos Deus.* Trina nominatio Dei, Trinitatem personarum insinuat. Item Esaiæ 6. Vbi Esaias audiuit Seraphim clamantia, *Sanctus, Sanctus, Sanctus, Dominus Deus.* In hoc quod dicitur ter sanctus, insinuatur personarū Trinitas. In hoc vero quod dicitur Deus, essentiæ vnitas. Simile habetur Apoc. 4. de animalibus quæ plena erāt oculis, quod requiem non habebant die ac nocte dicentia, *Sanctus, Sanctus, Sanctus, Dominus Deus omnipotens.* Expressè vero personarum Trinitas ostenditur. Matth. vltimo vbi dicit Christus: *Docete omnes gentes, baptizantes eos in nomine Patris, & Filij, & Spiritus sancti.* Et Ioan 10. habetur de duabus, *Ego & Pater vnum sumus.* Et eiusd. 14. de trib. *Paracletus Spiritus sanctus quem mittet Pater in nomine meo,* &c. Item eiusdem 15. *Quum venerit paracletus, quem ego mittam vobis à Patre, Spiritum veritatis qui à Patre procedit,* &c. Et 1. Ioan. vlt. *Tres sunt qui testimonium dant in coelo, Pater, Verbum, & Spiritus sanctus, & hi tres vnum sunt.* Item Rom. 8. *Spiritus eius qui suscitauit Iesum habitat in vobis.* Et Gal. 4. *Misit spiritum filij sui in corda vestra.* De generatione vero filij à patre dicitur in Psalm. *Ego hodie genui te.* Item, *Ante luciferum genui te.* Et Prouerb. 8. dicitur de sapientia increata. *Ab æterno ordinata sum, antequam terra fieret: nec dum erant abyssi, & ego iam concepta eram.* Et Eccl. 24. *Ego ex ore Altissimi prodij primogenita ante omnem creaturam.* Et Mich. 5. dicitur ad Bethleem: *Ex te egredietur qui sit dominator in Israel: & egressus eius ab initio à diebus æternitatis eius.* De Deitate vero filij habetur Esaiæ 7. *Vocabitur nomen eius Emanuel.* Et Matth. 1. Idem verbum sumitur. Et sequitur: *Quod est interpretatum nobiscum Deus.* Et Esa. 9. dicitur, *Paruulo nobis nato. Vocabitur nomen eius admirabilis consiliarius, Deus fortis,* &c. Eiusd. 25. *Deus ipse veniet, & saluabit nos: tunc aperientur oculi coecorum,* &c. Et Baruch. 3. *Hic est Deus noster, non æstimabitur alius aduersus eum,* &c. Et post: *In terris visus est, & cum hominibus conuersatus est.* Et Matth. vlt. *Data est mihi omnis potestas.* Omnipotentia non potest esse nisi in Deo. Et Ioan. 3. dicitur: *Et Deus erat Verbum.* Et post: *Omnia per ipsum facta sunt.* Et iterum: *Et verbum caro factum est.* Ex quibus verbis manifestè apparet Christum verum esse Deum. Et eiusd. 5. dicit Ioannes de Christo: *Patrem suum dicebat, æqualem se faciens Deo.* Et ad Roman. 9. *Ex patribus est Christus secundum carnem, qui est super omnia Deus benedictus in secula. Amen.* Item ad Heb. 1. dicitur de filio: *Per quem fecit & secula.* Et iterum: *Qui cum sit splendor gloriæ, & figura substantiæ eius.* Et Philip. 2. *Non rapinam arbitratus est esse se æqualem Deo.* Item quum in cognitione eius consistat vita æterna, secundum illud Ioan. 17. *Hæc est vita æterna, vt cognoscant te solum Deum verum, & quem misisti Iesum Christum:* patet ipsum esse Deum. Vita enim æterna est beatitudo. Beatitudo vero est in summo bono. Ad idem facit, quod credentibus in se dat vitam æternam. Ioan. 17. Dare enim vitam æternam solius Dei est. Et 1. Ioan. vltimo: *Scimus quoniam filius Dei venit, & dedit nobis sensum vt cognoscamus verum Deum, & simus in filio eius vero: hic est verus Deus, & vita æterna.* Et Actu. 10. *Annuntians pacem per Iesum Christum, hic est omnium Deus.* Quod in Christo non solum esset natura humana, sed etiam diuina, patet ex eis quæ leguntur in Ioanne in diuersis locis. Primo ex hoc quod legitur eiusd. 3. *Nemo ascendit in coelum, nisi qui descendit de*

De Fide.

cœlo: *filius hominis, qui est in cœlo*. Erat ergo in cœlo Christus, quum verba illa loqueretur in terris, quod non erat secundum humanam naturam, sed secundum diuinam. Ad idem facit illud Ioan. 8. *Antequam Abraham fieret, ego sum*, non enim ante Abraham fuerat, secundum humanam naturam. Et Luc. 10. *Videbam sathanam quasi fulgur cadentem de cœlo*. Hoc non erat secundum humanam naturam: cum sathanas de cœlo cecidit Ioann. 8. *Ego principium qui & loquor vobis*. De spiritu sancto legitur Gen. 1. *Spiritus Domini ferebatur super aquas*. Et Iob. 26. *Spiritus eius ornauit cœlos*. Ex quo verbo patet spiritum illum esse Deum. Ornatus enim cœlorum à Deo fuit. De eodem spiritu habetur in Psalm. *Spiritu principali confirma me*. Et iterum: *Spiritum sanctum tuum ne auferas à me*. Item: Sapient. 1. *Spiritus Domini repleuit orbem terrarum*. Ex quo similiter patet eum Deum esse. Nulla enim creatura orbem terrarum replet. Item: Esa. 44. *Effundam spiritum meum super semen tuum*. Et eiusdem 11. *Requiescet super eum spiritus Domini*. Et 16. *Spiritus Domini super me*. Et Matth. 1. dicitur de beata virgine: *Inuenta est in vtero habens de Spiritu sancto*. Cum fides catholica pro certo habeat beatam virginem non concepisse de creatura aliqua, patet Spiritum sanctum cuius operatione concepit, creaturam non esse. Ad idem Matth. 3. *Ipse vos baptizabit in Spiritu sancto*. Quum interior baptismus seu mundatio peccatorum solius Dei sit, Spiritus sanctus qui interius mundat, Deus est. Item in eodem: *Vidi Spiritum Dei descendentem sicut columbam, & venientem super se*. Non fuit spiritus ille creatus: quum spiritus creatus qui in Christo erat, sanctior esset omni alio spiritu creato. Item eiusdem 10. *Non enim vos estis qui loquimini: sed spiritus Patris vestri qui loquitur in vobis*. Aut dicitur spiritus patris spiritus à patre creatus. Et sic omnis spiritus esset spiritus patris. Aut dicitur spiritus patris qui est de substantia patris vt pars eius, quod non potest esse cum substantia diuina simplicissima sit: aut qui est ipsa substantia patris, & sic est Deus. Ad idem facit quod legitur eiusdem vlt. *Baptizantes eos in nomine Patris, & Filij, & Spiritus sancti*. Nisi Spiritus sanctus esset Deus vt Pater & Filius, non præciperet Deus baptizari in nomine Spiritus sancti, vt in nomine Patris & Filij. Item Ioan. 16. *Expedit vobis vt ego vada. Si enim non abiero, Paracletus non veniet ad vos*. Non expediret quod propter aduentum Spiritus sancti Christus recederet à discipulis, nisi Spiritus sanctus esset Deus vt Christus. Ad idem Ioan. penult. *Accipite Spiritum sanctum: quorum remiseritis peccata, remittuntur in eis*: Nisi Spiritus sanctus esset Deus, non fieret per eum remissio peccatorum. Ad idem Roman. 5. *Charitas Dei diffusa est per Spiritum sanctum*: quum charitas donum Dei excellentissimum sit, non datur nisi à Deo. Item 2. Corinth. 2. *Spiritus omnia scrutatur etiam profunda Dei*. Et post: *Quæ Dei sunt nemo cognoscit nisi spiritus Dei*. Ille spiritus necessario Deus est. Scrutari enim omnia profunda Dei, non est alicuius creaturæ. Item eiusdem 3. *Nescitis quia templum Dei estis vos, & spiritus Dei habitat in vobis?* Et post: *Templum Dei sanctum est, quod estis vos*. Et eiusdem 6. *Nescitis quia membra vestra templum sunt Spiritus sancti qui in vobis est?* Vnde quum fideles templum sint solius Dei, & sint templum Spiritus sancti, Spiritus sanctus Deus. Item eiusdem 12. *Diuisiones gratiarum sunt: idem autem spiritus*, non posset esse idem spiritus creatus in omnibus sanctis. Et paulo post: *Idem Deus qui operatur omnia in omnibus*. Et ostendit Apostolus Spiritum sanctum esse Deum, subdens: *Alij per spiritum datur sermo sapientiæ, alij sermo scientiæ, &c. hæc autem omnia operatur vnus atque idem spiritus, diuidens singulis prout vult*. Item 2. Corinth. 1. *Qui dedit pignus spiritus in cordibus nostris*. Et Ephes. 1. *Qui est pignus hereditatis nostræ*.

Psal. 50. Ibid.

Non potest esse pignus hæreditatis æternæ spiritus creatus, quum eam non valeat. Item 1. Ioan. vlt. dicuntur Pater, & Verbum, & Spiritus sanctus vnum esse: ergo si Pater & Verbum sunt Deus, Spiritus sanctus est Deus. Ad idem facit quod viuificare ei attribuitur: Ioan. 6. *Spiritus sanctus est qui viuificat.* Viuificare. n. vita spirituali, solius Dei est. Et eiusdem 3. dicitur de eo: *Spiritus vbi vult spirat.* Spirare vbi vult, non est spiritus creati. Procedit autem Spiritus sanctus à Patre & Filio. De processione Spiritus sancti à Patre, habes Ioan. 15. *Spiritum veritatis, qui à Patre procedit.* Græci vero negant Spiritum sanctum procedere à Filio, eo quod istud non inueniatur expresse in canone sacræ Scripturæ. Nos vero hoc concedimus, quia Spiritus sanctus vocatur Spiritus Christi. Roman. 8. *Qui spiritum Christi non habet, hic non est eius.* Et Galat. 4. *Misit Deus spiritum Filij sui in corda nostra.* Secundum Græcos, licet Spiritus sanctus sit spiritus Christi: tamen non procedit ab eo, sed est ad eum: vnde quasi in medio est, & filius quasi in termino, sed pro fide nostra facit quod Dominus Matthæi vlt. Spiritum sanctum vltimo nominat: dicens: *Baptizantes eos in nomine Patris, & Filij, & Spiritus sancti.* Et Ioannes similiter 1. Canon. vlt. *Tres sunt qui testimonium dant in cœlo, Pater, Verbum, & Spiritus sanctus.* Ad idem videtur facere quod dicit Christus. *Ille de meo accipiet.* Ioan. 16. Ad idem facit hoc, quod Filius dicitur imago Patris potius quam Spiritus sanctus. Colossens. 1. *Qui est imago Dei inuisibilis*: quia non solum habet essentiam communem cum Patre: sed etiam assimilatur Patri in hoc quod produxit ex se personam sicut & Pater. Præterea in anima quæ imago Dei est, vt patet ex diuersis locis Scripturæ sacræ, lux cognitionis quæ Filio appropriatur, quædam causa est amoris qui Spiritui sancto appropriatur. Item cum in sole vestigium Trinitatis inueniatur. Vnde Deus dicitur Sol iustitiæ. Malach. 4. & Sol intelligentiæ. Sapient. 5. Calor est à radio solis, non radius à calore: sic & Spiritus sanctus à Filio procedit. Et hoc concesserunt etiam quidam doctores Græcorum, vt Athanasius in Symbolo fidei. Et Didymus maximus doctor eorum in libro de Spiritu sancto. Et Cyrillus Episcopus. Et Ioan. Chrysostom. Quorum testimonia ponit Magister in primo Sententiarum. Æqualitas vero personarum ostendi potest per hoc quod idem est in Deo esse, & esse magnum: ergo cum essentia diuina in tribus personis indifferens sit, & magnitudo indifferens est: ergo æqualitas est in personis. Item vnica est diuina essentia & simplicissima: ergo non potest ibi locum habere inæqualitas. Æqualitas Patris & Filij specialiter ostenditur ab Augustino per illud quod dicit Filius, Ioan. 16. *Omnia quæ habet Pater, mea sunt.* Ad idem facit illud quod legitur eiusdem 3. *Pater diligit Filium, & omnia dedit in manu eius.* Et Matth. 11. & Luc. 10. *Omnia mihi tradita sunt à Patre meo.* Et Ioan. 17. *Omnia mea tua sunt, & tua mea sunt.* Probat idem Augustin. hoc modo: Homo pater si potuisset, æqualem filium genuisset. Quis ergo audet dicere quod hoc omnipotens non potuit? Adeo etiam quod si posset homo, maiorem melioremque seipso gigneret filium; sed Deo maius vel melius quid quam esse non potest. Deus ergo cur non æqualem annis filium genuit: cui nec anni necessarij fuerunt, per quos adimpleretur æqualitas? neque omnipotétia defuit, aut forte noluit? ergo quod absit, inuidit: sed non inuidit, æqualem ergo sibi genuit. Æqualitas vero Spiritus sancti cum Patre & Filio sic potest ostendi: Optimum optimum luciditissima cognitione notum non amare non potest: ergo Pater necessario amat Filium, & non minus quam amandus sit: ergo cum summe sit amandus, summe amat eum: ergo amor Patris ad Filium summus est: ergo Spiritus sanctus qui est amor, ille est æqualis Patri & Filio.

Procedit S. S. à Patre & Filio.

Æqualitas Trinitatis probatur.

De Fide.

lio. Item quum inter Patrem & Filium debeat esse amor, maximus erit amor primi patris à quo omnis paternitas in cœlo & in terra nominatur. Item cum non sit minor patris benignitas quam fœcunditas, non erit minus donum amoris procedés ab eius benignitate, quam eius partus pertinens ad eius fœcunditatem:ergo non erit minor Spiritus sanctus Filio. Ité si non est minor Filius Patre qui à solo Patre procedit:nō erit minor Spiritus sanctus Patre vel Filio, qui ab vtroque procedit. August. Magna misericordia Dei, donū dat æquale sibi:nam Spiritus sanctus donum est. Et notandū quod aliqua similitudo Trinitatis inuenitur in creaturis, sed non est creatura quæ in omnibus Trinitati assimiletur: sed quædam creaturæ assimilantur ei in quibusdā, quædā in aliis. Vnde gloss. August. super illud Hebr.1. Qui cum sit splēdor gloriæ. Non possunt cōparari temporalia æternis integra collatione, sed tamen possunt aliqua tenui & parua similitudine coæua coæternis comparari. Nec mirum, quum non sit vmbra similis omnino corpori cuius est vmbra: nec vestigium simile est omnino pedi. Et ostendemus similitudinem Trinitatis in diuersis creaturis. Vna & eadem vox est diuersæ dictionis: vt hæc vox, Amor, est nomen proprium cuiusdā sancti, & est nomen commune, & est verbum: non mireris ergo si tres personæ sint vna essentia. Item in rebus sensibilibus inuenies subiectum & varietatem accidentiū quæ circūuestit illud, & naturalem amorem subiecti ad naturalia eius accidentia. Subiectum similitudinem habet cum Patre, cum sit causa accidentium, sicut Pater ex se producit Filiū. Varietas vero accidentium subiectū manifestans, est quasi verbum. Amor vero subiecti ad naturalia accidentia assimilatur Spiritui sancto: quem amorem ostendit hoc quod subiectum tendit ad locum sibi competentem, fugiens locum naturæ suæ contrarium: & natura quærit quæ pertinent ad exteriorem decorem, vt est cortex, & frōdes in arboribus, pili in animalibus, ordinatio, figura, color. Ité similitudo Trinitatis habetur in materia, & forma, & cōplexu horum. Item in igne in quo inuenis ignis speciem, lucem & calorem, & sunt ignis & lux coæua, licet sit lux ab igne: sicut Pater & Filius sunt æterni, licet Filius sit à Patre. August. Quid possumus in creatura inuenire coæternū, cum non inueniamus in ea æternū? sufficit vt ad similitudinem inueniamus coæuum, splendor est de igne, & tamē coæua sunt. Similiter imago in aqua & virgultum natum super aquam coæua sunt. Da mihi ignem sine splendore, & credo patrem fuisse sine filio. Item inuenitur similitudo Trinitatis in sole, vbi habes substantiam, & radiū, & calorem, substantia solis à nulla creatura est, radius de sole nascitur, calor ab vtroq; progreditur. Ité habes similitudinem Trinitatis in magnitudine, pulchritudine, & vtilitate creaturarū. In magnitudine apparet potentia quæ patri appropriatur: in pulchritudine sapientia, quæ appropriatur filio: in vtilitate bonitas, quæ appropriatur Spiritui sancto. Item in corpore humano est similitudo quædam Trinitatis. Est enim in eo vita, sēsus, affectus. In anima vero rationali expressior inuenitur similitudo Trinitatis quam in prædictis ipsa dicatur Dei imago. Et secundum Augustinum ipsa est Trinitatis imago secundum intellectum, voluntatem, & memoriam. Vnde August. in sermon. de imagine: Non solum sufficit intellectus, nisi voluntas in amore Dei: nec duo sufficiunt, nisi memoria addatur, qua semper in mente intelligentis & diligentis maneat Deus. Vel possumus aliter similitudinem Trinitatis in anima assignare: vt scilicet intellectus qui dicitur materialis vel possibilis, Patri assimiletur. Intellectus vero qui dicitur intellectus in actu, vel formatus, assimiletur Filio. Et sicut Filiº à Patre procedit, & est eius verbū, vel imago, vel speculū: sic intellectus formatus est quasi verbū & speculū, & imago, & ordine intelligētiæ est post intellectū ma-

N

terialem. Prius enim est intellectum esse, quam intelligere se vel aliud. Affectus vero Spiritui sancto assimilatur. Possumus etiam aliter similitudinem Trinitatis in anima assignare: vt scilicet intellectus agens Patri assimiletur, qui secundum philosophos se habet ad species intelligibiles manifestádas sicut lux ad colores. Et sicut operatione lucis corporalis species coloris abstrahitur quodammodo, & pupillæ coniungitur: sic operatione intellectus agentis lumen intelligentiæ diffundentis & abstrahentis species intelligibiliú à formis sensibilibus, coniunguntur species illæ intellectui possibili, & fit intellectus formatus qui filio assimilatur. Affectus vero assimilatur Spiritui sancto. Et notandū quod secundum quosdam, anima non est suę potentię: & secundum hoc minus est expressa similitudo Trinitatis in anima, cum tres personæ sint diuina essentia. Anima vero licet habeat tres potentias, tamen illæ tres potentiæ non sunt idem quod essentia animæ. Secundū alios vero anima suæ potentiæ est, & secundum hoc expressior est similitudo Trinitatis in anima. Et pro hac opinione facit quod legitur in libr. de Spiritu & anima. Sensus, imaginatio, ratio, intellectus, intelligētia: hæc omnia in anima non aliud sunt quam ipsa. Item super Eccl. 17. dicit Gloss. Sicut Deus Pater, Deus Filius, Deus Spiritus sanctus, non tres dij, sed vnus Deus, tres habet personas: ita anima intellectus, anima voluntas, anima memoria, non tres animæ, sed vna anima. Item Aug. in lib. de Trin. Admonetur si vtrunque videre possimus, hæc in anima existere substantialiter, non tanquam in subiecto. Item Dam. Anima non habet præter seipsam intellectum. Item cum prima materia sit ipsa potentia ad susceptionem formarum naturalium: eodem modo anima erit ipsa potentia ad susceptionem specierum, cum videatur esse simplicior, & Dei imago sit. Præterea hæ tres potentię animæ, intellectus, voluntas & memoria, aut sunt accidentalia animæ, aut essentialia. Si accidentalia, ergo non differt anima rationalis, nisi accidentaliter ab eo à quo corpus bruit animalis viuificatur & sensificatur. Si vero sunt essentialia, aut sunt tres partes essentiæ animæ, aut vnumquodque illorum est tota essentia animæ. Si sunt partes, aut anima erit velut aceruus congregatus ex his potentiis non coniunctis adinuicem quod non potest esse: aut illæ potentię erūt coniunctæ & compactæ adinuicem, quod similiter non potest esse: quum operationes illarum potentiarū sint diuisæ abinuicem. Si vero vnaquæque illarum potentiarum est tota essentia animæ, habetur propositum, scilicet quod tres potentiæ animæ sint ipsa anima. Item cum eiusdem sit actus cuius est potentia, eiusdem erit intelligere in potētia, cuius est intelligere in effectu: ergo idem erit intellectus possibilis & intellectus formatus. Item quum nemo possit amare incognitū, eiusdem erit cognoscere & amare: ergo idem secundum substantiam erit, intellectus & affectus. Item assignatur similitudo Trinitatis in creaturis secundum hæc tria, modum, speciem, ordinem. Aug. 11. lib. de Ciuit. Dei: A Deo est omnis modus, omnis species, omnis ordo, sine quibus nihil rerum inueniri vel cogitari potest. Idem in eodem: Nobis Trinitas in suis operibus intimatur. Nam si quæratur, vnde sit ciuitas quæ sursum est, Deus eam condidit si vnde sit sapiens, à Deo illuminatur: si vnde sit felix, Deo fruitur, subsistens modificatur, contemplans illustratur, inhærens iocundatur, cum videt, amat: in Trinitate Dei viget, in veritate lucet, in bonitate Dei gaudet. Idem in eodem: In his rebus quæ infra nos sunt, quoniam & ipsæ nec aliquo modo essent, nec aliqua specie continerentur, nec aliquem ordinem vel appeterent vel tenerent, nisi ab illo factæ essent qui summe sapiens est, qui summe bonus est, tanquam per omnia quæ fecit, mirabili stabilitate currentes: quasi quædam eis alibi magis, alibi minus impressa vestigia colligamus. In nobis autem ipsis eius imaginem contuentes tanquam ille minor Euangelicus filius qui rediens ad se, ait: *Quanti mercenarij,* &c. ad nosmetipsos reuersi surgamus: & ad illum eamus à quo peccando recesseramus: ibi esse nostrum non habebit mortem, nosse nostrum non habet errorem, ibi amare nostrum non habebit offensionem.

CAPVT XX.

De Erroribus pertinentibus ad Dei misericordiam & iustitiam. Et primo de errore illorum qui Filij Dei incarnationem negant.

VLtimo inter errores qui Catholicæ fidei aduersantur, dicendum est de erroribus pertinentibus ad Dei misericordiam & iustitiam. Inter quos causa breuitatis tantum de sex tangemus, licet sint multo plures. Primus est error eorum qui negant filij Dei incarnationem. Secundus eorum qui dicunt animam perire cum corpore. Tertius eorū qui negant resurrectionem corporū. Quartus eorum qui dicunt vnumquemq; in fide vel lege sua saluari, ex quo credit eam bonam & ideo placentem. Quintus eorum qui dicunt animas quæ in mortali peccato decedunt non puniendas essentialiter. Sextus eorū qui dicūt animas quæ in charitate decedunt, nulla poena purgatoria puniendas. Primi Dei misericordiam ac iustitiam metiri volunt secundum misericordiam & iustitiam hominum. Ideo misericordiam Dei reputant stultitiam. 1. Cor. 1. *Verbum crucis pereuntibus stultitia est.* Et iustitiam reputant furorem. Prou. 6. *Zelus & furor viri non parcet in die vindictæ.* Ipsi non attendunt illud verbum Domini Esaiæ 55. *Sicut exaltantur coeli à terra: sic exaltata sunt viæ meæ à viis vestris. Vniuersæ viæ Domini sunt misericordia & veritas.* Isti detrahunt Dei potentiæ dum dicunt Deum non potuisse hominem fieri: quod si verum esset, Deus omnipotens non esset. Luc. 1. *Non erit impossibile apud Deum omne verbum.* Et Mat. 29. *Apud Deum omnia possibilia sunt.* Quum sententia sit omnium recte philosophantium hominem esse deificandū participatione deitatis: quid mirum si Deus factus est homo participatione humanitatis? Isti contradicunt diuinæ bonitati, non in radice, sed in ramo ipsius dum negat tantum Dominum de ipsa potuisse procedere, blasphemantes contra eius immensitatem, quam volunt limitare in effectu ipsius: Fons iuxta possibilitatem suam riuum emittit, & sol secundum virtutem suam lumen & calorē vbiq; diffundit. Magna ergo fatuitas est asserere de immenso fonte diuinæ bonitatis beneficium incationis non potuisse procedere. Ad Tit. 3. *Apparuit benignitas & humanitas Saluatoris nostri Dei, non ex operibus iustitiæ quæ fecimus nos: sed secundum suam misericordiam saluos nos fecit.* Secundum fontem fluit riuus, cum stilla misericordiæ in multis sanctis hoc potuerit, vt pro redemptione captiuorum se venderent: quid potuit in fonte misericordiæ eius immensitas? Iterum cum scintilla charitatis matrem faciat exponi pro filijs, quid potuit fornax immensæ charitatis in Saluatore? Si quis vero dicat quod non decuit Dei maiestatem tantum descendere, & tot, & tanta pati: Respondendum est, quod nihil magis decet Dei bonitatem quam misereri & amare. Misereri gloriosissimum est. Vnde qui sunt dicti erroris, dum Deum volunt honorare, honori eius detrahunt, magnitudo. n. eleemosynæ honor est miserantis; & magnitudo doni honor dantis. Sapiens: *Deum maxime imitabitur qui nihil iudicauerit quam misereri pretiosius.* Præterea gloriosissimi sunt triumphi patientiæ. Prou. 16. *Melior est patiens viro forti & qui dominatur animo suo, expugnatore vrbium.* Sen. Magnanimi est iniurias in summa patientia pati. Item cum Deus præcipiat se ab homine ex toto corde diligi. Deut. 6. conueniens fuit vt & ipse hominem diligeret, vt dignæ dilectionis suæ igne amoris in homine accenderet. Dauid. *Exurge*

Domine in præcepto quod mandasti. Sen. Ego tibi monstrabo amatorium sine medicamento, sine herba, sine vllius veneficæ carmine: Si vis amari, ama. Præterea cum diuinitas omnino impassibilis sit quando inconueniens est, si natura humana diuinæ associata in eadem persona passa est, cum pati virtuosissimum sit: & pœna quam natura humana in Christo passa est, nihil sit respectu gloriæ quam habet, quæ non est finem habitura, & venerationes quas Christo exhibet populus Christianus, multo maiores sunt quam contumeliæ & illusiones quas ei intulit populus Iudaïcus. Ad destructionem dicti erroris sufficere possunt quæ prius habita sunt, vbi ostensa est veritas fidei Christianæ, & vbi ostensa est veritas humanæ naturæ in Christo, & veritas diuinæ naturæ. Et ideo ad destructionem aliorum errorum transeamus.

Caput XXI.

De errore dicentium animam perire cum corpore.

ET primo destruemus errorem illum qui ponit animam perire cum corpore, ostendendo animarum immortalitatem. Qui error tangitur Sapient. 2. *Dixerunt impij cogitantes apud se non recte. Exiguum & cum tædio est tempus vitæ nostræ, & non est refrigerium in fine hominis, & non est qui agnitus sit reuersus ab inferis: quia ex nihilo nati sumus, & post hoc erimus tanquam non fuerimus.* Huic errori occasionem dare potuit illud Eccles. 2. *Vnus est interitus hominis & iumentorum, & æqua vtriusque conditio.* Sed vt dicit Gregor. Salomon in illo lib. diuersas personas in se suscipit, & quandoque dicit quod mens imperita sentit, vt in verbo proposito: quandoque vero quod ratio bene disposita decreuit, vt eiusdem 6. *Quid habet*, inquit, *amplius stulto sapiens, & quid pau-per, nisi vt pergat illuc vbi est vita?* Et eiusdem 9. *Corda filiorum hominum implentur malitia & contemptu in vita sua, & post hæc ad inferos deducentur.* Non perit ego anima malorum cum corpore. Et in eodem: *Nec opus, nec ratio, nec scientia, nec sapientia erunt apud inferos quò tu properas.* Item eiusdem vlt. *Antequam reuertatur puluis in terram suam vnde erat, & spiritus redeat ad Deum qui dedit illum.* Spiritus ergo bonorum cum corpore non perit, sed ad Deum redit. Item occasionem dare potuit huic errori quod dicitur de Deo 1. ad Timoth. *Qui solus habet immortalitatem:* Vnde secundum hoc videtur quod anima non sit immortalis. Sed ibi dicitur immortalitas immutabilitas, quam non habet creatura per naturam, cum ex nihilo facta sit, & secundum accidentia nata sit mutari: sed tamen creatura potest habere perpetuitatem & esse immortalis, prout immortalitas dat priuationem finis. Item dicto errori potuit dare occasionem quod spiritus irrationalis in brutis perit cum corpore: vnde poterit alicui videri quod spiritus rationalis in homine pereat cum corpore. Sicut. n. spiritus irrationalis, forma & perfectio est in corpore bruti: sic spiritus rationalis forma & perfectio est in corpore humano. Ad solutionem huius notandum est quod est quædam forma quæ totaliter innititur & incumbit suæ materiæ, & non regit eam, neque sustinet, sed sustinetur ab ea, & talis est forma corporalis in rebus inanimatis. Quædam vero forma est quæ regit materiam suam & quodammodo sustinet eam. Et hæc subdiuiditur, quia quædá est cuius operatio non est extra materiam illam, vt est vegetabile in plantis, & sensibile in animalibus brutis: & hæc perit cum corpore, otiosum. n. esset eam manere post corpus, cum non haberet operationem sine corpore. Quædam vero forma est cuius principalis operatio non est in materia, nec per materiam, vt anima rationalis secundum operationē intellectiuā: & ideo separabi-

de Fide.

lis est à corpore. Et est simile in luce ignea & luce solis. Esse enim lucis radij solaris existentis in aëre non dependet ab aëre. Vnde sole subtrahente radiũ, remanet solus aer. Sic Deo subtrahente à corpore spiritum, remanet solum corpus. Vnde destructo aere, adhuc remanet radius: quod possumus videre per interpositionẽ alicuius transparentis, vt est crystallus in loco aeris scilicet posita. V. G. Sit aliquis locus vndique conclusus, excepta illa parte per quam ingreditur solaris radius, qui ibidem ingressus totum aerem ab illo loco contentum reddit luminosum. Destruatur iste aer per immissionem alicuius corporis transparentis, vt puta massæ crystallinæ: licet aer inde deficiat, radius tamen ibi manet quod apparet in crystallino ibi existente. Manet. n. radius illuminãs crystallum. Sic est in vnione animæ rationalis ad corpus. Esse. n. eius non dependet à corpore, & ideo non perit cum corpore. Lux vero ignea è duobus modis, scilicet in carbone & in flamã. In carbone est lux materiæ grossæ & terrestris: & inde est quod non est radiosa, id est, de se non immittit radiũ immutantem aerem vicinum: lux vero in flamma vnitur materiæ subtiliori quæ est vapor resolutus à corpore, sc. à carbone inflammato, & est lux in flamma radiosa: vtraque tamen lux tam in carbone quam in flamma innititur materiæ, ita quod deficiente materia lux deficit. Sic est de vegetabili & sensibili: vegetabile enim deficit deficiente corpore, cuius perfectio est, similiter & sensibile. Ad ostendendũ quod anima non perit cum corpore, nõ multum vtemur auctoritatibus sacræ Scripturæ, cum error ille locum non habeat in eis qui Scripturas sacras nouerunt & eas receperunt: quia quasi infinitæ sunt auctoritates in sacra Scriptura, quibus error iste destrui potest: sed testimonijs nobilium Philosophorum, & rationibus potius vtemur. Falsitatem huius erroris ostendit Tullius, dicens: Non est lugenda mors quam immortalitas consequetur. Idem loquens de eo

Animæ immortalitas probatur.

qui recte vixit: Ex hac vita, inquit, discedit tanquam ex hospitio, non tanquam ex domo. Cõmorandi enim tantum diuersorium nobis, non habitandi dedit. Idem in quæst. Tusc. Quid nisi illud vitale quod intra non est, dumque mole corporis premitur, in cœlestis regionis contemplatione se transire illuc ad inhabitandum post depositionem ipsius auolet? Item in Rhetor. Probabile videtur sapientibus poenas esse paratas apud inferos. Item Senec. in lib. de Natur. quæst. Si volumus tranquillè degere, anima in expedito habenda est, siue illam insidiæ, siue morbi petant. Quid aliud debeo, quam exeuntem hortari, & cũ omnibus bonis emittere? vade fortiter, vade feliciter, nihil dubitaueris reddere. Nõ de re, sed de tempore quæstio est. Facis quod quandoq; faciendũ est. Rerum natura quæ te genuit expectat, & locus melior ac tutior. Idem Mercurius: Animæ, inquit, post dissolutionem cogentur credere poenis quæ in vita noluerunt credere verbis. Plato etiam in Timæo dicit animam post dissolutionem variis affligi poenis. His testimoniis Philosophorum patet quod anima rationalis non perit cum corpore. Rationibus vero multipliciter potest idem ostendi. Et primo per iustitiam Dei, quæ si est, reddet tam bonis quam malis secundũ eorum merita, bonis præmia, malis poenas. Ecclesiast. vltim. *Cuncta quæ fiunt adducet Deus in iudicium.* Sed retributio ista non fit in præsenti, cum mali hic floreant & boni opprimantur. Iob 12. *Quare impii viuunt, subleuati sunt, consortatique diuitiis?* Et Hieronym. 12. *Quare via impiorum prosperatur, bene est omnibus qui præuaricantur, & inique agunt?* Et in Psalm. *Vsquequo peccatores Domine, vsquequo peccatores gloriabuntur?* ergo ista retributio erit post hanc vitam. Manent ergo animæ post mortem. Idem potest ostendi per Dei bonitatem: quia cum Deus singulariter sit bonus, maxime tamen bonus est amicis suis, & maxime amat amantes se. Prouer. 8. *Ego me diligentes diligo.* Hoc autem

N iij

verum non esset si anima periret cum corpore, nec esset alia vita post istam. Amici enim Dei in hac vita sunt egentes, angustiati, afflicti. Heb. 11. Et 1. Corin. 15. *Si in hac vita tantum in Christo sperantes sumus: miserabiliores sumus omnibus hominibus.* Si non esset alia vita, verum esset quod dicunt peruersi Iudæi. Mal. 3. *Vanus est* (inquiunt) *qui seruiuit Deo: & quod emolumentum quia custodiuimus præcepta eius?* Non esset emolumentum, vt videtur, sed detrimentum in hac vita affligi, si in futuro non sperarent amici Dei pro hac afflictione delectari, & vtilius esset eis bonis præsentibus adhærere, & in eis delicate viuere, quam Deo adhærere, & mandata eius obseruare. Item potest ostendi quod anima cum corpore non pereat per sapientiam Dei, quæ non potest fallere nec falli. Falleret autē eos qui credunt contemptum præsentis vitæ consulendo, & præientium bonorum, si non sequeretur alia vita melior & alia bona meliora. Matt. 19. *Si vis perfectus esse, vade & vēde omnia quæ habes*, &c. Et Ioan. 12. *Qui odit animam suam in hoc mundo, in vitam æternam custodit eam.* Item quod anima non pereat cum corpore, ostenderunt qui hoc per experientiam nouerant, qui à morte suscitati fuerunt, vt Christus & Lazarus, & illi de quibus legitur ad Hebræos 11. *Acceperunt mulieres de resurrectione mortuos suos.* Item etiam ostendunt virtutes quas mortui operātur. Vnde Gregor. in 4. lib. Dialog. Pensa qualiter animæ viuunt illic vbi viuunt, quorum hic & mortua corpora in tot miraculis viuunt. Si igitur vitam animæ manentis in corpore deprehēdis ex motu membrorum, cùr non perpēdis vitam animæ post corpus, etiam per ossa mortua in virtute miraculorum? Idem ostenditur per ordinem quem habet homo inter creaturas. Est enim creatura media inter iumentum & Angelum: Vnde communicat cum iumento in corporis mortalitate, & cū Angelo in animæ immortalitate. Gregor. lib. 4. Dialog: Homo sicut in medio creatus est vt esset inferior Angelo, superior iumento: ita aliquid habet commune cum summo, & aliquid commune cum infimo, immortalitatem scilicet spiritus cum Angelo, mortalitatem vero corporis cum iumento. Idem ostenditur per similitudinem quam habet anima cum prima materia. Sicut enim prima materia se habet ad omnes formas sensibiles & corporales: ita se habet substantia intellectiua ad formas intelligibiles & spirituales. Ergo sicut prima materia non est corruptibilis ab aliqua forma sensibili vel corporali: ita substantia intellectus non erit corruptibilis ab aliqua forma intelligibili & spirituali, & multo minus à forma corporali, cum propter sublimitatem suæ essentiæ talis corruptio non possit ad eam attingere. Relinquitur ergo quòd ipsa sit incorruptibilis & immortalis. Item omne quod destruitur, aut destruitur separatione formæ à materia, aut à diuisione partium integralium, aut destructione subiecti seu deferentis, aut absentia causæ. Separatione formæ res destruitur dupliciter: aut diuisione formæ quæ non manet separata, vt cum diuiditur anima rationalis à corpore, cum diuisio dicitur mors; vel diuisione formæ quæ non manet separata, vt in extinctione ignis, & hæc diuisio vocatur proprie corruptio. Diuisione partium integralium fit destructio, vt cum ligna & lapides destruuntur, destruitur domus. Destructione vero subiecti, vt destructo pariete destruitur pictura quæ erat in eo, & quantitas. Destructione deferentis destruitur quod deferebatur: vt fracto vase effunditur liquor qui in eo erat. Absentia causæ fit destructio, vt sole subtracto destruitur dies. Primo modo non potest destrui anima rationalis: non est composita ex materia & forma, vt ostensum est prius vbi destructus est error qui ponit animas cum corporibus seminari: ergo non potest fieri in ea diuisio formæ à materia. Præterea si diceretur quod esset ex materia &

Reseparatione formæ destruitur dupliciter.

De Fide.

forma composita, adhuc potest ostendi quod forma illius non potest destrui, quia non habet contrarium quo destruatur. Anima enim potens est intelligere omnia: quod non esset verum si aliquid esset ei contrarium. Anima enim non esset receptibilis illius nec similitudinis eius: ergo non posset intelligere ipsum. Praeterea visus nullam formam visibilem habet sibi contrariam: ergo nec intellectus aliquam formam intelligibilem, habet sibi contrariam. Item non potest destrui anima rationalis destructione partium integralium, cum simplex sit, & careat huiusmodi partibus. Item destructione subiecti non potest destrui: qui si poneretur eius subiectum, non poneretur aliud quam corpus, ipsa autem non se habet ad corpus vt accidens ad subiectum. Est enim perfecta substantia, receptibilis enim est secundum se oppositorum, manens intransmutata secundum essentiam, quod proprium est perfectae substantiae. Si quis tamen obiiciat de superficie quae quantitas est, non substantia, quae tamen recipit contrarios colores: Dicendum est quod ipsa non recepit colorem secundum se, sed secundum virtutem subsistentem corporeae substantiae: sed anima rationalis secundum se receptibilis est oppositorum, non secundum naturam corporis cui vnita est, vt virtuti & vitiis, scientiae & ignorantiae, & multorum aliorum, quae cum sint spiritualia non recipiuntur in ea secundum naturam corporis. Item non potest destrui anima destructione deferentis, cum non indigeat indeferenti, sicut liquor vase indiget quo contineatur. Item non potest destrui absentia causae, quia à prima causa immediate fluit, cuius absentia nihil destruitur, vel cuius praesentia semper adest omnibus, & nunquam est absens: quantum enim in se est, semper influit in creaturas esse & permanentiam: ergo anima rationalis nullo modo potest destrui, cum nullo praedictorum modorum destructibilis sit, nec alius modus destructionis possit inueniri. Item omne esse mortale paulatim debilitatur & deficit, donec veniat ad vltimum defectum qui est mors: virtus autem intellectiua sua duratione inualescit & proficit, vt quanto est antiquior, tanto sit ad intelligendum validior: ergo habet esse immortale. Item virtus quae non habet finem in operatione, non habet finem in tempore: virtus vero intellectiua non habet finem in operatione: non enim determinata est ad intelligenda tot, quin adhuc plura possit intelligere: ergo non habet finem in tempore. Item virtus corruptibilis laeditur à vehementi subiecto, vt visus à vehementi lucido: intellectus autem non laeditur à vehementi intelligibili, immo magis confortatur: ergo non est corruptibilis. Item ex conditione obiecti cognoscitur conditio potentiae, & ex conditione potentiae conditio substantiae: cum ergo obiectum virtutis intellectiuae sit vniuersale incorruptibile, virtus intellectiua incorruptibilis est. August. in lib. Soliloqui. sic probat immortalitatem animae: Omnis, inquit, substantia comprehensiua veritatis inquantum est veritas, est immortalis: sed anima rationalis est huiusmodi, ergo est immortalis. Veritatem hic intellige essentiam rei inquantum est abstracta à materia & omnibus materialibus conditionibus, vt apprehenditur homo cum praedicatur de omnibus hominibus. Item omnis substantia cuius operatio non dependet à corpore, ipsa non dependet ex corpore: sed operatio substantiae intellectiuae non dependet ex corpore, scilicet intelligere, ergo nec substantia intellectiua dependet ex corpore: ergo est separabilis à corpore, & potest viuere sine eo. Item virtus cuius operatio impeditur à corpore, non dependet à corpore: sed talis est virtus intellectiua. Quanto enim corpori se plus immergit per solicitudinem & amorem temporalium delectationum: tanto intelligit obtusius & tardius. Quanto autem se elongauerit, tanto clarius & facilius: ergo ipsa non dependet à corpore. Praeterea si intellectus dependeret à corpore, sequeretur confortatio eius ad confortationem corporis, & debilitatio ad debilitationem. Aliter tamen est. Nam in senectute est corporis debilitatio & intellectus confortatio. Sicut enim iuniores melius sentiunt, sic seniores melius intelligunt. Iob. 12. *In antiquis est sapientia.* Si quis tamen obiiciat quod intellectus videtur dependere ex corpore, cum eius operatio impediatur aegritudine corporis, vt patet in phreneticis. Similiter intellectus sensu & imaginatione indiget, cum non fiat sine illis. Dicendum est, quod aliud est virtutem impediri à laesione, aliud ex occupatione. Intellectus impeditur occupatione animae circa opus alterius virtutis, sed non laeditur: vt visus, vel auditus exterior occupans animam circa exteriora impedit vt illa hora non vacet intellectiuae operationi. Sic in laborantibus phrenesi, vel similibus passionibus, sunt sicut somnia fixa & adhaerentia propter infectiones difficile separabiles. Et quemadmodum somnia mentem tenent circa fantasmata occupatam: sic illae alienationes operationem intellectus mentem occupando expediunt. Expurgata autem huiusmodi infectione, intellectus tanquam nihil passus laesionis ad proprias operationes reuertitur. Ad secundum dicendum, quod licet intellectus non fiat in nobis sine sensu & imaginatione: tamen est sine illis. Exponit simile Aug. ad portum non deuenitur nisi per nauem, est tamen esse in portu sine naui. Vel potest distingui duplex facies virtutis intellectiuae: inferior, & superior: quantum ad inferiorem, indiget intellectus sensu & imaginatione: quantum vero ad superiorem, secundum quam est nobilis perfectio & potissima, intellectus non indiget: illuminatur enim à prima veritate. Item potest ostendi quod anima rationalis non pereat cum corpore multis aliis modis. Primo sic. Cum nullus motus naturae sit frustra, omne quod naturaliter mouetur non est naturali impossibilitate prohibitum à fine ad quem mouetur: ergo cum anima rationalis naturaliter appetat beatitudinem, non est impossibile ei assequi eam, sed impossibile est quod eam assequatur in bonis praesentis vitae: ergo ipsa manet post praesentem vitam. Quod in bonis praesentis vitae beatitudinem non assequatur, sic potest ostendi: Possessores bonorum corporalium, aut amant ea, aut non amant. Si non amant, ergo sunt eis oneri, & non assequuntur felicitatem in eis. Si vero amat ea, ergo sunt vniti eis per amorem, & sunt obnoxii omnibus passionibus quibus illa subiacent. Amans enim necessario compatitur amato propter vnionem amoris si passio rei amatae ad ipsum per apprehensionem peccauerit. Ergo nec in isto casu felicitatem in bonis istis assequuntur. Item nobiliori virtuti nobilior competit perfectio. Ergo quum vires animae quibus homo antecellit bruta animalia, nobiliores sint viribus illis quas communicat cum brutis, eis competit perfectio nobilior. Ergo felicitas alia erit animae rationalis secundum vires illas nobiles, quam sit ea quae est secundum vires inferiores quae est in bonis praesentis vitae.

Praeterea quum nobilis pars animae habeat proprias suas operationes & propria gaudia; & propriam libertatem & securitatem, habebit ipsa propriam felicitatem, non in bonis corporalibus, cum ipsa separata sit à corpore, vt iam ostendetur: sed in bonis spiritualibus. Item quicquid est morti obnoxium, non est beatum: ergo quum homo in praesenti vita subditus sit necessitati moriendi, in ea non est perfecte beatus.

Item omnis virtus omnino separata à corpore non est corruptibilis corruptione corporis, sed vires quae sunt propriae animae rationalis, intellectus scilicet & voluntas, omnino sunt separatae à corpore: ergo non sunt corruptibiles corruptione corporis. Maior multipliciter probatur. Primo sic. Vis vnita corporis siue operans per organum,

organum, operatur secundum proprietatem & possibilitatem organi tantum: vt visus non iudicat de labore, vel sono; sed de colore quia color pertinet ad naturam oculi. Nullum autem organum corporale possibilitatem habet ad incorporalia. Nulla ergo vis operans per organum corporale est cognitiua nisi corporalium tantum. Praeterea operatio intellectus est per abstractionem à materia & materialibus conditionibus: sed omnis operatio est secundum naturam virtutis à qua egreditur: ergo intellectus est abstractus à terra, & non habet organum corporale. Item nulla virtus incorporata, id est, parti corporis determinata, siue operans per organum est cognitiua sui: non enim potest referri vel reflecti supra se: vnde nec oculus se videt, nec imaginatio se imaginatur quum ergo intellectus se intelligat, non est incorporatus alicui, scilicet parti corporis determinatae vnitus.

Item quod cognoscitur, est in cognoscente secundum naturam cognoscentis: & non secundum naturam rei cognitae: & generaliter quod recipitur in aliquo, est in recipiente secundum naturam recipientis. Quum ergo corporalia & materialia sint in intellectu secundum modum immaterialem, scilicet denudata à materia & materialibus conditionibus, intellectus immaterialis est, & non incorporatus alicui parti corporis. Item quum voluntas quae est propria animae rationalis libera sit, flexibilis, & ad ea quae sunt delectabilia corpori, & ad ea quae sunt corpori contraria, vt sunt macerationes carnis, & ipsa mors corporalis: manifestum est quod voluntas illa à corpore separata est, vnde non est cum corpore corruptibilis. Item non est necesse rectorem nauis mori quum nauis dissipatur, nec militem occidi quum equus cui insidet occiditur, nec artificem perire, licet aliquod de instrumentis eius quo ad aliquam operationem ignobilem vtitur, defecerit: sic non est necesse quod spiritus rationalis pereat,

licet corpus quod est eius organum quantum ad aliquas eius operationes minus nobiles pereat. Praeterea nihil creatum est propter ignobilius & vilius se: ergo anima rationalis nõ est principaliter creata propter operationes virium quas habet communes cum brutis, vel propter bona ista corporalia quia viliora sunt: ergo non est necesse eam perire, licet nõ possit exercere operationes illas minus nobiles circa bona ista corporalia. Item quum anima rationalis nobilior sit quacunque creatura corporali, & Deus communicauerit esse perpetuũ alicui creaturae corporali, vt corporibus coelestibus ipse communicauit, illud etiam animae rationali. Item Deus quum communicauerit animae rationali intelligere, non solum creaturam corporalem, sed etiam creaturam spiritualem & ipsum creatorem, ipse communicauit ei esse perpetuum: quum capacitas Dei per intelligentiam longe melior sit perpetuitate essedi. Item quum dederit Deus creaturae rationali vt possit habere amicitiam cum Deo, lex vero amicitiae requirat bonorum communionem: verisimile est quod communicauerit ei immortalitatem. Praeterea quis fidelis amicus à morte amicum suum non seruet si potestatem habeat? ergo verisimile est quod Deus amicos suos seruet à morte qua omnino pereant. Mors corporalis amicorum Dei non est mors, sed potius somnus vel transitus ad meliorem vitam. Ioan. 11. *Lazarus amicus noster dormit*. Et Matth. 22. *Non est Deus mortuorum, sed viuentium.* Item quae à solo Deo in esse producuntur, perpetua sunt, nisi sint accidentia vel formae dependentes à materia: sed anima rationalis non est accidens, nec forma dependes à materia, sed à solo Deo est per creationem, vt prius ostensum est, ergo ipsa habet esse perpetuum. Quod ipsa non sit accidens, sic probatur: Nullum accidens nobilius est substantia: sed omne mouens & regens substantiam est nobilius & actualius &

virtuosius substantia quam mouet & qua regitur:ergo nullum tale est accidens:sed talis est anima rationalis; ergo ipsa non est accidens. Quod vero non sit forma à materia dependens, prius ostensū est. Possumus etiam vti ad destructionem dicti erroris oftensione qua vsus est quidam religiosus contra philosophum quendam qui negabat animam esse immortalem. Aut anima, inquit, est mortalis, aut immortalis. Si anima mortalis est, & credis eam esse immortalem, nullum tibi inde prouenit incommodum. Si autem immortalis est, & credis eam esse mortalem, aliquod potest tibi inde venire incommodum; ergo melius est vt anima credatur esse immortalis, quam mortalis. Qui secundum Sapientem, si propositis duobus istius sit consecutiuum bonum, illius vero malum: magis est eligendum cuius consecutiuum est bonum, quam illud cuius consecutiuum est malum. Et iuxta verbum quod Tullius refert in libr. de Senect. Catonem dixisse. Si anima mortalis est qui credunt eam esse mortalem, non erunt post hanc vitam qui nos confundant de contraria opinione. Si vero sit immortalis, nos qui sumus huius opinionis poterimus eos confundere qui contrariæ opinionis sunt. Et hæc contra dictum errorem sufficiant.

Capvt XXII.
De Errore negantium resurrectionem corporum.

Sequitur de errore illorum qui negant corporum resurrectionem. Ad destructionem vero huius erroris, primo ponemus testimonia sacræ scripturæ, deinde rationibus vtemur. Legitur Exod. 3. *Deus patrum nostrorum, Deus Abraham, & Deus Isaac & Iacob misit me ad vos.* Quo verbo vtitur Dominus Matth. 12. ad probationem resurrectionis, subdens. *Non est* (inquit) *Deus mortuorum, sed viuentium* Gloss. probat per hoc animas post mortem permanere. Non enim diceretur Deus non existentium: & introducitur etiam corporum resurrectio, quæ cum animabus bona vel mala quæ gesserunt recipient. Item Iob. 19. *Scio quod redemptor meus viuit, & in nouissimo die de terra surrecturus sum.* Et eiusd. 15. *Lignum habet spem: si præcisum fuerit, rursum virescit.* Et Esa. 26. *Viuent mortui tui.* Et Ezechiel. 27. *Ecce ego intromittam in vos spiritum, & viuetis.* Daniel 12. *Multi de his qui dormiunt in puluere terræ, euigilabunt.* Ionæ. 3. *Subleuabit de corruptione vitam.* 2. Mach. 7. *Rex mundi defunctos nos pro suis legibus in æternæ vitæ retributione suscitabit.* Et in eodem. *E cœlo ista possideo, sed propter Dei leges hæc ipsa despicio: quoniam ab ipso me ea recepturum spero.* Eiusd. 12. *Iuste & religiose de resurrectione cogitans.* Matt. vlt. *Multa corpora mortuorum qui dormierant resurrexerunt.* Ioan. 5. *Procedent qui bona fecerunt in resurrectione vitæ.* Eiusd. 11. *Scio quia resurget in resurrectione in nouissimo die.* 1. Cor. 6. *Deus & Dominum suscitauit & nos suscitabit per virtutem suam.* Eiusd. 15. *Si resurrectio mortuorum non est, neque Christus resurrexit.* Ibid. *Insipiens quod tu seminas non viuificatur, nisi prius moriatur.* Item in eodem: *Omnes quidem resurgemus.* Item: *Oportet corruptibile hoc induere incorruptionem.* Et 2. Corinth 4. *Scientes quoniam qui suscitauit Iesum, & nos cum illo suscitabit.* Ephe. 4. *Donec occurramus omnes in virum perfectum, & mensuram ætatis plenitudinis Christi.* Philippen. 3. *Qui reformabit corpus humilitatis nostræ &c.* 1. Thessalonic. 3. *Nolumus vos ignorare de dormientibus.* Iac. 5. *Aurum & argentum vestrum æruginauit, & ærugo eorum in testimonium vobis erit, & manducabit carnes vestras sicut ignis.* Erit ergo caro nostra in futuro Act. 26. *Quid incredibile iudicatur apud vos si Deus mortuos suscitat?* Rationibus sic potest corporum resurrectio suaderi. Omnem iustitiam iudicis iusti in cuius terra multa fiunt digna præmio & supplicio, quem

De Fide.

nec fallit ignorantia, nec prohibet impotentia, necesse esse quandoque couertu in iudicium: sed talis iudex Deus est: ergo eius iustitia quandoque conuertetur in iudicium. Sed hoc non fit in praesenti vniuersaliter, quum mali floreant & boni opprimantur: fiet ergo in futuro, & reddet Deus vnicuique prout meruerit. Ergo hominibus qui sibi seruierunt mercedem reddet, quod fieri non potest nisi ipsi resurgant. Tali argumento vsus est Barnabas ad probandam resurrectionem philosophis qui erant Romae: vt legitur in libro Clementis. Iustum est, inquit, quemlibet seruientem alicui remunerari, & inde vt prius. Si quis tamen dicat homines posse remunerari in animabus sine corporum resurrectione, non valet responsio. Quu enim anima sine corpore homo non sit, nec remuneratio animae sine corpore est remuneratio hominis. Praeterea cum homo seruierit Deo & corporalib. operibus & spiritualibus, & non minus Deus sit liberalis remunerando, quam homo seruiendo, vtroque modo & in corpore & in anima debet remunerari. Item similium meritorum apud eundem iudicem similis debet esse remuneratio. Ergo cum Christus seruiedo patri in corpore & anima meruerit in corpore, & anima remunerari: alij similiter Deo seruientes similem remunerationem merebuntur. Corint.15. *Si resurrectio mortuorum non est, neq; Christus resurrexit.* Item in Psal. *Nunquid enim vane constituisti omnes filios hominum?* Vane siue frustra sunt constituti, si participes non sunt beatitudinis, si moriuntur non resurrecturi. Praeterea si corpus animae compatitur: quare non conregnabit & glorificabitur? Item quum anima naturaliter appetat esse in corpore, quod ostendit dolor in separatione: & omnis appetitus naturalis imperfecta animae beatitudine debeat impleri, corpus tradetur ei sini quo appetitus eius naturalis non impleretur. Praeterea quum constat animae perpetuae non sufficere organum, necessario corruptibile ex prima ordinatione corpus humanum non fuit tale: ergo quum per Christum restauratio perfecta fiat, perpetuum corpus animae tradetur: fiet ergo resurrectio corporum. Item quum aliquae actiones corporales sint meritoriae, vt opera misericordiae, de quibus legitur Matth. 25. caro sicut socia animae est in merito: sic socia debet esse eius in praemio: & ex quo partem pretij soluit, partem debet habere lucri: quod non erit nisi caro resurgat, ergo ipsa resurget. Item corpus humanum finis est caeterorum corporum: ergo quum inter caetera corpora quaedam habeant esse perpetuum, corpus humanum habiturum est esse perpetuum. Finis enim melior est his quae sunt ad finem: quod autem est diuturnis, melius est. Item corpora quae habent esse perpetuum, habent illud ex Dei bonitate, & ad creaturae vtilitatem non ad vtilitatem Dei, quum bonorum ipse nostrorum non egeat, nec ad vtilitatem creaturae pure corporalis, quum illa nullius boni sit perceptiua. Item non principaliter ad vtilitatem creaturae pure spiritualis, cum illa creatura corporali non egeat: ergo ad vtilitatem creaturae partim spiritualis & partim corporalis quae non videtur esse nisi homo. Si vero aliquae creaturae corporales propter hominem habent esse perpetuum: multo fortius homo habiturus est esse perpetuum. Item aut corpus humanum se habet solum ad animam vt organum ad tempus necessarium, aut non. Si primo modo, quae causa est quod anima tantum doleat, quum illud organum graue & onerosum separetur ab ea quod non est amplius ei necessarium? quis sapiens doleat cum à naui exit ad portum securum? Si vero non se habet vt organum solum, sed vt materia cum qua anima perficit speciem vnam rerum & creaturam nobilissimam cum creaturae minus nobiles esse perpetuum habeant,

O ij

homo etiam esse perpetuum habiturus est. Item quum anima rationalis habeat aliquas vires quæ sine corpore non possunt perfici, vt prius ostensum est: aut ipsa non perficietur omnino in futuro, aut corpus ei iterum vnietur: Item duæ causæ vnionis animæ ad corpus assignantur à Gregorio Nazianzeno: vna vt per agones certaminum quæ ei insunt aduersus terrena, cœlestis gloriæ hæreditatem acquirat, & sicut aurum igne præsentis vitæ ærumnarum probetur examine. Alia causa est, vt hanc deteriorem naturam corporis secum trahat, ac sursum supernis sedibus collocet, vnde vna causa vnionis eius est bonum animæ, alia bonum corporis: vtraque autem causa requirit vt corpus resurgat. De prima patet. Iustum est enim vt caro quæ fuit socia in certamine, socia etiam sit in gloria. De secunda idem manifestum est.

CAPVT XXIII.
De errore illo qui dicit vnumquemque posse saluari in sua fide vel lege.

Sequitur de errore illo qui ponit vnumquemque saluari in sua fide vel lege, ex quo credit eam esse bonam & Deo placentem. Cui errori occasionem dedit quod cogitauerunt tantam paucitatem esse saluandorum si soli Christiani boni saluarentur. Dixerunt enim: Quum Deus non sit minus pronus ad miserandum quàm ad puniendum, quomodo tam pauci saluabuntur, sc. Christiani, & illi non omnes, sed solum boni qui pauci sunt respectu malorum? Multitudo etiam Iudæorum & gentilium damnabitur: quare ergo Dei misericordia tantam multitudinem creauit, quum præuideret eam damnandam? Et dicendum est contra huiusmodi errorem quod non est mirum si pauci sint saluandi comparatione eorum qui sunt damnandi: viliorum. n. semper est maior multitudo, quàm pretiosorum: vt ferri & plumbi, quàm auri & argenti; & lapidum communium, quàm gemmarum; & quercuum, quàm cedrorum vel palmarum. Et maior est aceruus paleæ quàm grani; & maior numerus stultorum quàm sapientum. Ecclesiast. 1. *Stultorum infinitus est numerus.* Sic multi sunt *vocati, pauci verò electi.* Matth. 20. Præterea quum in tanta multitudine hominum pauci sint reges temporales: quid mirum si pauci habituri sunt regnum cœleste? Item quum pauci ad regnum cœlorum venire curent: quid mirum, si pauci perueniunt? Quomodo enim perueniet si peruenire noluit? Item quid mirum si pauciores ascendant in cœlum quàm descendant in infernum: cùm facilius sit descendere quàm ascendere? Et si pauciores intrát per angustam portam paradisi, quàm per latam portam inferni. Matth. 7. *Intrate per angustam portam, quia lata est porta & spatiosa via quæ ducit ad perditionem, & multi sunt qui intrant per eam.*

Quod angusta porta & arcta via quæ ducit ad vitam, & pauci sunt qui inueniunt eam.

Falsitas dicti erroris sic potest manifestari. Si aliquis volens corporaliter ambulare, nollet præuidere vitæ pericula cù posset, sed oculis clausis aut auersis à via vellet incedere, merito imputaretur sibi si quid ei mali ex hoc accideret. Item si quis vellet ire ad aliquem locum viam ignorans, & peritum habens qui viam ostenderet, & ducatu præberet, & nollet sibi viam ostendi vel ducatum præberi: merito imputaretur ei si quid mali ei ex hoc accideret. Hæc duo cuiuslibet animus bene dispositus audita approbat: ergo cùm pericula spiritualia magis sint periculosa, & ideo magis cauenda: si quis circa illa negligens fuerit, præuidenda vel præcauenda: merito ei imputabitur cù periculum ceciderit ex negligentia quærédi viam veritatis & salutis, vel ductu propriæ rationis, vel quærendo ab alio, quem circa eam credit esse adeo instructum,

De Fide.

vel implorando diuinum auxilium, cum aliud consilium ei desit; negligētia est culpabilis & damnatione digna. Vnde de illo qui ignorans est ex negligentia huiusmodi, verum est illud 1.Corinth.14. *Ignorans ignorabitur.* Dauid: *Noluit intelligere vt bene ageret.* Gloss. potuit intelligere, vt bene ageret, sed noluit: Itaq; veniam non habet. Ambrosius qui possent scire si vellent studium adhibere, non nescientes se contemptores iudicabuntur. Si vero aliquis seductor sub praetextu catholici doctoris alicui simplici errorem praedicet, pie credendum est quod Deus cor simplicis auertet, ne ille errori sibi periculoso credat, nisi negligentia eius vel alia culpa obsistat: *custodit enim Deus omnes diligentes se*, vt legitur in Psal. Et Prouerb. 2. *Custodiret rectorum salutem & proteget simpliciter gradientes.* Idem intelligendum est in illo casu in quo aliquis inuenit doctores contrarios, vnum fidelem & alium infidelem: nec sufficit ex proprio sensu vel ex dictis eorum, vel ex vita discernere, cum credendum sit. Dei enim misericordia ei non deerit, nisi in pulsando ad eam negligens fuerit. Infideles vero negligentes valde sunt, & inuestigando per seipsos salubrem veritatem, inquirēdo ab aliis, & implorando diuinum auxilium, & in faciendo veritatem quam ipsi nouerunt. Qui vero negligit facere bonum quod nouit faciendum, non meretur accipere notitiam faciendi id quod nondum nouit. Qui vero in talento intellectus quod iam accepit fideliter negotiatur, dignus est vt talento eius addatur. Matth. 25. Si verum esset quod ponunt qui sunt praedicti erroris, nihil esset virtus vel vitium simpliciter. Credenti enim de virtute quod esset vitium, vitiosum esset agere secundū virtutem. Et credendi de vitio quod esset virtus, esset virtuosum agere secundum vitium. Secundum hoc idē valeret error errati quod veritas eam cognoscenti. Quædā vtilia ad destructionē dicti erroris, requiret supra in cap. vbi ostensum est quod vnica sit fi-

Psal. 144.

des vera. In hoc vero quod Deus creauit tantam multitudinem hominum quam praeuidebat esse damnādam, mirari debeo diuitias bonitatis Dei, quę tantę multitudini tot & tanta dedit bona, quum tamen praeuideret eos futuros ingratos. Mireris etiam peruersitatem hominum qui largitorem omnium bonorum donis eius impugnant. Nec solum ad Dei misericordiam debes habere oculum: sed etiam ad Dei iustitiam quae non minor est quam eius misericordia, quae illos quos misericordia creat, pascit, & regit, & seruat, ingratos de acceptis beneficiis merito damnat. Quid mirum si iustitia peccatoribus reddit quod meruerunt? Nemo miratur de hoc quod ignis calefacit, vel sol illuminat, vel Dei misericordia bonis beneficia tribuit: sic mirari non debes si iustitia Dei eos qui rebelles sunt Deo, punit. Non miratur aliquis si quod seminat aliquis hoc metat: sic mirandum non est si peccatores mala metat quae seminat. Eccl. 7. *Noli facere mala, & non te apprehendent.* Et iterum: *Non seminesmala in sulcis iniustitiae, & non metes ea in septuplum.* Galat. 6. *Quae seminauerit homo, haec & metet.* August. Dicet aliquis: si Deus vellet, isti boni essent: sed melius voluit vt quod vellent essent: si boni, non infructuose: si mali, non impune. Eccl. 15. *Deus ab initio constituit hominem, & reliquit illum in manu consilij sui.* Et paulo post: *Apposuit tibi aquam & ignem, ad quod volueris porrige manum tuam: ante hominem vita & mors, bonum & malum quod placuerit ei dabitur illi.* Mirari etiam debes sapientiam & bonitatem Dei, qui pœnis malorum vtitur ad bonum electorum. Inaestimabile enim gaudium erit electis in futuro cum perfecte agnoscent pulchritudinem diuinae iustitiae: quam tāto plus amabunt, quanto amplius agnoscent, & tanto amplius gaudebunt, quanto amplius agnoscent & amabunt. Psalm. *Laetabitur iustus cum viderit vindictam.* Item: *Misericordiam & iudicium cantabo tibi Domi-*

Psal. 55.

O iij

ne. Duplex erit materia cantus saluatis, scilicet misericordia electorum, & iudicium reproborum. Gregor. Omnipotens Deus quia pius est, miserorum cruciatu non pascitur: quia autem iustus est, ab iniquorum vltione in perpetuum non sedatur. Sed iniqui omnes æterno supplicio deputati sua quidem iniquitate puniuntur, & tamen ad aliquid ardebunt: s. vt iusti omnes & in Deo videant gaudia quæ percipiunt, & in illis respiciant supplicia quæ euaserunt: quatenus tanto magis in æternum diuinæ gratiæ debitores se esse cognoscant, quanto in æternum mala puniri conspiciunt quæ eius adiutorio vicerunt.

CAPVT XXIV.

De errore illorum qui dicunt animas in mortali peccato decedentes non puniri æternaliter.

SEquitur de errore eorum, qui dicunt animas, quæ in peccato mortali decedunt, non puniendas æternaliter. Qui error valde periculosus est, funditus in destruit sapientiam, bonitatem in cordibus hominum cum euacuet timorem Domini, qui est principium sapientiæ. Prouer. 1. *Et sine quo non est iustificatio.* Eccl. 1. *Timor Domini expellit peccatum: nam qui sine timore est, non poterit iustificari.* Error iste dum impunitatem hominibus promittit, pronitatem ad peccandum in eis efficit. Impunitas enim est nutrix trāsgressionum: vt ait Bern. Huic errori occasionem dare potuit illud Matth. 7. *In qua mensura mensi fueritis, remetietur vobis*, & illud Apoc. 18. *Quantum glorificauit se, & in deliciis fuit, tantum date ei tormentum & luctum.* Non esset, inquiunt, mensura pœnæ secundum mensuram culpæ, si peccato momētaneo pœna æterna redderetur: Sed verba prædicta sic intelligenda sunt, vt fiat comparatio in genere, vt qui multum peccauit, multum puniatur, & qui minus peccauit, minus; & qui amplius, amplius: non quod sit necesse pœnam esse æqualem culpæ secundum durationem, imo pœna quantum ad durationem multo maior potest esse quam culpa. Sicut multipliciter potest ostendi. Et primo per pœnas ab humano iure positas quæ multo amplius durant quam peccata pro quib. inflicta sunt durauerint. Aug. 21. libr. de ciuit. Dei. Octo genera pœnarum in legibus esse scribit. Tullius, damnum, vincula, verbera, talionem, ignominiam, exilium, mortem, seruitutem. Quid horum est quod in breue tempus pro cuiuslibet peccati celeritate coërcetur, vt tanta vindicetur morula, quanta deprehenditur perpetratum, nisi forte talio? Demum bellum acquirit perpetuam seruitutem. Præterea cum perpetratio peccati vulneratio spiritualis sit, quid mirum si à vulneratione breuissimi temporis relinquatur vulnus multæ durationis, aut etiam mors à qua non est regressus ad vitā nisi miraculose? Item cum perpetratio peccati casus sit in profundum, quid mirum si casus iste breuissimo tempore fiat, & tamen qui sic cecidit in profundo multo tempore maneat? Item cum perpetratio peccati transgressio sit legis, non est mirum si mutilatio quæ perpetua est, naturaliter pro illa infligatur cum etiam perpetratio peccati ligatio sit peccantis, secundum illud Prou. 5. *Funib. peccatorum suorū quisque constringitur*: non est mirum si ille qui ligatus est breui tempore, diu ligatus maneat. Item cum peccator breui voluptate se vendat, quid mirum si emptori eius acquiratur ius perpetuum? Præterea cum non minor sit Dei iustitia quam misericordia, nec minus sit æterna, quare miratur quis quod Dei iustitia æternaliter puniat malos, & non miratur quod Dei misericordia æternaliter remunerat bonos, cū partium causarum pares soleāt esse effectus? Præterea per se notum est, quod qui addit super peccatum suum contumaciam, seu impœnitentiam, auget merito & pœnam:

& quantum durat iniuira, debet durare & poena: quia ergo existens in inferno addit super peccatum suum contumaciam vel impoenitentiam (nulla.n.vera poenitentia vel emendatio est apud inferos) & tādiu durat Dei iniuria, quandiu ei nō emēdatur: merito durabit semper ipsius poena. Praeterea peccator peccauit in suo aeterno vsque ad mortē in peccato perseuerando, ideo merito punietur in aeterno Dei. Pet. 4. lib. Dial. Scire velim quomodo iustum sit vt culpa quae cum fine perpetrata est, sine fine puniatur. Greg. Hoc recte diceretur si districtus iudex non corda hominum, sed facta pensaret. Iniqui.n. ideo cum fine deliquerunt, quia cum fine vixerūt. Nam voluissent vtique si potuissent sine fine viuere, vt potuissent sine fine peccare. Ostendunt.n. quia in peccato semper viuere cupiunt, qui nunquam desinunt peccare dum viuunt. Ad magnam ergo iudicantis iustitiam pertinet vt illi nunquam careat supplicio, qui in hac vita nunquam voluerunt carere peccato. Aug. Quia aeternam habere voluit peccati perfruitionem, aeternam inueniet vindictae seueritatem. Item maculatio imaginis diuinae semper manebit in anima dānati: vnde cum peccatum quantum ad maculam semper maneat, poena peccati merito semper manebit. Aug. Merito in caelesti ciuitate imaginem ipsorum ad nihilum rediget Deus, qui in sua terrestri ciuitate imaginem ipsius ad nihilum redigerūnt. Item quanto minus bonum est, Deo quod ei praefertur, tanto maior ei contumelia infertur. Cum ergo omne quod est vel esse potest in infinitum minus bonum sit, Deo quidquid ei praeferatur, infinita contumelia infertur ei, omni autem mortali peccato aliquid ei praefertur. Peccare.n. est secundum Aug. spreto incommutabili bono bonis commutabilib. adhaerere. Omni ergo mortali peccato infertur Deo infinita contumelia: merito ergo à Deo pro quolibet mortali infertur infinita poena. Item si quis peccaret in aliquem aequalem sibi, aliquantum peccaret in eum: & si simile peccatum committeret in maiorem, magis peccaret, vt si in sacerdotem:& si in maiorem sacerdotem, vt in episcopum, & tunc magis peccaret, ergo si peccat in Deum qui in infinitum maior est quolibet puro homine, in infinitum magis peccat. Cum ergo infinitum sit peccatum in quo quis contemnit Deum, merito infinita poena ei debetur. Item obligationes & transgressiones proportionales sunt: qui aequaliter tenentur ad aliquid faciendum, aequaliter peccant non faciendo illud: sed obligatio qua quis tenetur Deo obedire & seruire, infinita est: ergo culpa transgressionis est infinita. Quod obligatio sit infinita, sic probatur: Non est possibile quod creatura rationalis liberet se à debito obediendi vel seruiendi Deo: cum ergo obligatio illa sit intransibilis, infinita est. Praeterea si quis dedisset mille marcas gratis alicui, aliquantulum esset obligatus ei: ergo cum solus oculus vel lingua in infinitum pretiosior sit mille marcis auri, in infinitum magis obligatus est homo Deo ratione solius oculi vel linguae, quam esset ratione mille marcarum auri. Quid ergo erit de obligatione ratione totius corporis, & quid de illa quae est ratione animae quae in infinitum est melior corpore? Patet ergo quod obligatio obediendi vel seruiendi Deo infinita est. Item si anima rationalis non haberet durare nisi per diem vnam, tamen esset obligata Deo ratione diurnae vitae aliquanta obligatione: & si per duos dies, ratione vitae duorum dierū esset obligata dupla maiori; & sic ascendendo. Ergo ratione infinitae vitae obligata est Deo obligatione in infinitum maiori. Quum ergo obligatio infinita sit, culpa transgressionis est infinita: & deo merito debetur ei infinita poena. Item quum opera Dei vniuersa completa sint, opera iustitiae eius diminutionem non habebunt: & sicut retributiones eius perpetuae erūt, ita & vindictae & poenae perpetuae erunt. Praeterea

Quid peccato sit.

Obligatio hominis in Deum infinita.

cum mala merita omnino nostra sint, bona vero merita fere omnino sint Dei, magis debentur nobis de iustitia pœnæ malorum meritorum, quàm bonorum præmia: ergo magis sumus puniendi de iustitia pro malis meritis, quàm remunerandi pro bonis. Si ergo æternaliter pro bonis aliquis est remunerandus æternaliter, pro malis erit aliquis puniendus. Item proportionalia sunt peccata pœnis: si ergo nõ est comparatio peccati ad peccatum, non erit comparatio pœnæ ad pœnam. Cum ergo non sit comparatio peccati eius qui furatus est ouem, & peccati eius qui occidit hominem innocentem, non erit comparatio pœnæ ad pœnam: ergo si pœna primi peccati est temporalis, pœna secundi erit perpetua: ergo Deus aliquos perpetuo punit. Si forte ad hoc dicatur: quod licet possibile sit aliquam mereri pœnam æternam: tamen clementia Dei non sustineret eum puniri tanta pœna. Quærimus ab eo, vtrum sustineret Deus eum puniri aliqua pœna, vel nulla? Si nulla, euacuatur Dei iustitia. Si aliqua, ergo vel temporali vel æterna. Si æterna, habeo propositum. Si temporali, cum pœna temporalis comparatione æternæ minus sit quam leuatio vnius festucæ de terra, respectu excoriationis vel detruncationis capitis. Sicut iudex deridendus esset si eum qui meruisset excoriatione vel capitis detruncationem, puniret leuatione festucæ de terra: sic ridiculosa esse videretur Dei iustitia, si debitorem pœnæ æternæ puniret sola pœna temporali: vnde adhuc euacuaretur Dei iustitia. Item legitur Esa. vlt. *Vermis eorum non morietur, & ignis eorum non extinguetur.* Hierem. Ignis ille tamdiu succenditur, quamdiu habet materiam qua vorax flamma pascatur. Materia ista mala voluntas est quæ semper viuet in dānatis: ideo ignis ille nunquam extinguetur. Aug. Voluntas punitur siue supplicio animi siue corporis, vt quæ delectatur in peccatis, ipsa plectatur in pœnis. Io. 10. Luet quæ fecit omnia, nec tamen consumetur. Glos. Cuius vita mortua fuit in culpa, eius mors viuet in pœna. Item non consumetur in morte: sed vt sine fine crucietur, viuere sine fine compellitur. In Ps. *Mors depascet eos.* Glos. Hoc dicitur à simili iumétorum quæ non radicitus herbas vellunt, sed summitates capiunt: vnde iterum herbæ nascuntur ad pastum. Sic & illi morte repasti reuiuiscunt, quia non deficiunt. Gregor. Morte immortali morientur impij. Bernard. in Epistolis: Ob hoc inflexibilis & obstinatæ mentis punietur æternaliter malum licet temporaliter perpetratum: quia quod breue fuit tépore vel opere, longum esse constat in pertinaci voluntate. Auctoritates Noui Testaméti quæ pœnarum æternitatem ostédunt, require supra in cap. vbi destruitur error eorum qui ponunt animas non esse in corporibus humanis, sed dæmones inclusos, vt ibi agant pœnitentiam. Item merito pœna æterna punientur, qui gloria æterna à malo reuocari noluerūt. Item quum bonitas Dei summe odiat malum, sicut summe diligit bonum: ipsa æternaliter puniet malum, sicut æternaliter remunerabit bonum. Item in præsenti tempus est operandi: in futuro vero non erit tempus operandi, sed pro opere facto hic mercedem recipiendi. Ec. 19. *Quodcunque potest manus tua, instanter operare: quia nec opus, nec ratio, nec scientia, nec sapientia erunt apud inferos quò tu properas.* Non metet ibi aliquis quod hic non seminauit: ergo qui male vixit hic, & in malitia vitam finiuit, non saluabitur. Matth. 7. *Nunquid colligunt de spinis vuas aut de tribulis ficus?* Sic ex malitia vitæ quam hic aliquis habuit: non colligit ibi dulcedinem præmij. Merita etiam ibi mutari non poterunt: Ecclesiast. 11. *Si ceciderit lignum ad Austrum, aut ad Aquilonem, in quocunque loco ceciderit, ibi erit.* Gregor. 4. libr. Dialog. Qualis hinc quisque egreditur, talis in iudicio presentatur. Et vt breuiter dicamus, vita præsens disponit de futura: vnde quum futura vita sit sine

Psal. 41.

sine fine, eo quod animæ sint immortales: præsens vita præparat futuræ vel miseriam sine fine, vel felicitatem sine fine.

CAPVT XXV.

De Errore ponentium animas in charitate decedentes, nulla pœna purgatoria puniri. Et primo de errore illorum qui dicunt nullum peccatum esse veniale.

Sequitur de errore illo qui ponit animas eorum qui in charitate decedunt, nulla pœna purgatoria in futuro puniendas. Qui error habet tres errores sibi annexos. Primus est, quod nullū peccatū est veniale. Secundus est, quod quãdo dimittitur culpa, dimittitur & pœna: quod si decedat, nulla pœna purgatoria punietur. Tertius, quod suffragia Ecclesiæ non prosint mortuis. Circa primum errorē notandum est, quod qui sunt illius erroris non sentiunt de Domino in bonitate, cum credant eum pro quācunque offensa seruis suis irasci ad mortem. Dicunt enim omne peccatum esse mortale. Et est error iste improbabilissimus. Non enim est verisimile quod pater misericordiarū pro quacūque offensa filios suos exhæredet. Item verisimile est quod sicut habet gladium mortis æternæ quo vtitur in seruos maleuolos pro magnis offensis: sic habeat virgam correctionis vel purgationis trāsitoriæ: qua pro leuibus offensis vtatur in filios suos. Et sicuti non omnis infirmitas vel vulnus corporale ad mortem est: sic nec omnis infirmitas spiritualis mortalis est. Item sicut non omnis casus corporalis est ad confractionem colli, ita nec omnis casus spiritualis ad mortem est. Prouerb. 24. *Septies in die cadet iustus, & resurget*. Poëta: *Qui cadit in plano, vix hoc tamen euenit vnquam: Sic cadit vt tractā surgere possit humo*. Non proiiciuntur vasa pretiosa omnino pro quacunque inquinatione, sed purgantur. Sic nec animæ. Et si

in morte in aliqua immunditia inueniuntur, nō tamen pro quacunque damnantur. Item si omne peccatum mortale est, cum omne dictum, vel factum: vel concupitum contra legem sit peccatum: omne factum, dictum, vel concupitum contra legem Dei erit peccatum mortale: ergo ieiunare vel eleemosynam dare propter inanem gloriam, erit mortale peccatum: breuiter quum aliquid fiet de quo lex Dei dicit, ne fiat, erit mortale peccatum: quod si verum est, nullus erit sine mortali peccato. Item quum opus virtutis sit, immediate opus vitij seu peccatum erit, quod erit in superfluitate vel diminutione: si vero omne tale opus est mortale peccatum, ergo quicunque in cibo excedet & potu, mortaliter peccabit. Item quum malum sit priuatio modi, vel spei, vel ordinis, omne opus quod erit priuatum modo seu mensura debita, erit mortale peccatum: peccatum enim & mortale peccatum conuertibilia sunt, secundum hunc errorem. Ergo quicunque nimis amat filios suos, mortaliter peccat. Item cum dicere alicui conuitium subito ante perfectam deliberationem rationis malum sit: sic erit similiter mortale peccatum. Et idem erit in aliis operibus prohibitis, quod ante perfectam rationis deliberationem mortalia peccata erunt. Et secundum hoc nullus est in præsenti vita qui vniuersaliter caueat à mortali peccato. Præterea in multis locis loquitur sacra Scriptura de peccato, quæ non possunt intelligi de illo mortali. Et exempli causa de paucis tangemus. Legitur Prouerb. 10. *In multiloquio non deerit peccatum*. Non potest hoc intelligi de mortali peccato: quia multotiens est multiloquium sine mortali. Item Ecclesiast. 11. *Si diues fueris, non eris immunis à delicto*. Et Matth. 12. *De omni verbo otioso quod locuti fuerint homines, reddent rationem de eo in die iudicij*: ergo omne verbum otiosum peccatum est: sed non omne verbum otiosum est mortale peccatum; ergo aliquod

P

peccatum est veniale. Item 1. Cor. 3. *Fundamentum aliud nemo potest ponere, præter id quod positum est quod est Christus Iesus. Si quis autem superædificat super fundamentum hoc, aurum, argentum, lapides pretiosos, ligna, fœnum, stipulam: vniuscuiusque opus manifestum erit: dies enim Domini declarabit, quia in igne reuelabitur.* Ligna, fœnum, stipula, venialia grossiora vel leuiora intellignutur: sicut patet ex his quæ sequuntur. *Vniuscuiusque opus quale sit, ignis probabit. Si cuius opus manserit quod superædificauerit, mercedem accipiet. Si cuius opus arserit, detrimentum patietur: ipse autem saluus erit, sic tamen quasi per ignem.* Item legitur 1. Ioann. 1. *Si dixerimus quoniam peccatum non habemus, ipsi nos seducimus, & veritas in nobis non est.* De mortali peccato non videtur hoc posse intelligi, cum illud non sit in amicis Dei. Item eiusdem 5. distinguit Ioannes peccatum ad mortem. Est ergo aliquod peccatum mortale, & aliquod quod non est mortale. Item in Psal. *Omnis homo mendax*, quod mendacium mortale intelligi non potest. Et Ecclesiast. 7. *De negligentia tua purga te cum paucis.*

Caput XXVI.

De Errore ponentium quod quando dimittitur culpa, dimititur & pœna, propter quod non oportet purgari.

Circa secundum errorem, notandum quod error iste valde periculosus est, quum occasionem det peccatorib. ad Deū tardius conuertendi: Facit enim paris conditionis quātum ad impunitatem eos qui conuertuntur in fine vitæ suæ, & eos qui conuertuntur in iuuētute: nulla enim pœna secundum eos vtrique post mortem punientur. Error iste valde est improbabilis. Si enim Sacramentum pœnitentiæ delet vniuersaliter culpam & pœnam, sicut sacramentum baptismi; sic sacramētum baptismi nō iteratur, non facilitas veniæ homines faciliores faciat ad peccandum: sic sacramentum pœnitentiæ non debet iterari. Item ad quid monet Euangelium ad faciendum dignum fructum pœnitentiæ. Matt. 3. si cum aliquis pœnitet, vniuersaliter dimittitur ei pœna sicut & culpa? Pœnitentia dum aliquis est in mortali non est meritoria: postquā mortale dimissum est, non videtur esse necessaria quantū ad solutionem à pœna, quum iam ille qui peccauerat secudū eos nullius pœnę sit debitor, quare ergo tantū Scriptura sacra monet ad pœnitentiam? Item quæ causa est quod his qui magis peccauerunt, maior pœnitentia iniūgatur, si tota culpa cum tota pœna dimissa est? Item cōstat quod antiqui patres multa pœna puniti sunt, & in exilio huius mundi, & etiam post mortem licet culpa mortalis esset eis dimissa. Fuerunt enim in inferno, donec Christus eduxit eos: secundū illud Oseæ 13. *Morsus tuus ero inferne.* Act. 2. *Quem Dominus suscitauit solutis doloribus inferni, iuxta quod impossibile erat illū teneri ab eo.* Apoc. 1. *Fui mortuus, & ecce sum viuens in secula seculorum, & habeo claues mortis & inferni.* Et Colos. 1. *Delens quod aduersus nos erat chirographū decreti, quod erat contrarium nobis, & ipsum tulit de medio affigens illud cruci, expolians principatus & potestates traduxit confidenter.* Et Ephes. 4. *Ascendens in altum captiuam duxit captiuitatem.* Si illi debitores fuerūt pœnæ post dimissionem culpæ, videtur quod non semper dimittatur tota pœna. Præterea si hoc esset, videretur euacuari iustitia Dei & esse dedecus culpę sine decore debitæ vindictæ. Itē pœna proportionalis est culpæ; sed cū peccator non imponit finem culpæ suæ, debetur ei pœna infinita & acerbior secūdū quod culpa maior fuerit, ergo cum peccator pœnitēdo imponit finē culpæ, debetur ei pœna finita & trāsitoria, & maior vel minor secūdū quod culpa maior vel minor fuerit. Præterea cum Deus pater potius voluerit quod proprius filius pœnā trāsitoriam pro genere humano solueret, quā quod ipse eam remitteret, non est verisimile quod ita de facili pœnā peccatoribus remittat: quin saltem pœna transitoria eos puniat. Bern. Qui nō parcit filio, nunquid parcet figmento? nunquid parcet seruo nequā? Si forte dicatur quod pœnitētes de peccatis in præsenti puniēdi sunt in futuro: non ergo Dei misericordia magis propitia erit his qui differunt conuersionem suā vsque in finem vitæ, quam his qui in iuuentute conuertuntur: cum à primis pœnā non exigat, & ab aliis exigat: & benignior erit Deus in contēptores benignitatis suæ, quam in alios? Rom.2. *An diuitias bonitatis eius & patientiæ & longanimitatis contemnis?* Falsitas huius erroris aperte apparet ex illo verb.1.Cor.1. *Si cuius opus arserit, detrimentum patietur, ipse autem saluus erit: sic tamen quasi per ignem;* ergo aliqui saluandi in futuro punientur. Præterea nonne aliquis decedere potest cum nimio amore filiorum vel præsentis fidei inuitus moriens, quem mors non videtur purgare cum eam volens non recipiat, qui necessario post mortem purgabitur, & sic purgatus saluabitur? In Psalm. *Transiuimus per ignem & aquam, & induxisti nos in refrigerium.*

Psal.65.

Caput XXVII.
De Errore ponentium quod suffragia Ecclesiæ non prosint defunctis.

Circa tertium errorem qui ponit suffragia Ecclesiæ non prodesse mortuis, notandū quod valde detestabilis est cum in mortuos sæuiat. Quantum enim in se est, succursū Ecclesiæ aufert mortuis qui igne purgatorio cruciantur. Ipse facit contra illud Eccl.7. *Mortuo ne prohibeas gratiā.* Si peccaret qui prohiberet eleemosynam dari ei quem crederet esse indigentem, vel etiā de quo dubitaret vtrum esset indigēs: multo fortius peccant isti qui impediūt ne subueniatur eis qui igne cruciatur. Prou.3. *Noli prohibere benefacere eum qui potest: si vales & ipse benefac.* Falsitas huius erroris in parte apparere potest ex prædictis, cū prius ostensum sit aliquem posse decedere cum venialibus, & cum debito pœnæ transitoriæ pro mortali: quia verisimile est quod Ecclesia pœnam illam possit soluere pro illis qui decesserūt exēplo capitis sui, sc. Christi, qui peccata nostra tulit super lignū. 1. Pet.2. Galat.6. *Alter alterius onera portate, & sic adimplebitis legem Christi.* Itē cum ad preces sanctorū aliquibus det Deus gratiam, & remittat pœnā æternā, verisimile est quod ad preces eorum remittat pœnam purgatoriam. Item ad lachrymas Mariæ & Marthæ suscitauit Iesus Lazarū. Ioan.11. Et ad preces Petri suscitatur Thabita à morte. Actu.9. Ergo ad orationes sanctorum remittitur pœna purgatoria mortuis. Ad idem facit quod legitur 2. Mach.12. *Sancta & salubris est cogitatio pro defunctis exorare, vt à peccatis soluantur.* Et 1.Cor.15. *Si mortui non resurgunt, quid facient qui baptizantur pro mortuis? Si omninò non resurgunt, vt quid baptizātur pro illis?* Baptizari pro mortuis est facere opera quæ habent purgare. Et 1. Ioan.5. *Qui scit fratrē suum peccare peccatū non ad mortem, petat & dabitur ei vita peccanti peccatum non ad mortem. Est peccatū ad mortem, non pro illo dico vt roget quis.* Cum pro peccatis maximis viuentium rogandum sit, vt Stephanus rogauit pro lapidatoribus suis, & Christus pro crucifixoribus suis, non videtur intelligēdum esse de oratione pro viuis, quod dicit Ioannes. Non pro illo dico vt roget quis, sed pro mortuis. Pro defunctis in mortali non est orandū vt saluentur: sed pro defunctis in veniali. Vnde super illud, *Est peccatum ad mortem, non pro illo, &c.* dicit Interli. Qui in hac vita nō corrigitur, post mortē eius frustra venia postulatur. Itē Iacob. vlt. *Orate pro inuicem vt saluemini, multum enim valet deprecatio iusti assidua:* cum oratio effusa in terra in cœlo poneretur, iuxta verbum Gregorij, eodem modo & in purgatorio operabitur. Ad idē valet quod legitur, beatus Andreas dixisse, Domine cum Deus differret exaudire eum oran-

Pro defunctis in mortali non est orandum.

tem pro quodam sene qui in peccato carnis vsque ad septuagesimum annum fuerat: Domine Deus pro mortuis obtinemus pietatem tuam: & tunc iste qui te nosse desiderat, cur non saluabitur? Tunc venit vox de cœlo ad eum, dicens: Obtines Andream pro sene. Si ad preces beati Andreæ Deus homini inueterato in peccato dedit gratiam, verisimile est quod ad preces Ecclesiæ remittat pœnam purgatoriam. Præterea quid obstat quod preces Ecclesiæ his qui decesserūt in charitate non possunt valere, cū Ecclesia sit in statu, in quo mereri potest? Illi autem qui in charitate decesserunt, cum sint amici Dei, in statu sunt in quo sunt digni hoc beneficio: Habent enim Dei gratiam, & eius gloriam expectant adhærendo etiam corpori Ecclesiæ tamquam membra dum viuerent dignos se fecerunt, & quodammodo meruerūt vt tales preces eis valerent si pro eis fierent. Cibus corporis communis est omnibꝰ membris quæ sunt in corpore. Vnde cū illi qui sunt in purgatorio mēbra sint Ecclesiæ & maxime indigentia, merita Ecclesiæ se debent extendere ad eos. Præterea eode Spiritu sancto viuificantur membra illa, quo viuificātur membra quæ adhuc sunt super terrā: ergo remissio culpæ vel pœnæ, quæ donum est Spiritus sancti, debet se extēdere ad ea. Quod innuitur à Domino Matt. 12. *Qui dixerit* (ait Dominus) *contra Spiritum sanctum verbum, non remittetur ei neque in hoc seculo, neque in futuro.* In qua sententia, vt ait Greg. in 4. lib. Dialog. datur intelligi quasdā culpas in hoc seculo, quasdam vero in futuro posse laxari: quod enim de vno negatur, consequēter de quibusdam conceditur. Sed tamē hoc de paruis minimisque peccatis fieri posse credēdum est, sicut est assiduus otiosus sermo, inmoderatus risus, vel peccatū curæ rei familiaris, quæ vix sine culpa, vel ab istis agitur qui culpā qualiter declinare debeat, sciūt. Præterea hoc ipsum pertinet ad gloriam Dei, quod ad preces sanctorum tales mortui à pœna liberentur. Deus enim gloriosus est in sanctis suis. Nec est contrariū diuinæ iustitiæ, quod ipse impleat voluntatem amicorum suorum, qui voluntatem ipsius pro posse suo implent. Idem enim velle idemque nolle, ea demum vera amicitia est, vt ait Sap. 1. Ioan. 3. *Si cor nostrum non reprehenderit, nos fiduciam habemus ad Deum, quod quidquid petierimus accipiemus ab eo, quoniam mandata eius custodimus, & ea quæ sunt placita coram eo facimus.*

Caput XXVIII.
De causis errorum, quæ sunt octo ad præsens.

Destructis erroribus qui catholicæ fidei aduersatur, tāgendū est de causis errorum. De quibus octo assignare sufficiat. Prima est ignorantia capacitatis intellectus humani. Quidam enim non attendentes limitatum esse intellectum humanum, credunt eum capacem esse omnium: & ideo credūt illud nō esse quod ab eo nō capitur. Sicut si aliquis crederet circulū solis omnia cōtinere, ipse crederet illa nō esse quæ infra circulū illum non cōtinētur. Similis error est in illis qui credūt nō posse esse scientiā de magnitudine solis, & lunæ, & stellarum, quia ipsi nō habēt eā: Secunda est auersio intellectus à credēdis, & ab his quæ possunt hominem inducere ad credendum, & conuersio ad errores. Quidam enim sic amant errores suos, vt cōtraria eis non velint cogitare, vel audire. Prou. 18. *Non recipit stultus verba prudētia, nisi ea dixeris quæ versantur in corde eius.* Nō est datū homini videre post tergū suū, nec videre sine intuitu: sic nec intelligere ea à quib. intellectus se auertit. Nolūt audire qui sunt in erroribus aliquid de miraculis, nec sacra eloquia, nec rationes doctorū quibus possent ad veram fidem induci: ideo non est mirū si remanent in erroribus suis. Tertia est rerum subtilitas, & intellectus grossities. Qui turbidū habet visum, pilum qui ab aliis videtur non videt, sed non ideo contendere debet eum

Causa erroru in fide octo.
1.

2.

De Fide.

ibi non esse, nō videt visus humanus quicquid videt aquilinus. Quarta est distantia à credendis: quidam enim commorantur in sensibilibus qui longe sunt à credendis quæ sunt inuisibilia, non appropinquantes ad illa, nec studio, nec exercitatione: ideo non est mirum si illa non vident. Ipsi sensum volunt habere ducem ad credenda qui cæcus est quantum ad ea: vnde sic disputant de spiritualibus, sicut cœci de coloribus. Bern. super Cant. Quomodo lux incassum circūfundit oculos clausos vel cæcos: sic *animalis homo non percipit ea quæ sunt spiritus Dei*. August. Deus lux est non corporum, sed mentium: hanc lucem qui non videt, est quasi cæcus in sole. Quinta est negligentia quærendi Dei adiutoriū ad ea credēda. Fides non est naturalis, imo est ex electione diuinæ bonitatis, & donū gratuitum. Si esset naturalis, eadem esset apud omnes: nec esset tanta dissensio de ipsa quanta est, ideo à Deo petenda est. Marc. 9. *Credo Domine, adiuua incredulitatem meā*. Ephes. 2. *Gratia estis saluati per fidem, & hoc non ex vobis, Dei enim donū est*. Et 1. Ioan. 5. *Dedit nobis sensum vt cognoscamus verum Deum*. Sicut sol non videtur nisi ex lumine suo: sic sol intelligentiæ nō videtur nisi ex lumine suo, sc. ex luce gratiæ quam infundit. Sed aliqui sunt vt vespertiliones sole non vidētes de nocte quādo volant, qui tunc sol non lucet super terram, de die verò eum non vident, quia tunc dormiunt: Sic isti solem intelligentiæ ideo non vident, quia in nocte sunt, cum ipse eis non luceat, lucem gratiæ infundēdo: non tamen propter hoc affirmare debent eum non esse. Sexta est obstaculum peccati. Quidam enim impudicitia operū suorum quasi obiectum manuum lumen solis intelligentiæ à se repellunt. Iob. 24. *ipsi rebelles fuerūt lumini*. Septima est superbia quæ est velut inflatio faciei interioris. Aug. in 7. lib. Confess. Timore meo separabat à te, & nimis inflata facies claudebat oculos meos. Bernard. super Cant. Superbo oculo veritas nō videtur, syncero

patet. Et super illud Hierem. 49. *Arrogantia tua & superbia cordis tui decepit te*, dicit gloss. Omnis hæreticus arrogans, quia superbia facit hæreticum, non ignorantia. Augustin. Superbia meretur illud Habacuc 2. *Quomodo vinum potantem decipit*, sic erit superbus. Vnde Gregorius de superbis, Tanto, inquit, à Dei luce longè sunt, quanto apud se humiles non sunt. Octaua est affectio inordinata intellectū trahens ad contraria fidei: vt timor inordinatus, vel amor, vel odium. Affectio inordinata est velut lippitudo respectu oculi interioris. Augustinus. Si quis alteri digito solem ostenderit, & videre non potuerit, culpet potius oculi lippitudinē quam digiti ostensionem: Hanc lippitudinem purgari oportet. Augustin. Purgandus est animus vt prospicere illam lucem valeat. Timor multos retraxit ne crederent in Christum. Qui enim credebāt in Christo, despiciebātur ab aliis, & extra synagogam fiebant: ideo qui gloriam amabant, & contemptum istū timebant, nolebāt ad Christum conuerti. Ioan. 5. *Quomodo credere potestis qui gloriam abinuicem recipitis, & gloriam quæ à solo Deo est, non quæritis?* Amor etiam diuitiarum & timor amittendi locum & gentem, Iudæos impediuit ne in Christum crederent. Amor diuitiarū oculus est auarorum, & amor diuitiarum est oculus voluptuosorum. Zach. 5. dicitur de impietate: *Hic est oculus eorum in vniuersa terra*. Prou. 21. *Lucerna impiorum peccatū*. Ideo auaro videtur aliquid licitum quod aliis non videtur: quia auaritia est lucerna ei: secundum eam enim iudicat. Et luxurioso videtur illa quā nimis amant pulchra, cùm sit deformis, quia amor facit eū errare in iudicio illo. Odiū etiam intellectū multorum à fide auertit. Multi Valdēses odiētes prælationē clericorū dicūt Deo obediēdū esse, & nō homini. Aliqui etiā ex eis dicūt solis prælatis bonis esse obediēdū. Dicunt etiā ordinē nō esse necessariū ad hoc quod aliquis liget vel soluat. Et quod nō sit necesse vt aliquis confiteatur peccata sua sa-

Superbia facit hæreticum.

cerdoti. Et quod relaxationes quas Episcopi consueuerunt facere non valent. Nec suffragia Ecclesiæ prosint mortuis. Item timentes errores suos per iuramenta propalari: dicunt in nullo casu esse iurandum. Item timentes se occidi: dicunt in nullo casu esse hominem occidendum. Sic transierunt hæretici in affectum cordis.

Caput XXIX.
De diuersitatibus fidei, quæ enumerantur.

Vltimo in tractatu de Fide descendendum est ad diuersitates fidei, & specialiter ad has diuersitates descendemus quæ sunt fides viua & fides mortua: fides ficta & fides non ficta siue probata: fides magna & fides modica: fides explicita, & fides implicita.

De fide viua & fide mortua.

Quæ fides viua quæ mortua.

Fides viua est quæ potens est elicere debitas operationes, quæ scilicet per charitatem operatur, Galat. 5. Fides vero mortua est quæ impotens est ad debitas operationes. Iacob. 2. Si fides nõ habet opera, mortua est in semetipsa. Fides viua videtur differre à mortua: sicut flammæ lux in candela viua differt à lumine quod remanet post extinctionem candelæ, quod præ sui paruitate insufficiens est ad regendos gressus, & ad ostendendum laqueos vel foueas, & ad discernendum quid pulchrum, quid deforme. Item fides viua videtur se habere ad mortuam sicut lumen diei ad lumen noctis: vel sicut lumen radii viui solaris caloris habentis, ad lumen quod est in vmbra tenebrosum & sine calore. Item fides viua non solum tenebras ignorantiæ expellit: sed etiam torporem excutit. Fides vero mortua, est sicut animal mortuum: nec se ad aliud potens mouere motu qui sit perfectus, vt est gressus: licet in cadauere tremor vel palpitatio quandoque remaneat. Item sicut carboni viuo musca timet insidere: sic tentator fugit

Differentia fidei viuæ & mortuæ.

eum qui est fidei viuæ non habens fiduciã quod ei possit præualere. 1. Pet. vlt. *Cui resistite fortes in fide.* Et Iacob. 4. *Resistite diabolo, & fugiet à vobis.* Fides mortua minus potens videtur esse quam dubitatio. Si quis enim dubitet de aliquo cibo vel potu, vtrum sit venenatus, sola dubitatio cohibebit eum ne cibum vel potum illum sumat. Fides autem mortua non cohibet homines à prohibitis delectationibus, quæ ad modum veneni mortem animæ inferunt. Item fides mortua, fides dæmonis esse videtur non hominis. Vnde super illud ad Titum 1. *Confitentur se nosse Deum, factis autem negant,* dicit glo. August. Nolite tanquam de fide securi esse. Adiungite fidei rectæ vitam rectam, vt Christum confiteamini verbis vera dicendo: & factis bene viuendo. Nam si confitemini verbis & non factis: fides talium proprie fides est dæmoniorum.

Item Augustinus: Cum dilectione fides Christiani, sine dilectione fides dæmonis: imo fides Christianorum qui Deum non timent, inferior videtur esse fide dæmonũ. Illi enim Deum timent. Iacob. 2. *Tu credis quod vnus est Deus, bene facis, & dæmones credunt, & contremiscunt.* Augustinus. Vtinam quomodo dæmones iudicẽ: sic homines agnoscerent Saluatorem. Ecce dæmones viderunt, & tremuerunt: homines viderunt, & occiderunt. Fides mortua facit ad augmentum culpæ & pœnæ. Ad augentum culpæ: quia cum sit cognitio, aggrauat culpam: sicut ignorantia attenuat. Augmentata autem culpa augmentatur & pœna. Bernard. Ad cumulum damnationis videtur nobis relicta fides futuræ promissionis. Fides mortua in malo Christiano videtur se habere sicut obligatio religionis in apostata monacho, qui deterioris conditionis videtur esse quam si nunquam fuisset monachus. Et sicut natura bona in angelo malo. Honorabile est valde esse angelum bonum, ignominiosissimum vero est angelum esse malum. Sic valde ignominiosum est esse malum

De Fide.

Christianum: licet sit valde honorabile esse Christianum bonum. Fides mortua ficus est maledicta fructus non habens, Matth. 21. Fides vera viua arbor est florens per firmum propositū seruiendi Deo: & folia debita habens, scilicet sermonem qui sit ad ædificationem fidei, & det gratiam audientibus loquendo: & fructum debitum bonorum operum proferens 2. Corinth. 13. *Si estis ex fide, ipsi vos probate per opera.* Fides mortua est velut cadauer exanime Deo oblatum, Iacob. 2. *Sicut corpus sine spiritu mortuum est: ita & fides sine operibus mortua est.* Bernard. super Cantic. Quid fides quæ non operatur ex dilectione, nisi cadauer exanime? Bene honoras Deum munere fœtido: bene placas Deum tuæ fidei interfector. Fides mortua signum est proditionis. In iudicio enim fides illa ostedet eum in quo fuit fuisse Christianum. Ex alia parte opera mala ostendent eum fuisse Christi inimicum. Fides illa ostendet quod fidelitatem Christo debuit: opera vero mala quod fidem ei non exhibuit, & per consequens proditor fuit. Christianus malus habens fidem mortuã, secum habet literas suæ damnationis. Per fidem enim scriptum est in corde eius, quod qui talia peccata agunt: regnum Dei non possidebunt. In libro vero conscientiæ suæ inuenietur scriptum scriptura facta propria manu quod ipse talia fecerit. Quædam enim notæ ex malis operibus relinquūtur in corde hominis. Vnde Gloss. Origen. super illud Roman. 3. *Cogitationum accusantium aut defendentium.* Sciendum, inquit, quod in illa die cogitationes accusabunt animas vel defendent. Nõ vtique cogitationes quæ tunc erunt: sed istæ quæ nunc sunt in nobis, quarum notæ quædam & signacula relinquentur in corde nostro velut in cera, quæ in occulto cordis posita in illa die reuelari dicūtur.

Fides mortua Christiani literæ suæ damnationis.

De Fide ficta, & non ficta.

Quæ fit ficta

FIdes ficta est fides fragilis: scilicet fides corum qui ad tempus credunt, & in tempore tentationis recedunt. Matth. 13. De fide non ficta legitur 1. Tim. 1. *Finis præcepti, est charitas de corde puro, & conscientia bona, & fide non ficta.*

De Fide magna, & Fide modica.

SEquitur de magnitudine & paucitate fidei. Ad magnitudinem vero fidei quinque videntur pertinere. Primo, vt homo de Deo magna sentiat, vt Centurio. Matth. 8. qui credebat Christum solo verbo posse sanare seruum suum, & se indignum esse vt Christus intraret sub tectum ipsius. Vnde dignum est de eo à Domino: *Non inueni tantam fidem in Israel.* Secundo, vt homo bona transitoria intuitu bonorum æternorum contemnat. Heb. 11. Fide Moyses grandis factus negauit se esse filiū filiæ Pharaonis, magis eligés affligi cum populo Dei, quàm tēporalis peccati habere iocunditatem: maiores diuitias æstimans thesauro Ægyptiorum improperium Christi: aspiciebat enim in remunerationem. Tertio, vt homo in aduersis de Deo confidat. Matth. 14. *Modicæ fidei, quare dubitasti?* Eiusdem. 16. *Quid cogitatis inter vos modicæ fidei?* Quarto, vt homo ad longam credentiam bona sua Deo tradat. Magni enim principes longam credentiam requirunt. Esa. 25. *Qui crediderit, non festinet.* Et Prou. 20. *Hæreditas ad quam festinatur in principio, in nouissimo benedictione carebit.* Et Eccles. 20. *Hodie fœneratur quis & cras expetit & odibilis est homo huiusmodi.* Quinto, in hoc vt cum homo aliquid petit à Deo, & non statim accipit, non propter hoc à proposito desinat. Matth. 15. Dictum est mulieri orationi instanti: *O mulier, magna est fides tua, fiat tibi sicut vis.* Ad impetrandum multum valet fidei magnitudo. August. super Ioann. Quantumuis vas fidei attulerit, quis ad fontem, tantum implet. Et Bernard. super Cant. Magna siquidem fides magna meretur.

Quæ sit des magna & quæ requirat.

De Fide explicita, & Fide implicita.

Consequenter dicendum est de illa diuersitate fidei, quæ est fides explicita. De qua breuiter notandum, quod prælati debent habere fidem explicitam de omnibus credendis. Ad eos enim pertinet illud 1. Pet. 3. *Parati semper ad satisfactionem omni poscenti vos rationem de ea quæ in vobis est fide & spe.* Simplices vero debent habere fidem explicitam de aliquib. articulis, de omnibus implicitam: vt scilicet credant verum esse omne quod credit Ecclesia, ita quod in nullo ei contradicant in particulari.

Caput XXX.

De quibusdam qui faciunt Fidem commendabilem.

Sex fidem nostrā commendant.

IN summa notandum est, quod sex sunt quæ faciunt ad hoc quod fides sit commendabilis. Primum est, simplicitas. In his enim quæ fidei sunt, qui ambulat simpliciter, ambulat confidenter. Prouer. 10. Ambrosius: Auferantur argumenta vbi fides quæritur: non enim recipienda sunt argumenta fidei cōtraria. In his quæ fidei sunt peccatoribus creditur, non dialectica: iuxta verbum eiusdem Ambros. Bernard. in lib. de Cōsideratione: Intellectus, inquit, si signata fidei tētet irrumpere, reputatur effractor, scrutator maiestatis. Ad fidei simplicitatem monēmur Exod. 20. *Si altare lapideum feceris mihi, non ædificabis illud de sectis lapidibus, si enim leuaueris cultrum tuum super eo, polluetur.* Acumen ingenij quod per cultrum intelligitur, super altare fidei leuandum non est, vt ingenium nostrum in his quæ fidei sunt, auctoritati sacræ Scripturæ præferamus. Secundum est viuacitas. Tertium magnitudo:

de quibus dictum est prius. Quartum, est feruor. Matth. 17. *Si habueritis fidem sicut granum sinapis, dicetis monti huic: Transi hinc, & nihil impossibile erit vobis.* Gloss. Fidem perfectam grano sinapis comparat quæ sit in facie humilis, & in pectore feruens, vilis videntibus: nec vllarum virium apparés, sed pressuris trita quod intus habet, ostendit. Quintum est integritas, vt omnes articuli credantur explicite vel implicite, de quibus habitum est prius. Sextum est stabilitas quod non facile relinquat fidem suam. Tob. 2. *Vitam illam expectamus, quam Deus daturus est his qui fidem suam nunquam mutant ab illo.* Vnde valde reprehensibiles sunt illi qui videntes aliquem hæreticum vel magnæ abstinentiæ, vel libenter dantem eleemosynas, credunt propter hoc eum esse sanæ fidei, & dimittunt fidem suam in qua tamdiu vixerunt, & quam parentes eorum tenuērunt: pro fide illius, non acquiescentes consilio Salomonis. Prouerb. 1. *Audi*, inquit, *fili mi disciplinam patris tui: & ne dimittas legem matris tuæ.* Qui isto modo decipiuntur, non attendunt quod nihil prohibet eum qui habet manum sanam & os sanum, habere oculum infirmum. Sic nihil prohibet illum qui abstinens est, & qui libenter dat eleemosynas, habere oculum fidei corruptum. Sicut qui iam est in possessionē rei, non de facili dimittit eam sibi auferri: sic non debet homo de facili relinquere fidem in qua nutritus est. In tali casu qui cito credit, leuis est corde. Ecclesiast. 19. Non debet homo moueri si aliquos hæreticos videat vel abstinentes, vel misericordes: cum multo plures inueniantur tales qui sunt fidei Catholicæ: vel si aliqui qui sunt fidei Catholicæ inueniantur mali. Multi enim magnæ malitiæ sunt inter hæreticos, sed occulta eam qualiter possunt: nec mirum, cum etiam seipsos occultent.

SECVNDÆ

SECVNDÆ PARTIS PRINCIPALIS
de tribus virtutibus Theologicis.

TRACTATVS DE SPE.

CAPVT PRIMVM.
De ordine dicendorum in isto tractatu. Et de descriptionibus Spei.

OST tractatum Fidei, agendum est de Spe, hoc modo. Primo, descriptiones Spei ponentur. Secundo, commendationi eius insistetur. Tertio, tangetur de his quibus spes adiuuatur. Quarto, de his quæ spei aduersantur. Quinto, de rebus sperandis. Sexto, ad diuersitates spei descendemus.

Definitione Spei.
Spes sic describitur tertio libro Sententiarum, à Magistro: Spes, inquit, est certa expectatio futuræ beatitudinis, veniés ex Dei gratia, & ex meritis præcedentibus. Prima pars huius descriptionis haberi potest ex glossa Haymonis super illud Roman. 5. *Probatio vero spem*. Spes, inquit, est certa expectatio gloriæ futuræ. Et notandum quod spes quadoque sumitur pro re quam speramus: vt ad Titum 2. *Expectātes beatam spem*. Quandoq; vero pro certitudine gloriæ futuræ, vt Rom. 5. *Probatio vero spem*. Gloss. prima, certitudinem gloriæ futuræ. Quandoq; pro virtute: vt 1. Cor. 13. *Nunc manent fides, spes, charitas*. Quandoque pro motu virtutis, & ita describitur hic. Item notandum quod sicut duo sunt vbi est expectatio corporalis. Intēdit enim animus ad aliquid absens vt fiat præsens: vnde expectans dicitur quasi extra rem positus spectans. Est etiam ibi permanentia in loco quantū ad corpus. Sic duo sunt vbi est expectatio spei. Est enim intentio animi ad futuram beatitudinem;

quam intentionem Augustin. in libro de Ciuitate Dei vocat aspectum, ostendens aspectum talem ad spem pertinere. Prius est, inquit, sanos oculos habere, quod sit per fidem; deinde aspicere, quod sit per spem. Item est ibi permanentia in loco spirituali qui Deus est. De qua permanentia legitur Ioann. 15. *Manete in me, & ego in vobis*. Et 1. Ioan. 4. *Qui manet in charitate, in Deo manet, & Deus in eo*. Qui à Deo per peccatum recedit, non habet expectationem quæ ad spem requiritur. Item notandum quod est certitudo cognitionis quæ opponitur dubitationi: & hæc pertinet ad fidem. Et est certitudo fiduciæ quæ opponitur titubationi, vel desperationi: & hæc pertinet ad spem. Et est certitudo securitatis, quæ opponitur timori separationis: & hæc erit in patria. Itē notandum, quod cum motus spei sit circa illa quæ supra nos sunt. Ad eliciēdum motum spei valet consideratio liberalitatis Dei, qui seruientes sibi remunerat supra merita prout decet ipsum. Et hæc liberalitas Dei gratia vocatur in descriptione proposita, cum dicitur: veniens ex Dei gratia. Valet etiam ad eliciendum motum spei consideratio proprij meriti, quum Deus promiserit se redditurum præmium his qui sibi debito modo seruient. Ipse vero verax est promissa solues. Vnde spes quasi duabus basibus innititur Dei liberalitati: quæ sibi seruientes remunerat vt decet cā. & Dei iustitiæ, quæ sibi seruiētib. soluit quę promisit. Et ad hæc duo pertinēt duæ particulæ vltimę descriptionis propositæ. Item notandum quod motum spei quandoque præcedunt merita in actu, vt in eo qui in charitate est, & bona opera facit quibus sperat se habiturū beatitudinem. Quandoque vero merita præcedunt motum spei: non in actu, sed in sola intentione: vt in illo qui est in peccato mortali, qui interim facit boni quidquid potest, vt Deus illustret cor suum ad pœnitentiam, qui sine præsumptione sperat habiturum beatitudinem. Cogitat enim se per gratiā Dei ad hoc habiturum merita, quibus beatitudo debeatur. Describitur etiam spes ad Aug. in lib. de Ciu. Dei, hoc modo: Spes, inquit, est qua quis ad id quod credit se peruenturum præsumit: Potest etiam sic describi: Spes est appetitus excellentis boni cum fiducia obtinendi.

Caput II.
De commendatione Spei.

Sequitur de his quæ pertinent ad commendationem Spei. Notandum ergo quod ad spei cōmendationem, primo valere potest hoc quod Scriptura sacra totiens monet ad spem. Multiplicatio enim admonitionis ostēdit vtilitatem huius virtutis. Psal. *Sperent in te qui nouerunt nomen tuum.* Item, *Spera in Domino, & fac bonitatem.* Item, *Spera in eo, & ipse faciet.* Item, *Sperat in eo omnis congregatio populi.* Item Matt. 14. *Habete fiduciam.* Et iterum Ioan. 17. *Confidite, ego vici mundum.* Nec solum scriptura, sed etiam natura videtur ad spē monere. Naturaliter. n. qui debilis est & timet cadere, alicui rei adhæret & innititur: vt patet in puero qui cum eleuatur ad standum, & æstimat se casurum, statim adhæret alicui rei. Sic naturalis ratio dictat animæ agnoscenti debilitatem & insufficientiam suam, quod fortiori se adhærere debeat & inniti. Secūdo hoc quod scriptura sacra totiens beatos asserit sperantes in Domino. Psal. *Beati omnes qui confidunt in eo.* Item: *Beatus vir qui sperat in eo.* Item: *Beatus vir cuius est nomen Domini spes eius.* Prou. 16. *Qui sperat in Domino, beatus est.* Esa. 30. *Beati omnes qui expectant eum.* Vere beati qui sperant in Domino, optata. n. eis succedunt. Tertio hoc quod spes omnipotenti innititur. Isa. 50. *Quis ambulauit in tenebris, in tenebris inquam aduersitatis, & non est lumen ei?* Fulgur scilicet prosperitatis, speret in nomine Domini, & innitatur super Deum suum, quia spes omnipotenti innititur: ideo firma est, & non timet ruinam Dauid: *Qui confidunt in Domino, sicut mons Sion.* Spes est, quæ dicit, Dominus firmamentum meum. Spes proiicit se in Deum: ipse vero non est ita crudelis vt se subtrahat, & sperantem in se cadere permittat, iuxta verbum Aug. Quare Deus totiens nos ad innitendum sibi monet, si supportare nos nollet? Nō est illusor Deus, vt se ad supportandum nos offerat, & nobis innitentibus ei, in ruinam nostram se subtrahat. Rom. 5. *Spes autem non confundit.* Gloss. Aug. Confunditur, qui quod sperabat non inuenit: sicut cōtingit illi qui sperat in homine. Hæc autem spes non cōfundit quæ est in Deo, qui nec falli, nec fallere potest. In Psal. *In te sperauerunt, & non sunt confusi.* Item: *Deus meus in te confido, non erubescā.* Item: *In te Domine speraui, non confundar in æternum.* Eccl. 2. *Nullus sperauit in eo, & confusus est.* Vanitatis est nō præstare fulcimentū innitenti: sed veritatis est non negare fulcimentum innitenti. Vnde cū Deus Veritas sit, innitenti sibi se non subtrahit. Quarto quod spes est velut arbor sita in optimo loco: adhæret. n. diuinæ bonitati. Vnde abundanter sentit effectum eius. Thren. 3. *Bonus est Deus sperantibus in eum.* Spes est iuxta fontem diuinæ misericordiæ. Ideo misericordiæ diuinæ beneficia non cessant influere ei Dauid: *Ego in misericordia tua speraui.* Item: *Sperantem in Domino misericordia circumdabit.* Item: *Fiat misericordia tua Domine super nos quemadmodum sperauimus in te.* Item: *Oculi Domini super me-*

De Spe.

tuentes enim, & in eis qui sperant super misericordia eius. Et iterum: *Ego sicut oliua fructifera speraui in misericordia Dei in æternum.* Spes arbor benedicta est, fructus vberes habens, cū à misericordia Dei abundanter irrigetur Ier. 17. *Benedictus vir qui confidit in Domino. Et subditur: Erit quasi lignū quod transplantatur super aquas, quod ad humorem mittit radicem suam, & non timebit cum venerit æstus.* Pſ. *Erit tanquam lignum quod plantatum est, secus decursus aquarum.* Quinto commendabilis est spes à multiplici suo effectu. Effectus vn° ipsius securitas, Dauid: *In Deo speraui, non timebo quid faciat mihi homo.* Merito securus est sperans in Domino: protector enim est Dominus omnium sperantium in se. Dauid: *Dominus protector vita mea, à quo trepidabo: Deus speranti in se pro muro est vndique.* Dauid: *Deus in circuitu populi sui.* Deus est ei turris fortissima. Prou. 18. *Turris fortissima nomen Domini: ad ipsum confugit iustus & exaltabitur.* Nomen Domini filius Dei dicitur. Esa. 20. *Ecce nomen Domini venit de longinquo.* Ipse est sperantibus in se altissimum refugium. Ipse etiam est eis vrbs fortitudinis. Esa. 26. *Vrbs fortitudinis nostræ Sion: saluator ponetur in ea murus & antemurale.* Murus est virtus diuinitatis: antemurale meritum humanitatis. Vtrumq; facit ad securitatem nostrā. Item spes meretur intelligentiam, & Dei auxilium. De primo, Sap. 3. *Qui confidunt in illo, intelligent veritatem.* Et Prou. 17. dicitur de expectāte futura bona. *Quocūq; se vertit, prudenter intelligit:* agnoscit. n. etiam aduersa diligentibus Deum cooperari in bonum. De secundo, in Psal. *In ipso sperauit cor meum, & adiutus sum.*

Item spes liberat vel tribulationem amouendo: vt patet in Susanna, Dan. 3. quæ flens suspexit ad cœlum. *Erat enim cor eius fiduciam habens in Domino.* Et in Psal. legitur: *In te sperauerunt patres nostri, sperauerunt & liberasti eos.* Vel liberat patientiā dando: qui modus liberationis melior est. Gregorius. Melius liberat quum patientiam dat. Spes patienter facit portari onus præsentis miseriæ. Genesis 49. *Vidit requiem quod esset bona, & terram quod esset optima, & supposuit humerum suum ad portandum.* 2. Machab. 7. *Perenntes septem filios sub vnius diei tempore conspiciens, & bono animo ferebat propter spem quam in Deum habebat.* Et Actor. 28. *Propter spem Israel, catena hac circundatus sum.* Greg. in Moralib. Ille bene nouit in exterioribus miseriis subsistere, qui scit de spe interna semper gaudere. Item spes saluat. In Psalm. *Qui saluos facis sperantes in te.* Prouer. 29. *Qui sperat in Domino, saluabitur.* Rom. 9. *Spe enim salui facti sumus.* Item: Spes columna est totum spirituale ædificium sustentans: qua deficiente, totum spirituale ædificium corruit; & mēs in barathrum desperationis concidit. Hæc columna in Cain defecit quum Domino ait. Gen. 4. *Maior est iniquitas mea, quam vt veniam merear.* Item: spes galea salutis est, caput interioris hominis, sc. intentionem illæsam custodiens. 1. Thes. 5. *Induti galeam spem salutis.* Spes etiam ancora est animæ seruans: ne à procellis tentationum à Deo abrumpatur. Heb. 6. dicit Apostolus, loquens de spe: *Quam sicut habemus animæ tutam & firmam.* Gloss. Aug. Si videris te fluctuare in mari isto: noli abrumpi ab ancora antequam intres in portum. Fluctuat nauis in ancoris, sed non lōge à terra proiicitur, nec in æternum fluctuabit, etsi ad tempus fluctuat. Item spes hominem fortem efficit. Esa. 30. *In silentio & in spe erit fortitudo vestra.* Et eiusdem. 40. *Qui sperant in Domino, mutabunt fortitudinem.* Fortitudinem inquam propriam, in fortitudinem diuinam. Fœlix commutatio ista quam facit qui sperat in Domino: Dum enim de viribus suis diffidit, & de adiutorio Dei confidit, quasi propria fortitudine se exuit, & Dei fortitudine se induit: Dei enim adiutorium paratum est ei prout de ipso confidit. Bernard. super Cant. Nihil omnipotentiam verbi clariorem reddit, quàm quod omnipoten-

Q ij

res facit omnes qui in se sperant: denique omnia possibilia sunt credenti. Idem in sermonibus: *Quatenus in bonis Domini fiduciæ pedem porrexeris, eatenus possidebis.* Item spes baculus est valde necessarius peregrinantibus in via præsentis vitæ. Qui huic baculo innititur, non corruit. In Psal. *Non derelinquent omnes qui sperant in eo.* Item non fatigatur, vel debilitatur. Esa. 46. dicitur de sperantibus in Domino: *Assument pennas, vt aquilæ current, & non laborabunt: ambulabunt & non deficient.* In Psal. *Sperans in Domino non infirmabor.* Item spes in possessionem regni cœlestis animam ante Christum quodámodo introducit. Vnde ad Heb. 6. dicit Apostolus: *Spem incedentem vsque ad interiora velaminis.* Et super illud Psalm. *Spera in Domino,* dicit Glo. Spes est introitus fidei. Et subditur in glo. per spem. n. initiatur ad videndum illud quod creditur. Spei fit promissio illa. Esa. 58. *Sustollam te super altitudinem terræ: & cibabo te hæreditate patris tui.* Iacob. Conuersatio spei in cælis est, iuxta verbum Apostoli Philip. 3. Ipsa nobis existentibus in hac vita mortali immortalitatem attingit. Sap. 3. *Si coram hominibus tormenta passi sunt, spes illorum immortalitate plena est.* Spes in æternitate animã erigit: & idcirco nulla mala quæ tolerat exterius sentit. Iuxta verbũ Greg. in moralibus. Spes in præsenti tempore quod est quædam vigilia solennitatis æternæ, non ieiunat: sed quasi iuge conniuium celebrat cum securitatem habeat; vt prius ostēsum est. *Secura enim mens quasi iuge cōuiuium.* Prou. 15. Spes de illis tribus quæ vidit Ezechiel scripta in l. 2. c. carmen ibi assumit lamentationis, relinquens dono scientiæ & pietatis, & de dono timoris. Ipsa est cui Deus dedit in nocte carmina. Iob. 35. nocte inquam præsentis aduersitatis. In Ps. *In die mandauit Dominus misericordiam suam, & nocte canticum eius.* Spes in hyeme præsentis exilii habet quasi vernum tempus. Ipsa enim nos in aduersis ridere facit: iuxta verbum Aug. Ipsa facit nos gaudere inter dolores: animus autem gaudens, ætatē floridam facit. Pro. 17. De gaudio eius legitur Ro. 12. *Spe gaudentes.* Et Matt. 5. *Gaudete & exultate: quia nomina vestra scripta sunt in cælis.* Prou. 10. *Expectatio iustorum lætitia.* Gaudium vero ipsius communiter dicitur gaudium spei, & nondum rei: & est ex certa expectatione gloriæ repromissæ. Aliud est gaudium quod est de præsentia bonorum de quibus dignum est gaudere. Gaudium spei est sicut arra æterni præmii, & præodoratio futuræ suauitatis. Spei concessum est intrare in hortum voluptatis, & inde afferre odores ad condiendam amaritudinem præsentis aduersitatis. Spes inter opprobria gloriatur. Rom. 5. *Gloriamur in spe gloriæ filiorum Dei.* Ipsa in deserto mundi deliciis affluit. Cant. vltimo. *Quæ est ista quæ ascendit de deserto deliciis affluens?* Ecclesiast. 2. *Qui timetis Dominum, sperate in illum, & in oblectationem veniet vobis misericordia.* Ipsa damna temporalium rerum non reputat. Ad Hebræos 10. *Rapinam bonorum vestrorum cum gaudio suscepistis cognoscentes vos habere meliorem & manentem substantiam.* Ipsa est quæ dicit illud Psal. *Quid mihi est in cælo: & à te quid volui super terram?* Ipsa est in labore requies, in æstu tribulationum temperies, in fletu, solatium. De eius solatio legitur ad Heb. 6. *Vt fortissimum solatium habeamus, qui confugimus ad tenendam propositam spem.* Dauid: *Hæc me consolata est in humilitate mea.* Et notandum quod non est omnino idem gaudium & solatium. Qui enim consolatur, non ex toto à tristitia est immunis: sed quasi mistura in se patitur, dum mala nunc cor eius pungunt, nunc bona vngunt. Prou. 27. *Vnguento & variis odoribus delectatur cor: & bonis amici consiliis dulcoratur.* Consolatio spei est doloris aut timoris, aut alterius affligentis affectionis repressio, vel mitigatio, spe diuini consilii vel auxilii, vel alterius beneficii. Spei est illud verbum. Hier. 31. *Quiescat vox tua à ploratu,*

& oculi tui à lacrymis, quia est merces operi tuo. Si merces modica laborem mercenarii tolerabilem reddit, quid facere debet seruis Dei merces æterna? Iac. 5. *Agricola expectat pretiosum fructum terræ patienter ferens.* Interl. Si ille pro fructu terræ quem sperat, tam patienter expectat: quanto magis nos pro cælesti? Spes est gemma gratissima. Prou. 17. *Gemma gratissima expectatio præstolantis.* Præstolans, id est de longe expectans, est qui bona æterna expectat. Expectatio vero eius quæ est spes: gemma grauissima est: & propter pretiositatem, & quia spes ad modum gemmæ perlucida est, & peruia visui interiori, vt per eam videntur cælestia bona. Spes elisos & prostratos erigit. Dauid: *Dominus erigit elisos.* Prou. 25. *Qui sperat in Domino, subleuabitur.* Ipsa vires reparat. Sicut. n. aliquis timore succumbendi hostibus, viribus cordis destruitur, & dat se hostibus nihil rebellionis opponens. Et mulier videns sanguinem suum vel alienum, statim stupefacta dicit, totum perditum est, & totum mortuum est: sic ex spe victoriæ vires homo resumit. Prou. 24. *Si desperaueris in die angustiæ lapsus(: imminuetur fortitudo tua.* Dan. 10. *In visione tua dissolutæ sunt compages meæ, & nihil remansit in me virium.* Ad Hebr. 2. *Confortate manus dissolutas, & genua debilia roborate.* Et Iosue 1. cap. dictum est. *Confortare & esto robustus.* Ecclesiast. 7. *Sapientia confortabit sapientem &c.* Item mola est sine qua non sit vera cordis contritio. Ipsa est mola interior, quæ cor eleuat & sustinet. Timor vero mola est superior: quæ cor coterit, vt ipsum contritu & humiliatu Deus non despiciat. Spes ab inferioribus nos fulcit ne sub podere tribulationu deficiamus. Timor vero à superiori nos comprimit: ne exsufflemur, aut rapiamur vento tentationis. Has duas molas contingit Dauid, dicens: *Ab altitudine diei timebo, ego vero in te sperabo.*

Altera harum non valet sine reliqua. Gloss. Gre. super illud Deut. 24. *Non accipias loco pignoris inferiorem & superiorem molam.* Superior & inferior mola spes & timor: Spes ad alta subuehit: timor autem cor inferius premit. Vna mola sine altera inutiliter habetur. In peccatoris ergo pectore semper Domini spes & formido coniungitur: quia in cassum misericordiam sperat, si iustitiam non timeat: & in cassum meruit qui non confidit. Loco ergo pignoris mola superior aut inferior non tollitur: quia qui prædicat peccatori, tanta dispensatione disponere prædicationem debet, non relicta spe timorem subtrahat: nec subtracta spe timorem relinquat. Item spes hostes nostros confundit Iob. 6. *Confusi sunt, quia speraui.* Sexto commendabilis est spes à periculo sui contrarij, s. desperationis. Reg. 2. *An ignoras, quod periculosa sit desperatio?* Desperatio periculum est à quo non quæritur exitus. Prou. 8. *Impius quum in profundum vitiorum venerit, contemnit:* id est, ex toto se negligit. Sicut spes facit vt naufragus in mediis brachia iacet aquis, sic desperatio facit vt homo in nullo se iuuet. Desperans dicit malum verbum, & pugnæ totaliter cedit: vt pugil victus desperans infœlix est. Sicut ille qui sperat in Domino beatus est. Ecclesi. 14. *Fœlix qui non habuit animi sui tristitiam, & non excidit à spe sua.* Desperans est velut arbor radicitus euulsa. Iob 19. *Quasi auulsa arbori abstulit spem meam.* Desperatio abyssus est à qua vix vel nunquam est reditus. In Psalm. *Descendunt vsque ad abyssos.* Nulla plaga videtur esse magis desperabilis plaga desperationis. Ierem. 15. *Factus est dolor meus perpetuus, & plaga mea desperabilis.* Cum cetera peccata sint inflexiones cordis ad malum, peccatum desperationis fractura cordis. Iere. 30 *Insanabilis fractura tua, pessima plaga tua.*

Caput III.

De quatuor speciebus considerationum quibus spes adiuuari potest, quarum prima est in Deum: secunda circa ea quæ pro Deo agimus: tertia circa beneficia Dei: quarta circa suffragia Sanctorum.

SEquitur de his quib. spes adiuuatur, & assimilabimus quatuor species meditationū quibus spes potest adiuuari. Prima species est directè in Deum. Secunda est circa quæ pro Deo agimus vel sustinemus. Tertia circa beneficia Dei generalia vel specialia: corporalia vel spiritualia. Quarta est circa suffragia Sanctorum.

Quod ex septem considerationibus in Deum spes adiuuatur.

SPECIES I.

PRimam possumus subdiuidere in septem species. Quarum prima est in Deum, inquantum creator est. Naturaliter amat artifex opus suum, adeo vt vix possit audire quod ei detrahatur. Vnde verisimile est quod creator amet opera sua, & specialiter hominem, quem ad imaginem & similitudinem suam creauit. Gen.1. Sap.11. *Diligis omnia quæ sunt, & nihil odisti eorum quæ fecisti, nec enim odiens aliquid continuisti aut fecisti.* Sperare ergo debet homo de eo qui dedit ei vt sit, quod paratus sit dare ei vt bene sit. Secunda est in Deum, inquantum Dominus est. Naturaliter amant homines ea quæ sunt, & conseruant ea: & si ea perdiderint, gaudent cum ea recuperant. Vnde verisimile est quod Deus velit conseruare illos qui boni sunt: & peccatores quos perdidit, velit recuperare. Ad quod pertinet parabola de recuperatione ouis perditæ & drachmæ perditæ. Luc.15. vbi dicitur: *Ita dico vobis, gaudium erit in cælo super vno peccatore pœnitentiam agente, quam super* non aginta nouem iustis qui non indigent pœnitentia. Et Sap.11. dicitur, *Parcis omnibus, quoniam tua sunt.* Et Ezech.18. *Ecce omnes animæ meæ sunt.* Et quibusdam interpositis subditur: *Nunquid voluntatis meæ est, dicit Dominus, mors impij, & non vt conuertatur à viis suis & viuat?* Inter homines eandem fidem quam debet seruus domino, debet & dominus seruo. Sicut infidelis est seruus si non subueniat domino cum subuenire debet: sic infidelis est dominus si non subueniat seruo, cum inimici domini impugnant eum, & non sufficit eis resistere. Ideo certissime sperare debet qui ab hoste inuisibilis impugnatur si tentatio supra vires eius est, quod Deus ei in succursum veniat, nisi per culpam eius hoc steterit: vel quia ipse mittendo ei nuntium orationis fuerit, vel infideliter vltro se reddiderit negligētem. 1. Corinth.10. *Fidelis est Deus qui non patietur vos tentari supra id quod potestis: sed faciet etiam cum tentatione prouentum, vt possitis sustinere.* Legitur de beato Martino quod quum inter Alpes incidisset in latrones, & vnus latronum eum ferire vellet, alius ictum ferientis continuit. Et cum postea latrones quærerent ab eo an timuisset, dixit se nunquam magis securum fuisse: quia sciebat misericordem Deum maximè in tentationibus affuturum. Bern. cum sentio te iratum, tunc spero te propitium: quia cum iratus fueris, misericordiæ recordaberis. Tertia consideratio est consideratio bonitatis diuinæ: cui cum summa sit, summè placet bonitas, summè displicet malitia. Vnde verisimile est quod parata sit iuuare eos qui volunt malitiam deserere, & bonitati adhærere. Sapien.14. *Odio sunt Deo impius & impietas eius.* Et Eccle.12. *Altissimus odio habet peccatores.* Prou.12. *Qui bonus est, hauriet sibi gratiam à Domino.* Quarta est consideratio misericordiæ diuinæ, Deus enim cum sit summè misericors, non minus vult misericors à miseria liberare quam ipsi liberari. August. loquens de illa ver-

De Spe.

bo. *Petite & accipietis.* Non tantum, inquit, hortatur vt peteremus, nisi dare vellet. Erubescit humana pigritia, plus vult ille dare, quam nos accipere: plus vult ille misereri, quam nos à miseria liberari. Misericordia Dei quandoque peccatori offert etiam quod peccator petere non audet; vt ostendit Aug. in latrone qui Domino ait: *Memento mei quum veneris in regnum tuum.* Luc. 23. Considerabat, inquit, facinora sua: & pro magno habebat; si vel ei in fine parceretur: Deus autem continuo inquit: *Hodie mecum eris in paradiso:* misericordia obtulit quod miseria distulit. Aug. in l. Conf. Domine vna est spes, vna fiducia, vna firma promissio misericordia tua. Dauid: *Domine in misericordia tua speraui.* Item, *Melior est misericordia tua super vitas.* Bern. super cant. Meum meritum, miseratio Domini: non plane sum meriti inops quamdiu ille miserator affuerit. Tres alias species considerationis in Deum, innuit Bern. in sermone illo: *Misericordias Domini in æternum cantabo.* Tria, inquit, considero in quibus tota spes mea consistit: charitatem adoptionis, veritatem promissionis, potestatem redditionis. Item: Scio cui credidi, & certus sum quia in charitate nimia adoptauit me: quia verax est in promissione, quia potens in exhibitione. Hic est funiculus triplex qui difficile rumpitur, quem nobis à patria nostra in hunc carcerem demissum firmiter obsecro teneamus, vt ipse nos subleuet, ipse trahat & pertrahat vsque ad conspectum gloriæ magni Dei. De charitate adoptionis legitur. 1. Ioan. 3. *Videte qualem charitatem dedit nobis Deus pater, vt filij Dei nominemur & simus.* Multum debent moueri homines ad hoc quod de Deo sperent, hoc, quod Deus pater eorum est. Ber. loquens de Dominica oratione: Mihi, inquit, dictatur oratio, cuius principium dulce nomine paterno sequentium petitionum obtinendarum præstat fiduciam. Et gl. Matth. 6. super hoc nomen Pater: in hoc, inquit, datur fiducia: quid negabit filiis, qui iam dedit quod pater est? Et Luc. 11. *Si vos cum sitis mali, nostris bona data dare filiis vestris &c. quanto magis pater vester cœlestis dabit spiritum bonum petentibus se?* Ad hanc considerationem pertinet parabola de filio prodigo. Luc. 15. vbi filius ad patrem rediens, cum osculo & amplexu recipitur, solenne conuiuium celebratur, symphonia cum choro auditur: & subdit pater misericordiarum: *Epulari & gaudere oportebat, quia frater tuus mortuus fuerat, & reuixit: perieras, & inuentus est.* Ad eandem considerationem pertinet illud Matth. 6. *Nolite soliciti esse, dicentes quid manducabimus, aut quid bibemus, aut quo operiemur: scit enim Pater vester quia his omnibus indigetis.* Quum natura doceat animalia bruta vt prouideant fœtibus suis, & naturalis ratio dictet hominibus, vt prouideant filiis suis, verisimile est quod pater cælestis non desit filiis suis consilio eius & auxilio indigentibus. Promissiones etiam Dei qui mentiri non potest, quæ in scriptura continentur, multum possunt iuuare spem. Dauid: *Memor esto verbi tui seruo tuo, in quo mihi spem dedisti.* Rom. 15. *Vt per patientiam & consolationem scripturarum spem habeamus.* Item potestas Dei considerata multum potest spem iuuare: cui æque facile est liberare à magnis periculis vt à paruis, & saluare in paucis sicut in multis, & solo verbo potest implere promissiones suas. Ecclesiast. 8. *Sermo illius potestate plenus est.*

Quod ex consideratione bonorum quæ pro Deo facimus, & malorum quæ pro Deo sustinemus, spes adiuuatur.

SPECIES II.

Sequitur de illa specie considerationis quæ est circa ea quæ pro Deo agimus vel sustinemus. Bona opera quæ fecimus considerata spem iuuant. Vnde in Psalm.

Psalm. 4. Spes adiuuatur ope ribus bonis peractis, & malis pro Deo perpessis.

Sacrificate sacrificium iustitiæ & sperate in Domino. Sic potest homo sperare in Domino, si sacrificium iustitiæ prius obtulerit. Tit. 2. *Sobriè, & iustè, & piè viuamus in hoc seculo, expectantes beatam spem.* Greg. in Moralibus: Cum opus crescit præmij fiducia proficit. Securus est de re qui bonum pignus apud se habet. Sic securi sunt de regno futuro qui habet pignus, spem sc. 2. Corinth. 1. *Qui dedit pignus spiritus in cordibus nostris.* Ad Ephes. 1. *Qui est pignus hæreditatis nostræ.* Item, securus est qui habet bona opera quasi quædam pignora. Greg. in Moral. Sancti viri quod labores nunc veritati commendantes exhibent, tot iam remunerationis suæ pignora intra spei cubiculum clausa tenent. Securus potest esse de regno futuro cui iam in præsenti datum est super seipsum regnare. Bernard. Non est via ad regnum sine primitiis regni: nec sperare potest cœleste regnum cui non super propria membra regnare adhuc donatur. Mala etiam quæ pro Deo sustinemus considerato, spem adiuuant. Roman. 5. *Tribulatio patientiam operatur: patientia probationem: probatio autem spem.* Greg. in Moral. Bonorum mens quo duriora pro veritate tolerat, eo maiora æternitatis præmia sperat. Idem Tanto spes in Deum solidior surgit: quanto pro illo quisque grauiora pertulerit. Sen. Vires animi nunquam certam sui fiduciam dare possunt, nisi cum multæ difficultates hinc & illinc apparuerint, & aliquando propius accesserint. Ille qui sudit sanguinem suum, cuius dentes crepuerunt sub pugno cum magna spe descendit ad pugnam: multum adiicit sibi virtus lacessita. Certus est de requie, venalis est qui pretium habet apud se. Sic certus est de regno futuro qui multas tribulationes pro Christo sustinuit, quibus regnum cœlorum emitur. Act. 14. *Per multas tribulationes oportet nos intrare in regnum cœlorum.* Matth. 5. *Beati qui persecutionem patiuntur propter iustitiam quoniam ipsorum est regnum cœlorum.* Et notandum quod cum bona quæ pro Deo agimus, vel mala quæ sustinemus, consideramus, ea Dei gratiæ attribuere debemus exemplo Pauli dicentis 1. Corinth. 15. *Abundantius illis omnibus laboraui: non ego autem, sed gratia Dei mecum.*

Quod ex consideratione beneficiorum Dei spes adiuuatur.

SPECIES III.

Spes adiuuatur consideratione beneficiorum multipliciu.

SEquitur de illa specie considerationis quæ est circa beneficia. Quam possumus subdistinguere in quatuor species. Prima est circa Dei beneficia generalia & spiritualia: vt est redemptio mundi, & alia beneficia quæ ad salutem humani generis pertinent. Ad hanc considerationem pertinet illud Rom. 8. *Qui proprio Filio suo non pepercit: sed pro nobis omnibus donauit illum: quomodò non cum illo omnia nobis donauit*; Et ad Tit. 2. *Qui dedit semetipsum pro nobis, vt nos redimeret ab omni iniquitate.* Iob. *Domine quid est homo quia innotuisti ei, aut filius hominis quia reputas eum?* Bern. Mittis Vnigenitum tuum, immittis Spiritum tuum, promittis etiam vultum tuum: Et ne quid vacet in cœlestibus, ab opere solicitudinis nostræ etiam illos beatos spiritus propter nos mittis in ministerium. Item Bern. super illud Cant. 2, *Columba mea in foraminibus petræ.* Clauus penetrans, clauus reserans factus est mihi, vt videam voluptatem Domini: quod.n. videam per foramen, clamat clauus, clamat vulnus. Idem: Patet arcanum cordis per foramina corporis. Idem: Patet illud magnum pietatis sacramentum: patent viscera misericordiæ, in quib. visitauit nos oriens ex alto. Idem, in quo clarius quam vulneribus tuis eluxisset: quod tu Domine suauis & mitis & misericors: maiorem enim miserationem nemo habet, quam vt animam suam ponat quis pro addictis & damnatis. Secunda consideratio est circa beneficia spiritualia particularia: ad quod pertinet illud Bernard. super Cant. Omninò,

De Spe.

Omnino, inquit, propter mansuetudinem quæ in te prædicatur, currimus post te Domine Iesu, audientes quod non spernas pauperem, peccatorem non horreas: non horruisti confitentem latronem, non lacrymantem peccatricem, non Chananæam supplicantem, non deprehensam in adulterio, non sedentem in teloneo, non supplicantem publicanum, non negantem discipulum, non persecutorem Discipulorum, non ipsos crucifixores tuos: in odore horum vnguentorum currimus. Tertia consideratio est circa beneficia corporalia generalia: vt est creatio mundi, gubernatio, sustentatio. Ad hanc considerationem pertinet illud Matth. 6. *Respicite volatilia cœli quæ non serunt, neque metunt, neque congregant in horrea, & pater vester cœlestis pascit ea: nonne vos magis pluris estis illis?* Et post: *De vestimento quid soliciti estis? cōsiderate lilia agri, & cætera.* Quarta consideratio est circa beneficia corporalia & spiritualia, de quibus in scriptura legitur: vt est conseruatio trium puerorum in fornace. Dan. 3. Et liberatio Susannæ. Eiusdem 13.

Quod ex consideratione meritorum & suffragiorum sanctorum spes adiuuatur.

SPECIES IV.

Quæ subdiuiditur in alias quatuor species considerationum.

Sequitur de illa specie considerationis quæ est circa merita Sanctorum vel suffragia, quam in quatuor species subdiuidere possumus. Prima est circa mediatorem Dei & hominum Iesum Christum. Secunda, circa mediatricem, scilicet beatam Virginem. Tertia circa Angelos. Quarta, circa Sanctos.

Quod ex consideratione meritorum & suffragiorum Christi spes adiuuatur.

SPECIES I.

PRima multum spem roborat, ad quam pertinent auctoritates Sacræ Scripturæ. Bern. super Cantic. Puto iam, spernere me non poterit Christus os de ossibus meis: & caro de carne mea. August. in libr. de Ciuit. Dei: Gratia, inquit, Dei non potuit gratius commendari, quā vt ipse vnicus Dei filius in se incommutabiliter manēs, induerit hominem, & spem dilectionis suæ daret hominibus homine medio: quia ad illū ab hominibus veniretur, qui tam longe erat iustus ab impiis, beatus à miseris. Gregor. Præbet aput Deum homini fiduciam Deus homo: est nobis spes magna pœnitentibus quia aduocatus noster factus est iudex noster. 1. Ioan. 2. *Si quis peccauerit, aduocatum habemus apud Patrem Iesum Christum iustum, & ipse est propitiatio pro peccatis nostris.* Rom. 8. *Qui est ad dexterum Dei: qui etiam interpellat pro nobis.* Ipse secundum quod homo, postulat: secundum quod Deus, dat Dauid: *Accepisti dona in hominibus.* Christus dicitur accipere dona in hominibus: quia merito eius dantur Ecclesiæ dona charismatum. Vnde Ecclesia in fine orationum petit orationem suam exaudiri per Dominum suum Iesum Christum. Et ad Hebr. 7. dicitur de ipso quod in perpetuum saluare potest, accidens per semetipsum ad Deum semper viuens ad interpellandum pro nobis. Eiusdem 9. *Iesus introiuit in ipsum cœlum vt appareret vultui Dei pro nobis.* In Psal. *Respice in faciem Christi tui.* Respiciens Deus pater quam chare Ecclesia constitit filio, suæ parcit Ecclesiæ. Item in Psal. *Scitote quoniam mirificauit Dominus sanctum suum. Dominus exaudiet me cum clamauero ad eum.* Et super illud Psal. *Saluū fac populum tuum Domine.* dicit gl. Ecce quanta spes credentium, cum pro eis orat, passus pro eis, & iudex est, & aduocatus.

R

Quod ex consideratione meritorum & suffragiorum beatæ Virginis spes adiuuatur.

SPECIES II.

Consideratio etiam mediatricis nostræ multam fiduciam potest nobis dare: ipsa. n. est dulcedo, & spes nostra, vt cantat Ecclesia. Ipsa est mater sanctæ spei. In ipsa est gratia omnis viæ & veritatis, & omnis spes vitæ & virtutis. Ecclesiast. 24. Ad hanc considerationem & ad præcedentem pertinet illud Bern. Securum habes accessum, ô homo! ad Deum vbi habes filium ante patrem, & ante filium matrem: filius ostendit Patri cicatrices & vulnera: mater ostendit filio pectus & vbera: nec vlla potest esse repulsa vbi tot charitatis occurrunt insignia. Beata virgo gratiæ thronus est, in quo sc. fons gratiæ quieuit. Hebr. 4. *Adeamus cum fiducia ad thronum gratiæ eius vt misericordiam consequamur*: Ierem. 14. *Solium gloriæ tuæ recordare, & ne irritum facias fœdus tuum nobiscum.* Solium gloriæ est beata Virgo. Ipsa enim thronus eburneus est. De quo 4. Reg. 10. & 2. Paralip. 9. Ipsa est stella maris Luc. 1. *Et nomen virginis Maria*, quod interpretatur stella maris. Ipsa naufragantes in mari huius mundi, cum aliud consilium aut auxilium deficit, ad portum salutis dirigit. Sicut est quædam stella quæ nos naufragantes in mari visibili cum tempus obscurum est, ad portum dirigit. Bern. super illud Euangel. *Missus est angelus Gabriel.* Si consurgunt, inquit, venti tentationum, si incurris scopulos tribulationum, respice stellam, voca Mariam. Et paulo post: In periculis, in angustiis, in rebus dubiis, Mariam cogita. Mariam inuoca, non recedat à corde, non recedat ab ore: & vt impetres eius auxilium, non deseras conuersationis exemplum. Ipsam sequens non deuias, ipsam rogans non desperas, ipsam cogitans non erras: ipsa tenente non corruis, ipsa protegente non meruis, ipsa duce non fatigaris, ipsa propitia peruenis, & sic in temetipso experiris quod merito dictum sit, *Et nomen virginis Maria.* Ipsa data est mundo quasi aquæductus, per quem gratiæ à Deo descendant. Eccl. 24. *Sicut aquæductus exiui à paradiso.* Bern. loquens de ipsa: Vehementia, inquit, desiderij, feruore deuotionis, puritate orationis fontem attingit pietatis, vt hauriat super angelos quod refunderet hominib. aquam viuam. Idem: Præterea tanto tempore fluenta gratiæ defuerunt: quia nondum intercesserat aquæductus. Ipsa est collum, caput ecclesiæ, scilic. Christum, corpori eius coniungens. Qui ipsi per amorem non adhæret, non adhærebit capiti: sicut nec corpus adhæret capiti collo amoto. Cantic. 6. *Collum tuum sicut turris eburnea.* Collum est beata Virgo quantum ad mediationem. Turris vero est quantum ad defensionem. Ipsa enim est virga directionis, errantes, in via præsentis vitæ salubriter dirigens. Item est virga in signum clementiæ à vero Assuero mundo extenta. Esther. 4. Assuerus interpretatur beatitudo. Ipsa est etiam virga Moysi à Pharaone infernali & eius exercitu Israelitas liberans. Exod. 4. Et cordibus aridis & duris aquam deuotionis prouidens, Num. 20. Ipsa est virga de radice Iesse egressa, id est de incendio diuini amoris. Esai. 11. Iesse enim interpretatur incendium. Ex magnitudine diuini amoris fuit quod Deus mundo dedit beatam virginem, quæ occasione peccatorum habet gratiam quam habet apud Deum Nunquam enim fuisset mater Dei nisi peccatores fuissent: quia non fuisset necesse, ideo parata est eam expendere in peccatores. Vnde secure possunt accedere peccatores ad eam tanquam ad suam quodammodo, quia sibi datam. August. in orat. ad B. Mariam. O Maria, inquit, multum audeo, multum gaudeo, multumque gaudium multam mihi facit

De Spe.

audaciam: mira loquar, sed sic est. Nos enim tibi teque nobis mira vicissitudo confœderat: vt sc. pro nobis habeas illud esse quod es: nos vero per te id esse quod sumus. Si enim nulla præcessit nostra transgressio, non esset secura nostra redemptio. Et si necessarium non esset redimi, non esset necessarium te parere redemptorem. Vt quid enim nescium peccati pro peccatoribus pareres, si deesset qui peccasset? vt quid mater fieres Saluatoris, si nulla esset indigentia salutis? ipsa est virga quæ florem nouum protulit, & fructum sufficientem ad mundi redemptionem, & ad electorum æternam refectionem. Ipsa est quæ mœstis consolationis vinum prouidet. Ioannis 2. *Vinum*, ait ipsa filio suo, *non habent*. Ipsa est Dei cellaria de qua familia Dei merito gaudet. Canticorum primo: *Introduxit me rex in cellaria sua*. Et subditur in persona fidelium: *Exultabimus & lætabimur in te.*

Ipsa est aurora furiis infernalibus tremebunda. Cant. 6. *Quæ est ista quæ progreditur sicut aurora consurgens?* Iob. 24. *Si subito apparuerit aurora, arbitratur vmbram mortis.* Ipsa est pulchra vt luna. Cant. 6. Luminare enim noctis est, lucens eis qui sunt in nocte peccati. Ipsa est mediatrix luminis. Luna recipit lumen à sole, & dat mundo, cum mundus propter aliquod interpositum sibi & soli non potest illud recipere à sole: sic beata Virgo lumen gratiæ recipit, cum mundus non esset dignus illud recipere. Bern. Cum tu dignus non eras cui filius Dei daretur, datus est Mariæ: vt per eam acciperes quicquid haberes. Ipsa propinqua valde est peccatoribus, sicut luna inter planetas propinquior est terræ. Pulchritudo eius est vt pulchritudo lunæ: quia his qui sunt in nocte peccati pulchra apparet propter magnitudinem misericordiæ suæ: ad quam tales maxime habent oculos. Eccles. 24. *Sicut oliua speciosa in campis.* Cantic. 4. *Pulchriora sunt vbera tua vino.* Bernardus in sermonibus: Nos quidem, inquit, in cæteris virtutibus congaudemus tibi: sed in misericordia tua potius nobis ipsis. Laudamus virginitatem, humilitatem miramur: sed misericordia miseris sapit dulcius. Hanc amplectimur charius; recordamur sæpius, crebrius inuocamus. Hæc est enim quæ totius mundi reparationem obtinuit, salutem omnium impetrauit. Constat enim pro vniuerso genere humano fuisse solicitam: cui dictum est, *Ne timeas Maria: inuenisti enim gratiam quam quærebas.* Quis ergo misericordiæ tuæ ô benedicta, longitudinem & latitudinem, sublimitatem & profundum queat inuestigare? Nam longitudo eius vsque in diem nouissimum inuocantibus eam vniuersis subuenit: Latitudo replet orbem terrarum, vt tua misericordia quoque sit plena omnis terra. Sic & sublimitas eius ciuitatis supernæ inuenit restaurationem: Et profundum eius sedentibus in tenebris & vmbra mortis obtinuit redemptionem. Per te enim cœlum impletum est, infernus euacuatus est, instauraræ ruinæ cælestis Hierusalem, expectantibus miseris vita perdita data. Sic potentissima & piissima charitas, & affectu compatiendi & subueniendi abundat effectu æque locuples in vtroque. Ad hunc ergo fontem sitibunda properet anima nostra, ad hunc misericordiæ cumulum tota solicitudine miseria nostra recurrat. Idem: Sileat misericordiam tuam virgo beata si quis est qui eam inuocatam in necessitatibus sibi meminerit defuisse. Misericordia eius non defuit etiam Theophilo. Fuit Theophilus in quadam vrbium Siciliæ tam prudenter & vtiliter res Ecclesiasticas dispensans, quod eum mortuo episcopo dignum episcopatu omnis populus acclamauit. At ille contentus vicedominatu, alium maluit ordinari episcopum: à quo ab honore suo iniuste depositus, ad tantam impatientiam deuenit vt conducto quodam Mago Hebræo ad recuperandum honorem suum, *Exemplum.*

opem quæreret à principe dæmoniorum. A quo iussus est negare filium Dei, & matrem eius cum omni proposito Christiani: & ipsam abnegationem scribere, & sigillatam tradere, & sic eius seruitio se addixit. Qui in crastinum recuperato honore suo, non multum post ad se reuersus in Eccles. beatæ Mariæ omni pœnitentia se affligendo, primo piam sibi Dei matrem reconciliauit, eaque sibi apparente abrenuncians diabolo, Christumque verum filium Dei, & ex Maria virgine natum, & omne Christiani propositum profitens, per eam etiam Christi filij eius gratiam recuperauit. Et ad indicium indultæ sibi veniæ rursum ei dormienti apparens Christi mater, etiam scriptum abrenunciationis quod signatum diabolo dederat super pectus eius reposuit. Quo Theophilus recepto, in crastinum die Dominica coram Episcopo & omni Ecclesiæ pandens ordinem rei, omnes ad stuporem & laudem Dei & genitricis Christi Mariæ commouit, & in eodem loco quo sibi pia virgo apparauit, perstans, ibidem post triduum mortuus est & sepultus.

Item beata Virgo est electa vt sol. Cantic. 6. Sicut enim sol est luminare, pari sibi non habens, toti mundo sufficiens: sic beata Virgo nec primam similem visa est, nec habere sequentem. Ipsa lucet fulgore miraculorum vbique terrarum: non sic alij sancti qui aliquot annis post transitum suum fulserunt miraculis: & hoc in specialibus locis. Suffragia vero beatæ Virginis vsque in diem iudicij non cessabunt. Eccles. 24. *Vsque ad futurum seculum non desinam*. Ipsa est terribilis hostibus infernalibus, *vt castrorum acies ordinata*. Cantic. 6. Ideo fideles in tentationibus suis frequenter debent eam inuocare. Non sic timent hostes visibiles quamlibet multitudinem copiosam, sicut aereæ potestates Mariæ vocabulum, patrocinium & exemplum. Fluunt & pereunt sicut cera à facie ignis vbicunque inuenerint hu-

ius nominis crebram recordationem, deuotam inuocationem, solicitam imitationem. Ipsa est mulier conterens caput serpentis infernalis. Genes. 3. Sed sunt qui videntur velle quod ipsa conterat caudam, qui non in principio tentationis eam inuocant. Ipsa est arca testamenti. Exod. 25. In hac arca posuit Deus thesaurum quem mundo contulit. Ad hanc arcam recurrit Ecclesia in necessitatibus suis, ipsa est arca non solum plena, sed etiam superplena. Bernard. super illud. *Spiritus sanctus superueniet in te.* Cur in eam, inquit, iam plenam superuenturum asserit Spiritum sanctum, nisi vt adueniente spiritu, plena sibi: ipso quoque superueniente nobis superplena & superfluens fieret? Ipsa præter coronam quam sibi meruit etiam peccatoribus ad eam recurrentibus propitiatio est. Vnde super coronam arcæ fuit propitiatorium. Ipsa est mulier gratiosa inueniens gloriam his pro quibus eam quærere voluerit. Prouerb. 11. Ipsa etiam est mulier bona: de qua Prouerb. 18. *Qui inuenit mulierem bonam, inuenit bonum: & hauriet iucunditatem à Domino.* Antequam ipsa esset magna, fuit penuria bonorum spiritualium in mundo. Eccles. 26. *Vbi non est mulier, ingemiscit æger.* Ipsa est mater non solum filij Dei naturalis: sed etiam omnium filiorum Dei per gratiam. Vnde quod Dominus dixit discipulo quem diligebat de ipsa, *Ecce mater tua.* Ioan. 10. intelligendum est de quolibet quem Christus diligit. Et Cantic. 8. mater vocatur. *Quis mihi det te fratrem meum*, suggentem *vbera matris meæ*, scilicet Mariæ? Ideo frequenter dicendum est ei illud quod cantat Ecclesia: Monstra te esse matrem, Indigebat mundus matre propter prauitatem pusillanimitatis & defectuum multiplicitatem. Ipsa adiutrix est pusillanimium. Vnde dicit ei Ecclesia, Iuua pusillanimes. *Nolite timere pusillus grex: quia complacuit matri vestræ dari vobis regnum.* Ipsa est mater misericor-

De Spe.

diæ. Bernard. Quando misereri non poterit mater omnipotentiæ ? quando misereri nollet mater misericordiæ ? Idem: Reuolue totam seriem Euangelij : & si quid asperum, si quid durum, inueneris in Maria, deinceps eam suspectam habeas, & ad eam accedere verearis. Ipsa est mater pulchræ dilectionis. Ecclesiast. 24. non amans filios suos fatuo amore; vt aliquæ matres faciunt. Omnes filios Dei qui sunt in mundo isto, quasi gestat in visceribus pietatis, exhibens eis vbera consolationis. Cant. 3. *Pulchra sunt mammæ tuæ.* In eodem: *Pulchriora sunt vbera tua vino.* Sicut Christus est otium regni cœlorum. Ioann. 10. ita est fenestra ipsius. Vnde cantat Ecclesia, Intret vt astra flebiles, cœli fenestra facta es. Ipsa figurata est per fenestram arcæ, quam Hebræi dicunt fuisse crystallinā, per quam habuit transitum colūba quæ cessationem diluuij indicauit, & spem salutis attulit. Item ipsa est fons terram Ecclesiæ irrigans & fœcundam reddens. Cant. 4. *Fons hortorum*, &c. Fons in vallibus inuenitur: & beata Virgo humilibus est familiaris. Loca fonti vicina florida solent esse & virida: sic familiares beatæ Virgini florent virtutibus, & virent bonis operibus. Eccl. 40. *Super omnem aquam viriditas.*

Quòd ex consideratione meritorum & suffragiorum angelorum spes adiuuatur.

SPECIES III.

SEquitur de illa specie considerationis quæ est circa angelos, ad quam pertinent illa verba sacræ Scripturæ, quæ nobis indicant beneuolentiam vel beneficentiam angelorum, vt est illud Luc. 15. *Gaudium erit coram angelis Dei super vno peccatore pœnitentiam agente.* Et illud Psalm. *Angelis suis Deus mandauit de te, vt custodiant te in omnibus viis tuis.* Bern. loquens de hoc verbo. Quantam, inquit, debet

Psal. 90

tibi hoc verbum inferre rreuerētiam, afferre deuotionem, conferre fiduciam ? Reuerētiam pro præsentia, deuotionem pro beneuolentia, fiduciam pro custodia. Idem: Quid sub tātis custodibus timeamus nec superari nec seduci ? Minus autem seducere possunt. Fideles sunt, prudentes sunt. Quid trepidamus ? tantum sequamur eos, adhæreamus eis, & in protectione Dei cœli comorabimur. Hier. Magna est dignitas animarum, vt vnaquæque habeat ab ortu natiuitatis in custodia sui angelum delegatum. Bern. loquens de illo verbo Esa. 62. *Super muros tuos Hierusalem cōstitui custodes.* Benignus es, inquit, Domine qui non es contentus nostrorū fragilitate murorū: sed ipsis hominum custodibus angelicam custodiam supponis. Ad eandem considerationem pertinet illud Matth. 18. *Videte ne contemnatis vnum ex pusillis istis: angeli enim eorum semper vident faciem Patris mei qui in cœlis est.* Item illud Heb. 11. *Nonne omnes administratorij spiritus sūt in ministerium missi propter eos qui hæreditatem capiunt salutis?* Et Exod. 24. *Ecce, ego mitto angelum meum qui præcedat te, & custodiat in via, & introducat ad locum quem paraui.* Et Tob. 5. *Angelus Domini comitetur vobiscum.* Et eiusd. 12. *Quando orabas cum lacrymis, ait Angelus Tobiæ, ego obtuli orationem tuam Domino.* Et Luc. 16. *Factum est vt moreretur mendicus, & portaretur ab angelis in sinum Abrahæ.* Et Apocalyps. 12. *Michael & angeli eius præliabantur cum dracone.* Bern. super Cant. Bene tecum agitur, ô mater Ecclesia, bene tecum agitur in loco peregrinationis tuæ: de cœlo & de terra venit auxilium tibi.

Quòd ex consideratione meritorum & suffragiorum aliorum Sanctorum & Sanctarum spes adiuuatur.

SPECIES IV.

SEquitur de illa specie considerationis quæ est circa sanctos, ad quam pertinet

R iij

illud Iob. 2. *Ad aliquem sanctorum conuertere.* Et illud Psalm. *Leuaui oculos meos in montes: vnde veniet auxilium mihi.* Montes spirituales, Sancti sunt. Et illud Bernard. Tria sunt quæ in festiuitatibus Sanctorum vigilanter considerare debemus. Auxilium Sancti, exemplum eius, confusionem nostram. Auxilium: qui potens in terra, potentior est in cœlis ante faciem Domini Dei sui. Si hic dum adhuc viueret, misertus est peccatoribus, & orauit pro eis: nunc tanto amplius, quanto verius cognoscit miserias nostras, orat pro nobis patrem: qui beata illa patria charitatem eius non immutauit, sed augmentauit, & nunc induit potius sibi viscera misericordiæ, quum ante fontem misericordiæ assistat. Bernard. super Cantic. Non ambigo ego quin Apostoli & Apostolici viri tanto in morte potentius sponsam protegant & custodiant, quanto in ipso amplius confortatus est principatus eorum. Cum charitas Sanctorum in via modica sit respectu charitatis eorum in patria; secundum illud Esa. 31. *Dixit Dominus, cuius ignis est in Sion, & caminus eius in Ierusalem:* verisimile est quod sancti qui in hoc mundo tantum amauerunt peccatores quod pro salute eorum se morti exposuerunt, multi sunt parati iuuare eo modo in his quæ ad salutem eorum pertinent nisi per culpam eorum steterit. Vnde multam deberemus habere fiduciam in eis, & specialiter in illis quorum pietatis plura argumenta habemus: sicut in illis qui in hac vita mortali leguntur fuisse eminentis pietatis: vt de B. Nicolao legitur, quod erat valde compatiens, & super afflictos pia gestans viscera. Et B. Martinus diuisit pallium pauperi, & in illis qui morte imminente petierunt Deum propitium fieri his qui memoriam eorum agerent: vt B. Catharina quæ Christo ait: Fac misericordiam, meam agentibus memoriam. Et in his de quorum tumba manat oleum ad indicium pietatis eorum: vt de tumba B. Nicolai, & de tumba beata Catharinæ.

Caput IV.

De his quæ aduersantur fidei, scilicet desperatione & confidentia in creaturam: & de causa desperationis.

Spei vero videntur aduersari, diffidentia de Deo siue desperatio, & confidentia in creatura. Desperatio hominem reddit maledictum, & protectione Dei indignum. 2. Eccl. *Væ dissolutis corde, qui non credunt Deo;* & ideo non protegentur ab eo. Desperans est similis Cain: caput cordis habet tremulum, vagus & profugus est, à procella tentationis, à terra viuentium proiectus, eo quod non habet ancoram spei qua retineatur. Desperatio est peccatum in Spiritum sanctum. Vnde super illud Genes. 4. *Maior est iniquitas mea,* &c. dicit gloss. Desperatio est blasphemia in Spiritum sanctum, quæ non remittitur, neq; in hoc seculo, neq; in futuro: quia aut putat Deum nolle dimittere, aut non posse: tanquam aut omnia non possit, aut inuideat saluti. De desperatione require supra in cap. de Commendatione spei, in fine. Et in tractatu de Acedia, 2. part. 15. Confidentia vero in creatura triplex est. Prima est præsumptio siue confidentia de se. Secunda, confidentia in homine. Tertia, confidentia in re inferiori homine: vt in diuitiis. De prima dicitur Prouerb. 28. *Qui confidit in corde suo, stultus est.* Vere stultus est homo de se præsumens, cum homo ex se non sufficiat, neque ad subsistendum, neque ad bene viuendum. Tripliciter est homo insufficiens ad subsistendum. Primo, quia secundum verbum Greg. esse omnium quæ de nihilo sunt in nihilum tenderet, nisi ea omnium auctor manu regiminis retineret. Secundo, quia non est sufficiens defendere se ab hostibus suis, imo à dæmonibus cito perimeretur, nisi à Domino protegeretur. Thren. 3. *Misericordia Domini, quia non*

Confidentia in creatura triplex.

sumus consumpti Bernard. si boni spiritus se à nobis elongauerint, impetum malignorum spirituum sustinere quis poterit? Tertio, quia cibo indiget sine quo vita eius deficeret: quæ insufficientia non est in angelo, imo nec in lapide, Dauid. *Esurientes & sitientes anima eorum in ipsis defecit.* Item ad bene viuendum tripliciter insufficiens est. Primo, quia non sufficit ex se bonam vitam inchoare. 1. Cor. 15. *Non quod sufficientes simus aliquid cogitare ex nobis quasi à nobis.* Cogitatio primum opus esse videtur. Potest homo per peccatum se occidere, sed nõ potest se occisum suscitare. Homo per malitiam occidit animam suam. Ose. 13. *Perditio tua Israel, tantummodo ex me auxilium tuum.* Secundo, insufficiens est in bono inchoato perseuerare. Greg. Cito bonum amittitur nisi à largiente custodiatur. Tertio insufficiens est in bono inchoato proficere Ber. super illud Cant. 1. *Trahe me post te,* dicit in persona Ecclesiæ: Domine, scio me nequaquam posse peruenire ad te, nisi gradiendo post te: sed ne hoc quidem nisi adiuuer à te: ideo precor vt trahas me post te. Beatus siquidem est cuius est auxilium abs te. Homo præsumens de se, maledictus est. Esa. 5. *Væ qui sapientes estis in oculis vestris.* De præsumptione ista, require in tract. de Superb. 3. part. cap. 5. Confidentia vero in homine fallax est, & hominem confundens Esa. 20. *Confundentur ab Æthiopia spe sua.* Et eiusd. 36. *Ecce confidis super baculum arundineum confractum istum, super Ægyptum: cui si innixus fuerit homo, intrabit in manum eius, & perforabit eam.* Sic Pharao rex Ægypti omnibus qui confidunt in eo Hier. 9. *Vnusquisque à proximo se custodiat: & in omni fratre suo non habeat fiduciam.* Confidentibus in homine S. Scriptura, in multis locis maledicit. Hiero. 17. *Maledictus homo qui confidit in homine.* Et Esa. 31. *Væ qui descendunt in Ægyptum ad auxilium, &c.* Et non sunt confisi super sanctum Israel, & Dominum non exquisierunt. Cõfidentia

etiam in rebus inferioribus valde periculosa est. Greg. super Iob: De creatore desperasset, si spem in creatura posuisset. Idẽ. Quasi in aquis defluentibus fundamentum ponere, est in rebus labentibus spei fiduciam velle solidare. Sap. 5. *Spes impij quasi lanugo quæ à vento tollitur, & tanquam spuma gracilis quæ à procella dispergitur.* Iob. 8. *Spes hypocritæ peribit.* Et paulo post: *Sicut tela aranearum fiducia eius.* Gloss. Greg. Tela aranearum studiose texitur, flatu venti dissipatur: sic quicquid hypocrita exudat fauoris aura tollit. Itẽ Iob. 31. *Si putaui aurum robur meum, & obrizo dixi, Fiducia mea:* supple, *male mihi accidat.* Gloss. Obrizum est rudis auri moles. Prouerb. 11. *Qui confidit in diuitiis suis, corruet.* Eccles. 31. *Beatus diues qui non sperauit in pecuniæ thesauris.* Et 1. Tim. 6. *Diuitibus huius seculi præcipe non sperare in incerto diuitiarum, sed in Deo viuo.* Quum aurum & argentum vix secure possint esse etiam in arcis seratis: fatuus est qui ex his securitatem vult sibi facere. Quomodo enim possunt dare securitatem quam non habent? & quum bona transitoria mentiantur non soluẽdo quod promittunt: fatuum est in eis fiduciam habere. Esa. 28. *Posuimus mendacium spem nostram, & mendacio protecti sumus.* Mendacio protegebatur Goliath, cui dicit Dauid 1. Reg. 17. *Tu,* inquit, *venis ad me cum hasta, gladio, & clypeo: ego autem venio ad te in nomine Domini.* Hasta, clypeus & gladius promittebant ei victoriam, quam tamen non habuit.

De quatuor causis desperationis.

ET notandum quod quatuor sunt quæ possum esse causa desperationis. Primum est peccati magnitudo, vel multitudo. Gen. 4. *Maior est iniquitas mea, quam vt veniam merear.* Sed fatuum est propter multitudinem vel magnitudinem peccati desperare: cum vbi superabundauit delictum, superabundet & gratia. Rom. 5.

Et maior miseria amplius soleat mouere misericordiam: abyssus enim miseriæ abyssum inuocat misericordiæ. Bernard. Peccaui peccatū grande: turbabitur conscientia, sed non perturbabitur: vulnerum enim Domini recordabor. Idem: Quid tam ad mortem quod non Christi morte saluatur? August. 10. lib. Confess. loquens ad Deum patrem: Merito, inquit, mihi spes valida in Christo est, quod sanabis omnes languores meos per eum, qui sedet ad dextram tuam, & te interpellat pro nobis: alioquin desperaui. Multi enim & magni sunt languores mei. Multi enim & magni sunt: sed amplior est medecina tua. Idem in eodem: ille tuus vnicus redemit me sanguine suo: non calumnientur mihi superbi: quoniam cogito pretium meum. Maiorem malitiam in homine diuina bonitas, quæ summa est, magis odit, parata eam destruere, & eum qui vult deserere, adiuuare. Secundum est multitudo tentationum. Quidam putant se esse desertos à Deo, quia non dat eis quietem à tentationibus: quum potius tentatio signum diuini amoris sit. Est enim eruditio filiorum Dei, Iudic. 3. *Hæ sunt gentes quas reliquit Deus vt in his erudiret Israelem.* Prou. 13. *Qui diligit filium suum, instanter erudit eum.* Multiplicatio tentationum signum est quod aliquis de manibus dæmonum euaserit. Dum aliquis est in carcere, vnicum habet custodem vel duos: si vero euaserit, omnes eum insequuntur. Sic dum aliquis captus est à diabolo: non tantum eum dæmones persequuntur, quantum quum euaserit. Dauid: *Domine, quid multiplicati sunt, qui tribulant me?* Psal. 3. Gregor. Illos pulsare negligit, quos iure quieto possidere se sentit. Præterea quod videtur esse impugnatio, potius est defensio: vt patet in Paulo, in quo impugnatio castitatis erat defensio humilitatis. 2.

Corinth. 12. *Ne magnitudo reuelationum extollat me, datus est mihi stimulus carnis meæ.* Tertium est frequens casus vel reciduatio. Sed fatuum est credere infirmitatem humanam plus posse cadendo, quam Dei virtutem releuando. Frequens casus quum ad humilitatem valeat, quodammodo facit vt homo ad fortitudinem accedat. Humilitas enim triumphare facit, sicut superbia facit corruere. Vnde Bernardin. super Cantic. Superbia siue iam existens, siue nondum, semper erit causa subtractæ gratiæ. Nunquid qui humilibus dat gratiam, humili aufert datam? Humilitas Deo dat gloriam: & ideo per consequens super eum ponit pugnam. Eiusdem enim est gloria victoriæ & pondus pugnæ. Superbus præsumit, ideo cadit: humilis in Deo confidit, ideo vincit. Petrus præ cæteris cecidit, qui præ cæteris præsumpsit. Quartum est nimia tristitia. Prouerb. 15. *In mœrore animi deijcietur spiritus*: Deijcietur, inquam, in profundum desperationis. Eccles. 14. *Felix qui non habuit animi tristitiam, & non excidit à spe sua.* Ideo non est continue habenda memoria peccatorum: nec continue cogitanda Dei iustitia: imo quandoque respirandum est in Dei misericordia. Greg. Considerantes quod Deus pius sit, peccata vestra nolite negligere. Considerantes quod iustus sit, nolite desperare. Idem: Oportet etiam de Dei semper nos miseratione confidere, & de nostra infirmitate formidare. Isidorus: Benignus est Deus, & seuerus: si tantum benignus esset, eius benignitatem contemneremus: si tantum seuerus, desperaremus. Et notandum quod ea quæ dant occasionem desperationi, aduersantur spei: quæ vero spem adiuuant, de quibus dictum est prius, remedia sunt contra desperationem.

CAP. V.

Caput V.

De rebus sperandis, & descriptione beatitudinis. De duodecim quibus cognosci potest magnitudo futuræ gloriæ. De 12. fructibus Ligni vitæ, de multiplici materia gaudii futuri, de differentia futuri gaudii ad præsens, & de 12. cognitionib. intellectis per 12. stellas quæ sunt in corona sponsæ.

Nunc dicendum de rebus sperandis, quæ sunt gloria animæ, & gloria corporis: De quibus, Esa. 61. *In terra sua duplicia possidebunt.* Et Prouerb. vlt. *Omnes domestici eius vestiti sunt duplicibus.* Hæ sunt duæ stolæ, quarum vnam iam habent Sancti, & alteram expectant. Apocalypsis 6. *Data sunt illis singulæ albæ stolæ, & dictum est illis vt requiescerent adhuc tempus modicum donec compleantur conserui eorum.* In his duabus stolis beatitudo attenditur. Beatitudo vero est, vt ait Boet. status omnium bonorum congregatione perfectus. Idem: Perfecta felicitas est quicquid velis adesse, & omne quod nolis abesse. Augustin. in lib. de Moribus Ecclesiæ: Beata vita est, quum id quod est hominibus optimum, & amatur & habetur. Item Augustinus in Enchiridio: Ille beatus est, qui omnia quæ vult habet: nec aliquid vult quod non decet.

Quid beatitudo.

De XII. quæ valere possunt ad cognoscendam magnitudinem futuræ gloriæ.

Duodecim sunt in quibus cognoscitur quam magna erit gloria fideliũ, licet hîc humiles sint & abiecti. Primum est hoc, quod Deus ita chare vendit gloriam istam etiam amicissimis suis. Petrus emit eam martyrio crucis. Paulus amputatione capitis. Et. Verisimile est quod ipse non deceperit eos, cum sit amicus fidelissimus, imo, quod plus est, ipsemet emit gloriam istam charissime amicis suis, scilicet crucis ignominia. Vnde verisimile est ineffabiliter magnam esse gloriã illam quã Christus tanta ignominia emit. Secundum est gloria pulchritudinis quam videmus in inferiorib. creaturis cũ Domino placet decorare eas. Lilium in hyeme vile apparet, & quasi nullius pulchritudinis: in æstate vero cũ Domino placet decorare illud, mirabilis est pulchritudinis. Idem videmus in pratis. Matt. 6. *Considerate lilia agri quomodo crescunt.* Et subditur: *Dico autem vobis, quoniam nec Salomon in omni gloria sua coopertus est sicut vnum ex istis.* Et post: *Si fœnum agri quod hodie est, & cras in clibanum mittitur, Deus sic vestit: quanto magis vos modicæ fidei?* Tertium est, gloria pulchritudinis quã videmus in his quæ sapientia artificum fiũt. Videmus enim quod ex lignis, & lapidibus, & metallis, quæ quando de terra sumuntur paruam habent pulchritudinem, fiunt opera miræ pulchritudinis: vt patet in gloria Salomonis. 3. Reg. 10. *Videns regina Saba omnem sapientiam Salomonis, & domum quam ædificauerat, &c. non habebat vltra spiritum.* Quam ergo gloriam habebunt amici Dei, cum Deo placuerit eos decorare secundum magnitudinem sapientiæ suæ? Quarto potest apparere magnitudo istius gloriæ ex verbis sanctorum quibus Deus reuelauit eam, vt est illud Esa. 64. *Oculus non vidit, Deus absque te quæ præparasti expectantibus te.* Et 1. Cor. 2. *Oculus non vidit, nec auris audiuit, nec in cor hominis ascendit quæ præparauit Deus his qui diligunt eum.* Et Rom. 8. *Non sunt condignæ passiones huius temporis ad futuram gloriam quæ reuelabitur in nobis.* Et 1. Cor. 4. *Id quod in præsenti est momentaneum & leue tribulationis supra modum in sublimitate æternæ gloriæ pondus operabitur in nobis.* Gen. 15. *Ego sum merces tua magna nimis.* Exod. 33. ait Moyses ad Dominum: *Ostende mihi gloriam tuam. Qui respondit ei, Ostendam tibi omne bonum.* Prou. 11. *Desiderium iustorum omne bonum:* Dauid. *Nimis honorati sũt amici tui Deus.* Quinto potest apparere

Ex quib cognoscatur gloriæ magnitudo.

magnitudo gloriæ, per hoc quod legitur Matth. 17. In transfiguratione Domini factum quod, *resplenduit facies eius sicut sol, & vestimenta eius facta sunt alba sicut nix.* Voluit enim ibi Dominus ostendere gloriam quam habitura sunt corpora nostra in resurrectione. Sexto honor quem contulit Christus cruci quæ ei seruiuit. August. super Psal. Crux de pœnis latronum transiuit ad fontes imperatorum. Quid faciet Deus fidelibus suis qui tantũ honorem contulit tormentis suis? Ambr. super, *Beati immaculati*: Si opprobrium tuum gloria est Domine Iesu, quanta est gloria tua? Tuæ igitur participatione gloriæ quid erimus, cuius sumus opprobrio gloriosi? Septimo honor quo Christus honorat sanctos suos modo in terris. Maior enim reuerentia exhibetur pulueribus vel ossib. sanctorum, vel etiam paniculis quibus induti fuerũt, quam exhibeatur maximis principib. huius mundi. Vnde verisimile est quod multum sit eos honoraturus in cœlis, qui facit eos tantum honorari in terris. Octauo per hoc quod in gloria eorum erit similis gloriæ Dei. Iuxta illud 1. Ioan. 4. *Filij Dei sumus, sed nondum apparet quid erimus: sed quum apparuerit, scimus quoniam similes ei erimus.* Verisimile est quod creatura illa quæ in naturalibus similis Deo extitit, & operando Dominum imitata est, multũ debeat decorari quum Deo in gloria assimilabitur. Rom. 8. *Quos prædestinauit conformes fieri imaginis Filij sui.* Nono, locus in quo Christi benignitas vult eos esse, Ioan. 12. *Vbi ego sum, illic minister meus erit.* Et eiusdem 17. *Pater, quos dedisti mihi, volo vt vbi sum ego, & illi sint mecum, vt videant claritatem meam.* Luc. 22. *Et ego dispono vobis sicut disposuit mihi pater meus regnum, vt edatis & bibatis super mensam meam.* Decimo, quod regnum habebunt. Matth. 25. *Venite benedicti Patris mei, percipite regnum, &c.* Apoc. 22. *Et regnabunt in secula seculorum.* Vndecimo, coronæ pretiositas In Psal. *Posuisti in capite eius coronam de lapide pretio-* so. Lapis iste pretiosus, Deus est. Hæc est illa pretiosa margarita quam qui inuenit, vendit omnia quæ habet, & emit eam. Matt. 13. circa coronam istam non solum attende lapidis valorem, sed & splẽdorem, est enim splendor gloriæ. Heb. 1. *Qui quum sit splendor gloriæ.* Apoc. 21. Ciuitas non eget sole, nec luna, vt luceant in ea: nam claritas Dei illuminabit eam. Attende etiam coronæ decorem, quam decenter sc. corona conueniat capiti: caput enim cordis ad eam & propter eam factum est. August. in lib. Confess. Domine, fecisti nos ad te, & inquietum est cor nostrum donec requiescat in te. Duodecimo, hoc quod Deus eos ministerio proprio honorabit Luc. 12. *Præcinget se, & faciet illos discumbere: & transiens ministrabit illis.* Hæc ministratio erit diuinæ faciei, in qua sit summæ lætitiæ ostensio. Dauid: *Lætificabis eum in gaudio cum vultu tuo.* Iob. 33. *Videbit faciem eius in iubilo.* Nunc facies illa nobis absconditia est. Dauid: *Quam magna multitudo dulcedinis tuæ Domine, quam abscondisti timentibus te!* Iob. 26. *Qui tenet vultum solij tui, & expendit super illum nebulam suam.* Magnitudinem etiam gloriæ saluãdorum ostendit hoc, quod Deus vocat Ecclesiam sponsam suam. Erit enim gloria sponsæ, vt decebit regem cœlestem sponsam ipsius. Quæ gloria describitur in Psal. *Astitit regina à dextris tuis in vestitu deaurato.* Cant. 4. *Veni de Libano sponsa mea, veni de Libano: veni coronaberis.* Item quod fideles dicuntur filij Dei & filij charissimi. Ephes. 5. *Estote imitatores Dei sicut filij charissimi.* Vnde erit gloria eorum vt decebit tantum patrem. De qua gloria Rom. 5. *Gloriamur in spe gloriæ filiorum Dei.* Item quod fideles dicuntur dij, in Psal. *Ego dixi, dij estis.* Sicut de aliquo dicitur, quod ipse est rex vel archiepiscopus, eo quod regem vel archiepiscopum habeat in sua voluntate: sic amici Dei in futuro dij erunt propter vnionem voluntatum cum Deo, 1. Cor. 5. *Qui adhæret Domino, vnus spiritus est.* Amicitia est vnio amantium. August. Talis est quisque

De Spe.

Ibidē. qualis eius dilectio. Si terram diligis, terra eris: Deum diligis: quid dicam? Deus eris. Non audeo hoc dicere ex me : sed scripturas audiamus. *Ego dixi, dij estis.*

De duodecim quæ electi habebunt, quæ intelliguntur per 12. fructus Ligni vitæ.

Præmia electorum.

ET notandū quod duodecim erunt in electis post generalem resurrectionē, quæ possunt intelligi per duodecim fructus ligni vitæ: de quibus Apoc. vlt. legitur. Primum est sanitas absque infirmitate, Psalm. *Qui sanat omnes infirmitates tuas.* Esa. 60. *Occupabit salus muros tuos.* Secundum est iuuentus sine senectute. Psal. *Renouabitur vt aquilæ iuuentus tua.* Quasi in ætate 30. annorum semper manebunt. Ephes. 4. *Donec occurramus omnes in virum perfectum, in mensuram ætatis plenitudinis Christi.* 1. Thess. 4. *Rapiemur obuiam Christo in aera: & sic semper cum Domino erimus.* Tertium est satietas sine fastidio. Hic non satiatur oculus visu, nec auris auditu. Eccl. 1. *Sed tunc in bonis implebatur desiderium tuum.* In Psal. *Satiabor cum apparuerit gloria tua.* Esa. 49. *Non esurient, neque sitient amplius.* Greg. Satiati desiderabimus, ne satietas generet fastidium: & desiderantes satiabimur, ne cum anxietate sit desideriū. Quartum est libertas, ad quam faciunt corporis agilitas & subtilitas. Corpus enim nō detinebitur vel propria grauitate vel alteriuscorporis oppositione, Aug. in lib. de Ciu. Dei 32. Vbi spiritus, ibi erit protinus & corpus. Quintum est pulchritudo absque deformitate. Pulchritudo corporis consistit in claritate, & situ debito, & figura membrorum. Sap. 3. *Fulgebunt iusti.* Matt. 13. *Tunc iusti fulgebunt, sicut sol in regno Patris mei.* Phil. 3. *Saluatorem expectamus Dominum nostrum Iesum Christum, qui reformabit corpus humilitatis nostræ configuratum corpori claritatis suæ.* Sextum est impassibilitas, ad quā immortalitas pertinet. Esa. 49. *Non cadet super eos sol, neque vllus æstus.* Esa. 25. *Præ-*

cipitabis mortem in sempiternum. Septimum abundātia sine indigentia. Deut. 8. *Rerum omniū abudātia perfrueris.* Iudic. 18. *Tradet vobis Deus locum in quo nullius rei est penuria.* Greg. Nihil exteriusquod appetatur: nihil interius quod fastidiatur. Octauū est pax absq; perturbatione. Nonū securitas sine timore. Esa. 32. *Sedebit populus meus in pulchritudine pacis : in tabernaculi fiducia , & in requie opulenta.* Psalm. *Qui posuit fines tuos pacem.* Decimum est cognitio absque ignorantia. 1. Corinth. 13. *Videmus nunc per speculum in ænigmate: tunc autem facie ad faciem.* Nunc cognosco ex parte, tunc autem cognoscam sicut & cognitus sum. Vndecimum, gloria absque ignominia. Coloss. 3. *Quum Christus apparuerit in vita vestra, tunc & vos apparebitis cum ipso in gloria.* Duodecimum est gaudium sine tristitia. Apoc. 7. *Absterget Deus omnem lacrymam ab oculis eorum.* Item Esa. 25. *Auferet Dominus Deus omnem lacrymam ab omni facie , & opprobrium populi sui.* Item Esa. 65. *Obliuioni enim traditæ sunt angustiæ priores.* Et eiusdem lib. *Lætitia sempiterna super capita eorum : gaudium & lætitiam obtinebunt, & fugiet dolor & gemitus.* Matth. 25. *Intra in gaudium Domini tui.* In verbo intrādi innuitur magnitudo gaudij, quod hominem vndique cinget. Ioan. 16. *Iterum videbo vos, & gaudebit cor vestrum , & gaudium vestrum nemo tollet à vobis.*

Quod gaudium electorum proueniet quasi à sex partibus.

ET notandum quod gaudium electorum proueniet quasi à sex partibus. Primo à beata Trinitate. Secundo, à loci amœnitate. Tertio, à iocunda societate. Quarto, à corporis glorificatione. Quinto, ab inferno. Sexto, à mundo. De primo legitur Esa. 33. *Regem in decore suo videbunt.* Eccles. 11. *Dulce lumen & delectabile est oculis videre solem.* In visione regis triplex gaudium erit eis. Primum erit in

Vnde gaudia electorum proueniant. Inuisio ne regis æterni triplex gaudium erit.

videndo faciem diuinam, quod erit summum gaudium August. Si mali possent, mallent Deum in inferno videre & in pœnis, quam extra pœnas Deum non videre. Chrysost. Ego multo grauiores quam gehenna est, dico cruciatus remoueri & abiici ab illa gloria: nec puto ita acerba esse gehennæ incendia, vt sunt illa quibus torquetur is qui arcetur à conspectibus Dei. Bernard. Reuera illud est verum & solum gaudiũ, quod non de creatura, sed de creatore concipitur, & quod quum possederis nemo tollet à te: cui comparata omnis aliunde iocunditas mœror est, omnis suauitas dolor est, omne dulce amarum, omne decorum fœdum: omne postremo quodcunque aliud delectare possit, molestum, quum Dei bonitas in infinitum excedat omnem bonitatem creatam. Delectatio quæ erit in perceptione immediata illius bonitatis in infinitum melior erit omni perceptione creatæ bonitatis. In Ps. *Faciẽ* Psal. 26. *tuam Domine requiram.* Ioan. 17. *Hæc est vita æterna, vt cognoscant te solum verum Deum, & quem misisti Iesum Christum.* Et in Psal. illo. *Qui regis Israel* triplicatur illud. *Ostende faciem tuam, & salui erimus.* Et super illud Psal. *Ostendam illi salutare meum,* dicit Glos. Hæc visio est tota merces: visio qua Deus videtur facie ad faciem, tertium cœlum est. Et iste est paradisus, si dici potest, paradisorum: vt dicit gloss. August. super 2. Cor. 12. Ibi beata vita in fonte viuo bibitur, inde aliquid aspergitur huic humanæ vitæ. Dauid: *Sitiuit* Psal. 41. *anima mea ad Deum fontem viuum:* Omnes deliciæ quæ sunt in mundo isto, minimæ guttæ sunt, quæ à fonte illo fluxerunt. Væ inimicis Dei qui guttas illas in terra lingunt, fonte suauitatis contempto. Iere. *Dereliquerunt fontem aquæ viuæ.* Minus sunt omnes deliciæ quæ fuerunt in mũdo, & erunt vsq; in diẽ iudicij, respectu illius suauitatis, quam sit vna gutta aquæ respectu totius maris: cum tanta inueniatur delectatio in portiuncula creaturæ, quãta inuenietur in ipso creatore? Frater Guido

Carthus. Si diuinæ bonitatis vestigiorum vestigia tantum habent suauitatis, quid habet ipse fons suauitatis Deus? Aug. 4. lib. Confess. Plus delectant, quam singula, si sentiri possent omnia: sed longe his melior qui fecit omnia. Secundum gaudium erit videndo humanitatem Christi. Bernard. Plenum prorsus omni suauitatis dulcedine videre hominem hominis conditorem. Tertium gaudium erit in consideratione vnionis humanæ naturæ ad diuinam. Mirabile enim gaudium erit electis, quum agnoscent, quod frater eorum secundum carnem, vere Deus est. Magnitudo huius gaudij potest perpẽdi ex gaudio quod solent habere parentes, cum filij eorum fiunt Episcopi vel Archiepiscopi. Tanta erit vnitas capitis & membrorum, quod membra honorem sui capitis suum reputabunt: sicut caput hominis bona vel mala membris suis illata sua reputat.

Quod electis proueniet triplex gaudium ab amœnitate loci.

Item à loci amœnitate triplex gaudium electis proueniet. Primo, à claritate loci. Tob. 13. *Beatus vero si fuerint reliquiæ seminis mei ad videndam claritatem Ierusalem.* Apocal. 22. *Nox vltra non erit.* Et secundum Philosophum, ante corpus in quo est diuersitas luminis, est aliud supra in quo est vniformitas luminis per totum. Illud corpus est cœlum empyreum in quo est lumen continuum. Secundo, à loci puritate. Apocalyp. 21. *Non intrabit in eam aliquid coinquinatum, aut abominationem faciens.* Tertio, à loci latitudine. Baruch. 3. *O Israel, quam magna est domus Dei, & ingens locus possessionis eius!* Seneca. Ab vltimis littoribus Hispaniæ vsque ad Indos paucissimorum dierum spatium iacet, si nauem ferat ventus: at cœlestis illa regio per XXX. annos velocissimo syderi viam præstat.

Quod electis proueniet triplex gaudium ex societate aliorum saluatorum.

Item ex societate proueniet triplex gaudium. Primo ex multitudine, Apocalyp. 7. *Vidi turbam magnam quam dinumerare nemo poterat.* Secundo, ex nobilitate illius societatis in qua erit beata Virgo, & angeli, & sancti, & sanctæ, qui omnes reges & reginæ erunt. Vnde Filius Dei dicitur venisse de regalibus sedibus. Sapien. 18. Plus deberent homines laborare solùm vt possent esse vna die cum beata Virgine, quam multi laborent pro æterna gloria. Hieronym. ad Eustochium: Egredere quæso paulisper de carcere & papilione corporis, vt in ostio stans videas gloriam Dei pertrâsire: præsentis laboris ante oculos tuos pinge mercedem quam nec oculus vidit, &c. Qualis erit illa dies, cum tibi Maria mater Domini choris occurret comitata virgineis? cum post rubrum mare submerso cum suo exercitu Pharaone, tympanum tenens præcinet responsuris, *Cantemus Domino: gloriosè enim honorificatus est*, &c. Tertio de amicabilitate societatis illius. Tâta enim charitas inter eos quod gaudia aliorum sua reputabût. Esaiæ 31. *Dixit Dominus cuius ignis in Sion, caminus eius in Ierusalem.* Propter magnam charitatem hæreditas illa omnib. vna est, singulis tota, iuxta verbum Greg. edit.

Quod electis proueniet quadruplex gaudium ex corpore-glorificato.

Item à corpore glorificato quadruplex proueniet gaudium. Primum, à corporis pulchritudine. Secundum, ab eius subtilitate. Tertiû, ab eius agilitate. Quartû, ab eius impassibilitate. Primû erit in corpore respectu eius quod erit iuxta se: vt scilicet alia corpora glorificata in aspectu eius delectentur. Secundû respectu eius quod erit infra se: vt scilicet corpora inferiora corpori glorificato cedât. Tertium, respectu eius quod erit supra se, vt ad spiritum suum perfectam possit habere obedientiam. Quartum, ad id quod erit contra se, ab aliquo possit lædi.

Quod electis proueniet triplex gaudium ab inferno.

Item ab inferno triplex gaudiû electis proueniet. Primo, ex hoc quod infernû euaserût. Secundo, ex hoc quod hostes eorum cruciabuntur ibi. Psalm. *Lætabitur iustus cum viderit vindictam.* Tertio, ex hoc quod peccatum quod maxime nocuit hominibus, clausum erit in inferno. Post diem iudicij erit in inferno peccatû quasi in proprio loco: non enim poterit remanere neque in cœlo, neque in terra quia ad vltimum descendat in infernum.

Quod à mundo proueniet electis triplex gaudium.

Item à mundo proueniet electis triplex gaudium. Primo, ex hoc quod à pœnali miseria huius exilij liberati erunt. Bern. Transire de morte ad vitam, vitæ gaudium duplicat. Verisimile est quod multû gaudeat de hac liberatione qui dicebat: *Heu mihi quia incolatus meus prolongatus!* Secundo, de hoc quod à naufragio liberati erunt. Si naufragi qui de mari exierût, tantum gaudent: verisimile est quod multum gaudeât qui tot naufragia passi, à mari huius mundi periculosissimo euaserût. Bern. Periculum probat transeuntium raritas, & pereuntium multitudo. In mari Massiliæ de quatuor nauibus vix vna perit: in mari huius mundi de quatuor nauibus vix vna ad portum salutis peruenit. Tertio, ex hoc, quod quum ipsi tantæ infirmitatis essent: tamen de tanto hoste triumphauerunt. Iob. 41. *Non est potestas super terram quæ comparetur ei, qui factus est vt nullum timeret.* Nos sumus vt locustæ, hostes nostri vt gigâtes Aug. in lib. Confess. Quanto, inquit, maius periculum fuit in prælio:

tanto est gaudium maius in triumpho. Sic est in nauigantibus. Nam post pericula & misericordias naufragi exultant nimis, quoniam timuerunt nimis. De gloria futura dicit Augustin. in lib. de Ciuita. Dei. Quanta erit felicitas: vbi nullum erit malum, nullum latebit bonum: vacabitur Dei laudibus, qui erit omnia in omnibus. Nam quid aliud agatur, vbi nec vlla desidia cessabitur, nec vlla indigentia laborabitur? Nescio. Item in eodem: Vera ibi gloria erit, vbi nec laudantis errore quisquam, nec adulatione laudabitur. Verus honor qui nulli negabitur digno, nulli deferetur indigno: sed nec ad eum ambiet vllus indignus. Vera pax, vbi nihil aduersi nec à seipso, nec ab aliquo patietur. Præmium virtutis erit ipse qui virtutem dedit: eique seipsum qui melius & maius nihil esse posset, promisit. Ipse finis erit desideriorum nostrorum qui sine fine videbitur, sine fastidio amabitur, sine fatigatione laudabitur. Idem in eodem: In illa ciuitate magnum bonum in se videbit, quod nulli superiori nullus inferior inuidebit: sicut nunc non inuident archangelis angeli cæteri, tanquam nollet vnusquisque esse quod non accepit, quam nec in corpore vult oculus esse qui est digitus: Idẽ: Ibi vacabimus & videbimus, videbimus & amabimus, amabimus & laudabimus. Ecce quid erit in fine sine fine. Nam quis alius noster est finis, nisi peruenire ad regnum cuius nullus est finis? Item August. loquens de summo bono: Qui hoc bono fruetur, quid erit illi, & quid non erit? Erit quidquid volet, quicquid nolet, non erit. Item Bern. loquens de cœlesti ciuitate: O ciuitas cœlestis, mansio secura, patria continens totum quod delectat, populus sine murmure, incolæ quieti, homines nullam habentes indigentiam. O quam gloriosa dicta sunt de te Ciuitas Dei.

Quod gaudium futurum differt à præsenti in multis.

ET notandum quod gaudium futurum à præsenti differt in hoc, quod ipsum est plenum gaudium & perfectum. Ioan. 16. *Petite & accipietis, vt gaudium vestrum sit plenum*, 1. Corin. 13. *Cum venerit quod perfectum est, euacuabitur quod ex parte est*. Item gaudium futurum est securum. Augustin. in lib. de motib. Eccles. Summum bonum tale esse debet quod nõ amittat homo inuitus: quippe nemo potest confidere de tali bono quod sibi eripi posse sentit, etiamsi retinere illud amplectique voluerit: quisquis enim de bono fruetur non cõfidit, in tanto timore amittendi beatus esse quis potest? Item gaudium futurum est purum gaudium, cum hic dolore risus misceatur. Prouerb. 14. Esa. 25. *Auferet Dominus omnem lacrymam, &c.* Hæc tria insinuantur. Esa. 25. vbi sic legitur: *Faciet Dominus exercituum omnibus populis in monte hoc conuiuium pinguium, conuiuium vindemiæ, pinguium medullatorum, vindemiæ defæcata*. In pinguedine, intellige plenitudinem: in medulla, securitatem quæ intra ossa absconditur: in defæcatione, puritatem. Conuiuium illud est cœna magna, de qua legitur. Luc. 14. quam Deus pater ab æterno præparauit. Filius vero fercula addidit: gaudium scilicet quod erit in aspectu humanæ naturæ quam assumpsit: Spiritus sanctus pigmenta suauitatis ministrat: Ipse est fluuius nectarius lætificans ciuitatem Dei. Ps. *Torrente voluptatis tuæ potabis eos*. Sola inuitatio huius cœnæ beatum reddit. Apoc. 19. *Beati qui ad cœnam nuptiarum Agni vocati sunt*. In hac cœna est vnum ferculum quod solum sufficeret. Ioan. 14. *Domine ostende nobis patrem, & sufficit nobis*. Solus odor huius cœnæ qui datur sanctis præsentiri plus valet quam totum gaudium mundi.

De triplici materia gaudii electorum, & XII. cognitionibus intellectis per XII. stellas coronæ mulieris in Apocalypsi.

Item notandum quod triplex materia illius gaudii intimatur nobis. Num. 13. in fructib. illis quos attulerunt exploratores de terra promissionis, qui fuerunt ficus, vua, & malogranata. In ficu dulcedinem deitatis intelligit. Prou. 17. *Qui seruat ficum, comedet fructus eius : & qui custos est Domini sui, glorificabitur.* In vua Christi humanitatem in torculari crucis expressam. In malogranatis, sanctorum ordinatam societatem. Ordinate enim se habent grana in malogranato. Item Apoc. 12. insinuantur nobis gaudia duodecim in corona XII. stellarum quæ erat in capite mulieris. Duodecim stellæ sũt duodecim cognitiones quę electos lętificabunt: tres pertinentes ad Patrem, & Filium, & Spiritum sanctum, & nouem ad nouem ordines beatorũ spirituum. Vel has duodecim stellas intellige tres dotes animæ, scilic. Dei visionem, eiusdem dilectionem, & boni excellentissimi vel arduissimi cõprehensionem, quæ comprehensio gloriosissima est : & quatuor dotes corporis, s. claritatem, vel potius pulchritudinem, subtilitatem, agilitatem, impassibilitatem, & societatem quinque sensuum. Secundum quosdam tertia dos animæ est delectatio quæ est effectus visionis & amoris.

Caput VI.
De diuersitatibus spei, quæ detestabilis est ex quatuor, & commendabilis ex tribus.

Notandum est ergo quod est spes detestabilis, & est spes commendabilis: Spes detestabilis quadruplex est. Prima est maledicta. Secunda, præsumptuosa. Tertia est vana. Quarta, mendax vel falsa. Prima est quæ Deum ideo offendit, quia de magnitudine misericordiæ eius cõfidit. Vnde Bernardus in sermonibus. Est infidelis fiducia solius vtique maledictionis capax, quum videlicet in spe peccamus. Hæc peccat in bonitatem Dei. Rom. 2. *An diuitias bonitatis eius & patientię & longanimitatis contemnis?* Secunda est cum aliquis sperat se facturum cum voluerit quod vires eius excedit: vt quum aliquis præsumit se conuersurum à malis suis cum voluerit. Eccl. 29. *Repromissio nequissima multos perdidit.* Spes vana est cum fiducia ponenda in creatore in creatura ponitur. De quo require supra quinto capit. in eodem tractatu. Esa. 55. *Confidunt in nihilo.* Spes falsa est, cum quis sperat quod futurum non est: vt cum quis promittit sibi longam vitam, qui cito moriturus est, vt ille cui dictum est, *Stulte hac nocte repetent animam tuam.* Luc. 12. Esa. 29. *Posuimus mendacium spem nostram:* Ad hoc quod spes commendabilis sit, tria operantur. Primum est, si in solo Deo ponatur. Hest. 14. *Exaudi vocem illorum qui nullam aliam spem habent.* Secundum, si adsit meritum, vnde quod speratur, præsumatur. Bern. super Cant. Integra ecclesiæ consolatio, cum non solum quid sibi sit expectandum : sed vnde sit præsumendum nouerit. Tertium, si in tribulatione spes non deficit, sed vires suas ostendit Iob. 13. *Etiam si cecider it super me, in ipso sperabo.* In Ps. *Si exurgat aduersum me prælium, in hoc ego sperabo.* Item notandum quod est spes primæ auctoritatis, quæ in solo Deo ponenda est. Et est spes suffragii quæ ponenda est in sanctis inquantum sunt amici Dei. Spes quæ in solo Deo ponitur subdiuidi potest in spem veniæ, gratiæ, & gloriæ. Spes vero gratiæ subdiuidi potest in expectationem gloriæ animæ, & gloriæ corporis, de quibus prius dictum est.

Spes detestabilis quæ nam sit.

Quæ commendabilis.

Psal. 2.

SECVNDÆ PARTIS PRINCIPALIS
de tribus virtutibus Theologicis,
TRACTATVS QVARTVS.

CAPVT PRIMVM.
De Charitate.

Quid charitas

Haritatis descriptiones primo ponendæ sunt. Secundo, cōmendationi eius insistetur. Tertio, agetur de dilectione Dei: Quarto, de dilectione proximi. Quinto, de ordine charitatis. Sexto, de his quæ aduersantur charitati. Septimo, de gradibus diuersis ipsius. Notandam ergo quod charitas est finis præcepti de corde puro, & cōscientia bona, & fide non ficta. 1. Tim. 1. Vbi dicit gl. Hic definit Apostolus charitatem. *Charitas est finis* (inquam) *consummationis non cōsumptionis. Plenitudo enim legis est dilectio.* Rom. 13. Aug. Legis & omnium diuinarum scripturarum plenitudo est dilectio rei qua fruendum est, & rei quæ nobiscū ea re frui potest, id est Dei & proximi. Idem: Ille sancte & iuste viuit, qui ordinatam habet dilectionem: ne aut diligat quod non est diligendum, aut non diligat quod est diligendum, aut æque diligat quod minus vel amplius diligendum est, aut minus vel amplius quod æque diligendum est. Idem: Si non voles omnes paginas perscrutari, omnia inuolucra sermonum euoluere, omnia secreta scripturarum penetrare, tene charitatem vbi pendent omnia. Idem in libro de disciplina Christiana: vt nemo excusationem habeat in die iudicij, voluit Deus, sicut scriptum est, consummare & abbreuiare verbum super terram. Hoc ipsum verbum consummatum & abbreuiatum non obscurum Deus esse voluit. Ideo breue, ne non tæderet legere. Ideo apertum, ne quis dicat, Non mihi licuit intelligere. Thesaurus est magnus diuinarum scripturarum: hic thesaurus absconditus est in agro: si piger eras ad perscrutandum thesaurum, non sis piger vnam margaritam sub lingua ferre, & quò vis securus ambula. Hæc est margarita ista: *Diliges &c.* Matth. 22. Vel finis præcepti est charitas: quia gratia charitatis habendæ est præceptum: sicut sanitas est finis medicinæ. August. Timor est medicamentum: charitas sanitas. Sicut initium est sapientiæ timor Domini. Prouerb. 1. sic dilectio finis est sapientiæ. Ecclesiast. *Dilectio Dei honorabilis sapientia.* Chrysostomus. Finis annunciationis est amor. Vnde Christus qui venit legem implere, specialiter fuit prædicator amoris. Lucæ 12. *Ignem veni mittere in terrąm: & quid volo nisi vt accendatur?* Et in fine vitæ suæ mortalis inculcauit discipulis præceptum de dilectione, vt habetur Ioannis 15. *Hoc est,* inquit, *præceptum meum, vt diligatis inuicem, &c.* Item: *Hæc mando vobis, vt diligatis inuicem.* Item: *Mandatum nouum do vobis &c.* 13. Eiusdem. Sequitur, *ex corde puro, &c.* Tria hic tanguntur quæ ad charitatem disponunt. Fides non ficta, scilicet fides vera & catholica, non illa fides quam sibi hæretici fingunt. Et spes quæ per cōscientiam bonam intelligitur: quia vt dicit glossa Augustin. Ille sperat qui bonam conscientiam

Tria charitatem disponunt

De Charitate.

conscientiam gerit: quem vero pungit mala conscientia, retrahit à spe. Et puritas cordis. Oportet enim cor depurari ab amore mundi, vt impleatur amore Dei. Vnde super illud Psal. *Diligite Dominum omnes sancti eius*, dicit gloss. Disce non diligere mundum, vt discas diligere Deum. Auerte, vt conuertaris: funde, vt implearis. Augustin. Bono implendus es: funde malum. Putas quia melle te vult implere Deus, si aceto plenus es, vbi mel pones? Si quis vero obiiciat, quod omnes virtutes simul infunduntur, vnde non videtur vna virtus esse causa alterius vel prior altera: Potest dici quod hoc referendum est ad opera virtutum, quorum vnum est prius altero & causa ipsius. Ideo enim quia credimus Deum liberalissimum, speramus in eo: & quia de liberalitate ipsius speramus, eum diligimus. Vel potest dici, quod licet virtutes simul sint tempore, tamen vna prior est altera causalitate: sicut splendor ab igne est, & tamen ignis & splendor simul sunt tempore. Hoc exemplum ponit Augustin. super principium ad Hebræ. Sed iterum obiicitur: Quomodo charitas sit ex fide & spe, cùm charitas dicatur esse radix omnium bonorum: in glossa. Augustin. super verbum prius positum. *Finis præcepti est charitas*, & super illud Galat. 6. *Fructus Spiritus est charitas*, &c. dicit glossa Augustin. Caput virtutum præmisit, id est, charitatem. Quæ enim alia inter fructus Spiritus debuit tenere primatum, nisi charitas, sine qua virtutes ceteræ non reputabuntur esse virtutes, & ex qua nascuntur vniuersa bona? Ad solutionem huius videtur esse distinguendus triplex ordo virtutum, scilicet ordo plantationis, ordo meritoriæ operationis, & ordo reparationis. In ordine plantationis prima est fides. Primo enim docenda sunt quæ sunt fidei, deinde quæ sunt timoris & spei. Hebræ. 11. *Credere oportet accedentem ad Deum, quia est, & inquirentibus se remunerator sit*. In ordine operationis meritoriæ est charitas quasi illam imperans. In omni enim ordinata operatione, primum est amor siue desiderium finis, & ex illo omnes mediæ operationes, vt apparet in ædificatione domus, cuius causa est amor inhabitationis ipsius: ex quo amore non solùm est ædificatio, sed etiam ea quæ ad ædificationem iuuant, vt inquisitio operariorum. In operando igitur meritorie prior & principalis est charitas, & primo mouens: fides enim ei deseruit tanquam lucernam præferens, ostendens quid & qualiter operari debeat: Illuminatio enim adiutorium est in opere, & illuminator & adiutor & non principalis operator. In ordine vero reparandi in virtutibus affectiuis, prior videtur esse humilitas. Si enim omnis peccati est initium superbia, vt habetur Ecclesiast. 10. omnis correctionis principium erit humilitas. Huic consonat quod reparator humani generis posuit primam virtutem, humilitatem, Matt. 5. dicens: *Beati pauperes spiritu*. Pauperes spiritu dicuntur humiles secundum Gloss. Charitas inter tres virtutes quæ ordinant ad Deum, propinquior est fini, scilic. Deo: vnde Deum habet pro fine & pro materia, diligit enim Deum propter se, cùm fides finem videat, spes illuc tendat (est enim spes insecutio, sicut timor est fuga) charitas est vnio cum fine. Vnde cum finis optimum sit, & à fine habeat quod sunt bona ea quæ sunt ad bonum finem: charitas primo habet bonitatem inter virtutes, & per eam habent bonitatem cæteræ. Et secundum hoc intelligendum est quod dicit glossa super 1. Timoth. 1. quod *charitas est radix omnium bonorum*: inquantum scilicet sunt bona. Et illud similiter super Galat. 5. *Ex charitate nascitur omnia bona*, in quantum scilicet sunt bona. Et sicut radix humorem mittit ad ramos, sic charitas bonitatem ad opera cæterarum virtutum. Augustin. in sermone de Charitate: Sicut radix omnium malorum est cupiditas: ita radix omnium bonorum est cha-

marg. Psal. 30.

marg. Charitas inter tres virtutes propinquior Deo.

ritas. Humilitas etiã poteſt dici radix virtutum ſecundum illam proprietatem qua radix eſt pars arboris infima, terræ adhærens. Sic humilitas conſiderans infirmitatem ſuam, ſub Deo collocat ſe in loco infimo. Fides etiam poteſt dici radix: quia radix eſt in arbore quaſi os in animali. Per radicem ingreditur ad arborem nutrimentum arboris: ſic per fidem bonum ingreditur ad animam.

Item charitas ſic deſcribitur à Magiſtro, lib. 4. Sententia. Charitas eſt dilectio qua diligitur Deus propter ſe, & proximus propter Deum, vel in Deo; In Deo dicitur propter illos qui iuſti ſunt, qui manēt in Deo per gratiam. Propter Deum dicitur quantum ad illos qui nondum ſunt iuſti, qui adhuc amandi ſunt vt iuſti fiant, & in Deo per gratiam maneat. Auguſt. Qui amat homines, aut quia iuſti ſunt, aut vt iuſti ſint, amare debet.

Item Auguſt. ſic deſcribit charitatem. Charitas eſt virtus qua videre Deum, perfruique eo deſideramus. Et eſt hęc deſcriptio ſecundum digniorem actum charitatis. Poteſt etiam ſic charitas deſcribi: Charitas eſt virtus qua vnaquæque res tanti habetur quanti habenda eſt. Vnde charitas pōdus æquum eſt: ſicut ſtatera doloſa eſt cupiditas. Prou. 11. *Statera doloſa abominatio eſt apud Deum, & pondus æquum voluntas eius.* Temporalia quæ in veritate parũ pretioſa ſunt, quæ Apoſtolus reputauit vt ſtercora, multum pōderant in ſtatera cupiditatis: ideo vere doloſa eſt. Oſee 12. *Chanaam in manu eius ſtatera doloſa.* Hæc ſtatera etiam merito abominatio eſt Deo: cum diuitiæ & honores quæ abominabilia ſunt Deo: ibi preponderant veris bonis. Lucæ 16. Quod autem eſt apud homines, abominatio eſt apud Deum. In libro de Spiritu & anima dicitur, quod charitas eſt concordia mentium & ſocietas electorum, vita beata animarum & angelorum: quia nec animæ, nec angeli niſi per charitatem viuunt.

Caput III.
De commendatione Charitatis.

AD cōmendationem Charitatis, primo, valere poteſt hoc, quod Spiritus ſanctus in ſcriptura ſacra toties monet ad ea quæ charitatis ſunt. 1. Corinth. 14. *Sectamini charitatem.* Et eiuſdem 16. *Omnia opera veſtra in charitate fiant.* Epheſ. 3. *In charitate radicati & fundati.* Eiuſdem 4. *In charitate creſcamus.* Item 5. *Ambulate in dilectione.* Philip. 1. *Oro vt charitas veſtra magis abundet.* Coloſ. 3. *Super omnia charitatem habentes.* 1. Pet. 4. *Ante omnia mutuam in vobiſmetipſis continuam charitatem habentes.* Secundo, commendabilis eſt comparatione ceterarum virtutum. Ad quod pertinet illud 1. Corinth. 13. *Maior autem horum eſt charitas.* Aug. Reſpice ad munera Eccleſiæ & vniuerſis excellentius charitatis munus cognoſces. Ideo oleo charitas comparatur, quod ſupereminet aliis liquoribus: ſic charitas ſuperexcellit aliis virtutibus. Propter eandam cauſam charitas aurum dicitur, quod inter metalla pretioſius eſt. Apocalip. 3. *Suadeo tibi emere à me aurum ignitum & probatum, vt locuples fias.* Huic auro comparando intendere debent in nundinis huius mundi hi quibus dictum eſt. Luc. 10. *Negotiamini dum venio.* Nec ſolum aurum eſt charitas: ſed etiam aurea reddit ea quæ contingit. Et hæc eſt vna virtus charitatis, quod plūbea efficit aurea. Opera enim de genere bonorum ſine charitate facta, quaſi plumbea ſunt, parui ſcilicet, vel nullius valoris: facta vero ex charitate, quaſi aurea ſunt, quia pretioſa valde. 3. Reg. 6. *Nihil erat in templo quod non auro tegeretur.* Opera ex charitate facta, ſunt quaſi veſtis deaurata qua Eccleſia ornatur. In Pſalm. *Aſtitit regina à dextris tuis in veſtitu deaurato.* Propter eandem excellentiam dicitur etiam charitas ignis. Luc. 12. *Ignem veni mittere in terram.* Ideo Spiritus ſanctus

De Charitate.

super Apostolos in linguis igneis descendit, vt in cordibus hominum ignem istum succenderent, vnde Bernardus : Venit super discipulos Spiritus sanctus in linguis igneis, vt linguis omnium gentium verba ignea loquerentur, & legem igneam linguæ igneæ prædicarent. Threno. *De excelso misit ignem in ossibus meis, & erudiuit me.* Ignis inter elementa virtuosior est : sic charitas virtuosior est cæteris virtutibus. Hier. Qui perfectè amatur, totam sibi vndique amantis vendicat voluntatem, nihilque est imperiosius charitate. 2. Corint. 5. *Charitas Christi vrget nos.* Ignis ferrum quasi ignem efficit : sic charitas eos in quibus est, vt ignem efficit. Ecclesiast. 4. *Surrexit Elias propheta sicut ignis, & verbum eius quasi facula ardebat.* Nescit ignis esse otiosus : sic secundum verbum Greg. amor Dei nunquam est otiosus. Operatur enim magna si est, si autem operari renuit, amor non est. Ignis charitatis est illuminans & splendens, & ad splendorem æternum perducens. Greg. in Moral. Non clarescit anima in fulgure æternæ pulchritudinis : nisi (vt ita dixerim) hic prius arserit in officina charitatis. Hic est ignis ille quo spiritus angelici ardent. Ignis iste in cinerem humilitatis redigit. In hunc cinerem redegerat illum qui dicebat, Genes. 8. *Loquar ad Dominum meum cum sim puluis & cinis.* Carbo ignitus cum mortuis carbonibus positus, aut extinguitur, aut eos viuificat. Sic viri sancti igne charitatis succensi morti se exposuerunt, vt mortuos in peccatis viuificarent. Ignis tendit sursum : sic illi qui vehementer accensi sunt igne charitatis, cupiunt dissolui & esse cum Christo. Philip. 1. & mortem habent in desiderio, & vitam in patientia. Charitas est ignis, quo Apostoli suauiter arserunt, vt ait Greg. ipsa est speciale donum Dei, qui & ignis dicitur Deuteronom. 4. Hebr. 13. *Deus noster ignis consumens est.* Gregor. in Homil. Deus ignis consumens dicitur, quia flammis sui amoris incendit mentes quas impleuerit, & à

vitiorum sordibus mundas reddit, & peccatorum rubiginem consumit. Bern. super Cant. Ignis qui Deus est, consumit quidem, sed non affligit : ardet suauiter, desolatur feliciter. Est enim verè carbo desolatorius : sed qui sic in vitia exerceat vim ignis, vt in anima exhibeat vicem vnctionis. Gregor. in Homil. loquens de illo verbo. Luc. 7. *Dimissa sunt ei peccata multa, quoniam dilexit multum.* Quid esse dilectionem credimus, nisi ignem? & quid culpam, nisi rubiginem? Tanto amplius rubigo peccati consumitur, quanto peccatoris cor magno charitatis igne concrematur. Charitas etiam est mater omnium virtutum, vt ait Gloss. Ambrosij super illud Roman. 14. *Vnusquisque in suo sensu abundet.* Mater inquam educatione, imo ipsa ad omnes se habet vt mater. Bernard. Bona mater charitas, quæ siue foueat infirmos, siue exerceat prouectos, siue arguat inquietos, diuersis diuersa exhibens sicut filios diligit vniuersos. Cum te arguit, mitis est : cum blanditur, simplex est. Piè solet sæuire, sine dolo mulcere, patienter nouit irasci, humiliter indignari. Ipsa est quæ hominum mater & angelorum, non solum quæ in terris, sed etiam quæ in cælis sunt, pacificauit. Ipsa est quæ Deum homini placans, hominem Deo reconciliauit. Charitas patiens est, benigna est, licet læsa, licet offensa : si conuersus fueris ad illam obuiabit tibi quasi mater honorificata. Item charitas enumeratur prima inter fructus Spiritus sancti. Galat. 5. *Fructus* (inquit) *Spiritus, charitas, &c.* Ibi dicit Gloss. August. Caput virtutum præmij, vocans charitatem caput virtutum. Ibi etiam dicit Gloss. Hieron. Quæ alia inter fructus Spiritus debuit tenere primatum, nisi charitas sine qua ceteræ virtutes non reputabuntur esse virtutes? Verè primus fructus charitas. Antequam enim ipsa adsit, nullus fructus est Deo gratus. Osee 9. *Radix exsiccata est fructum nequaquam faciens.* Radix exsiccata est, cu-

T ij

piditas, quam Apostolus dicit radicem malorum omnium. 1. Tim. 6. Vbi vero charitas est, ibi multus fructus. Ioann. 15. Qui manet in me, & ego in eo, hic fert fructum multum: *Qui manet in charitate, in Deo manet.* 1. Ioann. 4. Item charitas est primum bonum animæ. Primum enim bonum animæ est, Deo adhærere. Deo autem adhærere non valemus nisi dilectione, vt ait August. in libr. de moribus Ecclesiæ, & in libr. Confess. Mihi autem adhærere Deo bonum est, quia si non manebo in illo, nec in me potero. Vbi charitas non est, potest esse species boni, sed non verum bonum. Augustin. Dantur & alia per Spiritum sanctum munera: sed sine charitate nihil prosunt. Sen. Apud sapientes sunt honesta, apud vulgus simulacra rerum honestarum. Vbi charitas adest, nigil est malum. Ecclesiast. 8. *Qui custodit mandatum non experietur quidquam mali.* Quod de mandato dilectionis specialiter verum est. August. Vbi charitas, quid est quod possit obesse? Vbi autem non est, quid est quod possit prodesse? Item charitas est gratia gratiarum. Aliæ virtutes sine ea gratæ non sunt. Et quia gratis non operantur. Iustitia enim reddit debitum: amor redimit incommodum quod imminet, spes emit commodum quod obtinere intendit. Et quia non sufficiunt animam Deo reddere gratam, vel etiam sua propria opera absque charitate Deo grata facere non possunt. Charitas vero gratis operatur. Bernard. super Can. Purus amor mercenarius non est, purus amor de spe vires non sumit, & tamen differentiæ damna non sentit. Charitas etiam animam Deo reddit gratam, & sua propria opera & cæteras virtutes, & opera etiam eorum si à charitas fuerint imperata. Ipsa enim imperatrix est inter virtutes, & quæ imperantur ab ipsa, Deo grata sunt, & à se reputat imperata. Item charitas locus luminis est. 1. Ioann. 2. *Qui diligit fratrem suum, in lumine manet.* Amor mundi excæcat, sed amor Dei illuminat. Extra charitatem tenebræ sunt. Vnde ibidem dicitur. Qui odit fratrem suum, in tenebris est: vbi autem tenebræ sunt, ibi non est verum gaudium. Tob. 5. *Quale gaudium mihi erit, qui in tenebris sedeo?* Item charitas est locus securitatis & gaudij. Bernard. Deus charitas est: quid pretiosius? Et qui manet in charitate, in Deo manet, quid securius? Et Deus in eo: quid iucundius? August. Deus charitas est, breuis laus, & magna laus: Breuis in sermone, & magna intellectu. Si numeras, vnum est: si appendas quantum est Deus, dilectio est. Item dulcius dilectione nihil est. August. Dilectio dulce verbum, sed dulcius. Cum amor sit causa omnis iucunditatis: sine amore enim nihil iucundum: Charitas quæ est amor summi boni magnam habet iucunditatem. Vnde inter fructus Spiritus, statim post charitatem enumeratur gaudium. Quomodo sine gaudio potest esse quod Deus ametur debito modo, cùm ipse præsens sit vbi sic amatur? Præsentia enim boni amati iucunda est. August. in Epistola ad Macedonium. Tanto nobis melius est, quanto magis in illum imus, quo nihil melius. Imus autem non ambulando, sed amando: quem tanto habemus præsentiorem, quanto eundem amorem quo in eum tendimus poterimus habere puriorem. Idem super epistola Ioann. Homil. 10. Quid tibi iubet Deus? dilige me: amaturus es honorem, & forte nõ peruenturus. Quis me amauit, & non ad me peruenit? quisquis me quærit, cum ipso sum: non ad me ambitur per aliquam viam. Ipse amor tibi præsentem me facit. Gregor. in Moralibus. Qui mente integra Deum desiderat, profecto iam habet quem amat: neque eim quisquam posset Deum deligere, si hunc quem diligit non haberet. Charitas locus est veræ quietis August. Non potest anima nisi in eo quod diligit requiescere. Æterna autem requies non datur ei, nisi in dilectione

De Charitate.

Dei qui solus æternus est: & ipsa est perfecta sanctificatio, & sabbatum sabbatorum. Charitas etiam vita est. 1. Ioann. 3. *Nos scimus quoniam translati sumus de morte ad vitam, quoniam diligimus fratres.* Sine charitate nihil viuit vita gratiæ: sed omnia sunt mortua, omnia arida. 1. Ioann. 2. *Qui non diligit, manet in morte.* Et super 12. ad Corinth. 13. dicit gloss. Sicut corpus sine anima mortuum est: sic anima sine charitate mortua deputabitur. Charitas est calor vitalis, quo extincto nihil spiritalis vitæ relinquitur. Prosper de vita contemplatiua dicit, quod charitas est vita virtutum. Ipsa etiam est mors vitiorum. Sicut enim fluit cera à facie ignis, sic pereunt vitia à facie charitatis. Canticor. vltim. *Fortis est vt mors dilectio.* Qui videtur esse magni valoris in seculo, & charitatem non habet: quasi leo mortuus, aut nullius valoris est. Ecclesiast. 9. *Melior est canis viuus leone mortuo.* 1. Corinth. 13. *Si habuero prophetiam, &c. charitatem autem non habuero, nihil sum.* Nihil, inquam valore. Charitas etiam est vita operum. Gregor. Nihil habet viriditatis ramus boni operis, nisi maneat in radice charitatis. Item charitatem habens ditissimus est. Augustin. Attende quanta est charitas: quæ si desit, frustra habentur cætera: si autem adsit, habentur omnia vel in se, vel in aliis. Idem in quodam sermone de charitate. Charitas est dulce & salubre vinculum mentium, sine qua diues pauper est, & cum qua pauper diues est. Quatuor de causis diues est, qui habet charitatem. Primo, quia ipsa charitas thesaurus est charissimus: vt non solum chara, sed ipsa charitas expressiue possit dici: Sicut de filio Dei dicitur Hebræor. 1. quod sit splendor gloriæ. Et Sapient. 7. *Candor lucis æternæ.* Hic est thesaurus absconditus in agro cordis, pro quo emendo vniuersa essent vendenda. Matth. 13. Hunc thesaurum non potest auferre ianitor mundi: mors scilicet, quum

alios auferat. Sine hoc thesauro non prosunt alij thesauri. De comparatione huius thesauri nullus pœnitebit, quum valorem eius perfecte agnoscet. Canticorum vltim. *Si dederit homo omnem substantiam domus suæ pro dilectione: quasi nihil despiciet eam.* Quanto quis carius emit thesaurum istum, tanto amplius lucratur: Hoc thesauro, thesaurus Dei acquiritur. Secundo, quia qui habet charitatem, habet Deum: ideo diues est, Ioannis 4. *Si diligamus inuicem, Deus in nobis manet.* Augustinus. Aurum habens in arca, diues est: Deum habens in conscientia, diues est: coniunge aurum & Deum, arcam & conscientiam. Tertio, quia opera ex charitate facta, sunt quasi aurea: cùm sint valde pretiosa, regni scilicet æterni meritoria. Ideo bene monet Apostolus vt omnia opera nostra in charitate fiant. 1. Corinth. 16. Quarto, quia charitas aliena bona sua fecit. Augustin. Vis mercedem habere de alieno? gaude inde, & mercedem tibi inde comparasti. Augustin. Pensent inuidi quantum bonum est charitas quæ sine labore nostro aliena bona nostra fecit. Anima habens charitatem est sicut nobilis auis, quæ pede amoris prædam capit. Pes animæ, amor est, vt Augustin. ait, qui si rectus est, dicitur charitas: si curuus, dicitur cupiditas. Qui sine charitate sperat se ad regnum cœlorum peruenire, similis est illi qui absque pede vult incedere. Hic est pes ille de quo Iosue 1. *Omnem locum quem calcauerit vestigium pedis vestri, tradam vobis.* Charitas particeps est omnium timentium Deum, custodientium mandata eius. Charitas est communicatio Spiritus sancti: de qua 2. Corinthiorum vltim. quia illi qui habent Spiritum sanctum, omnia habent communia. Ipsa est societas illa de qua loquitur Ioann. 1. Canticor. 1. *Quod vidimus, & audiuimus, annuntiamus vobis: vt & vos societatem habeatis nobiscum.* Qui charitatem

Habes charitatem diues est ob quatuor.

T iij

non habet, quantum ad Deum excommunicatus est. 1.Corinthior.vltim. *Si quis non amat Dominum nostrum Iesum Christum sit anathema.* Gloss. id est, separatus à Deo, vel condemnatus. Vita sanctorum negotiatio est, Matth.13. *Simile est regnum cœlorum homini negotiatori, &c.* Quicunque charitatem habet, particeps est in omni lucro quod fit in Ecclesia. Vnde charitati potest dici illud Prouerbiorum vltim. *Multæ filiæ congregauerunt diuitias: tu supergressa es vniuersas.* Antiquum prouerbium Socratis fuit. Amicorum omnia esse communia. Vnde cum quidam pauper diceretur coram eo, amicus cuiusdam diuitis, ait: Cur ergo iste pauper, ille diues est? Amicus enim non est qui particeps fortunæ non est. Cor in quo charitas est, est quasi hortus in quo omnes iusti & boni quasi arbores cælestes per amorem infixæ sunt, vnde ei fructificant. Quid ergo mirum si multum habeat fructum? Charitas bonum proprium est bonorum, quum ceteræ virtutes communes sint bonis & malis. Augustin. Charitas est fons proprius & singularis bonorum.

Item hæc sola est quæ diuidit inter filios regni, & filios perditionis. In libro Prosperi: Charitas Dei & proximi propria & specialis virtus est piorum atque sanctorum, quum ceteræ virtutes bonis & malis possint esse communes.

Item charitas nunquam excidit: quum fides & spes euacuentur. 1. Corinth. 13. Quod tripliciter potest intelligi. Primo, quod in morte non amittitur. Qui enim amat Deum in præsenti, quum eum non videt: multo plus amabit eum in futuro quum eum videbit. Ipsius in præsenti est meritum: ipsa ergo in futuro erit in præmium. Ioann. 12. *Scio quia mandatum eius vita æterna.* Quod specialiter est verum de mandato dilectionis. Secundo, de opere charitatis quod non excidit charitate manente. Charitas est arbor à qua non excidit nec flos, nec folium, nec fructus. In hac arbore pendent omnia bona. Matt.

22. *In his duobus mandatis vniuersa Lex pendet, & Prophetæ.* Loquitur de duobus mandatis de dilectione. Flos vnus arboris, scilicet vnum propositum charitatis, est super millia auri & argenti. Charitati bene conuenit illud Eccl. 24. *Flores mei fructus honoris.* Fructu huius arboris pascitur Deus ab homine, & ex eo viuitur in paradiso. Tertio, de habente charitatem, qui in morte non excidit, id est, non ex toto cadit: quia licet moriatur in mundo, viuit tamen Deo. Vnde mors amicorum Dei, dormitio vocatur. Ioann. 11. *Lazarus amicus noster dormit.* Item charitas maior est omnibus sacrificijs, Mar. 12. Diligere proximum tanquam se maius est omnibus holocaustomatibus & sacrificijs. Charitas præ ceteris virtutibus Deo placet, diabolo displicet, & homini prodest. Charitas merito multum Deo placet, quum Deus ei super omnia placeat. Gloss. super illius Psalm. *Exultate iusti in Domino.* Placet Deo cui placet Deus. Ideo Deus aliquos spernit, quia ipsum spernunt. Esa. 32. *Væ qui spernis, nonne & ipse sperneris?* Deus amat amantes se. Prouerbior. 8. *Ego diligentes me diligo.* Ioann. 14. *Qui autem diligit me, diligetur à patre meo: & ego diligam eum, & manifestabo ei meipsum.* Sola charitas Deum habet charum: & ideo merito inter virtutes præcipue chara est Deo, & opera eius specialiter meritoria sunt, & secundum eam, præmium mensuratur: vt qui maiorem habet charitatem, maius habeat præmium: & qui minoré, minus. Non habet Deum charum qui pro minori pretio dat vel dimittit eum quam valeat. Non habet auarus Deum charum qui lutum diuitiarum ei præponit. Habac.2. *Vel qui congregat non sua; vsquequo aggrauat contra se densum lutum?* Non habet etiam Deum charum voluptuosus, qui delectationem momentaneam præponit ei. Gregor. Momentaneum est quod delectat, æternum quod cruciat. Non habet charum Deum pompaticus, qui pro vento vanæ gloriæ Deum

De Charitate.

deserit. Et vt breuiter dicamus, non habet Deum charum, qui non diligit eum super omnia, cum ipse omnibus præualeat. Charitas specialiter diabolo displicet. Vnde Greg. super Ezech. Antiquus inimicus castitatem in nobis si sine charitate viderit, non timet: quia ipse carne non premitur vt luxuria dissoluatur. Abstinentiam non timet, quia ipse cibo non vtitur qui necessitate corporis non vrgetur. Distributionem terrenarum rerum non timet, si eidem operi charitas desit, quia diuitiarum subsidiis nec ipse eget. Valde autem in nobis charitatem veram, id est, amorem humilem, quem nobis vicissim impendimus, timet, & nimis concordiæ nostræ inuidet: quia hanc nos tenemus in terra quam ipse tenere nolens amisit in cœlo. Item Greg. Non curat antiquus hostis vt terrena nobis tollat: sed vt charitatem auferat. Charitas etiam habenti ipsam multum prodest, sine ea nihil vtile est. 1. Cor. 13. *Si distribuero in cibos pauperum omnes facultates meas &c. charitatem autem non habuero, nihil mihi prodest.* Qui charitatem non habet est sicut æs sonans quod aliis prodest, sed sibi non prodest, imo se consumit. Sic in eo qui charitatem non habet diminuuntur bona naturalia, & minus idoneus fit ad bene operandum, vitam suam inutiliter expendit. Vbi vero charitas est, omnia prosunt. Rom. 8. *Scimus quoniam diligentibus Deum omnia cooperantur in bonum.* Vtilitatem charitatis ostendit Apostolus 1. Cor. 13. dicens: *Charitas patiens est, benigna est: Charitas non æmulatur, non agit perperam &c.* Vbi enumerantur septem bona quæ charitatem comitantur, & octo mala à quibus hominem seruat. Duo prima bona sunt patientia & benignitas, de quibus Greg. patientiam & benignitatem præmisit: quarum altera illata à proximis mala æquanimiter portat; altera sua bona proximis desiderabiliter impendit. Pœna quippe interrogat si quietus quis veraciter amat, vt ait idem Gregorius. Benigna

Charitas odibilis diabolo

etiam debet esse charitas: id est, egenis larga. Gregorius. Mens sanctorum in tentationis prælio munita patientiæ clypeo & gladio amoris accincta, ad mala ferenda sumit fortitudinem, & ad rependenda bona erigit vnitatem. Tertium bonum est congaudere veritati; id est, bonis proximi. Quartum est, mala eius sufferre compatiendo, supportando. Quintum est, omnibus Deo credere. Sextum, omnia sperare. Septimum est, diu expectando Dominum sustinere. Duobus primis facit Charitas vt bene nos habeamus in his quæ nostra sunt, mala propria patienter portando, & bona propria liberaliter largiendo. Duobus sequentibus facit vt nos bene habeamus ad ea quæ sunt proximi, bonis congaudendo, & mala comportando. Tribus vltimis, vt nos bene habeamus ad Deum, cui debemus fidem, eo quod sit prima veritas: & spem, eo quod sit summa bonitas: & sustinentiam longam, eo quod sit omnipotens: & magnitudinem præmij recompensare potest quod tardus soluit. Augustinus. Charitas ideo tolerat in præsenti vita, quia credit omnia de futura vita. Et suffert omnia quæ hic inueniuntur: quia sperat omnia quæ ibi promittuntur. Primum malum à quo charitas seruat, est æmulatio, siue inuidia, quæ putredo ossium dicitur. Prouer. 14. Est enim vehemens corruptio animæ, ex qua prouenit vt ipsa in malis proximi delectetur, & bonis contristetur, quæ naturaliter in bonis deberet delectari, & in malis contristari. Secundum est, peruersa actio; Qui charitatem habet, habet Spiritum sanctum, qui benigne agit: qui vero sine charitate est, habet spiritum malignum, qui perperam agit reddendo mala pro bonis, miseros opprimendo, bonis detrahendo, quùm potius bonis addendum esset. Bona enim oportet crescere, mala autem minui: & miseri eleuandi sunt, non amplius opprimendi. Tertium est inflatio: id est, dilatio propria vsque ad proximi compromissionem quæ solet habere scis-

A quibus malis Charitas seruet.

suram: vt ait beatus Bernardus: Prouerbiorum 28. *Qui se iactat & dilatat, iurgia concitat.* Iactantia est dilatatio exterior; præsumptio, cordis dilatatio interior. Quartum est ambitio, quum aliquis quærit sui exaltationem per proximi deiectionem. Similis est illi qui faceret de hominibus scabellum pedum suorum, vt sic altior cæteris appareret. Quintum est, intimus amor proprij boni, ex quo solet sequi quod homo non curat de bono proximi, Philip. 1. *Non quæ sua singuli considerantes, sed quæ aliorum.* 1. Corinth. 10. *Nemo quod suum est quærat.* Et in hoc est multum corruptum genus humanum, quasi enim in naturam versum est hominibus quærere propria commoda, & negligere aliena. Sextum est, irritatio siue prouocatio ad iram. Aliqui quando vident domum proximi igne comburi, exemplo illius suam comburunt, cum potius deberent conari ad eius defensionem: qui valde fatui sunt. Ecclesiast. 7. *Ira in sinu stulti requiescit.* Sapiens non permittit ibi eam quiescere, sed statim ab ea se expedit: sicut carbonem de sinu tam cito excuteret si in eum insiliisset. Septimum est, maligna cogitatio, vt quæ est de vindicandis iniurijs. Qui iniuriam sibi factam cogitat, quasi ferrum in vulnere tenet. Esa. 1. *Auferte malum cogitationum vestrarum &c.* Octauum est, gaudere super iniquitate, quod est diabolicum, & signum magnæ corruptionis & elongationis à Dei similitudine: cui iniquitas summè displicet. Prouerb. 24. *Quum ceciderit inimicus tuus, ne gaudeas.* Et eiusdem. 17. *Qui in ruina lætatur alterius, non erit impunitus.* Item charitas est via excellentior. 1. Cor. 12. *Adhuc vobis viam excellentiorem demonstro.* Ipsa est gratia Domini nostri Iesu Christi. 2. Corint. vlt. Magisterium eius Christus professus est. Ioan. 15. *Hoc est præceptum meum, vt diligatis inuicem.* Charitate discipulos suos voluit agnosci. Aug. In charitate dignoscentur discipuli Christi, non in prophetia, fide, & alijs. Ioan. 13. *In hoc cognoscent omnes quod discipuli mei estis, si dilectionem adinuicem habueritis.* Hanc ipse Saluator maximam in se habuit, Ioan. 15. *Maiorem hac dilectionem nemo habet, quàm vt animam suam ponat quis pro amicis suis.* Ephes. 2. *Propter nimiam charitatem qua dilexit nos,* &c. Charitas est vinculum quo solo Deus ligari potuit. Magister Hugo de sancto Victore: O charitas, quàm magnum est vinculum tuum, quo etiam Deus ligari potuit! Si ergo contra Dominum fortis fuisti: multo magis contra homines præualebis. Hoc vinculo Deus tractus, ad terram descendit & etiã vsque ad inferos. Nullum vinculum eum ad columnam tenere potuisset, si charitatis vinculum defuisset. Nullum ferrum in cruce non detinuisset, nisi charitas affuisset. Sicut lapis positus ad ostium monumenti non potuit eum ad monumentum detinere: amor salutis nostræ & ad columnam & in cruce eum detinuit. Vinculo charitatis ligatus erat quum dicebat. Genes. 18. *Num celare potero Abraham quæ gesturus sum?* Et eiusdem 16. dictum est Loth: *Festina, & saluare ibi: quia non potero facere quicquam, donec ingrediaris illuc.* Esaiæ 58. *Non est qui consurgat & teneat te.* Charitatis vinculum solui non potest, neque igne, neque aqua, neque gladio. Rom. 8. *Quis nos separabit à charitate Christi? tribulatio? an angustia? &c.* Et in eodem: *Certus sum, quia neque mors, neque vita, &c. poterit nos separare à charitate Dei.* Hoc est vinculum quo ea coniunguntur, quæ interuallis locorum disiunguntur. Charitas vinculum est perfectionis, de quo Col. 5. *Super omnia autem hæc, charitatem habentes, quod est vinculum perfectionis.* Gloss. Amb. Magis studendum est ei virtuti quæ maior omnibus est. Ibi etiam dicit glo. quod charitas omnia ligat ne abeant. Charitas est vinculum perfectionis. Ligat.n.mēbra Ecclesiæ adinuicem. Deo. Hier. 13. *Agglutinaui mihi omnem domum Israel, & omnem domum Iuda.* Deut. 10. *Patribus tuis conglutinatus est Deus.*

Charitate Deus ligatur.

De Charitate.

est Deus, & amauit eos. In hac ligatione est perfectio Ecclesiæ. Item charitas eum in quo est, filium Dei efficit. Rom. 8. *Non accepistis spiritum seruitutis iterum in timore: sed accepistis spiritum adoptionis filiorum, in quo clamamus: Abba pater* 1. Ioã. 4. *Qui diligit fratrem suum, ex Deo natus est.* Et eiusdem 3. *Videte qualem charitatem dedit nobis Deus Pater, vt filij Dei nominemur, & simus.* Item charitas vnctio est quâ filij Dei inungũtur in signũ regni futuri. Qui hac vnctione inuncti sunt, edocētur à Deo, sicut Salomõ edoctus est à Domino postquam in regem vnctus est. 3. Reg. 4. de qua vnctione legitur 1. Ioan. 2. *Vos vnctionem habetis à Sancto, & nostis omnia:* Intellige necessaria ad salutem. Et in eodem: *Vnctio eius docet vos de omnibus:* Prouer. 16. *Diuinatio, id est, diuinus sermo in labiis regis, in iudicio non errabit os eius.* Ioã. 15. dicitur de Spiritu sancto, quem habet qui charitatem habet. *Ille vos docebit omnia.* Et eiusd. 6. *Erunt omnes docibiles Dei.* Et Matth. 23. *Vnus est Magister vester, qui in cœlis est.* Quod ille qui charitatem habet, non erret errore periculoso, potest esse verum duabus de causis, vel quia lege abbreuiatam habet in corde suo, scilicet charitatem. De qua August. Lex, inquit, charitas super omnes libros est. Et Hieronymus Seleuciæ: Hæc sententia ad breuiarium totius iustitiæ Dominico ore profertur. Vel quia Charitas hominem Dei amicum facit. Lex vero amicitiæ requirit vt amici sibi inuicem non negent consilium sicut nec auxilium. Vnde Deus habentem charitatem, nõ permittit errare errore periculoso: si ille quod in se fuerit fecerit vt veritatem agnoscat. Charitas vnctio est omnem lethalem infirmitatē sanans. Aug. Timor est medicamētum: charitas, sanitas: Huic sanationi attestatur bona dispositio gustus interioris: habēti.n. charitatem, sapiunt res vt sapere debēt. Item charitas vestis nuptialis est: de qua Matth. 21 *Amice, quomodo huc intrasti non habens vestē nuptialem?* Quasi admiratur Dominus inueniens aliquem in Ecclesia absque veste charitatis. Cuius admirationis quinque possunt assignari causæ. Prima est, quod Dominus tantũ expendit vt sponsa sua Ecclesia hanc vestem haberet, quum aliæ vestes fiant vel de pilis animalium, vel corticibus herbarum, vel interioribus vermiũ, vt vestes sericæ. Huic vesti voluit Dominus materiã ministrare quasi viscerib. suis, quum lateris sui apertione amorem suum nobis ostendit, vt amore eius ad eum reamandum accenderemur. Bern. Clauus penetrans, clauus reserans factus est mihi vt videam voluntatem Domini: quod nisi videã per foramen, clamat clauus, clamat vulnus. Idem: Patet arcanum cordis per foramen corporis. Secunda est, quod Ecclesia scit hãc vestem summe placere sposo suo. Vnde vestem inconsutilem quæ figura erat huius vestis, noluit diuidi. Ioan. 19. licet corpus suum permiserit perforare. Augustin. Tunicam hominis iam iudicati in cruce pendentis carnifices Pilati non sunt ausi conscindere eam, & tu niteris charitatem Dei, imo charitatem quæ Deus est, separare! Tertia, quod istam vestem est ostensura Ecclesia in illa magna curia, & nescit qua hora sit vocanda. Matt. 25. *Media nocte clamor factus est, Ecce sponsus venit.* Ideo semper deberet esse parata. Matth. 24. *Et vos estote parati, &c.* Sed sunt qui tunc primo volũt ordiri hanc vestem quando deberet succidi. Esa. 38. *Deum adhuc ordirer, succidit me.* Qui discretus est, quærit lanam & linum quam cito potest: vt hãc vestem possit sibi texere. Prouer. vlt. *Quæsiuit lanam & linum, &c.* Lana & linũ sunt beneficia nobis à Christo exhibita secundum humanitatem & deitatem: Quarta causa est, quod Ecclesia scit quod si hæc vestis ei defuerit, turpitudo eius toti mundo manifestabitur. Prouerb. 10. *Vniuersa delicta operit charitas.* Apocalyps. 16. *Beatus qui custodit Vestimenta sua, ne nudus ambulet, & videant homines turpitudinem eius.* Quinta est, quod Ecclesia scit quod nõ licet alicui

Causæ admirationis Christi super veste non nuptiali.

V

intrare in regnum cœli absque hac veste. Esther 4. legitur quod non licebat intrare aulam Assueri indutum sacco. Saccus est timor seruilis, cum quo nemo intrat regnum cœlorum. Et notandum quod quum vestis esse soleat laudabilis à pretiositate materiæ, & à studio artificis, & à colore, & à suauitate, & à fragrantia vestis, ista simul ex omnibus his causis est laudabilis: Hæc vestis pro materia habet Dei beneficia, imo quodammodo ex visceribus Christi materia eius ministrata est vt prædictum est. De studio artificis habetur in Psal. *Annuntiate inter gentes studia eius.* Si Deus mille annis studuisset, nunquam modum conuenientiorem ad accendendum amorem suum in nobis inuenire potuisset. Color vero huius vestis purpureus est. Prouerb. vlt. *Byssus & purpura indumentum eius.* Suauitas vero huius vestis tanta est vt vocetur vnctio. 1. Ioan. 2. De odore eius habes Cantic. 1. *Dum esset rex in accubitu suo, nardus mea dedit odorem suũ.* Nardus herba calida charitatem significat, cuius odor cœlos penetrauit, & filium Dei incarnari fecit. Odor huius vestis benedictionem Patris cœlestis impetrat Genes. 27. *Statimque vt sensit vestimentorum eius fragrantiam, benedicens ait: Ecce odor filij mei sicut odor, &c.* De odore vestium habes Cant. *Odor vestimentorum tuorum sicut odor thuris.* Charitas vestis nuptialis dici potest: quia matrimonium quo filius Dei vnitus est humanæ naturæ sorori nostræ, multum requirit vt vestem charitatis habeamus. Si enim matrimonia quæ fiunt quotidie, inimicos amicos efficiunt: quomodo hoc excellens matrimonium homines ad amorem Dei non accenderet? Solent fieri vestes nuptiales propter nuptias: sed nuptiæ filij Dei & humanæ naturæ factæ sunt propter hanc veste: sc. propter charitatẽ in homine augendam. Vestis charitatis omnem turpitudinem operit. 1. Pet. 4. *Charitas operit multitudinem peccatorum.* Hæc vestis contra aduersa munit: quia fortis est vt mors dilectio. Cant. vlt. Ipsa etiam ornat. Est enim vestis purpura optime sedens super byssum castitatis. Prouerb. vltimo: *Byssus & purpura indumentum eius.* Charitas est fortitudo & decor. Fortitudo, inquantum munit: decor, inquantum ornat. Prouerb. vlt. *Fortitudo & decor indumentum eius.* Ipsa est vestis polymita, varietate bonorum operum distincta: secundum illud Psal. *Astitit regina à dextris tuis, in vestitu deaurato, circumdata varietate.* Item charitas currus igneus est, subleuans interiorem hominem in paradisum spiritualem: vt de Elia legitur 4. Regum 2. Ipsa etiam est iugum suaue, de quo legitur Matt. 11. *Tollite iugum meum super vos, &c. Iugum enim meum suaue est, & onus meum leue est.* Propter sex causas iugum charitatis suaue est. Primo, ex sui natura. August. Omnia sæua & immania, prorsus facilia & prope nulla efficit amor. Si super hoc iugum posset poni pondus inferni: vt scilicet cum amore ipsius portaretur, suaue esset propter hoc: quia charitas difficilia reddit facilia. Comparat August. charitatem bigæ, dicens. Quod iumentum per se non veheret, vehit in biga duplicatum Genes. 29. *Videbantur Iacob dies pauci præ amoris magnitudine.* Bern. Auis quæ implumis & sine alis seipsam ferre non potest, onere plumarum & alarum addito, sine labore aduolat: sic panis durus qui per se transire nõ potest, adiutorio lactis vel alterius liquoris colabile fit in gutture. Charitas quasi volare facit homines in via paradisi. Bern. Qui amat ardentius, currit velocius, & peruenit citius. In libro de Spiritu & Anima, dicitur, quod amor est per desiderium currens, atque per gaudium requiescens: per desiderium in appetendo, & per gaudium in perfruendo. Charitas etiam est bonorum laborum condimentum.

Secundo, quia Deus subiit istud iugum, & super illud tulit onus crucis. Zelus enim Domini exercituum faciebat hoc. Ideo gloriosum & suaue est esse sub hoc iugo,

Magna enim gloria est sequi Dominum. Ecclesiast. 23. Bernard. O iugum sancti amoris quàm gloriose laqueas, quàm suauiter premis!

Tertio, quia adhuc Deus vult nobiscum esse sub iugo isto maiorem partem portans. Non est iugum vnius tantum, sed multorum. Dicit tibi Deus: tolle iugum meum ex vna parte, & ego tollam ex altera: paratus est enim Deus iuuare illos qui amore ipsius difficilia aggrediuntur.

Quarto, quia ea quæ trahuntur ad hoc iugum, quasi aurea sunt, imo auro pretiosiora: quia regni cœlestis meritoria, vt patet ex promissis.

Quintò, quia istud iugum à graui iugo liberat: scil. à iugo carnis vel mundi. Esa. 10. *Computrescet iugum à facie olei*: id est charitatis, quæ ad modum olei suauis est. 2. Cor. 6. *Nolite iugum ducere cum infidelibus*. Bern. loquens de illo verbo Luc 14. *Iuga boum emi quinque*. Iumentis, inquit, conuincitur homo bestialior, qui iuga necessitatis quinq; sensuum propria subeat voluntate. Bern. Quid causamur subiisse? arguamus magis emisse: nam vt mercedem pro opere suo quis tribuat, inauditum est, quid iuga boum emit, cui iugum suaue gratis offertur? quid est potius quinque eligere quam vnum? quis potest seruire quinq; prędonib? Oculus, inquit, meus dęprædatus est animam meam.

Sexto, quia qui charitatem habet, voluntatem suam voluntati diuinæ conformat. Vnde sicut voluntas Dei impletur: sic & voluntas ipsius. Et sicut Deo cuncta subiecta sunt: sic & habenti charitatem quodammodo cuncta sunt subiecta. Aug. in libro de Vtilitate credendi: Iugo Christi qui subiectus est, subiecta habet cætera: & nō laborat, quia nō resistit quod subiectū est. Seneca: Vir bonus æquo animo sustinebit quicquid ei acciderit. Scit. n. hoc accedisse lege diuina ex qua vniuersa procedunt: Mali non habent pacem, quia Deo resistunt. Iob. 9. *Quis restitit ei, & pacem habuit?* Si pluit, displicet malis. Si aliquanto tempore siccitas sit, iterum displicet eis. Item charitas bitumen est quo arca Ecclesiæ bituminata est. Genes. 6. Absque hoc bitumine in periculo esset. Aquæ etiam tribulationum penetrarent eam. Charitas etiam cæmentum est quo lapides viui in ædificio Ecclesiæ adinuicem connectuntur. Sine hoc cæmento Ecclesia esset quasi aceruus lapidum: non esset idonea Deo ad habitandum, nec contra hostes Ecclesiæ haberet debitam resistentiam. Hieron. 26. Hierusalem in aceruum lapidum erit. Charitas est chara vnitas. Quàm chara sit vnitas ipsius, patet ex hoc, quod diuisio ei opposita Deo detestabilis est. Prou. 6. *Sex sunt quæ odit Dominus, & septimum detestatur anima eius*. Et illud septimum est: qui seminat inter fratres discordias. Dionys. in lib. de diuinis nominibus. Amor est quædam vnitiua & cōtinuatiua virtus, superiora mouens ad inferiorum prouidētiam: æquiforma, id est, æqualia in socialem vicissitudinem: & nouissima & subiecta ad meliorem & supra positorum conuersionem, id est, conformationem. Amor inter affectiones animæ maximè Deo assimilatur. Bern. super Cāt. Solus est amor ex omnibus animæ motibus & sensibus, in quo potest creatura etsi non ex æquo, suo respondere auctori, vel de simili mutuam rependere vicem: & si minus diligit creatura, quoniam minor est: tamen si ex toto se diligit, nihil deest vbi totum est. Eadem verba habentur in libro de spiritu & anima, vbi subditur. Renuntians ergo cunctis affectionibus aliis, tota soli incumbat amori, effundens se totam in amorem ipsius cui respondere habet in reddendo amorem. Charitas virtus est, cuius altitudo vsque ad altissimum attingit. Spirituum enim hominis Deo vnit. Latitudo eius quasi per totum mundum se extendit: quia membris Christi quæ dispersa sunt per mundum, hominem coniungit. Aug. Extende charitatem per totum orbem si vis Christum amare: quia mēbra Christi per orbem iacet. Longitudo eius opera cæterarum virtutũ vsque ad finem vltimum extendit. Profunditas eius infimis membris Christi seruitium impendendo condescendit secúdum doctrinam. Ioan. 13. *Si ego laui pedes vestros, Dominus & magister vester: & vos debetis alter alterius lauare pedes.* Et notandum, quod sacri Doctores videntur dicere quod sola charitas sit virtus, Hier. Vt breuiter, inquit, cõplectar virtutis notionem: Virtus est charitas quâ diligitur quod diligendum est. Et in lib. de spiritu & anima: sic legitur: Quum prudéter, modeste, fortiter & iuste amor & odium instituuntur; in virtutes exurgunt, prudentiam sc. & téperantiam, fortitudinem atque iustitiam. Aug. in lib. de morib. Ecclesiæ. Si virtus ad beatam vitam nos ducit, nihil esse virtuté omnino affirmauerint, nisi summum amorem Dei. Namque illud, quod quadripartita dicitur virtus, ex ipsius amoris vario quodam affectu quátum intelligo dicitur. Itaque illas quatuor virtutes, quarum vtinam res ita haberét homines in mentibus suis, vt nomina sunt in ore omnium. Sic etiam diffinire non dubitem, & vt Temperantia sit amor integer se prębens ei quod amatur. Fortitudo, facile tolerans omnia propter quod amatur. Iustitia, soli amato seruiens, propterea recte dominans. Prudentia, amor ea quibus adiuuamur ab iis quibus impedimur sagaciter seiungens. Sed hunc amorem non cuiuslibet, sed Dei esse diximus, quare etiam diffinire licet, vt Temperátiam dicamus amorem Deo sese integrũ incorruptumque seruantem. Fortitudinem, & amorem omnia propter Deũ facile perferentem. Iustitiam amorem tantum seruientem, & ob hoc bene imperantem cæteris quæ homini subiecta sunt. Prudentiam, amorem bene discernentem ea quib. adiuuetur ab his quibus impediri potest. Idem in eodem: Nihil aliud est bene viuere, quam toto corde, tota anima, tota mente Deum diligere: à quo existit vt incorruptus in eo amor atque integer custodiatur, quod est temperantiæ: vt

nullis frangatur incommodis, quod est fortitudinis: nulli alii seruiat, quod est iustitiæ: vigilet discernendis rebus, ne fallacia paulatim dolus surrepat, quod est prudentiæ. Possumus autem quatuor rationes assignare, quare nomen Virtutis charitati potuit appropriari vt ipsa diceretur singulariter virtus. Vna causa potuit esse, quia charitas inter virtutes excellétior est: ideo antonomatice virtus dici potuit: sicut Roma antonomatice Vrbs dicitur. Alia causa potuit esse: Quia antequam charitas adsit, nulla vera virtus est. Si vero charitas adsit, nulla virtus deest. Quod nulla vera virtus adsit si charitas desit, patet: quia virtus est qua bene viuitur. Bene viuere vero est (vt ait August.) bene viuendo ad beatitudinem tendere: quod non est sine amore beatitudinis, qui amor charitatis est. Quod nulla virtus desit vbi charitas adest, patet: quia amor dignior est affectione animæ, quæ si ordinata fuerit, aliæ affectiones vt timor, dolor, & spes inordinatæ non remanebunt, maxime quum apud amorem sit summa potestas & imperiũ in regno animæ, & eius sit regnum illud ordinare: apprehensiones vero non se habent modo indebito, quum affectiones se habeant debito modo. Sunt enim apprehésiones causæ affectionum, vnde amore ordinato simpliciter més ordinata est. Tertia causa potuit esse: quia amor summi boni quodammodo ad omnem virtutem pertinet, inquantum virtus comparatur ad finem suũ: licet amor iste sit proprius motus charitatis. Sine amore enim summi boni non est vera virtus. v. g. Si quis abstineat vt bursam impleat, vel vt sanitatem acquirat, vel causâ inanis gloriæ: non est hoc abstinentiæ virtutis, sed tũc solum quando fit amore summi boni. Ideo dicitur Matth. 6. *Tu autem cum ieiunas vnge caput tuum oleo.* Secundum gloss. Caput suum, scilic. Christum, ieiunans vngit oleo charitatis, qui pro amore eius se macerat, & quod sibi subtrahit, alteri largitur. Quarta causa potuit esse: quia sicut aliquis dicitur odire

Charitas cur dicatur virtus.

non solum affectu, sed etiam effectu, secundum quem modum dicitur. Qui diligit iniquitatem, odit animam suam. Odit inquam effectu; sicut aliquis dicitur diligere non solum affectu, sed etiam effectu, secundum quem modum dicitur 1. Ioan. vlt. *Hæc est charitas Dei, vt mandata eius custodiamus.* Et 2. Ioan. *Hæc est charitas vt ambulemus secundum mandata eius.* Sic dilectio Dei ad vniuersitatem virtutum pertinet, sicut & obseruatio mandatorum Dei. Sic nihil aliud est virtus, quam id quo Deus diligitur. Et hæc de laudibus charitatis sufficiant. Si cui vero hæc non sufficiunt, diligenter studeat in 1. Canonica Ioan. de quo dicit Gregor. quod omne quod loquitur, igne charitatis vaporatur. Et in Euangelio eiusdem & 1. ad Cor. 13. Vbi multa de laudibus huius virtutis inueniet.

Caput III.
De ordine dicendorum de amore Dei. Et primo de his quæ incitant ad amandum Deum.

Post cōmendationem Charitatis agendum est specialiter de amore Dei, de quo hoc modo agetur. Primo dicetur de incitamentis diuini amoris. Secundo de modo amandi Deum. Tertio, de diuersis speciebus diuini amoris. Quarto, de signis ipsius. Circa primum notandum est quod ad amandum Deum incitat sacra Scriptura, incitat & natura; incitat gratia nobis a Deo exhibita, & gloria nobis à Deo promissa, incitat & vniuersa creatura. Scriptura sacra incitat in multis locis. Deut. 6. *Diliges Dominum Deum tuum ex toto corde tuo, &c.* Eiusdem 11. *Ama Dominum Deum tuum, &c.* Ecclesiast. 13. *Omni vita tua dilige Deum.* Matth. 22. *Diliges Dominum Deum tuum, &c.* Simile habes Luc. 10. & 1. Ioan. 4. *Diligamus Deum, quoniam ipse prior dilexit eos.* Natura ad idem incitat. Bernard. in lib. de diligendo Deo. Inexcu-

sabilis, inquit, est omnis infidelis si non diligit Dominū Deum suum toto corde, tota anima, tota virtute sua. Clamat nempe intus ei innata & non ignota rationi iustitia, quia ex toto illū diligere debet, cui & totum se debere non ignorat. Si naturaliter amat filius patrem a quo habet partem corporis sui: quanto magis amare debet Deum qui corpus eius & animam ex nihilo fecit? August. Amandus est generator: sed præponenbus est creator. Eccl. 7. *In tota anima tua dilige eum qui te fecit.* Bernard. in sermonibus: Parum ne, inquit, tibi videtur? hoc cogita, qualem te fecit. Nempe secundum corpus egregiam creaturam: secundum animam, magis imagine creatoris insignem, rationis participem, beatitudinis æternæ capacē. Porro ambo cohærere sibi fecit artificio incomprehensibili, sapientia inuestigabili: nec ante promeruit, qui ante non fuit: nec spes retributionis fuit, quoniam bonorum nostrorum non eget. Et notandum quod multum potest incitare hominem ad amandum Deū, quod Deus eum fecit, si quis diligēter attendat quantum beneficium fuerit quod corpus ei dedit: quot enim sunt membra in corpore, tot beneficia inueniet magna: Et pro minimo membro plus deberet homo Deum amare, quam multi ament eum pro cunctis beneficiis quæ ab eo receperunt. Si quis amisisset oculum, quantum amaret eum qui sibi illum restitueret? Et si quis meruisset amittere eum, quantum amaret eum qui sibi oculum conseruaret? Nec minus amandus est qui eum ab initio dedit, & qui datum conseruauit, cum multoties vtendo eo cōtra Deū, eū amittere meruerit. Nec minus est amādus qui dat cappam nouam, quam qui inueteratam perditam restituit. Quod dixi de oculo, de aliis membris cogita: Si vero tantū amandus est qui dedit corpus: quantum amandus est qui dedit animam quæ in infinitū est melior corpore? Si amisisses vsū rationis, quantum amares eum qui tibi illum restitueret? Quantum ergo amandus

Benefi-
cia.

V iij

est qui tibi rationem ab initio dedit? Item si meruisses mortem, siue separationem animæ à corpore, quantum amares eum qui tibi eam remitteret? Quantum ergo amandus est ille qui mirabiliter corpus & animam coniunxit, & hanc coniunctionem tibi seruauit, cum peccando mortem multoties meruisses? Bernard. Valde omnino mihi amandus est per quem sum, viuo, & sapio. Dignus plane est morte qui tibi Domine Iesu recusat viuere. Idem in lib. de diligendo Deo: Vt quid, inquit, non amaret opus artificem, cum haberet vnde id posset? Et cur non quantum omnino posset, quum nihil omnino nisi eius munere posset? ad hoc etiam quod homo amet amplius factorem suum, cogitare debet quod Deus ad imaginem & similitudinem suam fecit illum. Genes. 1. Filius qui similior est patri, solet amplius amare patrem, & ab eo plus amari. Figura etiam quam naturaliter habet corpus humanum, incitat ad amandum Deum. August. in lib. de disciplina Christiana: Belluas Deus prostratas in faciem fecit, pastum quærentes de terra: te in duos pedes erexit, tuam faciem sursum attendere voluit. Non discordet cor tuum à facie tua, non habeas faciem sursum & cor deorsum. Fac sursum cor, ne mentiaris in domo disciplinæ. Quid est sursum habere cor, nisi quod prius est dictum: *Dilige Dominum Deum tuum? &c.* Disciplinæ domus est Ecclesia Christi: vt dicit August. in eodem libro. Gratia etiam nobis à Deo exhibita incitat ad Dei amorem, & maxime gratia redemptionis. De qua 2. Corinth. 8. *Scitis gratiam Domini nostri Iesu Christi quoniam propter vos egenus factus est cum esset diues, vt illius inopia vos diuites essetis.* Gal. 2. *Dilexit me, & tradidit semet ipsum pro me: non sum ingratus gratiæ Dei.* Sic habet litera vna. Eccl. 9. *Gratiam fideiussoris ne obliuiscaris.* Dedit enim pro te animam suam. Licet multum possit hominem incitare ad amandum Deum, quod ipse eum fecit; tamen multo amplius debet eum incitare, quod ipse eum refecit. Vnde Bernard. in libr. de diligendo Deo: infidelis se totum ei debere non ignorat, quem sui totius non ignorat auctorem. Quid ergo ego qui Deum meum teneo vitæ meæ non solum gratuitum largitorem, largissimum administratorem, pium consolatorem, sollicitum gubernatorem, sed insuper etiam copiosissimum redemptorem, æternum conseruatorem, ditatorem, glorificatorem? Idem in eodem: Infidelem ratio vrget, & iustitia naturalis totum se tradere illi à quo se tutum habet, & ex se toto debere diligere quem profecto fides tanto plus iudicat amandum, quantum & eum pluris meipso æstimandum intelligo: quippe qui illud non solum mei, sed sui quoque ipsius teneo largitorem. Idem in eodem: Si totum me debeo pro me facto, quid addam pro me refecto, & refecto hoc modo? Nec enim tam facile refectus quam factus. Si quidem non solum de me, sed de omni quoque quod factum est, scriptum est, *Ipse dixit, & facta sunt.* At vero qui me tantum etiam semel dicendo fecit, in reficiendo profecto & dixit. Multa & gessit mira, & protulit dura: nec tantum dura, sed etiam indigna. Quid ergo retribuam Domino pro omnibus quæ retribuit mihi? In primo opere me mihi dedit: in secundo se: & vbi se dedit, me mihi reddidit. Datus ergo & redditus, me pro me debeo & debebo: quid Deo retribuam pro se? Nam etiam si me millies rependere possem, quid sum ego ad Dominum? Idem super Cantic. Super omnia reddit te amabilem mihi, bone Iesu, calix quem bibisti, opus redemptionis nostræ. Hoc omnino amorem nostrum facile vendicat totum sibi. Hoc, inquam, est, quod nostram deuotionem & blandius allicit, & iustius exigit, & arctius stringit, & afficit vehementius. Multum quippe laborauit in eo Saluator: nec in omni mundi fabrica tantum fatigationis auctor assumpsit. In dictis suis

Similitudo.

Gratia.

De Charitate. 159

sustinuit contradictores, in factis observatores, in tormentis illusores, & in morte exprobratores. Idem loquens de opere redemptionis: Quid adhuc, inquit, dormitat tua affectio? imo non dormitat, sed mortua est si huic non respondet beneficio. Ansel. in lib. Med. Ecce Domine, quia me fecisti, debeo meipsum amori tuo totū: quia me redemisti, debeo meipsum amori tuo totum: quia tanta promittis, debeo meipsum amori tuo totum, imo tantum debeo plusquam meipsum, quanto tu maior me es pro quo dedisti teipsum. Cū ignis non accendatur melius quam igne: ignis diuini amoris quem nobis Deus ostendit in redemptione humani generis maxime deberet incitare nos ad amandum Deum. Chrysost. Non est, inquit, aliquis omnino, non pater, non mater, non amicus, non alius quispiam qui ita nos aliquando dilexerit, quemadmodum ipse qui fecit. Bernard. in sermonibus: O duri & indurati & obdurati filii Adam, quos non emollit tanta benignitas, tanta flamma, tam ingens ardos amoris, tam vehemens amator, qui pro vilibus sarcinulis tam pretiosas merces expendit. Ad amandum Deum incitat gloria amantibus Deum specialiter promissa & præparata. 1. Cor. 1. *Oculus non vidit, &c. quæ præparauit Deus his qui diligunt illum.* Iacob. 1. *Accipiet coronam vitæ, quam repromisit Deus diligentibus se.* Mirum est quomodo amor noster Deo euadere potest: quia si venalis est nullus Deo carius emet: dabit. n. pro illo regnum æternum. Si est dandus, nullus dignior eo est quam Deus, cum ipse sit summe bonus. Vnde nulli potius quam ei debet dari. Si vero violentiam requirit, nullus maiorem violentiam pro eo faciet quam ipse. Petit enim eum quasi gladio euaginato. Aut enim eum amabis, aut æterna morte interficieris. Dauid: Nisi conuersi fueritis, ab amore sc. immundo, ad amorem Dei, gladium suum vibrauit. Aug. in lib. Conf. Domine quid tibi sum ipse ut amari te iu-

beas à me, & nisi hoc faciam irascaris mihi, & mineris ingentes miserias? Ad amandum Deum incitant omnes creaturæ. Aug. 10. lib. Conf. Cœlum, & terra, & omnia quæ in eis sunt, ecce undique mihi dicunt ut te amem, nec cessant dicere omnibus ut sint inexcusabiles. Dupliciter dicunt creaturæ nobis ut Deum amemus. Vno modo ostendendo eum dignissimum amore nostro. Bonitas enim uniuersitatis creaturarum ostēdit creatorem esse optimum, & ideo amore dignissimum. Secundo, quia creaturæ sunt dona Dei & beneficia Dei. Ad incitandum vero aliquem ad amandum alium, efficacior est donatio quam locutio. Etiam terrena & cœlestia facit Deus propter hominem, ut patet ex principio Genes. Vbi postquam de creatione hominis loquutus est Deus, subditur: *Et præsit piscibus maris, & volatilibus cœli, & bestiis terræ, uniuersæque creaturæ.* Et postquam locutus est de luminaribus cœli, subditur: *Et sint in signa, & tempora, & dies, & annos, & luceant in firmamento cœli, & illuminent terram.* Cum secundum ligna exardescat ignis. Eccl. 28. Magnus deberet esse ignis diuini amoris qui pro lignis Dei tot habet Dei beneficia, quot sunt creaturæ. De his lignis legitur Leuit. 6. *Ignis in altari semper ardebit quem nutriet sacerdos, subijciens ligna mane per singulos dies.* Illos qui non incitantur ad Deum amandum pro tot & tantis beneficiis accusare poterunt etiam feræ quæ beneficia sentiunt, ut ait Senec. Ecce etiam canes amant benefactores suos. Refertur etiam de quodam leone quem quidam miles à serpente liberauit, quod à milite recedere noluit: quid ergo exultationis habebunt qui deserentes redemptorem suum, serpenti infernali adhærēt? Si lapides cauantur à guttis aquæ assidue cadentis, quam excusationem habebunt corda dura quæ non emolliunt assidua Dei beneficia? Quasi infinitæ sunt creaturæ quarum unaquæque sufficeret ad mouendum hominem ad amorem alterius

---

Gloria promissa.

Creatura.

Exemplum.

hominis si eam sibi dedisset. Quomodo ergo non sufficiunt vniuersæ creaturæ ad accendendum hominem ad amorem Dei?

Mala pœna & culpa.

Ad amandum Deum incitare possunt & bona & mala. De bonis iam ostensum est, quæ vniuersa sunt Dei dona. De malis vero facile est idem ostendere, cum sint flagella patris misericordiarum erudientis filios suos, ex amore paterno procedentia. Apocal. 3. *Ego quos amo, arguo & castigo.* Heb. 12. *Quem diligit Deus, castigat.* Et non solùm mala pœnæ possunt incitare ad Dei amorem: sed etiam mala culpæ quæ Dei misericordia dissimulat in his qui nondum pœnitent, vt saltem quandoq; pœniteant, vel remittit his qui pœnitent, vel à quibus custodit eos qui sibi adhærẽt. Aug. in lib. de Virginitate: Vos, inquit, vt ardentissimè diligatis, cui diligendo à coniugiorum nexibus liberi vacatis, deputate nobis tanquam omnino dimissum quicquid à vobis non est illo regẽte commissum. Multò fortius debes diligere illum qui quæcunque flagitiosis ad se conuersis dimisit, in ea cadere non permisit. Quid habes, quod non accepisti? aut qua peruersitate minus diligis à quo plus accipisti? Cogita omnia peccata sic habenda tanquam dimittantur, à quibus Deus custodit ne committantur. Noli modicũ diligere, quasi à quo tibi modicum dimissum est, sed potius multum dilige à quo tibi multum tributum est. Si enim diligit cui donatum est ne redderet: quanto magis diligere debet cui donatum est vt haberet? Et notandum est quod cum quatuor de causis aliquid soleat diligi, scil. de causa attinentiæ, vel quia in eo deliciæ inueniuntur, vel quia beneficiis iam datis amari meruit, vel quia beneficia ab eo sperantur, his quatuor de causis amandus est Deus. Causa attinentiæ, cum ipse sit pater. Matth. 23. *Patrem nolite vocare vobis super terram: Vnus est enim Pater vester qui in cœlis est.* Et qui erat pater, factus est frater. Matth. vlt. *Nunciate fratribus meis vt eant in Galilæam.* Et qui erat Dominus, factus est seruus. Bernard. loquens de Filio Dei incarnato: Non hoc loco, inquit, prædicatur magnus Dominus & laudabilis nimis: sed paruus Dominus & amabilis nimis. Paruulus vtique qui natus est nobis, ipse voluit nasci in mundo isto, & quasi fieri de terra nostra vt amabilior esset nobis: non enim solent homines amare Dominos de terra aliena. Ipsa voluit in similitudinem hominum fieri, vt hominibus esset amabilior. Similitudo enim ad amorem facit. Eccl. 3. *Omne animal diligit simile sibi.* Ipse humanam naturam diuinæ voluit associari in vna persona, nunquam ab ea separandam in signum amoris, vt sic saltem amaremus à quo agnosceremus nos amari. Deus etiam amandus est à nobis, quia in eo sunt summæ deliciæ. Psal. *Delectationes eius in dextera tua vsque in finem.* Item amandus est, quia beneficiis suis hoc meruit. Bern. in lib. de diligendo Deo: Multum meruit Deus de nobis, qui etiam immeritis seipsum dedit nobis. Quid enim melius seipso poterat dare vel ipse? Ergo, si Dei meritum quæritur, illud est præcipuum: quia *ipse prior dilexit nos.* 1. Ioan. 4. Dignus planè qui reametur: præsertim si aduertatur quis, quos quantumque amauerit. Quis enim? nonne is cui omnes spiritus confitentur? Deus meus es tu: quoniam bonorum meorum non eges: Vera huius charitas maiestatis: quippe non quærentis quæ sua sunt. Quibus autem tanta charitas exhibetur? *Cum adhuc,* inquit, *inimici essemus, reconciliati sumus Deo.* Dilexit ergo Deus & ingratos & inimicos. Sed quantum? *Sic Deus dilexit mundum,* ait Ioannes, *vt Filium suum vnigenitum daret.* Sic meruit iustus impiis, summus infimis, omnipotens infirmis. Idem in eodem: Vt paucis quod dictum est repetam, *prior ipse dilexit nos,* tantus, & tantum, & gratis, tantillos & tales. Itẽ amandus est à nobis propter beneficia quæ ab eo speramus. De quib. require in tractatu Spei, Cap. 5. Item notandum est, quod

Quatuor ob causas aliquid diligi dicitur.

De Charitate.

quod ad amorem Dei nos incitare potest amicitiæ eius vtilitas, & inimicitiarum eius damnositas, & amici huius fidelitas.

Vtilitas. Vtilitas, quia nihil fructuosius esse potest quà à Deo diligi, iuxta verbū Bernardi: Ipse diligentibus se peccata remittit. Luc. 7. *Remittuntur ei peccata multa, quoniam dilexit multum.* Ipse eos erudit: Ecclef. 2. *Diligite Deum, & illuminabūtur corda vestra.* Gregorius: Interdum compunctionis ardore tātæ subtilitatis est vis amoris, vt hāc nec ipse animus possit comprehendere, qui hanc illuminatus meruit habere. Ipse eos custodit. Psal. *Custodit Dominus omnes diligentes se.* Psal. 1. Ipse ad suauitatem suæ cōtemplationis etiam in præsenti admittit. Gregor. in Moral. Si quis ad cōtemplationis studiū properat: semetipsū prius subtiliter interroget, quātum amat. Machina quippe mētis est vis amoris, qui hanc dū à mūdo extrahit, in altū sustollit.

Psal. 72. Vtilitas huius amici sicut & aliorum amicorū in necessitate apparet, vt in infirmitate à qua ipse potest liberare, cum alii amici non possunt: & in morte, quando alii amici defunctum deserunt, & amicus iste eum suscipit. Psal. *In voluntate tua deduxisti me: & cū gloria suscepisti me.* Et in iudicio vbi non habebit amicum cui Deus erit inimicus. Eccl. 20. *Fatuo non erit amicus.* Omnia sunt amica ei cui Deus est amicus: *quoniam diligentibus Deum, omnia cooperantur in bonum.* Rom. 8.

Inimici damnositas Psal. 10. Inimicitiarum etiam Dei damnositas incitare potest ad amādum Deum. Omnia enim sunt inimica inimicis Dei: etiam ipsimet sunt sibi inimici. In Psal. *Qui diligit iniquitatem, odit animam suam.* In futuro vero magis apparebunt hæ inimicitiæ, quando pugnabit orbis terrarum contra insensatos. Sap. 5. Gregor. Offenso creatore, omnis creatura damnatum habet odio. Ipsimet si esse possunt vellent se non esse. Ipsi etiā sancti qui tātum amauerunt peccatores in præsenti, lætabuntur cum viderint vindictam. Fidelitas etiam huius amici ad idem potest incitare. Ecclef. 6. *Amico fideli non est comparatio: & non est digna ponderatio argenti & auri.* Alii amici quadrupliciter inueniuntur infideles. Primo, quia aliquando non amant, licet amentur: sed non sic est de amico isto. Prouerb. 8. *Ego diligentes me diligo.* Ioan. 14. *Qui diligit me, diligetur à Patre meo, & ego diligam eum.* Secundo, quia tempore aduersitatis desinūt amare. Ecclesiast. 6. *Est amicus secundum tempus suum, & non permanebit in tempore tribulationis.* Sed non est sic in amico isto. Prouerb. 17. *Omni tempore diligit qui amicus est,* Christus scilicet, & frater in angustiis comprobatur. Tertio, quia qui amāt viuos, inimici fiunt mortuorum, spoliantes eos bonis suis. Ecclesiast. 6. *Est amicus qui conuertitur ad inimicitias:* amicus vero iste in morte specialiter ostēdit se esse amicum. Spiritum enim qui de habitaculo corporis exit, in cœleste habitaculum recipit. Quarto, quia amici patris inimici fiunt filiorum: sed amicus iste propter patrem filios amat, quandoque vsque in decimam generationem. Exod. 20. *Ego sum Dominus Deus tuus,* &c. *faciens misericordiam in millia his qui diligunt me.* Et vt breuiter dicam, Beatus est qui Dominum debito modo amat: & væ illi qui eum debito modo non amat. Aug. 4. lib. Cōf. Beatus qui amat te, & amicum in te, & inimicum propter te. Solus enim nullum charum amittit, cui omnes in illo chari sunt, qui non amittitur: te nemo amittit, nisi qui dimittit. Idem: Hæc omnia bona sunt; sed væ tibi si amaueris condita, & deserueris conditorem. Item 8. lib. de Trinitate: Cum aliqua non amentur nisi quia bona sunt: pudeat eis inhærendo non amare ipsum bonum vnde bona sunt.

Fidelitas Amicorum magna infidelitas.

Caput IV.
De his quæ valent ad hoc vt aliquis ametur à Deo.

Dicto de his quæ possunt hominē incitare vt Deū amet, dicendum est de his quæ faciunt ad hoc vt aliquis ametur à

Vt amemur à Deo quæ necessaria.

Deo. Septem vero sunt quæ ad hoc valere possunt. Primum est sapientia. Sap. 7. *Sapientia infinitus thesaurus est hominibus, quo qui vsi sunt participes facti sunt amicitiæ Dei.* Et in eodem. *Neminem diligit Deus nisi eum qui cum sapiëtia inhabitat.* Nouit Dominus quod de amicitia stultorũ prouenit damnum & dedecus, ideo non vult habere amicitiam cum stultis. Prouer. 14. *Acceptus est regi minister intelligens.* Secundùm est munditia quæ effectus est sapientiæ Iac. 3. Quæ desursum est sapientia, primum quidem pudica est: id est, pudicũ faciens. Propter munditiam vocatus est Ioannes discipulus quem diligebat Iesus. Ioan. vlt. Prou. 22. *Qui diligit cordis munditiam propter gratia labiorum suorũ, amicum habebit regem.* Cant. 6. *Dilectus meus mihi & ego illi, qui pascitur inter lilia.* Puritate. n. delectatur. Sap. 6. Incorruptio facit proximum esse Deo. Tertium est mansuetudo quæ multum assimilatur Deo, cuius bonitatem alicuius malitia non perturbat: & ideo Deo amabilem facit propter mansuetudinem. Moyses erat mansuetissimus super omnes homines qui morabatur super terram. Numer. 12. specialiter amicus Dei fuit: Eccles. 45. *Dilectus Deo & hominibus Moyses.* Quartum est liberalitas quæ multum assimilatur Deo, qui ex liberalitate fecit quidquid fecit, creaturas rationales vt eis daret alias creaturas, vt eas daret. Seneca. *Qui dat beneficia, Deum imitatur.* Maxime vero Deum imitabitur qui pauperibus nihil iudicauerit, quam misereri, pretiosius. Liberalitas ratione similitudinis, hominem reddit Deo amabilem. 2. Corinth. 9. *Hilarem datorem diligit Deus.* Quintum est humilitas propter quam Dauid fuit vir secundum cor Dei. 1. Reg. 15. Matth. 2. In signum amoris quem habet Deus ad humiles, Deus amplexatus est paruulum. Et Beniamin frater minimus. Genes. 43. vocatur amantissimus Domini, & Deut. 33. Sextum est dilectio. Diligit enim Dominus eos qui se diligunt: alioquin esset infidelis. Bern.

in epistolis. Nemo se amare diffidat qui iam amat. Libenter Dei amor nostrum quem præuenit subsequitur. Nam quomodo reamare digebit, quos amauit nec dum amantes ? Septimum est temporalium contemptus. Matth. 19. *Si vis perfectus esse, &c.* Gloss. interli. In dilectione Dei. Seneca: Nemo dignus Deo qui opes non contempserit. Temporalia amata inquinant. Iuxta verbum Bernard. Ideo anima temporalia amans, quasi inquinata indigna est Dei amore. Augustin. in lib. Soliloquiorum: Si alicuius pulchræ fœminæ amore flagrares, iure se tibi non daret si aliud à te quicquam præter se amari comperisset. Sic qui in bonis contemptibilibus amorem suum ponit, Dei amore est indignus.

Caput V.
De modo amandi Deum.

SEquitur de modo amandi Deum. Modus autem diligendi Deum, est sine modo diligere, vt ait Bern. in lib. de diligẽdo Deo. Idem ad fratres de monte Dei: In dilectione Dei non alia ratio, nõ alia discretio est: nisi vt sicut ille cum dilexisset nos, in finem dilexit nos: sic si fieri potest, nos in infinitum diligamus eum. Sicut beatus vir qui in mandatis eius cupit nimis. Sed cum nullum finem vel terminum habere debeat deuotio amantis : tamen terminos suos & fines & regulas habere debet actio operantis. Idem etiam ostendit modum amandi Deum esse, vt amemus eum quantum possumus, dicens ita; Deus meus adiutor meus, diligam te pro dono tuo, & modo meo, minus quidem iusto, sed planè non minus posse meo: qui & si quantum debeo non, possum non possum tamen vltra quam possum. Potero vero plus cum plus donare dignaberis, nunquam tamen prout dignus haberis. Modus etiam amandi Deum ostenditur Deut. 6. his verbis: *Diliges Dominum Deum tuum ex toto corde tuo, & ex tota anima tua, & ex tota fortitudine tua.* Item Matth. 22. *Diliges Dominum Deum tuum ex toto corde tuo, ex tota anima tua, & in tota mente tua.* Verba Deut. videntur pertinere ad illas tres vires animæ, quæ sunt, vis rationalis, vis concupiscibilis & irascibilis. Fortitudo enim quæ tertio loco ponitur, ad irascibilem pertinet. Verba vero Matthæi videntur pertinere ad illas tres vires animæ: quæ sunt intellectus, voluntas, & memoria. Vnde mens cuius est memorari, tertio loco ponitur. Luc. vero 10. vtrumque videtur tangere, dicens: *Diliges Dominum Deum tuum ex toto corde tuo, & ex tota anima tua, & ex omnibus viribus tuis, & ex omni mente tua.* Et accipias idem per hoc quod dicitur, ex omnibus viribus tuis: & per hoc quod dicitur in Deut. ex tota fortitudine tua. Et notandum quod secundum Greg. ista verba, *Ex toto corde tuo, &c.* & ad inculcationem ponuntur. Secundum Aug. totalitas ista aliter accipienda est prout competit statui patriæ: aliter prout competit statui vitæ. Secundum quod competit statui patriæ, attenditur in, hoc totalitas ista, quod omnes motus animæ ad Deum referantur: & sic non impletur in vita præceptum illud: nisi forsitan ad tempus breue à viris perfectissimis. Tamen secundum Aug. ideo præcipitur; quia non recte curritur si quò currendum est nesciatur. Quomodo autem sciretur si nullis præceptis ostenderetur? Et in præcepto affirmatiuo potuit præcipi quod non potest in vita impleri: quia præcepto affirmatiuo non obligatur quis vt illud impleat semper; sed vt impleat illud loco & tempore, Nullum vero præceptum negatiuum potuit esse simile huic. Illud enim obligat vt semper impleatur; & ideo necessario hominem faceret transgressorem. Bern. Mandata impossibilia non fecerunt transgressores homines, sed humiles. Secundum vero quod competit statui vitæ, totalitas ista in hoc attenditur, quod nullus motus sit in anima amori Dei contrarius, nec aliquid præter Deum propter se ametur. Ad primum pertinet illa expositio August. Toto corde, id est, intellectu, sine errore: tota anima, id est, voluntate, sine contradictione: tota mente, id est, memoria, sine obliuione. Ad secundum pertinet quod dicit Augustinus in libr. 3. de doctrina Christiana, cum ait. Toto corde, tota anima, tota mente, nullam vitæ nostræ partem reliquit quæ vacare debeat, & quasi locum dare & alia re velit frui: sed quicquid aliud diligendum venerit in animum illuc rapiatur quò totus dilectionis impetus currit. Frui, est amore inhærere alicui rei propter se ipsam: vt ait Augustinus. Idem Augustin. in lib. Soliloquiorum: Ego non puto vllarum rerum vocandam cupiditatem, quæ propter aliud requiruntur. Idem in eodem: Iam certe ostendisti nihil aliud me amare quam sapientiam. Siquidem quod non propter se amatur, non amatur. Ego autem solam per se amo sapientiam, cætera vero adesse mihi volo, vel deesse timeo propter ipsam. Loquitur da Sapientia increata. Contra totalitatem siue perfectionem amoris diuini, solus ille amor est, quo amatur aliquid præter Deum, non propter Deum. Augustin. 10. libr. Confessionum: Domine, minus te amat qui tecum aliquid amat, quod non propter te amat. Modus ergo amandi Deum est, vt ipse ametur super omnia, & propter se; secundum Bernardum vero sic exponitur verbum prius positum: *Diliges, &c. toto corde*: id est sapienter: *tota anima*, id est dulciter: *tota virtute*, id est fortiter, vel perseueranter. Idem: Disce Christiane à Christo, quemadmodum diligas Christum. Disce amare dulciter, prudenter, fortiter; dulciter, ne illecti; prudenter, ne decepti: fortiter, ne oppressi ab amore Domini auertamur. Idem: Non abduci blanditiis, nec seduci fallaciis, nec iniuriis frangi: toto corde, tota anima, tota virtute diligere est. Idem exponens quid sit amare dulciter, sapienter & fortiter. Dulciter, inquit, amat, qui Christo passo compatitur, compungitur & mouetur. Sapienter amat, qui ab Ecclesiastici sensus puritate nulla deuiat verisimilitudine, & qui discretionis metam nulla superstitione, vel leuitate, vel spiritus feruentioris vehementia deserit. Amor fortis est, cum nec vlla vi laborum, vel tormentorum, vel etiam metu mortis iustitia deseritur. Itam toto corde Deum diligit, qui gloriam in solo Deo quærit. In corde enim magnanimitas petinens ad vim irascibilem intelligitur. Anima vero potest referri ad concupiscibilem, cuius est velle. Mens vero cuius est meditari, ad rationalem. Totis ergo his tribus viribus aliquis Deum amat, quum vis rationalis à solo Deo desiderat, & ab eo solo se posse sapientem fieri credit: & quum vis concupiscibilis reputat Deum gaudium suum; & in illo gaudere quærit; & quum vis irascibilis in illo solo gloriari desiderat, aliam gloriam contemnens. Item notandum, quod toto corde siue intellectu Deum amat, qui intellectum suum in obsequium Christi captiuat, & qui studium suum Christo dat, & ad visionem Dei toto desiderio anhelat. De primo legitur 2. ad Corinthios 10. *In captiuitatem redigentes omnem intellectum in obsequium Christi.* Et notandum quod quadruplex debet esse captiuatio intellectus nostri. Prima, vt in his quæ sunt fidei, Deo obediamus. Hilarius: Soli Deo de se credendum est, qui se solus nouit. Secunda, vt male de nobis, & bene de proximo sentiamus. Seneca: Quod homines libenter faciunt de aliis, de te apud te male existima. Tertia, vt sensum superioris nostri, sensui nostro præferamus: quod maxime faciendum est in religione. Bernardus: Lignum in paradiso scientiæ boni & mali, censura discretionis est in conseruatione religionis penes patrem spiritualem, qui diiudicat omnia, ipse à nemine iudicatur, ipsius est discernere, aliorum obedire. Quarta, vt circa nos-

Quid dicatur Deum toto corde diligere

metipsos intendentes, ab aliis oculos auertamus. Bernardus: Temetipsum sollicite custodi, & vt temetipsum custodias, ab omnibus oculos auerte. Christo studium suum dat, qui ea quibus adiuuamur in Deum, ab eis quibus impedimur, sagaciter secernit, quod est prudentiæ: vt dicit August. Item qui doctrinam, Christum nescientem fastidit. Bernard. Si disputes, aut conferas, non sapit mihi nisi sonuerit ibi Iesus. Item qui in creaturis Deum intelligit. August. Væ illis qui diligunt nutus tuos pro te. Nutus tui sunt omne creaturarū decus. Tota anima, siue tota voluntate amat, qui perfecte obedit, quem nec timor mali transitorij exterret, nec amor boni transitorij ab obedientia retrahit. Tota mente, seu memoria Deum diligit, qui ea quæ Deo displicent, & ab amore eius impediunt, obliuioni tradit: vt sunt iniuriæ nobis illatæ, quæ dum recogitantur, sunt quasi ferrum in vulnere, quod vulneris sanationem impedit. Item qui ea quæ ad honorem Dei pertinent & salutem animarum memoriæ infigit, & quem magnus amor Dei de alio quam de Deo diu cogitare non sinit, sicut solet accidere fatuè amantibus, qui non possunt obliuisci id quod amant. Bernardus super Canticum. O amor impetuose, qui præter te cogitare aliud non sinis! Deus vult habere amorem cordis nostri integrum. Prouerb. 24. *Præbe fili mi cor tuum mihi.* Leuit. 3. *Omnis adeps Domini erit iure perpetuo.* Augustinus in sermone: Totum exigit te quifecit te. Sed noli tristis esse, quasi nihil vnde gaudeas remaneat in te. Ex hoc enim diligit te, quod diligis Deum ex toto corde. Nec mirum si Deus velit habere cor integrum, quum sufficiat illud implere. Et notandum quod amor Dei debet esse rectus, strenuus, & lætus, desideriis plenus. Rectus, vt Deus propter se ametur, non propter temporalia. Augustinus 15. libro de Ciuitate Dei. Boni ad hoc vtuntur modo, vt fruantur Deo. Mali au-

Qualis amor Dei debeat

rem contra, vt fruantur mundo vti volunt Deo. Augustinus: Vti est id quod in vsum venerit, referre ab obtinendum illud quo fruendum est: aliàs abuti est, non vti. Amor quo aliquis amat Deum propter temporalia, contumeliosus est Deo. Temporalia enim præfert ei. Propter quod enim vnumquodque amatur, illud magis amatur. Item est quasi amor meretricius. Meretrix enim amatorem suum depauperatum abiicit. Hierem. 3. *Quomodo si contemnat mulier amatorem suum, sic contempsit me domus Israel.* Hoc accidet tempore Antichristi, quando Christus erit quasi pauper: spoliabuntur enim qui ei adhærebunt. Amor talis etiam est caninus. Canis enim os nudatum carne deferens, strenuus debet esse. Poëta: *Amor odit inertes.* Item: *Militiæ species amor est, discedite segnes: Non sunt hæc timidis signa ferenda viris.* Item: *Audacem faciebat amor.* Item: *Nil certe est quod non effrœno captus amore ausit.* Lætus etiam debet esse, dum tolerat dura pro eo quem amat. Act. 5. *Ibant Apostoli gaudentes à conspectu Concilij: quoniam digni habiti sunt pro nomine Iesu contumeliam pati,* desideriis plenus: quum enim maior ignis sit, scintillæ desideriorum ex ipso emicât. Daniel. 9. *Vir desideriorum es.* Esa. 26. *Anima mea desiderabit te in nocte.* Dauid. *Sitiuit anima mea ad Deum fontem viuum.* Bernardus super Canticorum. Anima amans fertur votis, trahitur desideriis: Item amor facundus est: Poëta: *Facundum faciebat amor.* Philosophus: Verborum abundantiam transmittit affectio. Amans sui ipsius obliuiscitur. Augustinus de verbis Domini: Oblita est anima seipsam, sed amando mundum. Nunc obliuiscatur se, sed amando artificem mundi. Item amans dolores corporis non sentit. Bernardus: Non mirum si exul à corpore dolores non sentiat corporis: neque hoc facit stupor, sed amor. Submittitur enim sensus, non amittitur: nec deest dolor, sed contemnitur.

Item amor dignitatis est nescius. Bernardus in libro de consideratione: Amor dominum nescit. Agnoscit mater filium & in insulis. Idem super Canticum. Anima amans maiestati oculos claudit, aperit voluptati. Idem loquens de anima ardenter amante, Proprio inebriatur amore, vt maiestatem non cogitet. Qui enim respicit terram, & facit eam tremere, & ista se ab eo postulat osculari, ebriane est? Ebria prorsus. Amor etiam omnia vincit. Bernardus super Canticum. Præceps amor nec iudicium præstolatur, nec consilio temperatur, nec pudore frænatur, nec rationi subiicitur. Item: Quid violentius triumphat de Deo? Amor. Quid tamen tam non violentum quam amor? Quæ ista vis, quæso, tam violenta ad victoriam? tam victa est violentia? Bernard. super Canticor. Magna est & violenta vis charitatis ipsum effectum Dei attingens & penetrans, & velut sagitta iecur eius transfigens. Canticor. 4. *Vulnerasti cor meum soror mea sponsa.*

Caput VI.

De diuersis speciebus diuini amoris.

Notandum quod quadruplex est amor Dei. Primus est naturalis, quo amore omnes amant Deum & boni & mali. August. in libro Soliloqui. Deus, quem amat omne quod amare potest, siue sciens, siue nesciens. Secundus est quo aliquis amat Deum, eo quod cognoscit eum sibi necessarium. In Psalm. *Diligam te Domine fortitudo mea: Dominus firmamentum meum, & refugium meum, &c.* Tertius est amor quo aliquis Deum amat propter delicias quæ in eo sunt Sapient. 8. *Et amator factus sum formæ illius.* Quartus est amor amicitiæ quo aliquis amat Deum, eo quod dignissimus sit amore: qui amor est pure gratuitus. Bern. super Canticum. Amat

Amor Dei quadruplex.

caste, qui ipsum quem amat quærit, non aliud quicquam ipsius. Itam super Canticum. Amor per se sufficit: is per se placet & propter se ipse meritum, ipse præmium est sibi. Tres vltimas species amoris videtur tangere Bernard, in libro de diligendo Deo, his verbis: Natura ita condita fuit, vt habeat iugiter necessarium protectorē quem habuit & conditorem, vt quæ nisi per ipsum non valuit esse, sine ipso nec valeat subsistere: quod sane ne de se creatura ignoret, & sibi, quod absit, eroget beneficia creatoris, vult hominem idem conditor, tribulationibus exerceri, vt cum defecerit homo, & subuenerit Deus, ab homine vt dignum est honoretur. Hoc enim dicit: *Inuoca me in die tribulationis: eruam te, & honorificabis me*. Fit itaque hoc modo vt homo qui præter se neminem diligere nouerat etiam Deum vel propter se diligere incipiat, qui in ipso nimirū, vt sæpe expertus est, omnia possit quæ posse prosit, & sine ipso possit nihil. Amat ergo Deum, sed propter se, non propter ipsum. At si frequens ingruerit necessitas, ob quā & frequens ad Deum fiat conuersio, & à Deo frequens liberatio conferatur. Nōnne & si fuerit ferreum pectus, vel cor lapideum, per totiens liberari emolliri necesse est ad gratiam liberantis, quatenus homo Deum diligat, non propter se tantum, sed propter ipsum? Ex occasione quippe frequentium necessitatum, crebris necesse est interpellationib. Deū ab homine frequentari, frequentādo gustari, gustādo probari: quoniam suauis est Dominus. Ita fit vt ad diligendum pure Deum, plus iam ipsius alliciat gustata suauitas, quam vrgeat nostra necessitas. Suauitatem potes intelligere vel eius delectabilitatem, vel benignitatem.

Psal 49.

CAPVT VII.
De signis diuini amoris.

Signa decem amoris diuini.

Decem sunt signa, quibus perpendi potest vtrum aliquis amet Deum. Primum est cum aliquis libenter cogitat de Deo. Vbi enim amor, ibi oculus. Vnde super illud Io. 20. *Domine, si tu sustulisti eum, dicito mihi vbi posuisti eum?* dicit gloss. Non dicit quem: quia hoc in animo agere solet vis amoris, vt quem semper cogitat, nullum alium ignorare credat. Sap. 6. *Cogitare de illa sensus est consummatus*, loquitur de Sapientia increata. Secundum est, quum aliquis est libenter in domo Dei. Lucæ 2. dicitur de Anna quod non discedebat de templo, quæ meruit interesse præsentationi Domini in tēplo. Et Christus quum esset duodecim annorum, inuentus est in templo. Luc. 2. qui matri suæ & Ioseph ait: *Nesciebatis quia in his quæ Patris mei sunt oportet me esse?* Et super illud Matth. 21. *Intrauit Iesus templum*, dicit Gloss. Ingressus vrbem, primo templum adiit: dans formam religionis, vt quocunque imus, primum domum orationis, si ibi est, adeamus. Chrysost. Proprium erat boni filii, vt veniens primo ad domum curreret Patris. Tu autem imitator Christi factus quum in aliquam ingressus fueris ciuitatem, primo ante omnem actum ad ecclesiam curras. Tertium est, cum aliquis de Deo vel cum Deo libenter loquitur. De hoc habemus exemplum in Magdalena quæ Christum dilexit multum: cuius verba quæ habentur in euangelio vel de Deo, vel cum Deo fuerunt. Vnde habes Ioann. 11. *Domine*, inquit, *si fuisses hic, frater meus non fuisset mortuus*. Alia tria habes Ioann. penul. *Tulerunt* (inquit) *Dominum meum, & nescio vbi posuerunt eum*. Et paulo post: *Domine si sustulisti eum, dicito mihi, & ego eum tollam?* Et iterum: *Venit Maria Mag. annuntians discipulis, quia vidi Dominum, & hæc dixit mihi*. 1. Pet. 4. *Si quis loquitur quasi sermones Dei*. Et super illud Rom. 8. *Quis nos separabit à charitate Christi?* Dicit Chryso. Hic amantium mos est, vt amorem suum silentio tegere nequeant; sed necessariis & charis suis efferunt & produnt, flammas intra pectus suum cohibere non possunt. Enarrant fre quentius, vt ipsa assiduitate narrandi solatium amoris sui capiant, & refrigeria immensi ardoris assumant. Sic ergo facit hic beatissimus amator Christi. Quartum est, quum quis libenter Deum audit, & audita ab eo retinet memoriter. Luc. 2. *Maria conseruabat omnia verba hæc, conferens in corde suo.* Eiusd. *Magdalena sedens secus pedes Domini, audichat verbum illius.* Ioan. 14. *Qui habet mandata mea, & seruat ea, ille est qui diligit me.* Quintum est, cum quis libenter dat pro Deo. Canticor. vltim. *Si dederit homo omnem substantiam pro dilectione, quasi nihil despiciet eam.* Et Luc. 7. dicit Dominus de Magdalena post beneficia eius enumerata. *Dimittuntur ei peccata multa: quoniam dilexit multum.* 1. Ioann. 3. *Qui habuerit substantiam mundi huius, & viderit fratrem suum necessitatem habere, & clauserit viscera sua ab eo, quomodo charitas Dei manet in eo?* Sextum est, quum aliquis pro Deo libenter patitur. Eccl. *In igne probatur aurum & argentum: homines autem receptibiles camino humiliationis.* Ioann. 18. *Calicem quem dedit mihi Pater, non vis vt bibam?* Greg. in prima parte Moralium: *Pœna quippe interrogat si quietus quis veraciter amet.* Septimum est, quum mandatis Dei aliquis obedit. 1. Ioann. 5. *Hæc est charitas Dei vt mandata eius custodiamus.* Item 2. Ioan. *Hæc est charitas vt ambulemus secundum mandata eius.* Ioann. 4. *Si quis diligit me, sermonem meum seruabit.* Specialiter signum diuini amoris est, si quis seruat illud mandatum, quod Saluator specialiter dicit suum. Ioann. 15. *Hoc est præceptum meum vt diligatis inuicem* 1. Ioa. 14. *Hoc mandatum habemus à Deo, vt qui diligit Deum diligat fratrem suum.* Maxime amor pauperum signum est diuini amoris. Illi enim non amantur propter se, sed propter Deum. Prouerb. 19. *A paupere, & amici quos habet separandum.* In eodem: *Fratres hominis pauperis oderunt eum, & amici procul recesserunt ab eo.* Octauum est, quum quis amat quæ Deo placent, & odit quæ Deo displicent. Ad primum monemur exemplo Christi. Matt. 12. *Quicunque fecerit voluntatem patris mei qui in cælis est, ille meus frater, & soror, & mater est.* Ad secundum, exemplo Dauid: *Iniquos odio habui.* Idem: *Nonne qui oderunt te Domine oderam, & super inimicos tuos tabescebam? &c.* Item: *Defectio tenuit me pro peccatoribus &c.* Item: *Vidi præuaricantes & tabescebam.* Ambrosius super Beati immaculati. Si is qui non relinquit parentes propter nomen Dei, non est Deo dignus; quanto magis qui diligit eius inimicos acceptus Deo esse non poterit? Hieronymus in epistolis: Nationes ad uersariorum immortali odio persequimur: blasphemantibus Deum clementem porrigimus manum. Ambrosius in Hexame. Quid nos dignum nostro referimus creatori, cuius cibo vescimur, & dissimulauimus iniurias? Nonum est, quum quis frigescit à sollicitudine & amore mundi. Gregor. Tato frigescit quis à curis seculi, quanto surgit ardentius in amorem Dei. Item Iacob, qui angelum renuit, vno mox pede claudicauit: quia qui vero amore sublimia respicit, iam in hunc mundum duplicibus desideriis incedere nescit. Decimum est, quum aliquis magnum honorem exhibet ministris Dei: sicut qui eos spernit, Deum spernit. Matth. 10. Sic qui eos honorat, Deum honorat Ecclesiast. 7. *In omni virtute tua dilige Deum qui te fecit, & ministros eius ne derelinquas. Honora Deum ex tota anima tua, & honorifica sacerdotes.*

Ps. 118.
Ps. 138.
Psal. 1.
Ps. 118.

Caput VIII.
De his quæ incitant ad amandum proximum.

Notandum quod licet debeamus amare Deum, & nos, & proximum; tamen non habemus speciale præceptum de amore nostri, nec specialis tractatus erit hic de amore illo, eo quod amare Deum sit amare se ipsum. Vnde Au. Ille solus se nouit diligere, qui Deum diligit. Siquidem ille se satis diligit, qui sedule agit vt summo & vero fruatur bono: quod si nihil aliud est quam Deus, quis cunctari potest, quin sese amet qui amator est Dei? Item Aug. Quum illa dilectione quam Deus imperat, debeat homo diligere Deu, & seipsum, & proximum: non tamen ex hoc tria præcepta data sunt: vt intelligatur nullam esse aliam dilectionem, qua quisque diligit seipsum, nisi quod diligit Deum. Qui n. aliter diligit se, potius se odisse dicendus est. De amore vero proximi hoc modo dicetur. Primo dicetur de illis quæ possunt incitare ad hoc vt amemus proximum. Secundo de his quæ possunt valere ad hoc vt amemur à proximo. Tertio de modo amandi eum. Quarto de diuersis speciebus huius amoris. Circa primum notandum quod ad amandum proximum, Primo potest nos incitare sacra Scriptura quæ totiens ad hoc monet. Leuit. 19. *Diliges amicum tuum sicut teipsum.* Et in eodem: *Diligetis aduenam quasi vosmetipsos.* Et Deut. 10. *Amate peregrinos.* Matt. 22. & Luc. 10. *Diliges proximum tuum sicut teipsum.* Ioan. 13. *Mandatum nouum do vobis, vt diligatis inuicem.* Idem 15. Et 1. Io. 4. *Charißimi diligamus nos inuicem.* Et specialiter illa scriptura deberet nos incitare ad hoc, quæ ostendit præceptum de dilectione proximi, specialiter esse præceptum Saluatoris. Ioa. 15. *Hoc est præceptum meum, vt diligatis inuicem &c.* Legitur in vita beati Io. Euangelistæ, quod cum ipse deuenisset ad vltimam senectutem, & vix inter discipulorum manus ad ecclesiam deferretur, nec posset plura docere verba, ad quamlibet pausam hoc dicebat: Filioli, diligite alterutrum. Tandem discipuli & fratres qui aderant audientes quod eadem verba semper diceret, dixerunt: Magister, quare semper hæc loqueris? qui respondit: Quia præceptum Domini est, & si solum fiat, sufficit.

Hoc præceptum lucidum est & breue, vtile & leue. Tale siquidem debuit esse præceptum optimi præceptoris. Dionys. Optimi est optima adducere. Lucidum debuit esse, ne quis dicat: non mihi licuit intelligere. Breue ne quis dicat: tædet me legere. Lucidum decuit esse præceptum eius qui erat Lux vera. Ioan. 1. & Psal. *Præceptum Domini lucidum illuminans oculos.* Decuit Verbum æternum in incarnatione abbreuiatum abbreuiare legem. Decuit etiam vtile esse præceptum illius qui ad hoc venerat, vt se totum in vtilitatem nostram expenderet. Hier. O nimiam Dei clementiam! ô ineffabilem Dei benignitatem! præmium nobis pollicetur, si nos mutuò diligamus, & si nobis ea præstemus inuicem quibus inuicem indigemus. Et nos superbo simul & ingrato animo ei renitimur, cuius imperium beneficium est. Decuit etiam esse leue præceptum benignissimi domini. Matth. 11. *Iugum enim meum suaue est, & onus meum leue.* Vere leue est hoc præceptum, quum à quolibet possit impleri, & à paupere & à diuite, ab infirmo & sano. Non est necesse emere oues & boues, vel ire vltra mare vt hoc præceptum impleatur. Deut. 39. *Mandatum hoc quod ego præcipio tibi hodie, non supra te est, neque procul positum, &c. sed iuxta te est sermo valde in ore tuo & in corde tuo, vt facias illum.* Dicebat præceptum eius qui venerat legem implere, esse legis plenitudinem: plenitudo autem legis est dilectio. Rom. 13.

Secundo potest incitare ad amorem proximi, amor quem videmus inter animalia irrationabilia eiusdem speciei. Ecclef. decimo tertio: *Omne animal diligit simile sibi.* Et post: *Omnis caro ad similem sui coniungetur.* Si lupus & leo, & serpens non exercent illam ferocitatem in animalia quæ sunt suæ speciei quam exercent in alia, quid dicendum est de homine qui desæuit in alium hominem nisi quod ferocior est lupo, leone, & serpente? Etiam ipsa aqua quæ naturaliter habet pugnam cum igne, pacem habet cum alia aqua quæ est eiusdem speciei cum ea. Tertio fraternitas

De Charitate. 169

nitas naturalis quæ est inter omnes homines. Aug. in lib. de disciplina Christiana: Si putamus non esse proximos, nisi qui de eisdem parentib. nascūtur, Adam & Euam intendamus, & omnes fratres sumus. Idem 12. lib. de Ciuit. Dei: Nihil tam discordiosum vitio, tam sociale naturæ, quam genus humanum. Propterea Deus voluit creare parentem vnum de quo multitudo propagaretur: vt hac admonitione etiam in multis concors vnitas seruaretur. Quòd vero illi foemina ex eius latere facta est, etiam hinc satis significatum est, quam chara mariti & vxoris debeat esse coniunctio. Malac. 2. *Nunquid non pater vnus est omnium nostrum? quare ergo despicit vnusquisque vestrū fratrem suum?* Voluit Deus vnicum hominem primo formare, ex quo omnes procederent, vt tanquam fratres omnes homines se amarent. Non sic legimus factum in angelis, vel animalibus brutis. Dilectio est debitum naturale, quo vnus homo obligatus est alteri, à quo debito nullus absoluitur quantumcunque ab eo saluatur. Vnde super illud Rom. 13. *Nemini quicquam debeatis, nisi vt inuicem diligatis*, dicit gl. Aug. Sola charitas quæ etiam reddita semper detinet debitorem. Sen. Hæc societas diligenter & sanctè est obseruanda, quæ nos omnes omnibus miscet & iudicat aliquod esse commune ius generis humani. Plurimùm quoque ad interiorem societatem amicitiæ colendam proficit. Omnia enim cum amico communia habebit, qui multa cum homine. Ius commune generis humani videtur contineri in illis duobus mandatis. Quod ab alio tibi oderis fieri, vide tu ne aliquando alteri facias. Tob. 4. & Matth. *Quæcunque vultis vt faciant vobis homines, & vos eadem facite illis.* Item Seneca. Mihi ab istis subtilius præcipi malò, quid amico præstare debeam, quid homini, quam quot modis dicatur amicus, & homo quam multa significet. Idem: Sapientiæ homo pro amico est: stultitiæ amicus non est pro homine.

Quarto, fraternitas spiritualis, de qua August. in lib. de disciplina Christiana: Omnes quidem fratres secundum quod homines sumus: quanto magis secundum quod Christiani sumus? Ad id quod homo es, vnus pater fuit Adam, vna mater fuit Eua: ad id quod Christianis, vnus pater est Deus, vna mater Ecclesia. Hæc fraternitas tanto est melior fraternitate naturali, quanto meliorem habet Patrem Deum. Matth. 13. *Et patrem nolite vocare vobis super terram: vnus est enim Pater vester qui in cælis est.* Item quanto melior est mater Ecclesia matre carnali: est melior hæreditas cælestis quam temporalis. Heb. 10. *Rapinam bonorum vestrorum cum gaudio suscepistis, cognoscentes vos habere meliorem & manentem substantiam.* Si amandi sunt fratres qui diuidendo hæreditatem portionem vniuscuiusq; minorem faciunt, quantum amandi sūt fratres illi qui portionem vniuscuiusq; augent? Quanto enim plures erunt electi, tanto amplius gaudebunt. Plus enim gaudebit vnus electorum de gloria animæ alterius, quam de gloria propij corporis. Quinto debet incitare ad amorem proximi exemplum Christi. Non enim est despiciendus quem Christus ita charum habuit quod pro eius redemptione mori voluit. Appende proximum tuum hoc pretione tibi vilescat. Apoc. 1. *Qui dilexit nos, & lauit nos à peccatis nostris in sanguine suo.* Ad Tit. 2. *Qui dedit semetipsum pro nobis.* Exemplo suo voluit Christus nos ad hoc incitare, cum dicit Ioan. 15. *Sicut dilexi vos.* Sexto exemplū angeli qui adeo amat hominem, vt custodiat eum in omnibus viis suis. Non est despiciendus homo ab homine, qui adeo charus est angelo. Matt. 18. *Videte ne contemnatis vnum ex his pusillis. Dico enim vobis quia angeli eorum per vident faciem Patris mei qui in cælis est.* Septimo, quod fraterna dilectio tantù placet Deo. Eccl. 25. *In tribus beneplacitum est spiritui meo quæ sunt probata coram Deo & hominibus. Concordia fratrum,*

Spiritualis.

Exēplū Christi.

Angeli factum.

Ob eō placitū Dei.

Y

amor proximorum, & vir & mulier bene sibi consentientes. Octauo, similitudo quam habet proximus ad Deum. Licet aliquis amet omnes filios amici sui: tamen specialem habet amorem ad eum qui amplius amico suo est similis. Sic licet ad omnia opera Dei amorem habere debeamus: tamen specialiter ad hominem, quem constat esse factum ad imaginem & similitudinem Dei. Gen. 1. Nono, quia membrum est corporis cuius est caput. 1. Cor. 12. *Vos estis corpus Christi.* Non amat caput qui non amat membra. Decimo, quod membrum est eiusdem corporis, cuius & ipse: naturaliter vero amor est inter membra vnius corporis. Rom. 12. *Multi vnum corpus sumus in Christo: singuli autem alter alterius membra.* Vndecimo, emolumentum multiplex quod sequitur ex hac dilectione. Ecclesiast. 4. Melius est duos esse simul, quam vnum. Habent enim emolumentum societatis suæ. Quinque sunt emolumenta huius sanctæ societatis. Primum est victoria. Vnde subditur Eccles. 4. *Si quis præualuerit contra vnum: duo resistunt ei.* Prouerb. 18. *Frater qui iuuatur à fratre, quasi ciuitas firma.* Goliath inuitat ad singulare certamen. 1. Reg. 17. E contrario Moyses ait Exod. 32. *Si quis est Domini, iungatur mihi.* Ambr. Omnis pugna vnanimiter aggressa victoriam parit. Secundum est, bonorum abundantia. Quod enim homini deest in se, habet in amico suo: & ad quod impotens erat per se, potens efficitur eo sibi coniuncto. Tullius de Amicitia: Virtutum amicitia adiutrix à natura data est, non vitiorum comes, vt quæ solitaria non posset virtus ad ea quæ summa sunt peruenire, coniuncta & consociata cum altera perueniret. Tertium est impetratio eius quod in oratione petitur. Matth. 18. *Si duo ex vobis consenserint super terram de omni re quamcunque petierint, fiet illis à Patre meo qui in cœlis est.* Quartum est mutua exhortatio, Eccles. 4. *Vnus enim quomodo calefiet?* Quintum consolatio, Prouerb. 27.

Vnguento & variis odoribus delectatur cor, & bonis amici consiliis anima dulcoratur. Tullius de Amicitia: Solem de mundo tollere videntur, qui amicitiam de vita tollunt: quia nihil à Deo melius habemus, nihil iucundius. Item Tullius. Quoniam res humanæ fragiles sunt & caducæ, semper acquirendi sunt quos diligamus, & à quibus diligamur. Charitate enim beneuolentiaque sublata, omnis est de vita ablata iucunditas. Duodecimo, damnum quod facit fraternum odium vel discordia. Hoc enim facit in corpore Ecclesiæ quod facit diuisio continuitatem in humano corpore, ex qua sequitur dolor magnus & quandoque mors. Ideo Saluator multum rogat pro vnitate Ecclesiæ. Ioann. 17. *Pater sancte, serua eos in nomine tuo quos dedisti mihi: vt sint vnum sicut & nos.* Item in eodem: *Non pro eis rogo tantum: sed pro eis qui credituri sunt per verbum eorum in me, vt omnes vnum sint.*

CAPVT IX.
De his quæ valere possunt ad hoc vt quis ametur à proximo.

EST notandum quod licet vtrunque sit appetendum, & amare proximum, & amari ab ipso: tamen magis appetendum est amare, quam amari. Beatius est magis dare, quam accipere, Actor. 20. *Qui solum amari volunt, ignem esse volunt in domo proximi sui, & ipsi in domo propriæ conscientiæ frigore pereunt.* Ipsi etiam pretiositatem proximis suis & bonis eorum desiderant, de pretiositate vero sua bonorum propriorum non curant. Charitas enim, vt prius ostensum est, pretiositas est hominis & operum ipsius. Et notandum quod multa sunt quæ valere possunt ad hoc vt aliquis ametur à proximo. Primum est, modestia in sermone Eccles. 20. *Sapiens in verbis amabilem se facit: gratiæ autem fatuorum effundentur.* Secundum est similitudo, quæ multum facit ad amorem, & sicut dissimilitudo ad odium, Eccl. 27. *Volatilia ad sibi similia conueniunt.* Ambr. super Psalmum, *Beati immaculati*. Est insitum bonis, vt vnusquisque virtutes suas in aliis amet. Econtrario, Oderunt hilarem tristes, tristemque iocosi. Virtus etiam hominem amabilem reddit. Tullius de Amicitia: Nihil est virtute amabilius, nihil quod magis alliciat ad diligendum. Quippe cum propter virtutem & probitatem, etiam eos quos nunquam vidimus, quodammodo diligamus. Item in eodem: Tanta est vis probitatis vt eam vel in eis quos nunquam vidimus, vel quod maius est, in hoste diligamus. Valet etiam ad hoc quod aliquis ametur specialiter, virtus mansuetudinis, Ecclesiast. 3. *Fili, in mansuetudine opera tua perfice, & super gloriam hominum diligeris.* Mansuetudo ad modum adamantis habet virtutem attractiuam, Ezechiel. 3. *Vt adamantem & silicem dedi faciem tuam.* Valet etiam ad hoc quod aliquis ametur, fidelitas, Ecclesiast. 33. *Si est seruus fidelis tibi: sit tibi quasi anima tua, quasi fratrem sic tracta eum.* Ecclesiastic. 29. *Dilige proximum, & coniungere fide cum illo.* Et eiusdem 6. *Amico fideli nulla est comparatio.* Et iterum: *Amicus fidelis medicamentum vitæ & immortalitatis.* Valent etiam ad idem obsequia & beneficia. Terentius in Andria: Hoc tempore obsequium amicos, veritas odium parit. Ignis amoris lignis beneficiorum debet nutriri, alioquin deficit. Obsequia etiam feras ad amorem incitant, & inimicos amicos efficiunt, ad Rom. 12. *Si esurierit inimicus tuus, ciba illum: si sitit, potum da illi. Hoc enim faciens carbones ignis congeres super caput eius:* id est, cor eius accendes ad te amandum. Notandum tamen quod beneficia non parant amicitiam, nisi quum discrete dantur, Ecclesiast. 20. *Fatuo non erit amicus, & non erit gratia in bonis illius, qui enim edunt panem illius, falsa lingua sunt. Quoties, & quanti irridebunt eum?* Neque enim quod habendum erat ab alio,

scilicet directo sensu, distribuit, similiter & quod non erat habendum, ipse indiscrete dat danda & similiter non danda: propterea sapientia dicitur esse mater pulchræ dilectionis Ecclesiast. 24. Discretio enim requiritur ad acquirendum amicum. Seneca: Nullum habet maius malum occupatus homo & bonis suis obsessus, quam quod amicos sibi putat quibus non ipse est: quod beneficia sua efficacia iudicat ad conciliandum amicos, cum quidam quo plus debent, magis oderint. Quid ergo? Beneficia non putant amicitias? Parant si accepturos iudicet eligere: si collocata, non sparsa sunt. Itaque dum incipio esse mentis tuæ, interim hoc consilio sapientum vtere, vt magis existimes pertinere ad rem quis quam quid acceperit. Tullius in Rhetorica: Melius apud bonos, quam apud fortunatos beneficium collocatum est. Inter omnia maxime valet ad hoc quod aliquis ametur, si ipse primo amauerit. August. Nulla est maior ad amorem inuitatio, quam præuenire amando. Et nimis durus est amicus, qui dilectionem si nolebat impendere, nolit rependere. Seneca in Epistolis: Quæris quomodo amicum facturus sis cito? Ego tibi monstrabo amatorium, sine medicamento, sine herba, sine vllius veneficæ carmine: Si vis amari, ama. Item vt ameris, amabilis esto.

CAPVT X.

De modo amandi proximum.

Notandum quod scriptura sacra triplex exemplar nobis ministrat ad ostendendum quomodo proximum amare debeamus. Primum est, amor quo Christus amauit nos, Ioan. 15. *Hoc est præceptum meum, vt diligatis inuicem, sicut dilexi vos.* Secundum est, amor quo amamus nosmetipsos, Matth. 22. & Luc. 19. *Diliges proximum tuum sicut teipsum.* Tertium est, amor quem habent membra eiusdem

Modus amandi proximum.

corporis ad inuicem. Ad Rom. 12. *Sicut in vno corpore multa membra habemus, omnia autem membra non eundem actum habent: ita multi vnum corpus sumus in Christo.* De eodem habetur. 1. Cor. 12. Et notandum circa primum, quod Christus amauit nos amore gratuito, scilicet amore gratis dato, non præcedentibus meritis nostris reddito. 1. Ioan. 4. *In hoc est charitas, non quasi nos dilexerimus Deum: sed quando ipse prior dilexit nos.* Sic amare debemus proximum. Non sic faciunt qui nolunt amare nisi eos à quibus se primo agnoscunt amari. Matt. 5. *Si diligitis eos qui vos diligunt, quam mercedem habebitis? nonne & Publicani hoc faciunt?* Item amauit nos Christus amore recto: quia non propter vtilitatem suam, sed propter nostram: non vt à nobis acciperet, sed vt nobis daret. Seneca in Epistolis: Amicus qui vtilitatis causa assumptus est, tandiu placebit quàdiu vtilis erit. Et iterum: Necesse est vt initia inter se, & exitus congruant. Qui amicus esse cœpit, quia expedit, placebit aliquod pretium illi contra amicitiam, si vllum in ea placet præter ipsam. In quid igitur ego amicum paro? Vt habeam pro quo mori possim, vt habeam quem in exilium sequar, cuius me morti & opponam & impendam. Ista quam tu describis, negotiatio est, non amicitia, quæ ad commodum accedit, quæ quid consecutura sit, spectat. Idem: Sapiens habere amicum vult, sed ob nihil aliud quam vt exerceat amicitiam, ne tam magna virtus iaceat: non ad hoc vt habeat qui sibi ægro assideat, succurrat in vincula coniecto vel inopi: sed vt habeat aliquem cui ipse ægro assideat, quem ipse circumuentum hostili custodia liberet. Qui se spectat, & per hoc ad amicitiam venit, male cogitat: quemadmodum cœpit, sic desinet. Parauit amicum aduersum vincula laturum opem: cum primum crepuerit catena, discedet. August. ad Macedonium: Vera amicitia non pensanda est temporalibus commodis; sed gratuito amore portanda. Ambros. Amicitia virtus non questus est. Hieronym. in Epistolis: In amicis non res quæritur, sed voluntas. Idem super 12. Prophetas: Delicata amicitia est, quæ amicorum facilitatem & diuitias sequitur. Istiusmodi homines non mihi videntur amicos, sed seipsos diligere. Tullius de Amicitia: Amicitiam non spe mercedis, sed quod omnis fructus in ipso amore est, expectandam putamus. Si vtilitas conglutinaret amicitias, eadem commutata dissolueret. Boëtius in lib. de Consolat. Quem felicitas amicum fecit, infortunium fecit inimicum. Item amauit nos Christus amore discreto. Amor discretus est qui personas amat, & vitia persequitur: nec sic personis condescendit quod vitiis implicetur. Bernard. Christus in carnis assumptione condescendit mihi, in culpæ vitatione consuluit sibi. Sic amare debemus proximum. Ad Rom. 13. *Dilectio proximi malum non operatur.* Tullius in lib. de Amicitia. Nulla est excusatio, si amicitiæ causa peccaueris. Nam cum conciliatrix amicitiæ virtutis opinio fuerit, difficile est amicitiam manere, si virtute defeceris. His sentiatur lex amicitiæ, vt nec rogemus res turpes, nec faciamus rogati. Charitas iugum est à parte anteriori homines ligans. Facit enim eos concordes in bono. Amicitia vero mundi à posteriori colligat homines vt vulpeculas Samsonis. Iudic. 15. Facit enim concordes in malo. Item Christus amauit nos amore vehementi. Ioan. 15. *Maiorem hac dilectionem nemo habet, quàm vt animam suam ponat quis pro amicis suis.* Sic debemus amare proximum. 1. Ioan. 3. *In hoc cognouimus charitatem Dei: quoniam ille animam suam pro nobis posuit, & nos debemus pro fratribus animas ponere.* Adeo debemus amare proximum, vt etiam amemus quæ ipsius sunt. Deut. 22. *Non videbis bouem & ouem fratris errantem, & præteribis, sed reduces fratri tuo.* Item amauit nos Christus amore fructuoso nõ vocali solum. Sic debemus amare proximũ. 1. Ioa. 5. *Filioli,*

De Charitate.

non diligamus verbo, neque lingua: sed opere & veritate. In quibusdam charitas habet linguam magnam, & manum nullam, Gregor. in Moral. Dilectio nostra semper exhibenda est & veneratione sermonis & ministerio largitatis. Idem : Probatio dilectionis est exhibitio operis. Item amauit nos Christus amore perseueranti, Io.13. *Cum dilexisset suos qui erant in mundo, in fine dilexit eos.* Sic amare debemus proximum. Sed sunt qui eum felicem amant: felicitate vero recedente ab eo, recedunt: hi secundùm veritatem nunquà eum amauerunt. Greg. Cum quis positus in prosperitate diligitur, incertum valde est vtrùm prosperitas, an persona diligatur. Amissio felicitatis vim interrogat amoris. Qui in aduersitate proximum despicit, apertè conuincitur quod hunc in prosperis non amauit. Sen. de remediis fortuitorū: Multi illum comitantur, mel muscæ sequuntur, cadauera lupi, frumenta formicæ: prædam sequitur illa turba, non hominem. Sen. in Epist. Quod tu beneficio tuo scire non potes, paupertatis beneficio scies. Illa veros certosq; amicos retinebit. Discedet, quisquis non te, sed aliud sequebatur. Boetius in lib. Consolat. Hæc aspera fortuna tibi certos sodalium vultus ambiguosq; secernit, discedés suos abstulit, tuos reliquit, & nunc amissas opes queri desine, quod pretiosissimum diuitiarū genus est, amicos inuenisti. Eccl. 12. *Non agnoscetur in bonis amicus, nec abscondetur in malis inimicus.* Eccl. 6. *Est amicus secūdum tēpus suum, & non permanebit in tempore tribulationis.* Item in eodem, *Est amicus socius mensæ, & non permanebit in die necessitatis.* Eccl. 37. *Est amicus solo nomine amicus.* Sunt aliqui etiam qui parua occasione de amicis efficiuntur inimici. Eccl. 6. *Est amicus qui cōuertitur ad inimicitia.* Tullius: Nihil turpius est quam cum eo bellum gerere, cum quo familiariter vixeris. Ambr. Constans debet esse amicitia, & perseuerare in affectu: nec puerili modo amicos mutare vaga quadā sententia. Tullius: Sodales vetustos nunquam sequentium nouitate fastidias. Procul autem sit videre amicis vti quasi floribus, tandiu gratis quandiu recentib. Eccl. 9. *Non derelinquas amicum tuum antiquum: nouus enim non erit similis illi.* Vinum nouum, amicus nouus: veterascet, & cum suauitate bibes illud. Amicitia est necessarium vitæ humanæ præsidium: sicut temere assumi non debet, sic semel recte apprehensum sperni non conuenit. Circa secundum exemplar notandum, quod illud mandatum, *Diliges proximum tuum sicut teipsum*, dupliciter potest intelligi. Vno modo sic: id est, ad quod teipsū. sc. ad gratiam in præsenti, & gloriam in futuro. Vel in ipso teipsum: i. e. in Deo. Aug. de doctrina Christiana: Quisquis recte diligit proximum, hoc cum eo debet agere, vt etiā ipse toto corde: tota anima, tota mente diligat Deum. Vel sic potest intelligi, vt sit sensus: Hoc facias proximo quod tibi vis fieri, quod autem non vis tibi fieri, ei non facias, vt hæc duo præcepta iuris naturalis, quorum vnum habes Matt. 7. aliud. Tob. 4. sint expositiua huius mandati. Isid. in lib. differentiarum: Duo sunt erga proximi dilectionem seruanda, vt beneficij impensione foueatur, & nulla malitia lædatur. Non dicitur, Diliges proximum tuum plusquam teipsum. Videtur plusquam seipsum proximum velle diligere, qui curationi propriæ non sufficiens, curam proximi sui cupit assumere. Bern. super Cantic. Tu frater, cui firma satis propria salus nōdum est, cui charitas adhuc aut nulla est, aut adeo tenera atque arundinea quatenus omni statui cedat, omni credat spiritui, omni doctrinæ circumferatur vento, imo cui tanta est charitas, vt vltra mandatum quidem diligas proximum tuum plusquam teipsum: & rursum tantilla, vt contra mandatum fauore liquescat, pauore deficiat, perturbetur tristitia, auaritia contrahatur, ambitione protrahatur, suspitionib. inquietetur, conuitiis exagitetur, curis euisceretur, honorib. tumeat, liuore tabescat. Tu, inquam, ita in propriis

Diliges proximum & quomodo intelligitur.

teipsum sentiens; qua nunc dementia, quæso, aliena curare aut ambis, aut acquiescis? Audi quid consulat cauta vigilque charitas: Non quod aliis, inquit, sit remissio, nobis autem tribulatio: sed ex æqualitate. Noli nimium esse iustus, sufficit vt diligas proximum sicut teipsum. Greg. in Moral. Magna cura necessaria est prædicatori vt timoris laceratione se mordeat: ne proximum iuuando, se deserat, ne alios erigens cadat. Et notandum, quod cum præceptum sit vt proximum sicut nos diligamus: qui se non diligit, proximum diligere nescit. Augustinus in lib. de verbis Domini: Vide si iam nosti diligere teipsum, & committo tibi proximum quem diligas sicut teipsum. Si autem non nosti diligere te, timeo ne decipias proximum sicut te. Idem in lib. de disciplina Christiana: Si te interrogem vtrum diligas te? Respondes, quia diligas: quis enim se odit? ergo non diligis iniquitatem: nam si diligis iniquitatem, odis te. Non ego dico, Psalmistam audi: *Qui diligit iniquitatem, odit animam suam.* Idem in eodem: Qui diligis iniquitatem, quomodo tibi volebas committi proximum vt diligeres eum tanquam te, homo qui perdis te? Si enim tu ipse sic te diligis vt perdas te: sic profectò perditurus es eum quem diligis sicut te. Nolo ergo quemdam diligas: vel solus peri, aut corrige dilectionem, aut respue societatem. In summa notandum est, quod modus amandi proximum, est vt amemus eum super res transitorias, & citra Deum, & propter Deum. Vnde qui proximum diligit debito modo, Deũ plus diligit propter quem proximum diligir. Et ideo manifestum potest esse quomodo illud verum est ad Rom. 12. *Qui diligit proximum, legem impleuit.* Et ad Galat. 5. *Omnis lex in vno sermone completur. Diliges proximum sicut teipsum.* Implens enim mandatum de dilectione proximi, implet mandatum de dilectione Dei. August. ad Macedonium: Nemo esse potest veraciter amicus hominis, nisi fue-

Psal. 10.

rit ipsius primitus veritatis. Item Augustinus: Inter quos amicus non est, rerum diuinarum consensio, nec humanarum plena esse potest? necesse est vt aliter quã oportet humani existimet qui diuina contemnit: nec hominem rectè diligere nouit, quisquis eum non diligit qui hominem fecit. Greg. in Moral. Per amorem Dei amor proximi gignitur, & per amorem proximi, Dei amor nutritur. Fons qui in alto oritur de facili ad loca inferiora deriuatur. Sic amor si primo Deo integre detur, deinde ad proximum rectè dirigatur, vt scilicet proximus propter Deũ ametur. Tunica Christi inconsutilis quæ vnitatem Ecclesiæ designabat, desuper erat contexta. Ioan. 19. Amore enim Dei firmata debet esse dilectio proximi. August. 4. lib. Confess. Domine, beatus qui amat te, & amicum in te, & inimicum propter te. Circa tertium exemplar notandum quod decem sunt, in quibus amor qui est respectu proximi, imitari debet amorem membrorum eiusdem corporis: Primo in hoc, quod vnum membrum non inuidet alii membro, licet non habeat officium quod illud habet. Si enim omnia membra vnicum haberent officium, essent quasi vnum membrum. 1. Cor. 12: *Si totum corpus oculus: vbi auditus? & si totum auditus: vbi odoratus?* Et post: *Si essent omnia vnum membrum, vbi corpus?* Et ad Rom. 12. *Omnia membra non eundem actũ habent.* Sic non debet aliquis inuidere proximo suo habenti gratiam quam ipse non habet. Augustin. in libro de Virgin. Duobus malis, hoc est Superbia & Inuidia, diabolus est. Item in lib. de disciplina Christiana: Auertat Deus pestem inuidiæ animis omnium hominum. Inuidia diabolicum vitium est: habet matrem suam, scilic. superbiam; suffocat matrem, & non erit filia. Secundo in hoc quod membrum vnum officium suum sibi non appropriat, sed gratis aliis communicat. Oculus est oculus omnibus membris. Idem intellige de cæteris membris. Sic debet aliquis

Amor proximi debet imitari amorem membrorum. 1.

communicare gratiam quam habet proximo suo ad Rom. 12. *Multi vnum corpus sumus in Christo : singuli autem alter alterius membra.* Et in eodem : *Necessitatibus sanctorum communicantes.* Sed hodie loco huius gratuitæ communicationis, abundat venalitas in Ecclesia Dei. Mich. 3. *Principes eius in muneribus iudicabant, & sacerdotes eius in mercede docebant.* Tertio, vnum membrum læsum ab alio se non vindicat. Sic debet esse inter membra Ecclesiæ Rom. 12. *Nulli malum pro malo reddentes.* Quarto, membra infirmiora amplius honorantur 1. Corinth. 12. *Quæ videntur membra corporis infirmiora esse, necessariora sunt : & quæ putamus ignobiliora membra corporis, his honorem abundantiorem circundamus :* sic non debemus despicere eos qui infirmi videntur. Rom. 12. *Honore inuicem prævenientes.* Ambr. Non est fraternus amor nisi mutuis se præueniat obsequiis. Quinto vnum membrum alii compatitur & congaudet 1. Corinth. 12. *Si quid patitur vnum membrum compatiuntur omnia membra : siue gloriatur vnum membrum, congaudent cætera membra.* Sic fideles debent gaudere cum gaudentibus, & flere cum flentibus. Sexto, vnum membrum sibi reputat fieri quod fit aliis, siue sit bonum, siue sit malum. Si læditur pes, os conqueritur : si lauentur pedes, os regratiatur. Luc. 7. *Intraui in domum tuam, & aquam pedibus meis non dedisti : hæc autem lacrymis rigauit pedes meos, & capillis suis tersit.* Sic vnus fidelium reputare debet sibi fieri quod fit aliis. Vnde caput Ecclesiæ dicit. Matt. 25. *Quod vni ex minimis meis fecistis, mihi fecistis.* Sen. in epist. loques cuidam amico suo : Mihi id expedit, quod tibi, aut non sum amicus nisi quicquid agitur ad te pertinens, meum est. Consortium omnium rerum inter nos facit amicitia, nec secundi quicquam singulis est, nec aduersi. commune viuitur. Septimo, vnum membrum pro alio læsioni se exponit, vt manus pro oculo. Sic debent facere fideles exemplo capitis qui scapulis suis obumbrauit nobis in cruce, ictum recipiens quem humanum genus debebat recipere. Octauo, cibum quem vnum membrum recipit, omnibus membris communicatur. Si vero aliquod membrum amplius debito de illo sibi retinuerit, ad malum suum illud retinet. Est enim ei materia apostematis, vel alterius infirmitatis. Sic etiam est inter fideles Ecclesiast. 5. *Est alia infirmitas pessima, quam vidi sub sole : diuitiæ conseruatæ in malum domini sui.* Nono, vnum membrum multum timet ab alio separari. Nec mirum, cum separatum ab alio fit inutile. Non enim iam viuificatur à spiritu à quo viuificatur cætera membra. Sic fideles timere debent separari à corpore Ecclesiæ. Augustinus : Nihil sic debet formidare Christianus, quàm separari à corpore Christi. Decimo, totum corpus tremorem & horrorem patitur, ad separationem vnius membri à se, sic corpus Ecclesiæ timere debet cum videt aliquem fidelem separari à se, vel per mortem, vel per excommunicationem. Psalm. *Dedisti metuentibus te significationem vt fugiant à facie arcus.* Pœna præsens significatio est futuræ. Cum aliquis præsenti pœna punitur, cogitare debemus qualiter Deus percutiet vbi non parcet, ex quo ita percutit vbi parcit.

Caput V.
De diuersis speciebus amoris proximi. Et primo de amore parentum.

Primo de amore parentum dicturi sumus. Secundo, de amore inter virum & vxorem. Tertio, de amore bonorum. Quarto de amore inimicorum. Quinto, tangemus aliquid de vera Amicitia. Circa primum notandum, quod amor parentum multum Deo placet, qui tantum parentum nomen diligit, quod seipsum patrem iusserit dici, vt ait Hieron. Homini etiam multum prodest. Tempus enim viuendi extendit: iuxta verbum eiusdem. Basilius:

8.

9.

10.

Psal 59.

Amor parentū Deo summe placet.

Parentes nostros vt propria viscera diligamus. Ad hunc amorem non est necesse multum homines incitare, cum natura ad hoc incitet. Superuacuum est in id nos impelli in quod nos imus. Amor tamen iste non debet esse amori Dei contrarius, sed subiectus. Matth. 10. *Qui amat patrem & matrem plus quam me, non est me dignus.* Gregor. in homil. Ametur in hoc mundo quilibet aduersarius: sed in vita Dei contrarius non ametur, etiam propinquus. Hieron. in epist. Honora patrem tuum, sed si te à vero patre non separat: tamdiu scito carnis copulam, quamdiu ille suum nouerit creatorem. Amor Dei dominari debet in homine, non amor carnalis 1. Reg. 2. Reprehendit Dominus Heli de hoc quod filios suos ei praetulisset. *Quare calce abiecisti victimam meam, & munera mea quae praecepi vt offerrentur in templo: & honorasti magis filios tuos quam me?* Et 2. Mach. 7. legitur de quadam bona matre, quod filios septem pereuntes sub vnius diei tempore conspiciens, bono animo ferebat. In ea vere vincebat amor Dei amorem filiorum. Et Abraham paratus fuit filium proprium occidere propter Deum. Gen. 22. Et Leuitae propinquos suos occidere ad praeceptum Moysi serui Dei. Exod. 32. & Luc. 14. legitur: *Si quis venit ad me & non odit patrem suum, & matrem, & vxorem, & filios, & fratres, & sorores: adhuc autem & animam suam,* id est, temporalem vitam, *non potest meus esse discipulus.* Non sunt agnoscendi propinqui secundum carnem, si salutem impediant. Hieronym. in epistolis. Ecce, inquit, aduersarius Christum in pectore tuo conatur occidere, licet paruulus ex collo pendeat nepos, licet sparso crine & scissis vestibus vbera quibus te nutrierat mater ostendat, licet in limine iaceat, per calcatum perge patrem, siccis oculis ad vexillum crucis euola. Solum pietatis genus est, in hac re esse crudelem. Idem: Gladium tenet hostis vt me perimat, & ego de matris lacrymis cogitabo. Mat. 5. *Si oculus tuus dexter scandalizat te, erue eum, & proijce abs te.* Maxime in his qui viam perfectionis aggressi sunt, non debet dominari amor carnalis. Vnde Dominus cum diceretur ei, *Ecce mater tua, & fratres tui foris stant quaerentes te.* Respondit: *Quae est mater mea, & qui sunt fratres mei?* Matt. 12. Bernard. in sermonibus: Quandiu de mundo sumus, debitores constat nos esse parentibus. At postquam reliquimus nosmetipsos, multo magis ab eorum sollicitudine liberi sumus.

Caput XII.
De amore inter virum & vxorem.

Dicendum de amore qui est inter virum & vxorem Coloss. 3. *Viri diligite vxores vestras, & nolite esse amari ad illas.* Et notandum quod 16. sunt per quae possunt viri induci ad amandum vxores suas. Primum est, exemplum Christi. Ephes. 5. *Viri diligite vxores vestras, sicut & Christus dilexit Ecclesiam, & semetipsum tradidit pro ea.* Et potest haec similitudo in duob. attendi. Primo in hoc quod desideret salutem vxoris. Christus enim pro salute Ecclesiae mortuus est. Secundo in hoc, quod si adulteret, & post poeniteat, eam misericorditer recipiat. Ose. 3. *Dilige mulierem dilectam amico & adulteram: sicut diligit Dominus filios Israel, & ipsi respiciunt ad Deos alienos.* Et Ierem. 3. *Tu fornicata es cum amatoribus multis: tamen reuertere ad me, dicit Dominus, & ego suscipiam te.* Augustinus: Quid tibi durum videtur, vt post adulterium reconcilietur coniunx? si fides adsit, non erit durum. Cur enim adhuc deputamus adulteros, quos credimus poenitentia esse sanatos? Item non erit turpis nec difficilis etiam perpetrata & purgata adultera recociliatio coniungum: vbi per claues regni coelorum non dubitatur fieri remissio peccatorum: non vt post Christi diuortium adultera reuocetur, sed vt post Christi consortium & adultera non vocetur. Secundum est

De Charitate. 177

dium est hoc, quod corpus mulieris est ipsius viri: vnde debet amare illud tanquam suum. *Mulier non habet potestatem sui corporis, sed vir.* 1.Cor.7. ad Eph.5. *Viri debent diligere vxores suas vt corpora sua.* Tertium est, quod vir & vxor sunt velut vna arbor. Sicut planta & ramus qui plantæ inseritur vnam arborem efficiunt, & vnum fructum ferunt, & neuter illorum sufficiēs est ad ferendum fructum illum: sic nec vir, nec vxor sufficiens est ad generandam prolem: vnde deberent amorem inuicem habere, sicut ramus insitus adhæret plantæ. Matth. 19. *Iam non sunt duo, sed vna caro.* Quantū est, quod mulier de costa viri formata est. Noluit Deus formare mulierem de limo terræ sicut virum: imo de carne & osse viri, vt vir amaret eam tanquam seipsum, eo quod de ipso facta esset. Genes.2. *Hoc nunc os ex ossibus meis, & caro de carne mea.* Ephes. 5. *Qui suam vxorem diligit, seipsum diligit.* Et post in eodē: *Vnusquisque vxorem suam sicut seipsum diligat, vxor autem timeat virum suum.* Quintum, quod amorem ei promisit, cum annulum in manu eius posuit, & cum ad Missam in præsentia Dominici corporis osculum ei dedit, ad minus secundum consuetudinem aliquarum Ecclesiarum. Osculum enim signum est amoris & pacis. In annulo vero qui nec digitum excedit, nec exceditur, sed ei adæquatur, intelligitur quod amore carnali illi soli debet adhærere. Et sicut annulus alium digitum cum digito illo in quo positus est capere non potest: sic amor viri ad aliam mulierem diuidi non debet. Ideo autem ponitur annulus in digito illo in quo est vena, quæ vsq; ad cor protenditur: quia coniuges ex corde debent amare se, & nō solum signis exterioribus. Sextum est, quod consanguinei coniugium propter coniugium eorum mutuò se amant. Vnde mirum est cum tot propter eos ament se sui psi se non ament. Quandoq; patria vna vno matrimonio ad concordiam reducitur: vnde mirū est quomodo inter personas illas quæ matrimonio coniunctæ sunt discordia durare potest. Septimum est, quod vxor patrem & matrem & alios propinquos suos propter virum dimittit, & ei adhæret. Vnde infideliter agit si hāc non amet. Hier. 2. dicit Dominus ad sponsam suam. *Recordatus sum tui, miserans adolescentiam tuam, & charitatem desponsationis tuæ, quando secuta es me in deserto.* Octauum est, quod nisi ament se, in magna miseria erunt. Prou. 27. *Tecta perstillantia in die frigoris, & litigiosa mulier, comparantur.* Sicut non quiescit homo sub tecto perstillanti, præcipue si tempus frigidum sit: sic non quiescit vir cum vxore si litigium inter eos fuerit. Philosophus: Vxor est aut perpetuale refugium, aut perenne tormentum. Nonum est, quod multum placet Deo & hominibus amor coniugum. Eccl. 25. *In tribus beneplacitum est spiritui meo, quæ sunt probata coram Deo & hominibus. Concordia fratrum, amor proximorum, & vir & mulier sibi bene consentientes.* Decimum, quod vxor est solatium homini à Deo datum. Genes.2. *Non est bonum hominem esse solum.* Eccl. 4. *Melius est duos esse simul quam vnum, &c.* Item in eodem: *Væ soli.* Non reputatur solus qui nobilius contraxit matrimonium, cuius anima per castitatem vel virginitatem Dei gratia ei matrimonio est coniuncta. Sed fornicator vel cōcubinarius reputatur solus, quia à Deo est maledictus: qui cum videt mulierem fornicariam, desolationem suam potius videt quam solatium. Videt enim gladium quo diabolus interficit eū. Vndecimū est, quod vxor est velut quoddam ornamentum hospitij. Eccl. 26. *Sicut sol oriens in mundo in altissimis Dei: sic mulier bona species in ornamentum domus eius.* Prou.12. *Mulier diligens, corona est viro suo.* Et Eccl. 26. *Gratia super gratiam, mulier sancta & pudorata.* Duodecimum est, quod vxor est adiutoriū à Deo homini datū. Genes.2. *Faciamus ei adiutoriū simile sibi.* Ipsa vxor iuuat virū in prolis procreatione & educatione, & hospitij gubernatione, in bonorū tēporalium multiplicatione, & cōser-

Z

uatione, & saluatione animæ ipsius viri. Ecclef. 36. *Qui possidet mulierem bonam, bonam inchoat possessionem.* Hic innuitur, quod quasi nihil habeat qui tenet hospitium, nisi habeat mulierem bonam quæ sua ei custodiat. Concubinariæ enim solét furari hominibus qui tenent eas, ea quæ ipsi habent. Et subditur. *Adiutorium secundum illum est, & columna vt requies.* Vbi innuitur quod bona vxor sustentamentum sit hospitij. Sicut columna corruente corruit domus: sic vxore bona moriente destruitur hospitium. Et in eodem: *Vbi non est sepes, diripietur possessio: & vbi non est mulier, ingemiscit egens*, vel maritus qui pauper efficitur amissa bona vxore, vel pauper qui declinat illuc causa eleemosynæ, non inueniens qui sibi det eleemosynam: Mulieres enim magis solent esse misericordes quam viri. Homo fornicator vxorem non habens, est velut auis absque nido, nesciens cui sua committat. Ecclef. 36. secundum literam vnam. *Cui credit, qui non habet nidum?* Tertiumdecimum est fructus pretiositas. Matt. 12. *Ex fructu arbor cognoscitur.* Vnus fructus huius arboris præualet omnibus mundi diuitiis. Multum ergo amanda est arbor talis quæ fert fructum tam pretiosum. Quartum-decimum est sacramenti matrimonij dignitas, quod institutum est à Deo in paradiso, & in statu innocentiæ, quod Dominus prohibet separari, quia auctor fuit ipsius. Matt. 19. *Quod Deus coniunxit, homo non separet.* Cui cedere videtur vinculum carnalis propinquitatis. Genes. 2. *Propter hoc relinquet homo patrem & matrem, & adhærebit vxori suæ. Præterea sacramentum magnum est: ego autem dico in Christo & in Ecclesia.* Ephes. 5. Quintumdecimum est, quod hominem ea parte quæ infirmior est custodit, sc. ex parte carnis. Matth. 26. *Spiritus quidem promptus est, caro autem infirma.* Sextodecimo, diabolum ea parte qua fortior est vincit. Iob. 40. *Fortitudo eius in lumbis.*

Capvt XIII.
De amore bonorum.

Sciendum quod bonos debemus amare quasi attinerent nobis omni genere parètelæ, exemplo Domini dicentis Mat. 12. *Quicunque fecerit voluntatem Patris mei qui in cœlis est, ipse meus frater, & soror, & mater est.* Ipsi sunt amandi vt Dei filij, & fratres nostri. Rom. 8. *Quicunque Spiritu Dei aguntur, hi sunt filij Dei.* Et in eod. *Si autem filij Dei, & hæredes quidem Dei, cohæredes autem Christi.* Debent etiam boni se amplius amare: quia sunt in aliena patria. Solent enim se amare qui sunt eiusdem patriæ quádo sunt extra patriam suam, ac si essent fratres. Ad idem etiam facit quod mali habent eos exosos: vnde si ipsi non ament se adinuicem, absque amicis erunt. Ioan. 17. *Ego dedi eis sermonem meum, & mundus eos odio habuit, quia de mundo non sunt.* Et Io. 15. *Si de mundo fuissetis, mundus quod suum erat diligeret: quia vero de mundo non estis, sed ego elegi vos de mundo, ideo odit vos mundus.*

Capvt XIV.
De dilectione inimicorum. Et de octo quæ ad hunc amorem hominem inducant.

Inimicorum dilectio, quam Dominus præcepit Matth. 5. *Diligite*, inquit, *inimicos vestros*: pertinet ad dilectionem cordis. Deinde subdit de dilectione operis & sermonis. *Bene facite his qui oderunt vos, & orate pro persequentibus & calumniantibus vos.* Greg. Ille preces suas multum valere facit, qui eas pro inimicis effundit. Et notandũ quod in mandatis Dei nihil est mirabilius, quam quod præcipitur diligere inimicos, vt ait Aug. Ideo licet multa sint dicta pertinentia ad dilectionem inimicorum in tractatu de ira: tamen hic aliqua tangemus pertinentia ad idẽ. Insipientibus. n. impossibile videtur,

De Charitate.

Difficile non esse inimicos diligere probatur.

quod ipsi ament inimicos suos: si tamen haberent aliquantulum sapientiæ, possibile eis appareret. *Sapientiam enim non vincit malitia. Sap.*7. Et notandum quo docto sunt, quæ si attendantur, satis patebit non esse ita difficile diligere inimicum vt multi credunt. Apparebit etiam quod hoc non sit potius dedecus, sed honor potius. Primum est status inimici qui tibi iniuriatus est, & non vult satisfacere. Est. n. spiritualiter mortuus. Ipse enim quasi insanus manus in se iniecit quando tibi iniuriam intulit. *Sap.* 16. *Homo per malitiam occidit animam suam.* Non insanire in fratrem tuum mortuum, sed potius ei compatere. Crudeliores videntur fuisse qui Christo mortuo non pepercerunt, quam qui viuum vulnerauerunt. Vnde lancea dicitur dira, quum claui dicantur dulces. Quis adeo cœcus est qui non intelligat dedecus esse si quis de mortuo vult se vindicare. Secundum est, vtilitas iniuriæ illatæ. Persecutores. n. nostri, iuxta verbum Psal. *Circumdant nos sicut apes.* Ad modum enim apum nos pungunt tribulationibus: sed in futuro fauum nobis æternæ beatitudinis præparant: iuxta illud Psal. *Qui tribulant me, exultabunt: si motus fuero: ego autem misericordia tua speraui.* Ecclesiast. 1. *Vsque in tempus sustinebit patiens, & post ea redditio iucunditatis.* Tertium est, quod dilectio inimicorum nobis est vtilior quam amicorum. Ipsa valet ad spiritualium vulnerum sanationem. Aug. Ego ad inimicorum dilectionem vos commoneo: quia ad sananda peccatorum vulnera nullum medicamentum vtilius esse cognosco. Ipsa etiam multum facit ad perfectionem & cumulum bonitatis. Vnde Matth. 5. post illud, *Diligite inimicos vestros.* Subditur: *Estote perfecti sicut & Pater vester cœlestis perfectus est.* Aug. in Enchirid. Magnificentissimæ bonitatis est, vt tuum quoque inimicum diligas, & ei qui tibi malum vult, & si potest facit: tu semper bonum velis atque facias quum possis. Ipsa etiam magnam mercedem meretur. Luc. 6. *Si diligitis eos qui vos*

diligunt, quæ vobis gratia? Verumtamen diligite inimicos vestros, &c. *& erit merces vestra magna.* Quartum est, quod Deo gratior est. Aug. Qui dilexerit inimicos, hic erit Dei amicus, nec solum amicus, sed & filius: sumptum est de Matth. 5. & Luc. 6. post illud: *Diligite inimicos vestros.* Sequitur: *Et eritis filij Altissimi.* Item Aug. Quâta gratia per nos serui digni non sumus, & inimicorum dilectione Dei filij efficimur. Chrys. super Matt. Nihil est quod sic Dei similem faciat, vt malignis atque lædentibus esse placabilem. Quintum est, quod diabolo hæc dilectio est molestior. Magis enim elongat ab eius similitudine qui odio obstinato hominem persequitur. Greg. Stultum est seruire diabolo offenso, qui nullo placatur obsequio. Sextum est, quod dilectio odium est inimici magis destruit, quam aliquid aliud. Ipsa enim est ignis inimicitiam inimico adnihilas. Rom. 12. *Si esurierit inimicus tuus, ciba illum,* &c. *sic enim carbones congeres super caput eius.* Ipsa etiam gladius est inimicum interficiens, dum de inimico amicum facit. Chrys. Sustine ad tempus inimicum tuum, & benefaciet. Postmodum autem victum beneuolentia tua amabis eum quasi amicum tuum. Item: Omnis inimicitia beneficiorum assiduitate compescitur. Greg. Miles Dei aduersitas bello deprehensos, & scutum patientiæ debet anteferre ne pereat, & ad præliandum promptus amoris inferre iacula, vt vincat. Cuius armaturæ summam Paulus breuiter insinuat, dicens: *Charitas patiens est.* Cùm vero vnum ex vtroque defuerit, charitas non est: si videlicet malos absq; benignitate tolerans, non amat: aut rursus se sine patientia exhibens, negligit, tolerat quos amat. Septimum est, quod non potes ex proposito nocere proximo tuo, quin tibi noceas. August. Quod malitia tua alteri non nocet, fieri potest: quod autem tibi non noceat, fieri non potest. Non est dedecus alicui si non vult inquinare manus suas se vindicando, vel si non vult inquinare os suum, conuitium pro conuitio raddendo, imo honor est & signum nobilitatis animi. Prouerb. 20. *Honor est homini qui separat se à contentionib.* Octauum est, quod ille qui tibi iniuriatur magis iniuriatur Deo: quà tibi, qui hoc ei prohibuit, qui maius ius habet in te, quà tu ipse. Si ergo Deus differt vindicare iniuriam, & non est ei dedecus, non erit tibi dedecus, imo honor, si exemplo Domini vis non vindicare te in præsenti. Ecclef. 23. *Gloria magna est sequi Dominum, longitudo enim dierum assumetur ab eo.*

Caput XV.

De vera amicitia, & quæ sunt attendenda in eligendo aliquem in amicum, & de pertinentibus ad veram amicitiam.

[Quid amicitia]

Sequitur de vera amicitia. Amicitiā sic describit Tullius in rhetoric. Amicitia est erga aliquem voluntas bonarum rerū illius ipsius causa quē diligit, cum pari eius voluntate. Idem in lib. de Amicitia: Amicitia nihil aliud est, nisi omnium diuinarū humanarumq; rerum cum beneuolētia & charitate consensio. Hæc amicitia multum appetenda est. Eccl. 25. *Beatus qui inuenit amicum verum.* Tullius in lib. de Amicitia: Omnibus rebus humanis anteponēda est amicitia. Nihil enim tam naturæ aptum, tamq; conueniens ad res secundas vel aduersas. Idem in eod. In hoc præstat amicitia propinquitati, quod ex propinquitate beneuolentia tolli potest: ex amicitia non potest. Sublata enim beneuolentia, nomē amicitiæ tollitur, propinquitatis manet. Prouerb. 18. *Vir amicabilis ad societatem magis amicus erit, quam frater.* Tullius: Quid dulcius erit, quam quod habeas cū quo audeas loqui vt tecū? Quis enim esset fructus in prosperis rebus, nisi haberes qui illis æquevt tuipse gauderet? Aduersa vere difficile esset ferre sine eo, qui etiam illa grauius quam tu ferret. Ab illis inter quos est vera amicitia, perfecte impletur illud mandatum, *Diliges proximum tuum sicut teipsum.* Verus enim amicus habet amicū suum tanquam alterum se. Tullius: Verū amicum qui intuetur: tanquam exemplar aliquod intuetur sui: quocirca & absentes adsunt, & egentes abundant, & imbecilles valent, & quod dictu difficilius est, mortui viuunt. Amicitia in periculis subuenit. Prou. 25. *Gratia & amicitia liberant.* Et notandum, quod in eligendo aliquem in amicum quatuor sunt attendenda. Primū est, discretio eius. Amicitiæ enim stultorū solent esse nociuæ. Prou. 14. *Amicus stultorum similis efficietur.* Secunda est bonitas. Tullius in lib. de Amicit. Hoc primum sentio, nisi in bonis amicitiam esse non posse. Tertiū vt ille non sit iracundus, Prou. 22. Noli esse amicus homini iracundo: Homo iracūdus est velut lignum ignitum quod exurit tangentem se, & est velut lignum spinosum, quod pungit amplectentem se. Ideo licet sit a mandus, tamen familiaritas eius timenda est. Præterea amicitia eius nō durat. Vinculū n. amoris igne iræ in eo exuritur. Quartum est, ne sit superbus. Superbꝰ n. nescit esse socius, sed vult dominari. Prou. 11. Vbi fuerit superbia, ibi erit cōtumelia. Item notandū quod multa sunt quæ ad veram amicitiam pertinent: de quibus causā breuitatis tātum 12. tangemus. Primum est, voluntatum identitas. Tullius: Idem velle, idem nolle, ea demum vera est amicitia. Secūdum est communicatio consiliorū. Pro. 25. *Causam tuā tracta cum amico tuo.* Amb. Nihil occultat amicus, si verus est effundit animum in amicum suum. Tullius in lib. de Amicitia: His amicitiæ funibus vtendum arbitror: vt quum emendati fuerint mores amicorum, sit inter eos omnium rerum, consiliorum, voluntatum sine vlla exceptione communitas. Tertium communicatio rerum. Vnde Philosophus, quum diceretur ei de quodam: ille amicus illius est. Cur, inquit, illo diuite pauper est? Amicus non est qui fortunæ particeps nō est. Tamen amicus dando amico suo, at

[Qualit amicus diligendus.]

[Quæ amicitiam pertinent]

De Charitate.

tendere debet & propriam facultatem & vires amici sui. Non enim debet onerare amicum honore vel onere quod supra vires eius sit. Tullius in lib. de Amicitia: Tātum cuiq; tribuendum est primum quantum ipse efficere possis, deinde quantum ille quem diligis & adiuuas, possit sustinere. Item notandū quod sicut dicit Tullius: Nimis exile est & exiguū ad calculos vocare amicos, vt par sit ratio datorum & acceptorum. Neque enim verendum est; ne quid excidat, quid in terram defluat, aut ne plus æquo in amicitia cōferatur. Quartum est secreta admonitio. Eccl. 19. *Corripe amicum tuum.* Sæpe enim fit cōmissio. Cauendum tamen est ne correptio sit cōtumeliosa. Eccles. 19. *Est correptio mendax in ira contumeliosi.* Vere mendax est. Mentitur enim se correptionē facere, cum potius sit cōuitiatio. Tullius: Monere & moneri est officium veræ amicitiæ: ita tamen quod adulatione careat admonitio, & cōtumeliā obiurgatio. Quintum est manifesta laudatio: non tamen in facie amici, vel corā domesticis ipsius. Hoc enim est adulatoris. Vnde Matth. 11. Dominus laudauit Ioannē postquam discipuli Ioannis ab eo recesserant. Chrys. Blanditores in facie laudant, vel coram domesticis: vir autem sapiens quādo laudatur in facie, flagellatur in corde. Sextum est nec turpia rogare, nec ad preces amici turpia facere, iuxta verbū Tullii prius positum: non debet ad preces amici iniuriam facere proximo. Eccles. 6. *Noli fieri pro amico inimicus proximo.* Tamen aliquid potest honeste fieri pro amico quod homo non faceret honeste pro se. Tullius in lib. de Amicitia: Multa quæ nostri causa nunquam faceremus, causa amicorum facimus: quæ in nostris rebus non satis honestæ, in amicorum fiunt honestissimæ. Septimum est paritatem seruare, Tullius in lib. de Amicitia; Maximum est in amicitia superiorem parem esse inferiori. Hieron. super 12. Prophetas; Amicitia pares aut accipit, aut facit vbi inæqualitas est, & alterius eminentia, alterius subiectio: ibi non tam amicitia est, quam adulatio. Prouerb. 13. *Qui despicit amicum suum.* Octauum est, amicum in aduersis non deserere. Prou. 17. *Omni tempore diligit qui amicus est.* Eiusd. 12. *Qui negligit damnum propter amicum, iustus est.* Eccl. 22. *Fidem posside cum amico tuo in paupertate illius, vt in bonis illius læteris.* Nonum est, arcanum non detegere. Eccles. 27. *Qui denudat arcana, amici fidem prodit, & non inueniet amicum ad animum suum.* Decimum est, peccatum celare. Prouerb. 17. Qui celat delictum, quærit amicitias. Vndecimum est, petitioni amici sine dilatione acquiescere. Prouerb. 3. *Ne dicas amico tuo: Vade, & reuertere, & cras dabo tibi, quum statim possis dare.* Duodecimum est, vtilia ei magis quam placentia dicere. Prou. 11. *Simulator ore decipit amicum suū.* Et eiusd. 16. *Vir iniquus lactat amicum suum.* Item eiusd. 29. *Homo qui blandis fictisque sermonibus loquitur amico suo, rete expandit gressibus eius.* Senec. in libro de beneficiis: Dic illis non quod volunt audire; sed quod velint semper audisse. Idem in epistolis: Amici vitia frangenda sunt: non amo illum, nisi offendero: an profecturus sim, nescio: malo successum mihi quam fidem deesse. Item notandum quod quinq; sunt quæ amicitiam solent dissoluere. Conuitium, improperium, superbia, mysterij reuelatio, plaga dolosa. Eccl. 22. *Mittens lapidem in volatilia, deiiciet illa:* id est, disperget: & qui cōuitiatur amico suo, dissoluit amicitiam. Ad amicum etsi produxeris gladium, non desperes: est enim regressus, id est, recōciliatio ad amicum. Si aperueris os triste, dure tecum loquēdo, non timeas, est enim concordatio pristinæ suæ amicitiæ: excepto conuitio, & improperio, & superbia, & mysterij reuelatione, & plaga dolosa. In his omnibus effugiet amicus. Conuitiū dicitur aliquod verecūdū, quod tamen non est peccatum: vt cum obiicitur amico quod sit leprosus, vel seruus, vel aliquid simile. Improperium est, cum crimen obiicitur; vt cū dicitur alicui quod sit la-

Quæ amicitiā dissoluunt.

Z iij

tro. Superbia vocatur superflua dominatio, Prouerb. 25. *Quæ viderunt oculi tui, ne proferas in iurgio cito: ne postea emendare non possis, quum dehonestaueris amicum tuum.* Eiusd. 16. *Sicut noxius est qui mittit lanceas & sagittas in mortem: ita vir qui fraudulenter nocet amico suo: & quum deprehensus fuerit, dicit: Ludens feci.* Pythagoras. Amicum lædere nec ioco quidem oportet.

Caput XVI.
De ordine Charitatis.

Quadruplex est ordo charitatis. Primus est secundum prioritatem & posterioritatem, qui attenditur inter amorem Dei & amorem proximi. Amor enim Dei prior est quam amor proximi. Vnde Exod. 20. Primo ponuntur mandata pertinentia ad amorem Dei, deinde quæ pertinent ad amorem proximi. Amor Dei causa est amoris proximi. Proximus enim amatur, quia Deus hoc præcipit. Præterea Deus finis est dilectionis proximi. Finis vero mouet causam efficientem. Secudus ordo attenditur in hoc quod amentur quæ amanda sunt, & non amentur quæ amanda non sunt. Aug. in lib. de doctrina Christiana: *Ille sancte & iuste viuit, qui ordinatam habet dilectionem, ne aut diligat quod non est diligendum, aut non diligat quod est diligendum.* Omnis peccator inquantum est peccator non est diligendus: omnis homo inquantum est homo est diligendus. Tertius ordo iuxta verbum Aug. in eodem lib. in hoc attenditur, quod non æque diligatur quod minus, vel amplius diligendum est: aut minus vel amplius, quod æque diligendum est. Et notandum quod aliquis dicitur magis diligi, tripliciter. Primo modo, quia ad maius diligitur, si ad maiorem gloriam. Sic vniuersaliter magis diligēdus est qui magis bonus est. Secundo qui diligitur maiori affectu. Tertio qui minori affectu. Ordo dilectionis secundum magis & mi-

nus attenditur inter illa quatuor quæ enumerat. Aug. in lib. de doctr. Christiana dicens: Quatuor diligenda sunt. Vnum quod supra nos est, scil. Deus. Alterum, quod nos sumus. Tertium est, quod iuxta nos est, scil. proximus. Quartum quod infra nos est, scil. corpus. Quum nos & proximum enumerat August. inter diligenda, nos & proximum videtur intelligere excellentiorem partem nostri, & proximi animam, scilicet propter hoc quod corpus ponit postea quarto loco. Gre. 1. parte Mor. Cum recte diligimus, nihil in rebus conditis anima nostra charius amamus. Idem in Moralibus: magnæ mercedis est à morte eripere carnem quandoque morituram. Quanti ergo meriti est animam à morte liberare in cœlesti patria semper victuram? Item iste ordo attenditur inter ea quæ enumerat Ambrosius super illud Canticorum. 2. *Ordinauit in me charitatem*: Multorum, inquit, charitas inordinata est: quod in primo est, ponunt tertium vel quartum. Primo Deus diligendus est, secundo, parentes, deinde filii, post domestici: qui si boni sunt, malis filiis præponendi sunt. Ordo diligendi secundum affectum variatur secundum bonitatem vel propinquitatem eorum qui diliguntur, vel etiam secundum vtilitatem Ecclesiæ. Magis enim bonus aliis paribus magis diligendus est quantum ad affectum. Item propinquior aliis paribus affectu maiori diligendus est. Item vtilior Ecclesiæ aliis paribus maiori affectu diligendus est. Et idem intelligendum est etiam quantum ad effectum. Melior enim, vel propinquior, vel Ecclesiæ vtilior aliis paribus magis est diligendus.

Sed dubitari potest, vtrum bonitas propinquitati circa diligenda præualeat, vel econuerso. Et videtur quod bonitas præualeat propinquitati, secundum illud Ambrosii: Domestici si boni sunt, malis filiis præponendi sunt. Item dicit Beda super illud Lucæ octauo. Mater mea & fratres mei hi sunt, & cætera, non iniuriose negligit matrem, nec mater negatur etiam quæ de cruce cognoscitur, sed religiosiores copulæ mentium monstrantur quam corporum. Gregorius: Magis debemus diligere quos ex sacro fonte suscepimus, quam quos de carne nostra genuimus. Et dicendum, quod bonus extraneus præponendus est filio malo, quantum ad spiritualia beneficia, vel etiam quantum ad temporalia: tanta potest esse bonitas extranei vel vtilitas Ecclesiæ. Item dubitari potest hoc, quod Ambrosius parentes filiis præponit in ordine diligendorum. Qui enim natura magis incitet ad amorem filiorum, quam ad amorem parentum, magis videntur filii diligendi, quam parentes: gratia enim non est opposita naturæ. Ad idem videtur facere illud 2. Corinth. 12. *Non debent filii parentibus thesaurizare, sed parentes filiis.* Item quod radix humorem mittit ad ramos, & non econuerso. Et est dicendum, quod parentes magis diligendi sunt quam filii, aliis paribus & quantum ad effectum. Et ad hoc incitat natura instituta & restituta, licet non destituta: tamen hunc ordinem variare potest filii bonitas. Posset enim esse adeo bonus quod esset præponendus patri. Item Ecclesiæ vtilitas vel filii necessitas, vel propinquitas. Posset enim filius esse adeo vtilis Ecclesiæ, quod potius subuenire deberet aliquis ei quam patri suo. Item si esset filius familias, posset esse quod potius deberet ei aliquis prouidere quam patri. Posset etiam esse adeo indigens quod citius esset ei subueniendum quam patri. Augustinus ad Marcellinum: Charitas quæ tanquam nutrix fouet filios suos: non ordine amandi, sed ordine subueniendi, infirmiores fortioribus anteponit, quos tales vult esse, quales in illis sunt quos non contemnendo, sed his confidendo interim præterit. Et notandum est, quod parentes diligendi sunt affectu dupliciter: scilicet quantum ad exhibitionem honoris, & quantum ad exhibitionem necessariorum. Quátum ad primum,

parentes videntur esse semper præponendi filiis, nisi forsitan filius carnalis fieret pater spiritualis. Quantum vero ad secundum, ordo potest variari ex aliqua prædictarum causarum. Item notandum quod affectu debemus omnem hominem diligere. Effectus vero potest suspendi ex causa. Aug. Charitas non intermittatur: officia pro tempore exhibeantur. Quartus ordo attenditur secundum has differentias, propter se, & propter aliud. Creator propter se amandus est: creatura vero propter Deum: De hoc ordine dicit Aug. 15. lib. de Ciuitate Dei. Cum omnis creatura bona sit, amari potest & bene & male. Bene, scilicet ordine custodito: male, ordine perturbato. Quod in laude quadam cerei breuiter versibus dixi: Hæc tua sunt, bona sunt quia tu bonus ista creasti: Nil nostrum est in eis, nisi quod peccamus amantes. Ordine neglecto pro te quod conditur à te. Item 9. libro de Trinitate: Amanda est creatura, sed ad creatorem amor refertur: non tam cupiditas, sed Charitas erit. Cum propter se creatura amatur, tunc non vtentem adiuuat, sed corrumpit fruentem. Inferiori creatura vtendum ad Deum, pari tibi fruendum: sed in Deo sic teipso, non in teipso frui debes: sed in eo qui te fecit.

Dupliciter affectu parentes diligé-di.

Caput XVII.
De his quæ charitati aduersantur.

Charitati videntur aduersari superfluus amor nostri, vanus amor mundi, odium proximi, & generaliter damnabilis offensa Dei. Circa primum notádum, quod signum est quod aliquis habeat superfluum amorem sui, cum ea quæ pertinent ad Deum & ad proximum suum, negligit: propria vero diligenter defendit:& specialiter cum defendit sua mala. 1. Corinth. 10. *Nemo quod suum est quærat.* Phili. 2. *Non quæ sua sunt singuli considerantes, sed quæ aliorum.* Gregor. in Moralibus. Plus Deo se amare conuincitur, qui neglectis his quæ eius sunt, propria tuetur. Idem in Pastoralibus. Qui vult praua agere, & tamen ad hæc cæteros tacere, ipse sibimet testis est, quia plus se veritate appetit diligi, quam contra se non vult defendi. Superfluus amor sui efficit hominem ciuem Babylonicæ ciuitatis: Augustinus 14. lib. de Ciuitate Dei: Fecerunt ciuitates duas amores duo: terrenam, scilicet amor sui vsque ad contemptum Dei, cælestem vero amor Dei vsque ad contemptū sui. Illa in gloria sua exaltat caput suum, hæc dicit Domino Deo suo: Gloria mea & exaltans caput meum. Amor sui radix est multorum malorum. Vnde super illud 2. Tim. 3. *Erunt homines seipsos amantes, cupidi, elati, superbi &* cætera dicit Gloss. Augustinus: Ex eo quod seipsos, non Deum amant; quasi à radice hæc quæ sequuntur mala oriuntur. Chrysostomus: Omnium malorum causa est amor sui, & radix & fons. Item amor sui hominem excæcat adeo vt non videat seipsum. Bern. Amor vel odium veritatis nescit iudicium. Greg. super Ezech. Vehementer claudit oculos amor priuatus. Ex quo fit, vt hoc quod nos agimus, & graue esse non æstimamus, plerunq; agatur à proximo, & nobis nimis detestabile esse videatur. Amor iste amor videtur esse: cum vere sit odium. Vnde Augustinus super illud Io. 12. *Qui amat animam suam, perdet eam.* Magna & mira sententia, quemadmodum sit hominis in animam suam amor vt pereat, odium ne pereat. Si malè amaueris, odisti: si bene oderis, tunc amasti. Item August. in quodam sermone: Si perit homo amando se, profectò inuenitur negando se. Disce amare te, non amando te, secundum Chrys. Animam amare, est desideria animæ inconuenientia facere, Eccl. 18. *Si præstes anima tua concupiscentias eius: faciet te in gaudium inimicis tuis.* Qui nimis amat se, perdet se. Vult enim esse in otio vbi corrumpitur: sicut vestis in arca reposita, à tineis comeditur. Psal. *Omnes sicut vestimentum veterascent.*

Item deliciis implet se nimis, qui se nimis amat, & sic perdit se. Ex hoc enim celerius moritur. Eccle. 37. *Propter crapulam multi obierunt.* Qui nimis amat se, nimis sollicitè seruando se, perdit se. Sicut qui nimis seruat frumentum suum, amittit, quia corrumpitur. Vnde super illud Matt. 18. *Qui voluerit animam suam saluam facere, perdet eam:* dicit gl. intersi. Ac si agricolæ dicatur: frumentum si seruas, perdis: si seminas, renouas. Circa vanum amorem mundi notandum, quod amare mundum est quasi amare adulterium. Vnde Iac. 4. *Adulteri, nescitis quia amicitia huius mundi inimica est Deo: Quicunque ergo voluerit esse amicus seculi huius, inimicus Dei constituitur.* Et 1. Io. 2. *Nolite diligere mundum, neque ea quæ in mundo sunt. Si quis diligit mundum, non est charitas Patris in eo.* Vbi dicit gl. Vnum cor duos aduersarios sibi amores non capit. Esa. 28. *Coangustatum est stratum ita vt alter decidat, & pallium breue vtrumq; operire non potest.* Charitas pallium est posteriora tegens. Peccata enim præterita abscondit, ne Deus ea ad puniendum videat. Prou. 10. *Vniuersa delicta operit charitas.* Ipsa supereminet cæteris virtutibus, vt pallium superponit cæteris vestibus. Ad Colos. 3. *Super omnia charitatem habentes.* Amor mundi adulterat animam: amor fabricatoris mundi, castificat animam: vt dicit Aug. in lib. de verbis Domini. Idem in lib. de Confes. Amicitia huius mundi fornicatio est abs te. Idem super epistolam Ioannis: Si mundi amor in te habitet, non est quod amor Dei intret. Quum exhauseris cor tuum amore terreno, hauriet amorem diuinum. Amor mundi principium est omnium malorum: Vnde super 1. Io. 2. dicit gl. Sicut dilectio Dei est fons omnium virtutum: ita dilectio mundi omnium vitiorum. Amare mundum est amare proditorem. Mundus enim dicit dæmonibus. *Quemcunq; osculatus fuero, ipse est, tenete eum.* Mat. 26. Prou. 27. *Meliora sunt vulnera diligentis,*

Quid amare mundū.

quam fraudulenta odientis oscula. Item amare mundum est amplecti immundum. Augustinus: super Ioannem. Si delectat te mundus, semper vis esse immundus. Si autem iam te non delectat hic mundus: iam tu es mundus. Si autem fueris mundus, non remanebis in mundo. Chrysostomus super Matthæ. Sicut difficile est arborem iuxta viam positam, fructus suos vsque ad maturitatem seruare: Sic difficile est virum fidelem iuxta iniustum mundum viuentem in actibus suis, vsque ad finem iustitiam tenere. Nam in via à transeuntibus fructus rapitur. Recede à via, & plantare in loco secreto, vt nec mundus tecum habeat commune, nec tu cum mundo. Eccl. 13. *Qui tetigerit picem inquinabitur ab ea.* Item amare mundum est amare periculum. August. Ama seculum, absorbebit te. Amatores suos vorare nouit, non portare. Eccl. 2. *Qui amat periculum, in illo peribit.* August. ad amatores mundi. Cuius rei causa militatis? maior-ne esse poterit spes vestra in mundo, qua vt amici mundi sitis? Ibi quid non fragile, quid non plenum periculi? Item per hæc pericula peruenitur ad maius periculum. Item in epistola ad Anastasium: Mundus iste periculosior est blandus quam molestus: & magis cauendus cum se allicit diligi, quam cum admonet, cogitque contemni: Amare seculum, est amare locum tormentorum. Aug. in lib. de verbis Domini. Abiice à te diuitiarum onera, abiice vincula voluntaria, abiice anxietates & tædia quæ te plurimis annis inquietant. Bernard. in sermonibus: Diuitiarum amor insatiabilis, longe amplius desiderio torquet animam, quam refrigeret vsu suo: vt pote quarum acquisitio quidem laboris, possessio timoris, amissio plena doloris inuenitur. Item amare mundum est amare diaboli dominium. Aug. in lib. de agone Christiano: Mittitur diabolus foras, quando ex toto renuntiatur huic mundo. Sic enim renuntiatur diabolo qui princeps est mundi. Item mundum amare, est in domo igne succensa velle manere. *Totus enim mundus in maligno positus est.* 1. Ioan. 5. Mundus est fornax Babylonica igne succensa. Dan. 3. Bernard. Domus ardet & ignis instat à tergo, & tu mones non egredi, vel iam egressum regredi. De tertio quod aduersatur charitati, scilicet odio proximi, require in tractatu de Ira. Chrys. Si inimicitiæ semel occupauerint animos, omnia quæ dicuntur, quæ audiuntur, quæ fiunt, ita accipiuntur & intelliguntur, vt ad maiores & longiores proficiant inimicitias. Si quid enim boni de inimico dicitur, non creditur. Si quid mali, hoc solum creditur, & confirmatur: Circa quartum notandum est, quod omnis offensa Dei mortalis inquantum à Deo diuidit, aduersatur charitati quæ à Deo venit. Esa. 59. *Iniquitates vestræ diuiserunt inter vos & Deum vestrum.*

Caput XVIII.
De diuersis gradibus Charitatis.

Notandum ergo quod diuersi sunt gradus charitatis. Est enim charitas incipiens, proficiens & perfecta. August. super epistolam Io. Perfecta charitas hæc est: vt quis paratus sit etiam mori pro fratribus. Sed nunquid mox vt nascitur iam prorsus perfecta est? imo vt perficiatur, nascitur: cum fuerit nata, nutritur: cum fuerit nutrita, roboratur: cum fuerit roborata, perficitur; cum ad perfectionem venerit, dicet, *Cupio dissolui, & esse,* &c. Philip. 1. Charitas operibus pietatis nutritur, tribulationibus & consolationibus roboratur, consiliis perficitur. Et notandum quod sex sunt quæ valent vt charitas proficiat, & proficiendo ad perfectionem perueniat. Primum est, quod homo magnum desiderium proficiendi habeat, magna enim pars profectus est, velle proficere, vt ait Bern. Aug. Nostrum non progredi iam reuerti est. Cesset omnis ignauia, si volumus, non redire, cum

Sex charitatem augmentant.

rendum est. Leo Papa: Incidunt in periculum qui proficiendi perdiderunt appetitum. Bern. in epistolis: Indefessum proficiendi studium, iugis & conatus ad perfectionem, perfectio reputatur. Quod si studere perfectioni est esse perfectum, profecto nolle proficere deficere est. Secundú est, quod à creaturis inferioribus ad creatorem amorem suum recolligat. Solent abscindi rami arboris nouæ inferius, vt totum crementum suum ponat superius. Greg. Non sufficit proficere homo ad vtraque diuisus. Gen. 49. dicitur ad Rubē: *Effusus es sicut aqua, non crescas.* August. in 2. lib. Confessionum: Ab vno te aduersus, in multa euanui. Exarsi enim aliquando satiari inferius in adolescentia: & syluescere ausus sum variis & vmbrosis amoribus. Tertium est, vt doctrinæ intendat. Sicut paruulus absque sumptione cibi crescendo non proficit: sic anima sine doctrina deficere potius, quam proficere solet. Ecclesiast. 22. *Filia fatua in diminoratione fiet.* In Psal. *Esurientes & sitientes anima eorum in ipsis deficit.* Quartum est, meditatio, & præcipue illa quæ versatur circa beneficia à Deo vel à proximo recepta, vel circa alia incitantia ad amorem Dei vel proximi. De quibus dictum est prius. In Psal. *In meditatione mea exardescit ignis.* Quintum est oratio, Bernard. Amorem Dei in homine à gratia genitum lactat lectio, meditatio pascit, oratio confortat & illuminat. Sextum est tentatio. Gregorius in Moral. Electorum desideria in prosperitate deprimuntur, aduersitate proficiunt: sicut ignis flatu premitur vt crescat, & vnde quasi extingui cernitur, inde roboratur cum per tentationem humilitas proficit. Prospera est ipsa aduersitas quæ mentem ab elatione custodit. Et notandum est quod nullus ad tantam perfectionem peruenit in vita ista ad quantam vellet peruenire. Ambros. super Luc. Nemo est qui tantum virtutis apprehendat, quantum desiderat: quia omnipotens Deus interiora discernens, ipsis spiritualibus profectibus modum ponit, & ex hoc homo quod apprehendere conatur & non valet, in illis se non eleuat quæ valet. Item notandú quod sicut dicit August. perfecta charitas nec cupiditatem habet sæculi, nec timorem sæculi, per quas duas ianuas intrat & regnat inimicus qui primò timore, deinde charitate pellendus est. 1. Ioan. 4. *Perfecta charitas foras mittit timorem.* Gloss. Timorem illum, scilicet quo timet quisque sciens opera iustitiæ, ne veniat districtus iudex, & se minus castigatum damnet. Ité notandum quod sex sunt species perfectionis. Prima est perfectio sufficientiæ: de qua Matt. 5. *Estote perfecti sicut Pater vester cælestis perfectus est.* Secunda est comparationis quam debent habere clerici respectu laicorum. Genesis 6. *No erat perfectus in generationibus suis*: id est comparatione eorum qui erant de generatione sua. Tertia est ordinis, ad quam tenentur in sacris ordinibus constituti, ad quam pertinet continentia. Esa. 52. *Mundamini qui fertis vasa Domini.* Quarta est, professionis quæ pertinet ad religiosos, Matth. 19. *Si vis perfectus esse, vade & vende omnia quæ habes, & da pauperibus.* Quinta est prælationis. Ioan. 10. *Bonus pastor animam suam dat pro ouibus suis.* Greg. in homil. Cum incomparabiliter longe melior sit anima qua viuimus, terrena substantia quam possidemus: qui non dat pro ouibus suis substantiam suam, quomodo pro his daturus est animam suam? Sexta est securitas: qui hanc habent cupiunt dissolui, & esse cum Christo, Ad Philip. 1.

Psal. 106.

Psal. 38.

Sex species perfectionis.

TERTIÆ PARTIS PRINCIPALIS
de quatuor Virtutibus Cardinalibus,

TRACTATVS PRIMVS.

De ipsis Virtutibus Cardinalis in communi.

CAPVT PRIMVM.
Quare ista quatuor Virtutes dicantur Cardinales.

Dicto de tribus virtutibus Theologicis, dicendum est de quatuor Cardinalibus: De quibus habetur Sap. 8. *Sobrietatem,* inquit, *& prudentiam docet iustitiam, & virtutem quibus vtilius nihil est in vita hominib.* Sobrietatem vocat, quam vsitato nomine vocamus temperantiam. Virtutem vocat, quam communiter vocamus fortitudinem. Alias duas vocat nominibus nobis vsitatis. De his hoc modo agetur. Primo dicetur quare dicantur cardinales: licet non meminerim me legisse eas sic vocari in Canone Sacræ scripturæ, vel à prophetis, vel sacris expositoribus. Secundo, numerus earum ostendetur. Tertio, de singulis agetur. Quarto, diuisio earum quam Macrobius ponit, subnectetur. Circa primum notandum, quod quatuor de causis possumus intelligere eas dici cardinales. Primo propter stabilitatem. Cardo stabilis manet, licet ostium in eo vertatur. Prou. 26. *Sicut ostium vertitur in cardine suo: sic piger in lectulo suo.* Sic hæ quatuor virtutes stabiles sunt, licet ea circa quæ versantur, scilicet ea quibus vtendum est, sunt mutabilia, hæ quatuor virtutes animam quasi quadratam reddunt, & ideo stabilem vndique. Figura enim quadrata vndique stabilis est. Heb. 13. *Optimum est gratia stabilire cor.*

Prudentia animam tenet in veritate vtili: ne per ignorantiã, vel errorem, vel curiositatem ab ea recedat. Temperantia tenet eam in necessitate, ne per superfluitatem vel diminutionem ab ea recedat. Fortitudo tenet animam in quadam æqualitate, ne aduersitas eam deiiciat. Iustitia in proximi vtilitate, vt ei non noceat: sed potius vtilitati eius intendat. Secundo, quia sicut ostium cardini innititur: sic tota conuersatio bona huius quatuor virtutibus innititur: quæ conuersatio consistit in faciendo bonum, & patiendo malum. Bern. *Bonam vitam ego puto, & mala pati, & bona facere, & sic perseuerare vsque ad mortem.* Conuersatio bona quantum ad duo prædicta quasi ostium est quo intratur ad vitam beatam. Matt. 19. *Si vis ad vitam ingredi, serua mandata.* Act. 14. *Per multas tribulationes oportet nos intrare in regnum cælorum.* Tertio, propter præeminentiam quam habent respectu cæterarum virtutum. Cardines enim dicuntur primæ partes cæli, vel terræ, vel maris. Deut. 30. *Si ad cardines cæli fueris dissipatus, inde retrahet te Deus.* 1. Reg. 2. *Domini enim sunt cardines terræ.* Iob. 36. *Cardines quoque maris operiet.* Sic virtutes istæ primæ sunt respectu aliarum virtutum. Et sicut Cardinales præsunt clero, & summus Pōtifex per eos ardua operatur: sic hæ virtutes excellentiam habent respectu aliarum virtutum, &

anima per eas agit ardua opera in quibus salus consistit. Et sunt hæ virtutes cardinales, ornatus conuenientissimus Cardinalibus: vnde specialem amorem debent habere adeas. Quarto, propter principalitatem: Cæteræ enim virtutes ad has aliquo modo reducuntur. Præterea istæ virtutes principales motus virium animę dirigunt. Prudentia actum rationalis, qui est discernere inter bonum & malum, vel inter duo bona quod melius, vel inter duo mala quod magis malum. Temperantia dirigit actum concupiscibilis, qui est velle bonum delectabile. Fortitudo actu irascibilis qui est aggredi arduum, & sustinere quod est difficile ad sustinendum. Istæ ergo tres virtutes, tres actus principales trium virium animæ dirigunt quantum ad se: sed iustitia actus illos dirigit respectu proximi. Ipsa enim circuit omnes vires, vt dicit gloss. Isid. super Gen. 2.

Caput II.
De numero prædictarum virtutum.

Dicendum de numero prædictarum virtutum, qui officiis earu satis potest declarari. Vnde notandum, quod Prudentia cæteris lumen præfert. Temperantia animam perficit respectu eius quod infra nos est. Fortitudo respectu eius quod contra nos est. Iustitia respectu eius quod est iuxta nos vel supra nos, respectu proximi vel Dei. Aug. Prudentia est, eligere quod eligendu est. Fortitudo nullis auelli molestiis. Temperantia, nullis illecebris. Iustitia, nulla superbia. In lib. de spiritu & anima. Prudentia est in eligendis, temperantia in vtendis, fortitudo in tolerandis, iustitia in distribuendis. Tullius in lib. de offic. Honestas à quatuor partibus manat. Vna cognitionis. Altera communitatis. Tertia magnanimitatis. Quarta, moderationis. Cognitio pertinet ad prudentiam. Communitas ad iustitiam. Magnanimitas ad fortitudinem. Moderatio ad temperantiam. Hæ quatuor virtutes videntur esse contra quatuor affectus originales, quos Beda distinguit, sc. ignorantiam, infirmitatem, concupiscentiam, malitiam, vel malignitatem. Prudentia contra ignorantiam. Fortitudo contra infirmitatem. Temperantia contra concupiscentiam. Iustitia contra malitiam vel malignitatem. His quatuor virtutibus quasi quatuor lapidibus pretiosis constat corona sponsæ Christi. Prudentiam habet à parte anteriori, vt caueat à futuris. Iustitiam à posteriori, vt satisfaciat de præteritis. Temperatiam à dextris, ne eleuetur in prosperis. Fortitudinem à sinistris, ne succumbat in aduersis. Cum virtus sit circa bonum, secundum verbum Sapientis. Quadrupliciter vero peccat anima circa bonum, sc. vel eligendo quod apparet bonum, cum non sit: vel illud quod vere bonum est, ac si non esset bonu, fugiendo, eo quod molestum sit: vel appetendo quod simpliciter est bonum, cum sibi non sit bonum, eo quod non sit commensuratum: vel appetendo quod proximo est malum, eo quod bonum sibi. Prudentia est contra primum quæ prodit & manifestat non esse bonum quod apparet esse bonum. Fortitudo est contra secundum, quæ amplectitur quod molestum est tanquam bonum expediens: vt est medicina amara, vel incisio in corpore propter salutem corporis facta. Temperantia contra tertium, quæ cauet superfluum. Iustitia est contra quartum, quæ cauet proximi nocumentum. Prudentia cauet errorem qui est principiu errorum malorum. Fortitudo excludit timorem sæculi. Sapiens: Fortitudinis est, non nisi turpia timere. Temperantia excludit cupiditatem sæculi. Hæc duo principia sunt omnis peccati. Vnde gloss. super illud Psalm. *Incensa igni & suffossa*. Omne peccatum duæ res faciunt sc. cupiditas & timor. Iustitia seruat amorem proximi. Est enim vinculum societatis humanæ: vt ait Sen. in lib. de quatuor virtutibus. Prudentia discutit quæ fallunt. Temperantia compescit ab his quæ irritant & alliciunt. For-

De Virt. Cardin.

titudo sustinet quæ exterrent. Sen. in epistolis: Linienda sunt quæ me exterrent, compescenda quæ me irritant, discutienda quæ fallunt. Iustitia timet quod est timendum, & amat quod est amandum. Tull. in lib. de Offic. Nemo potest esse iustus, qui mortem, qui dolorem, qui exilium, qui egestatem timet. Prudentia facit vt homo bene se habeat ad vera vel falsa. In prospicientia enim veri solertiáque versatur, iuxta verbum Tullii in lib. de Offic. Temperantia & fortitudo, vt bene se habeat ad prospera & aduersa. Iustitia, vt bene se habeat ad Deum & proximum. Prudentia, temperantia, fortitudo, & iustitia secundum aliquam acceptionem sui: accipiuntur enim diuersimodè, vt patebit cum de singulis agetur, videntur operari circa vnum & idem opus meritorium. Prudentia eligit quod agendum est. Temperantia cauet ne quid nimis. Fortitudo ne quid parum. Iustitia opus ordinat ad debitum finem. Prudentia prouidet speciem. Temperantia & Fortitudo modum. Iustitia ordinem. Numerus harum quatuor virtutum designatur in multis locis in Scriptura sacra. Primo in quatuor fluminibus paradisi, de quibus legitur Genes. 2. vbi dicit glos. Greg. *Quatuor flumina paradisum irrigant*: quia de his quatuor virtutibus cor infunditur, ab omni desideriorum carnalium æstu temperatur. Secundo in quatuor coloribus quibus decoratæ sunt cortinæ tabernaculi. Exod. 26. quæ signant has quatuor virtutes in quibus decor Ecclesiæ consistit. Hiacynthus aerii vel cælestis coloris pertinet ad prudentiam qua Deum & angelos specialiter imitamur. Byssus habens candorem, pertinet ad temperantiam, quæ candidam & mundam reddit animam. Purpura sanguinei coloris pertinet ad fortitudinem, quæ parata est sanguinem pro Christo fundere. Coccus ignei coloris pertinet ad iustitiam, propter zelum ipsius. Tertio in quatuor speciebus quibus conficiebatur vnguentum quo tabernaculum & vasa ipsius & ministri vngebantur. De quibus habetur Exod. 30. Myrrha prima pertinet ad temperantiam, quæ est in iuuentute. Tunc enim laudabilior est. Cinamomum, quod est cinerei coloris, quod cum frangitur in modum nebulæ spiramentum visibile emittit, vt d cit glos. super Exod. 20. pertinet ad humilitatem, quæ est omnis iustitia. Matth. 3. *Sic decet nos implere omnem iustitiam*: i. perfectam humilitatem. Casia quæ crescit in aquis pertinet ad prudentiam, quæ in aquis doctrinæ nutritur. Calamus arbor aromatica pertinet ad fortitudinem, quæ aduersa tolerando dat odorem suauitatis, vt species aromaticæ cum conteruntur redolent. His quatuor addito oleo diuini amoris, conficitur vnguentum bonæ famæ suauissime redolens. Ecclesiastic. 6. *Melius est nomen bonum quam pretiosa vnguenta*. Quarto, quatuor virtutes sunt quasi quatuor rotæ in curru igneo quo subleuantur amici Dei, 4. Reg. 2. Currus iste igneus est conuersatio ardenter amantium Deum. Quinto, commendatur numerus harum virtutum figuris quatuor animalium, aquila, vitulo, leone homine. De quibus Apoc. 4. & Ezech. 1. In aquila figuratur prudentia, cuius est vigilare in rebus discernendis, vt ait Aug. Aquila enim visum habet acutum: In vitulo temperantia. Vitulus enim immolabatur in lege. Temperantia vero exhibet corpora nostra Deo hostiam viuentem. Ad Rom. 13. In leone fortitudo. Prou. 30. *Leo fortissimus bestiarum ad nullius pauebit occursum*. In homine iustitia, quæ vinculum est humanæ societatis: vt dictum est prius. Voluit Dominus quatuor esse Euangelistas, & quatuor Euangelia, ad designandum, quod illi qui doctrinam Euangelicam docent, & qui eam tenent, his quatuor Virtutibus pollere debeant.

Aa iij

TERTIÆ PARTIS PRINCIPALIS
de quatuor Virtutibus Cardinalibus,

TRACTATVS SECVNDVS.

De Prudentia.

CAPVT PRIMVM.

De ordine dicendorum in isto tractatu & de diuersis modis quibus sumitur nomen Prudentiæ.

Nter has virtutes primo agetur de Prudentia, quæ animas dirigit, de qua hoc modo agetur. Primo, distinguentur diuersi modi quib: hoc nomen Prudentia sumitur. Secundo, descriptiones eius ponentur: & quomodo ipsa sit virtus, ostedetur. Tertio, tangetur de diuersis eius actib. Quarto, commendationi eius insistetur. Quinto, tangetur de speciebus eius. Sexto, de his quæ aduersantur. Circa primum notandum quod hoc nomen Prudentia quandoque sumitur pro eo quod apparet esse prudentia, cū non sit. Sic sumitur ad Rom. 8. vbi dicitur. *Prudentia carnis mors est.* Glos. Prudentiam carnis habet quis, cum studiosus implet quæ carnis sunt, appetēdo bona temporalia & fugiendo mala, & cum naturas rerum tantum sequitur. Prudentia vero ideo dicitur cum res stulta sit: quia ita videtur secularibus hominibus. Similiter quandoque sumitur pro sapientia apparenti, vnde subditur in eodem cap. *Sapientia carnis inimica est* Deo. Et 1. ad Corinth. 3. *Sapientia huius mundi stultitia est apud Deum.* Quandoq; autem sapientia dicitur diuinarum & humanarum rerum cognitio, secundum verbum Sen. in episto. Et Tullius: in lib. de Offic. Et ista cognitio subdiuiditur in tres partes, moralem scilicet, & naturalem, & rationalem, vt tangit

Sen. Prudentia vero dicitur scientia operandorum. Vnde Damasce. diuidit animam rationalem in duo. In id quod est in ea contemplatiuum, & id quod est in ea actiuum. Contemplatiuum est quod excogitat res prout habent esse. Actiuum vero quod consiliatiuum est, quod agenda dirigit. Et vocat contemplatiuum, intellectum: actiuum vero, rationem. Et dicit sapientiam pertinere ad contemplatiuum: prudentiam vero ad actiuum. Quandoque auctores pro eodem videntur sumere prudentiam & sapientiam. Vnde Prou. 16. *Qui sapiens est corde, appellabitur prudens.* Quandoq; vero sapientia sumitur pro cognitione diuinorum, & prudentia sumitur pro cognitione humanorum. Vnde super illud Psalm. *Os meum loquetur sapientiam, & meditatio cordis mei prudentiam.* dicit glos. Sapientia ad diuinas res pertinet. Et post subditur. Prudentia scilicet de moribus. Et nota quod mos est habitus ex quo sine præmeditatione est frequentia operū. Vel ab eo quod est mox, quia mora est ex ea operatio. Vel dicitur à mora, id est à diuturnitate assuefactionis. Aug. vero distinguit inter sapientiam & scientiam, in libro de Trinitat. Hæc est, inquit, sapientiæ & scientiæ recta distinctio, vt ad sapientiam pertineat æternarum rerum cognitio intellectualis, ad scientiam vero

De Prudentia.

temporalium rerum cognitio rationalis. Sapientia etiam sumitur pro sapida scientia, aut pro scientia sapore virtutum condita. Eccles. 6. *Sapientia doctrinæ secundum nomen est eius.* Sapida enim est: sicut nomen eius à sapore dictum videtur. Sapiens: Sinum oportet facere habituum fluentem delectationem & lætitiam. In hoc differt literatus malus à sapiente: quia literatus malus gaudet de hoc quod scit opponere & respondere de his quæ pertinent ad mores. Sapiens vero de hoc quod illa sunt. Bernard. in sermonibus. *Inuenisti plane sapientiam, si prioris vitæ peccata desleas, si huius sæculi desiderabilia paruipendas, si æternam beatitudinem toto desiderio concupiscas. Inuenisti sapientiam, si tibi horum singula sapiunt prout sunt.* Quandoque vero sapientia dicitur cognitio de Deo quasi per saporem eius habita, vt cum aliquis gustauit & vidit quam suauis est Dominus. Et hæc cognitio differens est ab illa qua aliquis credit Deum esse suauem: quia scriptura hoc dicit, sicut differt cognitio quam habet aliquis de dulcedine vini per gustum ab illa quæ est per auditum. Prudentia etiam quandoque sumitur pro virtute. Et hoc multipliciter: vel pro virtute, scilicet gratuita: vel pro virtute ex multis operationibus acquisita. Item quandoque sumitur large, vt comprehendat omnes virtutes cognitiuas. Et sic videtur eam sumere Tullius, dicens: Prudentia est rerum diuinarum & humanarum cum ratione bene viuendi iuncta cognitio. Rationem bene viuendi intellige discretionem bonæ vitæ. Prudentia enim est cognitio directiua bonæ vitæ. Quandoque vero strictius sumitur, vt non comprehendat fidem vel donum consilii, vel intellectus, vel scientiæ.

Caput II.

De descriptione Prudentiæ. Et quomodo Prudentia sit virtus, cum videatur esse scientia.

PRudentia sic describitur ab August. in lib. de Moribus Eccles. Prudentia est amor, ea quibus adiuuatur in Deum, ab his quibus impeditur, sagaciter eligens. In libro vero de spiritu & anima dicitur, quod prudentia est scire quid anima debeat facere. Super illud Matt. 15. *Erant qui manducauerunt, quatuor millia.* dicit glos. Greg. Prima scilicet prudentia est cognitio rerum vitandarum & appetendarum. Et potest esse sumptum de verbis Tullii in l. de Offic. dicentis: Prudentia est appetendarum fugiendarumq; rerum scientia. Describitur etiam sic prudentia in libro de requie mentis. Prudentia est rerum bonarum & malarum cum alterarum dilectione, & reliquarum detestatione, scientia. Tullius eam sic describit in Rhetoricis: Prudentia est rerum bonarum & malarum & vtrarumque scientia. Hæc virtus discernit bona à malis, & bona ab inuicem, ostendendo quod sit melius: & mala ab inuicem, ostendendo quod sit maius malum. Sed quæritur quomodo Prudentia virtus sit, cum videatur esse scientia secundum multas descriptiones eius prius positas? ad quod videtur posse responderi, quod prudentia gratuita virtus est, quia est radius viuus à vero sole procedens. Cognitio quam habent mali circa ea quæ pertinent ad mores, cognitio est quasi mortua, inualida ad mouendum voluntatem, vt bono cognito consentiat, vel dissentiat à malo cognito. Sed prudentia virtus non solum est lumen illuminatus intellectum, sed etiam calefacit affectum, non solum enim ostendit quid, quando, & qualiter sit agendum, sed etiam mouet voluntatem vt appetat bonum post iudicium, vel fugiat malum. Rom. 8. *Prudentia Spiritus, vita.* Prudentia vero virtus consuetudi-

Descriptio prudentiæ.

An prudentia sit virtus.

nalis ex frequentia operum relicta, non est idem cum scientia, quæ est communiter de his quæ sunt circa operationes voluntarias. Operationes vero ex quibus ipsa vt est virtus relinquitur, sunt singulares discretiones de singularibus fugiendis vel appetendis: non secundum quod sunt in imaginatione tantum vel opinione, sed secundum quod sunt subiecta sensui. Accidit enim de multis, quod minus mouent ad hoc quod fugiantur vel appetantur dum sunt in imaginatione, quam dum sunt in sensu: habitus vero relictus ex his singularibus discretionibus potentior est ad mouendum voluntatem vt consentiat bono, vel dissentiat à malo, quam scientia moralis quæ est communiter de his quæ pertinent ad mores. Et videtur differre alter horum habituum à reliquo: sicut scientia musicæ quam habet aliquis magister artium qui legit musicam in scholis, qui tamen nesciret cantare responsorium vnu, differt à cognitione quam habet ille qui habet magisterium organizandi, in quo non solum est relictus habitus ad cantandum quantum ad vim apprehensiuam, sed etiam quantum ad vim motiuam & imperantem motum & exequentem. Similis differentia est inter habitum quem habet magister in medicina, qui scit legere libros medicinæ & pertinentes ad practicam & pertinentes ad theoricam, qui non habet consuetudinem operandi. Et notandum quod non est aliquis prudens prudentia virtute, eo quod sit prudens prudentia solum intellectu. Imo oportet quod ipse sit prudens intellectu, & affectu, & opere. Vnde vsus scripturæ & vsus communiter loquentium habent, vt imprudentes dicantur qui imprudenter operantur: licet prudenter intelligant quid, & quando, & quomodo sit agendum: Vnde prudentia virtus consuetudinalis non relinquitur in aliquo, nisi qui prudenter se habuit diu, prudenter intelligendo, prudenter volendo, prudenter agendo. Iob. 12. *In multo tempore prudentia*. Qui habet prudentiam

Imprudentes qui?

virtutem, habitum habet ad prudenter discernendum, prudenter volendum, prudenter agendum. Ad hoc etiam quod prudentia sit virtus, videtur facere hoc, quod ipsa est cognitio boni vel mali, & talis boni vel mali, quod difficile est discernere: vt vitii, quod prætendit speciem virtutis. Ad hoc etiam quod ipsa sit virtus, videtur facere actus liberæ volutatis præcedens eius cognitionem, quam August. vocat amorem discernendi ea quibus adiuuamur in Deum, ab his quibus impedimur. Cognitio pertinens ad prudentiam non est cognitio effecta per violentam probationem: sed est cognitio credulitatis, cuius consensus est sine necessaria coactione. Poterit etiam videri alicui, quod sic temperantia ordinat vim concupiscibilem ad delectationes sensuum: ita prudentia vt est generalis ad virtutes cognitiuas ordinet voluntatem liberi arbitrii ad operationes quæ pertinent ad vim rationalem. Voluntas enim liberi arbitrii penes quam est summa potestas in anima, ita potest se inordinate habere circa operationes intellectus vel rationis, sicuti respectu sensuum. Vnde sicut necessariæ sunt aliquæ virtutes quæ ordinent eam respectu sensuum: sic necessaria est aliqua virtus quæ ordinet eam respectu intellectus. Et sicuti voluntas respectu eorum quæ sunt delectabilia secundum sensum, potest esse virtuosa & vitiosa: sic voluntas quæ est respectu cognitionum videtur posse esse & virtuosa & vitiosa, vel poterit forsitan videri alicui quod hoc sit quod Senec. intelligit in Epistolis nomine Philosophiæ, dicens: Sapientia bonum perfectum est mentis humanæ: Philosophia sapientiæ amor est & affectio. Item illud quasi consistit inter Philosophiam & sapientiam interesse. Neq; enim fieri potest vt idem sit quod affectatur & quod affectat: quomodo multum interest inter auaritiam & pecuniam, cum illa cupiat, hæc concupiscatur, sic inter Philosophiam & sapientiam. Idem: Alii Philosophiam studium virtutis esse dixerunt

dixerunt, alij studium corrigendæ mentis. A quibusdam dicta est appetitio rectæ rationis.

Caput III.

De diuersis actibus siue officiis Prudentiæ. Et de duodecim stultitiis quibus imprudentes in bello spirituali succumbunt.

SEquitur de diuersis actibus seu officiis prudentiæ. Notandum ergo, quòd ad prudentiam pertinet actus aliarum virtutum dirigere. Prou. 15. *Vir prudens dirigit gressus suos.* Ipsius est ostendere quid, quà do, & quomodo sit agendū. Ipsius est prouidere vt opera nostra sint Deo grata, nobis vtilia, proximo non iniuriosa. Ad eam videtur pertinere discretio illa de qua dicit Bern. super Cantic. Est discretio non tam virtus quàm quædā moderatrix virtutum, & auriga, ordinatrixque affectuum, & morum doctrix. Tolle hanc, & virtus vitium erit. Et intelligas ibi eam virtutem vocari, inquantum dirigit proprios actus separatos ab actibus aliarum. Aurigam vero virtutum, inquantum alias virtutes dirigit in actibus suis. Eius est moderari feruorem præcipitantem Bernard. super Cantic. Virtus discretionis absque charitatis feruore iacet, & feruor vehemens absque discretionis temperamento præcipitat. Ideo que laudabilis est cui neutrum deest, quatenus feruor discretionem erigat, & discretio feruorem regat. Prudentiæ est prouidere vt operibus nostris Deus glorificetur, & nobis præmium acquiratur, & exemplū bonum proximo præbeatur. Ad prudentem pertinet nolle fallere, & falli nō posse. Matt. 10. *Estote prudentes, sicut serpentes, & simplices sicut columbæ.* Prudentes, vt falli non possitis: simplices, vt fallere non velitis. Seneca in lib. quatuor principalium virtutū: Prudens fallere non vult, falli non poterit. Item prudentiæ est, res secundum veritatem existimare, non secundum multorum opinionem. Senec. in eod. lib. Quisquis prudentiam sequi desideras, tunc per rationem rectè viues, si omnia prius existimes & perpenses, & dignitatem rebus, non ex opinione multorum, sed ex earum natura constituas. Item quæcumque ex rebus transitoriis possides, non mireris: nec magnum existimes quod caducum est. Ipsius est non quam multis, sed quibus placeas, cogitare: nec quis dicat, sed quid dicatur attendere. Sen. in li. de quatuor virtutibus, cap. de Prudentia. Non te moueat dicentis auctoritas: nec quis, sed quid dicat intendito: nec quam multis, sed qualibus placeas cogitato. Item prudentiæ est, quæ nobis commissa sunt, ad Dei gloriam & vtilitatem dispensare. Matth. 24. *Quis, putas, est fidelis seruus & prudens, &c.* Et Luc. 12. *Quis, putas, est fidelis dispensator & prudens?* Sen. Non apud te quæ habes tanquam aliena seruabis: sed pro te, tanquam tua & dispenses, & vtaris. Item prudentiæ est cauere ne aliquid leuiter inchoëtur, vel inchoatum ante perfectionem de facili relinquatur. Senec. eodem lib. Scito in quibusdam te debere perseuerare quia cœpisti: quædam vero nec incipere in quibus perseuerare sit noxium. Idem in epistolis: Melius est vt proposita custodias, quam vt honesta postponas. Ipsius est mutabilitatem cauere. Seneca in lib. de quatuor virtutibus, cap. de Prudentia: Si prudentiam amplecteris, vbique idem eris, & prout rerum aut temporis varietas exigit, ita te accommodes tempori, nec te in aliquibus mutes, sed potius aptes, sicut manus quæ eadem est, & quum in palmam extenditur, & quum in pugnum constringitur. Ecclesiast. 27. *Homo sanctus in sapientia manet sicut sol: nam stultus sicut luna mutatur.* Item prudentiæ est turpia in occulto sicut in publico cauere. Senec. in eodem: Id opta quod optari coram bonis potest. Item ipsius est humilem statum diligere. Senec. in eodem. Nec altiori te rei imponas, in qua stanti tibi tremendum, ascendenti cadendum sit. Ipsius etiam est in prosperis potius quam in aduersis consulte agere. Senec. in eodem: Tunc consilia salutaria aduoca: cum tibi alludit vitæ prosperitas, tunc te velut in lubrico retinebis ac sistes. Potius indiget lumine qui incedit per loca lubrica, quam qui incedit per arida. Item prudentiæ est non solum interiora, sed etiam exteriora ordinare. Prouer. 17. *In facie prudentis relucet sapientia: oculi stultorum in finibus terræ.* Eccles. 19. *Ex visu cognoscitur vir, & ab occursu faciei cognoscitur sensatus.* Amictus corporis, & risus dentium, & ingressus hominis enuntiant de illo. Item prudentiæ est actus rationis ordinare. Primus actus rationis est cogitare, quem dum prudentia ordinat, nō solum cogitationes noxias, sed etiam otiosas cauet. Ierem. 4. *Vsque quò morabuntur in te cogitationes noxiæ?* Senec. Cogitationes vagas & inutiles & velut somno similes non recipies: quibus si animum tuum non oblectaueris, quum omnia disposueris, tristis remanebis. Ratio etiam dicitur habere quatuor partes prout ad sensibilem comparatur: sic inuentiuam, siue inuestigatiuam, iudicatiuam, memoratiuam, & interpretatiuam. Rationem inuestigantem prudētia ordinat, dum eam cohibet ab inquisitione inutilium vel nimis difficilium. Prouerb. 23. *Ne erigas oculos tuos ad opes quas habere non potes.* Ibidem: Prudentiæ tuæ pone modum. Seneca: Illud quære quod potes inuenire: sed disce quod potes scire, Ecclesiast. 3. *Altiora te ne quæsieris.* Et paulo post: *In superuacuis rebus noli scrutari multipliciter: & in pluribus operibus eius ne fueris curiosus.* Rom. 12. *Non plus sapere quam oportet sapere.* Esaiæ. 19. *Confundentur qui operabantur linum, plectentes & texentes fila subtilia.* Item prudentia rationem inquirentem dirigit, dum causam factorum requirere facit. Senec. in tractat. de quatuor virtutibus, cap. de prudentia. Cuiuscunque facti causam require: quum initia inueneris, exitus cogitabis. Item rationem dirigit inquirentem, dum eum ex aliis alia coniicere facit, vt ex præsentibus futura. Seneca: Consilium peritorum ex apertis obscura existimat, & ex paruulis magna, ex proximis remota, ex partibus tota. Idem: Si prudens esse cupis, in futurum, prospectum intende. Dirigit etiam rationem inquirentem quantum ad ordinem sciendi, & studium, & finem. Bern. super Cantic. Scire ea prius ampliusque curato quæ senseris viciniora saluti. Idem: Scias modum sciendi, vt scias quo ordine, vt id prius quod maturius ad salutem: quo studio, vt id ardentius quo vehemētius ad amorem: quo fine, vt tantum ad ædificationem tui vel proximi. Idem: Sunt qui scire volūt eo fine tantum vt sciant: & turpis curiositas est. Alij vt sciantur ipsi, & turpis vanitas est. Alij vt scientiam suam vēdant, aut pro pecunia, vel pro honoribus, & turpis quæstus est. Alij vt ædificent, & prudentia est. Rationem iudicantem prudētia multipliciter dirigit. Primo, dum eam cohibet à quibusdam iudiciis, quæ ei non sunt licita: vt est iudicium de incertis, quod prohibetur Matth. 7. Et Lucæ 6. *Nolite*, inquit, *iudicare*, Gloss. Duo sunt in quibus iudicium temerarium cauendum est. Sunt. n. quædam media & incerta quo animo fiāt, quæ bene & male possunt fieri. Nescimus enim qualis futurus sit qui nunc apparet malus, de cuius correctione desperare, eumque quasi abiectum reprehendere, temerarium iudicium est. 1. Corinth. 4. *Nolite ante tempus iudicare.* Item cohibet rationem à iudicio vsurpatiuo, quod est quando aliquis iudicat personam quæ sibi subiecta non est. Gloss. super Matt. 7. Temerarium iudicium est, quādo quibus non est commissum iudicium iudicant. Rom. 14. *Tu quis es qui iudicas alienum seruum?* Item prudentia rationem iudicantem dirigit, dum eam à lenitate, vel nimia tarditate credendi custodit. Et omnibus enim, & nulli credere vitium est, vt ait Sen. Qui leuiter credit, vitiose agit. Eccl. 30. *Qui cito credit, leuis est corde.* Senec. Prudentis proprium est examinare consilia cito facti

De Prudentia.

credulitate ad falsa prolabi, Prudens non nisi iudicio credit, & non nisi examinatam sententiam in consensum credulitatis admittit. Senec. Opiniones tuæ iudicia sint. Sicut in disputationibus non admittimus nisi manifeste vera, vel quæ vis probationis extorserit: sic in consensum credulitatis nō debemus admittere nisi vel manifesta, vel ea de quibus sit nobis plena fides: quod præcipue seruādū est in his quæ non expedit nobis credere: vt sunt mala quæ nobis dicuntur de proximo, quæ amorem nostrum ad proximum lædere solét, & dare occasionem despiciendi proximum. Itē prudentia rationem iudicātem dirigit, dū cam cohibet, ne vel dubia temere definita, vel verisimilia affirmet. Senec. De dubiis non diffinitis suspensam tene sententiam. Nihil inexpertum affirmes: quia non omne quod est verisimile, statim verum est, sicut & sæpius, quod primùm incredibile videtur, non continuo falsum est. Crebro facie mendacij veritas tenet: crebro mendacium facie veritatis occultatur. Nam sicut aliquando frontem tristem amicus, & blandam adulator ostendit: sic verisimile coloratur, & vt fallat conatur. Rationem etiam memorantem prudentia dirigit, dū salubria facit reminisci, & noxia obliuisci. Salubria ad reminiscendum sunt vt beneficia Dei vel proximi: noxia, vt iniuriæ proximi, Item inter bona præsentia mala facit reminisci contra elationem superbiæ, & inter mala præsētia bona cōtra deiectionē nimiam. Eccles. 11. *In die bonorum ne immemor sis malorum, & in die malorum ne immemor sis bonorum.* Rationem etiam prout eius est sermonem interpretari quod excogitauit, prudentia dirigit, dum sermonem moderatur. Prou. 10. *Qui moderatur labia sua, prudentissimus est.* Eccl. 21. *Labia imprudentum stulta narrabunt: verba autem prudentiū statera ponderabuntur.* Sen. Sermo tuus non sit inanis: sed aut suadeat, aut moneat, aut consoletur, aut præcipiat. Lauda parce, vitupera to parcius. Similiter enim reprehensibilis

est nimia laudatio vt immoderata vituperatio. Illa siquidem adulatione, ista malignitate suspecta est. Testimonium veritati, non amicitiæ reddas. Cū cōsideratione promitte: plenius quā promiseris præsta. Prudentis est taciturnitatē amare. Prou. 11. *Vir prudēs tacebit.* Eccl. 19. *Est tacēs, & ipse est prudens.* Prudentia etiam rationem dirigit circa ipsam prudentiam, vt non prudentiæ suæ innitatur, nec facile se credat prudentiam habere. Prou. 13. *Ne innitaris prudentiæ tuæ.* Rom. 12. *Nolite esse prudentes apud vosmetipsos.* Item Esa. 5. *Væ qui sapientes estis in oculis vestris, & coram vobismetipsis prudentes.* Item ad prudentiam pertinet prouidere ne totū tempus detur actioni. Sen. Nō semper in actu sis, sed interdū animo tuo dato requiem, & requies ipsa plena sit sapiētiæ studiis & cogitationibus bonis. Bern. in lib. de cōsideratione. Non te totum, nec semper des actioni: sed considerationi aliquid tui & cordis & corporis sequestra. Cōsideratio ipsius actionis partes benigna præsumptione suas facit, præagendo quodammodo & præordinando quæ agenda sunt necessario. Sane ne forte quæ præuisa & præmeditata poterāt esse proficuo, præcipitata magis pericula fiant. Item prudentia insidias præcauet. Aug. Prudētia est in præcauendis insidiis. Ipsa etiam in bello spirituali triumphat. Exemplum habemus de hoc in Christo, cuius prudentia percussit superbum. Iob 26. Ipse tribus verbis Scripturæ sacræ in deserto diabolum prostrauit. Matth. 4. Prou. 24. *Vir sapiens fortis est, & doctus, robustus, & validus: quia cum dispositione initur bellum, & erit salus vbi multa consilia.* Eccl. 9. *Ciuitas parua, &c.* Et subditur *Inuentus est in ea vir pauper & sapiens, & liberauit vrbem per sapientiam suam.* Et subiungit Salomon: *Dicebam ego sapientiam meliorem fortitudine.* Et in eod. *Melior est sapientia, quam arma bellica.* Et Sap. 5. *Melior est sapientia, quam vires: & vir prudens magis quam fortis.* Eiusdem 7. *Sapientiam non vincit malitia.* Et 24. Econ-

B b ij

trario stultitia vel imprudétia in bello spirituali succumbit. Baruch. 3. *Quoniam non habuerunt sapientiam, perierunt propter suam insipientiam.* Tullius in Rhetoricis: Parua foris sunt arma: nisi sit consilium domi.

De stultitiis quibus prudentes in bello spirituali succumbunt.

DE stultitiis vero quasi innumeris quibus imprudentes in bello spirituali succumbunt, causa breuitatis paucas enumeremus. Prima est eorú qui ante pugnã se armare nolunt: sed tunc primo arma accipiunt, cum dolorem vulnerum sentiunt. Tunc primo patientiæ vel humilitatis clypeum sumunt, quum gladio maligno linguæ venenatę sunt vulnerati. Ecclesiast. 2. *Præpara animam tuã ad tentationem.* Præparatio ista est excogitatio de modo resistendi tentationi, quod faciendum est ante tentationem. Semper enim deberent incedere armati, qui sunt inter hostes suos. Modum conuenientissimum resistendi tentationi quæ est per linguas venenatas, Christus ostendit, in suma taciturnitate blasphemias persecutorum audiens. Esa. 53. *Quasi agnus coram tondente se, obmutescet, & non aperiet os suum.* In Psalmista: *Ego tanquam surdus non audiebam, &c.* Secunda est eorum qui sumunt arma nimis onerosa, præcipue quum non habeant eorum consuetudinem qui quandoque eorum ponderositate deiiciuntur, vt qui nimis ieiunant vel orant. Dauid Saul deposuit, quia ponderosa erant, & non habebat eorum consuetudinem, & leuibus armis vicit 1. Reg. 17. Tertia est eorum qui in ipso conflictu arma sua proiiciunt, quando ea fortiter tenere deberent, scilicet patientiam & humilitatem. Vnde dictum est Boetio: Talia tibi contuleram arma, quæ nisi prior abiecisses, inuicta te firmitate tuerentur. Quarta est eorum qui ex ea parte qua debiliores sunt, & qua magis à diabolo impugnantur, minus se muniunt, quum è contrario esset faciendum. Qui videt se ad auaritiam pronum esse, multũ deberet conari ad largitionem eleemosynarum: vt faciunt qui lignorum tortuosa dirigunt, iuxta verbum Philosophi; multum enim inflectunt ea in contrarium, vt sic ad rectitudinem reducant. Quinta est eorum qui nolunt resistere hostibus in loco vbi facilius possent. Ad portas castri hostibus resistendum est, aut in aliquo loco alto & arcto vbi paucitas multis resistat. Et non tunc primo resistendum est, quando totum castrum, vel totam terram occupauerunt. Sic ad portas sensuum hostibus spiritualibus est resistendum. In alto etiam eminentis vitæ ponere nos debemus: quod altum multis occupationibus faciendum est angustum, vt hosti via non pateat, & ibi hosti resistendum est. Sic Eliachim præcepit obtineri ascensus montium per quos via poterat esse in Ierusalem: vt legitur Iudith. 4. Sexta est eorum qui nolunt hostem interficere dum paruulus est, non attendentes illud Psalm. *Beatus qui tenebit & allidet paruulos suos ad petram.* Tales nolunt hosti resistere donec fuerint ab eo interfecti. Poeta:

Principijs obsta, sero medicina paratur.
Hieron. Lubricus est antiquus serpens: & nisi capite teneatur, statim totus illabitur. Genes. 3. dictum est serpenti de muliere, *Ipsa conteret caput tuum.* Septima est illorum qui cõtra suos pugnant, & hostes suos amicos reputant. Cum peiores inimici quos habemus, sint proprius sensus & propria voluntas: contradictiones quæ proprium sensum inpugnant, & persecutiones quæ impugnant propriam voluntaté, sunt adiutoria nobis à Deo missa contra pessimos hostes nostros. Vnde contra suos pugnant qui talibus repugnant. Econtrario fauores hominum & applausus, hostes nostri sunt qui nos decipiunt, licet hoc multi non intelligant. Prou 7. *Vade contra virum stultum & nesciet,* Octaua est eorum qui de prope volunt pugnare cũ hoste, qui ex propinquitate vires assumit, & ex elon-

gatione vires amittit: vt est fornicatio, & cætera vitia ad voluptatem pertinentia. Ideo dicitur Corinth. 6. *Fugite fornicationem.* Nona est eorum qui fugiendo hostem vitare volunt, qui fugientes magis insequitur. Vt faciunt illi qui aduersa huius mundi nimis timent. Senec. Quemadmodum perniciosior est hostis fugiētibus: sic omne fortuitum incommodum magis instat cedenti & auerso. Multum miratus fuit Iosue videns populum Domini fugiētem. Iosue 6. *Domine Deus,* inquit, *quid dicam videns Israelem hostibus suis terga vertentem?* Decima est illorum, qui quum pugnandum esset contrariis, pugnant similibus, vt odio contra odium, garrulitate cōtra garrulitatem, stultitia cōtra stultitiam. Potius amore cōtra odium pugnandū est, sicut aqua pugnatur contra ignem. Prouerb. 25. *Si esurierit inimicus tuus, ciba illum.* Taciturnitate contra garrulitatem. Sapiens: *Garrulo respondere, conuitium est.* Eccles. 8. *Ne litiges cum homine linguato: neque struas in ignem ipsius ligna.* Sapientia contra stultitiam. Prouer. 26. *Ne respondeas stulto iuxta stultitiam suam, ne ei similis efficiaris.* Vndecima est illorum qui laborāt in impugnatione hostium suorum, quos gloriosius sine ictu possent vincere patiēdo. Prouerb. 17. *Melior est vir patiens viro forti, &c.* Et eiusdem 20. *Ne dicas, reddam malum pro malo: expecta Dominum, & liberabit te.* Liberabit, inquam, à labore & periculo vindicandi te. Præterea ad plenum vindicabit te, hostem tuum patibulo infernali tradendo. Duodecima est illorum qui iuuāt hostem suum, ad sui interfectionem. Gregor. Non est timendus hostis qui non potest vincere nisi volētem. Sicut diabolus non potest vincere nisi volentem: ita nec occidere nisi iuuantem. Diabolus cordi gladium applicat, quando malam cogitationem immittit. Impingis & infigis gladium cordi tuo, quando consentis, & sic diabolum iuuas. Item diabolum iuuat, qui sciens volens vadit ad foueam in qua diabolus vult eum præcipitare, Prouerb.

23. *Fouea profunda meretrix.* Deberet proponere qui tentatur de peccato carnis, quod non ibit ad locum vbi illud committat, nisi diabolus illuc eum portet. Item diabolum iuuat qui gladium ei conducit quo ab eo interficiatur: vt qui dat aliquid mulieri vt peccato suo consentiat.

Caput IV.
De commendatione Prudentiæ.

Dicto de officio Prudentiæ, insistendum est commendationi ipsius. Et notandum, quod multa quæ dicta sunt de officio prudentiæ, valere possunt ad eius commendationem. Preter illa vero, Primo facit ad eius commendationem multiplex admonitio quam Scriptura sacra facit ad eam, Matth. 10. *Estote prudentes, &c.* 1. Pet. 3. *Estote prudentes, &c.* Prouerb. 4. *In omni possessione tua acquire prudentiam.* Prouerb. 4. *Attendite vt sciatis prudentiam.* Eiusdem 16. *Acquire prudentiam, quia pretiosior est argento.* Secundo, quod filius Dei ore proprio eā docere voluit. Prou. 2. *Dominus dat sapientiam, & ex ore eius prudentia.* Nec solo ore eā docuit, sed opere, persecutores prudenter declinando, Ioa. 8. *Iesus autem abscondit se, & exiuit de templo.* Tertio, quia ipsa est nobilis species cognitionis. Prouer. 9. *Scientia sanctorum prudētia.* Vnde ad cōmendationem eius faciunt, quæ pertinent ad commendationem sapientiæ de qua habetur multum in libris Salomonis, quasi ferè per totum, & specialiter Prouerb. 3. vbi dicitur, *Beatus homo qui inuenit sapientiam, & qui affluit prudentia. Melior est acquisitio eius negotiatione auri & argenti.* Et in eod. *Lignum vitæ est his qui apprehenderint eam.* Et eiusdem 8. *Melior est sapientia cunctis operibus pretiosis & omne desiderabile ei non potest comparari.* Et eiusdem 16. *Posside sapientiam quæ melior est auro.* Et 19. *Vbi non est scientia, anima non est bonum.* Et Sapient. 8. *Omne aurum comparatione sapientiæ arena est exigua, & quasi lutum æstimabitur argentum*

Variæ prudētia cō mendatur.

Bb iij

in conspectu illius. Eiusd. 10. *Vani sunt homines in quib. non subest scientia Dei.* Eiusd. 9. *Si quis erit consummatus inter filios hominum, si ab illo fugerit sapientia tua, in nihilum computabitur.* Esa. 30. *Diuitiæ salutis sapientia & scientia.* Ose. 6. *Scientiam Dei volui plusquam holocaustum.* Sapientia Deum lætificat, Prouerb. 10: *Filius sapiens lætificat patrem suum.* Et eiusdem 14. *Acceptus est regi minister intelligens.* Ecclesiast. 10. *Homo prudens placebit magnatibus.* Hominem etiam à periculo liberat. Prouerb. 11. *Iusti liberabuntur scientia.* Simile habetur Ecclesiast. 9. *Liberauit vrbem per sapientiam suam.* Ipsa etiam hominem in bono conseruat. Prouerb. 2. *Prudentia seruabit te.* Item domum Ecclesiæ roborat. Prouerb. 24. *Domus prudentia roborabitur.* Sapientiam astutia diaboli non superat. Esa. 9. *Non nocebunt, & non occident in vniuerso monte sancto meo: quia repleta est terra scientia Domini.* Loquitur de serpentibus, per quos intelligere potes serpentes infernales. Serpens ex virga Moyfi factus, serpentes Magorum deuorat. Exod. cap. 7. Sapientia enim sanctorum astutiam diaboli superat. Astutiæ diaboli multæ sunt, quas ponit Gregor. in Moral. Intuetur, inquit, inimicus generis humani vniuscuiusque mores cui vitio sint propinqui, & illa apponit ante faciem ad quæ cognoscit facilius inclinari mentem, vt blandis ac lætis moribus sæpe luxuriam, nonnunquam vanam gloriam; asperis vero mentibus iram, superbiam vel crudelitatem proponit. Ibi ergo decipulam ponit vbi esse semitam metis conspicit. Psalm. *In via hac qua ambulaui, absconderunt superbi laqueum mihi.* Idem in eodem. Sæpe antiquus hostis postquam menti nostræ tentationum certamen inflixerit, ab ipso suo certamine ad tempus recedit: non vt suæ malitiæ finem præbeat, sed vt corda quæ per quietem secura reddiderit, repente rediens facilius inopinatus irrumpat. Idem: Antiquus aduersarius cumque accuset mala non inuenit ipsa ad malum bona inflectere quærit. Cumque de operibus vincitur, ad accusandum verba perscrutatur. Cum nec in verbis accusationem reperit, intentionem cordis fuscare contendit. Idem: Quia diabolus fructus arboris in hyeme & in æstate virides conspicit: quasi vermem ponere ad radicem quærit, secundum Greg. Antiquus hostis bona nostra infequitur tribus modis. Aliquando in bono opere intentionem polluit, vt omne quod in actione sequitur impurum sit: Aliquando vero intentionem vitiare non præualens, in ipsa actione homini quasi se insignem proponit, vt securior factus de victo vitio quasi insidiis perimatur. Aliquando vero nec intentionem vitiat, nec in itinere supplantat: sed opus bonum in fine actionis illaqueat. Idem in Moral. Sæpe de ipsa victoria bellum agitur, vt cum immunda cogitatio vincitur, victoris animus elatione pulsetur. Quarto, facit ad commendationem prudentiæ, quod ipsa videtur esse perfectio nobilioris potentiæ, quam temperatia vel fortitudo. Vis enim rationalis, quam ipsa perficit, videtur esse nobilior concupiscibili & irascibili quæ temperantia & fortitudine perficiuntur: quod autem nobilius est, melius est & magis eligendum. Quinto, prioritas quam habet respectu cæterarum virtutu. Virtus enim cognitiua videtur præcedere affectiuam, August. Vt maius est voluntatem Domini facere quam nosse: ita prius est nosse quam facere. Idem: initium obedientiæ est quid præcipiatur velle cognoscere, & pars est obsequii didicisse quod facias. Sexto, magisterium quod habet respectu cæterarum virtutum. Ad eam enim pertinet illa discretio, de qua dixit Antonius: Discretio conseruat omnes virtutes, & fit genitrix & custos moderatrix virtutum, & perducit fixo gradu intrepidum monachum ad Dominum: quia nulla virtus potest perfici & stare sine discretione: sine hac posse videtur potius nocere homini quam prodesse. Gregor. Virtus quo

De Prudentia.

plus se posse conspicit, eo sine moderamine rationis deterius in præceps ruit. Sine prudentia, quasi de homine tenebras incurrimus. Gre. Qui importune radios solis aspicit, tenebrescit, & inde nihil videre compellitur, vnde amplius videre conatur: vnde nosmetipsos dum plus iusto discutimus, & ipso discretioonis studio indiscretius erramus. Sine hac si virtus teneatur, intermittitur: cum vero per hanc intermittitur, melius tenetur. Gregor. in Moral. Plerumque virtus cum indiscrete tenetur, amittitur: cum discrete intermittitur, plus tenetur. Ex studio namque arcus distenditur, vt in suo tempore cum vtilitate tendatur. Idem: Non eadem res est semper virtus, quia per momenta temporum sæpe merita mutantur actionum. Vnde sit vt cum quid bene agimus plerúque melius ab eius actione cessemus: & laudabilius ad tempus deserat, quòd in suo tempore mens laudabiliter tenebat. Bernard. in sermonibus: Non in facto laus est: sed in eo quemadnodum fiat. Et huius: Insani sapiens nomen feret, æquus iniqui, vltra quam satis est virtutum si petat ipsam. Septimo, quod ipsa bona Domini nobis commissa multiplicat: sine ipsa inutiliter, imo damnabiliter absconduntur vel dissipantur. Ad absconsionem pertinet parabola de talentis, Matth. 15. Et parabola de seruis quibus tradidit paterfamilias decem talenta. Lucæ 16. De dissipatione vero habetur Luc. 16. de villico qui diffamatus est apud Dominum suum, quasi dissipasset bona illius. Et Prouerb. 21. *Thesaurus desiderabilis & oleum in habitaculo iusti, & imprudens homo dissipabit illud*. Octauo, quod prudentia se habet ad spiritum rationalem iudicantem, sicut assessor discretus & fidelis, quo assistente laudabiliter iudicatur. Si vero defuerit, peruertitur iudicium Prouerb. 18. *Dux indigens prudentia, multos opprimet per calumniam*. Nono, quòd ipsa est lucerna in viam paradisi dirigens. Qui non habet prudentiam, iecet sit magnæ & altæ scientiæ, similis est homini in altum respicienti, & vbi pedem suum ponat non videnti, qui de facili potest corruere. Augustin. super illud 1. Corinth. 8. *Scientia inflat*. Præponenda est sapientia scientiæ. Melius enim est scire infirmitatem nostram, quam naturas rerum. Laudabilior est animus cui nota est infirmitas sua, quam qui ea non respecta, syderum vias scrutatur & terrarú fundamenta & fastigia. Idem super Genes. 2. De forma & figura cœli multi disputant, quas res maiori prudentia nostri omiserunt auctores: discentibus ad beatã vitam non profuturas, occupantes quod prius est malum pretiosa & rebus salubribus impendenda temporum spatia. Si affuerit prudentia, vere potest homo sapiens reputari. Si vero defuerit: vere potest homo stultus reputari. Prudentiam vero intellige cognitionem operandorum. Prouerbior. 14. *Callidi est intelligere viam suã: quid scilicet agendum sit, & imprudentia stultorum errans*. Ignorat enim quid agendum sit. Et in eod. *Fatuitas stultorum imprudentia*, id est, ignorantia agendorum. Decimo, quod animalia irrationalia etiam minima docent nos eam: vt serpentes, & formicæ, & similia. Senec. Pudeat ab exiguis animalibus nos trahere mores Prouerb. 30. *Quatuor sunt minima terræ, & ipsa sapientiora sunt sapientibus*: Formicæ populus infirmus, quæ preparant in messe cibum sibi. Lepusculus plebs inualida, qui collocat in petra cubile suum: Regem locusta non habet, & egreditur vniuersa per turmas suas. Stellio manibus nititur, & moratur in domibus regum. In formica commendatur nobis prouidentia. In lepusculo qui est animal timidum velociter fugiens, & in petra collocãs cubile suum, diffidentia de propriis viribus, & confidentia in Deo, quæ reperitur in hominibus timoratis. In locusta vero, quæ saltat, & post saltum decidit, ardens desiderium eternorum cum consideratione propriæ infirmitatis. In stellione qui est lacertulus quasi depictus & stellatus, qui alas non habet, sed manibus nititur, diligentia in operatione, quæ defectum supplet naturæ. Vt enim dicit gloss. ingeniosi per negligentiam in imis remanent: sed simplices quos ingenij pœna non adiuuat, ad obtinenda regni æterni præmia virtus operationis leuat. Et qui natura tardi sunt ingenio, solertia industriæ suæ ad diuinarum notitiam scripturarum, vel ad virtutum gratiam quibus cœlum mereantur, attingunt. Prudentia defectus supplet: sicut prouidétia supplet infirmitatem formicæ. Prudens enim tempus necessitatis præoccupat, prouidendo sibi tempore opportuno. Item prudens in Deo confidens, fortitudinem suam in Dei fortitudinem mutat. Esa. 40. *Qui sperant in Domino, mutabunt fortitudinem.* Item quod per se non potest, multitudine efficit, sicut multitudo locustarum concors egreditur ad depascendum viridia. Supplet etiam prudens diligentia, quod minus habet à natura. Serpes docet nos etiam prudentiam astutia sua, Matth. 10. *Estote prudentes sicut serpentes.* Et sunt 5. astutiæ serpentis quibus prudentia sanctorum debet assimilari. Prima est, quod caput suum summe custodit, pro eo cætera membra exponendo. Nec immerito: cum capite illæso viua quantumcunque cætera membra lædantur. Sic sancti pro Christo, qui est caput eorum, se & sua exponere non timent. Prouerb. 12. *Qui negligit damnum propter amicum, iustus est.*Philip. 3. *Quæ mihi fuerunt lucra, hæc arbitratus sum propter Christum detrimenta.* Nec mirum si sancti omnia pro Christo exponunt: quia eo saluo, omnia sunt eis salua, etiam capilli. Matth. 10. *Capilli capitis vestri numerati sunt.* 2. Machab. 4. *E cœlo ista possideo: sed propter Dei leges nunc ista despicio, quia ea mo ab ipsa recepturum spero.* Secunda est, quod serpens se in arcto foramine ponit, vbi pellem veterem deponit. Sic prudentes in arcta via pœnitentiæ se ponunt, vbi pellem veteris hominis deponunt, Ephes.

Astutiæ serpentis quinque.

3. *Deponite vos secundum pristinam conuersationem veterem hominem, qui corrumpitur secundum desideria carnis.* Et nota quod duo exiguutur ad hoc quod serpens in foramine pellem deponat, scilicet foraminis angustia. Si enim esset latum, sine difficultate transiret, & veterem pellem retineret. Et stabilitas foraminis: nisi enim esset stabile, potius foramen secum ferret, quam pellem ibi relinqueret. Sic pellem veteris consuetudinis non deponunt in claustro qui in eadem libertate volut esse in claustro in qua fuerant in sæculo. Item qui manentes in sæculo nullam habet propositi firmitaté, in pœnitentiis quas agunt de facili secum dispensantes. Tertia est, quod serpens vnam aurem terra obstruit & aliam cauda, ne vocem incantatoris audiat: secundum illud Psalm. *Sicut aspidis surdæ & obturantis aures suas.* Sic sancti viri aurem vnam obstruunt memoria mortis, & aliam consideratione propriæ fragilitatis, & ne suggestioni diaboli acquiescant, attendentes ex quot & qualibus causis perire possut. Ecclesiast. 7. *Memorare nouissima tua, & in æternum non peccabis.* Qui castrum corporis sui luteum intelligit, non præsumat facere guerram cum omnipotente. Quarta est, quod serpens calcaneo mulieris insidiatur. Genes. 3. Sic sancti, fini qui consequitur opera carnis insidiantur, ex eo ostendentes desideria carnis fatua esse. Iob. 3. *Quasi vna ex stultis mulieribus locuta es.* Augustinus: Deliciæ carnis hic non satiant, & in futuro damnant. Vbicunque caro quærit refectionem, inuenit defectionem, Gregor. qui præsenti suauitate capitur, quasi per amœna prata ad interitum ducitur. Quinta est, quod propter inimicitias quas habet cum homine, habitat in deserto, vel latet sub spinis vel herbis. Sic veri sancti agnoscentes inimicitias quas habet mundus cum eis, fugiunt eum. 1. Ioan. 3. *Nolite mirari, si odit vos mundus.*

CAPVT V.

Caput V.

De speciebus Prudentiæ, & triplici eius diuisione: de memoria & obliuione, de prouidentia, de diuisione prudentiæ secundum Sen. de diuisione eius in prouidentiam, circumspectionem, cautionem, docilitatem. De 12. quæ iuuant ad hoc quod aliquis bene doceat, & de tribus quæ doctor debeat attendere in sua doctrina, & de septem quæ valent ad hoc vt quis bene addiscat.

Sequitur de speciebus Prudentiæ. Notandum ergo, quod prudentia prout comprehendit omnem salubrem cognitionem siue virtutem cognitiuam. Primo modo videtur posse distingui in virtutem cognitiuam diuinorum & humanorum. Virtus vero cognitiua diuinorum, triplex videtur esse. Prima acquiescit auctoritati, scil. fides. Secunda rationi, scilicet donum intellectus. Tertia est, animum diuinam suauitatem gustando experiri, scilicet donum sapientiæ. De duabus primis dicit Aug. in lib. de Vtilitate credendi: Quod credimus, debemus autoritati, quod intelligimus, rationi. De tertia dicitur in Psal. *Gustate & videte*, &c. Prima cognitio de Deo, statui incipientium sufficit. Secunda competit statui proficientium. Tertia statui perfectorum Bernar. ad fratres de monte Dei. Sunt animales, qui nec ratione per se aguntur, nec affectu trahuntur: & tamen auctoritate promoti, vel doctrina commoniti, vel exéplo prouocati approbant bonum vbi inueniunt, & quasi coeci, sed ad manum tracti, sequuntur. Sunt rationales qui per rationis indicium & naturalis scientiæ discretionem habent cognitionem boni & appetitum, sed nondum habent affectum. Sunt perfecti qui spiritu aguntur, qui à Spiritu sancto plenius illuminantur: & quia sapit

Virtus cognoscitiua triplex.

eis bonum cuius trahuntur affectu, sapientes vocantur. Virtus vero cognitiua humanorum, vel est cognitiua rerum quæ propter hominem à Deo factæ sunt, quæ specialiter attendit bonum & malum in eis, quæ videtur esse donum scientiæ: vel attenditur circa ea quæ ab homine propter Deum agenda sunt. Quæ duplex est: scilicet prudentia sumpto nomine stricte: & hæc attenditur circa agenda communiter. Et donum consilij, quod attenditur circa ardua, quæ propter arduitatem suam non sunt in præcepto, circa quæ maxime præcipitatio cauenda est. Videtur etiam prudentia posse distingui, sicut Seneca scientiam moralem diuidit. Cuius pars vna rebus pretia imponit, recte existimãs vnamquamque. Secunda affectus ordinat impetus animi refrænans. Tertia, quid, quando, vbi & quemadmodum agi debeat, determinat. Secundum Tullium vero in Rhetoricis, distinguitur prudentia in memoriam, intelligentiam, prouidentiam. Memoria est per quam animus repetit illa quæ fuerunt. Intelligétia est, per quam ea prospicit quæ sunt. Prouidentia est per quam futuri aliquid videtur antequam factum sit.

De Memoria & Obliuione.

AD memoriam monemur, Eccl. 1. *Memento quæ ante te fuerunt*. Memoria mortui viuunt. Memoriæ illa pars vitæ nostræ quæ præterit, manet: sine hac quasi perdita est. Seneca: Qui nil de præterito cogitat vitam perdidit. Memoria thesaurus est cognoscibilium. Ipsa est velut quoddam seruatorium, in quo veritas vtilis quam ratio inuestigando coepit, fideliter seruatur. Animus obliuiosus est velut locus vbi quicquid repositũ fuerit moritur. Obliuio enim est quasi quædã mors. Greg. 1. parte Moral. Sicut mors quod interficit, cogit vt non sit in vita: ita obliuio hoc quod intercipit agit vt non sit in memoria. Animus obliuiosus est quasi stomachus cibum receptum reijciens. Greg. in

Memoria rei ũ quarũ dã laudabilis.

homil. Cibus métis sermo Dei est, & quasi acceptus cibus languente stomacho reiicitur, quando auditus sermo in vetre memoriæ non tenetur. Quisquis alimenta nõ retinet, huius profectò vita desperatur. Et notandum, quod multa sunt quorum memoria specialiter est laudabilis, de quibus causa breuitatis decem ponamus. Primo laudabilis est memoria beneficiorum, & maxime memoria creatoris & redemptoris nostri. Eccles. vlt. *Memento creatoris tui.* Et Luc. 22. *Hoc facite in meam commemorationem*, Exod. 13. *Mementote diei huius in qua egreßi estis de Ægypto*. Eccl. 19. *Gratiã fideiußoris ne obliuiscaris. Posuit enim animam suam pro te.* Bern. ad fratres de monte Dei : Scit, quicunque habet sensum Christi, quantum Christianæ pietati expediat, quantum seruum Dei, seruum redẽptionis Christi deceat, & vtile ei sit vna saltem aliqua diei hora passionis ipsius ac redemptionis attentius recolligere beneficia, ad fruendum suauiter in conscientia, & recolendũ fideliter in memoria. Memoriã etiam beneficiorum acceptorum videntur habere animalia irrationabilia. Secundo memoria mandatorum Dei. In Psalm. *Et memores sunt mandatorum ipsius ad faciendum ea.* Deut. 6. *Erunt verba hæc quæ ego præcipio tibi hodie, in corde tuo, & narrabis ea filiis tuis, & meditaberis sedens in domo tua, & ambulans in itinere, dormiens atque consurgens.* Num. 15. *Dices ad filios Israel, vt faciant sibi fimbrias per quatuor angulos palliorum, ponentes in eis vittas hyacinthinas, quas cum viderint, recordantur omnium mandatorum Dei.* Iosue 1. *Non recedat volumen legis huius ab ore tuo : sed meditaberis in eo diebus ac noctibus.* Eccl. 3. *Altiora te ne quæsieris : & fortiora te ne scrutatus fueris : sed quæ præcipit tibi Deus, hæc cogita semper.* Tertio, memoria iustitiæ quam Deus exercuit in transgressores mandatorum suorum. In Psal. *Memorabor iustitiæ tuæ solius.* Eccl. 38. *Memor esto iudicij mei, sic enim erit & tuum.* Quarto, memoria belli spiritualis, in quo tot &

tanti ceciderunt, quia valet ad hoc vt cautiores simus, Iob. 40. *Memẽto belli, & nõ addas amplius quicquam loqui.* Hier. Ne in præterita castitate cõfidas : nec Dauid sanctior, nec Samsone fortior, nec Salomone potes esse sapiẽtior. Memento sẽper quòd paradisi colonũ mulier de possessione sua eiecerit. Quinto, memoria diuinæ misericordiæ, vtilis in tribulatione, positis ne desperẽt. Ecclesiast. 51. *Memoratus sũ misericordiæ tuæ Domine.* 1. Mac. 4. *Memento quomodo salui facti sunt patres nostri in mari rubro.* Sexto, memoria laudabilis vitæ sanctorũ quam imitari debemus. Greg. Facta præcedentium patrum consideramus, & nõ erũt grauia quæ toleramus. Ioã. 15. *Mementote sermonis mei quem ego dixi vobis : non est seruus maior Domino : si me persecuti sunt, & vos persequentur.* Septimo, memoria aduersitatis in prosperitate. Eccles. 18. *Momento paupertatis in die abundãtiæ.* Octauo, memoria status honorabilis à quo quis degenerauit : vt est nobilitas parentũ, vel carnalium, vel spiritualium; vel propria nobilitas spiritualis à qua quis decidit. Sap. Nobilitatis ad hoc tantum memineris, vt cum claritate generis, morũ sanctitate cõtẽdas, & cũ nobilitate corporis animi nobilitate proficias. Esa. 51. *Attendite ad petrã de qua excisiestis, &c. Attendite ad Abraham patrem vestrum.* Apocalyp. 2. *Memor esto vnde excideris, & age pænitentiam.* Nono, memoria in eo qui ad prosperitatem deuenit, eorũ qui in aduersitate eius socij fuerunt. Genesis 40. *Memento mei cum bene tibi fuerit.* Decimo, memoria proprium peccatorum ad dolendum pro eis, Esa. 38. *Recogitabo tibi omnes annos meos in amaritudine animæ meæ.* Item notandum, quod quatuor sunt quorum obliuio videtur esse laudabilis. Primo, obliuio iniuriarum. Leui. 19. *Non memor eris iniuriæ ciuium tuorum.* Animus obliuiosus beneficiorum, & tenax iniuriarum, est velut colatorium fæces retinens, & quod purum est, exire permittens. Secundo obliuio beneficij alteri dati

De Prudentia.

Hæc enim lex est inter duos, vt ait Sapiens, quod alter statim debet obliuisci dati, alter memor accepti esse. Tertio, obliuio delectationum, quas aliquis habuit in præteritis peccatis. Qui recogitat peccata præterita delectando in ipsis, mente reuertitur in Ægyptum, vt filii Israel, Num. 11. *Recordamur piscium quos comedere solebamus in Ægypto gratis: in mentem nobis veniunt cucumeres.* Hoc est etiam respicere retro, vt vxor Loth. Gen. 19. quæ versa est in statuam salis. Luc. 17. *Memores estote vxoris Loth.* Hoc etiam est habere idola apud se, vt Rachel. Genesis 31. Quarto, obliuio rerum temporalium quæ ad contemplatiuos perfectos pertinet, Philip. 3. *Quæ quidem retro sunt obliuiscens: ad ea vero quæ sunt priora extendens meipsum.* Macrob. loquens de temperantia perfectorum. Temperantia, inquit, est terrenas cupiditates non reprimere, sed potius obliuisci. Item notandum, quod quinque sunt quæ videntur facere ad bonitatem memoriæ. Primum est sicca complexio. Siccitas enim est dispositio conueniens ad tenacitatem impressionum, sicut humiditas est dispositio conueniens ad receptionem earum. Secundum est exercitium circa vnum vel pauca, non circa multa. Vnde pueri quamuis sint humidi, firmiter in memoria retinent: quia animæ eorum non occupantur circa multa sicut animæ maiorum. Ecclesiastic. 38. *Qui minoratur actu, percipiet sapientiam.* Tertium est placentia rei cognitæ. Hanc causam innuit Plato esse in tenera ætate, quare ea quæ addiscuntur, firmiter in memoria retinentur. Tenacior, inquit, & forte maior in illa ætate cognitionis delectatio cognita mentibus altius infigit. Quartum est nouitas. Horatius. Quo semel est imbuta recens, seruabit odorem Testa diu. Ideo vtilia cito addiscenda essent. Memoria enim impleta superuacuis, vtilia difficilius retinet. Senec. in epistolis:

Quinque ad bonitatem memoriæ faciunt.

Liberalium artium consecratio verbosos sibi placentes facit, & ideo non discentes necessaria quia superuacua didicerunt. Quintum est, infixio memoriæ longa ruminatione facta. Sen. Certis ingeniis immorari & innutriri oportet, si velis aliquid trahere quod in animo fideliter sedeat. Item cùm multa percurreris, vnum excipe quod illo die decoquas. Et notandum, quod qui non habet bonam memoriam, scriptura deberet supplere eius defectum. Eccles. 38. *Sapientiam describe in tempore vacuitatis.* Scripsit Dominus decalogum bis populo Iudæorum in tabulis lapideis. Exod. 31. & 34. Sunt qui nihil ponunt in memoria, sed omnia in scripto: Sunt alii qui confidentes in memoria sua, nihil commendant scripturæ: & vtrumque vitium est. Pythagoras: Caue ne armarium doctius quam pectus habeas. Seneca: Distrahit librorum multitudo. Itaque cum legere non possis quantum habueris, satis est habere quantum legas. Bern. ad fratres de monte Dei: Non tantummodo agendum est vt cum aliqua delectatione vel sine grandi nausea dies transigatur: sed etiam vt de peracta dieta ad profectum mentis semper aliquid in conscientia resideat, aliquid quotidie in thesaurum cordis congeratur. Bern. De quotidiana lectione aliquid in ventrem memoriæ dimittendum est, quod fidelius digeratur, & sursum reuocatum crebrius ruminetur, quod proposito conueniat, quod intentioni proficiat, quod detineat animum vt aliena cogitare non libeat. Hieronym. Fatuum est propter confidentiam memoriæ nihil scripto commendare, quia in memoriam primò senectus incurrit, vt ait Senec.

De Prouidentia.

Sequitur de Prouidentia, ad quam monemur exemplo formicæ. Prouerbior. 6. *Vade*, inquit, *ad formicam, ò piger, & considera vias eius, & disce sapientiam.*

quæ cum non habeat ducem, nec præceptorem, nec principem, parat æstate cibum sibi. Et Genes. 41. exemplo Ioseph, qui septem annis fertilitatis congregari fecit quæ erant necessaria septem annis sterilitatis futuræ Prouerbior. 19. *Qui congregat in messe, filius sapiens est.* Deuteron. 32. *Vtinam saperent, & intelligerent, ac nouissima prouiderent.* Prouidentia valde vtilis est. Tob. 9. dixit Tobias Azariæ. *Si meipsum tradam tibi seruum, non ero condignus prouidentiæ tuæ.* Senec. Qui nihil de futuro præmeditatur, in omnia incautus incidet. Prouidentia, vel mala futura vitat, vel temperat, vel animo præparat vt ea leuius ferat. Gregor. Eo periculum vitari non potest, quo non potuit præuideri. Senec. Propone animo tuo & mala futura & bona, vt illa sustinere possis, ista moderari. Gregor. in homil. Minus iacula feriunt quæ præuidentur, & nos tolerabilius mundi mala suscipimus, si contra hæc per præscientiæ clypeum munimur.

Item in Moral. Tanto quisque minus aduersitate vincitur, quanto contra illam præsciendo paratus inuenitur. Item in Pastoralibus: Hostis callidus tanto liberius pectus percutit, quanto nudum à prouidentiæ lorica deprehendit. Item: dum contra ictum quisque paratior redditur, hostis qui se inopinatum credidit eo ipso quod præuisus est, eneruatur.

De diuisione Prudentiæ secundum Senecam.

Seneca in libro de quatuor virtutibus principalibus, tangit diuisionem Prudentiæ similem diuisioni Tullii iam positæ, dicens: Si prudens fueris, animus tuus tribus temporibus dispensetur: præsentia ordina, futura prouide, præterita recordare. Sunt aliqui qui futura ordinant quæ non sunt in sua potestate, præsentia vero confusa & inordinata relinquunt. Actorum 1. *Non est vestrum nosse tempora, vel momenta quæ Pater posuit in sua potestate.* Bernardus: Quid de futuro miser tam temerarie præsumis, tanquam Pater tempora & momenta in tua, & non in sua magis posuerit potestate? Tales vitam quam habent volunt perdere, & quam non habent proponunt vtiliter dispensare. Illam partem vitæ quam Deus iam dat, in contumeliam Dei volunt expendere: illam vero quam Deus nondum eis dedit, volunt Deo dare, & de illa gratiam Dei acquirere. Et notandum, quod ordo secundum Augustin. 19. de Ciuit. Dei, est parium disparium̃que rerum sua cuique loca tribuens dispositio. Et facit multùm ordinatio ad quietem mentis. Augustin. in lib. Conf. Minus ordinata inquieta sunt, ordinata quiescunt. Idem: Iussit Deus, & sic est, vt pœna sibi sit inordinatus animus. Debet vero homo ordinare se & sua. Quantum ad se, ordinabiliter ille viuit (iuxta verbum Bernard.) qui in conuersatione sua solicite conseruat vias suas, & in conspectu Domini, & in conspectu proximi cauent sibi à peccato, & proximo à scandalo. Quadruplex vero ordinatio debet esse in homine.

Prima est considerationis, Bernard. in libr. de consideratione: Consideratio tua à te inchoet, ne frustra extendaris in alia te neglecto.

Secunda est affectionis, præcipue illius quæ aliis supereminet: scilicet dilectionis. Canticor. 2. *Ordinauit in me charitatem.*

Tertia est negotiorum secundum diuersitates tẽporum. Bernar. ad fratres de mõte Dei: Mane prẽteritæ noctis fac à temetipso exactionem, & venturæ diei tu tibi indicito canonem: vespere prẽteritæ diei rationem exige, & superuenientis noctis fac indictionẽ. Sic destricto non vacabit lasciuire aliquando: singulis horis secundum communis instituti canonem sua distribue exercitia: cui spiritualia, spiritualia, cui corporalia, corporalia: in quibus sic exoluat omne debitum spiritus Deo, corpus spiritui vt si quid fuerit intermissum, si quid neglectum, si quid imperfectum suo loco, suo modo, suo tempore non habeat impunitum vel irrecompensatum.

Idem in eodem: Primum extra quotidianum sacrificium orationum vel lectionis, studium conscientiae, quotidianae discussioni, emendationi, compositioni pars sua Dei neganda non est.

Quarta est ordinatio pertinens ad pugnam spiritualem. Virtutes enim animae praeparatae debent esse ad certamina sibi competentia. Temperantia, cum ad mensam acceditur. Prudentia, cum quid agendum sit, tractandum est, & sic de caeteris virtutibus. Gregor. in Moralib. Quodlibet certamen exuperat, qui mentem certamini ante certamen parat. Anima virtutes habens daemonibus terribilis est vt castrorum acies ordinata. Canticor. 5. Prouerbior. 24. *Cum dispositione initur bellum.* Suos debet homo ordinare, ostendendo quid vnicuique sit agendum, & quid vnicuique sit habendum. Propter primam ordinationem regina Saba admirata est ministros Salomonis. 3. Regum 10. *Videns regina Saba omnem sapientiam Salomonis, &c. & ordinem ministrantium, &c. non habebat vltra spiritum.* De secunda ordinatione habes Esaiae 38. *Dispone domui tuae quia morieris tu, & non viues.* Debet etiam homo sua ordinare, vt vtiliter expendantur vel vtiliter retineantur. Ecclesiast. 7. *Pecora tibi sunt, attende illis: & si sunt tibi vtilia, perseuerent apud te.*

De alia diuisione Prudentiae.

PRudentia à quibusdam diuiditur in quatuor species, scilicet prouidentiam, circumspectionem, cautionem, docilitatem. Quarum specierum numerus sic videtur posse manifestari. Cognitio salubris quae ad prudentiam pertinet, considerari potest absolute prout est in cognoscente, vel prout distribuitur alteri. Est enim thesaurus nobilis qui distributus suscipit incrementum. Et sicut dicit Augustinus in libro de doctrin. Christia. Omnis res quae dando deficit, nondum habetur & non datur: nondum habetur, quomodo habenda est. Secundum ergo quod prudentia dirigit circa distributionem scientiae seu cognitionis salubris, est haec species eius docilitas. Secundum vero, quod absolute consideratur vt est in cognoscente, tres habet species. Cum enim sit lumen rationem perficiens ad videndum quae agenda sunt: ratio autem perfecte non videt nisi videat remota vt propinqua, & nisi videat res interius & non solum superficialiter, & nisi res videat vndique & non solum ex parte vna, prudentia speciem vnam habet qua videntur remota, scilicet prouidentiam, quae sic dicta est, eo quo procul videat. Et potest extendi nomen prouidentiae ad memoriam & prouidentiam, quas ponit Tullius. Ratio enim procul viget, siue praeuideat futura, siue praeterita. Simili modo nomen memoriae quandoque extenditur ad futura, vt Ecclesiastic. 7. *In omnibus operibus tuis memorare nouissima tua.* Aliam speciem habet prudentia qua ea quae videntur superficialiter bona, agnoscuntur esse mala, scilicet cautionem. Aliam etiam habet qua vndique videt, scilicet circumspectionem. Prouidentia proprio sumpto nomine, est praesens notio futurum detractans euentum.

Huius officium est, ex praeteritis & praesentibus futura perpendere. Boetius in libro Consolationum. Non quod ante oculos situm est, sufficit intueri: iterum exitus prudentiam metitur. Imprudens viam respicit qua iturus est;

prudens vero finem viæ attendit. Si dicatur imprudenti, veni mecum, ducam te honorificè & per viam pulcherrimam: paratus est ire, non requirens amplius, prudens vero requirit quò ducendus sit. Et si dictum ei fuerit, ad suspendium, non vult illuc ire, nec eques, nec pedes, nec per viam amœnam, nec asperam.

Si vero dictum ei fuerit, quod ad locum vbi regnabit, paratus est illuc ire pedes etiam per vias asperas. Qui sine prouidentia est, est sicuti homo debilem habens visum, qui ea quæ sunt iuxta oculum videt, remota vero aliquantulùm non videt. Circumspectio est contrariorum vitiorum cautela. Officium huius virtutis est per diligentem considerationem inter contraria vitia medium tenere. Ad hanc virtutem pertinet sic libertatem seruare, vt fugiendo auaritiam, prodigalitatem non incurramus: & sic recedere à temeritate, quod in timiditatem non cadamus. Ad illud quod est circumspectionis monet nos Salomon Prou. 4. *Omni custodia serua cor tuum.* Dicturus custodia, præmisit omni: ne hinc hostibus fores claudas, & aliunde aditum pandas. Circumspectio commendatur nobis, Ezech. 1. vbi dicitur, *quod totum corpus plenum erat oculis.* Et Apoc. 4. vbi legitur quod *animalia plena erant oculis ante & retro.* Ouid. In vitium ducit fuga culpæ si caret arte: Dum stulti vitant vitia, in contraria currunt. Ad circumspectionem etiam videtur pertinere, cum aliquis est vndique cinctus malis, minus malum eligere. Greg. in Moral. Qui murorum ambitu vndique ne fugiat, clauditur: ibi se in fugam præcipitat vbi murus breuior inuenitur. Cautio est discernere à virtutibus vitia virtutum speciem præferentia. Isid. Quædam vitia virtutum speciem præferunt: vnde semper perniciosius suos sectatores decipiunt, quia se sub velamine virtutis tegunt. Nam sub prætextu iustitiæ crudelitas agitur, & remissa segnities mansuetudo creditur. Cicero: nullæ sunt occultiores insidiæ, quam hæ quæ latent in similitudine officij. Greg. in Moral. Plerumque vitia colore virtutum tincta tanto nequiora sunt, quanto & deesse vitia minime cognoscuntur. Hostis nostri malitia cautè se arte palliat, vt plerunque ante deceptæ mentis oculos culpas virtutes fingat, vt inde quis quasi expectet præmia, vnde æterna dignus est inuenire tormenta. Cautio apparens bonum interius inspicit, & malitiam ibi perpendit. Senec. Qui decipiunt nihil habent solidi, tenue est mendacium, perlucet si diligenter inspexeris. Qui sine cautione sunt, frequenter incurrunt illam maledictionem Esa. 5. *Væ qui dicitis bonum malum, & malum bonum.* Docilitas est prudentia erudiendi imperitos, quæ commendatur nobis exemplo Salomonis 1. Reg. 3. Cui cum Dominus dixisset: *Postula quod vis vt dem tibi:* ipse docilitatem videtur prætulisse omnibus, dicens: *Dabis seruo tuo cor docile.*

De XII. quæ iuuant ad hoc quod aliquis debite doceat. Et de tribus quæ doctor debet attendere in sua doctrina.

NOtandum quod XII. sunt, quæ videntur facere ad hoc vt aliquis debito modo doceat, maxime doctrinam salubrem. Primum est, si ipse laudabiliter viuat. Aug. in lib. de doctr. Christ. Non obedienter auditur, qui seipsum non audit. Greg. in Moral. Cum imperio docetur quod prius agitur, quam dicitur: Nam doctrinæ subtrahit quis fiduciam, quando conscientia præpedit linguam. Vita debet iuuare doctrinam, non impedire. Et primo debet, qui docet, informare se in doctrina, postea alios. Prouerb. 5. *Bibe aquam de cisterna tua, & fluenta putei tui.* Et post subditur: *Deriuentur fontes tui foras.* De hoc require in tractatu de Superbia, cap. De appetitu magisterij. Secundum est, vt authoritatem magisterij Deo, non sibi attribuat. August. in libr. de

De Prudentia.

doctrina Christia. Quoniam Christus seminat, ego qui sum vix cophinus seminantis, in me ipse ponere dignatur quod velit spargere. Nolite ergo attendere ad vtilitatem cophini: sed ad charitatem seminis & potestatem seminatoris. Idem in eodem: Christus est qui docet, cathedram in cælo habet, schola eius in terra est. Schola ipsius corpus eius est: caput docet membra sua: lingua loquitur pedibus suis. Idem super Cano. Ioan. Magisteria forinsecus, adiutoria sunt & admonitiones: cathedram habet in cœlo, qui corda docet. Tertium est, vt doctrinæ orationem præmittat August. in lib. de doct. Christia. Si regina Esther pro suæ gentis temporali salute locutura apud regem, orauit vt in os eius congruum sermonem Dominus daret: quanto magis orare debet vt tale munus accipiat qui pro æterna hominum salute in verbo & doctrina laborat? Item in eodem: Agat eloquens quantum potest cum bona & iusta & sancta dicit, vt intelligenter & libenter, & obedienter audiatur: & hoc se posse si potuerit, & quantum potuerit pietate orationem magis quam oratorum facultate non dubitet, vt orando pro se & pro illis quos allocuturus est, sit orator antequam doctor. Quartum est, vt sententiam plus amet quam verba. August. Bonorum ingeniorum insignis est indoles, in verbis verum amare, non verba. Idem in eodem: Vtrum ignoscere productum syllaba tertia aut correpta dicatur, non multum curat qui pro peccatis Deum petit vt ignoscat: sed tamen eo magis inde offenduntur homines, quo infirmiores sunt, & eo infirmiores, quo doctiores videri volunt. Idem in eodem: Quid prodest clauis aurea, si aperire quod volumus non potest? & quid obest lignea, si potest, quando nihil quærimus nisi patere quod clausum est? Idem: Cauendum est ne diuinis grauibusque sententiis, dum numerus additur, pondus detrahatur. Ad numerum, pro vt hic sumitur, intelligas pertinere proportionem syllabarum, metrum & colores rhetoricos. Item August. in eodem, In authoribus nostris hoc mihi plus placet, quod ibi rarissime eos inueni numeros: satis est enim ei propter quod agitur vt verba congruentia, non oris eligatur industria, sed pectoris sequantur ardorem. Sen. Oratio quæ veritati dat operam, incomposita esse debet & simplex: Idem: Oratio quæ sanandis mentibus adhibetur, descendere in nos debet. Idem: Non delectent verba vestra, sed prosint: si tamen contingere eloquentia. non solicite potest: si autem parata est, aut pro vero constat, assit, & res pulcherrimas prosequatur; sit talis, vt potius res, quam se ostendat. Aliæ artes ad ingenium pertinent, hic animi negotium agitur. Non quærit æger medicum eloquentem, non quærit quare gratuletur sibi, quod inciderit in medicum disertum, sed si ita competit vt ille idem qui sanare potest compte de his quæ facienda sunt disserat; hoc tale est quale si peritus gubernator etiam formosus est. Quid aures meas scabis? quid oblectas? curare debes morbum veterem, grauem, publicum: tentum negotij habes, quantum in pestilentia medicus: circa verba occupatus es, vide si sufficis rebus. August. In libro Confes. Didiceram perinde esse sapientiam & stultitiam, sicut sunt cibi vtiles & inutiles: verbis autem ornatis & inordinatis sicut vasis vrbanis, & rusticanis vtrosque cibos posse ministrari. Quintum est, vt in scripturis sensus authoris requiratur. Augustin. in libro de doctrina Christiana loquens de illo qui aliud in scriptum sentit, quam ille qui scripsit, ea tamen sententia deceptus quæ ædificat charitatem, dicit, quod ille fallitur ac si quisquam deserens viam, eò tamen per agrum pergat, quò via illa perducit: corrigendus est tamen, & quam sit vtile viam non deserere demonstrandum est, ne consuetudine deuiandi etiam in transuersum aut peruersum ire cogatur. Deinde innuit causam quare cauendū sit hoc in scripturis, dicens: Titubabit fides, si diuinarum scripturarum vacillat authoritas. Sextum est, vt in scriptura Sacra non vbique mysterium requiratur. August. 16. lib. de Ciui. Dei. Non sane omnia quæ gesta narrantur, significare aliquid putanda sunt: sed propter illa, quæ aliquid significant, & ea quæ nihil significant, attexuntur. Solo vomere terra proscinditur: sed vt hoc fieri possit, etiam cætera aratri membra sunt necessaria. Et soli nerui in citharis & cæteris vasis musicis aptantur ad cantum: sed vt aptari possint insunt & cætera quæ non percutiuntur à canentibus, sed ea quæ percussa resonant, his connectuntur. Ita in prophetica historia dicuntur & aliqua quæ nihil significant, sed quibus adhæreant ea quæ significant, & quodammodo religentur. Septimum est, vt diuidendo mediocritas seruetur. Senec. in epistolis: Philosophiam in partes, non in frusta diuidam. Diuidi enim eam, non concidi, vtile est: nam comprehendere quemadmodum maxima ita minima, difficile est. Item partes eius quod diuisum est, innumerabiles esse & paruulas non oportet. Idem: Vitij habet nimia quod nulla diuisio: simile confuso est quicquid vsque in puluerim sectum est. Octauum est, inter tarditatem & præcipitationem medium in proferendo seruare. Sene. in epist. Philosophi pronuntiatio sicut vita debet esse composita: nihil ordinatum est, quod præcipitatur & properat. Idem: Æque stillare illam nolo, quàm currere. Non extendat aures, nec obruat. Idem: In opia verborum & exilitas minus intentum auditorem habet, tædio interruptæ tarditatis: facilius tamen insidet quod expectatur: quam quod præteruolat. Denique tradere homines discipulis præcepta dicuntur. Non traditur quod fugit. Quomodo omnino regere potest, qui regi non potest? Idem: Remedia non prosunt nisi immorentur. Idem: Dicendi celeritas non satis decora est philosophiæ, quæ ponere debet verba, non proiicere. Idem: Quemadmodum sapienti viro incessus modestior conuenit: ita oratio pressa, non audax. Nonum est, vt dicendo, veritatem non deserat. August. in libro de doctrina Christiana: Minus intelligantur, minus placeant, minus moueant quæ dicuntur, vera tamen dicantur & iusta. Decimum est, vt doctrina facile sit aperta, August. in lib. de doctrina Christiana. Quid prodest locutionis integritas quam non sequitur intellectus audientis? cum loquendi omnino nulla sit causa, si quod loquimur non intelligant, propter quos vt intelligant loquimur. Prou. 19. *Doctrina prudentum facilis.* Ecclesi. 4. *Ne abscondas sapientiam in decore eius.* 1. Corinth. 14. *Si incertam vocem det tuba, quis præparabit se ad prælium?* Idem in eodem: *Volo in Ecclesia quinque verba sensu meo loqui vt & alios instruam, quam decem millia verborum lingua.* Ambrosi. Melius est vt nos intelligant populi, quam vt non reprehendant grammatici. Aug. 4. lib. de doctrina Christiana: Quæ vix intelliguntur, vel raro, si aliquid vrget, vel nunquam omnino in populi audientiam mittenda sunt. Vndecimum est, vt doctrina sit breuis. Ecclesi. 21. *Verba sapientum statera ponderabuntur.* August. in lib. de doctrina Christiana. Sicut ingratus est qui cognita obnubilat: sic onerosus est qui cognita inculcat. Ouid. Quicquid præcipies, esto breuis: vt cito dicta percipiant animi dociles, doceantque fideles. Omne superuacuum pleno de pectore manat. Duodecimum est, vt doctrina sit vtilis. Seneca in epistolis: Etiam si multum esset ætatis, parce dispensandum erat, vt sufficeret necessariis: nunc quæ dementia est, superuacua discere in temporis egestate? Doctrina moralis debet esse contra pestem aliquam, & finaliter ad ædificandam dilectionem Dei & proximi in hominibus: Seneca in epistolis. Aliquid quotidie aduersus paupertatem, aliquid aduersus mortem auxilij compara: nec minus aduersus cæteras pestes, August. in lib.

De Prudentia.

Doctor tria attendere debet in doctrina.

lib. de doctrina Christiana: Legis & omniū diuinarum scripturarum plenitudo, & finis est dilectio rei qua fruendum est & rei quæ nobiscū ea re frui potest. Et paulo post: Quisquis igitur scripturas diuinas, vel quamlibet earum partem intellexisse sibi videtur, ita vt ea intellecta non ædificet geminam charitatem Dei & proximi, nondum intellexit. Item notandum, quod doctor in doctrina sua tria debet attendere: scilicet vt instruat, placeat, & ad agendum moueat. Aug. in quarto libro de doctrina Christiana: Dixit quidam eloquens, & verum dixit, ita debere dicere eloquentem, vt doceat, vt delectet, vt flectat. Deinde addidit: Docere necessitatis est, delectare suauitatis, flectere victoriæ, docendi necessitas in rebus est constituta quas dicimus: reliqua duo modo quo dicimus. Qui ergo dicit, quum docere vult, quamdiu non intelligitur, nondum se existimet dixisse quod vult ei quem vult docere. Si vero intelligitur, quocunque modo dixerit, dixit: Quod si delectare vult eum cui dicit, aut flectere, interest quomodo dicat: sicut autem vt teneatur ad audiendum delectandus est auditor, ita flectendus vt moueatur ad agendum: & sicut delectatur si suauiter loqueris, ita flectitur si amet quod polliceris, timeat quod miraris, oderit quod arguis.

Item August. in eodem: Quis audeat dicere aduersùm mendacium in defensoribus inermem debere consistere veritatem? vt scilicet qui res falsas persuadere conantur, nouerint auditorem vel beneuolum, vel attentum, vel docilem facere: isti autem non nouerint, & illi falsa aperte dixerint: similiter isti vera sic narrent vt audire tædeat, intelligere non pigeat, credere postremo non libeat. Illi fallacibus argumentis veritatem oppugnent, asserant falsitatem: isti nec vera defendere, nec falsa valeant refutare.

Item notandum, quod doctor sacræ scripturæ non debet esse timidus vel remissus. August. in lib. de disciplina Christiana. Qui timuerit ne semen cadat in terram malam, non perueniet ad bonam. Iactamus semina, spargimus semina, sunt qui contemnunt, sunt qui reprehendunt, sunt qui irrident. Ista si nos timuerimus, nihil habeamus seminare, & in messe habemus esurire 2. ad Timoth. 4. *Prædica verbum: insta opportune, importune.* Matt. 9. *Circuibat Iesus omnes ciuitates & castella, docens in synagogis eorum.* Marc. 7. *Circuibat Iesus castella, in circuitu docens.* Luc. 11. *Et erat quotidie docens in templo.* Item notandum, quod secundum quosdam docilitas est virtus dirigens hominem tam in addicendo, quam in dicendo.

De his quæ valent ad hoc vt quis bene addiscat.

Addiscendum septem prosūt.

ET secundum hoc sciendum est, quod septem sunt quæ videntur valere ad hoc vt aliquis bene addiscat, maximè scripturam sacram. Primum est, vt homo bene viuat. Aug. Errat quisquis veritatem se cognoscere posse putat si adhuc nequiter viuat. Eccl. 1. *Concupiscens sapientiam, serua iustitiam, & Dominus præbebit eam tibi.* Eiusdem. 27. *Volatilia ad sibi similia conueniunt, & veritas ad eos qui operantur illam, reuertetur.* Apoc. 1. *Collyrio inunge oculos tuos vt videas.* Gloss. Collyrio oculi vt videamus inunguntur: cùm ad cognoscendam veri luminis claritatem, intellectus nostri aciem medicamine bonæ operationis adiuuamus: qui malè viuunt, quasi spurcitia manuum suarum lumen diuinæ sapientiæ à se prohibent. Secundum est oratio. Quum sapientia donū Dei sit, non debet aliquis tentare rapere eam violentia studii Deo irrequisito, Iac. 1. *Si quis indiget sapientia, postulet eam à Deo.* August. Oratione melius soluuntur dubia, quam inquisitione alia. Tertium est humilitas, & hoc quantum ad quatuor. Primo, quantum ad hoc vt nullam doctrinam contemnat. Sen. Primum documentum est, vt nullam doctrinam contemnas. Secundo vt à nullo addiscere erubescas. Sene. de quatuor virtutibus: Esto sapientiæ cupidus ac docilis: quæ nosti, sine arrogantia impartire postulanti: quæ non nosti sine occultatione ignorantiæ tibi postula impartiri. Etiam à malis debet homo addiscere August. in lib. de doctr. Christia. Audiuntur vtiliter qui vtiliter non agunt: sua enim quærere student, sed sua docere non audent: & ita cathedra Moysi cogit eas bona discere etiam non bona facientes. Theophilus. Lector originis, ita botrum carpat, ne spinam attingat. Qui solum à bonis volunt addiscere, similes sunt illis qui solum in scyphis argenteis vel aureis volunt bibere, & tantum in saccis purpureis, vel aliter pretiosis frumentum datum recipere, quorum sitis vel fames miseranda non est. Tertio, quantum ad hoc vt homo non erubescat confiteri se nescire quod nescit. August. Non erubescendum est homini se nescire quod nescit, ne dum scire se mentitur, nunquam scire mereatur. Quarto, quantum ad hoc vt humilem modum loquendi quem habet sacra scriptura non contemnat. Augustinus ad Volusianum. Modus dicendi qui sacra scriptura contexitur, omnibus est accessibilis, quamuis paucissimis penetrabilis. Idem: Inuitat omnes humili sermone quos non solum manifesta pascit, sed etiam secreta exercet veritate. Idem 3. lib. confess. Institui animam intendere in scripturis sanctis: sed mihi visa est sancta scriptura indigna, quam Tulliani dignitati compararem: tumor enim meus fugiebat modum eius, illa autem erat quæ cresceret cum paruulis. Sed ego dedignabat esse paruulus, & turgidus fastu grandis mihi videbat. Item in eodem libro. Mira profunditas eloquiorum tuorum, quorum ecce ante nos superficies blandiens paruulis: sed mira profunditas Deus meus, mira profunditas, horror est intendenti in eam. Quartum est, librorum emé-

dationi intendat. August. 2. lib. de doctr. Christiana. Codicibus emendandis primitus debet inuigilare solertia eorum qui scripturas diuinas nosse desiderant. Quintum est, vt homo sit diligens scripturas sacras indagando. Ad quod primo necessarius est timor Dei. Prou. 1. *Timor Domini principium sapientiæ.* Ipse inquirentem à malo seruat. Prouerbiorum 14. *Sapiens timet & declinat à malo.* Et ibidem: *Timor Domini fons vitæ, vt declinet à ruina mortis.* Item nihil negligit. Ecclesiasti. 7. *Qui timet Deum, nihil negligit.* Secundo mansuetudo, vt homo credat auctoritati diuinæ scripturæ. August. 2. lib. de doctrina Christiana: Ante omnia opus est Dei timore ad cognoscendam eius voluntatem, deinde mitescere opus est pietate, neque contradicere diuinæ scripturæ, siue intellectæ si aliqua vita nostra percutit, siue non intellectæ quasi nos melius sapere meliusque percipere possumus: cogitare potius & credere id esse melius & verius quod ibi scriptum est, etiam si latet, quam illud quod nos per nosipsos sapere possumus. Bernardus: ad fratres de monte Dei: In omnibus scripturis legenti, initium debet esse timor Domini. Aug. 2. lib. de doctrina Christiana: In omnibus canonicis scripturis, timentes Deum & pietate mansueti quærunt voluntatem Dei. Quo ordine vero procedendum sit indagando scripturas sacras. August. eodem libro determinat, dicens: Erit diuinarum scripturarum solertissimus indagator, qui primo totas legerit, notasque habuerit: etsi nondum ad intellectum, iam tamen lectione duntaxat eas quæ vocantur canonicæ: non cæteras securius leget fide veritatis instructus. Et infra: In scripturis quærentium voluntatem Dei, prima obseruatio est nosse canonicas scripturas: etsi nondum ad intellectum, legendo tamen mandare memoriæ, vel omnino incognitas non habere. Deinde ea quæ in eis aperte posita sunt vel præcepta viuendi, vel regulæ credendi solertius diligentiusque in-

De Prudentia.

uestiganda sunt, quæ tanto in eis quisque plura inuenit, quanto est intelligentia capacior. In his enim quæ aperte in scripturis posita sunt, inueniuntur omnia illa quæ continent fidem, moresque viuendi, spem scilicet & charitatem. Tunc vero facta quadam familiaritate cum ipsa lingua diuinarum scripturarum, in ea quæ obscura sunt aperienda & discutienda pergendum est, vt ad obscuriores locutiones illustrandas, de manifestioribus sumantur exempla, & quædam cæterarum sententiarum testimonia dubitationem in cæteris auferant. In qua re memoria valet plurimum. Inquisitio vero dupliciter fit. Quádoque ab alio quærendo, ad quod pertinet illud Augustini, secundo lib. de doctr. Christian. dicentis: Nulla res magis memoriæ mandanda est, quam illa verborum locutionumque genera quæ ignoramus, vt quum peritior occurrerit quæri possint. Quandoque aliquis per se inquirit in scriptura, & tunc cauenda est ei temeritas, ne scilicet ignota pro notis habeat, hisque temere assentiat. Hæc enim præsumptio est, quam effugere qui volet, adhibebit ad res considerandas tempus & meditationem. Augustinus in libro de Vtilitate credendi: Duæ sunt personæ laudabiles in religione. Vna eorum qui iam veritatem inuenerunt, quos etiam beatissimos iudicare necesse est. Alia eorum qui studiosissime & rectissime inquirunt. Primi sunt in ipsa possessione: alij in via, qua tamen certissime perueniatur.

Tria vero enumerantur alia genera hominum profecto improbanda ac detestanda. Vnum est inopinantium, id est, eorum qui se arbitrantur scire quę nesciunt. Alterum siquidem qui sciunt se nescire, sed non ita quærunt vt possint inuenire. Tertium vero eorum qui nescire se existimant, nec quærere volunt. Item cauenda est in inquirendo curiositas, quæ est, non magnæ vtilitati nimiam operam impendere. Seneca: Quid te torques in illa quæstione quam vtilius est contempsisse, quam soluere? Cauenda est etiam ibi instabilitas. Seneca in epistolis: Vide ne lectio auctorum multorum, & omnis generis voluminum, habeat aliquid vagum & instabile. Cauenda est etiam rixandi libido, quæ peritos in arte logica multum solet vexare. Augustinus secundo libro de doctrina Christiana: Disputationis disciplina ad omnia genera obscura quæ in literis sanctis sunt penetranda plurimum valet: tantum ibi cauenda est rixandi libido, & puerilis quædam ostentatio aduersarium decipiendi. 2. ad Timoth. 2. *Noli verbis contendere*. Augustinus quarto libr. de doctr. Christian. Verbis condendere, est non curare quomodo error veritate vincatur, sed quomodo tua dictio dictioni alterius præferatur. Item cauenda est ibi nimia velocitas in transcurrendo latentem sententiam. Nihil magnum rerum ipsa natura cito effici voluit, proposuitque pulcherrimo cuique operi difficultatem: nascendi quoque hanc legem fecit, vt maiora animalia visceribus parentum diutius continerentur. Aristoteles dicit in lib. de natura animal. Elephas fœmina prægnans est duobus annis, quæ est animal magnum. Item Sapiens: Omnia nostra dum nascuntur, placent. Sed redeamus ad iudicium. Cito scribendo non fit vt bene scribatur. Bene scribendo fit vt cito, sed tunc maxime quum facilitas illa contigit, resistamus & prouideamus, vt offerentes equos frænis quibusdam coerceamus. Et notandum quod secundum Augustinum secundo libr. de doctrin. Christian. duabus causis non intelliguntur quæ scripta sunt: si aut ignotis, aut ambiguis signis obteguntur, sunt autem signa propria vel translata. Propria dicuntur cum his tribus signandis adhibentur propter quas sunt instituta: vt quum dicimus bouem, intelligentes illud animal. Translata sunt, quum ipsæ res ad aliquid aliud signandum vsurpantur: vt quum dicimus bouem, intelligentes

D d ij

Euangelistam. Contra ignota signa propria, magnum remedium est linguarum cognitio, & varietas interpretationum. Contra ignota signa translata remedium est cognitio rerum ad quas signandas transferuntur. Augustinus tertio lib. de doctr. Christ. contra ambiguitatem signorum dat remedium: Homo, inquit, timens Deum, voluntatem eius in scripturis sanctis diligenter inquirit. Et ne amet certamina pietate mansuetus, præmunitus etiam scientia linguarum ne in verbis locutionibusque ignotis inhæreat, præmunitus etiam cognitione quarundam rerum necessariarum, ne vim, naturámue earum quæ propter similitudinem adhibentur, ignoret, adiuuante etiam codicum varietate, quam solers emendationis diligentia procurauit, veniat ita instructus ad ambigua scripturarum discutienda atque soluenda. Et paulò post: Quum verba propria faciunt ambiguam scripturam, primo videndum est, ne male distinxerimus aut pronuntiauerimus. Cum ergo adhibita intentio incertum esse prouiderit, quomodo distinguendum, aut quomodo pronuntiandum sit, consulat regulam fidei quando scripturarum planioribus locis & Ecclesiæ auctoritate percepit. Quòd si ambæ vel etiam omnes, si plures fuerint partes ambiguitatis, & secundum fidem sonuerint, textus ipse sermonis à precedentibus & sequentibus partibus restat consulendus, vt videamus cui sententiæ de pluribus quæ se ostendunt ferat suffragium, eamque sibi contexi patiatur. Et notandum, quod qui legit scripturas, laborare debet vt eas memoriter teneat & intelligat. Si tamen alterum non possit fieri, præeligenda videtur esse intelligentia memoriæ, August. 4. lib. de doctr. Christ. Sunt qui scripturas legunt & negligunt. Legunt, vt teneant: negligunt, vt intelligat: quibus sine dubio præferendi sunt qui verba earu minus tenent, & sui cordis oculis vident sensum earu. Sed vtrisque ille melior, qui & cùm vult dicit, & sicut oportet intelligit. Sextum est vt homo sit assiduus in studendo. Hieron. Diuinæ scripturæ semper in manibus & iugiter in mente voluantur: sed sufficere putas mandata memoriæ tenere, & operibus obliuisci. Idem: Diuinas scripturas sæpius lege, immo nunquam sacra lectio de manu tua deponatur. Septimum est, vt de sapientia à Deo accepta non sit ingratus, sed datorem suum glorificet. Ecclesiast. vltim. *Danti mihi sapientiam dabo gloriam.*

Intelligentia sacræ Scripturæ legē rinecessaria.

Caput VI.

De his quæ aduersantur Prudentiæ: Et de 12. stultitiis eorum qui peccant.

Videtur aduersari Prudentiæ. Primo stultitia, quæ est rerum appetendarū & vitandarum non quælibet, sed vitiosa ignorantia, vt ait August. in lib. de libero arbitrio. Est autem ignorantia vitiosa, si adsit affectatio nesciendi quæ agenda sunt vel vitanda, vel negligentia sciendi. Bernard. in lib. de 12. gradibus humilitatis: Frustra, inquit, sibi de infirmitate vel ignorantia blandiuntur, qui vt liberius peccent, libenter ignorant, vel infirmantur. Augustin. super illud Psalm. *Noluit intelligere, potuit intelligere, vt bene ageret, sed noluit, & ita veniam non habet.* Gregor. in Moral. Nescire, ignorantia est: scire noluisse, superbia. Bernar. in ep. Multa nesciuntur aut sciendi incuria, aut discendi desidia, aut verecūdia inquirendi. Et quidē huiusmodi ignorantia non habet excusationem. Secundo, videtur aduersari prudentiæ virtuti vitiosa prudentia vel sapientia, quæ videtur posse distingui in tres species. Prima est, prudentia siue sapientia carnis: de qua Romano. 8. *Sapientia carnis inimica est Deo.* Et in cod. *Prudentia carnis mors est*, id est, causa mortis æternæ. Vbi dicit gloss. Prudentia carnis est, cum quis studiosius implet quæ

Vitioſa ignoraſ tia quę

Psal.ſ

De Prudentia.

carnis sunt. Augustinus in libro de quantitate animæ: Est noxium genus artium quo animi valetudo sauciatur. Idem: Odore & sapore mire diuidere pulmenta, & quo lacu piscis captus sit nosse dicere, quædam est miseranda peritia. Senec. in epist. In membris alius pretiosas aues scindit & per pectus, & circumferens eruditam manum in frusta excutit. Infelix qui huic vni rei viuit, vt altilia decenter secet: nisi quod miserior est qui hoc voluptatis causa docet, quam qui causa necessitatis discit. Addisce ab his quibus dominici palati notitia subtilis est, qui sciunt cuius rei sapor illum excitet, cuius delectet aspectus. Et hæc prima species sapientiæ vitiosæ ad delicias pertinet. Vnde super illud 2. Corinth. 1. *Non in sapientia carnali*, dicit gloss. quæ est voluptates diligere, labores vitare. Secunda species est sapientia terrena, quæ pertinet ad diuitias. Baruch. 3. *Filij Agar qui exquisierunt prudentiam quæ de terra est.* Tertia species est sapientia diabolica pertinens ad honorem vel malitiam. Diabolus enim primo honorem diuinum appetiit, post homini maligne inuidit. Ierem. 4. *Sapientes sunt vt faciant mala.* Gloss. malitiosi. De his tribus speciebus sapientiæ tangitur. Iacob. 3. *Non est*, inquit, *sapientia ista de sursum: sed terrena, animalis, diabolica.* Animalem vocat sapientiam carnis. Sapientiæ terrenæ aduersatur sapientia filij Dei pauperis facti, in principio doctrinæ suæ paupertatem commendantis. Matt. 5. *Beati pauperes spiritu.* Et eandem consulentis. Matth. 19. *Si vis esse perfectus, vade & vende omnia quæ habes, & da pauperibus.* Sapientiæ carnis videtur opponi sapientia sanctorum, quæ secundum Augustin. est hic temporaliter cruciari, & in æternum delectari. Sapientiæ vero diabolicæ sapientia humiliati, de qua Ecclesiast. 11. *Sapientia humiliati exaltabit caput illius.* Sed contra illud quod dictum est forsitan obiiciet aliquis: Quomodo aliqua sapientia possit esse vitiosa, quum omnis sapientia à Domino Deo sit? Ecclesiast. 1. & Baruch 3. Hic adinuenit omnem viam disciplinæ. Etiam scientia mali bona est. Si scientia mali mala esset, & eum in quo est malum efficeret, Deus qui omnia mala scit, magis malus esset quam cæteri. Ad hoc dicendum est, quod sapientia vitiosa pro magna parte sui sapientia non est, sed error: sicut dicit Augustin. quod disciplina mali non est disciplina. Et super illud Roman. 8. *Prudentia carnis mors est.* dicit glo. Prudentia dicitur, quum res stulta sit, quia ita videtur sæcularibus hominibus. 1. Corinth. 3. *Sapientia huius mundi, stultitia est apud Deum.* Mors manifeste ostendit sapientiam huius mundi stultitiam esse. Sapientia terrena stultitia esse ostenditur: cum ille qui tantum in congregatione diuitiarum laborauit, nudus in terra ponitur. Iob. 1. *Nudus egressus sum de vtero matris meæ, nudus reuertar illuc.* Sapientia carnis stultitia esse ostenditur, cùm caro deliciis enutrita vermibus esca datur. Sapientia diabolica stultitia esse ostenditur, cum ille qui voluit esse super alios, sub terra positus, ab hominibus, porcis & canibus conculcatur. Ecclesiast. 11. *Si annis multis vixerit homo, & in omnibus his lætus fuerit, meminisse debet tenebrosi temporis*, id est, mortis, *& dierum multorum*, scilicet vitæ futuræ quæ non habebit finem, *qui cum venerint, vanitatis arguentur præterita.* Et notandum quod secundum Greg. in 1. part. Moralium: Huius mundi sapientia est, cor machinationibus tegere, sensum verbis velare, quæ falsa sunt vera ostendere, quæ vera sunt falsa demonstrare. Scientia etiam aliqua licet sit vera scientia, vitiosa potest dici ratione studiositatis quæ eam præcedit. Vnde super illud Roman. 8. *Prudentia carnis mors est.* dicit gloss. quæ est quum ea studiosius implet quæ carnis sunt. Vel potest dici vitiosa propter vsum vitiosum eius. Ecclesiast. 19. *Est prudentiæ nequitia, & in ipsa exercitatio:* vsus enim nequaquam eius execrabilis est. Et notandum quod disciplina mali

Solutio.

Sapientia huius mundi qualis.

dupliciter potest intelligi. Vno modo vt ille genitiuus notet materiam de qua est disciplina: & sic disciplina mali bona est & à Deo est. Vel sic vt notet finem ad quē est disciplina: & sic est, diciplina mali, id est, ad malum: mala est, in quantum est ad malum, & est ab homine vel diabolo. Et idem intellige de illo verbo Ecclesiastic. 11. *Non est sapientia nequitiæ disciplina:* disciplina enim nequitiæ si sit ad vitandum nequitiam, bona est: si ad faciendum, in quantū talis mala. Item videtur quodammodo prudentiæ aduersari animi præsumptio in elatis. Augustinus loquens de illo verbo Apostoli: *Dicentes se esse sapientes stulti facti sunt.* ad Rom. 1. Si dicendo, inquit, te esse sapientem stultus factus es: dic te esse stultum, & sapiens eris. Matth. 11. *Abscondisti hæc à sapientibus & prudentibus* 1. Corinth. 3. *Si quis inter vos videtur sapiens esse in hoc sæculo, stultus fiat, vt sit sapiens.* Prouerb. 26. *Vidisti hominem sapientem sibi videri? magis illo spem habebit insipiens.* Gregorius 3. part. Moralium. Valde difficile est vt is qui se sapientem æstimat, mentem ad humilitatem reducat, & rectè prædicantibus credat. Greg. in Mor. Quia prima stultitia angeli elatio cordis fuit, vera sapientia efficitur hominis, humilitas suæ æstimationis. Item prudentiæ quodammodo aduersari videtur concupiscentia inordinata. August. 1. lib. Confess. Spargis pœnales cæcitates supra illicitas cupiditates Psalmist. *Super cecidit ignis, & non viderunt solem.* Item prudentię videtur quodammodo aduersari societas insipientium Prouerb. 13. *Qui cum sapientibus graditur, sapiens erit: amicus autem stultorum similis eis efficietur.* Seneca in epistolis: Rem facillimam ratio exigit, secundum naturam suam viuere: sed hanc difficilem facit communis insania. Vocatur insania, insipientia eorum qui se reputant sapientes. Simplicem stultitiā habent qui nesciunt quæ scienda essent, & ignorantiam suam agnoscunt: sed qui ignorantiam suam non agnoscunt, quasi insani sunt. Insanus enim credit se esse sapientem, quum sit valde stultus. Miserabilis est cæcitas eorum quæ cæcitatem suam non agnoscunt: quibus accidit sicut cuidam fatuæ de qua loquitur Seneca in epistolis suis. Ad pastam, inquit, vxoris meę fatuam scis hereditarium onus in domo mea remansisse. Hæc fatua subito desiit videre. Incredibilem rem narro tibi, sed veram: nescit se esse cæcam. Inde pædagogum suum rogat, vt migret, ait domum tenebrosam esse. Hoc quod in illa ridemus, omnibus nobis accidere liqueat tibi. Nemo se auarum esse intelligit, nemo cupidum cæci ducere querunt. Nos sine duce eramus & dicimus: non ergo ambitiosus sum: sed nemo aliter in vrbe viuere potest: non ego sumptosus sum, sed vrbs magnas expēsas exigit. Quid nos decipimus? non extrinsecus malum nostrum, intra nos est, in visceribus sedet: ideo difficulter ad sanitatem peruenimus, quia nos ægrotare nescimus. Et notandum, quod secundùm communem modum loquendi, & secundùm modum etiam loquendi quem habet sacra Scriptura, insipientia, vel imprudentia, vel stultitia non solùm pertinent ad intellectum, sed etiam ad voluntatē & operationem. Vnde stultus est omnis peccator: & maxima stultitia est peccare, & maxima sapientia rectè viuere. Chrysostomus: Sapientia est, non eloquia Dei scire, sed secundùm eloquia Dei viuere, & eloquia Dei timere. Iob. 28. Dicit homini diuinitus esse ostensum quod timor Domini ipsa est sapientia: & recedere à malo intelligentia. Ecclesiast. vlt. *Finem loquendi omnes pariter audiamus: Time Deum: & mandata eius obserua.* Loquela est ad sapientiam edocendam: sermo enim proprius nuntius est rationis doctæ. Homini indocto magis conuenit tacere, quam loqui. Finis ergo loquendi: id est, illud ad quod finaliter est loquela, est sapientia cōsummata, quæ consistit in timore Dei & obseruatione mandatorum eius: Sine timore Dei nihil sapientiæ videtur haber

Stultitia est peccatū, sapiētia rectè viuere.

quam timor Domini principiũ sit sapientiæ. Prouerb. 1. Sicut non reputaretur sapiens qui non timeret furari vel rapere in terra illius Domini, qui districtissimè faceret iustitiam: sic non est sapiens qui non timet offendere Dominum illum, qui nobilissimam creaturam damnauit irrecuperabiliter pro vno peccato superbię. Lucę 10. *videbam Sathanam quasi fulgur cadentem de cœlo.* Et pro peccato primorum parentum, totum genus humanum damnauit exilio & temporali morte. Et pro peccato luxuriæ, totum mundum, exceptis octo personis, aquis diluuio submersis.

Sapere in solo intellectu hominino estmeritorium.

Et notandum, quod licet valdè necessarium sit sapienter intelligere, quia occasio est vt homo sapienter velit, & sapienter operetur: & insipienter intelligere valdè sit periculosum, eo quod sit occasio insipienter volendi, & insipiēter agendi: tamen sapere vt est in solo intellectu, non est Deo gratum, nec homini meritorium, nisi attingat voluntatem vel operationem. Nec insipientia in solo intellectu damnabilis est, donec attingat voluntatem vel operationem: vt scilicet insipiēter velit, vel insipiēter agat. Qui sapiens est solo intellectu, insipiens vero voluntate & operatione, insipientiùs videtur se habere quam si non haberet sapientiam in intellectu. Sicuti duobus incedētibus per viam publicam, si deuient in viam quæ mittat eos in manus latronum qui eos iugulent, vnus scienter, alius nesciens, stultior in hoc reputabitur qui sciens deuiauerit, quam qui nesciens. Et insipienter vadit, qui de die corruit vel offendit, quam qui de nocte. Iob. 5. *Per diem incurrant tenebras & quasi in nocte sic palpabunt in meridie.*

De 12. stultitijs quibus peccantes mortaliter adhærent.

stultiti. pec. mortal.

ET notādum, quod qui mortaliter peccat, multum stultè agit. Et tangemus duodecim stultitias quæ in eo qui peccat possunt assignari. 1. est, quod ipsemet se excæcat, Sap. 2. *Excæcauit eos malitia eorum.* Greg. Oculos quos culpa claudit, pœna aperit. 2. est, quod seipsum diabolo illaqueat. Iob. 18. *Immisit in rete pedem suam.* Gregor. Qui pedes in rete mittit, non quum voluerit eiicit: sic qui in peccatis se deiecit, non mox quum voluerit surgit. Prouerb. 5. *Iniquitates suæ capiunt impium, & funibus peccatorum suorum quisquis constringitur.* Qui peccat volens, vincitur ab hoste crudeli, qui non miserebitur. Greg. Debilis est hostis qui non vincit nisi volentem, ipse etiam volens se præcipitat. Matt. 4. *Si filius Dei es, mitte te deorsum.* Gloss. 1. in quo infirmus ostenditur, quod nulli nocere possit, nisi prius ille se deorsũ miserit. Tertia est, quod quasi insanus in seipsum manus iniicit infligendo sibi vulnus insanabile. Eccles. 22. dicitur de peccato: *plaga illius non est sanitas*: imo quod plus est, seipsum occidit. Sapient. 16. *Homo per malitiam occidit animam suam.* Eccl. 12. dicitur de peccato: *Dentes leonis dentes ipsius interficientis animas hominum.* Peccatum dicitur mors animæ: quia à Deo separat qui est vita. Augustinus: Vera mors est quam homines non timent: separatio animæ à Deo quæ est beata vita animarum, vel quia aufert vtilitatem vitæ præteritæ & præsentis. Bernardus super Cantic. Quam mitius me priuares ô amara mors vitæ vsu, quàm fructu. Nam vita sine fructu, grauior mors. Denique duo mala parantur arbori infructuosę, securis & ignis. Quarta est, quod bona sua proiicit. Oseæ 7. *Proiecit Israel bonum.* Qui cadit per mortale peccatũ, omnia bona quę vnquã fecit amittit. Bona etiam quæ agit in statu illo vera bona nõ sunt: quia non sunt sibi meritoria: qui mortale peccatum committit, quasi ignem in propria domo ponit qui omnia destruat. Luc. 10. Tangitur de duabus stultitiis modo dictis, vbi legitur de illo qui incidit in latrones, qui despoliauerunt eũ, & plagis impositis abierunt semiuiuo relicto. Quinta est, quod se charissime emptum à Deo, diabolo vilissime vendit. 1. Pet. 1. *Non corruptibilibus auro & argento redempti estis, &c. sed pretioso sanguine*

Agni, &c. Prouerb. 10. *Cor impiorum pro nihilo*. Esa. 52. *Gratis venundati estis*. Sexta est, quod ab auctore omnium bonorum recedit: ideo non est mirum si male sit ei. August. Tale bonum est Deus, vt nemini eum deserenti bene sit: Oseæ 7. *Væ eis, quóniam recesserunt à me*. August. in lib. Soliloq. Deum relinquere, idem est quod perire. Septima, quod cum omnipotente guerram facere præsumit: quæ guerra cito finita esset, si misericordia Dei permitteret quod diabolus eum iugularet. Thren. 3. *Misericordiæ Domini quia non sumus consumpti*. Octaua est, quod ei seruit cuius gratiam acquirere nequit. Gregorius: Stultum est seruire diabolo offenso, qui nullo placatur obsequio. Quanto aliquis ei amplius seruierit, tanto amplius ipse eum torquebit. Nona est, quod ipse sibi locum tormenti efficit. Affligitur enim peccator in corde suo. Hieron. 2. *Scito & vide, quia malum & amarum est reliquisse te Dominum Deum tuum*. Qui peccat, quasi sarcinam super se ponit qua in præsenti grauetur, & in futuro in infernum præcipitetur. August. Quid est mors? depositio sarcinæ grauis: sed si alia sarcina non portetur qua homo in gehennam præcipitetur. Decima est, quod ipse in inferno portam facit. Matth. 16. *Portæ inferi non præualebunt aduersus eam*. Portæ inferi dicuntur peccata mortalia: quia qui in eis decedunt, in puncto ad inferna descendunt. Iob. 21. Sicut qui ad portam est, propinquius est domui. Vndecima est, quod portam paradisi sibi obstruit, & regnum cœlorum modico pretio vendit, similis Esau, qui pro lenticula vendidit ius primogenituræ suæ. Genes. 25. Bernard. Væ væ, vapor est ad modicum parens, quod æternæ felicitatis aditum intercludit. Duodecima est, quod ad suspendium sciens & volens vadit: quis non reputat insanum eum qui requisitus quo vadat, & respondet, suspendere me vado? Sic nullus sapiens reputandus est qui in mortali peccato est, cum singulis diebus vnam diætam magnam faciat ad infernale suspendium. Ecclef. 6. *Quid habet amplius stultus sapiens, & quid pauper nisi vt pergat illuc vbi est vita*? Hîc discernit vere inter sapientes & stultos, quod sapientes vadunt ad vitam æternam: Stulti vero ad mortem æternam. De stultitiis singulorum peccatorum, require in tractatu de Vitiis.

TERTIÆ PARTIS PRINCIPALIS, de quatuor Virtutibus Cardinalibus,

TRACTATVS TERTIVS.

De Temperantia.

CAPVT PRIMVM.

De ordine virtutum Cardinalium adinuicem, & ordine dicendorum in hoc tractatu.

Icto de prudentia quæ est inter cardinales virtutes, quum ordinet cæteras, & sit in vi rationali quæ videtur esse nobilior cócupiscibili & irascibili, quia ea discernitur homo ab animalibus brutis, dicendum est de aliis tribus. Et primo de Temperantia & Fortitudine, quàm de Iustitia, quia

De Temperantia.

quia temperantia & fortitudo ad iustitiam disponunt & præparant, sicut cupiditas quam temperantia refrænat, & timor cui fortitudo resistit, iustitiam à suo officio impediunt. Et prius dicetur de Temperantia quàm de Fortitudine: quia temperantia animum ordinat ad id quod est infra se, scilicet ad bona quæ corpori seruiunt: fortitudo ad id quod est contra, scilicet aduersa. Item temperantiâ regit homo seipsum, & fortitudine & iustitiâ alios. Prius vero & homini vtilius est regere se, quàm regere alios. Seneca: Si vis omnia tibi subiicere, subiice te rationi: multos enim reges, si ratio te rexerit. Item temperantia refrænat concupiscentiam animæ circa bona modica & inferiora, fortitudo vero roborat eam circa bona ardua. Illa spiritualem descensum animæ cohibet: ista spiritualem ascensum promouet. Cohibitio vero à spirituali descensu est prior ascensu spirituali. Item temperantia est in concupiscibili: fortitudo vero in irascibili. Operatio vero concupiscibilis naturaliter videtur esse prior quam operatio irascibilis. Vis enim concupiscibilis est appetitiua boni delectabilis. Irascibilis est appetitiua boni ardui expedientis: vt est medicina vel scissura quæ fit propter salutem corporis. Bonum vero expediens, bonum est secundum quid: bonum vero delectabile, bonum simpliciter, & propter illud est bonum expediens. Vnde appetitus boni delectabilis naturaliter est prior appetitu boni expedientis, & est naturalis. Aristoteles in lib. de naturis animal. Omnia naturaliter appetunt delectationem. Item vis concupiscibilis motiua est secundum apprehensionem boni: vis irascibilis secundùm apprehensionem mali. Sicut enim per apprehensionem boni expectati in concupiscibili fit motus cupiditatis, & per eius adeptionem seu coniunctionem fit quies vel gaudium in anima: sic per apprehensionem mali quod aliquis opinatur sibi affuturum, est timor in irascibili: & per illationem mali quod prius timebat, siue per ablationem boni quod concupiscebat, fit perturbatio vel ira in irascibili, & sequitur appetitus vindictæ. Vnde dicit Auicenna, quod vis concupiscibilis est imperans moueri vt appropinquetur ad ea quæ sunt necessaria aut vtilia appetitu delectamenti. Irascibilis vero est vis imperans moueri ad repellendum id quod putatur nociuum aut corrumpens appetitum vincendi. Vnde cum bonum prius naturaliter sit, quam malum: malum enim dicitur aliquid, secundum Augustin. quia adimit bonum, vel nocet bono, operatio concupiscibilis quæ est secundum apprehensionem boni, prior est naturaliter, quam operatio irascibilis quæ est secundum apprehensionem mali. Præterea primus insultus à diabolo factus primis parentibus videtur fuisse contra temperantiam. Et in pugna Christi prima tentatio fuit contra virtutem temperantiæ. Prima etiam pars vitæ nostræ assuescit voluptatibus, quarum refrænatio ad temperantiam pertinet. Propter istas causas merito temperantia fortitudini præponetur: & secundum hunc ordinem modò ostensum numerantur quatuor virtutes, super illud Matth. 5. *Erant qui manducauerant quatuor millia hominum.* Gloss. quatuor, propter quatuor virtutes quibus recte viuitur: prudentiam, temperantiam, fortitudinem, & iustitiam. Eodem etiam ordine enumeratur. Genes. 2 in gloss. super illud: qui diuiditur in quatuor capita. De temperantia vero hoc modo dicetur. Primo diuersæ acceptiones huius nominis temperantia assignabuntur. Secundo descriptiones eius ponentur. Tertio ea quæ pertinent ad eius commendationem Quarto agetur de partibus temperantiæ.

CAPVT II.

De diuersis acceptionibus huius nominis Temperantia.

Acceptiones Temperantiæ triplices.

Notandum quod nomen Temperantiæ tripliciter accipitur. Primo pro temperantia in generali, ad quam pertinet cauere circa omne opus virtutis, ne quid parum vel nimis fiat. Ad eam pertinet moderari opus virtutis illo modo de quo loquitur Horatius:

Est modus in rebus, sunt certi denique fines,
Quos vltra citráque nequit consistere rectum.

Sic sumere videtur nomen Temperantiæ Bern. in lib. de consideratione: Temperantiæ est, inquit, non solum iustitiæ, sed & fortitudini, & prudentiæ modum imponere. Secundo modo dicitur temperentia virtus animi impetus non rectos cohibens. Sic sumitur à Tullio in prima Rhetorica. Tertio dicitur temperantia virtus animam regens circa delectationes corporales siue circa delectationes sensuum. gloss. super Matth. 15. Temperantia est refrænatio cupiditatis ab his quæ temporaliter delectat. Et August. dicit temperantiam esse in coercendis delectationibus prauis.

dominium rationis in libidinem & in motus alios importunos. Secundum August. vero in lib. de moribus Ecclesiæ: Temperantia, est amor sese integrum Deo incorruptúmque seruans. Secundum Macrobium: Temperantia est nihil appetere pœnitendum, in nullo moderationis legem excedere, sub iugo rationis cupiditatem domare. Item August. dicit in lib. de Libero arbitrio, quod temperantia est affectio coercens & cohibens appetitum ab his quæ turpiter appetuntur. Et notandum, quod modus à quo moderatio dicitur, quadruplex est. Primus est restrictio inordinati appetitus in vi concupiscibili quæ prona est ad concupiscendum delectabile temporale, vel in vi irascibili quæ impetuosa est ad repellēdum nociuum vel corrumpens. Secundus consistit in priuatione eius quod est nimis & parum. Tertius in hoc quod opus debitis circunstantiis induatur: & huius tertij modi secundus modus pars est. Quartus modus est, à quo virtus modestiæ dicitur, quam Tullius ponit tertiam partem temperantiæ. De quo infra dicetur.

Caput III.
De descriptione Temperantiæ.

Temperantia sic describitur à Tullio in prima Rhetorica: Temperantia est rationis in libidinem atque alios non rectos animi impetus firma & moderata dominatio. Libidinem hic intellige cupiditaté carnalis delectationis. Alios impetus animi non rectos intellige, vt cupiditatem habendi, vel proximo nocendi. His *Visa nimæ duplex.* cupiditatibus ratio animi dominatur; non quod motus in eis non surgant, sed quia cū emergunt; non fit processus ad consensum. Et notandum quod secundum Tullium in lib. de Offic. duplex est vis animæ, vna est ratio, altera est appetitus quæ animum rapit. Rationis est dominari, appetitus obtemperare. Tullius in lib. de offic. sic describit temperantiam: Temperantia est

Caput IV.
De Commendatione Temperantiæ.

Ad Commendationem Temperantiæ, primò facit quod ipsa homini honorem suum custodit. Honor hominis est libertas voluntatis, quę apprehēso delectabili, potest illud velle, vel non velle. Genes. 4. *Sub te erit appetitus eius, & tu dominaberis illius.* In brutis est seruitus appetitus huic libertati opposita: apprehenso enim delectabili accenditur concupiscentia eorum, nec habent in potestate sua eam extinguere vel temperare. Qui virtutem temperātiæ habet, viuit vt homo, qui eam non habet vt brutum. Hier. Qui post carnem ambulant in ventrem & libidinem proni, quasi irrationabilia iumenta reputātur. In Psalm. *Homo cum in honore esset, non*

De Temperantia.

intellexit, comparatus est iumentis. Secundo, quod ipsa hominem spiritualiter circumcidit, & inter eos qui sunt de populo Dei, & qui non sunt, verè discernit. Seneca libro de quatuor virtutibus: Continétiam si diligis, circuncide superflua, & in arctu desideria constringe: Continentiam ibi vocat temperantiam. Ierem. 4. *Circuncidimini Domino, & auferte præputium cordium vestrorum.* Deut. 30. *Circuncidet Dominus Deus tuus cor tuum, & cor seminis tui, vt diligas Dominum Deum tuum in toto corde tuo.* Temperantia opprobrium Ægypti, scilicet mudi superfluum, aufert à populo Dei. Ios. 5. *Hodie abstuli opprobrium Aegypti à vobis.* Ambros. Ita cauet ne quid nimis. Sapiens: Id arbitror primò esse vtile in vita: Ne quid nimis. Tertiò, quod familiarum Deo reddit. Sapient. 6. *Incorruptio facit proximum Deo.* Temperantiæ est, vt amor Deo incorruptus atque integer custodiatur, secundum Augu. in lib. de moribus Ecclesiæ. Ipsa Deo seruat integrum cor, quod ipse specialiter requirit. Prou. 23. *Præbe fili mi cor tuum mihi.* August. 10. lib. Confess. Domine, per continentiam colligimur in vnum à quo in multa defluximus. Minus enim te amat qui tecum aliquid amat quod non propter te amat. Ipsa assimilat hominem Deo qui spiritus est, eum spiritualem faciendo. Seneca in libro de quatuor virtutibus cardin. de continentia: Desideria tua paruo redime: quia hoc tantum curare debes vt desinant, atque ita quasi ad exemplar diuinum compositus à corpore ad spiritum quantum potes adducere. Ipsa filios Dei quasi ablactat, separando eos à solatio temporalium deliciarum: quod Deo valde gratum est. Gen. 21. *Abraham in ablactatione Isaac fecit conuiuium magnum.* Ipsa ad contemplationem Dei præparat. August. Temperantia est amor ab amore inferioris pulchritudinis nos remouens & eleuans ad superiorem. Item in libro Soliloquiorum: Vnum est quod tibi possum præcipere nihil nobis plus penitus esse fugiendum, quam ista sensibilia: ca-

uendùmque magnopere dum hoc corpus agimus, ne quo eorum visco pennę nostræ impediantur, quibus integris atque perfectis opus est vt ad illam lucem ab his tenebris euolemus, quæ se nec ostédere quidem dignatur in hac cauea inclusis, nisi tales fuerint vt ista, vel effracta vel dissoluta possint in auras suas euadere. Temperantia Deo thronum eburneum præparat, significatum per thronum eburneum que fecit rex Salomon. de quo 3. Reg. 10. & 2. Paral. 9. Ipsa etiam in domo eburnea eum delectat. In Psalm. *A domibus eburneis ex quibus delectauerunt te filiæ regum in honore tuo.* Ipsa Dei tabernaculum sanctificat. Psalm. *Sanctificauit tabernaculum suum Altissimus.* Et vt vno verbo dicamus, adeo placet, quod sine ipsa nullus Deo placere potest. ad Rom. 8. *Qui in carne sunt Deo placere non possunt.* Quartò, quod ipsa frænum est quo corpus humanu à spiritu regitur. Sine quo spiritus corpori periculose præsidet: sicut aliquis periculose insidet equo sine fræno, si equus sit indomitus, & aqua vel aliud periculum sit propinquum. De hoc fræno Seneca dicit: Impone concupiscentiæ tuæ frænu. Quintò, quod ipsa diabolum offendit multu sicut oppositum eum gaudere facit. Eccles. 18. *Post concupiscentias tuas non eas, & à voluntate tua auertere.* Si enim præstes animæ tuæ cócupiscentias eius, faciet te gaudium inimicis tuis. Téperantia diabolum in arido ponit, vbi nō habet requiem. Matth. 12. *Cum immundus spiritus exierit ab homine, ambulat per loca arida quærens requiem, & non inuenit.* Intemperantia verò diabolo locum quietis parat, scilicet humidum. Vnde Iob. 40. dicitur. *Dormite in locis humentibus.* Téperantia liberat ab hoste qui diu homine possedit, scilicet à voluptate cui à cunabulis assueuit. Sapiēs: Vsus egredediscitur. Idem: Difficile est repellere passioné vitæ contéporaneam. Temperantia hosté cauet: cuius ingressus pacificus videtur; scilicet voluptaté blandienté. Seneca: Voluptates inter res vilissimas præcipue extirpa, quæ

E e ij

more latronum ad hoc nos amplectuntur vt iugulent. Ipsa in prosperis custodit vbi maius periculum est. Gregorius: Cum omnis fortuna timenda sit, magis prospera timenda est quàm aduersa. Hæc enim sæuiedo erudit, illa blandiendo seducit. Ipsa vitia carnalia, quæ maioris sunt infamiæ extinguit. Sexto, quod ipsa est stola prima. Lucæ 16. *Proferte cito stolam primam.* Ipsa est vestis de bysso. Prouerb. vlt. *Byssus & purpura indumentum eius.* Ipsa candor est quasi materialis respectu aliarum gratiarum. Ipsa est principium spiritualis pulchritudinis: quæ consistit in candore & rubore. Cantic. 5. *Dilectus meus candidus & rubicundus.* 1. Corinth. 25. *Qualis cœlestis & quales cœlestes.* Septimo, quod vas corporis syncerum custodit. Sapiens: Syncerum nisi vas, quodcunque infundis acescit. 1. Thess. 4. *Hæc est voluntas Dei, sanctificatio vestra, &c. vt sciat vnusquisque vestrum vas suum possidere in sanctificatione, & honore.* Ipsa honestatem prouidet illi parti hominis quæ magis ea indiget, scilicet carni. Octauo, quod hominem munit ea parte qua infirmior est, scilicet ex parte carnis. Matt. 26. *Spiritus quidem promptus est, caro autem infirma.* Ipsa etiam à deceptione hostis familiaris custodit. Boet. Nulla verò pestis efficacior ad nocendũ quàm familiaris inimicus. Et vt vno verbo comprehendamus, *non est digna ponderatio continentis animæ*, id est temperatæ. Eccl. 26. Quod vocamus communiter temperantiam, vocat Seneca continentiam: Temperantia turpitudinẽ fugit, & sic munditiam seruat. Senec. Si continentiam diligis, turpia fugito antequam veniant, nec quemquam alium vereberis plus quam te, omnia tolerabilia preter turpitudinem crede. Ipsa decorem prouidet moribus nostris. Seneca: Si continens es, & animi tui & corporis motus obserua nẽ indecori sint. Nec ideo illos contemnas, quia latet: nam nihil differt si nemo videat, dum tu illos videas.

CAPVT V.

De partibus Temperantiæ secundum Tullium. Et de prima eius parte, scilicet continentia: & de duodecim quæ nobis dissuadent inordinatum amorem voluptatum.

Notandum quod secundum Tullium in prima Rhetorica, Temperantia tres habet partes. Prima vocatur ab eo Continentia, secunda Clementia, tertia Modestia. Prima videtur regere animum quantum ad appetitum boni. Secunda, quantum ad appetitum alieni mali. Tertia, quantum ad exteriora horũ indicia. Continentia, vt ait Tul. est, per quam cupiditas consilij gubernatione regitur. Continentia verò sic sumpta videtur posse diuidi sicut cupiditas, quá ipsa refrænat, diuiditur: & quæ habet duas species, scilicet inordinatum appetitum delectandi, & inordinatum appetitum habendi. Sic continentia videtur habere duas partes: vnam quæ refrænat appetitum voluptatum, & aliam quæ refrenat appetitũ diuitiarũ. Ad quod videtur pertinere quod dicit gloss. super illud Luc. 6. *Beati pauperes:* Ecce tẽperátia: tẽperantia vocat paupertatẽ spiritus, quà refrænat appetitũ diuitiarũ. Has duas partes cõtinẽtiæ tãgit Sen. dicẽs: Hac mediocritatis lineã continẽtiam obseruabis, vt nec voluptati deditus, prodigus & luxuriosus appareas, nec auara tenacitatẽ sordidus aut obscurus existas. Circa illam partem continentiæ quæ appetitum voluptatũ refrænat, notãdum quod duodecim sunt quæ nobis dissuadent inordinatum amorem voluptatum. Primũ est locus in quo sumus. August. in valle miseriæ sumus, vbi eo magis flendum quo minus flemus. Idẽ nescim⁹ quo fine claudimur in hoc exilio: nõ eiecit Deus hominẽ vt hic faceret aliũ paradisum. Secũdum est tem-

De Temperantia.

pus in quo sumus. Bern. Vniuersum tempus pœnitentiæ vigilia quædam est solēnitatis magnæ & æterni sabbati quod præstolamur. Vigilia non est tempus deliciarum, sed festum. Tertium est exemplum Christi & sanctorum. Bernard. Christus qui nō fallitur, elegit quod carni molestius est: id ergo melius id vtilius, id magis eligendum: & quisquis aliud docet vel suadet, ab eo tanquam à seductore cauendum est. 2. ad Corinth. 11. *In fame & siti, in ieiuniis multis.* Quartum est exemplum eorum quibus amor voluptatum nocuit: vt exemplum matris Euæ, de qua Gen. 3. *Vidit mulier quod bonum esset lignum ad vescendum,* &c. *& tulit, & comedit.* Exemplum Salomonis de quo Eccl. 20. *Non prohibui cor meum quin omni voluptate frueretur: propter quod infatuatus est.* 3. Reg. 3. Quintum est periculum in acquirendo sumptus deliciarum: multoties enim acquiruntur vel per mortem propriam, vel per mortem alterius. Noluit Dauid bibere aquam quam sibi attulerāt tres fortes: sed libauit eam Domino, dicens: *Propitius sit mihi Dominus, ne faciam hoc: num sanguinem hominum istorum qui profecti sunt, & animarum periculum bibam?* Melius esset sine periculo tantum panem & aquam sumere, quam cum periculo delicias habere. 2. Mach. 5. Iudas secesserat in desertum locum, ibique inter feras cum suis vitam in montibus agebat, & fœni cibo vescentes demorantur, ne participes fierent coinquinationis. Sextum est, labor qui est in præparando. Epicurus voluptatis assertor omnes liberos suos impleuit oleribus & pomis & cibis vilibus, dicens his esse viuendum: quia carnes & exquisitæ epulę ingenti cura, ac miseria præparentur, maioremque pœnam habent inquirendo, quam voluptatem in abutendo. Septimū est, voluptatū breuitas. Sen. Voluptas est breuis, fastidit obiecta: quo auidius hausta est, citius in contrarium recidens. Octauum est earum dignitas. Senec. In voluptate nihil est magnificum, aut quod naturam proximam Deo deceat. Non est animi virilis, sed puerilis, voluptates carnales amare. Ideo lacte significatur in Scriptura sacra carnalis voluptas, quod est cibus puerorum: non decet in ætate virili vel senili à mammillis lac sugere. Gen. 18. *Postquam consenui, voluptati operam dabo?* Nonum est penuria fratrum nostrorum & filiorum Dei. Non decet Christianum delicias quærere, cum sciat Christum in tot membris suis necessaria non habere. ad Hebr. 11. *Fide Moyses grandis factus negauit se esse filium filiæ Pharaonis magis eligens affligi cum populo Dei, quam temporalis peccati habere iucunditatem.* Iniqua est partitio, quod inter filios Dei alii superflua habeant, alii necessariis indigeant. Bernar. Clamant nudi, clamant famelici, & conqueruntur: Nobis, inquiunt, fame & frigore miserabiliter laborantibus, quid conferunt tot mutatoria, vel extensa in perticis, vel plicata in manicis? nostrum est quod effunditis, nobis crudeliter subtrahitur quod inutiliter expeditis. Idē. Inueniunt otiosi quo delectantur, & non inueniunt miseri quo sustentētur. Decimū est, voluptatū impuritas, habent enim multam amaritudinē annexā. Recte Deus congregationes aquarū appellauit maria. Genes. 1. Multitudini enim delectationis est annexa multitudo amaritudinum. Boet. Dulcedo felicitatis humanæ multis amaritudinibus respersa est. Io. 30. *Esse sub sentibus delicias reputabā.* Eccl. 7. *Inueni amariorem morte muliere.* Hæc est voluptas carnis animā separans à Deo: & ideo amarior est morte corporis, quæ corpus ab anima separat. Cū enim Deus melior sit anima separatio ei⁹ erit deterior. Vndecimū est, voluptatū vanitas. Ecclesiast. 11. *Adolescentia & voluptas vana sunt.* Vanum est quod non confert plenitudinē cōtinenti. Hier. Voluptas habita, famem, non satietatem parit. Eccl. 1. *Non saturatur oculus visu, nec auris auditu impletur.* Ioan. 3. *Qui biberis ex hac aqua, sitiet iterum.* Augustin. Anima

E e iij

humana delectationis auida ex quo recessit ab vnitate, cum rerum qualitate non possit, rerum varietate satiari desiderat. Ecclesiast. 20. *Dixi in corde meo: Vadam & affluā deliciis, & fruar bonis, & vidi quod hoc quoque esset vanitas.* Duodecimum est, eorum noxietas. Nocent autem homini multipliciter. Primò, quod multoties sunt corpori occasio mortis vel infirmitatis. Senec. Voluptatibus maior pars corporum perit. Idem: Corpus suggerit vanas voluptates, breues, pœnitēdas, ac nisi magna moderatione temperentur in contrarium habituras. Idem: Ipsæ voluptates in tormenta vertuntur. Secundò, quia hominem in seruitutem ponunt. Senec. Voluptatibus se immergunt, quibus in consuetudinem adductis carere non possunt: & ob hoc miserrimi sunt, quod eo peruenerunt quod illis quæ sunt superuacua, facta sunt necessaria. Voluptas amantibus se quinque iuga supra proponit, scilicet consuetudines delectationum, quæ sunt secundùm quinque sensus. Luc. 14. *Iuga boum emi quinque.* Tertiò in hoc quod corpus spiritui contumax reddit. Prouerbior. 29. *Qui delicatè à pueritia nutrit seruum suum, posteà sentiet eum contumacem.* Voluptas carni concupiscenti aduersus spiritum in adiutoriū sit: vnde multoties spiritus succumbit. Bernardus: Si concupiscentia cœperit habere irritamenta, fiunt duo contra vnum, & periclitatur conscientia. Quartò, quia licet videatur esse medicamētum: tamen facit ad infirmitatis augmentum. Gregor. in Moral. Ipsum medicamentum in vulnus vertitur: quia exquisito remedio, paulò diutiùs inhæretur, ex eo grauius deficimus quod proinde ad refectionem paramus. Quintò; quia multum à salute impedit. Ipsa est quasi forte glutinum. Luc. 14. *Vxorem duxi, & ideo non possum venire:* hæc est voluptas carnis. Sextò obliuionem inducit. Ecclesiast. 5. *Non satis recordabitur dierum vitæ suæ eo* quod Deus occupet deliciis cor eius. Septimò hominem à sapientia impedit. Iob. 38. *Sapientia non inuenitur in terra suauiter viuentium.* Octauò, sterilitatem bonorum operum inducit, Esa. 47. *Et nunc audi hæc delicata.* Et paulò post: *Venient tibi hæc duo subitò in die vna sterilitas, & viduitas.* Ipsa hominem quasi paraliticā efficit. Ierem. 31. *Vsquequo dissolueris deliciis filia vaga?* Deuter. 28. *Tenera mulier & delicata quæ super terram ingredi non valebat ipsa virilitatem aufer.* Esa. 19. *Erit Ægyptus quasi mulieres.* Ipsa fluuius est in quo Pharao infernalis masculos vult proiici. Exod. 1. Ipsa est aqua Ægyptiis in sanguinem versa. Exod. 7. Nonò, hominem loquacem facit. Ipsa est fluuius ranas ebuliens. Exod. 8. Decimò, reddit hominem incompatientem: vt patet in epulone Euangelico. Luc. 16. Amos 6. *Bibentes vinum in phialis, & optimo vnguento delibuti: & nihil patiebantur super contritione Ioseph.* Vndecimò melioribus diuitiis priuat, scilicet spiritualibus, Bernard. Delicata est diuina consolatio, & non datur admittentibus alienam. Columba aquam refugit, aquam scilicet carnalis voluptatis. Genes. 8. Bernardus loquens de illo verbo: *Nisi ego abiero; Paracletus non veniet.* Ioan. 17. Quis, inquit, audeat de cæter ocarnis illecebris fantasticis deditus Paracletū expectare? Duodecimò, in pœnam æternam commutatur. Apocalyp. 18. *Quantum glorificauit se, & in deliciis fuit, tantum date illi tormentum & luctum.* Aquæ inferiores in mare mortuum descendunt. Iosue 3. Voluptates enim temporales ad amaritudinem æternam ducunt. Multa quæ valent ad refrænandum amorem diuitiarum, inuenies in tract. de Auaritia. De paupertate etiam spiritus quæ amorem diuitiarum refrænat, dicitur in tract. de beatitudinibus: ideò hîc ea quæ pertinent ad refrænationem huius amoris prætermittimus.

Caput VI.

De descriptione Clementiæ. Et quod principi sit maximè necessaria: quot sint etiam quæ possint incitare principem ad clementiam.

Quid sit clemẽtia.

Clementia est virtus per quam animus in odium alicuius temerè concitatus benignitate retinetur. De his quæ valent ad refrænandum odium, multa inuenies in tractatu de ira, secundùm Senec. Clementia est temperantia animi in potestate vlciscendi, vel lenitas superioris aduersus inferiorem in pœnis cõstituendis. Et notandum quod licèt clementia necessaria sit omnibus, maximè tamen principem populi sui Moysen constituit, qui erat vir mitissimus super omnes homines qui morabantur in terra. Num. 12. & 3. Reg. 20. legitur: *Audiuimus quod reges domus Israel clementes sunt.* Hester. 13. *Volui potentis nequaquam abuti magnitudine, sed clementia & lenitate gubernare subiectos.* Et Esa. 16. *Emitte agnum Domine dominatorem terræ.* Et de Christo legitur Matth. 21. *Ecce rex tuus venit tibi mansuetus.* Et lex eius vocabitur lex clementiæ, Prouerbior. vltim. In signum etiam clementiæ inunguntur reges Christiani & Ecclesiæ Prælati. Senec. Nullum ex omnibus clementia magis quàm regem aut principem decet. Idem Clementia efficit vt inter regem tyrannumque discrimẽ sit, id est differentia. Item notandum quod clementiæ virtus mediocritatem seruat in parcendo & in vlciscendo. Senec. Tam omnibus ignoscere crudelitas est, quàm nulli. Modum tenere debemus: sed quia difficile temperamentum est, quidquid plus æquo futurum est in partem humaniorem præponderet. In arca erat virga Aaron cum manna. Ad Heb. 9. Ille enim qui præest quandoque debet parcere, quandoque vltionem sumere. Virga Assueri extensa, signum erat clementiæ. Hester 8. Ad clementiam pertinet maximè temperantia in vltione propriarum iniuriarum. Senec. Quemadmodum magni animi non est qui de alieno liberalis est, sed ille qui quod alteri donat, sibi detrahit; ita clementem voco non de alieno dolore facilem, sed eum qui cum suis stimulis exagitetur non prosilit, qui intelligit magni animi esse iniurias in summa patientia pati, nec quidquam esse gloriosius principe impunè læso. Vltimò duas res præstare solet: aut solatium affert ei qui accepit iniuriam, aut in reliquum securitatem. Principis maior est fortuna, quàm solatio egeat, manifestiorque vis quàm vt alieno malo sibi virium opinionem quærat. Hoc dico, cùm ab inferioribus petitus violatusque est: clementia principem seruat, ne impatientia vel aliqua alia inordinata affectione vltionem præcipitet. Tullius in libro de Offic. Optandum est vt qui præsunt reipublicæ, legum similes sint, quæ ad puniendum non iracundia, sed æquitate ducuntur. Ad principem verò clementem pertinet illud verbum. Senec. In hac tanta facultate rerum non ita me ad iniqua supplicia compulit, non iuuenilis impetus, non temeritas hominum & contumacia quæ sæpè tranquillissimis quoque pectoribus patientiam extorsit. Clementiæ est causas parcendi quærere. Senec. Alterius ætate prima motus sum, alterius vltima: quoties nullam inueni misericordiæ causam, mihi peperci. Item notandum quod duodecim sunt quæ possunt valere ad incitandum Principes ad clementiam. Primum est exemplum excelsi principis, scilicet Dei, de quo Ioel. 2. legitur, *ipse benignus & misericors est & præstabilis super malitia.* Et Sapient. 12. *Parcis omnibus, quoniam tua sunt.* Senec. Si Deus placabilis est, & delicta potentium non statim fulminibus persequitur: quantò æquius est hominem hominibus præpositum miti animo exercere imperium. Secundum est

d Aclemẽtiam exercẽdam à principibus sunt 12. incitamenta.

exemplum creaturarum inferiorum, vt exemplum quod ponit Sen. de rege apum. Iracundissimæ, inquit, ac pro captu corporis pugnacissimæ sunt apes, & aculeum in vulnere relinquunt. Rex ipse sine aculeo est. Noluit ipsum natura nec sæuum esse, nec vltionem magno constaturam petere, telumque detraxit, & iram eius inermem reliquit. Exemplar hoc hominibus regibus ingens. Pudeat ab exiguis animalibus non trahere mores, quum tanto moderatior hominum animus esse debeat, quanto vehementius nocet. Tertium est naturalis nobilitas animorum qui regendi sunt. Senec. Remissius imperanti melius paretur: contumax est animus humanus, & contrarium atque arduum nitens faciliúsque sequitur, quàm ducitur. Quartum est, quod clementia naturæ humanæ congruit: crudelitas vero videtur esse contra naturam humanam & quasi bestialis. Senec. Quid istud delectari sono catenarum quocunque ventum est multum sanguinis fundere, aspectu suo terrere & fugare? quæ alia vita esset, si leones, vrsique regnarent, si serpentibus in nos, ac noxiosissimo animali cuique daretur potestas? ipsa rationis inexperta natura abstinet suis, & tuta etiam inter feras similitudo morum est. Arist. in lib. de natura animal. dicit quod non est auium vnius speciei vt se comedant. Senec. Ferina rabies est sanguine gaudere, ac vulneribus, ac abiecto homine in sylueste animal transire. Quintum est, humani sanguinis pretiositas, quo parcissime vtendum est. Senec. in epist. Clementia sanguine alieno tanquam suo parcit, & scit homini non esse homine prodigo vtendum. Item vtens verbis quæ competunt clementi principi. Conditum, inquit, imo strictum apud me ferrum est: summa parsimonia etiam vilissimi sanguinis. Vtinam gladius spiritualis Ecclesiæ strictus esset, & vsus eius parcus. Et subdit Senec. Seueritatem abditam ad clementiam in procinctu habeo. Greg. Nazian. ad Imperat. A Christo tibi in homines vita & venia, potestas mortis indulta est, & gladius tibi datus est, non tam opereris quàm commineris, quam etiam depositum, quoddam incruentum & impollutum restituas commendanti. Sextum est, finis propter quem principes sunt constituti: vt scilicet medeantur generi humano, ideò dicebat Senec. quod non minus turpia sunt principi multa supplicia, quàm medico multa funera. 2. ad Cor. 10. *Potestatem dedit nobis Deus in ædificationem, & non in destructionem vestram.* Idem: *Sapiens multa remittet, multos parum sani, sed sanabilis ingenij seruabit.* Agricolas bonos imitabitur, qui non tantùm rectas procerásque arbores colunt, sed illis quoque quas aliqua deprauauit causa, adminicula quibus regantur applicant: alias circuncidunt, quasdam infirmas vitio loci, nutriunt: videbit quod ingenium, qua ratione tractandum sit. Idem: Princeps alios ex ciuibus suis, quia vtiles bonique sunt, libens videat: alios in numerum relinquat, quosdam esse gaudeat, quosdam esse patiatur. Septimum est, quod oppositum clementiæ, scilicet crudelitas, hostes multiplicat. Senec. in lib. de clementia: Voluntas oportet ante sæuiendi, quàm causa deficiat. Alioquin quemadmodum præcise arbores plurimis ramis repullulant, & multa satorum genera vt densiora surgant reciduntur: ita regia crudelitas auget inimicorum numerum tollendo; parentes enim liberíque eorum qui interfecti sunt, & propinqui amici in locum singulorum succedunt. Octauum est, quod crudelitas audaciam malefaciédi dat. Sen. Temperatus timor cohibet animos: Assiduus verò & acer & extrema admonens, in audaciam iacentes excitat, & omnia experiri suadet. Acerrima virtus est quam vltima necessitas extendit. Idem: Videbis sæpe committi, quia sæpe vindicatur. Idem: Summa prudentia, summi viri & rerum naturæ peritissimi maluerunt velut incredibile scelus & vltra audaciam positū

præte-

præterire, quam dum vindicant oftendere fieri poſſe. Nonum eſt, quod clementia principi ſecuritatem dat. Sen. Errat ſi quis exiſtimat ibi tutum eſſe regem, vbi à rege nihil tutum eſt. Securitas ſecuritate mutua paſcenda eſt. Non eſt opus latera montium abſcindere, multiplicibus ſe muris turribuſque ſepire: ſaluum regem clementia in aperto præſtabit, vnum eſt inexpugnabile munimentum, amor ciuiū. Prou. 11. *Clementia præparabit vitam, & ſectatio malorum mortem.* Decimum eſt, quod clemētia regnum roborat. Prou. 20. *Miſericordia & veritas cuſtodiunt regem, & roboratur clementiâ thronus eius.* Vndecimum eſt, quod bonitatem & principis & populi conſummat. Prou. 16. *Clementia regis quaſi imber ſerotinus.* Sicut imber tēporaneus eſt ad germinationem: ſic ſerotinus eſt ad maturationem. Temporaneus inchoat quod ſerotinus conſummat. Sic clemētia regis benefica eſt his qui male ſe habent, quod eſt conſummatæ bonitatis, & facit vt populus vitam ſuam bene conſummet. Multi enim bene finiunt vitam ſuam qui male finiuiſſent niſi clementer cum eis actum fuiſſet. Duodecimum eſt, quod clementia facit vt princeps temporalis in futuro iudicem vniuerſalem clementem inueniat, ſecundum illud Luc. 6. *In qua menſura menſi fueritis, remetietur vobis:* Ad illud poteſt referri illud Prou. 11. priùs poſitum: *Clementia præparabit vitam.*

Caput VII.
De Modeſtia.

Tullius in prima Rhetor. Modeſtiam ſic depingit: Modeſtia eſt, per quam pudor honeſtatis puram & ſtabilem comparat auctoritatem. Et innuitur in hac deſcriptione cauſa & effectus modeſtiæ. Pudor enim qui eſt timor turpitudinis, vel fuga rei incedentis, declinando indecentiam in exterioribus efficit ordinationem exteriorem quæ modeſtiæ eſt: & ſic comparatur auctoritas ſeu grauitas pura non habens admiſtionem ſui contrarij, ſcilicet vtilitatis & ſtabilitatis: non enim eſt momentanea, ſed permanens. Et notandum ordinatio interior, quæ eſt cùm ratio præeſt & appetitus obtemperat, cauſa eſt exterioris ordinationis: inordinatio vero interior quæ eſt cùm appetitus non ſubeſt rationi, cauſa eſt exterioris inordinationis. Vnde cum animus eſt iratus, aut metu commotus, aut nimis voluptate appetens, exteriora mutantur, cor accenſum ſtimulis iræ palpitat, corpus tremit, lingua præpeditur, facies igneſcit. Vnde verum eſt illud Poetæ: Deprehendas animi tormenta latentis in ægro corpore, deprehēdas gaudia, ſumit vtrumque inde habitum facies. Ordinatio vel inordinatio exterior ſignum eſt interioris. Eccl. 19. *Amictus corporis, & riſus dentium: & ingreſſus hominis enuntiant de eo.* Greg. in paſtor. Intus eſt cuſtodia quæ cōpoſita ſeruat exterius membra. Qui ergo ſtatum mentis perdidit, foris in inconſtantia motionis fluit, atque exteriori mobilitate indicat; quod nulla interius radice ſubſiſtat. Notandum quod modus à quo modeſtia dicitur, eſt tenere decorem. Et eſt decor iſte reſpectu aſpectus hominum. Ad cognoſcendum vero aliquid decorū, vel non, attendendū eſt an ſit naturæ conſentaneum, an ſit perſona dignum quæ hoc agit vel cum qua agitur. Attendendum eſt etiam ad congruentiam temporis vel loci. Decorum eſt in homine quod eſt conſentaneum naturæ excellenti hominis, & eſt indecens in homine aliquid quod non eſſet indecens in bruto. Item aliquid eſt indecens in perſona prælati, quod non eſſet indecens in perſona priuata. Aliquid etiam indecens eſt, quia deeſt congruentia temporis, ſecundùm illud Eccleſ. 20. *Ex ore fatui reprobabitur parabola.* Non enim dicit eam in tempore ſuo. Et ponit exemplum Tullius de duobus collegis ſeu coniudicibus scilicet Paride & Sophode, coram quibus sedentibus pro tribunali quum transiret quidam iuuenis pulcher, dixit Sophodes socio suo. O puerum pulchrum! Cui Parides: Prætorem decet habere non solùm manus, sed & oculos continentes. Si Sophodes verbum prædictum in Attelarum probatione dixisset, iusta reprehensione caruisset. Tullius: Vitiosum est derisorie delicatum inferre sermonem. Ratione etiam loci aliquid indecens est: vt in sacro loco sit aliquid indecenter, quod alibi fieret decenter. Item notandum quod modestia indecentiam cauet in verbo, in risu, in motu corporis, in membrorum situ, in habitu vel cultu, in occupatione vel actu. De indecentia in verbo, risu, & motu, tangit. Sen. in lib. de quatuor Virt. dicens: A verbis turpibus abstineto: quia licentia eorum imprudentiam nutrit. Sermones vtiles magis quàm facetos & affabiles ama, rectos potius quàm obsecundantes: miscebis interdum seriis iocos, sed temperatos & sine detrimento dignationis & verecundiæ. Nam reprehensibilis risus est si immoderatus, si pueriliter effusus, si muliebriter factus. Odibilem hominem facit risus, aut superbus & elatus, aut malignus & furtiuus, aut alienis malis euocatus. Si ergo tempus iocos exigit, hos cum dignitate sapientiæ gere: non erit tibi sterilis, sed grata vrbanitas. Vrbanitas tua sine dente sit, ioci tui sine vilitate, risus sine cachinno, vox sine clamore, incessus sine tumultu, quies tibi non desidia erit. Idem in eodem: Non sis aliorum curiosus scrutator, neque acerbus reprehensor, sed sine exprobratione corrector, ita vt admonitionem hilaritate præuenias, & errori facile veniam dato, nec extollas quicquam, nec deiicias: requirenti facile responde, contendenti facile cede, nec in iurgia execrationésque discedas. Item in eodem: Rari sermonis sis ipse, sed loquentium patiens: seuerus ac serius, sed hilaris, non asperans. Circa motum corporis cauenda est nimia tarditas & nimia celeritas. Sen. Si continens es, & animi tui & corporis motus obserua, ne indecori sint. De indecentia in motu corporis vel situ membrorum, tangitur Esa. 3. *Pro eo* (in quit) *quod eleuatæ sunt filiæ Sion, & ambulauerunt collo extento, & nutibus oculorum ibant, & plaudebant, & ambulabant, & pedibus suis composito gradu incedebant, decaluabit Deus verticem filiarum Sion.* Ezech. 24. *Lateribus & humeris impingebatis.* Prou. 6. dicitur de homine apostata: *Annuit oculis, terit pede, digito loquitur.* Et in eodem dicitur: *Sex sunt quæ odit Deus, & septimum detestatur anima eius, Oculos sublimes.* Iob. 15. *Currit aduersus Deum erecto collo.* In habitu vel cultu iste modus habendus est, vt vitetur agrestis in humana negligentia, & habeatur munditia, non tamen nisi exquisita. Hieron. Ornatus & sordes pari modo fugienda: quia alterum delicias, alterum gloriam redolet. Sen. Non splendeat toga, nec sordeat 1. ad Timot. 2. *Volo mulieres orare in habitu ornato, cum verecundia & sobrietate ornantes se.* In occupatione vero attendendum est ad naturam: ad quid scilicet aliquis à natura sit dispositus. Qui enim debilis est corpore, & ingeniosus, & viuacis memoriæ, non militiam, sed studium literarum sectari debet. Fatuum enim est naturæ repugnare, & illud sequi quod non possit assequi. Attendendum est etiam ad ætatem. Ætas enim adolescentiæ labore animi vel corporis est excercenda, & auctoritati senum subiicienda. Debent enim adolescentes senes vereri, consilio eorum regi & exemplo informari. Senibus verò labores corporis videntur esse minuendi. Animus verò his exercendus est: consilio debet alios iuuare, & exempla imitatione digna eis ministrare. Priuatæ personæ est pari iure cum ciuib. viuere: prælati vero est æstimare se gerere personam ciuitatis, retinere decus, seruare leges.

Modes. tia indecétiam cauet.

Caput VIII.

De partibus Temperantiæ prout ipsa est virtus regens animam circa delectationes sensuum, & de ordine dicendorum de eis.

Dicto de partibus temperantiæ secundum Tullium, dicendum est de partibus temperantiæ prout temperantia virtus est regens animam circa delectationes sensuum. Notandum ergo quod illæ partes temperantiæ quæ regunt animā circa delectationes quæ sunt secundum gustum & tactum, satis sunt notæ & nominatæ, quæ sunt sobrietas & continentia. Illæ autem partes quæ pertinent ad delectationes quæ sunt secundum visum & auditum & olfactum, non sunt ita notæ, nec habent specialia nomina. Et potest esse in causa vtilitas dictarum virtutum: quia duo sensus, scilicet gustus & tactus pertinent ad esse: tres alij pertinent ad bene esse. Mediante gustu assumitur quod per viam nutritiuam corpori vnitur: & sic conseruatur esse indiuidui, vnde gustus est ad conseruandum esse indiuidui. Mediante vero tactu per vim generatiuam transfunditur quod erat in vno corpore in aliud corpus: & sic fit multiplicatio indiuiduorum, & saluatur esse speciei in multis indiuiduis, quod non posset saluari in vnico, quum indiuiduum sit corruptibile. Item tactus & gustus sunt principales sensus, alij vero tres sunt ordinati ad illos. Visu enim & auditu & olfactu nutrimentum à lōge agnoscitur, quod gustu de prope agnoscitur. Vnde dicitur in lib. de nat. animal. quod auis rapax est acuti visus, quoniam indiget vt cibum suum videat à remotis. Visu etiam, auditu, & olfactu agnoscitur de longe destructiuum corporis, vel delectabile secundum tactum quod de prope tactu decernitur. Prius vidit mulier quod bonum esset lignum ad vescendum, quàm de illo gustaret. Gen. 4. & prius vidit Dauid mulierem lauantem se ex aduerso, quàm adulterium cum ea committeret. 2. Reg. 11. Item sicut dicitur in lib. de natu. animal. Sensus tactus in homine subtilis est plus quam alij sensus, & post ipsum gustus. Ceteri sensus in homine sunt hebetiores, quam in aliis animalibus. Item dicitur in eodem lib. quod sensus visus in omnib. animalib. est supra auditum, & sub his olfactus. Tactus & gustus operantur secundum propinquitatem obiecti, alij secundum distantiam. Vnde delectationes quæ sunt secundum tactum & gustum, maiores sunt quam quæ sunt secundum alios tres sensus. Et pronitas ad operationes & delectationes secundum illos duos sensus maior est quàm secundum alios tres. Et vitia quæ sunt circa operationes & delectationes illorum duorum sensuum magis sunt periculosa: ideo virtutes quæ sunt contra illa vitia, magis sunt necessariæ & magis notæ, & habent specialia nomina. Inter virtutes vero pertinentes ad delectationes quinque sensuum, primo prosequemur de sobrietate. Secundò de continentia. Tertiò tangemus de illa temperantia quæ est circa delectationes aliorum trium sensuum.

Caput IX.

De ordine dicendorum de Sobrietate. De diuersis acceptionibus huius nominis Sobrietas. De eius commendatione ac officijs.

Circa Sobrietatem vero primo distinguemus diuersas acceptiones huius nominis sobrietas. Secundo ponemus ea quæ pertinent ad eius commendationem. Tertiò tangemus de officiis ipsius. Circa primum notandum quod nomen sobrietatis quadrupliciter sumitur in Sacris. Quandoque enim sumitur large pro temperantia, quę est vna quatuor cardinalium virtutum, vt Sap. 8. *Sobrietatem*, ait, *& prudentiam docet, &c.* ad Tit. 2. *Sobriè & iustè & piè, &c.* Secundo sumitur pro temperantia, quæ est generalis: vt ad Tit. 2. *Iuuenes hortate vt sobrij sint.* Gloss. in omnibus. Tertio sumitur pro temperantia quæ est circa potum & cibum, vt ad Tit. 2. *Adolescentulas vt viros suos ament: filios suos diligant, prudentes, castas, sobrias.* Gloss. in cibo & potu. Quartò sumitur sobrietas pro temperantia circa potum tantum, & sic ebrietas est ei opposita. Sic sumitur Eccl. 31. *Æqua vita hominis, vinum in sobrietate: si bibas illud moderate, erit sobrius.* Tertio modo sobrietas hîc sumitur: scilicet pro temperantia circa cibum & potum, & circa delectationes quæ sunt secundum gustum.

De commendatione Sobrietatis.

AD commendationem verò huius virtutis notandum quod sobrietaté suadet nobis natura, scriptura, vniuersa creatura. Natura modicitate oris humani suadet nobis mediocritatem in sumptione cibi & potus. Homo enim in comparatione sui corporis parui oris est: vt dicit Arist. in lib. de natura animalium: Oris verò modicitate suadet nobis natura caritatem in sumendo cibum & potum: vnicum nos habemus cum duos oculos & duas aures habeamus. Breuitate verò delectationis quæ non habetur nisi in transitu cibi, dissuadet nobis sumptuositatem ciborum delectabilium. Bern. in sermone: *Huius tam modicæ partis, s. gutturis, tam exigua delectatio quanta paratur solicitudine, quantá deinde molestiam parit*: hinc & morbi varij generantur. Idem: Etiam dissuadet nobis corruptio cibi & potus, quæ fit postquam in stomachum descenderunt. Ioel.2. *Vlulate omnes qui bibitis vinum in dulcedine: periit enim ex ore vestro.* Non sic est in aliis sensib. non enim corrupitur res pulchra quæ videtur, cum semel visa fuerit: nec res odorifera cú semel odorem eius aliquis perceperit. Naturales appetitus animæ non sunt deliciarum. Eccl. 29. *Initium vitæ hominis aqua & panis.* Eandem escam assignauit Deus homini & brutis. Gen. 1. *Ecce*, inquit, *dedi vobis omnem herbam afferentem semen super terram, & vniuersa ligna quæ habent in semetipsis semen sui generis, vt sint vobis in escam & cunctis animantibus terræ.* Sen. Considerate quantum natura poscat, & quantum cupiditas expetat. Scriptura verò sacra dupliciter suadet nobis sobrietatem, s. admonitionibus multis, & sanctorum exemplis. De admonitio. verò paucas ponere sufficiat 1. ad Thes. 5. *Vigilemus*, inquit, *& sobrij simus.* Et in eodem: *Nos qui diei sumus, sobrij simus* 2. ad Tim. 4. *Ministerium tuum imple, sobrius esto.* 1. Pet. 4. *Estote itaque prudentes, sobrij, &c.* Eiusd. 5. *Sobrij estote & vigilate, &c.* De exemplis hęc pauca ponere sufficiat. Dan. 1. dicunt pueri bonæ indolis: *Dentur nobis legumina ad vescendum, & aquã bibendum, cibo regio contempto.* Dan. 10. *Trium hebdomadarum diebus panem desiderabilem non comedi, & caro, & vinum non introierunt in os meum.* Matth. 3. & Marc. 1. dicitur de Ioan. Bap. quod esca eius erat locustæ & mel syluestre. Et Luc. 1. *Vinum & siceram non bibet.* Bern. super Cant. Abstinebo à carnibus, ne dum nimium nutriunt carne, simul & carnis nutriant vitia. Panem ipsũ cum mensura studebo sumere, ne onerato ventre stare ad orandum tædeat. Et de beato Nicolao legitur, quod cum lacte aleretur, quarta & sexta feria semel tantum in die mammillarum lac sugebat. Omnis etiam creatura sobrietaté suadet, quia in omni creatura est modus & mensura, secundùm illud Sap. 11. *Omnia in mensura, & numero, & pondere disposuisti.* Item ad commendationem sobrietatis valere potest, si ostendatur quot & quanti sunt eius effectus, & quã periculosus est

De Temperantia.

homini eius defectus. Notandū ergo quod sobrietas valet ad sanitatem, secundùm illud Eccles. 31. *Sanitas est animæ & corpori sobrius potus.* Senec. in epist. Simplex erit ex causa simplici valetudo: multos morbos multa fercula fecerunt. Chrysost. super Epist. ad Hebr. Nihil sic salutem nisi sic sensuum acumen operatur, nihil sic ægritudinem fugat, sicut moderata refectio. Item, sobrietas valet ad vitæ diuturnitatem. Eccles. 37. *Qui abstinens est, adiiciet vitam.* Item sobrietas valet ad iucunditatem & corporalem & spiritualem. Eccles. 30. *Exultatio animæ & corporis vinum moderatè potatum.* Gregor. in Moral. Si à carne hoc quodlibet abscindimus, mox in spiritu hoc quod delectat inuenimus. Homo sobrius delectabiliter viuit, & dormiendo & vigilando. Eccles. 31. *Somnus sanitatis in homine parco: dormiet vsque mane, & anima ipsius cum ipso delectabitur.* Homo sobrius differt comedere donec esuriat, & tunc etiam panis & aqua delectabiliter ei sapiunt. August. in lib. de verbis Domini: Vix fastidiosus satiaris, nescis quomodo sapit quod fames accendit. Sen. in Epist. Solus panis bonus fiet, & tibi eum tenerum & similagineum fames reddet. Ideò non est ante edendum quàm illa imponat. Expectabo ergo, nec ante edā quàm aut bonum panem habere potero, aut malum fastidire desiero. Ber. in epist. Prudenter sobriéque conuersanti, satis est ad omne condimentum sal cum fame. Sap. Desideriis omnia condiuntur. Darius in fuga cùm aquam turbidam ex cadaueribus inquinatam bibisset, negauit vnquam se bibisse iucundiùs. Bern. ad fratres de monte Dei: Panis furfureus & simplex, aqua, olera vel legumina simplicia, nequaquam res delectabiles sunt, sed in amore Christi & desiderio æternæ delectationis ventri benè morigerato gratanter ex his satisfacere possị, valde delectabile est. Quot milliá pauperum ex his vel aliquo horum delectabiliter satisfaciūt naturæ? Facillimū quippe & delectabile esse adiūcto amoris Dei cō-

dimento, secūdùm natūram viuere, si insania nostra nos permitteret, qua sanata statim naturalibus natura arridet. Chrys. Cōferamus, inquit, mensam diuitis & mediocris: discutiamus vtroque conuiuas: qui magis, quæso, sunt, qui puram veramque mensæ capiunt voluptatem? illi ne qui cœnas prandiis iungunt, quique ventris distensione rumpūtur, atque oppressione ciborum suorum premuntur, in quorū corpore vino inundante velut naufragij cuiusdam fluctu obruta anima necatur, vbi nec oculus, nec lingua, nec pes propriis deseruit officiis, sed omnia membra corporis vini vinculis iacent vincta grauiùs quàm catenis, vbi nec sopor eis ad quietē datur, nec ad salubritatem cedit. Idem Chrysost. Hi qui in deliciis & luxuriis vitam ducunt, resoluta quidem corpora, & omni cera molliora circumferunt, atque infirmitatibus repleta, quibus ad cumulū malorum podagræ tremor & immatura senectus accidit, & est eis vita semper in medicis & in medicamentis. Sensus autem tardi, graues & obtusi, & quodammodo iam sepulti. Idem: Quis hæc iucunda dicat & grata, qui tamen nouerit quid sit iucunditas & voluptas? Voluptas à prudētibus ita diffinitur: Voluptas est, cùm quis suis desideriis fruitur. Vbi verò desideriis frui non potest, dum vel ægritudo non sinit, vel satietas ipsa desiderij facit ea quæ onerosa sunt ingrata, sine dubio etiam voluptas in eis pariter & iucunditas perit. Idem: Considera ægros qui fastidio perurgentur, quomodo quamuis suaues & lauti cibi appinantur, oneri eis magis sunt, quàm voluptati: sicut cùm per abundantiam cupiditas fuerit extincta, pariter & voluptas & iucunditas perimitur: quia non tam ciborum gratia, quam desiderij gignit, satisfactio voluptatum. Vnde anima satiata calcabit extra siue fauum. Prouerbior. vigesimo septimo. Item *de petra melle saturauit eos:* quandoquidem post multam itineris fatigationem & laborem, sitis, aquis

Ff iij

frigidis ex saxo fluētibus fruebantur, easque cum multo desiderio hauriebant. Hoc ipso ergo quod dulcissimæ, & desiderabiliter potandi cupiditas explebatur, aquas illas mel appellauit. Igitur dubitari non potest quod simplicior victus & mensa mediocris plurimum iucunditatis habeat & voluptatis. Et è contrario diuitum mensæ execrabiles & horridæ & morborum & contaminatione plenæ, in quibus molesta sunt hæc quæ delectabilia videntur. Item sobrietas gratiam hominum comparat, sicut eius oppositū hominibus exosum reddit. Ecclef. 31. *Vtere quasi homo frugi his quæ tibi apponuntur, & non cùm manducas multum, odio habearis.* Idem Deum glorificat. 1. Corinth. 10. *Siue comeditis, siue bibitis, siue aliquid facitis, omnia in gloriam Dei facite.* gloss. Si quid manducas & bibis, sumis ad refectionem corporis, reparationém membrorum, gratias tribuens ei qui tribuit mortali & fragili ista supplementorum solatia: Cibus tuus & potus laudat Deum. Sobrietas etiam in conuiuiis nostris, Deum pascit, prouidendo ibi puritatem in qua ipse delectatur. Cant. 2. *Qui pascitur inter lilia.* Item sobrietas munditiam prouidet vbi maximè immunditia displicet: scilicet in ore & ad mensam. Inter membra in ore maximè displicet immunditia. In mensa etiam multum placet munditia, 2. Paral. 14. *Proponuntur panes in mensa mundissima.* Et Leuit. 24. iubentur duodecim panes propositionis statui super mēsam purissimam. Sobrietas ornamentum mensæ est. Bernar. ad fratres de monte Dei: Si manducas, mensam tuam per se satis sobriam sobrietas tua præornet. Item sobrietas offensam Dei cauet, vbi maximè cauenda est, scilicet cum bonis Dei vtimur. Magna iniquitas est cum Deo hostiliter agere cùm in mensa eius sumus. Cauent latrones ne noceant aliquot diebus his cum quibus comederunt. Item sobrietas seruat rationis libertatem quam eius oppositum impedit, Ecclef. 31. *Ne comprimaris in conuiuio vini.* Hieron. in epistolis. Qui inebriatur & mortuus est, & sepultus. August. Non est aliud ebrietas quàm manifestissimus dæmon. Huiuscemodi enim vir cùm se bibere putat vinum, bibitur à vino. Sobrietas pessimam seruitutem excutit, scilicet seruitutem corporis quod ad seruiendum datum est spiritui, & nobilitatem animæ seruat Ecclef. 10. *Beata terra cuius rex nobilis est, & cuius principes vescuntur in tempore suo ad reficiendum, & non ad luxuriam.* Item sobrietas membrum valde nobile regit, os scilicet: sensum etiam pertinentem ad esse scilicet gustum dirigit, circa quem vitium valdè periculosum est. Destructiuum enim potest esse ipsius, & esse occasio magnæ infirmitatis, vel mortis. Item sobrietas opus necessitatis regit, in quo sine ipsa frequenter erratur & à iuuenibus & à senibus. Item ad intelligentiam præparat. Vnde Dan. 1. *Pueri qui cibos regios contempserunt grossis cibis contenti, intelligentiores ceteris inuenti sunt.* Item vigilantiam seruat ad quam Deus monet. Matt. 14. & 25. & 26. Et Luc. 21. Et Marc. 13. Vnde notabiliter sobrietas & vigilia sociantur. 1. ad Thes. 4. *Vigilemus*, inquit, *& sobrii simus.* Et 1. Pet. 5. *Sobrii estote & vigilate.* Item ministerio Dei idoneum efficit. Vnde 1. Timoth. 3. Vbi ostenditur qualis debet esse minister Dei, dicitur *Sobrium, ornamentum, &c.* Et ad Titum 1. *Prudentem, sobrium, iustum, &c.* Item ab igne infernali, scilicet luxuria seruat. Vnde pueri qui abstinentes fuerunt, à fornace Babylonica illæsi exierunt. Dan. 3. *Sobrietas filios Dei fugientes Ægyptios infernales, per siccum ad terram promissionis perduxit.* Exod. 14. *Filii Israel ambulauerunt per siccum, &c.* Qui sobrietatem non habent, in aquis voluptatum submerguntur. Sobrietas primum congressum habet in bello spirituali. Sine ipsa ceteræ virtutes frustra pugnant, Gloss. super Matth. 4. Nisi gula priùs refrænatur, frustrà contra alia vitia laboratur. Qui poplite flexo aquam biberunt, non permissi sunt ire ad bellum cum Gedeone. Iudic. 7.

De Temperantia.

Poplite flexo aquam bibit qui voluptuose comedit. Item sobrietas diabolo aufert ingressum in homine: & sic videtur ei auferre dominium. Non videtur Dominus esse castri qui non habet ibi ingressum. Sobrietas diabolum in arido ponit vbi ipse non quiescit Matth. 12. *Ambulat per loca arida quærens requiem, & non inuenit.* Piscis infernalis in arido positus palpitat: vt de pisce Tobiæ legitur Tobiæ 6. Esa. 50. *Computrescent pisces sine aqna.* Fames lupum de nemore exire facit: sic sobrietas diabolum de homine. Ipsa carni concupiscenti aduersus spiritum victualia aufert, & igni concupiscentiarum ligna subtrahit vnde diminuitur vel deficit. Ipsa carnem in potestate sua habet. Genes. 16. *Ecce ancilla in manu tua est, vtere ea vt lubet.* Ipsa enim ad modum lapidis pretiosi hominem custodit, ne cibus vel potus ei noceat. Si sobrietas desit dum corpus repletur anima euacuatur, homo depauperatur. Prouerb. 31. *Qui agit epulas, in egestate erit.* Deus blasphematur. Gloss. super illud 1. ad Cor. 10. *Siui comeditis, siue bibitis, &c.* Si modum naturæ debitum immoderatione voracitatis excedis, & vinolentia te ingurgites, quantascunque laudes lingua sonet, vita blasphemat. Item venter deificatur, ad Philip. 3. *Quorum Deus venter est.* Porta oris aperta, exercitus vitiorum ingreditur. Iob. 30. *Quasi rupto muro & aperta ianua irruerunt super me.* Sine sobrietate mensa homini est in laqueum. Ecclesiast. 9. *Sicut pisces capiuntur hamo, & aues comprehenduntur laqueo: ita capiuntur homines tempore malo.* Tempus malum & periculosum est homini non habenti virtutem sobrietatis tempore prandij. Sap. 14. *Creaturæ Dei in odium factæ sunt, & in tentationem hominum, & in muscipulam pedibus insipientium.*

De officiis Sobrietatis.

Sobrietatis officia duo sic distingui possunt. Vnum est cauere excessum in cibo. Aliud est cauere excessum in potu. Seneca: Ede citra saturitatem, bibe citra ebrietatem. Lucæ 21. *Attendite ne grauentur corda vestra crapula & ebrietate.* Crapula quandoque sumitur pro excessu cibi solum, vt in prædicto verbo. Quandoque vero communiter pro excessu in cibo, vel potu: vt Ecclesiast. 37. *Propter crapulam multi obierunt, qui autem abstinens est, adiiciet vitam.* Et in Psal. *Tanquam potens crapulatus à vino.* Similiter nomen ebrietatis quandoque sumitur pro excessu in potu solum: vt ad Rom. 13. *Non in comessationibus & ebrietatibus.* Gloss. Etiam genere masculino dicimus calicem aptum potationi, à quo dicitur ebrietas, quæ est nimia potatio vini. Quandoque vero nomen ebrietatis sumitur communiter pro excessu in cibo vel potu. Et notandum quod sobrietas non ponit modum siue mensuram solum circa quantitatem cibi, vel potus, sed ponit modum quantum ad omnes circumstantias. Qui enim sobrius est, sumit cibum & potum quantum debet, & quando & quomodo debet. Vnde possumus distinguere quinque officia sobrietatis. Primum est, cauere ne statutum prandendi terminum præueniamus. Qui tempus præuenit, non expectat donec falsa præparata sit, scilicet fames, vnde cibum insipidum comedit. Ecclesiast. 10. *Beata terra cuius rex nobilis est, & cuius principes comedunt in tempore suo.* Secundum est, cauere ne cibos lautiores quæramus. Seneca: Victus sit tibi ex facili: nec ad voluptatem, sed ad cibum accedere. Palatum tuum fames excitet, non sapores. Desideria tua paruo redime, quia hoc tantum curare debes vt desinant. Tertium est deuitare studiositatem præparandi cibos. Studiose cibos præparare, est hostis nostri gladium acuere. Cibus enim delicatus est gladius quo caro vtitur contra spiritum. 1. Petr. 2. *Obsecro vos tanquam aduenas & peregrinos, abstinete vos à carnalibus desideriis quæ militant aduersus animam.* Quartum est, ni-

Psal. 18.

Quinque alia
1.

2.

3.

4.

mium appetitum cibi vel potus refrænare. August. Fieri potest vt sine aliquo vitio cupiditatis vel voracitatis preciosissimo cibo sapiens vtatur. Insipiens autem fœtidissimæ gulæ flamma in vilissimum cibum ardescat, & satius quisque more Domini maluerit piscibus vesci, quàm lenticula more Esau. Non propterea continentiores nobis sūt pleræque bestiæ, quia vilioribus escis aluntur. Quintum est, mensuram refectionis nō excedere. Ezech. 4. *Cibus tuus quo vesceris erit in pondere.* De hæc materia require in tractatu, de vitio gulę. Solet autem quæri vtrum quęlibet ebrietas seu quilibet excessus in cibo vel potu virtutem sobrietatis destruat; quod si verum esset, omnis excessus in cibo vel potu mortale peccatū esset: virtutem enim eius non destruit nisi mortale peccatum. Ad hoc dicēdum quod duplex est modus siue mensura ad sobrietatem pertinens. Vnus attenditur in commensuratione naturæ. Vnde mensurate sumit cibū vel potū, qui sumit quod necessarium est, & sufficit naturæ. Immoderatè verò qui sumit plusquā necessariū est. Et iste excessus potest esse & venialis & mortalis. Vnde non omnis talis excessus destruit virtutem sobrietatis. Alius modus attenditur in comparatione boni temporalis ad æternum. Vnde secundum hoc modum seruat quis in sumendo cibum & potum, quando temporale bonum non præfert vel æquat æterno bono. Immoderatè verò se habet sumendo cibum & potum, cùm temporale bonum præfert vel æquat ęterno. Et talis excessus mortale est peccatum, & destruit virtutem sobrietatis.

CAPVT X.

De diuisione Temperantiæ, quæ est circa delectationes quæ sunt secundùm tactum. Et de ista parte Temperantiæ, quæ pertinet ad membra generationi deputata, quæ potest continentia appellari, ac eius descriptione, commendatione & diuisione.

Dicto de sobrietate quæ est temperantia circa delectationes secundùm gustum, dicendum est de temperantia illa quæ attēditur circa delectationes secundū tactum. Multiplex verò est delectatio secundùm tactum. Quædam est in suauitate vestium, quædam in suauitate lectorum, quædam in suauitate vnguentorum, quædam in suauitate balneorum. Quædam verò in carnali contactu, quæ duplex est: quędam pertinens ad membra generationi deputata, quædam pertinens ad cætera membra. Temperantia verò circa delectationes prędictas vocari potest continentia. Maximè verò vsitato sermone, continentia vocatur temperantia illa quę cauet illicitas delectationes secundū tactū, quoad membra quæ generationi deseruiunt, quæ sic describitur. Continentia est abstinentia ab omni coitu illicito. Et est hæc virtus multùm necessaria: regit enim membra illa in quibus maximè sæuit concupiscentia: mouentur enim quandoque homine inuito vel dormiente. Et dicitur in lib. de natura animal. quod accidit hominibus, & quadrupedibus coitum desiderantibus subitò spermatisare quibusdam ad tactum mutuum, aliis ad solum aspectum. Horum membrorum effrenatio multùm periculosa est, vt ostensum est in tractatu de vitio Luxuriæ. Cùm generatio sit ingressus in esse, ipsa est vęlut quędam porta diligenter custodienda. Cuius Deus vult Dominus esse, ideò in membro generationi deputato specialiter voluit signum suum ponere, scilicet circumcisionem. Circumcisio specialis figura videtur fuisse continentię. Continentia in Scriptura sacra multum nobis suadetur. Exod. 10. *Renes vestros accingetis.* 4. Reg. 4. *Accinge lumbos tuos.* Iob. 38. *Accinge sicut vir lumbos tuos.* Luc. 12. *Sint lumbi vestri præcincti.* ad Ephes. 5. *State succincti lumbos vestros.* Continentia zona aurea est sponsę regis cęlestis ad decorem data. Daniel 10. *Ecce vir vnus vestitus lineis, renes eius accincti auro obrizo.* Apoc. 2. *Vi-*

De Temperantia.

dit *Ioannes similem filio hominis præcinctum ad mammillas zona aurea.* Eiusdem 15. *Exierunt septem angeli præcincti zonis aureis circa pectora.* Zona aurea circa mammillas vel pectora, est continentia carnis. Aurum in igne seruatur: continentia igne luxuriæ non læditur. Ad commendationem continentiæ faciunt ea quæ valent ad detestationem luxuriæ. Ad commendationem continentiæ faciunt ea quæ valent ad detestationem luxuriæ. De quibus require in tractatu de Luxuria. Et notandum quod tres sunt partes continētiæ. Inter continentes enim qui à coitu illicito abstinent, quidam sunt qui ita abstinent à coitu illicito, quod vtuntur licito, quorum continentia dicitur coniugalis. Quidam verò non solùm abstinent ab illicito, sed etiam à licito. Quod contingit in duplici statu. Vel in eis qui fuerunt in matrimonio. Quantum verò ad personas quæ non fuerunt in matrimonio, non habet speciale nomen quo vocetur.

Partes continentiæ sunt tres.

CAPVT XI.

De continentia virginali, & primo de distinctione nominis virginitatis, ac eius descriptione, de eius commendatione, de his quæ virgines timere debeant, de triplici aureola, & quinque causis propter quas multum competit Officio prædicationis abrenuntiatio propriorum.

INter has verò tres species continentiæ, primo dicetur de virginali, quæ cæteris prior est, & tempore & dignitate. De qua hoc ordine dicetur. Primo, ostendetur quot modis nomen virginitatis sumitur. Secundo, descriptio virginitatis ponetur & exponetur. Tertio, commendationi eius insistetur. Quarto, de his quæ specialiter virginibus sunt timenda. Quinto, tangitur de triplici aureola virginitati debita.

De distinctione nominis Virginitatis.

CIrca primum notandum, quod nomen virginitatis quadrupliciter sumitur. Quandoque pro incorruptione fidei. 2. ad Cor. 11. *Despondi vos vni viro virginem castam exhibere Christo,* Gloss. Aug. Virginitas cordis fides est incorrupta. Quandoque carnis integritas. Vnde gloss. Aug. super verbum prædictum: Virginitas carnis corpus est intactū. Idem contra Iulianum: Pudicitia est res mentis, virginitas corporis. Quandoque autem pro pudicitia mentis cum integritate carnis, quantum ad propositum seruandi eam. Sic virginitas mansisset in Lucia, si inuita fuisset corrupta. Quandoque verò pro pudicitia mentis cum integritate carnis, non solùm in proposito seruandi eam, sed etiam in re. Et virginitas sic sumpta excellenter accipitur: & habentibus virginitatem talem conuenit deferre annulum aureum in Ecclesia militante, in signum quo sunt sponsæ Christi. In triumphante verò Ecclesia meritò huius virginitatis aureola redderetur.

Nomen Virginitatis sumitur quatrupliciter.

De descriptione Virginitatis.

CIrca secundum, notandum quod virginitas sic describitur: Virginitas est in carne corruptibili perpetua incorruptionis meditatio, id est propositum seruandi perpetuam incorruptionē. Carnem verò corruptibilem, intellige carnem possibilem corrumpi: siue necessariò corrumpatur, vt in statu peccati: siue possibilem corrumpi, vt fuit caro Adam in statu innocentiæ. Et notandum, quod corruptio carnis quæ accidit ei quæ habet propositum cauendi carnis corruptionem omninò contra suam voluntatem, non priuat eam aureola. Vnde dixit Lucia. Si inuitam me violaueris, castitas mihi duplicabitur ad coronam. Aufert tamen insignia, quæ dantur specialibus sponsis Christi in Ecclesia militante, vt est annulus aureus. Aug. Virgines quæ corruptæ sunt semel, non audeant se sacris virginibus adæquare. Leo Papa. Eamulæ Dei quæ oppressione bar-

Gg

barica integritatem perdiderunt pudoris, laudabiliores erunt si se incontaminatis nō audeant comparari virginibus. Ratio huius est, quia in militante Ecclesia operamur secundùm iudicium humanum, quod est secūdùm illud quod apparet. In triumphante verò secundùm diuinum. *Deus autem intuetur cor.* 1. Reg. 16. Vnde cùm non appareat quod inuita sit corrupta, non defert insignia virginalia. Corruptio verò carnis ex voluntate mentis proueniens, siue cum culpa, vt extra matrimonium, siue sine culpa, vt in matrimonio, priuat annulo aureo in præsenti, aureola in futuro. Corruptio verò mētis si per pœnitentiam reparata fuerit, & finale propositum seruandi carnis integritatem affuerit, non priuat annulo aureo in præsenti, nec aureola in futuro. Integritas verò carnis in ea, quæ carnis opus appetit, non est digna aureola. Hieron. Nihil prodest carnem habere virginalem, si mente quis nupserit. Augustin. de Virgin. Felicior mihi videtur nupta mulier, quàm nuptura virgo: habet enim iam illa quod ista cupit, præsertim si nondum sponsa cuiusquam fuit. Illa vni studet placere cui data est: hæc multis, incerta cui placere, cui danda est. Hæc vni pudicitiam cogitationis defendit à turba, quod non adulterum, sed maritum quærit in turba.

De commendatione Virginitatis.

NOtandum quod virginitas est pretiosus thesaurus abscōditus in agro corporis. Matth. 13. Pretiositas huius thesauri tāta est, vt ipse non solùm sit pretium gloriæ æternæ, quæ omnibus electis est communis, sed etiam specialis, gloriæ. Debetur enim ei non solùm aurea, sed etiam aureola, Exod. 25. præceptum est vt fieret mensa, & super mensam corona, & super coronam coronula, quę figurata est aureola. Istum thesaurum qui inuenit abscondit: quia qui eius pretiositatem intelligit, seculo renuntians monasterium sibi elegit, vbi in abscondito faciei Dei viuit, Ber. Necesse habemus abscondere si quid habemus boni: quoniā thesaurum regni cœlorū qui inuenit homo abscondit: propter quod in claustro & syluis abscōdimur. Nec hoc infructuosè. Credo enim hîc esse si quartam partem eorum quæ facit in sæculo actitaret, qui nō vt sanctus adoraretur, reputaretur vt Angelus. Nunc autem quotidie tanquam negligens increpatur. Thesaurus iste regno cælorum similis est: Vita enim virginum cælesti vitæ multùm assimilatur. Matt. 25. *Simile est regnum cœlorum decem virginibus.* Virginitas ponit in statu cœlesti, quantum ad incorruptionem carnis. Matth. 11. *In resurrectione neque nubent, neque nubentur: sed erunt sicut Angeli Dei.* Bernard. loquens de castitate, cuius dignior species est virginitas: Hæc sola in hoc mortalitatis loco & tempore quendam statum immortalitatis gloriæ repræsentat. Hæc instar odoriferi balsami quo condita cadauera incorrupta seruantur, sensus, & artus cōtinet & stringit. Virgines designatę sunt per pelles hyacinthinas quæ in tabernaculo superiores fuerūt. Exod. 26. Et ibi dicit gloss. Bedæ. Hyacinthus est cœlestis coloris. Et subditur: Per pelles ergo hyacinthinas exprimi virtutē illorum qui mortificatis illecebris carnis, cœlestem in terris vitam gerunt, & inter homines positi angelicam puritatem imitantur: quia neque nubent, neq; nubentur. Et subditur: Meritò ergo pelles hyacinthinæ supremum locum tenent, & color cœlestis cœlo proximum. Cyprianus: Imaginé eius qui de cœlo est, portat virginitas. Ambr. super illud ad Cor. 7. *Bonum est homini sic esse.* Supergreditur virginitas conditionem humanæ naturæ, per quam homines Angelis assimilantur. Maior tamen victoria est virginū quàm angelorum. Angeli enim sine carne viuunt: homines verò virgines in carne triumphant. Hier. in carne præter carnem viuere, non terrena vita est, sed cœlestis. Ber. in ep. Angelus habet virginitatem, sed non carnem. Sanè felicior quam fortior in hac parte. Optimus & optabilis valde ornatus ille, qui & ange-

De Temperantia.

Virgines similes regno cœlorum.

lis possit esse inuidiosus. Renuit angelus adorari à Ioanne virgine, Apoc. vlt. *Vide*, inquit, *ne feceris: conseruus tuus enim sum.* Virgines etiam similes regno cœlorum sunt diuina inhabitatione. Deus enim habitat in cœlis. Regnum cœlorum absconditum est. Mira res cum terra in cœlo recludi debeat, in virginibus cœlum terræ includitur. Esa. 50. *Induam cœlos tenebris, & ponam saccum operimentum eorum.* Luc. 12. *Regnum Dei intra vos est.* Vita virginum vita regia est, cum ipsæ sint sponsæ regis cœlestis: & ideo reginæ. Ipsæ etiam regnant in regno sui corporis. Virgines enim figura tenent Ecclesiæ triumphantis, ideò non consecratur nisi virgo, licet episcopus consecretur, qui virgo non est. Sanctitas enim virginis, sanctitatem signat Ecclesiæ triumphantis, cùm sanctitas episcopi significet sanctitatem Ecclesiæ militantis. Virginibus competit illud 2. ad Cor. 4. *Habemus thesaurum in vasis fictilibus.* Virginitas thesaurus est niueus: Iob. 18. *Nunquid ingressus es thesauros niuis?* Thesaurus propter preciositatem. Ecclef. 26. *Non est digna ponderatio continentis animæ.* Niueus propter puritatem. Virgines propter puritatem lilio comparantur. Canticor. 2. *Sicut lilium inter spinas, &c.* Item. *Qui pascitur inter lilia.* Et notandum, quod virginitas flos est, qui si debito modo seruetur, non decidit quē ventus vanæ prosperitatis non deijcit, nec hyems aduersitatis lædit. Hunc Ioānes Euangelista ferè centū annis seruauit Hīc est flos qui omnem fructum terrenum excedit, cùm etiam fructui coniugali cōponatur; hac occasione beatus Matthæus occisus est, quia noluit consentire vt Iphigenia quæ virginitatem vouerat, cuidam regi nuberet. Flori virginitatis Deus pro fructu accedit. Sap. 3. *Felix sterilis & coinquinata, quæ nesciuit torum in delicto, habebit fructum in respectione animarum sanctarum.* Super hunc florem Spiritus S. quiescit. Es. 10. *Flos de radice eius ascendet, & requiescet super eum Spiritus Domini.* Virgo non est arbor sterilis & maledicta: sed terreno

Virginitas flos est.

fructui præponit cœlestem, & carnali spiritualem. Esa. 56. *Non dicat eunuchus: ego lignum aridum.* Ibidem promittit Dominus nomen eunuchis melius à filiis & filiabus. Non est angelus arbor sterilis vel maledicta, etsi fructum carnalem non habeat. Hier. Nuptiæ terrā replent, virginitas paradisum. Et notandum quod lilium sex habet folia cadida, & aliqua grana quasi aurea. Velut sex folia in virgine sunt sex quæ valent ad conseruationem incorruptionis. Primū est sobrietas, quod folium lacerat, excessus in cibo & potu, quasi quædā spina quæ via est ad luxuriā. Loth inebriatus perpetrauit incestum. Gen. 19. Prou. 20. *Luxuriosa res est vinū.* Secundū est labor. Quasi spina laceras est quies ignauiæ, vel otiositas quæ est via ad luxuriam. Ezech. 16. *Hæc fuit iniquitas Sodomæ sororis tuæ, superbia, saturitas panis, abundantia, & otium.* Tertiū est, habitus asper & humilis. Ber. in ep. Vt ætate tenera ordinis asperitas teneat, memento quod asperior carduus pannum facit leniorē, & conuersatio conscientiam. Velut spina lacerans est superbus habitus vel mollis, quæ via est ad luxuriam. Num. 25. *Filii Israel fornicati sunt cum mulieribus Moabitarum quæ se ornauerant.* 1. ad Tim. 1. *Non in tortis crinibus, aut auro, vel margaritis, vel veste pretiosa: sed quod decet mulieres promittentes pietatem.* Quartum, est custodia sensuum, præcipuè illorum quis nobis remota ostendunt, vt est visus, vel auditus. Velut spina lacerans est curiositas videndi vana, vel audiendi noua, quæ via est ad luxuriam, vt patet in Dina filia Iacob, quæ egressa vt videret mulieres regionis illius, corrupta est à Sichem filio Emor. Gen. 34. Quintum est, modestia sermonis. Velut spina lacerans est loquacitas, vel turpitudo sermonis. Sen. A verbis turpibus abstineto, quia licencia eorum imprudentiam nutrit. Prou. 7. *Ecce mulier occurrit illi ornatu meretricio præparata ad capiendas animas garrulas.* 1. ad Cor. 5. *Nolite seduci, corrumpunt enim bonos mores confabulationes pessimæ, vel colloquia mala.* Hier. Si sermo

Sex custodiūt Virginitatē.

1.

2.

3.

4.

5.

G g ij

virginis prudens, modestus, & rarus: nec tam eloquentia pretiosus, quàm pudore. Sextum est, fuga occasionum peccadi. Velut spina lacerans est nimia domesticitas: virgo debet esse aliquantulum syluestris, syluestria animalia solét habere pulchriorē pellem quàm domestica. Opportunitas peccandi via est ad luxuriam: vt patet in Thamar corrupta ab Amō fratre suo, quia sola cum solo fuit in thalamo. 2. Reg. 13. Gen. 8. *Ne stes in omni loco circa regionem.* Ber. Solét virgines quæ veræ virgines sūt, semper esse pauidæ & nunquam esse securæ: & vt caueant timenda, etiam tuta pertimescere: Quasi grana aurea sunt tres modi diligendi Deum, quos distinguit. Bern. dicens: Disce amare dulciter, amare prudenter, amare fortiter. Dulciter, ne illecti: prudenter, ne decepti; fortiter, ne oppressi ab amore Domini auertamur. Vel grana aurea possunt intelligi motus diuini amoris ex diuersis causis procedentes. Amandus enim est Deus, quia creator, quia remunerator. Item virginis principium est spiritualis pulchritudinis. Pulchritudo sponsæ sicut & pulchritudo sponsi consistit in candore & rubore. Cant. 5. *Dilectus meus candidus & rubicundus.* 1. Corint. 15. Qualis cœlestis, tales & cœlestes. Dignior vero species candoris spiritualis est virginitas. Bern. Candor lucis æternæ est sapiētia, & candidam oportet esse animam in qua ipsa sedere elegerit. Virginitas thronus eburneus veri Salomonis est. 3. Reg. 10. *Fecit Salomon thronum de ebore grādem.* Virginitas animam Dei sponsam efficit. Vnde Leuit. 21. dicitur de summo sacerdote, *Virginem ducat vxorem,* 3. Reg. 1. *Quæramus domino nostro regi adolescentulam virginem.* Esther 2. Quærantur regi puellæ virgines. Psal. *Adducentur regi virgines.* Virginitas omnibus modis Deo conjungit, vnde Cant. 5. dicitur virgini à Christo: *Aperi mihi soror mea, amica mea, columba mea, immaculata mea.* Eiusd. 4. *Veni de Libano sponsa mea,* &c. Libanus interpretatur candidatio. Virginitas Deo & hominibus grata est. Eccl. 40. *Ædificatio ciuitatis confirmabit nomen, & super hanc mulier immaculata computabitur.* Hier. Multum distat inter puritaté virginalis animæ nulla contagione pollutæ, & sordes eius quæ multorum libidini subiacuit. Isid. Quidam in iuuentute luxuriosè viuētes, in senectute continentes fieri delectantur: & tunc eligunt castitati seruire, quādo libido seruos habere contempsit. Virginitas velut campus est totius picturæ spiritualis: super eam picturam aliarū gratiarū ponit Deus. Eccl. 25. *Gratia super gratiam, mulier sancta & pudorata.* Virginitas Dei amicum & familiarē reddit. Vnde Ioannes virgo specialiter vocatur discipulus quē diligebat Iesus. Ipsa tanquam familiaris Christo supra pectus Domini recubuit. Ioan. 13. Deuter. penul. *Amantissimus Domini habitabit confidenter.* Sap. 6. *Incorruptio facit esse proximum Deo.* Beda super Luc. Sicut Christus in summa pace natus est, vt se pacem diligere ostēderet: Ita de virgine natus est vt se virgineum decus diligere monstraret. Ad literam, Christus toto tempore vitæ suæ fuit virgo, & virginem matrem habere voluit, & virginem patrē Ioseph creditur virgo fuisse, & Ioannes familiaris eius virgo fuit. Psal. *Ambulans in via immaculata, hic mihi ministrabat.* Virgines dulcius & tenerius à Deo diliguntur. Vnde Ioannes virgo positus est ad patres suos, tam extraneus à dolore mortis, quā à corruptione carnis noscitur alienus, vt dicitur in prologo super Ioan. Non enim transit de mundo per dolorem martyrij, vt alij Sancti & Apostoli. Virgines meritò in Deo delicias inueniunt, quia amore eius delicias carnis relinquunt. Ber. in epist. Quomodo ignis & aqua simul esse nō possūt: sic spirituales & carnales deliciæ in eodē se non patiūtur: vbi curiosa ciborum diuersitas, vbi diuitis supellectilis discolor varietas oculos pariter pascit, & cœlestis panis ieiunam deserit mentem. Num. 21. dicit Moyses. *Mulieres quæ nouerunt viros in coitu iugulate: puellas autem & omnes fœminas virgines reseruate:*

De Prudentia.

mitius agens cum virginibus, quàm cum corruptis. Virginitas *agnum sequitur quocunque ierit.* Apoc. 14. Ipsa etiam cantat canticum nouum, quod aliis cantandum non conceditur Ad literam: solent virgines dulcius cantare quàm corruptæ, Apocalyp. 14. *Et cantabant quasi canticum nouum ante sedem, &c.* Et subditur: *Et nemo poterat dicere canticum illud, nisi illa centum, &c. Hi sunt qui cum mulieribus non sunt coinquinati: virgines enim sunt.* Gregorius in Pastoral. Singulariter canticum Agno cātare est, cum eo in perpetuum præ cæteris fidelibus etiam de carnis incorruptione gaudere. Virgines enim sunt superior pars Ecclesiæ. Cyprianus: Virginitas est portio illustrior gregis Christi. August. Nunc vobis, virgines, sermo est, ad quarū quo gloria sublimior, maior & cura. Apocalyp. 14. *Hi empti sunt ex hominibus primitiæ Deo & Agno.* Hieron. Si virgines primitiæ sunt; ergo viduæ, & quæ in matrimonio sunt erunt post primitias. Idem: Ecclesia matrimonium non damnat, sed virginitati subiicit. Idem: Virgo maioris pretij apud Deum est, dum id contemnit quod si fecerit non delinquit. Idem: Plus amat virgines Christus, quia sponte tribuunt quod sibi nō fuit imperatum. Item Hieron. loquens de illo verbo Apost. 1. ad Corinth. 7. *De virginibus præceptum Domini non habeo.* Quare, inquit, præceptum Domini non habet de virgine? Et respondet, quia maioris meriti est quod non cogitur & offertur. Virginitas difficilè seruatur, & ideo maioris meriti est. Idem: Libido honestas mentes libētius persequitur. Et iterum: Libido virginibus maiorē parit famem. Dulcius enim æstimatur quod nescitur. Virginitas expeditum & liberum reddit ad seruiendum Deo 1. ad Corint. 7. *Qui si vxore est solicitus est quæ Domini sunt, &c.* Et subditur: *Mulier innupta & virgo cogitat quæ Domini sunt, vt sit sancta in corpore & spiritu.* Hieronym: Si nihil aliud esset, & nulla merces virginem amplior sequeretur, sufficeret ei hæc sola

prælatio, cogitare quæ Domini sunt. Oseæ 10. *Diuisum est cor eorum, nunc interibunt.* Virgines habet Deus tanquam proprios seruientes. Vnde ad virginitatem pertinet illud Cantic. 2. *Dilectus meus mihi, & ego illi.* Virginitas in veste immaculata Deo ministrat. Apocalyps. 14. *Sine macula sunt ante thronum Dei.* Et competit illud Ecclesiast. 14. *In habitatione sancta corā ipso ministraui.* Luxuria vestem corporis maculat. In canonica Iudæ: *Odientes eam quæ carnalis est maculatam tunicam.* Esaiæ 9. *Vestimentum mistum sanguine erit in combustionem & cibus ignis.* Virgo castrum debilissimum tenet toto tempore vitæ suæ contra illum. De quo scriptum est Iob. 14. *Non est potestas in terra quæ comparetur ei.* Et ideo merito super alios coronatur. *Non coronabitur nisi qui legitimè certauerit.* 2. ad Tim. 2. Virginitati debetur fructus centesimus, cum continentiæ viduali debeatur fructus sexagesimus, & coniugali tricesimus, Matth. 13.

De his quæ specialiter virgines timere debent.

Notandum quod sex sunt virginibus multum timenda. Primum est superbia. Augustinus in lib. de virginitate: Non solum prædicanda est virginitas vt ametur, verumetiam monēda ne infletur. Idem in eodem: Superbia amplius amplioribus insidiatur. Non ergo talibus magnā curam humilitatis ingero, in quib. superbia ipsa confunditur: quo magis inest alicui vnde sibi placeat, eo magis vereor ne sibi placendo illi displiceat. *Quis superbis resistit, humilibus autem dat gratiam?* Idem in eodem: Metuo tibi vehementer, ne quùm te agnum quocunque ierit secuturam esse gloriaris, cum per tumorem superbiæ per angusta ne possis. Et iterum: Bonum virginitatis quanto magnum video, tanto ei pereat futuram superbiam pertimesco. Bernardus super Missus est: Pulchra permistio virginitatis & humilitatis: non mediocriter placet Deo illa anima in quia humili-

1. Superbia.

Gg iij

tas commendat virginitatem, & virginitas exornat humilitatem. Potest placere humilitas quæ virginitatem deplorat amissam: sine humilitate audeo dicere, nec virginitas Mariæ placuisset. Maria virginitatem oblita gloriatur de humilitate, & tu negligendo humilitatem blandiris tibi de virginitate. August. in lib. de virginitate: Facilius sequuntur agnum, & si non quocunque ierit, certe quocunque potuerint coniugati humiles, quàm superbientes virgines.

2. Fatuitas.
Secundum est fatuitas. Hanc fatuitatem specialiter intelligo defectum charitatis. Si dilectio Dei est honorabilis sapientia. Eccl. 1. defectus diuinæ dilectionis est detestabilis fatuitas. Magna fatuitas nō cauere defectum illius rei, sine qua cætera non prosunt: *Fatuæ virgines non sumpserunt oleum secum cum lampadibus.* Matth. 25. Bernard. in epist. Castitas sine charitate, lampas est sine oleo: subtrahe oleum, lampas non lucet: tolle charitatem, castitas non placet. Exempla quod magis teneantur virgines & castæ personæ diligere Deum & proximum, quàm aliæ. Primum exemplum est istud. Magis tenetur diligere medicum ille qui semper conseruatus est ab eo insanitate, quàm ille qui incidit in pluribus infirmitatibus, & postea sanatus est ab eo. Sic qui conseruatus est à Deo in virginitate, vel in castitate, magis tenetur diligere. Item magis tenetur diligere ille aliquem Dominum qui dedit ei equum bonum, qui bene & sane duxit & reduxit eum, quàm ille qui habuit ab eo equum licèt bonum, tamen cecidit & læsit eum. Item magis tenetur diligere ille qui multa bona recepit ab aliquo Domino, quàm ille qui recepit ab eo debita dimissa.

3. Tepiditas.
Tertium est tepiditas, quæ solet accidere in virginibus ex hoc quod considerant se parum peccasse. Contra quod dicit August. in libro de virginitate: Quoniam veritas dixit, quod ille cui modicum dimittitur, modicum diligit; vos vt ardentissime diligatis cui diligendo à coniugiorum nexibus liberi vacatis, deputate vobis tanquam omnino dimissum, quicquid à vobis non est illo regente commissum. Multo ardentius debes diligere illum qui flagitiosis ad se conuersis, quæcunque dimisit, in ea te cadere non permisit. Quid habes, quod non accepisti? aut qua peruersitate minus diligis à quo plus accepisti? Cogita omnia peccata sic habenda tanquam dimittantur à quibus Deus custodit ne committantur. Noli modicum diligere, quasi à quo tibi modicum dimissum est: sed potius multum dilige à quo tibi multum tributum est. Contra hanc tepiditatem valet virginibus, si habeant frequenter vinum sacræ Scripturæ, quod est vinum germinans virgines Zachar. 9. id est, affectiones virginales. Ad idem valet meditatio Dominicæ passionis. Thren. 1. Torcular calcauit Dominus virgini filiæ Iuda. Istud torcular fuit pressura crucis. In hoc torculari fuit pressa vua illa, de qua Genes. 49. *Lauabit in vino stolam suam, & in sanguine vuæ pallium suum.* 1. Machab. 6. Ostenderunt elephantis sanguinem vuæ & mori, ad acuendos eos in prælium. Hoc vinum Dei amore inebriat. Psalm. *Calix meus inebrians quàm præclarus est.*

4. Macula peccati.
Quartum est macula peccati, quæ in virgine est macula in gloria. Macula turpior est in veste alba: virginitas est vestis alba. Vnde bysso comparatur. Prou. vlt. *Byssus & purpura indumentum eius.* Ideo macula peccati valde indecens est in virgine. Hieron. Præclara est virginitas & pudicitiæ virtus, si non aliis macularum lapsibus infirmetur. Qui virginitatem carnis habent cum corruptione mentis, similes sunt sepulchris quæ exteriùs apparent hominib. speciosa, intus verò plena sunt ossibus mortuorum. Matth. 23. Hieron. Nihil prodest virginitas corporis vbi operatur corruptio mentis. Idem: Illa virginitas hostia Christi est, cuius nec inentem cogitatio, nec carnem libido comma-

culat. Ad cauendam maculam peccati necessarium esset sponsæ Christi frequenter inspicere in speculo. Speculum est Scriptura sacra. Gregor. Specula sunt Dei præcepta, quibus animæ sanctæ semper aspiciunt. Et si quæ in eis sunt fœditates deprehendunt. Cant. 6. *Oculi eius sicut columba super riuulos aquarum, quæ lacte sunt lota, & resident super fluenta plenissima.* Columba lacte lota est sponsa Christi cum puritate virginali, quæ per fluenta sacræ Scripturæ sedet, vt vmbram accipitris infernalis videat. Hieron. in epistol. Tanto maiori studio placendi opus est, quanto maior est ille cui placendum est: impossibile est quemquam Deo placere, si quicquid ei placeat ignorat. Fieri potest vt & obsequendi voto offendat, si quomodo obsequi debeat, ante non didicit. Aliud speculum est vita sponsi. Bernard. super Cant. Vtrumque es mihi Domine Iesu & speculum patiendi, & præmium patienti. Cum speculo etiam necessaria est ablutio quæ per confessionem fit: vnde cum lauatorio erant specula. Exod. 38. Bernard. in epist. Audi cui places, ama vnde places: ama confessionem ob quam amaris, ama confessionem si affectas decorem. Confessioni iungitur decor. Psalm. Confessio & pulchritudo in cospectu eius. Lota facie, humilitate confessionis grata est Deo confessio laudis. Cant. 2. *Ostende mihi faciem tuam.* Ibid. *Sonet vox tua in auribus meis. Vox enim tua dulcis, & facies tua decora.*

Quintum est, diuisio cordis. Augustin. loquens de virginibus: Toto vobis figaratur in corde, qui pro vobis fixus est in cruce: totum teneat in animo vestro, quicquid noluistis occupari connubio. *Væ duplici corde.* Eccles. 2. Duplici corde est virgo, quæ scilicet vult placere & Deo & mundo. Gregor. Nemo potest in vna eademque re omnipotenti Domino atque eius hostibus gratus existere. Nam Deo amicum se denegat, qui eius placet inimico. Bernard. in epistolis: Volens placere hominibus, Deo non places. Si non places, non placeas. Signum quod virgo cor diuisum habeat & velit mundo placere, est exterior ornatus. In Psalm. *Omnis gloria filiæ regis abintus.* Ambros. de virginitate: Deiecta decoris cura plus placet, & hoc ipsum quod vos non ornatis, ornatus est. Hieron. in epistol. Satis pulchram Deo crede faciem; sed hominibus apparere pulchra non studeas. Bernard. in epistolis: Filiæ Babylonis quarum vere gloria confusio est, induuntur purpura & byssō, & subinde conscientia pannosa iacet: fulgent monilibus, & sordent moribus. Econtra. Tu foris pannosa, intus speciosa resplendes: sed diuinis aspectibus, non humanis. Idem: Decor qui cum veste induitur, & cum veste deponitur, vestis proculdubio est non vestiti. Tu ergo noli æmulari in vanitatibus & mendicantibus pulchritudinem alienam vbi perdiderunt suam. Indignum tibi iudica formam à pellibus murium, & operibus vermium muruari: tua tibi sufficiat. Ille est verus propriusque cuiusque rei decor, qui nulla interiacente materia per se inest. Idem: Vides nempe auro, argento, lapidibus pretiosis, & omni denique cultu regio non tam ornatas, quàm oneratas. Vides post se longas trahentes fimbrias, & desas pululeris nubes excitantes in aera. Hæc non te moueant: illæ illa in morte deponent, te tua sanctitas non relinquet. Non sunt sua quæ portant, & quum interierint non sument omnia. Mundus cuius sunt illis excuntibus retinebit.

Sextò timendum est ne desit perseuerantia. Augustin. in libro de virginitate: Sequimini agnum tenendo perseueranter: quod nouistis, ardenter facite quum potestis, ne virginitatis bonum à vobis pereat, cui facere nihil potestis vt redeat. Virginitas amissa non recuperatur, si lampas confracta non redintegratur. Amos 3. *Virgo Israel profecta est in terram suam: non est qui suscitet eam.* Cùm aliqua amisit virginitatem, si totum mundum daret pro ea, & totus esset aurum, non recuperaret eam. Bernard. in epistol. Studeto perseuerantiæ quæ sola coronatur. Idem: Scias diabolum soli semper perseuerantiæ insidiari, quam solam virtutum nouit coronari.

De triplici aureola, scilicet prædicatorum, virginum, & martyrum.

Gloria cœlestis augeri potest varie.

SEquitur de aureola, quæ est additio ad gloriam electis debitam. Et notandū, quod multis modis potest fieri additio ad gloriam. Vno modo per augmentū charitatis, secundum quam mensuratur præmium: vnde charitate augmentata maior gloria debetur. Secundo in resurrectione per gloriam corporis. Vnde super illud Exod. 25. *Et super illam alteram coronam aureolam*, dicit gloss. Corona aurea labio mensæ apponitur, quum in scriptura dicimus egredientes de corpore animas in cœlis æterna recipere præmia. Hæc aureola superponitur cùm in Scriptura dicitur quod ei sublimior gloria in receptione corporum seruetur. Tertiò per opera supererogationis, siue per impletionem consiliorum. Vnde dicit quædam gloss. super prædictum verbum. Exod. *Corona aurea*, additur, cum per Euangelium his qui mandata custodiunt vita æterna promittitur. Matth. 19. *Si vis ad vitam ingredi, serua mandata.* Huic coronæ aureolæ supponitur, cùm dicitur: *Si vis esse perfectus, vade, & vende omnia quæ habes, & da pauperibus.* Triplex autem est additio gloriæ, quæ communiter aureola dicitur. Prima est, quæ debetur his qui excellenter officium prædicationis exercent. Vnde super prædictum verbum Exod. dicit Interlin. In hoc figuratur remuneratio eorum qui in doctoribus excellunt: excellentia vero ista secundùm quosdam in hoc attenditur, quod cum prædicatione sit illud opus supererogationis, quod est abrenuntiatio propriorum, quæ supererogatio fuit in primis Ecclesiæ prædicatoribus, scilicet. Apostolis. Et notandum est, quod quinque de causis multum competit officio prædicationis abrenuntiatio propriorum.

Marc. 10. Pastoribus aureola dabitur.

Prædicatori non cōpetunt propria & cur.

Prima, ne hi qui contemptum temporalium prædicant, hoc facere videantur vt ea soli habeant.

Secunda est, quia qui habent officium prædicationis, oculi sunt Ecclesiæ. Oculos autem expedit longe esse à terra: modicum enim terræ oculo iniectum multum impedit visum. Sic amor terrenorum multum impedit spiritualem visum. Eccl. 20. *Encænia & dona excæcant oculos iudicum.*

Tertia est, quia secundùm Dei ordinationem officio prædicationis debita est ministratio necessariorum à subditis: vt probat Paulus 1. ad Corinth. 9. *Quis* (inquit) *militat suis stipendiis vnquam?* Et paulo post: *Si nos vobis spiritualia seminauimus, magnum est si nos carnalia vestra metamus?* Et iterum: *Deus ordinauit his qui Euangelium annuntiant de Euangelio viuere.* Item Gal. 6. *Communicet is qui catechizatur verbo, ei qui se catechizat, in omnibus bonis.* Matth. 10. *Nolite possidere aurum, &c.* Et subditur: *Dignus est operarius cibo suo.* Hieron. Considerandum est quod, vni operi nostro duplex merces debetur: vna in via, altera in patria. Vna quæ nos in labore sustinet: altera quæ nos in resurrectione remuneret. Beda: Hic merces inchoatur, & in cœlo perficitur. Idem: Qui saccum & peram prohibuit, sumptus ex prædicatione concedit. Deut. 12. *Non alligabis os boui trituranti.* Luc. 9. *Nihil tuleritis in via.* In signum quod prædicator non debet ferre secum necessaria: sed alius debet ei ministrare, fert alius puluinar diacono lecturo Euangelium. Cantic. 2. *Læua eius sub capite meo.*

Quarta est, quia exercentes prædicationem specialiter reputantur operarij in vinea Dei: vnde prouisio eorum specialiter pertinet ad dominum vineæ. De operariis

De Temperantia.

rariis habetur Matt. 9. *Meßis quidem multa, operarij pauci* Et eiusdem 20. *Misit operarios in vineam suam.* Non reputat Deus operarios illos qui tantùm propter corpus laborant: sicut non reputat dominus vineæ vindemiatorem qui non diligit, nisi quod comedit. Chrysost. Opera nostra sunt opera iustitiæ, non vt agros colamus, non vt diuitias acquiramus. Idem: Sicut nemo conducit operarium vt hoc solùm faciat quod manducat: sic nos non ideo vocati sumus vt hæc sola operemur quæ ad nostrum pertinent vsum, sed ad gloriam Dei, sicut mercenarius totam diem impendit circa opus, modicam horam circa cibum: Sic nos omne tempus debemus impendere circa gloriam Dei, modicam partem circa terrenos vsus. Beda: Tanta prædicatori debet esse fiducia in Deo, vt præsentis vitę sumptus non ferat.

Quinta est, vt liberius operi Prædicationis possint intendere, maxime vtili. Qui enim habent diuitias, vel in toto, vel in parte sunt diuitiarum, nec proprij seruientes possunt esse Dei. Vnde Matth. 6. *Non potestis Deo seruire & mammonæ.* Mammona Syrâ linguâ diuitiæ. Chrysost. Diuitiæ à seruitute Dei nos expellunt in suam captiuitatem. Vnde diuites dicuntur viri diuitiarum in Psal. Sen. Nostri essemus si nostra non essent. Secunda additio gloriæ quæ aureola dicitur est illa quæ debetur virginitati. De qua gloss. super Exod 21. Ad hanc coronam pertinet canticum nouum quod virgines tantùm coram agno concinunt, & quæ sequuntur quocunque ierit. Et super illud Apocalyp. 14. *Canutabant quasi canticum nouum ante sedem,* dicit interl. id est, de integritate animæ & corporis exultabunt. Tertia additio ad gloriâ, quæ aureola dicitur, est illa quæ debetur martyrio. Prima videtur pertinere ad vim rationalem & ad virtutem prudentiæ secundum illam speciem prudétiæ quæ dicitur docilitas, quæ videtur dignior species prudentiæ. Excellentissimum verò opus pertinens ad virtutem docilitatis, videtur esse euangelizare. Hoc opus est valdè difficile, vnde super illud 1. ad Cor. 1. *Non misit me Deus baptizare, sed euangelizare,* dicit gloss. August. perfectè baptizare etiam minus docti possunt: perfectò autem euangelizare, multò difficilioris & rarioris est operis. Ad hoc quos aliquis perfectè euágelizet, oportet quod totus à Spiritu sancto occupetur: vt scilicet scientia sit in intellectu, charitas in affectu, dulcedo in sermone, lux boni exempli in opere. Opus istud angelicum est. Lucæ 2. *Euangelizo vobis gaudium magnum,* dixit *Angelus.* Imo quodammodo diuinum est opus. Ad illud enim Deus in mundum venit. Esaiæ 61. *Euangelizare mansuetis misit me.* Marc. 1. *Eamus in ciuitates & vicos proximos vt ibi prædicem: ad hoc enim veni.* Vnde quum istud opus excellentissimum sit & quasi supra hominem, non est mirum si exercentes opus istud, supra cæteros homines remunerentur, maxime si excellenter illud exerceant, scilicet totaliter illo officio dediti syncere & libere. Synceritas in hoc attenditur, vt exerceatur sine cupiditate téporalis lucri. Libertas in hoc quod sine timore temporalis damni. Exercentes hoc officium hic præhonorandi sunt, & similiter in futuro præhonorabuntur. 1. ad Timoth. 3. *Qui bene præsunt presbyteri duplici honore digni habeantur, maxime qui laborant verbo & doctrina.* Et super illud ad Ephes. 1. *Vt sciatis quæ sit supereminens magnitudo virtutis eius in nos,* dicit gloss. Quoddam incrementum habebunt summi doctores, vltra illud quod omnes communiter habebunt. Daniel. 12. *Qui docti fuerint, fulgebunt quasi splendor firmamenti: & qui ad iustitiam erudiunt plurimos quasi stellæ in perpetuas æternitates.* Sicut claritas stellarum excedit claritatem firmamenti: sic claritas doctorum claritatem cæterorum. Ipsi habebunt coronam non solú pro se, sed etiã pro aliis qui per eos saluati fuerint. Vnde super illud Phil. 4. *Fratres mei charissimi & desideratissimi gaudium meum & corona mea,*

Hh

Dicit gloss. Ambr. Per quos in præsenti lætificor, & in futuro coronabor. Secunda videtur pertinere ad vim concupiscibilem & ad virtutem temperatiæ secundùm illam partem eius quæ dicitur continentia virginalis. Virginitas triumphat de concupiscentia illa quæ sæuior est. In membris enim generationi deputatis maximè sæuit concupiscentia. Ipsa refrænat maiorem delectationem quæ fit : illum s. quæ est secundum tactum, & excellenti modo: integritate s. carnis, vel incorruptione seruata. Ipsa etiam gloriam filiorum amore Dei contemnit : vnde non est mirum si gloria eius in futuro cumuletur. Tertia aureola videtur pertinere ad vim irascibilem, & ad virtutem fortitudinis. Martyrio enim superatur mors quæ est maximum terribilium. Vnde non est mirum si martyres præ cæteris remunerantur. Et vt vno verbo dicatur, in carne præter carnem viuere, euangelizare, mortem non timere, supra hominem esse videntur, vnde meritò horum operum fiet remuneratio super cæteros. Aureola videtur pertinere ad virtutem iustitiæ : qui hoc triplex meritu habent. Speciales imitatores Christi sunt in præsenti vita, & speciales imitatores eius erunt in gloria. Christus fuit virgo, prædicator, & martyr. Et Ioan. Bapt. à quo incœpit euangelizatio regni cœlestis. Decebat vas integru esse & syncerum per virginitatem in quo repositum erat balsamum cælestis sapientiæ dispensandum per prædicatione, & cadori munditiæ sociari decuit candorem sapientiæ : & vt nullus locus remaneret dubitationi, veritatem doctrinæ necesse fuit confirmari morte. Nullus enim sani capitis auderet mendacium morte propriâ confirmare.

CAPVT XII.

De Continentia viduali.

Dicendum est de aliis duabus partibus continentiæ. Et primo de illa quæ est abstinentia ab omni coitu post experientiam carnalis operis. Hæc enim continentia dignior videtur esse continentia coniugali, cùm ei debeatur fructus sexagesimus. Matth. 13. Similior etiam videtur esse virginali continentiæ, quum abstineat ab omni coitu sicut & ipsa. Hæc species verò continentiæ cum non habeat nomen proprium quo nominetur, quandóque vocatur castitas : quod nomen generalius solet accipi pro continentia quacunque : quandóque verò nominatur continentia vidualis, quæ est species ipsius. Abstinentia enim ab omni coitu in carne corrupta : quædam est vidualis, vt illorum qui fuerunt in matrimonio : quædam verò non est vidualis, vt illorum qui non fuerunt in matrimonio, vt sunt ministri Ecclesiæ. Ad commendationem castitatis facit illud Bernard. in epistolis : Quid castitate decorius, quæ mundum de immundo conceptum semine, de hoste domestico, angelum denique de homine facit ? Differunt quidem inter se homo pudicus & angelus, licèt felicitate, non virtute. Sed & si illius castitas felicior, huius tamen esse fortior cognoscitur. Multa etiam de his quæ posita sunt ad commendationem continentiæ in genere vel virginitatis referri possunt ad commendationem castitatis. Castitas verò vidualis commendatur exemplo turturis quæ vni marito associatur in tota vita sua : vt legitur in libro de natura animalium. Hanc etiam commendat Apostolus 1. ad Corinth. 7. dicès: *Dico autem innuptis & viduis : bonum est illis si sic permaneat sicut & ego : quod si non se continent, nubant : melius est nubere, quam vri.* De hoc commendatur Iudith 15. eiusd. *Confortatum est cor tuum, eo quod castitatem amaueris, & post virum tuum alium nescieris, ideo eris benedicta in æternum.* Ad castitatem vidualem incitare potest personam relictam vnitas quæ fuit & carnalis, & mentalis, inter eam & comparem suum dum viueret. Fuerunt enim duo in carne vna. Genes. 2. & Matth. 19.

Et subditur: *Itaque iam non sunt duo, sed vna caro*; ergo persona relicta quasi semimortua est. Vnde satis rationabile est vt non multum adhæreat huic seculo: sed magis cogitet de alio in quo iam est quasi dimidia, & in breui tota futura. Vnde August. 4. l. Conf. loquens de quodam amico suo defuncto: Benedixit quidam de amico suo. Dimidium animæ suæ, nam ego sensi animam meam & animam illius vnam fuisse in duobus corporibus: & ideo horrori erat mihi vita, quia nolebam dimidius viuere. Bernard. super Cant. loquens de fratre suo Gerardo defuncto: Quum essemus cor vnum & anima vna, hanc meam pariter & ipsius animam pertransiuit gladius, & scindens mediam partem locauit in cælo, partem verò in cœno deseruit. Ergo illa portio misera in luto iacens, truncata parte sui & parte potiori. Ad vidualem etiam castitatem incitare potest oppressio filiorum quam facere solent secundi mariti filiis qui fuerunt de primo marito. Et tribulatio experta quam habent qui sunt in coniugio 1. ad Cor. 7. *Tribulationem carnis habebunt huiusmodi*. Gloss. Pro necessariis rebus prouidendis sibi, & filiis. Ad idem incitare potest impedimentum Deo seruiendi. 1. Cor. 7. *Hoc ad vtilitatem vestram dico, non vt laqueum vobis iniiciam, sed ad id quod honestum est & quod facultatem præbeat sine impedimento Domino observandi. Si quis autem, &c.* Et notandum quod castitas vidualis specialiter commendabilis est in iuuene quæ modicum fuit cum viro quum postea toto tempore vitæ suæ continet. De hoc commendatur Anna Luc. 2. *Hæc processerat in diebus multis, & vixerat cum viro suo annis VII. à virginitate sua. Et hæc vidua vsque ad annos LXXXIV*. Hieron. Perfectæ virtutis indicium est, renuntiare subito ex parte voluptati, fugere notas carnis illecebras & calentis adhuc ætatis flammas fidei ardore extinguere. Et notandum quod mulier quæ vidualem castitatem vult seruare,

debet occasiones peccandi declinare. Vnde legitur de turture in lib. de natura animalium, quod in æstate se mittat ad loca frigida: in hyeme verò non apparet: sed manet in nido. Hieron. Parum castitati credo sine suis appenditiis. Tertia videtur esse appenditia castitati viduali. Primum est, non euagari: sed vel in propria domo manere, vel in templo orare, de quo commendatur Anna Luc. 2. *Quæ non discedebat de templo ieiuniis & obsecrationibus seruiens die ac nocte*. Euagatio viduis reprehenditur. 1. ad Tim. 5. Simul otiosæ discunt circuire domos: non solum autem otiosæ, sed & verbosæ & curiosæ, loquentes quæ non oportet. Secundum est ciborum asperitas. 1. ad Tim. 5. *Vidua quæ in deliciis est, viuens mortua est*. Gloss. viuens inquam vita corporis, mortua est in anima. Tertium est, vestium humilitas. Vnde Genes. 38. legitur de Thamar, quod deposita veste viduitatis assumpsit alium habitum quando voluit carnali operi intendere. Ornatus qui tolerabilis est in ea quæ necesse habet placere viro suo, non est tolerabilis in vidua, quæ ad hoc solum studere debet vt placeat Deo.

Capvt XIII.

De castitate ministrorum Ecclesiæ. Et de octo causis quare castitas multum eis competat.

Notandum ergo quod castitas multum decet eos, vnde etiam apud Gentiles, sacerdotes castitatem amplectebantur. Plato in Timæo: Sacerdotes prædicti apud Athenas separati à cætero populo manebant, ne contagione aliqua eorum castitas pollueretur. Castitas figuraliter suadetur ministris Ecclesiæ. Exod. 12. vbi comesturis agnum paschalem dicitur, *Renes vestros accingetis*. Item eiusd. 19. *Indues* (inquit) *tunicis lineis, & cinges baltheo Aaron & filios eius.* Item Leuit. 16. *Feminalibus lineis verenda celabit, accingetur zona linea.* Minister Ecclesiæ castus, est vnus illorum trium qui bene incedunt. Prou. penult. *Tria sunt quæ bene grediuntur, & quartum quod incedit feliciter, enumeratur secundo loco gallus succinctus lumbos.* Sap. 4. *O quam pulchra est casta generatio cum claritate dignitatis*, s. Eccl. Thr. 4. *Candidiores Nazaræi eius niue, nitidiores lacte.* Candor niueus vel lacteus est vera castitas. Luc. 12. *Sint lumbi vestri præcincti.* ad Eph. 6. *State succincti lumbos vestros in veritate.* Et ad Tim. 3. vbi describitur quales debeant esse ministri Ecclesiæ, dicitur quod oportet episcopum esse pudicum. Et paulo post dicitur quod diaconos similiter oportet pudicos esse. Et eiusd. 5. *Teipsum castum custodi.* Et 1. Pet. 1. *Propter quod succincti lumbos mentis vestræ sobry, perfecti sperate in eam quæ offertur vobis gratia.* Et ad Titum 1. dicitur de episcopo, oportet episcopum esse continentem. Et notandum quod octo causæ assighari possunt, quare castitas multum competit ministris Ecclesiæ.

<small>Quare castitas ministris Ecclesiæ competat.</small>

1. Prima est, quia ipsi debent Deum placare. Eccl. 44. *in tempore iracundiæ factus est reconciliatio.* Placare verò non possunt nisi placeant. Placare verò non possunt si carnaliter viuant. ad Rom. 8. *Qui in carne sunt, Deo placere non possunt.* Bern. Væ filiis iræ qui nondum reconciliationis alienæ negotium quasi gens quæ iustitiam fecerit apprehendunt.

2. Secunda est, quia ipsi sunt loco Dei, ideo viuere debent vt Deus: spiritualiter scilicet, non carnaliter. Deus enim spiritus est. Ioan. 4. Apoc. 1. *Vidit Ioannes similem Filio hominis, præcinctum ad mammillas zona aurea.* Similis Filio hominis est vicarius Christi, qui zonam auream continentiæ debet habere.

3. Tertia est, quia ipsi angelicum officium habenti, eidem Domino seruientes cui & angeli: ideo & puritatem angelicam habere debent. Vnde Malac. 2. dicitur de sacerdote, *Angelus Domini exercituum est.* Exod. 19. *Sacerdotes qui accedunt ad Dominum sanctificantur ne percutiat eos.*

Quarta est, quia ipsi intendunt spirituali generationi quæ munda & sancta est: ideo non decet eos intendere generationi carnali quæ immunda est. Nec expedit eos habere filios carnales: nedum solicitudo & amor eorum diuiduntur ad eos, minuantur ad filios spirituales. Ioannes Euangelista virgo maiorem solicitudinem & dilectionem habebat ad filios spirituales, quam ad carnales 3. Ioan. *Maiorem horum non habeo gratiam, quam vt audiam filios meos in veritate ambulare.*

Quarta est, quia ipsi contrectant Sancta: ideo oportet eos sanctos esse, maximè quantum ad carnis munditiam. 1. Reg. 11. *Non habeo panes laicos ad manum, sed tantum panem sanctum: si mundi sunt pueri, maxime à mulieribus, manducent.* Leu. 21. *Incensum Domini, & panes Dei sui offerunt: & ideo sancti erunt.* Item in eodem: *Homo qui habuerit maculam, non offeret panes Deo suo, nec accedet ad ministerium eius.* Macula valde turpis, luxuria est: hanc maculam dedit Salomon in sua gloria. Ecclesf. 47. Item Leuit. 22. *Homo qui accesserit de stirpe vestra ad ea quæ sanctificata sunt, in quo est immunditia, peribit coram Domino.* 1. Reg. 7. *Sanctificauerunt Eleazarum, vt custodiret arcam Domini* 1. Paral. 15. *Sanctificati sunt sacerdotes & Leuitæ, vt portarent arcam Domini.* Esa. 52. *Mundamini qui fertis vasa Domini.*

Sexta est, quia eos oportet esse valde alios, ideo oportet esse valde mundos eos. Eccl. 34. *Ab immundo quid mundabitur.* Paral. 29. dictum est Leuitis. *Sanctificamini, mundate domum Domini.* Nehemiæ 12. *Mundati sunt sacerdotes & Leuitæ, & mundauerunt populum.* 1. Machab. 4. *Elegit Iudas sacerdotes sine macula, voluntatem habentes in lege Dei, & mundauerunt sancta.*

Septima est, quia ipsi habent sponsam nobilissimam, s. sapientiam: ideo facilius sponsa vel concubina carnali carere possunt. Sap. 8. *Hanc amaui, & exquisiui illam à iuuentute mea, & quæsiui sponsam eam mihi assumere, & amator factus sum formæ illius.* Prouerb. 7. *Prudentiam voca amicam tuam vt custodiat te à muliere extranea.* Homines quasi immersi in balsamo sapientiæ, immunes sunt à corruptione. Eccl. 24. *Quasi balsamum non mistum odor mens.* In Psa. *Eloquia Domini eloquia casta.* Ab effectu. Iac. 3. *Quæ desursum est sapientia, primum quidem pudica est.* i. pudicum faciens. Hieron. Ama sacras literas, & carnis vitia non amabis.

Octaua est, quod ipsi ministri sunt Altissimi : ideo decet vt ipsi sint proprij ipsius. Decet enim dominum tantum habere proprios seruientes, quod non habet similiter potestatem in corpore eorum. 1. ad Cor. 7. *Vir sui corporis potestatem non habet, sed mulier.*

Caput XIV.

De continentia coniugali. Et primo de destructione erroris illorum qui damnant matrimonium.

Sequitur de continentia coniugali. Circa quam primo destruetur error ille qui matrimonium damnat. Secundo, matrimonium commendabitur. Tertio, ostendetur qualiter sint matrimonia contrahenda. Quarto, quia continentia coniugalis abstinet à carnali opere illicito, & vtitur licito : & ostendetur, quod opus carnale sit illicitum, & quod licitum. Circa primum vero primo ponemus testimonia Noui Test. quibus dictus error innititur. Secundo auctoritates & rationes quibus falsitas dicti erroris conuincitur. Qui sunt huius erroris vocantur Cathari : vel à cato cuius posteriora osculantur, in cuius specie Luciferum dicunt sibi apparere. Vel à catarrho quod est fluxus : defluunt enim per diuersa vitia : ponunt enim naturam corporis malam esse, & esse à principio malo, debere eam omnibus modis purgari, vt citius à natura mala liberemur : vnde nolunt fluxum illum matrimonio restringi. Ipsi dicunt opus carnale quod tamen ab vxore exercetur, fornicationem esse, vtentes ad hoc probandum illo verbo 1. Cor. 7. *Propter fornicationem vnusquisque vxorem suam habeat :* ergo est fornicatio cum vxore. Sed verbum dictum sic est intelligendum. *Propter fornicationem, &c.* non propter fornicationem faciendam, sed euitandam. Simile ad Rom. 4. *Christus traditus est propter delicta nostra,* non facienda, sed destruenda. Et est vulgaris modus loquendi : vnde dicitur aliquis ferre pelliceum propter frigus : non propter frigus faciendum, sed repellendum. Item in eodem. *Hoc autem dico secundum indulgentiam, non secundum imperium :* ergo peccatum est matrimonium, cum indulgeatur. Præterea post dicit ibidem Apostolus : *Volo omnes homines esse sicut meipsum :* id est continentes. Et dicendum est quod indulgentia ibi non accipitur pro venia, sed pro concessione minoris boni. Minus enim bonum est matrimonium quam virginitas vel castitas. Vtrumque bonum est, & donum Dei. Vnde subdit Apostolus : *Vnusquisque proprium donum habet ex Deo.* Alius quidem sic, alius verò sic. Propter hoc ergo dicit quod vult omnes homines esse sicut se, quia vellet eos non solum bonos esse, sed etiam meliores. Item in eodem dicitur, *Bonum est homini mulierem non tangere :* ergo malum est eam tangere. Non sequitur, sicut non sequitur : bonum est non bibere vinum, ergo malum est bibere vinum. Item in eodem : *Qui habent vxores, sint tanquam non habentes :* ergo malum est cum eis commisceri. Sed hoc non sequitur : sicut non sequitur : *Qui emunt, sicut tanquam non possidentes,* quod ibidem legitur : ergo non debent comedere de fructibus agri empti. *Qui habet vxorem est tanquam non habens,* si debitum reddit & non exigit: Item Dominus monet ad relinquendum vxorem. Luc. 18. Nemo est qui relinquit domum, aut parentes, aut fratres, aut vxorem, aut filios propter regnum Dei, & non recipiat multo plura in hoc tempore &c. Et eiusdem 14. *Si quis venit ad me, & non odit patrem suum, & matrem suam, & vxorem suam, &c. non potest meus esse discipulus*: ergo vxor est relinquenda & odio habenda. Ad quod dicendum quod vxor est relinquenda & odienda eo modo quo & pater & mater, vt scilicet si vult trahere aliquem ad idololatriã, vel hæresim, vel aliud peccatum, non consentiatur ei, tamẽ si benè se habeat, amanda est sicut pater & mater. 1. ad Cor. 7. *Si quis frater vxorem habet infidelem, & hæc consentit habitare cum illo, non dimittat illam.* Licèt autem dictus error iam in sua radice destructus sit, vbi fuit destructus error Manichæorũ, qui ponit duo principia prima, vnum bonum, & aliud malum, à quo dicit esse ea quæ sunt corruptibilia, à quo errore hic error ortum habuit: tamen manifestè falsitas eius conuinci potest testimoniis scripturæ quæ sequuntur. Matth. 19. Pharisæis interrogantibus Christum, an liceret dimittere vxorẽ suam quacunque ex causa. Ipse præmisso testimonio Gen. intulit: *Quod ergo Deus coniunxit, homo non separet.* Ostendens manifestè matrimonium esse à Deo, & non esse ab homine separandum. Patet ergo quod matrimonium est bonum. Item Luc. 1. dicitur de Zacharia & Elizabeth vxore eius, ambo erant iusti ante Deum, incedentes in omnibus mandatis & iustificationibus Domini, sine querela, & angelus Gabriel Zachariæ nuntiauit hæc: *Elizabeth vxor tua pariet tibi filium.* Et paulò post: *Et Spiritu sancto replebitur adhuc ex vtero matris suæ.* Non est ergo matrimoniũ malum in quo sancti homines fuerunt, & ex quo fructus tam bonus processit. Et Ioa. 2. Maria interfuit nuptiis, & Iesus, & discipuli eius ad eas vocati sunt, & fecit ibi Iesus initiũ signorũ suorũ. Non honorasset Christus tot modis nuptias si malæ essent. Item ad Rom. 7. *Mulier viuente viro vocabitur adultera si fuerit cum altero viro. Si autem fuerit mortuus vir eius, liberata est à lege viri, vt non sit adultera si fuerit cum altero viro.* Item 1. ad Cor. 7. *Vxori vir debitum reddat: similiter & vxor viro.* Et in eodem: *Nolite fraudari ad inuicẽ, nisi forte ad tempus, vt vacetis orationi, & iterùm reuertimini in idipsum.* Et Iterũ. *His qui in matrimonio iuncti sunt principio, non ego, sed Dominus, vxorem à viro non discedere.* Et paulò post: *Et vir vxorem non dimittat.* Item in eodem: *Alligatus es vxori, noli quærere solutionem. Solutus es ab vxore, noli quærere vxorẽ. Si autem acceperis vxorem, non peccasti: & si nupserit virgo, non peccauit.* Item in eodem: *Qui matrimonio iungit virginem suam, benè facit, & qui non iungit, melius facit. Mulier alligata est legi, quãdo tempore vir eius viuit. Quod si dormierit vir eius, liberata est à lege viri: cui vult, nubat, tantùm in Domino,* ergo etiam secundæ nuptiæ sunt licitæ. Item ad Eph. 5. *Viri, diligite vxores vestras &c.* In eodem: *Vnusquisque vxorẽ suã sicut seipsũ diligat.* Et 1. ad Tim. 2. *Mulier seducta in præuaricatione fuit. Saluabitur autem per filiorum generationem.* Item 4. *Spiritus manifestè dicit; quia in nouissimis temporibus discedent quidam à fide attendentes spiritibus erroris & doctrinis dæmoniorum, in hypocrisi loquentium mendacium & cauteriatam habentium suam conscientiã, & prohibentium nubere, &c.* Et eius. 5. *Volo iuniores nubere, filios procreare, matres familias esse.* Item ad Heb. vlt. *Honorabile coniugium in omnibus,* supple sit: *thorus immaculatus. Fornicationes enim & adulteros iudicabit Deus,* id est, damnabit: Bernard. Omnis immunditiæ habenas laxat, qui nuptias damnat. Idem: Rara est in terris continentia, neque pro tantillo quæstu exinaniuit se filius Dei, formam serui accipiens. In hac approbatione matrimonij conueniunt nobiscum tam Iudæi quàm Gentiles: Gentiles enim in veneratione habuerunt coniugium, & filios qui non erant nati de coniugio, illegitimos iudicabant. In hoc autem conueniunt nobiscum sapientissimi, vt Salomon Pro. 19. *Domus & diuitiæ dantur à parentibus: à Domino vero propriè vxor prudens.* Seneca etiam vxorem habuit, vt apertè habetur in eius epistolis. Et notandum quod illi qui sunt huius erroris, dicunt mulierem damnari si prægnans decedat vel in partu. Quod manifestè patet esse falsum in Elizabeth. Luc. 1. quæ prægnans erat quum salutauit eam beata Virgo: & tamen repleta est Spiritu sancto, & infans exultauit in vtero eius, quæ si decessisset in partu saluata esset. Partus enim pœnam habet, non culpam.

Capvt XV.

De commendatione Matrimonij.

SEquitur de commendatione matrimonij. Et notandum quod duodecim sunt quibus matrimonium potest commendari fidelibus qui vtrunque testamentum recipiunt.

Primum est auctoritas instituentis illud. Cùm alios ordines instituerit aliquis sanctus, vt August. vel Benedictus, ordinem beati Benedicti transgreditur: constat quod valdè culpabilis est qui transgreditur ordinem matrimonij à Deo institutum.

Secundum est, locus in quo institutum est, s. paradisus. Institutum enim est immisso sopore in Adam. Genes. 2. Et raptus est Adam in spiritu, & interfuit curiæ cælesti, & ibi agnouit virtutem matrimonij, & cuius rei esset sacramentum. Et erat Adam tunc corpore in paradiso terrestri, mente verò in paradiso cælesti. Vnde super Genes. 1. dicit Gloss. August. Extasis rectè intelligitur ad hoc immissa, vt mens Adæ particeps Angelicæ curiæ & intrans in sanctuarium Dei nouissima intelligeret: vnde euigilans prophetico spiritu eructauit: Hoc nunc os ex ossibus meis, &c. Hæc verba cum Adæ scripta fuisse dicat, Christus in Euangelio Deum dixisse declarat. Matth. 19. vt intelligamus per illam extasim Adam diuinitus hæc dixisse.

Tertium est antiquitas. Non enim de nouo institutus est ordo iste, imo antiquitate excedit omnem ordinem in terris institutum.

Quartum est, status. Institutum enim est in statu innocentiæ in illo felici tempore in quo homo nondum peccauerat.

Quintum est, quod hunc solum ordinem saluauit Deus tempore diluuij. In arca enim tantùm saluati sunt Noë & vxor eius, & tres filij eius & vxores eorum. Si qui erant concubinarij, si quæ meretrices, omnes diluuio sunt submersi.

Sextum est quod beata Virgo hunc ordinem intrare voluit: licet proposuisset seruare virginitatem: quod non parum facit ad honorem matrimonij: noluit filius carnem ex ea assumere, donec fuit in matrimonio. Matrimonium pallium est quo beata Virgo vsa est, quo occultauit cælestem conceptum. Sub quo pallio latere voluit filius Dei: sub hoc pallio celatum est diabolo mysterium redemptionis nostræ. Infelices & maledictæ sunt illæ quæ potiùs eligunt esse in confusione diaboli, quàm in ordine beatæ Virginis. Confusio diaboli est status meretricum, quæ quandoque peccant cum patre, quandoque cum filio, quandoque cum duobus fratribus vel cognatis, quandoque cum solutis, quandoque cum coniugatis, quandoque cum sacerdotibus, quandoque cum religiosis, quandoque cum leprosis. Infelices etiam sunt adulteræ quæ matrimonio non deferunt, quæ non timent pallium beatæ Virginis inquinare.

Septimum est, quod Deus voluit honorare nuptias sua præsentia & matris suæ, & discipulorum suorum. Ioan. 2. Vbi inueniunt concubinarij quod Christus vel beata Virgo in domibus eorum comederet? Diabolus potius in domibus eorum inhabitat, cui de corporibus suis sacrificia faciunt. Sicut enim qui continenter viuunt, corpora sua Deo sacrificant, iuxta illud ad Romanos 12. *Obsecro vos per misericordiam Dei, vt exhibeatis corpora vestra hostiam viuentem.* Sic qui luxuriose viuunt, corpora sua sacrificant diabolo. Quomodo habitaret Deus vbi exercetur opus illud quod plus Deo fœtet & angelis eius, quàm aliquod cadauer hominibus fœteat?

8. Miraculis.
Octauum est, quod Dominus nuptias voluit honorare. Primo aperto miraculo quod fecit coram discipulis suis. Ipsum vero miraculum quo aqua mutata est in vinum, ostendit cuius virtutis sit matrimonium. Aqua enim vilis est, vinum pretiosum. Sic opus carnale absque matrimonio vile quid est: opus vero matrimoniale pretiosum. Vnde infelices sunt concubinarij qui aquam fœtentem vino pretioso præeligunt, potius volentes exercere opus illud extra matrimonium cum peccato, quam in matrimonio sine peccato. Infelices etiam sunt illi qui vinum bonum & purum habent, & relinquunt illud pro vino prauo quasi felle misto. Hi sunt illi qui proprias vxores habent & alienis adhærent.

9. Benedictione.
Nonum est, excellens benedictio quam Ecclesia facit coniugibus iuxta altare ad missam in præsentia Dominici corporis. Qui potius vult esse concubinarius quam legitimus maritus, ipse potius vult habere maledictionem quam benedictionem. Quamdiu enim est in peccato, maledictus est quidquid agat. In Psal. *Noluit benedictionem, & elongabitur ab eo.* Ps. 108. Concubinarij videntur velle maledictionem, & merito illam habebunt. Dicetur enim eis illud Matth. 25. *Discedite à me maledicti in ignem æternum.* His autem qui bene se habent in matrimonio dicetur illud Matth. *Venite benedicti Patris mei, &c.*

Decimum est, pretiosus fructus qui ex matrimonio sequitur. Generantur enim inde filij huius seculi, qui post per adoptionem fiunt filij Dei. Si quis haberet vineam quæ annuatim ferret mille modios vini, valde amaret eam. Quantum ergo amandum est matrimonium vnde pueri procreantur, cum puer vnus præualeat toti vino quod in mundo est. Ex matrimonio generantur virgines. Vnde virginitas multum amanda est, & matrimonium multum amandum est. Hieronymus: Laudo coniugium, quia virgines generat: lego de spinis rosam, de concha margaritam. Valde infelices sunt meretrices quæ operi carnali intendunt: & tamen quia exponendo se omnibus, se ita inquinant, non sunt dignæ vt Deus det eis fructum prolis. Mira fatuitas, non cessant seminare, licet videant se nullum fructum inde colligere. Meretrices habent officium in mundo isto iugulandi homines pro denario & denario. Vix inter latrones inuenitur aliquis qui tale officium velit habere. Ipsæ adiutrices sunt damnationis humanæ, sicut & dæmones. Quid dicent in die iudicij, si quæratur ab eis vbi sunt filij earum? Ipsæ dominabuntur quasi eos occiderint. Exponendo enim se omnibus quasi suffocauerunt eos.

Vndecimum est, quod matrimonium est vnum de septem sacramentis Ecclesiæ. Si quis in aqua baptismi lutum proijceret, vel alio modo sacramento baptismi contumeliam faceret, non esset parum culpabilis. Sic nec parum culpabilis est, qui adulterando sacramento matrimonij contumeliam facit.

Duodecimum est, virtus magna matrimonij, quæ multis potest ostendi. Primo per hoc quod opus carnale, quod sine eo esset mortale, cum eo est veniale: vel omnino sine peccato. Secundo per hoc quod remedium est contra mala quæ ex meretricio sequuntur concubitu, quæ sunt sterilitas,

De Temperantia.

varios habet effectus.

tilitas, prolis interfectio, incestus. Tertio per hoc quod adeo efficax est ad concordiam faciendam: quæ adeo placet Deo, sicut discordia multum ei displicet. Tota patria vna vno matrimonio quandoque ad concordiam reducitur. Prou. 6. *Sex sunt quæ odit Deus, & septimum detestatur anima eius.* Septimum, quod detestatur est ille qui seminat inter fratres discordias. Quarto per hoc quod descendit in hominem ex ea parte qua diabolus eum fortius impugnat. Iob. 40. *Fortitudo eius in lumbis eius.*

CAPVT XVI.

De modo contrahendi Matrimonium.

Notandum ergo quod ille qui vult contrahere matrimonium: Primo debet habere intentionem ad Deum: vt scilicet contrahat desiderio generandi filios secundum carnem, qui post fiant filij Dei per adoptioné. In illis enim qui Deum excludunt ab intentione sua: potestatem habet dæmonium. Tob. 6. dixit angelus Tobiæ minori. *In eos qui coniugium ita suscipiunt, vt Deum à se & à sua mente excludant, & suæ libidini ita vacent, sicut equus & mulus in quibus non est intellectus, habet super eos dæmonium potestatem.* Et in eodem: *Accipies virginem cum timore Domini, & amore filiorum magis quàm libidinis ductu.* Item eiusdem 8. dixit Tobias minor: *Nunc Domine tu scis quoniam non luxuriæ causa accipio vxorem meam, sed sola posteritatis dilectione in qua benedicatur nomen tuum in secula seculorum.* Secundo debet eligere vxorem similem sibi, nobilem si nobilis est, ignobilem si est ignobilis. Gen. 2. *Faciamus ei adiutorium simile sibi.* De costa viri formauit Dominus mulierem, ne posset vnus contra alterum gloriari se esse de nobiliori genere. Non formauit Deus mulierem de capite, ne crederetur formata ad dominationem.

Neque de pede, ne crederetur subijciendā in seruitutem: sed de costa, vt habeatur tāquam socia. Poëta: *Si qua voles apte nubere, nube pari.* Paritas ista non solùm attendenda est quantum ad nobilitatem, sed etiam quantum ad iuuentutem & pulchritudinem. Quando enim iuuenis & pulchra nubit seni & deformi, habet exosum & adultera efficitur. Paritas ista bene in annulo ostenditur; qui si strictior sit, digito non congruit; si latior decidit. Sic se habet inter coniuges si sint dispares: quia vel simul manentes non sunt concordes, vel vnus ab altero discedit. Tertio, vt cum tali contrahat quæ sit de progenie bona. Non debet ducere filiam vsurarij vel raptoris. Hæc enim fuit vna de causis diluuij. Videntes enim filij Dei filias hominum quod essent pulchræ; acceperunt vxores sibi ex omnibus quas elegerant. Gen. 6. Ei filij Dei vocantur qui erant de stirpe Seth: filij hominum qui erant de stirpe Cain. Quarto quod persona cum qua contrahit sit bona & prudens, quod est vnum de magnis donis Dei. Prou. 19. *Domus & diuitiæ dantur à parentibus: à Domino verò propriè vxor prudens.* Eccl. 26. *Mulieris bonæ beatus vir.* Et in eodem: *Pars bona, mulier bona, in parte bona timentium Deum, dabitur viro pro factis bonis.* Et in eodem: *Gratia super gratiam, mulier facta & pudorata.* 1. Cor. 6. *Sanctificatus est vir infidelis per mulierem fidelem.*

CAPVT XVII.

Quod opus carnale sit illicitum & quod licitum. Et quot & quæ requirantur ad hoc quod opus carnale fiat sine culpa & meritorie. Et quot sint quæ requirant separabilitatem matrimony.

Sequitur videre de opere carnali, quod sit illicitum & quod licitum. Poterit tamen videri alicui quod opus illud nunquam fiat sine culpa. Primo per hoc quod dicit Aug. in lib. de fide ad Pet, Sine libidine non est parendum concubitus. Secundo per hoc quod dicit glos. Hieron. super illud 1. Pet. 3. *Vt non impediantur orationes vestræ.* Impediri orationes officio coniugali commemorat: quia quotiescunque vxori debitum reddo orare non possum. Vult enim secundum gl. illam, redditio debiti semper habere culpam, cum semper orationem impediat. Tertio per hoc quod dicit gl. super illud 1. Cor. 6. *Qui fornicatur, in corpus suum peccat.* Hic proprie seruit anima corpori: sed vbi anima quæ debet dominari corpori, seruit ei, videtur esse peccatum, cum sit ibi priuatio debiti ordinis. Quarto per hoc quod dicit gl. ibidem: Sic totus homo absorbetur à carne, vt iam dici non possit ipse animus suus esse, sed simul totus homo dici possit caro. Quinto per hoc quod semper in illo opere videtur esse immoderata delectatio. Et dicendum est quod opus illud exerceri potest sine omni culpa, & etiam meritorie in tribus casibus. Primus est, cum sit causa prolis suscipiendæ & ad cultum Dei educandæ, cum aliis debitis circumstantiis. Aug. Cocubitus necessarius est, causa generandi inculpabilis est solus nuptialis. Iste concubitus solus dicitur esse nuptialis, quia principaliter institutum est matrimonium ad suscipiendum prolem. Et hæc prima institutio & principalis dicitur fuisse facta in officium. Secunda eius institutio fuit in remedium, scilicet ad fornicationem euitandam. Secundus casus est cum petenti redditur debitum. Aug. Reddere debitum coniugale, nullius est criminis. In hoc casu iustitia mouet. Tertius casus est, cum aliquis exigat opus illud vt caueat compari suo ne in peccatum cadat: vt cum aliquis sciens vxorem suam verecundam & nunquam petituram debitum, & timet de casu eius, debitum exigit. Et in hoc casu pietas mouet. Si vero aliquis exerceat opus illud vt impleat cōcupiscentiam suam, culpa est ibi quandóque venialis, quandóque mortalis. Venialis, quando concupiscentia ita subiecta est rationi quod non cognosceret eam nisi esset coniux sua. Mortalis vero, quando adeo immoderata est concupiscentia quod cognosceret eam, licet non esset sua. Et in hoc casu intelligitur illud verbum quod dicit glos. super 1. ad Corint. 7. *Omnis vehemens amator propriæ vxoris adulter est.* Et ibidem dicit gloss. August. Coniugalis concubitus generandi gratia non habet culpam propter thori fidem venialem. In verbo vero Aug. in lib. de fide ad Petr. libido dicitur concupiscentia inordinata quæ pœna est, & non sumitur pro culpa vel veniali vel mortali. Ad aliud dicendum quod oratio sumitur quandóque pro quolibet bono opere: vnde gloss. super 1. Thessal. vlt. Non desinit orare qui non desinit bene agere. Quandóque pro oratione vocali: quandóque vero pro actu interiori: cùm anima in Deum afficitur. Et iste actus excellens animæ impeditur opere carnali. Si enim animæ vires ordinentur, generatiua videtur esse infima: vis vero secundum quam anima afficitur in Deum, summa videtur esse: vnde non est mirum si operationes illarum virium sibi non consocientur. Item intelligendum est de illuminatione prophetica quæ tunc non habet fieri. Hieron. super Matth. Connubia legitima catent peccato, non tamen tempore illo quo coniugales actus geruntur: præsentia sancti Spiritus dabitur, etsi propheta esse videatur qui officio generationis obsequitur. Gloss. vero quæ sunt super illud 1. Cor. 6. *Qui fornicatur, &c.* intelligendæ sunt non de coniugali facto cum debitis circunstantiis, sed de opere libidinoso vbi ratio vincitur. Ad illud autem quod immoderatione delectationis obiicitur, dicendum est, quod ex quo Adam peccauit, non fuit coniugale opus sine aliqua immoderatione: sed quædam immoderatio est quæ pœna est solum, & prouenit ex inordinatione sæuientis concupiscentiæ. Sed ex quo aliqua prædictarum trium causarum, prius

De Temperantia.

inchoatur opus illud, & non propter delectationem, & delectatio manet infra fines suos, scilicet in vi brutali, nec trahitur ratio vt delectationi consentiat, non est delectatio illa peccatum. Aquæ enim inferioris à superioris sunt diuisæ firmamento virtutis.

Quot & quæ requirantur ad hoc quod opus carnale sine culpa sit, & meritorium.

ET notandum quod multa requiruntur ad hoc quod opus carnale sine culpa sit & meritorium.

Primum est, vt fiat in eadem specie. Natura enim est, vis rebus insita ex similibus procreans similia. Vnde si fiat opus illud in alia specie, est peccatum contra naturam: quod tangitur Exod. 22. *Qui coierit cum iumento, morte moriatur.* Et Deut. 27. *Maledictus qui dormierit cum aliquo iumento.*

Secundum vt fiat in organo dissimili. Si vero fiat in organo simili, est peccatum, contra naturam: quod tangitur Rom. 1. *Nam foeminæ eorum mutauerunt naturalem vsum, in eum vsum qui est contra naturam. Similiter & masculi relicto naturali vsu foeminæ, exarserunt in desideriis suis, in inuicem masculi in masculos turpitudinem operantes.*

Tertium est, vt fiat in organo ad hunc vsum deputato: contra quod est pollutio extraordinaria, quam tangit gloss. super prædictum locum, Rom. 1. Qui cum ipsa coniuge alio modo quam licet dormierit, operatur contra naturam.

Quartum est, vt non fiat modo bestiali, sed modo quem decet rationalem naturam: modo s. idoneo infusioni seminis, quantum ad virum; & receptioni seminis, quantum ad foeminam. Contra hoc vero est illud peccatum contra naturam quod enumerat Methodius inter causas diluuij, dicens: Mulieres in vesaniam versæ supergressæ viris abutebantur.

Quintum est, vt personæ inter quas hoc opus exercetur non sic se habeant, quod vna sit radix à qua alia processerit, vel processerint ab vna radice è proximo. Hoc enim multum valet ad societatem quæ multum est conseruatiua humani generis. Per hoc enim quod matrimonium contrahitur cum persona non attinente, initur societas inter consanguineos vtriusque personæ coniugum qui sibi non attinebant. Si hoc opus exerceretur cum attinentibus, haberent homines suspectam cohabitationem vxorum suarum cum suis propinquissimis, & cum propinquissimis ipsarum: sic in magna parte periret societas humana conseruatiua humani generis. Contra hoc est peccatum incestus, peccatum valde detestabile, quod etiam exemplo brutorum animalium nobis dissuadetur. Vnde legitur in lib. de natura animalium, quod camelus cooperto capite matris eius super eam saltauit, & operimento sublato matrem cognoscens, turpitudinis opere quod inceperat intercepto, descendit & ingeniatorem interfecit. Similiter cum fieret equo & matri eius, cognoscens matrem sibi suppositam, subito fugit.

Sextum est, quod personæ inter quas hoc opus exercetur, vnitæ sint inseparabiliter: non enim sufficit vt consentiat vno consensu sicut fornicatores.

De inseparabilitate Matrimonij.

HAnc inseparabilitatem primo videtur requirere, quia matrimonium sacramentum est figuratiuum matrimonij spiritualis, quod est inter Christum & Ecclesiam. Ephes. 5. *Sacramentum hoc magnum est; ego autem dico in Christo & Ecclesia.* Vnde cum illud matrimonium sit inseparabile, & matrimonium carnale inseparabile debet esse. Secundo fructus ad quem est matrimonium, est indiuisibilitas. Destruitur enim proles si diuidatur 3. Reg. 3. *Dixit mulier cuius filius erat viuus, ad regem qui eum* iusserat diuidi: *Obsecro, Domine mi, date illi infantem viuum, & nolite interficere eum.* Si quis tamen obiiciat quod quando sunt plures filij, potest fructus diuidi. Dicendum est quod nec tunc diuidi potest quin omnes sint filij patris sicut & matris, & omnes teneantur tam patri, quam matri, & tam pater quam mater omnibus. Tertio, fidei integritas, sine qua non est secura societas. Si separari deberent, non confideret vnus coniugum de altero: nec vnus fidelis esset alteri quantum ad bonorum communicationem. Prou. vlt. legitur de forti muliere: *Confidit in ea cor viri sui.* Quarto, magnitudo amoris qui est inter ipsos: maximus enim videtur esse inter amores qui sunt ratione carnis, cum etiam amori patris vel matris videatur praeualere, secundum illud Matth. 19. *Propter hoc relinquet homo patrem & matrem, & adhaerebit vxori suae.* Cum aliqua vnio corporum inseparabilis sit vt mistio aliqua: mentalis vnio videtur debere esse inseparabilis, & maxime videtur de illa quae est maritalis amoris, quae maxima & familiarissima videtur esse. Praeterea si omni tempore diligit qui amicus est, nulla aduersitas separare debet amicitiam coniugum. Quinto societas consanguineorum coniugum ipsis mediantibus contracta, quae separabitur si matrimonium eorum dissoluatur, sicut mediantibus illis sociati fuerint: quae societas cum adeo sit Deo valde grata, ab homine separanda non est. Contra vnitatem inseparabilem, est peccatum fornicationis. Sextum est, vt illud opus exerceatur inter personas quae sint vnitae singulariter. Vnica enim vnici debet esse. Ad quod facit magnitudo amoris. Si enim maximus amor carnalis & familiarissimus est inter eos, cum vnica debet esse amor ille. Quod enim per superabundantiam dicitur, vni soli conuenire: hic singularitas vnitatis in annulo ostenditur, qui vnicum digito cap. Si quis tamen obiiciat quia vnus debeat multas habere, vt sic multiplicentur cultores Dei, cum vnus homo sufficiat multas foecundare: Respondendum est, quod Deus non attendit tantum multiplicationem generis humani quatum ad numerum, quantum attendit eius multiplicationem quantum ad meritum, & vt frequentius, qui generantur non sunt viri cultores Dei, Eccl. 15. *Non concupiscit Deus multitudinem filiorum infidelium & inutilium.* Luc. 15. *Venient dies in quibus dicetis: Beatae steriles, & ventres qui non genuerunt.* Licet paucissimi essent cultores Dei tempore primorum parentum: tamen noluit Dominus ordinare vt Adá haberet duas vxores simul, vt sic citius multiplicaretur genus humanum. Praeterea primus quem genuit Adá malus fuit, sc. Cain. Vnde patet quod citius genuit imitatorem diaboli quá cultorem Dei. Praeterea animalia magna, vt dicitur in lib. de natura animalium, raro generant. Elephas enim foemina cessat trienio post partum à coitu: & camela per annum. Paucos etiam generant, quia vnicum foetum: cum animalia parui corporis generent multos, vt ibidem legitur. Sic homo maximus dignitate inter animalia, non est mirum si raro & paucos filios generet. Praeterea, quandoque qui sufficit multas foecundare, vix sufficit vni & proli eius sine periculo animae suae necessaria prouidere. Legitur in l. de natura animaliú, de aquila, quod valde grauatur in nido; ita quod venari non possit: & ideo non sufficit pascere plus quàm duos pullos: vnde tertiú ouum proiicit, vel tertium pullum. Si quis vero obiiciat quod saltem in principibus, qui sufficiunt prouidere, tolerabile erit quod vnus habet plures. Discédum est quod frequentius isti minus sufficiunt prouidere vxori & filiis suis sine periculo animarum suarum, quàm alij. Praeterea multiplicatio dominorum destructio est terrarú. Multiplicatis haeredibus sequitur diuisio regnorú quá consequitur desolatio corú. Matth. 12. *Omne regnum in se diuisum desolabitur.* Multiplicatis principibus multiplicantur mala super terrá. 1. Mac. 1. legitur de Alex. qui diuisit regnum suum pueris nobilibus qui secum erant nutriti à iuuentute: Et subditur: *Obtinuerunt pueri eius regnum vnusquisque in loco suo, & imposuerunt sibi diademata post mortem eius, & filij corū post eos annis multis, & multiplicata sunt mala super terram.* Quando aliquis princeps habet multas vxores successiue, vix est pax inter filios qui sunt ex illis vxoribus. Præterea nollet princeps vxorē suam ab alio fœcundari, etiamsi ipse nō posset eam fœcundare. Vnde nec ipse velle debet etiam quum vxor sua sterilis est, ex alia fructum habere: hoc enim est de iure naturali, vt nō faciat alij quod sibi nō vult fieri. Præterea vix perfecta pax seruari posset, si vnus plures haberet. Conquesta est Sara. Gen. 16. quod ancilla sua Agar contēneret eam cui ipsa virum suum communicauerat. Et Lia dixit Racheli: *Parumne tibi videtur, quod præripueris maritum meum mihi?* Gen. 30. Contra hanc singularitatem est peccatum adulterij. Octauum est, vt non moueat ad opus carnale delectatio, sed vel bonū prolis vel iustitia vel pietas, de quibus prius tactū est. Nonū est, vt opere inchoato ratio non trahitur ad consentiendum delectationi. *Vnusquisque enim tentatur à concupiscentia sua attractus & illectus.* Iacob. 1. Decimum est, vt eligatur tempus in quo licet opus illud exercere, abstinendum enim est ab illo opere tempore menstruorum. Leu. 16. *Si coierit vir cum muliere tempore sanguinis menstrualis, immundus erit.* Eiusd. 28. *Ad mulierem quæ patitur menstrua, non accedes.* & dicit August. Quod tunc abstinendū est ab illo opere propter prolis corruptionē. Hier. dicit, quod tunc concipiuntur membris damnati, cœci, claudi, leprosi. Item tempore sacro. Aug. Propter dies processionis & ieiuniorum aliquando non licet conuenire: quia etiā à licitis abstinendū est, vt facilius impetrari possit, quod postulatur. Ité tēpore quo vxor grauida est: vnde elephas prægnante fœminā non tangit: vt legitur in lib. de natura animalium. Vndecimum est, vt locus sacer caueatur: nō enim est exercendum illud opus in loco sacro.

Caput XVIII.

De Temperantia delectationum secundum visum, auditum, & olfactum.

Dicto de Temperantia delectationū, quæ sunt secundum gustum & tactum, dicendum est de Temperantia quæ est secundum visum, auditum & olfactum. Et notandum, quod cum visus in omnibus animalibus sit supra auditum, & sub viso olfactus, vt legitur in libro de natura animalium, periculosior visus esse videtur nisi refrænetur, quam auditus; & auditus, quam olfactus. Vnde scriptura multum suadet nobis refrænationem visus. Eccl. 9. *Ne respicias mulierem multiuolam.* In eodem: *Virginem ne conspicias.* Item: *Noli circumspicere in vicis ciuitatis.* Et iterum: *Ne circumspicias speciem alienam.* Eiusdem 25. *Ne respicias mulieris speciem.* Et 41. *Ne respicias mulierem alieni viri.* Causas quare visus sit periculosus, require in tractat. de Luxuria, cap. de aspectu mulierum. De refrænatione visus & auditus, habetur. Esa. 33. *Qui obturat aures suas ne audiat sanguinem, & claudit oculos ne videat malum, iste in excelsis habitabit.* Visus & auditus videntur habere curiositatem quasi insatiabilem. Eccl. 3. *Nō satiatur oculus visu, nec auris auditu impletur.* Gregorius: Graue curiositatis est vitium, quæ dum cuiuslibet mente ad inuestigandam vitam proximi exterius ducit, semper ei sua intima abscondit, vt aliena sciens, se nesciat. Idem: Curiosi animus quanto peritus fuerit alieni meriti, tanto sit ignarus sui.

Visus periculosus & cur?

Et notandum, quod auditus à multis est temperandus.

Primo à musicis instrumentis. Iob. 21. *Tenent tympanum & citharam, & gaudent ad sonitum organi. Ducunt in bonis dies suos, & in puncto ad inferna descendunt,*

I i iij

Eſa. 5. *Cithara, & lyra, & tympanum, & tibia, & vinum in conuiuiis veſtris, & opus Domini non reſpicitis.* Antigonus Alexandri pædagogus citharam eius fregit, adiecitque dicens: Tuæ ætati iam regnare conuenit, pudeatque in corpore regis voluptatem luxuriæ dominari.

Secundo à laſciuo cantu vel colloquio mulierum. Vnde Eccleſiaſt. 9. dicitur de ſaltatrice: *Ne audias illam, ne forte pereas in efficacia illius.* Et in eodem dicitur de muliere aliena: *Colloquium illius quaſi ignis exardeſcit.*

Tertio à malis proximi. Eccleſiaſt. 28. *Sepi aures tuas ſpinis, & noli audire linguam detrahentem.*

Quarto à bonis propriis quæ adulatores ſolent hominibus ad memoriam reducere. Senec. Si continens es, adulationes euita: ſitque tibi tam triſte laudari à turpibus, quam laudari ob turpia. Idem: Difficillimum opus continentiæ eſt, aſſenſiones adulatorum repellere, quorum ſermones animam quadam voluptate reſoluunt.

Quinto à ſuauitate proprii cantus. Gregor. *Dum blanda vox quæritur, ſobria vita deſeritur.* Olfactus etiam temperandus eſt à ſuauitate odorum: quum ſcriptum ſit Eſa. 3. *Erit pro ſuaui odore fœtor.* Vna pœna infernalis erit fœtor ſulphuris. In Pſ. *Ignis, ſulphur, & ſpiritus procellarum, &c.* Eſa. 30. *Flatus Domini quaſi torrens ſulphuris ſuccendens eam.*

TERTIÆ PARTIS PRINCIPALIS de quatuor Virtutibus Cardinalibus,

TRACTATVS QVARTVS.

De Fortitudine.

PARS PRIMA.

De ordine dicendorum in hoc tractatu. Et de diuerſis acceptionibus huius nominis Fortitudo.

Icto de Prudentia & Temperantia, dicendum eſt de Fortitudine. De qua hoc modo dicetur. Primo ponentur diuerſæ acceptiones huius nominis fortitudo. Secundo, diuerſæ deſcriptiones fortitudinis. Tertio, ea quæ pertinent ad eius commendationem. Quarto, dicetur de his quæ iuuant fortitudinem. Quinto, de partibus ipſius. Circa primum, notandum eſt quod nomen fortitudinis ſumitur quandoque pro fortitudine corporali, qualis fuit fortitudo Samſonis. Hæc fortitudo videtur eſſe potentia facile agendi, & difficile à contrario patiendi. Quandoque vero pro fortitudine animi: & ſic ſumitur quadrupliciter: Vno modo generaliter, & ſecundum hoc fortitudo reperiri poteſt in omni vi, & omnis virtus fortitudinem habet reſpectu vitij ſibi contrarij: vt continentia contra luxuriam. Prouerb. vlt. *Accinxit fortitudine lumbos ſuos.* Ad fortitudinem iſtam pertinet in omni opere meritorio facere ne quid minus, ſicut ad temperantiam generalem pertinet facere ne quid nimis. Alio modo nomen fortitudinis ſumitur largè, non tamen ita generaliter ſicut prius. Et fortitudo hoc modo attenditur circa difficilia in paſſionibus, ſiue ſint exteriores paſſiones, ſiue interiores. Exteriores paſſiones ſunt contumeliæ, damna rerum, & molestiæ corporis ab alio illatæ. Passiones interiores illæ dicuntur contra quas certamen habet temperantia: vt sapores gustui, & ea quæ appetitui sensibili passiones inferunt. De his passionibus dicit Philosophus, quod difficiles sunt & contemporaneæ vitæ. Sic accipitur fortitudo super illud Prouer. vlt. *Mulierem fortem quis inueniet?* Gloss. Mulier fortis, Ecclesia quæ pro amore sponsi prospera, & aduersa contemnit. Contemnere prospera, temperantiæ est. Et Tull. in lib. de Officiis dicit, quod fortis animus & magnus duabus rebus maxime discernitur, quarum vna in rerum externarum despicientia ponitur: altera res est, vt sit ita affectus animo vt res gerat magnas & maxime vtiles: sed vehementer arduas & plenas laborum & periculorum. Et August. in lib. de libero arbit. dicit, quod fortitudo est affectio animæ, qua omnia incommoda & damna rerum non in potestate nostra constitutarum contemnimus. Res non in potestate nostra constitutæ sunt quæ nobis inuitis auferri possunt. Tertio modo strictius sumitur pro fortitudine, scilicet quæ attenditur circa ea quæ sunt difficilia in passionibus exterioribus, ita quod non comprehendit temperantiam. Et sic sumitur ab Augustino in lib. de moribus Ecclesiæ: Amor, inquit, ille de quo loquimur, quem tota sanctitate inflammatum esse oportet in Deu, non appetendis istis temperans, in amittendis fortis inuenitur. Quarto strictissime sumitur secundum quod non attenditur circa quodcunque difficile in passionibus exterioribus, sed tantum circa exteriores passiones quæ corpori infliguntur, & non extendit se ad damna rerum. Et sic videtur Aristot. sumere Fortitudinem in Ethicis.

Pars II.

De descriptionibus Fortitudinis.

Circa secundum notandum est quod fortitudo sic describitur ab Augustino in lib. de moribus Ecclesiæ: Fortitudo est amor omnia facilè tolerans, propter illud quod amatur. Sed videtur hæc descriptio non solum conuenire fortitudini, sed etiam fidei, spei, charitati, & timori. De fide enim legitur 1. Pet. vlt. *Cui resistite fortes in fide.* Gloss. quæ est tanquam mutus. De spe. Heb. 6. *Fortissimum solatium habeamus qui confugimus ad tenendam propositam spem, &c.* Gloss. quod nos faciat in omni aduersitate fortes, volentes ad horam pati, vt in æternum regnemus. De charitate, 1. Cor. 13. dicitur quod *omnia suffert*. Et Cant. vlt. *Fortis est vt mors dilectio.* De timore, Iob. 4. *Vbi est timor tuus? vbi formido tua?* Gloss. has virtutes congruo ordine ponit, sicut in via seculi audacia fortitudinem, timor debilitatem parit: ita in via Dei timor fortitudinem. Ad hoc dicendum est quod fides, spes, & charitas & timor faciunt aliquem fortem ad aggrediendum terribilia, vel sustinendum difficilia, & aliter fortitudo, quia actus illi propriè sunt à fortitudine originaliter. Et fortitudo facit fortem formaliter ad aggrediendum terribilia & sustinendum difficilia. Prædicta verò fortem faciunt eo modo quo accidit in certamine mundano, quod brauium, quod proponitur in medium certantibus, dum videtur ab eis & speratur haberi, & desideratur, motiuum est vt vtilius certent: Sic præmium æternum dum per fidem aspicitur, & per spem speratur, & per charitatem desideratur, hominem excitat vt fortius certet. Timor etiam filialis siue castus cuius causa est amor, dum timet separari à Deo quem amat, ex hoc ipso plus Deo coniungitur, & fortius ei adhæret. Fortitudo sic describitur super illud Matth.

15. *Erant quatuor millia hominum qui manducauerant.* Gloss. Fortitudo est firmitas animi contra molestias seculi. Tullius vero in 1. Rhet. sic eam describit: Fortitudo est considerata periculorum susceptio, & laborum perpessio. Idem in 2. Rhet. Fortitudo est magnarum rerum appetitio & humilium contemptio, & cum ratione vtilitatis laborum perpessio. Item fortitudo est rationabilis aggressio terribilium cum constanti eorum perpessione. Macrobius: Fortitudinis est animum supra periculi metum agere, nihilque nisi turpia metuere, vel prospera vel aduersa tolerare. Arist. Fortitudo est virtus difficillimorum in passionibus operatiua gratia boni. Et loquitur Arist. de passionibus siue molestiis exterioribus.

Pars III.

De commendatione Fortitudinis.

Notandum ergo quod ad commendationem Fortitudinis potest valere. Primo frequens admonitio quam sacra Scriptura facit de ipsa. Ios. 1. *Confortare, & esto robustus*: Simile habetur Deuter. 31. & 3. Reg. 2. & Dan. 10. Item Tob. 4. *Forti animo esto.* Simile eiusd. 72. Secundo, quod virtus fortitudinis plus videtur habere virtuositatis cæteris virtutibus. Vnde nomen virtutis antiquitus fuit solius fortitudinis, vt ait Tullius. Tertio, quod hæc virtus multum competit statui in quo sumus. Mundus enim iste locus est laboris & certaminis: ideo in vita valde necessaria est nobis fortitudo. Ad Galat. 6. *Dum tempus habemus, operemur bonum ad omnes.* Ecclef. 9. *Quodcumque potest facere manus tua, instanter operare: quia nec opus, nec ratio, nec scientia, nec sapientia erunt apud inferos quò tu properas:* Bernard. In mundo isto quasi in stadio certaminis positi sumus. Eccl. 3. *Tempus belli & tempus pacis.* Tepus belli est in præsenti. *Militia est vita hominis super terram.* Iob. 7. Vnde illa pars Ecclesiæ quæ in terris est, militans Ecclesia vocatur. Quæ fortitudine debet esse induta in præsenti. Prouerb. vlt. *Fortitudo & decor indumentum eius.* Esa. 52. *Induere fortitudine tua Sion.* Si sine fortitudine sit, necesse habet fugere hostes suos tanquam inermis. Thren. 1. *Abierunt absque fortitudine ante faciem subsequentis.*

Virtus fortitudinis etiam inseparabilis est. Totus enim mundus non posset vincere vnum hominem in quo esset vera fortitudo animi. Senec. Facilius est gentem vnam quam virum vnum vincere. Sine fortitudine animi quasi nihil est fortitudo corporis. Ecclef. 9. *Verti me ad aliud, vidique sub sole nec velocium esse cursum, nec fortium bellum.* Esa. 1. *Erit fortitudo vestra vt fauilla stupæ.* Et eiusdem 30. *Erit vobis fortitudo Pharaonis in confusionem.* Virtus fortitudinis Deum lætificat. Nehemiæ 8. *Gaudium enim Domini est fortitudo vestra.* De hostibus triumphat. 2. Reg. 22. *Accinxisti me fortitudine ad prælium, incuruasti resistentes mihi subtus me.* Homini bona sua seruat. Luc. 11. *Qųum fortis armatus custodit atrium suum, in pace sunt cunctaque possidet.* Item hominem ditat. Prou. 10. *Egestatem operata est manus remissa, manus autem fortium diuitias parat.* Eiusdem 11. *Robusti habebunt diuitias.* Et 21. *Cogitationes robusti semper in abundantia: omnis autem piger semper in egestate erit.* Item hominem glorificat, sicut ignauia hominem vilificat. Prouerb. 12. *Manus fortium dominabitur: quæ autem remissa est tributis seruiet.* Ipsa etiam regnum cœlorum violenter occupat. Matth. 11. *Regnum cœlorum vim patitur, & violenti rapiunt illud.*

Pars IV.

De his quæ iuuant Fortitudinem.

Quæ iuuant Fortitudinem, videntur duodecim esse.

Primo iuuat eam maiorum exhortatio. Deut. 20.

De Fortitudine.

Deut. 20. *Appropinquante iam prælio stabit sacerdos ante faciem, & sic loquetur ad populum: Audi Israel, vos hodie contra inimicos vestros pugnam committitis, ne pertimescat cor vestrum, &c.* Et 2. Mach. cap. vlt. legitur de Machabæo, quod armauit socios suos non clypei & hastæ munitione: sed sermonibus optimis & exhortationibus. Et in eod. *Exhortati itaque Iudas sermonibus bonis valde, statuerunt dimicare & confligere fortiter.*

Secundò, exempla robustorum. Vnde 2. Mach. 6. Hoc modo vita decessit Eleazarus memoriam mortis suæ exemplum virtutis & fortitudinis derelinquens.

Tertiò exercitatio ad Bern. fratres de monte Dei: Rusticos duros habet neruos, fortes lacertos. Exercitatio hoc fecit, sine ea corpore mollescit. Voluntas facit vsum, vsus exercitium, exercitium vires in omni labore suo ministrat.

Quartò, fides, mercedem fortium operum ostendendo. 2. Paral. 15. *Confortamini, & non dissoluentur manus vestræ. Erit enim merces operi vestro.*

Quintò, timor. Prouerb. 14. *In timore Domini fiducia fortitudinis.* Timor illud expellit propter quod vel solum vel maxime timendum est, scilicet peccatum. Ecclesiast. 1. *Timor Domini expellit peccatum:* ideò merito hominem reddit securum. Item timor hominem facit pure operari, quod valet ad fortitudinem. Iob. *Mundis manibus addet fortitudinem:* Præterea timor facit hominem in se deficere, ideò in Deo roborat. Bernard. in sermo. Vtilis prorsus infirmitas quæ medici manum requirit, & salubriter in se deficit, quam perficit Deus. Idem super Cant. Optanda infirmitas quæ Christi virtute compensatur. Quis dabit mihi non solum infirmari, sed etiam penitus destitui & deficere à memetipso, vt Domini virtutum virtute stabiliar?

Sextò, spes. Esa. 30. *In silentio & spe erit fortitudo vestra:* spes fortem efficit, omnipotenti inniti faciendo. Ad Philip. 4. *Omnia possum in eo, qui me confortat.*

Septimò, charitas. Ex hoc dupliciter. Vno modo adiutorium proximi habendo. Prouerb. 18. *Frater qui adiuuatur à fratre quasi ciuitas firma.* Ecclesi. 4. *Melius est duos esse simul, quam vnum. Habent enim emolumentum societatis suæ. Si vnus ceciderit, ab altero fulcietur.* Et in eodem: *Si quis præualuerit contra vnum, duo resistunt ei.* Secundo modo veritati adhærendo. Gregorius in Moral. Qui veritati inhæret, vnitati nullo modo succumbit: quia dum forti pede cogitationis intus intentionem fixerit, omne quod foras mutabiliter agitur ad arcem mentis minime pertingit.

Octauò, sapientia. Prouerb. 24. *Vir sapiens fortis est, & vir doctus, robustus, &c.* Greg. in Mor. Valde fortitudo destituitur, nisi per concilium fulciatur.

Nonò, temperantia quæ in prosperis seruat. Gregorius in Moral. Nulla aduersitas deficit quam prosperitas nulla corrumpit. Idem: In hac vita qui nulla prospera appetit, nulla aduersa pertimescit. Primum pertinet ad temperantiam: secundum ad fortitudinem.

Decimò, disciplina corporis quæ hostem domesticum debilitat. Bernard. Quid mirum si hoste debilitato, tu fortior efficeris?

Vndecimò, eleemosyna. Prou. 22. *Victoriam & honorem acquiret qui dat munera.* Eccl. 29. dicitur de eleemosyna: *Super scutum potentis, & super lanceam aduersus inimicum tuum pugnabit.*

Duodecimò, oratio quæ multum valet ad fortitudinem. *De cœlo enim fortitudo est.* Mach. 3. Exod. 17. *Cum leuaret manus Moyses, vincebat Israel.*

K

Pars V.

De partibus Fortitudinis. Et primo de securitate. De duodecim solatiis contra timorem mortis, de timore inordinato, & securitate commendabili & reprehensibili.

Partes Fortitudinis.

NOtandum ergo, quod Tullius in 1. rhetor. quatuor partes eius assignat, scilicet magnificentiam, fiduciam, patientiam, perseuerantiam. Macrobius vero septem partes eius tangit. Magnanimitatem, fiduciam, securitatem, magnificentiam, constantiam, tolerantiam, firmitatem. Quidam vero sex tantummodo partes assignant, scilicet magnanimitatem, fiduciam, securitatem, patientiam, constantiam, magnificentiam. Et satis rationabiliter videntur posse poni hæ sex partes fortitudinis. Fortitudo enim debilitatem animi expellit, & magnitudinem animi efficit. Quod debilitatem expellat, patet ex hoc, quod fortitudo debilitati opponitur. Quod magnitudinem animi efficiat, patet ex hoc, quod fortitudo dicitur magnanimitas. Seneca in libro de quatuor virtutibus principalibus, Triplex vero est debilitas animi. Prima est, nimia pusillanimitas à malo futuro, quæ timiditas vocari potest. Quæ dissuadetur, Eccl. 7. *Noli esse pusillanimis in animo tuo.* Et reprehenditur, Matthæi 8. *Quid timidi estis modicæ fidei?* Secunda est nimia passibilitas à malo præsenti, quæ est quasi quædam teneritudo vel mollities, cuius signum est facilitas dolendi, quæ infirmitas est in quibusdam qui conqueruntur secum dure agi, vel sibi dura verba dici. Tertia est instabilitas, quæ similis est debilitati virgæ subtilis, quæ de facili in omnem partem flectitur. Contra has tres infirmitates, tres sunt partes fortitudinis. Securitas contra timiditatem. Patientia contra teneritudinem. Constantia contra instabilitatem. Fortitudo inquantum animi magnitudinem efficit, tres habet partes. Ipsa enim quantum actus suos habet ad principium, medium, & finem. Quantum ad principium, pertinet ad eam magnanimitas, quæ est rationalis aggressio terribilium: quantum ad medium, fiducia quæ est certa spes perducendi ad finem rem quæ inchoata est: quantum ad finem magnificentia quæ est rerum quæ geruntur felix consummatio.

Debilitas animi triplex.

De Securitate.

INter has sex partes fortitudinis, primo de securitate prosequemur, quæ est intimiditas mali. Iuxta illud Arist. in Ethic. Fortis est intimidus mali. Et describitur sic: Securitas est habitus secundum quem imminentes incommoditates & rei inchoatæ affines non formidantur. Et coarctat hæc descriptio securitatem ad intimiditatem quæ est post rei inchoationem. Securitas commendatur nobis in leone. Prou. 28. *Iustus vt leo confidens absque terrore erit.* Eiusdem 38. *Leo fortissimus bestiarum ad nullius pauebit occursum.* Et notandum, quod secundum Philosophum, quæ congregata sunt in homine secundum rationem, dispersa sunt in brutis secundum naturam: vt castitas in elephante, liberalitas in leone. Vnde dicitur in lib. de natura animalium, quod vulpes sequuntur leonem, quia est animal communicatiuum prædæ. Mansuetudo vero in agno. Esa. 53. *Quasi agnus coram tondente se, obmutescit.* Modestia irascendi in columba. Ierem. 25. *Facta est terra in desolationem à facie columbæ, & à facie iræ furoris Domini.* Gloss. Greg. Quia in Deo nulla furoris inæqualitas reperitur, furorem Domini iram columbæ nominauit. Vt enim vim diuinæ districtionis imperturbabilem demonstraret, & iram dixit & colubæ. Securitas conflictum habet cum timore. Securitatis officium est, contra aspera fortunæ solatium dare. De quibus solatiis ait Seneca lib. de remediis fortuitorum. De cuius verbis pauca ponamus: Morieris, inquit, Et re-

spondet: Hac conditione intrauit vt exirē.
Morieris. Gentium lex est, quod acceperis
reddere. Morieris. Peregrinatio est vita:
cum multum ambulaueris, diu redeūdum
est. Item morieris. Stultū est timere quod
vitare non possis. Istud non effugit etiam
qui distulit. Morieris. Nec primus, nec
vltimus. Omnes te antecesserunt, omnes
te sequentur. Item peregrè morieris. Ego
quod debeo soluere paratus sum: videat
fœnerator quò me appellet. Item inuenies morieris. Optimum est antequam op-
tes mori. Optimum est mori quem iuuat
viuere. Iuuenis moriar. Fortassis alicui
malo te subdet fortuna: & si nulli alij, certe saltem senectuti. Insepultus iacebis.
Quid aliud respondeam? quam Virgilia-
num illud: Facilis iactura sepulchri? Si nihil sentio, non pertinet ad me iactura corporis sepulti: si sentio, omnis sepultura
tormentum est. Quid interest, ignis an feræ me consumant, an tempus? omnium vltima sepultura, non defunctorum cura, sed
viuorum inuenta est sepultura, vt corpora
& visu fœda & odore amouerentur. Idem
in lib. de naturalibus quæstionibus. Nihil
refert quam minax mors veniat: quod à
nobis petit, minimum est. Et hoc senectus
à nobis ablatura est: hoc auriculæ dolor,
hoc humoris corrupti abundantia. Pusil-
la res est hominis vita, sed ingens res est
contemptus vitæ. Hanc qui contempserit,
securus videbit maria perturbati. Illa inferorum regna retegantur, stabit super illam voraginem intrepidus, & fortasse quo
debebit cadere, prosiliet. Quid ad me
quam magna sunt quibus pereo, ipsum perire non magnum est: si volumus tranquil-
le degere, anima in expedito est habenda,
siue illam insidiæ, siue morbi petant. Idem
in eodem: Nihil interest, vtrum me lapis
vnus elidat, an toto monte premat. Item
egregie Vagellius: Si cadendum, inquit,
mihi est, cœlo me cecidisse velim.

De duodecim solatiis contra ti-morem mortis.

Contra timorem mortis possunt valere duodecim solatia, quæ ex scripturis diuersis colliguntur. Primum est,
quod ipsa mors hostem nostrum familiarem occidit, scilicet corpus, ad Galat.
5. *Caro concupiscit aduersus spiritum, &
spiritus aduersus carnem.* Sapiens: Nulla pestis efficacior est ad nocendum quam
familiaris inimicus. Secundum est, quod
ostium nobis efficit in carcere immundo in quo capti detinemur, in corpore
scilicet. In Psalm. secundum aliam literam: *Educ de carcere animam meam.* Sed
sunt quidam adeo assueti miseriæ huius
carceris, vt nihil timeant tantum in hoc
carcere, quam ostium vel exitum. Seræ
& repagula ab incarceratis odio solent
haberi, & non liber exitus. Tertium est,
quod nos expedit ab onere cophini immunditia pleni. Sapient. 9. *Corpus quod
corrumpitur, aggrauat animam.* Quartum
est, quod nos expedit, vel finem imponit
peregrinationis laboriosæ & amaritudinibus plenæ. Grego. Quid est vita mortalis, nisi via? & quale sit, fratres mei,
perpendite in via lassari, & viam nolle finiri. Idem: vita præsens laboribus plena est: cum luctu agitur, & tamen cum
lachrymis dimittitur. Ecclesiast. 20. *Melior est mors, quam vita amara.* Quintum
est, quod lentum equum omni genere
vitiorum vitiosum nobis occidendo, dex-
trarium optimum nobis restitui facit.
Equus vitiosus, corpus est. Ab hoc equo
expediri desiderabat Paulus, ad Roman.
7 *Infelix ego homo! quis me liberabit de
corpore mortis huius?* Tribus de causis timet miles equum suum amittere: vel
quia non est securus de emenda, vel quia
capi timet equo amisso, vel propter equi
bonitatem. Nulla vero harum trium
causarum est in casu proposito. Securus
enim est de emenda seruus Dei. Ambros.

Mori non timeo, quia bonum Dominum habeo. Et Mach. 7. Dixit vnus de septem fratribus: *De cœlo*, inquit, *ista possideo, sed propter legem Dei ista despicio, quia me ea recepturum spero.* Non timet etiam seruus Dei capi equo amisso: tunc enim de manibus hostium liberatus est. In Psalm. Laqueus contritus est, & nos liberati sumus. Equus iste etiam adeo vitiosus est, vt optandum sit seruo Christi ab eo expediri. Sextum est, præsentis vitæ periculum. Mors portus est periculosæ nauigationis in mari huius mundi, iuxta verbum Bernard. periculum probat transeuntium raritas, & pereuntium multitudo. In mari Massiliæ de quatuor nauibus non perit vna: in mari huius mundi, de quatuor nauibus vix euadit vna. Septimum est mortis necessitas. Seneca. Nullus est perniciosior hostis, quàm quem audacem angustiæ faciunt. Paria conantur magnus animus ac perditus. Cogitemus non quantum prope mortem perducti sumus: omnes reseruamur ad morte:nec de re, sed de die queritur. Nonne contemneres eum qui inter morituros constitutus, beneficij loco peteret vltimus ceruicem amputari. Idem facimus, magni æstimamus tardius mori. Idem in lib. de naturalibus quæstionibus: Nullum magis solatium mortis, quam ipsa mortalitas. Octauum est, moriendi continuitas. Senec. Quid times quod quotidie experieris. Idem quotidie morimur, tota die aliqua pars vitæ demitur, & tunc quoque cum crescimus, vita decrescit. Nonum est, mortis propinquitas. Chrysost. Signati post modicum morituri sumus. Quare ante modicum in causa Dei cum gloria non morimur, vt fiat voluntarium quod futurum est necessarium? Senec. Nemo tam immitis est, qui malit semper pendere, quam semel cadere. Idem: Erras si in nauigatione sola putas minimum esse qua morte vita diuiditur. In omni loco æque tenue interuallum est. Non vbique se mors tam prope ostendit, vbique tam prope est. Decimum, est mors Christi. Hebræor. 12. *Curramus ad propositum certamen, aspicientes in auctorem fidei & consummatorem Iesum, qui proposito sibi gaudio sustinuit crucem.* August. Magna consolatio est membris ex capite, quod Christus qui est sapientia Dei patris, gaudium mundi, fugit, & ad mortem voluntarie veni, certissimum argumentum est, quod mors seruis Dei timenda non sit. Vndecimum est, amantissimi & sapientissimi patris potestas. Hoc solatium exhibuit Dominus discipulis suis, dicens eis post suam resurrectionem: *Data est mihi omnis potestas in cœlo & in terra.* Matth. vltim. Magna consolatio est filiis Dei, quod persecutionis virga est in manu patris eorum, Patris, inquam, misericordiarum, cuius sapientiam nihil latere potest, cuius potentiam nihil potest superare. Vnde verisimile est quod persecutor non affliget filios eius, nisi quantum pater videbit eis expedire. Esa. 10. *Virga furoris mei Assur.* Matth. 18. *Nonne duo passeres asse væneunt, & vnus exillis non cadet super terram sine patre vestro.* Duodecimum est, sequens immortalitas. Tullius: Non est lugenda mors quam immortalitas consequitur. Eccles. 9. *Melior est dies mortis, die natiuitatis.* Duabus de causis melior est seruis Dei *dies mortis, die natiuitatis.* Vna est, quia mors est egressus à miseria, natiuitas vero ingressus est ad miseriam: melior est egressus à miseria quà ingressus ad miseriam. Sapiens:Mors bona si non est, finis tamen illa malorum est. Sch. Mors maloru omnium remedium est. Secunda est, quia mors est porta gloriæ seruis Dei. Ipsa est inchoatio beatæ vitæ: vnde est nobilior mors quam sit natiuitas secundum corpus. Vnde transitus Sanctorum, natale eorum vocatur ab Ecclesia, in Psal. *Pretiosa in cóspectu Domini mors sanctorum eius.* Verè pretiosa, quia est regni æterni pretium. Sequitur de quibusdam aliis solatiis quæ tagit Seneca in lib. de remediis fortuitorum,

Exulabis. Et respondet: Patria est vbicunque bene es. Illud autē per quod bene es, in homine, nō in loco est. Si sapiens est, peregrinatus: si stultus, exulat. Dolor imminet. Si exiguus est, feramus: leuis est patiētia. Si grauis est, feramus: non leuis est gloria. Dura res est dolor, immo tu mollis. Non sum potens, gaude: iniuriam facere non poteris. Pecuniam perdidi, fortasse illa te perdidisset. O te felicem! si cum illa auaritiam perdidisti. Sed si manet illa apud te, es tamen vtcunque felicior, quod tanto malo materia subducta est. Pecuniam perdidisti, & illa quàm multos. Eris nūc in via expeditior, domi tutior. Exoneravit te fortuna, si intelligis, & tutiore posuit loco. Damnum putas, remedium est. Pecuniam perdidisti: nempe quam vt tu haberes alius ante perdiderat. Oculos perdidi: quā multis cupiditatibus via incisa est. Oculi incitamenta sunt vitiorum, duces scelerum. Amisi liberos: Stultus es qui fles mortem mortalium. Periere perituri. Habebāt illi cuius essent magis quam tui. Educandos tibi fortuna mandauerat: recepit illos, non abstulit. Naufragiū feci. Cogita non quid perdideris, sed quod euaseris. Nudus exij. Sed existi. Omnia perdidi: sed cum omnibus perire potuisti. In latrones incidi: noli conqueri quod incideris, gaude quod effugeris. Amicum perdidi, alium quaere, & tibi cum quaeras vbi inuenias. Quaere inter liberales artes, inter honesta & recta officia: quaere in laboribus. Ad mensā res ista non quaeritur. Perdidi amicum, fortem animum habe: si vnum, erubesce: si vnicum, quid tu in tanta tempestate ad vnam anchorā stabas? Bonam vxorē amisi: Inuenies, si nihil quaeris nisi bonam vxorē. Soror bona non potest recuperari, nec mater. Vxor aduentitium bonum est. Non est inter illa quae semel vnicuique contigunt. Multos tibi numerare possum, quibus bonam vxorem lugentibus contigit melior. Contra aspera huius mūdi abundantius consolatur scriptura, & specialiter doctrina Saluatoris, qui ad consolandum miseros in mundum istum venit. Esa. 61. *Ad annuntiandum mansuetis misit, &c. vt consolaret omnes lugentes.* De consolationibus habes Matt. 5. & 10. & Luc. 6.

[*De Timore inordinato.*

Securitas timorem inordinatū expellit? Contra quem dicit Senec. in epistolis: Nos ad praesentia non aptamur: sed cogitationes in longinqua praemittimus. Itaque prouidentia maximum bonū conditionis humanae in malum versa est. Ferae pericula quae vident fugiunt, quum effugere securū sit, nos & venturo torquemur & praeterito. Multa bona nostra vitio nostro nobis nocent. Timoris tormentum memoria reducit, prouidētia anticipat: nemo tantū praesentibus miser est. Idem: Plura sunt quae nos terrent, quam quae premunt: & saepius opinione, quam re, laboramus. Illud tibi praecipio, ne sis miser ante tēpus, cum illa quae velut imminentia expauisti, fortassis nunquam ventura sint. Quaedam magis torquent quam debeant: quaedā torquent, cum omnino non debeant: quaedam ante torquent quam debeant. Idem: Respice an certa argumēta sint futuri mali: plerunque suspicionibus laboramus, & illudit nobis illa quae conficere bellum solet, fama. Non coarguimus illa quae nos in metum adducunt: nec excutimus, sed trepidamus: & sic vertimus terga, quemadmodum illi quos puluis motus, fuga pecorum fugauit castris, aut quos aliqua fabula sine auctore sparsa conterruit: Nescio quomodo vana magis conturbant: vera enim modum habent. Quàm multa expectata nunquam comparuerunt, etiam si futurum est: quid iuuat dolori suo occurrere? satis cito dolebis cum venerit, interim tibi meliora promitte. Idem: Spa metum tempera: alius dicat, fortasse non veniet: tu dic, quid si veniet? videbimus verum, veniat: fortasse pro me veniet, & mors ista vitam honestabit. Contra timorem inordinatum multum valet sapientia. *Attingit enim à fine vsque ad finem, fortiter, &*

disponit omnia suauiter. Sap. 8. Econtrario est de stultitia. Seneca: Stultitia nihil peccatum habet, ad omnia pauet, & ipsis terretur auxiliis.

De securitate commendabili & reprehensibili.

ET notandum quod est securitas commendabilis, & securitas reprehensibilis. De commendabili dicitur. Prouer. 15. *Secura mens quasi iuge conuiuium.* Greg. in Moral. Quasi continuatio refectionis, est tranquillitas securitatis. Idem: Iustis initium retributionis est ipsa plerumque in obitu securitas mentis. Idem: Quisquis ad vitæ præcepta se dirigit, priusquam vitæ æternæ præmia percipiat, hic iam initia securæ in perpetuum securitatis degustat. Securitas ista videtur esse sequela virtutum. Greg. in Moral. Dum virtutes menti lætitiam pariunt, quandam etiam securitatem gignunt. Ad securitatem primo valet puritas conscientiæ. Conscientia pura merito secura est, cùm à peccato purgata sit, propter quod solum vel maximè timendum est. Bern. O vita secura, vbi pura conscientia in quam via secura, vbi absque formidine mors expectatur, immo exoptatur cum dulcedine, & excipitur cum deuotione. Secundo diuturnitas pœnitentiæ. Greg. In pœnitente, cum longa mœroris anxietate fuerit formido consumpta, quædam iam de præsumptione veniæ securitas, nascitur. Tertio contemptus boni transitorij. Greg. in Moral. Mira securitas cordis, aliena non quærere. Aug. in l. de libero arbitrio. Nemo securus est in his bonis, quæ potest inuitus amittere: virtutem autem & sapientiam nemo amittit inuitus. Qui bona transitoria contemnit, mala pœnæ transitoriæ non metuit. Sene. Desines timere, si sperare desieris. Quarto integer amor interni & æterni boni. Vnde super illud Prouerb. 28. *Iustus autem quasi leo confidens absq; terrore erit.* dicit gl. Iusti securitas leoni comparatur;

quia cum quaslibet aduersitates insurgere conspicit, ad mentis suæ cōfidentiam reddit, & scit quod vincit, quia illum diligit quem nemo inuitus amittit. Securitas reprehensibilis est securitas temeraria: vt est securitas eorum qui ita sunt securi in mari huius mundi, quasi iam essent in portu; & ita sunt securi dum adhuc bellum durat, quasi iam triumphassent. 3. Reg. 10. *Ne glorietur accinctus æquè vt discinctus.* Bern. in sermonibus: Nusquam est securitas, fratres, neque in cœlo, neque in paradiso, multo minus in mundo. In cœlo, cecidit angelus sub præsentia deitatis. Adā in paradiso de loco voluptatis. Iudas in mundo de scola Saluatoris. August. in lib. Conf. Nemo securus debet esse in vita ista quæ tota tentatio nominatur. Hier. in epist. Nulla securitas est vicino serpente dormire. Qui habent hanc securitatem, facilè à diabolo vincuntur. Hier. in epist. Timor virtutum custos est: securitas ad lapsum facilis. Iud. 18. *Nullus erit labor, intrabimus ad securos.* Hieron. Noli nimis esse securus: nimia securitas mentis tempestas est. Greg. in Moral. Sæpe quem certamen suæ tentationis superare non valuit, sua securitas deterius strauit: vnde se pertimescit quandoquidem cadere, inde accipit fortiter stare. Idem: Sancti viri sic de spe sunt certi, vt tamen semper sint de tentatione suspecti. Quæ securitas? vbi etiam excellentia sunt dona Dei, vt est diuina reuelatio, possunt esse homini occasio ruinæ. 2. ad Cor. 2. *Ne magnitudo reuelationum extollat, datus est mihi,* &c. Gl. Aug. Quomodo securus agnus egreditur, vbi aries sic periclitari metuit? Gregor. In paradisum duceris, & ab angelo sathanæ tentaris. Item securitas reprehensibilis, est securitas cum negligentia. Greg. in hom. Plerique pigri remanent ad exercenda bona præcipua: quia valde sibi securi sunt, quod nulla commiserint mala grauiora. Idem in Moral. Dum mens secura redditur, in torporem laxatur. Idem: Mater negligentiæ solet esse securitas. Item reprehensibilis est securitas incauta. Gregor. Moral. Multis sæpè graue periculum, incauta securitas fuit, econtrario. Prouerb. 11. *Qui cauet laqueos, securus erit.* Greg. in Morali. Sæpè mens dum in se virtutis suæ securitate resoluitur, insidiante aduersario inopinatæ culpæ telo perforatur, & inde à Deo in æternum longè fit, vnde ei ad tempus sine cautelæ custodia propinquauit. Item securitas reprehensibilis est eorum qui pericula futura non præuident. De securitate talium. Iob. 21. *Domus eorum securæ sunt & pacata, &c. Ducunt in bonis dies suos, & in puncto ad inferna descendunt.* De improuisione talium, Prouerb. 28. *Viri mali non cogitant iudicium* de securitate malorum. Eccles. 8. *Quia non profertur cito contra malos sententia, filij hominum absque timore vllo perpetrant mala.* In eodem: *Sunt impij qui ita securi sunt quasi iustorum facta habeant.* Securitatem cum improuidentia habebat, cui dictum est: *Stulte, hac nocte animam tuam repetent à te*, Luc. 12. Item illi de quibus eiusdem 17. *Edebant, & bibebant, vxores ducebant & dabantur ad nuptias vsque in diem qua intrauit Noe in arcam: & venit diluuium, & perdidit omnes. Et in eodem similiter factum est in diebus Loth: Edebant, &c. Et pluit ignem sulphur de cœlo, & omnes perdidit.* Talis etiam securitas fuit Ierosolymitis, quibus Dominus ait, Luc. 19. *Et quidem in hac die quæ ad pacem tibi: nunc autem abscondita sunt ab oculis tuis, &c.* Et 1. ad Thessal. 5. *Cum dixerint pax & securitas: tunc repentinus eis superueniet interitus.*

DE PATIENTIA.

PARS SEXTA.

Sex habet Capitula.

CAPVT PRIMVM.

De ordine dicendorum de Patientia, de descriptionibus Patientiæ & merito, ac distinctione nominis eius.

Sequitur de Patientia, de qua hoc modo dicetur: Primo ponentur descriptiones eius. Secundo, ea quæ pertinent ad eius commendationem. Tertio, agetur de his quæ iuuant patientiam. Quarto, ponentur eius diuisiones. Circa primum notandum quod patientia est æquanimis malorum illatorum tolerantia. Et potest sumi hæc descriptio à verbis Gregorij super illud Lucæ 21. *In patientia vestra possidebimus animas vestras.* Gregorius: Vera patientia est, aliena mala æquanimiter perpeti: & contra cum qui irrogat mala, nullo animi dolore moueri. Et super illud Iob. 4. *Vbi fortitudo tua, patientia tua, & perfectio viarum tuarum?* dicit Gloss. In fortitudine proficit qui mala aliena immotus tolerat. Describitur etiam sic: Patientia est virtus contumeliarum, & omnis aduersitatis impetus æquanimiter portans. Vel sic: Patientia est omnium passionum molestarum aliunde illatarum, victoriosa perpessio. Item sic describitur à Tullio in 1. Rhetoric. Patientia est honestatis aut vtilitatis causa, rerum arduarum & terribilium voluntaria ac diuturna perpessio. Honestatis causa est perpessio: vt cum quis

Passiones duplices.

pro fide Christi potius eligit mori, quam negando eam, saluare vitam suam. Vtilitatis vero causa: vt cum quis pro salute regis mori eligit. Voluntariæ vero ideo dicitur, quia qui omnino inuitus patitur, non habet laudem vel meritum. Ideo dicitur 1. Petr. 4. *Nemo vestrum patiatur quasi homicida, aut fur, aut maledicus, aut alienorum appetitor.* Si autem vt non Christianus erubescat, diuturna dicitur: quia ad verum patientem pertinet vt patiendo perseueret. Si quis obijciat quod passio exterius illata non videtur voluntaria esse, & ideo nec meritoria. Dicendum est, quod quædam sunt passiones intrinsecus natæ: tamen per apprehensionem extrinseci boni vel mali mouentis; vt gaudium, spes, timor, dolor. Et hæ passiones possunt esse à voluntate eius qui patitur, tanquam à causa efficiente vel non resistente, quæ indubitanter possunt esse meritoriæ. Aug. 14. libro de Ciuit. Dei. Cupiditas, lætitia, metus, tristitia, voluntates sunt. Recta voluntas bonus est amor, & peruersa, malus est amor. Amor fugiens quod ei aduersatur, timor est; idque si acciderit sentiens, tristitia est: animi dolor qui tristitia nominatur, dissensio est. Quædam vero passiones sunt extrinsecus illatæ: vt molestia corporis, vel contumelia verbi. Et passiones non sunt voluntariæ à voluntate eius qui patitur tanquam à causa efficiente. Tamen possunt quodammodo dici voluntariæ voluntate consentiente & non contradicente. Voluntas vero sustinendi seu recipiendi eas, secundùm quosdam, meritoria est etiam aureæ & aureolæ, si tamen sit coniuncta passioni: aliter vero non est meritoria aureolæ. Secundum alios passio quæ quodammodo est voluntaria, est meritoria, prout meritorium dicitur quod de debito sit magis debitum. Dicitur enim mereri secundum alios multipliciter. Vno modo est impetrare aliquid de congruo: sic boni merentur alijs gratiam. Alio modo de indebito facere debitum, & mereri hoc modo, pertinet ad gra-

tiam mediante actu liberi arbitrij. Tertio modo, mereri est de debito facere magis debitum: sic meretur quis actu exteriori, vel passione, meretur aureolam, inquantum ex charitate eam suscepit, & non ipsa voluntate suscipiendi. Plus enim dicit susceptio voluntaria, quam voluntas suscipiendi. Ponit enim actualem passionem, & voluntatem circa ipsam susceptionem: tamen forsitan non exigitur quod tunc sit actu voluntas, sed sufficit quod voluntas illa fuerit ex qua hæc susceptio est voluntaria, dummodo patiens maneat in charitate. Et notandum quod patientia quandoque largè sumitur, quandoque strictè. Patientia largè est circa omne difficile & circa omnem tentationem. Iacobi 1. *Beatus vir qui suffert tentationem.* Strictè vero est circa passiones extrinsecus illatas: actus vero patientiæ est recipere passionem: ita quod animus nec succumbat, neque vindictam inferenti appetat.

Capvt II.
De commendatione Patientiæ.

AD commendationem Patientiæ. Primo facit frequens admonitio, quam facit scriptura Sacra ad patientiam. Ephes. 4. *Obsecro vos in Domino, vt dignè ambuletis vocatione qua vocati estis, cum omni humilitate & patientia.* 1. Thess. 4. *Patientes estote ad omnes.* 1. Tim. 6. *Homo Dei sectare patientiam.* Heb. 10. *Per patientiam curramus ad propositum nobis.* Iacobi 5. *Patientes estote fratres vsque in aduentum Domini.* Secundo, quia patientia valdè gloriosè triumphat. Ad gloriam triumphi eius facit, quod ipsa sine ictu vel repercussione vincit. Non leuaret vnam festucam ad hostes feriendos: sed tela eorum retundit, & in corde hostium mittit. In Psalm. *Gladius eorum intret in corda ipsorum.* Persecutoris gladius in cor eius

De Patientia.

eius intrat, quia animam eius occidit. Patientiâ vincit homo persecutores, & dæmones, & seipsum. De persecutoribus patet in beato Vincentio, qui vicit Datianum. Vnde dixit ei: Videbis me plus posse dum torqueor quam possis ipse qui torques. De dæmonibus vero, idem patere potest, quos patientia martyrum eiecit de dominio huius mundi. Legitur de quodam sene monacho eremita, quod cum quidam homo malo spiritu arreptus eum fortiter in maxilla percussisset, & senex mox alteram præbuisset, diabolus statim recessit. Similiter legitur de filia cuiusdam primarij dæmonium habente, quod cum quidam discipulus secum venisset ad domum in qua ipsa erat puella à dæmonio vexata, dedit alapam ei: ille autem præbuit ei mox & aliam. Dæmon autem coactus clamauit, quod violenta mandata Dei expellerent eum inde, & statim curata est puella. Patientia vincit seipsũ, quod genus vincendi est rarissimum, est etiam nobilissimum. Sen. in li. de Naturali quæstio. Innumerabiles sunt qui populos, qui vrbes habuerunt in potestate, paucissimi qui se ad gloriam huius triumphi. Primo facit quod hostis familiarissimus eo vincitur. Nulla vero pestis efficacior ad nocendum quam familiaris inimicus. Secundo, quod patiens hostem superat, qui iam est secum in arca. Difficilius vero est hosti resistere cum intrauit castrum vel arcem quàm si sit extra. Vnde super illud Prou. 15. *Melior est vir patiens viro forti, &c.* dicit gl. Minor est victoria vrbes expugnare, quia extra sunt quæ vincuntur. Tertio; quia qui fortior est in fortiori, fortior est in minus forti : & cum aliquis multas vrbes expugnauit, si postea seipsum superauerit, nobilior erit triumphus vltimus præcedentibus, quo victor vrbium seipsum deuincit. Ad gloriam huius triumphi etiam facit, quod cum in aliis triumphis pugnet homo totus contra hostem, hic non pugnat nisi quasi dimidius. Patientiâ Sancti vicerunt regna. Patientia hominem reddit inuincibilem. Vnde super illud Iob. 4. *Vbi est fortitudo tua, &c.* Qui se vincit, contra omnia fortis est. Vnus homo vere patiens à toto mundo vinci non posset. Seneca: Facilius est gentem vnam, quàm vnum hominem vincere. Idem loquens de quodam qui vicit ignem, & duos reges patientia sua. Ego non dubito quin maiorem laudem trunca illa manus mancimeruerit, quam cuiuslibet fortissimi, quam saluam fecit hostium flammarumq; contemptor, & manum suam in hostili foculo distillantem spectauit, donec iussum est vt inuito igni eriperetur, hoc tanto magis puto quanto rarius est hostem amissa manu vicisse, quam armata. Fecit bellum inermis & mancus, & illa manus trunca duos reges vicit. Poëta: *Maxima virtutum patientia pugnat inermis. Armatosque solet vincere sæpè viros.* Legitur quod Socrates positus in carcere, cum essent qui permitterent eum fugere, noluit exire : sed remansit vt duarum rerum grauissimarum hominibus metum auferret, mortis scilicet & carceris. Sancti maximè videntur gloriari in his quæ sunt patientiæ. Galat. vltim. *Mihi absit gloriari, nisi in cruce Domini.* 2. Cor. 12. *Libenter gloriabor in infirmitatibus meis, &c.* Rom. 5. *Gloriamur in tribulationibus.* Tribus de causis electi gloriantur in tribulationib. Primo, quia viros strenuos magis decet tribulatio quam prosperitas. Sicut militi gloriosius est esse in exercitu, quam in balneo. Boëtius. Vir sapiens moleste ferre non debet quoties in certamen forte adducitur. Sic virum fortem non decet indignari, quoties bellicus increpuit tumultus. Sen. in epist. Quid enim malit, quisquis vir est, somnum suum classico quàm symphoniâ rumpi? Secundo, quia in hoc assimilantur Christo, cui assimilari magnæ gloriæ est. Eccl. 18. *Magna gloria est sequi Dominum.* Bern. super Cant. Quanta gloria est sponsæ assimilari sponso? nihil gloriosius reputat quàm Christi portare opprobrium. Idem. Grata ignominia crucis, sed ei qui

Cur electi glorianiur in tribulationibus.

crucifixo ingratus non est. Gloriosum est militi deferre arma regis : sic gloriosum est Christiano deferre stigmata Christi. Galat. 6. *Nemo mihi molestus sit : ego enim stigmata Iesu Christi in corpore meo porto.* Aug. Stigmata appellauit, quasi notas poenarum de persecutionibus quas patiebatur. Stigma enim dicitur punctum, vel nota aliquo ferro facta. Tertio, quia tribulatio ostendit eos esse amicos Dei. Apoc. 3. *Ego quos amo, corrigo, & castigo.* Tertio, magnum dominium patientiæ. Patienti seruiunt persecutores. Prouer. 12. *Qui stultus est seruiet sapienti.* Nullus adeo seruiuit beato Vincentio vtiliter, vt Datianus, fabricando ei coronam regni æterni. Et in Psalm. *Supra dorsum meum fabricauerunt peccatores.* Fabricauerunt, inquam, coronam æternam. Patientiæ seruiunt æstus & hyems, & omnia aduersa mundi. Sterilitas ægrorum implet eius horrea, sterilitas vinearum cellaria. Fures & raptores & alia hominibus noxia seruiunt ei. Ignis domos aliorum exurens ædificat patientiæ domum in cœlis. Ad eam pertinet illud Psalm. *Si consistant aduersum me castra, non timebit cor meum.* Ipsa confringit potentias, arcum, scutum, gladium & bellum. Omnia enim ista in obsequium eius conuertuntur. Ipsa mors seruit ei, tenebrosum carcerem corporis confringendo. Mors clauis regia est, quam Deus exhibet ad liberandum amicos suos à carcere corporis. Ipsa porta est per quam amici Dei effugiunt è manibus persecutorum ad Dei misericordiam. Prouerb. 14. *Sperat iustus in morte sua.* Patientiâ dominatur homo sibi ipsi. Luc. 21. *In patientia vestra possidebitis animas vestras.* Hoc dominium attenditur in hoc quod ipsa cohibet hominem interiorem ab illicito appetitu vindictæ. Cohibet similiter exteriorem. Linguam enim cohibet à contumelia, manum à violentia. Vnde sicut dicitur de garrulo, quod non potest tenere linguam suam : de homine verò modesto in verbis, contrarium dicitur : Sic patiens potens est seipsum cohibere, & interius & exterius, ab his quæ pertinent ad vindictam. Et quantum ad hoc dicitur patiens animam suam possidere. In homine impatiente dominatur ira vel furor, & eum possidet. Quarto, quod hominem ditat. Patiens sapienter agit ad hoc vt debita sua soluat. Ipse sapienter acquirit, sapienter custodit, & multiplicat; sapienter debita soluit, nihil de suo in solutione expendendo, sed faciendo vt hostes sui ea soluant, dum iniurias ab eis illatas patienter sustinet, quæ sunt velut aurum & argentum & lapides pretiosi, quibus à debitis suis absoluitur. Iob. 37. *Ab aquilone aurum veniet.* Ipse de his quæ nullius valoris videntur esse, debita sua soluit : vt sunt mala pœnæ, mors scilicet, infirmitas, & similia. Mors enim ei pretiosa est : *Pretiosa in conspectu Domini mors sanctorum eius.* Aug. in lib. de Ciuit. Dei. Quid pretiosius quàm mors per quam fit vt omnia delicta dimittantur, & merita cumulatius augeantur ? Patiens de hoc quod necesse habebat expendere, à debitis suis se absoluit, & insuper regnum cœlorum emit : vt patet in martyribus, quorum mors, per quam necessariò transituri erant, ab omni pœna eos absoluit, & regnum cœlorum eis acquirit. Patiens sapienter acquirit : quia sine suo labore, labore scilicet persecutoris, qui materiam coronæ perpetuæ ei ministrat. Et in hoc est melior vir patiens viro forti. Prouerb. 16. Fortis enim multo labore diuitias spirituales acquirit, vigilando, ieiunando, peregrinando. Patiens etiam conseruando sapienter agit. Si enim persecutor in aliquo temporali damnificat hominem patientem, ipse quæ sibi remanent, maximè spiritualia, diligenter custodit. Non minor est virtus, quàm quærere, parta tueri. Econtrario impatiens si ei auferatur aliquid terrenum ipse proiicit spiritualia bona. Prouerb. 19. *Qui patiens est, non sustinebit damnum.* Eccles. 2. *Væ his qui perdiderunt sustinentiam.* Patiens etiam multiplicando

De Patientia.

sapienter agit: Ipse enim mala in bona conuertit. Ipse de malis commodum suum facit Ipse non experitur quidquam mali. Eccles. 8. *Qui custodit praeceptum, non experietur quidquam mali.* Esa. 3. *Dicite iusto, quoniam benè, &c.* Patienti in omnibus aduersis bene accidit, quia iuxta verbum Greg. nulla nocebit aduersitas, si nulla donunetur iniquitas. Patientia ariditate paupertatis vberius fructificat. Ipsa ad modum vrsi verberibus impinguatur: & vt Salamandra, de igne tribulationis viuit. Et ad modum asini pungitiuis pascitur, & vt struthio ferrum & alia dura comedit. Quia gaudet patientia duris. Ipsa ad modum piscis marini equis tribulationum nutritur; Et lapides in panes conuertuntur: quibus enim impatientes lapidantur, patientes pascuntur & aedificantur. Patientiae donum à Deo datum est, vt alat suos in fame. Fames enim est eorum refectio. Patientia est desertum & hortus voluptatis. Patientia est velut aurum quod igne tribulationis deputatur. Homo impatiens est vt palea quae ibi exuritur. August. in lib. de Ciuitate Dei: sicut aurum sub vno igne rutilat, palea fumat, & vbi paleae comminuuntur, frumenta purgantur: Ita vna eademque vis irruens, bonos probat, purificat; malos damnat, vastat, exterminat. Vnde in eadem afflictione mali Deum detestantur & blasphemant, boni Deum precando laudant. Quinto, quod iram Dei & proximi mitigat. Prouerb. 25. *Patientia lenitur princeps.* Bernard. Vapulem sane vt male operans, si mihi flagella in merita computentur: forsitan miseretur flagellato, qui in me non inuenit meritum quod remuneret. Prouerb. 15. *Vir iracundus prouocat rixas, qui patiens est, mitigat suscitatas.* Sexto, quod Christo vicem reddit. 1. Pet. 2. *Christus passus est pro nobis, vobis relinquens exemplum vt sequamini vestigia eius.* In Psalm. *Quid retribuam Domino, pro omnibus quae retribuit mihi?* Vult Christus vt aliqua patiamur pro eo, sicut ipse passus est pro nobis. Vnde cum comedisset de pisce asso, dedit reliquias discipulis suis. Lucae vltimo. Piscis assus est Christus passus. Voluit Christus communicare discipulos passioni suae ad Coloss. 1. *Adimpleo ea quae desunt passionum Christi in carne mea.* Septimo, quod hominem quasi martyrem facit. Greg. Sine ferro vel flammis martyres esse possumus, si patientiam in animo veraciter conseruamus. Octauo, quod mira facit. Gregor. Ego virtutem patientiae signis & miraculis maiorem puto. Si patientiam habens, aliquid mortiferum biberit, non ei nocebit. Sermo venenatus quem audit, in medicinam ei vertitur. Patienti nox aduersitatis vt dies illuminabitur: ita enim clare videt in nocte aduersitatis, sicut in die prosperitatis, vel etiam clarius. Et implet Dominus illam promissionem. Esaiae 42. *Cum transieris per aquas tecum ero, & flumina non operient te: cum ambulaueris in igne, non combureris, homo patiens est vt rubus ardens absque assione.* Exod. 3. Homo patiens est vt pueri quos Deus in igne Babylonicae fornacis illaesos seruauit. Daniel. 3. Ita accidit homini patienti, sicut accidit beato Tiburtio, qui cum nudis plantis incederet super carbones ardentes, videbatur ei quod super roseos flores incederet. Prouer. 6. *Nunquid potest homo ambulare super prunas, vt non comburantur plantae eius?* homo patiens hoc potest. Nono, quod patientia multum ad sapientiam facit. Prouerb. 14. *Qui patiens est, multa gubernatur sapientia.* Homo impatiens non solum est stultus, sed quasi insanus, quia ira furor breuis est. Prouerb. 19. *Doctrina viri per patientiam noscitur.* Gregor. Tanto quis ostenditur minus doctus, quanto minus patiens conuincitur: quum Dominus qui sapientissimus est, sit patientissimus, in fine mundi eius iniurias suas vindicaturus est. Qui magis patiens est, magis sapiens est, & magis Deo assimilatur. Prouerb. 14. *Impatiens operabitur stulti-*

Patiens patiendo sit Martyr.

tiam. In eodem: *Qui impatiens est, exaltat stultitiam suam.* Decimo, quod patientia statui huius exilij multum congruit, Apocal. 13. *Hæc est patientia & fides sanctorum.* ad Heb. 10. *Patientia vobis necessaria est, vt voluntatem Dei facientes reportetis promissionem.* Ministri Dei qui sunt de Ecclesia militanti multum indigent patientia; sicut illi qui sunt in bello, multum indigent scuto vel alijs armis. 2.ad Cor. 6. *In omnibus exhibeamus nosmetipsos sicut Dei ministros in multa patientia.* Et inter ea quæ charitatis sunt, primo ponit Apostolus patientiam. 1.ad Cor. 13. *Charitas,* inquit, *patiens est, benigna est.* Qui in hac vita est absque patientia, est quasi homo sine cappa in tempore pluuiali, & sicut homo inermis in medio hostium suorum. Vndecimo, quod patiëtia vestis purpurea est, valde decens in electis Dei. Coloss. 3. *Induite vos sicut electi Dei viscera misericordiæ, benignitatem, humilitatem, modestiam, patientiam.* Patientia vltima ponitur quasi ordinãs & protegens ceteras virtutes. Prouerb.vlt.legitur de hac purpura. *Byssus & purpura indumentum eius.* Duodecimo, quod ipsa animum perficit. Vnde super. illud Iob. 4. *Perfectio viarum tuarum,* dicit Gloss. De patientia perfectio nascitur. Iacob. 1. *Patientia opus perfectum habet.* Habent ceteræ virtutes opus perfectum quantum ad sufficientiam: sed patientia quantum ad excellentiam. Patientia vitam feliciter consummat. Ipsa enim efficit ne vir iustus in tormentis deficiat. Tertiodecimo, quod ipsa est radix ceterarum virtutum. Vnde dicit Gloss. super illud Luc. 21. *In patientia vestra possidebitis animas vestras.* Patientia est radix & custos omnium virtutum, quia sicut radix portat plantam cum ramis suis & fructu, ita patientia portat omnia onera quæ sibi imponuntur. Decimoquarto, quod ipsa rosa est quantum ad redolentiam & ruborem martyrij. Patientes enim dicere possunt illud: *Propter te mortificamur tota die.* Martyrum patientiæ quandoque durat quadraginta annis, quũm martyrium beati Laurentij paruo tempore finitum sit. De redolentia dicit Gregor. in Morali. Sicut aromata odorem suum quum incenduntur expandunt: ita viri sancti omne quod de virtutibus redolet in tribulationibus innotescunt. August. in libro de Ciuit. Dei: Non qualia, sed qualis quisque patiatur, interest. Nam pari motu exagitatum vel exhalatum, horribiliter, tenuiter, & suauiter fragrat vnguentum. Decimoquinto, quod valdè efficax est ad acquirendum cœlum. Hieronym. Non nisi per patientiam impletur quod dicitur: *Regnum cœlorum vim patitur, & violenti rapiunt illud.* Matth. 11. Vnde quum in alijs beatitudinibus fiat promissio de futuro, patientibus dicitur regnum cœlorum esse de præsenti. Matth. 5. *Beati qui persecutionem patiuntur propter iustitiam, quoniam ipsorum est regnum cælorum.* Decimosexto, quod animi magnitudinem ostendit. Senec. Magni animi est, iniurias in summa patientia pati.

Caput III.

De his quæ iuuant Patientiam, de Tribulatione, & multiplici eius vtilitate.

TRia vero videntur multum iuuare patientiam, scilicet Scriptura sacra, oratio, sancta meditatio. Scriptura sacra: Vnde in Psalm. *Parasti in conspectu meo mensam aduersus eos qui tribulant me.* Psal. Mensam, inquam, Scripturæ. Prouerb. 30. *Omnis sermo Deo clypeus ignitus est sperantibus in se.* Oratio multum iuuat eam, cum patientia, vel eius profectus, donum Dei sit. Vnde Psalm. *Ab ipso patientia mea.* Et iterum. *Tu es patientia mea.* Psal. Item oratio gratiam impetrat, qua tribulatio refrigeratur. Ecclesiastici 18. *Nonne ardorem refrigera-*

bit ros? Hieron. 17. Dicitur de ligno plantato iuxta aquas, quod non timebit cum venerit æstus. Ideo Dominus, Matth. 26. Appropinquante tribulatione passionis, discipulos monet ad orandum: *Vigilate,* inquit, *& orate, ne intretis in tentationem.* Et Luc. 21. prædicta tribulatione ante iudicium ventura monuit eos ad orandum: *Vigilate,* inquit, *omni tempore orantes, vt digni habeamini fugere quæ ventura sunt.* Eſaiæ 19. *Clamabunt ad Dominum à facie tribulantis, & mittet eis Saluatorem.* In Pſalm. *In tribulatione inuocaſti me, & liberaui te.* Iac. vltim. *Triſtatur aliquis veſtrum? oret.* Meditatio etiam iuuat patientiam. Præuenit etiam tribulationem, & ad eam præparat maxime meditatio de his quæ fidei ſunt. Vnde fides & patientia ſociantur, ad Hebr. 6. *Imitatores eorum qui fide & patientia hæreditabunt promiſsiones.* Et Apoc. 13. *Hic eſt patientia & fides Sanctorum.* De præparatione iſta tangitur Eccleſiaſt. 2. *Præpara animam tuam ad tentationem.* Pſalm. *Ego autem in flagella paratus ſum.* Maditatio vero præparans ad tribulationem, diuidi poteſt in quinque ſpecies: Quarum prima verſatur circa exempla. Secunda, circa ea quæ fecimus. Tertia, circa ea quæ meruimus. Quarta, circa perſecutores. Quinta, circa tribulationes. Prima ſubdiuiditur in tres ſpecies. Quarum prima eſt circa malos qui tot & tanta patiuntur, vt peccata ſua perficiant, qui quotidianis cruciatibus cruciatum mererentur æternum. Eccleſ. 21. *Via peccantium complantata lapidibus, & in fine illius inferi, & tenebræ & pœnæ.* Sapient. 5. *Laſſati ſumus in via iniquitatis & perditionis. Ambulauimus vias difficiles,* dicunt mali. Libenter ſuſtinere debent boni pro vita beata, quæ ſuſtinent mali pro morte æterna. Secunda eſt circa alios qui pro minimis bonis, ſcilicet tranſitoriis tot & tanta ſuſtinent. Iac. 5. *Ecce agricola expectat pretioſum fructum terræ patienter ferens, donec accipiat temporaneum & ſerotinum: patientes eſtote & vos,*

&c. Tertia circa bonos. Tob. 2. Hanc tentationem permiſit Deus euenire illi, vt poſteris daretur exemplum patientiæ eius, ſicut & ſancti Iob. Et poſt: *Non eſt contriſtatus contra Deum, quia plaga cæcitatis euenerit ei.* Iac. 5. *Exemplum accipite fratres exitus mali, & longanimitatis, laboris, & patientiæ Prophetarum, qui locuti ſunt in nomine Domini. Ecce beatificamus eos qui ſuſtinuerunt. Sufferentiam Iob audiſtis, & finem Domini vidiſtis.* Hieron. Quis Sanctorum ſine patientia coronatus eſt? à cunabulis Eccleſiæ non defuit iniquitas premens, & iuſtitia patiens. Greg. Facta præcedentium patrum conſideremus, & non erunt grauia quæ toleramus. Inter exempla vero ſanctorum præcipuum eſt exemplum Chriſti, ad Hebr. 12. *Recogitate eum qui talem ſuſtinuit à peccatoribus aduerſus ſemetipſum contradictionem, vt non fatigemini animis veſtris deficientes.* Exemplum Chriſti eſt quaſi ſcutum quoddam cordium noſtrorum. Thren. 3. *Dabis eis ſcutum cordis laborem tuum.* 1. Pet. 4. *Chriſto in carne paſſo, & vos eadem cogitatione armamini.* Bern. ſuper Cant. Vtrunque es mihi, Domine Ieſu, & ſpeculum patiendi, & præmium patientis, vtrunque fortiter prouocat ac vehementer accendit. Idem ſuper illud Cant. *Faſciculus myrrhæ &c.* Habete illum ſemper: non retro in humeris, ſed ante præ oculis, ne portantes & non odorantes, & onus premat, & odor non erigat. Videntes anguſtias Domini, leuius veſtras portabitis. Greg. Si ipſe hinc ſine flagello non exiit qui ſine peccato venit: Quomodo flagellis digni non erunt qui hunc cum peccato venerunt? Paſſio Chriſti lignum eſt aquas tribulationum dulcorans, ſignata ligno illo quod à Domino oſtenſum eſt Moyſi, vnde aquæ dulcoratæ ſunt. Exod. 15. Gregor. Si paſſio Domini ad memoriam reuocetur, nihil adeò durum quod non æquo animo toleretur. Elephantis oſtendebatur ſanguis vuæ & mori, ad acuendum eos in prælium. 1.

Machab. 6. Et Dominus ostendit manus & latus discipulis in tribulatione positis. Lucæ vltim. Et aspectus serpentis ænei sanabat à morsibus ignitorum serpentum. Numer. 21. Aspectus enim Christi in cruce iram & impatientiam sanat. Ad secundam speciem meditationis, quæ versatur circa ea quæ fecimus, pertinent verba sacræ Scripturæ, quæ sequuntur. Gen. 42. *Merito hæc patimur, quia peccauimus in fratrem nostrum.* Michææ 5. *Iram Domini portabo, quoniam peccaui ei.* Poëta : *Leuiter ex merito quicquid patiare ferendum est.* Gregor. in Moralib. Tunc illata conuitia bene toleramus quùm in secreto mentis ad male perpetrata recurrimus. Idem. Tanto quis patientius ferrum medici tolerat, quanto putridum esse conspicit quod secat. Idem. Per hoc quod culpæ pondus cognoscitur, afflictionis pœna alleuiatur. Idem: Patienter iniuriam illatam tolerat, qui piè meminit quod fortasse adhuc habeat in quo debeat ipse tolerari. Idem: Considerat infirmitas propria mala, nobis excusat aliena. Idem in Pastoralibus. Si quis sua incommoda quæ portantur, considerat, ea quæ ab altero sustinet leuius portat. Ad tertiam quæ est circa ea quæ meruimus, pertinet illud Greg. Leue quidem videtur quod iniuria percutimur, dum in actione nostra conspicimus quod peius est quod meremur. Habac. 3. *Ingrediatur putredo ossibus meis, & subter me scateat vt requiescam in die tribulationis.*

In quarta meditatione attendendus est status persecutoris, qui est quasi insanus vel freneticus in seipsum manum iniiciens, in cor suum primo gladium mittens. Fratri vel filio insano vel frenetico debetur compassio, non odium vel indignatio. Hanc meditationem inuenit Glos. Bedæ super illud Luc. 6. *Benedicite maledicentibus vobis, &c.* Medicus animarum quos ad curados proximos instruit, omnia quæ ad salutem proximorum valere possunt, tolerare præcipit, vt tanquam à filiis ægrotantibus vel freneticis, si salus illorú id exigit, multa patiatur, donec infirmitas transeat. Item attendendum est quod persecutor virga est patris misericordiarum: illis qui patientes sunt est aurea: impatientes verò habebunt ferream, quæ tanquam vas figuli confringet eos. Virga ista in signum clementiæ extenditur in filios Dei: vnde non est odienda, sed potius amplectenda Esther. 3. *Osculata est Esther virgam auream quam ostendit ei Assuerus.*

Qui virgam patienter sustinent, tormentum malitiæ euadent. Sapient. 3. *Et non tanget illos tormentum malitiæ sine mortis.* Item attendendum est in hac meditatione, quod licet persecutor in præsenti filios Dei pungat, tamen in futuro eis mellificat: In Psal. *Circumdederunt me sicut apes, &c.* Apes etsi inferant compunctionis dolorem, amantur tamen, quia ministrant mellis dulcedinem. Similiter amandi sunt persecutores, & toleranda est punctura ad tempus propter iucunditatem quæ ex ea sequitur. Eccles. 1. *Vsque ad tempus sustinebit patiens, & postea redditio iucunditatis.* Gregor. Si illic dulcia appetimus, necesse est vt prius hic amara toleremus.

De tribulationibus.

Sequitur de quinta meditatione quæ circa tribulationes versatur. In qua primo attendendum est, à quo sit tribulatio. A Deo enim est. Eccles. 21. *Bona & mala, vita & mors, paupertas & honestas à Deo sunt.* Et ita cùm ipsa sit à summo bono, indubitanter ipsa bona est & amanda. Ipsa est munus datum à Deo qui amantissimus est: Vnde chara habenda est. Solent homines chara habere quæ dantur eis ab amicissimis suis, licet sint parui valoris. Ioan. 18. dicit Dominus Petro : *Calicem quem dedit mihi Pater, non vis vt bibam illum?* Tribulatio, potio est data à sapientissimo & fidelissimo medico. Vnde non est timendum infirmo de excessu. Quomodo enim excederet qui sapientissimus

De Patientia.

est & fidelissimus? 1. ad Corinth. 10. *Fidelis enim Deus qui non patietur vos tentari supra id quod potestis.* In Psalmis: *Congregans sicut in vtre aquas maris.* Mensurat enim amaritudines tribulationis. Exod. 15. *Stetit vnda fluens*, Iob. 38. *Circumdedi mare terminis meis, & posui vectem & ostia, dixi: Hucusque venies, & non procedes amplius.* Secundo attendendum est quod non solum tribulatio est à summo bono, sed etiã in summe bono fuit: ex quo manifestum est ipsam bonam esse. In eo enim nihil potuit esse nisi bonum. Augustinus: Omnia terrena bona contempsit homo Christus, vt contemnenda monstraret: & omnia terrena mala sustinuit, quæ sustinenda præcipiebat, vt nec in illis quæreretur felicitas, nec in istis timeretur infelicitas. Idem: Vnicus ille de Patris substantia natus, æqualis Patri, in forma Dei, Verbum, quo facta sunt omnia, non habebat vbi flagellaretur: ad hoc autem carne indutus est, vt sine flagello non esset. Qui flagellat vnicum sine peccato, relinquet adoptatum qui est cum peccato. Tertio attendendum est quod tribulatio ad summum bonum ducit, & ideo indubitanter est bona. Gregor. Mala quæ nos hic premunt, ad Deum ire compellunt. Act. 14. *Per multas tribulationes oportet intrare in regnum cœlorum.* Et notandum quod cum tribulatio bona sit, licet amara, ipsa tamen non est proiicienda, vt faciunt quidam, similes illi qui ascendens in arborem micis, inueniens amaritudinem in cortice fructus, eum proiicit, & ideo non gustat de dulcedine nuclei. Sic aliqui infelices, tribulationem proiiciunt, cum eius amaritudinem sentiunt. Sap. 3. *Sapientiam & disciplinam qui abiicit, infelix est.* Prou. 3. *Tene disciplinam & ne dimittas eam.* Potius condienda est tribulatio quasi quadruplici sale. Primo, consideratione æternorum suppliciorum, quæ est pungitiua: generat enim timorem. *Dedit Dominus metuentibus se, significationem vt fugiant à facie arcus.* Arcus, inquam, diuini

iudicij. Hæc significatio est tribulatio: quia homines futura mala non timent, ideo Dominus adhibet præsentia mala, propter quæ, velint nolint, dolent, vt dolor præsentium introducat timorem futurorum. In Psal. *Apprehendite disciplinam.* Gloss. etiam si fugiat. Disciplina præsentis tribulationis tabula est, apprehendentes eam à naufragio liberans: sed in futuro tribulatio apprehendet & submerget illos qui eam nunc fugiunt. Iob. 27. *Apprehendet eum quasi aqua inopia.* Virga Moysi proiecta, versa est in colubrum. Exod. 4. Sic tribulatio proiecta in mortem, &c. Qui increpationes odit, morietur. Virga non occidit. Prouerb. 23. *Si percusseris eum virga, non morietur.* Sed coluber occidit. Ideo recte in virga intelligitur pœna transitoria: in colubro mors æterna. Secundo consideratione æterni præmij. Hæc est quasi aromatica. Gregor. Consideratio præmij, minuit vim flagelli. Tertio est, consideratione passionis Christi. Aug. Magna consolatio membris ex capite 2. ad Tim. 2. *Si compatimur, & conregnabimus.* Bernardus: Nunquid Christus socium tribulationis à communione sua patietur arceri? Sibi confidens in cruce latro, eadem die cum eo fuit in paradiso.

De multiplici Tribulationis vtilitate.

Quarta est multiplex vtilitas tribulationis. Et primo ponamus septe vtiles effectus tribulationis, secundum septem proprietates ignis. Tribulatio enim per ignem in Scriptura sacra consueuit significari. Psal. *Igne me examinasti.* Notandum ergo, quod tribulatio ad modũ ignis illuminat. Thre. 3. *Ego vir videns paupertatem meam, in virga indignationis eius.* Greg. Oculos quos culpa claudit, pœna aperit. Dan. 4. *Septem tempora mutabuntur super te, donec scias quod dominetur Altissimus in regno hominum.* Et subditur. *Post finem dierum ego Nabuchodonosor oculos ad cœlum leuaui, & sensus meus redditus est mihi.* Hæc illuminatio figurata est in

Effectus vtiles tribulationis secundum effectus ignis. Psa. 16.

illuminatione Tobiæ, qui felle posito super oculos eius visum recepit. Tobiæ 11. In amaritudine fellis, intellige amaritudinem tribulationis. Tribulatio fugat stultitiam ab homine, & veram sapientiam introducit. Prouerb. 22. *Stultitia colligata est in corde pueri, sed virga disciplinæ fugabit eam.* Iob. 27. *Sapientia non inuenietur in terra suauiter viuentium.* Interlin. Nam si verè saperent, in hoc exilio potius lugerent. Gloss. Quisque adhuc vitæ voluptatibus pascitur, ab æternæ sapientiæ intellectu separatur. Aurum verò terræ Heuilath optimum est: quod interpretatur dolens, Genes. 2. Ecclef. 24. *Qui emittit disciplinam sicut lucem.* Esa. 28. *Tantum sola vexatio dabit intellectum auditui.* Thren. 1. *De excelso misit ignem in ossibus meis, & erudiuit me.* Ierem. 6. Secundum translationem LXX. per omnem dolorem & flagellum erudieris Hierusalem. Prouerb. 29. *Virga atque correptio tribuit sapientiam.* Ecclef. 22. *Flagella & doctrina omni tempore sapientia,* id est, causa sapientiæ. Efficacior vero ad erudiendum videtur esse aliquando disciplina verberum, quam disciplina verborum. Vbi enim non potest disciplina verborum, additur disciplina verberum. Item Ecclesiastic. 22. *Pungens oculum deducit lacrymas; & qui pungit cor, profert sensum.*

Secundo emollit, vt ignis ceram, vel omnino liquefacit vt ignis metalla dura. Iob. 22. *Deus molliuit cor meum.* Psalm. *Liquefacta est terra sicut cera.* Cera igne modico emollitur, & veterem imaginem deponit, & nouam recipit: sic corda non indurata, modica tribulatione emolliuntur, & vetustatem vitiorum deponunt, & nouitatem virtutum assumunt: corda vero dura non liquefiunt ad ignem tribulationis, nisi sit tribulatio magna, mortem inferens vel comminans. Tunc vetustas vitiorum deponitur, & corda parata sunt fluere in omnem modulum & formam rectè viuendi, omnino parata stare sacerdotis mandato. Tunc fit tibi felix commutatio dexteræ excelsi: vas enim ignominiæ commutatur in vas gloriæ, & serui diaboli efficiuntur filij Dei. Prouer. 12. *Verte impios, & non erunt.* Iob. 28. *Auro locus est in quo conflatur.* Hic locus est ignis tribulationis.

Tertio, tribulatio hominem roborat: sicut ignis roborat laterem, quem tamen videtur comburere, ad Rom. 5. *Tribulatio patientiam operatur:* Tribulatio roborat indurando Sanctos, vt dentes leonis infernalis, qui sunt hæretici, malorum suggestores, detractores & persecutores nihil possunt in eis: dentibus diaboli, dicitur Esa. 3. *Quare atteritis populum meum, & facies pauperum commollitis?* Patientia martyrum multos dentes extraxit de ore diaboli, quia visa patientia Sanctorum multi ad Christum conuersi sunt.

Quarto, tribulatio destruit, & quasi adnihilat vincula amoris, quibus aliquis ligatus est mundo. Vnde Daniel. 3. *Tres pueri qui ligati missi sunt in fornacem, inuenti sunt soluti.* Vnde accidit in homine, qui tribulationem patitur, sicut accidit quum Christianus populus obsideret quoddam castrum quod tenebant, Saraceni. Opposuerunt enim Saraceni quendam Christianum nobilem captum machinæ, sperantes quod in eam partem iacere nollent lapides. Illo autem clamante vt propter eum non desisterent ab impugnatione, cœperunt Christiani lapides iacere, & primo lapidis ictu ruptus est funis, quo ille ligatus pendebat. Vnde ille cadens in fossatum abstractus est à Christianis, & sic liberatus est, qui vere potuit Domino dicere, *Dirupisti Domine vincula mea.* Catena illa quæ nos ligatos tenet, est amor viuendi: iuxta verbum Senecæ: Aliquando vero vnico actu tribulationis tædet aliquem viuere, & mortem desiderat cadens in profundum humilitatis. Eccl. 41. *O mors, bonum est iudicium tuum, homini indigenti:* Sicut adhæret cibus vasi, in quo decoquitur nisi moueatur,

De Patientia.

tur, & amittit saporem debitum & colorem: sic cor hominis adhæret huic mundo per amorem, nisi tribulationem patiatur, secundum illud Psal. *Conglutinatus est in terra venter noster.* Nec est modica vtilitas separatio ab amore mundi, cum totum & solum malum hominis sit amor mundi. Iuxta verbum August. Greg. Ipse mundus dum tot amaritudinibus cruciat, dum calamitates ingeminat, quid aliud nisi, vt non ametur, clamat? Nisi tribulationes essent, homines Deum obliuiscerentur, bonis temporalibus contenti. Greg. Electis suis Deus iter asperum facit, ne dū delectantur in via, obliuiscantur eorum quæ sunt in patria. Baruch. 4. *Dilicati mei ambulauerunt vias asperas.* Tribulatio est velut absynthium, quo hi qui sunt paruuli spiritualiter, à temporali consolatione separantur, sicut pueri aliqua amaritudine à lacte separari solent.

Quinto, tribulatio hominem probat. Ecclef. 27. *Vasa figuli probat fornax, & homines iustos tentatio tribulationis.* Eiusd. 2. *In igne probatur aurum & argentum & homines receptibiles in camino humiliationis.* Iob. 13. *Probabit me quasi aurum quod per ignem transiet.* Tob. 12. *Quia acceptus eras Deo, necesse fuit vt tentatio probaret.* Psal. *Probasti cor meum, & visitasti nocte, igne me examinasti, &c.* Gregor. Nemo vires suas in pace cognoscit. Si bella desunt, virtutum experimenta non prodeunt. Idē: Improuidus miles est qui se fortem in pace gloriatur: nemo quippe quantum profecit, nisi inter aduersa, cognoscit: ad Rom. 5. *Patientia probationem operatur.* Gen. 27. *Accede, fili mi, vt tangam te, & probem vtrum sis filius meus, an non.*

Sexto, purgat, Ioan. 16. *Omnem palmitem qui fert fructum, purgabit filios Leui.* Greg. Quod flagelum grano, quod lima ferro, quod fornax auro, hoc tribulatio viro iusto. Sed de quibusdam potest dici illud Ier. 6. *Frustra conflauit conflator. Malitia enim eorum non sunt consumpta.* Argentum reprobum vocat eos, quia Deus proiecit eos. Maledictum ferrum, quod ex lima contrahit rubiginem. Non aurum, sed paleam se ostendit, qui in igne tribulationis non pugatur, sed per impatientiam crematur. Matthæi 3. *Paleas comburet igni inextinguibili.*

Septimo, tribulatio ad modum ignis desiccat ab aquis deliciarum, & sic conseruat. Greg. in Past. Cor Salomonis idcirco funditus sapientiam deseruit, quoniam ipsum nulla disciplina exterius custodiuit. Tribulatio est vt myrrha à putrefactione custodiens. Hæc Paulum custodiuit ne superbiret. 2. Cor. 2. *Ne magnitudo reuelationum extollat me, datus est mihi stimulus carnis meæ, angelus Sathan qui me colaphizet.* Tribulatio viris Israelitis, murus est à dextris & à sinistris. Exod. 14. *Erat aqua filiis Israel quasi murus ad dextram & ad læuam.* Tribulatio sepit viam inferni, ne electi per eā incedant. Os. 2. *Sepiam viam tuam spinis, & sepiam eam maceria.* Tribulatio hominem seruat à furibus infernalibus. In hominibus voluptati deditis vitia abundant. Esa. 26. *Iustitiam nō facimus in terra nostra: ideo non ceciderunt habitatores terræ*; id est. peccata ad Rom. 7. *Scio quod habitat in carne mea peccatum.* Adam in deliciis quasi in aqua dulci computruit. In tribulatione vero quasi in aqua salsa seruatur homo à putrefactione. Greg. Liber homo per cibū sibi mortem intulit, & reductus ad veniam sub disciplina melius viuit. Idem: Quo nos Deus durius ex dispensatione percutit, eo amplius ex pietate custodit. Idem: Electū suum diuina gratia tunc magis erudiendo custodit, cum quasi percutiedo deserit. Sic facit Deus Ecclesiæ sicut Alexandrum fecisse legitur, qui cinxit quoddā nemus igne propter serpentes. Sic Christus igne tribulationis Ecclesiam cingit, propter serpētes infernales. Præter effectus prædictos habet tribulatio multos alios effectus. Primus est quod sanat. Ipsa est medicina sanans eos qui spōte eam recipiunt: eos vero qui eam recipere nolunt, inquinat: effunditur enim super eos. Dauid: *Calicem salu-*

Vtiles alij tribulationis effectus.

Ps. 78.

taris accipiam. Idem: *Effunde iram tuam super eos qui te non nouerunt.* Eccl. 28. *Altissimus de terra creauit medicinam, & vir sapiens non abhorrebit eam.* Inuoluenda est hæc medicina quasi sub quadam nebula præsentis vtilitatis, ne homo abhorreat eam: vel admiscendum est ei saccharū æternæ dulcedinis ad Heb. 12. *Omnis disciplina in præsenti non videtur esse gaudij, sed mœroris:* postea autem fructum pacatissimū exercitatis per eam reddet iustitiæ. Tribulatio est velut cauteriū factū in mēbro minus nobile, ad sanandū membrū magis nobile: molestia corporis infirmitate sanat mētis. Eccl. 19. Curatio cessare, faciet peccata maxima. Pro. 13. *Legatus fidelis sanitas.* Fideliter agit tribulatio cum eo cui Dominus mittit eam: operatur enim ad eius vtilitatem, non ad voluntatem. Eccl. 31. *Infirmitas grauis sobriam reddit animā.* Prou. 27. *Meliora sunt vulnera diligentis, quam fraudulenta odientis oscula.* Cautiora videntur esse vulnera, quum tamen potius sint remedia. Sic tribulatio videtur esse aduersitas, cùm potius sit remedium à Deo datum. Eccles. 7. *Melior est ira risu.* Ira, inquam, aduersitatis, risu prosperitatis. Dicit Gregorius de beato Benedicto, qui propter tentationem carnis proiecit se in spinis, quod vulnere corporis sanauit vulnus mentis. Idem. Quis nesciat quod multo melius est ardere flammis febrium, quàm igne vitiorum? & tamen cùm febre corripimur, quia vitiorum æstu qui occupare nos poterat considerare negligimus, de percussione murmuramus. Idem: Durum non æstimes esse quod pateris, dū æternis cruciatibus ab interna passione liberaris. Idem: diuina dispensatione agitur, vt prolixiora vitia prolixior ægritudo exorat: item tribulatio hominem incitat vt Deum requirat. Esaiæ 26. *Domine, in angustia requisierunt te.* In Psalm. *Imple facies eorum ignominia, & quærent nomen tuum Domine.* Idem: *Quum occideret eos, quærebant eum.* Oseæ. 6. *In tribulatione sua mane consurgent ad me.* In Psal. *Conuersus sum in ærumna mea, dum configitur spina.* Exod. 22. Vrgebant Ægyptij Israelitas exire de Ægypto. Et filius prodigus fame vrgente quum rediit ad patrem suum. Luc. 15. Item accelerare facit. In Psalm. *Multiplicatæ sunt infirmitates eorum, postea acceleraverunt.* Ad Hebr. 4. *Festinemus ingredi in illam requiem.* Saltem deberet, qui à Deo flagellatur, intelligere quod iumentum percussum videtur agnoscere, scilicet quod percutiatur, qui erat extra viam: vnde redit ad viam, vel quia nimis lente incedebat: vt gressū acceleret. Sic qui flagellatur à Deo, si extra viam erat per mortale peccatū; debet redire ad viam deserendo peccatū: si in via erat, sed lente incedebat pauca bona agendo, accelerare debet gressum plura bona agendo. Item tribulatio consolationem meretur. Esa. 61. *Vt ponerent consolationem lugentibus Sion.* In Psalm. *Secundum multitudinem dolorum meorum, &c.* Idem: *Virga tua & baculus tuus ipsa me consolata sunt.* Deuteron. 8. *Affixi te penuria, & dedi tibi manna.* Item tribulatio virtutes iuuat. Hier. Adiutrix virtutum est tribulatio. Ipsa valet ad timorem, dum pœnas futuras facit intelligi. Gregor. Si Deus tam aspere percutit vbi parcit, quam aspere pertutiet vbi non parcet? Idem: Districtus iudex, quanta illic districtione feriet quos reprobat, si hic cruciat quos amat. Luc. 23. *Si in viridi hoc faciunt, in arido quid fiet?* Ierem. 15. *Quum noluerint accipere calicem de manu tua vt bibant, dices ad eos: Bibentes bibetis,* &c. *quia ecce, in ciuitate in qua inuocatum est nomen meum, ego incipio affligere, & vos quasi innocentes & immunes eritis? non eritis immunes.* 1. Pet 4. *Tempus est vt incipit iudicium à domo Dei.* Si autem primum à nobis, quis finis eorum qui non credunt Euangelio? Item valet ad spem, ad Rom. 15. *Vt per patientiam & consolationem scripturarum spem habeamus.* Merito spem habet de regno æterno, qui monetam habet qua ipsum emitur. Moneta ista ab electis non reprobanda, est tribulatio. Iob 5.

De Patientia.

Increpationem Domini ne reprobes. Item valet ad charitatem, dum facit intelligi quod pro nobis filius Dei fecerit, cum pro nobis morti se exposuit. Ioan. 15. *Maiorem hac dilectionem nemo habet, &c.* Item valet ad humilitatem. Iob. 6. *Sagittæ Domini in me sunt, quarum indignatio ebibit spiritum meum.* Item valet ad pietatem. Homo enim in deliciis nutritus, nescit aliis compati. Ieremiæ. 44. *Fertilis fuit Moab ab adolescentia sua.* Et subditur: *Non est transfusus de vase in vas.* De vase inquam iustitiæ, in vas misericordiæ. Filius Dei compassionem didicit patiendo. Heb. 4. *Non habemus pōtificem qui non possit compati infirmitatibus nostris, tentatum per omnia.* Item tribulatio signum est diuini amoris. Apoc. 3. *Quos amo, arguo & castigo.* Æmulare ergo, & age pœnitentiam. Prouer. 13. *Qui parcit virgæ odit filium suum: qui autem diligit, instanter erudit.* Eccl. 30. *Qui diligit filium suum assiduat ei flagella, vt lætetur in nouissimo suo.* ad Heb. 12. *Quem diligit Deus castigat: flagellat autem omnem filium quem recipit.* In eod. *Quis filius quem non corripiat pater?* Et iterum: *Si extra disciplinam estis cuius participes facti sunt omnes: ergo adulteri, & non filij estis.* Aug. Si exceptus es à passione flagellorum, exceptus es à num. filiorum. Idē: Noli esse iniquo sensu & puerili, vt dicas, plus amat pater meus fratrem meum, cui permittit facere quicquid vult, quàm me: quia si me mouero contra eius missionem, flagella inuenio: potius gaude subflagellis, quia tibi seruatur hæreditas. Illis ad tempus parcit quos in æternū damnabit. Idem: Quid mirum si flagellat custodiens paruulos Dominus, quos grandes quærit hæredes? Idē: Nō timeas flagellari, sed exhæredari. Gre. Nisi correctis Deus hæreditatem dare disponeret, erudiri eos per molestias non curaret. Idem: Ne queraris de verbere, dum nescis quæ te maneant præmia in retributione. Tribulatio in præsentī ex pietate datur. Gre. Ideo Deus hīc quibusdam parcit, vt eos in perpetuum feriat: ideo autem hīc ferit, non parcendo; vt in æternum parcat. In Psal. *Deus tu propitius fuisti eis, & vlciscens in adinuentiones eorum.* Amos 3. *Tantummodò vos cognoui ex omnibus congregationibus terræ: idcircò visitabo super vos iniquitates vestras.* 2. Mach. 6. *Non sinere peccatoribus ex sententia agere, sed statim vltiones adhibere, magni beneficij indicium est.* Greg. Electi quique timent, ne vltio quæ suspenditur, in fine grauior seruetur. Feriri paterna correctione desiderāt, & dolorem vulneris salutis medicinam putant. Gaudere debet infirmus, cum videt cœlestem medicum intromittere se de eius infirmitate, & ex hoc sperate salutem. Illi qui in omnibus in mundo isto prosperantur, sunt quasi infirmus desperatus, cui nihil quod petat negatur. Greg. Desperatis ægris, medici quicquid popoposcerint dari præcipiunt, & eis qui reduci possunt ad salutem, quæ appetunt dari contradicunt. Idem: Continuus successus temporalium, est certum futuræ calamitatis indicium. Vitulus mactādus liber ad pascua mittitur. Gre. Iniustus ad debitam mortem currens, effrænatis voluptatibus vtitur: quia & vituli qui mactandi sunt, in liberis pascuis relinquuntur. Iustus à delectationis transitoriæ iucunditate restringitur, quia etiam nimirum vitulus ad laboris vsum deputatus sub iugo retinetur.

Aliquando quod videtur esse misericordia, vere est ira: & quod videtur esse ira, vere est misericordia. Augu. ad Marcellinum: Cui licentia iniquitatis eripitur, vtiliter vincitur: quia nihil infelicius felicitate peccatium, quia pœnalis nutritur impietas, & mala voluntas velut hostis interior roboratur. Sed peruersa & aduersa corda mortaliū felices res humanas putāt, quum rectorum splendor attenditur, & labes non attenditur animorum, quum theatrorum moles extruuntur, & effodiuntur fundamenta virtutum: quum gloriosa est effusionis insania & opera misericordiæ deridentur: cum ex his quæ diuitibus abūdant, luxuriantur histriones, & necessaria vix habent pauperes. Hæc si Deus pollere permittat, tūc indignatur grauius: si impunita dimittit, tunc punit infestius: cum verò euertit subsidium vitiorum & copiosas libidines, inopes reddit, misericorditer aduersatur. Esa. 25. *Misereamur impio.* Et subditur: *Et non discet facere iustitiam.* August. in 2. libro Confess. Tu semper aderas misericorditer seruiens, & amarissimis aspergens offensionibus omnes illicitas iucunditates meas, vt ita quærerem sine offensione iucundari. Idem: Percutis vt sanes; & occidis nos, ne moriamur abs te. Idem 5. lib. Patiebar in cupiditatibus meis amarissimas difficultates, te tanto magis propitio, quanto minus sinebas mihi dulcescere quod non eras. Idem 7. libr. Acies conturbata & tenebrata mentis meæ acri collyrio salubrium dolorum de die in diem sanabatur. Ezech. 16. *Auferetur zelus meus à te, & requiescam, nec irascar amplius.* Ose. 4. *Non visitabo super filias vestras, quum fuerint fornicatæ.* Item tribulatio Dei socium efficit, secundum illud Psalm. *Cum ipso sum in tribulatione.* Et iterum: *Iuxta est Dominus his qui tribulato sunt corde.* Bernar. Quantumcunque sæuiat tribulatio, non putes te derelictum, sed memineris scriptum esse: *Cum ipso sum in tribulatione.* Et Dan. 3. *Vidit Nabuchodonosor in fornace cum tribus pueris quartum similem filio Dei.* Es. 43. *Cum ambulaueris per aquas, tecum ero.* Greg. Da mihi semper tribulationem, vt semper possis esse mecum. Item tribulatio est quasi via strata & munda, quū prosperitas via sit lutosa. Vnde quum Deus de prosperitate educit hominem, & ponit in statu aduersitatis, deberet lætari dicens cum Dauid: *Eduxit me de lacu miseriæ, de luto fæcis, & statuit supra petram pedes meos, & direxit gressus meos.* Item tribulatio hominem proficere facit. In Psalmis, *In tribulatione dilatasti mihi.* Sine tribulatione homines dormiunt somno pigritiæ: sed tribulatio excitat eos, vt ignis in domo succensus, & vt aqua nauem subintrans. Matt. 8. *Domine, salua nos,*

Psa. 90.
Psa. 33.
Psa. 90.

Sine tribulatione dormimus.

perimus. Aug. Ideo præmiantur iusti in Ecclesia, vt pressi clament, clamátes exaudiantur, exauditi glorificent Deum. Item tribulatio virtutem perficit. 2. ad Cor. 12. *Virtus in infirmitate perficitur.*

Tribulatio multis modis facit perfectionem virtutis. Primo, quia purgat virtutes, vt ignis aurum. Greg. Fornax tribulationis ligna vitiorum incinerat, & aurum purgat. Secūdo, quia hostem debilitat, corpus scilicet. Tertio, quia magnitudine tribulationis occasionem dat vt Deus gratiam augeat. 1. ad Cor. 10. *Fidelis est Deus, qui non permittet vos tentari supra id quod potestis, sed faciet cum tentatione prouentum: id est, virtutis augmentum.* Quarto, quia secundum verbum Senecæ, multum adijcit sibi virtus lacessita. Et secundum Gregorium, ignis flatu premitur vt crescat. Item tribulatio patienti debita soluit. Luc. 6. *Dimittite, & dimittetur vobis.* Quum capti apud Saracenos mendicare cogantur redemptionem suam; fatui sunt capti à diabolo, si aurum & argentum vnde possunt se redimere, gratis sibi oblata recusant. Prouerb. 13. *Redemptio animæ, viri propriæ diuitiæ.* Tribulationes, diuitiæ propriæ hominis dicuntur, quia homo occasio earum fuit. Thren. 3. *Non humiliauit ex corde suo, & abiecit filios hominum.* Sap. 1. *Deus non fecit mortem.* Eccl. 2. *Omne quod tibi applicitum fuerit, accipe.*

Et notandum, quod magna Dei misericordia est, quod pro pœnis futuris recipit retributiones præsentes. Tale enim est ac si ille cui debentur marcæ auri & argenti, reciperet pro eis fabas vel lapillulos quibus facta est computatio: plus enim est faba vna respectu marcæ argenti, quam translatio præsens respectu pœnæ futuræ. Ezech. 4. *Diem pro anno dedi tibi.* Tribulatio succursus est homini à Deo missus. Quod tripliciter ostendi potest. Primo sic: Si domus alicuius igne esset succesa, quam per se non sufficeret extinguere, aquam sibi oblatam cum gaudio susciperet, & obsequium non persecutionem reputaret.

Tribulatio perficit virtutes.

Tribulatio succursus à Deo missus.

De Patientia.

quanto magis quùm domus conscientiæ succensa est igne concupiscentiæ, aquam tribulationis debet reputare succursum, & non aduersitatem vocare, quia non est aduersus eum: sed prosperitatem, quia pro ipso est. Sed sunt aliqui qui fugiunt, quum nihil eos persequatur. Prouerb. 18. *Fugit impius nemine persequente.* Secundo sic: Si aliquis ab hostibus suis duceretur super equum velocem ad locum vbi esset occidendus, gratum haberet si quis equũ illum vulneraret vel occideret, vt sic ab hostibus liberaretur, & hoc reputaret succursum, non nocumentum: quantum ergo gratus debet esse ei qui corpus suum lasciuum in quo ad mortem æternam ducitur, infirmitate vel alio modo lædit, vt sic à dæmonibus liberatur? Prouerb. 24. *Erue eos qui ducuntur ad mortem.* Tertio sic: Si duellum committeres cum aliquo, & videres hostem tuum tibi præualere, gratum haberes si quis hostem illum debilitaret in tantum, vt ei præualere posses. Quasi duellum est inter carnem & spiritum: *Caro enim concupiscit aduersus spiritum, & spiritus aduersus carnem.* Galat. 5. Vnde ille qui videt præualere carnem aduersus spiritum, magnas gratias debet agere Deo, si infirmitate vel alia tribulatione carnem eius debilitet, vt à spiritu superetur. Iob. 40. *Memento belli, nec vltra addas loqui.* Gregor. ac si diceret, tanto te ad disciplinam patris exhibe placidum, quanto te prospicis ad bella infirmum. Si occulti hostis contra te bellum consideras, quidquid à me pateris non accusas. Item tribulatio sanctis occasio est pugnæ, & per consequens victoriæ & coronæ. 2. Timoth. 2. *Non coronabitur, nisi qui legitimè certauerit.* Gregor. Inimicus humani generis callidè insidians, fraudem quam contra sanctum Iob parauerat, pertulit: quia sancto viro quot occasiones intulit, quasi tot causas victoriæ ministrauit. Sap. 10. *Certamen forte dedit ei vt vinceret:* Non est timenda tribulatio electis Dei, quum Deus eam mittat illis, vt ab eis vincatur. Item tribulatio pondus est ad quod præmium cœleste tradetur nobis: ideo non est optanda eius diminutio. 1. Corinth. 4. *Id quod in præsenti est momentaneum, & leue tribulationis, supra modum in sublimitate æternæ gloriæ pondus operabitur in nobis.* Item tribulatio materia est coronæ nostræ. Bernardus: Si pœnitentia nostra crudeli miseratione minuitur, paulatim gemmis corona nostra priuatur, Iacob. 1. *Beatus vir qui suffert tentationem: quoniam quum probatus fuerit, accipiet coronam vitæ.* Tribulatio præsens vertetur in gaudium, ita quod pro vna gutta tribulationis erunt quasi mille modij gaudij. Ioan. 16. *Vos contristabimini, sed tristitia vestra vertetur in gaudium.* Baruch. 4. *Qui induxit nobis mala, ipse rursus adducet nobis sempiternam iucunditatem cum fame nostra.* Esa. 54. *Ad punctum in modico dereliqui te, & in miserationibus magnis congregabo te. In momento indignationis abscondi faciem meam parumper à te, & in misericordia sempiterna misertus sum tui.* Mutatio ista tribulationis in gaudium figurata est Ioan. 2. in mutatione aquæ in vinum. Præeligenda est aqua tribulationis in vinum gaudij mutanda, vino gaudij temporalis mutando in aquam æternæ tribulationis. De hac mutatione habes Luc. 6. in diuite & Lazaro. Bernard. Ego sane diuitem, de quo Saluator facit mentionem in Euangelio, in nullo audio accusari, nisi quod induebatur purpura & bysso, & epulabatur quotidie splendidè: si crudelitatis eum arguimus, quod sustantiam mundi habens & videns fratrem suum egere, clauserit viscera sua ab eo: quid dicturi estis qui tot videtis Lazaros esurientes & nudos, & plus de iumentis vestris & earum phaleris, quàm de illorum miseriis cogitatis? Sed ad tremendum iudicium Abrahæ veniamus: *Memento, fili, quòd receperis bona in vita tua, & Lazarus similiter mala.* Verùm vtrumque est, negari non potest, fer sententiam, quia paucis expressa est summa negotij. Ille bona & iste mala excepit: *Nunc autem hic consolatur, tu autem cruciaris.* Expergiscimini ebrij & flete: terribilis in iudiciis Deus super filios hominum. Hæccine est cruciatuum causa tota, quod in seculo bona receperat: Ita plane, neque enim nos ad hoc de paradiso voluptatis diuina animaduersio eiecisse videtur, vt alterum sibi hic paradisum adinuentio humana pararet. Legitur, Ioannem Euangelistam virgas & lapides communes in aurum & lapides pretiosos conuertisse, quis virgas illas & lapides illos si indubitanter crederet ea conuertenda esse in aurum & pretiosos lapides, non amaret? Item tribulatio virga Moysi est, in qua mirabilia fiunt. Per eá aqua de petra educitur. Aqua, inquam, lacrymarum, de cordibus duris & quasi petrinis. Per ipsam etiam veri Israëlitæ à Pharaone infernali & eius exercitu liberantur. Tribulatio seruos Dei liberat ab hostibus: sicut flagellis pecora ad castrum vrgentur, ne à prædonibus rapiantur.

Tribulatio electa à Christo in mundo.

Tribulatio locus est quem filius Dei elegit in hoc mundo ad manendum. Bernard. Christus qui non fallitur elegit quod carni est molestius. Id ergo melius, id vtilius, id magis eligendum: & hic est locus filiorum Dei in mundo isto. *Omnes enim qui piè volunt viuere in Christo, persecutionem patientur propter iustitiam*, 2. Tim. 3. Qui cor nobile haberet, potius eligeret esse cum filiis Dei in tribulatione, quàm cum damnatis in temporali prosperitate. Hebr. 11. dicitur de Moyse, quod negauit se esse filium Pharaonis, magis eligens affligi cum populo Dei, quàm temporalis peccati habere iucunditatem. Dauid: *Elegi abiectus esse in domo Dei mei, magis quam habitare in tabernaculis peccatorum.* Si aqua amara transeundo per terram dulcis efficitur, & si vinum transiens per garyophyllos garyophyllatum efficitur, & vinum in quo abluuntur reliquiæ, sanctum reputatur: tribulationes quæ per Christum transierunt & alios Sanctos, qua-

Psal. 38.

si sanctæ habendæ sunt. Sanctitatis vero eorum signa esse videntur mirabilia quæ ipsi operantur. Qui enim mortui fuerunt in deliciis viginti annis vel amplius, superueniente eis forti tribulatione suscitatur. Nullæ reliquiæ in mundo isto tot & tantas infirmitates sanare videntur vt tribulationes, per hoc quod in Christo fuerunt: & crux iam videtur esse vncta, eo quod in Christo, qui vnctus est, fuit. Vnde cruces in cõsecratione Ecclesiarũ oleo inunguntur. Bern. loquens de illo verbo, *Qui fingis laborem in præcepto.* An non labor fictus, iugum suaue crux inuncta. Et notandum, quod cum tribulatio in Scriptura sacra per aquam designetur, vt Cantic. vlt. *Aquæ multæ non potuerunt extinguere charitatem.* Septem sunt effectus vtiles tribulationis secundum proprietates aquæ. Primus est, quod hostes spirituales submergit, vitia scilicet & dæmones. Exod. 15. *Operuit aqua tribulantes eos: vnus ex eis non remansit.* Secundus est, quod fideles nutrit, sicut aqua pisces. Esa. 50. *Computruerunt pisces sine aqua.* Et notandum, quod aqua amara dulces nutrit pisces & magnos. Cete grandia non inueniuntur nisi in mari. Aliæ aquæ nutriunt pisciculos: sic homines magnæ virtutis nutriuntur in aquis tribulationum. Tertius est, quod munit, sicut aqua munit castra quæ cingit. Vnde Iob 3. dicitur de amicis Iob. *Nemo ei loquebatur verbum:* Videbant enim dolorem esse vehementem. Quartus est, quod aqua eleuat nauem dum crescit. Gen. 7. *Multiplicatæ sunt aquæ, & eleuauerunt arcam in sublime à terra.* Sic tribulatio electos Dei exaltat & proficere facit: Econtrario dicitur de malis Iob 17. *Cor eorum longe est à disciplina, propterea non exaltabuntur.* Quintus est, quod ad modum aquæ mundat. Vnde sponsæ regis coelestis vestem de bysso præparat. De qua Apoc. 19. *Datum est ei cooperare se bysso candido & splendenti.* Apoc. 7. *Hi qui sunt amicti stolis albis, qui sunt? & vnde venerunt? Et dixit illi, Hi sunt, qui venerunt de tribulatione magna.* Sextus est, quòd vinum temporalis gaudij temperat ne cordibus debilibus noceat. Vinum enim gaudij temporalis homines infatuat, si bibant illud purum, vt patet in Salomone, Eccl. 2. *Non prohibui cor meum quin omni voluptate frueretur.* Septimus est, quòd ignem libidinis extinguit: vt patet in monacho illo, qui de luxuria tentabatur, quem Abbas suus iussit ab aliis infestari; qui postea interrogatus super illa tentatione, respondit: Mihi viuere non licet, & fornicari libet. Item notandum, quòd tribulatio multiplicationem bonorum iuuat. Exod. 11. *Quanto magis opprimebant eos, tanto magis multiplicabantur.* Item in bono sustentat. Eccl. 2. *Sustine sustentationes Dei.* Sustentationes sunt tribulationes. Gregor. in Moral. Ipso infirmitatis nostræ pondere deorsum quotidie ducimur, vt mira manu artificis per subuenientia flagella releuemur. Econtrario prosperitas malo sustentat. Greg. in Moral. Difficilius malum corrigitur, quod prosperitate fulcitur. Idem: Qui à Deo auertitur, & prosperatur; tanto perditioni fit proximus, quanto zelo disciplinæ inuenitur alienus. Item tribulatio ad Deum trahit. Ber. sup. Cant. Trahimur cum tribulationibus, & tentationibus exercemur. Aug. cum molestiæ in huius vitæ fragilitate crebrescunt, æternam requiem nos desiderare compellunt. Mundus quippe iste periculosior est blandus quâm molestus, & magis cauendus est cùm se illicit diligi, quàm cum admonet cogitque contemni. Tribulatio viam electorum asperam efficit, ne eos magis diu pergere, quàm cito peruenire delectet, secundum verbum. Greg. Tribulatio porta est regni cœlorum. *Hæc porta Domini, iusti intrabunt in eam.* Luc. vlt. *Oportuit Christum pati, & sic intrare in gloriam suam.* Actor. 14. *Per multas tribulationes oportet intrare in regnum cœlorum.* Et vt vno verbo dicamus, adeò vtiles sunt tribulationes, quòd hi qui eas sustinent, beati à Domino reputantur. Luc. 6. *Beati qui nunc fletis, quoniam ridebitis.* Matt. 5. *Beati qui persecutionem patiuntur propter iustitiam, &c.* Iob 5. *Beatus qui corripitur à Domino.* Iac. 1. *Beatus vir qui suffert tentationem.* Eiusdem 3. *Ecce beatificamus eos qui sustinuerunt.* 1. Pet. 3. *Si quid patimini propter iustitiam, beati.* Eiusd. 4. *Si exprobramini in nomine Christi, beati eritis*: ideo tribulatio cum gaudio est suscipienda. Act. 5. *Ibant Apostoli gaudentes à conspectu concily, &c.* Iac. 1. *Omne gaudium existimate, fratres, cum in varias tentationes incideritis.* 1. Pet. 4. *Communicantes Christi passionibus, gaudete vt in reuelatione gloriæ eius gaudeatis exultantes.* Matth. 5. *Gaudete & exultate, quoniam merces vestra multa est in cœlis.* Simile Luc. 6.

Caput IV.

De diuisione Patientiæ in patientiam diuinæ correctionis, humanæ persecutionis, & dæmoniacæ impugnationis.

COnsequenter ponendæ sunt diuisiones pertinentes ad patientiam. Notandum ergo quod ad patientiam pertinet patienter ferre Dei correctionem, hominum persecutionem, dæmonum impugnationem. Scriptura verò sacra multùm beatificat patienter sustinentes prædicta. Sustinentes Dei correctionem beatificantur. Iob 5. *Beatus vir qui corripitur à Domino.* Correptio Dei procedit ex magno amore. Esa. 11. *Egreditur virga de radice Iesse.* Iesse interpretatur incendium. Respuere Dei correctionem, periculosum est valdè. Ecclesiast. 21. *Qui odit correctionem minuetur vita.* Eiusdem 21. *Qui odit correptionem, vestigium est peccatoris.* Dei correptio est ægritudo corporis, quæ cum gaudio recipienda est, quia vtilissima. Multum enim debilitat hostem familiarem, corpus scilicet, & subdit spiritui. *Cum infirmior, tunc potens sum.* 2. Corinth. 12. Et

Correctio Dei beatificat.

in infirmitate experitur homo virtutem animi. Seneca: Non in mari tantum aut prælio vir fortis apparet: sed exhibetur etiam & in lectulo virtus. In vitis patrum, cum quidem peteret à Ioanne eremita vt sanaret eum à tertiana, respondit: Rem tibi necessariam cupis abijcere; vt enim corpora nitro, ita anima languoribus & castigationibus purificatur. Et quidam senex infirmanti discipulo dixit: Ne contristeris ex infirmitate vel plaga corporis: Si enim ferrum es, æruginem amittis: Si vero aurum es, per ignem probatus, à magnis ad maiora proueheris. Et cum quidam miles rogaret quendam virum sanctum vt à morbo liberaret eum cum precibus suis: vir sanctus audito ab eo, quod melior esset in ægritudine, & deuotior quàm in sanitate, dixit: Oro Dominum vt seruet te in statu in quo melior es. Dicebat quidam quod cum Deus dat infirmitatem alicui, si pro ea seruiret ei centum annis, non esset nimis. Prouerb. 20. *Liuor vulneris abſterget mala.* Eccleſ. 11. *Malitia vnius hora obliuionem facit luxuriæ magnæ.* Idem etiam dicebat, quod diues est Christianus, qui non habet nisi vnā solam febrem quatuor accessionum, vel etiam solam ephimeram, dum solum sciat & velit de illa cum Deo negotiari. Ægritudo corporis citatio est de pace facienda cum Deo, si fuerit ad mortem peremptoria, si non fuerit dilatoria. Pax vero ad quam est citatio, valde honorabilis est peccatori: omnes enim offensæ ei à Deo remittuntur, & insuper pax eius regno cælorum quasi emitur. Gaudere debet qui infirmatur de hoc quod vilis domuncula eius incipit destrui, cum spem habeat domum regiam se habere in cœlis. 2. ad Corinth. 5. *Scimus quoniam ſi terreſtris domus noſtra huius habitationis diſſoluatur, quod ædificationem ex Deo habeamus domum non manu factam, ſed æternam in cœlis.* Et notandum quod super illud Matth. 9. *Confide fili, remittuntur tibi peccata tua,* Ostendit Gloss. Bedæ, quod quinque modis infirmitates contingunt. Primo, vt merita iustis per patientiam augeantur, vt Iob. 2. Secundo, ad custodiam virtutum, vt in Paulo 2. Corinth. 12. Tertio, ad corrigenda peccata, vt lepra Mariæ. Num. 12. Quarto, ad gloriam Dei, vt cœco nato, Ioan. 9. & Lazaro. Eiusdem 11. Quinto, ad initium pœnæ, vt Herodi. Act. 12. *Patientes perſecutiones beatificantur,* Matth. 5. *Beati,* inquit, *qui perſecutionem patiuntur, &c.* Persecutor præparat tibi coronam æternam. Noli odire vel repercutere fabricatorem coronæ tuæ. In Psalm. *Supra dorſum meum fabricauerunt peccatores.* Fabricauerunt, inquam, coronam. Sustinentes dæmonum impugnationes, beatificantur. Iacob. 1. *Beatus vir qui ſuffert tentationem: quoniam cum probatus fuerit,* &c.

CAPVT V.

De tentationibus dæmonum. Et primo, quod dæmones tentent homines: de vtilitate tentationum, de modo tentandi quem habet tentator, & de modo repugnandi quem debet habere qui tentatur.

CIrca tentationes. Primo ostendemus quod dæmones impugnent homines. Cum enim ipsi sint inuisibiles, & pugna eorum inuisibilis est, nec agnoscitur, nisi oculis cordis; Ignorantia vero eius periculosa est homini. Non enim repugnat qui se impugnari ignorat. Grande periculum est habere iuxta se hostem suum, si homo hoc nesciat. Hieron. Tunc maxime impugnaris, cum te impugnari nescis. Secundo ostendemus vtilitates tentationum, vt magis patienter sufferantur. Tertio, tangemus de modo impugnandi quem habet tentator. Quarto, de modo repugnandi, quem debet habere qui tentatur. Circa primum notandum quod impugnatio quam diabolus facit homini, primo

De Patientia.

certificari potest. 3. Gen. vbi serpens mulierem decepit, & Deus ibidem ostendit impugnationem istam esse duraturam, dicens ad serpentem; *Inimicitias ponam inter te, & mulierem, & semen tuum & semen illius.* Secundo, ex libro Iob 1. & 2. cap. vbi Sathan petijt à Domino vt permitteret eum impugnare. Iob. Et eiusdem legitur: *Militia est vita hominis super terram*: & alia translatio habet, tentatio est vita, &c. Item Matth. 4. & Luc. 4. vbi diabolus Dominum tentauit. Et secūdum August. assumpsit diabolus formam humanam quod permisit Dominus, vt tentatio nobis certior fieret. 1. Corinth. 7. *Reuertimini ad idipsum, ne tentet vos sathanas.* Matth. 7. *Vigilate, ne intretis in tentationem.* Ad Ephes. 6. *Non est nobis colluctatio aduersus carnem & sanguinem, &c.* Actor. 5. *Cur tentauit sathanas cor vestrum?* Et de beato Martino legitur, quod multoties diabolus ei apparuerit in forma humana. Similiter de Beato Antonio, cui apparuit in forma pueri nigri, & in forma etiam animalium diuersorum generum. Simile legitur de multis aliis sanctis. Aug. in serm. Præmonitos vos esse volo, neminem super terram, absque tentatione victurum, vt cui forte tollitur aliqua, aliam securus expectet.

De vtilitate Tentationum.

Circa secundum notandum, quod tentatio ad multa vtilis est. Primo, erudit. Eccles. 34. *Qui non est tentatus, quid scit?* Iterum: *Qui non est tentatus, qualia scit?* Et iterum: *Qui non est tentatus, pauca recognoscit.* Iud. 3. *Hæ sunt gentes quas reliquit Dominus, vt his erudiret Israëlem.* Secundo, humiliat. Gregor. Dum vitia nos tentant, proficientes in nobis virtutes humiliamur. Idem: Iebusæum Israël tolerat, vt humana mens de se humilia sentiat, dum minima non superat. Tertio, negligentiam repellit. Gloss. super illud, *Proba me Deus, & tenta me.* Ideo dicit tenta: quia nisi tentaret, negligentes essemus. Quarto, virtuti addit. Seneca: Multum adijcit sibi virtus lacessita. In vitis Patrum dixit quidam abbas: Cruda regula si mittatur in flumen, statim dissoluitur, cocta non ita est homo habens sapientiam carnalem, qui non est tentationum igne decoctus. Quinto, seruat. Gregorius: Nisi Psalmista per tribulationes se melius seruari nosset, non diceret: *Proba me Domine, & tenta me.* Idem in Moral. Cum per tentationem humilitas proficit, prospera est ipsa aduersitas quæ mentem ab electione custodit. Idem: Cur tentamur vitiis, diuina dispensatione nobiscum agitur, ne virtutibus quibus proficimus extollamur. 2. ad Corinth. 12. *Ne magnitudo reuelationum extollat me, &c.* Greg. in Mor. Tunc interius bene custodimur, cum per dispensationem Dei tolerabiliter tentamur exteriùs, aliquando vitiis, aliquando pressuris. Nec tentatio exterior culpas perficit, quia interior intentio sursum trahit: Nec sursum interior intentio in superbiam eleuat, quia tentatio exterior humiliat. Sic magno ordine cognoscimus in interiore profectu quid accepimus, in exteriore defectu quod sumus. Sexto, virtutē hominis notificat. Deuter. 13. *Tentat vos Deus vester vt palam sciat vtrum diligatis eum, an non.* Septimo, Deum glorificat. Psalm. *Eruam te, & glorificabis me.* Octauo, populum ædificat. Tob. 3. hanc tentationem ideo permisit euenire illi, vt posteris daretur exemplum patientiæ illius. Nono, ei qui tentatur, in præsenti honorem acquirit. Vnde legitur de beato Antonio quod cùm quadam nocte à dæmonibus esset laceratus, subito radius quidam lucis & dæmones & tenebras effugauit, statimque sanatus Christum præsentem intelligens, dixit: Vbi eras, Iesu bone, vbi eras? quare principio non affuisti, vt curares vulnera mea? Et vos ad eum ait: Antoni, hic eram: sed expectabam videre certamen tuum: Nunc autem quia viriliter dimicasti, in toto orbe te faciam

N n

nominari. Decimo, in futuro coronat. 2. ad Timoth. *Non coronabitur, nisi qui legitimè certauerit.* Et Iacobi 1. dicitur de sufferente tentationem, quod cum probatus fuerit accipiet coronam vitæ, Tob 3. *Hoc autem pro certo habet omnis qui colit te: quia vita eius, si in probatione fuerit, coronabitur.*

De modo impugnandi, quem habet tentator.

Modi tentandi dæmonis prope infiniti

SEquitur de modo impugnandi, quem habet tentator. Notandum ergo quod modi impugnandi, quos habet, quasi infiniti sunt. Vnde Paulinus Episcopus Augustino: Hostis noster, cui mille nocendi artes, tam variis expugnandus est telis quà impugnat insidiis: tamen nos, causa breuitatis, de paucis dicemus. Bernardus quatuor species impugnationis eius distinguit loquens de illo verbo Psalm. *Scuto circumdabit te veritas eius: non timebis à timore nocturno*, &c. His verbis significatæ sunt quatuor tentationes, quibus vndique circundati necesse habemus scuto Domini circundari ante & retro, à dextris & à sinistris. Timor afflictionis nocturnus est & planè tenebrosus, quia abscondit ab oculis quod non sunt condignæ passiones huius temporis ad futuram gloriam quæ reuelabitur in nobis. Sed facilè hunc radius veritatis exulat. Ingerit enim oculis cordis peccata quæ fecimus, nunc æterna supplicia, nunc æterna præmia, nunc ea quæ pro nobis pertulit Christus. Ergo ad lucem tam multiplicis veritatis nox recessit. Sed time sagitam quæ in die leuiter volat, sed non leue vulnus infligit. Hæc sagitta, vana est gloria, quam oportet cauere feruentiores, nè deserant scutum veritatis. Quid enim tam contrarium vanitati? Deinde subdit: Primo à sinistris pulsat diabolus pusillanimitate. Deinde à dextris humanis laudibus. Si sic non proficit, dicit: Viribus deijcere nequeo, sed fortè decipere possum ali-

Ps. 90

cuius ingenio proditoris. Negotium perambulans in tenebris est ambitio subtile malum, secretum virus, pestis occulta, doli artifex, mater hypocrisis, liuoris parens, vitiorum origo, criminum fomes, virtutum ærugo, tinea sanctatis. Contempsit, ait, vanam gloriam, quoniam vana est: fortè solidius aliquid affectaret, fortè honores, fortè diuitias. Quid si veritas inuestigat hunc proditorem, & negotium arguit tenebrarum: Non restat callido inimico contra eos quos videt omnibus modis diligere iustitiam & odisse iniquitatem, nisi vbi iniquitatem palliet virtutum imagine. Quos enim perfectos boni nouit amatores, malum eis sub specie boni non mediocris, sed perfecti suadere conatur, vt facilè qui currit incurrat. 2. ad Corinth. 11. *Ipse sathanas transfigurat se in angelum lucis.* Sol autem est veritas quæ palliatam detegat falsitatem? iuxta verbum Bernardi: Item Gregor. Quatuor, inquit, has tentationes in generali statu Ecclesiæ haud difficile diligens considerator inueniet. Timor nocturnus nouellam adhuc exercebat Ecclesiam, quando omnis qui occidebat seruos Dei arbitrabatur obsequium se præstare Deo. Deinde persecutione cessante, & die reddita, turbauit eam grauius & afflixit sagitta volans: quoniam exierunt aliqui de Ecclesia inflati spiritu, carnis suæ inanis & volatilis gloriæ cupidi, & volentes sibi facere nomen, linguas suas magnificando, diuersa, & peruersa dogmata prædicauerunt. Et quidem nunc pax à paganis, pax ab hæreticis: sed non pax à filiis falsis. Omnes Christiani ferè quæ sua sunt quærunt, non quæ Iesu Christi. Ipsa quoque Ecclesiasticæ dignitatis officia, in turpem quæstum & tenebrarum negotia transfere: nec in his animarum salus, sed luxus quæritur diuitiarum. Superest vt iam reueletur homo peccati, filius perditionis Antichristus, dæmonium non modo diurnum, sed etiam meridianum, quod

De Patientia.

non solùm transfigurat se in angelum lucis, sed extollitur supra omne quod dicitur Deus, aut quod colitur. Nimirum insidiatur acrius calcaneo matris Ecclesiæ, à qua caput suum docet esse contritum. Sed ab hoc quoque incursu Ecclesiam electorum veritas liberabit, propter eos breuians dies, & dæmonium meridianum destruens illustratione aduentus sui. Item notandum quod secundum Gregor. in Moral. quatuor modis peccatum perpetratur in corde, quatuor consummatur in opere. In corde namque suggestione, delectatione, consensu, & defensionis audacia perpetratur. Fit enim suggestio per aduersarium, delectatio per carnem, consensus per spiritum, defensionis audacia per elationem. Vnde & illam primi hominis rectitudinem antiquus hostis his quatuor ictibus fregit. Nam serpens suasit, Eua delectata est, Adam consensit, qui etiam requisitus confiteri culpam per audaciam noluit. Quatuor etiam modis peccatum consummatur in opere. Priùs namque latens culpa agitur, postmodum verò ante oculos hominum sine confusione reatus aperitur, abhinc in consuetudinem ducitur, ad extremum quisque vel falsæ spei seductionibus vel obstinatione miseræ desperationis enutritur. Notandum quod diabolus tanquam præsumptuosus libenter suadet id quod temeritatis est & præsumptionis. Vnde mulierem incitauit ad hoc vt iudicaret de facto superioris, & de intentione præcipientis dicens: *Cur præcepit vobis Dominus, &c.* Genes. 3. Quorum vtrumque temerarium est. Item impugnationibus suis multum mendacio vtitur. Vnde mulieri post eius responsionem mentitus est, dicens: *Nequaquam moriemini.* Et Matt. 4. *Hæc omnia tibi dabo, si cadens adoraueris me.* Iob 8. *Ipse mendax est & pater eius.* Quum ipse vult aliquem deijcere in peccatum, ipse promittit ei quod cito resurget. Esa. 51. *Dixerunt animæ tuæ: Incuruare, vt transeamus.* Bernard. No-

lite acquiescere dicenti: Incuruare vt transeamus: non est enim transiturus, sed te grauiter oppressurus. His verò qui sunt in peccato longam vitam repromittit, quæ repromissio nequissima multos perdidit. Eccles. 19. Et notandum quod diabolus quinque modis decipit hominem qui est in statu pœnitentiæ, suadendo ei vt onus illud abijciat. Primo mentiendo exonerationem quod non est exoneratio, sed leuis in oneris grauissimum commutatio: vt festucæ in trabem vel montem. Vnde qui tentatur debet dicere sic tentanti: Si onus deposuero, nunquid sine onere ero? Cui quæstioni si plenè respondere voluerit tentator, dicit: Immo ponetur super te mons: scilicet infernalis pœna, quæ pœna grauior est monte. Apoc. 6. *Dicent montibus, cadite super nos, &c.* Bonum est ergo leue onus pœnitentiæ ferre, vt tantum onus possit vitari. Apocal. 2. *Non mittam super vos aliud pondus, tamen id quod habetis tenete.* Secundum decipit, ea quæ diuisim portanda sunt simul ostendendo, dicens: Quomodo posses hoc portare tot annis? Cui dicendum est: Hodie cum adiutorio Dei portabo hoc, & cras tandem cum adiutorio Dei portabo leuius propter assuetudinem. Sic vbi fallit compositio, soluit diuisio. Matth. 6. *Sufficit diei malitia sua.* Tertio decipit, virtutem hominis à Dei virtute diuidendo, dicens: Tu debilis es, nullo modo poes hoc portare. Cui dicendum est: si intelligis mea virtute sola, verum dicis, quia dicitur Ioan. 15. *Sine me nihil potestis facere.* Si verò intelligis quod non possum Dei virtute adiutus, mentiris, ad Philip. 1. *Confidimus in Domino Iesu, quoniam qui cœpit in vobis opus bonum, perficiet.* Eiusd. 4. *Omnia possum in eo qui me confortat.* Quarto decipit, spoliationem mentiendo exonerationem. Sicut latro quandoque simplicem scholarem exonerat à cappa sua. Aurum vel lapides pretiosos debes reputare pœnitentiam, quam tibi vult diabolus auferre. Vnde debes cauere eum táquam spoliatorem rei pretiossimæ. Apoc. 3. *Suadeo tibi emere aurum, &c.* Aurum emere, est fructu pœnitentiæ præparare. Quinto, quærendo pondus diminuere, ad quod gaudium cæleste tibi tradendum est. 2. ad Corinth. 4. *Id quod in præsenti est momentaneum & leue tribulationis nostræ: supra modum in sublimitate æternum gloriæ pondus operatur in nobis.* Item diabolus supra pectus suum graditur sicut serpens, qui solebat erectus incedere, nunc supra pectus graditur. A Deo enim auersus est diabolus, qui ad Deum conuerti debuit, & in eis proficit qui à Deo auertuntur, qui scilicet oculos suos statuerunt declinare in terram. Daniel 12. dicitur de iniquis iudicibus: *Declinauerunt oculos suos, ne videant cœlum, neque recordarentur iudiciorum iustorum.* Item diabolus terram comedit: vt dicitur de serpente. Genes. 3. Amatores enim terrenorum deuorat. Esa. 65. *Serpenti puluis panis eius.* Iob. 18. *Abscondita est in terra pedica eius.* Esa. 24. *Laqueus super te qui habitator es terræ.* Econtrario dicitur. Prouerb. 1. *Frustra iacitur rete ante oculos pennatorum. Idem calcaneo insidiatur.* Genes. 3. Calcaneus est pars extrema & infima in corpore. Est etiam à posteriori, vnde rarò ab oculis videtur. Et quia retro est, & quia ab oculis longè est diabolus, calcaneo, id est, extremæ parti Ecclesiæ maximè insidiabitur: in fine enim mundi, scilicet tempore Antichristi, maxima erit tribulatio ipsius. Vnde tunc implebitur illud Iob. 40. *Stringet caudam suam quasi cedrum,* quod dicitur de Behemoth, cùm cauda stringitur, eleuatur. Cauda ergo Behemoth stringetur, cùm in fine mundi Antichristus eleuabitur. Calcaneo etiam diabolus insidiatur: quia in fine vniuscuiusque maximè conatur hominem vincere: sciens quia si tunc hominem non vicerit, nunquam posteà ab eo vincetur. Gregorius: Sciendum quod plerumque eis quos ceperit, tunc grauiores culpas ingerit, cum præsentis vitæ termino illos propinquare cognoscit. Fini etiam actionis insidiatur diabolus. Gregor. Diabolus aliquando nec intentionem vitiat, nec in itinere supplantat: sed opus bonum in fine actionis illaqueat. Item diabolus calcaneo, id est, infimæ parti insidiatur, carni scilicet. Iob. 40. *Fortitudo eius in lumbis eius, & virtus eius in vmbilico ventris eius.* Et in eodem *Fœnum quasi bos comedet.* Fœnum vocat homines carnales: *Omnis enim caro fœnum.* Esa. 40. Habac. 1. *Incrassata est pars eius.* Diabolus partis sensuum insidiatur. 1. Iudic. 9. Appropinquans Abimelech ostio, ignem supponere nitebatur. Item diabolus ex illa parte ex qua homo sibi minus cauet impugnat: & sic calcaneo insidiatur. Ipse circuit, si forte inueniat quem deuorare possit. Iob. 1. *Circuiui terram, & perambulaui eam.* 1. Petr. 5. *Tanquam leo rugiens circuiuit. &c.* Diabolus otiosos & securos percutit. Ezechiel. 38. *Ascendam ad terram sine muro, veniam ad quiescentes habitantesque secure.* Iob. 40. dicitur de Behemoth: *Circundabunt eum salices torrentis.* Salices torrentis sunt homines infructuosi in aquis deliciarum plantati, qui circa diabolum sunt, & diabolus quasi spatiatur cum eis. Iud. 18. *Nullus erit labor, intrabimus ad securos.* Item diabolus semina bonorum rapit, sciens illud Bernardi: Modica sementis detractio, non modicum est messis detrimentum. Matt. 13. *Quædam ceciderunt secus viam, & venerunt volucres cœli, & comederunt illa.* Ipse in negligentibus zizania seminat. Matt. 13. *Quum dormirent homines, venit inimicus, & superseminauit zizania in medio tritici.* In vitis Patrum dicebat quidam senex, quod tres sunt virtutes sathanæ, quæ præcedunt vniuersa peccata. Prima obliuionis, secunda negligentiæ, tertia concupiscentiæ. Prima generat secundam, secunda tertiam, & sic corruit homo. Item diabolus vnanimes dispergit, & sic vincit. Matth. 12. *Qui non colligit mecum, dispergit.* Item tortuosè incedit, & ideo

De Patientia.

valde difficile est præcognoscere quò tendit. Prou. 30. *Tria sunt mihi difficilia, & quartum penitus ignoro.* Et vnum illorum trium est via colubri super petram. Gloss. Viam colubri vocat venenati hostis astutiam, quæ insidiari non desinit quos in petra fundatos esse conspicit. Item diabolus quod delectabile est præponit, quod molestum supponit: primo quasi vngit, & postea pungit. Ecclesiasticor. 9. *Sicut pisces capiuntur hamo, & sicut aues laqueo, sic homines capiuntur tempore malo*, scilicet tempore tentationis. Pisces capiuntur esca hamo superposita. Item circa impugnationem diaboli attendenda est impugnationum varietas, impugnandi continuitas, impugnationis vniuersitas. Diabolus variis impugnationibus impugnat, vt quem non superat vna, superet alia: vt patet Matth. 4. in tentationibus Domini. Continue etiam impugnat, vt quasi tædio victus homo succumbat. Gregorius: Diabolus assidua tentatione nos tentat, vt saltem tædio vincat, Daniel. 3. *Non cessabant ministri regis succendere fornacem.* Vniuersalis etiam est eius impugnatio. Impugnat enim & diuites & pauperes, & iuuenes, & senes: vnde dicitur vti sagena, quæ est rete totam aquam occupans. Habac. 1. *Totum in hamo subleuauit, & traxit illud in sagena sua.* Item in eodem: *Expandit sagenam suam, & semper interficere gentes non cessat.* Et licet omnes impugnet, magis tamen eos qui ad Deum conuertuntur. August. in sermonibus. Quotidianis discimus experimentis eos qui conuerti deliberant, tentari acrius à concupiscentia carnis, & vrgeri grauius in operibus luti & lateris, qui Ægyptum egredi, Pharaonem effugere moliuntur. Ideo accedenti ad seruitutem Dei dicitur, Ecclel. 2. *Præpara animam tuam ad tentationem.* Iob 19. *Obsederunt in gyro tabernaculum meum.* In Psalm. *Circundederunt me sicut apes.* Eccl. 9. *Extruxit munitiones per gyrum.* Greg. de diabolo: illos pulsare negligit, quos iure quieto possidere se sentit. Hieron. Appropinquante salute, appropinquat & tentatio. Gregor. in Moral. Lucem rectitudinis vmbra sequitur tentationis. Idem in eodem. Post lucem æstus sequitur, quia post illuminationem diuini numinis, tentationis certamen augetur. In Psal. *Domine, quid multiplicati sunt qui tribulant me?* Psal. 3. Sicut aliquis dum est captus in carcere, vnicum habet custodem vel duos; si vero euaserit, omnes eum insequuntur: sic dum quis captus est à diabolo, non tantum eum dæmones persequuntur quàm quum euasit. Vnde quidam eremita vidit vnum solum diabolum sedentem in porta ciuitatis, & vidit abbatiam in qua vnicuique monacho assistebat diabolus. Quum vero quæreret ab angelo ductore quare hoc esset. Respondit: quia in ciuitate illa omnes faciunt voluntatem diaboli, sufficit ibi vnus diabolus: sed quum in hac abbatia omnes sint boni, necesse vt vnicuique vnus assistat. Idem magis impugnat diabolus eos qui præsunt, quam cæteros. 1. Reg. 31. *Totum pondus prælij versum est in Saul.* Item impugnat etiam hominem secundum complexionem: vel mores, vel statum ipsius. Vnde in Psal. *Iuxta iter scandalum posuerunt mihi.* Psal. 139. Diabolus eos qui sunt in deserto paupertatis incitat ad iram vel impatientiam. Vnde tentatio eius talibus est ventus vrens. Deut. 8. dicitur de solitudine in qua fuerunt filij Israel, quod in ea erat serpens flatu adurens, & scorpio, & dipsas, & nullæ omnino aquæ, Ierem. 3. *Ventus vrens in viis quæ sunt in deserto.* Exod. 10. *Ventus vrens leuauit locustas.* Et subditur: *Et nihil omnino virens relictum est in terra.* Locustæ sunt motus superbiæ, qui postquam in homine religioso inualuerint, nihil viride in eo remanet. Ezech. 17. *Nonne quum tetigerit eam ventus vrens siccabitur?* Ionæ 4. *Præcepit Dominus vento calido & vrenti, & percussit sol super caput Ionæ, & æstuabat.* His vero qui sunt in prosperitate, suadet diabolus pigritiam. Et talibus est tenta-

Exemplum.

Nn iij

tio diaboli, vt ventus aquilo. Eccles. 43. *Frigidus ventus aquilo flauit, & gelauit cryſtallus ab aqua.* Quandoque vero diabolus, Deo permittente, hoc ad probationem & profectum amicorum suorum suscitat, quasi ventum vehementem, vt videatur omnia concutere. Iob. 1. Ventus vehemens irruit à regione deserti, & concussit quatuor angulos domus. Et Ionæ 1. *Misit Dominus ventum magnum in mare, & facta est tempestas magna.* Et Matth. 8. *Motus magnus factus est in mari, ita vt nauicula operiretur fluctibus.* Item diabolus quandoque impugnat aggerem comportando, vt quum bonorum pauperum procurat ditationem, vt sic mali efficiantur. Habac. 1. *Ipſe super omnem munitionem ridebit, comportabit aggerem, & capiet eam.* Ipse de potentibus triumphat adiutus potentia eorum contra ipsos dum ea abutuntur, contra animas suas ea vtentes. Habac. 1. *Ipſe de regibus triumphabit, & tyranni ridiculi eius erunt.* Tyranni sunt simiæ diaboli, dum in subditos sibi desæuiunt, sicut & diabolus seruientes sibi torquebit. Item diabus immisericorditer impugnat, vt patet in Iob cui abstulit sua & suos, afflixitque ipsum in propria persona. Et si in aliquo videtur parcere, in eo intendit impugnare: vt patet in vxore Iob quam ei reliquit, per quam postea eum impugnauit. Vnde dixit illi vxor sua, quum ipse amisisset & sua & suos, & percussus esset vlcere pessimo: *Adhuc, tu permanes in simplicitate tua? benedic Deo & morere.* Iob 2. Irrisio est, id est, si perseueraueris in benedictione tua, morieris. Eccles. 7. *Iustus perit in iustitia sua.* Malach. 3. Vanus est qui seruit Deo. Greg. Duobus modis diabolus impugnat homines tribulatione vt frangat, persuasione. vt molliat. Victus ergo de tribulatione recurrit ad artem qua Adam vicit. Prou. 7. *Multos vulneratos deiecit.* Dicitur de muliere. Item diabolus illos quos videt feruentes ad bonum, incitat ad hoc quod excedant vt de alto possit eos præcipitare, quod valde periculosum est. Bernardus super Cantic. Non habet callidus hostis machinamentum efficacius ad tollendum de corde dilectionem, quam si efficere possit vt in ea incaute & non cum ratione ambuletur. Ephes. 5. *Videte, fratres, quomodo caute ambuletis.* 1. Pet. 4. *Nolite peregrinari in feruore qui ad tentationem vobis fit.*

De modo repugnandi diabolo.

Sequitur de modo repugnandi diabolo. Et notandum quod modus cōuenientissimus repugnandi serpenti infernali, est contritio capitis eius. Quem modum docet Dominus Gen. 3. loquens ad serpentem de muliere, quæ figuram tenet Ecclesiæ. Ipsa conteret caput tuum. Serpens caput præ cæteris membris custodit. Et non est caput nequius super caput colubri. Eccl. 25. Ideo conari debet homo ad eius contritionem. Caput vero eius potest intelligi superbia, vel principium tentationis vel peccatum cordis antequam extra exierit. Contritio capitis, scilicet superbiæ multum valet ad repugnandum ei. Et hanc facit humilitas, quæ multum valet ad triumphandum de diabolo. Humilitas enim ad modum astuti luctatoris, dū videtur se deiicere, hostem facit corruere. Ipsa est quæ euadit laqueos diaboli. Inde beatus Antonius retulit se vidisse omnes laqueos diaboli super terram extentos. Et quum suspirans dixisset: Quis hos poterit transire? audiuit vocem dicentem. Humilitas sola, ô Antoni, pertransit: Humilitas gloriam victoriæ totam Deo attribuit, & propter hoc totum pondus prælij eidem imponit. Cuius enim est victoriæ gloria, eiusdem est pugna. Humiles Deus iuuat, sicut contrario superbis resistit. Iacob. 3. & 1. Pet. 5. Ideo non est mirum si ipsi triumphent. Humilitas Deum quodammodo vincit, Gregor. in Moral. Quotidie tela tentationum eius accipimus: sed & nos contra illum iacula mittimus, si confessi tribulationibus humilia respondemus. Prou. 15. *Responsio mollis frangit iram.* Caput etiam serpentis est conterendum, quia in principio tentationis est resistendum. Ouidius: *Principiis obsta, sero medicina paratur. Cum mala per longas conualuere moras.* Gregor. in Moral. Si tentationi in corde nascenti festine non resistitur, hac eadem qua nutritur mora roboratur. In Psalm. *Beatus qui tenebit, & allidet paruulos suos ad petram.* Diabolus quasi paruulus est in principio tentationis, vnde tunc facilius potest occidi. In morte primogenitorum liberati sunt filij Israel de seruitute Pharaonis Exod. 12. Primogenita Pharaonis infernalis sunt principia tentationum: quibus si viriliter resistatur, liberatur homo cito à diabolo. Item caput serpentis conterendum est: quia peccatum destruendum est, quam in corde est, antequam extra per locutionem vel operationem processerit. Si cogitatio mala cor intret, tam cito pugnandum est contra eam, & specialiter orando. Gregorius in homilia. Quanto grauiori tumultu cogitationum carnalium premimur: tanto orationi dabemus insistere ardentius. Non simus eradicatores cogitationum, sed luctatores contra eas: vt dixit quidam senex de antiquis patribus, vt legitur in Vitis patrum. In eodem: Dicit quidam Abbas. Si cogitationem non habes, spem non habes: quoniam si cogitationes habes, opera habes. In eodem: Interrogatus Abbas Pastor, de immundis cogitationibus: respondit; Nunquid gloriabitur securis sine eo qui incidit in ipsa. Tu ergo non eis porrigas manus, & otiosæ erunt. Idem cuidam Abbati: Sicut capsa plena vestibus si dimissa fuerit longo tempore, putrefiunt vestes in ea: ita sunt & cogitationes in cordibus nostris, si non fecerimus eas corporaliter tempore longo, exterminantur & putrefiunt. Idem ad Abbatem Iosep: Sicut si quis claudat serpentem vel scorpionem in vase & obturet illud, procedente tempore serpens moritur: ita malignæ cogitationes quæ studio dæmonum pullulant, patientia eius cui immittuntur paulatim deficiunt. In eodem: Quidam frater dixit Abbati suo: Quare non recedunt à me tentationes: & dixit ei senex: Quia vasa earundem passionum intra te sunt. Hæc vasa intelligi possunt ipsæ concupiscentiæ, secundum quas cogitationes in corde oriuntur: vbi enim amor, ibi oculus. Quidam frater interragauit senem quendam: Quid faciam quia multæ cogitationes solicitant me, & nescio quomodo repugnem eis? Qui respondit: non repugnes contra omnes, sed contra vnam quæ caput est aliarum. Contra immundas cogitationes valet confessio, quæ eas sanctis patribus manifestat. Vnde quidam seniorum cuidam impugnato à spiritu fornicationis, dixit: Fili, ne abscondas cogitationes tuas; ita enim confusus immundaus spiritus discedit à te. Nihil enim ita confundit & allidit virtutem dæmonum: quomodo si quis secreta immundarum cogitationum reuelauerit sanctis ac beatissimis patribus. Specialiter expedit ne cogitationes iracundiæ ad verba procedant. Vnde quidam frater requisiuit Abbatem Isaac, quare dæmones eum ita timerent? qui respondit: Ideo me timent dæmones, quia ex quo factus sum monachus statui apud me ne iracundia mea extra guttur meum procederet. Item notandum quod ad repugnandum diabolo multum valet sapientia, cum ipse astutia maxime impugnet. Vnde Dominus diabolum tentantem cum paucis verbis sacræ Scripturæ confusum repulit. Matth. & Luc. 4. Sapien. 5. *Melior est sapientia quam vires.* Eiusd. 8. *Sapientiam non vincit malitia.* Eccl. 9. *Melior est sapientia quam arma bellica.* Es. 11. *Non occident, & non nocebunt in vniuerso monte sancto meo, quia repleta est terra scientia Domini.* Error principium est tentationum difficilium: ideo multum necessaria est sapientia militi Christi, vt aberrore caueat. 1. Iaon. 4. *Nolite omni spiritui credere: sed probate spiritus si ex Deo sint.* Ad repugnandum diabolo multum valet fides. Ephes. vltim. *In omnibus sumentes scutum fidei.* Et 1. Petr. 5. *Cui resistite fortes in fide.* Fides ostendit militibus Christi sanguinem eius, vt sic in praelia exacuantur & vincant. 1. Mach. 6. *Elephantis ostenderunt sanguinem vuae & mori, ad acuendum eos in praelium.* Apocal. 12. *Ipsi vicerunt eum propter sanguinem agni.* Fides etiam eis ostendit poenam paratam si victi fuerint. Gregor. in Moral. Solerter inuigilandum est, vt cum culpa blandiri inchoat, ad quantum interitum mens trahatur, agnoscat. Item ostendit eis coronam paratam si vicerint. Apocal. 2. *Vincenti dabo edere de ligno vitae.* In eodem: *Vincenti dabo manna absconditum.* Item ad triumphandum de diabolo multum valet fiducia de Deo. Exod. 14. *Dominus pugnabit pro vobis & vos tacebitis.* Numero. 14. *Dominus nobiscum est, nolite timere.* 2. Paralip. 20. *Non est vestra pugna, sed Dei.* In eodem: *Tantummodo confidenter state, & videbitis auxilium Domini super vos.* Esa. 41. *Ne timeas, quia ego tecum sum.* Et 14. simile Ierem. 20. *Dominus mecum est tamquam bellator fortis: idcirco qui persequuntur me, cadent & infirmi erunt.* Rom. 8. *Si Deus pro nobis, quis contra nos?* Ad repugnandum etiam diabolo multum valet oratio. Matth. 24. *Vigilate & orate ne intretis in tentationem.* Ad idem etiam multum valet misericordia. 2. Petr. *Nouit Deus pios de tentatione eripere.* Et super illud Psal. *misericordia mea & refugium meum,* dicit Gloss. De nulla re ita vincitur inimicus diabolus, sicut de misericordia. Eccl. 29. dicitur de eleemosyna: Super scutum & super lanceam potentis pugnabit pro te aduersus inimicum tuum. Homines etiam incompatientes & indignantes peccatoribus permittit Deus corruere in peccatum. Item ad superandum diabolum, multum valet timor Domini. Eccl. 32. *Intentatione Deus timentem se seruabit, & liberabit à malis.* In Vitis patrum Abbas Amon dixit cuidam fratri interroganti ab eo aliquem sermonem: Vade, & fac talem cogitationem tuam, qualem faciunt iniqui qui sunt in carcere. Illi enim interrogant homines, vbi est iudex, & quando veniet, & in ipsa expectatione poenarum suarum plorant. Sic & monachus debet animam suam obiurgare, dicens: Vae mihi, quomodo astare habeo ante tribunal Christi, & actuum meorum reddere rationem! Si sic semper meditatus fueris, poteris saluus esse. Timor Dei negligentiam expellit, quae multos facit corruere. Ecclesi. 7. *Qui timet Deum, nihil negligit.* Timor Dei etiam solicitum hominem reddit, & quasi paratum ad praelium. 1. Machab. 12. praecepit Ionathas suis vigilare & esse in armis paratos ad pugnam. Item timor Dei offensam cauet: quod multum valet ad hoc quod Deus hominem iuuet, & sic de hoste triumphet. Deut. 23. *Quando egressus fueris aduersus hostes tuos ad pugnam, custodies te ab omni re mala.* 1. Cor. 9. *Omnis qui in agone contendit, ab omnibus se abstinet.* Item timor occasiones peccadi cauet, vt est familiaritas eorum qui mala suggerunt, qui sunt quasi halitus diaboli. Iob 41 *Halitus eius prunas ardere facit.* Item occasio mali est aspectus rei delectabilis. Gen. 3. *Vidit mulier lignum quod esset bonum, & ad vescendum suaue,* &c. Amor etiam mundi occasio est, vt quis à diabolo superetur. Non est mirum si à diabolo capitur qui voluntarie pedes suos in rete eius mittit. Retia diaboli sunt temporalia ista. Iob 28. *Immisit in rete pedes suos, & in maculis eius ambulat.* Sap. 14. *Creaturae Dei factae sunt in odium, & in tentationem animae hominum, & muscipulam pedibus insipientium.* Item ad superandum diabolum multum valet constantia. Eph. 3. *Nolite locum dare diabolo.* Iac. 4. *Resistite diabolo, & fugiet à vobis.* Item ad hoc valet spiritualis laetitia. 1. Machab. 3. *Praeliabitur Israel praelium cum laetitia.* Anton. vnica

vnica ratio vincendi inimicum, est lætitia spiritualis. 1. Reg. 4. dicunt Philistiim figuram tenentes dæmonum. *Væ nobis, non enim fuit tanta exultatio heri & nudiustertius.* Et notandum quod quandoque diabolus nos impugnat molestiis, quandoque deliciis. Cum impugnat molestiis non est fugiendum. Bonæ enim sunt & vtiles, & fugientes magis grauant. Ios. 7. *Mi Domine Deus, quid dicam videns Israelem hostibus suis terga vertentem?* Sen. Quuiadmodum perniciosior est hostis fugientibus: sic omne fortuitum incommodum magis instat cedenti & aduerso. Salustius: Fugientes sæpius videas capi aut occidi. Fortissimum quemque tutissimum. Bern. in epistolis: Sola causa qua perdere possis victoriam, fuga est. Fugiendo poterit illam amittere, moriendo non potes: & beatus si pugnando moriaris, quia mortuus, mox coronaberis. Væ autem tibi si declinando pugnam perdis, & victoriam simul & coronam. Idem in epistolis: O vere tuta pro Christo & cum Christo pugna, in qua nec vulneratus, nec prostratus, nec conculcatus, nec millies si fieri possit occisus, fraudaberis à victoria, tantum ne fugiat. Idem: Libentius insequitur aduersarius fugientem, quam sustineat repugnantem. Impugnatio vero quæ fit deliciis, vincitur fugiendo 1. Cor. 6. *Fugite fornicationem.* Impugnatio per molestias vincitur patiendo. Illa quæ fit per delicias, percutiendo virga disciplinæ. Prou. 23. *Si percusseris eum virga, non morietur.* Senec. in epistolis, Vir bonus quidquid ei acciderit, æquo animo sustinebit. Sciet enim hoc accidisse lege diuina ex qua vniuersa procedunt. Idem: Voluptates inter res vilissimas præcipue extirpa, quæ latronum more in hoc nos amplectuntur vt strangulent. Et notandum quod cum habeamus bellum contra astutiores & fortiores nobis, necessarium est nobis adiutorium: Et enumerantur octo adiutoria. Primum est, cælestis doctrina. In Psal. *Benedictus Dominus Deus meus, qui docet manus meas ad prælium.* Prou. 24. *Vir doctus robustus & validus.* Sap. 8. *Per sapientiam in multitudine bonus videbor, & in bello fortis.* Secundum est diuina confortatio, quæ multum valet ad fortitudinem, & ad hoc quod aliquis vincat: sicut disconfortatio multum facit ad hoc quod aliquis vincatur. Daniel. 10. *Corroborare, & confortare.* Iosue 1. *Confortare, & esto robustus.* Tertium est, refrænatio hostium ne tantum nos impugnent quantum vellent; vt patet in Iob, quem sathan non poterat ad voluntatem suam impugnare, donec à Deo fuit ei hoc concessum. 1. Cor. 10. *Fidelis est Deus qui non permittet vos tentari supra id quod potestis.* Quartum est, mira Dei protectio, quæ promittitur Esaiæ 53. *Quum transieris per aquam, tecum ero, & flumina non operient te.* Sic protecti sunt tres pueri in fornace Babylonica. Daniel. 3. Quintum est, mira hostium impugnatio. Exod. 14. *Fugiamus Israelem: Deus enim pugnat pro eis contra nos.* Sextum est, miræ virtutis collatio, vt Moysi. Exod. 34. & Eliæ 4. Reg. 19. data est virtus ieiunandi 40. diebus: sicut mira virtus corporalis data fuit Samsoni. Septimum est, armatura mirabilis quæ habenti nihil nocere possit. Qualis armatura est patientia quæ data fuit beato Vincentio & Laurentio. Octauum est, angelorum custodia, quam vocat Dominus sepem. Esa. 5. *Auferam sepem eius, & erit in direptionem.* Angeli sancti, dæmones compescunt. Tob. 8. Raphael religauit dæmonium in deserto, & 4. Reg. 6. dixit Eliseus ad ministrum suum: *Noli timere, plures enim nobiscum sunt, quàm cum illis.*

CAPVT VI.

De aliis diuisionibus Patientiæ.

Consequenter ponendæ sunt aliæ diuisiones pertinentes ad patientiam. Et sumitur diuisio prima secundum ea à quibus patimur. Quædam enim patimur ab extraneis: quædam vero à notis, tamen inimicis. Quædam vero ab amicis, quæ molestius sustinemus. Psalm. *Si inimicus meus maledixisset mihi, sustinuissem vtique.* Alia sumitur secundum ea quæ patimur, quæ sunt contumeliæ verborum, molestiæ corporum, & damna rerum. Contumeliæ verborum patienter tolerandæ sunt. Sunt enim velut aurum & argentum quibus ditamur. Heb. 11. *Maiores diuitias æstimans thesauro Ageyptiorum improperium Christi.* Ad contumelias debet homo se habere vt surdus. In Psalm. *Ego autem tanquam surdus non audiebam, & sicut mutus, &c.* Debet etiam homo immobilis permanere. 2. Reg. *Sicut angelus Dei, sic est Dominus meus rex, vt nec benedictione vel maledictione moueatur.* Ille qui maledicit, reputandus est vt nuntius à Deo missus, vt scilicet abstergat maculas eius cui maledicit. Greg. Idcirco Dominus linguas detractorum in electos laxat, vt si quid in eis elationis surrepserit, lingua detractoris detrahat. Multum vilipendit Deus malos, quando de lingua eorum facit abstersorium sordium bonis. Prou. 1. Qui stultus est, seruiet sapienti. 2. Reg. 16. dixit Dauid cùm Semei ei malediceret: *Dimittite eum, vt maledicat iuxta præceptum Domini si forte respiciat Dominus afflictionem meam, & reddat mihi bonum pro maledictione hac hodierna.* Et dicit gloss. Greg. Qui verborum contumeliis pressus virtutem patientiæ seruare non sufficit, factum Dauid ad memoriam reuocet: quem cum Semei conuitiis vrgeret, & armati proceres vlcisci contenderent, ait: *Quid mihi & vobis filij Seruiæ, &c. dimittite eum vt maledicat, &c.* Quibus verbis indicat quod pro peccato Bersabeæ insurgentem contra se filium fugiens, reduxit ad animum malum quod fecit: & contumeliosa verba, non tam conuitia quam adiutoria esse credidit, quibus se purgari sibique misereri posse iudicatur. Tunc enim illata con-

Psal. 37.

uitia bene toleramus, quum in secreto mentis ad mala perpetrata recurrimus. Leue quippe videbitur quod iniuria percutimur, dum conspicimus quod peius meruimus: sicque fit vt contumeliis gratia magis quàm ira debeatur, quarum interuentu Deo iudice pœna grauior declinatur. Dicenti verba contumeliæ compati debemus quasi insano verba extranea loquenti. Senec. Dicis, male de te loquuntur: moueret si hoc iudicio facerent, nunc morbo faciunt. Hieron. Apud Christianos non est miser qui patitur contumeliam, sed qui facit: beatum debet se reputare cui mali maledicunt. Matth. 5. *Beati estis quum maledixerint vobis homines.* 1. Pet. 4. *Si exprobramini in nomine Christi, beati eritis.* Exemplum huius patientiæ habemus in Christo Esa. 53. *Sicut ouis ad occisionem ducetur, & sicut agnus coram tondente se obmutescet, & non aperiet os suum.* Matth. 27. *Quum accusaretur à principibus sacerdotum, nihil respondit.* De patientia ad molestiam corporum habetur. Matth. 5. *Si quis percusserit te in dexteram maxillam tuam, præbe ei & alteram.* De patientia ad damna rerum, habetur ibid. *Qui vult contendere tecum in iudicio, & tunicam tuam tollere, dimitte ei & pallium.* De hac patientia commendat quosdam Apostolus ad Heb. 10. *Rapinam bonorum vestrorum cum gaudio suscepistis, cognoscentes vos habere meliorem & manentem substantiam.* Alia diuisio sumitur secundum causas propter quas patimur. Quandoque enim quis patitur ex culpa sua: In quo casu magis patienter sustinet. Quandoque vero sine culpa sua: & tunc magis moleste sustinet, dicens: Si meruissem, non sustinerem moleste: nunc vero non est mirum si moleste sustineam, quum hoc non meruerim. Cui dicendum est quod ipse secundum hoc potius vult esse similis latronibus quàm Sanctis. Latrones enim propter culpam suam patiuntur ea quæ sustinent: sancti vero sine culpa. 1. Petr. 2. *Hæc est gratia si propter Dei con-*

scientiam sustinet quis tristitias patiens iniuste. In eodem: *quæ est gratia si peccantes & colaphizati suffertis: Sed si benefacientes patienter suffertis, hæc gratia est apud Deum.* Eiusdem 3. *Si quid patimini propter iustitiam beati.* In eodem: *Melius est benefacientes si velit voluntas Dei pati, quam malefacientes.* Eiusdem 4. *Nemo vestrum patiatur, quasi homicida, aut fur, aut maledicus, aut alienorum appetitor: si autem vt Christianus, non erubescat.* Alia diuisio patientiæ est talis. Est patientia culpæ, & est patientia naturæ & consuetudinis longæ & gratiæ. Prima triplex est. Quædam est, remissionis: vt quum quis sustinet non sustinenda, vt scilicet se redigi in seruitutem diaboli. 2. ad Corinthios 11. *Sustinetis si quis vos in seruitutem redigit.* Prouerb. 12. *Manus quæ remissa est, tributis seruiet*: Hæc patientia est quasi asinina. Asinus non discernit quid sibi imponatur vtrum aurum vel lutum. Alia est seruilis timoris: vt quum aliquis timore disciplinæ, vel quia erubescit exire de claustro sustinet asperitatem religionis, & non amore Dei. Et talis patientia solet esse cum murmure propter defectum vnctionis gratiæ, sicut rota murmurat si vncta non fuerit. Ecclesi. 33. *Præcordia fatui, quasi rota curri.* Tertia est patientia hypocritarum, figurata in patientia latronis mali qui cum Domino passus est. Patientia vero naturæ est quam habet aliquis ex strenuitate naturali, vt sunt multi milites, qui licet non habeant charitatem, tamen prius sustinerent mortem, quam fidem negarent patientia naturali. Patientia laboris inuenit Alexander exercitum suum, quum eum probaret, ducens illum sub torrida zona per diætam sine potu, vsque ad fluuium quendam. De patientia consuetudinis longæ dixit, quidam: *Quod male fers, assuefce feres.* Tullius: *Optima forma eligenda est viuendi, quam incundam reddet assuetudo.* Patientia vero gratiæ triplex est: Quædam est incipientium, quædam proficientium, & quædam perfectorum. Incipientium est sustinere mala, quæ eis inferuntur patienter. Proficientium vero est sustinere ea non solum patienter, sed etiam libenter: Perfectorum vero non solum libenter, sed etiam lætanter. Hos tres gradus patientiæ possumus agnoscere in Paulo. Primus, habetur 2. Corinthiorum 4. *Tribulationem patimur, sed non angustiamur,* scilicet per impatientiam. Secundus eiusdem 12. *Ego libentissime impendam, & superimpendar ego ipse pro animabus vestris.* Tertius, ad Galat. vltim. *Mihi absit gloriari nisi in cruce Domini nostri Iesu Christi.* Et notandum quod qui habet perfectam patientiam, cum mala ei inferuntur, lætatur: inferenti compatitur, & beneficium largitur, & Deo regratiatur. De primo habes Actor. 5. *Ibant Apostoli gaudentes, &c.* 1. Petr. 3. *Communicantes Christi passionibus gaudete.* De secundo 2. Petr. 1. *In patientia pietatem.* Gregor. in homil. Patientia vera est quæ & ipsum amat quem portat. Nam tolerare & odisse non est virtus mansuetudinis, sed velamen furoris. De tertio. Luc. 6. *Benedicite maledicentibus, &c.* 1. ad Corinthios quarto. *Maledicimur & benedicimus, blasphemamur & obsecramur.* De quarto exemplum habemus in Tobia, cap. 2. quod immobilis in Dei timore permansit, gratias agens Deo omnibus diebus vitæ suæ. Et beatus Laurentius: Gratias ago tibi, Domine Iesu, quia hostia tua effici merui. Qui ad ignem tribulationis Deo gratias agunt, similes sunt altilibus, quæ cum ad ignem assantur, pinguedine sua se superfundunt; Et sicut pinguedo assata gratioris est saporis quam elixa: sic gratiarum actio gratior est Deo, quando personat in his qui sunt in tribulatione, quam si personat in his qui sunt in prosperitate.

Patientia perfecta quæ.

Malach inferuntur quare lætandum.

Caput VII.

De Constantia.

Quid cōstantia.
Cōstantia duplex.

Constantia est stabilitas animi firma, & in proposito perseuerans. Et notandum quod est constantia generalis quę attenditur in perseuerantia propositi, quæ omnem virtutem circuit: & est constantia specialis, quæ attenditur circa res terribiles & ad sustinendum difficiles, quæ lædunt naturam. Et hæc constantia pertinet ad fortitudinem. Item notandum, quod constantia est seruare medium inter mutabilitatem seu leuitatem & pertinaciam, quoniam vtrumque reprehensibile est. 2. ad Corinth. 1. *Nunquid leuitate vsus sum?* Num. 19. legitur de filiis Israel, quod ad imperium Domini proficiscebantur, & ad imperium eius figebant tabernaculum. Sic à proposito recedendum est, quum creditur Deo displicere, & in eo perseuerandum est quum creditur ei placere. Item notandum, quod sex videntur pertinere ad constantiam.

Sex pertinētia ad constantiam.

1.
Primum est, stabilitas intellectus quæ variatur secundum diuersas species cognitionum. Quædam enim stabilitas est in his quæ sunt fidei. Ad quam monemur 1. Corinth. vlt. *Vigilate, & state in fide.* Ad Ephes. 4. *Non simus paruuli fluctuantes, & circumferamur omni vento doctrinæ.* Tob. 2. *Vitam illam expectamus quam Deus daturus est his qui fidem suam nunquam mutant ab illo.*

2.
Secundum est grauitas seu æquanimitas in vtraque fortuna. Tullius: Præclara est æqualitas in omni vita, idemque semper vultus, eademque frons, vt de Socrate accepimus. Econtratio, *cor stultorum dissimile erit.* Prou. 15.

3.
Tertium est, stabilitas circa ea quæ desiderantur. Senec. in epistol. Ante omnia hæc, cura, vt constes tibi. Quoties experiri voles an aliquid actum sit, obserua an eadem velis quæ heri. Mutatio voluntatis indicat animum nutare atque alibi apparere prout tulit ventus. Non vagatur quod fixum atque fundatum est. Quidam adeo sunt inconstantes, vt constantia eorū hæc esse dicatur, scilicet esse instabiles. Poëta: *Quod petit, spernit: repetit quod nuper omisit,* Item: *Diruit, ædificat, mutat quadrata rotundis.*

Quartum est, stabilitas loci, quæ multum facit ad stabilitatem animi. Bernardus ad fratres Dei: Impossibile est, hominem fideliter figere in vno animum suum, qui non prius alicui loco perseueranter affixerit corpus suum. Nam qui ægritudinem animi migrando de loco ad locum effugere nititur: est sic sicut qui fugit vmbram corporis sui, seipsum fugit, seipsum circumfert, locum mutat non animū, eundem vbique se inuenit: nisi quod deteriorem ipsa facit mobilitas, sicut lædere solet ægrum qui circumferendo concutit. Sen. in epistolis: Animum debes mutare, non cœlum. Quid miraris, nihil tibi peregrinationes prodesse, cum te circuferas? Premit te eadem causa quæ expulit. Onus animi tui deponendum est. Non ante vllus tibi placebit locus. Vadis huc atque illuc, vt excutias insidens pondus, quod ipsa iactatione incōmodius fit, sicut in naui omnia immota minus, vrgēt, inæqualiter conuoluta citius eam partem in qua incubuerunt demergunt. Motu ipso noces tibi. Ægrum enim cōcutis. Ac cum istud exemeris malum, tunc omnis mutatio loci iucūda est. Magis quis venerit, quā quo interest. Idem: Primum argumentum compositæ mentis existimo, posse cōsistere, & secum morari: lapis quadratus stabilis est: sic homo bene ordinatus est stabilis. Et econtrario male ordinatus, instabilis. Poëta:
Romæ Tybur amo ventosus, Tybure Romam,
In culpa est animus qui se non effugit vnquam,
Cœlum non animum: mutant qui trans mare currunt.
Seneca: Non conualescit planta quæ sæpe transfertur. Ad loci stabilitatem multum

monet Scriptura. Eccles. 10. *Si spiritus potestatem habentis super te ascenderit, locum tuum ne dimiseris.* Eccles. 11. *Confide in Deo, & mane in loco tuo. Facile enim est in oculis Dei subito honestare pauperem.* Luc. 9. *In quamcumque domum intraueritis, ibi manete, & inde ne exeatis.* Eiusdem 10. *Nolite transire de domo in domum.* 1. ad Corinth. 14. *Fratres, stabiles estote & immobiles.* 1. ad Thessal. 4. *Rogamus vos, fratres, vt operam detis, vt quieti sitis.* 2. ad Thess. 3. *Scitis quemadmodum oporteat imitari nos: quoniam non inquieti fuimus inter vos.* Instabilitatem reprehendit Paulus in quibusdam mulieribus. 1. ad Tim. 5. *Otiosæ*, inquit, *discunt circuire domos, &c.* Instabilitas quantum ad locum, Deo displicet: homini verò est damnosa & periculosa. Ierem. 14. *Dilexit moueri pedes suos, & non quieuit, & Domino non placuit.* Prouerb. 27. *Sicut auis transmigrans de nido suo: sic vir qui reliquit locum suum.* Sicut auis transmigrans de nido suo damnificatur in pullis suis, sic & homo locum suum relinquens in bonis suis. Dina egressa vt videret mulieres regionis illius, corrupta fuit. Genes. 32. Et Semei egrediens de Ierusalem fuit occisus. 3. Reg. 2.

Quintum est, firmitas contra ventos tentationum. De qua commendatur Ioan. Matth. 11. & Luc. 7. *Quid existis in desertum videre? Arundinem vento agitatam.* In Psalm. *Non sic impij, non sic: sed tanquam puluis, &c.* Eccles. 5. *Non ventiles te in omnem ventum.*

Sextum est, stabilitas in occupatione seu operatione. Senec. Melius est vt proposita custodias, quàm vt honesta proponas. Item notandum, quod constantia seu stabilitas est valde admirabilis in statu præsentis vitæ, quæ ita instabilis est. Iob. 14. *Numquam in eodem statu permanet.* Difficile est folium arboris stabile esse, dum flatu venti percutitur. Greg. in Moralib. Humana anima quot tentationes patitur, quasi tot flatibus mouetur. Idem in eodem: Qui arbor fuit in conditione, folium à semetipso factus est in tentatione: sed post, stipula apparebit in deiectione. Stabilitas etiam quædam imago est æternitatis. Ipsa ponit hominem quasi in statu angelico. 2. Reg. 14. *Sic est Dominus meus rex sicut angelus Dei, vt nec benedictione nec maledictione moueatur.* Item notandum, quod sex videntur facere ad instabilitatem.

<small>Sex ad instabilitatem mouet.</small>

Primum est stultitia. Eccles. 27. *Stultus vt luna mutatur.* Senec. in epist. Quid est sapientia? Semper idem velle atque nolle. Non potest cuiquam semper idem placere, nisi rectum. Nesciunt homines quid velint, variatur quotidie iudicium, ac plerisque agitur vita per lusum. Idem: Quid colluctatur cum animo nostro, nec permittit nos quidquam velle? Nihil liberè volumus, nihil semper. Stultitia est, cui nihil constat, nihil diu placet.

Secundum est peccatum. Genes. 4. dictum est Cain post homicidium: *Vagus & profugus eris super terram.* In eodem: *Ecce eijcis me hodie à facie tua, & ero vagus & profugus in terra.* Esa. 57. *Cor impij quasi mare feruens quod quiescere non potest.* Thren. 1. *Peccatum peccauit Ierusalem: propterea instabilis facta est.* Iob. 11. *Si iniquitatem quæ est in manu tua abstuleris à te, nunc leuare poteris faciem tuam absque macula, & eris stabilis.* In Psalm. *Non dabis in æternum fluctuationem iusto.*

<small>Ps. 54.</small>

Tertium est impatientia. Boët. in lib. Consolationum: Quis est ille tam felix, qui cum dederit impatientiæ manus, statum suum mutare non oportet?

Quartum, defectus timoris. Timor animum stabilem reddit, sicut lapides superpositi asseribus eos custodiunt ne à vento moueantur, vel sicut anchora nauem stare facit. Eccles. 25. *Timor Domini super omnia se superposuit.* Gregorius: Anchora mentis, pondus timoris.

Quintum est defectus dilectionis boni. Amor boni, animum stabilem reddit,

O o iij

sicut radix profunda arborem. Eccl. 34. *Qui implantatus est, abundabit nequitia.* Senec. Non vagatur, quod fixum atque fundatum est.

Sextum est duplicitas animi Iacob. 1. *Vir duplex animo, inconstans est in omnibus viis suis.* Vir duplex est animo, qui vult hic gaudere cum mundo, & in futuro cum Dño. Hier. Deceptus es charissime, si & hic vis gaudere cum seculo, & postea regnare cum Christo. Et notandum quod homo instabilis, quasi lunaticus est. Matt. 17. *Domine, miserere filio meo, quia lunaticus est.* Et est similis homini erranti, qui quandoque vadit huc, quandoque illuc. Cano. 1. Iudæ: *Sydera errantia quibus caligo tenebrarum reseruata est in æternum,* secundum gl. Sydera errantia, sunt apostatæ.

Pars VIII.
De Perseuerantia.

Breuiter hic agetur de Perseuerantia, quia aliqua de ea dicentur in tract. de Acedia capit. de vitio Imperseuerantiæ, & recte post Constantiam. Est enim Perseuerantia, permanentia, sicut & constantia: vnde communicat cum constantia. Tamen in hoc differt; quia constantia est permanentia in proposito: perseuerantia vero permanentia in bono, siue continuatio boni. Constantia cauet leuem transitum a proposito vno in aliud: perseuerantia vero cauet discontinuationem vel imperfectionem seu defectum debiti finis. Et describitur sic perseuerantia magistraliter: Perseuerantia est permanentia in bono, diuturna vel finalis. Tull. vero in Rhet. sic eam describit: Perseuerantia est in ratione bene considerata stabilis & perpetua permansio. Et notandum, quod est perseuerantia generalis & specialis. Generalis attenditur in continuatione boni, & circuit omnem virtutem. Specialis vero attenditur circa terribilia & difficilia, ad sustinendum quæ lædunt naturam, quæ pertinet ad fortitudinem, ad quam mo-

Differentia constantiæ & perseuerantiæ.

Quid perseuerantia.

Perseuerantia duplex.

nemur. Hebr. 12. *In disciplina vera,* inquit, *perseuerate.* Item notandum, quod quædam est perseuerantia finalis, quædam est non finalis. Non finalis est, quando aliquis longo tempore perseuerat in bono, tamen postea cadit per mortale. Finalis vero perseuerantia dupliciter dicitur. Vel finalis proposito, vel finalis actu. Finalis vero proposito, fit finalis actu, in his quæ permanent in bono. De perseuerantiæ finali actu, dicit Aug. quod multi eam habere possunt, nullus amittere: incipit enim esse finalis actu in termino. vitæ. Et notandum, quod perseuerantia regulariter datur homini per bona merita. Vnde gloss. super illud Psal. *Retribuet mihi secundum iustitiam meam* dicit. Pro fide & spe, & aliis bonis operibus reddet Deus perseuerantiam. Ideo autem dictum est regulariter: quia virtutes communiter primo dantur in aliqua quantitate, secundo per bona opera merentur augeri, tandem perfici: tamen alicui, vt Christo, datæ sunt virtutes in statu perfectionis, quæ neque augentur nec intenduntur.

Ad commendationem perseuerantiæ. Primo, valere potest frequens admonitio quam Scriptura facit ad perseuerandum, Iudic. 18. *Nolite negligere, nolite cessare.* 1. Corinth. 7. *Vnusquisque sicut vocauit Deus, ita ambulet.* In eodem: *Vnusquisque in qua vocatione vocatus est, in ea permaneat.* Eiusdem 9. *Sic currite vt comprehendatis.* Galat. 5. *State, & nolite iugo iterum seruitutis contineri.* 1. Ioan. 2. *Vnctionem quam accepistis à Deo maneat in vobis.* Apoc. 2. *Id quod habetis, tenete donec veniam.* Secundo, promissio quæ fit perseuerantibus. Apoc. 2. *Esto fidelis vsque ad mortem, & dabo tibi coronam vitæ.* Rom. 11. *Vide in te bonitatem Dei si perseueraueris in bonitate.* Matth. 10. & 24. *Qui perseuerauerit vsque in finem saluus erit.* Bernardus in epist. Scias diabolum soli semper perseuerantiæ insidiari, quam solam virtutum nouit coronari. Idem in eod. Studete perseuerantiæ, quæ sola

Perseuerantiæ commendatio.

De Patientia.

coronatur. Tertia comminatio quæ fit non perseuerantibus, scilicet ablatio coronæ. Apoc. 3. *Tene quod habes, & nemo accipiat coronam tuam.* Quarto, exempla Dei. Genes. 2. *Compleuit Deus die septimo opus suum quod fecerat.* Deut. 33. *Dei perfecta sunt opera.* Secundo, exemplu Christi hominis. Ioan. 17. *Opus consummaui quod dedisti mihi, & faciam.* Tertio, exempla Sanctorum. Iob. 27. *Iustificationem meam quam cœpi tenere, non deseram.* 2. Tim. 4. *Bonum certamen certaui, cursum consummaui.* Act. 20. *Non facio animam meam pretiosiorem quam me, dummodo consummem cursum meum.* Quinto commendabilis est perseuerātia à suo effectu multiplici. Primus est, quod à Deo impetrat quod vult. Luc. 11. *Si perseuerauerit pulsans, & si non dabit ei, eo quod amicus eius sit: propter improbitatem tamen eius surget, & dabit ei quotquot habet necessarios.* Eiusdem 17. de iudice iniquo, qui licet Deum non timeret, nec homines reuereretur: tamen fecit quod vidua voluit propter eius improbitatem. Matt. 16. *Misereor turbæ, quia iam triduo perseuerat mecum.* Gregorius: Quæsiuit Maria Magdalena prius, & minimè inuenit: perseuerauit vt quæreret, vnde contigit vt inueniret. Idem: Sic quippe quod poposcerat, obtinere Anna meruit, quia se post lachrymas in eodem mentis rigore seruauit. Tob. 3. *Sara in oratione persistens, & cum lacrymis Deum deprecans, exaudita est.* Et Apostoli perseuerantes in oratione, Spiritum sanctum acceperunt. Act. 1. *Hi omnes erant vnanimiter in oratione perseuerantes, &c.* Secundus est, quod perseuerantia bona acquisita custodit, sicut imperseuerantia destruit. Prou. 19. *Qui mollis est & dissoluitur frater est opera sua dissipantis.* August. Perseuerantia magnum donum Dei est, quo dona cætera conseruantur. Tertius est, quod difficilia & aspera, facilia & suauia facit. Bernard. in epist. Subito procedenti de vmbra ad solem, de ocio ad laborē, graue cernitur omne quod incipit: sed postquam ab his dissuescere, & ad illa se paulisper assuescere cœperit, vsus tollit difficultatem inuenitque facile esse quod impossibile antè putauit. Quartus est, quod nihil imperfectum relinquit. Senec. Non despero indurato: nihil est, quod non impugnet pertinax opera ei intenta ac diligens cura. Videmus debiles mulieres senilis ætatis, perseuerando peregrinationes longas perficere. Item videmus naturam continue operando, ex modica nuce additione imperceptibili magnam arborem efficere: & aquam quæ adeo mollis est, lapidem adeo durum perseueranti percussione excauare. Quintus est, quod perseuerantia virtutem operanti ministrat. Senec. Perseuerandum est, & assiduo labore robur addendum est. Sextus, quod meretur apprehendere præmiū. 1. ad Cor. 9. *Vnus accipit brauium*, scilicet, perseuerans. Bernard. Perseuerantia est singularis filia sumini regis, virtutum finis & consummatio. Chrysostomus: Tolle perseuerantiam, nec obsequium mercedem habet, nec beneficium gratias, nec laude fortitudo. Denique non qui inceperit, sed qui perseuerauerit saluus erit. Idem: Incipere multorum est, finire paucorum: semper in principio delectatio est, in fine probatio. Idem: Assueuerunt multi in initio feruentes esse, in fine remitti & dissolui: quæ vtilitas est seminum florentium, & postea tabescentium. Gregor. in Moral. Incassùm bonum agitur, si ante terminum vitæ deseratur: quia etiam frustra velociter currit qui priusquam ad metas veniat deficit, & super illud Matt. 10. *Qui perseuerauerit, &c.* dicit gloss. Non cœpisse vel fecisse, virtutis est: sed perficere. Vnde cauda hostiæ iubetur offerri. Leuit. 3. Ornatus virtutum, est vestis ad talos si perseuerantia fuerit: sin ea vestis est inhonestè decurtata. Vltimus dies perseuerantis plus videtur ei valere, quàm quicumque præcesserunt. Si enim illa die defecisset, præcedentia perdidisset,

Caput XII.

De *Magnanimitate*.

Magnanimitatis variæ significationes.

Magnanimitas quandoque sumitur pro fortitudine. Et attenditur non solum in aggrediendo terribilia, sed etiam in sustinendo. Et pertinet ad eam non solum aggressio arduorum, sed etiam processus & consummatio eorum. Seneca in libr. de quatuor Virtutibus: Magnanimitas, quæ & fortitudo dicitur, si insit animo tuo, cũ magna fiducia viues. Quandoque magnanimitas dicitur terribilium spontanea & rationabilis aggressio: sic accipitur à Macrobio.

Magnanimus cur difficilia aggreditur.

Item notandum, quod homo magnanimus terribilia seu difficilia aggreditur, propter commune vtilitatem, vel propter honestatem, non propter cupiditatem vel gloriæ vanitatem: non enim decet vt cupiditate vincatur, qui metu non frangitur. Tullius: Nihil tam angusti animi est, tamque parui, quàm amare diuitias. Macrobius: Virtutis fructum sapiens in conscientia ponit, minus perfectius in gloria. Item ad magnanimum pertinet cauere non solum timiditatem, sed etiam temeritatem. Non enim debet homo absque causa offerre se periculis. In adeundis periculis imitari debemus medicorum consuetudinem. Illi enim leuiter ægrotantes, leuiter curant: grauioribus autem morbis, ancipites curationes adhibere coguntur. In tranquillo tempestatem optare dementis est: tempestati autem cùm euenerit subuenire, sapientis. Poëta:

Vis consilij expers mole ruit sua.

Seneca in lib. de 4. Virtutib. Eris magnanimus, si pericula non appetas vt temerarius, nec formides vt timidus. Tull. Turpis fuga mortis, omni morte peior. Ad magnanimitatem pertinet, ardua opera appetere: & magnitudinem boni vel mali transitorij superare. Primum innuit Tull. Te, inquit, animo excelsum natura creauit. Audita de magnanimitate, tibi statim insedit oratio, id est, intimè sedit vel placuit. Magnitudo boni transitorij superatur contemnendo: magnitudo verò mali transitorij non timendo. Seneca in epist. Animus numquam maior est, quam vbi aliena seposuit, & fecit sibi pacem nihil timendo, fecit sibi diuitias nihil concupiscendo. Idem in epist. Magni animi est magna contemnere, ac mediocria malle, quàm nimia. Illa enim vtilia vitaliaque sunt, hæc eo quo superfluum nocent. Sic segetem nimia sternit vbertas, sic rami onere franguntur. Sic ad maturitatem non peruenit nimia fœcunditas. Idem animis quoque euenit, quos immoderata felicitas rumpit, qua non in aliorum iniuriam, sed etiam in suam vtuntur. Idem in eodem. Magnus ille qui fictilibus vtitur quemadmodum argento. Nec minor est quidem qui sic argento vtitur quemadmodum fictilibus. Idem in eodem. Scitote tam bene homines culmo, quàm auro tegi: contemnite omnia quæ superuacuus labor velut ornamentum aut decus posuit: mementote præter animum nihil esse mirabile, cui magno nihil est magnum. Idem in lib. de Naturalib. quæst. Magna ista, quia parui sumus, credimus multis rebus, non ex sua natura, sed ex humilitate nostra magnitudo est. Idem in libro de Clementia: Magni animi est, iniurias in summa patientia pati. Ad magnanimitatem pertinet iniurias receptas vilipendere, & inimico cum est in potestate hominis parcere, & fraudes & dolos vitare. Seneca in libro de quatuor Virtutib. Si magnanimus fueris, nunquam iudicabis tibi iniuriam fieri. De inimico dices, Non nocuit mihi, sed animum nocendi habuit. Cùm illum in potestate tua videris, vindictam putabis vindicare potuisse. Scito enim magnum & honestum vindictæ esse genus ignoscere. Palam aggredere, non geres conflictum nisi indixeris. Nam fraudes & doli imbecillum decent. Magnanimitas videtur posse distingui in tres partes: scilicet in cordis altitudinem, latitudinem, & longitudinem. Cor altum est quod in aduersis non deijcitur, sed eleuatur. Cuius exemplum habes in gallis, quorum cristæ eleuantur cùm ira eos ad pugnandum accendit. Seneca in epistolis: Non est mirum in tranquillitate non concuti; Illud mirare, ibi extolli aliquem vbi omnes deprimuntur, ibi stare vbi omnes iacent. Vel cor altum est, honores transitorios despiciens. Cor vero latum, est cor despiciens magnitudinem diuitiarum. Senec. in epist. Ille ingentis animi est, qui diuitias circumfusas sibi multum diuque miratus quod ad se venerint, ridet: suosque magis audit esse, quam sentit. Cordis longitudo est, per quam vincitur tædium longæ expectationis, vel longitudo molestiæ & laboris. Quidam sunt breues animo statim volentes quod fieri desiderant, statimque volentes transire, quod molestum sustinent; similes agricolis qui iactato semine statim metere vellent.

Pars X.

De Fiducia & Magnificentia, de descriptione vtriusque, & de officiis magnificentiæ, tam in pace quam in bello.

Sequitur de Fiducia & Magnificentia. Fiducia est certa spes animi producendi ad finem rem inchoatam. De fiducia bona vel mala, require in tractatu de Spe. Magnificentia vero quandoque dicitur negotiorum difficillium & præclarorum consummatio. Et sic sumitur à Macrobio. Quandoque vero sic sumitur magnificentia, quòd ad eam pertinet non solum consummatio præclarorum negotiorum, sed etiam inchoatio eorundem. Et sic sumitur à Tullio in primo Rhetoric.

Vnde sic describit eam. Magnificentia est rerum magnarum & excelsarum cum animi ampla quadam & splendidissima propositione, cognitio atque administratio. Nec loquitur de magnanimitate, imo sub magnificentia comprehendit eam.

De officiis Magnificentiæ.

Distinguuntur vero officia magnificentiæ tam in pace, quam in bello. In pace, secundum Platonem, tria ad eam pertinent quantum ad prælatos. Primum est, vt sic vtilitatem ciuium tueantur, vt quæcunque agunt, ad eam referant commodorum suorum obliti. Secundum est, totum corpus ciuitatis curent, ne dum partem aliquam tueantur, reliquam deserant. Vt enim tutela, sic procuratio reipublicæ ad vtilitatem eorum qui commissi sunt, non eorum quibus commissa est, gerenda est, Hæc duo documenta Platonis recitat. Tull. in libr. de offic. Qui parti vrbis consulunt, partem deserunt, perniciosissimam seditionem in ciuitatem inducunt. Tertium est, vt contentionem caueant. Dicit enim Plato similiter facere eos qui inter se contendunt quinam potius ciuitatem administrent, vt si nautæ certarent tempore tempestatis quis eorum potissimum gubernaret. Officia vero magnificentiæ in bello, nouem assignantur. Primum est, ea intentione suscipere bella, vt sine iniuria in pace viuatur. Augustin. in libro de Ciuitate Dei: Constat pacem belli esse optabilem finem. Idem ad Bonifacium: Pacem debet habere voluntas, bellum necessitas. Idem ad eundem: Bellum geritur vt pax acquiratur. Esto ergo in bello pacificus, vt eos quos expugnas, ad pacis vtilitatem vincendo perducas. Secundum est, ante aggressionem belli diligentem adhibere præparationem in clientulis, municipiis, & sumptu & armis. Senec. Longa belli præparatio celerem affert victoriam. Omnia autem prius experiri,

Officia magnificentiæ tempore pacis

Tempore belli.

P p

quàm armis certare, sapientem decet. Iuxta verbum Philosophi. Tul. in libr. de offic. Cum sint duo genera decertandi: vnū per disceptationem, alterum per vim: illud proprium hominis, hoc belluarum: confugiendum est ad posterius, si superiore vti non licet. Tertium est, ne temere desperes propter ignauiam, aut propter cupiditatem nimis confidas: in periculum n. ducit immoderatus amor habendi. Quartum est, plus turpitudinem quàm mortem horrere, plus ad honestatem quā ad salutem temporalem, & alia commoda spectare. Quintum est, copias suas crebris laboribus exercere Poëta:

Variam semper dant otia mentem.

Sextum est, postquam ad bellandum ventum est, hortando bonam indolem erigere, modo laudibus animos afficere, modo admonitionibus desidiam discutere. 2. Machab. vlt. Exhortati inde sermonibus bonis valde, de quibus extolli posset impetus, & animi iuuenum cōfortari, statuerunt dimicare & configere fortiter. Septimum est, in concursu ad primos impetus accurrere, inclinatis opem ferre, labentes fulcire. Octauum est, habita victoria seruare eos qui non crudeles fuerunt. Nonū est, foedera & promissa hostibus seruare: exemplo reguli, qui captus praestito iuramento quod rediret, missus est Romam pro captiuis commutandis: qui vt venit, videns captiuos non esse reddendos, cum retineretur ab amicis, ad supplicium redire maluit, quàm ad fidem hosti datam fallere, vt narrat Tullius in l. de Officiis.

TERTIÆ PARTIS PRINCIPALIS de quatuor Virtutibus Cardinalibus,

TRACTATVS QVINTVS.
De Iustitia.

PARS PRIMA.

De ordine dicendorum in hoc tractatu. Et de diuersis acceptionibus huius nominis Iustitia.

Iustitia variè sumitur.

Large quid iustitia.

Rimo ponentur diuersae acceptiones huius nominis Iustitia. Secundò, diuersae eius descriptiones. Tertiò, eius commendationes. Quarto, ipsius diuisiones Quinto, tāgetur de opposito ipsius. Circa primū notandū quod iustitia quandoque valde large sumitur, sc. pro bonitate, secundum hoc dicit August. duas partes esse iustitiae, scilicet declinare à malo, & facere bonum. Et super illud Hebr. 1. *Dilexisti iustitiam*, dicit gloss. Omne bonum. Sic sumitur Matt. 6. *Quærite primum regnum Dei, & iustitiam eius.* Gloss. Iustitia regni est omnia quae Christus docuit obseruare. Eiusdem 13. *Fulgebunt iusti sicut sol in regno patris eorum.* Sic etiam sumitur quùm dicimus impium iustificari. Quandoque etiam sumitur nomen iustitiae minus large, scilicet pro virtute reddente vnicuique quod suum est, & sic sub iustitia pietas videtur contineri. Quandoque autem sumitur strictius, prout attenditur in inflictione poenarum. Sic videtur iustitia esse opposita pietati vel misericordiæ. Sic sumit hoc nomen iustitia Bernard. dicens: Nullum nomen Dei est quod non quod non sonet, aut iustitiam, aut pietatē. Et notandum quod iustitia etiam, prout est virtus cardinalis, quodammodo generalis est, sicut & prudentia generalis est quoad directionem. Dirigit n. opera cæterarum virtutum. Iustitia vero generalis est, quoad imperium. Potest n. imperare opera cæterarum virtutum: non sufficit tamen ad exequendum ea, vel ad eligendum sine ceteris virtutibus.

Pars II.
De descriptionibus Iustitiæ.

Circa secundum notandum, quod Tull. in 1. Rhet. sic describit Iustitia: Iustitia est habitus animi, communi vtilitate seruata, suam vnicuique tribuens dignitatem. Iustitia multum attendit communem vtilitatem. Vnde quandóq; punit hominē plusquam meruit propter publicam vtilitatem. Tull. Primum fundamentum iustitiæ est, ne cui noceatur, deinde vt communi vtilitati seruiatur. Amb. in 1. de paradiso: Iustitia magis aliis quam sibi prodest & vtilitates suas negligit, cōmunia emolumenta præponens. Iustitia etiā cuique suam dignitatē tribuit: quia vnicuiq; tribuit, quod dignū ei est tribui, siue quod ei debetur. Illud autem debitum quandóque est fœdere naturali, quādoque etiam ratione officij vel prælationis, vt obedientia debetur prælatis: quandóq; vero ratione meriti, vt cum pœna vel præmium redditur his qui meruerunt. Macrobius dicit quod iustitiæ est, vnicuique seruare quod suum est. Aug. vero in li. de lib. arb. dicit: Iustitiam quid dicam esse, nisi virtutē quā sua cuiq; tribuuntur? Et super illud Matt. 5. *Beati qui esuriunt & sitiunt iustitiam,* dicit gloss. Iustitia est, sua cuiq; tribuere, sibi & proximo & Deo. Senec. in lib. de 4. Virtut. dicit: Quid est iustitia, nisi naturæ tacita conuentio in adiutorium multorum inuenta? Idem in eod. Iustitia diuina lex est, & vinculum societatis humanæ. Isid. sic describit eam: Iustitia est ordo & æquitas qua homo cum vnaquaq; re bene ordinatur: ordo dicitur conueniens rei collocatio, vel secundum Anselmum sic describitur: Iustitia est rectitudo voluntatis propter se seruata. Voluntatis dicitur, quia lapis quūdescēdit, recte agit faciēdo quod debet, tamen non dicitur iustus esse, quia hoc non facit voluntariē. Rectitudo verò quæ est iustitia, non est cuiuscunq; appetitus, sed appetitus rationabilis qui est cū discretione. Si enim aliquis impediat ab ingressu domus aliquem volentem intrare, vt innocentem ibi occidat: ignorans tamen, quid ille ibi acturus sit, non reputatur ipse in hoc iustus. Non dicitur etiam aliquis iustus propter rectitudinem intellectus vel operis, si desit rectitudo volūtatis. Item si aliquis coactus reddat pecuniā quam abstulit, vel causa inanis gloriæ, non est propter hoc iustus, sed si amore iustitię hoc faciat. Ideo ergo hoc benè dictū est, quod iustitia est rectitudo volūtatis propter se seruata. Et notandum quod quum rectum sit in quo medium non exit ab extremis, vbi rectitudo iustitiæ, aliquid est vt medium, & aliqua vt extrema. In iudicio vero hoc manifestū est, vbi iudex medius est inter partes, qui non debet declinare ad dextram vel sinistram. Generaliter vero tria considerari possunt vbi est iustitia, scil. quod redditur, cui redditur, & per quod redditur. Per quod redditur, est vt mediū, alia duo sunt vt externa. Describitur etiam iustitia sic: Iustitia est virtus conseruatrix humanæ societatis, & vitæ communitatis. Societatem, id est, cohabitationem hominum sic seruat iustitia, dum homines cohabitant: obtinet vnus ægros vel alias possessiones quibus eget alius, ideo concitaretur inuidia & seditio, nisi iustitia adesset, quæ vnicuique ius suum redderet. Vitæ autem cōmunicantem custodit, dum eundem modum viuendi plures sectātur, vt mercaturam, vel militiam, quæstus vnius minuit alterius lucrum, quæ res liuorem moueret nisi iustitia adesset. Item iustitia sic describitur ab August. in lib. de morib. Eccles. Iustitia est amor soli amato seruiens, & propterea recte dominās. Itē

19. lib. de Ciu. Dei: Qui fundum aufert ei à quo emptus est, & tradit ei qui nihil habet in eo iuris, iniustus est, & qui semetipsum aufert dominanti Deo à quo factus est, & seruit malignis spiritibus, iniustus est. Bern. in lib. de dilig. Deo: infidelē ratio vrget & iustitia naturalis, totum se tradere illi à quo totum se habet. Et notandum, quod secundum Aug. 4. lib. de doct. Christiana: Sicut ratio rotunditatis eadem est in magno disco & in cumulo exiguo, vt à puncto medio omnes lineæ pares in extrema ducantur, ita vbi aliquis parua iuste gerit, non minuitur iustitiæ magnitudo.

PARS III.

De commendatione Iustitiæ.

Natura tripliciter cōmendat iustitiā.

Notandum ergo quod iustitiam commendat natura, commendat & Scriptura. Natura tripliciter. Primo, quia rectitudo quam dedit corpori humano monet ad rectitudinem iustitiæ. Eccl. 7. *Hoc inueni quod fecerit Deus hominem rectum.* Bernard. sup. Cant. *Rectus Dominus Deus noster, & non est iniquitas in eo.* Rectus itaque Dominus hominem rectum fecit. Idē: Staturam dedit Deus homini rectam, forsitā vt ista corporea rectitudo exterioris viliorisq; figmenti, hominem illum interiorem qui ad imaginem Dei factus est spiritualis, suæ seruandæ rectitudinis admoneret, decor limi deformitatem argueret animi. Quid enim indecentius quam curuum recto corpore gerere animū? Secundo, quia ea quæ sunt iustitiæ pro magna parte naturaliter in corde hominis scripta sunt. Aug. in lib. Conf. Furtum certē punit lex tua Domine, & lex scripta in corde hominum, quam nec ipsa quidem delet iniquitas, quis enim fur æquo animo furem patitur? Tull. in 1. Rhet. Iustitiæ initium est à natura profectum, deinde quædam in consuetudinem ex vtilitatis ratione venerunt, postea res & à natura profectas, & à consuetudine probatas legū metus & religio sanxit. Naturæ ius est, quod non opinio genuit, sed quædam innata vis inseruit: vt religionem, pietatem, gratiam, vindicationem, obseruantiam, veritatem. Senec. in epist. Hæc societas diligenter & sanctè nobis obseruanda est, quæ nos omnes omnibus miscet, & indicat aliquod esse commune ius generis humani. Tertio, quia natura docet etiam bruta animalia multa eorum quæ ad iustitiam pertinent, vt innocentiam, concordiam, pietatem ad animalia sui generis. Scriptura etiā multis modis iustitiam nobis commendat. Primo, multum ad eam monendo. In Psal. *Sacrificate sacrificium iustitiæ.* Sap. 1. *Diligite iustitiam qui iudicatis terrā.* Eccl. 3. *Vsque ad mortem certa pro iustitia.* Eiusd. 3. *Ante obitum operare iustitiam.* Idem 18. *Ante iudicium para iustitiam.* Ezec. 45. *Rapinas intermitte, & iudicium, & iustitiam facite.* 1. Tim. 6. *Homo Dei sectare iustitiam.* Secundo, ostendendo eos esse beatos qui iustitiam esuriunt. Matth. 5. *Beati qui esuriunt & sitiunt iustitiam.* Tertio, beatos ostendendo qui aliquid pro iustitia patiuntur. Matth. 5. *Beati qui persecutionem patiuntur propter iustitiam, &c.* Et 1. Pet. 3. *Si quid patimini, propter iustitiam, beati.* Item ad commendationem iustitiæ hoc facit, quod hæc virtus multum Deo est grata, & homini multum necessaria. Primum in multis locis ostendit Scriptura. In Psal. *Iustus Dominus, & iustitiam dilexit.* Item: *Acceptabis sacrificium iustitiæ.* Prouerb. 15. *Qui sequitur iustitiam, diligetur à Domino.* Eiusd. 16. *Initium vitæ bonæ facere iustitiam: accepta autem apud Deum magis quam immolare hostias.* Act. 10. *In omni gente quæ timet Deum & operatur iustitiam acceptus est illi.* Econtrario iustitiam multum displicet ei, vnde Deuter. 25. post illud: *Non habebis in sacco diuersa pondera, &c.* Subditur. *Abominabitur eum Dominus qui facit hæc, & aduersatur omnem iustitiam.* Iustitia expresse nominatur inter illa quatuor quibus vtilius nihil est in vita hominibus, Sapient. 8. *Ipsa adeō*

De Iustitia.

necessaria est, vt nec etiam latrones omnino ea carere possint. Tullius in lib. de Offic. *Tanta est vis iustitiæ, vt nec illi quidem quæ maleficio & scelere pascuntur, sine vlla iustitiæ particula viuere possint.* Iustitia adeo vtilis est vt nihil vtile reputetur, quo ipsa amittitur. Vnde super illud Psalm. *Rapinas nolite concupiscere,* dicit Gloss. O lucra damnosa, inuenis pecuniam, perdis iustitiam. Iustitia adeo vtilis est, vt cum ea vtilia sint quæ maxime noxia videntur, vt mors. Num. 23. *Moriatur anima mea morte iustorum.* Iustitia non solum est homini necessaria in vita, sed etiam in morte: nec solum in præsenti, sed etiam in futuro. Iustitia in præsenti vita à malo pœnæ custodit. Daniel. 7. *Conclusit ora leonum, & non nocuerunt mihi: quia coram eo iustitia inuenta est in me.* Temporalia bona tribuit. Prouerb. 13. *Iustitia eleuat agentem.* Eccles. 20. *Qui operatur iustitiam, ipse exaltabitur.* Econtrario dicitur in Psalm. de quibusdam: *Propter iniustitias enim suas humiliati sunt.* Et Eccl. 10. *Regnum à gente transfertur in gentem propter iniustitias, &c.* Item à malo culpæ defendit propter quod lorica dicitur, ad Ephes. 6. *State,* inquit, *induti loricam iustitiæ.* Item appetitum boni transitorij restringit, ideo vocatur zona. Eccl. 45. *Circumcinxit Aaron zona iustitiæ.* Et Esa. 11. *Et erit iustitia cingulum lumborum eius.* Item iustitia homini pacem dat: & sic Deo in homine locum præparat. *In pace enim factus est locus eius.* In Psalm. *Iustitia & pax osculatæ sunt.* Esa. 32. *Erit opus iustitiæ pax.* In Psalm. *Iustitia ante eum ambulabit.* Item: *Iustitia & iudicium præparatio sedis tuæ.* Iustitia necessaria est in morte: quia, *virum iniustum mala capient in interitu,* vt dicitur in Psalm. Econtrario vero sperat iustus in morte sua. Prouerb. 14. Iustitia in futuro necessaria est, & maxime in illo districto iudicio in quo iustitia Dei iudicabit, quæ iustitiam condemnare non poterit. Genes. 30. *Respondebit mihi cras iustitia mea.* Prouerb. 10. *Nihil proderunt thesauri impietatis: iustitia vero liberabit à morte.* Difficile erit homini habenti iustitiam, imo intolerabile, apparere tunc coram Dei iustitia. Psal. *Ego in iustitia apparebo in conspectu tuo.* Idem: *Non permanebunt iniusti ante oculos tuos.* Item: *Iniusti punientur.* Item: *Iniusti autem disperibunt.* Ad commendationem iustitiæ etiã valere potest præeminentia quam ipsa habet respectu aliarum cardinalium virtutum. In ipsa, vt ait Tullius, maximus est splendor honestatis. Et Plato dicit de ea, quod si ipsa conspiceretur, miros spectantibus sapientiæ excitaret amores. Iustitia finis videtur esse aliarum cardinalium virtutum. Vnde propinquior videtur esse mercedi, saluti, & coronæ quæ specialiter & in Scriptura sacra attribuuntur. In Psalm. *Retribuet mihi Dominus secundum iustitiam meam.* Item: *Tu benedices iusto.* Prouerb. 10. *Benedictio Domini super caput iusti.* Eiusdem 11. *Seminanti iustitiam merces fidelis.* Item 12 *In semita iustitiæ vita.* Sapient. 1. Iustitia perpetua est & immortalis: iniustitia autem mortis acquisitio. Ecclesiast. 30. *Salus animæ in sanctitate iustitiæ.* 2. ad Tim. 4. *Reposita est mihi corona iustitiæ.*

Pars IV.
De diuisionibus Iustitiæ.

Notandum quod secũdum quosdam iustitia diuiditur in seueritatem & liberalitatem. Seueritas virtus est debito supplicio coërcens iniuriam. Liberalitas vero est virtus beneficiorum erogatrix, quam pro affectu benignitatem, & pro effectu beneficentiam vocant. Et consistit hæc virtus tota tribuendo. Benignitas diuiditur in partes septem. Benignitatem vero diuidunt in septem partes: scilicet religionem, pietatem, innocentiam, amicitiam, reuerentiam, concordiam, misericordiam. Secundum Macrobium ad iustitiam pertinent innocentia, amicitia, concordia, pietas, religio, affectus, humanitas. Secundum Tullium vero in 1. Rhetor. ad iustitiam pertinent religio, pietas, gratia, vindicatio, obseruantia, veritas. Quidam vero iustitiam diuidunt in quinque partes, scilicet in obedientiam quæ est respectu superioris, & disciplinam quæ est respectu inferioris, & æquitatem quæ est respectu paris, & veritatem & fidem quæ pertinent ad omnes. Gloss. vero super illud Luc. 6. *Si diligitis eos qui vos diligunt, &c.* Aliam innuit diuisionem iustitiæ, dicens: Philosophi in tres partes diuidunt iustitiam. Vnam in Deum, quæ pietas dicitur. Alteram in parentes vel reliquum humanum genus. Tertiam in mortuos, vt his exequiarum iura soluatur. Sed Dominus legis oraculum & philosophiæ fastigium supergressus, in eos, quos qui læserint, pietatis porrexit officium. Secundum Senecam vero in libro de quatuor virtutibus, duo pertinent ad iustitiam, scilicet velle omnibus prodesse & nulli nocere. Amabis, inquit, Deum, si in hoc illum imitaberis, vt velis omnibus prodesse, & nulli nocere: tunc te virum iustum appellabunt omnes. Et hæc duo videntur concordare duobus præceptis iuris naturalis, quorum alterum habes. Tob. 4. *Quod ab alio oderis tibi fieri, vide ne tu aliquando alteri facias.* Reliquum Matth. 7. *Omnia quæcunque vultis vt faciant vobis homines; & vos eadem facite illis.* Sed quia nulla prædictarum diuisionum perfecte tangere videtur, ea quæ ad iustitiam pertinent, generalior videtur ponenda esse diuisio iustitiæ. Et quia virtute iustitiæ reddimus vnicuique quod debemus, diuidetur iustitia secundum ea quæ debemus, & quibus debemus.

Notandum ergo quod quædam debemus omnibus, vt dilectionem, veritatem, & fidem: quædam vero non omnibus & inter ea aliquid debemus superiori, aliquid inferiori, aliquid pari. Item aliquid speciale debemus nobis specialiter coniunctis, vt parentibus, & patriæ beneuolis, quod debitum soluit pietas, prout Macrobius & Tullius de ea loquuntur. Item debemus aliquid his qui beneficia contulerunt: scilicet gratiam, de qua loquitur Tullius. Et aliquid his qui mala inferunt: scilicet vindicationem, de qua idem loquitur. Et aliquid etiam his qui mala ferunt vel sustinent, scilicet misericordiam.

PARS V.

De Latria & Religione, prout Tullius religionem sumit, & de vtriusque descriptione, & latriæ commendatione, & diuisione: de partibus eius, ac quadruplici officio religionis.

INter ea vero quæ superiori debentur, aliquid est quod soli Deo debetur, & aliquid quod nō soli Deo. Soli Deo debetur latria. Vnde gl. super illud Matt. 4. *Dominum Deum tuum adorabis, & illi soli seruies.* Græcè latria dicitur, seruitus Latinè. Seruitus communis Deo & homini & cuicunque. Græce dicitur dulia. Illa vero quæ soli Deo debetur, latria, distinctè: vnde idololatra, qui quod soli Deo debet, idolo dat. Primo inter partes iustitiæ de latria prosequemur. Quod autem latria Græcè dicitur, videtur à Tullio religio vocari. Quam ipse sic describit: Religio est quæ superioris cuiusdam naturæ, quam diuinam vocant, curam ceremoniamque affert. In hoc quod dicit curam, innuit cultum interiorem. In hoc quod dicit ceremoniam, exteriorem cultum qui signum est interioris. Isid. 8. lib. etymol. dicit, quod religio appellata est, quia per eam vni Deo religamus animas nostras ad cultum diuinum vinculo seruiendi. Hæc religatio fit in principio vniuscuiusque religionis: vt in baptismo, vbi initiatur Christiana religio: vel in speciæ libus religionibus, cum quis obligat se ad ea quæ religionis sunt. Secundum Augustin. verò 10. lib. de Ciuitate Dei: Religio dicta perhibetur à religendo Deum quem amiseramus negligentes. Et secundum hoc religio respicere videtur statum peccati, & non statum innocentiæ. Deut. 26. *Dominum elegisti hodie vt sit tibi Deus.* Latria vero sic describitur: Latria est cultus Deo debitus & exhibitus. Vel sic: Latria est voluntas impendendi Deo cultum debitum. Adorationem latriæ commendat nobis multiplex exhortatio quam Scriptura sacra facit de ea. In Psalm. 94. *Venite adoremus, & procidamus ante Deum.* Item: *Adorate Dominum in atrio sancto eius.* Item: *Adorate Dominum omnes angeli eius.* Matth. 4. *Dominum Deum tuum adorabis.* Ad idem valent exempla sanctorum, vt exemplum Christi, de quo Luc. 22. *Positis genibus orabat, dicens, &c.* Et Matth. vlt. dicitur de vndecim discipulis, quod videntes Iesum adorauerunt. Apoc. 4. legitur de viginti quatuor senioribus, quod procidebant ante sedentem in throno, & adorabant viuentem in secula seculorum. In eiusdem 15. *Vigintiquatuor seniores ceciderunt in facies suas, & adorauerunt, &c.* Et eiusd. 7. *Omnes angeli stabant in circuitu throni, &c. & adorauerunt Deum, dicentes, Amen, Benedictio & claritas.* De adoratione etiam vingintiquatuor seniorum, habetur eiusdem 11. Item legitur de beato Bartholomæo, quod centies flexis genibus exorabat Deum per diem, & centies per noctem. Et de Iacobo minore, quod tantùm iacebat super genua sua orans, quod genua habebat vt calcaneum, similem duritiam habens in eis duritiei camelorum. Gloria adorationis est quam sibi Deus specialiter retinere voluit. De hac dicitur Esaiæ 42. *Gloriam meam alteri non dabo.* Ecclesiast. 25. *Bono animo gloriam redde Deo, & non minuas primitias manuum tuarum.* Gloria ista significata est per thymiama, de quo Exod. 40. *Sanctum sanctorum vobis erit thymiama.* Talem compositionem non facietis in vsus vestros, quia sanctum Domino est. Homo quicunque fecerit simile, vt odore illius perfruatur, peribit de populis suis. Obsequium istud multum placet Deo. Ecclef. 35. *Qui adorat Deum in oblectatione suscipietur: & deprecatio illius vsque ad nubes propinquabit.* Et notandum quod licet adoratio latriæ soli Deo sit exhibenda: tamen dicitur exhiberi illi homini qui est filius Dei, sed quasi per accidens. Non enim exhibetur ei inquantum est homo, sed inquantum est filius Dei, sicut dicitur de homine illo, quod creauit stellas, quas tamen non creauit inquantum homo, sed inquantum est Deus. Et notandum quod triplex est cultus Deo debitus. Primus est, cordis. Secundus est, oris. Tertius, operis. Cultum cordis specialiter vocat Gloss. cultum, super illud Exod. 20. *Non adorabis neque coles.* Aliud est, inquit, colere, aliud est adorare. Potest quis inuitus adorare, vel adulando regibus idolatris, vel tormentis victus, quum sciat quia idolum nihil est. Colere vero est toto his affectu & studio mancipari. De cultu interiori dicit Isiod. 8. lib. Etymol. Tria sunt quæ in religionis cultu ad colendum Deum in hominibus perquiruntur: fides, spes, charitas. August. in Enchirid. Fide, spe, & charitate colimus Deum. Item Augustinus loquens de theosebia siue pietate, quæ est cultus Dei, dicit quod consistit in cognitione Dei & dilectione, cum debita subiectione. Et super illud 1. Cor. 12. *Alij per spiritum datur sermo sapientiæ, alij sermo scientiæ,* dicit gloss. loquens de illo verbo Iob secundum vnam literam 28. *Ecce pietas est sapientia:* vbi litera nostra habet, *Timor Domini ipse est sapientia.* Pietatem, inquit, hoc loco posuit Dei cultum, quæ Græce dicitur theosebia: & quis cultus est nisi amor & cognitio eius? Cultus interior Deo debitus in duobus videtur consistere, scilicet in cognitione & affectione.

Cultus triplex Deo debetur.

Cognitio vero ad cultum Dei pertinens est, vt credulitas qua creditur Deo sicut Deo credendum est, scilicet propter se & super omnia: sicut enim primæ veritati credendum est. Item credulitas qua credimus de Deo digna Deo : vt summam potentiam, summam sapientiam, summam bonitatem, & consequentia ad hæc, vt quod ipse est omnium bonorum creator & conseruator, mundi gubernator, hominis recreator, seruientium sibi liberalissimus rettributor: eorum vero qui pertinaciter rebelles ei sunt zelantissimus vltor. Inter affectiones vero pertinentes ad cultum Dei. Prima videtur esse timor, & non qualiscunque timor, sed talis timor qualis timendus est ille cuius potentiæ nullus potest resistere, cum sit summa: cuius sapientiæ nihil potest abscondi, cum sit summa: & cuius bonitas, cùm summa sit summe odit malitiam, & sine fine puniet eam in eis quos pertinaces in ea inuenerit : Timendus est ergo super omnia. Secunda est spes non qualiscunque: sed talis qualis ponenda est in eo cuius potentiæ facillimum est liberare ab omni miseria, cuius sapientiæ notissima est miseria nostra. Abyssus enim miseriæ non inuocat abyssum misericordiæ nisi agnoscatur, & cuius bonitati proprium est misereri semper & parcere, quæ etiam propter liberalitatem suam fecit quæcunque fecit, quia omnia fecit ad dandum : in ipso ergo super omnia sperandum est. Tertia amor, & non qualiscunque amor, sed talis qualis amandus est qui optimus est in se, & ideo amore dignissimus, qui etiam fons est omnium bonorum, à quo suscepimus omnia bona quæ habemus, vel habuimus, & à quo suscepturos nos speramus quicquid boni suscepturi sumus. De timore & amore dicit Seneca in libro de quatuor Virtutibus: Quisquis iustitiam sectari desideras, time Deum prius, & ama, vt ameris à Deo. De spe dicitur in Psalm. *Sperent in te omnes qui nouerunt nomen tuum.* Nomen Domini agnoscunt qui serui eius esse volunt, à quibus spes specialiter requiritur. Cultus oris est vocalis professio maiestatis diuinæ, quam fideles faciunt, frequenter Deum orando, laudando, benedicendo, gratias ei agendo. Cultus operis est, vt quum aliquis opere recognoscit singulare dominiū Dei, quod Ecclesia ore recognoscit, Christo dicens : Tu solus Dominus. Dominium istud, quantum ad personas nostras, recognoscimus Deo genuflexione, & prostratione Esa. 45. *Mihi curuabitur omne genu.* Mich. 6. *Curuabo genu Deo excelso.* Quantum ad nostra verò, oblatione alicuius partis bonorum illorum quæ ab eo accepimus, Deut. 26. *Profiteor hodie coram Domino & cætera : tradidit nobis terram lacte & melle manantem, & idcirco offero nunc tibi primitias frugum terræ quam Dominus dedit mihi.* Ad cultum operis pertinebant sacrificia veteris legis quæ fiebant de animalibus, quorum immolatione sacrificantes ostendebant plenissime Deo se esse subiectos, etiam ad occidendum. Morte enim animalium ostendebant Deum eos occidere posse, & eos mortem meruisse, & sperabant misericordia Dei mortem propriam quam meruerant in mortem animalium commutare. Et notandum quod sacrificium soli Deo debetur, vnde August. 10. de Ciuit. Dei: Sacrificium certe nullus hominum est qui audeat dicere deberi, nisi Deo. Multa denique de cultu diuino vsurpata sunt, quæ honoribus deferuntur humanis, siue humilitate nimia, siue adulatione pestifera : ita tamem vt quibus ea deferuntur, homines habentur, qui dicuntur colendi & venerandi. Si autem eis multum additur, & adorandi. Quis vero sacrificandum censuit, nisi ei, quem Deum aut sciuit, aut putauit, aut finxit? Et subdit: Sacrificium visibile sacrificij inuisibilis sacrum signum est. Et tangit sex species sacrificij spiritualis. Primum sacrificium est cordis contritio. In Psal. *Si voluisses sacrificium dedissem vtique : holocaustis nō delectaberis.*

De Iustitia.

Sacrificium Deo spiritus, & cætera. Augustinus: intueamur quemadmodum vbi Deum dicit nolle sacrificium, ibi Deum ostendit velle sacrificium. Non vult ergo sacrificium trucidati pecoris, sed vult sacrificium contriti cordis. Secundum sacrificium est cordis igne diuini amoris inflammati. De quo Augustin. Deo suauissimum incensum adolemus, cum in eius conspectu pio sanctoque amore flagramus. Tertium sacrificium corporis propter Deum, mortificati. Roman. 12. *Obsecro vos per misericordiam Dei, vt exhibeatis corpora vestra hostiam viuentem, &c.* Quartum est, sacrificium corporis pro Deo proprio sanguine cruentati. Augustin. Deo cruentas victimas cædimus quando vsque ad sanguinem pro eius veritate certamus. Quintum est, sacrificium laudis: de quo in Psalm. *Nunquid manducabo carnes taurorum, aut sanguinem hircorum potabo? Immola Deo sacrificium laudis.* Sextum est, sacrificium misericordiæ quo miseriæ proximi volumus subuenire. Hebr. 6. *Beneficentiæ & communionis nolite obliuisci: talibus enim hostiis promeretur Deus.* Item Augustin. eodem lib. dicit, quod sacrificium res diuina est. Et videtur velle quod verum sacrificium opus sit misericordiæ. Verum sacrificium est opus quod fit propter Deum, vt homo à miseria releuetur, & Deo adhærendo beatus efficiatur. Vnde dicit: Verum sacrificium est, omne opus quo agitur vt sancta societate inhæreamus. Deo relatum ad illum finem quo veraciter beati esse possumus. Et subdit: Vera sacrificia opera sunt misericordiæ: siue in nosipsos, siue in proximos, quæ referuntur ad Deum. Opera vero misericordiæ non ob aliud fiunt, nisi vt à miseria liberemur, ac per hoc vt beati simus: quod non fit nihil bono illo, de quo dictum est: *Mihi adhærere Deo bonum est.* Idem in eodem: *Ipsa misericordia qua homini subuenitur, si non propter Deum fit, non est sacrificium.* Ad cultum etiam operis pertinet thurificatio quæ ostendit affectum nostrum integrè in Deum esse dirigendum, quasi in omne bonum, sicut totus fumus thuris tendit sursum. Exod. 33. *Ego ostendam omne bonum tibi.* Et notandum quod religionis, quam Tullius ponit partem iustitiæ, quæ idem videtur esse quod latria, secundum quosdam quaduplex est officium. Primum est perpetrati sceleris pœnitere. Hoc videtur esse primum sacrificium Deo acceptum post mortale peccatum. Psal. *Sacrificium Deo spiritus, &c.* Secundum est temporalium mutabilitatem paruipendere. Post quam enim anima Deo æterno se religauit religione fidei, spei, & dilectionis, spe æternorum despicit transitoria. Seneca. Nemo dignus Deo qui opes non contempserit. Tertium est vitam nostram Deo committere. Qui enim agnoscit per fidem se habere vitam suam à Deo, vult illam ei offerre, & oratione, & obsequiis impetrat eam à Deo dirigi. Tob. 4. *Omni tempore benedic Dominum, & pete ab eo vt vias tuas dirigat, & omnia consilia tua in ipso permaneant.* Quartum est, veritatem dicere de his quæ ad religionem pertinent: Fidelis primò debet habere pœnitentiam de his quæ agnoscit se fecisse contra Deum & contra se. Secundo, despicere ea quæ agnoscit esse infra se. Tertio, Deo committere se. Quarto, his quæ sunt iuxta se, veritatem dicere quam accepit de religione sua.

DE DVLIA.

PARS VI.

Quæ habet 3. Capitula.

CAPVT I.

De ordine dicendorum de Dulia, & nominis duliæ distinctione ac descriptione.

Dicto de cultu Latriæ, qui soli Deo debetur, dicendum est de his quæ aliis superioribus debentur. Et inter ea aliquid est quod soli debetur creaturæ, vt est reuerentia seu honor duliæ. Aliquid vero quod debetur & creatori & creaturæ, vt obedientia. Et primo dicetur de honore seu reuerentia duliæ. De qua hoc ordine agetur. Primo ostendetur quid sit reuerentia seu honor duliæ. Secundo tangetur de diuersis speciebus duliæ. Tertio de errore illorum qui Ecclesiam dicunt idololatrare, adorando diuersos sanctos, & imagines sanctorum. Circa primum vero est notandum quod hoc nomen duliæ quandoque communiter sumitur pro seruitute quæ exhibetur Deo vel creaturæ. Vnde dulia Græcè, seruitus Latinè dicitur : & dulos dicitur seruus. Gl. super illud Matth. quarto. *Dominum Deum tuum adorabis, & illi soli seruies.* Seruitus communis Deo & homini & cuicunque, Græcè dicitur dulia. Quandoque autem nomen duliæ restringitur ad honorem creaturæ debitum : & secundum hoc sic describitur: Dulia est cultus vel honor creaturæ debitus & exhibitus. Dulia videtur esse idem vel in toto vel in parte cum reuerentia, prout sumitur in prima diuisione iustitiæ prius posita, quæ sic describitur: Reuerentia est virtus personis grauibus vel aliqua prælatione sublimatis, debitæ honorificationis cultum exhibens. Et notandum quod reuereri tripliciter accipitur. Vno modo dicit motum qei est fugiendo seu resiliendo ab altitudine alicuius rei in propriam prauitatem : Et vocatur iste motus timor reuerentiæ. Et huic motui interiori respondet exterius elongatio vel fuga, qua humiles personæ elongant se ab his qui sunt in dignitate positi, non audentes eis appropinquare. Quandoque verò reuereri dicit honorem quem aliquis exhibet alij gratia dignitatis , ad ostendendum quod ei subiectus sit & paratus voluntatem eius sequi, vt est assurgere venienti, assistere sedenti, inclinare transeunti, incedentem sequi, & genuflexio. Quandoque comprehendit motum timoris, reuerentiæ, & honoris. Et sic sumitur super illud Hebræorum 12. *Patres carnis nostræ habuimus eruditores, & reuerebamur eos.* Gloss. Reuereri est cum timore honorem impendere. Tullius in secunda diuisione prius posita, in parte honorem duliæ comprehendit sub illa parte iustitiæ quæ dicitur obseruantia, quam sic describit: Obseruantia est, per quam homines aliqua dignitate antecedentes cultum & honorem dignantur. Item notandum quod hoc nomen honor multipliciter sumitur Quandoque pro dignitate. Hebr. 5. *Nec quisquam sumit sibi honorem: sed qui vocatur a Deo tanquam Aaron.* Quandoque vero honor dicitur quod exhibetur alicui, gratia superioritatis, ad ostensionem subiectionis, vel propter proprietatem, vel naturæ dignitate, vel excellentiam in aliqua gratia propter proprietatem: vt Roman. 13. *Cui honorem, honorem.* 1. Pet. 2. *Regem honorificate.* Propter proprietatem temporis: vt Leu. 19. *Coram cano capite consurge, & honora personam senis.* Propter dignitate naturæ: vt Exod. 20. *Honora patrem tuum & matrem tuam,* & Malach. 1. *Si ergo pater, vbi honor meus?* Propter excellentiam in aliqua gratia honor exhibendus est omnibus, quia debemus credere quod omnes nos excedant in aliqua gratia. 1. Petr. 2. *Omnes honorate.* Rom. 12. *Honore inuicem præuenientes.* Gloss. Aliter non est fraternus amor, nisi in mutuis se præueniant obsequiis. Ephes. 5. *Subiecti inuicem in timore Christi.* Philip. 2. *In humilitate superiores sibi inuicem arbitrantes.* Gloss. August. Non hoc ita debemus arbitrari, vt nos æstimare fingamus, sed vere æstimemus posse esse aliquid occultum in alio, quo nobis superior sit, etiam si bonum nostrum, quo illo videntur superiores esse, non sit occultum.

CAPVT II.

De Speciebus Duliæ.

Sequitur de speciebus duliæ. Notandum ergo quod dignissima species duliæ est honor qui debetur humanæ naturæ, quam filius Dei assumpsit: specialiter vero honoranda est humana natura in Christo propter inhonorationem quam in cruce sustinuit: secundum illud Phil. 2. *Humiliauit semetipsum factus obediens vsque ad mortem: mortem autem crucis, propter quod & Deus exaltauit illum*, &c. Propter hoc ex institutione ecclesiæ fit adoratio crucis, in qua id cui exhibetur honor ille est, Christus passus: ignominia vero est causa illius honorationis. De adoratione humanæ naturæ à filio Dei assumptæ, dicit Gl. Augustin. super illud Psalm. *Adorate scabellum pedum eius, quoniam sanctum est.* Sciendum quia in Christo terra est, id est, casto, quæ sine impietate adoratur. Hæc species duliæ hyperdulia vocatur: quæ soli humanitati Christi exhibetur. Vnde gloss. super illud Psalm. *Adorate scabellum pedum eius*, &c. Dulia adoratio est, quæ etiam creaturæ exhibetur. Quæ duas species habet: vnam quæ indifferenter omnibus, alteram quæ soli humanitati Christi exhibetur. Post naturam humanam à filio Dei assumptam, exhibendus est honor beatæ Virgini, in qua & ex qua filius Dei carnem assumpsit. Damascen. Dei genitricis imaginis non materiam, sed figuram adoramus. Figuram hic intellige figuratum, siue significatum per imaginem. Et subdit Damascen. Honor enim qui est ad ipsam, ad eum qui ex ipsa incarnatus est reducitur. Hoc ideo dicit, quia propter filium adoratur Mater. Tertio exhibendus est honor beatis angelis, & sanctis qui sunt in statu gloriæ, ab his qui sunt in statu miseriæ. Status enim miseriæ inferior est statu gloriæ. Matth. 11. *Inter natos mulierum non surrexit maior Ioanne Baptista:* qui autem minor est in regno cœlorum, maior est illo. Quarto exhibendus est honor his qui præsunt in Ecclesia militante: qui scilicet sunt in gradu superiori, ab his qui sunt in gradu inferiori: Qui enim præsunt, loco Dei sunt: & ideo honor vel cultus eis exhibendus est. Vnde & dij vocantur. Exod. 23. *Diis non detrahes: & principi populi tui non maledices.* Præcipuè vero honor exhibendus est his qui præsunt ad spiritualia 1. ad Tim. 5. *Qui bene præsunt presbyteri, duplici honore digni habeantur: maxime hi qui laborant in verbo & doctrina.* Quinto exhibendus est honor amicis Dei, etiam in statu viæ qui sunt notæ sanctitatis. Vnde qui se reputant peccatores, cum genuflexione suffragia solet petere à talibus. Status enim eorum secundum suam reputationem inferior est statu aliorum: sicuti status serui à statu filij vel domini. Filius domini à seruis Dominus solet vocari. Matth. 15. *Non est bonum sumere panem filiorum & dare canibus.* Canes vocat peccatores; filios, iustos. Et subditur: *etia Domine: nam & catelli edunt de micis quæ cadunt de mensa dominorum suorum.* Intellige illos dominos qui prius vocati sunt filij. De hoc honore dicitur. Esa. 46. ad Ecclesiam; *Vultu in terra demisso adorabunt te.*

Q q ij

Item notandum quod honor quandóque exhibetur creaturæ absolutè, quandóque Deo absolutè: quandóque verò honor respicit relationem seu comparationem creaturæ ad Deum. Et de illo honore sciendum est, quod potest exhiberi Deo in creatura: vt in imagine eius, vel in ministro eius, vel in templo materiali, vel spirituali, vel in altari, vel in aliis rebus quæ ad cultum Dei pertinent: & est honor latriæ. Et Deus est id cui propriè exhibetur honor ille: creatura verò est medium vel occasio aliqua cogitandi de Deo, & afficiendi in eum, & signo exteriori indicandi affectum illum. Si verò honor ille exhibeatur creaturæ comparatione Dei: honor duliæ est, & Deus est vt causa illius honoris, creatura enim siue consideretur absolutè, siue inquantum imago Dei, vel ministrans ei, vel associata ei in vna persona, non fuit sic ab æterno, sed incœpit esse: vnde non videtur ei exhibenda reuerentia latriæ. Er notandum quod reuerentia quæ debetur rebus Deo dedicatis, vt loco sacro, scilicet templo vel cœmiterio, vel his quæ pertinent ad ornatum templi, vel sacro tempori, videtur esse quidam timor quo timemus intrare templum illoti vel non sanctificati, vel appropinquare altari, vel aliis rebus sacris, vel contrectare res sacras, vel inquinare nos in loco vel tempore sacro, vel violentiam inferre sacro loco, vel communia opera ibi excercere, de hoc timore legitur, Genes. 28. *Quam terribilis est locus iste? non est hîc aliud nisi domus Dei*, *&c*. Malach. 2. *Leui à facie nominis mei pauebat*. Cum Dominus sanctus sit, in sanctitate vult appropinquari ad eius ministerium. Exod. 28. *Aaron sanctificatus minister mihi*, Qui verò Deum non ostendit sanctum ad ministerium eius in sanctitate appropinquando, ipse ostendet eum non sanctum, pro immunditia sua à Deo pœnam recipiendo. Leuit. 10. *Arreptis Nadab & Abiu filij Aaron thuribulis, imposuerunt ignem*,

reuerētia exhibita rebus sacris timor est.

& incensum desuper, offerentes coram Domino ignem alienam, quod eis præceptum non erat: egressusque ignis à Domino, deuorauit eos. Dixitque Moyses: Hoc est quod locutus est Dominus. Sanctificabor in his qui appropinquant mihi. Non legitur Christum in Euangelio in vita ista tantam iram per zelum ostendisse, quantam ostendit cum vidit quod templo non exhibebatur debita reuerentia. Ioann. 2. & Matth. 22. *Tunc impletum est illud, Zelus domus tuæ comedit me*. Marc. 10. legitur, quod nō sinebat vt quisquam transferret vas per templum 1. Corinth. 3. *Si quis templum Dei violauerit, disperdet illum Deus*. Traditur de Pompeio, quod postquam illi qui cum eo erant prophanauerunt templum, & stabulauerunt equos in porticu templi, nunquam post pugnauit quin vinceretur, qui hactenus fuerat fortunatissimus: & Heliodorus volens templum spoliare, diuinitus flagellatus est. 2. Machab. 3.

Caput III.

De errore illorum qui dicunt Ecclesiam idololatrare circa Sanctos & imagines Sanctorum.

Sequitur de errore illorum qui dicunt Ecclesiam idololatrare, quia ponit in Ecclesiis imagines, & adorat diuersos sanctos. Qui error occasionem potuit habere ex illo verbo. Exod. 20. *Non facies tibi sculptile, neque omnem similitudinem, &c*. *Non adorabis ea, neque coles*. Item in Psalm. *Confundantur omnes qui adorant sculptilia*. Esther 3. legitur de Mardochæo, quod solus non flectebat genua, nec adorabat Aman, cum omnes serui regis qui in foribus palatij morabantur hoc facerent: sic enim eis præceperat Imperatur: & Danielis tertio, Tres pueri noluerunt adorare statuam

De Iustitia.

Nabuchodonosor. Item Apocalypseos vltim. dixit angelus Ioanni, cùm cecidisset ad pedes eius vt eum adoraret. *Vide ne feceris: conseruus tuus sum & confratrum tuorum.* Sed contrarium manifestè ostenditur ex hoc quod Dominus imagines Cherubim præcepit fieri. Exod. 15. Esaiæ etiam vidit Dominum sedentem super solium excelsum. Esaiæ 6. *Seraphim stabant super illud, &c.* Ezechiel vidit imagines quatuor animaliū. Ezech. 1. & Ioan. Apocal. 4. Quas figuras sicut sancti minutis literis scripserunt, quantum ad illos qui legem sciunt; sic picturis vel sculpturis quasi grossis literis scribi potuit, quantum ad laicos qui legem nesciunt. Sicut enim Scripturæ literæ sunt clericorum: ita picturæ vel sculpturæ literæ sunt laicorū. Licet ergo Ecclef. habere imagines: nec est hæc reuocatio idololatriæ, sed potiùs reuocatio ab idololatria. Et sicut Dominus voluit sibi sacrificia fieri, vt filios Israël reuocaret à sacrificijs quæ idolis fiebant: ita imagines solebant fieri diis qui colebantur, volens Ecclesia homines ab hoc reuocare, voluit imagines fieri in Ecclesia ad rememorandum facta memoria digna. Damas. Quia non omnes noscunt litteras nec lectioni vacant, Patres excogitauerunt velut quosdam triumphos imaginibus scribere. Prohibuit autem Moyses fieri sculptile vel similitudinem falsorum deorum, ad adorandum vel colendum. Vnde subdidit: *Non adorabis ea neque coles.* Nec fuit intentio sua prohibere omninò, vt nulla similitudo fieret, vel nullum sculptile, cùm ipsemet contrarium fecerit, vt in Cherubim. Exod. 15. Adoratio verò quam Moyses prohibuit fieri creaturæ, adoratio latriæ fuit, non adoratio duliæ. Ad illud verò quod dixit angelus Ioanni, *Vide ne feceris.* Dicendum est quod hoc dixit vt daret exemplum humilitatis, exemplum scilicet refugiendi honorem huius, cum aliqui exhibent: vel ad ostendendum sublimitatem humanæ naturæ in Christo sublimatæ. Greg. Timet angelus adorari ab humana natura, quam videt in Deo sublimatam. Vel quia periculosa est talis adoratio propter facilem declinationem in idololatriam. Vnde Aug. loquens de Angelis venientibus ad Abraham: Duplici, inquit, de causa aliquis est arcendus à bono: vel propter maius bonum aggrediendum, vt Deus reuocauit, volentém sepelire patrem suum. Matth. 8. vel propter facilem declinationem in malum. Et notandum quod spirituales substantiæ, licet corporeæ non sint, tamen figurari possunt corporeis imaginibus illarum rerum in quibus quandoque leguntur apparuisse: vt angeli qui apparuerunt Loth & Abraham, assumptis corporibus humanis in figura humana depinguntur. Item notandum quod propter hoc, quia angelus sathanæ transfigurat se in angelum lucis, vel in speciem Christi, si appareat aliquis alicubi in specie angeli vel Christi, & non constet ei cui apparet an sit angelus vel Christus, adorare potest Christum simpliciter, vbicunque ipse sit, recognoscendo eum filium Dei æternum, omnipotentem: non tamen debet adorare eum in eo qui ei apparet, nisi sub conditione, scilicet, si ipse est Christus. Matth. 24. *Si quis dixerit vobis: Ecce hîc est Christus vel illic, nolite credere.* Item exhibere potest debitam reuerentiam omnibus beatis angelis Dei vbicunque sint, illi vero qui apparet non simpliciter, sed sub conditione, scilicet si est de beatis angelis Dei.

DE ORATIONE.

PARS VIII.

Quæ habet decem Capitula:

CAPVT PRIMVM.

De ordine dicendorum de Oratione. Et de diuersis acceptionibus huius nominis Oratio.

POst latriam & duliam tractabitur de oratione. Ab eo enim cui cultum latriæ vel duliæ impendimus oratione beneficium impetramus. Et honor latriæ vel duliæ efficacem reddit orationem: secundum illud Eccles. 35. *Qui adorat Deum, in oblectatione suscipietur: & deprecatio illius vsque ad nubes appropinquabit.* Præterea oratione quodammodo Dei maiestatem profitemur: dum pro defectibus nostris supplendis, ad eum quasi ad fontem bonitatis oratio recurrimus. Item cum ab eo postulamus ea quæ soli potentiæ diuinæ possibilia sunt, & soli liberalitati diuinæ congruunt, vt est collatio regni cœlestis. De oratione vero hoc modo tractabitur, & primo ponentur diuersæ acceptiones huius nominis Oratio. Secundo, eius descriptiones. Tertio, commendationes. Quarto, agetur de præparatione orationis. Quinto, de impedimentis eius. Sexto, ostendetur quando sit orandum. Septimo, vbi orandum. Octauo, quomodo orandum. Nono, quid orandum. Decimo, agetur de speciebus orationis. Circa primum notandum quod oratio quandoque, dicitur esse opus bonum. Vnde super illud 1. Thess. vlt. *Sine intermissione orate,* dicit gloss. Semper orat, qui semper bene agit. Quandoque vero dicitur iustitia seu bonitas hominis, quæ apparens Deo in filiis eius quasi quædam imago Dei, habet quasi vim orationis apud Deū: sicut & apparitio filij Dei coram patre suo, est quasi oratio pro nobis. Heb. 9. *Iesus introiuit in cœlum, vt appareat nunc vultui Dei pro nobis.* Sic sumitur, Orate in gloss. super illud 1. Thess. vlt. *Sine intermissione, &c.* Iustus nunquam desinit orare, nisi desinat iustus esse. Bernard. ad fratres de monte Dei, specialiter dicit charitate Dei, à qua maxime est bonitas in anima, quod ipsa est oratio nunquam deficiens. Charitas, inquit, quæ nunquam deficit, ipsa est sine intermissione oratio. Et subdit. Est enim quædam iugis bonitas mentis, & bene compositi animi, & ad patrem Deum in filiis Dei bonitatis quædam similitudo. Quondoque oratio dicitur petitio boni, siue dirigatur ad Deum, siue ad Angelos, siue ad Sanctos: sic litania oratio est, vel orationes. Quandoque vero strictius sumitur, vt dicatur oratio petitio boni, quæ ad Deum dirigitur: & sic maxime à magistris sumitur, vt inferius patebit. Quandoque vero amplius restringitur, scilicet ad petitionem, quæ est pro adipiscendis bonis. Vnde gloss. super illud Psalm. *Exaudiuit Dominus deprecationem meam, Dominus orationē, &c.* Deprecatio est pro remouendis malis, oratio pro adipiscendis bonis.

CAPVT II.

De descriptionibus Orationis.

CIrca secundum notandum quod oratio sic describitur à Ioanne Damasc. Oratio est ascensus intellectus ad Deum. Intellectum vero hic accipias prout comprehendit duas vires, quæ sunt propriæ animæ rationalis, quarum vna est apprehensiua, altera motiua. Apprehensiua dicitur intellectus speculatiuus: motiua intellectus practicus. Ad Deum ascendit, cum hac consideratione humanorum defectuum, ad consideratione boni sufficientissimi & potentissimi supplere defe-

De Iustitia. 311

ctus illos transit. Et innuitur in hoc modus quo debet procedere qui vult orare. Primo enim debet defectus suos considerare, deinde ascendere ad eius liberalitatem, qui hoc potest supplere. Vnde 3. Reg. 6. Dixit Salomon templo ædificato: *Si quis cognouerit plagam cordis sui, & extenderit manus suas in domo hac: tu exaudies in cœlo, &c.* Intellectus practicus ad Deum ascendit desiderio & spe, à liberalitate eius sperando impleri desiderium suum. Item oratio describitur sic à Ioanne Damasc. Oratio est petitio dicentium à Deo: Non decet Dei filios omnia indifferenter petere. Nec Deum decet omnia indifferenter dare. Non sunt petenda à Deo nisi honesta; Seneca in epistolis: Quanta, inquit, dementia est, hominum turpissima vota Deo insusurrant: isa vt si quis aurem admouerit, conticescant; & quod scire hominem nolunt, Deo narrant. Sic viue cum hominibus, tanquam Deus videat: sic loquere cum Deo, tanquà homines videant. Non decet filios Dei petere vilia: vt sensibilia ista quæ sunt trãsitoria & corruptibilia. Senec. in epistolis: Maior sum & ad maiora natus, quam vt mancipium sim sensuum meorum. Item nõ decet viros virtutis petere puerilia. 1. Cor. 13. *Quando factus sum vir, euacuaui quæ orant paruuli.* Item oratio sic describitur: Oratio est pius mentis affectus in Deum directus. Iste affectus desiderium est. Vnde super illud primæ ad Thessalonicenses vltimo capite. *Sine intermissione orate*, dicit gloss. Ipsum desiderium bonorum, oratio est: & si continuum est desiderium, continua est oratio. Pietas, à qua pius est affectus, quæ est oratio, est theosebia, siue cultus Deo debitus, qui comprehendit fidem, spem, & charitatem. Vnde Aug. de orando Deo, ad Probam: Ipsa, fide, spe, & charitate continuato desiderio semper oramus. Idem in eodem: Ora in spe, ora fideliter & amanter. Affectus qui est in Deum, dicitur dirigi ad modum nuntij. Est enim velut nuntius ab homine ad Deum missus. Vnde super il-

lud Psalm. *Intret oratio mea in conspectu tuo*, Ps. 87. dicit Gloss. Virtus magna puræ orationis hic notatur, qui quasi persona quædam ad Deum intrat, & mandatum peragit quò caro peruenire nequit. Item in lib. de Spiritu & anima sic describitur: Oratio est mentis conuersio in Deum per pium & humilem affectum. Greg. vero in sexta parte Moral. dicit quod veraciter orare est amaros compunctionis gemitus & non composita verba resonare. Item oratio magistraliter sic describitur: Oratio est ostensio voluntatis nostræ ei à quo impetrare speramus id quod desideramus.

Caput III.

De commendatione Orationis.

AD commendationem Orationis. Primò valere potest frequens admonitio quam sacra Scriptura facit ad orandum. Eccles. 18. *Non impediaris orare semper.* Ier. 33. *Clama ad me, & exaudiam te.* 1. Mach. 5. *Et nunc clamemus in cœlum.* Luc. 11. *Petite, & dabitur vobis: quærite, & inuenietis: pulsate, & aperietur vobis.* Aug. Non tamen hortaretur vt peteremus, nisi dare vellet. Erubescat humana pigritia; plus vult ille dare, quàm nos accipere: plus vult ille misereri, quàm nos à miseria liberari. Item Luc. 22. & Matt. 26. *Vigilate & orate, ne intretis in tentationem.* Rom. 12. *Orationi instantes.* Item ad Coloss. 4. 1. ad Thess. vlt. *Sine intermissione orate.* Iac. 1. *Si quis indiget sapientia, postulet à Deo, &c.* Eiusdem 1. *Tristatur aliquis vestrum, &c.* 1. Petr. 4. *Vigilate in orationibus.* Secundo exempla, & inter ea est efficacissimum exemplum Christi, qui licet oratione non indigeret, cum per se omnia posset: tamen vt daret nobis exemplum orandi, toties orabat. De eius oratione habes Matth. 14. *Dimissa turba ascendit in montem solus orare.* Item

Christꝰ orauit.

eiusdem 26. *Sedete hic donec vadam illuc, & orem: progressus pusillum procidit in faciem suam, orans & dicens: Pater mi, &c.* Et paulo post: Iterum secundùm abiit & orauit: dicens: *Pater mi, &c.* Et subditur: *Et orauit tertiò eundem sermonem dicens.* Idem Marci 1. *Diluendo valde surgens, egressus abiit in desertum locum, ibique orabat.* Idem Luc. 4. *Iesu baptizato & orante, apertum est coelum.* Et eiusdem 6. *Factum est in diebus illis, exiit in montem orare, & erat pernoctans in oratione Dei.* Item eiusdem 9. *Facta est species eius altera dum oraret.* Item 1. *Factum est, cum esset in loco quodam orans, vt cessauit, dixit vnus ex discipulis eius ad eum: Domine, doce nos orare.* Item eiusdem 22. *Et factus in agonia prolixius orabat.* Eiusd. 23. *Pater dimitte illis, quia nesciunt quid faciunt.* Ioan. 12. *Pater, saluifica me ex hac hora.* Item eiusdem 17. habes multum de oratione eius. Ad commendationem etiam orationis valere possunt exempla alia; & causa breuitatis, pauca de illis tangamus. Legitur Luc. 2. de Anna, quod non discedebat de templo, ieiuniis & obsecrationibus seruiens die ac nocte. Et Actuum 1. *Erant omnes perseuerantes in oratione vnanimiter cum mulieribus, & Maria matre Iesu & fratribus.* Et eiusd. 10. *Ascendit Petrus in superiora domus, vt oraret.* Et de B. Martino legitur, quod etiam moriens inuictum ab oratione spiritu non relaxabat. Et de Paulo primo eremita legitur, quod mortuus quasi orabat: vnde habuit signū oratis, ore & manibus in coelum erectis, cū inueniretur sanctum cadauer eius appodiatum arbori à B. Antonio, qui de eo ait: *Patet quàm assidue, quantumque oraret Deum viuus, qui non desinit orare mortuus.* Et Iacobus Alphæi ex vtero matris sanctificatur, ex assiduitate orandi contraxerat in genibus suis duritiem camelorum. Et Bartholomæus centies in die, & centies in nocte ante Deum genua flectebat.

Tertiò, quod filius Dei adeo diligenter nos voluit instruere ad adorandum. Vix enim est aliquod opus ad quod ita diligenter instruxerit. Ipse enim docuit quid orandum, & vbi, quando, & quomodo orandum, & quo fine, & qua necessitate, vt in sequentibus patere poterit. Noluit nos negligenter addiscere, quod adeo voluit diligenter docere. Verecundū est discipulis Christi ignorare, quod magister eorum diligentissimè docuit. Item verecundum est eis raro facere quod magister eorum tantum frequentauit.

Quartò, dignitas angelorum orationes nostras Deo offeretium. Tob. 12. dixit Angelus Tob. *Quando orabas cum lachrymis & sepeliebas mortuos: ego obtuli orationem tuam Domino.* Non debet homini esse onerosum xenium illud Deo mittere, quod angelus non dedignatur ei deferre: imo quod plus est, ipse Christus qui inquantū homo est, summus Sacerdos, illud offert Deo Patri. Quod figuratur in hoc quod Diaconus thuribulū tradit sacerdoti, & sacerdos thurificat Deo. Sic Christus orationes Ecclesiæ Deo patri præsetat, quæ præsentatio multū facit eas valere. Quomodo n. à Deo contemneretur, quod à tanto mediatore ei præsentatur. Quinto, præeminentia quam oratio habet respectu alioru operum. Oratio præmium respectu lectionis. Isidor. *Orationibus mundamur, lectionibus instruimur, vtrumque bonum est si liceat: si non liceat, melius est orare quam legere.* Item præeminentia quam videtur habere respectu ieiunij & eleemosynæ. Primò, in hoc quod oratio est respectu eius quod supra nos est, sc. respectu Dei: eleemosyna vero & ieiunium respectu eius quod iuxta nos, vel infra nos. Vnde cum oratio ad digniorem ordinet, in hoc videtur esse dignior. Præterea ieiuniū & eleemosyna videntur seruire orationi. Sunt enim velut duæ alæ, de quibus dicit Isidor. Qui vult orationem suam volare ad Deum, faciat illi duas alas, ieiunium & eleemosynam. Tob. 12. *Bona est oratio cum ieiunio & eleemosyna.* Oratio columba est, auis scilicet Spiritus sancti, quæ ramum

De Iustitia.

mum oliuæ apportat, dum pacem hominibus impetrat. Ideo dicimus esse auem Spiritus sancti: quia deuota oratio à Spiritu S. est Rom. 8. *Spiritus sanctus postulat pro nobis gemitibus inenarrabilibus.* Bern. Trepida est omnis oratio, nisi eam præcedat inspiratio. Sexto, facilitas huius operis. Si dicatur alicui quod det eleemosynam, potest excusare se, cum non semper habeat homo argentum in bursa. Si dicatur ei quod ieiunet, potest excusare se, cum multi propter debilitatem capitis ieiunare non possint. Sed ab oratione nullus potest excusare se. Quilibet enim potest habere orationem saltem mentalem, etiam si sit mutus. Vnde Psal. *Apud me oratio.* Et super illud, *Iustus autem miseretur.* dicit Gl. Semper est aliquid iusto quod det, saltem orationem Chrysost. Solam oratione quasi spirituale tributum anima offert de suis visceribus. Septimo, quod opus hoc est honorabile. Multa sunt officia, quæ aliquibus cederent ad dedecus; sicut arare, vel fodere: sed orare Deum, nulli quantumcunque nobili cedit ad dedecus: quia cum oramus, ipsi cum Domino loquimur, quod sine dubio magnus honor est. Isidor. Qui vult cum Deo esse, frequenter oret & legat: nam cum oramus, ipsi cum Deo loquimur: cùm verò legimus, Deus nobiscum loquitur. Octauo, quod officium istud valdè lucrosum est. Quod primo potest ostendi ex hoc, quod nihil est ad quod oratio valere non possit. Vnde secundo Paralip. 20. *Quum ignoramus quid agere debeamus, hoc solum habemus residui, vt oculos ad te dirigamus,* hoc est officium quo potest homo lucrari omni tempore, in hyeme, & in æstate, in sereno & in pluuiali tempore, de die & de nocte, festiuis diebus & ferialibus, in infirmitate & sanitate, in iuuentute & senectute, stando & eundo, in domo & extra domum. Quandóque vna hora plus lucratur homo orando, quam valeat ciuitas vna: quia modica oratione deuota, acquirit homo regnum cœlorum. Nono, orandi necessitas, quam in præsenti habemus. Tria solent esse occasio clamandi habentibus: ignis, aqua, hostes. Bern. Hæc tria quasi singulis diebus incitare debent nos vt ad Deum in oratione clamemus. Vix enim est dies in quo domus conscientiæ nostræ non succendantur igne infernali: sc. igne concupiscentiæ prauæ. Vnde necesse habemus clamare ad aquam diuinæ gratiæ, & ad aquam lacrymarum recurrere. Ignis iste aliquando ex vna parte extinguitur, & ex alia parte accenditur. Ex ipsa enim aqua lacrymarum, vnde debuit extingui, quandóque vires sumit: vt quum aliquis vanè gloriatur de hoc quod peccata sua plorat. Item vix est dies in quo homo non sentiat fluctus malarum cogitationum super caput cordis sui, vt necesse habemus frequenter clamare illud Matt. 8. *Domine, salua nos, perimus.* Item vix est dies in quo hostes suos non videat ad portas castri sui: vt quum verba mala in ore habet, vel fatuam mulierem aspicit, Oratio multum competit loco in quo sumus. Sumus enim in valle miseriæ: ideò necesse habemus ad Dei misericordiam frequenter orando clamare. Pugnam habemus cum eo de quo scriptum est. Iob. 41. *Non est potestas in terra, quæ ei valeat comparari.* Ideo necessario habemus frequenter auxilium Dei inuocare. In futuro cessabit hæc pugna: ideo non erit oratio necessaria. August. de orando Deo: In vita æterna non erit vlla tentatio, itaque nec oratio: neque enim erit ibi boni promissi expectatio, sed redditi contemplatio. Decimo, commendabilis est oratio à multiplici suo effectu. Notandum ergo quod oratio infirmitatem corporis sanat. Eccl. 38. *Fili, in tua infirmitate ne despicias te ipsum: sed ora ad Dominum, & curabit te.* Iacob. vlt. *Oratio fidei sanabit infirmum.* Item vitam prolongat. Esa. 38. *Audiui orationem tuam, & vidi lacrymas tuas: ecce ego adiiciam super dies tuos quindecim annos.* Item ab opprobrio liberat, vt Saram filiam Raguelis, Tob. 3. Liberat etiam à

Tria sunt occasio clamandi.

mortis periculo, vt Susannam Dan. 12. Itē à principe iniquo. Baruch. *Clamate ad Dominum, & eripiet vos de manu principum inimicorum.* Act. 11. Liberauit Petrum de carcere, Ecclesia sine intermissione orante pro eo. Item Ionas orans de ventre ceti liberatus est. Ionæ 2. Item oratio sanat morbos spirituales. Iac. vlt. *Infirmatur quis in vobis? inducat presbyteros Ecclesiæ, & orent,* &c. *& si in peccatis sit, dimittentur ei.* Hieron. Ieiunio sanantur pestes corporis, oratione pestes mentis. Item oratio etiam in bello corporali triumphat. Exod. 17. *Quùm leuaret manus Moysis, vincebat Israel.* Iudic. 14. *Memores estote Moysi serui Dei, qui Amalech* (non ferro pugnando, sed precibus sanctis) *deiecit.* Gloss. super Num. Plus valet vnus sanctus orando, quà innumeri peccatores præliando. Oratio sancti cœlum penetrat: quomodo hostes in terris non vincat? Plus vetula vna acquirit de cœlo vna hora orando, quà mille milites armati acquirunt de terra longo tempore præliando. Item de hostibus spiritualibus triumphat. Isidorus: Hoc est remedium eius qui vitiorum tentamentis æstuat, vt quoties quolibet tangitur vitio, toties se ad orationem subdat: quia frequens oratio vitiorum impugnationem extinguit. Dicebat magnus Cantor Parisiensis: Qui molestatur luxuria vel huiusmodi, certum numerum genuflectionum cum litania sibi constituat. Item oratio dæmones fugat. Matt. 17. & Marc. 9. *Hoc genus dæmoniorum non eiicitur, nisi per ieiunium & orationem.* Item dæmones cruciat. Vnde clamabat quidam dæmonio plenus, Bartholomæe Apostole Dei, incēdunt me orationes tuæ. Item oratio hominem illuminat. Vnde super illud Act. 10. *Erat Petrus in Ioppe orans,* dicit Aug. Oratione melius soluuntur dubia, quàm inquisitione alia. Item ad amorem Dei inflammat. Vnde 4. Reg. 1. *Descendit ignis de cœlo ad orationem Eliæ.* Item mundat. Isid. Orationibus mundamur. Item confortat. Luc. 21. *Positis genibus orabat dicens: Pater, &c.* Et subditur: *Apparuit autem illi angelus de cœlo, confortans eum.* Bernardus ad fratres de monte Dei: Amorem Dei oratio illuminat & confortat. Maximæ consolationes ab amicis Dei in orationem recipiuntur. Eccles. 15. *Qui adorat Deum, in oblectatione suscipietur.* Luc. 9. Ascendit Iesus in montem vt oraret: & facta est, dum oraret, species vultus eius altera, & vestitus illius albus refulgens. Item oratio etiam ad tranquillitatem valet. 1. Tim. 1. *Obsecro primùm omnium fieri obsecrationes, &c.* Vt quietam & tranquillam vitam agamus. Iob. 8. *Si diluculo consurrexeris ad Deum, & Omnipotentem fueris deprecatus, statim euigilabit ad te, & paratum reddet habitaculum tuum.* Nec solùm oratio operatur in terra, sed etiam in cœlo. Aug. Magna virtus orationis, que effusa in terra, operatur in cœlo. Ipsa cœlum aperit, Luc. 4. *Iesu baptizato & orante, apertum est cœlum.* Ipsa etiam cœlum claudit, vt patet in oratione Eliæ, 3. Reg. 18. Iacob. vlt. *Multum valet deprecatio iusti assidua.* Elias homo erat similis nobis passibilis, & oratione orauit, &c. Oratio etiā Deum mitigat. Vnde super illud Tob. 3. vbi dicitur quod tribus diebus, & tribus noctibus non manducauit, neque bibit: sed in oratione persistens cum lacrymis deprecabatur Deum, dicit gl. Oratio Deū lenit, lacryma cogit: hęc vngit, illa pungit. Oratio velut quoddam scutum ab ira protegit. Vnde Sapient. cap. 18. *Properans homo sine querela deprecari pro populis, proferens seruitutis suæ scutum orationem, & per incensum deprecationem allegans, restitit iræ.* Oratio quodammodo tenet Deum, & habet in potestate sua. Exod. 32. *Dimitte me, vt irascatur furor meus contra eos.* Gregorius: Quid est dicere seruo: Dimitte me, nisi deprecandi ausum præbere? quasi diceret. Pensa quantum ad me valeas, & cognosce quia obtinere poteris quidquid pro populo oras. Esa. 44. *Non est qui inuocet nomen tuum, qui consurgat & teneat te.* Ierem. 7. *Noli orare pro*

De Iustitia.

pulo hoc, & ne assumas pro eis laudem & orationem, & non obsistas mihi. Item oratio coelestem curiam quasi quadam redolentia delectat. Apoc. 5. *Habebant phialas aureas plenas odoramentorum, quæ sunt orationes Sanctorum.* Oratione sancti impetrant apud Deum quod volunt, secundum promissiones à Christo factas. Matt. 18. *Si duo ex vobis consenserint super terram, de omni re quacunque petierint, fiet illis à Patre meo.* Eiusd. 21. *Omnia quæcumque petieritis in oratione credentes, accipietis.* Et Luc. 11. *Petite & dabitur vobis, &c.* Item Ioan. 16. *Petite & accipietis.*

Caput IV.

De præparatione Orationis.

AD præparationem Orationis monemur. Ecclef. 18. *Ante orationem præpara animam tuam, & noli esse quasi homo qui tentat eum.* Orans tunc Deum tentare videtur, quum illud pro quo orat, nec impetrare desiderat, nec se acceptum sperat. Præparatio multum valet ad hoc vt oratio exaudiatur. Psalm. *Præparationem cordis eorum audiuit auris tua.* Huius præparationis figura est, præparatio quam facit sacerdos celebraturus induendo se sacris vestibus. Item hanc præparationem nobis commendat templi ædificatio, & ornatus ipsius. Priùs ædificauit Salomon templum, deinde ad Deum orauit 3. Reg. 8.

Et nota dum, quod duplex est præparatio ad orandum: quædam propinqua, quædam remota. Ad remotam præparationem pertinet, primo quod homo bene viuat Greg. sup. Iob. Sunt nonnulli intra Ecclesias qui prolixas ad Deū preces habent, sed vitam deprecatiuam non habent. Item in Dialogo: Quid mirum si postulantes tardé à Domino exaudimur, qui præcipientem Dominum tardé aut etiam nullo modo audimus: Idē in Moral. Clamorem angustiæ tempore Dominus non audit, quia tranquillitatis tempore in præceptis suis ipse clamantem Dominum non audiuit. Isid. Non potest habere precum certā fiduciam, qui adhuc in præceptis Dei pigritat, & quem peccandi recordatio delectat. Qui à præceptis Dei auertitur, quod in oratione postulat non meretur: nec impetrat ab illo bonum quod poscit, cuius legi non obedit. Idem: Si id quod Deus præcepit facimus: id quod petimus sine dubio obtinemus. 1. Ioan. 3. *Si cor nostrum non reprehenderit nos, fiduciam habemus ad Deum, quidquid petierimus, accipiemus ab eo, quoniam mandata eius custodimus.* August. in lib. de opere monach. Citius exauditur vna obedientis oratio, quàm decem millia contemptoris. Psalm. *Oculi Domini super iustos, & aures eius in preces eorum,* secundum Isidor. necessarium est vt oratione operatio, & opere falciatur oratio. Moyses oratione pugnans contra Amalech, manus habebat ad Deum leuatas. Exod. 17. Thren. 3. *Leuemus corda nostra cum manibus ad Dominum.* Isid. Cor suum manibus leuat, qui orationem cum opere subleuat. In Psal. *Eleuatio manuum mearum sacrificium vespertinum.* Quod sacrificium erat dignius. 1. Tim. 2. *Volo viros orare in omni loco, leuantes puras manus.* Item ad præparationem remotam specialiter videntur pertinere ieiunium & eleemosyna, quæ specialiter iuuant orationem. Vnde cum thure in quo significatur orationis deuotio, offerunt Magi aurum, in quo significatur eleemosyna: & myrtham, in qua significatur carnis maceratio, quæ est per ieiunium. Matth. 2. Hæ sunt duæ animæ orationis, de quibus loquitur Isidor. Tob. 12. *Bona est oratio cum ieiunio & eleemosyna.* Qui ieiunio corpus suum macerat, dum miseriam assumit, Dei misericordiam prouocat, & sic orationem iuuat. Daniel. 9. *Posui faciem meam ad Dominum Deum meum rogare & deprecari, in ieiunio, sacco & cinere.* Qui vero eleemosynam dat, dum misericors proximo exi-

Adorationem ieiuniū & eleemosyna pertinent.

stit, Deum sibi esse misericordem inuitat. Matth. 5. *Beati misericordes, quoniam ipsi misericordiam consequentur.* Esa. 50. *Frange esurienti panem tuum, &c.* Tunc inuocabis, & Dominus exaudiet: clamabis, & dicet: *Ecce adsum, quia misericors sum Dominus Deus tuus.* Qui vult aliquid ab aliquo impetrare, præmittit munera, vt facilius impetret. Eccles. 19. *Conclude eleemosynam in sinu pauperis, & hæc exorabit pro te.* Item ad præparationem remotam videtur pertinere confessio homini facta. Iacob. vltim. *Confitemini alterutrum peccata vestra, & orate, &c.* Et sacerdos celebraturus Missam, facit generalem confessionem. Appropinquans vero præparationem.

1.
Ad orationem requiritur reuocatio cordis.

Primo videtur pertinere reuocatio cordis ab exterioribus ad interiora cum retentione eius. Matth. 6. *Tu autem cum oraueris, intra in cubiculum tuum, & clauso ostio ora patrem tuum, &c.* Ingressus in cubiculū, est cordis reuocatio. Clausio ostij est cordis retentio. Fatuum est Deum inuocare vt ad se veniat & gratiæ eleemosynam conferat, si homo eum non expectat. Ber. omnes nobis plangimus deesse gratiā: sed iustius, ipsa gratia conqueritur nonnullos deesse sibi. Idem: Sic pauperes cum multis clamoribus inuocatus fuerit distributor eleemosynarum diuerticula captāt. Isid. Purgandus est primum animus, atque à temporalium rerum cogitationibus segregandus, vt pura acies cordis ad Deū vere & simpliciter dirigatur. Idem: Pura est oratio quam in suo tempore sæculi non interueniunt curæ. Longe autem à Deo est animus qui in oratione, cogitationibus sæculi fuerit occupatus.

2.
Considerati o sui ipsius.

Secundo pertinet ad propinquam præparationem cōsideratio suiipsius. Bernard. ad fratres de monte Dei: Debemus nosmetipsos coram Deo constituere, quasi facie ad faciem, & in lumine eius prospicere tribulationem de nobisipsis nobis venientem. Isid. Quum Deo assistimus, gemere & flere debemus reminiscentes quàm grauia sunt quæ cōmisimus, quàm dura inferni supplicia quæ timemus. Dicebat quidam, quod latrones & tyranni docuerant eum orare. Latro attendens quid fecit, & quod tormentum sibi præparatum sit, inter hæc duo cum multis lacrymis misericordiā petit: Tyranni vero ea quæ sunt miserabiliora in eis improbissime ostendunt, & quæ sana sunt abscōdunt, vt magnitudo misericordiæ ad misericordiā excitet. 3. Reg. 8. *Si quis cognouerit plagam cordis sui, & extenderit manus suas in domo hac, tu exaudies in cœlo.* Ex consideratione peccatorum prouenit luctus qui multum valet in oratione, vt inferius ostendetur. Isidor. peccatorum recordatio mœrorem gignit, luctus vero mentem puriorem reddit: quod sic valet ad hoc, vt oratio exaudiatur. August. Munda tantum cubiculum cordis, intus est qui exaudiet. Et super illud Psalm. *Iniquitatem si aspexi in corde meo, non exaudiet Dominus,* dicit Gloss. Puritas orationis auditur. Libanus Hebræa lingua candor interpretatur, lingua vero Græca, thus. Candor enim puritatis, & deuotio orationis quæ in thure designatur congruē sibi iunguntur. Item ex consideratione peccatorum humilitas prouenit, quæ multum iuuat orationem. Eccl. 35. *Oratio humiliantis se, nubes penetrabit.* Item consideratio status periculosi multum valet ad augmentum desiderij. Magnitudo vero desiderij multum iuuat orationem ad hoc vt exaudiatur: vt inferius patebit.

Tertio, pertinet ad præparationem propinquam, vt attendatur ad eum cui sacrificium orationis offert. In Psal. *Vacate & videte, quoniam ego sum Deus.* Multum deberet nos reddere attentos in oratione hoc quod cum Domino maiestatis loquimur. Gen. 18. dicit Abraham: *Loquar ad Dominum meum, cum sim puluis & cinis.* Ber. loquens de proficiente: Admonendus est, inquit, quanta potest puritate cordis intendere in eum cui sacrificium orationis offert, se ipsum intendere qui offert: intelligere quid offert. Quantum enim videt vel intelligit illum cui offert, tantum est ei in affectu. Sicut secundum ligna syluæ exardescit ignis. Ecclesiast. 28. Sic secundum diuersas meditationes de Deo, sequuntur diuersas affectiones. Meditationem iustitiæ diuinæ sequitur affectio timoris : meditationem misericordiæ affectio spei : meditationem sapientiæ omnia videntis, affectio erubescentiæ : meditationem bonitatis vel beneficentiæ, affectio gratitudinis vel amoris : meditationem suauitatis diuinæ, affectio quæ potest dici sancta esuries. Secundum vero affectum mentis sequitur affectus orationis. Augustinus de orando Deo, ad Probam: Dignior, inquit, sequitur effectus quem feruentior præcedit affectus. Affectio spei specialiter valet ad impetrandum. Bernard. Quatenus in bonis Domini pedem fiduciæ porrexeris, eatenus possidebis. Idem: Nihil omnipotentiam verbi clariorem reddit, quam quod omnipotentes facit omnes qui in se sperant. Denique omnia possibilia sunt credenti. Voluit Christus, orantes specialiter attendere, quod Deus pater, Deus deorum est, vt fiduciam haberent impetrandi quod peterent. Naturale enim dignoscitur esse patris, filiis vtilia prouidere. Vnde cum dixissent discipuli ei, *Domine, doce nos orare:* Respondit, *Cum oratis, dicite: Pater noster, &c.* Luc. 11. Et in eodem. *Si vos cum sitis mali, nostis bona data dare filiis vestris : quanto magis Pater vester cœlestis, dabit spiritum bonum petentibus se?* Et Iob 16. *Si quid petieritis Patrem in nomine meo, dabit vobis.*

Caput V.

De impedimentis Orationis.

Dixit Abbas Euagilus: Magnum est quidem sine impedimento orare, maius etiam est psallere sine impedimento. Dicebat Abbas Agathon: Nullum laborem tantum esse in religione, quantum orare Deum. Diabolus enim nullum opus tantum conatur interrumpere, quantum orationem deuotam. Aliud enim opus quousque perficiatur habet aliquam requiem, oratio autem nullam. Et possunt enumerari duodecim impedimenta orationis.

Primum est, peccatum orantis. Esa. 1. *Quum multiplicaueritis orationes vestras, non exaudiam : manus enim vestræ sanguine plenæ sunt.* In Psalm. *Iniquitatem si aspexi in corde meo, non exaudiet Dominus.* Esa. 59. *Peccata vestra absconderunt faciem eius à vobis ne exaudiret.* Ierem. 5. *Peccata vestra prohibuerunt bonum à vobis.* Thren. 3. *Nos iniquè egimus, & ad iracundiam prouocauimus : idcirco inexorabilis es.* In eod. *Opposuisti tibi nubem, ne transiret oratio.* Ioan. 9. *Scimus quia Deus peccatores non audit,* &c.

Secundum est orationis dubietas. Iac. 1. *Postulet in fide, nihil hæsitans.* Et subditur de hæsitante : *Non æstimet homo ille quod accipiat aliquid à Domino.* Bernard. Indignus cœlesti benedictione esse conuincitur, qui Deum dubio quærit affectu.

Tertium est, quod non petitur quod petendum est: quia scil. vtile est quod petitur, vel non expediens petenti. Ioan. 16. *Vsque modo non petistis quidquam in nomine meo.* Gloss. quod aliquid sit rei comparatione permanentis. Matth. 20. *Nescitis quid petatis,* dictum est filiis Zebedæi petentibus honorē. Et Paulo petenti amotionē stimuli quæ sibi non expediebat, dictū est: *Sufficit tibi gratia mea : nam virtus in*

Rr iiij

infirmitate perficitur. Ideo frequenter Ecclesia non auditur petendo amotionem tribulationum. Esa. 26. *Misereamur impio, & non discet facere iustitiam.* Iac. 4. *Petitis & non accipitis, eo quod male petatis.* Isidor. Multi orantes non exaudiuntur: prouidet enim Deus illis meliora quàm petunt. Sicut contingere solet paruulis, qui ne in scholis vapulent, Deum exorant: sed non datur illis postulationis effectus, quia impedit talis exauditio ad profectum. Quartum est, indignitas eius pro quo oratur. Ierem. 7. & 11. *Noli orare pro populo isto, neque assumas pro eis laudem & orationem: quia non exaudiam.* Eiusd. 15. *Si steterint Moyses & Samuel coram me, non est anima mea ad populum istum.* In vitis patrum quidam frater patiebatur molestiam à spiritu fornicationis, & abiit sæpe ad seniorem vt pro se oraret. Cúmque frequens oratio senioris cum non iuuaret, Dominus nocte seniori ostendit negligentiam fratris esse in causa quare non exaudiretur. Vidit enim senior monachum sedentem, & spiritum fornicationis in diuersis formis mulierum ludentem apud ipsum, & ipsum cum eis delectari. Vidit etiam angelum Domini astantem & indignantem grauiter contra eundem fratrem, quia non surgebat nec prosternebat se in orationibus ante Deum, sed magis delectabatur in cogitationibus suis: cognouit ergo senior culpam fratris esse quod ipse non exaudiebatur pro eo, & dixit fratri. Impossibile est discedere à te spiritum fornicationis, aliis pro te orantibus, nisi tu ipse laborem assumas in ieiuniis & orationibus, & vigiliis, rogans Dominum cum gemitu. Audiens frater verba senioris, compunctus est corde, & per afflictionem corporis meruit misericordiam.

Quintum est, cogitationum malarum multitudo. Ecclef. 10. *Muscæ morientes perdunt suauitatem vnguenti.* Genes. 15. Abigebat Abraham volucres à sacrificio. 1. Mach. 2. *Templum eius sicut homo igno-* *bilis.* Templum spirituale est, vt homo ignobilis cum immundis cogitationibus occupatur.

Sextum est, contemptus diuinæ legis. Prou. 28. *Qui declinat aurem suam ne audiat legem, eius oratio erit execrabilis.* Prouerb. 1. *Inuocabunt me, & non exaudiam,* &c. eo quod exosam habuerunt disciplinam.

Septimum est durities. Quæ duplex est: quædam in pauperes, de qua, Prou. 11. *Qui obturat aurem suam ad clamorem pauperis, clamabit ipse, & non exaudietur.* Alia est ad eos qui offenderunt, quum aliquis non vult eis remittere. Ecclef. 28. *Relinque proximo tuo nocenti te, & tunc deprecanti tibi peccata soluentur.* In eodem: *Homo homini seruat iram, & à Deo quærit medelam.* Marc. 11. *Cum stabitis ad orandum, dimittite, si quid habetis aduersus aliquem; & Pater vester qui in cœlis est, dimittet vobis peccata vestra.*

Octauum est, peccati additio. Eccl. 34. *Vnus orans & vnus maledicens, cuius vocem exaudiet Dominus?* Opus malum orationi additum est quasi quædam maledictio vel mali imprecatio, quæ orationi aduersatur. Qui peccatum addit, quasi elongat se à Deo: & ideo difficilius à Deo exauditur. Psal. *Qui elongant se à Deo, peribunt.* Item: *Prolongauerunt iniquitatem suam.* Esa. 55. *Inuocate eum dum propè est.* Iac. 4. *Appropinquate Domino, & appropinquabit vobis.* Deo appropinquat, qui à malo opere cessat. De hoc impedimento & præcedenti, tangit Isidor. dicens. Duobus modis oratio impeditur ne impetrare quisquam valeat postulata: hoc est, si aut quisque adhuc mala committit, aut si delinquenti sibi debita non dimittit. Idem: Sicut nullum proficit in vulnere medicamentum, si adhuc ferrum in eo sit: ita nihil proficit oratio illius, cuius adhuc dolor in mente, vel odium manet in pectore.

Nonum est, diaboli suggestio, quæ multos ab oratione retrahit. Vnde Greg.

in dialogo: In quadam abbatia Pompeiani abbatis, quidam monachus non poterat stare in oratorio in oratione, sed semper exiuit, qui sæpe correptus noluit se emendare. Sed cum quadam die beatus Benedictus venisset ad eum corripiendum, vidit quendam nigrum puerulum tenentem eum per fimbriam vestimenti. Cumque orassent per biduum, Benedictus, Pompeianus, & Maurus, illi tres viderunt puerulum illum, & beatus Benedictus monachum verbere corripuit, & dæmon recessit, ac si ipse esset verberatus.

Decimum est, prauitas desiderij Aug. Seruat tibi Deus quod non vult tibi cito dare, vt discas magna magne desiderare. Grego. in Moralib. Æternam vitam si ore petimus, nec tamen corde desideramus, clamantes tacemus. Psal. *Tacui dum clamarem tota die.*

Vndecimum est, petentis impatientia. 1. Reg. 28. *Consuluit Saul Dominum, qui non respondit ei.* Et sequitur: *Dixitque Saul: Quærite mulierem habentem pythonem.* Iudith. 9. *Humilium & mansuetorum semper tibi placuit deprecatio.*

Duodecimum est, defectus perseuerantiæ in orando. Luc. 11. *Si perseuerauerit pulsans, &c.* Psalm. *Benedictus Deus qui non amouit, &c.* Augustin. Si non est amota oratio, securus esto, quod nec misericordia.

Caput VI.

Quando sit orandum.

TEmpus orandi Dominus determinat. Luc. 18. dicens: *Oportet semper orare, & non deficere.* Et eiusd. 21. *Vigilate*, inquit, *omni tempore, &c.* Non debet miles Christi scutum orationis mouere dum bellum durat. Bellum autem durat, quum durat vita præsens: *militia*

enim est vita hominis super terram. Iob. 7. Sap. 18. *Homo sine querela proferens suæ seruitutis scutum orationem, restitit iræ.* 1. Thess. 5. *Sine intermissione orate.* Pericula nunquam desunt, ideo continue indigemus Dei adiutorio. Nunquam deest miseria, ideo continue indigemus Dei misericordia. Ideo si fieri posset semper esset orandum. Sed quia alia negotia hoc non permittunt, præmittenda est oratio operibus nostris, & etiam intermiscenda. Hieronymvs ad Paulam: In principio cuiuslibet operis præmitte Dominicam orationem, & signum crucis in fronte. Idem: Sicut militem sine armis ad bellum exire non conuenit: ita homini Christiano procedere non licet quolibet sine oratione. Bernardus: Hauriendus est sæpe lectionis serie affectus, & formanda oratio quæ lectionem interrumpat. Hieronymus: Orationi lectio, lectioni succedat oratio. Breue videbitur tempus, quod tantis operum varietatibus occupatur. Oratio & gratiarum actio deberent magnam partem vitæ nostræ occupare. Oratio opera nostra deberet præcedere, gratiarum actio sequi. Cum videmus mala vel in nobis vel in aliis, orandum esset. Cum videmus bona in nobis vel in aliis, gratiarum actioni esset instandum. 1. Thess. 5. *Sine intermissione orate, in omnibus gratias agite.* Bernard. ad fratres de monte Dei: Charitas tot modis in oratione vel gratiarum actione in Deum se iugiter refundit, quot in suis vel necessitatibus vel consolationibus, in proximi etiam vel compassionibus, vel congratulationibus causales in hoc materias inuenit pius affectus: Orationi vero præcipue intendendum est, vel cum maior est necessitas, vel maior temporis opportunitas. Maior necessitas orandi est, vt cum aliquam gratiam à Deo recepimus. Tunc enim instandum est apud eum, qui dedit eam vt nobis conseruet: quia vt ait Greg. cito bonum amittitur, nisi à largiente custodiatur. Poëta:

Oradū cursē. per.

Non minor est virtus quàm quærere, parta tueri.

Quantò aliquis plus habet quod possit amittere, tanto diligentior & magis solicitus debet esse de conseruatione. Ideo Dominus sacramento baptismi suscepto, orationi se dedit. Luc. 3. Item necessitas orandi est, cum aliqua ardua opera facturi sumus. Ideo Dominus electurus Apostolos, orationem præsumit. Luc. 6. Item necessitas orandi est cum imminet tribulatio, vel sibi vel proximo. Vnde Dominus imminente passione sua, ter orauit. Matth. 26. Et orationem suam multum protendit. Luc. 22. *Factus in agonia prolixius orabat.* Et Matth. 13. legitur quod ascendit in montem orare : & innuitur causa illius orationis, quum subditur: Nauicula autem in medio mari iactabatur fluctibus. De temporis verò opportunitate notandum, quod Bernard. ostendit tres horas diei multum opportunas esse orationi, dicens fratribus de monte Dei : Extra illas horas de quibus dicit propheta, *Septies in die laudem dixi tibi:* matutinum aut vespertinum, aut mediæ noctis sacrificium maxime obseruandum est. Non enim ait Propheta frustra ; *Mane astabo tibi & videbo,* sed quia tunc à curis exterioribus adhuc sumus ieiuni. *Et dirigatur oratio mea, sicut incensum in conspectu tuo : eleuatio manuum mearum sacrificium vespertinum :* quia tunc ab huiusmodi impedimentis inuenimur dagesti, qui etiam in nocturnis vigiliis nostris, quibus media nocte surgimus ad confitendum nomini Domini, confessionis eundem ordinem contexens : In die, inquit, tribulationis meæ, Deum exquisiui manibus meis in nocte contra eum. Et alibi in Psalm. *Media nocte surgebam ad confitendum tibi.* Ad orandum mane mouemur exemplo Christi : Marc. 1. *Diluculo valdè surgens Iesus, egressus abiit in desertum locum : ibique orabat.* Ad orandum vespere. Matth. 14. vbi sic legitur: *Dimissa turba, ascendit in montem solus orare : vespere autem facto solus erat ibi.* Ad orandum nocturno tempore. Luc. 6. Vbi legitur ; *erat pernoctans in oratione.* Efficaciam matutinæ orationis ostendit Iob 8. vbi dicitur : *Si diluculo consurrexeris ad Deum, & Omnipotentem fueris deprecatus, statim euigilabit ad te.* Et filij Israel mane colligebant manna. Exod. 16. Dulcedo enim Spiritus sancti tali hora impetranda est. Sapient. 16. *Oportet præuenire solem ad benedictionem tuam.* Consueuerunt diuites eleemosynam dare pauperi, qui mane eis primo occurrerit. Item tempus opportunum ad orandum est dies Parasceues, in qua Dominus adeo largus fuit quod matrem suam dedit Ioanni, regnum latroni, corpus & animam in redemptionem humano generi. Ideo Ecclesia illo die pro omnibus orat Iudæis, paganis, schismaticis, hæreticis. Item tempus opportunum est ad orandum ante Ascensionem Domini, quando aduocatus Ecclesiæ, secundum repræsentationem nostram, vadit ad curiam cælestem: tunc enim formandæ sunt petitiones. Item tempus opportunum ad orandum, est tempore medio inter Ascensionem & Pentecosten. Consueuerunt enim filij regū dare larga munera suscepto regno. In Psalm. *Scitote quoniam mirificauit Dominus sanctum suum, Dominus exaudiet me, cum clamauero ad eum.* Item tempus idoneum ad orandum est in magnis solemnitatibus : Consueuerunt enim principes in festis magnis magna munera dare.

CAPVT VII.

Vbi sit orandum.

Notandum, quod vbique orandum est, cum vbique sint pericula, & vbique Dei auxilio indigeamus. 1. ad Timoth. 2. *Volo viros orare in omni loco, leuantes puras manus.* Sapient. 14. *Creatura Dei*

De Iustitia.

Dei in odium facta sunt, & in tentationem animæ hominum, & in muscipulam pedibus insipientium. Specialiter locus idoneus ad orandum, est locus secretus. Isidor. de Summo bono. Oratio priuatis locis opportunius funditur. Matthæi 6. *Tu autem cum oraueris, intra in cubiculum tuum, & clauso ostio ora Patrem tuum.* Eiusdem 14. *Christus dimissa turba ascendit in montem solus orare.* Et Marci primo dicitur, quod abiit in desertum locum, ibique orabat. Et Lucæ 22. *Auulsus est à discipulis suis, quantum iactus est lapidis, & positis genibus orabat.* Item locus idoneus ad orandum, est templum materiale Deo dedicatum. Matth. 21. *Domus mea, domus orationis vocabitur.* 3. Reg. 9. *Exaudiui orationem tuam, &c. sanctificaui domum istam, &c. & erunt ibi oculi mei, & cor meum cunctis diebus.* 2. Paral. 7. *Oculi mei erunt aperti: & aures meæ erectæ ad orationem eius, qui orauerit in loco isto.* Et subditur: *Elegi & sanctificaui locum istum: vt sit nomen meum ibi, in sempiternum, & permaneant oculi mei, & cor meum ibi cunctis diebus.* In eod. *Quum complesset Salomon fundens preces: ignis descendit de cœlo, & deuorauit holocausta, & victimas, & maiestas Domini repleuit domum.* Exod. vlt. *Postquam cuncta perfecta sunt, operuit nubes tabernaculum testimony, & gloria Domini impleuit illud.* Christus multum frequentabat templum materiale. Lucæ 19. *Erat quotidie docens in templo.* Et eiusd. 21. *Erat cunctis diebus docens in templo.* In templo inuentus est à matre sua. Luc. 22. & ait: *Nesciebatis, quia in his quæ sunt Patris mei oportet me esse?* Eiusd. 19. *Intrauit Iesus in templum.* Chrysost. Proprium erat boni filij vt veniens primum ad domum curreret patris. Tu autem imitator Christi factus, intrans ciuitatem, primum ante omnes actus ad Ecclesiam curras; & super Matth. 22. dicit gloss. Ingressus vrbem primo templum adiit, dans formam religionis vt quocunque imus, domum orationis, sibi est, primum adeamus, & per orationes Deo commendati ad agenda negotia secedamus. Item locus idoneus ad orandū est templum spirituale, scilicet cor mundum & purum. Cor carnale vel malignum, stabulum vel spelunca latronum potius esse videtur, quàm templum, 1. ad Cor. 3. *Templum Dei sanctum est, quod estis vos.* Psal. *domum tuam decet sanctitudo.* 3. Reg. 6. *Nihil erat in templo, quod non auro tegeretur.* 1. ad Cor. 3. *Nescitis, quia templum Dei estis, & spiritus Dei habitat in vobis?* Ioan. 4. *Spiritus est Deus: & eos qui adorant eum in spiritu & veritate oportet adorare.* 1. ad Cor. 14. *Orabo spiritu, orabo & mente.*

Caput VIII.

Quomodo sit orandum.

Attente orandum est. Vnde super illud 1. Pet. vlt. *Vigilate in orationibus.* dicit gloss. Non animus cogitet aliquid præter id solum quod precatur. Indiscrete orare videtur, qui Deum precatur vt ei intendat: ipse verò nec sibi, nec Deo intendit, sed quod deterius est, immundo in corde versando fœtorem horribilem aspectu Dei ingerit. Reuocare debet cor suum qui vult orare. 2. Reg. 7. ait Dauid: *Inuenit seruus tuus cor suum, vt oraret te.* Potius orandum est corde quàm ore. 1. Reg. 1. *Anna loquebatur in corde suo, & vox illius penitus non audiebatur.* Matth. 6. *Orantes autem, nolite multum loqui.* Augustinus: Diu orare cum vacat, non est improbum neque inutile: neque enim hoc est. orare in multiloquio, si diutius oretur: aliud est sermo multus, aliud diuturnus affectus. Nam & de ipso Domino scriptum est, quod pernoctauerit in oratione. Luc. 16. *Absit ab oratione multa locutio, sed non desit multa precatio, si feruens perseuerat intentio.* Nam multum loqui in orando est rem necessariam superfluis agere verbis. Multum autē precari est ad Deum, quem precamur, diuturna & pia cordis excitatione pulsare: quod plerumq́ue plus gemitibus, quàm sermonibus agitur. Item notandum est cum magnitudine desiderij, Deut. 4. *Cum quæsieris Dominum Deum tuum, inuenies eum, si tamen toto corde quæsieris.* Ier. 19. *Cum quæsieritis me in toto corde vestro, inueniar à vobis.* Magnitudo desiderij clamor est quem Deus exaudit. De quo clamore Exod. 14. *Quid clamas ad me?* Dicit Dominus ad Mosen. Et Dan. 13. Exclamauit voce magna Susanna. Dilatatio desiderij est quasi præparatio cordis, vt sit capax eius quod petitur. Aug. Cur petere, quærere, pulsare nos compellit, qui nouit quid nobis sit necessarium priusquam petamus: nisi quia voluit exerceri nostrum desiderium in orationibus, quò possimus capere quod præparat dare? Item Aug. Si aliquando Dominus tardius dat, commendat dona, non negat. Diu desiderata dulcius obtinentur: Cito autem data vilescunt. Seruat tibi Deus quod non vult cito dare, vt tu discas magna magnè desiderare. Item notandum est cum gemitu & lachrymis. Exod. 2. *Audiui gemitus eorum.* 1. Reg. 1. *Cum esset Anna amaro animo, orauit ad Dominum flens largiter.* In Psalm. *Auribus percipe lacrymas meas.* Gloss. Quæ lacrymæ violentæ sunt in precibus. Ecclesi. 35. *Non despiciet preces pupilli, nec viduam si effundat loquelam gemitus.* Et in eodem subditur de lacrymis viduæ: *A maxilla vsque ad cœlum ascendunt.* Esa. 37. *Audiui orationem tuam, & vidi lacrymas tuas.* Osee 12. dicitur de Iacob luctante cum angelo. *Fleuit & rogauit eum.* Et Iudith. 8. *Indulgentiam illius fusis lacrymis postulemus.* Hebr. 1. *Preces supplicationésque cum clamore valido & lacrymis offerens exauditus est pro sua reuerentia.* Item orandum est humiliter. Psal. *Respexit in orationem humilium, & non spreuit preces eorum.* Eccl. 35. *Oratio humiliantis se, nubes penetrabit.* Iudith. 9. *Humilium & mansuetorum semper tibi placuit deprecatio.* Humilitate obtinuit Chananæa à Christo quod voluit, catello se comparans, cum Christus eam cani comparasset, Matth. 15. & Mat. 7. habetur quod Christus ei dixerit, propter hunc sermonem, *Vade, exiuit dæmonium de filia tua.* Mat. 8. Post illud verbum humile Centurionis, *Domine, non sum dignus vt intres sub tectum meum*, dictum est ei à Christo, *Sicut credidisti, fiat tibi.* Et Luc. 15. Postquam filius prodigus dixit: *Non sum dignus vocari filius tuus*; Pater accurrens cecidit super collum eius. Item orandum est confidenter sicut orabat Dauid; *Miserere*, inquit, *mei; quoniam in te confidit anima mea.* Item orandum est perseueranter: vt ostendit Dominus Luc. 11. exemplo amici qui panes necessarios accommodauit improbitate amici deprecantis deuictus. Et exemplo iudicis iniqui Deum non timentis & homines non reuerentis, qui improbitate viduæ victus, vindictam fecit ei de aduersario ipsius. Luc. 8. Apostoli perseuerando in oratione, Spiritum sanctum accipere meruerunt. Actor. 1.

Caput IX.

Quid in oratione sit petendum.

IN oratione petenda sunt gloria & gratia: siue regnū & iustitia regni. Matth. 6. *Primum quærite regnum Dei, & iustitiam eius, & hæc omnia adiicientur vobis.* Non monet Dominus vt temporalia quærantur. Primo, quia non sunt digna peti. Bona infima sunt, & incuruantur qui amant & quærunt ea. Quæ incuruatio dæmonibus placet. Esa. *Incuruare, vt transeamus.* Bernardus. Noli acquiescere dicenti; Incuruare vt transeamus; non enim est transiturus, sed te grauiter oppressurus. In Ps. *Miser factus sum & curuatus sum vsque in finem.* ad Coloss. 3. *Quæ sursum sunt quærite non quæ super terram.* Secundo quia temporalia debentur his qui habent iustitiam regni. Iustitia enim regni filios facit. Filiis verò debetur prouisio. Vnde super illud: *Et hæc omnia adiicientur vobis,* dicit gloss. Quia omnia sunt filiorum, & ideo hæc omnia adiicientur etiam non quærentibus: quibus si subtrahuntur, ad probationem est: si dantur ad gratiarum actioné. Tertio, quia nescit homo vtrum sibi expediat temporalia habere, cum vt frequentius possessoribus suis noceant. Prou. 1. *Vsquequo stulti ea quæ sunt noxia capient?* Et super illud 2. ad Cor. 13. *Virtus in infirmitate perficitur.* Dicit gloss. Aug. Cum ea quę Deus laudat & promittit, petitis, ab illo securi petite, illa enim propitio Deo conceduntur. Quando autem petitis temporalia, cum modo petite, & cum timore illi committite, vt si prosint det: si scit obesse, non det. Quid enim obsit vel profit medicus nouit, non ægrotus: Item notandum quod super illud Matth. 26. *Et orauit tertio eundem sermonem dicens.* Tanget gloss. tria à nobis petenda. Tribus vicibus, inquit, orauit, vt & nos à præteritis peccatis veniam, à præsentibus malis tutelam, & à futuris periculis cautelam oremus. De primo. Eccl. 38. *Fili, in infirmitate tua ne despicias teipsum, sed ora Dominum, & ipse curabit te.* De secundo, Matth. 26. *Vigilate & orate vt non intretis in tentationem.* De tertio, Luc. 3. *Vigilate in omni tempore, orantes vt digni habeamini fugere quæ ventura sunt.* Item, notádum quod in oratione petere possumus vt Deus custodiat nos ab occasione peccandi. Exemplo Salomonis dicentis. Prou. 30. *Mendicitatem & diuitias ne dederis mihi, sed tribuas tantum victui meo necessaria, ne forte illiciar ad negandum, & dicam: Quis est Dominus? aut egestate compulsus furer, & periurem nomen Domini mei.* Item possumus in oratione petere id quod dat nobis occasionem salutis: vt eos qui nos recte instruant secundum admonitionem Christi. Matth. 9. *Rogate Dominum messis, vt mittat operarios in messem suam.*

PARS X.
De speciebus Orationis.

ORatio potest diuidi in orationem fructuosam. Fructuosa oratio multas habet species. Quædam enim fit verecundo & humili affectu. Qualis fuit oratio publicani, quia non audebat oculos suos in cœlum leuare Lucę decimo octauo. Item talis fuit oratio filij prodigi, qui ait ad patrem suum: *Pater, peccaui in cœlum & coram te, iam non sum dignus vocari filius tuus.* Luc. 15. Verecundia multum placet Deo in pœnitente, sicut impudentia displicet ei in peccatore. Bernardus: Quantum displicet Deo impudentia peccatoris, tantum placet ei erubescentia pœnitentis. Similiter humilitas orantis multum placet ei. Bernardus: Citius placas Deum si mensuram tuam seruaueris, & altiora te ne quæsieris. Quædam oratio fit in puro affectu: sic orauit Susanna. Dan. 13. dicens: *Domine Deus, tu scis quia hæc isti malitiose composuerunt aduersum me.* Alia species orationis fit lato affectu. Sic orauit Moyses. Exod. 32. dicens: *Aut dimitte eis hanc noxam: aut si non facis, dele me de libro tuo quem scripsisti.* Alia oratio fit grato affectu. Sic monet Apostolus orare ad Col. 4. *Oratione instate, vigilantes in ea in gratiarum actione.* Oratio infructuosa similiter multas habet species. Quædam enim est simiatica, quæ solis labiis fit. De qua Matth. 15. *Populus hic me labiis honorat: cor autem eorum longe est à me.* Es. 29. sic habetur: *Appropinquat populus iste ore suo, & labiis suis glorificat me: cor autem eius longe est à me:* Aug. Sicut vox sine modulatione quasi vox picarum: sic oratio sine deuotione quasi mugitus boum. Idem Aug. Quid prodest strepitus labiorum, si mutū est cor: Qualis differentia inter paleam & granū, & inter similā & furfur, & inter pellem animalis & ipsum animal, talis est

Oratio nis duæ species.

differentia inter sonum vocalis orationis, & deuotionem cordis. Praui pastores pro animali sola pellem reddunt: quibus similes sunt qui male orant, tantum exteriorē sonum vocalis orationis habentes. Et notandum quod deuotio sic describitur. Deuotio est teneritudo cordis qua quis de facili in lacrymas resoluitur. Vel sic, Deuotio est feruor bonæ voluntatis quem meus cohibere non valens certis manifestat indiciis. Deuotio est medulla holocaustorum. Sine ipsa holocausta sunt arida. Psal. *Holocausta medullata offeram tibi.* Alia species infructuosæ orationis est, oratio præter opera: qualis fuit oratio Eliæ, cum petiit animæ suæ vt moreretur. 3. Reg. 19. Tertia species est, saluti contraria. Qualis fuit oratio Pauli petentis à se stimulum amoueri. 2. ad Cor. 12. Quarta species est, oratio præsumptuosa. Qualis fuit oratio filiorum Zebedæi, qui volebant peruenire ad regnum, non per calicis potum: quibus dictum est: *Nescitis quid petatis.* Matth. 20. Quinta species est, oratio ridiculosa. Qualis est oratio hypocritarū, qui elati de multitudine operum suorum Deum quasi irrident, dum manibus plenis eleemosynam gratiæ ab eo petunt. Talis fuit oratio super bi Pharisæi, dicentis: *Ieiuno bis in sabbato, decimas do omnium quæ possideo,* Luc. 18. Vacuas oportet esse manus hominis per humilitatem, ad hoc vt eleemosyna gratiæ ei à Deo detur. Item oratio hypocritarum ridiculosa est, qui manus tendunt ad terram cum eleemosynam petunt ab eo qui est in cælis: terrenam enim mercedē quærunt in operibus suis. Item potest diuidi oratio in postulationem & obsecrationem, & orationem strictè sumptam. Et sumitur hæc diuisio ex illo verbo 1. ad Tim. 2. *Obsecro ergo primum omnium fieri obsecrationes, orationes, postulationes, gratiarum actiones.* Membra vero ista notificat Bern. in epist. ad fratres de monteDei, his verbis: Postulatio, inquit, est circa obtinenda temporalia & necessaria vitæ huius, in qua Deus postulantis quidem approbans bonam voluntatem, facit tamen quod ipse melius iudicat, & dat libenter sequi postulantem. Ad postulationem pertinet petere tranquillitatem pacis, suauitatem corporis, temperiem aëris. Obsecratio est in exercitiis spiritualibus anxia ad Deum instantia. Oratio est hominis Deo adhærentis affectio, & familiaris quædam & pia allocutio. Gratiarum actio est in intellectu & cognitione gratiæ Dei bonæ volūtatis indeficiens & interflexa intentio. In postulationibus pie ac fideliter est orandum, sed non est illis pertinaciter inhærendum: quia nos nescimus, sed Pater noster qui est in cælis, quid in temporalibus istis necesse est nobis. Obsecrationibus insistendum est, sed in omni humilitate & patientia, quia non afferunt fructum nisi in patientia. Nonnunquam enim cum celerius gratia non subuenit, fit obsecranti cælum æneum, & terra sua ferrea. Et cum relicta sibi humani cordis duritia, ad votum exaudiri non meretur: anxietas desiderantis negari sibi existimat quidquid differtur. Cumque sicut Chananæa illa præteriri se aut despici gemiscit, quasi in immunditia carnis præterita sibi peccata imputari vel improperari imaginatur. Nonnunquam vero sine labore petens accipit, quærens inuenit, & pulsanti aperitur, & consolationes ac suauitates orationis inuenire tandem meretur labor obsecrationis. Nonnunquam etiam puræ orationis affectus & bona illa affectionis suauitas non inuenitur, sed quasi inuenit cum non petentem, & quasi nescientem gratia præuenit, & tanquam genus seruorum suscipitur in mensa filiorum, & rudis adhuc & insipiens animus in eum orandi assumitur affectum, qui pro merito sanctitatis reddi solet meritis perfectorum. Quod cum sit, agitur vt vel in iudicium suum negligendi, non liceat nescire quid negligat: vel vt prouocatio charitatis amorem in eo vltrò se proferentis accendat. In quo, proh dolor! multi falluntur: quia cùm pane pascuntur filiorum, iam se filios esse arbitrantur: & deficientes vnde proficere debeant, ex visitante gratia euanescunt à conscientia sua, se esse aliquid arbitrantes, cum nihil sint. Item oratio sic potest diuidi. Est oratio quam aliquis pro se ad Deum dirigit: & est oratio qua aliquis pro alio intercedit, quæ suffragiū dicitur: quod suffragium humiliter petendum est, & maximè à sanctis qui iam beati sunt. Iob. 5. *Ad aliquem Sanctorum conuertere.* Populus etiam humiliter debet suffragium petere à ministris Ecclesiæ. Leuit. 3. *Rogante pro eis sacerdote propitius erit eis Dominus.* Item habetur eiusdem 5. & Num. 16. *Deprecatus est Aaron pro populo, & plaga cessauit.* Ministri etiam Ecclesiæ suffragium himiliter debent petere à populo, exemplo Pauli ad Rom. 15. *Obsecro,* inquit, *vos fratres per Dominum nostrum Iesum Christum, & per charitatem sancti Spiritus, vt adiuuetis me in orationibus vestris pro me ad Deum.* Item petendum est suffragium ab his qui creduntur esse speciales Dei amici. Iob. 42. *Iob seruus meus orabit pro vobis: faciem eius suscipiam.* Illi verò qui in Christo decedit, dicēdum est illud Gen. 40. *Memento mei, cum bene tibi fuerit.* Libenter debet orare vnus pro alio. Iacob. 5. *Orate pro inuicem, vt saluemini.* Et 1. Ioan. 5. *Qui scit fratrem suum peccare peccatum, non ad mortem: petat, & dabitur ei, &c.* Multum etiam sperandum est de suffragiis sanctorum, ad Philip. 1, *Scio quod hoc mihi proueniet ad salutem per vestram orationem.* Idem ad Philemonem: *Spero per orationes vestras donari me vobis.* De commendatione & expositione Dominicæ orationis, require in sermone illo epistolarum: *Omnes vnanimes in oratione estote.* Isidor. de summo bono: Fidei symbolum & Dominica oratio pro tota lege paruulis Ecclesiæ ad cœlorum regna sufficit capessenda: omnis enim latitudo scripturarum, in eadem oratione Dominica & Symboli breuitate concluditur.

Pars VIII.

De laude Dei, & de necessariis intendenti laudi diuinæ.

Nvnc tangendum est de laude Dei & gratiarum actione, quæ orationibus suis consueuit Ecclesia admiscere. Et primo de laude Dei. Ad quam multum incitat nos sacra Scriptura. Dauid: *Immola Deo sacrificium laudis.* Idem: *Psallite Deo nostro, psallite, &c.* Eccl. 39. *In omni corde & ore collaudate, & benedicite nomen Domini.* Heb. 13. *Offeramus hostiam laudis semper Deo.* Apoc. 19. *Laudem dicite Deo nostro omnes sancti eius, & qui timetis Deum pusilli & magni.* Ad laudandum Deum maximè incitat Scriptura. Psalm. in tertia quinquagena, quæ in laude terminatur: *Omnis spiritus laudet Dominum:* & in qua sunt tot psalmi incipientes, vel à verbo laudandi, vel confitendi, vel cantandi. Itē ad laudandum Deum incitat omnis creatura. Greg. Mirum est quod homo sem. per Deum non laudat: quia quælibet creatura ad eum laudandum semper inuitat: Opera laudabilia artificem laudabilem ostendunt. Eccl. 9. *In manu artificum opera laudabuntur.* Prou. vlt. *Laudent eam in portis opera eius.* August. 4. lib. Confess. Si placent opera Domini, ex his lauda: & in artificem eorum retorque amorem, ne in his quæ tibi placent tu displiceas. Idem intellige de aliis operibus Dei. Laudatio Dei est valde nobilis operatio, cum angeli & animæ iam beatæ huic operationi intendant. In Psalm. *Beati qui habitant in domo tua Domine, in secula seculorum laudabunt te.* August. in libr. de Ciuitate Dei: Vacabimus & videbimus: videbimus, & amabimus: amabimus,

Deum laudare quæ inducant.

& laudabimus. Laudationem ponit vltimam operationem: ideò pallio comparatur. Esa. 61 *Pallium laudis pro spiritu mœroris.* Pallium superponitur aliis vestibus. Bernardus loquens de cœlesti ciuitate, dicit quod eius operatio est assidua Dei laudatio: multum gaudere deberet, qui in terris admittitur ad hanc cœlestem operationem exercendam. August. in lib. de doctrina Christiana. Deus, cum de illo nihil digni dici possit, admisit tamen humanæ vocis obsequium, & verbis nostris in laude sua nos gaudere voluit. Bernard. super Cant. Nihil ita propriè in terris repræsentat quondam cœlestis habitationis statum, sicut alacritas laudantium Deum. Qui beati sunt, perfectè Deum laudant; sed qui sunt in præsenti vita, imperfectè. *Vnde iubilant.* Iob 38. *Cum me laudarent simul astra matutina & iubilarent omnes filij Dei.* Greg. Iubilatio dicitur, cùm cordis lætitia oris efficacia non impletur. Laudant angeli, qui iam tantæ claritatis latitudinem in sublimibus vident. Iubilant verò homines, quia adhuc in inferioribus oris sui angustias sustinent. Bernard. Semiuiuus in terra relictus semilaudare possum: vbi totus vixero, ibi totus in laudem. Loquela homini data est ad laudandum Deum: & qui Deum non laudat, quasi mutus reputandus est. August. in lib. Conf. Væ, tacentibus de te, quoniam loquaces muti sunt! Felix esset qui semper posset laudi diuinæ insistere. Hieronymus: Fœlix lingua quæ non nouit nisi de diuinis texere sermonem. In Psal. *Semper laus eius in ore meo.* Eccl. vlt. *Laudabo nomen tuum assiduè.* Esa. 62. *Tota die & tota nocte non tacebunt.* Operatio ista valde est Deo gloriosa. In Psalm. *Sacrificium laudis honorificabit me.* Tob. 12. *Opera Dei reuelare & confiteri honorificum est.* Item operatio ista homini valdè est vtilis. Ipsa malignum spiritum fugat. 1. Reg. 6. *Ecce spiritus Domini malus exagitat te. Iubeat Dominus noster rex, & serui tui, qui coram te sunt, quærant hominem scientem psallere in cithara: vt quando arripuerit te spiritus Domini malus, psallat manu sua, & leuius feras.* Et subditur in hoc capit. *Dauid tollebat citharam, &c. & leuius habebat Saul, recedebat enim ab eo spiritus malus.* In Psal. *Laudans inuocabo Dominum, & inimicis meis saluus ero.* Item Spiritui sancto viam præparat. Gregor. super Ezech. Cum vox Psalmodiæ per intentionem cordis agitur, omnipotenti Deo iter ad cor paratur. 4. Reg. 1. Cum caneret Psaltes, facta est super Eliseum manus Domini. Item hominem lætificat. In Psal. *Exultabunt labia mea cum cantauero tibi.* Iac. 5. *Tristatur quis in vobis? oret æquo animo, & psallat.* Gl. Crebra psalmodiæ dulcedine nociuam tristitiæ pestem de corde expellat. Item ad Deum cor reuelat. Bernard. Cum à corde fortis missa fuerit ómnis immunditia, oculos cordis attollunt meditatio admirabilis essentiæ Dei, & castæ veritatis inspectio, oratio munda & valida, iubilus laudis, & desiderium ardens in Deum.

Et notandum quod homines maximè debent instare laudi diuinæ ex quo sunt redempti. Vnde nato Saluatore, facta est multitudo militiæ cœlestis laudantium Deum, Lucæ 2. ad prouocandum homines ad Dei laudem. Dauid: *Confiteantur tibi populi Deus, confiteantur tibi populi omnes.* Et subditur causa: *terra dedit fructum suum:* Terra dicitur beata Virgo, quæ dedit fructum sufficientem & hominibus & angelis ad æternam refectionem. Esaiæ 52. *Gaudete, & laudate simul deserta Ierusalem: quia consolatus est Dominus populum suum, redemit Ierusalem.* Fecit Salomon duo Cherubim in lateribus arcæ, habentes pedes obliquatos & quasi ad iubilandum eleuatos, vt in tripudiis habent mulieres saltando iubilantes. Arca figurat Dominicum corpus. Duo Cherubim quasi iubilantes iuxta arcam, sunt clerici & religiosi filium Dei assumendo, humanam naturam, humilitatem laudantes & glorificantes. Item legitur

De Iustitia. 327

Lucæ vltim. de discipulis, quod post ascensionem Domini reuersi sunt in Ierusalem, & erant semper in templo laudantes & benedicentes Deum. Item notandum quod operatio ista discretè est exercenda. In Psalm. *Quoniam rex omnis terræ Deus, psallite sapienter.* Item Bernard. Psallite ei in vociferatione. Vociferatio est desiderij magnitudo. Vnde super illud Exod. 14. *Quid clamas ad me?* Dicit gloss. Voces apud aures Dei non faciunt verba nostra, sed desideria. Et qui vult laudi Dei insistere. Primò prouidentia est munditia. Ecclef. 15. *Non est speciosa laus in ore peccatoris.* In Psalmis. *Confessio & pulchritudo in conspectu eius.* Confessio, inquam, laudis. Cantic. 2. *Sonet vox tua in auribus meis: vox enim tua dulcis, & facies tua decora.* Denique sex sunt necessaria, quæ tangit Bernard. super Cant. 13. sermone, his verbis; Immolantes hostiam laudis, & reddentes vota nostra de die in diem, curremus omni vigilantia iungere sensum vsui, affectum sensui, exultationem affectui, grauitatem exultationi, humilitatem gratuitati, libertatem humilitati, quo interdum liberis purgatæ mentis passibus procedamus & excedamus per inusitatas quasdã affectiones, speciales lætitias, in iubileis amœnitatibus, in lumine Dei, in suauitate, in Spiritu S. Sensus iungendus est vsui: id est, psalmorum intelligentia cum attentione prolationi vocis. Vnde super illud Psalm. *Psallite sapienter,* dicit Gloss. Nemo sapienter facit quod non intelligit. Bernard. Cibus in ore, psalmus in corde, non negligat anima illum terere dentibus intelligentiæ suæ, ne si fortè integrum glutiat, frustretur palatum sapore dulciori super mel & fauum. Item iungendus est affectus sensui. Bern. Nunquã intelliges Dauid, donec ipsa experientia ipsos Psalmorum indueris affectus. Dauid intelligit in illo psalmo, *Domine ne in furore:* qui affectum timoris induit, vt ad intuitum illius furoris quem Deus exercebit in die illa contremiscat. Hieronym.

Quoties illam diem cogito, toto corpore contremisco. Dauid intelligit in illo Psal. *Deus iudicium tuum regi da:* qui districtionem extremi iudicii timet, & ad Christum timorem habet. Duplici enim affectu incitabatur Psalmista, quum illud peteret. Item exultatio iungẽda est affectui. Vnde Hieron. Malo psalmum vnum cum hilaritate mentis decantare, quàm totum psalterium, cum torpore, fastidio, & acedia. Item, quia leuitas solet comitari exultationem: iungenda est grauitas exultationi. Dauid: *In populo graui laudabo te.* Item: *Exultate ei cum tremore:* & quia homines graues solent contemnere homines leues, vel fauorem vanæ gloriæ de grauitate tua quærere, ideo humilitas iungenda est grauitati. Bernard. Magna virtus humilitatis, sine cuius obtentu virtus non solum virtus non fit, sed etiam in superbiam erumpit. Item quia humilitatem quandóque sequitur pusillanimitas, iungẽda est etiam humilitati libertas, quæ est quum cor dilatatũ est abundantia gratiæ, vt merè voluntariè faciat quod pro Deo facit. 2. Cor. 3. Vbi Spiritus Domini, ibi libertas. Tullius: Libertas est potestas viuendi vt velis. Item notandum quod non solùm laudandus est Deus sermone, sed etiam benè viuendo. Laus enim bonæ vitæ magis continua est. Augustinus: Qui Deum lingua laudat, non semper laudare potest: qui Deum moribus laudat, semper potest. 1. ad Corinth. 10. *Siue manducatis siue bibitis, vel aliud quid facitis, omnia in gloriam Dei facite.* Augustinus: Si quod manducas & bibis, ad refectionem corporis sumis reparationémque membrorum, gratias agens ei qui tibi præbuit mortali ac fragili ista supplementorum solatia, cibus tuus & potus laudat Deum. Item notandum, quod gratior est Deo laus quæ exhibetur in aduertate, quàm quæ in prosperitate. Gregor. in Moralib. Despecta vox confessionis est, quam format iucunditas prosperitatis. Et intelligas hoc de confessione laudis,

Idem: Sola confessio habet meritum magni ponderis, quam à veritate rectitudinis non separat vis doloris. In Psalm. *Rectos decet collaudatio.* Gloss. Recti sunt qui dirigunt cor suum secundum voluntatem Dei, quæ est regula, & proponunt voluntatem meliori suæ voluntati: id est, voluntatem omnipotentis voluntati infirmi. Curuus laudat Deum quando sibi bene est: blasphemat, quando male: rectus verò semper, id est, in prosperis & in aduersis; vt dicit Gloss. ibidem.

PARS X.

De his quæ possunt hominem incitare ad gratiarum actionem. Et de beneficiis pro quibus homo regratiari debet Deo.

Gratiarum actionē prouocantia quot sint.

OCto sunt, quæ possunt hominem incitare ad gratiarum actionem. Primum est, admonitio sanctarum Scripturarum. Bernardus: Disce in ferendo gratiam non esse tardus aut signis. Disce ad singula dona gratias agere: diligenter considera quæ tibi apponuntur, vt nulla Dei dona debita gratiarū actione frustrentur. Tob. 3. *Omni tempore benedic Deum.* ad Col. 3. *Omne quodcunque facitis in verbo aut in opere, omnia in nomine Domini nostri Iesu Christi facite, gratias agentes Deo & Patri.* Eiusdem 4. *Orationi instantes, vigilantes in ea in gratiarum actione.* Ad Ephes. 5. *Gratias agentes semper.* 1. ad Thessal. 5. *In omnibus gratias agite.*

Secundum est admonitio creaturarum, quæ incessanter nos inuitant ad gratiarum actionem: Beneficium enim datum alicui inuitat eum vt danti gratias agat. Ergo quum omnia quæ videmus homini data fuerint, secundum illud Genes. 1. *Faciamus hominem ad imaginem & similitudinem nostram: & præsit piscibus maris & volatilibus coeli, & bestiis terræ, vniuersæque creaturæ:* omnia quæ videmus ad gratiarum actionem nos inuitant. Tertium est, ipsum tempus in quo sumus, scilicet tempus gratiæ, cui nulla operatio magis congruere videtur quàm gratiarum actio. Ideo valde bonum videtur gratiarum actioni instare. Prouer. 15. *Sermo opportunus optimus est.* August. ad sanctum Aurelium: Quid melius animo geramus, & ore probemus, & calamo exprimamus, quàm Deo gratias? Hoc enim nec dici breuius, nec audiri lætius, nec intelligi gradius, nec agi fructuosius potest. Quartum est, quod gratiarū actio operatio est quæ exercetur in paradiso, in Psal. *Misericordias Domini in æternum cantabo.* Hoc canticum erit gratiarum actio, de hoc quod fuerimus misericorditer à periculis liberati. Esaiæ 51. *Gaudium & lætitia inuenietur in ea, gratiarum actio, & vox laudis.* Vnde bonū est assuescere huic operationi quam in futuro exercebimus. Bonū est addiscere officium quod tamdiu facere oportebit. Quintum est, vtilitas multiplex quæ ex hoc opere sequitur. Prima est, quod ipsa hominem in tribulatione custodit, Deum ei adesse faciens, quod figuratum est Daniel 3. in pueris qui in fornace suppositi gratias agentes Deo, ab igne læsi non fuerunt, & quartus apparuit eis similis filio Dei. Secunda est, quod diuinam largitatem prouocat ad dandum. Prouerb. 11. *Anima quæ benedicit impinguabitur.* Ad locum vnde exeunt flumina gratiarum reuertuntur, vt iterum fluant. Eccl. 42. *Benedicentes Dominum exaltate illum quantum potestis, exaltantes autem replebimini virtute.*

Quos fructus producat.

Sextum est, quod hæc operatio multum placet Deo. Gratiarum actio adeps est spiritualis, de quo Leuit. 3. *Omnis adeps Domini erit iure perpetuo.* Item vnguentum est quo caput Ecclesiæ vngitur. Matth. 29. & Marc. 14. Bernard. Bonum est vnguentum contritionis, quod peccatorum recordatione conficitur; melius deuotionis, quod fit de recordatione beneficiorum Dei.

Deo gratū.

Septi-

De Iustitia.

Septimum, quod ingratitudo quæ gratiarum actioni contraria est, rusticitas est magna. Si magna est rusticitas ei cui mittitur vasculum vini gratias non agere: quanta rusticitas est ei gratias non agere, qui incessanter nobis tribuit bona sua? Greg. Dignum est semper gratias agere, quia Deus nunquam cessat benefacere. Vltimum est, multiplex malum quod prouenit ex ingratitudine. Primum est, quod bona iam à Deo accepta, auferri facit. Vnde super illud ad Rom. 1. *Qui quàm Deum cognouissent, non sicut Deum glorificauerunt aut gratias egerunt*, dicit August. Quod Deus dederat gratis, tulit ingratis. Secundum est quod impedit ab his quæ darentur homini, nisi fuisset ingratus. Gregor. Non est dignus dandis qui non agit grates de datis. Bern. Ingratitudo est ventus vrens, siccans sibi fontem pietatis, rorem misericordiæ, fluenta gratiæ. Tertium est quod non solum priuat hominem bonis, imo etiam pœnam addit. Vnde Ezechias punitus est de ingratitudine: Cum enim Dominus dedisset ei triumphum incredibilem, & percussisset CLXXXV. millia in castris Sennacherib: licet secundum Iosephum cum populo hostias Deo immolasset, non tamen digne gratias egit, & canticum non cantauit, sicut in huiusmodi patres consueuerant facere, & ideo ægrotauit ad mortem. Esa. 38. Item notandum quod gratias agere debemus Deo, & de beneficiis generalibus, & de specialibus & de singularibus. Generalia tangit Bernard. dicens: Agamus fratres gratias factori nostro, benefactori nostro, redemptori nostro, remuneratori nostro, Primum, quod nobis præstitit, quod nos ipsi sumus. Adiecit etiam vnde subsisteres qui iam eras. *Faciamus*, inquit, *hominem, &c.* Quid verò postea? *& præsit piscibus, &c.* Iam tertium opus tuæ redemptionis attende. Idem: Fecit te Deus tuus: fecit tam multa propter te, factus est ipse tecum caro vna, te quoque faciet secundum spiritum vnum. Beneficia specialia sunt tria. Primum est, beneficium expectationis quo Deus peccatores patienter expectat ad pœnitentiam. Secundum est iustificationis, quando diu expectatos conuertit, infundendo gratiam suam. Tertium conseruationis, quando conuersos in statu bono conseruat. Et notandum quod circa vnumquodque horum beneficiorum quinque attendenda sunt, vt agnoscamus magnitudinem eorum. Circa primum debet homo cogitare quoties meruerit vt tempus pœnitentiæ sibi auferretur. Quoties enim mortaliter peccauit, hoc meruit. Peccator enim indignus est vita, quia ingratus est authori vitæ: Iob 30. *Qui ipsa vita putabantur indigni.* Secundo, debet cogitare quàm proximus fuerit quandoque amissioni misericordiæ. Tanto enim misericordia gratior est, quanto pœna proximior est à qua parcitur. Vt si aliquis suspendendus iam laqueum haberet in collo, vel si mutilandus membro, iam membrum haberet supra lignum vbi mutilari deberet, maius beneficium reputaret si tunc liberaretur. Vnde debet homo cogitare, si quandoque fuit in periculo mortis, dum in statu erat damnationis, & quo iuisset si in illo statu decessisset, & quid promeruerit apud Deum, vt tunc Deus ei pepercerit. Tertio debet cogitare quàm pretiosam rem Deus ei contulerit, quando tempus pœnitentiæ ei dedit. Pretiositas temporis ex duobus perpenditur. Primo ex hoc, quod in momento temporis potest homo lucrari regnum æternum. Secundo ex hoc, quod illis qui sunt in inferno plus valeret momentum temporis in quo pœnitentiam ageret, quàm tanta massa auri quanta est totus mundus. Bernardus: Nihil pretiosius tempore. Sed heu! hodie nihil vilius reputatur. Valde ingratus est peccator qui non vult conuerti, quum quælibet hora temporis quam dat Dominus plus valeat, quàm centum marcæ auri. Quarto debet cogitare, quàm male meruisset vt res tam pretiosa ei conferretur, qui magnum tempus sibi priùs datum in contumeliam Dei expenderat. Quinto, debet cogitare qualiter sciebat Deus eum esse vsurum tanto beneficio. In hoc enim est cumulus diuinæ misericordiæ, quod licet Deus sciuerit eum vsurum tanto beneficio pro magna parte in contumeliam sui: tamen non dimisit propter hoc dare illi. Circa secundum beneficium debet homo cogitare, primo à quibus vinculis Deus liberauerit eum. Tot vinculis est peccator ligatus, quot peccatis irretitus: iuxta illud Prouerb. 5. *Iniquitates suæ capiunt impium, & funibus peccatorum suorum quisque constringitur.* Et sunt ideo fortia vincula ista, quod nec etiam per mortem quandoque soluuntur. Vnde non parum debet esse gratus Deo, quem Deus ab his vinculis liberauit. Secundo debet cogitare quot & quanta ei Deus dimisit: pro quolibet enim mortali ei dimisso, reus erat mortis æternæ. Si quis esset reus mortis temporalis quæ momentanea est, pro dimissione illius paratus esset illi seruire tota vita sua. Quid ergo faciędum est pro dimissione mortis æternæ, quæ etiam vni soli mortali debetur? August. Cui dictum est, Nauiga, ne moriaris, & distulit: cui dictum est, Labora, ne moriaris, & piger fuit. Leuia iubet Deus, vt in æternum viuamus, & obedire negligimus. Tertio, debet cogitare ad quantam dignitatem Deus eum elegit quando eum iustificauit. Elegit enim eum ad regnum æternum. Quarto, debet cogitare in quali statu Deus eum elegerit: hostis enim Dei erat, & indignus etiam pane quo vescebatur. Peccator enim secundum August. indignus est pane quo vescitur. Quinto debet cogitare quod Deus relinquit quibus tale beneficium non præstitit, imo in peccatis suis eos perire permisit. Circa beneficium vero conseruationis, primo attendenda est difficultas standi, quæ apparet specialiter in tribus personis, scilicet in Lucifero, qui cum esset maxima arbor paradisi, ad modicum ventum siue flatum superbiæ cecidit. Et in Adam, qui cum esset sine corruptione naturalium: tamen propter cohabitationem vnius mulieris, paradisum amisit. Hieronym. Memento semper quod paradisi colonum de possessione sua mulier eiecerit. Si potuit mulier eijcere eum qui iam erat in paradiso, non est mirum si iam eos impediat qui nondum in paradisum peruenerunt. Difficultas etiam standi patet in Iuda, qui cum esset sub tanto pastore, & inter tales fratres, tamen occasione modicæ administrationis cecidit, & non adiecit vt resurgeret. Secundo, debet attendere pugnæ continuitatem in qua sumus. Diabolus enim nos impugnare non cessat, vt saltem tædio vincat. Miratur aliqui cum audiunt aliquem bonum cecidisse, sed non est mirum si quandoque cadat qui continuè est in pugna, imo potius mirum est si aliquando non cadat. Legitur in vitis Patrum, quod quidam venit ad Abbatem Theodorum, dicens ei: Ecce quidam frater reuersus est ad seculum. Respondit Abbas Theodorus: In hoc non admireris: sed si audieris quod prænaluit quis effugere de ore inimici, hoc admirare. Tertio, debet attendere propriam infirmitatem: tantæ enim infirmitatis est homo, vt ad sibilum vnius verbi deijciatur. Quarto, hostis impugnantis potestatem cum astutia & crudelitate. De potestate, Iob 42. *Non est potestas super terram quæ ei comparetur.* De astutia. Genes. 3. *Serpens erat callidior cunctis animantibus terræ.* De crudelitate. Gregor. Nihil se fecisse æstimat, quum animas non sauciat. Incessanter sitit diabolus sanguinem nostrum. Vnde sanguisuga vocatur. Prouerb. 30. *Sanguisugæ duæ sunt filiæ, dicentes, Affer, Affer.* Quinto, debet attendere periculorum varietatem. Tot enim sunt pericula quòd quando aliquis vult cauere ab vno, incidit in aliud. Vnde Esa. 24. *Et erit qui fugerit à facie formidinis, cadet in foueam: & qui se expli-*

euerit de fouea, tenebitur laqueo. Formido est peccatum auaritiæ quod homines formidare facit. Vnde de auaro legitur. Iob 15. *Sonitus terroris semper in auribus eius: & quum sit pax, ille semper insidias suspicatur.* Fouea est peccatum luxuriæ: fouea enim profunda est meretrix, vt legitur Prouerbiorum 23. Laqueus vero peccatum superbiæ, quo volatilia huius mundi, scilicet nobiles capiuntur. Singulariter beneficia sunt quæ vnicuique singulariter sunt exhibita. Pro quibus etiam Deo gratiæ agendæ sunt secundum illud Bernard. priùs positum. *Disce ad singula dona gratias agere.*

DE OBEDIENTIA.

PARS X.

Quæ habet septem Capitula.

CAPVT I.

De Ordine dicendorum de Obedientia, & de descriptione eiusda.

Obedientia debetur & creatori & creaturæ. De qua hoc modo dicetur. Primo ponentur descriptiones ipsius. Secundo eius commendationes. Tertio tangetur de his quæ possunt iuuare obedientiam. Quarto, de gradibus obedientiæ. Quinto, de partibus ipsius. Sexto, de his quæ obedientiæ aduersantur. Septimo, tangetur de errore illorum qui dicunt soli Deo obediendum esse, & non homini. Obedientia sic describitur: Obedientia est voluntas faciendi præceptum, vel mandatum superioris. Et intelligas mandatum quod fit mediate per nuntium vel literas: præceptum verò quod sit immediate. Vel mandatum intelligas voluntatem indicandi, quæ est sine coactione imperij: Præceptum vero quando est imperij coactio. Item sic potest describi: Obedientia est obtemperatio secundum regulam sacræ Scripturæ maioribus quibuscunque debita. Et intellige sacram Scripturam largè, etiam pro statutis canonicis & legalibus, in quibus agitur de iurisdictione superiorum. Item sic describitur obedientia: Obedientia est spontaneum & rationale propriæ voluntatis sacrificium. Vel sic: Obedientia est pio studio propriæ voluntatis abnegatio. Et notandum quod propria voluntas dupliciter accipitur. Vno enim modo dicitur propria voluntas quæ non est Deo subiecta: & secundum hoc abnegatio propriæ voluntatis fit, quum voluntas nostra diuinæ voluntati subijcitur. Alio vero modo dicitur propria voluntas, voluntas quæ non est subiecta homini. Et secundum hoc, propria voluntas abnegatur in eo qui voto se obligans homini, voluntatem suam subdit voluntati humanæ. Et sic abnegatio propriæ voluntatis specialiter videtur pertinere ad religiosos. Pio studio dicitur, ad differentiam illorum qui voluntatem suam humanæ voluntati subdunt timore seruili, vel pro lucro terreno. Et intellige hîc pium studium vehementem animi applicationem ad cultum Dei, vt pium hîc dicatur à pietate quæ dicitur Theosebia.

Et notandum quod alicui visum est quod obedientia, prout est virtus specialis attenderetur, respectu eorum quæ sunt indifferentia. Et ad confirmandum hoc vsus est illo verbo August. in libr. de vera religione: Peccatum est non solum malum, sed etiam vetitum facere: inferens à simili quod opus virtutis est non solum bonum, sed etiam præceptum facere. Ad quod videtur facere quod Dominus obedientiam Adæ experiri voluit in eo quod secundum se erat indifferens, scilicet in comestione fructus ligni scientiæ boni & mali. Alicui etiam visum est quod obedientia secundum quod est specialis virtus attendatur, non respectu cuiuscunque superioris, sed solum respectu hominis cui aliquis se sponte obligauit. Et subdidit: Sed potest aliter dici, quod sicut prudentia virtus est quodammodo generalis, scilicet quoad directionem. Dirigit enim opera caeterarum virtutum. Et de iustitia dictum est quod est generalis quantum ad imperium. Imperare enim potest opera caeterarum virtutum, etsi non sufficiat ad exequendum ea sine caeteris virtutibus. Sic obedientia quodammodo generalis est; mouere enim potest ad opera omnium virtutum. Omne enim opus virtutis iuberi potest à superiore, vel Deo, vel homine. Vnde si aliquis velit exire in opus virtutis, quia iussum est à superiore, voluntas illa erit obedientiae. Vnde voluntas faciendi iussum superioris quia iussum est, specialis actus est obedientiae. Item notandum quod cum subdere se alteri sit humilitatis & obedientiae, differunt tamen hae subiectiones. Subdere enim se alicui secundum reputationem humilitatis est. Hoc enim proprium electorum esse solet, vt de se sentiant infra quam sint: iuxta verbum Gregor. Item cum superbia sit appetitus propriae excellentiae, humilitas est contemptus propriae excellentiae: iuxta Bernard. in epist. Ad humilitatem etiam pertinet amor inferioritatis vel vilitatis secundum illud Bernard. super Cantic. Verus, inquit, humilis, vilis vult reputari. Et Luc. 13. *Cum inuitatus fueris, vade & recumbe in nouissimo loco.* Item subiectio aliqua ad obedientiam pertinet: sed haec subiectio est voluntatis respectu alienae voluntatis. Subiecto humilitatis respicit personam secundum se, subiectio vero obedientiae respicit eam personam cui aliquis subditur inquantum est praecipiens, & personam quae subditur inquantum est agens. Exemplum harum duarum subiectionum inuenire possumus, vt videtur in Christo & Ioanne, Matth. 4. Subiectione obedientiae subiecit se Ioannes Christo, quando consensit vt baptizaret Christum, prout Christus volebat. Vnde dicit ibi Gloss. Vera est humilitas quam non deserit ibi comes obedientia: Christus vero subdidit se Ioanni, subiectione humilitatis volens à Ioane baptizari. Superioris enim est baptizare, & inferioris baptizari. Act. 20. *Beatius est dare, quam accipere.*

Caput II.

De Commendatione Obedientiae.

AD commendationem obedientiae. Primo valere possunt admonitiones quae fiunt in Scriptura sacra ad obediendum. Romanor. 13. *Omnis anima potestatibus sublimioribus subdita sit.* Ephes. 6. *Filij obedite parentibus vestris in Domino.* Coloss. 3. *Filij obedite parentibus vestris per omnia.* Heb. 13. *Obedite praepositis vestris, & subiacete eis: ipsi enim peruigilant quasi rationem pro animabus vestris reddituri.*

Secundo, admonitio quam nobis facit etiam creatura insensibilis quae obediens est vniuersaliter creatori suo. In Psalm. *Praeceptum posuit & non praeteribit.* Et Baruch. 3. *Stellae vocatae sunt, & dixerunt, Assumus.* Item in Psalm. *Terminum posuisti quem non transgredientur.* Et Matt. 8. *Quis est hic, quia venti & mare obediunt ei?* Ambros. Hexameron: Non mediocris pudor est, imperio Dei insensibilia elementa parere & homines non obedire, quibus sensus ab ipso tributus est auctore.

Tertio, exempla quae in sacra Scriptura inueniuntur. Et inter ea specialiter notabilia sunt, exemplum Abrahae, & exemplum Christi. Cum homo per obedientiam à Deo recessisset; Deus volens formare sibi populum acceptum, secundum illud Esa. 43. *Populum istum formaui mihi, laudem meam narrabit.* Abraham, ex quo populum sibi formauit, voluit probare

De Iustitia.

per obedientiam, & per illam placuit ei Abraham. Triplici autem præcepto probauit obedientiam eius. Primum fuit de patriæ desertione. Genes. 12. *Egredere de terra*, &c. Secundum fuit de circumcisione. Eiusd. 17. Tertium de filij immolatione. Eiusd. 27. Primo præcepto voluit separare Abraham ab his à quibus ipse ortum duxerat. Vltimo vero ab eo quod duxerat originem ab ipsa, Medio vero præcepto voluit eum separare à seipso quantum ad carnalia desideria; circumcisione enim facta in carne, monebat ad resecationem superfluorum desideriorum carnalium: ideo fiebat in membro illo quo maxime concupiscentia sæuiebat. Circa tertium vero præceptum quod fuit de immolatione filij attendere possumus XIV. pertinentia ad difficultatem illius operis, in quo Abraham voluit obedire Deo præcipienti. Primum est quod Abraham voluit ad præceptum Domini re sibi charissima carere. Secundum est, quod ipse voluit amicissimum occidi. Posset esse quod aliquis ad præceptum Dei vellet filio suo carere, ita vt nunquam eum de cætero videret, qui tamen nollet occidi. Tertium est, quod voluit eum occidi coram se, imo ipsemet manu propria voluit hæc facere. Multi enim sustinerent quod filij eorum occiderentur: tamen non possunt hæc aspicere vel propria manu facere. Quartum est, quod filius ille erat vnigenitus. Non enim habebat alium filium ex libera vxore. Quintum est, quod miraculose habuerat eum, quia cum vxore vetula & sterili, quum ipse iam esset senex. Sextum est, quod magna promissio facta erat Abrahæ de ipso. Septimum est, quod ipse erat solatium matri suæ: quod notatur ibi cum dicitur, *Isaac*: quod interpretatur risus. Dixit enim mater sua eo sibi dato: *Risum fecit mihi Deus, quicunque audierit, corridebit mihi.* Genes. 21. Quid dixisset mater Isaac, si Abraham reuertens de eius immolatione, dixisset ei: *Immolaui filium tuum.* Octauum est, quod voluit eum non solum occidi, sed etiam incendi. Vnde dicitur ibi, *Offer eum in holocaustum:* quod interpretatur totum incensum. Noluit ei parcere nec viuo nec mortuo. Nonum est, quod voluit eum ducere per triduum ad locum immolationis. Gl. Non est iussus Abraham statim occidere filium, sed per triduum ducere ad immolationis locu, vt longitudine temporis tentatio augeretur, & crescentibus curis paterna viscera cruciarentur. Decimum est, quod non apparebat aliqua præcepti vtilitas. Quæ enim vtilitas innocentem occidere? damnum vero manifestum erat. Vndecimum est, quod non excusasset eum auctoritas præcipietis, cum nullus testis affuisset, nec crederetur ei si diceret Dominum hoc ei præcepisse. Duodecimu est, quod hoc erat rationi contrariu. Tertiumdecimu est, quia non præcesserat in sanctis patribus huiusmodi obedientiæ exemplum. Quartumdecimum est, quod omnium ad quorum notitiam hoc peruenisset imminebat scandalum. Abraham vero accepto præcepto tam difficili non se excusauit, causam præcepti non interrogauit, sicut faciunt quidã imitatores diaboli, qui ait Gen. 3. *Cur præcepit vobis Deus, vt non comederetis, &c.* Item non procrastinauit mandatum exequi, nulli consilium communicauit. Si aliquid horum fecisset, forsitan meritum amisisset, quia Dominus dixisset ei: Nolebam quod taceres hoc, sed ad probandu te, hoc dixi. Item attendendum est quàm vtile sit ptomptum esse ad obedientiam: Abraham enim filium non immolauit, & tamen tantum meritum habuit obediëtia eius. Gen. 22. *Quia non pepercisti filio tuo vnigenito propter me, benedicam tibi & multiplicabo semen tuum.* In eod. *In semine tuo benedicentur omnes gentes: quia obedisti voci meæ.* Homo qui promptam habet voluntatem ad obediendũ Deo, in omnibus placet Deo pro infinitis rebus quas vnquam facturus est. Greg. Non est manus vacua à munere, si arca cordis plena fuerit bona voluntate. Item voluit Deus probare Christum per obedientiam, in quo volebat sibi formare populum nouum. Christus non terram sicut Abraham, sed coelum deseruit. Ipse matrem suam dilectissimam reliquit, quando gladius transiturus erat animam eius, Luc. 2. *Ipse domum reliquit, quia nullam habere voluit.* Matth. 8. *Vulpes foueas habent & volucres coeli nidos: filius autem hominis non habet vbi caput reclinet.* Ipse formam spiritualis circumcisionis dedit, quando voluntatem patris voluntati suæ præposuit. Matth. 26. *Non sicut ego volo, sed sicut tu.* Et Marc. 14. *Non quod ego volo, sed quod tu vis.* Et Luc. 22. *Non mea voluntas, sed tua fiat.* Ipse mandato patris in holocaustum seipsum obtulit. Ioan. 14. *Sicut mandatum dedit mihi Pater, sic facio.* Quarto valere potest ad commendationem obedientiæ, quod legitur de Christo Heb. 5. *Et quidem cum esset filius Dei, didicit ex his quæ passus est obedientiam.* Didicit, inquam, per experientiam. Item didicit in corpore per ea quæ passus est in capite. Ipse fuit & discipulus & doctor obedientiæ. Si filius Dei obedientiā didicit tot laboribus & angustiis, non debet homini esse onerosum addiscere eam, & maxime his qui sunt in scholis ipsius, scilicet in claustro. Valde verecundum erit illis qui diu fuerunt in scholis his, si obedientiæ ignari inuenti fuerint. Adam inuentus est male se habuisse in obedientia, in qua Deus cum probare voluit. Et quam grauem disciplinam Deus ei dederit omnes nouimus. Filij etiam Israel similiter in obedientia probati sunt & durissime flagellati, cum in ea male se habuerunt. Sic durissime flagellabuntur qui inobedientes inuenti fuerint. Inobedientia hominem de paradiso eiecit. Genes. 3. Obedientia verò eum in paradisum introducit. Luc. vlt. *Eduxit eos foras Bethaniam, & eleuatis manibus suis benedixit eis, Et factum est dum benediceret eis, recessit ab illis, & ferebatur in coelum.* Felix quem Dominus eduxit in Bethaniam, scilicet in domum obedientiæ. Sperare potest quod sit ascensurus in coelum. 1. Petr. 1. *Sperate in eam quæ vobis affertur gratiam in reuelationem Iesu Christi quasi filij obedientiæ.* Obedientiam voluit Christus docere, & in mundum istum veniens, & de mundo transiens, & in mundo manens. Primum ostenditur, Iob. 6. *Descendi,* inquit, *de coelo, non vt faciam voluntatem meam, sed voluntatem eius qui misit me.* Secundum Matth. 26. *Non sicut ego volo, sed sicut tu.* Ioan. 14. *Sicut mandatum dedit mihi Pater, sic facio.* Bernard. Mementote, fratres Christi, ne perderet obedientiam, voluit perdere vitam: in signum quod obediendo mandato Patris, mortem sustinebat; inclinato capite emisit spiritum. Ioan. 19. Tertium Ioan. 4. *Meus,* inquit, *cibus est vt faciam voluntatem eius qui misit me.* Eiusdem 5. *Non quæro voluntatem meam, sed voluntatem eius qui misit me.* Obedientia est imago coelestis hominis, sicut inobedientia est imago terrestis hominis. 1. Cor. 15. *Sicut portauimus imaginem terreni, ita & portemus imaginem coelestis.* Ephes. 4. *Induite nouum hominem qui secundum Deum creatus est*: id est, opere diuino conceptus, non opere humano, more aliorum hominum. Quinto commendabilis est obedientia à suo multiplici effectu. Notandum ergo, quod obedientia Dei seruum efficit, quod non est modicum quid. Si enim seruus regis terreni dicitur esse par comiti, quantum est esse seruum regis æterni? Obedientia in hoc quod efficit homine Dei seruum, efficit etiam Deum hominis Dominum. Non vere reputat inobediens Deum Dominum suum: etsi ore vocet eum Dominum. Luc. 6. *Quid vocatis me Domine, Domine, & non facitis quæ dico?* Inobedientes ostendet Dominus non fuisse seruos suos, cum regni coelorum ianuam eis claudet. Matth. 7. *Non omnis qui dicit mihi, Domine, Domine, intrabit in regnum coelorum: sed qui facit voluntatem Patris mei, qui in coelis*

De Iustitia.

est, ipse intrabit in regnum cœlorum. Magna securitas est habere Dominum omnipotentem. Ambr. Mori non timeo, quia bonum Dominum habeo. Beatus est, qui habet hunc Dominum. In Psalm. *Beatus populus cuius Dominus Deus eius.* Item: *Beata gens, cuius est Dominus Deus eius.* Item: *Obedientia hominem Christi fratrem efficit, imo quasi omni genere attinentia attinentem.* Eccles. 33. *Si est tibi seruus fidelis, sit tibi quasi anima, quasi fratrem sic tracta illum.* Matth. 12. *Quicunque fecerit voluntatem Patris mei qui in cœlis est, ipse meus frater, & soror, & mater est.* Simile Marc. 3. Item obedientia Deo præstat obsequium acceptissimum. 1. Reg. 15. *Nunquid vult Dominus holocausta & victimas, & non potius obediatur voci Domini?* Melior est obedientia quàm victimæ. Eccles. 4. *Multo melior est obedientia, quàm stultorum victima.* Licet Deus nos non exaudiat quandoque ad voluntatem, vt exaudiat nos ad vtilitatem: eo quod ipse scit quid nobis expediat, nos verò hoc nescimus, ipse tamen vult vt seruiamus ei ad eius voluntatem, non ad suam vtilitatem, cum ipse bonorum nostrorum non egeat, vt quum voluntas eius semper recta sit. Eccles. 35. *Salutare sacrificium est, attendere mandatis.* Deut. 12. *Quæ præcipio tibi, hoc tantum facias: non addas quidquam, nec minuas.* Item obedientia in homine habitaculum Deo quasi excidit, expellendo à corde hominis sensum proprium & propriam voluntatem. Vnde Dominus in domo Simonis leprosi discubuit, Luc. 7. sed non in domo Simonis Cyrenæi qui crucem Domini fert in angaria, vbi vnctio deest Spiritus sancti, & ideo murmur est ibi. Eccles. 33. *Præcordia fatui quasi rota carri.* Rota carri si vncta non fuerit, murmurat. Bethaniæ, quod interpretatur domus obedientiæ, Christus vngitur. Ioan. 12. *Ipse illos diligit qui ibi habitant.* Ioan. 11. *Diligebat Iesus Martham, & sororem eius & Lazarum.* Cum deest ei hospitium,

venit Bethaniam vt ibi hospitetur. Marc. 11. *Circumspectis omnibus, quum iam vespera esset hora, exiit in Bethaniam cum duodecim.* Gloss. Vt quod in vrbe non inueniebat, in agro paruulo apud Lazarum & sorores eius haberet hospitium. Tunc in hospitio vteri virginalis filius Dei receptus est, quum Maria verbo angeli obediuit. Luc. 1. *Fiat,* inquit, *mihi secundum verbum tuum.* Item obedientia hominem super se leuat. Thren. 3. *Leuauit se super se.* Nisi corpus esset sociatum spiritui vt sensu eius & imperio regeretur, non ascenderet ad hoc vt remunerationem æternam mereretur. Sic vir simplex per obedientiam ascendit ad sapientiam, & mores maiorum à quibus regitur, imo quodammodo vsque ad Deum ascendit dum seipsum exuit, & Deum quodammodo inquit, ad Galat. 2. *Viuo ego: ego iam non ego, viuit vero in me Christus.* Sic quodammodo deificatur homo secundum illud: *Ego dixi: Dij estis.* Et non solum deificatur quoad sensum & voluntatem Dei quæ assumitur, sed quodammodo quoad potestatem. Facit enim diuina & mira: vt patet in Petro, qui obediens Christo iubenti, ambulauit super aquas. Matth. 14. Et Gregor. refert in dialog. quod cum Placidus puer in flumine post vas suum demersus esset, cum vellet aquam haurire, beatus Benedictus in cella existens & hoc intelligens, dixit Mauro: Frater Maure, curre, quia puer ille in lacum cecidit, & eum iam longius trahit vnda. Maurus autem existimans se currere super terram, cucurrit super aquam, & eductum per capillum, extraxit. Qui postea reuersus ad se attribuit hoc sanctitati Benedicti. Sed beatus Benedictus attribuit hoc bono obedientiæ. Obedientia ponit hominem in excellentissimo statu, & in præsenti & in futuro. Primum ostenditur Deuter. 27. *Si audieris vocem Domini Dei tui, faciet te Dominus Deus tuus excelsiorem cunctis gentibus.* Secundum ostensum est cuidam patrum in extasi

Exemplum.

posito, qui vidit quatuor ordines ante Deum. Primus erat hominum infirmantium & gratias Deo agentium. Secundus, eorum qui fuerant hospitales. Tertius, eorum qui solitudinem sectantur, & non vident homines. Quartus, eorum qui propter Deum & obedientiam solicitè sunt subiecti patribus. Erat autem hic ordo superior illis tribus, & maiorem gloriam præ cæteris habebat, vtens torque aurea. Et quum quæreret senex, quare hoc? Responsum est ei. Quoniam omnes alij habent requiem adimplendo proprias voluntates, quamuis in bonis operibus: hic autem omnes voluntates suas relinquens, totus pendet in voluntate patris iubentis. Merito qui hic nullam habent requiem, in futuro summam habebunt, ad Philip. 3. dicitur de Christo: *Factus obediens vsque ad mortem*, &c. *Propter quod & Deus exaltauit illum, & donauit illi nomen quod est super omne nomen.* Item obedientia Deum glorificat. Esa. 58. *Si glorificaueris eum dum non facis vias tuas, & non inuenitur voluntas tua vt loquaris sermonem, tunc delectaberis Domino: sustollam te super altitudinem terræ, &c.* Multum glorificat Deum verè obediens qui facit beneplacitum Dei, cum Deus etiam hoc mandat ei per vtilem personam; & tanto maior est Dei gloria, quanto persona vilior. Ideo verè obediens merito à Deo glorificatur. 1. Reg. 2. *Quicunque honorificauerit me, glorificabo eum.* Ecclesiast. 10. *Semen hominū honorabitur hoc, quod timet Deum: semen autem hoc exhonorabitur, quod præterit mandatum Domini.* Item: *obedientia quod vult à Deo impetrat.* Gregor. Si obedientes fuerimus præpositis nostris, obediet Deus orationibus nostris. August. in lib. de opere monachorum. Citiùs exauditur vna oratio obedientis, quàm decem millia contemptoris. 1. Ioan. 3. *Si cor nostrum non reprehenderit nos, fiduciam habemus ad Deum, quod quidquid petierimus ab eo, accipiemus, quia mandata eius custodimus.* Et post illud Hebr. 5. *Exauditus est pro sua reuerentia*, subditur tanquam causa illius exauditionis: *Et quidem cum esset filius Dei, didicit ex his quæ passus est, obedientiam.* Obedientia est quæ dicit illud Cantic. 2. *Dilectus meus mihi, & ego illi*: Deus enim facit ac si esset totaliter cum obedientia: quia obedientia est totaliter cum illo. Verè obedientes dicunt illud Roman. 14. *Nemo nostrum sibi viuit.* Item obedientia à periculoso mari huius mundi liberat. Obediens nauem pertransit huius mundi. Sapient. 14. *Exiguo ligno credunt homines animas suas, & transeunte mare per ratem liberati sunt.* Exiguum lignum est humilis obedientia. *Facta est quasi nauis institoris.* Prouerb. vlt. Qui in naui est etiam quiescens & comedens vel bibens procedit, quia alieno motu mouetur. Sic obediens qui in religione est, etiam quiescendo, comedendo & bibendo meretur. Item obedientia hominem ditat. Nec mirum, cum de suo nihil extendat, quia nihil suum reputat: & cum in cunctis quæ agit, voluntatem alterius facere intendat; ideo pro omnibus quæ agit, merito remunerationem expectat. *Multæ filiæ congregauerunt diuitias.* Prouerb. vltim. Obedientia vero, *supergressa est, vniuersas.* Quis est qui quandoque non faciet multa specialiter pro se de quibus non expectet remunerationem, nisi ille qui sub obedientia viuit? Item obedientia quasi equus in paradisum vadit, alieno sensui & alienæ voluntati quasi pedibus alienis innitendo. Ideo velocius cadit, quia pedes quibus innititur velociores sunt proprijs. Multi in religione valde surgunt manè, & frequenter ieiunant, qui si essent in seculo minus secum agerent. Propter eandem causam obedientia non maculatur. Prouerb. 3. *Viæ eius viæ pulchræ.* Propter eandem causam legitur. Si quidem enim culpæ vel periculi est in eo quod ei iniungitur, superioris est qui portat, cuius census & voluntati ipse innititur, nisi manifestum

De Iustitia.

58. festum peccatum sit illud quod ei iubetur. De ea videtur scriptum esse illud Pf. *In manibus portabunt te, ne forte offendas ad lapidem pedem tuum.* Item obedientia hominem expedit & exoneratum reddit, cum obediens à seipso alleuiatus sit. Alij enim incumbit solicitudo pro ipso & temporaliter & spiritualiter: Ideo non solum potest currere, sed etiam volare. Si tamen obedientia habet duas alas sibi coniunctas, scilicet voluntariam paupertatem & castitatem. Apocal. 12. *Datæ sunt mulieri duæ alæ aquilæ magnæ, vt volaret in desertum.* Bern. Magna penna paupertas, quâ tam cito volatur in cœlũ. Nam in aliis virtutibus quæ sequuntur, promissio futuro tempore iudicatur: paupertati verò non tam promittitur, quam datur. Castitas etiam magna penna est quæ hominem expedit ab illa delectatione qua difficillimum est hominem bene vti, & fortissima occasione peccãdi, scilicet à muliere per quam diabolus Adam deiecit, Gen. 3. Et quam Iob reliquit, vt per eam eũ deiiceret. Iob 2. dixit illi vxor sua. *Adhuc tu permanes in simplicitate tua?* Item obedientia facit hominem triumphare. Prouerb. 21. *Testis mendax peribit: vir obediens loquetur victoriam.* Testis mendax est, qui professus est obediẽtiam, & eam non seruat: qui in præsenti perit, cũ in bello spirituali succumbit: & in futuro peribit, quia eternaliter dãnabitur. Exemplum habemus de hoc in populo Iudaïco qui promisit se seruaturum legem. Exod. 19. *Omnia quæ locutus est Dominus faciemus.* Item Iosue 1. *Omnia quæ præcepisti nobis faciemus.* Cum vero transgrediebatur legem, vincebatur. Iosue 7. *Anathema in medio tui Israel est, non poteris stare coram hostibus tuis.* Adam similiter factus inobediens suo superiori, habuit repugnans suum inferius. Genes. 3. *Qui comedit, & aperti sunt oculi eius.* Gloss. August. Anima rationalis motus bestiales in carne sua erubuit. Et subditur: Motus iste de transgressione veniebat. Et 3. Reg. 11. legitur ea Salomone: *Fecit Salomon quod non placuerat coram Domino.* Et subditur: *Et suscitauit Dominus aduersarium Salomoni.* Sic accidit ei qui in religione est, qui obedientiam non seruat ei cui promisit, quod Dominus permittit eum impugnari & vinci: & sic perit qui propriam voluntatem in religione vult sequi, tanquam filius perditionis. Iob 17. *Nemo periit ex eis, nisi filius perditionis.* Vere filius perditionis est qui voluntarie laqueum sibi iniecit quo periturus erat. Prouerb. 6. *Illaqueatus es verbis oris tui.* Vere filius perditionis est qui de loco salutis fecit sibi locum damnationis: & cum esset liberatus de mari huius mundi, & iam ingressus nauem religionis, ibi etiam periclitatur: Act. 28. *Vtique homicida est homo hic qui cum euaserit de mari, vltio diuina non permittit eum viuere.* Vir obediens potest loqui victoriam, quia habet nobilissimum genus triumphi: sicut antiqui patres habita victoria solebant cantare canticum laudis & gratiarum actiones. Nobilissimum genus triumphi est seipsum vincere: quod facit vir obediens. Vnde super illud: *Melior est obedientia, &c.* Dicit Gloss. Gregor. Vir obediens loquitur victorias. Dum enim alienæ voci humiliter subdimur, nosmetipsos in corde superamus. Prouerb. 17. *Melior est, qui dominatur animo suo, expugnatore vrbium.* Multi vrbes & regna sibi subiugauerunt, qui tamen ad hunc triumphum nobilem non peruenerunt. Hic triumphus proprius est hominis. Vincit leo vel aliud animal cætera animalia, sed seipsum vincere non potest. Sen. Qui seipsum vincit, contra omnia fortis est. Obediens, Deo subiectus est: & ideo merito cætera ei sũt subiecta & nihil ei repugnat. Deus in obedientia pugnat, ideo non est mirum si ipse triũphat. Leu. 26. *Si in præceptis meis ambulaueritis, &c. persequemini inimicos vestros, & corruent coram vobis.* Item obedientia animã ornat. Vnde inauris est aurea quam cœlestis spõsus dat animæ. Pro. 25. *Inau-*

V u

ris aurea & margaritum fulgens, qui arguit sapientem & aurem obedientem. Margaritum fulgens, inauri aureæ decenter iungitur, & doctrina mentem illuminans auri obedienti vtiliter proponitur. Dat Eliezer Rebeccæ inaures aureas. Gen. 24. Et amici Iob dant ei inaurem & ouem. Iob vlt. Item obedientia Ecclesiam lætificat. Eccles. 3. *Qui obedit patri, refrigerabit matrē.* Hominem glorificat, ad Rom. vlt. *Vestra obedientia in omnem locum diuulgata est.* Item hominem castificat à libidine propriæ voluntatis 1. Petr. 1. *Animas vestras castificantes in obedientia charitatis.* Item obedientia conseruat animam. Proue. 19. *Qui custodit mandatum, custodit animam suam.* Obedientem merito custodit Deus tanquam suum. Prouer. 29. *Verbum custodiens filius, extra perditionem erit.* Eccl. 8. *Qui custodit præceptum, non experietur quicquam mali.* In vitis Patrum cuidam seni cū deessent necessaria vitæ, præcepit discipulo suo vt iret in vicum ad ministrum qui solebat ei necessaria deferre. Et ille licet timeret ire propter scandalum: tamen dixit se iterum propter bonum obedientiæ. Cui senex: Vade, confide in Domino, & protege te ab omni tentatione. Cum autē venisset frater ad ostium ministri senis, aperto ostio inuenit ibi filiam ministri solam, quæ amplexata eum cœpit allicere ad commistionem carnis, amplexās eum. Et cum vrgerent eum cogitationes, clamauit ad Dominum dicens: Domine, propter orationem eius, qui me misit, salua me ex hac hora: & statim inuentus est ad flumen iuxta monasterium suum, & reuersus est ad patrem sine macula. Item obedienti obediunt omnia, & creator & creaturæ. De creatore, habetur. Ios. 10. *Non fuit postea tam longa dies, obediente Domino voci hominis.* De creaturis vero multa habes exempla in Vitis Patrum. Quidam de senioribus misit discipulum suum ad hauriendum aquam, & erat puteus remotus à cella. Discipulus vero oblitus funem venit ad puteum, & præ longitudine viæ non audens reuerti pro fune, ne forte contristaret seniorem prostrauit se in oratione, & surgens de oratione, clamauit. O putee putee, misit me seruus Iesu Christi, abbas meus, vt hauriam aquā, & statim ascēdit aqua ad os putei, & impleuit frater lagenam, glorificans potentiam Saluatoris. Aqua autem putei reuersa est ad locum suum. Item in Vitis Patrum Abbas Paulus præcepit discipulo suo Ioanni vt afferret ei fimum bonum qui erat in necessarius ad vtensilia. At ille ait: In loco vbi sumus est habitat leæna. Cui Abbas: Si venerit super te, alliga eam, & duces eam tecum. Iuit Ioannes & inuenit leænam irruenté super eum, qui voluit eam tenere, sed ipsa aufugit. Ioannes vero sequebatur eam, dicens: Abbas meus præcepit vt alligatam ducam te ad eum: & statim bestia substitit, & tenens eam reuertebatur ad monasterium. Quod cum vidisset Abbas, ne forte discipulus inde extolleretur, dixit: Sicut tu insensibilis es, ita insensibilem bestiam adduxisti: solue, & dimitte eam vt pergat ad locum suum. Item obedientia homini pacem dat. Prou. 13. *Qui timet præcepta, in pace versabitur.* 1. Machab. 14. *Siluit terra Iuda omnibus diebus Simonis.* Siluit, id est, quieuit vel pacem habuit. Es. 48. *Vtinam attendisses ad mandata mea, fuisset quasi flumen pax tua.* Item obedientia hominem benedici facit. Deut. 11. *Propono vobis benedictionem, si obedieritis mandatis Domini.* Eiusd. 28. *Venient super te omnes benedictiones istæ, & apprehendent te, si tamen præcepta eius audieris. Benedictus tu in ciuitate, &c.* Item facit hominem beatum. Matt. 16. *Beatus es Simō, &c.* Prou. 19. *Qui custodit legem beatus est* Obedientia in præsenti hominem dignū prælatione efficit. Vnde Simonē præfecit Dominus cæteris Apostolis. Matt. 16. 1. Mac. 2. *Simon frater vester scio quod vir consilij est: ipsum audite semper: & ipse erit vobis pater.* In vita beati Philiberti dicitur: Præesse non audeat, qui subesse non didicerit. Nec obedientiam à subiectis imploret, qui eam

De Iustitia.

Prælatis exhibere non nouit. Obedientia ad regnum introducit. Matt. 18. *Si vis ad vitam ingredi, serua mandata.* Inobedientia clauem paradisi amisit, sed obedientia eam recuperauit. Vnde Simoni Petro dictū est. Matt. 16. *Tibi dabo claues regni cœlorum.* Obediētia vitam hominis feliciter consummat. Iob. 16. *Si audierint, & obseruauerint, complebunt dies suos in bono, & annos suos in gloria. Si autem non audierint, transibunt per gladium.* Sexto valere possunt ad cōmendationem obedientiæ verba sanctorū quæ videntur ostendere præeminentiam huius virtutis ad alias virtutes. Simonem præfecit Dominus cæteris Apostolis. Matth. 16. *Tibi dabo claues regni cœlorum.* Et obedientia secundum verba sanctorū præen.inere videtur cæteris virtutibus. Greg. in Moral. Sola obedientia virtus est quæ cæteras virtutes menti inserit, insertaíque custodit. Solent inseri arbori agresti duo ramuculi alicuius nobilis arboris, deinde arbor quæ prius erat agrestis producit flores, fructus & folia secundum naturam arboris nobilis, à qua ramuculi sunt assumpti. Sic obedientia alienum sensum & alienam voluntatem assumit, & cordi eius qui promittit obedientiam inseruntur, & iam cor illud secundū sensum & voluntatem sui superioris operatur. Ité dicit Greg. quod obedientia non tam est virtus, quam mater virtutum. Quod ideo potest intelligi esse dictum, quia obedientia producere potest motus omnium virtutum. Omnes enim possunt iuberi: & si aliquis producat motus illos, quia iussus est, obedientiæ sunt. Item super illud Genes. 2. *Lignumque scientia boni & mali:* dicit gloss. Augustin. Obedientia sola verissima est virtus creaturæ rationali sub Dei potestate degenti. Quod potest intelligi dictum esse.

Primo, quia obedientia perficit hominem ex parte illa qua habet comparationem ad Deum sub quo est, & respectu actus qui est nobilissimus tanquam finis hominis. Finis enim optimum in vnoquoque. Hic actus est obseruatio mandati diuini. Ecclesiast. vltim. *Deum time, & mandata eius obserua: hoc est omnis homo.* Hoc innuit Aug. in hoc quod post illud, obedientia sola est verissima virtus, subdit: rationali creaturæ sub Dei potestate degēti.

Secundo potest hoc intelligi dictū propter meritum ad quod valet multum obedientia. Vnde super illud Gen. 2. *Lignumque scientiæ:* dicit August. Oportebat vt homo sub dominio positus ab aliquo prohiberetur, vt esset ei virtus merendi obedientia. Dum aliquis intendit facere voluntatem propriam, non videtur mereri apud semetipsum. Ab illo enim merces expectatur cui seruitur, vel cuius volūtas fit. Non meretur ergo apud alium nisi qui vult facere eius propriam voluntatem, quod est obedientiæ. Greg. Sola est obedientia quæ meritū fidei possidet. Tertia propter maiorem difficultatem. Virtus enim est circa difficile, iuxta sapientem: & nomen virtutis à vi videtur esse dictum. Difficillimum autem videtur esse agere contra se, quod facit obediens, quod sonat nomen obedientiæ. Obedire est cōtra-audire, scilicet contra proprium sensum & propriam volūtatem. Greg. super 1. Reg. 15. Melior est obedientia quam victimæ, quia per victimas aliena caro, per obediētiam vero propria caro mactatur. Obedientia quasi quoddam martyrium est. Greg. tanto Deum quisque citius placat, quāto repressa arbitrij sui superbia gladio præcepti se immolat. Obediens quasi proprium caput sibi amputat pro Christo, & caput sibi Christū constituit, vel eum qui loco eius est. Qui martyrium pro Christo sustinet, vnam volūtatem sibi amputat: sc. voluntatem viuendi, sed iste omnē voluntatem, obedientia maxime voluntati propriæ detrahit, & ideo virtuti maxime addit. Sapiens.: *Hoc solum virtuti adiicies, quod propriæ voluntati detraxeris.* Poëta.

Est virtus, placitis abstinuisse bonis.

Propter ea quæ dicta sunt, amāda est obedientia à fidelibus tanquam mater eorum.

1. Petr. 1. *Sperate in eam quæ offertur vobis gratiam, in reuelationem Iesu Christi, quasi filij obedientiæ.*

CAPVT III.

De his quæ possunt iuuare Obedientiam.

Obedientiã, quinque efficiunt.

SEquitur de his quæ possũt iuuare obedientiam. Et notandum quod quinque sunt quæ valere solet ad hoc quod aliquid sit magis tractabile, vel flexibile, & similia his possunt valere ad hoc quod cor alicuius sit inobediẽs. Primum est, exilitas. Vt patet in virga quæ propter exilitatem flexibilis est. Etiam ferrum si sit exile vel tenue flecti potest. Sic exilitas humilitatis valet ad obedientiã. Vnde cantor magnus Parisiensis humilitatem posuit matrem obedientiæ. Et Apost. ad Phil. 2. loquens de obedientia Christi, præmittit de eius humilitate: *Humiliauit,* inquit, *semetipsum factus obediens,* &c. Aug. 14. lib. de Ciuit. Dei: Obedientia nisi humilium esse non potest. Cum humilitas sit sensus proprij vacuitas, humilis habet vbi sensum alienũ recipiat, quasi vacuus à suo: & qui sensum alienũ recipit, nisi sit apertè malus, recipit alienam voluntatem, & sic fit obediens. Superbus prius exibit de sensu suo, quàm recipiat sensum alienum vel alienã voluntatem, & fiat verè obediens. Prou. 26. *Vidisti hominem sapientem sibi videri: magis spem illo habebit insipiens.* Cibus in quo nimis est de sale, quasi perdit⁹ est. Facilius sal cibo additur, quàm subtrahatur. Sic qui ad religionem venit, si sal proprij sensus in eo omnium abũdet, non est aptus religioni. Facilius homo simplex religionis efficietur, quàm ipse. Bern. ad fratres de monte Deo: Superbia quamuis prudens sibi videatur, dimittenda est sibi & abigenda. Si enim admittitur superbus, prima die qua incipit habitare, incipit leges dare. Nimium verò stultus discere non potest quas inuenit Ecclesiast. 19. *Melior est qui*

Religioni monasticæ qui apti velint ẽ pti.

minuitur sapientia, & indiget sensu in timore Domini, quàm qui transgreditur legem Altissimi. Timor qui æstimat etiam pericula quæ non sunt, & defectus suos scrutatur, inuenit se sensu indigere: & sic timor humilitatem introducit. Humilitas verò videns sensum suum sibi non sufficere, alieno sensui acquiescit: nec vult habere ducem illum qui in tot foueas eum præcipitauit, scilicet sensum proprium.

Secundum est assuefactio. Vnde equus assuescit circumuolutionibus, vt facilius ad voluntatem sessoris flecti possit. Prouerbiorum vigesimo quinto. *Equus paratur ad diem belli, Dominus autem salutem tribuet.* Equus est religiosus cui frænum obedientiæ impositum est. Zachar. 10. *Posuit eos equum gloriæ in bello.* Operatur Deus in viro religioso gloriosa, & ideo equus gloriæ potest dici. Hic per assuefactionem parandus est ad obedientiam, vt nunc ad dexteram prosperitatis, nunc ad sinistram aduersitatis versetur: aliter in die belli succumbet, quando scilicet aliquid graue ei iniungetur. Religiosus qui in sua voluntate nutritur, destruitur. In Vitis Patrũ B. Antonius præcepit Paulo simplici eremitæ suere, & dissuere vestimenta, texere & frangere sportulas: sic volebat volũtatem eius flexibilem & obedientem efficere. Tertiũ est ignis: vt patet in cera, quæ calefacta de facili flectitur: & in metallis quæ ad ignem liquefiunt, & sic de facili formam rei cui infunduntur accipiunt. Sic valere potest ad hoc quod per obedientiam magis flexibile fiat, ignis diuini amoris: scil. si ostendatur qualiter Deus dilexit nos. Luc. 12. habetur de hoc igne: *Ignem veni mittere in terram: & quid volo nisi vt accendatur?* Frequenter cogitandus esset amor ille ex quo Altissimus obedire voluit pro nobis vsque ad mortem crucis, vt cõfunderemur malè obedientes esse ad leuia quæ nobis ex parte eius iniungũtur. Quartum est, separatio rei ab aliquo minus flexibili cui adhærebat: vt patet in corio adhærẽti ligno, quod flecti non potest nisi à ligno separetur. Sic expediret ei qui perfectè obedire vellet quod voluntatem suam ab omni re temporali separaret & eam recolligeret, vt haberet paratam quãdo mandatum superioris veniret. In Psal. *paratus sum, & non sum turbatus.* Item: *Paratum cor meum Deus, paratum cor meum.* Bernard. Paratum ad sublimia, paratum ad vniuersa quæcunque præceperis. August. verus obediens mandatum non procrastinat, sed parat aures auditui; linguam voci, manus operi, pedes itineri, & se totum intra se colligit vt mandatum peragat imperantis. Quintum est, alicuius liquoris admistio. Vt pellis dura vngitur vt sit tractabilior, & terræ duræ aqua miscetur. Similiter vnctio gratiæ necessaria est vt cor magis obediens fiat. Ideo qui in religione est, frequenter in oratione Deo supplicare debet, vt gratiam obediendi sibi tribuat, & prælato beneplacitum suum de eo inspiret. August. 20. lib. Confess. Domine, continentiam iubes: da quod iubes, & iube quod vis. A simili debet religiosus dicere Deo: Obedientiam iubes, da quod iubes, & iube quod vis. Potest etiam valere ad obedientiam modestia imperantis. Senec. Remissius imperanti melius paretur. Gregor. Qui ab vnoquoq; bono subiectos vetat, necessarium est, vt multum concedat, ne obedientis mens funditus intereat, si à bonis omnibus repulsa ieiunat. Vnde Deus Adæ vnicam arborem prohibuit, omnes alias concessit. Genes. 2, & 3. Reg. 12. populus inobediens factus fuit propter graue imperium Roboam.

Caput IV.

De gradibus Obedientiæ.

Bernardus septem gradus obedientiæ tangit, quorum primus est libenter obedire. Quem gradum, vt ipse ait, non potest ascendere qui voluntatem præcipientis, suam non fecerit. Libenter obediebat qui dicebat, *Meus cibus est vt faciam voluntatem eius qui misit me.* Ioan. 4. August. 10. lib. Confess. Optimus minister tuus est, qui non magis intuetur hoc à te audire quod ipse voluerit: sed potius hoc velle quod à te audierit. Bern. Quisquis occulte satagit, vt quod vult ipse, hoc ei prælatus iniungat, ipse se seducit, si fortè sibi quasi de obedientia blandiatur. Nec enim in ea re ipse prælato, sed magis ei prælatus obedit. Paratum ad Domini voluntatem se ostendit. Paulus dicens Actor. 9. *Domine, quid vis me facere?* Bernard. in Sermonibus: Nec dubium est, quin ampliorem gratiam mereatur, qui paratum se exhibet ante mandatum, quàm qui obedire satagit post mandatum. Requirit Dominus, oblationes voluntarias. Exod. 15. Iste est sermo quem præcepit Deus: *Omnis voluntarius prono animo offerat primitias Domino.* Dauid: *Voluntarie sacrificabo tibi.* Coacta sacrificia Deo non placent. Sed quidam sunt similes rusticis, qui dominis suis nullum seruitium volunt facere nisi coacti. Et notandum quod libenter obedire, præcipuè laudabile est, cum grauia iniunguntur. Vnde super illud 1. Reg. 15. *Melior est obedientia, &c.* dicit gloss. Greg. sciendum quod obedientia aliquando si de suo aliquid habet, nulla est: aliquando ampla est, si suum aliquid non habet. Cum enim locus superior imperatur, obedientiæ virtutem euacuat sibi qui ad hunc proprio desiderio anhelat. Cum verò probra & contumeliæ imperantur, nisi hoc ex seme ipso animus appetat, obedientiæ sibi meritum minuit qui ad hanc inuitus descēdit. Hinc Moyses principatum populi humiliter recusat. Paulus autem audacter dicit: *Ego non solum ligari in Ierusalem, sed & mori paratus sum.*

Et notandum, quod obedientia in difficilioribus gratior est, quàm inobedientia grauior. Inobedientia vero in facilioribus multum Deo displicet. Bernard. de

Psal. 53.

præcepto & dispensatione. In obediendi ratione hæc generalis regula teneatur, vt in difficilioribus quibuscunque agendis obeditio gratior quàm præuaricatio grauior iudicetur, & in facilioribus minusque onerosis contemptus damnabilior, quam actus laudabilior æstimetur. August. 14. lib. de Ciuitate Dei. In paradiso tanto maior inobedientia fuit, quanto illud quod præceptum est nullius difficultatis fuit. Vbi enim magna est inobedientiæ pœna proposita, & res à creatore facilis imperata, quisnam satis explicet quátum malum sit non obedire in re facili, & tantæ potestatis imperio & táto terrenti supplicio? Secundus gradus est obtemperare simpliciter. Multos enim videmus secundum verbum Bernard. post præcipientis imperiũ multas facere quæstiones, quare sæpius ingeminare, vnde hoc veneris, quis hoc inuenit consilium? inde murmuratio, excusatio, simulatio, impossibilitates, aduocatio amicorum. In Psalm. *In auditu auris obediuit mihi*, vt ostenderet vno eodémque momento processisse & imperantis imperium & obsequium obsequentis. Ad simplicitatem obedientię pertinet, non iudicare quid vel quare præcipiatur. Bernard. in lib. de consideratione: Omnibus nobis in conuersionis initio nulla magis virtus est necessaria, quam simplicitas humilis, & grauitas verecunda. Bernard. ad fratres de monte Dei: Perfecta obedientia maxime in incipiente est indiscreta: hoc est, non discernere quid vel quare præcipiatur: sed ad hoc tantum niti, vt fideliter & humiliter fiat quod à maiore præcipitur.

Idem loquens de nouitio: Stultus fiat vt sit sapiens: & hoc omnis eius sit discretio, vt in hoc nulla ei sit discretio: hæc omnis eius sapientia sit, vt in hac parte nulla sit ei. Idem in sermonibus: Rara auis in terris discretio: ideo discretionis locum fratres in vobis suppleat virtus obediétiæ, vt nihil plus, nihil minus, nihil aliter quàm imperatum sit satisfaciatis. Deut. 12.

Psal. 17.

Quæ præcipio tibi, hæc tantum facias: nec addas quidquam, nec minuas. Cum Iulius Cæsar in perdomandis hostibus quinque annorum spatium sibi permissum transisset, licet gloriose triumphasset, honor tamen debitus sibi denegatus est: nec vrbé ingredi permissus est, eo quod vltra terminum sibi præfixum moram contraxisset. Deuter. 12. *Non facietis ibi quod nos hic facimus hodie, singuli quod sibi rectum videtur.* Bernard. sup. Cant. Qui vestri curam semel nobis credidistis, quid rursus de vobis vos intromittitis? Perfecte obediens debet se habere vt iumentũ. Dauid: *Vt iumentum factus sum apud te.* Item: *Deduxisti sicut oues populum tuum.* Et iterum, *Qui deducis velut ouem Ioseph.* Simplicitatem obedientiæ multum amabant antiqui Patres in discipulis suis: ideo in principio non præcipiebant eis recta. Vnde in vitis Patrum, dixit quidam abbati Pastori: Patres seniores non loquuntur ab initio fratrib. recta, sed magis distorta: & si viderint quia ea quæ torta sunt faciunt, iam eis non loquuntur nisi quod expedit cognoscentes, quoniam in omnib. obedientes sunt. Debent inferiores audire mandata superiorum, quasi à Deo dicerentur. Matt. 10. *Qui vos audit, me audit.* Vnde sicut non discernerent si aliquid à Deo eis præciperetur, sed humiliter illud implerent: sic non debent disceptare de mandatis prelati. Ber. Non te moueat magister imperius, indiscreta potestas: sed memento: quia non est potestas nisi à Deo: & qui potestati resistit, ordinationi Dei resistit. Ad Col. 3. *Serui, obedite per omnia dominis, &c.* Et subditur: *Quodcunque facitis, ex animo operamini sicut Domino, & non hominibus.* Tertius gradus est hilariter obedire. *Hilarem enim datorem diligit Deus.* 2. Corinth. 6. secundum verbum Bernard: Serenitas in vultu, dulcedo in sermonibus multum colorant obedientiam obsequentis. Nubilosa corporis compositio, & facies tenebris tristitiæ obfuscata, deuotionem ab animo reces-

Psal.

Ps.

De Iustitia.

fisse significat. Quis enim libenter imperat homini tristitiam afflanti. Ad Ephes. 6. *Omnia facite sine murmurationibus.* Ecclef. 36. *In omni dato hilarem fac vultum tuum.* Qui cum murmure obediunt, cum praua salsa Deum pascere volunt. In Psal. *Dederunt in escam meam fel.* Obedientia talium est quasi obedientia dæmonum. Ad præceptum enim Christi exibant dæmonia à multis, clamantia. Qui sic obediunt, non verè sunt obedientes; etsi dicantur esse. Matth. 27. *Inuenerunt hominem Cyrenæum nomine Simonem.* Tales sunt vt magni lapides qui moueri non possunt sine afflictione mouentis. Ecclef. 10. *Qui transfert lapides, affligetur in eis.* Tales sunt vt rotæ carri non solum in hoc quod præ defectu vnctionis murmurant, sed quia vnus alterum præcedere non vult: non faciam hoc dicit vnus, nisi ille idem fecerit. Ecclef. 33. *Præcordia fatui quasi rota carri.* Tales sunt sicut imagines in ædificiis quæ sustinent columnas quæ in facie tristitiam ostendunt. Prælatus cuius subditi cum tristitia & murmure obediunt, similis est illi qui haberet omnia membra infirma, quæ necesse haberet mouere, & nullum mouere posset sine dolore, qui esset in magna miseria. Prælatus talis imperat isti, & ille affligitur, & contristatur, & ipse cum eo. Similiter imperat alij, & ille contristatur, & ipse cum eo, & sic qui obsequi debuerunt, offendunt, ad Heb. 13. *Obedite præpositis vestris, & subiacete eis: ipsi enim peruigilant quasi rationem pro animabus vestris reddituri, vt hoc faciant cum gaudio, & non gementes, hoc enim non expedit vobis.* Senec. in lib. de beneficiis. Ita à natura comparatum est, vt altius iniuriæ quam merita descendant: illa cito defluant, has tenax memoria custodiat. Quid expectat qui offendit dum obligat? Satis aduersus cum gratus est, qui beneficio eius ignoscit. A simili possumus dicere quod satisfacit Deus pro obedientia aliquorum, si affectionem, quam ipsi faciunt superioribus suis, eis ignoscit. Quartus gradus est velociter obedire. Lucæ 19. dictum est Zachæo: *Festinans, descende.* Et subditur remuneratio: *Hodie*, inquit, *salus huic domui facta est.* Matth. 4. dicitur de Petro & Andræa à Domino vocatis: Et illi continuo relictis retibus secuti sunt eum. Et similiter subditur de Iacobo & Ioanne: Illi statim relictis retibus & patre secuti sunt eum. Hieron. Perfecta obedientia est sua imperfecta relinquere. Cant. 5. *Manus eius tornatiles.* In vitis Patrum Abbas Syluanus habebat duodecim discipulos, vni eorum nomen Marcus, quem præ cæteris diligebat propter bonum obedientiæ quod erat in eo. Cùmque quidam dixerunt ei quod alij discipuli contristarentur ex hoc, ipse pulsauit ad ostium vniuscuiusque vocans eum, & nullus exire voluit. Tandem vocauit Marcum ad eius ostium, qui statim exiuit, & Syluanus in quaterno quem ille scribebat tempore vocationis, literam vltimam imperfectam inuenit, quam post vocationem propter bonum obedientiæ implere noluit. Tunc illi iudicauerunt eum magis esse diligendum, eo quod Deus magis diligeret eum propter bonum obedientiæ. Item quidam Abbas seniori suo abbati debuit præparare piscem, & apposuit cultellum & incidebat eum, & vocatus ab abbate suo reliquit piscem semiscissum propter bonum obedientiæ. Valde gratum solet esse principibus quum præcepta eorum velociter adimplentur. Prouer. 22. *Vidisti hominem velocem in opere suo: coram regibus stabit, nec erit ante ignobiles.* Quintus gradus est, viriliter adimplere mandatum. Bernard. Manum tuam insiste ad fortia, agendum est instanter & constanter obediendum. Nec inter asperitatem verbum tam regalis est semita relinquenda. Et loquitur de semita obedientiæ. Christus hanc semitam etiam pro morte ignominiosissima relinquere noluit. Ad Philip. 2. *Factus obediens vsque ad mortem: moriem autem crucis.*

Bernard. Mementote fratres, Christus ne perderet obedientiam, perdidit vitam. Idem: Putas obedientiæ fructum, cum subditus audit obedientiam quam multis expetierat votis, cum ei præcipitur quod redoleat dignitatem? Et contrario meritum assigna illi obedientiæ, quæ terret animum audientis, grauis ad audiendum, grauior ad implendum, grauissima ad tenendum. Sextus gradus est, humiliter obedire. Et subdit Bernard. Magna virtus humilitatis, sine cuius obtentu virtus fortitudinis non solum virtus non fit, sed etiam in superbiam erumpit. Luc. 17. *Quum feceritis omnia quæ præcepta sunt, dicite serui inutiles sumus: quod facere debuimus, fecimus.*

Perseuerātia est filia regis.

Septimus gradus est, indesinenter obedire. Et subdit Bern. Perseuerantia singularis est filia summi regis. Idem: Quid currere prodest, & ante cursus metam deficere? Sic currite vt comprehendatis, 1. ad Corinth. 11. *Hi sunt septem gradus scalæ quam vidit Iacob.* Genes. 28. *Hanc visionem vidit Iacob dormiens in itinere, lapide supposito capiti.* gl. Caput ponit in lapide qui Christo inhæret mente. Et secundum August. in itinere dormire, est in via huius seculi ab impedimento secularium actionum quiescere. Beatus Benedictus & August. & alij Sancti qui religiones instituerunt, quum Christo corde adhæsissent, & à curis huius seculi quiescerent, spiritualiter viderunt visionem illam. Scala ista obedientia est, cuius duo latera possunt intelligi, paupertas voluntaria & continentia, vel abrenuntiatio proprij sensus & propriæ voluntatis.

Attendenda vero sunt quatuor quæ de hac scala dicuntur. Primum est, quod erat stans super terram. In quo notatur rectitudo intentionis, quæ debet esse in his qui viam obedientiæ aggrediuntur. Et excluditur per hoc macula intentionis terrenæ eorum qui habent terrenam intentionem in religione. Scala eorum non stat, sed potius iacet super terram: vel potius directa est ad infernum. Ecclef. 4. *Custodi pedem tuum ingrediens domum Domini.* Pedem, inquam, intentionis. Secundum est, quod cacumen eius tangebat cœlum. In quo figuratum est, quod conuersatio religiosorum in cœlis debet esse, vel quod immediatus transitus est in morte à via perfectæ obedientiæ in cœlum. Parum enim vel nihil morantur perfectè obedientes in purgatorio. Et quia magni lucri est obedientia, vt prius ostensum est, & ideo sufficit hic soluere debita. Et quia in vero obediente Christus viuit & operatur, ad Galat. 2. *Viuo autem iam non ego: viuit vero in me Christus* Nec est verisimile quod Deus sit in futuro eorum vltor quorum hic est actor. Tertium est, quod Iacob vidit angelos ascendentes & descendentes per scalam illam. In quo insinuatur quod via obedientiæ vita angelica est. Siue enim descendant verè obedientes fratribus suis ministrando, siue ascendant Deo assistendo in oratione, lectione, meditatione, ad modum angelorum voluntatem Dei peragunt. Vnde quantum ad illos impletur orationis Dominicæ petitio, *Fiat voluntas tua sicut in cœlo & in terra.* Matth. 6. Quartum est, quod Dominus erat innixus scalæ. In quo insinuatur quod perfecta obedientia se habet immediatè ad Deum. Nullum enim interuallum vel modicum est inter mortem vere obedientis & diuinam visionem. In Psal. *Tenuisti manum dexteram meam, & in voluntate mea deduxisti me, & cum gloria suscepisti me.* Esa. 58. *Si auerteris à sabbato pedem tuum, &c. sustollam te super altitudinem terræ, & cibabo te hæreditate Iacob patris tui.* Multum deberent incitare eos qui sunt in scala obedientiæ ad ascendendum viriliter spes & desiderium videndi Dominum innixum scalæ. Sicut quum acclamatum est in obsidione alicuius castri, illum habiturum centum libras qui primo intrauerit: spes & desiderium tanti lucri facit aliquos per scalam ascendere, tenentes clypeos supra se, licèt

lapidibus

lapidibus desuper percutiantur. Sic spes & desiderium, de quibus iam diximus, deberent facere vt homines per scalam obedientiæ ascenderent, omnes aduersitates, quæ occurrunt superando. Matth. 11. *Regnum cœlorum vim patitur, & violenti rapiunt illud.* Item insinuatur in hoc quod Dominus erat innixus scalæ, quod ipse paratus est iuuare & conseruare eos qui viam obedientiæ aggressi sunt quasi suos. Perfecte obediens è proximo sequitur Dominum. Vnde Dominus quasi fidelis socius, vbi deuentum est ad locum difficilem ad transeundum, porrigit ei manum iuuans eum. In Psalm. *Adhæsit anima mea post te : me suscepit dextera tua.* Attendendum etiam est quod sequitur: *Vere Dominus est in loco isto,* dicit Iacob. Deus Dominum se exhibet vere obedienti, eum iuuando, conseruando, & ei prouidendo: & merito, cum ille se exhibeat seruum Dei, voluntatem eius adimplendo. Item attendendum est quod Iacob postea dixit: *Quàm terribilis est locus iste.* Terribilis est locus sanctus, scilicet locus religionis, propter Domini præsentiam. Solicitè enim debent se habere qui sunt in religione, propter hoc quod Dominus præsens est. Hoc est vnum illorum quæ Deus requirit ab homine, scilicet solicitè ambulare cum Deo suo. Mich. 6. Terrorem incutere deberet his qui peccant in locis sanctis, pœna illorum qui in locis sanctis peccauerunt, vt pœna Luciferi & Adam. Sequitur: *Non est hîc aliud, nisi Domus Dei, & porta cœli,* Domus Dei dicitur religio: quia in verè obedientibus Deus habet dominium. Porta vero cœli est propter propinquitatem quam habet perfecta obedientia ad Dei visionem. Væ illis, qui de porta cœli faciunt portam inferni: & de domo Dei, speluncam latronum: vt qui simoniacè intrant religionem aliquam, vel proprietarij sunt ibi. Matth. 21. *Domus mea, domus orationis vocabitur: vos autem fecistis eam speluncam latronum.* Item : Væ illis religiosis qui de scala regni cœlestis scalam faciunt confusionis, quorum peccata tanto amplius fœtent hominibus, quanto ipsi sunt in gradu altiori.

Caput V.

De partibus obedientiæ.

Est obedientia reprehensibilis, & est obedientia commendabilis. Obedientia reprehensibilis est triplex. Prima est cum aliquis obedit creaturæ inferiori homine: vt pecuniæ. Eccles. 10. *Pecuniæ obediunt omnia.* Secunda est, cum ex remissione superioris & ceruicositate inferioris accidit quod ille obedit qui debet imperare, & ille imperat qui debet obedire: cum scilicet ille est supra qui deberet esse infra, & membrum super verticem se extollit. Prou. 30. *Per tria mouetur terra, & quartum quod non potest sustinere. Per seruum cum regnauerit, &c.* Tertia est, cum aliquis suo superiori in malo obedit. Greg. in Moral. Nunquam per obedientiam malum fieri. Aliquando autem debet bonum quod agitur per obedientiam intermitti. Bernardus in epist. Facere malum quolibet etiam iubente domino, constat non esse obedientiam, sed potius inobedientiam. Greg. Caueant subditi ne plus quàm expedit sint subiecti, ne dum plus quàm expedit student subijci, superiorum compellantur vitia venerari. August. Sic modus obedientiæ tenendus est, vt bonis in malo non consentias, nec malis in bono non contradicas. Obedientia vero commendabilis quædam est necessaria, quædam abundans vel perfecta. Necessaria est, vt cum aliquis obedit in his in quibus tenetur obedire. Abundans verò est, quum obediat etiam in his in quibus non tenetur obedire. Bern. Subiectus huiusmodi obedientiam quæ finibus cohibetur nouerit imperfectam: nam perfecta obedientia legem nescit termi-

obedientia quotuplex.

nis non arctatur, neque contenta angustiis professionis, largiori voluntate fertur in latitudinem charitatis. Item ad perfectionem obedientiæ pertinet non solum facere quod iubetur, sed etiam sicut iubetur. Bernard. Illum optimum dixerim obedientiæ gradum, cùm eo animo opus iniunctum recipit quo & præcipitur. Genes. 17. dicitur de Abraham. *Et circumcidit carnem præputij eorum statim ipsa die sicut præcepit ei Deus.* Matth. 1. *Exurgens Ioseph à somno fecit sicut præcepit ei angelus.* Ioan. 14. *Sicut mandatum dedit mihi Pater, sic facio.* Item notandum quod est obedientia quæ debetur ex natura: vt illa quæ debetur Deo. Actor. 5. *Obedire oportet Deo magis quàm hominibus.* Et illa quæ debetur parentibus carnalibus. Ad Ephes. 6. *Filij obedite parentibus vestris in Domino, hoc enim iustum.* Item ad Coloss. 3. *Filij, obedite parentibus vestris per omnia: hoc enim beneplacitum est Domino.* Item est obedientia quæ non debetur ex natura, sed habuit voluntatem principium sui, vel voluntatem liberam, vel non liberam. Voluntatem non liberam sui principium habuit obedientia quam debet seruus Domino, ad Coloss. 3. *Serui, obedite per omnia dominis vestris.* Voluntatem verò liberam sui principium habuit obedientia quam vxor debet viro, vel quam debet subditus prælato. ad Ephes. 5. *Mulieres subditæ sint viris suis in omnibus.* Genes. 3. mulieri dicitur *sub viri potestate eris, & ipse dominabitur tui.* ad Hebr. 3. *Obedite præpositis vestris, & subiacete eis.*

CAPVT VI.

De his quæ aduersantur obedientiæ. Et de 12. malis quæ propria voluntas homini facit.

Obediē-
tiæ quæ
aduer-
santur.

Obedientiæ primò aduersatur proprius sensus, deinde propria voluntas. Sicut equus videns non est idoneus circumire ad molam: sic qui habet proprium sensum, non est aptus volubilitati obedientiæ. Deuter. 12. *Non facietis ibi quod nos facimus his hodie singuli quod sibi rectum videtur.* Iudic. 17. *In diebus illis non erat rex in Israël: sed vnusquisque quod rectum sibi videbatur hoc faciebat.* Exemplum relinquédi proprium sensum, dedit Christus à matre sua in templo inuentus. Luc. 2. *Descendit cum eis, & venit Nazareth, & erat subditus illis.* Bernard. Quis non erubescat obstinatus esse in consilio suo, quando suum sapientia ipsa deseruit? Proprius sensus, oculus est veteris hominis qui inimicus est Deo, & ideo eruendus est. De propria voluntate, notandum est, quod ipsa Deo multum displicet, Diabolo multum placet, homini multum nocet, Nec mirum si Deo multum displicet. Ipsa enim est quæ Deo primo iniuriatur. Ipsa sola Deo aufert dominium suum, & dat illud diabolo. Sicut enim obedientia efficit hominem seruum Dei: sic propria voluntas efficit eum seruum diaboli: ideo multum placet diabolo. Eccles. 18. *Post concupiscentias tuas non eas, & à voluntate tua auertere. Si præstes animæ tuæ concupiscentias eius, faciet te in gaudium inimicis tuis.* Propria voluntas homini multipliciter nocet. Primò aufert ei Deum. Bern. sup. Cant. Non dabit inobedienti copiam sui tantus obedientiæ amator, vt mori quam non obedire maluerit. Secundò, beneficia Dei homini subtrahit. Greg. Dignum est vt ab eius beneficiis sit quilibet extraneus, qui eius nimirum iussionibus non vult esse subiectus. Tertiò, meritum euacuat. Esa. 58. *Quare ieiunauimus, & non aspexisti?* Et subditur: *Ecce hodie ieiunij vestri inuenitur voluntas vestra.* Bernard. super Cant. Grande malum propria voluntas, quâ fit vt bona tua tibi bona non sint. Quartò, hominem excommunicat. 2. ad Thess. 3. *Si non obedit verbo nostro per epistolam, hunc notate, & ne commisceamini cum illo.* Quintò, hominem furem efficit. Illi enim qui in religione est propriæ voluntatis, contractat rem alienam, scilicet seipsum, Domino inuito. Matth. 16. *Si quis vult post me venire, abneget semetipsum.* Luc. 14. *Omnis ex vobis qui non renuntiauerit omnibus quæ possidet, non potest meus esse discipulus.* Sexto, reddit hominem maledictum. Deuter. 28. *Si audire nolueris vocem Domini Dei tui vt custodias & facias omnia mandata eius, venient super te omnes maledictiones istæ, & apprehendent te. Maledictus eris in ciuitate, maledictus in agro, maledictum horreum tuum, & maledictæ reliquiæ tuæ: maledictus fructus ventris tui, & fructus terræ tuæ.* Septimo, idololatriam efficit, 1. Regum 15. *Quasi peccatum ariolandi est repugnare, & quasi scelus idolatriæ, nolle acquiescere.* Gloss. Sola est obedientia quæ fidei meritum possidet, sine qua infidelis quisquis conuincitur. Inobediens negat Deum inquantum Deus est. Greg. in Moral. Contra conditorem superbire, est præcepta eius peccando transcendere: quia quasi à se iugum dominationis eius excutit, cui per inobedientium subesse contemnit. Octauo, hominem à dignitate deijcit: vt patet in Saül, cui dicit Samuel, 1. Reg. 15. *Quia proiecisti sermonem Domini, proiecit te Dominus ne sis Rex super Israel.* Nono, aduersarium homini suscitat. 3. Reg. 11. *Fecit Salomon quod non placuerat coram Domino & suscitauit Dominus aduersarium Salomoni.* Decimo, hominem confundit. Osee 10. *Confundetur Israel in voluntate sua.* Esa. 45. *Confundentur omnes qui repugnant ei:* In hoc confunditur qui propriam voluntatem in religione sequitur, quia contrarium accidit ei illius quod intendit. Quærit alicubi consolationem, & ex hoc postea habet maiorem desolationem. Vel in remorsione conscientiæ, vel in punitione pœnitentiæ, vel in infirmitate quæ quandoque ex hoc sequitur. Qui plus vult facere voluntatem suam in religione, plus cogitur facere contra eam. Quum enim talis non habeat gratiam illam apud Deum vel homines quam habet verus obediens, multa non conceduntur sibi quæ conceduntur vero obedienti. Ionas effugere voluit vt Dei voluntatem non impleret: impleuit tamen eam inuitus. Gregor. Ecce Ionam fugitiuum Dei tempestas inuenit, sors ligat, mare suscepit: & quia auctoris voci obedire renititur, ad locum quo missus fuerat suo reus carcere portatur. Vndecimo, hominem affligit. Vnde Saül inobedientem malignus spiritus exagitat. 1. Reg. 16. Homo propriæ voluntatis in religione animum habet inordinatum, & ideò affligitur. August. in lib. de Conf. Iussisti, Domine, & sic est, vt pœna sibi sit omnis inordinatus animus. Duodecimo, hominem morte temporali & æterna dignum efficit. Deut. 17. *Qui superbierit nolens obedire sacerdotis imperio, morietur.* Eiusd. 21. *Si genuerit homo filium contumacem, qui non audierit patris aut matris imperium, & coercitus obedire contempserit, lapidibus eum obruet populus.* Iosue 1. *Qui contradixerit ori tuo, & non obedierit cunctis sermonibus tuis quos præceperis ei, moriatur.* 2. Reg. 13. *Vir Dei qui inobediens fuit ori Domini percussus est à leone.* Ber. Quid odit Deus, aut quid punit præter voluntatem propriam? Cesset enim propria voluntas, & infernus non erit.

PARS VII.

De errore illorum qui dicunt soli Deo obediendum esse, & non homini.

FAlsitas huius erroris facilè manifestari potest his qui vetus Testamentum recipiunt: cum in veteri lege præcipiantur occidi, qui imperio sacerdotis, vel principis, vel parentum inobedientes sunt. De primo habetur. Deuter. 17. *Qui superbierit nolens obedire sacerdotis imperio, moritur.* De secundo Iosue 1 *Qui contradixerit ori tuo, &c.* De tertio Deuter. 21.

Si genuerit homo filium contumacem, &c. Testimoniis etiam Noui Testamenti falsitas docti erroris manifestè potest ostendi. Rom. 14. *Omnis anima potestatibus sublimioribus subiecta sit. Non enim est potestas nisi à Deo: quæ autem sunt à Deo ordinata sunt. Itaque qui resistit potestati, Dei ordinationi resistit: qui autem resistunt, sibiipsi damnationem acquirunt.* Ephes. 6. *Filij obedite parentibus vestris in Domino: hoc enim iustum est.* In eodem: *Serui obedite dominis vestris carnalibus: cum timore & tremore, in simplicitate cordis vestri sicut Christo.* ad Coloss. 3. *Filij obedite parentibus vestris: hoc enim beneplacitum est Domino.* In eod. *Serui obedite per omnia dominis carnalibus,* ad Tit. 3. *Admone illos principibus & potestatibus subditos esse.* ad Heb. 13. *Obedite præpositis vestris & subiacete eis.* 1. Pet. 3. *Subiecti estote omni humanæ creaturæ propter Deum, siue regi quasi præcellenti; siue ducibus, quasi ab eo missis.* In eodem: *Serui subditi estote in omni timore dominis non tantum bonis & modestis, sed etiam discolis.* Præterea constat quod Christus voluit apostolos esse loco sui, & vicem eius gerere: secundum illud Matth. 10. *Qui vos audit, me audit: & qui vos spernit, me spernit.* Et eiusd. 16. dictum est Petro: *Tibi dabo claues regni cœlorum: & quodcunque ligaueris super terram, erit ligatum & in cœlis: & quodcunque solueris super terram, erit solutum & in cœlis.* Item eiusdem 18. *Amen dico vobis: quæcunque alligaueritis super terram, erunt ligata & in cœlo, &c.* & Ioan. 20. *Accipite Spiritum sanctum: quorum remiseritis peccata, remittuntur eis: quorum retinueritis, retenta sunt.* Obediendum ergo fuit Apostolis sicut Christo, tanquam eius vicariis. A simili ergo successoribus eorum obediendū est tanquam Christi vicariis. Si quis vero dicat quod obediendum fuit Apostolis tanquam Christo, sed non eorum successoribus. Ergo Christus recessurus ab Ecclesia non sufficienter ordinauit de ea: si non ordinauit de ea, nisi quandiu Apostoli viuerent. Si Rex Franciæ iturus esset in peregrinationem, & poneret aliquem loco sui vsque ad certum tempus infrà quod sciret se non esse rediturum, ipse non sufficienter ordinaret de regno. Ergo quum Christus ascensurus in cœlum sciret se non esse rediturum ad Ecclesiam ante mortem Apostolorum, si ipse solum ordinauit qui essent loco eius dum Apostoli viuerent, ipse sufficienter prouidit Ecclesiæ suæ? Relinquitur ergo quod successoribus eorum obediendum sit, sicut & ipsis obediendum fuit. Si quis vero dicat hominibus esse obediendum, sed tantum bonis, non malis, patet primò hoc esse falsum ex verbis Christi. Matth. 23. *Super cathedram,* inquit, *Moysi, sederunt Scribæ & Pharisæi: omnia ergo quæcunque dixerint vobis, seruate & facite, secundum vero opera eorum nolite facere.* 1. Pet. 2. *Serui subditi estote in omni timore dominis, non tantum bonis & modestis, sed etiam discolis.* Præterea si tantum bonis esset obediendum, iurisdictio Ecclesiæ nihil haberet certitudinis, nescitur enim quis sit bonus vel malus. Ecclesiast. 9. *Sunt iusti atque sapientes, & opera eorum in manu Dei, & tamen nescit homo vtrum amore an odio dignus sit: sed omnia in futurum seruantur incerta.* Item iurisdictio Ecclesiæ nihil haberet stabilitatis. Ille enim qui est bonus, in momento potest fieri malus, & iam non ei est obediendum. Præterea sicut pictor fœdus depingit statuam pulchram, nec vitium pictoris statuam deturpat: sic & prælatus malus potest facere præceptum bonum: nec est periculum his qui subiecti sunt, si obediant prælato malo in eis in quibus obedirent prælato bono. Ex quo prælatus malus habet potestatem. Omnis enim potestas à Deo est: & qui potestati resistit, ordinationi Dei resistit, ad Rom. 13. Si vero prælatus malus præpiat malum: tunc planè non est obediendum ei. Aug. super illum ad Rom. 13. *Qui re-*

fistunt, ipsi sibi damnationem acquirunt. Si ille iubeat quod non debes facere, hic sanè contemne potestatem, timendo potestatem maiorem. Ipsos humanarum rerum gradus aduerte. Si quid iusserit curator, nunquid tibi faciendum est si contra proconsulem iubeat? Rursus si quid proconsul iubeat, & aliud Imperator, nunquid dubitatur contempto illo, illi esse seruiendum? Ergo si aliud Imperator & aliud Deus iubeat, contempto illo obtemperandum est Deo.

DE DISCIPLINA.

PARS XI.

Quæ habet septem Capitula.

CAPVT I.

De ordine dicendorum: de Disciplina, & de diuersis acceptionibus huius nominis Disciplina.

Dicto de Obedientia quâ redditur quod debetur superiori, dicendum est de Disciplina qua redditur quod debetur inferiori. De qua hoc modo dicitur. Primo ponentur diuersæ acceptiones huius nominis Disciplina. Secundo, tangetur de his quæ possunt incitare ad faciendum correctionem. Tertio, de his quæ possunt eam impedire. Quarto, de modo corripiendi, vel corrigendi. Quinto, de his quæ incitare possunt ad libenter recipiendum correptionem. Sexto, de diuersis partibus disciplinæ. Septimo, de erroribus circa disciplinam. Circa primum notandum quod disciplina quandoque dicitur desiderium corrigendi inferiores, & sic videtur esse pars iustitiæ. Quandoque autem dicitur disciplina id quod adhibetur ad correctionem aliquorum. Sic sumitur Hebræor. 12. *Fili mi, noli negligere disciplinam.* In eodem: *In discipli-*

na perseuerate. Item : *Si extra disciplinam estis, &c.* Quandoque autem disciplina dicitur effectus disciplinæ sumptæ secundo modo. Et sic videtur eam describere Cyprianus, dicens : Disciplina est morum ordinata correptio, & maiorum præcedentium patrum regularum obseruatio. Item magister Hugo de sancto Victore: Disciplina, inquit, est conseruatio bona & honesta : cui parum est non malum facere, sed studet in his quæ bene agit per cuncta irreprehensibilis apparere. Bern. in epistolis: Disciplina ceruicem submittit, ponit supercilia, componit vultum, ligat oculos, cachinnos cohibet, moderatur linguam, gulam frænat, iram sedat, format incessum.

Item magister Hugo de sancto Victore. Disciplina est membrorum omnium motus ordinatus, & dispositio decens in omni habitu & actione. Disciplina sumpta primo modo poterit videri alicui idem esse quod zelus. Ad zelum primo videtur pertinere dolor de Dei contumelia, qui est quasi quædam scissura cordis, quam interdum indicat vestium scissura. Secundo tabescentia quæ est quum dolor vehementior aut diuturnior fuerit. Dauid: *Super inimicos tuos tabescebam.* Tertio, ira per zelum, quæ est appetitus vlciscendi Dei offensam: quæ ira si inueterata fuerit, efficitur odium. De quo in Psal. *Nonne qui oderunt te Domine oderam.* Idem : *Perfecto odio oderam illos.* Perfectum odium est quo inimicos Dei vsque ad dilectionem vel perfectionem persequimur, non habentes pacem cum eis, quandiu sunt Dei inimici. Vel perfectum odium dicitur odium virorum perfectorum, quo peccata hominum non homines odio habentur. Ambros. Qui habent zelum, omnes inimicos suos putant qui sunt hostes Dei, quamuis patrem, sororem, de omnibus dicunt : Inimici facti sunt mihi. Idem: Nemo grauior hostis omnium, quàm qui omnium lædit auctorem. August. Vnumquemque Christianum zelus domus Dei

Zelus quando idem quod disciplina & quid ad eum spectet? Ps. 138.

Ibidem

comedit. Non enim magis est domus tua quàm illa vbi habes salutem æternam. Si ergo in domo tua ne quid peruersum fiat satagis, in domo Dei vbi salus est proposita & requies sine fine, non debes pati, quantum in te est, si quid peruersum forte videris. Et notandum quod non videtur omnino idem esse zelus & ita per zelum. Bonus zelus est, vt ait Gloss. August. super illud Ioan. 2. *Zelus domus tuæ.* Feruor animi quo mens abiecto timore humano pro defensione veritatis attenditur, eo comeditur, quo quælibet praua quæ viderit, corrigere satagit: si nequit, tolerat & gemit. Ita vero per zelum est ira iusta. De qua Gloss. super illud Matt. 5. *Omnis qui irascitur, &c.* Iusta ira est mater disciplinæ. Et super illud Iob 5. *Virum stultum interficit iracundia.* dicit Gregor. Est ira per zelum, qua irasci sicut nostris, proximorum erroribus debemus. De hac ira etiam dicit Glossa super illud Ecclesiast. 7. *Melior est ira risu.* Hæc est ira qua vitiis irascimur. Item notandum quod super illud Ezech. 4. *Sume tibi sartaginem ferream,* dicit Glossa Gregor. Nullum maius sacrificium Deo est, quàm zelus animarum. Zelus Dei gloriam in hoc mundo defendit: zelus carbo est quem vnus de Seraphim accepit de altari cælesti, & tetigit labia Esaiæ. Esa. 6. *Nam non sunt digna prædicare verbum Dei labia illa quæ hic carbo non tetigerit.* In Psalm. *Mors in labiis eorum,* vbi littera communis habet, *Gladius in labiis eorum.* In labiis quorundum verbum Dei quod deberet esse spiritus & vita, mors est. Propter defectum enim zeli, verbum Dei ita frigide annuntiant aliqui, quod auditores eorum inde potius frigescunt quàm accendantur. Propter ignem istum dictum de Elia. Eccl. 48. *Surrexit Elias propheta quasi ignis.* Zach. 2. *Ponam duces Iuda sicut caminum ignis in lignis.*

Zelus & ira per zelum qui differant.

Psal. 58.

Caput II.

De his quæ possunt incitare ad faciendam correptionem.

AD correptionem faciendam, notandum quod ad hoc primo incitare potest frequens admonitio sacræ Scripturæ. Matth. 10. *Si peccauerit in te frater tuus, corripe eum inter te & ipsum solum.* ad Galat. 6. *Si præoccupatus fuerit homo in aliquo delicto: vos qui spiritales estis instruite huiusmodi.* 1. ad Thess. 4. *Rogamus vos fratres, corripite inquietos.* Prou. 24. *Noli subtrahere a puero disciplinam.* Eccl. 7. *Filij tibi sunt? erudi illos, & curua illos a pueritia illorum:* Eiusdem. 30. *Tunde latera eius, dum infans est, ne forte induret & non credat tibi.* In eodem: *Doce filium tuum, & operare in illo, ne in turpitudine illius offendas.* ad Ephes. 6. *Educate filios vestros in disciplina & correptione Domini.* Secundo exempla, & maxime exemplum Christi. De cuius zelo habes Matth. 21. & Ioan. 2. Et in Psalm. *Zelus domus tuæ comedit me.* Esaiæ 59. *Opertus est Dominus pallio zeli.* Et Cant. 2. *En ipse stat post parietem:* ad modum scilicet zelantis & auscultantis. Exemplum zeli habes Exod. 32. in Moyse & Leuitis vindictam sumentibus de idolatria Iudaici populi. Item Num. 25. in Phinees, qui interfecit virum Israëlitam coëuntem cum Madianitide: de quo Dominus ait ad Moysen, Phinees filius Eleazari auertit iram à filiis Israël: quia zelo meo commotus est côtra eos. Item tertio Reg. 10. in Iesu qui interfecit prophetas Baal. Item. Mach. 2. in Matathia qui trucidauit Iudæum sacrificantem idolis. Tertio vtilitas ex correptione proueniens, virga correptionis fructifera est. Vnde significata est per virgam illam quæ protulit flores & amygdala. Num. 17. Vtilitatem correptionis in multis locis insinuat sacra Scriptura. Prouer. 17. *Melior est manifesta correptio quàm amor absconditus.* Et in eodem: *Meliora sunt vulnera diligentis, quàm fraudulenta odientis oscula.* Eiusd. 18. *Qui corripit hominem, gratiā postea inueniet apud eum, magis quam qui per linguæ blandimenta decipit.* Eiusd. 29. *Virga atque correptio tribuit sapientiam.* Eccl. 7. *Melius est à sapiente corripi, quàm stultorum adulatione decipi.* Eiusd. 30. *Qui diligit filium, assiduat illi flagella, vt lætetur in nouissimo suo.* Item in eodem: *Qui docet filium suum, laudabitur in eo.* Augustinus ad Vincentium: Non omnis qui parcit, amicus est; nec omnis qui verberat, inimicus. Melius est cum seueritate diligere, quam cum lenitate decipere. Vtilius esurienti panis tollitur, si de cibo iustitiam securus negligebat, quam esurienti panis frangitur, vt iniustitiæ seductus acquiescat. Et qui phreneticum ligat, & qui lethargicum excitat, ambos molestus ambos amat. Quis non potest amplius amare quàm Deus? & tamen, nos non solum docere suauiter, verumetiam salubriter terrere non cessat. Quarto, malum proueniens ex defectu correptionis. Quod in multis locis sacræ Scripturæ nobis insinuatur. 1. Reg. 3. *Suscitabo aduersus Heli omnia quæ locutus sum super domum eius, eo quod nouerat indigne agere filios suos, & non corripuit eos.* Et 3. Reg. 1. Adonias eleuabatur, dicens: *Ego regnabo.* Et infrà: *Nec corripuit eum pater suus aliquando*, quem occasione regni postea Salomon fecit occidi. Prou. 13. *Qui parcit virgæ, odit filium suum: qui autem diligit, instanter erudit.* Eiusdem 29. *Puer qui dimittitur voluntati suæ, confundit matrem suam.* Ecclesiastic. 22. *Confusio patris est de filio indisciplinato.* Eiusdem 41. De patre impio queruntur filij, quoniam propter eum sunt in opprobrium vel tormentum. Esaiæ 14. *Præparate eius filios occisioni in iniquitate patrum eorum.*

De Iustitia.

Caput III.

De impedimentis correptionis.

Octo sunt quæ solet impedire ne correptio debito modo fiat. Primum est, indiscreta humilitas, August. loquens Prælatis: Cum necessitas disciplinæ in moribus coërcendis dicere vos dura verba compellit, si etiam ipsa modum vos excessisse sentitis, non à vobis exigitur vt à vobis subditis, veniam postuletis, ne apud eos quos oportet esse subiectos, dum nimium seruatur humilitas, regendi frangatur auctoritas. Eccl. 13. *Noli esse humilis in sapientia tua.* Tit. 2. *Hæc loquere & exhortare, & argue cum omni imperio.* Secundum est timor scandali. Veritas vitæ, doctrinæ vel iudicij propter scādalum dimittenda non est, ad Gal. 2. dicit Paulus: *Quum venisset Petrus Antiochiam, in faciem restitit ei: quia reprehensibilis erat.* Matth. 15. cum diceretur Christo. *Scis quia Pharisæi audito hoc verbo scādalizati sunt? Ille respōdens, ait: Omnis plantatio quam non plantauerit Pater meus eradicabitur: Sinite eos, cæci sunt, & duces cæcorum.* Tertium est, timor mundanus vel humanus. Contra quod legitur de Elia Eccles. 48. *Non pertimuit principem, nec superauit eum verbum aliquod.* Et 3. Reg. 18. Dixit Elias ad Achab: *Non conturbo ego Israel, sed tu & domus patris tui.* Quartum est, remissio. De qua exemplum habetur in Hel. 1. Reg. 1. qui remissè arguebat filios suos, dicens: *Quare facitis res huiuscemodi quas ego audio?* Quintum & sextum sunt austeritas & indiscretio. Contra quæ duo fuerunt in arca testamenti, virga, manna, & tabulæ testamenti. In virga intelligitur correptio. In tabulis, discreto. In manna, mansuetudo. Contra austeritatem dicitur ad Gal. 6. *Vos qui spirituales estis, instruite huiusmodi in spiritu lenitatis.* Cōtra indiscretionem dicitur. Prou. 14. *In ore stulti virga superbiæ.* Septimū est ira vel odium.

Prou. 19. *Spiritum ad irascendum facilem quis poterit sustinere?* Eccl. 19. *Est correptio mendax in ira contumeliosi.* Videtur esse correptio, quod potius est corruptio vel conuiciatio. Octauum est amor terrenorum. Vnde Genes. 4. dixit Cain: *Nunquid custos fratris mei sum ego?* Cain interpretatur possessio: Amator possessionum custodiam fratrum negligit, non attendens illud Eccl. 29. *Perde pecuniam propter fratrem.*

Caput IV.

De modo faciendi correptionem.

Correptio procedere debet ex amore. Apoc. 4. *Ego quos amo, arguo & castigo.* Sed sunt aliqui qui illos maximè volunt corrigere quos videntur non amare, quorum correptio ab iis quibus adhibetur, non reputatur correptio, sed hostilis persecutio. Esa. 11. *Egredietur virga ab radice Iesse.* Iesse interpretatur incendium. De incendio amoris egredi debet virga correptionis. 2. ad Thess. vlt. *Nolite quasi inimicum existimare illum, sed corripite vt fratrem.* Item correptio debet fieri cum compassione. Greg. Nequaquam iacentem erigit, nisi qui status sui rectitudinem per compassionem flectit. Aug. Duo sunt nomina, homo, peccator: quia peccator est, corripe: quia homo est, miserere. In Psal. *Corripiet me iustus in misericordia & increpabit me*, sicut dicit Gloss. super illud Matt. 5. *Beati qui esuriunt, & sitiunt iustitiam.* Iustitiæ lumen est misericordia. Iustitia sine misericordia cæcus furor est. Zelus absque misericordia, est vt cæcus sagittarius qui intendens occidere feram, occidit hominem: sicut Lamech qui intendens sagittare feram, sagittauit Cain, & occidit eum, iuxta traditionem Hebræorum. Ignis zeli ardere debet in oleo misericordiæ. Gregor. super Ezechiel. Zeli sancti districtio, de virtute misericor-

diæ necesse est vt ardeat. Ideo necesse est eum qui habet alios corrigere, iugiter meditari propriam infirmitatem, vt in seipso discat, quod alij portare possint. In Psalm. *Sciant gentes quoniam homines sunt.* ad Galat. 6. *Considerans temetipsum ne & tu tenteris.* Eccl. 31. *Intellige quæ sunt proximi ex teipso.* Gregor. Omnipotens Deus idcirco Principem Apostolorum permisit cadere, vt in culpa sua disceret qualiter aliis misereri deberet. Et de Christo legitur, Esa. 53. *Virum dolorum & scientem infirmitatem.* Qui non didicit pati disciplinam, nescit eam in alios exercere. Quidam religiosi habentes abbatem tortorem crudelissimum, inexpertum disciplinæ quam in alios voluit exercere, coëgerunt eum sedere per mensem inter fratres, & agere se tanquam simplicem fratrem: quem quotidie proclamantes, & egregie verberantes, tandem restituerunt eum sedi suæ, dicentes: Ecce per mensem fuisti in scholis disciplinæ: & non solum audisti doctrinam disciplinæ, sed etiam sensisti: non erat mirum si nesciebas quod non didiceras: sis memor eorum quæ didicisti, alioquin tibi rememorationem faciemus ipsorum. Qui didicit ex his quæ passus est disciplinam. Sunt multi qui alios durè volunt corrigere, sed tamen nolentes corrigi, quorum morbus est. Noli me tangere, solo Deo curabilis, cum omnem tactum humanum fugiat. Item correptio fieri debet in mansuetudine. In Psalm. *Superuenit mansuetudo, & corripiemur.* Senec. Vitia animi sicut vitia corporis leniter sunt tractanda. Ambr. super Lucam: Plus proficit amica correptio, quàm accusatio turbulenta. Illa pudorem incutit, hæc indignationem mouet: ad Galat. 6. *Vos qui spirituales estis, huiusmodi instruite in spiritu lenitatis.* Zelus sedet quasi in fornace, vel iuxta fornacem, scilicet vim irascibilem: vnde de facili emicant scintillæ iræ quibus turbatur oculus mentis. Cato: *Impedit ira animum, ne possit cernere verum.* Et super illud

De Iustitia.

illud Iob 5. *Virum stultum interficit iracundia.* dicit Greg. Ira per zelum turbat. Ipsa namque zelus rectitudinis, dum acie mentis agitat, turbat. Ideo viri sancti iram sentientes supersedere volunt correctioni, donec ira cassauerit & tranquillitas in mente facta sit, imitari volentes illum cui dicitur, Sapient. 13. *Tu dominator virtutis cum tranquillitate iudicas.* Iac. 1. *Ira viri, iustitiam Dei non operatur.* Diogenes cum esset iratus seruo suo, ait: Iam te, nisi iratus essem, verberibus enecassem. In hominibus iracundis non exilit scintilla de fornace vis ira scibilis, sed flamma totum vorans: & quod zelo sancto cœperant, furore consummant. In eis opus sanctum quod zelus sanctus tenebat, ira rapit & sibi vindicat. Scintilla vero iræ, etsi aliquid turbationis oculo mentis ingerat, non tamen opus sancto zelo incœptū sibi vendicat. Simile inuenies in viro qui ex iustitia vult reddere debitum vxori, cuius operi dupliciter potest se ingerere voluptas: vel sic vt opus iustitiæ non auferatur, vel ita vt id totum sibi rapiat: vt scil. solo voluptatis amore consummetur. ad Galat. 3. *Sic stulti estis, vt cum Spiritu cœperitis, nunc carne consummemini?* Simile etiam accidit in illo qui ex charitate incipit dare eleemosynā, cui vana gloria duplex potest se ingerere. Simile etiam accidit in eo qui ex deuotione inchoat iter Ierosolymitanum, & intrat in cor eius cogitatio de negotiatione ibi exercenda, quæ cogitatio dupliciter se potest ingerere vt prius. Item correptio secreto facienda est, si culpa sit occulta. Matth. 18. *Si peccauerit in te frater tuus, corripe eum inter te, & ipsum solum.* Si vero culpa sit manifesta, manifeste facienda est. 1. ad Tim. 5. *Peccantes coram omnibus argue, vt & cæteri timorem habeant.* Isid. Manifesta peccata non sunt occulta purgatione purganda: palam enim arguendi sunt, qui palam nocent, vt dum aperta obiurgatione sanantur, hi qui eos imitando deliquerunt, corrigantur. Dum vnus corripitur plurimi emendantur, necesse est vt pro multorum saluatione vnus condemnetur quàm per vnius licentiam multi periclitentur. Ita erga delinquētem sermo est proferendus, sicut eius qui corripitur expostulat salus. Item correptione attendendus est status personarum quæ corriguntur, quia non sanat oculum quod sanat calcaneum. Cum veterano parcius agendum est: vt ait Sen. 1. ad Tim. 5. *Seniorem ne increpaueris, sed obsecra vt patrem.* In correptione etiam seruanda est modestia. Tenendum est enim medium inter remissionem & indiscretum zelum. 2. ad Tim. 2. *Seruum Domini oportet esse patientem, cum modestia corripientem: qui non possunt cum benignitate corrigi, terrore sunt corrigendi.* Aug. ad Bonifacium: Quidam dixit de pudore & libertate, liberos retinere satius esse credo, quam metu. Et subdit Aug. Hoc quidem verum est, sed sicut meliores sunt quos dirigit amor: ita plures sunt quos corrigit timor. Isid. Qui blādo verbo castigatur, & non corrigitur, acrius necesse est vt arguatur. Cum dolore enim abscindenda sunt quæ leniter sanari nō possunt. Qualis debeat esse zelus, ostēdit Bern. super Cant. Zelum, inquit, tuum inflammet charitas, informet scientia, firmet cōstantia, sit feruidus, sit inuictus, sit circōspectus. Idem. Quo zelus feruidior, vehementior spiritus, prouisiorque charitas, eo vigilantiori opus est scientia, quæ zelum supprimat, spiritum temperet, ordinet charitatem. Sunt qui zelum habent non secundum scientiam. ad Rom. 10. qui vulgariter vocantur homines sine capite, belluina rabie sæuientes in peccatores, cōuitiis eos dehonestantes, non medicos, sed hostes se exhibentes, quantum in eis est iudicium Dei euacuantes, dum omnia hic vindicare volunt. Si enim hic omnia vindicarentur, vt ait August. locum diuina iudicia non haberent. Ipsi officium dæmonum, quod est torquere, diligenter facerent, si potestatem haberent. In ore eorum personat hæ voces diabolicæ, crucigatur, cōfundatur, deponatur, & eiiciatur,

Potestas eorum est vt gladius in manu furibundi: vix ab ore eorum auditur, corrigatur. Ipsi solum vrere norunt, & secare: omni aegritudini ignem & ferrum adhibere volunt, ignorantes quod omnium medicamentorū saluberrimum est sapientia. Sapient. 9. *Per sapientiam sanati sunt, quicunque placuerunt tibi ab initio.* Eiusd. 16. *Nec herba, nec malagma sanauit eos: sed sermo tuus Domine qui sanat omnia.* Peccatores (vt ait Dionysius) tanquam coeci manu ducendi sunt. Tullius: Vndique fulciendi sunt qui ruunt, erigendi sunt qui occiderunt, & sanandi qui vulnerati sunt, non nouo vulnere transfigendi. Qui zelum indiscretum habent, similes sunt illis qui reficiunt veteres patellas, qui foramen vnum volentes obstruere, vno ictu mallei multa faciunt, vel illud augent; vel patellam omninò confringunt. Videntur tales credere quod omnia vasa sint malleabilia, cum tamen fictilia vel vitrea, malleatione potius confringantur. Correptio est vasorum spiritualium confractorum refectio. Ecclef. 21. *Cor fatui quasi vas confractum.* 2. ad Timoth. 2. *In domo magna sunt vasa non solum aurea & argentea, sed etiam lignea & fictilia.* Hi correptionem hominum facile desperant, ad malè sentiendum de hominibus faciles; ad benè sentiendum difficiles. Hi peruersum ianitorem cordibus suis praefecerunt qui mala fratrum tā facilè permittunt intrare, bona vero vix vel raro. Opinionem malam semel de aliquo conceptam vix aut raro deponunt, contra muscas vel pulices gladio magno impugnare volunt, similes cuidam qui dum musculā, quam videbat super caput alterius volitarem, securi intentaret percutere, excerebrauit eum. Multoties dum tales ligna peccatorum intendunt caedere, fugit securis manum eorum, ferrumque lapsum de manubrio proximum occidit. Deuter. 19. Gloss. Spiritualiter ligna succidimus cum delinquentium vitia pia intentione resecamus. Securis manum fugit, cum increpatio in asperitatem sese pertrahit, ferrum de manubrio prosilit, cùm de correptione sermo durior exit. Tales zelatores pro medicina venenum propināt, Iob 20. *Panis eius in vtero eius vertetur in fel aspidum.* Tales similes sunt cuidā fatuo qui rectissimè volens procedere, sine ruina domorum, non poterat per ciuitatem incedere. Tales spiritualiter multos corruere faciunt. In tempestate & turbine sunt viae eorum. Nam 1. Prouer. 10. *Quasi tempestas transiens non erit impius.* Ipsi similes sunt pugilibus qui incedentes per medium pressurae, alios impellunt, alios conculcant, alios impediunt à gressu, & maledictionem multitudinis post se relinquūt. Sic in quacunq; congregatione tales conuersati fuerint post recessū vel decessum, querelas vel maledictiones relinquunt. Hi periculosè ambulāt inter ventres praegnantium. Quis enim abortus enarret factorum propositorum quos faciunt, & suffocationes tenerorum partuum? Tales in principe daemoniorum eiiciunt daemonia, & in satana satanam expellunt: si tamen expellunt, & non potius introducunt. Interdum enim credentes se expellere spiritum luxuriae, non expellunt eum, sed latere cogunt, introducentes cum eo spiritum mendacij, & simulationis, & irae, & odij. Vnde opportunitate inuenta exeunt vitia vt bestiae de cauernis cum multitudine nouorum vitiorum. Et est error nouissimus peior priore. Et procurantur quādoque depositiones habentium zelum indiscretum, vel etiam mors eorum multùm attendenda esset, in correctionibus infirmitates corrigendorum & potestas correptoris, & anstrage multorum operetur correptio vel salutem paucorū. Erubescenda est medicis spiritualibus timoratio medicorum corporalium, qui adeo solicitè cauent ne medicina eorum alicui sit mortis occasio. Deridenda est quorundam iustitia qui ne amittant de iure suo valens denarium, parati sunt centum marcas expendere. Timendum est ne zelum aliquorum inanis gloria concitet, vt accidit cuidam, qui vt iustus iudex appareret, proprium filium pro leui delicto decollauit, mercator insanissimus, qui morte filij sui vanam laudem iustitiæ comparauit. Zelus iste indiscretus procedere solet ex inexperientia disciplinæ in seipsis, & ex ignorantia propriæ infirmitatis & alienæ, & amore inanis gloriæ. Talibus non est danda potestas: esset enim vt gladius in manibus furibundi. Ipsi ad instar dæmonum, quocunque introeunt, incendium post se dimittunt. Qui vero habent zelum discretum, medicos corporum imitantur, morbos spirituales persequentes, salutem vero ægrorum quærentes. Non irascuntur medici corporum patientibus, immo consolantur eos, & ad tollendum horrorem medicinæ prius eam degustant. Item dicit Aug. de Saluatore: Calicem, inquit, passionis bibit medicus prius, ne illum abhorreret ægrotus. Non puniunt qui habent zelum discretum homines secundum merita, hoc Deo relinquunt: sufficit eis vt faciant eos pœnitere: puniunt vt emendent, vt qui peccauerunt humiliter misericordiæ totaliter se tradant. Tales officium tortoris diabolo & angelis eius relinquunt: tales sic secant putrida, vt sana illæsaque relinquãt. Sic herbas pestiferas euellunt vt salutares non lædant. Sic zizania extirpant vt tritico læsionem non inferant. Quidam habentes zelum non secundum scientiam, sic hortos abbatiarum suarum nobilium purgauerunt ab arboribus infructiferis, vt fere ibi nullam relinquerent. Et notandum quod cum parcere & punire sint contraria, & contrariorũ eadẽ sit disciplina, qui nescit parcere, nescit punire. Et notandum quod sicuti zelus indiscretus reprehensibilis est, ita & remissio est reprehẽsibilis. Bern. in epist. Non irasci vbi irascendum, nolle emendare peccatũ est. Plus vero irasci quàm irascendum est, peccatum peccato addere est. Remissio ipsa est vt somnolentia in rectore nauis. Prou. 23. *Eris sicut dormiens in medio maris, & quasi sopitus gubernator amisso cla-* uo. Isid. prælatum negligentem dormienti assimilat, de cuius manu baculus cadit pastoralis. Et pictores pingunt ipsũ accubãtem in cathedra super cubitũ, somno grauatum, & cadentem de manu eius baculũ pastoralem. Item remissio pigritiẽ in agricola assimilatur. Prou. 24. *Per agrum hominis pigri transiui, & per vineam viri stulti, & ecce totum repleuerant vrticæ, operuerant superficiem eius spinæ.* Remissio est velut defectus latratus in cane gregem seruante. Esa. 56. *Canes muti non valentes latrare.* Item defectus gladij in custode. Esa. 62. *Super muros tuos Ierusalem cõstitui custodes.* Cant. 3. *Inuenerunt me custodes ciuitatis.* Item est defectus buccinæ in speculatore. Ezech. 33. *Si speculator viderit gladium venientem & non insonuerit buccina & populus non custodierit se, veneritque gladius, & tulerit de his animã: ille quidem in iniquitate sua captus est, sanguinem autem eius de manu speculatoris requiram.* Sunt qui remissionem misericordiam reputant, cum tamen potius sit crudelitas. Misericorditer agitur cum frenetico, cum ligatur, & à desiderijs suis nociuis compescitur, & cum eo qui in igne est, cum per capillos inde extrahitur, si aliter extrahi non potest. De ore lupi infernalis violeter extrahendi sunt homines. Am. 3. *Quomodo si eruat pastor de ore leonis duo crura aut extremum auriculæ: sic eruentur filij Israel.* Iob. 29. *Conterebam molas iniqui, & de dẽtibus illius eripiebam prædam.* Molæ diaboli sunt vitia & peccata. Eadem dentes etiam possunt dici. Eccl. 21. *Dentes leonis, dentes illius.* Item extrahendi sunt homines ab aquis deliciarum, etiam inuiti antequam ibi submergantur. Et notandũ, quod qui habet correctionẽ facere, nõ de se, sed de Deo debet confidere, & orationi debet instare, cũ solius Dei sit hominẽ corrigere. Eccl. 7. *Cõsidera opera Dei, quod nemo possit corrigere quẽ ille despexerit. Considera, &c.* Id est, discerne quæ opera sint propria Dei, & soli virtuti eius possibilia, & inter ea inuenies illud quod nemo possit, &c.

Correptione factu- rus Deo confidere debet.

Capvt V.

De his quæ possunt incitare ad libenter recipiendum correptionem vel disciplinam.

Sequitur de his quæ incitare possunt ad libenter recipiendum correptionē vel disciplinam. Ad quod potest valere: Primo multiplex admonitio sacræ Scripturæ. In Psal. *Apprehendite disciplinam, ne quando irascatur Dominus.* Prou. 3. *Disciplinam Domini, fili mi, ne abiicias.* Et eiusd. 4. *Tene disciplinam, & ne dimittas eam.* ad Heb. 13. *Noli negligere disciplinam.* Item: *In disciplina perseuerate.*

Secundo vtilitas ex disciplina vel correptione proueniens. Prou. 29. *Virga atque correptio tribuit sapientiam.* Et eiusd. 2. *Qui diligit disciplinam, diligit scientiam: qui autem odit increpationes, insipiens est.* Disciplina vel correptio placet sapientibus, & in eis proficit: insipientibus vero displicet, nec proficit in eis. Eccles. 10. *Vir prudens, & disciplinatus non murmurabit correptus.* Prou. 9. *Argue sapientem, & diliget te.* Et eiusd. 25. *Non amat pestilens eum qui se corripit.* Et eiusdem 9. *Qui arguit impium, sibi maculam generat.* Eccles. 1. *Peruersi difficile corriguntur.* Peruersus est qui intellectu & affectu à bonitate auersus est. Eccles. 32. *Homo peccator vitabit correptionem, & ad voluntatem suam inueniet comparationem.* Prou. 17. *Plus proficit correptio apud prudentem, quàm centum plagæ apud stultum.* Eiusdem 27. *Si contuderis stultum in pila, quasi ptisanas desuper feriente pilo, non auferetur stultitia eius.*

Tertiò malum proueniens ex eo quòd disciplina vel correptio abiicitur. Virga enim correptionis in colubrum vertitur. Qui enim hic non corrigitur, in futuro à serpentib. infernalibus punietur. Exod. 4. *Proiecit Moyses virgam, & versa est in colubrum.* Prouerb. 15. *Qui increpationes odit, morietur.* Et eiusd. 29. *Viro, qui corripientem se dura ceruice contemnit, repentinus ei superueniet interitus.* Eccle. 19. *Qui odit correptionem, minuetur vita.* Vita, inquā, triplici, scilicet naturæ, gratiæ, & gloriæ. Homo qui est sine disciplina, terrenis adhæret, de æternis non curans Iob. 17. *Cor eorum longe fecisti à disciplina, propterea non exaltabuntur.* gloss. Qui per disciplinā minimè custodire vitam student, semper per desideria in imis iacent. Qui sine disciplina est, in periculo est. Prouer. 15. *Qui abiicit disciplinam, despicit animam suam:* Sicut carnem despicit qui eam non vult sale condire. Putrescit enim qui cōtemnit disciplinam, & per cōsequens abiicit omne bonum. Sapient. 3. *Sapientiam & disciplinam qui abiicit, infelix est.* Fugiut enim eum omnia bona. Talis diabolo multum assimilatur, qui incorrigibilis est. Ecclesiast. 21. *Qui odit correptionem, vestigium est peccatoris.* Diabolus peccator dicitur antonomasticè. Cui multum assimilatur, qui odit correptionem: vt vestigium valdè simile est pedi.

Et notandum quod laudabilius est correptionem libenter accipere, quàm audacter facere. Augustinus ad Hieronymum. Cum satius sit à tenendo itinere in nullo quàm in aliquo declinare: multo tamen est mirabilius & laudabilius libenter accipere corrigentem, quàm audacter corrigere deuiantem.

Capvt VI.

De partibus disciplinæ. Et primo de Ieiunio & eius commendatione: de speciebus eius, & de his quæ debent ipsum comitari.

Est disciplina ad omnes pertinens, scilicet disciplina proprij corporis. Et

De Iustitia.

est disciplina pertinens ad eos qui præsunt cæteris hominibus. Prima multiplex est, vt ieiunium, asperitas vestium, durities lectorum, peregrinatio, vigiliæ, disciplina verborum. Secunda verò duplex est. Quædam spiritualis, cum scilicet delinquentes feriuntur gladio spirituali, quæ specialiter pertinet ad prælatos Ecclesiæ. Quædam verò materialis, cum scilicet delinquentes feriuntur gladio materiali, quæ maximè pertinet ad principes terrenos. Omissis aliis partibus disciplinæ prosequemur de Ieiunio. De quo Scriptura sacra multum loquitur, & quod magnæ efficaciæ est. Ieiunium, vt ait Isidorus in libro Etymolog. est parsimonia victus, abstinentiaque ciborum. De illo hoc modo dicemus. Primò, commendationi eius insistemus. Secundò, agemus de speciebus eius. Tertiò, tangemus de his quæ debent concomitari ieiunium. Circa primum notandum quod ieiunium multipliciter est commendabile. Primo exemplis. Specialiter exemplo Moysis, qui ieiunauit quadraginta noctibus. Exod. 34. Item exemplo Eliæ, qui similiter ieiunauit quadraginta diebus, & quadraginta noctibus. 3. Reg. 19. Item exemplo Christi, quo Matth. 4. *Et cum ieiunasset quadraginta diebus, & quadraginta noctibus, postea esuriit.* Secundò ob hoc, quod dicitur esse fundamentum virtutum. Hieronym. Ieiunium non est perfecta virtus, sed est ceterarum virtutum fundamentum. Tertiò, à multiplici suo effectu. Ieiunium rectè factum Dei misericordiam impetrat. Vnde Ionæ 2. *Facto ieiunio misertus est Dominus Niniuitis.* Item gratiam Dei conseruat. Esa. 30. *Dabit tibi Dominus panem arctum, & aquam breuem: & non faciet à te auolare doctorem tuum.* Item ad intelligentiam & sapientiam iuuat. Daniel. 1. *Tollebat Malasar cibaria, & vinum potus eorum: dabatque eis legumina. Pueris autem his dedit Deus scientiam & disciplinam in omni libro & sapientia: Danieli autem intelligentiam omnium somniorum*

& visionum. Exod. 34. *Moses quadraginta diebus ieiunans, legem suscepit.* Et Dan. 10. post ieiunium audiuit ab angelo. *Tu ergo animaduerte visionem sermonis, & intellige.* Esa. 28. *Quem docebit scientiam, & quem intelligere faciet auditum? Ablactatos à lacte:* à lacte scilicet temporalis consolationis. Item ieiunium consolationem Dei & angelorum meretur. Vnde post ieiunium Domini, accesserunt angeli; & ministrabant ei. Matth. Cornelio ieiunanti, & oranti apparuit angelus. Actor. 10. Et 3. Reg. 19. legitur de Elia, quod ieiunauit quadraginta diebus, & quadraginta noctibus, & venit ad montem Dei Horeb, vbi Deus cum eo locutus est. Item meretur quandóque materialem refectionem à Deo. Sicut enim testatur Hieronym. Paulus primus eremita semper ieiunauit, quoúsque sibi panis de cœlo mitteretur, qui duplicatus est cum ad eum veniset Antonius. Cui ille: Eia frater comedamus, duplicata est nobis annona. Item ieiunium carnem vincit, quæ est hostis familiaris. Hieron. super Marcum: Ieiunio passiones corporis, oratione sanandæ sunt pestes mentis. Marc. 9. Hoc genus dæmonum in nullo potest eijci & exire, nisi in oratione & ieiunio. Sicut ait quidam diabolus: Plus confidit in adiutorio carnis quam in alio: quia plus nocet domesticus hostis. Ipse baculo nostro non cedit, & manus proprio cingulo ligat, vt caro quæ data est nobis in adiutorium, sit nobis in iniuriam & in scandalum. Bernard. Grauis lucta est & grande periculum aduersus domesticum hostem pugnare, maximè quum nos aduenæ sumus, & ille ciuis. Hostem istum fugere non possumus, nec fugare, circumferre necesse est, quoniam illigatus est mihi: perimere non licet, sustentare cogor hostem meum, aduersus me se nutrio.

Et notandum est dignos irrisione illos esse qui dicunt se carnem non posse vincere, quum homo posset ei ieiunando vincula subtrahere. Non est castrum adeò diforte quod non possit expugnari, si possint ei victualia subtrahi. Nec est pugil adeo fortis qui etiam à debili vinci non possit, si fortis necesse habet tenere diætam quâ debilis voluerit, nec est ignis adeo magnus qui non deficiat si ligna subtracta fuerint. Prouerb. 26. *Quum defecerint ligna, extinguetur ignis.* Illi qui per impatientiam se excusat de hoc quod à carne sua vincitur, potest Dominus dicere illud quod dixit Abraham Saræ conquerenti de ancilla sua. Genef. 16. *Ecce*, inquit, *ancilla tua in manu tua est: vtere ea vt libet.* Item ieiunium diabolum ab homine expellit, sicut fames cogit lupum exire à nemore. Ieiunium ponit diabolum in arido, vbi requiem non habet. Matth. 12. *Cum immundus spiritus exierit ab homine, ambulat per loca arida, quærens requiem & non inuenit.* Diabolus ad modum piscis habitat in locis humentibus. Iob 40. Isidor. Immundi spiritibus ibi se magis immittunt vbi plus viderint escam & potum. Sed per ieiunium diabolus poni debet in loco sicco vt ibi interficiatur: secundum consilium Raphaëlis, Tob. 6. dicentis ad Tobiam minorem de pisce magno qui stabat ad deuorandum eum, vt extraheret eum de aqua: quo facto, cœpit palpitare ante pedes eius, & qui priùs stabat ad deuorandû, tunc de facili est occisus. Sic diabolus de facili occiditur in hominibus per ieiuniû. Ambr. Vides quanta est vis ieiunij, vt ieiunus homo sputo suo terrenum serpentem interficiat: multò fortius ego spiritualem serpentem. Iudith. 13. Post ieiunium amputauit caput Holofernis. Et filij Israël post ieiunium & fletum vicerunt illos de tribu Benjamin. Iud. c. 12. Item ieiunium de corpore nostro sacrificium Deo facit in odorem suauitatis. Rom. 12. *Obsecro vos per misericordiam Dei, vt exhibeatis corpora vestra hostiam viuentem, sanctam, &c.* Eccles. 24. *Quasi myrrha electa dedi suauitatem odoris.* Suauis odor myrrhæ est ieiunij placentia. Valet etiam ieiunium ad corporis sanitatem. Vnde dicitur in medicina, quod abstinentia est summa medicina. Eccles. 37. *Qui abstinens est, adiicit ad vitam.* Item valet contra aduersitates, 1. Esdræ 8. *Ieiunauimus & rogauimus Dominum, & euenit nobis prospere?* Quantum ieiunium placeat Deo, figuratum est Genef. 21. Vbi Abraham fecit grande conuiuium in ablactatione Isaac. Ieiunium mensa Christi hominem dignum efficit. Bernard. in serm. Non est magnum si ieiunet in Christo, qui sessurus est ad mensam patris cum eo. Luc. 6. *Beati qui nunc esuritis, quoniam saturabimini.* Sequitur de speciebus ieiunij. Notandû est ergo quod triplex est ieiunium, sc. ieiunium à peccato, ieiunium à cibo, & à temporali gaudio. De primo dicit Hieron. Tunc præclara est apud Deum abstinentia corporis, quum animus ieiunat à vitiis. Quid enim prodest tenuari corpus abstinentia, cuius animus intumescit superbia? Isid. Qui à cibis abstinent & praua agunt, dæmones imitantur, quibus esca non est: & nequitia semper est. Esa. 58. *Quare ieiunauimus & non aspexisti?* Et subditur responsio: *Ecce in diebus ieiunij vestri inuenitur voluntas vestra, &c. Ecce ad lites & contentiones ieiunatis.* Gl. Homo interior vescitur carnibus draconis qui datur esca populis Æthiopum. Et post: *Nunquid tale est ieiunium quod elegi? Nonne hoc est magis ieiunium, quod elegi? Dissolue colligationes impietatis.* Ieiunium à cibo triplex est. Aliud enim est detestabile, aliud laudabile, aliud indifferens. Ieiunium indifferens est quando homo ieiunat causa infirmitatis vel indigentiæ solum. Detestabile est, vt hypocritis, vel auaris qui ieiunant vt parcant bursæ; vel gulosis, qui ieiunant vt posteà melius comedant. De ieiunio hypocritarum, dicitur Matth. 6. *Quum ieiunatis, nolite fieri sicut hypocritæ tristes.* Chrysost. Si quis ieiunat, & tristem se faciat, hypocrita est: quanto iniquior est qui non ieiunat, sed in facie sua argumentis quibusdam pingit venalem pallorem. Qui ieiunant propter laudem humaniam, multû sunt fatui. De hoc enim quod vni hosti subtrahunt, sc. carni, duos hostes pascunt, mundum scilicet, & diabolum. Ieiunant enim vt pascant oculos hominum. Puluere etiam vanæ gloriæ pascunt diabolum. Esa. 61. *Serpentis pulius panis eius.* Auari etiam fatui sunt, qui proprio ori subtrahunt, quod in ore diaboli ponunt. Os diaboli est bursa auari. Hiero. Sit ieiunium non marsupij lucrum, sed satietas animarum. Tertio ieiunio ieiunant illi quorum Deus, venter est. Ad Philip. 3. qui imminente solemnitate Dei sui, scilicet ventris, faciunt ieiunium vigiliæ. Gregor. in Pastoral. Non Deo, sed sibi ieiunat si ea quæ ad tempus ventri subtrahit, non inopibus tribuit, sed ventri postmodum offerenda custodit. Ieiunium laudabile describit Hieronymus dicens: Sint pura, casta, simplicia, & non superstitiosa ieiunia. Puta, vt homo sit absque mortali. Ad Rom. 12. *Obsecro vos per misericordiam Dei, vt exhibeatis corpora vestra hostiam viuentem, sanctam, &c.* Qui in mortali ieiunat, corpus suum velut cadauer mortuum Deo offert. Casta, vt bona intentione fiant. Simplicia, vt non quærat homo delicias Hier. Qui Christum desiderat non curat quàm pretiosis cibis stercus efficiat. Isid. Spernitur ieiunium quod in vespere deliciis compensatur. Sunt quidam qui delicatoria volunt habere quum ieiunant, etiam plus comedunt vna vice quam comederent duabus si non ieiunarunt: Qui talem gratiam videntur facere Deo, qualem facit ille qui dat alicui duos obolos pro denario. Tales videntur velle parum grauare suum hospitem, scilicet carnem, qui soluenda carni duobus terminis, soluunt termino vno tempore medio. Non debent etiã ieiunia esse superstitiosa. Hieron. Quid prodest oleo non vesci, & molestias quasdam difficultatésque aliorum quærere? Ieiunium laudabile tres habet species, scilicet ieiunium bonum, melius & optimum. Ieiunium bonum est, quando cum charitate est, ad satisfaciendum Deo pro peccatis. Ambr. Qui charitatem non habet, omne bonum amittit quod habet. 1. ad Corinth. 13. *Si tradidero corpus meum ita vt ardeam, charitatem autem non habuero nihil mihi prodest.* Ieiunium melius est quando aliquis ieiunat ad Dei honorem, & proximi vtilitatem, vt scilicet Dei cõtumeliam in suo corpore vindicet, vt pauperibus tribuat quod sibi subtrahit. Ad tale ieiunium monet Dominus. Matt. 6. dicens: *Tu autem quum ieiunas, vnge caput tuum, &c.* Gloss. interlinearis: Deo ieiunat, qui pro eius amore se macerat, & quod sibi subtrahitur, alteri largitur. Optimum ieiunium quando homo ex vna parte abstinet, & ex altera parte bona agere non cessat. Isidorus: Hoc est perfectum & rationale ieiunium, quando noster homo exterior ieiunat, & interior orat. Sunt aliqui qui nihil boni possunt facere quum ieiunat, sed ludunt ne sint otiosi. Bernard. Pro vitando otio otiosa sectari, ridiculum est. Ieiunant à gaudio temporali viri contemplatiui. Sic ieiunabat qui dicebat: *Renuit consolari anima mea.* Tob. 3. dicebat Sara: *Mundam seruaui animam meam ab omni concupiscentia: nunquam cum ludentibus me miscui, neque cum his qui in leuitate ambulant participem me præbui.* Sequitur de his quæ concomitari debent ieiunium, quæ sunt tria: Oratio, eleemosyna, & spiritualis lætitia. De primo, Tob. 12. *Bona est oratio cum ieiunio & eleemosyna, magis quàm thesauros auri recondere.* De eleemosyna dicit Augustinus in quodam sermone: Tale est ieiunium sine eleemosyna, qualis sine oleo lucerna. Homo primum debet exiccari ab aquis deliciarum per ieiunium. Secundo, necessarium est oleum pietatis quod pertinet ad eleemosynam. Tertio, debet applicari Deo à quo debet illuminari quod fit in oratione. In his tribus est iustitia hominis, vt dicit Gloss. sup. illud Psal. *Apud me oratio Deo vita mea.* De lætitia, dicit gloss. sup. illud *Tu autem quum ieiunas, vnge, &c.* Caput inquit, vngit, qui spirituali lætitia intus pinguescit. 2. ad Corinth. 9. *Hilarem datorem diligit Deus.*

psa. 14.

Caput VII.

De erroribus circa disciplinam. Et primo de errore illorum, qui dicunt nullum esse excommunicandum. Et de errore illorum qui dicunt maleficos non esse puniendos.

PRimò tangitur de errore illorum qui dicunt nullum esse excommunicandum. Secundò de errore illorum qui dicunt maleficos non esse puniendos pœna temporali. Primus error videtur posse initi his testimoniis sacræ Scripturæ. Legitur. Luc. 9. *Nolite iudicare, & non iudicabimini.* Peccant ergo sacerdotes qui excommunicationis sententiam ferendo homines iudicant. Item ad Rom. 2. *Inexcusabilis es, ô homo omnis qui iudicas. In quo enim iudicas alium, te condemnas.* Item Rom. 12. *Benedicite, & nolite maledicere.* Peccant ergo sacerdotes, qui hominibus maledicunt. 1. Corinth. 6. *Neque maledici, neque rapaces regnum Dei possidebunt.* Item 2. Pet. 3. *Non reddentes malum pro malo.* Ad quod monemur exemplo Christi. 1. Petr. 2. *Cum malediceretur, non maledicebat.* Item Ecclesiast. 21. *Quum maledicit impius diabolum, maledicit ipse animam suam.* Si diabolus maledicendus non est, multo fortius homines non sunt maledicendi.

Ad primum dicendum est, quod est iudicium iustum, & est iudicium iniustum. Iudicium iniustum prohibitum est, iudicium verò iustum non est prohibitum, imò Christus monet ad illud Ioan. 7. *Nolite,* inquit Christus Iudæis, *secundum faciem iudicare, sed iustum iudicium iudicate.* De manifestis concessum est nobis iudicium, de occultis non. 1. ad Corinth. 4. *Nolite ante tempus iudicare, quoadusque veniat Dominus, qui illuminabit abscondita tenebrarum.* 2. ad Timoth. 5. *Peccantes coram omnibus argue: ut cæteri timorem* habeant. Quod Apostoli habuerint potestatem iudicandi, ostendi potest ex eo quod dictum est Petro, Matth. 16. *Quodcunque ligaueris super terram, erit ligatum & in cœlis: & quodcunque solueris super terram, erit solutum & in cœlis.* Item eiusdem 18. *Quæcunque alligaueritis super terram, erunt ligata & in cœlo.* Et Ioan. 20. *Quorum remiseritis peccata, remittuntur eis: & quorum retinueritis, retenta sunt.* 1. ad Corinth. 5. ostendit Apostolus se iudicasse Corinthium fornicatorem: *Ego,* inquit, *absens corpore, præsens autem spiritu, iam iudicaui vt præsens, eum, qui sic operatus est, in nomine Domini nostri Iesu Christi, congregatis vobis & meo spiritu, cum virtute Domini Iesu, tradere huiusmodi hominem satanæ in interitum carnis, vt spiritus saluus sit in die Domini nostri Iesu Christi.* Item eiusd. 6. *An nescitis quoniam sancti de hoc mundo iudicabunt? Et si in vobis iudicabitur mundus, indigni estis qui de minimis iudicetis? Nescitis quoniam angelos iudicabimus?* Ad aliud dicendum est, quod Ecclesia non reddit malum pro malo, nec malum optat quum aliquem excommunicat. Excommunicatio enim medicinalis est: nec est mala, nisi malitia pœnæ: sicut medicina amara dicitur mala, quum verò bona sit, eo quod sit morbi expulsiua. Excommunicatio est ad hoc vt homines salubriter confundantur & conuertantur. Psalmographus: *Imple facies eorum ignominia, & quærent nomen tuum Domine.* Augustinus: Quidquid facit vera & legitima mater Ecclesia, etiam si asperum amarúmque sentiatur, non malum pro malo reddit, sed expellendo malum iniquitatis, bonum disciplinæ apponit, non odio nocendi, sed dilectione sanandi. Item Augustinus: Melius tumor capitis dolet quum curatur, quoniam dum ei parcitur non sanatur. Ad illud verò. Eccl. 21. *Quum maledicit impius diabolum, &c.* Dicendum est, quod verbum illud intelligendum est quantum ad illos qui ad sui excusationem maledicunt diabolo, imputantes

De Iustitia.

tantes ei peccatum suum. Sicut Eua peccatum suum serpenti imputare voluit, & per consequens auctorem serpentis latenter accusauit. Auctoritatem excommunicandi vel maledicendi habet Ecclesia ex diuersis locis Scripturæ sacræ: vt ex Matt. 18. dicente Domino: *Si Ecclesiam non audierit sit tibi sicut ethnicus & publicanus.* Et eiusdem 21. Maledixit Dominus ficulneæ fructum non ferenti. Et Act. 8. dicit Petrus Simoni Mago: *Pecunia tua tecum sit in perditionem.* Et in 2. Canonic. Ioan. *Si quis venit ad vos, & hanc doctrinam non affert, nolite hunc recipere in domum, nec aue ei dixeritis.* 1. ad Corinth. 5. *Si quis frater nominatur & est inter vos fornicator, aut adulter, aut auarus, aut idolis seruiens, aut maledicus, aut ebriosus, aut rapax, cum huiusmodi nec cibum capere.* In eodem: *Nescitis quod modicum fermentum totam massam corrumpit? Expurgate vetus fermentum.* Item: *Auferte malum ex vobisipsis.* Eiusd. vlt. *Si quis non amat Dominum Iesum Christum, sit anathema.* Item ad Galat. 1. *Si quis vobis euangelizauerit præter id quod accepistis, anathema sit.* Item 1. ad Timoth. 1. *Ex quibus est Hymenæus & Alexander, quos tradidi satanæ, vt discant non blasphemare.* Sicut ouis morbida à grege separatur, ne grex ex ea inficiatur; & sicut membrum infirmum & corruptum abscinditur, ne cætera membra per illud corrumpantur: & sicut humores praui à corpore educuntur, ne infirmitatem corpori inducant: sic homines pestilentes ab Ecclesia per excommunicationem separandi sunt, ne cæteros corrumpant, Augustinus: Mali Christiani sic sunt in corpore Christi, quomodo humores mali, quando euomuntur, tunc releuatur corpus: sic & mali quando exeunt, tunc Ecclesia releuatur, & dicit, Ex me exierunt humores isti, sed non erant ex me.

De errore illorum qui dicunt maleficos non esse puniendos pœna temporali.

Sequitur de errore illorum qui dicunt maleficos non esse puniendos pœna temporali, maxime morte. Qui error videtur posse inniti his testimoniis Scripturæ sacræ. Legitur Genes. 1. *Quicunque effuderit sanguinem humanum, fundetur sanguis illius.* Nulli ergo licet effundere sanguinem humanum. Item Exod. 30. *Non occides:* quod verbum assumit Dominus Matt. 5. Deuter. 32. *Mea est vltio, &c.* Ezech. 18. *Nolo mortem peccatoris.* Item Matth. 10. *Ego dico vobis non resistere malo.* In eodem: *Qui irascitur fratri suo, reus erit iudicio.* Si non licet fratri irasci; ergo non licet eum occidere. Item in eod. *Diligite inimicos vestros, benefacite his qui oderunt vos.* Et eiusdem 13. In parabola de zizaniis superseminatis dicunt serui: *Vis imus & colligimus ea? Et ait paterfamilias: Non, ne forte colligentes zizania, eradicetis simul & triticum. Sinite vtraque crescere vsque ad messem.* Item Luc. 6. *Nolite condemnare, & non condemnabimini,* ad Romanos 12. *Non vosmetipsos defendentes, charissimi, sed date locum iræ. Scriptum est enim: Mihi vindictam.* Et 1. Ioan. 13. *Omnis qui odit fratrem suum, homicida est. Et scitis quoniam omnis homicida non habebit vitam æternam in se manentem.* Matth. 26. *Omnes qui acceperint gladium, gladio peribunt.* Item Ioann. 8. *Dimisit Dominus in pace mulierem deprehensam in adulterio.*

Ad primum dicendum, quod illa sententia Domini, Genes. 9. *Quicunque fuderit sanguinem humanum, fundetur sanguis illius,* & illud Matth. 26. *Omnes qui acceperint gladium, gladio peribunt,* potius ostendunt, si quis diligenter inspiciat, aliquem quàm neminem debere occidi. Quum enim sententia Domini indubitanter sit iusta: Quicunque sanguinem humanum iniustè fundet, iustum est vt sanguis eius effundatur: & qui gladium iniustè accipit, iustum est vt gladio pereat: ergo in aliquo casu sanguis humanus iustè effunditur, & homo iustè gladio perit. Et sicut quùm paterfamilias prohibet ne quis accipiat de vino alicuius dolij sui, non est intentio sua vt non accipiat cui ipse de illo dederit, vel cui ipse hoc iusserit, sed ne hoc aliquis sua auctoritate accipiat. Sic quum Dominus dixit: *Non occides*, non fuit intentio sua vt non occideret, in casibus illis in quibus ipse hoc præciperet: sed ne aliquis occideret aliquem propria auctoritate. Vnde post illud verbum, *Non occides*, Dominus in eodem libro in multis casibus præcipit occidi. Illud autem Deuter. *Mea est vltio*: Verum est cum vltio sumitur de aliquo in præsenti: auctoritate enim Dei sumitur, & intentio sumentis debet esse, Dei contumeliam vel offensam vindicare. Illud autem Ezech. 18. *Nolo mortem peccatoris*, &c. de morte æterna potest poni. De morte etiam temporali, verum est quod Deus non vult mortem quandoque peccatoris quem præuidet corrigendum esse, & misericorditer expectat ipsum ad pœnitentiam: mors vero illius peccatoris qui sibi nocet peccatū peccato addendo, & alios subuertendo & corrumpēdo, de cuius correctione spes non habetur, indubitanter videtur sibi & Ecclesiæ Dei inutilis esse. Ad illud verò Matth. 5. *Ego dico vobis non resistere malo*, & illud ad Roman. 12. *Non vosmetipsos defendentes charißimi*. Dicendum est, quod loco & tempore potest aliquis & debet non resistere malo, & non defendere se, vt fiebat in primitiua Ecclesia, quando per miracula & passiones Sanctorum Ecclesia nouella plantanda erat. Loco etiam & tempore potest homo resistere malo, se defendere: aliter enim nisi Ecclesia defenderet se ab infidelibus, posset ab eis occidi: & sic periret honor & cultus diuinus. Luc. 12. ait Dominus: *Qui non habet, vendat tunicam suam & emat gladium. At illi dixerunt: Domine, ecce duo gladij hîc*: quibus Dominus: *Satis est*. Si non habet Ecclesia gladium materialem, sed solum spiritualem, dicendum fuit; Nimis est; & non fuit dicendum; Satis est. Præterea Paulus voluit vt malo resisteretur, quum ipse voluit milites armatos se perducere ad Felicem præsidem. Actor. 23. Luc. vero 6. vbi dicitur: *Nolite condemnare*: prohibetur condemnatio inordinata: vt cùm incerta est culpa eius qui condemnatur. Ad illud verò 1. Ioan. 3. *Omnis homicida non habet vitam, &c.* Dicendum est quod non reputatur homicida qui præcepto Dei hominem occidit: sed qui odio vel desiderio vindicandi se, hominem vult occidere. Vnde Matth. 15. *De corde exeunt cogitationes malæ, homicidia, &c.* Tunc ergo homicidium iudicandum est, quando ex corde & voluntate propria procedit. Ad illud verò Matth. 13. *Non, ne fortè colligentes zizania, eradicetis simul cum eis & triticum. Sinite vtraque crescere vsque ad messem.* Dicendum quod Dominus non dixit hoc, nisi vt parceretur tritico: ergo noluit parci zizaniis in tritici detrimentum: ergo quando non potest eis parci sine tritici detrimento, noluit eis parci: vbi ergo crescunt zizaniæ & suffocant triticum, noluit zizaniis parci. Et hoc etiam obseruant rustici in agris propiis. Vbi enim vident zizaniam vel alias herbas noxias quas possunt eradicare sine tritici damno crescere in agris suis, & credunt nisi fuerint eradicatæ, triticum suffocari, diligenter faciunt eas eradicari. In agro verò Domini pertinaciter contendunt eradicationem in consimili casu nullo modo debere fieri. Nec mirum, cum ipsi zizaniæ sint, & sententiam mortis timeant. Si quis verò dicat quod hi qui sunt zizania, possunt fieri triticum, hoc verum est: sed hoc est incertum, an fururi sint triticum: sed certum est quod triticum suf-

De Iustitia.

focant, quia simplices subuertunt. Raram videmus hæreticorum conuersionem: sed frequentem bonorum subuersionem. Ideo bonum conuersionis rarum & valdè incertum, & valdè difficile, non debet proponi damno magno & frequenter accidenti: ne dum vana spe paucis parcitur, irreparabilis multitudo per eos perdatur. Hoc enim esset ac si paucis lupis in medio gregis existentibus, gregem lacerantibus, parceretur, quia fortè Deus illos oues aut agnos faceret. Et paucos leprosos dimitteremus in medio populi corrumpentes eum, quia forsitan Deus illos sanabit. Facilius rabies lupina sæuit in gregem, quàm mansuetudo ouis transeat in lupos, & contagium lepræ facilius à leprosis deriuatur ad sanos, quàm à sanis sanitas ad leprosos. Quod autem sit licitum in aliquibus casibus hominem occidere, manifestè potest ostendi his testimonis sacræ Scripturæ quæ sequntur. Lucæ 19. *Inimicos meos qui noluerunt me regnare super se, adducite huc, & interficite ante me.* Matth. 22. Missis exercitibus perdidit homicidas illos. Romanorum 14. de illo qui habet potestatem, *Dei minister est, vindex in iram ei qui malum facit.* Luc. 13. de ficulnea sterili terram occupante. *Succide*, inquit, *illam: vt quid etiam terram occupat?* Matth. 18. *Si manus tua vel pes tuus scandalizat te, abscinde eum & proyce abs te.* Ergo Ecclesia abscindere debet membrum quod corrumpit cætera membra. Tullius: Sicut quædam membra amputantur, si languére & tanquam spiritu carere cœperint, ne occantque reliquis partibus corporis: sic ista in figura hominis feritas & immanitas belluæ à communi humanitate segreganda est Iacob. 2. *Abraham pater vester nonne ex operibus iustificatus est, offerens Isaac filium suum super altare?* Ergo Abraham placuit Deo, quia ad præceptum eius voluit occidere filium suum, ergo qui præcepto Domini hominem occidit non peccat. Item 1. ad Timoth. 2. *Obsecro primum omnium fieri obsecrationes, orationes, postulationes, gratiarum actiones pro omnibus hominibus, pro regibus, & omnibus qui in sublimitate constituti sunt, vt quietam & tranquillam vitam agamus.* Volebat ergo Paulus quod oraretur pro principibus qui gladium habent materialem, quod defendunt Ecclesiam, & seruant pacem in ea. Ergo non est malum quod ipsi vtantur gladio materiali, ad Roman. 13. *Non est potestas nisi à Deo.* Et paulo post: *Dei minister est tibi in bonum. Si enim malum feceris, time: non enim sine causa gladium portat.* Lucæ 3. Interrogabant milites Ioannem Baptistam, dicentes: *Quid faciemus & nos?* Et ait illis, *Neminem concutiatis, neque calumniam faciatis, & contenti estote stipendiis vestris:* Non dixit, Militiam relinquite; stipendia eorum refutate. Ipse docuisset eos decipere duces si stipendia eorum reciperent, & cum necessitas esset bellum non facerent: non enim debet stipendia recipere qui non vult militare. Vnde beatus Martinus Imperatori rectè respondit: Donatiuum tuum, inquit, militaturus accipiat: Item Petrus occidit Ananiam & Saphiram. Actor. 5. ergo licitum est occidere. Si quis dicat quod occidit verbo & non gladio, quæ vis est in hoc? quomodocunque eos occiderit, ex quo occidit? Rationibus etiam multipliciter potest ostendi quod liceat in casu hominem occidere. Primo sic. Aut paruuli sunt erudiendi & corripiendi saltem leuibus flagellis, aut non. Si non, ergo dimittendi sunt omnibus vitiis, & minus curandum est de eis quàm de equis & asinis. Si verò paruuli corripiendi sunt, multo magis adulti, cum malitia eorum magis sit noxia. Item constat quod bruta de puteis vel cisternis extrahuntur si in illa ceciderint, secundum illud Luc. 14. *Cuius vestrum asinus aut bos in puteum cadet, & non continuo extrahet illum die sabbati?*

Hominem in casibus licere occidere, ostéditur rationibus.

Multo fortius ergo homines etiam inuiti à periculis corporalibus extrahendi sunt. Si sic raro occurritur morti corporali: quanto magis occurrendum est morti spirituali? Item si furiosi sint recludendi vel ligandi, ne sibi vel aliis corporaliter noceant: multo fortius mente insani cohibendi sunt, ne se spiritualiter occidant. Si vero homines pro leuibus culpis leuiter sunt puniendi, si culpa augeatur, augeri debet & pœna: ergo cum culpa augeri possit vsq; ad homicidium, pœna etiam poterit vsque ad homicidium augeri: vt scilicet pro iniusto homicidio quod aliquis commisit iuste occidatur. Item aut mors corporis est pœna omni culpa maior, aut non. Si sic: ergo Deus male inflixit eam pro comestione pomi vetiti. Si non: ergo aliqua culpa punienda est morte corporali. Item si homicidium iniustum est puniendum, aut erit puniendum morte temporali, aut pœna minore. Si morte temporali, ergo licet aliquem occidere. Si pœna minore, aut in infinitum minore aut non. Si sic: ergo nullius comparationis erit id quod patietur qui peccauit ad id quod intulit. Vnde talis erit iniustitia, vt si quis damnificasset alium in mille millibus librarum, & puniretur amissione vnius festucæ. Si vero pœna minori, sed non in infinitum, tale est ac si damnificasset proximum in tribus marcis, & puniretur in vna. Item qui Deum impugnat beneficio ab eo recepto, meretur illud beneficium amittere: ergo qui vita sua à Deo accepta Deum impugnat, meretur vitam æternam amittere. Item si mors æterna est infligenda pro aliqua culpa, quanto magis temporalis? Præterea nonne contra Dei inimicos est pugnandum quandiu rebellant, vel saltem repugnandum quandiu impugnant? ergo si impugnent vsque ad mortem corporis, repugnandum erit eis vsque ad mortem. Vel si non est repugnandum, fugere debet tota Ecclesia, vel permittendum est quod tota occidatur, & quod cultus Dei destruatur vt corporibus impiorum parcatur. Patet ergo quod hæretici sub specie pietatis honorem Dei & religionem volunt destruere. Ipsi sunt pij in lupos, & crudeles ouibus & agnis. Matth. 7. *Attendite à falsis prophetis qui veniunt ad vos in vestimentis ouium, intrinsecus autem sunt lupi rapaces.* Ipsi pij sunt in fures & alios maleficos, crudeles verò in innocentes. Item si verbo contradicendum est hæreticis, non est ratio aliqua, quare manus potius debeat esse exempta quàm lingua, quin pro Deo pugnet. Item si bestiæ, vt lupi, leones & serpentes exterminandæ sunt pro salute corporum: quanto fortius spirituales bestiæ pro salute animarum? Et est conueniens similitudo, habito respectu ad venenum pseudoprædicatorum. Tullius: Quid interest, vtrum ex homine se conuertat quis in belluam, an sub hominis figura immanitatem gerat belluæ? Item hæreticus in Ecclesia est vt ouis morbida in grege: vel vt membrum cancerosum cancro incurabili in corpore: ergo quod faciendum est de oue pro grege, & de membro canceroso pro corpore, hoc faciendum est de hæretico pro Ecclesia. Et notandum quod de illis specialiter videtur facienda iustitia, qui negant iustitiam faciendam, tanquam de manifestis hostibus iustitiæ. Secundum eos enim iustitia humana est iniustitia. Si quis verò dicat hæreticos esse occidendos à Deo, non ab Ecclesia: ergo Ecclesia est, & sine defensione dimittenda. Præterea dicit Dominus, Lucæ 6. *Perfectus omnis erit, si sit sicut magister eius.* Magister vero noster Deus est, ergo si Deus hæreticos occidit, non est contra perfectionem bonitatis humanæ hominem occidere. Præterea, qua de causa volunt tantum hæretici parci corporibus malorum à morte? Si propter spem correctionis: vbi non est spes correctionis, ibi debet cessare hæc falsa pietas. Si vero propter pretiositatem vitæ corporis, propter maiorem pretiositatem animarum non erit eis parcendum. Præterea Manichæi qui dicunt corpora esse à diabolo, non habent quid respondeant. Destruenda enim erunt à filiis Dei, cum sint opera diaboli. Qui sunt huius erroris, sub specie pietatis ipsis corporibus nocet. Reprobi enim qui amplius viuent, amplius in futuro punientur. Addendo enim peccata peccatis, cumulant supplicia suppliciis, etiam quantum ad corpus, & quælibet pars suppliciorum infernalium maior videtur esse supplicio mortis corporalis. Item licet concupiscentia rei alienæ sit prohibita: tamen qui alienam rem iniuste vsurpat, iuste re sua priuatur. Ergo à simili, licet homicidium sit prohibitum: tamen qui iniuste occidit, iuste occiditur. Item cum nemo habens mentem bene dispositam, dubitet in rebus cæteris ab homine corruptiua esse auferenda: quare læretici in solis hominibus hoc non recipiunt? Ad quod potest dici, quod fures & alij malefici non libenter dant sententiam contra seipsos, & nullus credit eis si asserant maleficos non esse puniendos. Ita hæretici non libenter dictant sententiam quam vident contra se esse: imo dicunt maleficos iniuste occidi. Sed non est fides eis in hoc adhibenda. Hieronym. super Esaiam: Non est crudelis qui crudeles iugulat, sed crudelis patientibus esse videtur. Nam latro suspensus patibulo crudelem iudicem putat. Cum hæretici sint intrinsecus lupi rapaces. Matth. 7. ipsi bene vellent quod non essent canes in grege Domini qui eos à grege arcerent: Item, si non est distinguendum circa hoc præceptum: *Non occides*, quia Euangelium non distinguit: ergo occidere semper est mortale peccatum: ergo mortaliter peccat qui pulicem occidit.

Pars XII.

De Æquitate, & Pietate, prout Tullius & Macrobius eam diffiniunt.

Dicto de obedientia quæ est respectu superioris, & Disciplina quæ est respectu inferioris, dicendum est de æquitate quæ est respectu paris. Et est æquitas amor æqualitatis in his in quibus debet esse æqualitas. Æqualitas virtus est valde rara. Ideo potest dici semita. Prou. 4. *Ducam te per semitas æquitatis.* Hanc semitam tenet vera sapientia. Prou. 8. *Meum est consilium & æquitas.* Et notandum quod æquitas multum valet ad spiritualis ædificij firmitatem. Sicut ædificium corporale firmum est, si habeat lapides æqualiter dispositos: si vero sint lapides inæqualiter dispositi, minatur ruinam. Sic congregatio vbi æquitas seruatur, stabilis est: vbi vero deest æquitas, stare non potest. In Psalm. *Mirabile templum tuum in æquitate.* Item æquitas facit ad corporis mystici decorem & sanitatem. Sicut in corpore humano inæqualitas membrorum quæ debent esse æqualia facit deformitatem, & cum mittuntur humores inæqualiter ad membra ad quæ æqualiter debent mitti, inducunt infirmitatem: Ita in congregatione inæqualitas magnam facit indecentiam, & in his qui abundant ea quibus aliis indigent generat superbiam quasi quoddam apostema, vel aliam infirmitatem. Virtus æquitatis valde necessaria est his qui sunt in aliqua societate. Si enim hæc virtus desit, volunt esse domini qui debuerunt esse socij, & super alios se exaltant volentes se præ cæteris honorari: vel se cum grauamine aliorum dilatant, volentes abundanter habere ea quibus alij indigent. Sen. in lib. de Beneficiis. Quidam, cum alij ob virtutem & rempublicam bene gestam, tantum agri sibi decerneretur, quantum arando

Æquitas promouet ædificiũ spirituale.

vna die circumire posset. Non est, inquit, opus eo ciue, cui opus sit plus quàm vni ciui. Et subdit: Quanto maioris viri putas respuisse munus quàm meruisse? Multi enim fines aliis abstulerunt, sibi nemo constituit. De quibusdam congregationibus verum est illud Esa. 59. *Aequitas non potuit ingredi.* Et inuenitur in eis quod dicitur vulgariter, quod licet omnes sint fratres, tamen non omnes scutellæ sunt sorores. Econtrario de filio Dei facto fratre nostro dicitur Hebr. 3. *Debuit per omnia assimilari fratribus vt misericors fieret.* Et notabiliter dicitur, *vt misericors fieret.* Qui enim abundanter habent nesciunt per experientiam quid sit indigentia, nec compatiuntur sociis indigentibus. Item æquitas valde necessaria est dispensatoribus. Si enim desit hæc virtus, dant abundanter propinquis & familiaribus quod dandum fuit indigentibus, & pascunt oculos diuitum de his quæ subtrahunt necessitati pauperum. Genes. 4. secundum quandam literam: *Nonne si recte offeras, non autem recte diuidas, peccasti?* dispensatores etiam quando bonis dant, si propter gratiam vel consanguinitatem non recte diuidunt, peccant. Bernard. Clamant nudi, clamant famelici & conqueruntur. Et ponit verba conquerentium: Nobis fame & frigore miserabiliter laborantibus quid conferunt tot mutatoria in perticis extensa vel plicata in manticis? Nostrum est quod effunditis, nobis crudeliter subtrahitur quod inaniter expenditis. Idem loquens de Ecclesia malignantium. De sumptibus, inquit, egenorum seruit oculis diuitum: inueniunt curiosi quo delectentur, & non inueniunt miseri quo sustentantur. Item necessaria est valde virtus æquitatis mercatoribus, vt in ponderibus & mensuris nihil iniquum faciant. Leuit. 18. *Statera iusta, & aqua sint pondera, iustus modius, æquusque sextarius.* Prouer. 11. *Statera dolosa abominatio est apud Deum, & pondus æquum voluntas eius.*

Item necessaria est valde iudicibus, vt sine acceptione personæ inter partes contrarias æqualitatem seruent. Deut. 24. *Aequum iudicium sit inter vos, siue peregrinus, siue ciuis peccauerit: quia ego Dominus vester.* Sicut Deus non est acceptor personarum. Act. 10. Ita vult quod iudices qui iudicando vices eius agunt, non sint acceptores personarum. Iacob. 2. *Fratres mei, nolite in personarum acceptione habere fidem Domini nostri Iesu Christi.*

De Pietate.

Sequitur de Pietate prout Tullius & Macrobius de hac loquuntur. Est autem Pietas, vt ait Tullius, per quam sanguine coniunctis patriæque beneuolis officium & diligens tribuitur cultus. Ad pietatem sic sumptam ipsa natura hominem incitat. De amore parentum, require in tractatu de Charitate. De honore verò parentibus exhibendo, require in tractatu de Superbia cap. de peccato Irreuerentiæ. Et notandum quod cum patria principium generationis dicatur esse, secundum Philosophum quemadmodum & pater, beneuoli patriæ amandi sunt & honorandi: sic maleuoli patriæ odiosi sunt & detestandi, vt legitur 2. Mac. 5. de Iasone, qui factus est omnibus odiosus, vt refuga legum & execrabilis, vt patriæ & ciuium hostis.

Pars XIII.

De Gratia prout Tullius de ea loquitur: & quæ sint cauenda danti vel accipienti beneficia, & de vindicatione.

Gratiam Tullius sic describit: Gratia est, in qua amicitiarum & officiorum alterius memoria & remunerandi voluntas continetur. Hæc virtus valde necessa-

De Iustitia.

...ria est. Nullum enim officium in referenda gratia magis est necessarium. Ingratitudinem quæ est gratiæ contraria enumerat Apostolus 2. ad Tim. 3. inter magna mala quæ erunt nouissimis temporibus, dicens: *Hoc scito, quia in nouissimis diebus instabunt tempora periculosa, & erunt homines seipsos amantes, cupidi, elati, superbi, blasphemi, parentibus inobedientes, ingrati.* Si volueris gratus esse, primo caue ne obliuiscaris beneficij. Senec. 3. lib. de beneficiis: Ingratus est, qui beneficium se accepisse negat quod accepit: ingratus est qui dissimulat, ingratus est qui non reddit, ingratissimus omnium qui oblitus est. Illi enim si non soluunt, tamen debent, & extat apud illos vestigium meritorum intra conscientiam inclusorum. Et aliquando conuerti ad referendam gratiam aliqua causa possunt, si illos pudor admouerit, si facilis occasio inuitauerit. Hic nunquam fieri gratus potest, cui beneficium totum elapsum est. Apparet illum non sæpe de reddendo cogitasse, cui obrepsit obliuio. Nunquam voluit esse gratus qui beneficium tam longe proiecit vt extra conspectum suum poneret. Quicquid frequens cogitatio exercet aut reuocat memoriæ, nunquam subducitur, quæ nihil perdit nisi ad quod non sæpe respexit. Secundo, caue ne ad beneficium impendendum, per iniuriam accedas. Senec. 5. lib. de beneficiis: Ingratis & repudiantibus beneficia, non quia nolunt, sed ne debeant, similes sunt ex diuerso nimis grati, qui aliquid incommodi precari solent his quibus obligati sunt, vt probent affectum beneficiorum memorem: quorum animus similis est prauo amore flagrantibus, qui amicæ suæ optant exilium vt desertam fugientemque comitentur: optant inopiam, vt magis desideranti donent: optant morbum vt assideant: & quicquid inimicus optaret, amantes vouent. Fere idem exitus est odij & amoris insani. Idem: Nequitia est vt extrahas mergere, euertere vt suscites, vt emittas includere. Non est beneficium iniuriæ finis, nec vnquam id detraxisse meritum est, quod ipse qui detraxit, intulerat. Non vulneres me, malo, quàm sanes. Potes inire gratiam si quia vulneratus sum sanas, non si vulneres vt sanandus sim. Tertio, caue ne nimis festines ostendere te gratum. Sen. 5. lib. de benefic. Ante omnia discamus beneficia debere. Nemo libenter reddit quod inuitus debet: & quod apud se esse non vult; onus iudicat esse, non munus. Idem in eodem: Pœnitet accepti beneficij: quem nondum redditi piget. Non minoris est animi debere, quàm dare: eo quod operosius hoc quàm illud, quo maiori diligentia custodiuntur quàm dantur accepta. Idem: Æquè delinquit qui ad referendum gratiam suo cessat tempore, quàm qui alieno properat. Idem Senec. Reiiciendi signum est protinus aliud munus remittere, & munus munere expugnare. Qui nimis cito cupit soluere, inuitus debet: & qui inuitus debet, ingratus est. Quarto, caue ne clam gratiam referas. Ingratus est enim qui remotis arbitris gratias agit, vt ait Senec. 2. lib. de beneficiis. Et notandum quod beneficium benigne accipiendum est, licet etiam sit modicum. Si benigne accipis, retulisti gratiam, sed non solutum te putas, Senec. Qui beneficium dat, vult excipi grate: habet quod voluit, si bene acceptum est. Idem: Voluntati voluntate satisfacimus, rem rei debemus. Beneficium verò rei duplex est, scilicet pecuniæ & operæ. Beneficium operæ splendidius est, hoc enim ex virtute depromitur, alterum vero ex arca. Cum beneficium pecuniæ datur materia exhauritur, vt quo in plures vsus sis, eo minus in multos vti possis: beneficium vero operæ, consuetudine benefaciendi paratiores & exercitatiores facit. Dum Macedonum fauore pecuniæ largitione captaret Alexander, scripsit ad eum pater hæc verba: Quis error in istam spem te induxit, vt eos tibi fideles putares, quos pecunia corru-

Beneficium duplex.

pisses? at tu id agis vt Macedones te regem, sed ministrum & donatorem putarent. Fit enim deterior qui accipit, atque ad idem semper expectandum paratior. Non tamen hoc genus benignitatis omnino repudiandum est: nam saepe idoneis hominibus indigentibus de re familiari, impartiendum est, sed diligenter & moderate. Multi enim patrimonia effuderunt, inconsulte largiendo. Nihil autem stultius est quam curare vt diutius facere non possis quod libenter facias. Sequuntur etiam largitores rapinae: cum enim dando egere coeperint alienis bonis manus inferre coguntur, & maiora odia eorum assequuntur quibus ademerunt, quàm fauores eorum quibus dederunt.

Quæ sint cauenda danti beneficia.

ET notandum quod in dando beneficium primo cauenda est durities. Senec. Non quid detur, refert, aut quid fiat, sed qua mente. Regnum æquauit opes animo, qui exiguum tribuit, sed libenter; qui paupertatis suae oblitus est, dum in eam respicit, qui non iuuandi tantum voluntatem habuit, sed cupiditatem, qui accipere se putauit cum daret. Idem: Multo gratius venit, quod facili, quàm quod plena manu datur. Idem: Nemo libenter debet quod non accepit, sed quod expressit. Secundo dilatio. Senec. in lib. de benefic. Errat si quis sperat responsurum sibi, quem dilatione lassauit, expectatione torsit. Eodem animo beneficium debetur quo datur. Idem: Qui tarde fecit, diu noluit. Cum ita à natura comparatum sit vt altius iniuriæ quàm merita descendant, & illa cito defluant, has tenax memoria custodiat; quid expectat qui offendit dum obligat? Satis aduersus illum gratus est, si quis beneficio eius ignoscit. Idem 2. lib. Cum homini probo ad rogandum os suffunditur rubore, qui hoc tormentum remittit, munus suum multiplicat. Grauissimis viris nulla res carius constat, quàm quæ precibus empta est. Molestum verbum est, onerosum, & demisso vultu dicendum, rogo. Nihil æquè amarum quàm diu in spe pendere. Æquiore animo quidam ferunt præcidi spem suam, quàm trahi. Idem: Verum est tantum te gratiæ demere, quantum moræ adiicis. Idem: Quemadmodum acerbissima crudelitas est quæ trahit poenam, & misericordiæ genus est cito occidere: ita maioris est muneris gratia quo minus diu pependit. Omnis benignitas properat, & proprium est libenter facientis cito facere. Tertio ne beneficium quod das, ei cui datur vel alij obsit. Ea vtamur liberalitate quæ prosit amicis, noceat nemini. Senec. 2. lib. de benefic. Quemadmodum pulcherrimum est opus inuitos nolentesque seruare: ita rogantibus pestifera largiri, blandum & affabile odium est. Pecuniam non dabo, quam numeraturam adulteræ sciam, ne in societate turpis facti, aut consilij inueniar. Idem: Quid turpius, quàm (quod euenit frequentissime) vt nihil intersit inter odium & beneficium? Quarto, ne beneficium maius sit facultate tua. Sen. Cum summæ amicitiæ sit, amicum sibi æquare, vtrique simul consulendum est. Dabo egenti, sed vt ipse non egeam. Succurram perituro: sed vt ipse non peream. Quinto cauenda est exprobratio. Seneca: Hæc beneficii inter duos lex est: alter statim obliuisci debet dati, alter memor esse accepti. Sexto malitiosa astutia inficiandi. Dixit Antigonus Cynico petenti talentum: Plus esse, quàm Cynicus debeat petere. Petenti vero nummum, respondit: Minus esse, quàm regem oporteat dare. Ecce malitiose negabat: nam posset dare talentum, quia ipse rex erat: vel nummum, quia ille Cynicus. Econtrario Alexander nihil animo nisi grande concipiens, cuidam vrbem donabat: & cum ille refugisset munus, dicens illud non conuenire suæ fortunæ: Non quæro, inquit, quid te accipere deceat, sed quid me dare. Septimo cauendum de ingrato querelam

relam facere. Meliorem facies ingratum ferendo, peiorem conquerendo. Nemo id esse quod iam videtur timet, deprehenso pudor emittitur. Senec. Ingratus est aduersus vnum beneficium, aduersus alterum non erit, duorum oblitus est, tertium in eorum quæ exciderant memeriam reduces. Quæ ratio est exacerbare eum in quam magna contuleris, vt ex amico fiat inimicus? Senec. Si Deum imitaris, da etiam ingratis: nam & sceleratis soloritur. Idem: Ego beneficio meo, cum darem, vsus sum: nec ideo pigrius dabo, sed diligentius: quod in hoc perdidi, ab aliis recipiam, sed huic ipsi beneficium dabo. Beneficio igitur tanquam bonus agricola, cura cultuque sterilitatem soli vincens. Non est magni animi beneficium dare & perdere, sed est magni animi perdere & dare. Item 5. libro de Beneficiis; Propositum est optimi viri & ingentis animi tandiu ferre ingratum, donec fecerit gratum.

De *Vindicatione*.

SEquitur de Vindicatione quam sic describit Tullius: Vindicatio est per quam vis aut iniuria & omnino omne quod obfuturum est, defendendo & vlciscendo propulsatur. Hæc virtus maxime necessaria est habenti potestatem secularem, Rom. 13. *Dei minister est, vindex in iram ei qui malum facit* 1. Petr. 3. *Subiecti estote omni humanæ creaturæ propter Deum, siue regi, quasi præcellenti, siue ducibus tanquam à Deo missis ad vindictam malefactorum.*

DE MISERICORDIA.

PARS XIV.

Quæ subdiuiditur in septem Capitula.

CAPVT I.

De ordine dicendorum de Misericordia: & de descriptionibus eiusdem.

SEquitur de Misericordia de qua hoc modo dicitur. Primo ponentur eius descriptiones. Secundo, eius commendationes. Tertio, quædam meditationes quæ misericordiam iuuant. Quarto, diuisiones pertinentes ad misericordiam. Quinto, dicetur de quo sit facienda eleemosyna. Sexto, quomodo facienda. Circa primum notandum quod misericordia sic describitur. Misericordia est virtus per quam animus super calamitate afflictorum mouetur. Damascenus vero dicit quod misericordia est tristitia in alienis malis. Isid. 9. lib. Etymolog. dicit quod misericors à compatiendo alienæ miseriæ vocabulum est sortitus: & hinc appellata est misericordia, quod miserum cor faciat dolens de aliena miseria.

Quid sit misericordia.

CAPVT II.

De commendatione Misericordiæ.

MIsericordiam commendat nobis & natura, & sacra Scriptura. Natura multipliciter. Primo naturali compassione quam habent membra vnius corporis adinuicem. 1. Cerinth. 12. *Si quid patitur vnum membrum, compatiuntur omnia membra.* Secundo, naturali pietate quam videntur habere animalia eiusdem speciei adinuicem. Dicitur enim in lib. de natura animalium, quod non est auium vnius speciei vt se comedant. Item quod mortua equa pullum eius relictum alia suscipit nutriendum. Tertio, pietas quæ videtur esse animalium etiam irrationabilium ad res alterius speciei. Dicuntur enim leones ad viam reducere aberrantes, & parcere hominibus prostratis coram se, & animalibus infirmio-

Natura cōmendat misericordiam variè.

Aaa

Tomus primus,

Scriptura

ribus quàm ipsi sint, nisi necessitas famis ad aliud eos coegerit. Item multis experimentis compertum est, quod lupi vel lupę paruulos derelictos & à matribus expositos, ab aliis bestiis defendunt, & etiam nutriunt. Scriptura commendat nobis misericordiam multiplici admonitione. Deut. 15. *Omnino indigens & mendicus non erit inter vos.* In eodem: *Non contrahes manum, sed aperies eam pauperi.* Item: *Praecipio tibi vt aperias manum tuam fatri tuo egeno & pauperi.* Tob. 4. *Noli auertere faciem tuam ab vllo paupere: ita enim fiet vt nec à te auertatur facies Domini.* Eccl. 9. *Oleum de capite tuo non deficiat*, id est, misericordia de corde. Eccles. 29. *Foenerare proximo tuo in tempore necessitatis illius.* In eodem: *Propter mandatum assume pauperem.* Eiusdem 7. *Pauperi porrige manum tuam.* In eodem: *Exorare & facere eleemosynam ne despicias.* Eiusdem 29. *Pone thesaurum tuum in praeceptis Altissimi, & proderit tibi magis quàm aurum.* Zachar. 7. *Misericordiam & miserationes facite vnusquisque cum fratre suo.* Matth. 19. *Si vis perfectus esse, &c.* Luc. 6. *Estote misericordes.* In eodem: *Omni petenti te, tribue.* Item: *Date, & dabitur vobis.* Eiusdem 11. *Quod superest, date eleemosynam, & ecce omnia sunt munda vobis.* Item 12. *Vendite quae possidetis, & date eleemosynam.* In eodem: *Facite vobis sacculos qui non veterascunt, thesaurum indeficientem in coelis.* Eiusdem 16. *Facite vobis amicos de mammona iniquitatis, &c.* 2. Corinth. 8. *Vestra abundantia, illorum inopiam suppleat.* Ephes. 4. *Estote inuicem benigni, misericordes.* 1. Petr. 3. *Estote compatientes, fraternitatis amatores, misericordes.* 2. Petr. 1. *Ministrate in pietate fraternitatis amorem.* Item misericordiam

Creator.

commendat & creator & creatura: Creator, dum exemplo suo ad misericordiam nos monet, *miserationes enim eius super omnia opera eius*, vt dicitur in Psalm. Item, *misericordia eius plena est terra.* Ioël. 2. *Benignus & misericors est, patiens & multa* *misericordia, & praestabilis super malitia.* Eius proprium est misereri semper, & parcere. Luc. 6. *Estote misericordes sicut & Pater vester misericors est.* Balaam: Maximam potestatem accipiens, datorem potestatis iuxta possibilitatem suam debet imitari, in hoc autem Deum maxime imitabitur, si nihil iudicauerit quàm misereri pretiosius. Creatura commendat nobis misericordiam, dum viri sancti exemplo suo ad eam nos monet. Inter exempla vero sanctorum maxime nos monet ad misericordiam exemplum Christi hominis: misericordia seu pietas crux aurea fuit quam Christus portauit, quae videtur fuisse acerbioris supplicij, quàm crux exterior, si magnitudo amoris quo nos diligebat attendatur. Sicut enim non fuit amor sicut amor eius: sic non videtur fuisse dolor sicut dolor eius. Dolor, inquam, compassionis. Thren. 1. *Videte si est dolor sicut dolor meus:* misericordia filium Dei de coelo deposuit, & corpore induit, iuxta verbum Augustin. Ipsa etiam pro redemptione pauperum eam vendidit. Augustinus: Redemit venditus, viuificauit occisus, honorauit iniuriatus, misericordia eum vsque ad pedum nostrorum ablutionem humiliauit. Item eum vt clypeum nobis opposuit, vt scilicet ictum sustineret, quem Deus pater humano generi minabatur. Tunc impletum est illud: *Scapulis suis obumbrabit tibi.* Et illud: *Scuto circundabit te veritas eius.* Item illud Sap. 5. *Dextera tua teget eos.* Dextera Dei patris, Filius est. Tunc exaudita est oratio illa, *Custodi nos Domine vt pupillam oculi.* Pupilla oculi manus oppositione custoditur, vt manus ictum suscipiat quem pupilla susceptura erat. Misericordia eum fideiussorem pro hominibus posuit morti adiudicatis. Eccles. 29. *Gratiam fideiussoris ne obliuiscaris: animam enim suam posuit pro te.* Ad commendationem etiam Misericordiae facit, quod ipsa super omnia Deo placet, & Diabolo displicet, & homini prodest. Primum osten-

De Iustitia.

ditur diuersis testimoniis Scripturæ. Augustinus: Non est quod ita faciat Deo amabiles, vt pietas in Psalm. *Diligite misericordiam & iudicium.* Prouerbiorum vigesimo primo. *Facere misericordiam & iudicium magis placet Deo, quàm victimæ.* Oseæ 6. *Misericordiam volui, & non sacrificium* Matth. 9. *Discite quid est, Misericordiam volo, & non sacrificium.* Ratio quare misericordia tantum Deo placet hæc est, quia Deo maxime assimilatur, vt prius ostensum est. Ecclesiast. 13. *Omne animal diligit simile sibi.* Misericordia vnguentum est quo vngitur Christus, & maxime quantum ad membra illa quæ maxime vnctione indigent, scilicet quantum ad pedes. Quod figuratum est in hoc quod *Magdalena vnxit pedes eius.* Luc. 7. Bernardus: Bonum est vnguentum contritionis quod de recordatione peccatorum conficitur: melius deuotionis, quod fit de recordatione beneficiorum Dei. Porro vtrunque vincit vnctio pietatis. Misericordiam Christus specialiter consuluit. Matth. 19. *Si vis perfectus esse, &c.* Illam vltimum remedium posuit. Luc. 11. *Veruntamen quod superest date eleemosynam, &c.* Recessurus etiam ab apostolis suis, misericordiam illis commendare in pedum ablutionem voluit. Ioan. 13. Sicut enim facto illo iuxta historiam commendauit nobis humilitatem: ita secundum mysterium commendauit nobis pietatem. Aqua enim in pelui est pietas in corde. Ipse etiam in die iudicij de operibus misericordiæ specialiter disceptabit. Matth. 25. Misericordia diabolo maxime displicet, cum per eam maxime vincatur. Vnde super illud Psal. *Misericordia mea & refugium meum,* dicit gl. De nullo sic vincitur inimicus diabolus, sicut de misericordia. Cum diabolus in multis respectu hominis excellat: in hoc tamen quod misericordiam non habet, homo ei præcellit. Ipse crudelis est, & non miserebitur. Ierem. 6. *Misericordia homini maxime prodest.* 1. Timoth. 4. *Exercitatio corporis ad modicum vtilis est: pietas autem ad omnia vtilis est.* Quam vtilis sit pietas seu misericordia homini, manifestum fiet si multiplicem effectum eius ostendamus. Notandum ergo quod misericordia peccato obstat, Eccles. 4. *Ignem ardentem extinguit aqua, & eleemosyna resistit peccatis.* In multa peccata caderet peccator, à quibus eleemosynæ quas facit eum custodiunt. Item spatium pœnitentiæ homini impetrat. Vnde dicitur promissionem habere vitæ quæ nunc est, & futuræ. 1. ad Tim. 4. Vbi dicit glos. Si quis misericordiam sequitur, si lubricu carnis patiatur, vapulabit quidem, sed non peribit. Quod non est intelligendum de illo qui propter fiduciam, quam habet in eleemosynis quas facit, peccat. Tali enim dicitur ad Rom. 2. *An ignoras quod benignitas Dei ad pœnitentiam te adduxit? Tu autem secundum duritiam tuam & cor impœnitens thesaurizas tibi iram.* Item bona temporalia multiplicat. Greg. in dial. Terrenæ substantiæ per hoc quod pauperibus distribuuntur, multiplicantur. Bonifacius duodecim aureos accepit de cista nepotis Constantini presbyteri, & dedit pauperibus, quos ille acceperat de equo suo vendito: qui cum reuersus audisset cistam suam fractam, iratus est in episcopum. Et episcopus ingressus Ecclesiam, rogauit vt Dominus daret ei aliquid quo mitigaret furorem presbyteri, & inuenit statim in sinu suo duodecim aureos fulgentes, quos dedit, & dixit ei: Scito quia post mortem meam episcopus non erit huius loci. Ille enim collegerat illos aureos pro acquirendo episcopatu post mortem eius. Idem Bonifacius cum esset puer omne triticum matris suæ expendit in vsus pauperum: quod cum mater horreum ingressa perpendisset, cœpit eum increpare, & seipsam pugno cædere in facie. Sed oratione facta à Bonifacio, statim horreum plenum inuentum est. Quo viso mater cœpit eum vrgere vt daret, quia ita celeriter posset quæ petisset accipere.

Effectus misericordiæ.

Aaa ij

Luc. 6. *Date, & dabitur vobis.* Proŭ. 11. *Aly diuidunt propria & ditiores fiunt: aly rapiunt non sua & semper in egestate sunt.* Eiusd. 27. *Qui dat pauperi, non indigebit: qui despicit deprecationem, sustinebit penuriam.* 3. Reg. 18. Illi viduæ quæ Eliam pauit, farina & oleum non defecerunt. Ratio huius potest esse: quia homo misericors fideliter dispensat pauca bona sibi commissa, & ideo merito super multa cōstituitur. Matth. 15. Item Deum placat. Prou. 21. *Munus absconditū extinguit iras: & donum in sinu indignationem maximam.* Genes. 32. *Placabo eum muneribus quæ præcedunt.* Tob. 3. dicitur de eleemosyna quod ipsa est quæ purgat peccata. Esa. 58. *Si effuderis esurienti animam tuam, & animam afflictam repleueris: orietur in tenebris lux tua.* Lux, inquam, gratiæ. Misericordia à seruitute diaboli liberat. Esa. 10. *Computrescet iugum à facie olei.* Oleum dicitur misericordia, quia sicut oleum cæteris liquoribus supernatat, sic opus misericordiæ præcellit respectu aliorum operum. Misericordia à morte spirituali suscitari facit. Sicut Dorcas plena operibus bonis & eleemosynis quas faciebat meruit corporaliter suscitari. Act. 9. Misericordia meretur à Domino visitari. Sicut legitur de Cornelio. Act. 10. *Erat Cornelius eleemosynas multas faciens plebi, & ait angelus ei: Orationes tuæ & eleemosynæ tuæ ascenderunt in memoriam in conspectu Domini.* Contra peccata nihil tantum videtur valere quantum misericordia. Vnde super Matth. 12. *Extende manum tuam, & extendit: & restituta est sanitati.* dicit gl. Nihil plus valet curationi quàm eleemosynarum largitas. Et subditur: *Frustra pro peccatis rogaturus manus ad Deum expandit, qui has ad pauperes pro posse non extendit.* Item gratiam cōseruat. Ecclé. 29. dicitur de eleemosyna: *Gratiam eius quasi pupillam cōseruabit.* Item hostem impugnat. In eodem: *Super scutum & super lanceam aduersus inimicum tuum pro te pugnabit.* Item quæ petit à Deo, impetrat. Eccl. 29.

Conclude eleemosynam in sinu pauperis, & hæc exorabit pro te. Esa. 58. *Frange esurienti panem tuum, &c.* Et subditur: *Tunc inuocabis, & Dominus exaudiet: & clamabis, & dicet, Ecce adsum, quia misericors sum Dominus Deus tuus.* Misericordia multū potest erga Deum. Ipsa videtur Dei sententias reuocare, vt in Niniue. Ionæ 3. Et Achab 3. Reg. 21. Legitur etiam 10. Iudicum: *Non addam,* inquit, *Dominus, vt liberem vos.* Et post legitur. *Doluit Dominus super miseriis eorum.* Hæc luctatur cum Domino, vt Iacob luctatus est cum angelo. Genes. 32. Et Sap. 18. legitur de Aaron, quod resistit iræ. Gregor. Iræ Dei tunc resistitur, quando ipsemet qui irascitur opitulatur. Misericordia dicitur Deum vincere quodammodo. Vnde dicit Eccl. *Quæ te vicit clementia, vt ferres nostra crimina.* Dicitur etiam peccata nostra de eius memoria delere. In Ps. *Omnes iniquitates meas dele.* Ezech. 18. *Si impius egerit pœnitentiam ab omnibus peccatis suis quæ operatus est, &c. Omnium iniquitatum eius quas operatus est nō recordabor.* Misericordia Deo fœneratur. Prouerb. 19. *Fœneratur Domino qui miseretur pauperis.* Eiusdem 22. *Qui accipit mutuum seruus est fœnerantis.* Est ergo Deus quasi in potestate hominis perfecte misericordis, sicuti seruus in potestate Domini, & ille qui mutuum accepit in potestate fœneratoris. Item misericordia non solum potest in terra, sed in cœlo. Ipsa cœlum inclinauit. Ista inclinatio manifestata est ex hoc quod breuior est nunc via in cœlum quàm esse solebat. Adā per multa millia annorū vix peruenit illuc, modo verò vna hora quandoque peruenitur. Item misericordia ostiū cœli, Christum scilicet, qui dicit Ioan. 10. *Ego sum ostium.* fregit in die Parasceues, & fecit volare quasi in duo frusta: scilicet corpus & anima: & sic pauperibus cœleste ingressum patefecit. Ipsa viam paradisi dilatat. Prouer. 18. *Donum hominis dilatat viam eius, & ante principes spatium ei facit.* Item misericordia hominem filium

De Iustitia.

Dei efficit. Eccl. 4. *Esto pupillis misericors vt pater, & pro viro matri eorum: & eris tu velut filius Altissimi, filius obediens & miserebitur tui magis quàm mater.* Misericordia Deum suum efficit. Heb. 13. *Beneficentiæ & communionis nolite obliuisci.* Talibus enim hostiis promeretur Deus. Ipsa specialiter honorat Deum propter eum pauperibus sua tribuendo. Prouerb. 14. *Honorat Dominum qui miseretur pauperis:* ideo merito in futuro à Deo honorabitur.

Item misericordia à pœna pro peccatis debita hominem absoluit. Prouerb. 13. *Redemptio animæ viri, diuitiæ suæ.* Dan. 4. *Peccata tua eleemosynis redime.* 4. Reg. 4. Pauper mulier oleo sibi multiplicato soluit creditori suo. Item misericordia amicos & adiutores sibi multiplicat. Ipsa pauperes facit stipendiarios suos. Greg. Pauperes non sunt contemnendi vt egeni, sed exorandi vt patroni. Luc. 16. *Facite vobis amicos ae mammona iniquitatis.* Prouerb. 22. *Victoriam & honorem acquiret, qui dat munera.* Item misericordia hominem in bono roborat. Ecclesiast. 3. de dante eleemosynam: *In tempore casus sui inueniet firmamentum.* Item misericordia homini benedici facit. Vnde eleemosyna vocatur benedictio 2. ad Corinth. 9. *Homini misericordi benedicit Deus,* Deuter. 15. *Omnino indigens & mendicus non erit inter vos, vt benedicat tibi Deus.* Benedicit etiam ei populus. Prouerb. 19. *Qui pronus est ad misericordiam, benedicetur.* Deuter. 33. *Benedictus filius Aser, sit placens fratribus: & tingat in oleo pedem suum.* Hæc tria concomitantur se, tingere in oleo pedem affectus, esse benedictum & placentem hominibus. Ruth. 2. *Sit benedictus qui misertus est tui.* Misericordi etiam benedicit pauper, qui ab eo recipit eleemosynam. Iob 29. *Benedictio perituri super me veniebat.* Item misericordia morienti societatem facit. Ambr. Non sunt bona hominis quæ secum ferre non potest. Sola misericordia comes est defunctorum. Ipsa etiam animam in infernum ire non permittit. Tob. 12. dicitur de eleemosyna, quod à morte liberat, & non patietur animas ire in tenebras. Ipsa etiam in iudicio liberat & regnum accipit. Tob. 12. dicitur de eleemosyna, quod facit inuenire vitam æternam. In Psalm. *Iucundus homo qui miseretur & commodat, disponet sermones suos in iudicio.* Ibi specialiter fiet disceptatio de operibus misericordiæ. Matth. 25. *Venite benedicti Patris mei, percipite, &c. Esuriui enim, & dedistis mihi manducare, &c.* Misericordia filium Dei in mundum fecit descendere. Eadem homines in cœlum facit ascendere. Ad hoc signandum Christus à monte Oliueti in cœlum ascendit. In monte enim Oliueti eminentia misericordiæ designatur. Legitur etiam 2. Reg. 6. Quod in ingressu oraculi fecit Salomon duo ostiola de lignis oliuarum. Quæ duo ostiola possunt intelligi duæ partes misericordiæ. Vna est, qua compatimur miseriæ spirituali. Qui perfectè misericors est, iam beatus reputatur certa spe, tandem beatus futurus in re. Misericordes maximè de Dei misericordia sperare possunt. Item Psalm. *Ego sicut oliua fructifera in domo Dei speraui in misericordia Dei.* In Psal. *Beatus qui intelligit super egenum & pauperem.* Prouerb. 24. *Qui miseretur pauperi, beatus erit.* Matth. 5. *Beati misericordes.* Item misericordia loca in regno cœlorum assignat. Eccles. 16. *Omnis misericordia faciet vnicuique locum secundum intellectum peregrinationis illius, & secundum meritum operum illius.* Misericordia est negotiatrix prudentissima. Matth. 25. *Prudentes virgines acceperunt oleum in vasis suis.* Qui verè prudens est, oleum pietatis vult habere in corde suo, sine quo non habetur ignis charitatis. 1. Ioan. 3. *Qui habuerit substantiam huius mundi, & viderit fratrem suum necessitatem habere, & clauserit viscera sua ab eo, quomodò charitas Dei manet in eo?* Iacob. 3. *Sapientia quæ desursum est, plena est misericordia.* Nego-

Psa. III.

Psal. 51.

Ps. 40.

tiationem misericordiæ specialiter consuluit Filius Dei. Matth. 10. *Vade, & vende omnia quæ habes, & da pauperibus.* Voluit Paulus vt Timotheus hanc negotiationem præciperet his quos habebat regere. 1. ad Timot. 6. *Diuitibus huius seculi præcipe facile tribuere, communicare, thesaurizare sibi fundamentum bonum in futurum.* Misericordia in negotiatione videtur Deũ circumuenire, dum pro luto temporalium æternas diuitias recipit. Oseæ 11. *Circumuenit me in negotiatione Ephraim.* August. Præbe tectum, & accipies cœlum. Misericordia calicem frigidæ aquæ proximo tribuit, & torrentem voluptatis æternæ recipit: Ipsa terram in cœlum commutat, hæc est commutatio dextræ excelsi. Misericordia hominem periculose oneratum vtiliter exonerat, & proximum eius iuuat. August. in libro de Disciplina Christiana, loquens ad diuitem: Da, inquit, aliquid fratri tuo. Da aliquid proximo tuo. Da aliquid comiti tuo. Vita ista via est simul ambulantis. Sed forte dicis: Ego diues, ille pauper. Sarcinam tuam commemoras: Pondus tuum laudas. Et quod grauius est, costrinxisti ad te sarcinam tuam, iam non potes porrigere manum. Onera te, liga te, quid te iactas? quid te laudas? Solue vincula colli tui. Minue de sarcina tua. Da comiti, & illum adiuuas & te releuas.

Misericors dans, est accipiens. Misericordia vnde dare videtur, potius accipit. Vnde Augustinus: Reminiscere, inquit, non solum quid des, sed quid accipias. Panis quem das, terra est, de terra in terram, vt fulciatur terra, vt reficiatur terra. Poterit itaque pauper dicere: Vide, ne plus tibi præstet accipiendo, quàm tu dando. Si enim non esset qui à te acciperet, non erogares terram, & emeres cœlum: contemne me, si nihil petis ab eo qui fecit me & te. Si enim petiturus es; quia me exaudisti, tibi præstas vt exaudiaris. Age illi gratias qui rem tam pretiosam vili pretio te facit emere. Das quod in tempore perit, accipis quod manet in æternum, vnde sis socius angelorum, vnde nunquam sitim

famemque patiaris. Et subdit: Nemo dicat, quia præstet pauperi: sibi enim plus præstat, quàm pauperi. Misericordia, bona sua quæ dare videtur, in saluo ponit, & inde thesaurum facit. Matt. 6. *Thesaurizate vobis thesauros in cœlo.* Et beatus Laurentius: Facultates Ecclesiæ quas requiris, manus pauperum in cœlestes thesauros deportauerunt. Tob. 4. dicitur. *De eleemosynam. Præmium enim bonum tibi thesaurizas in die necessitatis.* Augustinus: Considerate, fratres, quàm multi subito bona omnia perdiderunt, quæ studiosissime recondebant, vel quum vno impetu hostili captiui ducti sunt, vel quum eis discendentibus flamma succeßit. O quomodo tales pœnituit: quia non audierunt Domini consilium, scilicet, *Da pauperibus, & habebis thesaurum in cœlo.* Audires amicum tuum consilium tibi dantem de thesauro tuo, & contemnis Deum consilium dantem de corde tuo. Inuasit hostis domum, nunquid inuaderet cœlum? Occidit seruum custodem, nunquid occideret Dominum seruatorem? Qui sunt pauperes quibus damus, nisi delatores nostri? Delatori tuo das, in cœlum portat quod das: an excidit tibi? Greg. Securius diuitiæ transferuntur de patria in patriam per manus plurium, quàm per manus vnius; secundum Aug. Manus pauperum sunt gazophylacium Christi. Vnde quod in manu pauperis ponitur in gazophylacio Christi mittitur, imò quod plus est, in manu Dei ponitur, & ideò iam auferri non potest ei qui dedit, quum non sit qui de manu eius possit eruere. Misericordia bona terrena quæ possessoribus suis solent esse noxia, vtiliter expendit. Isid. Hoc tantum habet bonum possessio præsentium rerum, si vitam reficiat miserorum.

Et notandum, quod virtus misericordiæ non solum est valdè vtilis, sed etiam valdè mirabilis. Ipsa de malis aliorum melioratur, de sordibus aliorum sanatur, de paupertate ditatur, de infirmitatibus aliorum sanior efficitur, ipsa portat one-

De Iustitia.

ra aliorum implens legem Christi, ad Galat. 6. *Alter alterius onera portate, &c.* Et quanto plura bona portat, tanto velocius currit, quia ad beatitudinem festinantius tendit. Ipsa onera aliena frequenter furatur hominibus nescientibus dum ipsis negligentibus peccata eorum assumit & portat, dolendo, ludendo, orando, pro eis eleemosynam faciendo, disciplinis se affligendo. Misericordia quanto plura onera proximi portat, tanto oneribus propriorum peccatorum magis se exonerat. Misericordia de fœtore eorum qui spiritualiter sunt mortui non moritur, sed potius viuificatur. Ipsa est quæ colligit de spinis peccatorum vuas, & de tribulis ficus. Misericordiâ mala aliena in bona conuertuntur. Duæ virtutes sunt quæ omnia quæ proximi sunt acquirere videntur, sc. charitas & pietas. Charitas bona proximi, sua facit. Greg. Pensent inuidi quantum bonum est charitas quæ aliena bona sine labore nostro nostra facit: pietas verò aliena mala, sua facit. Vnde hæ duæ virtutes venientes ad iudicium de nundinis huius mundi, ditissimæ, quantum ad meritum, inuenientur, & ideò abundantissimè remunebuntur. Hæ duæ virtutes alæ sunt quibus fouentur proximi bona, & portantur eius onera. Vnde super illud: *Sub vmbra alarum tuarum protege me.* dicit Gl. Misericordia & charitas sunt alæ patris quibus nos protegit. De his alijs Matth.13. *Quoties volui congregare filios tuos, quemadmodum gallina congregat pullos suos sub alas, & noluisti?* Item misericordia de vno obsequio duplicem habet mercedem. In præsenti enim remuneratur, & in futuro, vt prius ostensum est. Ipsa de vna seminatione duplicem messem colligit. Ipsa seminat in terra, & metet in cœlo: ipsa consilio Domini agros aridissimos elegit ad seminandum. Luc. 14. *Quum facis prandium, voca pauperes, &c.* Et hi vberius ei fructificant. Et notandum, quod opus misericordiæ semini comparatur, 2. ad Cor. 9. *Qui parcè seminat, parcè & metet,* eo quod semini in multis assimiletur. Semen absconditur, sic eleemosyna occultè danda est. Eccl. 29. *Conclude eleemosynam in sinu pauperis.* Item semen perdi videtur, cùm seminando potius renouetur: sic eleemosyna quùm datur, perdi videtur, sed sic melius seruatur. Eccles. 29. *Perde pecuniam propter fratrem, & non abscondas illam sub lapide in perditionem.* Isid. Terrena omnia seruando amittimus, largiendo seruamus. Diu cum rebus nostris durare non possumus, quia aut nos illas moriendo deserimus, aut illæ nos viuentes deserunt. Et super illud Matt. 16. *Qui perdit animam suam propter me, inueniet eam,* dicit Gloss. Quasi dicatur agricolæ: Si frumentum seruas, perdis: si seminas, renouas: solas quas dederis semper habebis opes. Item semen cum fœnore surgit: & qui dat eleemosynam, centuplum accipit. Vnde super illud Prou. 19. *Fœneratur Domino, qui miseretur pauperis,* dicit interlin. Centuplum accepturus. Eccles. 35. *Retribuens Deus est, & septies reddet tibi.* Semen pretiosius in vno anno seminatur, & in alio anno metitur: semen verò minus pretiosum vt hordeum, in eodem anno seminatur & metitur. Sic eleemosyna pretiosa est quæ seminatur in anno gratiæ, cuius messis expectatur in anno gloriæ. Item semen gelu pressum & retardatum vberius fructificat: sic eleemosyna quæ aduersitate premitur, maiorem habitura est remunerationem: vt eleemosyna cui detrahitur, magis remuneranda est quàm quæ laudatur. Item misericordia hic quasi omnia tormenta sustinet. 2. ad Corinth. 12. *Quis infirmatur, & ego non infirmor, &c.* Ideo in futuro merito non ei à tormento parcetur. Ipsa est quæ exemplo Petri dicit Domino: *Tecum parata sum in mortem & in carcerem ire.* Luc. 22. Ideo in futuro merito à carcere infernali immunis erit. Item ad commendationem misericordiæ valere potest detestatio sui oppositi. Notandum ergo quod non solùm immisericordia indigna est venia: immo quod plus est: homini immisericordi videntur peccata iam dimissa reuocari. Matt. 18. *Serue nequam, omne debitum dimisi tibi quoniam rogasti me, nonne oportuit & te misereri, &c. Et iratus Dominus eius tradidit eum tortoribus quoadusque redderet vniuersum debitum.* Misericordia verò literas remissionis habet in Euangelio etiam tria paria. Primò, Matth. 5. *Beati misericordes, quoniam ipsi misericordiam consequentur.* Cùm misericordia Dei fons sit & misericordiæ nostræ fluuius: quomodo esse posset quod fluuius misericordiæ nostræ ad proximum flueret, & fons diuinæ misericordiæ nobis siccus esset? August. Fluit riuus, & fons siccabitur. Itē quum omne animal diligat simile sibi. Ecclef. 13. Quomodo hoc esse posset quod Dei misericordia hominem misericordem damnaret? Secundò, Matth. 6. *Si dimiseritis hominibus peccata eorum, dimittet & vobis Pater vester cœlestis delicta vestra.* Tertiò, Luc. 6. *Dimitti te, & dimittetur vobis.* Item, vbi est misericordia, est peccatorum abundantia. Oseæ 4. *Non est misericordia, & non est scientia Dei in terra.* Et subditur: *Maledictum & mendacium, & homicidium, & furtum, & adulterium inundauerunt.* Item illi cui deest misericordia, fiet iudicium sine misericordia. Iacob 2. *Iudicium sine misericordia ei qui non fecerit misericordiam.* Immisericordi aures Dei clausæ sunt, & in præsenti, & in futuro. Prou. 21. *Qui obturat aurem suam ad clamorem pauperis, ipse clamabit, & non exaudietur.* Exemplum habemus de hoc Luc. 6. In diuite epulone, qui panis micas Lazaro negauit, in tormentis positus guttam aquæ postulans non accepit. Item ad commendationem misericordiæ facit, si ostendatur eius præeminentia ad alias virtutes. Notandum ergo quod respectu abstinenciæ in hoc præeminet, quod abstinentia Deo corpus immolat. Ad Rom. 12. *Obsecro vos per misericordiam Dei, vt exhibeatis corpora vestra hostiam viuentem.* Misericordia verò immolat cor.

Misericordia præeminet ceteras virtutes

Respectu verò charitatis in hoc præeminet misericordia, quod charitas est fluuius bonitatis ripas suas non exiens. Pietas verò est fluuius bonitatis ripas suas exiens, & latè extra inundans. Charitas enim, vt charitas, tantum sua communicat: pietas autem, & hoc facit & aliud: mala enim aliorum insuper sibi assumit. Parū est sua largiri, quod facit charitas: sed cumulus charitatis est seipsum largiri ad compatiendum, quod facit pietas. Respectu autem iustitiæ, prout iustitia strictè sumitur, & est opposita misericordiæ, hāc habet præeminentiam, quod ipsa est summa iudiciariæ potestatis. Misericordia enim super omnia opera eius. Iacob. 2. *Misericordia superexaltat iudicium.* Vnde licet appellare à curia iustitiæ ad curiam misericordiæ. Vnde si vides tibi imminere grauamen à iustitia, imo quocunque modo contra te iudicet etiam iustè, aliter enim facere non potest, confidenter appella ad Dei misericordiam: quoniam iustitia necesse deferre habet appellationi tuæ. Forum curiæ misericordiæ, est forum pœnitentiale: hoc est solum adiutorium refugium. In hoc foro feruntur sententiæ absolutionis etiam confitentibus culpas suas. In alijs curijs si quis confitetur homicidium, dicitur à iudice, suspendatur: in hoc si confitetur, absoluitur. Item respectu obedientiæ commendabilis est misericordia. Interdum enim obedientiæ & etiam cæteris virtutibus nititur contrariè Vnde narrat Gregorius in lib. Dialogorū, quod Paulinus Episcopus se in seruitutem posuit pro quodam captiuo redimendo, licet addictus esset curæ pastorali: & Deus qui miseretur omnibus alijs miseretibus, eum postea in plenitudinem officij & dignitatis restituit. Et quidam Cōuersus Carthusiensis proficiscens ad nuundinas, & quadraginta libras secum deferens, vt eas expenderet in necessitatibus domus suæ comitem habuit in via militem veteranum debilem & pauperem, quem quum agnouisset grauatum esse ære alieno & ire ad peten-

uisset grauatum esse ære alieno, & ire ad petendum inducias à creditore, conuersus dixit militi quod iret secum: qui ingressi sunt domum criditoris, & cum peterent inducias, denegauit eis creditor, addens quod filium eius vinctum in carcerem poneret, nisi ea die redderet vniuersum debitum, & tota eius hæreditas ei appropriaretur. Pro quo quum intercederet conuersus, creditor multa conuitia ei intulit. Ad quem couersus: Hodie, inquit, liberabitur iustus iste de carcere mortis, & proijciens ante pedes XL. libras redemit filium militis de carcere, ipsumque à debito liberauit. Qui rediens narrauit fratribus quæ gesta erant. Illi verò quasi viri spirituales multum in hoc facto comendabant eum. Item quidam sanctus homo quedam pœnitentem ligatum à summo pontifice exonerauit tunica plumbea. Qui interrogatus qua auctoritate hoc fecisset, Respondit, Auctoritate illius qui ait, *Beati misericordes, quoniam misericordiam consequentur*. Matt. 5. Virtus misericordiæ maxime competit statui miseriæ in quo sumus. Hanc virtutem didicit Christus plus quàm XXX. annis, ad Heb. 4. *Non habemus pontificem qui non possit compati infirmitatibus nostris*. Bern. Multa voluit pati Christus, vt compati sciret.

Caput III.

De his quæ possunt iuuare misericordiam.

Tangendæ sunt aliquæ meditationes quæ possunt iuuare misericordiam. Quarum prima attenditur circa naturæ conformitatem. Aliquis enim moueri potest ad miserendum proximo, habito respectu ad naturæ conformitatem. Esaiæ 58. *Cum videris nudum, operi eum, & carnem tuam ne despexeris*. Secunda attendit principij nostri vnitatem. Sumus enim omnes ex vno patre & vna matre. August. in libro de disciplina Christiana: Si putamus non esse proximos nisi qui de eisdem parentibus nascuntur, Adam & Euam intendamus, & omnes fratres sumus. Tertia attenditur circa miseriam propriam, vt homo intelligat que sunt proximi ex seipso. Prouerb. 19. *Homo indigens, misericors est*. Homo qui indigentiam magnam habuit, alienæ indigentiæ compati nouit. Quarta attendit spiritualem fraternitatem. Fratres enim sumus ex vno patre, scilicet Deo nati: & vna matre, scilicet Ecclesia, eandem habituri hæreditatem. 1. Ioan. 3. *Qui habuerit substantiam huius mundi, & viderit fratrem suum necessitatem habere, & clauserit viscera sua ab eo, quomodo charitas Dei manet in eo?* Quinta attendit Dei in homines paternam charitatem. 3. Ioan. 3. *Videre qualem charitatem dedit nobis Deus pater, vt filij Dei nominemur & simus*. Secundum hanc meditationem operatur qui dat pauperi, eo quod credit eum filium Dei. Sexta attendit capitis Ecclesiæ & membrorum vnitatem, quæ tanta est quod caput reputat sibi fieri quod membris fit. Sicut caput corporis reputat sibi beneficium exhiberi quod pedibus exhibetur: sic beneficium pauperibus exhibitum Christus sibi reputat exhiberi.

Et notandum circa hanc meditationem, quod quandoque pauper eleemosynam quærit ab aliquo, ille à quo petitur quatuor debet attendere. Primò, quis petat, quoniam Deus. Matth. 25. *Quod vni ex minimis meis fecistis, mihi fecistis*. Hieron. Quotiescunque manum pauperi extenderis, Christum cogita. August. in lib. de disciplina Christiana: Christus petit & non accipit, & offendis nomen pietatis crudelibus verbis, & dicis: Et quid seruo filijs meis? Christum illi oppono, filios suos mihi reponit. Magna iniustitia vt habeas vnde luxurietur filius tuus, egeat Deus tuus. Cum enim legisti, Quod vni ex minimis meis fecistis, & mihi fecistis, & non timuisti: ecce quis eget, & filios tuos numera: postremò, numera filios tuos, adde vnum illum inter illos, Dominum tuum numera: vnum habes, sit ille secundus: duos habes, sit tertius: tres habes, quartus sit. Secundo, debet cogitare quid petit Deus, quoniam suum petit, non tuum. Vnde valdè ingratus est qui de bonis Dei abundanter habet ad mensam suam, & tamen non vult dare modicum panis Deo petenti. August. Dicit tibi Christus. Da mihi de eo quod dedi tibi. De meo quæro, & mihi non donas: da, & reddo: habuisti me largitorem, facito debitorem. Tertiò cogitare debet ad quid petat: non enim petit ad dandum, sed ad mutuandum & ad centuplas vsuras. August. Miser homo, quid fœneraris homini? fœnerare Deo & centuplum accipies, & vitam æternam possidebis. Mira ingratitudo hominum qui nolunt accommodare Deo ad tales vsuras ad quales accommodarent alicui Iudæo vel Saraceno. Quartò debet cogitare quod ipsa debet petere à Deo regnum æternum qui modo petit ab eo modicum panis: & si negat Deo hoc modicum, negabit ei Deus regnum suum. Prouerb. 21. *Qui obturat aurem suam ad clamorem pauperis, clamabit & ipse, & non exaudietur.* Sapiens: Nec dubites cum magna petas, impendere parua. Septima meditatio attendit liberalitatem quam habent homines ad membra diaboli. Si enim diuites mali declinent ad eos, importunissimè inuitantur, & quasi dilaniantur, & pro illis magnæ expensæ fiunt: Christus verò in membris suis vix inuenire potest, vnde sustentetur. Octaua attendit Dei pietatem quam nobis exhibuit in sua paupertate, quando seipsum pro nobis dedit & pro nostra redemptione vendi voluit.

Capvt IV.

De diuisionibus pertinentibus ad misericordiam, & de operibus misericordiæ, per ordinem: primo de spiritualibus, circa quæ tanguntur octo incitantia ad compatiendum Crucifixo pro nobis, deinde de corporalibus.

Notandum quod est misericordia commendabilis, & est misericordia detestabilis. Commendabilis est, quæ est respectu personæ: detestabilis, quæ est respectu culpæ. Gregor. in hom. Ad culpas quisque non debet compassionem exercere, sed zelum. Compassio quippe homini, & vitiis rectitudo debetur, vt in vno eodemque homine & diligamus bonũ quod factum est, & persequamur mala quæ fecit. Item Greg. Sunt plerique qui compassionem proximo non spiritualiter, sed carnaliter impendunt, vt ei non ad virtutem, sed quasi miserado ad culpas faueant. Qui carnaliter hominibus miserentur, potius sunt crudeles quàm misericordes, licet misericordes vocentur. Prouerb. 20. *Multi misericordes vocantur: virum autem fidelem quis inueniet?*

Item notandum, quod quædam opera misericordiæ sunt spiritualia, quædam corporalia. Spiritualia sunt, vt cordis compassio, iniuriarum dimissio, peccantium correctio, ignorantium instructio, de compassione dicit Gloss. Gregor. super illud Iob 30. Compatiebatur anima mea pauperi. Plus est compassio, quàm datum, quia rem quàmlibet plerumque dat etiam qui non compatitur: nunquam qui verè compatitur, quod necessarium conspicit proximo suo negat. Ibidem dicit interlin. Plus est de seipso dare, quàm de suis. Item Gregor. Exteriora largiens rem extra seipsum præbuit: qui autem fletum & compassionem proximo tribuit, ei etiam aliquid de seipso dedit. Compassio crux est interior, cuius brachium superius est compassio, qua quis compatitur Christo pro nobis passo; brachium inferius est compassio qua quis compatitur his qui sunt in purgatorio. Sinistrum vero brachium est copassio, qua quis compatitur his qui sunt in hoc mundo quantum ad pœnalem miseriam. Dextrum brachium est compassio, qua quis compatitur animabus quæ pereunt in hoc mundo. Aug. Suntne in te viscera Christianæ compassionis, qui plangis corpus à quo recessit anima, & nō plangis animam à qua recessit Deus? Ecclef. 22. *Luctus mortui, septem dies: fatui autem & impij omnes dies vitæ illorum.* Et notandum, quod multa sunt propter quæ aliquis solet alij multum compati, quia omnia circa Christum occurrunt. Primum est, doloris magnitudo. Hæc causa verè fuit in Christo. Thren. 1. *O vos omnes qui transitis per viam, attendite & videte si est dolor sicut dolor meus.* Secundum est, amoris magnitudo. Hæc causa fuit in beata Virgine, cum propter magnum amorem quam habebat ad filium suum, *gladius pertransibat animam eius.* Luc. 2. De Dauid legitur 2. Reg. 18. quod dicebat: *Fili mi Absalon, Absalon fili mi, quis mihi det, vt ego pro te moriar?* id est, vice tui. Videbatur reputare mortem filij sui grauiorem sibi propria morte. De homo patre dicitur Eccl. 30. *Pro animabus filiorum colligabit vulnera sua, & super omnem vocem turbabuntur viscera eius.* Propter hanc causam filij qui tenerrimè amant matres suas, molestius sustinent quum eas vident percuti, quàm si ipsimet percuterentur. Sed quis dubitat Christum magis amandum esse à nobis, quàm carnales matres? Quæ mater tot & tanta passa est pro filio suo, quāta Christus pro nobis? Nonne matrem propriam reliquit pro nobis? Reliquit etiam synagogam matrem suam, & insuper animam suam morti exposuit pro nobis. Ierem.12. *Reliqui domum meam, dimisi hæreditatem meam, dedi dilectam animam meam in manus inimicorum eius.* Tertium est, innocentia. Magis enim solemus compati ei qui innocenter patitur. Quæ causa verè fuit in Christo: *Ipse enim peccatum non fecit, nec inuentus est dolus in ore eius* 1. Petr. 2. Propter hoc, Ecclesia quæ lætatur in passionibus aliorum Sanctorum, in die passionis Christi contristatur. Quartum, quando pro culpa nostra aliquis patitur: tunc enim homo qui habet nobilem animum dolorem illum suum reputat per compassionem, sicut suus est per occasionem. Sicut patet in Dauid 2. Reg. vlt. qui quum vidisset angelum populum occidentem, propter hoc quod ipse fecerat eum numerari, dixit ad Dominum: *Ego sum qui peccaui, ego iniquè egi: isti qui oues sunt, quid fecerunt? Vertatur obsecro ira tua contra me.* Hæc causa bene fuit in Christo, iuxta illud Esa. 53. *Ipse vulneratus est propter iniquitates nostras, & attritus propter scelera nostra.* Nostra est passio Christi per occasionem, etiam quantum ad vtilitatē: & ideò deberet esse nostra quātum ad compassionem. Quintum est, patientis nobilitas, quæ causa vera fuit in Christo, qui fuit nobilissimus, tanquam Altissimi filius. Valdè alienum erat tale opus ab eo, iuxta illud Esa. 18. *Alienū est opus eius vt operetur opus suum, peregrinum est opus eius ab eo.* Sextum est, patientis benignitas. Hæc causa verè fuit in Christo ad Tit. 3. *Apparuit benignitas,* &c. Matt. 11. *Discite à me, quia mitis sum.* Quum homo benignus & mitis homini gratis cedat, quæ causa est eum gladio perforari? Item quæ conuenientia est stipitis rigidi & duri ad hominem benignum & dulcem? Ideo Ecclesia in illo dulci planctu qui in Dominica passione incipit cantari, specialiter plagit hoc, quod clauis & lanceā mite corpus perforatur, & poscit vt arbor crucis ramos suos flectat, & naturalis rigor lentescat, vt superni membra regis miti tendat stipite. Septimum est, pietas ipsius patientis. Magis enim aliquis compatitur ei quem nouit esse pium & compatientem quàm ei nouit esse sine pietate. Ipse etiam Deus non miseretur hominibus duris, & sine misericordia. Iac. 2. *Iudicium sine misericordia ei qui non fecit misericordiam.* Bern. Nemo duri cordis salutem vnquam adeptus est, nisi forte quem miserans Deus abstulerit ab eo cor lapideum, & dederit cor carneum. Hæc causa bene fuit in Christo, qui ex compassione passus est ea quæ sustinuit in mundo isto. Octauum est, exēplum aliorum compatientium alicui. Hoc enim solet hominem incitare ad similiter compatiendum. Quæ causa bene inuenitur circa Christum, cui creaturæ insensibiles quasi compassæ fuerunt. Vnde sol radios suos abscondit quasi nuditati eius tenebras faciens. Petræ etiam scissæ sunt quasi compatientes. Ad iniuriarum dimissionē monemur. Luc. 6. *Dimittite*, inquit, *& dimittetur vobis.* Matt. 6. *Si dimiseritis hominibus peccata eorum, dimittet vobis Pater cœlestis delicta vestra.* Eiusd. 18. *Domine, quoties peccabit frater meus in me, & dimittam ei, vsque septies? Dixit illi Iesus: Non dico tibi vsque septies, sed vsque septuagesies septies.* August. in Enchirid. Multa sunt genera eleemosynarum quæ cum facimus adiuuamur vt nobis dimittantur peccata. Sed interea nihil est maius quàm cum ex corde dimittimus, quod in nos quisque peccauit. Idem in lib. de Rectitudine catholicæ conuersationis: Quare non dimittat quis fratri parum, vt ei Dominus dignetur dimittere totum? Nam & hoc eleemosynæ genus est, vt dimittat aliquis ex toto corde ei à quo læsus fuerit. Isidorus: Non solum qui esurienti & sitienti & nudo beneficium largitatis impendit, sed & qui inimicum diligit, & qui lugenti affectum compassionis & consolationis impartitur, aut in quibuslibet necessitatibus aliis consilium adhibet, sine dubio eleemosynam facit. Ad corripiendū fratrem peccantem monet nos Dominus Matth. 18. *Si peccauerit in te frater tuus, corripe eum inter te & ipsum solum.* Ad instructionem ignorantium monemur ad Galat. 6. *Si præoccupatus fuerit homo in aliquo delicto, vos qui spirituales estis instruite huiusmodi in spiritu lenitatis.* Dan. 12. *Qui ad iustitiam erudiunt multos, fulgebunt sicut stellæ in perpetuas æternitates.* Eccl. 38. *Vir sapiens plebem suam erudit, & fructus illius fideles sunt.* Opera misericordiæ corporalia sunt illa sex quæ tanguntur Matth. 25. *Esuriui, &c.* Septimum est, quod tangitur Tobiæ 3. scilicet *sepelire mortuos.* Aliqua horum tanguntur. Esa. 58. *Dimitte eos qui confracti sunt liberos, & omne opus dirumpe.* Hoc pertinet ad visitationem incarceratorum: *Frange esurienti, &c.* Ibi tanguntur tria alia opera manifeste. Et carnem tuam ne despexeris, hoc pertinet ad visitationem infirmorum. Ad duo prima opera incitamur frequenti Scripturæ admonitione. Neemiæ 8. *Mitte partes eis qui non præparauerunt sibi.* Tob. 4. *Panem tuum cum egenis, & esurientibus comede.* Prouerb. *Si esurierit inimicus tuus ciba illum: si sitit, potum da illi.* Eccl. *Mitte panem super transeuntes aquas, quia post multa tempora inuenies illum.* Aquæ transeuntes sunt populi mortales. 2. Reg. 14. *Omnes morimur, & quasi aquæ dilabimur in terram quæ non reuertuntur.* Luc. 3. *Qui habet escas, det non habenti.* Item excitamur ad ea exemplis Sanctorum Patrum. Tob. 2. De facultatibus suis esurientes alebat. Iob. 31. *Si comedi bucellam meam solus, & non comedit pupillus ex ea,* &c. *Humerus meus à iunctura sua cadat, & brachium meum cum suis ossibus conteratur.* Item incitamur ad ea mercedis promissione. Ezech. *Si panem esurienti dederit, vita viuet.* Matth. 10. *Qui potum dederit vni ex minimis istis calicem aquæ frigidæ tantum in nomine discipuli: Amen dico vobis, non perdet mercedem suam.* Luc. 14. *Quum facis conuiuium voca pauperes, debiles, & claudos & cæcos, & beatus eris, quia non habent vnde retribuant tibi. Retribuetur autem tibi in resurrectione iustorum.* Qui cibum sine potu ministrant pauperi, tale prandium dant Domino, quale

De Iustitia.

consueuit dari asino. Item qui de his quæ habent ad mensam suam nihil volunt dare pauperibus, in futuro nihil boni inuenient. Iob. 20. *Non remansit de cibo eius, & propterea nihil remanebit de bonis illius.*

Sequitur de tertio opere misericordiæ, quod est colligere hospitem. Circa quod opus. Primo, tangetur de his quæ pertinent ad eius commendationem. Secundo, qui hospites sint maximè recipiendi. Tertio, quomodo sint recipiendi. Circa primum notandum quod hospitalitas ad susceptioné gratiæ præparat. Quod figuratum est in hoc quod duo discipuli Christum cognouerút cùm eum ad hospitium inuitassent. Luc. vlt. quandoque diuina cognitio infunditur alicui occasione alicuius sancti viri in hospitio recepti. Item bona temporalia multiplicat: vt patet in illa vidua quæ Eliam in hospitio suo suscepit: cui farina, & oleum non defecerunt. 3. Reg. 17. A malo etiam temporali seruat: vt patet in Raab, quæ recepit nuntios filiorum Israël: & ideo à morte saluata est. Ios. 6. *Sola Raab meretrix viuat, &c.* ad Hebr. 11. *Raab meretrix non periit cum incredulis, excipiens exploratores cum pace.* Item Deum & angelos meretur recipere, qui hospitalitati deseruit. Reputatiuè semper Deum recipit, quum recipit aliquem nomine ipsius. Matth. 1. *Qui recipit vos, me recipit.* Eiusdem 10. *Qui suscipit vnum talem paruulum in nomine meo, me suscipit.* Item 25. *Hospes eram, & collegistis me.* Ioan. 13. *Qui accipit si quem misero, me accipit.* Personaliter etiam quandoque suscipit Deum. Vnde refert Gregorius in homilia Euangelij, quod legitur secundo die Paschæ, quod quidam paterfamilias multum fuit hospitalis. Quadam autem die cum peregrinos suscepisset, & aquam daret manibus in humilitate, vnus fuit inter eos in cuius manibus aquam fundere debuit. Et quum reuersus vrceú accepisset eum non inuenit. Cúmque hoc factum apud se miraretur, eadé nocte ei Dominus per visionem dixit: Cæteris diebus me in membris meis, hosterno autem die in memetipso suscepisti. Item Greg. in homilia illius Euangelij: *Videns Iesus ciuitatem fleuit super illam, dicens: quia, &c.* Quidam Martyrius nomine, vitæ valde honorabilis monachus fuit, qui ex suo monasterio visitationis gratiâ ad aliud monasterium tédebat, cui spiritualis pater præerat. Pergens itaque leprosum quendam quem dẽsis vulneribus elephantinus morbus per membra fœdauerat, inuenit in via, volenté ad suum hospitium redire, & præ lassitudine non valentem. In ipso verò itinere se habere perhibebat hospitium quò idem Martyrius monachus ire festinabat. Vir auté Dei eiusdem leprosi lassitudinem misertus, palliú quo vestiebatur in terrâ protinus proiecit, & expádit, ac desuper leprosum posuit, eumque suo pallio vndique constrictum super humerú leuauit, secumque reuertens detulit. Cumque iam monasterij foribus appropinquaret, spiritalis pater eiusdem monasterij magnis clamare vocibus cœpit: Currite, ac ianuas monasterij citius aperite: quia frater Martyrius venit, Dominum portans. Statim verò vt Martyrius ad monasterij aditú pertinet, is qui leprosus esse putabatur, de collo eius exiliens, & in ea specie apparens qua recognosci ab hominib. solet redéptor humani generis Deus & homo Iesus Christus, ad cœlum Martyrio aspiciente rediit, eique ascendens dixit: Martyri, tu me nõ erubuisti super terram: ego te non erubescam super cœlos. Qui sáctus vir mox vt esset monasteriú ingressus, ei pater monasterij dixit: Frater Martyri, vbi est quem portabas? Cui ille respondens, dixit: Ego si sciuissem quis esset, pedes eius tenuissem. Tunc iisdem Martyrius narrabat, quia cum eum portasset, pondus eius minimè sensisset. Nec mirum: quomodo pondus eius sentire poterat, qui portantem portabat? Ecclesiastic. *Species leprosi apparuit, & is qui est reuerendus super omnia, videri despectus infra omnia dedignatus non est.* Cur hoc nisi vt vos sensu tar-

Exemplum.

Bbb iiij

diores admoneret, quatenus quisquis ei qui in cœlo est festinat assistere, humiliari in terra & compati abiectis & despicabilibus fratribus non recuset: Item Gregorius in homilia Euangelij quod legitur secunda die Paschæ. Pensate fratres quanta hospitalitatis virtus sit. Ad mensas vestras Christum suscipite, vt vos ab eo suscipi ad conuiuia æterna valeatis. Præbete modò Christo peregrino hospitium, vt nos in iudicio non quasi peregrinos nesciat, sed vt proprios ad regnum ricipiat. Angelos etiam meretur suscipere. Hebræor. 13. *Hospitalitatem nolite obliuisci. Per hanc enim quidam placuerunt angelis hospitio receptis*: vt Abraham, Genes. 13. Et Loth, eiusdem 19. Origenes, Domos hospitales ingressi sunt angeli, domos vero hospitibus clausas ignis & sulphur succindit. Hieronym. Abraham & Loth angelos susceperunt, quia hospites dilexerunt. Idem: Abraham crebro hospitalitatis officio dum non refutat homines, suscipere meruit Dominum. Matth. 10. *Quicunque non receperit vos, nec audierit sermones vestros; Amen dico vobis, quod tolerabilius erit terræ Sodomorum & Gomorrhæorum in die iudicij.* Circa secundum notandum est, quod maxime hospitio recipiendi essent boni viri. 4. Reg. 4. *Animaduerto quod sanctus Dei est iste qui transit per nos frequenter: faciamus ei coenaculum paruum, & ponamus in eo lectum & mensam & sellam, & candelabrum.* Et è contrario in aliquibus locis boni viri vel non recipiuntur, vel malè recipiuntur. Serui vero diaboli cum magno gaudio recipiuntur. Iud. 10. *Vadimus ad domum Dei, & nullus sub tectum nos vult recipere.* Similem querelam multi boni viri hodie possunt facere. Sap. 19. Alij ignotos non recipiebant aduenas. Alij autem bonos hospites in seruitutem redigebant. Matth. 18. *Filius hominis non habet vbi caput suum reclinet.* Luc. 20. *Non receperunt eum, quia facies eius erat euntis in Ierusalem.* Ioann. 5.

Ego veni in nomine Patris mei, & non accepistis me. Si alius venerit in nomine suo, illum accipietis. Item peregrini potius recipiendi sunt, quàm indigenæ: quia magis indigent. Iob. 31. *Foris non mansit peregrinus, ostium meum viatori patuit.* Esa. 58. *Egenos vagosque induc in domum tuam.* 3. Ioan. 1. *Charissime fideliter facit quidquid operaris in fratres: & hoc in peregrinos, qui testimonium reddiderunt charitati tuæ.* Circa tertium notandum quod hospites suscipiendi sunt frequenter. ad Roman. 12. *Necessitatibus sanctorum communicantes, hospitalitatem sectantes.* Sectari frequentatiuum est. Item hospites ad hospitium cogendi sunt. Vnde super illud Lucæ vltimo: *Et coëgerunt eum*, dicit gloss. Quo exemplo docemur quod peregrini non solum sunt ad hospitium vocandi, sed etiam trahendi. Gen. 19. *Compulit illos oppidò vt diuerterent ad eum.* Item cum magna reuerentia sunt suscipiendi. Vnde quidam vir religiosus dicebat, fratres aduenientes debere adorari, cùm certum sit in aduentu eorum aduentum Domini Iesu Christi haberi. Sic recipit Abraham tres viros. Genes. 18. *Quos cum vidisset Abraham, occurrit in occursum eorum de ostio tabernaculi sui, & adorauit pronus in terram.* Item sic recipit Loth angelos, Genesis vigesimo nono: *Qui cum vidisset eos, surrexit, & iuit obuiam eis, adorauitque pronus in terram.* Item recipiendi sunt hilariter, non cum murmure. 1. Petr. 4. *Hospitales inuicem sine murmuratione.* Item ministrandum est eis abundanter. Iudic. 18. *Pax tecum sit: ego præbeo omnia quæ necessaria sunt: tantum quæso ne in platea maneas.* Item seruiendum est eis diligenter. 4. Regum 5. *Ecce sedulo in omnibus ministrasti nobis.* Sunt aliqui qui de verbis multis solent seruire hospitibus suis. Vbi autem verba plurima, ibi frequenter egestas. Prouerb. 13. Facit etiam ad hoc quod hospitalitas Deo sit gratior, si dominus domus in propria persona hospitibus suis seruierit. Vnde di-

Quales hospitio recipiendi.

cit Hieronym. loquens de Abraham qui tres viros susceperat. Genesis 17. Non seruis præcepit vt hominibus ministrarent, nec bonum quod exercebat per alium minuit, sed quasi præda reperta cum Sara humanitati solus incubuit. Ipse pedes lauit, ipse humeris suis vitulum de armento portauit, ipse vt seruus stetit peregrinis prandentibus & manibus coctos cibos ieiunaturus apposuit. Item protegendi sunt qui hospitio recipiuntur à recipientibus. Gen. 19. *Abutimini filiabus meis sicut vobis placuerit, dummodo viris istis nihil mali faciatis.* Iudic. 19. *Nolite fratres malum hoc facere, quia ingressus est homo hospitium meum.* Item incitandi sunt ad comedendum verbo & exemplo. In dialogo legitur quod Abbas Cassianus venit ad quendam senem qui dedit ei manducare cum suis sociis vsque ad satietatem, & hortabatur eum plus comedere. Qui cùm diceret se esse satiatum, respondit: Ego diuersis fratribus hodie superuenientibus septies manducaui, & adhuc esurio. Tu vero semel manducans es satiatus. Et dixit ieiunium esse frangendum propter hospites: quia in hospite suscipitur Christus, & non possunt filij sponsi lugere quandiu sponsus est cum eis. Item quidam senex in Sicilia multum fuit hospitalis faciens manducare omnes ad se venientes. Venit autem ad eum quidam solitarius nolens refici, dicens se ieiunare. Cui senex: Exeamus & oremus sub arbore hac, & cui fuerit arbor inclinata, ipsum sequamur. Orante autem solitario arbor non est inclinata: orante autem illo sene hospitali, arbor inclinata est. Sequitur de quarto opere misericordiæ, quod est vestire nudos. Ad quod sacra Scriptura monet. Tobiæ 4. *De vestimentis tuis nudos tege.* Item Esa. 58. *Cum videris nudum, operi eum.* Et Luc. 3. *Qui habet duas tunicas, det non habenti.* Hoc opus misericordiæ nobis multum commendant exempla sanctorum. Et primo exemplum Dei, qui Adam & vxori eius postquàm ceciderant in statum miseriæ fecit tunicas pelliceas. Genes. 3. Item exemplum Tobiæ qui nudis vestimenta præbebat. Tob. 1. Et exemplum Iob: *Si despexi*, inquit, *prætereuntem, eo quod non haberet indumentum, & absque operimento pauperem. Si non benedixerunt mihi latera eius, & de velleribus ouium mearum calefactus est.* Iob 21. Hoc opere misericordiæ Dorcas digna fuit suscitari. Act. 9. Item huic operi misericordiæ promittitur vita æterna. Ezech. 19. *Si nudum vestimento operuerit, vita viuet.* Hoc opus misericordiæ videtur præcellere respectu præcedentium, in hoc quod non vnam miseriam releuat, sed multas. Primum opus repellit famem, secundum sitim: sed hoc opus expellit erubescentiam de nuditate, & molestiam frigoris. Item vestis data pauperi memoriale est, vt oret pro eo qui sibi eam dedit. Non transit hoc beneficium ita citò, sicut beneficium cibi vel potus. Sequitur de quinto opere misericordiæ, quod est visitare infirmos. Ad quod monemur. Eccles. 7. *Non te pigeat visitare infirmum: ex his enim in dilectione firmaberis.* Hoc opus misericordiæ valde placet Deo. Iac. 1. *Religio munda & immaculata apud Deum & patrem, hæc est, visitare pupillos & viduas in tribulatione eorum.* Valde etiam est vtile homini. Iob 5. *Visitans speciem tuam, non peccabis.* Qui huic operi misericordiæ insistit, peccatum facilius vincit. Et sicut miseria infirmitatis famem & sitim & frigus videtur excedere: sic hoc opus misericordiæ videtur præcellere respectu præcedentium. Vnde in Vitis Patrum, Frater quidam interrogauit quendam senem, dicens: duo fratres sunt, quorum vnus ieiunat sex diebus, & multum laborans, alius verò seruit ægrotantibus, cuius opus magis acceptum est Deo. Respondit senex: Si frater ille qui sex diebus laborans ieiunat appendat se per nares, non potest esse æqualis illi qui infirmantibus deseruit. Hoc opus misericordiæ

Exemplum.

commendauit nobis filius Dei exemplo suo visitans genus humanum in infirmitate positum. Luc. 1. *Visitauit nos oriens ex alto, &c.* Sequitur de opere misericordiæ, quod est visitare eos qui sunt in carcere. Ad quod monemur, Hebræorum decimo tertio: *Mementote vinctorum*, inquit, *&c.* Eiusdem 10. *Vinctis compassi estis.* Et notandum quod visitandi sunt in carcere non solum vt necessaria eis ministrentur, vel aliqua consolatio eis adhibeatur, sed etiam vt à carcere liberentur.

Psa. 81. Ecclesiast. 4. *Libera eum qui iniuriam patitur de manu superbi.* In Psalm. *Egenum de manu peccatoris liberate.* Item: *Domine, quis similis tibi, eripiens inopem de manu fortiorum eius?* Hoc opus misericordiæ commendatur nobis variis exemplis Sanctorum. Legitur de Tobia quod pergebat per omnes qui erant in captiuitate, & monita salutis dabat eis. Iob. 29. *Conterebam molas iniqui, & de dentibus illius auferebam prædam.* Daniel Susannam adiudicatam morti liberauit. Daniel. 13. Et Nicolaus tres pueros morti addictos. Prouerb. 24. *Erue eos qui ducuntur ad mortem, &c.* Sequitur de septimo opere misericordiæ, quod est sepelire mortuos. Ecclesiast. 7. *Mortuo non prohibeas gratiam.* Glos. ad eleemosynam pertinet sepultura mortuorum. De hoc opere misericordiæ commendantur viri Iabes Galaad, 2. Regum 2. *Benedicti vos à Domino, qui fecistis misericordiam cum Domino vestro Saul, & sepelistis eum.* Commendatur etiam de hoc Tobias. De quo legitur Tob. 2. *Quod cùm nuntiatum esset ei, quod vnus de filiis Israel iugulatus iaceret in platea statim exiliens de accubitu suo, relinquens prandium, ieiunus peruenit ad corpus; tollensque illud portauit ad domum suam occultè, vt dum sol occubuisset, cautè sepeliret eum.* Et Marc. 14. dicitur de Magdalena: *Bonum opus operata est in me, prauenit vngere corpus meum in sepulturam.* Hoc opus misericordiæ exercuerunt Ioseph & Nicodemus Christo. Ioann. 19. Et Zozimas

vnico leone obsequente sepeliuit cadauer illius pœnitentis Mariæ Ægyptiacæ. Hoc opus misericordiæ commendatur nobis exemplo etiam brutorum animalium. Legitur enim in libro de Natura animalium, quod mortuo delphino, circunstant alij delphini ne comedant pisces mortuum, & deferunt eum in profundum, atque sepeliunt. Et notandum quod multi propter peccata sua hoc beneficio priuantur. Esaiæ 14. *Tu proiectus es de sepulchro tuo quasi stirps inutilis.* In eodem: *Quasi cadauer putridum non habebis consortium, neque eris cum eis in sepultura.* 4. Regum 9. *IeZabel comedent canes in agro Iezrael, nec erit qui sepeliat eam.* Ierem. 22. *Sepultura asini sepelietur, putrefactus & proiectus extra portas Ierusalem.* Eiusdem. 25. *Non sepelientur in sterquilinium, super faciem terræ iacebunt.* Et 2. Mach. 5. Iason qui insepultos multos abiecerat, ipse & illamentatus & insepultus abiicitur à sepultura. Econtrario, *corpora sanctorum in pace sepulta sunt.* Ecclesiast. 44. Item notandum quod antiqui eligendo sepulturam, respectum habuerunt vel ad patres suos, vel ad sanctitatem eorum cum quibus sepeliri voluerunt. Gen. 48. Dicit Iacob: *Facies mihi misericordiam vt non sepelias me in Ægypto, sed dormiam cum patribus meis.* Eiusdem 49. *Sepelite me cum patribus meis in spelunca duplici.* 3. Reg. 13. *Cum mortuus fuero, sepelite me in sepulchro in quo vir Dei sepultus est.* 4. Reg. 13. *Quidam sepelientes viderunt latrunculos, & proiecerunt cadauer in sepulchro Elisei, & reuixit.* Præter septem opera misericordiæ de quibus dictum est, videntur etiam esse quædam alia opera misericordiæ, vt accommodare indigenti. Tripliciter enim facit quis eleemosynam, vel dando, vel accommodando, vel remittendo. Eleemosyna mutui in hoc commendabilis est, quod multoties fieri potest, & tamen non perit ei qui eam facit. Recuperat enim quod accommodauit. Ad hoc opus misericordiæ monemur

De Iustitia.

mur. Matth. 5. *Volenti mutuare à te, ne auertaris*, & Luc. 6. *Mutuum date, nihil inde sperantes.* Deut. 15. *Si vnus de fratribus tuis ad paupertatem venerit, non obdurabis cor tuum, nec contrahes manum: sed aperies eam pauperi, & dabis mutuum quo indigere prospexeris.* Recuperare etiam proximum videtur esse opus misericordiæ. Eccles. 29. *Recupera proximum tuum secundum virtutem tuam.*

Item opus misericordiæ esse videtur, loca lutosa vel aquas periculosas pôtibus vel aliter peruia & meabilia facere. Et hoc opus misericordiæ vno denario potest aliquis benefacere omnibus illis qui per pontem transituri sunt.

CAPVT V.
De quo fit Eleemosyna facienda.

Notandum quod Eleemosyna facienda est de his quæ iustè acquisita sunt. Leuit. 3. *Omnis oblatio quæ offertur Domino absque fermento erit*: absque fermento, inquam, iniquæ acquisitionis. Prouerb. 3. *Honora Dominum de tua substantia.* Tob. 4. *Fili, de tua substantia fac eleemosynam*, & distinguuntur circa eleemosynam tres gradus: est enim eleemosyna bona, melior, optima. Bona est, quæ fit de patrimonio Christi, in quo solam dispensationem clerici habent. Bernard. Facultates Ecclesiarum patrimonia sunt pauperum, & sacrilega eis crudelitate subripitur quidquid sibi ministri & dispensatores, non vtique Domini & possessores vltra victum & vestitum accipiunt. Melior est, quæ fit de proprio patrimonio. Optima est, quæ fit de his quæ acquiruntur proprio labore. Ephes. 4. *Qui furabatur, iam non furetur: magis autem laboret manibus suis operando quod bonum est, vt habeat vnde tribuat necessitatem patienti.* Non placet Deo eleemosyna de furto vel rapina facta, ab eo qui potest scire cui sit restituenda. August. Quale est illud munus quod alter cum gaudio accipit, alter cum lacrymis amittit? Eccles. 34. *Immolantis ex iniquo maculata est oblatio, & non sunt beneplacitæ Deo subsannationes impiorum.* In eodem: *Dona iniquorum non probat Altissimus*: Item: *qui offert sacrificium ex substantia pauperis, quasi qui victimat filium in conspectu patris.* Item, eiusdem 35. *Noli offerre munera praua: non enim suscipiet illa Deus.* Deuter. 17. *Non immolabis Domino Deo bouem & ouem in quo est macula, aut quippiam vitij: quia abominatio est Domino Deo tuo.* Esa. 11. *Ego Deus diligens iudicium, & odio habens rapinam in holocaustum.* Malach. 1. *Intulistis de rapinis munus: nunquid suscipiam illud de manu vestra?* 1. Paral. vlt. *Quæ de manu tua accepimus, dedimus tibi. Non ea quæ accepimus de manu diaboli.* Prouerb. 13. *Redemptio animæ viri, diuitiæ suæ.* Restituenda sunt malè acquisita de aliis, scilicet nostris. Eleemosynas debemus facere, exemplo Zachæi, Luc. 19. *Ecce dimidium bonorum do pauperibus: & si quem defraudaui, reddo quadruplum.* Gregor. Quidquid in Dei sacrificio ex scelere offertur, omnipotentis Dei non placat iracundiam; sed irritat. Sicut aqua si munda est lauat, si verò immunda inquinat: sic eleemosyna si fit de re iniustè acquisita, inquinat: si verò fit de re iustè acquisita, lauat. Et sicut non est danda eleemosyna de re furtiua, sic nec accipienda. Tobiæ 2. Non licet nobis edere de furto aliquid, aut contingere. Leuit. 11. *Nolite contaminare animas vestras, nec tangatis quidquam eorum, ne immundi sitis.* Et notandum quod eleemosyna est tanto Deo gratior, quanto res quæ datur danti erit carior. 2. Reg. vltim. *Non offeram Domino*, ait Dauid, *holocausta gratuita*: Tamen non multum expedit pauperibus qui non sunt assueti deliciis, dare delicias & sumptuosa cibaria nisi quando sunt infirmi. Aug. in lib. de verbis Domini: Vtantur diuites superfluis, dent pauperibus necessaria. vtantur pretiosis, dent pauperibus vilia: Dicit Hieron. super Malach. quod indi-

Ccc

gnum est dare Deo quod dedignatur homo. Ministris Dei, propter honorem eius cui ministrant, delicata & sumptuosa dari possent. Eccles. 14. *Dignas Deo oblationes offer.* Numer. 18. *Qui offertis de decimis, & in donaria Domini separabitis, optima electa erunt.*

Caput VI.

Cui sit danda Eleemosyna.

Eleemosyna danda est pauperi. Luc. 13. *Cum facis conuiuium, voca pauperes & debiles, &c.* Et Tob. 14. *Panem tuum cum esurientibus & egenis comede.* Debemus in hoc imitari Deum, de quo Luc. 2. *Esurientes impleuit bonis*, & in Psalm. *Quia satiauit animam inanem.* 4. Reg. 4. Eliseus implet vasa vacua. Hier. Illis tribue diuitias tuas qui non phasidas aues, sed siliginis panem comedunt; qui famem expellant, non qui augeant luxuriam. Idem: De pauperibus, non locupletibus, non superbis: da quo necessitas sustentetur, non quo augeantur opes. Pars sacrilegij est, res pauperum dare non pauperibus. Item dandum est non solum bonis, sed etiam malis, vt simus imitatores eius, qui solem suum oriri facit super bonos & malos, & pluit super iustos & iniustos. Matth. & Luc. 6. *Omni potenti te tribue.* Maxime tamen dandum est bonis. Eccles. 12. *Si bene feceris, scito cui feceris.* Ibidem: *Benefac iusto, & inuenies retributionem magnam.* Et si non ab ipso, certo à Deo. Ibidem: *Da bono, & ne recipias peccatorem. Benefac humili, & ne dederis impio.* Quod intelligendum est in duobus casibus : Vnus est, si credas quod propter bonum tuum negligat iustitiam. Alius est, cum non datur intuitu pietatis: vt faciunt illi qui dant histrioni, causa histrionatus. Eccles. 7. *Bonum est sustentare iustum.* Sapiens: Cui des videto. Item dandum est diuersis, non tantum vni. In Psal.

Dispersit, dedit pauperibus. Matth. 10. *Volo & huic nouissimo dare sicut, &c.* Hier. Pecuniam tuam, vt singulis necessarium est, distribuas, non ad luxuriam, sed ad necessitatem.

Caput VII.

Quomodo sit danda Eleemosyna.

Eleemosyna danda est animo voluntario, Deus enim plus respicit ad animum, quàm ad datum. Prouerb. 16. *Spirituum ponderator est Deus.* Eiusdem 21. *Appendit corda Deus.* 1. Reg. 16. *Deus intuetur cor.* Et super illud Matth. 10. *Quicunque dederit vni ex minimis istis calicem, &c.* dicit gloss. Nota Deum ad pium affectum dantis respicere magis quàm ad quantitatem rei exhibitae. Et super illud Matth. 19. *Ecce nos reliquimus omnia,* dicit Gregor. Cor & non substantiam Deus pensat, nec perpendit quid in eius sacrificio, sed ex quanto proferatur. Hieron. Quae efferuntur, non sui pondere, sed offerentium voluntate pensantur. Item danda est eleemosyna cum vultus hilaritate. Ecclef. 25. *In omni dato hilarem fac vultum tuum.* 2. ad Cor. 9. *Hilarem datorem diligit Deus,* Aug. Qui dat vt careat taedio interpellantis, non vt reficiat viscera indigetis, & rem & meritum perdit. Item danda est cum sermonis dulcedine. Eccl. 4. *Declina pauperi sine tristitia aurem tuam, & responde ei in pacifica mansuetudine.* Eiusdem 18. *Fili, in bonis tuis non des querelam, & in omni dato non des tristitiam verbi mali.* Greg. Sunt nonnulli qui mox vt ab egenis fratribus fuerint necessaria postulata, prius in eos contumeliosa verba iaculantur: qui se rebus ministeria perficiunt pietatis, in verbis contumeliosis humanitatis gratiam perdunt : ita plerumque videantur iniuriae illatis satisfactionem exoluisse, cum post contumelias dona largiuntur. Nec debet sequi impropé-

De Iustitia.

ratio. Eccl. 18. *Stultus acriter improperabit. Eiusdem* 20. *Datus insipientis non erit tibi vtilis, &c.* Exigua dabit & multa improperabit. Item danda est eleemosyna cum festinatione. Prouerbior. 3. *Ne dicas amico tuo: Vade, & cras reuertere, & cras dabo tibi, cum statim possis dare.* Eccles. 7. *Cor inopis ne afflixeris, & ne protrahas datum angustianti.* Iob. 31. *Si oculos viduæ expectare feci, &c.* Super illud Psalm. *Producens fœnum iumentis*, dicit Gloss. Beatus qui præoccupat vocem petituri. Dauid: *Beatus qui intelligit super egenum & pauperem.* Prouerb. 12. *Qui pronus est ad misericordiam benedicetur.* Debet etiam homo dare eleemosynam dum sanus & viuus est. Eccles. 14. *Fili, si habes, bene fac tecum, & Deo dignas oblationes offer: memor esto, quoniam mors non tardabit.* Item ante mortem benefac amico tuo, Christo scilicet: eiusdem 18. *Memento paupertatis in die abundantiæ.* Ad Galat. 6. *Dum tempus habemus, operemur bonum ad omnes.* Eleemosyna quam aliquis dat in vita sua, est sicut lucerna quæ præcedit aliquem, seruans eum ne cadat in lutum vel foueam. Eleemosyna vero quæ fit pro eo post mortem, est sicut lucerna quæ fertur alicui post tergum, quæ non custodit hominem quin cadat in foueam, à qua non est liberatio. Item danda est eleemosyna cum humilitate, ita vt nec vanam gloriam inde quæras, nec pauperem cui das despicias, nec pro eleemosynis quas das, si in peccato mortali es, saltem præsumas. Ad primum monemur, Matth. 6. *Te faciente eleemosynam, nesciat sinistra tua quid faciat dextera tua.* Ecclesiast. 29. *Conclude eleemosynam in sinu pauperis.* Prou. 21. *Munus absconditum extinguit iras.* Greg. Sufficit iustis ab eo videri à quo expectant remunerari. Item valdè bona sua paruipendunt, qui ad eorum remunerationem laudem hominum sufficere credunt. Et in legenda beati Nicolai dicitur: Ex quo homo est in huius mundi voragine propter delicta sua deiectus, nullum eius bonum sic Deus approbare legitur, eleemosynam, si tamen ob mundi fiat gloriam. Ad secundum monemur Esa. 58. *Carnem tuam ne despexeris.* Et super parabolam de diuite & Lazaro, Luc. 21. dicit Gloss. Si quæ reprehensibilia videmus in pauperibus, non debemus despicere: quia fortasse quos morum infirmitas vulnerat, medicina paupertatis curat. Iob 31. *Si comedi buccellam meam solus.* Gregor. Solent nonnulli multa largiri, sed habere pauperes socios in domestica conuersatione refugiunt, gratiam vitæ communis non habentes. Sed iste præiudicium pietati se facere existimaret, si solus comederet quod Dominus omnium communiter creasset. Ad tertium monemur Ecclesiastic. 7. *Ne dicas: in multitudine munerum meorum respiciet Deus, & offerente me Deo Altissimo munera mea recipiet.* Et super illud Iob 15. *Non credas frustra errore deceptus quod aliquo pretio redimendus sit*, dicit Gloss. Eleemosyna non valet ei qui in malo permanet. Augustinus in Enchirid. Non æstimet aliquis illa nefanda crimina, qualia qui agunt regnum Dei non possidebunt, quotidie perpetranda, & eleemosynis quotidie redimenda. In melius quippe est vita mutanda, & per eleemosynas, de peccatis præteritis propitiandus est Deus: non ad hoc quodammodo emendus, vt ea liceat impunè committere. Item eleemosyna danda est propria manu. Prouerbior. vltim. *Manum suam aperuit inopi, & palmas suas extendit ad pauperem.* Danda etiam secundum facultatem dantis. Ecclesiast. 14. *Secundum vires tuas exporrigens da pauperi.* Eiusdem 15. *Da Altissimo secundum donatum eius.* Tob. 4. *Quomodo potueris, ita esto misericors: si multum tibi fuerit, abundanter tribue: si exiguum tibi fuerit, etiam exiguum libenter impartiri stude.* Nullus potest excusare se à collatione eleemosynæ, etiamsi sit pauper, quum tantum placeat quandoque Deo quando pauper dat pro Deo

Ccc ij

Eleemosyna ordinatè danda.

obulum, sicut si diues daret pro Deo centum marcas. Libenter emeret pauper carnes in macello si tantum crederet se habiturum pro vno obulo quantum diues pro centum solidis. Lucæ 21. dixit Dominus de paupere vidua quæ miserat duo æra minuta in gazophylacium: *Vidua hæc pauper plus quam omnes misit.* Si non potest dare pauper obulum, det calicem aquæ frigidæ, & non perdet mercedem suam. Matth. 10. Si hoc non potest, det verbum consolationis, vel orationis. Super illud, Iustus autem miseretur, & tribuet, dicit Gloss. Iusto semper est aliquid quod det, saltem orationem. Item danda est eleemosyna ordinate, vt homo primo misereatur sui ipsius. Ecclesiast. *Miserere animæ tuæ placens Deo.* August. in Enchirid. Qui eleemosynam ordinatè vult dare, à seipso debet accipere. Item in libro de rectitudine Catholicæ conuersationis. Deus rogat vt tui miserearis, & non vis: quomodo te Deus exaudiet in die necessitatis supplicantem, qnum tu eum pro teipso non audis rogantem? Item August. Quid est miserius misero non miserante seipsum? Ecclesiast. 14. *Qui sibi nequam, cui bonus?* Sicut non esset misericors qui matri suæ indigenti non misereretur, licet aliorum misereatur: ita non est verè misericors qui animæ suæ infirmantis ad mortem non miseretur, cum magis eum diligere debeat quàm matrem. Sapiens: Semper tibi proximus esto: Item ad ordinem misericordiæ pertinet vt potius misereamur animæ quàm corporis, & potius ei qui est in maiori miseria, quàm ei qui est in minori.

Pars XV.

De his quæ omnibus debemus, vt est dilectio, veritas & fides, & præcipuè de veritate & eius descriptione, de incitantibus ad amorem veritatis, & de errore illorum qui dicunt veritatem non esse iuramento firmandam.

DE debito dilectionis legitur ad Roman. 13. *Nemini quidquam debeatis, nisi vt inuicem diligatis.* De dilectione, require in tractatu de Charitate. De veritate hoc modo agetur. Primo, ostendetur quid sit veritas, prout veritas pars est iustitiæ. Secundo, tangentur aliqua quæ ad amorem veritatis possunt incitare. Tertiò, destruetur error illorum qui dicunt veritatem in nullo casu firmandam esse iuramento. Circa primum notandum est, quod est veritas increata, & est veritas creata. Veritas verò creata triplex est, scilicet veritas signati siue rei; & veritas signi, & veritas vtentis signo. Ad veritatem rei videtur pertinere illud August. in libro Soliq. Verum est id quod est. Et illud Philosophi: Vnum quodque sicut se habet ad esse, ita ad veritatem. Ad veritatem verò signi pertinere videtur illa descriptio Philosophi: Veritas est adæquatio rei & intellectus, siue adæquatio signi, & signati. Veritas verò prout pertinet ad hominem vtentem signo pars videtur esse iustitiæ, quæ sic describitur à Tullio in 1. Rhetoric. Veritas est per quam immutata ea quæ sunt aut ante fuerunt, aut futura sunt dicuntur. Ad amorem veritatis monemur. Prouer. 2. *Veritatem eme, &c.* Veritas emitur quando cum magno studio vel labore cognitio veritatis acquiritur, vel quando cum damno magno vel multorum odio veritas in iudicio vel doctrina dicitur. A

De Iustitia.

veritate nullo modo recedendum est, quicunque inde debeat scandalizari. Vnde super illud Matth. 18. *Qui scandalizauerit vnum de pusillis istis, &c.* dicit Gloss. Nota quod inquantum potes sine peccato vitare scandalum proximi, debes: quod si de veritate est, pro scandalo veritas relinqui non debet. Et intelligitur hoc de triplici veritate, scilicet vitæ, iudicij & doctrinæ. Item monemur ad amorem veritatis. Eccles. 37. *Ante omnia opera verbum verax præcedat te.* Et eiusdem 4. *Non contradicas verbo veritatis vllo modo.* Sancti antiquitus multum deferebant veritati. 2. ad Corinth. 13. *Non possumus aliquid aduersus veritatem, sed pro veritate.* Ad perhibendum testimonium veritati, venit filius Dei in mundum. Ioann. 18. *Ego in hoc natus sum, & ad hoc veni in mundum, vt testimonium perhibeam veritati.* Sed hodie veritas exosa habetur. Terentius in Andria: *Veritas odium parit, obsequium amicos.* Ad Gal. 4. *Ego inimicus vobis factus sum verum dicens vobis.* Bernard. super Cantic. Amara est veritas sine condimento gratiæ. Hodie diminutæ sunt veritates à filiis hominum. Dauid: *Non est in ore eorum veritas. Cor eorum vanum est.* Veritati hodie detrahitur. Iob. 6. *Quare detraxistis sermonibus veritatis?* Veritas hodie captiua detinetur. Vix enim inuenitur qui velit eam dicere, ad Rom. 1. *Veritatem in iniustitia detinent.* Seneca: Monstrabo tibi quid omnia possidentibus desit, scilicet qui verum dicat. Veritas hodie vndique impugnatur, ita vt frequenter necesse habeat corruere: secundum illud Esaiæ 59. *Corruit in platea veritas.* Et Daniel 8. *Prosternetur veritas in terra.* Veritas in terra prosternitur, quando aliquid terrenum veritati præponitur. Veritas hodie à multis vili pretio venditur. Prou. 28. *Qui cognoscit in iudicio faciem, non bene facit, & pro buccella panis deserit veritatem.* Multi hodie deserunt veritatem vitæ, & ideo fugit ab eis veritas doctrinæ. Sicut econtrario sequitur veritas doctrinæ eos qui habent veritatem vitæ. Eccles. 27. *Volatilia ad sibi similia conueniunt: & veritas ad eos qui operantur illam, reuertetur.* Veritas hodie adeo vilipenditur, vt à quibusdam ei præponatur falsitas, ab aliis præponatur ei vanitas, & ab aliis ipsa vmbra vel pictura veritatis. Veritati falsitatem præponunt homines inconsideratè loquentes qui tota die volunt esse in verbis, & ideo multoties mentiuntur. Bernardus in sermonibus: Quidni periclitetur castitas in deliciis, veritas in multiloquio, charitas in hoc seculo nequam? Vanitatem præponunt veritati amatores temporalium istorum quæ vana sunt, eo quod non dant plenitudinem cordi possidentis, nec fulcimentum innitenti, nec fructum expectatum circa ea laboranti. In Psal. *Vt quid diligitis vanitatem, & quæritis mendacium?* Vmbram & picturam præponunt veritati hypocritæ, qui apparentiam sanctitatis ipsi sanctitati præponunt. Veritas quæ sic modo contemnitur inualescet, & in futuro amatores suos liberabit, & hostes condemnabit. Ioann. 8. *Vos cognoscetis veritatem, & veritas liberabit vos.* 2. Esdræ 4. *Veritas manet & inualescit in æternum, & viuit, & obtinet in secula seculorum.* Sicut se habet denarius falsus ad verum: sic se habet homo mendax ad hominem veracem. Vnde cum homines multum doleant & offendantur si vnus de eorum seruientibus recepit eis vnum falsum denarium pro bono, mirum est quomodo non multum dolent quum falsitatem in seipsis deprehendunt. Viliores se videntur habere, quàm vnum denarium. Et notandum quod veritatem habere debemus quantum ad omnes. Nulli enim mentiri debemus, vt ostendit August. in lib. de doctr. Christ. dicens: Omnis qui mentitur, iniquè facit. Nemo enim mentiens in eo quod mentitur seruat fidem. Nam hoc vtique vult, vt cui mentitur

Psal. 4

Veritas circa omnes habenda.

fidem sibi habeat, quam tamen mentiendo ei non seruat: omnis autem fidei violator, iniquus est.

De errore illorum qui dicunt veritatem non esse iuramento firmandam.

NVllam veritatem iuramento esse firmandam asserentes, omne iuramentum esse illicitum dicunt. Qui error occasionem potuit habere ex illo verbo Domini, Matth. 5. *Ego dico vobis, non iurare omnino.* Item ex illo verbo Iacob 5. *Ante omnia fratres nolite iurare.* Ad idem facere videtur illud verbum August. in quodam sermone: Falsa, inquit, iuratio exitiosa est: vera iuratio periculosa est, nulla iuratio secura: ergo vt videtur ab omni iuratione abstinendum est. Econtrario verò manifestè ostenditur quod licitum sit iurare. Primo sic iurauit Dominus Gen. 21. *Per memetipsum iuraui*, dicit *Dominus*, quod si quis non recipiat vetus Testamentum, probatur hoc per illud ad Heb. 6. Abrahæ promittens Deus, quoniam neminem habuit per quem iuraret maiorem, iurauit per semetipsum: ergo homini licitum est iurare. Et quod hoc argumentum valeat, probatur per illud Luc. 6. Perfectus omnis erit si sit sicut magister eius. Magister noster Deus est, secundum illud Ioann. 13. *Vos vocatis me magister & Domine, & benè dicitis: sum etenim.* & Matth. 23. *Nec vocemini magistri, quia magister vester vnus est Christus.* Ergo non est contra statum perfectionis iurare. Item iurauit Angelus. Apoc. 10. quem Ioannes vidit stantem super mare & super terram, & leuauit manum ad cælum, & iurauit per viuentem in secula seculorum. Item iurauit Apostolus ad Phil. 1. dicens: *Testis est mihi Deus*. & 2. ad Cor. 1. *Ego testem Deum inuoco, &c.* Si quis vero dicat non esse iuramentum in illis; apparet hoc esse falsum, per hoc quod dicitur Ierem. 4. Iurabunt; Viuit Dominus in veritate, & iudicio, & iustitia. Non ergo solum est iuramentum si dicatur, Per Deum, vel simile, imo etiam si dicatur: Testis mihi Deus; vel, Viuit Dominus, ex quo nomen Dei in testimonium vel confirmationem veritatis assumitur. Cum ergo Deus, & angelus & homo sanctus iurent, mirum est quomodo non vult iurare hæreticus, quasi Deo & angelis & sanctis sanctior esse velit. Videtur assimilari diabolo potius quàm angelo, vel Deo vel homini sancto: diabolum enim non memini me legisse iurasse ad confirmationem veritatis. Præterea præcepit Deus iurare Exod. 22. dicens: *Si quis commendauerit viro pecuniam aut vas in custodiam, &c.* Et post in eodem: *Si quis commendauerit proximo suo bouem, &c. iusiurandum in medio erit, quod non extenderit manum ad rem proximi sui, &c.* Et Deut. 6. *Dominum Deum tuum timebis, & illi soli seruies: ac per illius nomen iurabis.* Et eiusd. 10. *Iurabitque in nomine illius.* Item in Psal. *Quis habitabit in tabernaculo tuo, &c.* & subditur: Qui iurat proximo suo, & non decipit. Matth. 5. *Reddes Domino iuramenta tua.* Præterea iurant omnes nationes, & Gentiles & Iudæi, & Christiani. Sed secundum Philosophum: Vox omnium, vox naturæ est: ergo natura dictat quod licitum est iurare. Philosophus: Iurare nisi vbi necesse est, graui viro parum conuenit. Item licet assumere nomen Dei ad adiurandum aliquem. 1. ad Thess. vlt. *Adiuro vos per Dominum, &c.* ergo licet illud assumere ad aliquid iurandum. Si enim licet nomen Domini assumere ad monendum aliquem vt aliquod opus bonum faciat, secundum illud ad Rom. 22. *Obsecro vos per misericordiam Dei vt exhibeatis corpora vestra, &c.* Et eiusd. 15. *Obsecro vos per Dominum nostrum Iesum Christum, & per charitatem sancti Spiritus, vt adiuuetis me in orationibus vestris.* A simili licebit nomen Dei assumere ad monendum aliquem vt ipse credat veritati vtili, quum fides sit adeo grata Deo, quod sine ea nemo ei placeat.

De Iustitia.

Præterea, quum dicit Dominus. *Quod abundantius iis est, à malo est*: aut intelligitur id malum est: aut intelligitur quod sit à malo, id est ab infirmitate non credentis. Si primo modo, ergo malum est quando Dominus ad maiorem confirmationem dicit: *Amen amen dico vobis*. Sermo enim eius debuit esse, est, est: & non debuit aliquid addere. Malum etiam fuit quando Apostolus ad confirmationem verbi sui addidit, *Testis est mihi Deus*. ad Roman. 1. Et 2. ad Corinth. 11. *Deus & pater Domini nostri Iesu Christi scit quod non mentior.* Et ad Gal. 1. *Quæ scribo vobis ecce coram Deo quod non mentior.* Præterea cum in veteri lege prohibita esset iuratio per creaturas, si Dominus voluit ostendere iurationem omnem esse prohibitam, & facere additionem ad veterem legem, potius debuit hoc specificare de iuratione per creatorem, quàm per creaturam, quum iuratio per creaturam satis esset prohibita in veteri lege. Argumenta etiam quibus vtuntur hæretici ad confirmationem dicti erroris valde debilia sunt. Vt est illud Iac. 5. *Ante omnia nolite iurare.* Si enim propter hoc, quia ibi dicitur: *Nolite iurare*, peccatum mortale est iurare. Ergo quum Dominus dicat Matth. 23. *Et patrem nolite vocare vobis super terram*, peccatum mortale erit vocare aliquem patrem super terram. Item si ideo in nullo casu iurandum est, quia Dominus dicit, Matth. 5. *Ego dico vobis non iurare omnino*. Ergo quum aliquis dicit alicui colligenti saluiam vel petrosillum in horto suo, vt non colligat illud omnino: ipse prohibet eum vt nihil inde colligat, quod manifeste falsum est secundum etiam communem vsum loquendi, & etiam quod in alia facultate dicitur. Vnde versus: *Omnis nonnullus, non omnis dic aliquis non*. Præterea caussa quam Dominus subdit, cum dicit: *Neque per cœlum, quia thronus Dei est, &c.* non est competens caussa quare nunquam sit iurandum: sed quare non sit passim iurandum, siue omnibus modis, etiam creaturam huiusmodi: quia in contemptu ipsius, contemnitur ipse cuius est thronus. Præterea aut semper fuit illicitum iurare, aut incœpit esse illicitum ab illa prohibitione Christi: *Ego autem dico vobis, non iurare omnino*. Primum constat esse falsum, quum lex vetus iurare præcepit, & cum ratio naturalis non dictet hoc malum esse. Secundum etiam videtur falsum esse per hoc quod Dominus dicit: *Quod abundantius est à malo est*, tanquam ius declarans & non tanquam ius statuens. Præterea quare prohibuit Deus iuramentum vniuersaliter? Si id prohibuit propter periculum periurij, eadem ratione votum debuit prohibere, immo eadem ratione etiam à prohibitione debuit abstinere. Prohibitio enim ista facit plures transgressores quàm sint illi qui incurrunt periurium: hoc enim facit omnes iurantes transgressores, sicut prohibitio: & constat quod plures iurant, quàm peierent. Item quæ est ratio ista quod non sit iurandum per Ierusalem, quæ est ciuitas regis magni, quádo illud quod iuratur verbum est eiusd. regis, & scriptum sit: *Cœlum & terra transibunt, &c.* Matth. 24. Præterea sicut magis cauendum est paruulo ab accessu ad aquam vel ad aliud periculum, quàm adulto qui scit sibi bene cauere: sic magis cauendum fuit in hac parte populo Iudæorum rudi & paruulo, quàm populo discreto Christianorum. Vnde si propter periculum prohibitum est, magis debuit prohiberi tunc. Item cum sensus sit: *Ego dico vobis non iurare omnino, &c.* id est, vt non iuretis omnino. Si mortale peccatum est iurare, quia Christus dicit non iurari: ergo eodem modo facere contra quodque dictum à Christo, erit mortale: ergo solum præcepta & prohibitiones erunt, & non erunt consilia aliqua, nec admonitiones ad aliquid melius, & omnes qui erunt circa statum perfectionis, erunt in statu damnationis, cum ad perfectionem moneat Christus, dicens Matth. 5. *Estote perfecti sicut & Pater vester cælestis perfectus est.* Et mortaliter peccabit, qui fecerit contra illud: *Qui aufert quæ tua sunt, ne repetas.* Luc. 6. Et iterum qui facit contra illud: *Omni petenti te, tribue.* Et contra illud: *Omnia quæcunque vultis vt faciant vobis homines, & vos facite illis.* Matth. 7. Et contra illud Matth. 5. *Et ei qui vult tecum in iudicio contendere, & tunicam tuam tollere, dimitte ei & pallium:* & contra illud Matt. 5. *Si quis te percusserit in vnam maxillam præbe ei & alteram.* Contra quod tamen fecit Christus, Iac. 18. qui percutienti maxillam eius, non præbuit alteram, sed allegauit iustitiam suam, dicens: *Si male locutus sum, testimonium perhibe de malo, &c.* Paul. Act. 23. principi sacerdotum qui præceperat os Pauli percutere: *Percutiet te Deus, paries dealbate.* August. Ista præcepta magis pertinent ad præparationem cordis, quæ intus est, quàm ad opus quod in aperto fit: vt teneatur in secreto animi patientia cum beneuolentia, in manifesto autem fiat quod ei videtur prodesse posse quibus bene velle debemus. Prætereà, quomodo onus Christi erit leue, si quæcunque ipse dicit præcepta sunt vel prohibitiones? Item per quod iurat quilibet, illud veneratur, hoc amat, hoc timet, vt dicit Gloss. Matth. 5. Vnde cum iurare per Deum in veritate vtile, sit Deo honorificum & proximo vtile, & sic deseruiat dilectioni Dei & proximi, quare erit illicitum vel prohibitu, cum plenitudo legis sit dilectio? ad Rom. 10. Et cum in duobus mandatis de dilectione Dei & proximi vniuersa lex pendeat & prophetæ? Matth. 21. Præterea iurare nihil aliud videtur esse, quàm nomen Dei assumere ad confirmationem eius quod dicitur, sicut haberi potest ex duobus locis Scripturæ sacræ, Exod. 20. *Non assumes nomen Dei tui in vanum.* Assumere enim nomen Dei in vanum, est iurare in vanum. Et ex illo verbo ad Hebr. 6. *Omnis controuersiæ eorum finis, ad confirmationem, est iuramentum*, quia descriptione recepta, facile est ostendere quod liceat iurare. Cum enim filius Dei in hoc natus sit, & venerit in mundum, vt testimonium perhiberet veritati, vt ipse ait Ioann. 18. verisimile est quod nomen suum non neget ad eandem veritatem confirmandam, imo quod plus est, ad confirmationem veritatis mori voluit. Item quum Deus pater sic dilexerit mundum, vt filium suum vnigenitum daret. Ioan. 3. verisimile est quod nomen suum ei non neget ad Rom. 8. *Qui proprio filio suo non pepercit; sed pro nobis omnibus tradidit illum: quomodo non cum illo omnia nobis donauit?* Item cum principes huius mundi talis sint bonitatis, in subditos suos, vt sigillis suis eis confirment veritatem vtilem, nunquid cœlestis Deus habebit hanc bonitatem in subditos suos, vt nomine suo permittat eos vti ad confirmandam veritatem? Simile argumentum facit Dominus, Matt. 7. dicens: *Si ergo vos quum sitis mali, nostis bona data dare filiis vestris, quamo magis Pater vester, qui in cœlis est, dabit bona petentibus se?* Item, si Deus sigillum suum commendauit seruis, verisimile est quod non neget illud filiis, ad Roman. 7. *Non accepistis spiritum seruitutis iterum in timore, sed accepistis spiritum adoptionis filiorum.* Ex prædictis manifestum est, quod iurare non est vniuersaliter malum, imo licitum est iurare ad confirmandam vtilem veritatem. Respondendum est ergo ad ea quæ ipsi obiiciunt.

Notandum ergo quod potuit esse multiplex causa, quare Dominus diceret illud Matth. 5. *Ego dico vobis non iurare omnino, &c.* Prima potuit esse, quia iuramentum quandoque vilipendi facit simplicem assertionem: nec iam reputant multi simplex mendacium, ex quo non est ibi periurium. Sicut multi hodie iuramenta sine solennitate facta non reputant propter iuramenta solemnia: Deus ergo volens suos veritatem seruare in simplici sermone sicut in sermone iurato, voluit vt non iurarent quantum esset in eis. August. super epist.

De Iustitia.

epist. ad Gal. Non est contra Dei præceptum iuratio: sed ita intelligitur Deus prohibuisse à iuramento, vt quantū in ipso est quisque non iuret: quod multi faciunt, in ore habitantes iurationem, tanquā magnum suaue aliquid. Idem in sermone Dom. de mont. Iuramentum faciendum est in necessarijs, quum pigri sunt homines credere, quod est eis vtile. Iuratio non est bona, non tamen mala cum est necessaria: ideò non est appetenda, vt bona, non tamen fugienda tanquam mala, cum necessaria est: Gloss. super Matth. 5. Sermo fidelis pro iuramento debet haberi: & merito tanquam verbum dictum in templo coram altari, imo coram Deo. Templum enim in baptismo dedicatum, est ipse fidelis. Deus autē est in hoc templo sancto suo, fides verò altare est. Secunda causa potuit esse periculum idololatriæ, & tertia periculum periurij. Ex frequenti enim iuratione frequens sequitur periurium. Et hæc duo pericula sequebātur præcipuè ex iuratione creaturarum: ideo talem iurationem præcipuè dissuadet Dominus Gloss. Illi vel cœlum plus aliquid suspicabantur, vel per illud iurantes non putabant se iuramēto teneri: ideo iuramentum sic temperat, vt cœlum & creatura Dei credatur non plus aliquid, & quia thronus eius est, periurium timeatur. August. In nouo Testamento dictum est, ne omnino iuremus: quod mihi quidem propterea dictum esse videtur, non quia verum iurare peccatum est: sed quia peierare immane peccatum est, à quo nos longè esse voluit, qui omnino ne iuraremus admonuit. Idem in quodam sermone: Qui iurat, iuxta precipitium periurij est: qui non iurat, longè est. Quarta causa potuit esse perfectio mansuetudinis, quam voluit esse in discipulis suis, quibus dixit illud verbum sicut in Euangelio Matth. patet: qui illud verbum ponit. Iuramentum verò frequenter est ex ira & inpatientia: ideo voluit Dominus eos à iuramento cauere. Septem verò dissuadetur circa iuramentum. Primò appetitus iurandi: Iacob. 5. *Ante omnia fratres nolite iurare.* Secundò, assiduitas iurandi. Eccles. *Iurationi ne assuescat os tuum.* Ibidem: *Vir multum iurans replebitur iniquitate.* Chrysost. Nemo est qui frequenter iuret qui non aliquando periuret. Tria alia innuuntur per oppositum. Ierem. 4. vbi dicitur: *Iurabunt, Viuit Dominus in veritate, & iudicio, & iustitia.* Et sunt illa tria, falsitas, defectº deliberationis, & iniustitia. Sextum est, iurare per creaturas. Septimum est, iurare pro nullo. Exod. 20. *Non assumes nomen Dei tui in vanum. Non enim habebit insontem Deus cum qui assumpserit nomen Dei frustra.* Illud verò Matthæi: *Ego dico vobis non iurare omnino;* sic intelligendum est: *Ego dico vobis vt non iuretis omnino*, id est, passim: neque etiam per cœlum, &c. Nec sequitur ex hoc, Ergo nunquam iuretis, sicut opponendo ostendebatur. Et hoc innuitur per causam quæ subditur: Neque per cœlum, quia thronus Dei est, hoc enim quod cœlum est thronus Dei, non est causa quod per cœlum non sit iurandum: sed est causa quod per cœlum non est passim iurādum, ac si peierando per illud Deus non offendatur, cum cœlum thronus Dei sit, & in cœlo Deus contemnatur. Ad idem videtur pertinere illud Matth. 23. *Væ vobis qui dicitis: Quicunque per templum iurauerit, nihil est, &c. Et subditur: Qui iurat in templo, iurat in eo qui habitat in templo: & qui iurat in cœlo, iurat in throno Dei, & in eo qui sedet super eum.* Sicut non valet hoc argumentum: Iste qui vult se radi, & superfluitatem capillorum præscindi, non vult vt capilli sibi omnino abscindantur: ergo ipse nihil vult de capillis suis præscindi: Ita non valet hoc argumentum, *Dico vobis non iurare omnino*: ergo vt nunquam iuretis. Ad illud verò Iac. 5. *Ante omnia nolite iurare*, quadruplex potest esse responsio.

Primò, vt prohibeatur ibi iuramentum quod aliquis facit quum cito incipit

Dissuasio iuramenti.

loqui: illud enim est ex libidine iurandi: prius enim debet esse sermo vester, est, est: non, non: quod si non credatur vobis vtile est credi, potest sequi iuramentum.

Secundò, potest intelligi esse dictum illud contra illos qui habent in consuetudine ante vnumquodque verbum ponere iuramentum.

Tertiò, potest dici quod Iacobus loquebatur illis qui erant in tribulatione. Sicut enim dicit Gloss. super principium Canonicæ eius, occiso Stephano facta est persecutio magna in Ecclesia quæ erat Ierosolymis, & omnes dispersi sunt per regiones Iudææ & Samariæ præter Apostolos. His dispersis qui propter iustitiam passi sunt, mittit epistolam; monens ergo eos ad patientiam & quædam alia, ante omnia vult vt à iuramentis, quæ impatientiam solent sequi, caueant. Sicut febricitanti prohibetur specialiter bibere, licet alia multa magis sunt nociua, quia ad illud magis pronus: sic qui tribulantur magis proni sunt ad iuramenta. Et illa iuramenta frequenter sunt Dei blasphemiæ, & quandoque tantùm illaqueant homines, quod in magna seruitute est homo, vt impossibile videatur sibi quandoque seruare quodcunque iurauit. Vnde sequitur, vt non sub iudicio decidatis, scilicet à libertate vestra per obligationem.

Quartò, potest intelligi quod affectio siue voluntas iurandi prohibeatur. Vnde non dicit, Non iuretis: sed, nolite iurare: nec sequitur ex hoc quod iurare sit mortale, sicut ex illo verbo Domini: Matth. 23. *Patrem nolite vocare vobis super terram*, non sequitur quod mortaliter peccet qui aliquem patrem vocat super terram. Voluntarium ergo iuramentum prohibetur ibi, sed duplex est voluntarium. Quoddam quod est purè voluntarium, & quoddam quod habet aliquid cogens exterius, licet non sufficiens: & primum hic prohibetur, secundum non. Ad verbum verò August. dicendum est, quod sicut transire mare nunquam securum, & tamen quandoque sine naufragio aliquis illud transit: sic iuratio nunquam est secura, & tamen quandoque est necessaria, & quandoque sine peccato iuratur.

Pars XVI.

De Fide, prout Fides idem est, quod fidelitas.

EST etiam Fides virtus quâ promissa complentur. Vnde Isidor. 10. lib Etymol. Fidelis dicitur quis: pro eo quod fit ab eo illud quod dicit vel promittit bonum. Et sicut veritas seruat hominem ne aliquem fallat in verbis, sic fides seruat hominem ne aliquem fallat in factis. Fides tamen quandoque largè sumitur: & sic ad eam pertinet seruare hominem ne fallat alium verbo vel facto, & sic sumit August. fidem in libro de doctrina Christ. dicens: Nemo mentiens, in eo quod mentitur seruat fidem. Homo fidelis confidentem de se non fallit. Fides, prout est virtus Theologica, est virtus quâ æterna bona credimus. Fides verò prout hic de ea loquimur, est virtus cui bona nostra in præsenti credimus. Ad hanc virtutem monemur. Apocal. 2. *Esto*, inquit, *fidelis vsque ad mortem, & dabo tibi coronam vitæ*. Hæc virtus multùm commendabilis est. Prouerb. 28. *Vir fidelis multùm laudabitur*. De hac commendauit Abraham. Ecclef. 44. *Abraham*, inquit, *in tentatione inuentus est fidelis*. Item Moyses. Num. 12. *Moyses*, inquit Deus, *in omni domo mea fidelissimus est*. Et Dauid 1. Reg. 22. *Quis in omnibus seruis tuis sicut Dauid fidelis?* Fidei virtus est valdè rara & valdè chara. Prouerb. 22. *Virum fidelem quis inueniet?* 1. ad Cor. 4. *quæritur inter dispensatores vt fidelis quis inueniatur*; quæritur, inquam, & vix inuenitur. In primitiua Ecclesia inter duodecim

Apostolos inuentus est vnus infidelis, & alij fideles fuerunt. Hodie vndecim inueniuntur infideles, quando vnus inuenitur fidelis. Huic virtuti committit Dominus bonorum suorum dispensationem. Matth. 24. *Quis putas, est fidelis seruus & prudens quem constituit Dominus super familiam suam vt det illis cibum in tempore?* Item huic virtuti dat Dominus augmentum gratiæ. Lucæ 19. *Euge serue bone, quia in modico fuisti fidelis, eris potestatem habens supra decem ciuitates.* Item huis virtuti dat Dominus gloriam. Matth. 25. *Quia super pauca fuisti fidelis, supra multa teconstituam: intra in gaudium Domini tui.* Et notandum, quod fidelis specialiter commendabilis est in amico. Ecclesiast. 6. *Amico fideli nulla est comparatio.* In eodem: *Amicus fidelis medicamentum vitæ.* Item valde commendabilis est in seruo: Ecclesiast. 33. *Si est tibi seruus fidelis, sit tibi quasi anima tua, quasi fratrem sic tracta eum.* Specialiter etiam commendabilis est in nuntio. Prouerb. 13. *Legatus, fidelis sanitas.* Econtrario legatus infidelis pestilentia est terræ ad quam mittitur: malo enim exemplo multos corrumpit. Prouerbior. *Sicut frigus niuis in die messis: ita legatus fidelis ei qui misit eum.* Frigus niuis in die messis refrigerat: & legatus, si fidelis sit, ei à quo mittitur, quasi quoddam refrigerium est: à cura enim & solicitudine in parte eum liberat. Econtrario vero dicitur de infideli nuntio. Prouerb. 25. *Dens putridus & pes lassus qui sperat super infideli in die angustiæ.* Dens putridus ori grauem dolorem ingerit. Vnde vulgariter dicitur quod non est dolor sicut dolor dentis. Infidelis ergo nuntius est ei qui in eo sperat, vt dens putridus, quia est occasio ei magni doloris. Est etiam vt pes lassus. Sicut enim multum affligitur qui desiderat peruenire ad locum aliquem, & præ lassitudine non potest: sic affligitur ille qui expectat nuntium infidelem, qui moram nimiam facit.

Et notandum, quod aliquis fidem debet alij in quatuor. Primò, vt eum verbo non fallat. August. in lib. de Doct. Christ. Omnis qui mentitur iniquè facit. Secundò, vt arcanum eius non denudet. Prou. 11. *Qui ambulat fraudulenter, reuelat arcana: qui autem fidelis est, celat amici commissum.* Eccles. 27. *Qui denudat arcana amici, fidem perdit.* Tertiò, in hoc vt in aduersis eum non deserat. Eccles. 22. *Fidem posside cum amico in paupertate illius, vt in bonis illius læteris. In tempore tribulationis illius, permane illi fidelis.* Quartò, in hoc vt in donorum sibi commissorum administratione fideliter se habeat. Fidelitas verò quantum ad bona commissa in quinque attenditur. Primum est, vt ipse bona sibi commissa non dissipet. Secundum, vt ea studiose multiplicet. Tertium, vt eum qui tradidit, parte lucri quæ ad eum pertinet non defraudet. Quartum, est, vt bona sibi commissa, proditiosè sua non faciat. Quintum est, vt inimico eius qui sibi ea commisit illa non tradat. De primo legitur Luc. 16. *Hic diffamatus est apud ipsum, eò quod dissipasset bona illius:* & Esa. 14. *Tu terram tuam disperdidisti.* Tripliciter autem fit hæc dissipatio. Primò, quando aliquis vitam suam, quam debuit ei pendere ad honorem Dei & vtilitatem animæ suæ, expendit in Dei contumeliam & damnationem animæ suæ, consumendo eam in seruitio diaboli. Prouerb. 5. *Non des alienis honorem tuum, & annos tuos crudeli.* Item intellige de his qui res suas in seruitio diaboli expendunt, seruos diaboli instantissimè inuitates, in filios verò Dei durissimos se exhibentes. Secundò quando aliquis desistit ab opere incœpto ante consummationem. Prouerb. 18. *Qui mollis & dissolutus est in opere suo, frater est sua opera dissipantis.* Mollis est qui cedit duris. Dissolutus est qui nullo amore ad opus bonum ligatus est, & talis reputatur dissipator operum suorum. Tertiò, quando aliquis quod ædificat verbo, destruit exemplo. Eccles. 33. *Vnus ædificans, & vnus destruens, quid prodest illis nisi labor?* Circa secundum notandum, quod circa multiplicationem triplex potest esse infidelitas. Prima est cum pecunia domini absconditur. Vndè Matth. 25. reprehenditur seruus malus & piger qui pecuniã domini sui abscõdit. Secunda est, cùm pecuniam domini in mercibus, quæ minoris lucri sunt ponitur. Hæc infidelitas est in illis qui legem Domini per quam lucrari animas possent contemnunt, & Physicam vel Leges per quas temporalia lucrantur addiscunt. Nunquid infidelis esset nuntius alicuius mercatoris, qui domino suo emere posset scarlatam eodem pretio quo emit burellum, si eam non emeret? Tertia infidelitas est in eis qui merces domini vendunt, vbi minus vendibiles sunt. Sicut accidit in eis qui Parisiis docent, vbi doctrina eorum vix auditur, & alibi nolunt docere vbi doctrina eorum chara haberetur. Circa tertium notandum quod lucrum bonorum operum in tres partes diuiditur. Prima pars est gloria quę ad Deum pertinet: iuxta illud Apostoli, *Soli Deo honor & gloria.* Secunda pars est exemplum bonum quod pertinet ad proximum. Vnde Matth. 5. *Sic luceat lux vestra coram hominibus, vt videant opera vestra bona, &c.* Tertia pars est vtilitas mercedis, quæ pertinet ad Deum qui opera bona facit. Deum ergo defraudat parte sua lucri, qui gloriam quærit de bonis operibus, quæ agit. Bernard. Fidelis reuera famulus es, si de multa gloria Domini tui, etsi non exeunt à te, tamen transeunt per te, nihil manibus tuis adhærere contingat. Circa quartum verò notandum, quod illi qui bona sibi commissa, proditiose sua faciunt, quùm infideliter se habeant in paucis, ipsi non constituentur super multa. Vnde Lucæ 6. *Si in alieno fideles non fuistis, quod vestrum est quis dabit vobis:* Alienum vocat bonum transitorium, nostrum verò æternum. Et ibidem: Qui fidelis est in minimo, & in maiori fidelis est. Et qui in modico iniquus est, in maiori iniquus est. Circa quintam notandum quod velut castrum nostræ bonæ fidei commissum est corpus nostrum vel anima nostra. Vulgariter dicitur, quod bonum castrum custodit qui corpus suum custodit. Sed meliùs castrum custodit qui animam suam custodit. Hoc castrum corporis diabolus sibi quærit reddi, quãdo peccata spiritualia suggerit. Castrum verò animæ sibi quærit reddi, quando peccata spiritualia suggerit, quando verò nos suggestioni eius consentimus, castrum nobis à Deo commissum, hosti eius tanquam proditores tradimus. Et valdè infideles sumus, præcipuè si non præmittamus nuntium ad dominum nostrum pro succursu, cum ipse possit nobis subuenire, & etiam velit. Non enim vult exhæredari. 1. Corinth. 10. *Fidelis est Deus qui non patietur vos tentari supra id quod potestis.* Nuntius qui ad Deum mittendus est in tentatione, est oratio. Vnde super illud Psalm. *Intret in conspectu tuo oratio mea,* dicit Gloss. Magna virtus orationis ostenditur, quæ quasi quædam persona ad Deum intrat & illuc mandatum peragit quò caro peruenire nequit. Inexcusabilis est qui priùs castrum suum reddit, quàm pro succursu miserit, vel qui non expectat succursum pro quo misit.

Lucrũ bonorũ operũ in tres partes diuiditur.

TRACTATVS VI.

TERTIÆ PARTIS PRINCIPALIS, vnum continens capitulum, est de diuisione Virtutum Cardinalium, secundum Macrobium.

VLTIMO de quatuor virtutibus Cardinalibus ponenda est diuisio, quam ponit Macrobius his verbis : Qui æstimant nullis nisi philosophantibus inesse virtutes, virtutum officia sic dispensant. Prudentiæ dicunt esse, mundum istum, & omnia quæ in mundo sunt diuinorum contemplatione despicere : omnémque animi cogitationem in sola diuina dirigere. Temperantiæ, omnia relinquere inquantum natura patitur quæ corporis vsus requirit. Fortitudinis, non terreri animam à corpore quodammodo ductu philosophiæ recedentem : nec altitudine perfecta ad superna ascensionis horrere. Iustitiæ, ad vnam sibi propositi huius consentire viam, vniuscuiusque virtutis obsequium. Atque ita sit vt secundum hoc tam rigidæ diffinitionis abruptum, rerumpublicarum rectores beati esse non possint. Sed protinus gradus virtutum sic dirigit : Quatuor, inquit, sunt quaternarum genera virtutum. Ex his primo Politicę vocantur. Secundæ purgatoriæ. Tertiæ animi iam purgati. Quartæ, exemplares, & sunt politici hominis, quia sociale animal est. His boni viri reipublicæ consulunt, vrbes tuentur, his parentes venerantur, liberos amant, proximos diligunt, his ciuium salutem gubernant, his socios circumspecta prouidentia protegunt, iusta libertate deuincunt, hiisque sui memores alios fecêre merendo. Et est politica prudentia, ad rationis normā, quæ cogitat quæque agit vniuersa dirigere, ac nihil præter rectum velle vel facere, humanisque actibus tanquam diuinis arbitris prouidere. Prudentiæ insunt; ratio, intellectus circumspectio, prouidentia, docilitas, cautio. Fortitudinis, animum supra periculi metum agere, nihilque nisi turpia timere, tolerare fortiter vel aduersa vel prospera. Fortitudo præstat magnanimitatem, fiduciam, securitatem, magnificentiam, constantiam, tolerantiam, firmitatem. Temperátiæ : nihil appetere pœnitendum, in nullo moderationis legem excedere, sub iugo rationis cupiditate domare. Temperantiam sequuntur modestia, verecundia, abstinentia, castitas, honestas, moderatio, parcitas, prudentia. Iustitiæ seruare vnicuique quod suum est. De iustitia veniunt innocentia, amicitia, concordia, pietas, religio, affectus, humanitas. Secūdæ, quas purgatorias vocant, hominis sunt qui Dei in se capax est, solum que eorum quæ animum eius expediunt qui decreuit se à corporis contagione purgare, & quadam humanorum fuga solum se inserere diuinis. Hæ sunt otiosorum qui à rerū publicarum actibus se sequestrant. Harū quid singulę velint, superius expressimus, cum de virtutibus philosophantium diceremus. Tertiæ sunt purgatiiam defæcatiq; animi; ab omni mundi huius aspergine detersi. Illic prudentiæ est diuina nō quasi in electionē præferre, sed sola nosse; & hæc, tanquam nihil aliud sit intueri; temperantiæ, terrenas cupiditates nō reprimere, sed

Ddd iij

penitus obliuifci. Fortitudinis paſsiones ignorare, non vincere, vt nefciat irafci, cupiat nihil. Iuſtitiæ itaque cum ſuperna & diuina mente fociari, vt ſeruet perpetuum cum ea fœdus imitando. Quartæ exemplares quæ in ipfa diuina mente confiſtunt, à quarum exemplo reliquæ omnes per ordinem defluunt. Nam ſi rerum aliarum, multo magis virtutum ideas eſſe in mente credendum eſt. Illic prudentia eſt mens ipſa diuina. Temperantia quæ in ſe perpetua intentione conuerſa eſt. Fortitudo quod ſemper eadem nec aliquando mutatur. Iuſtitia quod perenni lege à ſempiterna operis ſui continuatione non flectitur.

QVARTÆ PARTIS PRINCIPALIS
Tractatus de Donis.

PARS PRIMA.

De ordine dicendorum de Donis: & quare vocentur dona.

DICENDVM eſt de Donis quæ Chriſtus in ſe habuit. Eſa. 11. *Requieſcet ſuper eum Spiritus Domini ſpiritus ſapientiæ, &c.* Quæ etiam fidelibus dedit, ad Epheſ. 4. *Afcendens in altum captiuam duxit captiuitatem, dedit dona hominibus.* De donis verò hoc modo agetur. Primò oſtendetur quare dona vocentur. Secundò tangentur aliqua pertinentia ad commendationem donorum, & ad manifeſtandum numerum eorum. Tertiò, agetur per ordinem de ſingulis. Circa primum notandum, quod Deus volens oſtendere hominibus ſanctitatem Chriſti mediatoris Dei & hominum in quo ſperare debebant, iuxta illud Eccleſ. 24. *In me omnis ſpes vitæ & virtutis*, voluit oſtendere eum conceptum eſſe ex Spiritu ſancto. Matth. 1. *Inuenta eſt in vtero habens de Spiritu ſancto. In eodem. Quod enim in ea natum eſt, de Spiritu S. eſt.* Item voluit oſtendere Spiritum ſanctum in eo continuè manſurum, vnde Eſaias loquens de flore ex quo mundus ſperare debebat fructum ſalutis, ait: *Requieſcet ſuper eum Spiritus Domini.* ibi dicit gl. In Euangelio Nazaræorum quod Hebraicè ſcriptum eſt, ita habetur: Factum eſt cum aſcendiſſet Dominus de aqua, deſcendit fons omnis ſpiritus, & requieuit ſuper eum, & dixit ei: Expectabam te, fili mi, in omnibus Prophetis vt venires, & requiſcerem in te. Tu es enim requies mea, tu es filius meus primogenitus qui regnas in ſempiternum. Et Ioan. 1. *Vidit*, inquit Ioan. Bapt. *ſpiritum deſcendentem quaſi columbam de cœlo & manentem ſuper eum, & ego neſciebam: ſed qui miſit me baptizare in aqua, ille mihi dixit: Super quem videris Spiritum deſcendentem & manentem ſuper eum, hic eſt qui baptizat in Spiritu ſancto.* gloſſ. Specialiter dicitur ſpiritus manere in Chriſto, à quo nunquam per peccatum receſſit. Eſa. 61. *Spiritus Domini ſuper me.* Item gloſſ. ſuper Ioan. Spiritus ſanctus in Sanctos venit, & propter peccata recedit. Secundum aliquem effectum, deſcenſus ſpiritus ſuper Chriſtum in ſpecie columbæ, idem oſtendit quod oſtendit vox de cœlo veniens. Matth. & Luc. 3. *Hic eſt filius meus dilectus*, &c. Spiritus enim ſonat idem quod charitas, ſicut dicit gloſſ. ſuper illud

Sp. S. quo pacto in Chriſto maneat.

De Donis.

Apoc. 1. A septem spiritibus qui in conspectu throni eius sunt. Similis vox audita est in transfiguratione, Matth. 17. vbi verò Esaias ostendit Spiritum sanctū in Christo mansurum, enumerantur nobiles effectus qui à Spiritu sancto fuerunt in Christo, cum dicitur: *Requiescet super eum spiritus sapientiæ & intellectus, &c.* Illi verò effectus rectissimè dona vocantur: vel septiformis gratia Spiritus sancti. Cum enim Spiritus sanctus bonitas sit, liberalissimè se & sua communicans: ipse est primum donum, quia se gratissimè communicat. August. Magna misericordia Dei donum dat æquale sibi. Nam Sp. S. donum est. De hoc dono legitur: Act. *Baptizetur vnusquisque vestrum in nomine Iesu Christi in remissionem peccatorum vestrorum, & accipietis donum Spiritus sancti.* In ipso etiam dantur liberalissimè cetera dona: ideo effectus Spiritus sancti rectissimè dona vocantur. Nomine enim doni gratitudo vel liberalitas insinuatur. Donum enim iuxta verbum, est datio irreddibilis, quæ sc. fit sine spe retributionis. Senec. lib. 4. de Benef. Non est beneficium, quod in quæstum mittitur. Idem in eod. Si Deum imitaris, da gratis beneficia. Item rectissimè vocatur septiformis gratia. Gratia enim dicitur eo quod gratis detur. Præterea vbi enumerantur illi septem effectus Spiritus sancti qui in Christo fuerunt, agitur de filio Dei veniente ad sponsam suam. Sponsus verò ad sponsam veniens dona consueuit afferre: ideo congruè illi septem effectus dona vocantur.

Pars II.

De commendatione donorum, & numeri eorum manifestatione.

Circa secundum notandum, quod ista septem dona sunt quasi septem stellæ in dextera Christi. Apoc. 1. & 3. Stellæ dici possunt, quia noctem præsentis vitæ illuminant. Præsens vita nox dicitur, & propter aduersitates quibus plena est, & propter tenebrositatem culpæ & ignorantiæ quæ in ea abundant. In dextera verò Christi sunt hæ stellæ, quia Christus donationem horum donorum ad manum suam retinuit. Item hæc dona sunt septem lucernæ, de quibus Exod. 26. *Facies lucernas septem, & pones eas super candelabrum.* Gloss. Lucernæ septem, sunt septem dona Spiritus sancti, quæ in Christo cuncta semper manserunt, & fidelibus secundum voluntatem eius distributa sunt. Hæ super candelabrum ponuntur, quia requieuit super Christum spiritus sapientiæ, &c. Item hæc dona sunt septem lampades, de quibus Apoc. 4 & 7. *Lampades ardentes erant ante thronum quæ sunt septem spiritus Dei.* Interl. Dona Spiritus sancti quæ accendunt & illuminant parata omnibus, quæ sunt sedes Dei. Item hæc dona sunt septem oculi: Apoc. 4. *Et oculos septem, qui sunt septem spiritus Dei.* Zach. 4. *Super lapidem vnum septem oculi sunt.* Et exponit gloss. de Christo, qui est lapis angularis coniungens duos parietes in vnum, super quem lapidem sunt septem oculi. De quibus Esa. 11. *Requiescet super eum Spiritus Domini, &c.* Item hæc dona sunt septem crines qui caput Ecclesiæ, Christum scilicet, ornauerunt: quibus etiam caput sponsæ Christi, scilicet cor, debet esse ornatum. Hos crines dæmones conantur abradere. His crinibus ablatis homo debilis remanet, vt Samson. Iud. 16. Ista septem dona sunt contra septem mala, quæ enumerat Greg. super illud Iob. 1. Ventus vehemens irruit à regione deserti, &c. His verbis: Spiritus qui mentem ante omnia prudentia, temperantia, fortitudine, iustitia format, eandem contra singula tentamenta septem virtutibus instruit. Contra stultitiam, sapientia; contra hebetudinem, intellectu; contra præcipitationem, consilio; contra

Dona Sp. S. cōmendantur.

Dona septem, in remedium septē vitiorum data.

timorem, fortitudine; contra ignorantiam, scientia; contra duritiam, pietate; contra superbiam, timore. Tria istorum malorum ad effectum videntur pertinere, vnum est respectu Dei, scilicet superbia; quæ est inordinata excellentia animi. Aliud respectu proximi, scilicet durities. Tertium respectu inimici, scilicet timor vel pusillanimitas: contra superbiam est donum timoris, Greg. super Ezech. Per timorem humiles sumus, pietas est contra duritiam. Idem: Per pietatem sumus misericordes. Fortitudo est contra pusillanimitatem. Quatuor mala videntur pertinere ad intellectum, scilicet stultitia siue insipientia, quæ est quando intellectus sapore terrenorum, impeditur à gustando saporem æternorum. Secundum est hebetudo, quæ est grossities intellectus, quâ impeditur ne penetret interna mysteriorum, & ne agnoscat creatorem in creaturis. Tertium malum est ignorantia, quæ est defectus discretionis quantum ad ea quæ communiter sunt agenda. Quartum est præcipitatio quantum ad deliberationem eorum quæ sunt ardua, & quæ pertinent ad perfectionem salutis. Contra hæc quatuor mala vltima sunt donum sapientiæ, & donum intellectus, donum scientiæ; & donum consilij. Donum sapientiæ lumen est, quo agnoscuntur superiora. Scientia lumen est, quo agnoscuntur inferiora. Intellectus lumen est, quo agnoscuntur interiora: vnde à legendo intus dicitur intellectus. Donum consilij est lumen à quo cognoscuntur periculosiora. Assignentur & aliter septem mala præsentis vitæ; contra quæ sunt hæc septe dona. Primum malum est, puerilitas. Esa. 65. *Puer centum annorum morietur.* 1. ad Corinth. 14. *Nolite pueri effici sensibus.* Sap. 12. *Infantium sensatorum more viuentes.* Sen. Plerunque est cum non pueritia, sed quod grauius est puerilitas remanet. Contra hoc malum est maturitas sapientiæ. Greg. super Ezech. Per sapientiam maturi sumus. Ad maturitatem sapientiæ

pertinet puerilia despicere, & digna viri intellectu capere, & affectu desiderare. Puerilia intelligas, lac suauitatis temporalis, & bona temporalia, quæ sunt vt pyra & poma comparatione æternarum diuitiarum. Digna viris intelligas gaudia æterna. Secundum malum est brutalitas, quâ exteriora sola in rebus sensibilibus capimus illis solis hærentes & quasi foris stantes: intima verò eorum cognitione nō attingimus. Contra hoc malum est donum intellectus penetrans interiora. Gregor. super Ezech. Intellectus tollit hebetudinem. Tertium malum est, periculositas. Contra quod est donum consilij. Prou. 24. *Erit salus, vbi multa consilia.* Quartum malum est, certaminum spiritualium continuitas. Contra quod est donum fortitudinis. Mundus iste, campus est certaminis. Bern. In mundo isto quasi in stadio certaminis positi sumus. Iob. 7. *Militia est vita hominis super terram.* Quintum malum est, error circa bona & mala, & secundum qualitatem, & secundum quantitatem. Secundum qualitatem, cum creduntur bona quæ sunt mala. Es. 5. *Væ qui dicitis bonum, malum.* Secundum quantitatem, quando creduntur magna bona quæ sunt parua, & econuerso. Contra hoc malum est donum scientiæ. Scientia respicit bonum & malum: vnde nominatur lignum scientiæ boni & mali. Gen. 2. Propter hunc errorem dicitur: Sap. 14. *In magno viuentes inscitiæ bello, tot & tanta mala pacem appellant.* Sextum malum est vitæ execrabilitas: quâ scilicet vita nostra Deo non est honorifica, imo est contumeliosa. Contra quod est donum pietatis, prout dicitur pietas veneratio sanctorum: primò Dei, deinde eorum quæ ei sanctificata sunt. Septimum malum est stulta securitas, quâ nihil est periculosius homini tot malis obsesso. Prou. 28. *Qui confidit in corde suo stultus est.* Et notandum, quod minimum horum donorū præualet omni auro quod est in mundo. Minimum videtur esse donum

Donū Deio ui act nobilius.

De Donis.

donum timoris, de quo tamen legitur, Eccles. 23. *Nihil melius quàm timor Dei.* De pietate verò legitur 1. ad Timoth. 4. *Pietas ad omnia vtilis est, promissionem habens vitæ quæ nunc est futuræ.* Fortitudo verò hominem reddit insuperabilem. Prouerb. 30. *Leo fortissimus bestiarum, ad nullius pauebit occursum.* Qui habet donum fortitudinis, dicit illud: *Omnia possum in eo qui me confortat.* ad Philip. 4. Sapientia in terra manens, ad mensam cœlestem sedet. Timor vendicat infernum vbi vitia exurit. Sapientia paradisum, quæ iam æterna præguftat. Fortitudo verò & pietas vendicant sibi præsentia. Pietas aliena mala compatiendo sibi bona efficit. Fortitudo verò propria mala, patienter ea tolerando, sibi in bonum conuertit. Item fortitudo ad bona ardua hominem potentem reddit. Intellectus sapiétiam dirigit. Consilium fortitudinem, scientia pietatem. Timor verò à fide dirigetur, qui cum in Christo non fuerit, inter dona non numeratur. Non enim non enumerantur inter dona omnes gratiæ spiritus sancti, sed gratiæ excellentes quæ in Christo fuerunt.

Et notandum, quod tres illarum gratiarum indubitanter pertinent ad intellectum, scilicet donum scientiæ, consilij, & intellectus. Tres indubitanter ad effectú, scilicet donum timoris, pietatis, & fortitudinis. Donum verò sapientiæ secundum quosdam pertinet ad intellectum, secundum quosdam ad effectum. Secundum veritatem verò videtur ad vtrumq; aliquo modo pertinere. Vnde possumus dicere, quod quatuor dona pertinent ad intellectum, quatuor aliquo modo pertinent ad effectum. Quadruplex enim cognitio salubris præcellentiam habens potest esse in intellectu, duæ pertinent ad id à quo sumus, scilicet ad Deum. Deus tripliciter in præsenti cognoscitur. Primò, fide, quæ est cognitio initialis ad omnes pertinens, & innititur auctoritati. Secúdo cognoscitur intellectu, qui innititur rationi: Aug. in lib. de vtili creden. *Quod credimus,*

debemus auctoritati: *quod intelligimus,* rationi. Tertiò, cognoscitur Deus experientia: gustando scilicet eius suauitatem. Secunda & tertia cognitio de Deo præcellétiam habent respectu primæ: & ideò gratiæ excellentes sunt quæ pertinent ad eas, & enumerantur inter dona. Tertia salubris cognitio excellentiam habens, pertinet ad id quod à nobis est, quod arduum est vel periculosum: quæ præcellétiam habet respectu illius cognitionis, est circa alia quæ non sunt ardua vel periculosa. Gratia pertinens ad hanc cognitionem dicitur donum consilij. Quarta cognitio est circa res ipsas quæ propter nos sunt specialiter quantum ad bonitatem & malitiam eorum, & habet præcellentiam respectu aliarum cognitionum quæ sunt de rebus quantum ad alias rerum dispositiones. Et gratia ad hanc cognitionem pertinens dicitur donum scientiæ. Item quadruplex ordinata affectio potest esse in affectu: duæ respectu mali, & duæ respectu boni. Malum fugiendum est & fugandum. Fuga mali remoti, scilicet mali futuri, illa virtuosior est præcellentiam habens respectu fugæ mali propinqui. Malum enim propinquum facile est fugere, scilicet malum præsens. Item fuga mali quod ducit ad futurum, scilicet mali culpæ præcellentiam habet, cum malum culpæ bonum videatur, eo quod sit delectabile. Gratia ergo pertinens ad fugam mali futuri, & eius quod ducit ad illud, excellens gratia est, & vocatur donum timoris. Item fugare miseriam à proximo per compassionem, mala eius sibi assumendo, & bona sua ei communicando, gratiæ excellentis est. Fugare miseriam à seipso, non est multum virtuosum. Et gratia illa præcellens, donum pietatis dicitur. Respectu verò boni sunt duæ affectiones excellentes: vna respectu boni summi quod est finis: scil. esuries seu sitis suauitatis diuinæ. Amor illius suauitatis omnium est: omnes enim beatitudinem appetunt, sed esuries illa paucorum est. Respectu verò boni

Affectus animi quadruplex.

E e e

quod est in finem, quod arduum est, est affectio fortitudinis quę excellit respectu affectionis, quæ est ad bona quæ non sunt ardua. Vnde gratia pertinens ad illam affectionem, donum fortitudinis dicitur. Item notandum quod inter septem istas gratias, prout in Christo fuerunt, tres sunt pertinentes ad diuina, & quatuor ad humana. Ad diuina, donum intellectus quo cognoscitur Dei veritas, & donum sapientiæ quo gustatur eius suauitas, & donū timoris quo honoratur Dei sublimitas. Timor enim reuerētiæ in Christo fuit: reuerendissimè enim se habuit ad Deum homo ille, non æquans se illi secundum humanitatē, sed ei subiectissimus existens. Ad humana verò pertinent alia quatuor dona: humana enim diuiduntur in ea quæ agenda sunt communiter ab omnibus & sunt in præcepto, & ea quæ pertinent ad perfectionem salutis. Ad ea quæ communiter agenda sunt ab omnibus, pertinet donum pietatis, cui lumen ministrat donum scientiæ. Pietas enim quasi negotiatrix est & communicatrix: ideò necessarium est ei lumen scientiæ quo agnoscat ea quibus negotiatur. Circa ea quæ pertinent ad perfectionem est donum fortitudinis, cui lumen ministrat donum consilij, hominem seruans à precipitatione in talibus vbi ipsa valdè periculosa est. Item notandū, quod dono timoris sapientia inchoatur. Prou. 1. *Timor Domini, principium sapientiæ.* Dono sapientiæ consummatur, donis verò medijs proficiendo ad consummationem sapientiæ appropinquat. Item notandum quod duo dona pertinent ad contemplationem, scilicet donum intellectus, & donum sapientiæ. Dono intellectus contemplamur Deum in creaturis, dono sapientiæ in se. Alia quinque dona pertinent ad actiuam. Timore declinatur malum. Prouerb. 15. *Per timorem Domini declinat omnis à malo.* Dono pietatis & dono fortitudinis ad lumen scientiæ & consilij fiunt bona.

Dona diuina & humana quot.

Dona duo pertinent ad vitā cōtemplatiuā.

DE DONIS TIMORIS.

PARS III.

Quæ habet quatuor Capitula.

CAPVT I.

De ordine dicendorum de dono Timoris. Et de descriptionibus eiusdem.

Consequenter agendum est de singulis donis per ordinem. Et primò de his quæ pertinent ad actiua. Actiua enim prior est tēpore quàm contemplatiua. Oportet enim quod homo exerceat se priùs in actiuam, quàm ascendat ad contēplatiuam. Lia prior fuit nata quàm Rachel. Genes. 28. Et prius fuit tradēda nuptui. Vnde legitur in eodem quod Laban dixit Iacob conquerenti de hoc quod Lia ei supposita esset pro Rachele: *Non est in loco nostro consuetudinis vt minores ante tradamus ad nuptias.* Inter dona verò pertinentia ad actiuam, priùs dicetur de dono timoris, à quo nobis inchoandum est, si volumus proficere. Aug. in ser. quodam de timore Domini: Esaias dona enumerans, à sapientia peruenit ad timorem, tanquam de sublimi descendēs ad nos, vt doceret ascendere illuc. Ergo peruenit vnde debemus incipere proficiendo. De timore verò hoc modo agetur. Primò, ponentur eius descriptiones. Secundò, commendationes. Tertiò, tangetur de speciebus timoris. Quartò, de his quæ valere possunt ad incutiendum nobis timorem. Circa primum notandum quod timor est spiritualis fuga mali, ne perdat homo quod amat. Et est supta hæc descriptio de Gl. Aug. super Ioan. 10. c. vbi loquitur de mercenario: Fuga timoris, non est fuga ignauiæ, sed est fuga sapientiæ 28. *Ecce timor Domini ipse est sapientia.* Fuga timoris, fuga est cautę declinationis,

Prouerb. 14. *Sapiens timet & declinat à malo, stultus transilit & confidit.* Talis est fuga Parthorum, quæ non est ignauia, sed bellandi peritia. Fugiendo vincunt Parthi: Ideò fugientes ab his, quibus nota est eorum peritia, timentur: sic timor dum timet timetur, secundum illud Philosophi: Qui timet Deum, omnia timent eum: qui verò non timet Deum, timet omnia. Vnde Cain perpetrato homicidio fratris, caput tremulum habuit, & ait: *Omnis qui inuenerit me, occidet me.* Genes. 4. Non est turpis fuga, iacula cauere vel protegendo vel abscondendo se, vel simulatâ fugâ hostes ab vrbe longè abstrahere, sicut legitur fecisse populus Domini, Iosue 17. Item dicit August. 14. lib. de Ciuit. quod timor est amor fugiens quod ei aduersatur. Item timor est affectio futuri mali, secundum Damascenum, timor est expectatio mali, dicit enim: Expectatum malum timorem constituit, præsens verò tristitiam.

Caput II.

De commendatione Timoris.

AD commendationem Timoris diuini: Primò, valere possunt admonitiones quas Scriptura sacra facit ad timendum Deum. Leuit. 30. *Time Dominum Deum tuum.* Deut. 6. *Dominum Deum tuum timebis.* Iosue 10. *Timete Dominum, & seruite ei corde perfecto.* In Psal. *Seruite Domino in timore.* Item: *Timete Dominum omnes sancti eius.* Eccles. 2. *Fili, accedens ad seruitutem Dei, sta in iustitia & timore.* Eiusdem 2. *In tota anima tua time Deum.* Matt. 10. *Timete eum qui potest & corpus & animam mittere in gehennam ignis.* Secundò, promissiones quas Scriptura facit timentibus Deum. Tob. 4. *Multa bona habebimus si timuerimus Deum, & recesserimus à peccato, & fecerimus benè.* Eccles. 1. *Timenti Deum benè erit in extremis, & in diebus defunctionis suæ benedicetur.* In eodem: *Timenti Dominum benè erit, & in diebus consolationis suæ benedicetur.* Tertiò, quod Scriptura sacra adeò beatificat timentes Deum. Prou. 28. *Beatus homo qui semper est pauidus: qui verò mentis est duræ, corruet in malum.* Eccl. 15. *Beatus cui donatum est habere timorem Domini.* Eiusdem 33. *Timenti Deum beata est anima eius.* Pf. 111. In Psal. *Beatus vir qui timet Dominum.* Quartò, excellentia quam in Scriptura sacra ostenditur habere timor respectu cęterarum gratiarum. Ec. 25. *Timor Domini se super omnia superposuit.* Eiusd. 23. *Nihil melius quàm timor Domini.* Bernard. super Cantic. *In veritate didici nihil æquè efficax esse ad gratiam promerendam, retinendam & recuperandam, quàm si omni tempore coram Deo inueniaris non altum sapere, sed timere.* Quintò, quod timor Dei valdè placet Deo. Sicut patet his verbis Scripturæ quæ sequuntur, quæ ostendunt quod beneficus sit Deus his qui timent eum. In Psal. *Oculi Domini super metuentes eum.* Oculi, inquam, misericordiæ. Psa. 13. *Firmamentum est Dominus timentibus eum.* Psa. 24. *Dedisti hæreditatem timentibus nomen tuum Domine.* Psa. 60. *Quomodo miseretur pater filiorum, misertus est Dominus timentibus se. Voluntatem timentium se, faciet.* Pf. 102. Pf. 144. Eccl. 33. *Timenti Deum non occurrent mala, sed in tentatione Deus illum conseruabit, & liberabit eum à malo.* Act. 10. *In omni gente qui timet Deum, & operatur iustitiam, acceptus est illi.* Sextò, commendabilis est timor Domini à multiplici eius affectu. Notandum ergo quod timor Domini, malum culpæ quod in homine inuenit, expellit; scilicet peccatum, Eccl. 1. *Timor Domini expellit peccatum: nam qui sine timore est, non poterit iustificari.* Gregor. in homil. *Praua mens, si non propter timorem quæritur, ab assuetis vitiis non emendatur.* Iosue 10. *Timuimus valdè, & prouidimus animabus nostris.* Ecclesiast. 2. *Qui timent Dominum, præparabunt corda sua, & in conspectu* illius *sanctificabunt animas suas.* Timor medicamentum est, charitas sanitas. Mich. 6. *Salus erit timentibus nomen suum.* Esa. 26. *A timore tuo, Domine, concepimus, & quasi parturiuimus spiritum salutis.* Mal. 4. *Orietur vobis timentibus nomen meum sol iustitiæ.* Item timor à malo culpæ futuro custodit Hieronymus : in epistolis. Timor virtutum custos est, securitas ad lapsum facilis. Exod. 20. *Vt probaret vos venit Dominus, & vt terror illius esset in vobis, & non peccaretis. Timor Domini odit malum.* Prouerbior. 8. ideò non permittit illud in donum cordis intrare. Timor in æternum quasi expauentaculum ponit in corde hominis, & ad deterrendum vitia & dæmones. Ipse est ianitor cordis, vitia ab ingressu eius claua terribili deterrens. Claua illa infinitæ est magnitudinis, quum sit pœna æterna. Ipse gladium ex vtraque parte acutum: gladium inquam, diuinæ sententiæ ad deterrendos fures spirituales intentat. Ipse latrones in terra corporis mei habitantes crucifigit. In Psalm. *Confige timore tuo carnes meas.* Timor vigil est, & tempore pacis & tempore belli vigilans, pacem & securitatem suspectam habens. Ipse virtutes excitat ne ad similitudinem ferri in quiete consumantur rubigine, & ne securi subitò ab hostibus occidantur. *Quum virtutes dixerint, Pax & securitas, repentinus eis superueniet interitus,* 1. ad Thess. 5. Timor comprimit virtutes ne euanescant, Ecclesi. 27. *Si non in timore Domini instanter tenueris te, citò subuertetur domus tua.* Item timor à bonis transitoriis quæ solent esse occasio peccati expedit, sicut timor naufragij nauem facit exonerari. Iob. 31. *Semper enim quasi tumenoes super me fluctus timui Deum, & pondus eius ferre non potui.* Gregor. Quum fluctus tumentes desuper eminent, nulla tunc cura rerum temporalium nauigantibus, nulla carnis delectatio ad mentem reducitur. Ea quoque ex naui proijciunt pro quibus longa nauigia sumpserunt. Item ad mala præ-

sentis pœnæ hominem intrepidum reddit. Ecclesiast. 34. *Qui timet Deum, nil trepidabit.* Item cor hominis congregat & restringit. Eccles. 21. *Qui timet Deum, conuertetur ad cor suum.* Item timor, bonorum abundantiam introducit. Eccles. 13. *Qui timet Deum, faciet bona.* Eccles. 16. *Qui timet Deum, nihil negligit.* Cor est, vbi timor Domini est, sicut ager plenus cui benedixit Dominus. Genes. 17. Est etiam sicut paradisus propter amœnitatem & fertilitatem. Ecclesiast. 40. *Timor Domini si- cut paradisus benedictionis, &c. super omnem gloriam operuerunt eum,* suple benedictiones. In Psalm. *Non est inopia timentibus eum.* Eccles. 40. *In timore Domini non est memoratio.* Prouerbior. 19. *Timor Domini ad vitam, & in plenitudine commorabitur absque visitatione pessimi.* Timori custodit Dominus bona sua ad seruandum, Esa. 33. *Timor Domini ipse est thesaurus eius.* Timor Domini plenitudinem virtutum operatur. Timorem sequitur spes. Prouerb. 23. *In timore Domini esto quotidie, & habebis spem in nouissimo.* Timentibus Dominum, factæ sunt promissiones. In Psalm. *Quàm magna multitudo dulcedinis tuæ, Domine, quam abscondisti timentibus te.* Item timor Domini introducit charitatem sicut seta linum : iuxta verbum Augustini. Ecclesiast. *Timor Domini initium dilectionis eius.* Item, *Principium est sapientiæ.* Prouerb. & Eccles. 1. Bernard. super Cantic. Instructio doctos facit, affectio sapientes: aliud est multas diuitias scire, aliud possidere: nec notitia diuitem facit, sed possessio: nec cognitio sapientem, sed timor facit qui & afficit. Tu ne sapientem dixeris, quem sua scientia inflat. Item Bernardus: *Initium sapientiæ, timor Domini :* Quia tunc primò Deus animæ sapit, quum eam afficit ad timendum, non quum instruit ad sciendum. Times Dei iustitiam, times Dei potentiam, & sapit tibi Deus iustus & potens; quia timor est sapor. Porrò sapor facit sapientem, sicut scientia *scientem.* Timori sapiunt mala, prout debent sapere. Et hæc est prima species separationis spiritualis, Ecclesiast. 1. *Radix sapientiæ, timere Deum.* In eodem: *Plenitudo sapientiæ, timere Deum.* Item in eodem: *Corona sapientiæ timor Domini.* Corona facit ad ornatum capitis, & timor Dei est ornamentum sapientum. Sapientibus etiam caussa est coronæ æternæ. Item Prouerb. 19. *Timor Dei, disciplina sapientiæ.* Homines literati absque timore Dei, indisciplinati sunt; sed timor Domini hominem grauem & maturum reddit. Greg. Anchora mentis, pondus timoris. Item timor Dei hominem temparatum reddit. Prouer. 22. *Finis modestiæ timor Domini*, id est, consummatio modestiæ. Item timor Domini: hominem fortem efficit. Prouerb. 14. *In timore Domini, fiducia fortitudinis.* Hæc fiducia debilitatem hominis, in Dei fortitudinem mutat. Esaiæ 40. *Qui sperant in Domino, mutabunt fortitudinem.* Greg. In via Domini timor operatur fortitudinem, in via seculi debilitatem. Signum fortitudinis est, quod timor Dei vincula cupiditatum dirumpit. Item quod cum ardoribus habitat sempiternis. Esaiæ 33. *Quis poterit habitare de vobis cum igne deuorante? Quis habitabit de vobis cum ardoribus sempiternis?* Timor facit impleri illud Esaiæ 35. *Tunc saliet sicut ceruus claudus*, secundum illud Poëta: *Pidebus timor addidit alas.* Timor transilire facit montes & colles altitudinum terrenarum. Timor fortissimos reddit pœnitentes ad portenda onera pœnitentiæ. Timor carcerem inferni, mortem, & tormenta quæ hostis ei minatur: in gladium & ignem contra eum conuertit. Hæc sunt eius refugium, iis se tuetur contra tela inimici. In igne illo ardorem concupiscentiarum extinguit. De inferno quasi de turri fortissima tela hostium despicit: timor ad infernum confugiens, ab illo maximè fugit. Item timor hominem obedientem reddit, Ecclesiast. 2. *Qui timent Dominum,* *inquirent quæ beneplacita sunt ei.* In eodem: *Qui timent Dominum, custodient mandata illius.* Genes. 22. dictum est Abrahæ obedienti. *Nunc cognoui quod timeas Dominum.* Greg. 1. parte Moral. Deum timere est, nulla quæ facienda sunt præterire. Quomodo timor plenitudinem virtutum operetur, ostendit Bernardus ad fratres de monte Dei, loquens de ingratitudine Religiosorū: Timor Dei incipit operari omnium virtutum plenitudinem, dum per iustitiam, defert maiori; per prudentiam non credit se sibi, per temperantiam refugit discernere, per fortitudinem totum se obedientiæ subdit non discernendæ, sed adimplendæ. Item timor Domini est fons vitæ indeficiens. Prou. 14. *Timor Domini, fons vitæ vt declinet a ruina mortis.* Eiusdem 10. *Timor Domini apponet dies.* Prouerb. 19. *Timor Domini ad vitam*, supple seruandam. Item timor Domini hominem glorificat. Humiliat enim hominem, *humilem verò spiritu suscipiet gloria.* Prou. 29. Ecclesi. 1. *Timor Domini gloria & gloriatio.* Eiusdem 1. *Semen hominum honorabitur hoc quod timet Deum.* Eiusdem 25. *Gloria senum timor Domini:* Iudith vlt. *Qui timent te, Domine, apud te magni erunt per omnia.* Prou. vlt. *Mulier timens Deum, ipsa laudabitur.* Ecclesiast. 25. *Quàm magnus est, qui inuenit sapientiam & scientiam, sed non est super timentem Deum.* Item timor Dei dum vana delectatione hominem cohibet, veram delectationem Dei meretur. Ecclesi. 1. *Timor Domini lætitia, & corona exultationis.* In eodem: *Timor Domini delectabit cor, & dabit lætitiam & gaudium in longitudine dierum.* Timor Domini est sicut ventus aquilo dissipans pluuias. Prouerb. 15. Ipse nubes carnalium cogitationum & affectionum fugat, & mentem serenat, riuos concupiscentiarum restringit, reptilia vitiorum de terra corporis humani exterminat, mare mundi congelando consolidat, vt super illud ambulare quis possit: sicut fecit Petrus Matth. 14.

Vbi timor est, frigus est ardores desideriorum carnalium & secularium temperans. Timor medium fornacis Babylonicæ facit quasi ventum roris flantem. Dan. 3. Timor Dei adeo hominem meliorat, vt vnus timens Deum mille aliis præferendus videatur. Ecclesiast. 15. *Melior est vnus timens Deum, quàm mille filij impij.* Bona etiam transitoria multum meliorare videtur, modicum enim cum timore Dei præferendum esse videtur multis diuitiis sine timore Domini, Prouerb. 15. *Melius est parum cum timore Domini, quàm thesauri magni & insatiabiles.* Et vt breuiter dicamus: finis salubris doctriæ videtur esse timor Domini. Ecclef. vltim. *Finem loquendi pariter omnes audiamus. Time Deum, &c.* De timore dicitur, Esaiæ 11. quod Christum repleuerit, quùm de aliis donis tantummodo dicat quod in Christo requiescerent. Timor Dei replere debet viros sanctos. Bernardus loquens de spiritu timoris: Nec mirum, iste est qui totum sibi debeat hominem vendicare.

Item: Non est quod admittas superbiam repletus timore Domini. Viri sancti timent semper & vbique. Eccle. 18. *Homo sapiens in omnibus metuit.* Prouerb. 28. *Beatus homo qui semper est pauidus.* Quod semper sit timendum, ostendit Bernard. super Cant. dicens: Quum adest gratia, time ne non dignè opereris ex ea. Amplius time subtractâ gratiâ, quia relinquit te custodia tua. Si redierit grata multò amplius tunc timendum, ne forte contingat pati recidiuum. Recedere enim quàm incidere deterius est, iuxta illud Ioann. 5. *Ecce iam sanus factus es: noli amplius peccare, ne deterius tibi aliquid contingat.* Aliæ tres causæ timoris possunt assignari. Quarum prima tangitur in Psal. *Delicta quis intelligit?* Delictum dicitur peccatum omissionis à delinquendo. Multi verò sunt qui licet non committant peccatum mortale, nesciunt tamen vtrum omittendo mortaliter peccent. Alia causa timoris potest esse, quia multa videntur homini bona quæ Deus intelligit esse mala. Greg. Plerunque in conspectu sordet æterni iudicis quod in intentione fulget operatis. 1. ad Cor. 4. *Nihil mihi conscius sum, sed non in hoc iustificatus sum.* Tertia causa est, quia nescit homo qualis futurus sit finaliter, licet in præsenti sit bonus. Ecclef. 9. Sunt iusti atque sapientes, & opera eorum in manu Dei: & tamen nescit homo vtrum amore an odio dignus sit. Intellige finaliter.

Potest enim aliquis in momento cadere, & non adiiciet vt resurgat. Vbique timendum est, quia de quolibet statu aliqui damnantur. Oseæ 13. *Consolatio abscondita est ab oculis meis: quia ipse inter fratres diuidet.* Et loquitur de inferno. Matth. 24. *Duo in lecto, vnus assumetur, & alius relinquetur.* Lectum intelligas quietem contemplationis. Timendum est homini ex omni parte. Homo enim est sicut castrum vndique portas habens per quas capi potest. Portæ istæ sensus sunt. Est etiam homo sicut castrum obsessum vndique ab hostibus. Sapient. 14. *Creaturæ Dei in odium factæ sunt, & in tentationem animæ hominum, & in muscipulam pedibus insipientium.* Viri sancti non solum timent in malis, sed etiam in bonis. Iob 9. *Verebar omnia opera mea.* Greg. Piarum mentium est, ibi culpam agnoscere vbi culpa non est. Idem: Si placere Deo veraciter cupimus postquam peruersa subegimus, ipsa in nobis bene gesta timeamus. Greg. in 2. parte Moral. Iusti omne quod agunt metuunt, dum cautè considerant ante quem iudicem stabunt.

Caput I.

De Speciebus Timoris.

Notandum quod super illud. Prou. 1. *Timor Domini, principium sapientiæ,* distinguit Gloss. Bedæ duas species timo-

De Donis.

tis his verbis: Duo sunt timores Domini: seruilis, qui principium sapientiæ est: & amicabilis, qui perfectionem sapientiæ comitatur. Seruilis principium est sapientiæ: quia qui post errata sapere incipit: primo timore diuino corripitur ne puniatur, sed hunc perfecta charitas foras mittit. Succedit huic timor Domini permanens in seculum seculi, quem non excludit charitas, sed auget, quo timet filius ne vel in modico oculos amantissimi patris offendat. Bernard. in serm. distinguit tres species timoris, his verbis: Primus timor est, ne cruciemur in gehenna. Secundus, ne exclusi à visione Dei priuemur tam inæstimabili gloria. Tertius rapiet animam omni solicitudine timidam, ne forte deseratur à gratia. Sed nec Beda, nec beatus Bernardus ponunt species timoris nisi diuini. Vnde possunt distingui sex species timoris, vt enumerentur omnes species timoris, siue sit timor bonus, siue malus, vel neque bonus neque malus. Prima species timoris est timor naturalis, quo quilibet timet naturaliter nociuum naturæ. Hic timor non est meritorius, neque demeritorius, quia non subest libero arbitrio. Hoc timore timuit Christus naturaliter mortem. Matth. 14. *Cœpit Iesus pauere.* Secunda species est timor humanus: quum scilicet aliquis timet amplius debito corpori suo. Qui timor prohibetur Matth. 10. *Nolite timere eos qui occidunt corpus.* Et procedit ex nimio amore præsentis vitæ. Et sicut amor præsentis vitæ quandoque est veniale peccatum, vt quando est citra Deum. Quandoque vero est mortale, vt quando non est citra Deum: Ita timor humanus, est veniale peccatum, quando oritur ex amore veniali. Quandoque mortale, vt cum oritur ex amore mortali. De quo amore Ioan. 12. *Qui amat animam suam, perdet eam.* Ex timore humano negauit Petrus Christum, Matth. 26. Marc. 14. Luc. 22. Tertia est, timor mundanus, quando aliquis nimis timet rebus suis:

Iste timor fuit in Iudæis quum occiderent Christum. Ioan. 12. *Si dimittimus eum sic, omnes credent in eum, & venient Romani, & tollent locum nostrum & gentem.* Iste timor multum habet cruciatus. Aug. Diuitiæ plus excruciat adeptæ, amissionis timore: quàm concupitæ, adeptionis ardore. Quarta species est, timor seruilis. Timor seruilis est, vt ait Aug. quum propter timorem gehennæ continet se homo à peccato. Et iste timor non est cum charitate. Vnde Aug. loquens de hoc timore: Inaniter, inquit, putat victorem se esse peccati, qui timore non peccat: quia si non impletur foris negotium malæ cupiditatis, ipsa tamen mala cupiditas intus est hostis. Idem: Ipsa voluntate reus est, qui vult facere quod non licet fieri: sed ideo non facit, quia non potest impune fieri. Nam quantum in ipso est, mallet non esse iustitiam prohibentem atque punientem. Et vtique si mallet non esse iustitiam, quis dubitabit quod, si posset, eam auferret? Ac per hoc, quomodo iustus est iustitiæ talis inimicus? vt si potestas detur, præcipientem auferat; ne comminantem vel iudicantem ferat. Inimicus ergo iustitiæ est, qui præ timore non peccat. Amicus autem erit, si eius amore non peccet. Item super illud Psalmographi: *Confige timore carnes meas.* Ps. 118. Dicit gloss. Timor legis seruilis pædagogus in me præcessit, qui ad castrum duxit, sed non crucifixit carnem: quia viuit peccandi voluntas, & sequeretur opus si speraretur impunitas. Et secundum hanc glossam, non solùm vocatur timor seruilis, quando aliquis dimittit peccare timore pœnæ futuræ, sed quando dimittit peccare timore pœnæ temporalis: vt faciebant multi in veteri lege, & vt fit hodie in multis Religionibus, Rom. 8. *Non accepistis spiritum seruitutis iterum in timore, &c.* Timor seruilis est quasi vestis de sacco, cum quâ nullus ingreditur regnum cælorum, Non licebat indutum sacco ingredi aulam Assueri. Esther. 4.

Quinta species est, timor initialis, qui est cum imperfecta charitate. De quo Ioan. 4. Perfecta charitas foras mittit timorem, quoniam timor poenam habet. Gloss. Timorem illum de quo dicitur: *Initium sapientiæ timor Domini*. Quo timet quisque incipiens opera iustitiæ, ne veniat districtus iudex, & se minus castigatum damnet. Qui habet hunc timorem, timet puniri; & timet à Deo separari quem iam amat: sed timor separationis principalior est. Sexta species est, timor filialis, qui est cum perfecta charitate, qui secundum aliquem vsum suum manebit in patria. De quo in Psalm. *Timor Domini sanctus permanet in seculum seculi*. Qui habet timorem filialem, cauet offensam patris cælestis, sicut bonus filius, etiamsi sciret ex illa offensa nihil mali sibi accidere. Cum illo timore securitas est, quum assit perfecta charitas 1. Ioan. 4. *In hoc perfecta est charitas Dei nobiscum, vt fiduciam habeamus in die iudicij: quia sicut ille est, & nos sumus in hoc mundo*. Gl. Per hoc habemus fiduciam, quia imitamur perfectionem dilectionis eius in hoc mundo, amando scilicet inimicos. Vbi est perfecta charitas, deest remorsio conscientiæ, & timor æternæ poenæ. 1. Ioan. 4. *Qui timet, non est perfectus in charitate*. Gloss. super illud, Charitas foras mittit timorem. Perfecta charitas perfectam iustitiam facit: nec habet vnde timeat, sed desiderat. Dicuntur sancti maxime timere gehennam, quia maxime cauent ea quæ ad gehennam ducunt. Greg. super Iob: Mens plus illuminata, plus timet. Hieron. Prudenter timetur quid quid accidere potest. Vsus timoris filialis in patria, dicitur esse quædam resilitio à Dei altitudine in propria paruitatem. Poterit tamen videri alicui quod timor filialis in patria, sit voluntas cauendi Dei offensam, vel quædam fuga spiritualis diuinæ altitudinis, qua scilicet electi refugiunt se æquare Deo, volentes esse ei subiectissimi. Et notandum quod cum timor sit fuga mali, malum verò diuidatur in malum poenæ & malum culpæ, timor filialis fugit malum culpæ, scilicet Dei offensam: timor verò naturalis, naturaliter fugit malum poenæ; Fuga verò mali poenæ voluntaria pertinet ad alias quatuor species timoris: malum poenæ diuiditur in poenam sensus, & poenam damni: & vtraque diuiditur in temporalem poenam & æternam. Fuga poenæ sensus temporalis pertinet ad timorem humanum. Fuga verò poenæ sensus æternæ, ad timorem seruilem. Fuga damni temporalis, ad timorem mundanum. Fuga damni æterni, ad timorem initialem. Item notandum quod timor sic describi potest: Timor est spiritualis fuga rei præpotentis vel excellentis. Et intelligas rem præpotentem, quæ præpotens est secundum suspicionem vel opinionem timentis. Res verò illa, vel est bona, vel est mala. Si bona, fuga illius pertinet ad timorem reuerentiæ. Si verò malum est, aut fuga illius mali est bona aut mala. Si mala est, pertinet ad timorem humanum, vel mundanum. Ad timorem humanum, si illud malum pertinet ad ipsam personam. Ad mundanum verò si malum illius pertineat ad damna rerum. Si verò fuga illa bona est, & est sine charitate, pertinet ad timorem seruilem. Si verò est cum charitate, sed imperfecta, pertinet ad timorem initialem. Si verò est cum charitate perfecta, pertinet ad timorem filialem. Et notandum quod cum aliquod periculum homini imminet, ipse timere debet eum qui habet omnia in sua potestate. Greg. Quicquid est quod exterius sæuit, per hoc ille metuendus est qui hoc interius disponit. Psal. *Timeat Dominum omnis terra*. August. Si creaturæ sæuiant; Deum time, non illas, quia omnia sub ipso sunt. Gloss. Cupiditatem nocendi per te habes: potestatem autem nocendi si ille non dat, non habes. Ideo Deus homo stans ante hominem ait: *Non haberes in me potestatem, nisi esset datum tibi desuper*. Nec etiam ipse diabolus vel vnam ouiculá potuit tollere

De Donis.

viro sancto Iob, nisi priùs diceret: *Mitte manum tuam.* Iob 2. hoc est, da potestatem. 1. Mach. 2. *A verbis viri peccatoris ne timucritis: quia eius gloria stercus & vermis est, hodie extollitur, & cras non inuenietur.* Esa. 8. *Timorem eius*, scil. populi coniurantis contra me, *Non timeatis, neque paueatis: Dominum exercituum ipsum sanctificate, ipse pauor vester, & ipse terror vester.* Item Esa. 51. *Quis tu vt timeas ab homine mortali, & à filio hominis qui quasi foenum arescet?* Prou. 29. *Qui timet hominem, citò corruet: qui sperat in Domino, subleuabitur.* Item notandum quod Ioann. Damasc. distinguit sex species timoris, vnamquamque describens his verbis: Diuiditur timor in sex species: in segnitiem, erubescentiam, verecundiam, admirationem, stuporem, agoniam. Segnities est timor futuræ operationis. Erubescentia timor est in expectatione conuitij. Verecundia timor est in turpi facto. Admiratio est timor ex magna imaginatione. Stupor est timor ex inconsueta imaginatione. Agonia est timor per casum: scilicet per infortunium. De erubescentia, dicit Ioan. Damasc. quod est optima passio. Philosophus de iuuene quodam; Erubuit: salua res est. Senec. in epistolis: Verecundia bonum in adolescente signum est. Tullius in libr. de Offic. Sine verecundia nihil rectum esse potest, nihil honestum. Bernard. super Cant. Nescio si quicquam gratius verecundiâ in moribus hominum deprehendi queat. Verecundia omnium est ornatus ætatum: sed in tenera ætate ampliùs pulchriúsque enitescit. Quid amabilius verecundo adolescente? quàm pulchra hæc, & quàm splendida gemma morum in vltu adolescentis, quàm vera & minimè dubia, bonæ nuntia spei, bonæ indolis index est. Quid ita? turpiloquij & omnis deinceps turpitudinis fugitiuum. Soror est continentiæ. Nullum est æque manifestum signum columbinæ simplicitatis. Et ideò testis est innocentiæ. Lampas est pudicæ mentis iugiter lucens: vt nihil in ea turpe vel indecorum residere attentet quod non illicò prodat. Idem: Verecundia spiritualis gloria est conscientiæ, famæ custos, vitæ pecus, virtutis sedes, virtutum primitiæ, naturæ laus, insigne totius honesti. De erubescentia bona vel mala, require in tractatu de superbia, vbi agitur de ornatu mulierum.

Caput IV.

De his quæ possunt incutere Timorem, De attendendis circa extremum iudicium: Et varietate, acerbitate & infinitate pœnarum infernalium.

Duodecim sunt quæ possunt homini incutere timorem. Primum est, consideratio lacrymarum Christi. Verisimile est statum illum valdè periculosum esse pro quo Deus fleuit. De lacrymis Christi habetur, Luc. 19. *Videns Iesus ciuitatem, fleuit super illam.* Et Ioan. 14. *Et lacrymatus est Iesus.* Et 5. ad Hebr. *Cum clamore valido & lacrymis preces offerens exauditus est pro sua reuerentia.* Bernard. Compatitur Dei filius, & plorat: homo patitur, & ridebit. Secundum est consideratio passionis Christi. Ex consideratione remedij, periculi mei æstimo quantitatem. Filius enim occidi iubetur, vt vulneribus meis pretioso sanguinis illius balsamo medeatur. Agnosce, homo, quàm grauia sint illa vulnera pro quibus necesse est Christum Dominum vulnerari. Sic medicinæ æstimatio, & timoris & doloris est exaggeratio. Tertium est, consideratio culpabilitatis nostræ. Si enim timet aliquis, quùm scit se reum esse vnius criminis in curia alicuius terreni principis: quantum timere potest, qui tot & tantorum criminum scit se reum esse apud districtissimum iudicem? Legitur de quodam rege nobilissimo qui fuit in Græcia, qui memor malorum suorum & diuini iudicij, semper tristis erat, etiam cùm solemnitates cum principibus suis celebrabat. Qui interrogatus super hoc à quodam fratre suo, voluit ei causam suæ tristitiæ ostendere, & misit buccinatores suos ante portam eius, quod secundum consuetudinem illius regni certissimum erat signum mortis. Et cum frater regis ad regem esset adductus, & non modicum timeret, & valdè tristis esset, requisiuit rex quare non gauderet. Cui cùm frater respondisset, quomodo in statu tali gaudere posset, indicauit ei rex causam tristitiæ suæ. Si enim ille tantum timebat qui sciebat regem esse fratrem suum, & qui in nullo sciebat se esse culpabilem apud eum, quia aliqua signa offensæ regiæ audierat: meritò timere poterat qui in tot & tantis sciebat culpabilem se esse apud Dominum maiestatis. Hieronym. in epistolis. Si tanta cura pertimescitur iudicium pulueris, qui intentione cogitandum est, qua formidine præuidendum tantæ iudicium maiestatis. Quartum est consideratio humanæ infirmitatis & impatientiæ. Adeò enim sunt homines impatientes, quòd musca vna, si eos diu infestauerit, facit eos irasci quandóque vsque ad Dei blasphemiam. Et modica pœna temporalis quandóque affligit hominem vsque ad tædium vitæ: vt patet in Elia 3. Reg. 19. qui petiit animæ suæ vt moreretur. Quintum est, misericordia quam Deus exhibet hominibus in præsenti. Secundum enim magnitudinem misericordiæ in præsenti, erit magnitudo iustitiæ in futuro. Sicut enim Deus est summè misericors, ita summè iustus. Et sicut opera misericordiæ ipsius in præsenti reputantur stultitia, comparatione facta ad hominum misericordiam: Sic iustitia eius in futuro furor hominibus apparebit. Naum. 1. *Vlciscens Deus, & habens furorem.* Furor videbitur quando peccatores, pro quorum salute mori voluit, in ignem proiiciet, nec eos de cætero ab igne eruet. Sicut mulier furibunda iudicaretur, si filium suum in ignem proiiceret, & inde extrahi non permitteret. Sexto valere possunt ad timorem incutiendum opera iustitiæ, quæ legitur Deus fecisse in mundo isto: vt est vindicta quam sumpsit de Lucifero, & angelis qui ei adhæserūt, quos propter peccatum superbiæ irremediabiliter damnauit. Luc. 10. *Videbam Satanam quasi fulgur de cœlo cadentem,* 2. Pet. 2. *Si Deus Angelis peccantibus non pepercit, sed rudentibus inferni detractos in tartarum tradidit, &c.* Gloss. Rudentes sunt funes quibus nautæ vela suspendunt, vt flante aura portus tranquillitatem relinquant, seque ambiguis fluctibus credant: quibus rudentibus conuenienter immundorum spirituum conamina comparantur, qui mox vt flante superbia impulsi se aduersus creatorem erexerunt, ipsis elationis, suæ conatibus in abyssi profundum sunt rapti. Aliud opus iustitiæ est, pœna mundo inflicta pro peccato primorum parentum. Pro peccato enim gulæ totus mundus adiudicatus est morti temporali, & aliis miseriis huius exilij. Aliud opus iustitiæ fuit diluuium quo totus mundus pro peccato carnis est submersus, exceptis octo animabus. Genes. 7. Iob 26. *Quum vix paruam stillam sermonis eius audierimus, quis poterit tonitruum magnitudinis eius intueri?* Tonitruum intelligas terribilem aduentum maiestatis eius, vel sententiam dandam in extremo iudicio. Stillam sermonis, intelligas. iustitiam præsentem. Septimò, facilitas pereundi & spiritualiter & corporaliter, quæ est in mundo isto, propter quam in vmbra mortis dicimur esse. Esa. 9. *Habitantibus in regione vmbræ mortis lux orta est eis.* Luc. 1. *Visitauit nos oriens ex alto: illuminare his qui in tenebris & in vmbra mortis sedent.* Octauò, Dei omnipotentia, cui nemo potest resistere, & quam nemo potest effugere. In Psalm. *Quis nouit potestatem iræ tuæ?* Esa. 47. *Vltionem capiam & non resistet mihi homo.* Luc. 12. *Illum timete qui postquam occiderit, habet potestatem mittere in gehennam.* In Psalm. *Si ascendero in cœ-*

De Donis.

lum, tu illic es: si descendero in infernum, ades, &c. Nonò, Dei sapientia lucidè videns omnia, cui nihil prodest abscondi. 1. Reg. 16. *Deus intuetur cor.* Boëtius: Magna nobis, si dissimulare nolumus, indicta est probitatis necessitas: quum agamus coram oculis iudicis cuncta cernentis. Decimò, zelus diuinæ iustitiæ, qui ex hoc apparet quod Deus pater potius voluit vt eius vnigenitus pœnam, quam debebat humanum genus, solueret, quàm ipse eam remitteret. Rom. 8. *Qui proprio filio suo non pepercit.* Bernard. super Cantic. Qui non parcit filio, nunquid parcit figmento? nunquid parcet seruo nequam? Luc. 23. *Si in viridi ligno hæc fiunt, in arido quid fiet?* Vndecimum, extremum iudicium, circa quod multa attendenda sunt quæ valere possunt ad incussionem timoris. Primum est hoc, quod Scriptura sacra in tot locis comminationes facit pertinentes ad hoc iudicium. Deuter. 32. *Si arripuerit iudicium manus mea, reddam vltionem hostibus meis: & his qui oderunt me, retribuam: inebriabo sagittas meas sanguine, & gladius meus deuorabit carnes,* id est, carnaliter viuentes. Iob. 19. *Fugite a facie gladij, quia vltor iniquitatis, gladius est, & scitote esse iudicium.* In Psal. *Quum accepero tempus, ego iustitias iudicabo.* Esa. 13. *Vlulate quia prope est dies Domini.* In eodem: *Ecce dies Domini veniet crudelis & indignationis plenus, & iræ furorisque.* Ierem. 46. *Dies ille Domini Dei dies vltionis, vt sumat vindictam de inimicis.* Ezechiel. 1. *Prope est dies occisionis,* Ioëlis 2. *Prope est dies tenebrarum & caliginis, dies nubis & turbinis.* In eodem: *Magnus dies Domini & terribilis valdè, & quis sustinebit eum?* Amos 5. *Væ desiderantibus diem Domini.* Sophon. 1. *Vox diei Domini amara, tribulabitur ibi fortis.* In eodem: *Dies iræ, dies illa, dies tribulationis & angustiæ.* Malach. 4. *Ecce dies veniet succensa quasi caminus, & erunt omnes superbi, & omnes facientes impietatem, stipula:* In eodem: *Ecce ego mittam vobis Eliam Prophetam, antequam veniat dies Domini magnus & horribilis.* Hebr. 10. *Terribilis est expectatio iudicij, & ignis æmulatio quæ consumptura est aduersarios.* In eodem: *Horrendum est incidere in manus Dei viuentis.* Secundum est, solicitudo quàm habebant amici Dei antiquitus de hoc iudicio. Iob. 31. *Quid faciam quum surrexerit ad iudicandum Deus? & quum quæsierit, quid respondebo ei?* Eiusdem decimo quarto. *Quis mihi tribuat vt in inferno protegas me, & abscondas me donec pertranseat furor tuus?* Hieronym. Siue comedam, siue bibam, siue aliquid aliud faciam semper insonare videtur auribus meis illa terribilis tuba. *Surgite mortui, venite ad iudicium.* In Psalm. *Domine, ne in furore tuo arguas me.* Psal. 6. In Vitis Patrum dixit Abbas Amon cuidam fratri interroganti aliquem sermonem. Vade, & fac talem cognitionem tuam, qualem faciunt illi qui sunt in carcere. Isti enim interrogant homines, vbi est iudex, & quando veniet, & in ipsa expectatione pœnarum suarum plorant. Sic & monachus debet animam suam obiurgare, dicens: Væ mihi! si non cogitauero quomodo habeo astare ante tribunal Christi, & actuum meorum reddere rationem. Si sic semper meditatus fueris, poteris saluus esse. Tertiò, attendenda sunt signa terribilia præcedentia iudiciū. Quinque signa tanguntur, Luc. 21. *Erunt signa in Sole & Luna, & stellis, & in terris pressura Gentium, præ confusione sonitus maris & fluctuum.* Duo prima specificantur Ioël. 2. vbi dicitur: *Sol conuertetur in tenebras, & luna in sanguinem, antequam veniat dies Domini magnus & horribilis.* De tribus simul habetur Apoc. 6. *Vide & ecce terra motus factus est magnus, & sol factus est niger tanquam saccus cilicinus, & luna tota facta est sicut sanguis, & stellæ cœli ceciderunt super terram, sicut ficus emittit grossos suos quum à vento magno mouetur.* De eisdem similiter habetur, Matth. 24. *Sol obscurabitur & luna non*

Signa præcedentia diem iudicij quot.

dabit lumen suum, & stellæ cadent de cœlo. De quarto signo quod erit pressura in terris, legitur similiter, Matth. 24. *Erit tunc tribulatio qualis nunquam fuit ab initio mundi vsque modo, neque fiet.* Quintum signum est confusio maris: quam confusionem aliqui æstimant fore quòd mare cum fragore magno peribit, secundum illud Apocal. 21. *Et mare iam non est.* Hieron. in Annalib. libris Hebræorum, inuenit quindecim signa, quindecim dierum ante diem iudicij: sed vtrum continui futuri sint dies illi, an interpollati, non expressit. Prima die eriget se mare quadraginta cubitis super altitudinem montium, stans in loco suo quasi murus. Secundò, tantum descendet vt vix videri possit. Tertiò, marinæ belluæ apparentes suprà mare dabunt rugitus vsque ad cœlum. Quartò, ardebit mare & aqua. Quintò, herbæ & arbores dabunt rorem sanguineum. Sexto, ruent ædificia. Septimò, petræ adinuicem collidentur. Octauò, generalis fiet terræ motus. Nonò, æquabitur terra. Decimò, exibunt homines de cauernis & ibunt velut amantes & non poterunt mutuò loqui. Vndecimò, surgent ossa mortuorum, & stabunt supra sepulchra. Duodecimò, cadent stellæ. Tertiodecimò, morientur homines viuentes tunc, vt cum mortuis resurgant. Quartodecimò, ardebit cœlum & terra, scilicet superficies terræ & aëris. Quintodecimo fiet cœlum nouum & terra noua, & resurgent omnes. Et possunt assignari sex causæ quare signa iudicium præcedent. Prima, vt magnum malum futurum nuntient, Gregor. in homil. illius Euang. *Erunt signa in Sole, &c.* Quid terrores quos cernimus, nisi sequentis iræ præcones dixerim? Item in homilia illius Euangelij; Cùm audieritis prælia. Vltima tribulatio multis tribulationibus præuenitur, & per crebra mala quæ præueniunt, indicantur mala perpetua quæ subsequentur. Et subdit Gregor. Multa debent mala præcurrere, vt malum valeant sine fine nuntiare. Secunda causa est quam tangit Gregor. in eadem homil. dicens: Quia in cunctis delinquimus, in cunctis ferimur. Et subdit: Omnia quæ ad vsum vitæ accepimus, ad vsum conuertimus culpæ: sed cuncta quæ ad vsum prauitatis inflexímus, ad vsum nobis conuertuntur vltionis. Tertiam causam tangit Beda, dicens: Appropinquante suo termino, elementa quasi pauida nutant & tremunt. Quarta causa est, vt scilicet creaturæ ostendantur paratæ esse ad vlciscendum creatorem de hostibus suis. Imminente bello solet fieri armorum ostensio, & faciunt principes vt subditi eorum armati conueniant: sic fiet antequam Deus vindictam sumat de inimicis suis. Sapient. 5. *Accipiet armaturam zelus illius, & armabit creaturam ad vltionem inimicorum.* Eiusdem 16. *Creatura tibi factori deseruiens exardescet in tormentum aduersus iniustos.* Quinta causa tangitur super illud Esa. 24. *Erubescet luna, & confundetur sol.* Gloss. Cernens illos qui eius lumine fruebantur, nihil dignum Dei bonitate fecisse. Sexta est, vt sint incitamenta doloris. Chrys. Patrefamilias moriente, domus eius turbatur, familia plangit & nigris se vestimentis induit. Sic humano genere, propter quod facta sunt omnia, circa finem constituto, totus destruitur mundus. Cœli ministeria lugent, & candore deposito tenebris induuntur. Quartò, attendenda sunt insignia passionis Christi: scilicet crux, claui, lancea, quæ ante Iudicem erunt, & in carne eius videbuntur cicatrices, vt videant in quem pupugerunt. Zach. 9. & Apocal. 1. Tunc peccatoribus exprobrabitur magnum beneficium eis exhibitum, scilicet beneficium passionis Christi, & requiret Christus mortem suam ab eis tanquam pretium quod pro eis dedit, cum seipsos ei abstulerint, quos ita care emerat, & ostendetur magna ingratitudo eorum qui semel crucifixum pro eis iterum crucifixerunt. Hebr. 6. *Rursum crucifigentes in semet*

Iudiciū extremum quare signa certa præcedent.

ipsis Filium Dei. Vnde multum confundentur insignia passionis Christi videntes. Matth. 24. *Tunc apparebit signum Filÿ hominis in cœlo.* Chrysost. Non erit tunc necessitas accusationis, cùm habuerint crucem, & ipsum Christum habentem in corpore suo testimonia passionis. Quinto, attendēda est curiæ illius magnitudo coram quâ reprobi confundentur. Totus enim mundus erit congregatus ibi. Ioël. 2. *Congregabo omnes gentes, & deducam eas in vallem Iosaphat, & disceptabo cum eis.* Matth. 25. *Sedebit super sedem maiestatis suæ & congregabuntur ante eum omnes gentes,* ad Rom. 14. *Omnes stabimus ante tribunal Christi.* Canon. Iudæ: *Ecce venit Dominus in sanctis millibus facere iudicium, &c.* Sexto, Iudicis summa potestas à qua non licebit appellare: *Non est qui de manu eius possit eruere.* Iob 10. Septimo, Iudicis perspicacitas, qui in eis quæ modò videntur esse iustitiæ, iniustitiam agnoscet. In Psalm. *Cùm accepero tempus ego iustitias iudicabo.* Isid. Ad districti examen Iudicis, nec iustitia iusti secura est, nisi pietate diuina, vt & ipsa iustitia qua quisque iustus est, Deo iustifica, nec iustificetur. Iudex ille non solùm magna, sed etiam parua quæ nunc vilipenduntur in iudicium adducet. Eccles. 12. *Cuncta quæ sunt adducet Deus in iudicium.* Et super illud Iob 31. *Nonne ipse considerat vias meas, &c.* dicit gloss. Sic Deus vniuscuiusque vias considerat: sic gressus dinumerat, vt nec minutissimæ cogitationes eius iudicio, nec verba tenuissima, quæ apud nos vsu viluerunt, indiscussa remaneant. De cogitationibus dicitur Sapient. 6. *Item cogitationes vestras scrutabitur.* De verbis Matth. 12. *De omni verbo otioso quod locuti fuerint homines, reddent rationem in die iudicÿ.* Etiam de tempore quod hodie multum vilipenditur, ratio exigetur. Bern. Omne tempus tibi impensum, requiretur qualiter fuerit à te expensum. Item: Sicut capillus non perit de capite: ita nec momentum peribit de tempore. Iudex scrutabitur Ierusalem in lucernis. Soph. 1. Nec solum exiget ratione de peccatis proprijs, sed quodāmodo de alienis. Gen. 4. *Vbi est Abel frater tuus?* Ezech. 3. & 33. *Sanguinem eius de manu tua requiram.* Iudex rationem exiget etiā de bonis quæ ipse homini commisit, siue sint bona naturæ, siue fortunæ, siue gratiæ, & de malis quæ ei dimisit. Itē exiget ratione de malis operibus quæ homo commisit, & de bonis operibus quæ omisit. Octauò, Iudicis inflexibilitas: quia si beata Virgo & omnes Angeli & Sancti & Sanctæ rogareēt in iudicio pro aliquo qui tunc esset in mortali peccato, Iudex non exaudiret eos. Prou. 6. *Zelus & furor viri non parcet in die vindictæ, non acquiescet cuiusquam precibus, nec suscipiet pro redemptione dona plura.* Chrys. Tunc nec diuitiæ diuitibus prosunt, nec parētes parentibus intercedunt, nec angeli (sicut solebāt) pro hominibus faciunt verbū, quia natura iudicij non recipit misericordiam. Prou. 11. *Non proderunt diuitiæ in die vltionis.* Nonò, magnus zelus Iudicis. De quo zelo in multis locis loquitur Scriptura sacra. Dan. 7. *Thronus eius flāma ignis.* Mal. 3. *Quis stabit ad videndum eum? Ipse enim quasi ignis constans.* Sap. 5. *Accipiet armaturam zelus eius.* Es. 30. *Ardens furor eius, & grauis ad portandum.* Eiusd. 66. *Ecce Dominus in igne veniet.* Apoc. 6. *Dicent montibus & petris: Cadite super nos, & abscondite nos à facie sedentis super thronum, & ab ira Agni;* secundum Augustinum mallent reprobi omne tormentum sustinere, quàm faciem Iudicis irati videre. Decimò, causæ magnitudo: magnum enim est de quo erit illud iudicium. Ille enim qui obtinebit in illo iudicio, adiudicabitur regnum æternum. Ille verò qui cadet à causa illa, adiudicabitur morti æternæ. Matth. 25. *Ibunt hi in supplicium æternum, iusti autem in vitam æternam.* Vndecimo; terribilitas sententiæ, quæ tonitruum dicitur, Iob 26. *Quis poterit tonitruum magnitudinis eius intueri?* Greg. in Moral.

Quis eius iram toleret, cuius & ipsa non potuit mansuetudo tolerari? August. super Ioan. Qui ceciderunt ad vnam vocem Christi morituri. Ioann. 18. *Quid facient sub voce iudicaturi?* Esaiæ 30. *Labia eius impleta sunt indignatione, & lingua eius quasi ignis deuorans.* Oseæ 11. *Quasi leo rugiet.* Amos 4. *Leo rugiet, quis non timebit?* Zach. 9. *Exibit vt fulgur gladius eius.* Apoc. 1. & 19. *De ore eius gladius ex vtraque parte acutus exibat:* Gladius acutus ex vtraque parte est sententia quâ anima cum corpore damnatur. Duodecimo, sententiæ irreuocabilitas. Euolat enim emissum irreuocabile verbum iudicis. Tertiodecimo, multitudo ministrorum ad executionem sententiæ paratissimorum. Matth. 13. *In consummatione seculi, mittet Filius hominis angelos suos, & colligent de regno eius omnia scandala, & eos qui faciunt iniquitatem: & mittent eos in caminum ignis.* In eodem: *Sic erit in consummatione seculi: exibunt angeli, & separabunt malos de medio iustorum, & mittent eos in caminum ignis.* Quartodecimò, angustia reproborum. Greg. O quàm angustæ erunt vndique reprobis viæ. Superius erit iudex iratus, subtus horrendum chaos inferni, à dextris peccata accusantia, à sinistris infinita dæmonia ad supplicium trahentia, intus conscientia vrens, foris mundus ardens, miser peccator sic deprehensus quò effugiet? Latere erit impossibile, apparere intolerabile. Si quæris, quis te accusat? Dico, totus mundus: non offenso creatore totus mundus perditum habet olio. Mundus persequetur eum flamma & igne. In Psal. *Sicut ignis qui comburit syluam, & sicut flamma comburens montes: ita persequeris eos in tempestate tua.* Item: *Ignis ante ipsum præcedet, & inflammabit in circuitu inimicos eius.* Angustia reproborum ostenditur, Esa. 2. *Ingredere in petram, & abscondere in fossa humo à facie timoris Domini.* In eodem: *Introibunt in speluncas petrarum, & in voragines terræ a facie formidinis*

Psa. 82.
Psa. 99.

Domini. Apocal. 9. *In diebus illis quærent homines mortem, & non inuenient: & desiderabunt mori, & fugiet mors ab eis.* Quintodecimò, impotentia reproborum qui non poterunt resistere: sicut nec palea resistere potest igni, vel aliquis ligatus his qui eum ligauerunt. Matthæi 3. *Paleas comburet igni inextinguibili.* Eiusdem 13. *In tempore messis dicam messoribus: Colligite primum zizania, & alligate ea in fasciculos ad comburendum.* Chrys. Nec resistendi virtus, nec fugiendi facultas, nec pœnitentiæ locus, nec satisfactionis tempus. Ex angustia omnium rerum nihil remanet nisi luctus. Matth. 24. *Tunc plangent omnes tribus terræ.* Sextodecimò, defectus auxilij, quia non audebit nec angelus nec aliquis sanctus pro aliquo damnato rogare. Christus qui tantum homines dilexit quod dedit semetipsum pro eis, ridebit de damnatione eorum. Prou. 1. *Ego quoque in interitu vestro ridebo.* Sancti etiam, qui pro salute hominum morti se exposuerunt, lætabuntur; quia videbunt Dei contumeliam vindicari. In Psal. *Lætabitur iustus cùm viderit vindictam.* Nec compatientur sancti miseriæ reproborum. Vnde Gloss. super illud Luc. 16. *Inter nos & vos magnum chaos firmatum est, &c.* Iustorum animæ etsi in naturæ suæ bonitate misericordiam habent, iam tunc auctoris sui iustitiæ coniunctæ tanta rectitudine constringuntur, vt nulla ad reprobos compassione moueantur. Decimoseptimò, denudatio peccatorum. Ecclesiast. 11. *In fine hominis denudatio operum illius.* Esa. 47. *Reuelabitur ignominia tua, videbitur opprobrium tuum.* Ierem. 20. *Confundentur vehementer, quia non intellexerunt opprobrium sempiternum quod nunquam delebitur.* Naum. 3. *Reuelabo pudenda tua in facie tua, & ostendam gentibus nuditatem tuam, & regnis ignominiam tuam.* Matth. 10. *Nihil opertum quod non reueletur, &c.* 1. Corinth. 4. *Veniet Deus, qui & illuminabit abscondita tenebrarum, & manifestabit consilia cor-*

dium. Decimooctauo , aduersarij erunt multi, & fortes aduersabuntur peccatoribus, & angeli, & homines. Iob 20. *Reuelabunt cœli iniquitatem eius, & terra consurget aduersus eum.* Loquitur de impio. Aduersabuntur eis non solum dæmones, sed etiam ipsi sancti. Sapient. 5. *Tunc stabunt iusti in magna constantia aduersus eos qui se angustiauerunt & qui abstulerunt labores eorum.* Maximi aduersarij erunt peccata quæ damnandos tradent. Sap. 4. *Venient in cogitatione peccatorum timidi, & traducent eos ex aduerso iniquitates eorum.* Decimononò , certitudo reatus. Ad certitudinem istam faciet hoc; quod ipse iudex erit testis. Ipso enim vidente peccata sunt commissa. Hieronym. 29. *Ego sum iudex & testis*, dicit Dominus, Malach. 3. *Accedam ad vos in iudicio , & ero testis velox maleficis & adulteris & periuris.* Item ad certitudinem faciet quod ipsi peccatores habebunt literas propria manu scriptas in conscientiis suis quæ testificabuntur contra eos. Daniel. 7. *Iudicium sedit, & libri aperti sunt.* Libri, inquam, conscientiarum. Apocalyps. 20. *Iudicati sunt mortui ex his quæ scripta erant in libris, secundum opera eorum.* Vigesimò, virtutum cœlestium commotio. Matth. 24. *Virtutes cœlorum mouebuntur.* Chrysost. Si rex terrenus processurus contra aliquem, expeditionem mandat in populo, dignitates omnes mouentur, exercitus exercitatur, tota ciuitas feruet: quantò magis rege cœlesti exigente iudicare viuos & mortuos, angelicæ virtutes commouentur , terribiles ministri terribiliorem Dominum præcedentes? Iob. 26. *Columnæ cœli contremiscunt, & pauent ad nutum eius.* Interl. Non timore pœnali, sed admiratione. Hieron. Quid faciet virgula deserti, vbi concutitur cedrus paradisi? Ad hoc iudicium valde districtum perueniendum est in præsenti, vt rationem reddamus coram vicariis Christi. In Psal. *Beati qui custodiunt iudicium, & faciunt iustitiam in omni tempore.* Hæc com-

putatio frequenter facienda esset, & strictè frequenter propter labilitatem memoriæ. Bernard. Computatio dilata, multa faciet obliuisci. Strictè, ne minima prætereantur. Matth. 10. *Omnes capilli capitis vestri numerati sunt.* Ex hoc quod non cogitatur hoc iudicium multa mala proueniunt. In Psal. *Inquinatæ sunt viæ illius omni tempore.* Et subditur causa: *Auferuntur iudicia tua à facie eius.* Prou. 28. *Viri iniqui non cogitant iudicium: qui autem requirunt Dominum , animaduertunt omnia.* Eccles. 18. *Ante iudicium interroga teipsum.* Cogitandum esset illud iudicium cum aliquid graue pro Deo toleratur. Gregorius in homil. Illum diem , fratres charissimi, illum ante oculos ponite, & quicquid modò graue cernitur , in eius compassione vigetur. Psal. 9.

De pœnis Inferni.

D Vodecimum , valere potest ad incutiendum timorem consideratio pœnarum futurarum. Circa quas multa attendenda sunt. Primum est acerbitas earum. Grauissima enim pœna quæ in hoc mundo toleratur, minor est etiam pœnâ purgatorij. August. Miro modo, licet æternus non sit, grauis est ignis ille: exuperat enim omnem pœnam quam aliquis in hoc mundo perpessus est. Secundum est , pœnarum diuersitas , & inueniuntur in sacra Scriptura nomen pœnæ. Prima est, ignis: Secunda, vermis, de quibus, Esa. vlt. *Vermis eorum non morietur & ignis eorum non extinguetur.* Iudith. 16. *Dabit eis ignem, & vermes in carnes eorum, vt vrantur, & sentiant vsque in sempiternum.* Iob 20. *Deuorauit eum ignis qui non succenditur.* Non est necesse quod ignis ille succendatur, cum nunquam extinguatur. Eccles. 7. *Vindicta carnis impij, ignis & vermis Eiusd.* 21. *Stupa collecta synagoga peccantium, & consummatio eorum flamma ignis.* Apocal. 20. *Qui non est inuentus in libro vitæ scriptus, missus est*

Pœna inferni multiplex.

in stagnum ignis. Matth. 25. *Discedite à me maledicti in ignem æternum.* Luc. 16. *Crucior in hac flamma,* ait diues epulo. Tertia est, fœtor quasi sulphuris. In Psal. *Ignis, sulphur, & spiritus procellarum pars calicis eorum.* Esa. 30. *Flatus Domini quasi torrens sulphuris succendens eam.* Apoc. 21. *Pars illorum erit in stagno ardenti igne & sulphure.* Quarta erit frigus, Matth. 13. *Ibi erit fletus & stridor dentium.* Stridor dentium solet sequi frigus. Iob. 24. *Ad nimium calorem transient ab aquis nimium.* Quinta erit fames. Esa. 65. *Serui mei comedent, & vos esurietis*: erit ibi tanta inopia, quod nec vnam guttam aquæ habere poterunt, vt patet in diuite epulone in inferno sepulto. Luc. 16. & Iob 27. *Apprehendet eum, quasi aqua, inopia*, vbi dicit gloss. Diues in inferno, cogente inopia, vsque ad minima petenda perductus est, qui sua tenacitate vsque ad minima neganda pauperibus restrictus est. Item Greg. Guttam petiit qui micam negauit. Ibi erit tantus defectus boni, vt mors quæ in mundo isto præ cæteris timetur, ab hominibus desideretur. Apoc. 9. *Desiderabunt homines mortem, & mors fugiet ab eis.* Ibi habebit locum illud Eccl. 41. *O mors! quam bonum est iudicium.* Vtilius esset homini si tunc se interficere posset, quàm si posset interficere diabolum: quia diabolo interfecto non cessaret cruciatus eorum. Ibi erunt septem anni magnæ penuriæ obliuisci facientes abundantiam præsentis vitæ. Gen. 41. Maxima penuria quæ erit ibi, erit priuatio diuinæ visionis. Greg. in Moralib. Fames interficit, quia suam faciem illis Redemptor abscondit. Sexta pœna erit tortorum. De qua Matt. 18. *Tradidit eum tortoribus, donec redderet omne debitum.* Septima erit horror tam loci, quàm dæmonum. Iob. 10. *Ibi nullus ordo, sed sempiternus horror inhabitat.* Eiusd. 20. *Vadent, & venient super eum horribiles.* Si tantum horrorem habet homo quando videt in præsenti vnum dæmonem, quantus horror erit vbi tot horribiles apparebunt & magis horribiles, vt videtur, quàm appareant in præsenti? Si vnus de ministris carceris infernalis tantum habet horrorem, quid habebit horroris ipse carcer? Octaua pœna & nona, erunt tenebræ & vincula. De quibus Matth. 22. *Ligatis manibus eius, proiicite eum in tenebras exteriores*, secundum Greg. in Moral. ignis infernalis concremationem habet, sed lumen non habet: & non solum erit ibi pœnarum varietas, sed earum contrarietas. Greg. Horrendo modo tunc erit miseris dolor cum formidine, flamma cum obscuritate, & in eorum interitu ipsa à suis qualitatibus tormenta discordant, quia à conditoris voluntate dum viuerent discrepabant. Fit miseris mors sine morte, finis sine fine, defectus sine defectu: quia mors semper viuit, & finis semper incipit, & defectus deficere nescit. Mors perimit & extinguit, dolor cruciat & pauorem non fugat, flamma comburit, sed tenebras non discutit: quia enim cum diabolo contra suum creatorem concordarunt, creaturæ contrariæ conueniunt ad eorum pœnas. Item Greg. Sempiternus horror inhabitat: quia eius ignibus traditi, in supliciis dolorem sentiunt; & in doloris angustia pulsati, semper pauore feriuntur, vt & quod timent tolerent; & rursum, quod tolerant sine cessatione pertimescant. Tertium, attendendum circa pœnas est earum diuturnitas. Matth. 15. *Ite maledicti in ignem æternam.* Diuturnitas pœnæ multùm affliget reprobos. Satis facile est iacere in vno lecto suaui & mundo; & tamen si alicui posito in tali lecto diceretur: Iace, & quiesce, quia oportebit te ibi iacere xx. annis: ipse responderet: Potius vellem esse mortuus. Quid ergo erit de illo qui erit in igne ardenti, & sciet se mansurum ibi non tantum per xx. annos vel centum, vel mille, sed per infinita secula seculorum; In hac meditatione dicitur fuisse conuersus Falco, qui postea fuit Episcopus Tholosanus. Esaiæ 33. *Quis poterit habitare cum ardoribus*

ardoribus sempiternis? Iob 20. *Luet qui fecit omnia, nec tamen consumetur.* Gloss. Vt sine fine crucietur, viuere sine fine cōpellitur. Interl. Cuius vita mortua fuit in culpa, eius mors viuet in pœna. Augustin. 19. lib. de Ciuit. Dei: Ibi dolor permanet vt affligat, & natura perdurat vt sentiat, quia vtrumque non deficit, nec pœna deficiet. Quartum est, pœnæ vniuersalitas. Vniuersæ enim partes hominis post diem iudicij erunt in igne. Cum aliquis non posset sustinere ignem in minima parte digiti per vnam horam, quantus erit dolor quando totus homo erit in igne æternaliter? August. 13. lib. de Ciuitate Dei: Nunquam erit homini peius in morte, quàm vbi erit mors sine morte. Hier. Tanta in inferno erit vis doloris quod mens ad aliud dirigi non poterit, nisi ad id quod vis doloris impellit. Signum huius doloris est, quod Dominus toties in Euangelio dicit: *Ibi erit fletus, & stridor dentium.* Matt. 13. & 22. & 15. Si singulis diebus in quibus erunt damnati in inferno, flerent vnicam lacrymam materialem, plus exiret aquæ processu temporis ab vno damnato, quàm omnia vasa huius mundi caperent. Quod patet ex hoc quod omnia vasa huius mundi finita sunt & numero & magnitudine: infinitis verò diebus erunt reprobi in inferno. Quintum est, consolationis defectus. Bern. Quid erit cum se viderit illa miseranda conditio omni consolatione nudatam in illas tenebras exteriores excuti, & ab illa beatorum Ecclesia perpetua excommunicatione excludi? Sextum est, pœnarum infernalium inutilitas. Præsens pœna est breuis, & leuis, & fructuosa: sed futura est longa, & grauis, & infructuosa: quia si aliquis fleret in inferno tantum lacrymarum quantum est aquæ in toto mūdo, non sufficeret ad ablutionem peccati vnius mortalis. Plus virtutis haberet hîc lacryma, quam omnes illæ. August. de fide ad Petrum: In inferno etsi erit stimulus pœnitudinis, nulla erit ibi correctio voluntatis, à quibus ita culpatur iniquitas sua, vt nullatenus possit ab eis vel diligi vel desirari iustitia.

Præter prædicta notandum, quod malis dolor veniet ex diuersis causis. Primo, ex bonorum temporalium amissione. In Psal. *Quum interierit, non sumet omnia, neque descendet cum eo gloria eius.* Secundo, ex hoc quod tempus merendi transiit. Ierem. 8. *Transit æstas, finita est messis, & nos saluati non sumus.* Tertio, ex amissione æternæ gloriæ. In Psal. *Pones eos vt clibanum ignis in tempore vultus tui:* i. e. dum sancti vultum vel faciem tuam videbunt. Chrysost. Omnes gehennæ superat cruciatus, carere bonis quibus in potestate habueris perfrui. Quarto, ex praua societate. Socios enim habebūt dæmones horribiles, & homines igne infernali exustos. Esa. 13. *Vnusquisque ad proximum suū stupebit, facies combustæ vultus eorum.* Naum 2. *Facies omnes sicut nigredo ollæ.* Ioel. 2. *Omnes vultus eius redigetur in ollam.* Quinto, ex loci qualitate qui erit tenebrosus & fumosus, quod valde graue erit diuitibus qui in præsenti domos volebant habere sine fumo. Esa. 65. *Isti fumi erunt in furore meo.*

Dolor damnatorum ex diuersis causis. Psa. 11. Psa. 20.

Caput IV.

De Dono Pietatis.

Donum Pietatis ascendendo est post donum Timoris. August. in quodam sermon. de Timore: Esaias sapientiæ adiunxit intellectum, tanquam quærentibus, vnde ad sapientiam veniretur? Responderet, Ad intellectum. Vnde ad intellectum? A consilio. Vnde ad consilium? A fortitudine. Vnde ad fortitudinem? A scientia. Vnde ad scientiam? A pietate. Vnde ad pietatem? A timore. Greg. super illud Iob 1. *Ibat filij eius, &c.* videtur velle quod pietas prout est vnū de septē donis, pro misericordia sumatur. Dicit enim, Pietas opera misericordiæ docet. Et paulò post dicitur in eadem Gloss. Pietas sine scientiæ discretione quomodo misereatur, ignorat. Gloss. vero super quintum Matthæi, videtur velle quod pietas sumatur pro cultu Dei, seu pro veneratione rerum sacrarum. Dicit enim: secunda est pietas quæ conuenit mitibus, qui enim piè quærit, honorat sancta. Et idem videtur Augustinus cum Gregorio sensisse: quia secundum Augustinum: Pietas hominem iugo Dei, subiicit, tanquam animal mansuetum. Sicut timor iugum diaboli abiicit: sic pietas Deum coli vel honorari facit. Et adaptatur donum timoris humilitati sen paupertati spiritus, quæ laqueos diaboli euadit: pietas vero mansuetudini, vnde dicit Augustinus: In timore cor contritum & humiliatu sacrificatur Deo. Vnde ascenditur ad pietatem vt non resistatur voluntati eius, vt dicatur: Non quod ego volo, sed quod tu. In timore Dei, Beati pauperes spiritu. In pietate vero, Beati mansueti. Et secundum veritatem misericordia & veneratio sanctorum concomitatur se. Misericors enim Deum veneratur in paupere: immisericors verò Deum in paupere despicit Prouerb. 14. *Qui calumniatur egentem, exprobrat factori suo: honorat autem eum, qui miseretur pauperis.* Honorantur etiam angeli in pauperibus, quum pauperes honorantur propter angelos eis ad custodiam deputatos, & contemnuntur angeli in contemptu pauperum, Matth. 18. *Videte ne contemnatis vnum ex his pusillis: Dico enim vobis, quia angeli eorum in cœlis semper vident faciem Patris mei qui in cœlis est.*

Differentia à misericordia.

Et notandum, quod aliquibus videtur pietas, prout est donum, differre à misericordia in hoc, quod pietas respicit spiritualem necessitatem, misericordia verò respicit corporalem necessitatem. Occasiones verò sic distinguendæ sunt, ex eo quod dicit Gloss. super illud 1. ad Tim. 4. *Pietas ad omnia vtilis.* Omnis summa disciplinæ Christianæ consistit in pietate & misericordia. Connumerantur enim ibi misericordia & pietas tanquam diuersa. Aliquibus etiam videtur quod pietas releuando miseriam proximi procedat ex principiis fidei, misericordia verò procedat ex principiis iuris naturalis. Misericordia dat pauperi eleemosynam, quia frater noster est, naturalis eiusdem speciei nobiscum: pietas verò dat eleemosynam, quia filius Dei est, vel membrum corporis Christi: vel quia Christus reputat sibi fieri, quod fit pauperibus. De misericordia & veneratione sacrarum rerum & creatoris & creaturarum, habitum est in tractatu de Iustitia: ideo de dono pietatis breuiter hic pertransimus.

PARS V.

De Dono Scientiæ.

Scientia, prout donum est, sic videtur posse describi: Scientia est humanarum rerum cognitio, saluberrimæ fidei deseruiens. Et sumitur hæc descriptio ex verbis Augustini 14. libro de Trinit. Philosophi, inquit, disputantes de sapientia, deffinierunt eam, dicentes: Sapientia est rerum humanarum diuinarúmque scientia. Ego quoque vtrarumque cognitionem, id est, diuinarum & humanarum, & sapientiam & scientiam dici posse non nego: verùm iuxta distinctionem Apostoli 1. ad Corint. 12. *Alij datur sermo sapientiæ, alij autem sermo scientiæ.* Illa diffinitio diuidenda est, vt rerum diuinarum cognitio propriè sapientia nuncupetur, humanarum verò cognitio propriè scientiæ nomen obtineat. Nunc quicquid sciri ab homine potest in rebus humanis, vbi plurimùm superuacuæ vanitatis, & noxiæ curiositatis est, huic scientiæ tribuo: sed illud tantum quo fides saluberrima quæ ad veram beatitudinem ducit, gignitur, nutritur, roboratur, defenditur. Potest etiam sic describi: Scientia est lumen hominem dirigens in actione vel vsum temporalium. August. super 1. ad Corinth. 12. Sapientia est in contemplatione æternorum, scientia est in actione temporalium. Item August. Distat ab æternorum contemplatione actio qua bene vtimur temporalibus rebus: & illa sapientiæ, hæc scientiæ deputatur. Item August. in lib. de Trin. Hæc est, inquit, sapientiæ & scientiæ recta distinctio, vt ad sapientiam pertineat æternarum rerum cognitio intellectualis: ad scientiam verò temporalium rerum cognitio rationalis. Aliquibus tamen videtur quod scientia, prout donum est, dicatur cognitio boni & mali. Vnde secundum eos ad donum scientiæ pertinet discernere quæ sint vera bona & vera mala, & quæ sint vmbræ verorum bonorum & malorum. Item ad donum scientiæ pertinet discernere inter maiora bona & minora, & maiora mala & minora. August. in serm. de Timore & Pietate: Merebuntur scientiæ gradum, vt nouerint mala de quibus fleuerunt, scilicet mala culpæ: & in quo malo sint huius peregrinationis & mortalitatis, etiam quum felicitas secularis arridet. Item August. in lib. de doctr. Christiana, loquens de hac scientia, dicit quod facit hominem interius lamentantem, non exterius se iactantem. Eccles. 1. *Qui addit scientiam, addit & laborem.* Et super illud: *Beati qui lugent.* Matth. 5. dicit Gloss. Pij scientiæ spiritu illustrantur, vt sciant quibus malis inuoluantur.

Et notandum quod mala in quibus sumus in hoc exilio, quæ ad donum scientiæ pertinent, quædam sunt ex parte animæ, quædam ex parte corporis, quædam ex parte proximorum, quædam ex parte domorum, quædam ex parte rerum corporalium subiectarum. Ex parte animæ sumus quantum ad vim rationabilem in Ægypto tenebrarum vbi multis plagis percussa est. Quantum verò ad vim concupiscibilem, sumus quasi in Mari rubro, vbi varij fluctus concupiscentiarum sibi inuicem succedunt, vbi etiam fœtor & salsedo carnalis voluptatis est. Voluptas carnalis est velut aqua salsa, sitim prouocans, non sedans. Ioan. 3. *Qui biberit ex hac aqua, sitiet iterum.* Quantum verò ad vim irascibilem, sumus in deserto vbi serpentes igniti sunt, scilicet mortis iræ. In deserto isto aquæ dulces non inueniuntur. Et sicut filij Israel Ægyptum reliquerunt, & Mare rubrum, & desertum transierunt antequam ad terram promissionis peruenirent: sic tenebras ignorâtiæ oportet relinquere, & carnales voluptates côtemnere, & ferocitatem deponere antequam ad tranquilitatem conscientiæ pertingamus. Ex parte verò corporis in multis malis sumus. Corpus enim est velut grauis sarcina ipsi spiritui. Sap. 10. *Corpus quod corrumpitur aggrauat animam.* Item est velut domus ruinosa & perstillans. Prou. 19. *Tecta iugiter perstillantia, litigiosa mulier*, caro scilicet. Eiusd. 27. *Tecta perstillantia in die frigoris, & litigiosa mulier comparantur.* Item est vt seruus maleuolus. Eccles. 33. *Seruo maleuolo tortura & compedes.* Et est equus indomitus. Eccles. 30. *Equus indomitus euadet durus.* Et est vt falsus amicus. Eccles. 6. *Est amicus secundum tempus suum, & non permanebit in die tribulationis.* In eodem: *Est amicus qui conuertitur ad inimicitiam.* Item: *Est amicus socius mensæ, & non permanebit in die necessitatis.* Item corpus est malus consiliarius. Ecclesiast. 37. *A consiliario malo serua animam tuam.* Et est hostis domesticus. Sapiens: *Nulla pestis efficaciter est ad nocendum, quàm familiaris inimicus.* Ex parte etiam proximorum sumus in multis malis. Ipsi enim impellunt nos ad mortem. Senec. in epist. Inuitum alter alterum tradimus, quomodo autem reuocari ad salutem possunt quos nemo retinet, populus impellit. Interrogatus quidam philosophus, quid esset inimicissimum homini? Respondit: Alter homo, periculosius est homini venire inter homines, quàm inter lupos. Lupus solo ore nocet, homo verò non solo ore, nec etiam minus ore, quàm lupus nocet. Lupus nocet corpori: homo verò nocet animæ. Multi homines sunt velut serpentes igniuomi, ignem infernalem spirantes. Iacob 3. *Lingua nostra ignis est, vniuersitas iniquitatis.* Et paulò post dicitur, quod inflammat rotam natiuitatis nostræ inflammata à gehenna: id est, inflammat vitam nostram instabilem à suggestione diaboli inflammata. Quum aliquis venit inter homines, periculosum est ei & audire & audiri, Bernardus: Detrahere, vel detrahentem audire, quod horum damnabilius, non facile dixerim. Item periculosum est & videre & videri: oculi enim hominum, quasi vim fascinandi haberent, bona multorum, quoad valorem sæpe adnihilant. Ipsi etiam ad modum basilisci, solo visu multos interficiunt: illos scilicet qui sunt cupidi vanæ gloriæ & vanæ laudis. De malis in quibus sumus respectu dæmonum, require in tractatu de Patientia, cap. de Sufferentia tentationum. Ibi enim dictum est de deceptionibus & impugnationibus dæmonum. Ex parte rerum inferiorum in multis malis sumus. Laquei enim sunt nobis res illæ. Vnde verè possumus dicere quod laqueos comedimus, bibimus, & vestimus. Cibo enim & potu & vestibus multis multi à diabolo capiuntur. Sapient. 14. *Creaturæ Dei in odium factæ sunt, & in tentationem animæ hominum, & in muscipulam pedibus insipientium.*

Item ad donum scientiæ pertinet cognoscere infirmitatem peccati originalis. Cui infirmitati attestatur corruptio palati interioris, quæ facit vt mala homini sapiant & bona desipiant. Sicut enim mala dispositio palati, corporis indicat infirmitatem corporalem: sic mala dispositio palati interioris, infirmitatem spiritualem. Infirmitas originalis velut lepra est, propter quam aliquis deiicitur extra castra electorum, quasi indignus eorum consortio. Vnde qui decedunt non baptizati, non admittuntur in ignem purgatorij. Item ad donum scientiæ pertinet agnoscere varias infirmitates spirituales similes infirmitatibus corporalibus quæ in hominibus inueniuntur. In aliquibus febris spiritualis est, vt in illis qui ardore luxuriæ vexantur. Quæ febris figurata est, Ioan. 4. in febre filij reguli, qui infirmabatur Capharnaum: in villa scilicet pinguedinis. Aliqui paralysi laborant spirituali, quorum sanatio figurata est in curatione paralytici. Matth. 9. Aliqui melancholia laborant, qui semper lugubres sunt, habentes seculi tristitiam quæ morte operatur. 2. ad Cor. 7. Aliqui sunt velut phrenetici, gaudentes quando esset flendū. Aliqui spirituali hydropisi laborant, in quibus sitis cupiditatis sedari non potest: quorum figuram tenet hydropicus, quem Dominus sanauit. Luc. 14. Aliqui adeo incuruati sunt ad bona temporalia, quod cor suum ad cœlestia erigere non possunt. Quorum infirmitas figurata est in infirmitate mulieris quæ erat inclinata, nec omnino poterat sursum respicere, quam Dominus sanauit. Luc. 13. Aliqui ad modum insanorum se reges aut principes esse credunt, & mirabiliter gaudent, quia habent insignia dignitatis vel honoris: quum secundum veritatem contemptibiles sunt, & indigni etiā cibo quo vescuntur. Aliqui ad modum maniacorū trepidant vbi trepidandum non esset. Iob 15. *Sonitus terroris in auribus eius: & cum sit pax, ille semper insidias suspicatur.*

Item ad donum scientiæ pertinet discernere inter vitam veram & non veram, & inter veram mortem & non veram. Vera mors est mors gehennæ: & causa eius, scilicet peccatum. Aug. Vera mors est quam homines non timent, separatio animæ à Deo. Vera vita est coniunctio animæ cum Deo, vel per gratiam, vel per gloriam Item ad donū scientiæ pertinet agnoscere breuitatem præsentis vitæ. Iac. 4. *Quid est vita nostra? Vapor est ad modicum parens, & deinceps exterminabitur.* Iob 7. *Memento, quia ventus est vita mea.* Item ad sciētiam pertinet agnoscere amaritudinem præsentis vitæ. Iob. 14. *Homo natus de muliere breui viuens tempore repletur multis miseriis.* Eccles. 30. *Melior est mors, quàm vita amara.* Item pericula huius vitæ. Iob. 7. *Militia est vita hominis super terram.* Alia litera habet, tentatio. Scientiæ etiam attribuitur abstinere à malis, & liberali à malis. Iob. 16. secundum aliam literam. Abstinere à malis est scientia. Prou. 11. *Iusti autem liberabuntur scientia.* Item ad donum scientiæ pertinet discretio maiorum bonorum & minorum; discretio multis deest, qui habentes zelum Dei non secundum scientiam, minima bona magno amore amplectuntur, maxima negligentes. Donum scientiæ ostendit spiritualem compassionem præferendam esse corporali, & prius occurrendum molestiis & damnis spiritualibus, quàm corporalibus; prius pascendas esse animas & vestiendas, quàm corpora: & prius ædificandum templum Dei viuum lapidibus viuis, quàm templū forinsecum de lapidibus non viuis; & amplius studendum esse decori templi spiritualis quàm materialis. Minima autem bona non esse negligenda. Matth. 23. *Hæc oportuit facere, & illa non omittere.* Item ad donum scientiæ pertinet agnoscere deceptiones quas bona præsentia faciunt amatoribus suis. Credunt enim veram suauitatem esse in eis, cum econtrario eos pungant. Vnde Dominus vocat eas spinas. Matth. 23. Item credunt veram abundantiam seu sufficientiam esse ex eis, cum econtrario eos potius exinaniant. Luc. 1. *Diuites dimisit inanes.* Item credunt honorem & gloriam ex eis habere, cum econtrario eos in seruitutem vilem redigant. Vnde in Psalm. vocantur viri diuitiarum, qui nihil inuenerunt in manibus suis. Vnde sequitur, *Imagines eorum ad nihilum rediges.* De distinctione scientiæ à fide, prudentia, consilio, & intellectu require in tractatu, de Fide, c. de commēdatione fidei. Item in tractatu de prudentia, vbi agitur de speciebus prudentiæ.

Pars VI.

De dono Fortitudinis.

Post donum scientiæ tangendum est de dono fortitudinis, vnde Augustin. postquam locutus est de scientia quæ facit homines lugentes, subdit: Inde assurgunt ad fortitudinem, vt mundus eis crucifigatur & ipsi mundo. Gal. 6. & toleretur fames sitisque iustitiæ. Postquam aliquis abiicit iugum diaboli per timorē humiliantem, & mansuete portat suaue iugum Christi per pietatem; & agnoscens mala huius exilij, luctum gaudio præelegit, ipse est crucifixus siue mortuus mundo, & mundus mortuus ei. Ipse nec bona mundi concupiscit, nec mala pertimescit. Iustitia viuere vult, eam esurit & sitit, & ad eam fortis est. De fortitudine dicit gloss. Greg. super illud Iob 1. *Faciebant conuiuia per domos, &c.* Fortitudo in die suo pascit, dum confidentiam contra aduersa trepidanti dat. Idem in ead. Gloss. Vile est consilium sine fortitudine, quia quod tractando inuenit, sine viribus ad actum non perducit. Item super illud Iob 1. *Consurgensque diluculo offerebat, &c.* dicit gloss. Offert per singulos, dum pro vnaquaque virtute Deo preces immolat, ne sapientia eleuet, ne intellectus erret, ne consilium dum se multiplicat confundat, ne fortitudo per fidûciam præcipitet, ne scientia inflet, ne pietas extra rectum vertat, ne timor plus iusto trepidans desperet. Dicunt aliqui fortitudinem prout donum est, in hoc differre à fortitudine cardinali virtute, quod fortitudo virtus cardinalis est circa arduum naturæ simpliciter. Fortitudo verò donum est circa arduum naturæ etiam adiutæ à gratia: vt est, relinquere omnia, & similia, quæ propter sui difficultatem vel arduitatem non sunt in præcepto. De fortitudine, require in tractatu de virtutibus cardinalibus.

Pars VII.
De Donis Consilij.

Post donum fortitudinis, dicendum est de dono consilij. Vnde August. postquàm locutus est de fortitudine, subdit: Veruntamen si qua delicta minutatim furtímque subrepunt, deesse consilium non debet: Neque enim tantum potest fortitudinis gradus, vt qui cum astutissimo aduersario continua certatione configit, non aliquando feriatur, maxime per tentationes linguæ. Quod est ergo consilium, nisi: *Dimittite, & dimittetur vobis?* Luc. 6. Et ideo quinta beatitudo est: *Beati misericordes.* Idem in lib. de fide ad Petrum. Firmissimè tene, etiam iustos & sanctos homines, exceptis illis qui paruuli baptizati sunt, sine peccato hîc neminem viuere posse: semperque omni homini esse necessarium, & peccata sua vsque in finem vitæ præsentis eleemosynis diluere, & remissionem à Deo humiliter,& veraciter postulare. De dono consilij dicit Greg. super 1. Iob. Consilium in die suo pascit, dum ratione animum implet, prohibens esse præcipitem. Idem in eadem gloss. Fortitudo quæ plus potest sine moderamine rationis, præceps ruit: vt patet in eo qui vouet quod post præ difficultate non implet. Prou. 20. *Ruina est homini deuotare sanctos: & post, vota retractare.*

Cõsilij nomen dupliciter sumitur. Et notandum, quod nomen consilij quandoque largè, quandoque strictè sumitur. Prout largè sumitur consilium, est examinata seu excogitata ratio alicuius faciendi vel non faciendi. Rationem hîc intelligas opus rationis, scilicet responsionem rationabilem certificancem eum qui petit consilium. Strictè verò sumptum dicitur consilium, Dei voluntas ad quam non constringimur imperio propter eius arduitatem vel difficultatem, sed est in potestate nostra vt impleamus illud, vel non impleamus. Bern. ad fratres de monte Dei: Non est vestrum languere circa communia præcepta, nec attendere quid Deus præcipiat, sed quid velit, probantes quæ sit Dei voluntas, bene placens & perfecta. De hoc consilio intelligitur verbum August. dicentis: Si consilio vti volueris, minus boni adipisceris, non mali aliquid perpetrabis. Consilium sic sumptum illuminatio diuina est. Sen. in epist. Bonus vir sine Deo nemo est. Non potest aliquis supra fortunam, nisi ab illo adiutus exurgere. Ille dat magnifica consilia & recta. Talia fuerunt quæ attulit in mundum istum sapientia Dei patris. Esai. 9. *Vocabitur nomen eius, admirabilis, consiliarius.* Ista sunt consilia pacis quæ attulit rex pacificus. De quibus Prou. 12. *Qui ineunt pacis consilia sequitur eos gaudium.* Vnde consilium pacis est abrenuntiatio diuitiarum. Sen. Quietissimè viuerent homines, si hæc duo verba tollerentur, meum & tuum. Hoc consilium habetur, Matth. 19. *Si vis perfectus esse, vade, & vende omnia quæ habes, &c.* Aliud consilium pacis est de continentia. De quo consilio. Matth. 19. discipulis dicentibus: *Si ita est causa hominis cum vxore, non expedit nubere.* Dicit Christus: *Non omnes capiunt verbum istud, sed quibus datum est.* Et subdit: *Qui potest capere, capiat.* Qui intendit deliciis carnis, non habet pacem: cum caro sit mulier litigiosa. Prou. 19. & 27. Aliud consilium pacis, est consilium de patientia. Sine patientia non habetur vera pax, patientia cedendo persecutori pacem sibi seruat. Sicut dicitur vulgariter: Non qui percutit, sed qui repercutit bellum facit. Non potest esse bellum si vnus iniuriam ab alio sibi illatam patienter portat. Aliud consilium pacis, est consilium de humilitate. Humilitas est virtus Christi in qua pax fit. In Psalm. *Fiat pax in virtute tua.* Humilitas cum his qui oderunt pacem, est pacifica: scilicet cum superbis. Ipsa nulli molesta est, nullum comprimit vel angustat. Ipsa est velut

De Donis.

quoddam inane & vacuum spirituale. Vbi sine contradictione superbus se dilatat. Ipsa timori alieno non obsistit: sed sicut opera concaua intra concauitatem suam corpora tumida recipiunt: sic humilitas molestiam superbo illatam infra sinum profunditatis suæ recipit.

Et notandum quod consilium Christi à multis despicitur. Luc. 7. Pharisæi & legisperiti consilium Dei spreuerunt in semetipsis. In Psalm. *Non sustinuerunt consilium*. Item notandum, quod consilium sicut & prudentia de faciendis est. Et est consilium de his quæ sunt ad finem. Damascenus: Ad finem est quod consiliabile est. De differentia vero consilij & prudentiæ require in tractatu de prudentia, vbi agitur de speciebus prudentiæ: Item notandum quod consilium quatuor attendit: expediens, facile, certum tutum: & contraria his scilicet damnosum, difficile, incertum & periculosum: qui consilium dat aliis paribus, expediens debet præponere damnoso, facile dificili, certum incerto, tutum periculoso. Item notandum quod quidam dicunt ad donum consilij pertinere an sit operandum: ad prudentiam vero, qualiter sit operandum. Item notandum quod in quibusdam inuenitur aliquid simile dono consilij per experientiam multam. Ecclesiast. 34. *Vir in multis expertus, cogitabit multa*. Item: *Qui non est expertus, pauca recognoscit*. Sed illa experientia non est vere donum consilij. Consilium enim lumen est cæleste, excellentius quàm lumen prudentiæ, cum ipsam prudentiam rectificet. Per Donum enim consilij declinat prudentia, ne eam pœniteat Eccles.32. *Fili, sine consilio nihil facias, & post factum non pœnitebis*. Item notandum quod circa consiliú sunt quinque commendabilia. Primum est, gratia consilium requirendi, quæ est in eo qui non est preceps ad operandum. Prou. 19. Qui festinus est pedibus, offendet. Secundum est gratia consiliarium eligendi. Tertium, gratia dandi consilium. Quartum: gratia examinandi consilium. Quintum est, gratia acquiescendi consilio. De primo legitur, Tob. 4. *Consilium semper à sapiente require*. Prou. 11. *Vbi non est gubernator, corruit populus: salus autem vbi multa consilia*. Simile eiusdem 24. *Erit salus vbi multa consilia sunt*. Eiusdem 13. *Astutus omnia agit cum consilio: qui autem fatuus est, aperiet stultitiam*. Item 15. *Dissipantur cogitationes vbi non est consilium: vbi vero plures consiliarij confirmantur*. Eiusdem 20. *Cogitationes consiliis roborantur, & gubernaculis tractanda sunt bella*. Cogitationes hic intelligas proposita quæ concipiuntur, quæ consiliis perficiuntur. Tullius in Rhetor. Parua foris sunt arma, nisi sit consilium doni. 1. Machap. 5. *In illa die ceciderunt sacerdotes in bello, dum volunt fortiter facere, dum sine consilio exeunt in prælium*. Eccles. 30. *Fili sine consilio nihil facias, &c*. Eiusd. 37. *Ante omnem actum præcedat consilium stabile*. Prou. 4. *Palpebræ tuæ præcedant gressus tuos*. Ad eligendum consiliarium monemur. Eccles. 6. *Multi pacifici sint tibi, & consiliarius sit tibi vnus de mille*. Pro consiliario ante omnes eligēdus est Deus. Tob. 4. *Omnia consilia tua in ipso permaneant*. Iacob. 1. *Si quis sapientia indiget, postulet à Deo*. Eccles. 39. *In oratione confitebitur Domino, & ipse diriget consilium* Eiusdem 37. *In omnibus his deprecare Altissimum, vt dirigat in veritate viam tuam*. Deinde recurrendum est pro consilio ad viros bonos. Eccles.37. *Cor boni consilij statue tecum*. Et subditur: *Anima viri sancti annuntiat aliquando vera, quàm septem circunspectores sedentes in excelso ad speculandum*. Matth 11. *Abscondisti hæc à sapientibus & prudentibus, & reuelasti ea paruulis* Esa. 19. *Sapientes consiliarii Pharaonis dederunt consilium insipiens*. Eccles. 37. *A consiliario malo serua animam tuam*. Prou. 12. *Consilia impiorum fraudulenta. Sed facienti consilium nequissimum, super eum deuoluetur*. Eccles. 27. Eiusdem 8. *Cum fatuis non habeas consilium:*

non enim poterunt diligere, nisi ea quæ eis placent. Iob. 31. *Consilium impiorum longe sit à me.* Gen. 49. *In consilium eorum non veniat anima mea.* In Psal. *Beatus vir qui non abiit in consilio impiorum.* Eccles. 8. *Coram extraneo ne facias consilium: nescis enim quid pariet.* Non est etiam habendum consilium cum homine de negotio quod eum tangit, vel de eo quod nimis odit, vel nimis diligit, ne vel fallatur, vel fallere velit. De hac materia habetur Eccl. 37. *Noli,* inquit, *consiliari cum socero tuo, vel cum patre vxoris tuæ.* Ad literam, de aliquo quod videtur esse contra vxorem: vel cum amicis carnalibus, de his quæ sunt contra carnem, Ierem. 19. *Vnusquisque à proximo suo se custodiat, & in omni fratre suo non habeat fiduciam,* Michææ 7. *Noli credere amico & noli confidere in duce. Ab ea quæ dormit in sinu tuo, custodi claustra oris tui.* Bern. *Amicos consulat quæ non legit, quod inimici hominis domestici eius.* Gen. 31. *Iacob ignorante Laban socero suo, cum filiis & vxoribus atque pecoribus suis recessit de Mesopotamia in terram Chanaan.* Legitur etiam Iudic. 19. quod Leuita quidam qui credidit socero tuo, vt cum eo tribus diebus maneret, in via amisit vxorem suam à Gabaonitis oppressam, vnde postea strages populi magna secuta est: Eccles. 37. *A zelantibus te abscondi consilium.* Zelantes intelligas, vel inuidentes, vel nimis amantes. Item non est consilium quærendum à iuuenibus. Roboam regnum pro magna parte amisit consilio iuuenum acquiescēs, consilio senum relicto. Eccl. 25. *Quàm speciosa veteranis sapientia & gloriosus intellectus, & consilium.* Gratia etiam dandi consilium commendabilis est. 1. Mach. 2. *Ecce Simon frater vester, scio quia vir consilij est, ipsum audite semper.* Præcipue commendabilis est gratia in his qui habēt alios regere, Eccl. 25. *Quàm speciosum canitici iudicium, & presbyteris cognoscere consilium.* Gratia etiam examinandi consilium commendabilis est. Senec. Prudentis proprium est examinare consilia multo-

rum, & non cito facili credulitate ad falsa prolabi. Item commendabilis est etiam gratia acquiescendi consilio. Prou. 12. *Via stulti recta in oculis eius: qui autē sapiens est, audit consilium.* Eiusd. 13. *Qui agunt omnia cum consilio, reguntur sapientia.* Moyses acquieuit consilio Iethro, licet minor esset. Exod. 18. *Non sic ille adolescens, qui audito verbo Domini: Si vis perfectus esse, &c. abiit tristis. Erat enim habens multas possessiones.* Matth. 19.

Pars VIII.

De præeminentia vitæ contemplatiuæ respectu actiuæ.

Dicto de donis pertinētibus ad vitam actiuam, dicendum est de donis pertinentibus ad vitam contemplatiuam. In hac vero parte, primo tāgetur de præeminentia vitæ contemplatiuæ ad actiuam. Secundo, distinguetur contemplatio à meditatione seu consideratione simplici & cogitatione: & tangetur de speciebus considerationis & contemplationis. Tertiò, agetur de dono intellectus. Quarto de dono sapientiæ. Circa primum notandum quod duodecim sunt in quibus vita contemplatiua præeminentiam videtur habere respectu actiuæ. Primum est, quod contemplatiua meliori intendit, Deo scilicet, cùm actiua intendit proximo. Contemplatiua dicit: *Mihi adhærere Deo bonum est,* Luc. 10. *Vnum est necessarium,* gloss. Bedæ, scilicet Deo iugiter inhærere. In Ps. *Vnam petij à Domino, hanc requiram.* Isidor. in li. differentiarum: Inter actiuam & contemplatiuam vitam hæc distantia est: Actiua vita est, quæ in operib. iustitiæ & proximi vtilitate versatur. Contemplatiua autem, quæ vacans ab omni negotio, in sola Dei dilectione defigitur. Vna in opere bonæ conuersationis, altera in contemplatione immutabilis est veritatis. Idem in l. de Summo bono: Actiua vita mundanis rebus bene vtitur. Contemplatiua vero mundo renuntians, soli Deo viuere delectatur. Secundum est, quod contemplatiua clarius ua clarius videt. Vnde Gen. 29. dicitur de Lia, quod lippis erat oculis. Gregor. Mens quæ contemplando otia appetit, plus videt, sed pauciores filios Deo generat: qui verò ad laborem prædicationis se dirigit, minus videt & amplius parit. Tertium est, munditia seu pulchritudo. Vnde Gen. 29. dicitur de Rachele, quod decora erat facie & venusto aspectu. Proue. 3. Dicitur de sapientia: *Viæ eius, viæ pulchræ.* Cant. 5. *Laui pedes meos,* dicit sponsa: *quomodo inquinabo eos?* Quartum est, securitas. Secura est vita contemplatiua respectu actiuæ: Prouer. 1. *Frustra iacitur rete ante oculos pennatorum.* Glo. Facile euadit laqueos in terris, qui oculos habet in cœlis. Prou. 3. *Omnes semitæ eius pacificæ.* Quintum est, quies: quieta est vita contemplatiua. Vnde Luc. 10. dicitur de Maria quod *sedens secus pedes Domini audiebat verbum illius.* Glos. Maria sedet, quia contemplatiua pacatis vitiorum tumultibus, optata iam in Christo mentis quiete fruitur. Martha stat, quia laborioso actiua desudat in certamine. De Martha ibidem dicitur, *Martha, Martha, solicita es, &c.* Et Ioan. 11. dicitur quod Maria domi sedebat. Hæc tria, scilicet pulchritudo, securitas, quies, tanguntur Esa. 31. *Sedebit populus meus in pulchritudine pacis, & in tabernaculis fiduciæ, & in requie opulenta.* De securitate tangitur Deut. 33. *Amantissimus Domini habitabit confidenter.* Amantissimus Domini est vir contemplatiuus. Sextum est, iocunditas. Iocundior est contemplatiua quàm actiua. Vnde super illud Luc. 10. *Maria sedens secus pedes Domini, &c.* dicit glo. Intenta erat Maria quomodo pasceret Dominum. Hæc conuiuium parat Domino: in conuiuio Domini illa iam iocundatur. Greg. in Moral. Contemplatiua vita merito maior est, quam actiua: quia hæc in vsu præsentis operis laborat: illa verò sapore intimo venturam iam requiem degustat. Septimum est contemplatiuæ permanentia. De qua Luc. 10. *Maria optimam partem elegit, quæ non auferetur ab ea.* Glos. Contemplatiua hîc incipit, & in cælesti patria perficietur: quia amoris ignis qui hîc ardere inclinat, quùm ipsum quem amat viderit, in amore amplius ignescit. Et subditur: Actiua cum corpore deficit: quia in æterna vita panem non porriget esurienti: quia nemo esuriet, nec cetera opera pietatis aget, quia non erunt necessaria. Octauum est, deuotio. Vnde Maria Christum vngit Matth. 26. Marc. 13. Luc. 7. Ioan. 12. Nonum est, Dei familiaritas. Contemplatiua Deo familiarior est. Vnde figuratur per Ioannem Euangelistam, sicut tangit gloss. super illud Ioann. vlt. Conuersus Petrus vidit discipulum quem diligebat Iesus. Et sequitur in gloss. Hanc planè Christus diligit, & seruat in æternum. Loquitur de contemplatiua. Decimum est, pretiositas. Contemplatiua pretiosior videtur esse quàm actiua, eo quod sit rarior. Isid. in lib. de sum. bono: Actiua communis multorum est, contemplatiua verò paucorum. Hoc figuratum est Genes. 6. vbi dicitur de arca: *In cubito consummabis summitatem eius.* Inferius tamen erat valde lata. Vnde ibidem dicitur: *Trecentorum cubitorum erit longitudo arcæ, quinquaginta cubitorum latitudo.* Quod exposuit Gregor. dicens: Videmus multos in Ecclesia superbire & lasciuire, & terrenis rebus inhiare, irasci, rixari, & proximum lædere: sed quia ecclesia tolerat eos vt conuertantur, quasi in arcæ latitudine bestiæ fuisse dicuntur. Videmus alios aliena non rapere, illatam iniuriam æquanimiter portare, rebus proprijs contentos esse, humiliter viuere: sed quia iam pauci sunt, angustatur arca. Alios videmus etiam possessa relinquere, nullum terrenis rebus studium dare, inimicos diligere, carnem domare, omnes motus ratione promere, per cæleste desiderium contemplationis pennâ subleuari: sed quia valde rari sunt, iam arca iuxta cubitum ducitur, vbi homines & volatilia continentur. Vndecimum est, quod

Hhh

vita contemplatiua vitæ cælesti similior est. Vnde eadem opera ad contemplatiuam videntur pertinere, quæ assignat Augustin. beatæ vitæ, vltimæ lib. de Ciuitat. Dei, dic. Ibi vacabimus & videbimus, videbimus & amabimus, amabimus & laudabimus. In Psalm. *Vacate & videte, quoniam ego sum Deus.* Duodecimum est, quod vita contemplatiua finis videtur esse actiuæ. Finis vero melior est his quæ sunt ad finem. Per actiuam transitur ad contēplatiuam. Isidor. in lib. de summo bono: Qui prius in hac vita proficit, bene contemplationem conscendit. Gregor. Qui ad arcem contemplationis ascendere desiderat, prius necesse est vt in campo actionis se exerceat, Genesis vigesimo nono. Lia prius introducta est ad Iacob : licet Iacob aliter speraret. Et cum ipse de hoc conquereretur, responsum est ei : *Non est in loco nostro consuetudinis vt minores ante tradamus ad nuptias.*

Psal. 35.

PARS IX.

De distinctione contemplationis à simplici consideratione, seu meditatione & cogitatione, & de speciebus considerationis & contemplationis.

Consideratio & cōtemplatio quomodo diuidantur.

COnsequenter distinguenda est contemplatio à simplici consideratione seu meditatione. Et tangendum est de speciebus considerationis & contemplationis Notandum ergo quod Bernard. 2. lib. de considerat. distinguit inter contemplationem & considerationem, iis verbis : Considerationem, non id per omnia quod contemplationem intelligi volo ; quòd contemplatio ad rerum certitudinem, consideratio ad inquisitionem magis se habeat. Iuxta quem sensum potest contemplatio diffiniri, verus certusque intuitus animi de quacunque re, siue apprehensio veri non dubia. Consideratio autem intenta ad vestigandum cogitatio, vel intentio animi vestigantis verum, quanquam soleant indifferenter pro inuicem vsurpari. Deinde diuidit ea quæ consideranda sunt iis verbis : Quatuor tibi cōsideranda reor: Te, quæ sub te, quæ circa te, quæ supra te sunt. In quinto vero libro de Consideratione, dicit considerationem peregrinari, quum ab his quæ supra sunt, ad inferiora deflectitur. Velim, inquit, hoc solerter aduertas, vir sagacissime Eugeni: quia toties peregrinatur consideratio tua, quoties ab illis reb. ad ista deflectitur inferiora & visibilia, siue intuenda ad notitiam, siue appetenda ad vsum, siue pro officio disponenda vel actitanda. Si tamen ita versatur in iis vt per hæc illa requirat, non procul resultat : sic considerare repatriare est. Sublimior iste præsentium ac dignior vsus rerum, iuxta sapientiam Pauli : Inuisibilia Dei per ea quæ facta sunt, intellecta conspiciuntur. Sane hac scala ciues non indigent, sed exules. Quid opus scalis teneri iam solium? creatura cæli illa est præsto habens per quod potius ista intueatur. Videt verbum, & in verbo facta verbum: nec opus habet ex iis quæ facta sunt factoris notitiam mendicare. Neque enim vt ipsa nouerit, ad ipsa descendit quæ ibi illa videt, vbi longe melius sunt quàm in seipsis. Deinde in eodem libro distinguit diuersas species considerationis, his verbis : Magnus ille, qui vsum sensuum, veluti quasdam ciuium opes, expendere satagit; dispensando in suam & multorum salutem. Nec ille minor, qui hunc sibi gradum ad illa inuisibilia philosophando constituit: nisi quod hoc dulcius, illud vtilius: hoc facilius, illud fortius esse constat. At omnium maximus qui spreto ipso vsu rerum & sensuum, quantum quidem humanæ fragilitati fas est, non assensorijs gradibus, sed inopinatis excessibus, auolare interdum contemplando, ad illa sublimia consueuit. Ad hoc vltimum genus illos pertinere reor excessus Pauli: Excessus non ascensus; nam raptum potius fuisse quàm ascedisse ipse se perhibet. Et subdit Bernardus: Vis tibi has considerationis species propriis distingui nominibus? Dicamus si placet. Primam dispensatiuam, secundam æstimatiuam, tertiam speculatiuam. Dispensatiua est consideratio sensibus sensibilibusque rebus ordinare & socialiter vtens ad promerendum Deum. Æstimatiua est consideratio prudenter quæque scrutans ac ponderans ad inuestigandum Deum. Speculatiua est consideratio, se in se colligens & quantum diuinitus adiuuatur, rebus humanis eximens, ad contemplandum Deum rapitur. Quod prima optat, secunda adorat, tertia gustat. Ad quem tamen gustum perducunt & cæteræ, etsi tardius, nisi quod prima laboriosius, secunda quietius peruenit. Dixisti, inquit, satis qua via ascendatur: etiam quo ascendendum dicere habes. Falleris si illud speras: ineffabile est. Tu me existimas loqui quod oculus non vidit, nec auris audiuit &c. *Nobis*, inquit, *reuelauit Deus per Spiritum suum*, 1. Corinth. 2. Ergo quæ supra sunt, non verbo docentur, sed spiritu reuelantur. Verum quod sermo non explicat, consideratio quærat, oratio expetat, mereatur vita, puritas assequatur. Sane eorum admonitus quæ supra sunt, non te existimes mitti à me suscipere solem, lunam, stellas &c. Ista siquidem omnia, etsi supra loco, pretio infra sunt & dignitate naturæ. Sunt enim corpora cui portio spiritus est, Angeli, Sancti, & Deus supra te sunt, Deus naturâ, angeli gratia. Idem in eodem distinguit quatuor species contemplationis respectu Dei, his verbis: Prima & maxima contemplatio est, admiratio maiestatis. Hæc requirit cor purgatum, & à vitiis liberum atque exoneratum peccatis, vt facile ad superna leuet: interdum quoque per aliquas morulas stupore & extasi suspensum teneat admirantem. Secunda autem necessaria est huic. Est enim intuens iudicia Dei: quo sane pauido aspectu Deum vehementius concutit intuentem, fugat vitia, fundat virtutes, initiat ad sapientiam, humilitatem seruat. Virtutum siquidem bonum quoddam ac stabile fundamentum, humilitas: nempe si nutet, illa virtutum aggregatio non nisi ruina est. Tertia contemplatio occupatur vel potius otiatur circa memoriam beneficiorum: & ne dimittat ingratum, solicitat memorantem ad amorem benefactoris. Quarta, quæ retro sunt obliuiscens in sola requiescit expectatione promissorum. Quæ cum sit meditatio æternitatis, siquidem quæ promittuntur æterna sunt, longanimitatem aliæ & perseuerantiæ dat vigorem. Deinde adaptat Bernardus quatuor dictas species contemplationis, quatuor quæ tangit Apostolus ad Ephesios 3. *Vt possitis comprehendere cum omnibus sanctis quæ sit longitudo, sublimitas & profundum.* Longitudinem, inquit, apprehendit meditatio promissorum. Latitudinem, recordatio beneficiorum. Sublimitatem, contemplatio maiestatis. Profundum, inspectio iudiciorum. Idem in eodem libro: Deus est longitudo, latitudo, sublimitas, & profundú. Res vna est longitudo propter æternitatem, latitudo propter charitatem, sublimitas propter maiestatem, profunditas propter sapientiam. Ista non disputatio comprehendit, sed sanctitas. Sanctum facit affectio sancta, & ipsa gemina, timor Domini sanctus, & sanctus amor. Iis perfecte affecta anima, veluti quibusdam duobus brachiis comprehendit, amplectitur, stringit, tenet, & ait: Tenui eum: nec dimittam. Et timor quidem sublimi & profundo, amor lato longoque respondet. Quod tam timendum, quàm potestas, cui non potes resistere? quàm sapientia cui abscondi non potes? Poterat minus timeri Deus alterutro carens: nunc autem perfecte oportet timeas illum, cui nec oculus deest omnia videns; nec manus omnia potens. Item quid tam amabile quàm amor ipse quo amaris?

Hhh ij

Cōtemplationis, cogitationis & meditationis differētia.

Amabiliorem tamen iuncta æternitas facit, quæ dum non excidit, foras mittit suspicionem. Stupenda planè sublimitas maiestatis, pauenda abyssus iudiciorum, feruorem exigit charitas, æternitas perseuerantiam sustinendi. Richardus de sancto Victore in lib. de Contemplatione, distinguit inter contemplationem, meditationem, & cogitationem, his verbis: Sciendum est quod eandem materiam aliter per cogitationem intuemur, aliter per meditationem rimamur, aliter per contemplationem miramur. Cogitatio per deuia lento pede sine respectu peruentionis passim huc illucque vagatur. Meditatio per ardua viæ sæpe & aspera ad directionis finem cum magna animi industria nititur. Contemplatio libero volatu, quocunque eam fert impetus, mira agilitate circumfertur. Cogitatio serpit, meditatio incedit, & vt multum currit contemplatio, ante omnia circumuolat. Cogitatio est sine labore & fructu: in meditatione est labor cum fructu. Contemplatio permanet sine labore cum fructu: in cogitatione euagatio, in meditatione inuestigatio, in contemplatione admiratio. Deinde tria prædicta sic describit: Contemplatio est libera mentis perspicacia in sapientiæ spectacula cum admiratione suspensa. Vel contemplatio est perspicax & liber animi contuitus, in res perspiciendas vsquequaque diffusus. Meditatio vero est studiosa mentis intentio circa aliquid inuestigandum diligenter insistens. Vel sic: Meditatio est prouidus animi obtuitus in veritatis inquisitione vehementer occupatus. Cogitatio autem est improuidus animi respectus ad euagationem pronus. Distinguit etiam inter contemplationem & speculationem his verbis: Quamuis contemplatio & speculatio pro inuicem poni soleant, aptius tamen speculationem dicimus, quando per speculum cernimus. Contemplationem verò quando veritatem sine aliquo inuolucro vmbrarúmque velamine in sui puritate videmus. Et sic contemplatio valdè strictè accipitur. Commune est, tam contemplationi quàm meditationi circa vtilia occupari & in sapientiæ vel scientiæ studiis versari. Sed in hoc solent differre à cogitatione quæ se consueuit ad inepta & friuola relaxare. Fit tamen sæpè vt in cogitationum nostrarum euagatione aliquid animus incurrat, quod scire vehementer ambiat, fortiterque insistat: sed dum mens huiusmodi inquisitioni studium impendit, iam cogitatio in meditationem transit. Item veritatem diu quæsitam tandemque inuentam, mens solet cum auiditate suscipere, mirari cum exultatione, eiusque admiratione diutius inhærere. Et hoc est meditationem in contemplationem transire. Contemplationis formam in cœli volatilibus videmus. Videas alia nunc se ad altiora tollere, nunc se ad inferiora demergere, & eosdem ascensionis descensionisue suæ modos sæpius repetere. Videas alia nunc dextrorsum, nunc sinistrorsum diuertere, & nunc in hanc, nunc in illam partem declinando, in anteriora parum vel penè nihil se promouere, & easdem discursuum suorum vicissitudines multa instantia multipliciter reiterare. Videas alia sub magna festinantia se in anteriora extendere, sed mox sub eadem celeritate in posteriora redire, & sæpe idipsum agere, eosdem excursus atque recursus diutina frequentatione continuare atque protrahere. Videre licet alia, quomodo se in gyrum flectunt, & quàm subito, vel quàm sæpe eosdem vel similes, nunc autem paulò latiores, nunc paulò contractiores circuitus repetunt, & semper in illud ipsum redeunt. Videre licet alia, quomodo alis sæpe reuerberatis, se in vno eodemque loco diutius suspendunt, & mobili se agitatione quasi immobiliter figunt, & ab eodem suspensionis suæ loco diu multúmque hærentia penitus non recedunt, ac si operis & instantiæ suæ executione prorsus videantur exclamare, & dicere: Bonum est nos hîc esse. Iuxta hoc sanè propositarum similitudinum exemplar contemplationis nostræ volatus multiformiter variatur, & personarum negotiorumque varietate vario modo formatur. Nunc de inferioribus ad summa ascendit, nunc de superioribus ad ima descendit, & nunc de parte ad totum, nunc de toto ad partem considerationis suæ agilitate discurrit, & ad id quod sciri oportet, nunc à maiori, nunc à minori argumentum trahit. Modo autem in hanc, modo in oppositam partem diuertit, & contrariorum notitiam ex contrariorum scientia elicit, & pro vario oppositorum modo ratiocinationis suæ executionem consueuit variare. Aliquando in anteriora currit, & subito in posteriora redit, modo ex affectibus, modo ex causis & qualibuscunque antecedentibus vel consequentibus cuiuslibet rei modum vel qualitatem deprehendit. Quandoque verò quasi in gyrum speculatio nostra ducitur, dum vnicuique rei quæ sint cum multis comunia considerantur, dum ad vnam quamlibet rem determinandum, nunc à similibus, nûc à similiter se habētibus, seu cōmuniter accidētibus, ratio trahitur, & assignatur. Tūc autem in vno eodemque loco considerationis nostræ defixio quasi immobilis sistitur, quando in cuiuscunque rei esse vel proprietate perspicienda atque miranda contemplationis intentio libenter immoratur. Modus comtemplationis qui quodammodo fieri solet, antè & retro insinuatur. Ezechiel. 1. *Ibant animalia, & reuertebantur in similitudinem fulguris coruscantis.* De illo qui quasi sursum & deorsum est, dicitur in Psalm. *Ascendunt vsque ad cælos & descendunt vsque ad abyssos.* De illo qui est velut in gyrum, dicit Propheta: *Leua in circuitu oculos tuos, & vide.* Esaiæ 60. Deinde distinguit species contemplationis his verbis: Sex sunt contemplationum genera. Primum est, in imaginatione, & secundum solam imaginationem. Secundum est, in imaginatione secundum rationem. Tertium est, in ratione secundum imaginationem. Quartum est, in ratione & secundum rationem. Quintum est, supra rationem, sed non præter rationem. Sextum supra rationem est, & videtur esse præter rationem. Duo itaque sunt in imaginatione, duo in ratione, duo in intelligentia. In imaginatione, cum obstupescentes attendimus corporalia ista, quæ sensu corporeo haurimus: quàm sint multa, quàm magna, quàm diuersa, quàm pulchra vel iocunda. Et in his omnibus creatricis illius superessentiæ potentiam, sapientiam, munificentiam mirando veneramur. Tunc contemplatio nostra in imaginationem versatur: & secundùm solam imaginationem formatur, quanto nihil argumentando quærimus, sed libere mens nostra huc illucque discurrit: quo eam in hoc spectaculorum genere admiratio rapit. Secundum genus est, quando ad ea quæ in imaginatione versamus, quæ ad primum contemplationis genus pertinere iam diximus, rationem quærimus & inuenimus, imò inuentam & notam in consideratione cum admiratione adducimus. In illo res ipsas, in isto earum rationem, ordinem, dispositionem, & vniuscuiusque rei causam, modum & vtilitatem rimamur, speculamur, miramur. Tertium genus est, quando per rerum visibilium similitudinem in rerum reuisibilium speculationem subleuamur. Quartum est, quando semoto omnis imaginationis officio, illis solis animus intendit quæ imaginatio non nouit, sed quæ mens ex ratiocinatione colligit, vel per rationem comprehendit: vt quando inuisibilia nostra quæ per experientiam nouimus, &

Contemplationis sex genera.

H hh

ex intelligentia capimus, in considerationem adducimus, & ex eorum consideratione in cælestium animarum & supermundanorum intellectuum contemplationem assurgimus. Quintum est, quando ea ex diuina reuelatione cognoscimus quæ nulla humana ratione plenè comprehendere, quæ nulla nostra ratiocinatione integrè inuestigare sufficimus. Talia sunt illa quæ diuinitatis natura, & illa simplici essentia credimus & scripturarum diuinarum auctoritate probamus super rationem: nec tamen præter rationem censenda est, quando ei quod per intelligentiæ aciem cernitur, humana ratio contraïre non potest, quin potius facile acquiescit & sua attestatione alludit. Sextum est, quando animus ex illa diuini luminis irradiatione cognoscit ea, & considerat, quibus omnis humana ratio reclamat. Talia sunt penè omnia quæ de personarum trinitate credere iubemur. Duo ex his in imaginatione consistunt, quia solis sensibilibus intendunt: duo in ratione consistunt, quia solis intelligibilibus insistunt: duo in intelligentia subsistunt, quia solis intellectibilibus intédunt. Sensibilia dico, sensu corporeo perceptibilia. Intellectibilia dico, inuisibilia & humanę tamé rationi incóprehensibilia. Proprium est, primę contéplationi simpliciter & sine vlla ratiocinatione visibilium admirationi inhærere. Proprium est, secundæ visibilium rerum rationi ratiocinando insistere. Proprium est, tertiæ per visibilia ad inuisibilia ratiocinando ascendere. Proprium est, quartæ ex inuisibilibus inuisibilia ratiocinando colligere, & per expertorum intelligentiam ad ignorantium noticiam proficere. Proprium est, quintæ in intellectibilium intelligentia rationem admittere. Proprium est, sextæ intellectibilium intelligentia omnem humanam ratiocinationem transcédere. Iis sex contemplationum alis à terrenis suspendimur, & ad cælestia leuamur. Circa perfectum te esse non dubites, si adhuc aliquibus illarum cares. Mecum & cum mei similibus bene agitur, si vnum ex his tribus alarum paribus datur: *Quis mihi dabit pennas sicut columbæ, & volabo & requiescam?* Terrenum & nondum cæleste animal es, quandiu tantum duabus alis contentus fueris, habes tamen vnde corpus tuum valere, vnde volare possis. Corpus velare, est mundanorum concupiscétiam ex mundanæ mutabilitatis consideratione temperare, imo in obliuionem adducere. Volare, est ab amore mundi se elongare. Nitere in iis alis quantum poteris, apprehendere saltem nouissima maris. *Si sumpsero*, inquit, *pennas meas diluculo, & habitauero in extremis maris.* Extrema maris, mundi terminus, ac vnicuique vitæ propriæ defectus. Extrema maris tenere, est mundi finem atque vitæ exitum cum desiderio expectare. Extremum maris apprehenderat, qui dicere poterat: *Cupio dissolui & esse cum Christo.* Parum tibi esse debet has duas alas accepisse: sed vt probes te cæleste animal esse, stude & satage saltem duo paria habere. Cælestia animalia erant quæ vidit Ezechiel: *Quatuor*, inquit, *facies vni, & quatuor pennæ vni.* Ezech. 1. Duabus corpus suum velabant: nam ceteris duabus volabant. Sunt corpora cælestia & sunt corpora terrestria. Si totum corpus tuum lucidum fuerit non habens in se aliquam partem tenebrarum, vtile tamen erit illud ab humanæ arrogatiæ oculis abscondere, & sub humanæ mutabilitatis incerto propriæ æstimationis claritatem temperare. Ecclef. 9. *Nescit enim homo finem suum, &c.* In primo alarum pari velet homo corpus suum, in secundo volet ad cælum. Satagat studio & desiderio in cælestibus esse, vt possit cum Apostolo dicere: *Nostra conuersatio in cælis est.* Philip. 3. Veruntamen si vsque ad tertium cælum penetrare paras, nunquam id in duobus alarum paribus posse præsumas. Oportet enim sex contemplationum alas assignatas habere qui cupit ad tertij cæli secreta diuinitatisque arcana volare. Has sex alas contemplationum soli perfecti in hac vita vix habere possunt. Has in futura vita electi tam in hominibus quam in angelis habituri sunt, vt de vtraque natura veraciter dici possit: *quia sex alæ alteri*. Esaiæ 6. Primum genus contemplationis debet esse insipientium. In hoc genere contemplationis homo Deum in omnibus operibus eius mirabilem, laudabilem, & amabilem repetit. Psalm. *Domine Dominus noster, quàm admirabile, &c.* Ecce mirabilem. *A solis ortu vsque ad occasum laudabile nomen Domini*: Ecce laudabilem. *Iustus Dominus in omnibus viis suis, & sanctus in omnibus operibus suis.* Ecce amabilem. Hæc speculatio triplex est. Prima in rebus. Secunda, in operibus. Tertia, in moribus. Prima etiam tres habet species. Quarum prima est in materia. Secunda, in forma. Tertia, in natura. Materiam & formam visu corporeo facile deprehendimus: nam lapidem à ligno, triangulum à quadrangulo sine errore discernimus. Natura consideratur in rerum qualitate intrinseca. Forma consistit in qualitate extrinseca. Qualitas rerum interior ex magna parte, corporeo percipitur sensu; sicut sapores gustu, odores olfactu. Operatio duplex est: alia enim est naturæ, alia industriæ. Operationem naturæ facile deprehendere possumus, vt in graminibus, arboribus, animalibus. In graminibus quomodo crescunt, maturescunt. In arboribus similiter quod frondent, florent, fructificant. In animalibus quomodo concipiunt & pariunt, quòd alia nascuntur & alia moriuntur. Disciplina verò morum partim ex institutione diuina, partim processit ex institutione humana. Ad diuina instituta pertinent obsequia diuina, & quælibet Ecclesiæ sacramenta: ad instituta humana pertinent humanæ leges. Humana institutio est propter vitam inferiorem, diuina propter vitam superiorem. In hoc genere contemplationis Propheta ostendit se exercuisse, dicens: *Meditatus sum in omnibus operibus tuis, & in factis manuum tuarum meditabar.* Item: *Delectasti me Domine in factura tua:* Et iterum: *Quàm magnificata sunt opera tua Domine! omnia in sapientia fecisti.* Hoc genus contemplationis rectè in septem gradus distinguere possumus. Primus consistit in illa admiratione rerum quæ surgit ex consideratione materiæ. Secundus, in illa admiratione rerum quæ surgit ex consideratione formæ. Tertius, in illa admiratione rerum quam gignit consideratio naturæ. Quartus, in illa admiratione quæ est circa operationem naturæ. Quintus, in illa admiratione, quæ est circa operationem industriæ. Sextus, in considerandis & admirandis institutionibus humanis. Septimus, in considerandis & admirandis institutionibus diuinis. Secundo generi contemplationis penè tota mundana philosophia materiam ministrat, latentes rerum visibilium causas suæ sagacitatis inuestigatione inueniens & in palam producens. Et possunt distingui septem gradus in secundo genere contemplationis, similes septem gradibus distinctis in primo genere; cum circa eadem versetur hæc contemplatio, & prima scilicet circa sensibilia.

Tertium genus contemplationis in quinque gradus distinguitur secundum quinque modos considerationum ex quibus inuisibilium inuestigatione similitudinum ratio quæritur vel assignatur. Primus modus est, quando similitudo sumitur ex eo vnde ipsum est, vel quod ipsum est. Secundus & tertius similitudinem trahit ex eo quod in ipso est. Quartus & quintus, ex eo quod per ipsum est. Primus trahitur ex materiæ proprietate, vt vbi crura illius columnæ marmoreæ quæ fundatæ sunt super bases aureas, Cant. 5. Secundus & tertius, ex rei ipsius qualitate: sed secundus ex qualitate extrinseca, quod diximus formam: tertius ex qualitate intrinseca, quod diximus naturam. Qualitas extrinseca constat in colore &

figura. A colore similitudo assignatur, ibi: *Dilectus meus candidus & rubicundus.* Cant. 5. A figura, ibi: *Aspectus earum & opus earum quasi si sit rota in medio rotæ.* Ezech. 5. Extrinseca qualitas pertinet ad solum visum, quemadmodum intrinseca qualitas ad cæteros sensus. Ad auditum pertinet illud: *Et vocem quam audiui tanquam vocem citharedorum, &c.* Apoc. 14. Ad odoratum illud: *Sicut cynnamonum & balsamum, &c.* Eccl. 24. Ad delicias gustus, illud: *Spiritus meus super mel dulcis.* Eccl. 24. Ad delicias tactus, illud Psalm. *Sicut vnguentum in capite.* Quartus, ex eo quod in ipsa re vel ab ipsa fit secundum motum naturalem: vt ibi: *Quomodo descendit imber, & nix de cœlo, &c.* Esa. 55. Quintus ex eo quod agitur secundum motum artificialem: vt ibi, *Superædificati super fundamentum Apostolorum, &c.* Ephes. 2. In quarto genere contemplationis primum est, vt redeas ad te ipsum, intres ad cor tuū, discas æstimare spiritum tuum. Discute quid sis, quid fueris, quid esse debueris, quid esse poteris, quid fueris per naturam, quid modo sis per culpam, quid esse debueris per industriam, quid adhuc esse possis per gratiam. *Nunquid menti excidit quod regnum Dei intra nos sit?* Luc. 17. *Et quia simile est regnum cœlorum thesauro absconditio in agro.* Matt. 13. *Omni custodia serua cor tuum.* Prouerb. 4. Audi Dauid, quomodo tibi seipsum exemplum proponat: *Meditatus sum,* inquit, *nocte cum corde meo, & exercitabar, & sic scopabam spiritum meum.* Meditabatur ille cum corde suo, meditare & tu cum corde tuo. Scopabat ille spiritum suum, scopa tuum spiritū. Exerce agrum istum, attende temetipsum. Absque dubio, insistens huic exercitio, inuenies thesaurum istum absconditum in agro. Ex hoc exercitio crescit auri copia, multiplicatur sententia, augmentatur sapientia. Ex hoc exercitio cordis oculus mundatur, ingenium acuitur, intelligentia dilatatur, nihil recte æstimat, qui seipsum ignorat. Nescit quod sub pedibus suis omnis mundana gloria iacet, qui conditionis suæ dignitatem non pensat. Nescit omnino, nescit quid de spiritu angelico, quid de diuino sentire debeat, qui spiritum suum prius non cogitat. Si nondum idoneus es incitare teipsū, quomodo ad illa rimanda idoneus eris quæ sunt supra teipsū? Si nō dū idoneus es intrare in tabernaculū primum, qua fronte præsumis ingredi in tabernaculum secundum? hoc est in sancta sanctorum. Si cupis euolare vsque ad secundum seu tertium cælum, sit tibi transitus per primum, in corde hominis inuenire licet animam quandam plenitudinem orbis terrarum. Ibi sua quædam terra suū habet cælum. Nec vnum quantum, sed secundum post primum, & tertium post secundum erit. Tenet imaginatio vicem primi cæli, ratio secundi, intelligentia tertij. Et horum quidem primum cæterorum comparatione grossum quidem est atque corpulentum, eo quod sit imaginarium, post se trahens & in se reiinens formas rerum corporalium. Reliqua verò duo huius comparatione sunt valde subtilia, & omnino incorporea, & ab eius crassitudine multum remota. Sic sane cælum hoc exterius quod nos dicimus firmamentum, absque vlla dubitatione constat esse visibile atque corporeum, & ipsum quidem primum & omnium infimum, quod autem est terra ad hoc visibile cœlum, hoc est sensus corporeus ad illud internum, fantasticum & imaginarium cælum. Nam sicut hoc visibile cælum omnium quæ terra gignit atque nutrit multitudinem sinus sui magnitudine comprehendit, sic omnium quæ sensus attigit similitudines, infra sinum suum imaginatio includit. In primo continentur omnium visibilium imagines & similitudines rerum. Veritatem, qui summa veritas est, reseruauit sibi: rerum vero imagines qualibet hora formandas concessit suæ imagini, scilicet animæ. Facile est enim animæ humanæ omni hora quaslibet rerum figuras per imaginationem fingere. Ad secundum pertinent perinent visibilium omniũ rationes, difinitiones, & inuestigationes inuisibilium. Ad tertium spectant spiritualiũ etiã diuinorum cõprehensiones. Intelligentię oculus est sensus ille quo inuisibilia videmus: nõ sicut oculo rationis, quo occulta & absentia per inuestigationẽ quærimus & inuenimus: sicut sæpe causas per effectus, vel effectus per causas, & alia atque alia quocunq; ratiocinandi modo cõprehendimus. Sed sicut corporalia corporeo sẽsu videre solemus visibiliter, præsẽtialiter, atq; corporaliter: sic vtiq; ille intellectualis sensus inuisibilia capit; inuisibiliter quidem, sed præsentialiter, sed essentialiter. Sed habet sane oculus hic intellectualis ante se velũ magnum oppansũ ex peccati delectatione fuscatũ, & tot desideriorum carnaliũ varia multiplicitate contextũ, quod cõtemplantis intuitum à diuinorum secretorum arcanis arceat, nisi quantum diuina dignatio quælibet pro sua aliorúmue vtilitate admiserit. Testatur hoc Propheta clamans: *Reuela oculos meos.* Nusquam tibi in omni Dei opere quàm in animæ creatione, reparatione, glorificatione apparet eius potentia sublimior, vel sapientia mirabilior, vel misericordia iucundior. Primo, spiritualis natura creatur vt sit. Secundo, iustificatur vt bona sit. Terrio, glorificatur vt beata sit per creationẽ ad bonũ imitatur, per iustificationem in bona dilatatur, per glorificationẽ in bono consummatur. Prima bona sunt creatoris dona. Secunda bona sunt creatoris dona & creaturæ merita. Tertia bona, creatoris dona & creaturæ præmia. Ex ipsa creationis conditione naturale est omni rationali creaturæ esse, scire, & velle. Cognosce homo quæso dignitatem tuam, cogita excellentem illam animæ tuæ naturam, quomodo fecerit eam Deus imaginem & similitudinem suam, quomodo sublimauerit eam super omnem corpoream creaturam. Et statim mirari incipies quomodo virgo inclyta filia Sion proiecta sit de cœlo in terram, & ad Deũ clamabis: *Quid mihi est in cœlo, & à te quid volui super terram?* Cogita quàm necessarium, & diuinæ bonitati quam cõgruum, tam dignæ creaturæ boni aut mali discretionem & arbitrij libertatem concedere, vt esset bonum eius ram acceptu quã voluntarium, tam gratum quàm gratuitum. Agnosce quantum emineas per ingenium brutis. Agnosce quantum subiaceas per intellectum spiritibus angelicis. Si attendas primum, cantabis præcordialiter: *Benedicam Dominum qui tribuit mihi intellectum.* Si secundum, clamabis: *Deus, tu scis insipientiam meam.* Inuestiga diligenter voluntatem, non solum tuam, sed alienam, seu bonam seu malã. Cognosce tuam vt scias quid corrigere, seu vnde debeas gratias agere. Cogita animas perfectorum & peruersorum, spirituum bonorum & spirituũ malignorum, vt elucescat quid imitari, quid vitare expediat. Opus iustificationis sine duobus non cõsummatur. Nunquid enim perficitur, si creaturæ suæ creator non cooperetur? Glorificationis nostræ modum quis sensus hominum capere, quæ ratio potest comprehendere? Sed glorificationi nostræ certitudinem fidei attestatione tenemus, quáuis qualitatis vel quantatis eius modum per intelligentiam necdum capere possimus. Sed pro modico & pene pro nihilo reputat, quicquid humana auiditas per experimentum nõ probat. Scimus autẽ, quia post plenã mundationem conscientiæ, post multa exercitia iustitiæ incipit tandẽ aliquando mens humana sperare quod' prius vel poterat credere. Nunquam desistas, nunquam quiescas, donec futuræ illius plenitudinis aliquas (vt ita dicã) arras obtineas, donec æternæ felicitatis quantulascunque primitias accipias, donec diuinæ suauitatis dulcedinẽ præguftare incipias. Ad huius desiderium animare nos voluit qui dixit, *Gustate, & videte quoniam suauis est Dominus: beatus vir qui sperat in eo, &c.* Quartum contemplationis genus in quinque gradus potest diuidi. In primo gradu consideramus ea quæ pertinet ad animæ qualitatem vel essentiæ ipsius proprietatem, quod vita quædam & perpetua sit quæ nullis

Iii

pœnis extingui possit: quòd non solum possit in perpetuũ viuere, sed corpus etiã ad vitam & ad sensum animare, quod nullo sustentamento egeat, quod sine subsidio sempiterne subsistat, quomodo sit per tot corporis membra diffusa, cum ipsa sit simplex, quomodo in toto corpore suo quasi in suo quodámodo sit vbique tota. Quemadmodum Deus inuenitur vbique totus in omni creatura sua, quomodo in illo suo mundo sola volũtate omnia mouet atque disponit, sicut in hoc mundo Deus solo voluntatis nutu omnia regit, qui eodem voluntatis nutu omnia creauit. In secundo gradu considerantur ea quæ ad cognitionem sunt. In hác cõsideratione miramur volubilitatem cogitationis, agilitatem imaginationis, ingenij acumẽ, discretionis examen, capacitatem memoriæ, viuacitatem intelligentiæ, & circa hæc alia quælibet stupenda. In tertio gradu consideramus rationalis animi voluntatẽ, multiplicemque eius affectionem. In quarto contẽplamur & admiramur quomodo tot animi affectiones rediguntur in virtutes inquantum per discretionem disponuntur & in bona intentione figuntur. Cum enim nihil aliud sit virtus quã affectio ordinata, & moderata, ex intentione bona agitur vt sit affectio ordinata, & per descriptionem efficitur vt fiat moderata. In quinto gradu aspirantis gratiæ modos cum admiratione attendimus. Absque dubio quicquid boni in bonorũ cordibus additur, septiformis ille spiritus per inspirantem gratiam operatur. Ecce vnus atque idem spiritus tot mensibus semper & vbique præsidet, & gratiæ suæ munera multipliciter impẽdit. In duobus vltimis generibus contemplationis, puta quia opus est intima potius compunctione quàm profunda inuestigatione, suspiriis quàm argumẽtis, crebris gemitibus quàm copiosis argumentationibus.

Scimus quia cordis intima nil adeo purgat, mentisque munditiã nil adeo reparat, nihil sic ambiguitatis nebulas detergit, cordisque serenitatem nil melius, nil citius adducit, quàm vera animi cõtritio. quàm profunda & intima animæ compunctio. Sed quid ait Scriptura? *Beati*, inquit, *mũdo corde, quóniam ipsi Deũ videbũt.* Matt.5. Studeat ergo cordis munditiæ qui cupit Deũ videre. O quàm prudenti circũspectione;ó quã frequẽti increpatione oportet inuigilare ne vllus mẽtis excessus vel cogitationis euagatio discretionis perspicaciã lateat nec sine redargutione fortique castigatione pertranseat. Quum rationalis creatura, quantũ ad aliqua, Deo sit similis, secundũ illud, *Creauit Deus hominẽ ad imaginem & similitudinẽ suã.* Gen.1. Et secundũ illud: *Tu signaculũ similitudinis plenus sapientia & decore, in deliciis paradisi Dei fuisti.* Ez. 28. Et quantũ ad aliqua sit dissimilis, secũdũ illud: *Deus, quis similis erit tibi?* Cõtemplatio quantũ ad primũ non est præter rationẽ. Contẽplatio verò quantum ad alia est præter rationem.

Aues quũ volare volunt, alas suas expandunt: sic debemus & nos cordis nostri alas per desideriũ extẽdere, & diuinę reuelationis horã sẽper expectare, vt quacũque hora diuinæ inspirationis aura mentis nostræ nubila deterserit, verique solis radios detexerit, excussis statim contẽplationis sualis, mens nostra se ad alta eleuet, & euolet & fixis obtutib. in illud ęternitatis lumen quod desuper radiat, omnia mundanæ volubilitatis nubila transcendat. Hoc figuratum est in duobus Cherubim, qui erant expandentes alas. Exod.25. Debemus autem non solum ad hoc quod in hac vita habere possumus, verum etiam ad illud diuinę cõtemplationis spectaculũ quod in futura vita speramus, animas nostras suspendere, & in huiusmodi expectatione vehementi desiderio anhelare. Debet anima perfecta omni hora suæ peregrinationis terminũ cum desiderio expectare. Hinc est quod Abraham in ostio tabernaculi sui sedebat, Genes.18. Elias in speluncæ suæ ostio stabat. 3.Reg.19. Debet anima sancta & veri sponsi amica ad dilecti sui aduentum, sũmo cũ desiderio anhelare, parata semper vocanti occurrere. Debet semper in hoc solicita esse, ne subito adueniens, minus ornatam inueniat, vel diu exclusus vllam molestiā sustineat. Molesta satis verba æstuantique desiderio multum onerosa. Munda, remunda, &c. Dicit huiusmodi anima in suis sordibus inuenta. Certe aduentum tuum præscire debuissem: vt te solenniter susciperē. De cætero aduentum tuū mihi prænuntia. Ecce vox dilecti pulsantis: *Aperi mihi soror mea*. Cant. 5. Respondet, *Expecta modicum*. O quantum timeo ne istud modicum, protrahis in longum, donec transeat. *Pessulum ostij mei aperui dilecto meo, at ille declinauerat*. Cantic. 5. Permodica morula patienti desiderio satis est molesta. Scimus, quia singularis amor consortem non recipit. Vide ergo ne tunc primo incipias perstrepentium turbas eiicere velle, cum iam ipse inceperit ad ostium pulsare. Alioquin quid iam eris dictura, nisi *Expecta, reexpecta*. Expectandum sane, itemque reexpectandū ad eiiciendum turbā extraneorum, ad eiiciendum familiam tuorum. Omnes cogitatus tam vani quam noxij extranei iudicādi sunt qui nulli nostræ vtilitati deseruiunt. Illos verò quasi domesticos famulantes habemus quos nostris visibus implicamus. Quia vero singularis amor solitudinem amat, totam hāc turbam non solum cogitationum, verumetiam affectionum oportet eiicere, vt dilecti amplexibus liceat inhærere Quanta quæso in hac expectatione mora: Modicum ibi, modicum ibi. Modicum in horto, dum tumultuationum turba dirigitur. Modicum in vestibulo, dum thalamus adornatur. Modicum in thalamo, dum lectulus sternitur: id est, intimus animæ sinus ad summam pacem & tranquillitatem cōponitur. Dilectus auditur per recordationē, videtur per admirationem, deosculatur per dilectionem, amplexatur per delectationem. Vel si bonus melius placet, auditur per reuelationem, videtur per contemplationē, deosculatur per deuotionem, astringitur ad dulcedinis suæ infusionem. Auditur per reuelationē, donec voce eius paulatim inualescente, tota perstrepentiū tumultuatio sopiatur, solaque ipsius vox audiatur, donec omnis illa tandē tumultuantiū turba dispareat, solusque cū sola remaneat, & solum sola per contēplationem aspiciat. Videtur per contemplationem, donec ad insolitæ visionis aspectum pulchritudinisq; admirationem paulatim anima incalescat, magisque inardescat, & tandem aliquando incandescat, donec ad verā puritatem internāque pulchritudinem tota reformetur, & ille internæ habitationis thalamus, paupera & bysso, hiacyntho, coccoq; bis tincto vndiq; perornetur, donec tandem aliquando thalamo perornato & introducto dilecto, fiducia iam inualescente desiderioque perurgente, cum se vlterius cohibere non valeat, subito in oscula ruat, & impressis labiis intimē deuotionis oscula figat. Puto, quia experta dulcedine tanta, de cætero non possit anima illa pulsanti dilecto aliquas moras nectere. Sed quamuis iā prōpta sit adueniētem suscipere, nescio si æquè parata sit vocanti occurrere. Aliud est cum ipso introire, atq; aliud ad ipsum exire. Quid est eius introire, nisi se totam in seipsam colligere? Quid est eius exire, nisi seipsam extra semetipsā totā effūdere? Nihil aliud est animā cū dilecto suo in cubiculū ingredi, & sola cum sola morari dulcedineq; perfrui, nisi exteriorū omnium obliuisci, & in eius dilectione summe & intime delectari. Se solam cū dilecto videt, quando exteriorū omnium oblita, ex his quæ in intimis suis considerat, animum suum in affectum dilecti sui inflammat, tam ex bonorum quā malorum suorum consideratione in gratiarum actionem assurgit, & hinc pro impensa gratia, hinc pro indulta venia intimæ deuotionis victimas persoluit. Vsque in intimum dilectus perducitur, & in optimo collocatur, quando ex intimo affectu & super omnia diligitur. Cogita quid sit quod in vita tua ardentius dilexisti, an-

Iii ij

xius concupisti; quod te iocundius afficiebat profundiusque delectabat. Condera si eandem affectionis violentiam, dilectionisque abundantiam sentis, quando in summi dilectoris desiderio inardescis, quando in eius dilectione requiescis. Notandum intimum illum affectionis tuae sinum tenet, si intimae dilectionis aculeus animam tuam in diuinis affectibus minus penetrat, quàm in aliis affectibus aliquando penetrare solebat. Sed si tátam vel validiorem dilectionis violentiam in intimis tuis circa diuina prospexeris, quam aliàs numquam expertus fueris: vide adhuc si in horto forte aliud aliquid sit in quo delectari vel consolari possis. Quòd si est, nondum audeo dicere, dilectum intimum ardentissimi amoris sinum tenere. Satage trahere eum adhuc ad interiora cordis: quis enim neget cor tales recessus habere, in quibus summi & singularis amoris violentia, cum aliquid per affectum infixerit, aliena omnino delectatione auelli non possit? Certe si alienam aliquam consolationem quaeris, vel recipis Deum, quamuis fortassis summe, nondum tamen singulariter diligis. Nondum ergo in intimum perducitur. Si ergo non satagis introducere eum ad intima tua, quomodo te credam posse sequi eum ad ad sublimia sua.

Et notandum, quod sublimitas diuinarum reuelationum, manifestum est diuinae dilectionis iudicium. *Iam non dicam*, inquit, *vos seruos, sed amicos: quia omnia quaecunque audiui à Patre meo, nota feci vobis.* Ioan. 15. Ex magnitudine diuinae dilectionis pendet modus diuinae reuelationis. *Comedite*, inquit, *amici, & bibite, & inebriamini, charissimi.* Cant. 5. Qui comedunt, dum cibum masticant; non sine mora vel qualicunque labore quo delectantur traiiciunt. Qui bibunt cum velocitate vel facilitate quod sitiunt traducunt. Nunquid non videntur tibi comedere qui cum multo studio & longa meditatione vix possunt ad veritatis delicias pertingere? Bibet qui ex diuinis reuelationibus cum facilitate & iocunditate hauriunt, quod de intima suauitate veritatis ardenter concupiscunt. Item notandum, quod ea quae circa vnitatem diuinitatis considerantur, quae ad quintum genus contemplationis pertinent, sunt humanae intelligentiae modum excedentia: nihilominus tamen sunt rationi consentanea. Credimus diuinam essentiam esse summe vnam & simplicissimam. Credimus etiam eam esse omne bonum. Exod. 33. *Ego ostendam omne bonum tibi*, ait Dominus Moysi. Item credimus eam esse immensam, licet simplicissimam. *Magnus*, inquit, *Dominus, & laudabilis nimis, & magnitudinis eius non est finis.* His assertionibus ratio humana facile acquiescit. Bonum enim illud perfectum & omnino sufficiens non esset, si in eo aliquid boni defuisset. Item si compositum esset naturaliter, diuidi posset: & sic esset commutabile, & non esset optimum. Simplicissimum est quantum ad efficaciam, multiplicissimum quantum ad efficaciam. Virtute est immensus, essentiâ est summa simplicitatis.

Item notandum, quod inter specula trium vltimarum contemplationum debemus libenter discurrere, si volumus diuinam reuelationem nobis fieri. Dictum est enim Moysi Exod. 25. *De loco qui erat in medio duorum cherubim, inde loquar ad te.*

Item notandum, quod quamuis familiare sit, & quasi proprium videatur duobus nouissimis contemplationum generibus per mentis excessum videre, quatuor autem primis quasi domesticum & penè velut singulare sine vlla animi alienatione in contemplationem assurgere, possunt tamen omnia atque solent modo vtroque contingere. Horum autem qui in suis contemplationibus supra semetipsos ducuntur, & vsque ad mentis excessum rapiuntur, alij hoc expectant & accipiunt ex sola vocante gratia, alij vero vt hoc possint sibi comparant, cum gratiae tamen cooperatione ex magna animi industria. Et illi quidem hoc donum quasi fortuitum

De Donis.

habent: isti verò iam ex virtute possident, qui ex magna iam parte illud possunt cum volunt. Vnius rei figuram habemus in Moyse. Alterius autem in Aaron. Quod enim Moyses in monte per nubem arcam videre meruit, sola reuelantis Domini gratia fuit. Aaron autem iam ex magna parte in potestate habebat quoties idipsum ordo vel ratio poscebat, in sancta Sanctorum intrare & intra ipsum velum arcam Domini videre.

Item notandum, quod tribus modis in gratiam contemplationis proficimus. Aliquando ex sola gratia, aliquando ex adiuncta industria, aliquando ex aliena doctrina. Item tribus modis videtur contemplationis qualitas variari. Modo enim agitur mentis dilatatione, modo mentis subleuatione, aliquando mentis alienatione. Mentis dilatatio est, quado animi acies latius expanditur, & vehementius acuitur, modum tamen humanæ industriæ non supergreditur. Mentis subleuatio est, quando intelligentiæ viuacitas diuinitus irradiata, humanæ industriæ metas transcendit, nec tamen in mentis alienationem transiit, ita vt supra se sit quod videat, & tamen ab assuetis penitus non recedat. Mentis alienatio est, quando præsentium memoria mentis excidit, & in peregrinum quædam & humanæ industriæ inuium animi statum diuinæ operationis transfiguratione transit. Hos tres contemplationis modos experiuntur qui vsque ad summam huius gratiæ arcem sublimari merentur. Primus surgit ex industria humana. Tertius, ex sola gratia diuina. Medius autem ex vtriusque permistione, humanæ scilicet industriæ & gratiæ diuinæ. De primo legitur: *Leua in circuitu oculos tuos, & vide*. Esa. 60. De secundo *Qui sunt isti qui vt nubes volant*. Eiusd. 60. De tertio, *Ego dixi in excessu meo*. Ille motus qui fit mentis dilatatione, tribus solet gradibus excrescere: arte, exercitatione, attentione. Artem nobis ad aliquid veraciter comparamus, quando quomodo aliquid agendum

sit veraci traditione seu sagaci inuestigatione addiscimus. Exercitatio est, quando id quod arte percipimus, in vsum adducimus & in eiusmodi officij executione nos ipsos promptos & expeditos efficimus. Attentio est, quando studio quod exequimur summa diligentia insistimus. Item ille cōtemplationis modus qui in mentis subleuatione accidit, tribus gradibus excrescit. Intelligentia namque humana diuinitus inspirata & in illo cœlesti lumine irradiata, aliquando subleuatur supra scientiam, aliquando etiam supra industriā, aliquando autem supra naturam. Supra scientiam, quando aliquis tale aliquid ex diuina reuelatione cognoscit, quod modum propriæ scientiæ vel intelligētiæ excedit. Supra industriam, quando ad illud humana intelligentia diu initus illuminatur, ad quod nulla sua sufficit scientia, nec illa quam interim habet, nec sua vlla industria comparare valet. Supra naturam, quando humana intelligentia diuina inspiratione afflata non cuiuscunque hominis, sed generaliter totius humanæ naturæ modum industriæque metas transgreditur. Omne genus prophetiæ sine mentis alienatione videtur ad hunc tertiū subleuationis gradum pertinere. Nonne supra humanā naturā est, videre de præteritis, quod iam nō est? videre de futuris, quod nondū est? videre de præsētibus, quod sensibus absēs est? videre de alieni cordis secretis, quod nullū sensui subiectum est? Tribus de causis in mentis alienatione abducimur. Nā modo præ magnitudine deuotionis, modo præ magnitudine admirationis, modo prę magnitudine exultationis fit, vt semetipsam mens omnino non capiat, & supra semetipsam eleuata, in alienationem transeat. Magnitudine deuotionis, quādo tāto cœlestis desiderij igne succenditur, vt amoris intimi flāma vltra humanū modum excrescat, quæ animam humanam ad ceræ similitudinē liquefactum ad pristinos status resoluat, & ad instar fumi attenuatū in superna eleuet, & ad summa emittat. Magnitu-

Iii iij

dine admirationis, quando diuino lumine irradiata, & summæ pulchritudinis admiratione suspensa, tam vehementi stupore concutitur, vt à suo statu funditus excutiatur, & in modum fulguris coruscantis, quanto profundius per despectum suæ inuisæ pulchritudinis respectu in ima deiicitur, tanto sublimius, tanto celerius per summorum desideriorum stuporem reuersata, & super semetipsum rapta in sublimia eleuetur. Magnitudine exultationis: quando intima illa internæ suauitatis abundantia potata, imò plene inebriata, quid sit, quid fuerit penitus obliuiscitur, & insuper mundanum quendam affectum sub quodam miræ felicitatis statu raptim transformatur. Hi tres modi excessionis in Canticis describuntur. Primus, quum dicitur: *Quæ est ista, quæ ascendit per desertum sicut virgula fumi, & ex aromatibus myrrhæ & thuris & vniuersi pulueris pigmentarij?* Cant. 3. Secundus ibi: *Quæ est ista quæ progreditur quasi aurora consurgens, & pulchra vt luna, electa vt sol?* Cantic. 6. Tertius ibi: *Quæ est ista quæ ascendit de deserto, delicijs affluens, innixa super dilectum suum.* Cant. 8.

Circa primum notandum, quod per fumum intelligimus deuotæ mentis desiderium, qui fumus ab igne spiritualis amoris surgit. Virgula gracilis & recta: est tuum desiderium anxium & vnicum, surgens ex intentione recta. Per myrrham, intelligas carnis contritionem. Per thus, cordis deuotionem. Per vniuersum puluerem pigmentarium, omnium virtutum consummationem. Nunc anima sancta veraciter quasi fumus & per desertum ascendit, quando ex his quæ in semetipsa inuenit, siue bonis, siue malis, affectum suum in coelestis sponsi desiderium accendit.

Circa secundum notandum quod mês velut aurora consurgit, quæ ex visionis admiratione paulatim ad incrementa cognitionis proficit. Aurora paulatim eleuatur, eleuando dilatatur, dilatando clarificatur. Sed miro modo, dum tandem in diem definit, per promotionis suæ incrementa ad defectum venit: & vnde accipit vt maior sit, inde ei accidit vt omnino non sit. Sic humana intelligentia diuino lumine irradiata, dum intellectibilium contemplatione suspenditur, dum in eorum admiratione distenditur, quanto ad altiora vel mirabiliora ducitur, tato amplius dilatatur: & vnde infimis remotior, in semetipsa durior, & ad sublimia subtilior inuenitur. Sed in hac subleuatione dum mens humana semper ad altiora crescit, dum diu crescendo tandem aliquando humanæ capacitatis metas trascendit, fit demum vt à semetipsa penitus deficiat, & in supermundanum quendam transformata affectum, tota supra semetipsam eat. Et sicut matutina lux crescendo definit non quidem esse lux, sed esse lux matutina, vt ipsa aurora iam non sit aurora: ita humana intelligentia ex dilationis suæ magnitudine quandoque accepit vt ipsa iam non sit ipsa: non quidem vt non sit intelligentia, sed vt iam non sit humana. Et sicut primus excessionis modus ex deuotione surgit, sic iste in deuotionem definit. Ibi ex nimio veritatis desiderio ad veritatis contemplationem assurgitur, hic ex veritatis reuelatione eiusque contemplatione ad deuotionem animus inflammatur. Quod forte innuitur quum dicitur: *Pulchra vt luna, electa vt sol.* Aurora & luna lucem habent, sed calorem non habent, sol autem vtroque præpollet: quid sole lucidius? quid sole feruentius? Videtis ergo, quod illa mentis ascensio quæ hoc loco designatur, cuius extrema soli comparantur, non in qualemcunque, sed in summam deuotionem quandoque desinat, quamuis à sola claritate veritatisque illuminatione incipiat.

Et notandum, quod ille diuinæ reuelationis splendor quandoque præuenienti meditationi occurrit, quandoque ipsam humanam præmeditationem præuenit: & modo quærentem adiuuat, modo torpentem excitat. Hinc est, quod regina Austri Regem Salomonem quæstionibus pulsat, 3. Reg. 10. Hinc est quod vinctum Petrum angelus cum luce visitans, à corporis sui somno excutit & educit. Act. 12. Quæ est ista Regina Austri, & illius calidæ religionis inhabitatrix & domina, & videndi Salomonis desiderio succensa, nisi anima sancta sensibus & appetitibus carnis, cogitationibus & affectibus mentis fortiter præsidens, & summi regis verique prorsus Salomonis dilectione feruens, videndique desiderio ardens? Regina Saba prius quærit & audit, postea vidit & intelligit, tandem autem obstupescit & deficit. Primum est, meditationis. Secundum, contemplationis. Tertium, extasis. Meditatione assurgitur in contemplationem, contemplatione in admirationem, admiratione in mentis alienationem.

Circa tertium notandum, quod quasi de deserto humanus animus ascendit, quando supra semetipsum mentis alienatione transit, quando semetipsum in imo deserens, & ad coelum vsque pertransiens solis diuinis se totum per contemplationem & deuotionem emergit. Deliciarum affluentia ascensionis tunc causa existit, quando ex illa diuinæ dulcedinis infusione quam in intimis sentit, seipsam anima sancta præ gaudio & exultatione non capit, intantum vt exultationis suæ magnitudo eam extra semetipsam effundat. Huius rei formam in animalibus possumus percipere. Solent namque in suis lusibus saltus quosdam dare. Sic pisces dum in aquis ludunt, supra aquas exiliunt. Nemo autem tantam cordis exultationem vel subleuationem de suis viribus præsumat, vel suis meritis adscribat. Vnde & illa anima quæ de deserto ascendere sic describitur, dilecto suo innixa perhibetur. Quid est dilecto inniti, nisi virtute illius & non propriis viribus promoueri? De-

ducit eam dilectus per desertum in nube diei, & tota nocte in illuminatione ignis. Non haberet quomodo æstus concupiscentiæ temperaret sibi, nisi virtus Altissimi obumbraret. Illi deesset vnde tenebras ignorantiæ suæ illuminaret, nisi in lumine illius videret lumen. Accipit itaque dilecta ex munere dilecti sui duo remedia contra duo principalia mala: refrigerij nubem contra concupiscentiam carnis, & reuelationis lucem contra ignorantiam mentis. Qui ad hanc gratiam profecit, cum eam sibi vltra solitum subtrahi iam sentit, est quod facere debeat vnde ad eam reparandam adiuuari valeat. Debet animus qui huiusmodi est, proprijs meditationibus cordis in se exultationem reparare, & impensa sibi diuinorum beneficiorum munera ante recordationis suæ oculos reuocare, & ex eiusmodi recordatione seipsum ad profundam & deuotam gratiarum actionem instigare, & tandem aliquando internum illud spiritualis harmoniæ organum ex affectu in diuinas laudes laxare. Dum itaque eiusmodi studijs intima cordis affectio in diuinæ confessionis magnificentiam plena deuotione resoluitur: quid aliud quàm quoddam (vt ita dicam) spiraculum aperitur per quod in illud cordis nostri vasculum diuinæ suauitatis abundantia infundatur? Hinc est quod Eliseus propheta, verbum Domini requisitus, cum se præsensisset spiritum prophetiæ tunc temporis non habere, fecit Psaltem adduci, quo præsente atque psallente statim spiritum propheticum hausit, osque suum in verba prophetiæ relaxauit. 4. Reg. 3. Quid est autem psaltem adducere, nisi prouida meditatio exultationem cordis reparare, & ex diuinorum beneficiorum vel promissorum recordatione cordis deuotionem excitare? Tunc psaltem psallere facimus, quando ex magno cordis tripudio in diuina præconia iubilamus, & in gratiarum actionem assurgentes, ex intimis visceribus in diuinas laudes cum magno cordis clamore roboramus. Hæc itaque agentes, quid aliud quàm viam sternimus per quam venientem visitantemque nos Dominum excipiamus? *Sacrificium,* inquit, *laudis honorabit me, & illic iter quò ostendam illi salutare Dei.* Ad eiusmodi psaltis vocem spiritualis animis medullitus tangitur, & irruente in eo spiritu spiritualiter afficitur. Et dum ad diuinam inspirationem intellectualis sensus aperitur, quodammodo in eo gratia reparatur. Solet dulcis harmonia cor exhilarare, & ei gaudia sua ad memoriam reuocare: & quò amor vehementius animum afficit, eò profundius audita harmonia affectum tangit: & quò profundius per affectionem tangitur, tantò efficacius ad sua desideria renouatur. Quid igitur aliud de prophetico viro sentire oportet, nisi quòd exterior harmonia spiritualem harmoniam ei ad memoriam reduxit, & audita melodia audientis, animum ad assueta gaudia reuocauit atque leuauit? Dictum est quibus de caussis mentis alienatio accidere soleat, nunc illud adiiciendum videtur, quibus gradibus ascendat. Ascendit autem aliquando supra sensum corporalem, aliquando etiam supra imaginationem, aliquando verò supra rationem. Quis duos primos ascensus negare audeat, cum illum qui supra rationem est, Apostolica auctoritas conuincat? *Scio,* inquit, *hominem siue in corpore, siue extra corpus nescio, Deus scit, raptum vsque ad tertium cœlum.* 2. Corinth. 12. Ecce, quia humanam rationem mentis alienatione transierat, quid circa se ageretur discernere nequibat. Ista quæ præcedunt extracta sunt ex libro Richardi de contemplatione. Tres discipuli in Christi transfiguratione ceciderunt in faciem suam. Matthæi 17. Quia sensus imaginatio & ratio in Dei contemplatione deficiunt. Paulus etiam lucis circumfulgentia excæcatur. Act. 9. Corpus etiam debilitatur. Ezech. 2. *Vidi, & cecidi in faciem meam.* Gregorius: In quantam

Ps. 49.

Alienatio mētis quibus gradibus ascendat.

miseriam cecidimus, qui ipsum bonum ferre non possumus ad quod creati sumus. Daniel. 10. *Vidi visionem hanc grandem, & non remansit in me fortitudo.*

PARS X.

De duodecim quæ præparant hominem ad diuinorum contemplationem, de octo gradibus secundum Bernard. quibus viri contemplatiui ascendunt. Item de septem gradibus secundum August. & de diuersis speciebus visionum.

IN summa notandum est, quod XII. videntur esse, quæ hominem præparant ad diuinorum contemplationem. Primum est exercitatio in operibus actiua. Non quam citò peccator Deo reconciliatur, dignus est videre eius faciem: *Absalon mansit duobus annis in Ierusalem, & faciem regis non vidit.* 2. Reg. 14. Secundum est puritas. Aaron non intrabat in sancta Sanctorum, nisi prius lotus: Leuit. 16. Matth. 5. *Beati mundo corde, quoniam ipsi Deum videbunt.* Bernardus ad fratres de Monte Dei: Hoc ineffabile quum non nisi ineffabiliter videatur, qui vult videre, cor mundet: quia nulla similitudine corpori dormienti, nulla corporea specie vigilanti, nulla indagine rationis, nisi mundo corde humiliter amanti videri potest vel apprehendi. Tertium est solitudo. Oseæ 2. *Adducam eam in solitudinem, & loquar ad cor eius,* & Gen. 32. legitur de Iacob, quod remansit solus: *Et ecce luctabatur cum eo vsque mane.* Apparuit Dominus Moysi in interioribus deserti. Exod. 3. Bernard. O anima, sola esto, vt illi te solam serues quem ex omnibus elegisti. Item Bernardus: Deus filius verecundus amator est, & non vult sponsæ suæ secreta reuelare in publico. Quæ anima sit sponsa Christi, ostendit Bernard.

super

super Cant. his verbis: *Animam quam videris, relictis omnibus, verbo votis omnibus adhærere, verbo viuere, verbo se regere, de verbo concipere,* puta coniugem. Attende in spirituali matrimonio duo esse genera pariendi, & ex hoc etiam diuersas soboles, sed etiam non aduersas, quum sanctæ matres aut prædicando animas; aut meditando, intelligentias pariunt spirituales. In hoc vltimo genere exceditur, & seceditur etiam à corporalibus sensibus, vt sese non sentiat quæ verbū sentit. Hoc fit cum mens ineffabili verbi illecta dulcedine quodammodo se sibi furatur, imo rapitur atque illabitur à seipsa, vt verbo fruatur, aliter sanè afficitur mens fructificans verbo, & fruens verbo. Illic solicitat necessitas proximi, hic immutat suauitas verbi. Et quidem læta in prole mater, sed in amplexibus sponsa lætior, chara pignora filiorum, sed oscula plus delectāt. Pergat quis forsitan quærere à me verbo frui quid sit. Respondeo: Quærat potius expertum à quo id quærat: aut si & mihi daretur experiri, putas me posse eloqui quod ineffabile est? Audi expertum: Siue, inquit, excedimus mente Deo, siue sobrij sumus vobis, hoc est aliud mihi credo. Solo arbitro Deo, aliud vobis cōmitto. Bonum est saluare multos: excedere autem & in verbo esse multò iucundius, aut quando hoc aut quandiu hoc dulce commercium, sed breue momentum & experimentum rarum. Quartū est desolatio. Deuter. 8. *Afflixit te penuria, & dedit tibi cibum Manna.* Iacob timebat multùm Esau, quando vidit visionem illam, pro qua dixit: *Vidi Dominum facie ad faciem.* Genes. 32. Et Stephanus in tribulatione positus vidit gloriam Dei. Actuum 7. Et Ioannes in exilium relegatus à Domitiano, vidit visiones quæ in Apocalypsi scriptæ sunt. Gregor. super illud Gen. 32. *Vidi Dominum facie ad faciem.* Prius exurente tristitia caligo detergitur, & sic resplendēte raptim incircumscripto lumine mens illustratur, quo in gaudio cuiusdā securitatis absorbetur, & quasi post defectum præsentis vitæ vltra se rapta in quadam nouitate recreatur. Ibi mens ex immenso fonte visionis superno rore aspergitur: ibi non se sufficere ad illud quod rapta est cōtemplatur, & veritatem sentiendo videt: quia quanta est ipsa veritas non videt, cui tanto se longè esse æstimat, quāto appropinquat: quia nisi vllam vtcunque conspiceret, non eam conspicere se non posse sētiret. Quintum est, silentium. Maria tacet, Luc. 7. Pharisæo eam contemnente. Item eiusd. 10. Martha petente eam sibi dari. Et Matth. 26. quum discipuli essent ei molesti pro effusione vnguenti. Ad contemplatiuam pertinet audire verbum internum, quod in taciturnitate magna vult audiri Dauid: *Audiam quid in me loquatur Dominus Deus.* Eccles. 22. *Audi tacens.* In eodem: *Vbi non est auditus, non effundas sermonem.* Thren 3. dicitur de taciturnitate & solitudine: *Sedebit solitarius, & tacebit.* Ibidem: *Bonum est præstolari cum silentio salutare Dei.* Etiam si quis Mariam alloquitur, silenter debet loqui. Ioann. 11. *Martha vocauit Mariam silentio, Magister adest,* &c. Sextum est, gratiarum actio & vox laudis. In Psalm. *Sacrificium laudis honorificabit me, & illic iter quo ostendam illi salutare Dei.* Sex alia tanguntur. Genes. 8. quorum primum est humilitas, quæ tangitur in hoc quod Dominus dicitur apparuisse Abrahæ in conualle Mambre. Interl. Apparet Deus humilibus. Mambre interpretatur claritudo, vel perspicuitas. Conuallis Mambre, est duplex humilitas: cordis scilicet, & corporis, in qua clarius Deus videtur. Bernardus. Superbo oculo Deus non videtur, syncero patet. Idem: Quisquis curiosus est scire quid sit hoc verbo frui. Para illi non aurem, sed mentem: non docet hoc lingua, docet gratia: absconditur hoc à sapientibus & prudentibus & reuelatur paruulis. Magna, fratres, magna & sublimis virtus, humilitas quæ promeretur quod non docetur, &

Psal. 84.

Psal. 49.

Dona humilitatis Deo grata.

digna adipisci quod non valet addisci: digna à verbo & de verbo concipere, quod suis ipsa verbis explicare non potest. Locus Mariæ erat ad pedes Christi, Luc. 7. *Stans retro secus pedes*, &c. Eiusd. 10. *Quæ sedens secus pedes, &c.* Ioann. 11. *Videns eum, cecidit ad pedes eius.* Eiusd. 12. *Vnxit pedes Iesu.* Et Ioan. 20. Voluit tangere pedes eius, sed non est permissa. *Noli*, inquit, *me tangere.* Gloss. Hic inuenitur quod pedes eius amplecti voluit. Item Matth. vlt. dicitur de ipsa & socia eius: *Accesserunt & tenuerunt pedes eius.* Secundum est quies, quod tangitur ibi. *Sedenti, &c.* Thren. 3. *Sedebit solitarius, &c.* Ioann. 11. *Maria autem domi sedebat.* Gen. 28. *Vidit Iacob in somnis scalam.* Hanc visionem videt Iacob dormiens in itinere. Augustinus: In itinere dormire, est in via huius seculi ab impedimento secularium actionum quiescere. De somno isto legitur: Cant. 5. *Ego dormio, & cor meum vigilat.* Sap. 8. *Intrans in domum meam conquiescam cum illa.* Tertium tangitur cum dicitur, in ostio tabernaculi. Ostium tabernaculi, est exitus de corpore isto. In ostio tabernaculi sedent qui mortem habent in desiderio, & vitam in patientia. Iacob luctante cum Angelo neruus emarcuit. Gen. 32. Amor enim præsentis seculi deficere debet in viris contemplatiuis. Gregor. Iacob qui cum Angelo contendit, contemplatiui viri animam exprimit, quæ cum Deum contemplari nititur, velut in certamine: modo quasi superat, quia intelligendo & sentiendo de incircumscripto lumine aliquid gustat: modo verò succumbit, quia degustando iterum deficit. Quasi ergo vincitur Angelus, quando intellectu intimo apprehenditur Deus. Sed notandum quod idem victus neruum tetigit, & marcescere fecit, & ex tunc Iacob vno pede claudicauit: quia omnipotens Deus, cum per desiderium & intellectum cognoscitur, voluptatem carnis arefacit: & qui prius quasi duobus pedibus nitetes & Deum videbatur quærere, & seculum tenere, post agnitionem suauitatis Dei, vnus in nobis pes sanus remanet, alter claudicat; quia debilitato amore seculi, solus amor Dei coualescit. Quartum est, feruor charitatis, quod tangitur ibi: *In feruore diei, Aaron cum igne & thymiamate intrat in Sancta sanctorum.* Leu. 16. Aug. in lib. Soliloq. Sapientiam castissimo conspectu atque complexu, nullo interposito velamento, quasi nudam videre ac tenere desideras, qualem se illa non sinit, nisi paucis & electis amatoribus suis. An verò si alicuius pulchræ fœminæ amore flagrares, iure se tibi non daret, si aliud à te quicquam præter se amari comperisset. Sapientiæ castissima pulchritudo, se tibi, si in solam arseris, demonstrabit. Quintum est, cordis eleuatio, quæ est meditando de supernis, quod tangitur ibi: *Cumque eleuasset oculos Christus, in monte trãsfiguratur:* Matt. 17. & Marc. & Luc. 6. Num. 13. *Cum veneritis ad montes, considerate terram qualis sit.* Eiusd. 27. *Ascende in montem istum Abarim, & contemplare terram quam daturus sum filiis Israël.* Deut. 3. *Ascende cacumen Phasge, &c.* In Psal. *Memor fui Dei, & delectatus sum.* Sap. 6. *Cogitare de illa, sensus est consummatus.* Loquitur de sapientia increata. Sextum est, oratio, quod tangitur ibi: *Ne transeas seruum tuum*, Iesu orante, *apertum est cœlum.* Luc. 3. Item: *Eodem orante facies eius facta est altera.* Luc. 9. Oratione dilectus est aduocãdus, tenendus & reuocandus. Bern. super Cant. Dicamus Verbum Dei, Deum sponsum animæ, & venire ad animam, & iterum dimittere eam, tantum vt sensu animæ non verbi motu ista fieri sentiamus, v. g. Cùm sentit gratiam, agnoscit præsentiam: cum non absentiam quærit & rursum præsentiam quærit. Verbo abeunte, vna interim & continua animæ vox, continuum desiderium eius. Ideo subtraxit se vt auidius reuocaretur, teneretur fortius. Præteriens teneri vult, abiens reuocari. O modicum non modicum, ô modicum longum. Pie Domine, modicum dicis, quod non videmus te. Saluum fit verbum Domini mei, longum est multum valde nimis. Veruntamen vtrumque verum & modicum meritis, & non modicum votis. Quomodo non tardabit si moram fecerit, nisi quoad meritu. Plusquam satis est, non est tamen satis ad desiderium. Prodar sane vt prosim: & si profeceritis vos, meam insipientiam consolabor. Fateor, & mihi aduentasse verbū in insipientia: dico pluries, & interdum potui sentire. Introitum ego sentire nunquam, sed ne exitum quidē. An forte nec introiuit, nec de foris venit: porrò nec de intra me venit, quoniam bonum est, & scio quia non est in me bonum: ad Rom. 7. Si aspexi foras, exterius comperi illud esse. S. irus, etiam ipsum interius erat. Et cognoui verum esse quod legeram: *Quia in ipso viuimus, mouemur & sumus.* Actor. 17. Tantum ex motu cordis intellexi præsentiam eius. Cœpit eum euellere & destruere, ædificare & plantare, rigare arida, tenebrosa illuminare, clausa reserare, frigida inflammare, & hoc mihi signum ascensionis eius. Tristis necesse sit anima mea, donec iterum reuertatur, & recalescat cor meum. Diuina bonitas lumen suum, secundum beneplacitum suum viris contemplatiuis ostendit, Iob 36. *In manibus abscondit lucem, & præcepit ei vt rursus aduenat.* Annunciat de ea amico suo, quod possessio eius sit, & ad eam possit ascendere. Ascensus contemplatium Dei virtute sic. Eiusd. 39. *Nunquid ad præceptum tuum eleuabitur aquila?* Glos. Hoc loco nomine aquilæ, subtilis sanctorum intelligentia, & subtilis eorum cōtemplatio figuratur. Aquila enim acute videt, & alte volat: In Psal. *Super excelsa statuit me.* Esa. 58. *Sustollam te super altitudinem nubium, & cibabo te hæreditate Iacob patris tui.* Deus dux & doctor est contemplantium. Prou. 30. *Tria sunt mihi difficilia, & quartum penitus ignoro. Viam aquilæ in cælo.* Quæ dicta sunt præparatiua ad diuinorum contemplationem, tangit Bern. his verbis. Quæ oculos mentis emundant, vt ad lumen verum subleuari possint, hæc sunt:

Secularis curæ abscissio, carnis afflictio, cordis contritio, frequens & pura delicti confessio, & lauacrum fletus. Et cum foris missa fuerit omnis immunditia, sursum eos attollunt meditatio admirabilis essentiæ Dei, & castæ veritatis inspectio, oratio munda & valida, iubilus laudis, & desiderium ardens in Deum.

De octo gradibus secundum Bernardum, quibus viri contemplatiui ascendant.

ITem Bernardus distinguit VIII. gradus quibus viri contemplatiui ascendunt, loquens fratribus de monte Dei. Primus est, perfecta obedientia. Secundus est, corpus suum in seruitutem redigere. Tertius est, vsu boni consuetudinem vertisse in dilectionem. Quartus est, intelligere quæ in doctrina fidei apponuntur ei. Quintus est, talia præparare qualia apponuntur. Sextus est, cum in affectum mentis transit iudicium rationis. Septimus est, reuelata facie speculari gloriam Dei. Octauus est, transformari à claritate in claritatem, quasi à Domini spiritu.

De septem gradibus secundum Augustinum.

AVgustinus verò VII. gradus tangit in lib. de quantitate animæ, in quorum vltimo ponit contemplationem. Ad primum gradum pertinent operationes homini cum arbustis communes, vt quod anima præsentia sua corpus viuificat, colligit in vnum, & in vno tenet, defluere & contabescere non sinit, alimenta per membra distribuit, congruentiam corporis & modum seruat, & non tantum in pulchritudine, sed etiam in crescendo & gignendo. Ad secundum gradum pertinent operationes communes, homini & brutis, vt sentire & moueri. Ad tertium gradum pertinent operationes propriae homines, communes tamen bonis & malis: vt agros colere, vrbes construere, & loqui futura, ex praesentibus coniicere. In quarto gradu omnis bonitas incipit, & omnis vera laudatio: ad hunc gradum pertinent opera virtutum. In hoc gradu anima se non solum suo corpori, sed etiam vniuerso corpori audet praeponere, & bona eius sua non putare, atque potentiae pulchritudinique suae comparata contemnere, & à sordidis se abstrahit, totamque emaculat, & haec pertinere videntur ad virtutem temperantiae. Item roborat se aduersus omnia quae à proposito & sententia mouere moliuntur, hoc ad fortitudinem. Item societatem humanam magnipendit: nihil vult alteri quod sibi nolit accidere, hoc est ad iustitiam. Sequitur auctoritatem & praecepta sapientium, & per hoc sibi loqui Deum credit, hoc ad prudentiam. In hoc praeclaro actu animae inest adhuc labor, & contra huius mundi molestias atque blanditias magnus conflictus. Ad quintum gradum pertinet vt anima ab omni labe libera maculisque lota in hoc statu se teneat. Aliud enim est efficere, aliud tenere puritatem, vt ait August. alia prorsus actio quae se inquinata reintegrat, & alia quae non patitur rursum inquinari. Tunc ingenti quadam & incredibili fiducia pergit in Deum, i. in ipsam contemplationem veritatis, & illud, propter quod tantum laboratum est, altissimum & secretissimum praemium. Sextus ergo erit iste actionis gradus. Aliud enim est mundari ipsum oculum animae, ne frustra & temere aspiciat, aliud ipsum custodire, & firmare sanitatem, aliud iam serenum atque rectum aspectum in illud quod est videndum dirigere. Quod qui prius volunt facere, quàm mundati & sanati fuerint, luce reuerberantur veritatis. Septimus & vltimus animae gradus, est visio & contemplatio veritatis: neque est iam gradus, sed quaedam mansio. Primus actus dicatur animatio. Secundus, sensus. Tertius, ars. Quartus, virtus. Quintus, tranquillitas. Sextus, ingressio. Septimus, contemplatio. Et notandum quod ad Dei contemplationem non admittitur homo nisi innouatus: vnde de ascensu contemplationis verum est illud Ioan. 3. *Nemo ascendit in caelum, nisi qui de caelo descendit.* Vnde cautè locutus est Apost. 2. Cor. 12. Scio, inquit, *hominem in Christo, &c. raptum huiusmodi vsque ad tertium caelum.* Non raptus fuisset, nisi in Christo, id est, in Christi conformitate fuisset.

De triplici species visionis.

ET distinguuntur ibi in glossa tres species visionis, scilicet corporalis, imaginaria, & intellectualis. Corporalis est, cum quaedam corporaliter videntur Dei munere, quae alij videre nequeunt: vt Balthasar vidit manum scribentem in pariete. Daniel. 5. Imaginaria est, quando aliquis in extasi vel in somno videt non corpora, sed imagines rerum Dei reuelatione, vt Petrus vidit discum. Act. 10. Visus intellectualis est, quando nec corpora, nec imagines eorum videntur: sed in corporeis substantiis intuitus mentis mira Dei potentia figitur. Talis fuit visio Pauli. Et videtur secundum August. quod ipse viderit Deum facie ad faciem. Aug. Cur non credamus quòd tanto Apostolo doctori gentium rapto vsque ad excellentissimam visionem, voluit Deus demonstrare vitam in qua post hanc videndus est in aeternum? Et secundum hoc illud Exod. 33. *Non videbit me homo, & viuet:* exponendum erit de homine humano modo viuente, secundum illud Aug. in lib. de Trinit. Videri, inquit, diuinitas humano visu nullo modo potest, sed eo visu videtur quo iam qui vident, non homines, sed vltra homines sunt. Et super Exod. 33. dicit gloss. Gregor. in hac carne viuentibus, inaestimabili virtute crescentibus contemplationis acumine, potest aeterna Dei claritas videri : non tamen videbit homo, & viuet; quia qui sapientiam quae Deus est, videt, huic vitae funditus moritur, vt Dei amore teneatur : qui raptus est, sensu non vtitur. Vnde narrat August. de quodam sacerdote, qui quando audiebat aliquod dilectabile, prae gaudio statim quasi mortuus erat, & appositum ignem corpori non sentiebat. Item. Bern. ad fratres de Monte Dei, loquens de verbo illo Iob 36. *Abscondi lucem in manibus.* Videtur dicere quod Deus in contemplatione videatur sicut ipse est. Electo, inquit, & dilecto Dei vicissim lumen vultus Dei ostenditur, sicut lumen clausum in manibus, patet & latet ad arbitrium tenentis : vt per hoc quod quasi in transcursu vel in puncto videre permittitur, inardescat animus ad plenam possessionem luminis aeterni & haereditatem plenae visionis Dei. Cui vt innotescat aliquatenus id quod ei deest, nonnumquam quasi pertransiens gratia perstringit sensum amantis, & eripit eum sibi, & rapit in diem; qui est à multitudine rerum ad gaudia caelestia; & pro modulo suo ad momentum & punctum idipsum ostendens ei videndum sicuti est. Interim etiam ipsum efficit in idipsum, vt sit suo modo sicuti illud est : vbi cum didicerit quid sit inter mundum & immundum, redditur sibi, & remittitur ad mundandum cor ad visionem, ad aptandum animam ad similitudinem, vt si aliquando rursum admittatur, sic purior ad videndum, & stabilior ad fruendum. Numquam enim melius deprehenditur modus humanae imperfectionis, quàm in lumine vultus Dei, in speculo diuinae visionis. Idem in eadem epist. Deus semper quaeritur, vt dulcius inueniatur : dulcissimè inuenitur, vt diligentius quaeratur. Hoc ergo ineffabile cum non nisi ineffabiliter videatur, qui vult videre, cor mundet, & subditur : Haec est facies Dei quam nemo potest videre, & videre mundo. Item Augustin. in lib. Soliloqu. Quando fueris talis vt nihil prorsus terrenorum te delectet, mihi crede, eodem momento, eodem puncto temporis videbis quod cupis. Quaedam ad contemplationem vtilia, require in tractatu Spei, cap. de rebus sperandis.

Pars XI.

De Dono intellectus.

Notandum quod donum intellectus, secundum quosdam, dicitur gratia intelligenda salubres significationes signorum naturalium vel positiuorum. Ad quod facit quod dicit Dominus discipulis Mat. 10. quaeretibus vt edisseret eis parabolam: *Adhuc*, inquit, *& vos sine intellectu estis.* Credebant mysticum quod erat propriè dictum. Vnde non habebant notitiam circa mysteria parabolarum. Item eiusdem 15. cum discipuli ad literam intelligerent illud quod Dominus dixerat, *Cauete à fermento Pharisaorum* : reprehendit eos Dominus, dicens; *Nondum intelligitis, &c.* Item ad idem facit quod legitur Dan. 10. *In visione opus est intelligentia.* Item in Psalm. *Nolite fieri sicut equus & mulus, quibus non est intellectus.* Equus & mulus à foris manent in rebus sensibilibus exteriora solum videntes, interiora non agnoscentes. Ad idem facit quod dicit Gregor. super illud Iob 1. *Filij eius faciebant conuiuia, &c.* Intellectus, inquit, in die suo pascit, dum de auditis cor illustrat. Item super illud Iob 1. *Ventus vehemens irruit à regione deserti.* Spiritus mentem instruit contra habetudinem. Intellectu animus hebes est quo rebus haeret, à foris non ingrediens ad significata earū: quam hebetudinem donū intellectus expellit. Vnde dicitur intellectus, quasi interna lectio. Hoc donum non habuerunt Philosophi, qui visibilia huius mundi non acceperunt vt signa, sed quasi materialiter: qui arguuntur, Sap. 13. *Si enim*

Doni intellectus descriptio

Psal. 31.

Kkk iij

tantum potuerunt scire vt possent æstimare seculum, quomodo huius Dominum facilius non inuenerunt? Ipsi similes fuerunt pueris qui in libris pulchris & deauratis literarum pulchritudinem mirantur, de his quæ scriptura significat non curates Aug. in lib. de lib. arb. Admirator creaturarum & eis inhærens, non admirans artificem, similis est homini qui syllabas decenter ornatas, miratur, & in eis adhæret relicto sententiæ principatu. Signa naturalia sunt omnes creaturæ. Omnes enim nobis loquuntur Dei laudem & nostram eruditionem. Deus enim effudit sapientiam super omnia opera sua. Eccles. 1. Iob 12. *Nimirum interroga iumenta, & docebunt te: & volatilia cæli, & indicabunt tibi. Loquere terræ, & respondebit tibi, & narrabunt ea pisces maris.* Salomon sapientiam quæsiuit tam in herbis, quàm in arboribus, etiam in animalibus. Disputauit enim ab hysopo vsque ad cedrum, & de omnibus generibus animalium, per singula proponens parabolam. Et Arist. interrogatus à quo tot & tanta didicisset? Respondit: A reb. quæ mentiri non norunt. Aug. in lib. de arb. Quocunq; te vertis, veritas vestigiis quibusdam quæ operib. suis impressit, loquitur tibi, & te in exteriora relabentem ipsis exteriorum formis intus reuocat. Sap. 13. *A magnitudine speciei & creaturæ cognoscibiliter potest creator earum videri.* Ad Roman. 1. *Inuisibilia Dei à creatura mundi per ea quæ facta sunt intellecta conspiciuntur.* Ad donum intellectus secundum hanc acceptionem pertinent parabolæ euangelicæ, & alia mystica quæ in scriptura inueniuntur. Bern. in Sermonibus, loquens de apparitionib. Christi post resurrectionem: In spiritu intellectus aperuit eis sensum, vt intelligerent scripturas. Vnde secundu hoc illud quod dicit Aug. in lib. de doct. Christ. Quod cognitio sacræ Scripturæ pertinet ad donum scientiæ non est intelligedum vniuersaliter: sed solum de illa parte scripturæ quæ de miseria humana loquitur. Signa positiua sunt, vt quæ sub veteri lege vel noua sunt instituta. Ad donum igitur intellectus pertinet intelligere ea quæ creaturæ nobis naturaliter significant: quæ significatio maximè est ratione similitudinis. Et secundum hoc creaturæ sunt quasi libri naturales, sed velut libri factitij, in quibus per donum intellectus legimus quæ ad nostram salutem pertinent, sunt vt formæ Ecclesiarum, & situs, & ornatus. Item habitus personarum Ecclesiasticarum: & ornatus earum in suis mysteriis. De diuersis libris in quibus homo legere debet, require in Sermonibus epistolarum de verbo illo: *Quæcunque scripta sunt, ad nostram doctrinam scripta sunt.* Secundum aliquos verò, donum intellectus dicitur lumen quo inuisibilia cognoscuntur. Ad quod videtur facere quod legitur in 5. libr. Bern. de consideratione, vbi ipse distinguit inter intellectum, fidem & opinionem, vnumquodque eorum describens. Fides, inquit, est voluntaria quædam & certa prælibatio nedum propalatæ veritatis. Intellectus est, rei cuiuscunque inuisibilis certa & manifesta notitia. Opinio est, quasi pro vero hebere aliquid quod falsum esse nescias. In eodem: Intellectus rationi innititur, fides auctoritati, opinio sola verisimilitudine se tuetur. Idem August. in lib de Vtilitate credendi: Quod credimus, habemus auctoritati; quod intelligimus, rationi: quod erramus, opinioni. Item Aug. in quodam serm. de Timore. Sextus, inquit, gradus est intellectus vbi ab omni falsitate carnalis vanitatis corda mundantur, vt pura intentio dirigatur in finem: propterea & sexto loco dicitur: *Beati mundo corde.*

Pars XII.

De Dono Sapientiæ.

Sapientia quandoque largè sumitur, scilicet pro sapida scientia: secundum illud Eccles. 6. Sapientia doctrinæ secundum nomen eius, sapidam scientiam habet, cui res quas agnoscit sapiunt, vt debent: quando scilicet mala culpæ sunt ei amara; bona temporalia, vilia; spiritualia, chara. Bern. in serm. Inuenisti sapientiam, si prioris vitæ peccata defleas, si huius seculi desiderabilia paruipendas, si æternam beatitudinem toto desiderio concupiscas. Inuenisti sapientiam, si tibi horum singula sapiunt prout sunt. Quandoque sapientia strictè sumitur pro cognitione æternorum secundum illud Aug. in li. de Trin. Hæc est, inquit, sapientiæ & scientiæ recta distinctio, vt ad sapientiam pertineat æternarum rerum cognitio intellectualis, ad scientiam vero temporalium rerum cognitio rationalis. Et secundum hanc acceptionem sapientia non est omnino diuersa à dono intellectus. Strictius etiam sumitur sapientia pro cognitione suauitatis diuinæ per experientiam habita, & sic à dono intellectus est diuersa: differt à dono intellectus in hoc, quod sapientia tantum veritati æternæ contemplandæ intendit. Intelligentia vero non modo de æternis est, sed etiam de rebus inuisibilibus & spiritualibus temporaliter exortis. Isid. in li. differentiarum: Sapientia tantum modo æterna contemplatur. Item intellectu intelligibilia capimus tantum. Sapientia vero non modo capimus superiora, sed etiam incognitis delectamur. Donum sapientiæ habebat Auguft. dicens lib. 10. Conf. Aliquando, inquit, intromittis me in affectum multum inusitatum, introrsum nescio quam dulcedinem, quæ si perficiatur in me, nescio quid erit quod vita isti non erit. Sed recido in hæc ærumnosis ponderibus, & resorbeor solitis, & teneor, & multum fleo. Sed multum teneor quantum consuetudinis sarcina digna est. Hic esse valeo, nec volo: illic volo nec valeo, miser vtrobique. Quasi per auditum cognitionem habet suauitatis diuinæ qui credit illi verbo Ecclesiast. 24. *Spiritus meus super mel dulcis*. Vel illi: *Quàm magna multitudo dulcedinis tuæ Domine*. Cognitio quę habetur per donum intellectus, est quasi cognitio per visum; cognitio vero quæ habetur per donum sapientiæ, est quasi cognitio per gustum. In Psal. *Gustate, & videte quoniam suauis est Dominus*. Donum sapientiæ tranquillat mentem, & reficit. Greg. Ab intellectu ascenditur ad sapientiam, vt hoc quod acutè intellectus inuenit, sapientia maturè disponat. Gl. super Matth. 5. In septimo est sapientia: id est contemplatio veritatis pacificans totum hominem. Aug. in serm. de Timore: Cum in finem peruentum fuerit, iam requiescitur. Et finis, nisi Christus, qui est finis legis ad iustitiam? Et sapientia Dei quis, nisi Christus? Propter hoc, sicut septimo posita est sapientia, sic septimo ponitur, *Beati pacifici*. De sapientia dicit Greg. super Iob. 1. Sapientia in diem sua pascit, dum de æternorum spe & certitudine mentem reficit.

QVINTÆ PARTIS PRINCIPALIS,
Tractatus de Beatitudinibus.

PARS PRIMA.

De dicendorum ordine in isto tractatu. Et de descriptione Beatitudinis.

VLTIMO dicendum est de beatitudinibus, de quibus habetur Matt. 5. de illis verò hoc modo dicetur. Primo ostenditur quid sit beatitudo prout hîc sumitur. Secundo tangentur quædam attendenda & admiranda circa doctrinam illam Saluatoris, in qua gratiæ illæ quæ dicuntur beatitudines nobis commendantur. Tertio de singulis agetur per ordinem.

Circa primum notandum, quod beatitudo, prout hîc sumitur, sic potest describi: Beatitudo est gratia non cuicunque, sed verè sapienti nota, faciens ad suauitatem conscientiæ, propinqua gloriæ. Et videtur posse sumi hæc descriptio ex eo quod dicit Ambros. in li. de offic. Dico, inquit, beatam vitam consistere in altitudine sapientiæ, suauitate conscientiæ, virtutis sublimitate. Quod dictum est: Beatitudo est gratia non cuicunque, sed verè sapienti nota: sumi potest ex eo quod dicit beatam vitam consistere in altitudine sapientiæ. Ad eos qui habent profundam sapientiam pertinet cognoscere quod paupertas hominem beatum efficiat: & sic de ceteris gratiis quas Dominus commēdat. Bern. in sermonibus: Quid tam absconditum quàm paupertatem esse beatam? Matt. 11. *Abscondisti hæc à sapientibus & prudentibus*. A sapietibus, inquam, huius mundi. Quod dictum est, Faciens ad suauitatem conscientiæ, sumi potest ex eo quod Ambr. dicit, in suauitate conscien-tiæ beatam vitam consistere. Paupertas & ceteræ gratiæ quas Deus commendat, videntur habere miseriam vel antecedentem, vel concomitantem, vel esse ipsa miseria: tamen secundum veritatem, ad suauitatem seu tranquillitatem conscientiæ faciunt. Quod dictum est: Propinqua gloriæ, potest sumi ex hoc quod Ambr. dicit virtutus sublimitate. Virtus sublimis, est virtus perfecta, virtus perfecta est virtus propinqua fini suo, siue gratia propinqua gloriæ. Beatitudo prout hîc sumitur, est beatitudo viæ & ideo est beatitudo semiplena. Plena enim beatitudo erit patriæ, quam notificat Aug. in Ench. dicens: Ille beatus est qui omnia quæ vult habet: nec aliquid vult quod non decet. In eo in quo sunt gratiæ illæ quas Dominus commendat, iam est impletum illud, Non aliquid vult quod non decet. Illud verò: Omnia quæ vult habet, quantum ad bona transitoria videtur esse impletum, quùm ipse ea contemnat, & amplius etiam de illis habeat quàm velit: quantum verò ad vera bona quæ sunt futura, non est hoc in eo impletum: quodammodo tamen habet ea, scil. in spe, etsi non in re. Ferè etiam habet ea in re, propinquitate vel facilitate perueniendi ad ea. Vnde & pauperum spiritu, & eorum qui persecutionem patiuntur propter iustitiam dicit Dominus iam esse regnum cælorum.

Pars II.

De quinque attendendis & admirandis circa doctrinam illam quæ est compendium nouæ legis.

Circa secundum notandū quod quinque sunt attendenda & admiranda circa dictam doctrinam quæ compendium est nouæ legis. Explanatio vero eius subditur in aliis quæ dicit Dominus in illo sermone, sicut patet ex glossa. Vnde super illud: *Ascendit in montem*, dicit gloss. in hoc monte nouum testamentum in cordibus filiorum scribit, incipiens à beatitudine, qui in monte Sinai vetus testamentum in lapidibus seruis dedit, incipiens à timore. Et alia gloss. dicit. Sicut Moyses decem præcepta proponens postea per partes explicat: sic Christus quasi virtutum genera octo beatitudines proponit, ex quibus pendet quę in monte dixit: Primum attendendum & admirandum circa doctrinam illam, est: legislatoris benignitas. Secundum, eiusdem auctoritas. Tertium, doctrinæ sublimitas. Quartum, sententiarum extraneitas. Quintum, doctrinæ integritas. Benignitas legislatoris in hoc apparet, quod ipse nec præcipit, nec prohibet, nec comminatur, sed dulcedine mercedis temperat difficultatem laboris. Vnde lex eius bene potest intelligi illa lex clementiæ, de qua dicit Salomon in fine Prou. loquens de sapiente muliere: *Os suum aperuit sapientiæ, & lex clementiæ in lingua eius*. Vere non est similis illi in legislatoribus. Iob. 36. Non sunt similes ei qui multitudine præceptorum & prohibitionum subditis suis obstruunt viam paradisi, & comminationes multas eis facientes non dant locum timori Altissimi. Auctoritas legislatoris maxima est. Ipse enim iudex est qui hanc legem dat. Ideo magna securitas est his qui eam obseruāt. Iob. 31. *Quis mihi tribuat auditorē, vt desiderium meum audiat Omnipotens, & librum scribat ipse qui iudicat, vt in humero meo portem illum?* In humero portare, est secundum Greg. scripturam operatione perficere. Ad doctrinā istam pertinet illud Eccl. 24. Ego ex ore Altissimi prodij. Si vestes quæ tetigerunt Saluatorem pro reliquiis habentur, quare verba quæ processerunt de ore eius pro reliquiis non habētur? Nullum verborum illorum negligendum esset. In Psal. *Folium eius non defluet*. Diligenter essent audienda verba illa & memoriæ infigenda. Eccl. 8. *Ego os regis obseruo*. Credendū est quod verba ipsius magnæ sint virtutis. Illi enim specialiter dicitur in Psal. *Diffusa est gratia in labiis tuis*. Et Luc. 4. *Mirabantur omnes in verbis gratiæ quæ procedebant de ore illius*. Et Cant. 5. *Anima mea liquefacta est, vt dilectus locutus est*. Sublimitatem doctrinæ. Christus ostendere voluit in hoc quod doctrinā illā in monte tradidit. Vnde glos. super illud, *Ascendit in montē*. Altiorē, inquit, docturus iustitiam, quàm illam quæ est Scribarum & Pharisæorum. Item alia gl. *Ascendit in montem*, vt altiora virtutum culmina doceret. Proposuit Dominus in monte illo abscondita cælestis ethicæ. Vnde impletum fuit illud: *Aperiam in parabolis os meum, eructabo abscondita à constitutione mundi*. Matth. 13. Et est sumptum in Psalm. Ibi tradidit regulas viuendi quæ ad regimen totius mundi sufficerent, si secundum eas regere se vellet. Ibi tradidit principia moralis philosophiæ, quibus veritas vitæ demonstratur, & æterna felicitas non tam infertur quàm confertur. Ibi sol intelligentiæ velut octo radios ex se emisit ad Ecclesiæ illuminationem. Ibi fons sapientiæ, verbum scilicet Dei in excelsis. Eccles. 1. Nouum testamentum velut quendam fluuium paradisi emisit: vt tangitur in Gl. Hic est torrens ille, de quo Es. 47. *Vincnt omnia ad quæ venerit torrens*.

Psal. 1.

Psa. 44. sublimitas Doctrinæ Christi in mon-te.

Ad hunc fluuium pertinet illud Eccl. 34. *Ego quasi fluuius Dorix, & quasi aquæ ductus exiui de paradiso.* Dorix interpretatur medicamentum generationis. Os illud cuius apertionem Matthæus commemorat, veræ vena vitæ fuit. Prou. 10. *Vena vitæ os iusti.* Lex vetus promittebat suis obseruatorib. benedictione temporalis prosperitatis, & transgressoribus comminabatur maledictionem temporalis aduersitatis. Deut. 28. Sed lex noua obseruatores suos beatos prædicat. Magis enim Deo assimilat quàm illa. Quantò verò aliquis Deo similior est, tanto in maiori tranquillitate est. Vnde super illud Ierem. 17. *Ego autem non sum turbatus te pastorem sequens,* dicit Gloss. Quantò magis Christum sequeris, tanto minùs turbaris. In doctrina illa erexit nobis Christus scalam mirabilem, cuius vtraque extremitas tangit cælum. In commendatione enim primæ beatitudinis & vltimæ dicitur: *Quoniam ipsorum est regnum cælorum.* Quomodo regnum cælorum sit pauperum spiritu, & quomodo eorum qui persecutionem patiuntur propter iustitiam, dicetur quum de illis beatitudinibus specialiter agetur. Sententiæ illius doctrinæ valde extraneæ sunt à sententiis sapientiæ mundanæ, quæ miseros iudicat quos illa doctrina beatificat. Sunt enim octo illa verba quasi octo positiones, ipsius ducis philosophiæ : Positiones, inquam, extraneissimæ, sed tamen verissimæ. Causa quare sapientia Dei adeo extraneum iudicium habeat à iudicio mundanæ sapientiæ hæc est: quia lumen sapientiæ diuinæ magis est sufficiens ad visionem eorum quæ sunt prope, & eorum quæ sunt longe. *Attingit enim à fine vsque ad finem.* Sap. 8. Lumen vero mundanæ sapientiæ modicum est, non sufficiens nisi ad visionem præsentium. Sapientia mundana superficialiter solùm res aspicit: sapientia vero Dei interiora penetrat, ideo suauitaté inuenit quâ non inuenit sapientia mundi. Simia, si loqui posset, nucem amaram diceret propter corticis amaritudinem. Qui vero nucem frangit, & ad nucleum peruenit, dulcedinem in nuce inuenit. Doctrina illa integra est quantum ad principia moralis sapientiæ. Licet anima multas conditiones in rebus attendat, tamen specialiter ipsa sapiens iudicat secundum conditiones quæ sunt, bonitas & malitia: Anima enim sapiens est, si bona & mala sapiunt ei vt debent. Bernardus in sermonibus: Inuenisti sapientiam, si tibi horum singula sapiunt prout sunt. Perfecte ergo principia moralis doctrinæ tradi videntur in illis octo verbis in quibus anima ad bonum & ad malum perfectè ordinatur. Ad bonum ordinate se habet, si modica bona modicum diligat, si vera bona esuriat & sitiat; & si eis ita adhæreat, vt nullâ pœnâ ab eis separari valeat. Ad primum pertinet illud: *Beati pauperes spiritu, &c.* Ad secundum illud: *Beati qui persecutionem, &c.* Ad tertium: *Beati qui persecutionem, &c.* Ad bonum quis ordinate se habet, si nulli malum inferat, si sibi illatum vel gratis assumptum æquanimiter ferat: si alij illatum pro posse auferat, si studiose cauet, vt nec inquinetur malo culpæ, nec perturbetur malo pœnæ. Ad primum pertinet illud: *Beati mites.* Ad secundum illud: *Beati qui lugent.* Ad tertium illud: *Beati misericordes*: Ad quartum illud: *Beati mundo corde.* Ad quintum illud: *Beati pacifici.* Secundum Gloss. in septem primis est perfectio: in octaua, perfectionis ostensio. Ad perfectionem duo pertinent, scilicet purgari à noxiis, & impleri bonis. Purgari verò à noxiis, est prius naturaliter. Augustinus; Bono implendus es, funde malum: paupertas spiritus, & mansuetudo fundunt malum. Paupertas spiritus fundit mala illa quæ veniunt nobis à bonis quæ intra nos sunt, scilicet solicitudinem seculi & amorem: Mansuetudo vero fundit mala illa quæ veniunt nobis ab his quæ contra nos sunt. Expellit enim perturbationes quas in nobis faciunt aduersa

Sapientiæ diuinæ & mundanæ differentia

Quinque vero beatitudines sequentes pertinent ad repletionem boni. Duplex est enim bonum præter bonum delectabile: scilicet bonum expediens, vt est medicina, vel incisio propter salutem corporis facta, & bonum simpliciter. Ad bonum expediens pertinet illud: *Beati qui lugent.* Qui enim habet gratiam lugendi, renuit côsolari, eligens hîc salubriter cruciari vt possit sanari in futuro, & possit veraciter delectari. Ad bonum simpliciter pertinent quatuor sequentes beatitudines. Duæ primæ ad actiuam, & duæ aliæ ad contemplatiuam. Illud: *Beati qui esuriunt, &c.* pertinet ad bonum ad quod tenemur. Illud: *Beati misericordes*, ad bonum ad quod non tenemur. Aliarum duarum quæ pertinent ad contemplatiuam, prior pertinet ad intellectum, posterior ad affectum. Item prima septem beatitudinum quæ pertinent ad perfectionem animæ, expedit vim concupiscibilem, scil. paupertas spiritus: mansuetudo vero expedit vim irascibilem. Vis vero rationalis, postquam cor expeditum est ab amore mundi per paupertatem spiritus, & perturbationibus iræ per mansuetudinem vacare potest & videre statum in quo homo est. Quam visionem sequitur luctus: quia qui opponit scientiam, apponit & dolorem. Eccl. 1. Luctus vero purgat mentem, reliquias infirmitatis expellens, & infectionem palati spiritualis, quæ erat de febre iniquitatis, remouens. Ideo post luctum bene sequitur esuries iustitiæ: sicut homo perfecte purgatus & sanitati corporali restitutus esurire solet. Et notandum quod non tam cito animus perfecte sanatur quod cito peccatum ei remittitur. Vnde Aug. 14. lib. de Trinit. Sicut aliud est febrem, aliud infirmitatem febre factam curare. Item, aliud est telum de corpore demere, aliud vulnus eo factum secunda curatione sanare: Ita aliud est causa afferre languoris, quod per indulgentiâ fit omnium peccatorum: aliud ipsum languorem curare, quod paulatim proficiendo fit in renouatione huius imaginis. Primum facit Deus per se & secum: secundum facit Deus per hominem & cum homine. Ideo dicitur in Psalmo: *Qui propitiatur omnibus iniquitatibus tuis, & sanat omnes infirmitates tuas.* Sanare infirmitates numeratur quasi diuersum cum eo quod est propitiari iniquitatibus: quia vero esuriens & sitiens iustitiam, ex fragilitate quandoque cadit, saltem venialiter: *Septies enim cadet iustus.* Prouerbior. vigesimo quarto. Necessaria sunt homini opera misericordiæ quibus homo se abluat. Luc. 11. *Verumtamen quod superest, date eleemosynam, & omnia munda sunt vobis.* Sexto vero loco recte ponitur munditia cordis præparans ad Dei visionem, cum omnia præcedentia vel indicatiua sint, vel effectiua munditiæ, esuries & sitis eam indicant, cætera eam efficiunt. Visionem vero Dei sequitur gustatio diuinæ suauitatis: qua degustata animus amore & desiderio eius capitur, & propter hoc auertit se & abrumpit ab aliis vt Deo totaliter vacet. Gustato enim spiritu, vt ait Aug. desipit omnis caro, vnde talis studet paci faciendæ & conseruandæ in se, sciens quod in pace factus est locus eius. Ideo septimo loco recte ponitur illud: *Beati pacifici.* Tres primæ faciunt ad hoc vt vetus homo exuatur: quatuor sequentes ad hoc vt nouus homo induatur. Ad quod monemur Ephes. 4. *Deponite vos secundum pristinam conuersationem veterem hominem qui corrumpitur secundum desideria erroris, & induite nouum hominem qui secundum Deum creatus est.* Et ad Colossenses quarto: *Expoliantes vos veterem hominem cum actibus suis, induentes nouum hominem, &c.* Ideo septimo loco recte dicitur: *Quoniam filij Dei vocabuntur.* Filius Dei est homo nouus. Filius Adam homo vetus. Bernard. in serm. inter dictas septem beatitudines sic distinguit: Attende, inquit, quemadmodum in tribus prioribus sibi ipsi reconciliatur anima; in duobus, quæ sequuntur proximo: in sexto, Deo: in septimo, alios reconciliat, tanquā receptus in gratiā Domini & felici familiaritate donatus. Nam paupertate, māsuetudine, fletu, renouatur in anima similitudo quędā & imago æternitatis omnia tēpora cōplectentis, dū paupertate futura meretur, mansuetudini sibi præsentia vendicat. Hoc videtur dici propter hoc quod mansuetus sibi dominatur, cū homini immansueto potius dominetur ira. Et subdit Bern. Luctus pœnitētiæ præterita quoq; recuperat, sicut scriptum est: *Recogitabo tibi omnes annos meos in amaritudine animæ meæ.* Porro iustitia & misericordia perfecte proximo cohæremus, dū quidquid volumus nobis fieri, aliis nō facimus per iustitiā, & quæcūque volumus vt faciant nobis homines, & nos faciamus illis per misericordiā. Iā recōcilliati nobis, recōciliati etiā proximo, fiducialiter per munditiā cordis, recōciliamur Deo. Beati vero qui de sua reconciliatione non ingrati & pro fratribus suis pie soliciti, eos quātum præualent, & sibi & Deo reconciliare laborant.

Psal. 38.

PARS III.

De paupertate spiritus, & eius descriptione: quare etiam pauperes spiritu sint beati, & regnum cælorum sit ipsorum, ac cui dono paupertas spiritus adaptetur.

COnsequenter dicendum est de singulis beatitudinibus. Et primo de paupertate. De qua hoc modo dicetur. Primo, ostendetur quid dicatur paupertas spiritus. Secundo, quomodo pauperes spiritu sint beati. Tertio, quomodo regnum cælorum sit pauperū spiritu. Quarto, cui dono paupertas spiritus adaptetur. Quinto, agetur specialiter de his in quibus paupertas spiritus consistit. Circa primum notandum quod Bern. in sermonibus vocat paupertatem spiritus voluntariam paupertatem, quæ est cum spirituali intentione, sic dicens: Diligenter attende quod non simpliciter pauperes nominat, propter plebeios pauperes, necessitate miserabili, non voluntate laudabili. Spero equidem profuturam eis apud diuinæ bonitatis misericordiam hāc ipsam afflictionis suæ miseriam. Scio tamen hoc in loco Dominum non de huiusmodi fuisse locutum, sed de his qui possunt dicere cum Propheta; *Voluntarie sacrificabo tibi.* Attamen nec voluntaria quidem paupertas omnis laudem habet apud Deum. Nā & Philosophi sua omnia reliquisse dicuntur, vt expediti mundialibus curis studio vanitatis possent vacare liberius, & nolebant sensu abundare in sensu suo: Hos discernit quod dictum est, Spiritu: id est spirituali voluntate: *Beati vero pauperes spiritu:* spirituali scilicet intētione, desiderio spirituali propter solum beneplacitum Dei & animarum salutem. Super illud vero Matt. 5. *Beati pauperes,* quædā interlinearis dicit Voluntate. Alia interlin. dicit: Pauper spiritu est humilis corde. Glos. vero hæc duo coniungit, dicens: Paupertatis deuotio habet duas partes: rerum abdicationem, & spiritus contritionem. Si quis tamen diligenter attendat, paupertas spiritus videri poterit consistere in tribus, secundum tres vires animæ, scilicet in humilitate secundum vim rationabilem, vt sumamus humilitatem pro illa humilitate, de qua Bernard. Est humilitas quam in nobis veritas parit. Item in lib. de decem gradibus humilitatis: Humilitas est virtus qua homo verissima sui cognitione sibi ipsi vilescit: Et in diffidentia de propriis viribus quantum ad vim irascibilem. Diffidentia enim de propiis viribus commendabilis est, sicut diffidentia de Deo est vituperabilis. Et in contemptu siue prauo amore rerū temporaliū quæcunque sint res illæ, siue sint diuitiæ, siue alia. Est iste cōtemptus pertinere videtur ad vim concupiscibilem. Et sub isto tertio membro contineri illa videtur species humilitatis, quæ est contemptus propriæ excellentiæ, de qua loquitur Bern. in epist. possumus tamen dicere paupertatē spiritus consistere in duobus, scilicet in humilitate, & rerum temporalium abdicatione: sicut tangit gl. Et tunc accipietur humilitas ita large, vt comprehendat diffidentiam de propriis viribus. Sicut in tractatu de superbia, præsumptio posita est species superbiæ. Dicunt etiam aliqui, ad paupertatem spiritus pertinere spirituale mendicationem, quia quis mendicat ea quæ sunt spiritus, improbum se diuitibus spiritualibus exhibendo, nunc subsidium orationum, nunc panem doctrinæ humiliter petendo. Sed ista mendicatio sequela est veræ humilitatis. Item dicunt aliqui paupertatem spiritus esse, quum aliquis agnoscit, se non habere dominium aliquod, nec in se, nec in eis quæ sua videntur, sed solum administrationem: Deum verò omnium esse verum dominum intelligit. Hæc paupertas spiritualis est, quum sedem habeat in ipso spiritu. Et qui hanc paupertatem habet omnino sine proprio est. Pro. 13. *Acceptus est regi minister intelligens.* Intelligens, inquam, se solum ministrum esse, & nullius dominum.

Quare pauperes spiritu sunt beati.

Circa secundum notandum est, quod propriissima causa quare pauperes spiritu sint beati, est illa quam Dominus assignat: *Quoniam ipsorum est regnum cœlorum,* quasi diceretur: Videntur esse pauperes, verè sunt diuites. Prouerb. 13. *Est quasi pauper quum in multis diuitiis sit.* 2. ad Corinth. 6. *Sicut egentes, multos autem locupletantes; tanquam nihil habentes, & omnia possidentes.* Tria genera hominum solent haberi pro pauperibus, licèt nihil possideant, scilicet electi ad dignitatem magnam, & qui diuitias multas quas habent in tuto loco reposuerunt, & hæredes principum. Et hæc tria inueniuntur in pauperibus spiritu. Iac. 2. *Nonne Deus elegit pauperes in hoc mundo, diuites in fide, & hæredes regni?* Ad beatitudinem etiam pauperum spiritu facit, quod ipsi liberi sunt à multiplici miseria quæ superbiam sequitur. De quo require in tractatu de superbia. Item à multiplici miseria in quam ponunt diuitiæ amatores suos. De quo require in tractatu de auaritia. Quando etiam ponentur ea quæ pertinent ad commendationem paupertatis & humilitatis, amplius patebit, quomodo pauperes spiritu sint beati.

Quare pauperum spiritu sit regnum cœlorum.

Circa tertium notandum, quod pauperum spiritu regnum cœlorum est facilitate acquirendi. Pauperes enim spiritu sunt contemptores mundi, & humiles: qui verò contemnunt mundum, habent eum sub pedibus, & sunt supra mundū. Humilitas verò est quasi clauis regni cœlorum, contra quam non valet aliqua clausura. Apoc. 3. *Ecce dedi ostium apertum coram te, quod nemo potest claudere, quia modicam habes virtutem.* Facile ergo est pauperibus spiritu intrare & regnum cœlorū, qui sunt iam supra mundum, & clauem habent tam efficacem. Præterea humilitas est de qua dictum est, quod laqueos mundi euadit. De paupertate autē verum est, quod frustra ante eum rete iacitur. Prou. 1. *Frustra iacitur rete ante oculos pennatorum.* Pennati sunt contemptores mūdi. Humilium est regnum cœlorum, iuxta illud: *Sinite paruulos venire ad me, & nolite prohibere: talium enim est regnum cœlorum.* Luc. 18. Triplici ratione humilitatis videtur esse regnum cœlorum. Primo propter eius capacitatem. Ipsa enim in præsenti capax est gratiæ quam tumor superbiæ repellit. Iacob. 3. *Humilibus autem dat gratiam:* & quia est capax gratiæ, in futuro erit capax gloriæ. Secundo propter fidelitatē. Quum enim ipsa fidelis sit in modico, super multa constituetur.

Humilibus triplici ratione debetur regnū cœlorum.

Matth. 25. *Quia super pauca fuisti fidelis, supra multa te constituam.* Bernard. super Cant. Fidelis re vera famulus es, si de multa gloria Domini tui, etsi non exeunte de te, tamen transeunte per te, nil manibus tuis adhærere contingat. Tertiò ratione vicissitudinis. Humilitas Deum in se recipit: ideo merito in regno Dei recipietur. Prou. 29. *Humilem spiritu suscipiet gloria.* Humilitas in præsenti Deum honorat: ideo merito in futuro à Deo honorabitur. Eccles. 3. *Magna potentia Dei solius, & ab omnibus honorabitur.* 1. Reg. 2. *Qui honorificauerit me, glorificabo eum.* Item diffidentium de propriis viribus est regnum cœlorum, id est, robur & affluentia cœlestis auxilij. De cœlo enim venit eis auxilium, cum de Deo & de Sanctis eius confidant, & non de propriis viribus. Lucæ 12. *Nolite timere pusillus grex, quia complacuit patri meo dare vobis regnum.* Contemptoribus verò rerum têporalium regnum cœlorum est, quasi iure emptionis. Bern. in sermonib. Pauperibus pariter & martyribus regnum cœlorum promittitur: quia paupertate quidem emitur, sed in passione pro Christo absque omni dilatione percipitur. Matth. 19. *Omnis qui reliquerit domum,* &c. *centuplum accipiet & vitam æternam possidebit.* Item Bernard. in sermonibus: Quid sibi vult, quod eadem promissio facta est martyribus & pauperibus, nisi quia verè martyrij genus paupertas voluntaria est. Item mendicantium suffragia sanctorum, regnum cœlorum est: quia regnum cœlorum pietatis est. Quidquid autem habet pietas, pauperum est. Ecclesialt. 16. *Omnis misericordia faciet locum vnicuique,* &c. Domus cœlestis sicut & alia domus Dei, pauperum est. Illorum verò qui nihil propriũ se habere intelligunt, sed omnia commodata vel commendata à Deo reputant, est regnum cœlorum, tanquam eorum qui Deo sunt fidelissimi, nullius rei dominium sibi vsurpantes, sed omnium rerum dominium Deo relinquentes. Ad beatitudinem horum facit, quod si auferatur ab eis aliquid eorum quorum onus & periculum habebunt, nullam molestiam sentiunt, sed suam exonerationem hoc reputant. Præterea cum propriam voluntatem non habeant, & contra voluntatem propriam eorum nihil sit, ideo molestia carent. Hoc enim solum molestum est alicui, quod contra eius voluntatem fit.

Paupertas spiritus dono timoris adaptatur.

Circa quartum notandum, quod paupertas spiritus dono timoris adaptatur, & quantum ad humilitatem, & quantum ad rerum temporalium paupertatem. Quantum ad humilitatem, quia timor humilitatem introducit, sicut aliquis solet se inclinare timore gladij super cum eleuati. 1. Petr. 5. *Humiliamini sub potenti manu Dei.* Paupertas verò rerum temporalium benè timori adaptatur. Timentium enim est proijcere quæcunque fugæ suæ cursum impediunt, & quæcunque euasioni suæ obstant. Multi timore periculi, quod est in mundo isto, mundum relinquunt. Vnde super illud Iob 31. *Semper quasi tumentes super me fluctus timui Deum.* Gloss. Fluctus quum tumentes desuper eminent, ea ex naui proijciunt pro quibus nauigia sumpserunt.

DE HVMILITATE,

PARS IV.

Quæ subditur in quinque Capitula.

CAPVT I.

De ordine dicendorum de humilitate, & eius descriptione.

Consequenter agendum est de his in quibus consistit paupertas spiritus, scilicet de humilitate. *Sicut enim initium omnis peccati superbia*: Ecclef. 10. sic initium nostræ reparationis videtur esse humilitas. Hieron. Prima virtus Christianorum est humilitas. De humilitate verò hoc modo agetur. Primò, ponentur eius descriptiones. Secundò eius commendationes. Tertiò, tangetur de causis humilitatis. Quartò, de signis eius. Quintò, ponentur diuisiones ad humilitatem pertinentes. Humilitatem sic describit Aug. Humilitas est ex intuitu propriæ conditionis & sui conditoris, voluntaria mentis inclinatio in suo imo ordinabili ad suum conditorem. Humilitas est velut quædam mentis incuruatio seu genuflexio coram Deo, eum semper venerans. Causa vna huius inclinationis est intuitus propriæ conditionis. Propriam conditionem intuebatur Abraham, quum diceret: *Loquar ad Dominum meum, cum sim puluis & cinis*. Genes. 18. Item qui dicebat: *Putredini dixi, Pater meus es: mater mea & soror mea vermibus*. Iob. 18. Ad hunc intuitum mittimur. Mich. 6. *Humiliatio*, inquit, *tua in medio tui*: id est, in ventre. Voluit Dominus ventrem ante esse, vt homo semper videre posset materiam suæ humiliationis. Alia causa inclinationis est intuitus conditoris, in quo nullus est defectus: vnde comparatione eius magis apparent defectus nostri. Iob 25. *Stellæ non sunt mundæ in conspectu eius: quanto magis homo putredo, & filius hominis vermis?* Esa. 64. *Quasi pannus menstruatæ omnes iustitiæ nostræ*. Greg. Sæpe iustitia nostra ad examen diuinæ iustitiæ deducta, iniustitia est, & sordet in districtione iudicis, quod fulget in æstimatione operantis. Iob vlt. Nunc oculus meus videt te. Idcirco me reprehendo. Bern. ad fratres de monte Dei: Nunquam se melius deprehendit modus humanæ imperfectionis, quàm in lumine vultus Dei: in speculo diuinæ visionis mens humilis in suo imo manet, tractat enim quæ in se infirma sunt. Senec. in epistolis: Quod ho-

mines libentissimè de aliis faciunt, de te malè existima: illud autem maximè tracta, quod in te esse infirmissimum senties. Si palea locum supremum tenet, non sui nobilitate, sed vento & sui vanitate: granum verò quod pretiosum est tenet locum imum: sic superbia vilis elationis opinione, vel ambitionis præsumptione, super alias se extollit: humilitas verò in imo remanet: tamen illud imum ordinabile est ad Deum, Deus enim in corde humili quiescit. Vnde super illud Psalm. *Parata sedes tua ex tunc*. dicit Gloss. Anima tranquilla & humilis sedes est Dei. August. 11. lib. Confess. O quàm excelsus es, & humiles corde sunt domus tuæ! Bernard. in lib. de consideratione, satis insinuat quid sit imum hominis, & quid sit illud quod ad conditorem ordinatur. Vbi considerationē sui in tria diuidit: scilicet in cōsiderationem, quid, quis, & qualis sis, quid in natura, quis in persona, qualis in motibus. Et subdit: est in diffinitione hominis quem dicunt animal rationale, mortale: quod diligentius intueri licet si libet consideranti duo hæc simul, rationale & mortale. Is tibi exinde occurrit fructus, vt & mortale, quod in te est, rationale humiliet: & rursum rationale, mortale confortet, quorum neutrum neglectui erit homini circumspecto. Mortale ergo imum hominis intelligas: id verò quo ordinatur homo ad suum conditorem intelligas rationalem. In quantum mortalis, est homo puluis & cinis: inquantum rationalis, est capax Dei: Item humilitas sic potest describi: Humilitas est voluntarius contemptus sui. Vel sic: Humilitas est sensus propriæ vacuitatis seu inanitatis. Bernard. in lib. de duodecim gradibus humilitatis, eam sic describit: Humilitas est veritas qua homo verissima sui cognitione sibiipsi vilescit. In epistolis verò sic eam describit: Humilitas est contemptus propriæ excellentiæ. Prior descriptio Bernardi videtur pertinere ad humilitatem intellectus, sequens verò ad

Psa 92.

Quid vera humilitas.

humilitatem affectus. In Vitis Patrum, Frater quidam interrogauit quendam senem, quid est humilitas. Et ille respondit: Qui vult esse humilis, fugiat, eligens taciturnitatem.

Caput II.

De commendatione Humilitatis.

NOtandum quod ad commendationem eius, Primò valere potest multiplex admonitio quam S. S. facit de ipsa. Eccles. 3. *Quanto magnus es, humilia te in omnibus.* Notabiliter dicitur: *Quanto magnus es*, melius enim sedet humilitas in maioribus. Bernard. in lib. de Consideratione: Cùm omni indifferenter personæ humilitas sit quædam turris fortitudinis à facie inimici, nescio quo pacto tamen vis eius maior in maioribus & in clarioribus clarior comprobatur. Nulla splendidior gemma in omni præcipuè ornatu summi Pontificis. Item Bernard. In alto non altum sapere, sed humilibus consentire, nil Deo charius vel rarius apud homines. Hieron. Nihil est quod nos hominibus ita gratos & Deo faciat, quàm si vitæ merito magni, humilitate sumus infimi. Greg. in Moralib. Mirum est cùm in cordibus sublimium, regnat humilitas morum. Vnde pensandum est, quia potentes quique cum humiliter sapiunt, culmen extraneæ & quasi positæ longè virtutis attingunt. Bern. ad Eugenium Papam: Salubris copula, vt cogitans te summum Pontificem, attendas pariter te vilissimum cinerem non fuisse, sed esse. Bernard. Non est magnum esse humilem in abiectione, magna prorsus & rara virtus est humilitas honorata. Item monemur ad humilitatem. Eccles. 7. *Humilia*, inquit, *valde spiritum tuum*. Valde debemus nos humiliare. Quantumcunque enim nos humiliauerimus, Christo humiliores non erimus. Luc. 14. *Recumbe in nouissimo loco*. Non dicit in medio. Ostium paradisi humile est. Ioan. 10, *Ego sum ostium*. Ingressuro per istud ostium non est periculum quantumcunque se inclinet: sed si parum plus iusto se erexerit, offendet. Bernard. Non est planè timenda quantalibet humiliatio: horrenda autem nimisque pauenda vel minima temerè præsumpta erectio. Quamobrem noli te comparare, ò homo, maioribus, noli minoribus, noli æqualibus, noli vni. Item monemur ad humilitatem. 2. Pet. 2. *Subiecti*, inquit, *estote omni humanæ creaturæ propter Deum*. Eiusdem 5. *Omnes inuicem humilitatem insinuate*. In eodem: *Humiliamini sub potenti manu Dei*. Secundo, possunt valere ad humilitatis commendationem exempla. Inter quæ præcipuum est exemplum Christi, qui humillimus fuit. Augustin. Ambula per Christi humilitatem, vt venias ad æternitatem: Deus Christus patria est quo imus: homo Christus est via qua imus. Ad illum imus, per illum imus: quid timemus? ne erremus. Item putabas forte sapientiam Dei dicturam: Disce quomodo cœlos, feci & astra. Non: sed prius illud: *Quoniam mitis sum, & humilis corde*. Vis capere celsitudinem Dei, cape priùs humilitatem Dei. Item Augustin. 14. lib. de Ciuit. Dei: Nunc in Ciuitate Dei in hoc seculo peregrinanti maximè commendatur humilitas, & in eius rege qui est Christus maximè prædicatur. Contrarium huic virtuti elationis vitium in eius aduersario qui est diabolus maximè dominari, sacris literis edocetur: Humilitatem exemplo suo Christus docuit, & nascendo, & moriendo, & prædicando, & miracula agendo. Bern. loquens de illo verbo, *Paruulus datus est nobis*. Esa. 9. Studeamus, inquit, effici sicut iste paruulus: discamus ab eo, qui mitis est, & humilis corde, ne magnus videlicet Deus, sine causa factus sit homo paruulus. Augustin. Medicina tumoris hominis est humilitas Christi. Erubesceret homo esse superbus,

De Beatitudinibus.

superbus, quia humilis factus est Deus. Erubesceret miles sedere in scamno, si videret regem sedere ad terrā. Esa. 64. *Vtinam dirumperes cœlos, & venires. A facie tua montes defluerent*, id est, superbi humiliarentur. Bern. Intolerabilis impudentiæ est, vt vbi se exinaniuit maiestas, inflectur vermiculus, & tumescat. Greg. Quanta virtus humilitatis, propter quam veraciter edocendam, is qui sine æstimatione magnus est, vsque ad passionem paruulus factus est. Bernard. Quid magis admirandum, quid amplius detestandum, quid grauius puniendum, quàm quod videns Dei filium summum in regno angelorum, nouissimum factum in regno hominum, apponat adhuc magnificare se homo super terram? Magisterium humilitatis specialiter sibi Christus adscribit. Matt. 11. *Discite à me, quia mitis sum, & humilis corde.* August. in lib. de Virginitate: Non dicit, Discite à me mundum fabricare, aut mortuos suscitare: sed quia mitis sum, & humilis corde. O doctrinam salutarē, ô magistrum dominumque mortalium, quibus mors poculo superbiæ propinata atque transfusa est: noluit docere quod ipse non esset, noluit iubere quod ipse non faceret. In eodē: Itáne magnum est esse paruum, vt nisi à te qui tā magnus es fieret, disci omnino non posset? Ita planè: non enim aliter inuenitur requies animæ, nisi inquieto tumore digesto. Christus in operibus suis multùm voluit nobis humilitatem commendare: matrem humilē voluit habere. Luc. 1. *Quia respexit humilitatem ancillæ suæ, &c.* Item voluit habere domum humilem, quia diuersorium: & lectum humilē, quia præsepium: & vestem humilem, quia pannis inuolutus est. Lucæ 2. *Pannis eum inuoluit, & reclinauit eum in præsepio, quia non erat ei locus in diuersorio.* Bernard. in Serm. loquens de illo verbo angeli dicto pastoribus: Luc. 2. *Hoc vobis signum: Inuenietis infantem pannis inuolutum, & positum in præsepio.* Non sine certi ratione mysterij pannis Saluator obuoluitur & ponitur in præsepio, quando idem manifeste in signū nobis comēnendatur ab angelo. *Hoc*, inquit, *vobis signum: Inuenietis,* &c. In signū positi sunt panni tui. O bone Iesu! sed in signum cui hodie à multis contradicitur. Agnosco certe, agnosco Iesu magnum sacerdotem sordidis opertum vestibus, dum altercaretur cum diabolo. Zach. 3. Exemplum dedit nobis, vt & nos eadem faciamus. Vtilior siquidem in conflictu lorica ferrea, quàm stola linea, licet oneri illa sit, hæc honori. Erit cum membra sequentur caput, vt corpus vniuersum vno spiritu psallat & dicat: *Concidisti saccum meum, & circumdedisti me lætitia.* Christus humilibus per Angelum natiuitatem suam nuntiat, quia pastoribus. Bernard. in Sermone: Quot multa hodie gemmis & auro fulgent altaria, quantis vbique palliis & aurificiis parietes adornantur, putas ad hæc diuertent angeli & pannosos homines declinabunt? Si ita est: cur pastoribus ouium magis apparuêre quàm terræ regibus, quàm templi sacerdotibus? Item Christus circumciditur, in quo magnum humilitatis dat exemplum, secundū enim Bern. in incarnatione minoratus est paulò minus ab angelis, sed in circumcisione multo minus: quia latronis cauterio est signatus. Bernard. Vestigium nullum vulneris habens, alligaturam vulneris non refugit. Non sic impij, non sic agit peruersitas elationis humanæ. Erubescimus vulnerum ligaturam qui de vulneribus etiam interdum gloriamur. Qui sine peccato est, nō dignatus est peccator reputari; & nos esse volumus, & nolumus estimari. Item Christus hominibus humiliter subditur. Luc. 2. *Descendit cum eis, & venit in Nazareth, & erat subditus illis.* Quis? quibus? Deus hominibus. Item Christus humiles sibi sociauit, quia piscatores: Matt. 4. Ioanni etiam se subdit ab eo baptizandus. Matth. 3. Attendendum verò est mirabile certamen quod ibi fuit inter humilitatē Saluatoris, & humilitatē precursoris. Ioannes. n. prohibebat eum, dicens:

Psal. 20.

Mmm

Ego debeo à te baptizari, & tu venis ad me. Cui Chriſtus: *Sine modò: ſic decet nos implere omnem iuſtitiam.* Bern. Sic plane, ſic decet vt vincat etiam humilitate qui ſublimitate vincebat. Ceſſit humilitas præcurſoris tanquam minor, & quia obedientia tulit auxilium humilitati Saluatoris, vnde factæ ſunt duæ contra vnam. Gloſſ. ſuper illud, Tunc dimiſit. Vera eſt, inquit, humilitas quam non deſerit comes obedientia. Item Chriſtus paruulum amplexus. Marci 9. Et eiuſd. 10. increpat prohibentes paruulos ad eum venire, & complexans eos, imponens manus ſuper illos, benedixit eis. Itē in prædicatione ſua gloriam patris quærit. Ioan. 14. *Sermonem quē audiſtis non eſt meus, ſed eius qui miſit me Patris.* Eiuſd. 17. *Ego te glorificaui ſuper terram,* dicit filius ad Patrem. Eiuſd. 8. *Ego honorifico Patrem meum.* In eodem: *Ego gloriam meam non quæro.* Eiuſd. 6. Ieſus cum cognouiſſet quia venturi eſſent vt raperent eum, & facerent eum regem, fugit iterum in montem ipſe ſolus. Item exemplum dat humilitatis in miraculorum operatione, vnde Matt. 8. dicit leproſo mūdato: *Vide nemini dixeris.* Item in cenſus ſolutione. Matt. 17. & in pedum ablutione. Ioan. 13. *Exemplum dedi vobis, vt & vos ſimiliter faciatis.* Matth. 20. *Filius hominis non venit miniſtrari, ſed miniſtrare.* Item in hoc quod aſinare voluit, non equitare. Matth. 21. Et poſt illud Zach. 9. *Sedens ſuper aſinam,* ſubditur: *Et diſperdam quadrigam ex Ephraim, & equum de Ieruſalem.* Specialiter contra ſuperbiam, quæ eſt in equituris, voluit Dominus aſino inſidere. Item in paſſione, ad Phil. 2. *Humiliauit ſemetipſum, factus obediens vſque ad mortem.* ibi dicit gloſſ. Auguſt. Ecce habemus humilitatis exemplum, ſuperbiæ medicamentum: quid igitur intumeſcis homo? O pellis morticina, quid tenderis? ô ſanies fœda, quid inflaris? Princeps tuus humilis eſt, tu ſuperbus? caput eſt humile, & membrum ſuperbum? Tertio poteſt valere ad commendationem humilitatis, ſi oſtendatur quantum ipſa placet Deo.

Notandum ergo, quod humilitas miro modo Deo redolet, & cætera bona hominis ei redolere facit. Cant. 1. *Cum eſſet rex in accubitu ſuo, nardus mea dedit odorem ſuum.* Nardus propter ſui paruitatem, humilitatem deſignat. Et ſicut ſpecies aromaticæ cum in puluerem rediguntur vehemētius redolent: ſic bona hominis, cum per humilitatem quaſi comminuta fuerint, Deo ſūt gratiora Cant. 3. *Quæ eſt iſta quæ aſcendit per deſertum ſicut virgula fumi, ex aromatibus myrrhæ, & thuris, & vniuerſi pulueris pigmentarij?* Vbi humilitas eſt, adeſt feruor, qui ad redolentiam maiorem ſolet facere. Humilis nihil reputat ſe habere vel facere, ideo feruens eſt. Item Spiritus ſanctus liberè flat in corde humili, quod etiam facit ad maiorem redolentiam. Cant. 4. *Veni, Auſter, perfla hortum meum, & fluent aromata illius.* Humilitatem reſpicit. Deus oculo miſericordiæ. Luc. 1. *Quia reſpexit humilitatem ancillæ ſuæ.* In Pſal. *Humilia reſpicit in cœlo, & in terra.* Gen. 26. *Vidit Deus humilitatem meam.* Eſa. vlt. *Ad quem reſpiciam, niſi ad pauperculum & contritum ſpiritu?* Superbum verò reſpicit Deus oculo iuſtitiæ. In Pſal. *Retribuet abundanter facientibus ſuperbiam.* Eſa. 2. *Dies Domini exercituum ſuper omnem ſuperbum.* Humilitatem exaudiuit Dominus. Iud. 9. *Humilium & manſuetorum placuit tibi ſemper deprecatio.* In Pſal. *Reſpexit in orationem humilium, & non ſpreuit precem eorum.* Eccl. 35. *Oratio humiliantis ſe, nubes penetrabit.* Gregor. Magnus eſt creatori noſtro, ad recipiendū fletus humilium, miſericordiæ ſinus. Propter defectum humilitatis parum audit Deus hodie orationes Eccleſiæ. Humiliū memor eſt Deus. In Pſ. *In humilitate noſtra memor fuit noſtri.* Superbos quaſi non agnoſcit Deus. Vnde dicit ſuperbis virginibus, Matth. 25. *Neſcio vos.* Humiles liberat Deus, & à malo pœnæ, & à malo culpæ. In Pſal. *Humiliatus ſum. & libera-*

De Beatitudinibus.

uit me. Reg. 21. *Nonne vidisti Achab humiliatum coram me? quia humiliatus est mei causa, non inducam malum in diebus eius.* 2. Paral. 12. *Quia humiliati sunt, auersa est ab eis ira Domini.* Non tenet Dominus iram suam contra humilitatem. Responsio enim mollis humilitatis, frangit iram Domini. Prou. 15. Humilis reputatione sui, vermis est. In Psal. *Ego sum vermis, & non homo.* Quis honor esset Deo vindicarese de verme vno? Iste modus placandi Deum, scilicet per humilitatem, videtur esse comunis Gentilibus, Iudæis & Christianis. Ierem. 6. *Accingere cilicio, & conspergere cinere.* Iob. vlt. *Meipsum reprehendo, & ago pœnitentiam in fauilla & cinere.* Iudich 5. *Posuit puluerem super caput suum.* Iosue 7. *Iosue & senes Israel proni ceciderunt in terram, & miserunt puluerem super capita sua, cum vrbis vrpio Hai cæcidissent de populo Iudæorum triginta sex viros.* Et Ionæ 3. legitur, quòd rex Niniue audito verbo Ionæ, indutus est sacco, & sedit in cinere. Respõsio mollis quam fecit humilitas Dauid Sauli, videtur iram eius fregisse. 1. Reg. 24. *Quē persequeris rex Israel, quem persequeris?* ait Dauid : *Canem mortuum, & pulicem vnum.* Et respondit Saul tanquam placatus; *Nunquid hæc vox tua est, fili mi Dauid?* Sicut leo animalia sibi repugnantia lacerat & conculcat, subiecta verò illæsa abire permittit: Sic Deus humili parcit, superbum verò persequitur. Sap. 6. Exiguo conceditur misericordia. Dauid humiliter confitens peccatū suum, audiuit à Propheta : *Dominus quoque transtulit peccatum tuum.* 2. Reg. 12. In Psal. *Cor contritum & humiliatum Deus non despicies.* Humilitas ad modum astuti luctatoris, dum se Deo subdit, quasi eum vincit. Humilitas videtur Dei sentētias reuocare, vt patet in humiliato Achab. 3. Reg. 21. & in Ezechia Esaiæ 28. Et Niniuitis, Ionæ 3. Deus humiles etiam in præsenti exaltat: vt patet in Saul. 1. Reg. 15. *Nonne cum paruulus esses in oculis tuis, caput in tribubus Israel factus es?* Saul abscondit se domi cum quæreretur in regem. 1. Reg. 10. Et de Dauid sublimando dicitur eiusdem 16. *Abieci eum, nec iuxta intuitum hominis ego iudico.* Moyses humilis princeps populi constituitur à Domino. Exod. 3. *Quis sum ego,* ait Moyses, *vt vadam ad Pharaonem, & educam filios Israel ex Ægypto?* Et Ieremias humilis, super gentes & regna constituitur. Ierem. 5. *A, a, a, Domine Deus: ecce nescio loqui, quia puer ego sum,* ait Ieremias. Et Gedeon humilis, dux populi constituitur. Iudith 6. *Ecce,* inquit Gedeon, *familia mea minima est in Manasse, & ego minimus in domo patris mei.* Iob 5. *Ponis humiles in sublime.* Nummus qui descendit in statera, in thesaurū mittitur: qui verò ascendit, reprobatur. Sic superbi reprobantur à Deo, humiles verò approbantur. In Psal. *Ipsi de manu tua repulsi sunt.* Humiles se deiiciunt, Deus verò eos exaltat. Hieron. loquens de Paula: Quanto plus se deiiciebat, tanto magis à Christo subleuabatur. Humilibus in præsenti dat Deus gratiam suam, in futuro verò suam gloriam. 4. Reg. 4. Vasa vacua replet Eliseus. Iacob 3. & 1. Petr. 5. *Deus superbis resistit, humilibus autem dat gratiam.* Bernardus: Qui de suis confidit meritis, & proprijs innititur operibus, cor illius non intrat gratia, nimium plenus est, nec in eo inuenit gratia locum sibi. Non patitur natura vacuum quin illud repleat, nec gratia humilitatem quin illi se infundat. Humilitas gratiam haurit vt vas inclinatum. Eccles. 13. *Humiliare Deo, & expecta manus eius.* Quod Deus humiles glorificet, patet ex his verbis sacræ Scripturæ, quæ sequuntur. Iob 28. *Qui humiliatus fuerit, erit in gloria: & qui inclinauerit oculos suos, ipse saluabitur.* In Psal. *Tu populum humilem saluum facies.* Item. *humiles spiritu saluabit.* Prou. 15. *Gloriam præcedit humilitas.* Eiusd. 18. *Antequam glorificetur cor, humiliatur.* Item 19. *Humilem spiritu suscipiet gloria.* Item Matth. 19. & Marc. 10. & Luc. 18. dicitur de paruulis. *Talium est regnum cælorum.* & Luc. 14. & 18. *Qui se humiliat exaltabitur.* Eiusd. 11. dicitur pusillis: *Complacuit patri vestro dare vobis regnum.* Item eiusdem 14. dicitur: *Recumbe in nouissimo loco, vt cum venerit qui te inuitauit, dicat tibi: Amice ascende superius.* Eiusdem 18. *Quicunque non receperit regnum Dei vt puer, non intrabit in illud.* Matth. 18. *Nisi efficiamini sicut paruuli, non intrabitis in regnum cœlorum.* Nec mirum si Deus humiles honoret, cum ipsi etiam honorent eum. Eccles. 3. *Magna potentia solius Dei, & ab humilibus honoratur.* 1. Reg. 2. *Qui honorificauerit me, glorificabo eum.* Humilitas est locus habitationis gloriæ Dei. Humilis enim gloriam suam Deo relinquit, cum superbus eam sibi vsurpet. Bern. in Sermonibus. Elatus quantum in se est, Deum inhonorat. *Gloriam meam,* ait Dominus, *alteri non dabo.* Et superbus: Ego, inquit, mihi eam licet non dederis, vsurpabo. Nō enim placet illi angelica distributio, dans gloriam Deo, pacem hominibus. Humilis Deum magnificat, superbus verò magnificat seipsum. Humilis est vox illa, Luc. 1. *Magnificat anima mea Dominum,* & iterum vox illa. Ioan. 3. *Illum oportet crescere, me autem minui.* Item Deus dona humilitatis specialiter acceptat. Vnde Exod. 17. dicitur de altari: *Nō solidum, sed inane & concauum facies illud.* Altare est cor altum, in eminentia scilicet perfectionis existens: quod per humilitatem debet esse inane; & concauum, vt Deo sint grata quæ ibi offeruntur. Gregorius in prima parte Moral. Vt cuiuslibet facta digniora sint, necesse est vt apud sese semper indigna videantur. Ad literā voluit Dominus vt altare esset concauum, vt capere posset ignem & eius materiam: ligna scilicet & victimas. Nec cor humanum capit ignem Spiritus sancti, nisi humile fuerit. Ligna etiam sacrorum verborum & victimas exemplorum bonorum non capit, nisi sit humile. Dedignatur enim superbus dicere inuenta vel dicta ab aliis, & nullum vult imitari.

Item humilitati Deus se ostendit. Gen. 18. *Apparuit Dominus Abraham in conualle Mambre.* Humilitas specialiter videtur habere gratiam apud Deum. Eccles. 3. *Quanto magnus es, humilia te in omnibus: & coram Deo inuenies gratiam.* Nec mirum: hæc enim virtus specialiter subdit hominem diuinæ maiestati. Bernardus in Sermonibus loquens de illo verbo Angeli. Luc. 2. *Inuenietis infantem pannis inuolutum, &c.* Quid est, inquit, quod sola ab angelo videtur commendari humilitas? Et respondet. Forte specialius commendat Angelus humilitatem, quia ruentibus ceteris per superbiam, ipse in humilitate stetisset. Aut certe propterea cælitus enúciatur humilitas, quod hæc quasi propria virtus diuinæ sit exhibenda maiestati. Præterea humilitas Deo est fidelissima & deuotissima. Bona enim Dei sibi non vsurpat. Ipsius est vox illa. Esa. 15. *Omnia opera nostra operatus es in nobis, Domine,* Ipsa homini dicit illud 1. Corinth. 4. *Quid habes quod non accepisti? Si autem accepisti, quare gloriaris quasi non acceperis?* Quarto valere potest ad commēdationem humilitatis, si ostendatur quantum ipsa homini profit. Notandū ergo quod ipsa sapientiam introducit. Prou. 11. *Vbi humilitas, ibi & sapientia.* Matt. 11. *Reuelasti ea paruulis.* Superbia non habet vbi sapientiam recipiat. Dydimus Philosophus ad Alexandrum: Deus præsto est largiri sapientiam, sed non habes vbi recipias. Greg. in Pastoralibus: Pupilla oculi nigra videt, & albuginem tolerans nihil videt, quia humanæ sensus cogitationis si stultū se peccatorémque intelligit, cognitionem intimæ claritatis apprehendit. Si autem candore sapientiæ seu iustitiæ sibi attribuit, à luce supernæ claritatis excludit. Ptolomæus Philosophus: Inter sapientes sapientior est qui humilior existit. Beda: Humilitas est clauis scientiæ. Ipsa humilitas magna pars videtur esse sapiētiæ. Gregorius: Prima stultitia Angeli, fuit elatio cordis. Vera sapiētia efficitur hominis, humilitas suæ æstimationis. August. de verbis Domini. Quanto humilius sedebat Maria, tanto amplius capiebat. Confluit enim aqua ad humilitatem vallis de supercilio montis. Bernard. in libro de duodecim gradibus humilitatis: Bona via humilitatis qua veritas inquiritur, charitas acquiritur, generationes sapientiæ percipiuntur. In Vitis Patrum quidam frater ieiunauit septuaginta hebdomadas, petens à Deo, vt reuelaret ei de quodam sermone scripturarum, & cù non fuisset ei reuelatû, exiit ad quendã fratrê vt requirerèt ab eo, & in itinere obuiauit ei Angelus, dicens: Septuaginta hebdomadas quas ieiunasti non te fecerunt proximum Deo: nunc vero, quia humiliatus es, ita vt ad fratrem pergeres, missus sũ tibi vẽdicare sermonẽ, & docens eum Angelus sermonem, recessit ab eo. Itẽ humilitas charitatẽ reparat. Bern. Sola virtus humilitatis læsæ est reparatio charitatis. Item à laqueis liberat. Ant. Vidi omnes laqueos inimici tensos in terra, & ingemiscens dixi: Quis putas, trãsiet ista? Et audiui vocẽ dicentem, Humilitas non solum est gratia, sed etiam vas aliarum gratiarum, & non quodcunque vas, sed vas admirabile. Vas illud impletione capacius efficitur. Cum datur humiliaugmentum gratiæ, ipsa humilitas, sicut & cæteræ gratiæ, crescit. Vnde capacior fit, ipsa cũ Dei liberalitate certare videtur, à qua petere concessa, semper habens vbi recipiat: Quanto enim magis recipit, tanto magis vacuam se recognoscit. Humilitas seipsam euacuat vt capacior fiat: qui enim vere humilis est, se humilem non reputat: ideo expeditissimus est ad gratiæ susceptionem. Humilitas est luminare, quod non minuitur in consummatione, Eccl. 43. In ea impletur illud: *Cum consummauerit homo, tunc incipit.* Eiusd. 18. Humilitas cum omnia facit, nihil facit. Vere enim humilis impleuit illud Luc. 17. *Cum feceritis omnia quæ præcepta sunt vobis, dicite: Serui inutiles sumus,* ita humilitas de maioritate oneris roboratur: vere humilis omnia bona quæ à Deo recipit, onera esse intelligit quibus se Deo obligari credit, vnde illis humilior efficitur, sicut ramus arboris ex multitudine fructuũ inclinatur: & sic quãto maius est onus, tanto robustior est humilitas. Item humilitas de morte viuificatur, de morte ditatur, de detrimento augetur. Humilitas nutrix est dilectionis. Chrysostomus: Nutrix dilectionis est humilitas, odij mater est superbia. Item humilitas tutissima est. In imo enim est, & non habet quo cadat, vt dicit Augustin. Ipsa in tentatione hominem seruat. Vnde gloss. super epistolam ad Corinth. Humilitas custodit in omni tentatione, vt non crepet in fornace, qui non timet vento superbiæ. Humilitas abscondendo bona nostra, seruat ea. Gregor. Petit omne quod agitur, si non sollicitè in humilitate custoditur. Idem: Qui sine humilitate virtutes congregat, quasi puluerem in vento portat. Aug. Nisi humilitas omnia quæcunque benefacimus & præcesserit & comitata & consecuta fuerit, iam nobis de aliquo facto bono gaudentibus totum aufert de manu superbia. Item humilitas de serpente infernali triumphat, caput eius conterendo. Gen. 3. *Ipsa conteret caput tuũ.* Dauid Galiam in capite percutit, & sic eum deuincit. 1. Regum 17. In hoc capite Ecclesiast. eũ percutit in quadragesima capite ieiunij, cum capitibus fidelium cinerem superponit. Humilitas specialiter dicitur vincere diabolum. Gregor. Tot iaculis nos diabolus percutit, quot tentationibus affligit: & nos contra eum iacula mittimus, cum confessi humiliter respondemus. Diabolus dixit Machario: Humilitas tua sola me vincit. Interrogatus quidam senex quare inquietaremur à dæmonibus, dixit: quia abiecimus arma nostra quæ sunt contumeliæ, paupertas, humilitas, patientia. Et super illud ad Rom. 7. Et per illud dicit gloss. Esto humilis, ne de te præsumas, & poteris vincere. Aug. Solus vincitur qui de se præsumit: solus vincit, qui de se non præsumit. Humilis ideo vincit, quia Deus in eo pugnat: verè enim humilis Deo attribuit gloriam quæ est de victoria: ita per consequens ponit super eum pugnam. Eiusdem enim pugna & de victoria pugnæ gloria. Præterea verè humilis de vulnere suo roboratur, & de infirmitate fortior efficitur 2. Corinth. 12. *Cum infirmor, tunc potens sum.* Ideo non est mirum si non vincatur. Item humilitas propter sui exilitatem & nihilitatem, ab hoste non tenetur: ideo merito non vincitur 4. Reg. in fin. Nabuchodonosor trahens rete captiuitatis per terram Iudæorum, nobiles magnos cepit, & duxit in captiuitatem, pauperes vero reliquit. Superbia propter causas oppositas semper vincitur. Humilitate vincit homo seipsum, quæ victoria est valde difficilis. Greg. Plus stupeo Dauid saltantem, quà pugnantem: pugnando hostem subdidit, saltando seipsum vicit, quam Michol ex tumore regij generis insana humiliatum despexit. Item humilitas pacatissima est. Pacem enim videtur habere cum suo opposito, scilicet cũ superbia. Superbus vnus alium superbum non patitur, nec cum eo pacem habet. Tumor enim vnius, tumorem alterius pungit. Apud Geometras demonstratum est, quod sphærica corpora, quæ quasi tumida sunt, non possunt se cõtingere nisi in solo puncto. Vnde pungere se inuicè possunt, sed non planè aut rectè sibi inuicem applicari. Sic est de cordibus superbia tumescentib. corpus concauum sphæricum, corpus infra concauitatem suam potest recipere: sic & humilis cum superbo pacem potest habere. Item humilitas astutissima esse videtur. Quod satis patere poterit, si attendatur quomodo cum superbia diuidat mundum. Notandum ergo, quod in diuisione mundi superbia accipit extra, humilitas vero intra. Vnde super illud Ioh. 6. *Eum qui venit ad me non eiiciam foras*, dicit gl. Superbi est foras eiici, qui nihil habet in bono interiori, neque hîc, neque in futuro. Ad humiles pertinet illud: *Gloria nostra hæc est testimonium conscientiæ nostræ.* 2. ad Cor. 1. Senec. Sapiens, est verè humilis. Humilitas vult habere trossellum, superbia vero operimento contenta est, humilitas vult habere equum, superbia vero sellam & frenum. Item accipit humilitas nucleum, superbia vero corticem. Item superbia accipit altum, humilitas imum. Superbia habet montes, humilitas valles. Ideo superbia habet ventum. Perflant enim altissima venti. Habet etiam ariditatem, duritiem, sterilitatem, præcipitium. Opposita vero his habet humilitas. Bern. Facile est in alto se cõtuentem obstupescere, & de vita periclitari. Item superbia accipit florem, humilitas fructum. Hier. 48. *Date florem Moab.* Moab interpretatur ex patre: & significat superbos, qui de nobilitate paterna gloriantur. Item superbia accipit pulchrũ, humilitas bonum. Superbia accipit esse in opinione vel visione hominum, vel dictione, humilitas vero esse in rei veritate. Vnde dicitur de hypocritis: *Omnia opera sua faciunt vt videantur ab hominib.* Matth. 23. Superbia accipit paleam, humilitas granum. Superbia accipit imaginem siue picturam honestatis, humilitas veram honestatem. Sapiens: Apud sapientes sunt honesta, apud vulgus simulachra rerum honestarum. Item superbia elegit ascendere, humilitas descendere. Bern. O peruersitas, ô abusio filiorum Adam: quia quum ascendere difficillimum sit, descendere facillimum, ipsi leuiter ascendũt, & descendunt difficilius, parati ad honores & celsitudines graduum ecclesiasticorum ipsis angelicis humeris formidandas. Item superbia accipit publicum, humilitas absconditum. Esaiæ 23. *Erit vir quasi qui absconditur à vento, & celat se à tempestate.* Item superbia accipit quod est contentionis, humilitas vero quod est pacis. Humilitas recumbit in nouissimo loco. Luc. 14. Superbia vero gloriari vult. Gloria vero res contentionis est: cum enim vnus laudat eum qui superbus est, duo eum vituperant. Prou. 22. *Arma &*

gladius in via superbi, custos autem animæ sua longe recedit ab eis. Custos animæ suæ est vere humilis. Item humilitas valde gloriosa est. Bernard. Gloriosa res est humilitas, qua ipsa quoque superbia palliare se appetit, ne vilescat. Idem: Quid facit superbia sub pannis humilitatis Iesu? Numquid non habet quo se palliet humana malitia, nisi vnde inuoluta est infantia Saluatoris? Humilitas laudem fugit, laus vero eam sequitur tanquam laude dignam. Econtrario superbus laudem sequitur, laus vero eum fugit tanquam laude indignum. Superbia more hominum se & sua ponit, ideo non est mirum si morsus detractionum frequenter ibi sentit. Humilitas vero altissimum ponit refugium suum. Ipsa enim dicit illud 1. ad Cor. 4. *Qui autem iudicat me, Deus est:* ideo morsus detractorum eam non attingunt. Superbi velut idola sunt quæ vanissime laudantur: sicut viri virtutum Dij dicuntur. In Psal. *Ego dixi, Dij estis.* Ipsi sunt velut simiæ sanctorum, *speciem sanctitatis habentes, virtutem autem Dei abnegantes.* 2. ad Timotheum 3. Ipsi etiam sunt sicut arundo, quæ mouetur, non quia viuat, sed quia vento agitatur: sic ipsi mouentur ad opera de genere bonorum, vento inanis gloriæ, non à spiritu vitæ. Matt. 10. *Quid existis in deserto videre? Arundinem vento agitatam?* Et notandum quod vtilitas humilitatis in homine ex diuersis figuris quibus ipsa designatur, potest in magna parte ostendi, de quibus paucas ponere sufficiat.

14. Humilitas vallis est fertilissima. In Psal. *Valles abundabunt frumento,* id est, humiles populi bonis operibus. Ipsa est vallis lacrymarum in qua benedictionem dabit legislator. Ibi inueniuntur aquæ gratiarum. In Psalm. *Inter medium montium pertransibunt aquæ.* Aug. Alta siccantur, ima replentur. Item ipsa est fundamentum ceterorum bonorum. Aug. Magnus vis esse, à minimo incipe. Cogitas magnam fabricam construere celsitudinis, de fundamento cogita humilitatis. Bern. Bonus fundus humilitas, in quo omne ædificium spirituale constructum crescit in templum sanctum in Domino. Humilitas est nihilum illud super quo terra Ecclesiæ fundata est. Iob. 26. *Appendit terram super nihilum.* Humilitas facit hominem pulchrum nihil, sed superbia facit hominem turpem nihil. Galat. 6. *Si quis se existimat aliquid esse, quum nihil sit, ipse se seducit.* Item ipsa est radix ceterarum virtutum. Greg. Origo virtutis, humilitas est. Illa in nobis virtus veraciter pullulat, quæ in radice propria, id est, in humilitate perdurat. Aug. Arborem attendite, figit radicem in humili, vt vertice tendat ad cælum. Idem: Sine radice auras petis, ruina est ista, non crementum. Item humilitas est via ad sublimitatem. Bern. Per humilitatem ascendit ad sublimitatem: quia hæc est via, & non est alia præter ipsam: qui aliter vadit, cadit potius quàm ascendat. Christus cum per naturam diuinitatis non haberet quò ascenderet, quia vltra Deum nihil est: tamen per descensum quomodo cresceret inuenit. Item humilitas est quasi aquæductus per quem gratia ad hominem venit. Ber. Ideo fluenta gratiæ tanto tempore defuerant, quia nondum interuenerat aquæ ductus. Aquæductum istum intelligas humilitatem Mariæ. Multum nititur diabolus destruere aquæductum humilitatis. Holofernes præcipit incidi aquæductum. Iudith. 7. Item humilitas est turris fortissima. Amatoribus mundi videtur esse humilitas in imo, sed secundum veritatem in alto est. Luc. 16. *Quod altum est hominibus, abominatio est apud Deum.* Econtrario: quod altum est Deo abominatio est hominibus. Greg. in 2. parte Moral. In sublimi sunt humiles positi: quia vnde se in omnibus despiciunt, inde contra omnia securiores fiunt. August. 14. lib. de Ciuitat. Dei: Est aliquid humilitas miro modo quod sursum faciat cor. Item in eodem: Humilitas exaltat, quæ facit esse subditum Deo: elatio autem

quæ in vitio est, respuit subiectionem, & cadit ab illo quo non est quidquam superius:& ex hoc est inferius: & fit quod scriptum est: *Deiecisti eos dum alleuarentur.* Ipsum quippe extolli, iam deiici est: humilitas per hoc ostenditur esse in alto, quia propinqua est Altissimo. Glos. super illud: *Iuxta est Dominus iis qui tribulato sunt corde.* Altus quidem est Dominus, incuruatur tamen humili, & non se erigenti. Item humilitas est clauis paradisi, Apoc. 3. *Ecce dedi coram te, &c.* Item est vas securissimum, & habitaculum Dei quietissimum, de quibus prius habitum est. Humilitas in floribus viola est: ipsa etiam in odoramentis, est thus, quod quanto in fumum magis tenue resolutum fuerit, tanto maioris suauitatis odorem spargit. Sic humilitas dum proprium est subiectum quasi in nihilum extenuat: gratissimum odorem Deo spirat, ipsa est vt cinnamomum quod est cinerei coloris. Cinerem enim se reputat humilis. Ipsa est vt odorem amissum iuxta foetentia recuperans. Est etiam vt amethistus, ebrietatem superbæ præsumptionis tollens. Et est vt aspis phantasmata fugans. Cor superbi phantasias patitur, somnians se aliquid esse, quum nihil sit. Item est vt sapphyrus, cuius virtus est humores corporales reprimere. Et est vt onychinus, cuius virtus esse dicitur hominem inuictum reddere, quam virtutem humilitas indubitanter habet. Item est vt diamas, cuius virtus dicitur esse facere gratiosum, quod est veræ humilitatis. Sicut enim odibilis coram Deo & hominibus est superbia, ita gratiosa coram Deo & hominibus est humilitas. Item est vt balsamum, quod fundum petit, & ad seruandum à corruptione est efficacissimum. Ambros. Custos virtutum humilitas. Item humilitas est vt gracilitas in sponsa regis cælestis ad decentiam eius faciens, incorruptionem eius attestans. Econtrario tumor superbiæ corruptioni spirituali attestatur. Superba anima de maligno spiritu cocepit eius primogenitam, scilicet superbiã. Dicitur vsualiter, & creditur à multis, mulieres interdum à dæmonibus imprægnari. Multi tamẽ credunt eas ex hac imprægnatione nihil habere in vtero nisi ventum, nec aliter detumescere nisi multæ ventositatis emissione quod parabola est spiritualis imprægnationis diabolicæ. Vẽtositas à superbo per iactantiam sic emittitur, vt tamen non minuatur, sed per humilem confessionem vere euacuatur. Sunt qui non timent confiteri hanc grossitiem diabolicam, dicentes se esse grossi vel magni cordis. Et quod horribile est dictu, quidam imprægnati sunt à proprio patre qui de nobilitate patris tumescunt. Alij ab vniuersitate cognatorum suorum. Aliqui etiam à toto populo, vt principes qui de multitudine populi tumescunt: vt rex Dauid faciens numerari populum. 2. Reg. 24. Econtrario rex Xerxes cum coram se videret exercitum suum multitudinis innumerabilis, attendens quod totus ille exercitus infra centum annos in puluerem conuertendus esset, dixisse fertur: Regem tanti exercitus & tam fortis me vocant homines, ego vero fateor me regem esse pulueris. Quædam etiã animæ grossæ sunt de virginitate sua, quod valde mirum videtur, hæ sunt virgines fatuæ, de quibus legitur Matth. 25. Et notandum quod humilitas in nobis supplet defectus aliorum bonorum. Bern. Apud Dominum, fratres, ius habere non possumus, quoniam in multis offendimus omnes. Sed nec fallere eum: ipse enim nouit abscondita cordis, quanto magis opera manifesta? Nec resistere virib. quoniam omnipotens est. Quid ergo restat nisi ad humilitatis remedia tota mente confugere, & quidquid in aliis minus habemus, de ea supplere. Item sine humilitate cetera bona nobis bona non sunt, nec Deo placent. Bern. Sine humilitate audeo dicere, nec virginitas Mariæ Deo placuisset. Item magna virtus humilitatis, sine cuius obtentu non solum virtus, virtus non sit, sed etiam in superbiam erumpit.

CAPVT

Caput III.

De causis humilitatis & iis quæ valent ad humilitatem.

Notandum quod in omnibus rebus causas humilitatis inuenire possumus, si diligenter attendamus, videlicet in eis quæ sunt infra nos, & in eis quæ sunt in nobis, & in eis quæ sunt iuxta nos, & in eis quę sunt contra nos, & in eo quod est supra nos. Infra nos sunt corporalia ratione carentia, vt elementa terræ nascentia, animalia irrationalia, cæli luminaria. In terra, quæ est infimum elementorum, multas causas humilitatis inuenire poteris. Primo ergo attende quod in eam reuersurus es. Gen. 3. *In sudore vultus tui vesceris pane tuo, donec reuertaris in terram de qua sumptus es.* Quando ego terram respicis, quasi sepulchrum vel coemiterium tuum respicis. Attende etiam quod terra quæ nunc est sub pedibus tuis, quandoque futura est super caput tuum. Item attende quantum ea indigeas, ipsa est quæ te sustentat. Si ipsa dirupta fuerit sub pedibus tuis, sicut fuit sub pedibus Datan & Abiron, Num. 16. viuus in infernum descendens. Item ipsa miro modo ex se producit Dei virtute vnde pasceris: quod si non faceret, fame perires. Ité si ligna nō produceretvnde calefis, perires frigore. In aëre etiam multas causas humilitatis potes inuenire. Primū ergo attende quod sine aëre nec ad momentum potes viuere, nisi enim ad refrigerium cordis aëra attraxeris, suffocaris. Item attende quod si aër à vento frigido cōmotus fuerit, te intolerabiliter affligit: si pestilens fuerit, te interficit. Item in aqua multas causas humilitatis potes inuenire. Si aqua non fuerit, vt porcus immundus eris. Item sine aqua terra & arida & sterilis erit, & sic fame peribis. Similiter si ignis non esset, fame & frigore perires. Non haberes enim vnde cibaria decoqueres, vel re calefaceres. Præterea ignis paratus est ad torquendum impios: Eccles. 7. *Vindicta carnis impij, ignis & vermis.* Deut. 32. *Ignis succensus est in furore meo, & ardebit vsque ad inferni nouissima, &c.* Quomodo superbit homo facinorosus, ad cuius cōbustionem fornax iam succensa est? Itē attende circa terræ nascentia, quantum illis indigeas: attēde etiā bona quæ sunt in eis, quib. tu cares, vt est fulgor auri, pulchritudo florum. Matth. 6. *Considerate lilia agri quomodo crescunt: non laborant neque nent.* Dico autem vobis quoniam nec Salomon in omni gloria sua coopertus est sicut vnum ex istis. Item circa animalia irrationalia attende multa bona quibus tu cares: vt est suauitas cantus in multis auibus sine magisterio alicuius creaturæ. Ad quam suauitatem tu multis annis edoctus non posses pertingere. Item velocitas quæ est in auibus & in quibusdam quadrupedibus. Fortitudo etiam & pulchritudo & abundans vestitus, te vero oportet mendicare ab eis vnde nuditatem tuam operias, & vnde pulchritudinem tuam ornes, & debilitatem & tarditatem tuam iuues. Circa luminaria verò cæli attende quantum luce eorum indigeas. Sine luce enim oculi essent tibi inutiles. In nobis etiam multas causas humilitatis inuenies, & ex parte corporis, & ex parte animæ. Ex parte corporis, siue respicias eius originem, siue eius finem, siue statum eis præsentem. Bern. Vide vnde veneris, & erubesce: vbi es, & ingemisce: quo vadis, & contremisce. Si attēdas vnde corpus venit, inuenies quod ex putredine, Iob 17. *Putredini dixi, Pater meus es.* Attende etiam vlterius, graua mina quæ matri quæ te concepit feceris. Bernardus. In sordibus generamur, in tenebris confouemur, matres nostras multùm oneramus, in doloribus parturimur, in partu

Nnn

matres nostras more vipereo laceramus. Attende etiam quod nudus nascitur homo mebris impotens, & plorare incipiens, Iob. 1. *Nudus egressus sum de vtero matris meæ.* Augustinus: Puer à ploratu incipit. Sap. 7. *Primam vocem similem hominibus emisit plorans.* Attende etiam ad quem finem deuenit corpus. Puluis enim & cinis sit, Genes. 3. *Puluis es, & in puluerem reuerteris.* Item Gen. 18. *Loquar ad Dominum meum, quum sim puluis & cinis.* Non est mirum si se erigat contra dominum suum miles qui habet castrum super altam rupem inexpugnabile: sed fatuus est valde qui non habet domunculam, nisi de palea quæ facillime potest comburi, si contra dominum suum potentem se erigat. Sic fatuissimus est homo cuius habitatio, scilicet corpus, ad calorem febrilem in cinerem redigitur, nec exigitur ad hoc ignis si contra Deum se erigit. Item corpus à vermibus est corrodendum. In Psal. *Ego sum vermis*, Eccles. 7. *Vindicta carnis impij, & ignis vermis*, 1. Machabæorum 2. *Gloria peccatoris stercus & vermis.* Corpus enim vnde gloriatur, saccus est stercorum, & cibus & materia vermium. Præsentem statum corporis attendebat quæ dicebat: *Humiliatio tua in medio tui.* Michææ 6. Hieronymus: Quomodo superbiat qui secum semper sentinam portat. Ex parte etiam animæ multas causas humilitatis possumus inuenire. Aut enim scit homo se esse in mortali, aut non. Si scit, in inferiori statu est quàm canis, vel porcus, vel bufo: quum debitor sit duplicis mortis, temporalis scilicet, & æternæ: illa verò vnicam mortem debeat. Item miseriam habet & culpæ & pœnæ, quum illa solum habeat miseriam pœnæ: & in hoc solis dæmonibus similis est. Si vero nesciat se esse in mortali, nescit tamen se esse in statu salutis: Sic se quandoque debitorem fuisse mortis æternæ, nescit vtrum adhuc peccatum sibi dimissum sit. Ecclesiastic. 10. *Sunt isti atque sapientes, & opera eorum in manu Dei: & tamen nescit homo vtrum amore an odio dignus sit, sed omnia in futurum reseruantur incerta.* Gregorius: Ad hoc cuncta nobis de meritis nostris incerta sunt, vt vnam certam gratiam teneamus, humilitatem. Item ad humilitatem valere possunt, etiamsi sciremus nos esse in statu gratiæ: negligentia proficiendi quam in nobis videmus, difficultas standi, facilitas cadendi. Ad sibilum enim vnius verbi quandoque deijcitur aliquis, difficultas resurgendi, debilitas minima etiam vitia vincendi. Item circa ea quæ sunt iuxta nos multas causas humilitatis possumus inuenire, vt si attendamus multos defratribus nostris esse leprosos, multos cæcos, multos impotentes, multos mendicos, & aliis diuersis miseriis afflictos. Iob. 5. *Visitans speciem tuam non peccabis.* Item si attendamus eos qui contra nos sunt, materiam humilitatis inueniemus. Hostes enim inuisibiles nos strangularent, nisi diuina protectio hoc impediret. Iob. 41. *Non est potestas super terram quæ comparetur ei qui factus est vt nullum timeret.* Thren. 3. *Misericordia Domini quod non sumus consumpti.* Item supra nos causas humilitatis inuenire possumus, si attendamus Dei omnipotentiam paratam ad vindictam superborum. Tribus de causis solet aliquis se inclinare vel dimittere: vel quia gladius capiti eius imminet, vel quia transiturus est per ostium humile, vel propter societatem alicuius magnæ personæ, quam ad terram videt sedere. Similibus de causis debet per humilitatem se homo inclinare. Si enim per superbiam se erexerit, gladius Dei omnipotentis euaginatus est super caput eius. 1. Petri 5. *Humiliamini sub potenti manu Dei.* Item necesse habet transire per humile ostium paradisi. August. super illud Ioan. 10. *Ego sum ostium.* Ostium humile est: si sano capite volumus intrare, oportet caput demittere. Item sanctus sanctorum & ceteri sancti in mundo isto humiliter se habuerunt. Matt. 10. *Sufficit seruo si sit sicut dominus* eius. Simile Ioan. 15. *Siue respiciamus ad bona siue ad mala, inuenire possumus materiam humilitatis.* Bona nostra aliunde habemus, imperfecte ea habemus, perdere ea possumus. Et si attente ea inspicere volumus, non dominium rerum, sed onus & periculum in illis habemus. Pro illis censum magnum debemus, & non solum ea perdere, sed etiam pro illis perdi possumus. De malis vero manifestum est quod se humiliare debent homines, maxime si sint peccata mortalia, cum pro illis adiudicati sint patibulo infernali: mirum est quod tot & tantæ causæ humilitatis homines humiles non faciunt. Bernardus: O mira vanitas, ô mira fatuitas cordis nostri, cuius elationem perfecte dirimere, cuius ceruicosos motus omnino domare, humilitatis materia tanta non sufficit, quin adhuc superbiat terra & cinis.

De iis quæ valent ad humilitatem.

ET notandum quod ad humilitatem valere possunt ista quæ sequuntur. Primo, familiaritas humilium. Sicut enim qui communicauerit superbo induet superbiam. Ecclef. 13. Ita qui communicauerit humili, induet humilitatem. Secundo, meditatio propriorum defectuum. Greg. in Homil. Sancti viri vt humilitatis in se virtutem custodiant, cum quædam mirabiliter sciunt, ante mente oculos student reuocare quod nesciunt, vt dum ex parte infirmitatem suam considerant, ex ea parte qua perfectus est eorum animus se non extollat. Sicut qui emit veterem vestem, ponit digitum vbi vestis habet oculum ad defectum, si quis est in eo. Item Gregorius. Magnus esse vnusquisque studeat, sed tamen magnum se esse nesciat: qui vult esse perfecte humilis, necesse est vt bona sua etiam à propriis oculis abscondat. Tertium est, respectus meliorum. Gregor. Non quibus iam superiores, sed quibus adhuc inferiores estis aspicite. Idem: Sicut incentiuum elationis est respectus deterioris: ita cautela humilitatis est consideratio melioris. Quarto, quum quis assuescit sustinentiæ contumeliarum. Bernar. in epistolis: Humiliatio via est ad humilitatem: sicut patientia ad pacem: sicut electio ad scientiam. Si ergo virtutem appetis humilitatis, viam non refugias humiliationis. Quinto, quum aliquis se exercet in humilibus officiis: exemplo Domini qui lauit pedes discipulorum. Ioan. 13. Superbi ad minora officia se indignos reputant. Alij vero reputant eos indignos maioribus officiis: & sic inutiles sunt tam ad maiora, quàm ad minora officia. Nolunt enim facere quod possunt, nec possunt quod volunt. Vnde accidit eis sicut illis qui rebus quas habent vendere nimia pretia imponunt, imo se ab eis non expediunt. Nolunt enim inde accipere quod possent habere: nec possunt habere quod vellent accipere. Sexto memoria mortis, quod docet Ecclesia in principio Quadragesimæ, imponens cineres capitibus, dicens: *Memento homo quia cinis es, & in cinerem reuerteris.* Et notandum quod homo debet se reputare cinerem, & ex parte corporis & ex parte animæ. Ex parte corporis, propter propinquitatem & certitudinem quam habet ad hoc vt in cinerem redigatur. Sic enim solet loqui Scriptura, vbi aliquid quod futurum est, dicatur iam propter propinquitatem vel certitudinem. Greg. Fere se mortuum considerat, qui se moriturum non ignorat, ad Rom. 8. *Corpus moriturum est propter peccatum*: id est, necessitari moriendi addictum. Quantum vero ad animam, debet homo cinerem se reputare quoad tria. Primo, quoad vilitatem. Cinis enim valde vilis est, licet materia ex quo factus est fuerit pretiosa: sic qui est in statu peccati, quasi nullius valoris est respectu valoris in quo erat ante peccatum. In Psalm. *Ad nihilum deductus est in conspectu eius mali-* Psal. 14.

gnus. Imo minus quàm nihil videtur esse nisi sit spiritualiter resurrecturus. Melius enim esset ei non esse quàm malum esse, si perseueret ita. Secundò quoad hoc: quia sicut cinis resistere non potest modico flatui quin ab eo dispergatur, sic peccator resistere non potest sibilo modici verbi. In Psal. *Non sic impij, non sic: sed tanquam puluis.* Tertio, quod ad hoc: quia sicut cinis non potest naturaliter redire ad statum materiæ vnde factus est, sed Dei virtute: sic peccator non potest redire ad statum bonum nisi Dei virtute. Ecclef. 7. Considera opera Dei, quod nemo possit corrigere quem ille despexerit: Vere Deus illos despicit quos luto peccati ita diu iacere permittit. Nec mirum, quum ipsi eum despiciant. Esa. 5. Væ qui spernis, nonne & ipse sperneris? Humilibus qui se cinerem reputant, specialiter debetur corona. Esaiæ 61. *Ad annuntiandum mansuetis misit me, vt darem eis coronam pro cinere.* Non reputat se cinerem ex parte corporis, qui bruneta vel scarlata corpus suum induit: quis enim, nisi fatuus, talem saccum facit cineribus suis? Item non reputat se cinerem ex parte animæ qui amat altitudinem. Non enim expedit cineri esse in alto, ne à vento dispergatur. Dixit Dominus Moysi & Aaron, Exod. 9. vt tollerent plenam manum cineris de camino & spargerent in cælum, & subsecuta sunt vlcera & vesicæ. Sic cum aliquis in alto ponitur, sequuntur vesicæ superbiæ, & vlcera vanæ gloriæ, vt leprosus & vlcerosus interius coram Deo appareat, quantumcunque exterius pulcher videatur. Item non videtur se cinerem reputare qui præsumit quod quando volet se emendabit. Ecclef. 29. *Repromissio nequissima multos perdidit.* Magna est illius fatuitas qui cinerem illum cuius pars est in vinea sua, & alia in agro, & sic de cæteris possessionibus eius, credit per seipsum congregari, & nouum hominem interiorem inde fieri: cum hoc solius virtutis diuinæ sit, sicut suscitatio corporum ex pulueribus.

Et notandum quod memoria mortis valde vtilis est homini. Ecclef. 7. *In omnibus operibus tuis memorare nouissima tua, & in æternum non peccabis.* Hieron. in epistolis: Platonis est sententia omnium sapientium vitam meditationem esse mortis. Sapiens: Summa philosophia assidua est mortis meditatio. Ecclef. 38. *Memor esto iudicij mei: sic enim erit & tuum.* Meum heri, tuum hodie. Hoc dicitur in persona mortui loquentis ad viuum. Specialiter mortis memoria necessaria est iuueni. Vnde Thren. 3. post illud: *Bonum est viro cum portauerit iugum ab adolescentia sua,* Subditur: *Ponit in puluere os suum. Os sapientium in corde eorum.* Ecclef. 21. Os ergo in puluere ponit qui cogitat quod puluis sit.

In hac meditatione proijcienda est cupiditas & vanitas seculi, vnde Leuit. 1. præcepit Dominus vt faciens holocaustum de turturibus vel pullis columbæ, proijceret vesiculam gutturis & plumas in locum cinerum. Holocaustum fecit Deo de turture, qui dat se Deo vt ei seruiat in claustro: de columba, qui dat se Deo vt ei seruiat in mundo. Turtur enim amat solitudinem, columba gregatim volat. Vesicula gutturis quæ est quasi horreum auium, cupiditatem mundi signat, pluma verò leuitatem.

In loco ergo cinerum vesiculam proijcit; qui consideratione mortis suæ cupiditatem à se abiecit, non curans acquirere ea quæ in breui perdat, & à quibus perdatur. Bernardus. Vtinam tantùm congregata perirent, & non congregator eorum. Tolerabilius esset insudare labori perituro, quàm peremptoro. Plumam verò in loco cinerum proijcit, qui consideratione mortis vanitatem huius mundi refugit, intelligens fatuum esse in via ad mortem gaudere. August. Nihil aliud est tempus præsentis vitæ, quàm cursus ad mortem.

Valet autem mortis memoria ad ista sex quæ sequuntur. Ad fugandum exercitum vitiorum, vel saltem terrendum. Sicut timent latrones iudicis aduentum, sic vitia mortem. Terribilis est eis locus iste quasi porta inferni. Aut ex toto hominem deferunt tunc, aut saltem premunt. Thren. 1. *Sordes eius in pedibus eius, non est recordata finis sui.* Iumentum cauda se defendit à muscis, sic homo à vitiis consideratione mortis.

Secundò valet ad contemptum mundi. Vnde Hieron. *Facilè contemnit omnia qui se semper cogitat moriturum.* Eccles. 10. *Si annis multis vixerit homo, & in iis omnibus lætus fuerit, meminisse debet tenebrosi temporis & dierum multorum: qui cum venerint, vanitatis arguentur præterita.* In morte arguitur vanitatis omne quod est in mundo, scilicet concupiscentia oculorum, & concupiscentia carnis, & superbia vitæ. Concupiscentia oculorum in hoc quod homo nudus reuertitur in terram. Iob 1. *Nudus egressus sum de vtero matris meæ, nudus reuertar illuc.* Concupiscentia carnis in hoc, quod corpus in delicijs nutritum vermibus datur. Superbia vitæ in hoc, quod ille qui volebat esse superhomines, ponitur sub terra quæ est infimum elementorum.

Tertiò valet ad sui contemptum. Facit enim quod homo cognoscat se quasi per resolutionem, qui modus cognoscendi verissimus est. Et hoc est quod Dauid orat: *Sciant,* inquit, *gentes quoniam homines sunt:* id est, de humo.

Quartò valet ad hoc vt homo rectè se regat in via præsentis vitæ. Sicut aues cauda regunt se volando & pisces natando. Iob 12. *Interroga iumenta & docebunt te: & volatilia cæli & indicabunt tibi, &c.* qui vult nauem regere ponit se in fine nauis. Et sapiens consideratione finis regit se in iis quæ sunt ad finem.

Quintò ad temperandam præsentem lætitiam, sicut & alia mala poenæ. Eccles. 11. *In die malorum ne immemor sis bonorum.* Memoria mortis multùm valet ad temperandam præsentem lætitiam, quia multum habet amaritudinis. Eccl. 41. *O mors quàm amara est memoria tua homini iniusto!* Sextò ad hoc vt homo rectè iudicet de præsenti vita & futura. Qui enim per meditationem ponit se in articulo mortis, quasi medius est inter præsentem vitam & futuram, vtramque videns de propè. Qui tenet se initio vitæ suæ vel prope interponens sibi & vitæ futuræ, quicquid sperat se victurum, longè est à vita futura, vnde bona illius modica ei videntur. Quasi in initio vitæ suæ se tenebat qui dicebat, Luc. 12. *Anima mea, multa habes bona posita in annos plurimos: requiesce, bibe, comede, epulare.* Sed Deus posuit eum in fine vitæ, dicens: *Stulte, hac nocte animam tuam repetent à te.*

Caput IV.

De signis humilitatis.

Primum humilitatis signum est amor humilium personarum. Ecclesiast. 13. *Omne animal diligit simile sibi.* Secundum est, figura altitudinis. Humilitas laudes fugit sicut venenum, & sicut sagittas mellitas & vt sermones fascinantes. Sap. 4. *Fascinatio nugacitatis obscurat bona,* & sicut rete expansum gressibus suis. Prouerb. 9. Homo qui blandis fictisque sermonibus loquitur amico suo, rete expandit gressibus eius. Christus qui verè humilis erat, fugit volentes eum rapere in regem. Ioan. 6. Tertium est, amor propriæ vilitatis. Bern. Verus humilis vilis vult reputari, non humilis prædicari. Gaudet de contemptu sui, hoc solo sanè superbus, quod laudes contemnit. De hoc exemplum habemus in Dauid 2. Reg. 6. *Ludam,* inquit, *& vilior fiam.* Et in dialogo Gregor. legitur de quodam statura paruo qui Constantinus dicebatur, quod

Exemplum.

Nnn iij

cum dixisset ei quidam, quod nihil hominis haberet, protinus lætus in amplexum eius ruit, eumque ex amore nimio, constringere brachiis cæpit & osculari, magnasque gratias agere quod de se talia indicasset, dicens: Tu solus es qui in me oculos apertos habuisti. Et de Dauid legitur secundo Reg. 16. *Dimittite*, inquit, *eum vt maledicat mihi*, & Act. 3. *Et illi ibant gaudentes à conspectu concilij, quoniam digni habiti sunt pro nomine Iesu contumeliam pati*: humilitas opprobriis pascitur vt cibo proprio. Thren. 4. *Saturabitur opprobriis*. Sicut se habet superbia ad gloriam, sic humilitas ad ignominiam. Vnde sicut superbia gaudet de gloria, sic humilitas de ignominia. Humilitati ea sunt pretiosa quæ alij essent vilia. Ipsa enim spiritum abominationis & contemptus conuertit quasi in aurum & gemmas. Ipsa vilis vult videri aliis, sicut & sibi vilis videtur. Et quanto est sibi vilior, tanto est Deo pretiosior. Gregorius in Moral. Tanto vnaquæque anima fit pretiosior in conspectu Dei, quanto pro amore Dei despectior fit ante oculos suos. Item Greg. Tanto sit quisque vilior Deo, quanto pretiosior sibi. Et tanto pretiosior Deo, quanto propter eum vilior. Quartum est, si humilia officia libenter quis facit. De hoc exemplum habemus in Abigail. 1. Reg. 25. pro qua cum misisset Dauid vt eam duceret in vxorem, ipsa ait: *Ecce famula tua sit in ancillam, vt lauet pedes seruorum domini mei*. In vitis Patrum, quidam senex perfectus virtutibus orauit Dominum. Ostende mihi Domine quid sit perfectio animæ, & faciam. Et quum requireret consilium à quodam alio sene: ille respondit ei de hoc per reuelationem. Vis facere quicquid dico tibi. Et ille, volo. Et dixit: Vade, pasce porcos: & fecit sic. Et quum alij viderent quod pasceret porcos, dixerunt quod factus esset fatuus. Et visa eius humilitate, reuocatus est ad locum suum. Quintum est si consilio acquiescit: sicut hoc quod aliquis non acquiescit consilio, signum est superbiæ. Gregor. de non acquiescente consilio: Si se, inquit, meliorem non crederet, nequaquam cunctorum consilia suæ deliberationi postponeret. Sextum est, si contumeliam vel etiam correptionem mansuetè audit. Gregor. Qui gloriam non quærit, contumeliam non sentit. Idem: non timet confundi in conspectu hominum qui solum gloriam quærit apud Deum. Septimum est, si secretum diligit. Bernard. loquens de illo verbo 2. ad Cor. 12. *Parco autem, &c.* Quàm pulchrè, inquit, dicit parco. Non parcit sibi arrogans, non superbus, non cupidus vanæ gloriæ, vel iactator actuum suorum, qui vel sibi arrogat, vel mentitur de se quod non est. Solus verè humilis parcit animæ suæ, qui ne putetur quod non est, semper quantum in se est vult nesciri quod est. Octauum est, si libenter obedit, ad Philip. 2. *Exinaniuit semetipsum factus obediens vsque ad mortem*. Exinanitio præmittitur tanquam causa obedientiæ. Qui enim humilis non est, non libenter obedit.

Caput V.

De diuisione humilitatis.

Consequenter ponendæ sunt diuisiones ad humilitatem pertinentes. Notandum ergo quod est humilitas ficta, & est humilitas vera. De ficta legitur. Ecclés. 19. *Est qui nequiter se humiliat, & interiora eius plena sunt dolo*. Vera humilitas est humilitas cordis, de qua Matth. 11. *Discite à me, quia mitis sum, & humilis corde*. Non fictè, dicit interim: Humilitatem cordis sequitur humilitas exterior, sicut ramus prodit ex radice. 1. Petri 5. *Omnes inuicem humilitatem insinuate*. Item est humilitas sufficiens & abundans & superabundans. Quam diuisionem innuit gloss. super illud Matth. 3. *Sic decet*

De Beatitudinibus.

nos implere omnem iustitiam, id est, humilitatem, dicit gloss. & subditur: Perfecta humilitas habet tres gradus. Primus est, subdere se maiori, & se non præferre æquali, hic vocatur sufficiens, quia sufficit aliquem sic humiliari: & iste gradus omni iusto est necessarius. Secundus gradus est, subdere se æquali, nec præferre se minori, hic dicitur abundans. Tertius est, subesse minori in quo est omnis iustitia. Hunc Christus impleuit. Item humilitas diuiditur in humilitatem intellectus, quæ consistit in cognitione veritatis: & in humilitatem affectus, quæ consistit in contemptu vanitatis. Sicut beatus Bernard. superbiam diuidit in sex species: Superbia, inquit, in species duas diuiditur, In cæcam, & vanam superbiam: quarum prior intelligentiæ, posterior voluntatis vitium est.

Idem: Est humilitas quam in nobis veritas parit, & non habet calorem: & est humilitas quam charitas format & inflammat, atque hæc quidem in affectu, illa in cognitione consistit. Communiter etiam quatuor gradus humilitatis distinguuntur. Quorum primus est, spernere mundum, siue mundi gloriam. Secundus, spernere nullum. Tertius spernere sese. Quartus, spernere se sperni. De XII. gradibus humilitatis quos Bernardus distinguit, require in tractatu de Superbia 3. parte 35. cap.

Notandum quod Bernard. in libro suo de XII. gradibus humilitatis, non expresse illos XII. gradus humilitatis ponit: sed per oppositum eas insinuat, Bernard in prologo libri illius tituli, inquit, qui de gradibus humilitatis inscribitur: Pro eo forsitan quod non humilitatis gradus, sed superbiæ potius distingui describique videatur, calumniam patietur: sed hoc à minus vel intelligentibus vel attendentibus tituli rationem.

Idem in libro eodem: Idem sunt gradus ascendentium in solum & descendentium, & eadem via ascendentium in ciuitatem & recedentium, & idem ostium ingredientium domum & egredientium. Per vnam denique scalam ascendentes Angeli & descendentes Iacob apparuerunt. In eodem: Proponat tibi beatus Benedictus gradus quos ipse prius in corde suo disposuit. Ego quid proponam tibi non habeo nisi ordine descensionis meæ, in quo tamen si diligenter inspicitur, via forsitan ascensionis reperitur. Si enim tibi Romam tendenti, homo inde veniens obuiaret, quæsiturus viam, quid melius quàm illam quâ venit ostenderet? Denique castella, villas & vrbes, fluuios ac montes per quos transierit nominat, suum denuntians iter, tuum tibi prænuntiat, illa vt eadem loco recognoscas eundo, quæ ille pertransiit veniendo. Hi sunt XII. gradus humilitatis secundùm sanctum Benedictum.

Primus est, si quis timorem Dei in memoria habeat Dei præcepta & pœnas paratas eorum transgressoribus, & præmia parata obseruatoribus, & sic omni hora à peccatis se custodiat. Secundus est, si quis non amans propriam voluntatem, desideria sua non delectetur implere. Tertius est, si quis pro Dei amore omni obedientia maiori se subdat. Quartus est, si in ipsa obedientia contra aspera patientiam amplectatur. Quintus est, si omnia mala sua abscondita Abbati suo humiliter confiteatur. Sextus est, si ad omnia quæ sibi iniunguntur indignum se iudicet. Septimus est, si omnibus se inferiorem & viliorem non solùm lingua sua se pronuntiet, sed etiam intimo credat cordis affectu. Octauus est, si nihil agat monachus nisi quod communis monasterij regula probat, & maiorum exempla hortantur. Nonus est, si linguam suam cohibeat, & eam vsque ad taciturnitatem teneat. Decimus est, si non sit facilis & pronus in risu. Vndecimus est, si pauca verba & rationabilia habeat, & non loquatur clamorosè. Duodecimus est, si non solùm in corde humilitatem habeat,

Gradus humilitatis secundū S. Benedictū.

sed etiam corpore ostendat eam, semper defixis in terram aspectibus.

PARS V.

De Paupertate.

PAupertas quandoque dicitur carentia diuitiarum. Et secundum hoc dicit August. Inuestiganti singularum rerum naturas, non inuenietur quid sit paupertas, nuditas & foramen. Sic paupertas, priuatio est. Priuationes verò causae sunt directae aliarum priuationum, & occasiones multorum bonorum. Multa vitia elongata sunt ab eis qui hanc paupertatem habent. Greg. Habent sancti hoc proprium: nam vt semper ab illicitis longè sint, à se plerunque licita abscindunt. Quandoque dicitur paupertas contemptus diuitiarum. Seneca: Nemo dignus Deo, qui opes non contempserit. Tertiò dicitur paupertas amor paupertatis. Bern. in epistolis: Non paupertas virtus reputatur, sed paupertatis amor. Denique beati pauperes non rebus, sed spiritu. Idem: Volo te esse amicum pauperum, magis autem imitatorem. Idem: Amicitia pauperum reges amicos constituit, amor paupertatis reges. Item. Pauperiem aequo animo ferre, virtus patientiae est: sponte appetere, sapientiae laus est. Et notandum quod paupertas multis de causis amanda est. Quarum prima & maxima est, quod Deus eam amat. Cuius amoris primum signum est, quod filius Dei voluit eam assumere. Bernard. in Sermonibus. Forte aliquis arbitraretur filio Dei sublimia esse quaerenda palatia, vt cum gloria susciperetur: sed non propter hoc ille à regalibus illis sedibus venit. In sinistra eius diuitiae & gloria, in dextera longiturnitas vitae. Horum omnium aeterna in caelis affluentia suppetebat: sed paupertas non inueniebatur in eis. Porro in terris abundabat & superabundabat haec species. Nesciebat homo pretium eius. Hanc itaque filius Dei concupiscens, descendit vt eam eligeret sibi, & nobis quoque sua aestimatione faceret pretiosam. De paupertate Christi habetur, Luc. 2. *Pannis eum inuoluit, & reclinauit eum in praesepio: quia non erat ei locus in diuersorio.* Item Matth. 18. vbi misit Dominus Petrum ad piscandum pro tributo soluendo, dicit Gloss. Tantae fuit paupertatis, vt vnde daret tributum non haberet, & super illud Matth. 11. *Circunspectis omnibus, cum iam vespera esset hora exiit in Bethaniam cum duodecim.* Dicit Gloss. circumspectis si quis eum hospitio susciperet. Tanta eum paupertatis fuit, & ita nulli adulatus, vt in tanta vrbe nullum inueniret hospitium. 2. ad Corinth. 8. *Scitis gratiam Domini nostri Iesu Christi, quoniam propter nos egenus factus est cum esset diues, vt illius inopia vos diuites essetis.* Thren. 3. *Recordare paupertatis meae, &c.* Bern. Magna abusio & nimis magna, vt diues esse velit vermiculus vilis, propter quem Deus maiestatis & Dominus Sabaoth voluit pauper fieri. Paupertas Christi crescendo processit. In natiuitate pannis inuolutus est, & pro domo habuit diuersorium: deinde hospitium non habuit. Matth. 8. *Filius hominis non habet vbi caput suum reclinet, &c.* Marc. 11. Circunspectis, &c. In passione vero etiam proprijs vestibus spoliatus est. Matth. 27. *Exuentes eum, &c.* Aliud signum amoris Dei ad paupertatem est, quod propter pauperes filius Dei in mundum venit. In Psal. *Propter miseriam & gemitum pauperum nunc exurgam, dicit Dominus.* Luc. 4. *Euangelizare pauperibus misit me.* Bern. in Sermonibus. Quaerat diuitias paganus qui sine Deo viuit: quaerat Iudaeus, qui terrenas promissiones accepit: sed qua fronte, magis autem qua mente Christianus diuitias quaerit, postquam Christus beatos esse pauperes praedicauit? Pauperes Christus in principio doctrinae suae

---

(marginalia:)
Quid sit paupertas.
Cur amanda paupertas.

suæ beatos prædicauit. Matth. 5. & Luc. 6. & diuites infelices. Luc. 6. *Væ vobis diuitibus*. Pauperes iudicat Christus dignos mensa sua. Vnde Luc. 14. leguntur pauperes ad cœnam Domini introducti. In Psf. *Parasti in dulcedine tua pauperi Deus*. Pauperes Deus adiuuat: In Psal. & adiuuit pauperem de inopia. Illis parcit: Esa. 49. *Pauperum suorum miserebitur*. Illos elegit: Esa. 48, *Eligite in camino paupertatis*. Iacob. 2. *Nonne Deus elegit pauperes in hoc mundo?* Illos exaudit. In Psal. Desiderium pauperum exaudiuit Dominus. Ecclef. 21. *Deprecatio pauperis ex ore vsque ad aures perueniet*. Illorum est memor. In Psal. Non in finem obliuio erit pauperis. Illorum est solicitus: In Psal. *Ego autem mendicus sum & pauper: Dominus autem solicitus est mei*. Illorum est refugium & fortitudo: In Psal. Factus est Dominus refugium pauperi. Esa. 25. *Factus est fortitudo pauperi, &c.* Illos saluat: In Psal. *Parcet pauperi & inopi: & animas pauperum saluas faciet*. 2. Reg. 22. Populum pauperem saluum facies. In Psal. Eripiens inopem de manu fortiorum eius. Societatem pauperum prælegit Dominus in mundo isto societati diuitum. Luc. 14. *Omnis qui non renuntiauerit omnibus quæ possidet, non potest meus esse discipulus*. 1. Reg. 30. Dauid puerum Ægyptium assumpsit, quem Dominus suus reliquerat. Sic Christus assumit quos mundus reliquit. Psf. *Pater meus & mater mea dereliquerunt me, Dominus autem assumpsit me*. Item: *Tibi derelictus est pauper*. Greg. in hom. Hos elegit Deus quos despicit mundus: quia plerunque ipsa despectio homine reuocat ad semetipsum. Idem: Infimi quique atque in hoc mundo despecti plerumque tanto celerius vocem Dei audiuant, quanto in hoc mundo non habent vbi delectentur. Item pauperibus regnum cœlorum tribuitur. Matth. 5. & Luc. 6. Et non solum ad possidendum, sed etiam ad dandum aliis. Lucæ 16. *Facite vobis amicos de mammona iniquitatis, vt cum defeceritis recipiant vos in æterna ta-* *bernacula*. Ipse Deus pauperum est. Num. 18. *In terra eorum nihil possidebitis, nec habebitis, partem: ego pars & hæreditas tua*. Ipse est spes pauperum, & exultatio. Esa. 14. *In ipso sperabunt pauperes populi eius*. Eiusdem 29. *Pauperes homines in sancto Israel exultabunt*. Ipse de pauperibus specialiter requiret in iudicio: vt habetur Matth. 25. Imo ipse pauperibus iudicium tribuit. Iob 36. & Matth. 19. *Vos qui secuti estis me*, &c. *sedebitis super sedes* 12. *iudicantes duodecim tribus Israel*. Pauperes honorat dicens: In Psal. *Honorabile nomen eorum coram illo*. Illos agnoscit, & nominatim vocat, vt patet in Lazaro, Luc. 16. Illos ab angelis deportari facit ad locum quietis. In eodem: Factum est vt moreretur mendicus, & portaretur ab Angelis in sinum Abrahæ. Et vt vno verbo dicatur, tanta est dilectio eius ad pauperes, vt quod fit pauperi, sibi reputet fieri. Matthæi vigesimo quinto: *Quod vni ex minimis meis fecistis, mihi fecistis*: & quod vni eorum non fecistis, mihi non fecistis. Væ pauperibus! si eum non amant, qui tantum eos amat, qui tot signa amoris eis ostendit. Multùm contemnerentur pauperes in mundo isto, nisi Christus eos tantùm honorasset. Multis aliis de causis amanda est paupertas.

Prima est, quia est valde munda: sicut econtrario diuitiæ immundæ sunt, amatores suos inquinantes. Quod in rerum natura Deus significari voluit, in hoc quod aurum & argentum quæ videntur esse pretiosiora inter eas, tangentes inquinant. Bern. in epist. Beatus qui post illa non abiit quæ possessa onerant, amata inquinant, amissa cruciant. Eccl. 13. *Qui tetigerit picem, inquinabitur ab ea*. Et super illud Iacob. 1. *Religio munda, &c.* dicit glos. Qui temporalia non diligit, immaculatum ab hoc seculo se custodit. Item paupertas est Deo propinqua. Quod figuratum est Lucæ 2. in hoc quod pastores de loco vicino venerunt ad Christum. Econtrario verò reges à remotis partibus venerunt.

Matth. 12. Paupertas etiam sancta est tanquàm locus in quo mansit filius Dei plus quàm triginta annis. Exod. 3. *Solue calciamenta de pedibus tuis: locus enim in quo stas, terra sancta est.* Paupertas specialiter potest dici terra sanctorum. Esa. 6. *In terra sanctorum iniqua gessit, & non videbit gloriam Dei.* Esa. 40. *Adorabunt vestigia pedum tuorum.* In eodem: *Locum pedum meorum glorificabo.* Item expedita est. Greg. Liberius ad patriam tendimus, quia quasi in via pondere caremus. Idem: Terrena substantia æternæ felicitati comparata, pondus est, non subsidium. Augustin. in lib. de verbis Domini: Abiice à te diuitiarum onera, abiice vincula voluntaria, abiice anxietates & tædia quæ te plurimis annis inquietant. Hieronym. in epist. Si habes, vade & vende omnia quæ habes, & da pauperibus: Si non habes, grandi onere liberatus es. Greg. Qui mihi onus diuitiarum abstulit, me ad currendū citius expediuit. Item paupertas læta est. Seneca; Sæpè pauper fidelius ridet: nulla ei in alto solicitudo est. Idem: Qui felices vocantur, hilaritas ficta est, & grauis tristitia, eo quidem grauior, quia interdum non licet palam esse miseros, sed inter ærumnas cor ipsum excedentes necesse est agere felicè. Aug. in lib. Conf. loquens de quodam mendico exhilarato vino: Ille, inquit, lætabatur, ego anxius eram. Nimirū ille felicior erat, non tantum quia hilaritate perfundebatur, cum ego curis anxiarer: verum etiam quod ille bene operando acquisierat vinum, ego autem mentiendo quærebam typum. In vitis Patrum quidā pauper habebat vnam mattam, de cuius medietate se cooperiebat, aliam medietatem sibi submittebat, & erat validum frigus: & pater monasterij de nocte axiens audiuit eum dicentem. Gratias ago tibi Domine. Quot sunt modo diuites in custodia, & qui in inferno sedent, aut pedes habent in ligno constrictos. Ego autē velut Imperator sum, extēdens pedes meos, & quo volo ambulo. Sen. Felix paupertas læta: nec tamen paupertas est, si læta est. Greg. Cui cum paupertate bene cōuenit, non est pauper. Item paupertas secura est. Gregor. Magna securitas cordis: nihil cōcupiscentiæ habere secularis. Seneca: Etiā in obsessa via pauperi pax est. Gregorius: Qui nihil habet in mundo quod diligat, nihil est in mundo quod pertimescat. Paupertas iuxta verbum sapientis, bonum est sine calumnia. Pro ea non mouentur lites, non timet fures vel raptores, non timet aëris passiones, ipsa est donum à paucis cognitum. Poëta: *O munera nondum intellecta, domi paupertas, angustique lares.* Eccles. 11. *Paupertas & honestas à Deo sunt.* Paupertas secura est, & temporaliter & spiritualiter. Prou. 1. *Frustra iacitur rete ante oculos pennatorum.* Gloss. Facile laqueos euadit in terris, qui oculos habet in cœlis. Iob 18. *Abscondita est in terra pedica iius.* Cain habuit caput tremulum. Cain interpretatur possessio: qui possessiones habent in mundo isto, in tremore sunt. In Psal. *Trepidauerunt vbi non erat timor.* Iob 15. *Sonitus terroris semper in auribus eius: & cùm pax sit, ille semper insidias suspicatur.* Item paupertas quieta est. Seneca: Quietissimè viuerent homines, si hæc duo verba tollerentur, meum & tuum. Gregor. Quid in hac vita laboriosius, quàm terrenis desideriis æstuare? quid quietius, quàm nihil huius seculi appetere? Hinc est quod Israël custodiam Sabbati accepit in munere, Ægyptus percutitur muscarum multitudine. Item paupertas licet terræ maciléta videatur, fertilissima est verorum bonorum. Gen. 41. *Crescere me fecit Deus in terra paupertatis meæ.* In hac terra voluit plantari vnigenitus Dei, lignum scilicet vitæ. Item paupertas vitiis materiam subtrahit: quia non habet vnde suum paupertas pascat amorem. Iuuenalis: *Præstabat castas humilis fortuna Sabinas.* Sen. Inquis: Pecuniam perdidi. O te felicè, si cum illa auaritiam perdidisti: sed si manet illa apud te, es tanto felicior, quo tanto malo

De Beatitudinibus.

materia subducta est. Paupertas, vermem diuitum superbiam occidit. Ipsa etiã duas filias sanguisugæ infernalis, quæ semper clamant, Affer, affer, suffocat, scilicet gulã & luxuriam. De quibus habetur. Prou. 30. *Paupertas medicinalis est.* Gregor. Quos morum infirmitas vulnerat, paupertas medicina sanat. Ipsa purgat eos qui sunt aurum & argentum; ideo caminus dicitur. Esa. 48. *Elegi te in camino paupertatis.* Ipsa est fortitudo sanctorum, sicut diuitiæ sunt fortitudo diuitum. Prou. 10. *Substantia diuitis vrbs fortitudinis eius.* Ipsa est vt fossatũ profundissimum, quod diabolus multum nititur implere. Habac. 1. *Comportabit aggerem, & capiet eam.* Mira fatuitas aliquorum, qui diabolum iuuant ad implēdum fossatum castri sui! Hab. 3. *Væ qui congregat non sua. Vsquequo aggrauat contra se densum lutum.* Pauperes in Ecclesia remanent, dum ditites in regnum diaboli transferuntur. Sicut Nabuchodonosor pauperes dimisit in terra promissionis, nobilibus translatis in terrã suam. Ierem. 39. Sophoniæ 3. *Derelinquam in medio tui populum pauperum.* Pauperum est hæreditare regnum cœlorum: mobilia verò huius seculi sunt diuitum, sicut figuratum est, Gen. 25. vbi Abraham dedit Isaac cuncta quæ possidebat, filiis autem concubinarum largitus est munera. Paupertatem posuit filius Dei vt fundamentũ religionis Christianæ. Matth. 5. Iob 26. *Qui extēdit aquilonem super vacuum.* Super vacuum, inquam, paupertatis. Aquilonem vocat Ecclesiã de Gentibus conuersam, quæ congelata erat in peccatis suis. Paupertatem posuit Christus gradum quo ad perfectionem ascenditur. Matth. 19. *Si vis perfectus esse, vade & vende omnia quæ habes, & da pauperibus.* Paupertas mater & nutrix & custos religionis est. Vnde qui ingrediũtur religionem, ad eam voto se astringunt. Econtrario abundantia religionem destruit. Adeo enim occupat eam, vt meditationes, lectiones, orationes quibus debet sustētari, in ea pereat,

ita quod seruitium Ecclesiæ est inordinatus strepitus. Amos 5. *Aufer à me tumultũ carminum tuorum.* Vbi ipsa non est, vitia sunt in pace. Non fiunt ibi correctiones, sed supputationes, vt potius videantur trapezitæ quàm religiosi. Virgæ sunt ibi potius ad ostensionem quàm ad vitiorum effugationem. In refectorio lapidatur sobrietas varietate ferculorum. Ministri manibus eleuatis varia portantes fercula, afferunt vnde ipsa lapidetur: sicut Iudæi afferebant lapides ad beati Stephani lapidationem. In claustris vbi est abundantia temporalium, inueniuntur multi habitum religionis deferentes, qui tamen non sunt religiosi. Sicut clerici qui communiter dicuntur Goliardi, quandoque habitum monachalem deferunt, & tamen monachi non sunt. Aliqui proiiciuntur ibi à parētibus, sicut catuli quos matres non sufficiunt enutrire. Aliqui etiam intrant vt fures: vt scilicet ditentur & possint res monasterij consanguineis suis dare. Aliqui instar vulpis se mortuos spiritualiter simulant, vt prædam faciant. Vbi est abundantia, behemoth quiescit, qui in arido paupertas requiem non inuenit. Luc. 11. Paupertas omnes ingredientes in mundũ istum excipit: sed postea à multis eiicitur de possessione sua sine culpa sua: sed in exitu de mundo isto, iterum recuperat eos. Iob 1. *Nudus egressus sum de vtero matris meæ, nudus reuertar illuc.* Paupertas seruitutem diuitiarum, quæ adeo generalis est, excutit. Eccles. 10. *Pecuniæ obediunt omnia.* Ipsa cum Petro super aquas ambulat, scilicet super mare huius mundi. Matt. 14. Bern. in Sermonibus: Hæc prærogatio debetur Petro: nouum iter, & noui modus itineris. Antiquorum sane patrum diebus, donec in terris videretur & conuersaretur inter homines Deus maiestatis, non erat euangelicæ forma perfectionis, sed spiritum Domini solo interim spiritu sequebantur. Paupertas luto diuitiarum si affluat, non vult cor apponere. Ipsa ordinem naturæ seruat. Sicut enim terra exterior pedibus, sic ipsa terrena calcat mentis affectibus. Ipsa de fimo stabuli thesaurum facere dedignatur. Stabulum est hæc pars mundi, in qua sumus, quia habitaculum est iumenti nostri, scilicet corporis. Paupertas terram talpis & serpentibus relinquit. Esa. 65. *Serpenti pulvis panis eius.* Ipsa hominem custodit, ne à serpente infernali comedatur. Cassiodorus super illud Psalm. *Omnia à te expectant.* Quem Deus pro malis suis abiicit, sit diaboli pabulum: quapropter si in escam inimici dari nolumus, non debemus esse terreni, quia sic in principio maledictus est vt terram comedat. Gen. 3. Paupertas amatores suos miro modo facit abundare. Habent enim de ea quantum volunt. Ecclef. 11. *Est homo marcidus, egens recuperatione, plus deficiens virtute, & abundans paupertate.* Paupertas etiam terrenis diuitiis facit quodámodo abundare: pauper enim diuitias quas pro Christo contemnit, quodammodo habet, dum eas Christo vendit, & de illis in cœlo thesaurum facit. Vnde Dominus emit à Petro, quod pro eius amore reliquerat. Matth. 19. quod non fecisset, nisi illius fuissent. Non enim emeret prædam. Quando aliquis ex corde dicit: Volo habere thesauros regios vel imperiales, & hoc propter Christum: statim Christo eos vendidit, & in cœlo eos thesaurizauit, & hoc sine damno eorum qui eos possidebant. Remanent enim eis pleno iure. Et quod mirum est, eosdem thesauros diuersi possunt vendere, & in cœlo thesaurizare. Et non solum hæc possunt facere de his quæ sunt, sed etiam de his quæ non sunt, sed possunt esse. Bern. in Sermonibus. O mira nouitas eius qui omnia noua facit: tollens iugum, inuenit requiem: relinquens omnia, centuplum habet. De illa vero paupertate quæ est eorum qui habent multas diuitias, quarum non se reputant dominos, sed solùm ministros, notandum quod ipsa valde gloriosa est. Ipsa est velut lilium inter spinas. De paupertate huiusmodi verum est illud Prou. 14. *Est quasi pauper, cum multis diuitiis sit.* Ipse in diuitiis dupliciter negotiatur, bene ministrando & non amando, Ipse diuitias terrenas in arca seruat, & tamen in thesauro cœlesti eas reponit: qui enim ad pios vsus diuitias seruat, non claudens viscera sua indigentibus, in cœlo iam eas reposuit, cùm eas corde iam Deo obtulerit. Pios vsus diuitiarum intelligas etiam vxorum & filiorum competentes prouisiones, cùm ad Dei honorem & animarum salutem referantur. Non sic est de illis qui auarè retinendo diuitias: quos non pascunt, occidunt, dum eos fame mori permittunt, qui pauperibus partem suam auferunt.

Et notandum quod qui amat paupertatem, non debet eius sequelam fugere, scilicet famem & sitim, nuditatem, defectum tecti, defectum auxiliorum, defectum consolationum. Bern. in Sermonibus. Videmus aliquos pauperes, qui, si veram haberent paupertatem, non adeo pusillanimes inuenirentur & tristes, vtpote reges vt reges coli. Sed hi sunt qui pauperes esse volunt, eo tamen pacto vt eis nihil desit: & sic diligunt paupertatem vt nullam inopiam patiantur.

Pars VI.

De Mansuetudine & eius descriptione. Quare etiam mansueti sint beati: vbi XVI. tanguntur pertinentia ad commendationem mansuetudinis. Et quare mansueti possidebunt terram, ac cui dono mansuetudo adaptetur.

Post paupertatem spiritus dicendum est de Mansuetudine quæ commendatur in verbo illo: *Beati mites, &c.* Et sequitur bene mansuetudo paupertatem spiritus. Qui enim vere humilis est, cum nihil habeat sui reputatione, non habet vnde turbetur, nec contra se quæ fiunt, fieri reputat. Item qui terrena non amat, elongauit à se causam perturbationum: Sicut terra mixta aquæ eam turbida reddit: sic terrena humano cordi amorem sociata, causæ sunt perturbationum. Si verò à corde humano fuerint separata, & tranquillitas in mente. De mansuetudine verò hoc modo dicitur. Primo ostendetur quid sit mansuetudo. Secūdo quando mites sint beati: vbi tangetur de his quæ ad commēdationem mansuetudinis pertinet. Tertio, quare mansueti possidebunt terram. Quarto, quod donum huic beatitudini adaptetur. Mansuetudinem sic describit Peregrinus sacerdos: Mansuetudo, inquit, est modesti animi tranquillitas, quę nulla incurrētium rerum tribulatione agitatur. Mansuetudo videtur esse temperantia seu modestia vis irascibilis, respectu mali vel inferendi vel destruendi: moderationem vero irascibilis in qua multum regnat impetuositas, sequitur mentis tranquillitas. Gl. super Matt. 5. *Montes temperat mansuetudo & lenitas.* Mansuetudo est dulcedo animi, quam non vincit amaritudo. Vnde Gloss. super Matth. 5. Mitis est quem mentis asperitas seu amaritudo non afficiat: sed simplicitas fidei ad omnē iniuriam patiēdam instruit patienter. Hæc dulcedo quandam causam habere videtur sanitatis virium animæ. Prou. 16. *Dulcedo animæ est sanitas ossium.* Mansuetudo bonitas est malitiam vincens, nulli malum vincens, mala in bonum conuertens. Gl. super Matt. 5. Mansuetus non irritat vel irritatur: non nocet, vel nocere cogitat. Et alia Gl. Mitis est quem non rancor vel ira afficit, sed omnia æquanimiter sustinet: *Mansueti si mortiferum quid biberint, non eis nocebit.* Marc. vltim. Mansuetudo mollities est seu suauitas malo cedens, subesse sciens, superiori non resistens, tractabilis siue bonis consentiens. Primum tangit, gloss. super illud Matth. 5. *Beati mites* qui cedunt improbis, & vincunt in bono malum. Secundum tangit alia gloss. Ibid. Qui piè quærit, honorat sancta, non reprehendit, non resistit, quod est mitem fieri. Tertium tangit gloss. super illud Galat. 5. *Fructus spiritus est Charitas,* &c. Mansuetudo quod non intractabilis, sed potius tractabilis est, quia mansuetudo vel in toto, vel in parte videtur esse idem cum clementia, de qua dictum est in tractatu de Temperantia, vbi inuenies aliqua vtilia ad materiam istam. Aliquando etiam benignitas pro mansuetudine accipitur. Tamen super illud 1. Corinth. 13. *Charitas patiens est, benigna est,* vult gloss. quod benignitas consistat in largitione suorum, dicens, Benigna est, larga egenis. Et super illud Ephes. 4. *Estote inuicem benigni,* dicit gloss. id est, de facultatibus largi. Et super illud Galat. 5. *Benignitas,* dicit gloss. largitas rerum. Animus mansuetus nobilitatem veram habere videtur, & nobilitatem quam aliena rusticitas non corrumpit. Nobiles huius mundi parum sunt nobiles seu curiales, vt primò rusticitatem huiusmodi nō faciāt: sed si eis facta fuerit, parati sunt eam reddere: sed Dominus vult filios suos adeò nobiles esse, vt nulla rusticitas eis facta eos possit rusticos efficere, vt scilicet nulla rusticitas de eis exeat.

Circa secundum notandum est, quod prima causa & maxima quare mites sint beati, est illa quam Dominus tangit: *Quoniam ipsi possidebunt terram.* Secunda est: quia sunt immunes à miseria, quæ iracundiam vel rabiem comitatur: de qua miseria require in tractatu de ira. Tertio, ad beatitudinem mitium facit excellentia huius virtutis, scilicet mansuetudinis: quia excellentia apparebit si ponentur ea quæ ad eius commendationem pertinent.

De commendatione Mansuetudinis.

ET possumus 16. ponere ad eius cōmēdationem pertinentia. Primum est, quod natura hominem ad mansuetudinem incitat: Figura .n. hominis exterior indicat quod homo mansuetus esse debeat. Et sapiens dicit hominē esse animal mansuetum natura. In omni specie animalis figura corporis atteſtatur naturæ inferiori: ſicut vngues acuti, magni, & fortes, & curuati, & dentes magni, & ſciſſio oris magna atteſtantur rabiei, vt apparet in leonibus. Contraria verò his atteſtantur māſuetudini, vt in homine. Homines crudeles quaſi non ſunt homines, in animalia enim ſylueſtria tranſierunt. Secundum eſt, manſuetudo Dei, quam Scriptura ſacra tantum nobis prædicat. Dan. 3. *Fac nobiſcum iuxta manſuetudinem tuam.* Soph. 4. *Quærite Dominum omnes manſueti terræ: quærite iuſtum, quærite manſuetum.* Ioel. 2. *Conuertimini ad Dominum Deum veſtrum, quia benignus & miſericors eſt.* In Pſal. *Suauis eſt Dominus in omnibus vijs ſuis.* Tertium eſt, quod hæc virtus ſpeciale ornamentum fuit mediatoris. In Pſal. *Propter veritatem & manſuetudinem, &c.* Matth. 21. *Ecce rex tuus tibi venit manſuetus.* Ierem. 11. *Ego quaſi agnus manſuetus qui portatur ad victimam.* Matth. 11. *Diſcite à me, quia mitis ſum.* Quartum eſt quod hæc virtus enumeratur inter fructus ſpiritus. Galat. 5. Quintum eſt, quod hæc virtus ornamentum eſt multum decens ſeruum Dei. Epheſ. 4. *Obſecro vos vt dignè ambuletis vocatione qua vocati eſtis, cum omni humilitate & manſuetudine.* 1. ad Timoth. 6. *Tu autem homo Dei ſectare patientiam & manſuetudinem.* Item 2. ad Timoth. 2. *Admone illos, neminem blaſphemare, non litigioſos eſſe, ſed modeſtos, omnem oſtendentes manſuetudinem.* Sextum eſt, quod Chriſtus magiſterium huius virtutis ſibi ſpecialiter inſcribit. Vnde Gloſſ. ſuper illud Matth. 5. Huius virtutis quaſi magnæ magiſtrum ſe facit Dominus, quod non faceret niſi via ſummæ perfectionis iſta virtus eſſet. Septimū eſt, quod hæc virtus diuina acquirit Eccleſiaſt. 10. *Sedes ducum ſuperborum deſtruxit & ſedere facit mites pro eis.* Octauum, quod eadem conſeruat Prouerbior. 20. *Roboratur clementia thronus regis.* Nonum, quod vitam corporis conſeruat. Prouerbio. 11. *Clementia præparabit vitam, & ſectatio malorum mortem.* Eiuſdem 12. *Qui ſuauis eſt, viuit in moderationibus.* Decimum eſt, quod ſeruat animam. Eccleſiaſt. 10. *Fili, in manſuetudine ſerua animam tuam.* Manſuetudo eſt ſicut antemurale in caſtro animæ, lapides durorum verborum leuiter excipiens, & ideò ictus fruſtrans, & hominem à læſione cuſtodies, Sicut vaſa vitrea in fœno, vel alia re molli inuoluuntur, & ſic à confractione ſeruantur: ſic manſuetudo animum ſeruat, ne ira eam confringat. Vndecimum, quod animum delectat. In Pſalm. *Manſueti hæreditabunt terram, & delectabuntur in multitudine pacis.* Manſuetudo eſt velut culcitra molliſſima in lectulo florido cōſcientiæ, in qua animus cum Deo quieſcit, Cant. 1. *Lectulus noſter floridus.* Duodecimum, quod proximum corrigit. In Pſalm. *Quoniam ſuperuenit manſuetudo, & corripiemur.* Tertium decimum, quod proximi gratiam acquirit. Eccleſiaſt. 3. *Fili, in manſuetudine opera tua perfice, & ſuper gloriam hominum diligeris.* Ezech. 3. *Vt adamantem & ſilicem dedi faciem tuam.* Sicut adamas ferrum attrahit, ſic manſuetudo corda hominum. Decimumquartum, quod iram proximi frangit. Prouerb. 15. *Reſponſio mollis frāgit iram.* Quintumdecimum, quod hominem Deo valde placentem reddit. Eccleſiaſt. 1. Et quod beneplacitum eſt ei, fides & manſuetudo. Hæ duæ gratiæ multum placent Dei in homine, quia fides facit vt homo poſſideatur à Deo quantum ad effectum: Manſuetudo facit hominem à Deo exaudiri. In Pſalm. *Memento Domine Dauid, & omnis manſuetudinis eius.* Iudith 9. *Humilium & manſuetorum ſemper tibi placuit deprecatio.* Et Dominus beato Dionyſio in carcere poſito: Benignitas & dilectio quam ſemper habuiſti, faciēt vt quidquid petieris, aliquibus impetres. Item manſuetudo dignum facit Dei allocutione. In Pſalm. *Docebit mites vias ſuas* Eccleſiaſt. 5. *Eſto manſuetus ad au*

De Beatitudinibus.

diendum verbum Dei. Iacob. 1. *In mansuetudine suscipite insitum verbum.* Exod. 33. loquebatur Dominus cum Moyse, qui fuit mitissimus hominum, facie ad faciem sicut homo solet loqui ad amicum suum. Mansuetudo etiam dignum facit Dei defensione. Numer. 12. *Locuta est Maria & Aaron contra Moysen, &c. quod qnum audisset Dominus, iratus est valde. Erat enim Moyses mitissimus,* & subditur : *Maria apparuit candens lepra.* Decimumseptimum est, quod in iudicio saluat. In Psalm. *Cum exurgeret in iudicio Deus, vt saluos faceret omnes mansuetos terræ.* Item diriget mansuetos in iudicio, & exaltabit mansuetos in salutem. Esaiæ 11. *Arguet in æquitate pro mansuetis terræ.*

Circa tertium notandum, quod mansueti possidebunt terram viuentium. Vnde gl. Virtus mansuetudinis possidebit terram viuentium, & delectabitur in multitudine pacis. Mansueti in præsenti pacifici possidentur à Deo: ideo lege vicissitudinis in futuro possidebunt Deum, qui est beata habitatio viuentium. August. Nullius erit Dei possessio, nisi eius quem ipse prius possederit. Præterea mansueti possident nunc corda sua : homines immansueti non dominantur cordibus suis, sed potius ira dominatur in eis. glo. super Matth. 5. Mites sunt qui malis moribus dominantur : perfecta virtus morum possessio. Prou. 16. *Melior est qui dominatur animo suo, expugnatore vrbium.* Item mansueti bona spiritualia, si qua habent, possident : homines iracundi, ea non possident, etsi ad horam ea habeant. Ignis enim iræ in momento eos depauperat. Item bona terræ magnificè possident, vt non turbentur si ea amiserint. Qui ex amissione bonorum terrenorum turbantur, non possident ea, sed potius ab eis possidentur. Serui enim eorum sunt, non Domini. Vt igitur gratiæ tanquam merito gloria succedens vt præmium respondeat; mansuetiiqui in præsenti se & sua possident, tam spiritualia quàm terrena, merito in futuro terram viuentium possidebunt. Bernardus videtur intelligere hoc verbum *Beati mites, &c.* de terra quam calcamus. Ait enim : Si humilibus datur cœlum, mitibus terra : quid relinquitur immitibus & crudelibus, nisi infernalis miseria ? Idem in sermon. verbum prædictum exponit de terra corporis, his verbis : Hanc terram corpus nostrum intelligo: quod si possidere vult anima, si regnare desiderat supra membra sua, necesse est vt ipsa sit mitis & superiori suo subiecta : quoniam talem inueniet inferius suum, qualem se exhibuerit superiori. Armatur enim creatura ad vlciscendam sui iniuriam creatoris : & ideo nouerit anima quę rebelle inuenit sibi corpus suum, se quoque minus quàm oportet superioribus potestatibus esse subiectam : mansuescat ipsa, & humilietur sub potenti manu Altissimi, subiecta sit Deo, & his pariter quibus vice eius debet obedire prælatis, & continuo corpus suum inueniet obediens & subiectum. Veritas enim est quæ loquitur : *Beati mites, quoniam ipsi possidebunt terram.* Et notandum quod vera mansuetudo apparet, quando homini aliquid dicitur, vel fit contra eius voluntatem. Bernard. Sunt alij mites, sed quandiu nihil dicitur aut agitur, nisi pro eorum arbitrio. Patebit autem quàm longe sint à vera mansuetudine, si vel leuis oriatur occasio. Hæc mansuetudo quomodo hæreditabit quæ ante hæreditatem deficit ? Circa quartum notandum quod donum pietatis adaptatur mansuetudini. Si enim pietas accipiatur pro misericordia, manifestum est quod qui habet pietatem, mala proximi compatitur, nec vult nocere proximo. Vnde qui pius est, est mansuetus. Si vero pietas pro cultu Dei sumatur, cultus Dei est *iugum Dei suaue & onus leue.* De quo legitur Matth. 11. Qui mansuetus gratus se inclinat & superponit, sicut mansuetus aliud abiicit, Vnde qui mansuetus est, pius est.

Mansuetudini adaptatur donū pietatis.

Pars VII.

De luctu & eius descriptione, de speciebus luctus, & quare lugentes sint beati: vbi tangitur de his quæ ad commendationem lachrymarum pertinent, & impedimentis etiam lachrymarum, & cui dono luctus adaptetur.

Post paupertatem spiritus & mansuetudinem, dicendum est de luctu. Cum enim terreneitas vix ad plenum à corde amoueatur, tranquillitas autem mansuetudinis sæpe corrumpatur, necessarius est luctus, vt aquâ lachrymarum terreneitas perfectè expellatur. Iob. 14. *Lapides excauant aquæ, & alluuione paulatim terra consumitur.* Et vt incendia, iræ aqua lacrymarum perfectè extinguantur. De luctu vero hoc modo dicetur. Primo ostendetur quid sit luctus, prout beatitudo dicitur. Secundo distinguentur diuersæ species luctus, vt manifestum fiat cui luctui consolatio debeatur. Tertio, ostendetur quomodo lugentes sint beati: vbi tangetur de his quæ pertinent ad commendationem luctus seu lacrymarum. Quarto, dicetur de impedimentis lacrymarum. Quinto, quod donum aptetur huic beatitudini. Circa primum notandum, quod luctus prout sumitur pro beatitudine, est gratia vehemente dolendi de malo quod accidit, vel de bono quod deficit. Luctus vero sic sumptus non est in iis qui adhuc sunt in peccatis suis. Gregor. in Moral. Nisi à reatu culpæ quo nos ligauimus, misericorditer dimittamur, perfectè flere non possumus, quod in nobisipsis contra nosmetipsos dolemus. Malum vero in descriptione posita intelligas, non id quod mundus vocat malum, scilicet pœnam temporalem quæ medicinalis est: sed quod verè malum est, scilicet malum culpæ, & pœnam futuram quæ eius est sequela. Bonum etiam non intelligas bonum periculosum vt est pecunia: sed verum bonum scilicet bonum gratiæ vel gloriæ. Dolor huiusmodi, signum est salucis. Greg. in Moral. Argumentum salutis est vis doloris.

De speciebus luctus.

Circa secundum notandum quod super Matth. 5. distinguit Gl. duas species luctus. Prior est luctus pro peccatis, vel suis vel alienis. Secundus est, ex desiderio cœlestis patriæ. Prior est irriguum inferius, secundus irriguum superius. De quibus legitur Iof. 15. & Iudic. 1. Ille lauat præsentes sordes: hic vero accendit acrius æternorum amatores: vt dicit Gl. super Matth. 5. Aliqui etiam distinguunt quatuor species luctus. Primus luctus est luctus ex propriis peccatis. De quo in Psalm. *Exitus aquarum deduxerunt oculi mei, &c.* Secundus est luctus pro alienis peccatis. Ierem. 9. *Quis dabit capiti meo aquam, & oculis meis fontem lacrymarum, & plorabo die ac nocte interfectos filiæ populi mei?* Tertius est, pro incolatu præsentis miseriæ, Dauid: *Heu mihi quia incolatus meus prolongatus est!* Quartus, pro dilectione patriæ. In Psal. *Super flumina Babylonis illic sedimus & fleuimus, &c.* Hæ quatuor species luctus sunt velut quatuor hydriæ, quas iussit Elias impleri aquâ, & effundi super holocausta: quam effusionem ignis cœlestis subsecutus est, 3. Regum 18. Possunt etiam distingui sex species luctus, quarum prima est ex consideratione diuinæ offensæ vel contumeliæ. Secunda est, ex consideratione gehennæ. Greg. super Iob. Super omnia præuisio inferni compunctionem prouocat. Tertia est, ex consideratione alienæ miseriæ. Ad Rom. 12. *Flete cum flentibus, gaudete cum gaudentibus, &c.* Quarta est, ex præsenti affectione. Thre. 1. *Plorans plorauit in nocte.* Quinto, pro spirituali absentia sponsi. Matth. 9. *Non possunt filij sponsi lugere, quandiu*

De Beatitudinibus.

quandiu est sponsus cum eis, &c. Sexta pro dilatione patriæ. Hę sex species sunt velut sex hydriæ quas Dominus iubet aqua impleri, Ioan. 2. Potest tamen poni diuisio luctus generalior, vt distinguamus luctū in luctum malum; & in luctum bonum, & luctum indifferentem. Luctus malus est, vt luctus cupiditatis. De quo dictum est: *Ploratur lacrymis amissa pecunia veris*. Vel luctus deceptionis. De quo Poëta: *Vt flerent oculos, erudiere suos*. Vel luctus inordinatæ compassionis. De quo Augustinus in primo lib. Confessionū: Cogebar, inquit, plorare Didonem mortuam quæ se occidit ob amorem: quum interea meipsum in iis à te morientem Deus vita mea siccis ferrem oculis miserrimus. Quid enim miserius misero nō miserante scipsū? Vel luctus æternæ damnationis. Matth. 8. *Ibi erit fletus, & stridor dentium*. Idem eiusdem 13. & 22. & 24. & 25. Et Luc. 13. Prou. 14. *Extrema gaudij luctus occupat*. Et notandum quod idem faciunt prudentes & imprudentes. Sed imprudentes illud non faciunt tempore opportuno. Eccl. 20. *Imprudens non seruabit tempora*. Senec. De negligentibus facere quod faciendū est, tunc lachrymæ nihil profuturæ cadunt. Plorabunt fatui sicut hic sapientes plorant: sed tunc plorabunt, quādo lacrymæ erunt eis inutiles. Si non plorarent damnati, nisi lachrymam vnam corporalem singulis diebus quibus erunt in inferno, plus plorarēt quam sint aquæ in mari. Omnes enim guttæ maris finitæ sunt, & posset Deus dicere tot sunt & non plures: & damnati verò sine fine erunt in inferno. Luctus bonus triplex est, scilicet luctus cōpunctionis & deuotionis, compassionis & deuotionis. De primo in Psal. *Lauabo per singulas noctes lectū meum*, &c. De luctu compassionis Iob. 30. *Flebam quondam super eo qui afflictus erat*. Eccles. 22. *Super mortuum plora, defecit enim lux eius. Et super fatuum plora, defecit enim sensus*, Ierem. 13. *Plorans plorabit anima mea & oculus meus educet lachrymam: quia captus est rex Domini*. Eius-

dem 14. *Deducant oculi mei lachrymam per noctem & diem*, &c. Thren. 2. *Defecerunt præ lacrymis oculi mei super contritione populi mei*. Ezec. 32. *Omnia luminaria cœli mœrere faciam super te*. Luctus deuotionis est, vt cum anima viri perfecti Dei dulcedinem experta, deflet absentiam sponsi, quoad sensum dulcedinis. Bernar. ad fratres de monte Dei, loquens de illo qui repellitur à lumine Dei ad quod admissus est. Si amat, inquit, flere, dulcia habet, & non sine multo gemitu cogitur redire ad conscientiam suā. Item luctus deuotionis est, qui est ex desiderio diuinæ visionis. In Psal. *Sitiuit anima mea ad Deum fontem viuum, &c. Fuerunt mihi lachrymæ meæ, &c.* Psal. 41. Luctus etiam deuotionis est luctus quem habet anima viri perfecti ex magnitudine gaudij spiritualis. De luctu deuotionis intelligi potest illud August. in lib. de ciuit. Dei: Quanto, inquit, est quisque sanctior & desideriis sanctis plenior: tanto eius in orādo fletus vberior. Idem in lib. Soliloq. Modum, inquit, vis habere lachrymas meas, quum miseriæ meæ modum non videam, Impatiens est amor: nec lacrymis modus sit, nisi amori detur quod amatur. Luctus indifferens est: vt luctus afflictionis temporalis, vel etiam gaudij. Tob. vndecimo: *Fleuerunt ambo cum gaudio*. Genes. 43. *Erumpebant lacrymæ, & introiens cubiculum fleuit*. Secundum Gloss. luctus pro peccatis vel pro desiderio cœlesti, consolationem meretur: alius verò luctus non. Secūdum Bern. Luctus eorum qui perseuerantiam non habent; non meretur consolationem. Alios, inquit, lugētes video: sed si de corde procederent lacrymæ, non tam facile illico soluerentur in risum. Nunc autem quum abundantius otiosa & scurrilia verba profluant, quàm prius lacrymæ: lacrymas huiusmodi de his esse non arbitror quibus consolatio diuina promittitur: quandoquidem post illas tam facile consolatio vilis admittitur.

Luctus indifferens.

Quare lugentes sint beati.

CIrca tertium notandum, quod prima & maxima causa quare lugentes sint beati est quam Dominus tangit, dicens: *Quia consolabuntur.* Simile Luc. 6. *Beati qui nunc fletis, quia ridebitis.* Lugentes in futuro consolabuntur Dei visione, & etiā multis aliis modis. Esa. vlt. *In Ierusalem consolamini: videbitis, & gaudebit cor vestrum.* Et Luc. 15. Dictum est diuiti de Lazaro. *Nunc hic consolatur, tu vero cruciaris.* Ioan. 15. *Tristitia vestra vertetur in gaudium*, quod significauit aquæ mutatio in vinum. Ioan. 2. Ierem. 3. *Conuertam luctum eorum in gaudium.* In præsenti etiam lugentes consolantur. Exod. c. 15. *Aquæ Mara versæ sunt in dulcedinem.* Tob. 8 *Post lacrymationem & fletum, exultationem infundis.* Aug. in lib. Confes. Quantum, inquit, fleui in hymnis & canticis tuis, suauesonantis Ecclesiæ tuæ vocibus commotus acriter: & currebant lacrymæ, & bene mihi erat cum eis. De tali qui habet abundantiā dulciū lacrymarum, verum est illud, quod solet dici communiter: Iste est sicut piscis qui natat in aqua. De suauitate ista non gustat cor ignobile. Prou. 14. *Cor quod nouit amaritudinem animæ suæ, in gaudio eius non miscebitur extraneus.* Greg. in Moral. Luctu suo anima pascitur, quum ad superna gaudia flendo subleuatur. Et intus quidē doloris sui gemitum tolerat: sed eo refectionis pabulum percipit, quo vis amoris per lacrymas emanat. Idem in eodem: Fit plerumque vt in ipsis piis fletibus gaudij claritas erumpat, vt mēs quæ cœca iacuerat, ad inspectionem fulgoris intimi suspiriis vegetata conualescat. Aliud ad beatitudinem faciens in lugentibus luctu salubri, potest esse, quod tales immunes sunt à tristitia huius seculi, quæ mortem operatur. 2. ad Cor. 7. Bern. *In omnibus operibus tuis memorare nouissima tua.* Mortis horrorem, iudicij tremendum valde discrimen, ardentis gehennæ metum ab oculis cordis tui elōgari nullatenus patiaris. Cogita peregrinationis tuæ miseriā, recogita annos tuos in amaritudine animæ tuæ, & cogita humanæ vitæ pericula: cogita fragilitatem propriam, & in huiusmodi cogitatione si perseueraueris, dico tibi parū sentie s quidquid foris videtur esse molestum, dum toto corde circa interiorē molestiam te occupaueris. Sed nec patietur Dominus sine consolatione te esse: quoniā est pater misericordiarum, & Deus totius consolationis. Et complebitur omnino quod pollicetur Veritas, *Beati qui lugent &c.* Tertio ad beatitudinem lugentium facit, quod lacrymæ eos emundant. Sunt & cæteri affectus lacrymarū, de quibus in earum commendatione dicetur.

De commendatione lacrymarum.

ET notandum, quod ad commendationem lacrymarum. Primo valere possūt exhortationes quas Scriptura sacra facit ad flendum. Ierem. 6. *Luctum vnigeniti fac tibi.* Eiusd. 9. *Docete filias vestras lamentum.* Luc. 23. *Super vos ipsas flete & super filios vestros.* Iacob. 4. *Miseri estote, & lugete.* Eiusd. 5. *Plorate vlulantes in miseriis vestris.* Secundo exempla inter quæ præcipuum est exemplum Christi. Bern. Christus compatitur, & plorat; homo patitur, & ridebit. De luctu Christi habes ad Heb. 5. *Cum clamore & lacrymis exauditus est pro sua reuerentia.* Et Luc. 19. *Videns ciuitatem fleuit super illam*, & Ioan. 11. *Et lacrymatus est Iesus.* Primo fletu commendauit nobis fletum compunctionis. Creditur enim fletum illum emisisse in cruce. Crux vero statum pœnitentiæ designat. In secundo, fletum compassionis. In tertio, fletum deuotionis, quando fleuit Lazarum reuocaturus ad præsentem miseriam. Bernar. in Serm. Christum super Lazarum & super ciuitatem fleuisse, & in orationibus pernoctasse lego: risisse vero aut iocasse nunquā. Commendantur etiam lacrymæ exemplo Petri. Matth. 26. *Egressus foras fleuit mare.* Hieron. in epistolis. Petrum tergantem in locũ suum amaræ restituere lacrymæ. Item exemplum Magdalenæ Luc. 7 *Lacrymis cœpit rigare pedes eius.* Tertio, ad cõmendationẽ lacrymarũ potest locus valere in quo sumus. Aug. in valle miseriæ sumus, in qua eo magis flendum est, quo minus flemus. In Psal. *Ascensiones in corde suo disposuit in valle lacrymarum*, Eccl. 12. *Musica in luctu importuna narratio.* Quarto, tempus in quo sumus. Eccle. 3. *Tempus flendi, & tempus ridendi.* Tempus flendi est in præsenti, vbi est multa materia fletus, & lacrymæ sunt in suo valore. Materia fletus sunt Dei iniuriæ & contumeliæ, strages animarum, incolatus præsentis miseriæ, dilatio patriæ. De multiplici materia fletus, require in tractatu de luxuria, cap. de Choreis. In futuro erit tempus ridendi. Qui erunt in paradiso, non habebunt materiam fletus. In his vero qui erunt in inferno lacrymæ nullus erunt valoris. *Tunc absterget Deus omnem lacrymam ab oculis sanctorum.* Apoc. 7. Esa. 3. *Aufert Dominus Deus omnem lacrymam ab omni facie.* Bern. Felices lacrymæ, quas pia manus conditoris absterget. Tunc ridebunt electi pleno ore. Iob 8. *Deus non proyciet simplicem, nec porriget manum malignis, donec impleatur risu os tuum, & labia tua iubilo.* Hic ridetur ore semipleno: quia hic impletur illud Prou. 14. *Risus dolore miscebitur.*

De virtute lacrymarum.

DE virtute lacrymarum. Notandum est quod lacrymæ primo animam mũdant. Aqua etiam lacrymarum est velut mare æneũ, in quo ingressuri tabernaculum vel templũ, manus ac pedes lauabant. Exodi vltimo. Et 3. Reg. 7. Aqua etiam lacrymarum est lauatorium in claustro spirituali. Quasi aqua de puteo est, si lacrymæ veniant de profundo peccatorum. Et si sint pro propiis peccatis, tunc est puteus in ipso claustro. Si vero sunt pro peccatis alienis, & non propriis: tunc habet claustrum illud aquam quasi de alieno puteo, & videtur habere malum prouisorem. Si vero lacrymæ pro incolatu huius miseriæ, vel pro dilectione patriæ, tunc est aqua quasi de fonte viuo. Ioann. 4. *Aqua quam ego dabo ei fiet fons aquæ salientis in vitam æternam.* Aqua lacrymarum, balneum est, in quo abluuntur animæ, vt sponsæ regis cælestis fiant. Ierem. 4. *Laua à malitia Ierusalem cor tuum vt salua fias.* Item lacrymæ delent literas mortis, quas qui peccat, diabolo scribit manu propria in libro conscientiæ, Daniel 7. *Sedit iudicium, & libri aperti sunt:* Libri, inquam, scilicet conscientiarum. Literæ istæ effusione proprij sanguinis delendæ essent, si aliter deleri non possent. Sic Christus deleuit chirographum nobis contrarium. Coloss. 2. *Delens quod aduersus nos erat chirographum decreti quod erat contrarium nobis, & ipsum tulit de medio affigens illud cruci.* Item diabolum submergunt. Aqua lacrymarum est quasi mare rubrum, vbi Pharao infernalis cum exercitu vitiorum submergitur. Exod. 14. In Psalm. *Contribulasti capita draconum in aquis.* Item lacrymæ terram cordis irrigant, & fœcundant. Aqua lacrymarum est vt fons paradisi Genes. 2. *Fons ascendebat de terra, irrigans vniuersam superficiem terræ.* Ecclesiast. 14. *Rigabo hortum plantationis.* In Psalm. *Qui seminant in lacrymis, in exultatione metent.* Item lacrymæ holocaustum impinguant. Gregorius super Ezechielem: Holocaustum aridum, est bonum opus quod orationis lacrymæ non infundunt. Holocaustum pingue, est bonum opus; quod quum agitur, etiam lacrymis impinguatur. Item lacrymæ ardorem concupiscentiarum sedant. Gregorius in Moralibus: Flammam suggestionum diaboli citius extinguit vnda lacrymarum. Si aliqua videat domum conscientiæ suæ igne concupiscentiæ succendi, recurrere debet ad aquam lacrymarum. Item mente humi-

Psal. 73.

Psal. 111.

liât, Prou. 12. *Mœror in corde iusti humiliabit eū.* Item mentē mitigant. Bern. in Ser. Equum indomitum flagella domant: animā immitem contritio spiritus & assiduitas lacrymarum. Et vt breuiter dicatur, omnem infirmitatem spiritualem sanant. Iob. 5. *Mœrentes erigit sospitate.* Item à Deo quod homo vult impetrant. 1. Reg. 1. *Quum esset Anna amaro animo, orauit Deū, flens largiter, quæ à Domino exaudita est.* Esa. 38. dictum est. Ezechiæ: *Vidi lacrymam tuam, & ecce sanaui te.* Tob. 3. *Orauit Tobias cum lacrymis, & Sara similiter, & exauditæ sunt preces amborum.* Iudith 8. *Indulgentiam eius cum lacrymis postulemus.* In Psalm. *Auribus percipe lacrymas meas:* Augustin. Quæ violentæ sunt in precibus. Item: Posuisti lacrymas meas in conspectu tuo. Ierem. 31. *In fletu venient, & in misericordia reducam eos.* Christus cum lacrymis preces offerens exauditus est, Hebræ. 5. Item lacrymæ oculum cordis clarificant. Vnde aqua lacrymarum est natatoria Siloë. Ioan. 9. *Abij in natatorium Siloe, & laui, & vidi:* Greg. Mens lacrymis baptizata, in contemplatione videt limpidius. Idem: Sæpe quod torpentes latuit, flentibus subtilius innotescit. Aqua lacrymarum est collyrium visum iuuans. Apocalyp. 3. *Collyrio inunge oculos tuos, vt videas.* Item lacrymæ mentē eleuāt. Gen. 7. *Multiplicatæ sunt aquæ, & eleuauerunt arcam in sublime.* Greg. in Moralib. Quum per fletum mens ad summa rapitur, compunctionis suæ pœnam gaudens miratur; & libet affligit, quia afflictione sua se conspicit ad alta subleuari. Item lacrymæ vitam perditam reparant. Gregor. Tempus redimimus, quando anteactam vitam, quam lasciuiendo perdidimus, flendo reparamus. Item regnum cœlorum quasi quadam vi obtinent. Gregor. in Homil. Regnum cælorum rapi vult nostris fletibus, quod nostris meritis non debetur. Lacrymæ, vt virtus earum breuibus verbis exprimatur, operantur in cælo, in terra, & in inferno. In cælo: Vnde Ecclef. 35. *Nonne lacrymæ viduæ ad maxillam descendunt, & exclamatio eius super deducentem eas?* A maxilla enim ascendunt ad cælum. In terra operantur, quum multiplices habeant effectus in hominibus, vt prius ostensum est. In inferno quum ignem infernalem extinguant, quantum ad eum qui eas effundit. Item lacrymæ possunt in Deum, in angelos, in dæmones & homines. In Deum, dūm eum quasi cogunt ad miserandum, Vnde super illud Tobiæ 3. *Tunc Tobias ingemuit, & cœpit orare cum lacrymis,* dicit Gl. Oratio Deum lenit, lacryma cogit. Lacrymæ Deum faciunt quasi obliuisci iniquitatum nostrarum. Lacrymæ etiam angelos lætificant. Luc. *Gaudium est Angelis Dei super vno peccatore pœnitentiam agente,* secundum Bern. Deliciæ angelorum, sunt lacrymæ pœnitentium. In dæmones possunt lacrymæ, cum ab eis submergantur, vt prius dictum est.

De impedimentis lacrymarum.

Circa quartum notandum est quod sex videntur esse impedimenta lacrymarum. Primum est superbia, quæ est vt terra arans. Iosue 15. & Iudith 1. *Terram arentem dedisti mihi.* In Psal. *Anima mea sicut terra sine aqua tibi.* Humilitas est quasi aquæductus, per quem lacrymæ veniunt quam diabolus vult incidi. Iudith 7. *Incidi præcipit Holofernes aquæductum.* Ipsa est vallis ad quam descendunt aquæ lacrymarum. Secundum est, amor terrenorum. Vnde Cain interfecit Abel. Gen. 4. Cain interpretatur possessio; Abel, luctus. Gen. 26. *Omnes puteos quos foderant serui Abraham obstruxerunt Palæstini implentes humo.* Tertium est, durities siue impietas. Gen. 29. *Os putei grandi lapide claudebatur.* Homines qui non habent pietatem ad proximum, non inueniunt Deum sibi misericordem: ideo corda eorum sunt vt petra durissima. Iob. 12.

Si continueris aquas, omnia siccabuntur. Ideo necesse esset vt virgâ Dei percuterentur, vt aqua lacrymarum inde exiret. Deut. 8. *Eduxit riuos viuos de petra durissima.* Item in Psalm. *Percussit petram & fluxerunt aquæ, &c.* Quartum est, nimia occupatio. Genes. 36. *Anna inuenit aquas calidas in solitudine.* Esa. 22. *Recedite a me amarè flebo.* Quintum est, ignorantia. Quod impedimentum tangit Dominus. Luc. 19. dicens: *Si cognouisses, & tu supplè, fleres.* Sextum est, peccati magnitudo. Bernard. in lib. de Consideratione: Si doles, condoleo: si non, doleo tantum, & maximè sciens à salute longius abfistere membrum quod obstupuit, & ægrum sese sentientem periculosius laborare. Gregorius in homilia loquens de Pharisæo & Magdalena & Christo. Inter duos ægros medicus aderat, sed vnus æger in febre integrum sensum tenebat, alter verò in febre carnis & sensum perdiderat mentis. In ægritudine sensum perdiderat qui hoc ipsum quod à salute longè esset ignorabat.

Coadaptatio luctus in donum scientiæ.

Circa quintum notandum quod luctui adaptatur donum scientiæ. Vnde interl. Hi scientiæ spiritu illustrantur, vt sciant quibus malis inuoluantur. Hanc adaptationem insinuat Salomon. Eccl. 1. Qui addit, inquit, scientiam, addit & laborem: & non potest homo scire quibus bonis vel malis sit in præsenti vita, & non esse in luctu. Mala enim per se luctum inducunt, bona verò temporalia causam luctus: id est, peccatum. August. Si benè est, tumes: si malè, doles. Hanc adaptationem insinuat nobis ipsa natura. Ad idem enim membrorum pertinent visus & luctus. Idem insinuatur nobis: Luc. 19. *Videns Iesus ciuitatem, fleuit super eam.*

Pars VIII.

De Esurie iustitiæ.

Rectè post prædicta de Esurie iustitiæ dicendum est, quia prædicta valent ad esuriem iustitiæ. Humilitas quæ ad paupertatem pertinet, valet ad hanc esuriem: quia humilis sentit propriam vacuitatem, ideo esurit repletionem. Econtrario superbus quæ habet vanam plenitudinē, habet fastidium iustitiæ. Item paupertas voluntaria animam euacuat ab amore mundi. Vnde reddit eam capacem amoris veri boni. Amor enim mundi, & amor veri boni mutuo se expellunt ab anima, coangustatum est enim stratum, vt alter decidat, & pallium breue amoris vtrumque operire non potest, mundū scilicet & verum bonum. Esa. 28. Mansuetudo valet ad hanc esuriam, quia animam euacuat ab amore iniustitiæ. Homines immites esuriunt malitiam seu proximi iniuriam: Ideo non possunt perfectè esurire iustitiam. Luctus etiam facit ad hanc esuriem. Qui enim lugent, recogitant annos suos in amaritudine animæ suæ, & concipiunt facere dignos fructus pœnitentiæ, volentes seruire iustitiæ, sicut iniustitiæ prius seruierunt. ad Rom. 5. *Sicut exhibuistis membra vestra seruire immunditiæ & iniquitati ad iniquitatem: ita nunc exhibete membra vestra seruire iustitiæ.* Bernard. Esuriem iustitiæ ad præcedentem ordinat beatitudinem, his verbis: Quid aliud est, inquit, hæc consolatio quæ lugentibus promittitur, quàm procedens de spe veniæ gratia deuotionis, & suauissima delectatio boni, & gustus sapientiæ licet exiguus, quibus interim benignissimus Deus afflictam refrigerat animam. Sed gustus ille nihil aliud est quàm irritamentum desiderij, & incentiuum amoris, sicut scriptum est: *Qui edunt me, adhuc esurient: & qui bibunt me, adhuc sitient.* Propterea illico subinfertur:

Beati qui esuriunt, &c. Et notandum quod iustitia hîc sumi potest generaliter pro probitate, seu bonitate, seu rectitudine vitæ. Ad quod pertinet quod dicit Gloss. Amatores, inquit, veri boni, sunt, quibus non satis est quod iusti sunt, sed semper sitiunt opus iustitiæ. Vel potest sumi iustitia, prout ad eam pertinet reddere vnicuique quod suum est. Vnde Gloss. Iustitia est sua cuique tribuere, sibi, & proximis, & Deo. Item potest sumi prout attenditur in inflictione pœnarum. Vnde Bernardus in Sermonibus: Alij, inquit, tam vehementer contra aliorum delicta zelant, vt videri possent esurire & sitire iustitiam, si esset apud eos de suis quoque peccatis idem iudicium. Sed nunc pondus & pondus, vtrumque abominatio est apud Deum. Nam contra alios tam imprudenter quam inaniter æstuant; seipsos tam insipienter, quam inutiliter palpant. Esuriem iustitiæ, intelligas non quemcunque amorem iustitiæ, sed amorem valde intensum. Et notandum quod opera bona cibus sunt animæ. Virtutes enim, quæ sunt quasi quædam membra animæ, vnde sustentantur, reficiuntur, augentur, roborantur. Ioann. 4. *Meus cibus est, vt faciam voluntatem eius qui misit me.* Ad virtutes pertinet illud Esa. 4. *Panem nostrum comedemus.* Ipsæ de labore suo viuunt: proprijs enim operibus pascuntur, & sine illis deficiunt. Ideo rectè dicitur esuries esse iustitiæ. Esuries enim est respectu nutrimenti & refectionis. Qui esuriunt & sitiunt iustitiam, id est, vitæ rectitudinem vel bonitatem, & in se & in alijs beati sunt: quia satiabuntur in futuro, adepto quod desiderant: vt dicit Gloss. interl. Tunc enim nullus erit cum eis qui bonus non sit, & qui bene non agat. Item qui iustitiam secundo modo esuriunt, nunc saturabuntur. Totaliter enim viuent Deo: vnde se totaliter reddent Deo, à quo totaliter habent: & sic verè erunt iusti. Item qui esuriunt iustitiam tertio modo : tunc saturabuntur : quia tunc nullum malum relinquetur impunitum. Tunc enim implebitur illud Psalm. *Lætabitur iustus quum viderit vindictam.* Item qui esuriunt & sitiunt iustitiam, habent beatitudinem viæ. Primò propter lætitiam quæ iustitiam comitatur. In Psalm. *Iustitiæ Domini rectæ lætificantes corda.* Econtrario iniustitiam comitatur miseria, à qua miseria ipsi immunes sunt. Prouerb. 14. Miseros facit populos peccatum. August. in lib. de lib. arbit. Tanta est beatitudo iustitiæ, vt nemo ab ea nisi ad miseriam possit abscedere. Secundò, quia quanto habent maiorem esuriem iustitiæ, tanto habent maiorem lætitiam operando iustitiam. Prou. 13. *Desiderium si compleatur, delectat animam.* In eodem: *Lignum vitæ desiderium veniens.* Tertiò, quia spiritualem sanitatem habent. Esuries enim iustitiæ attestatur spirituali sanitati : sicut rectitudo appetitus corporali sanitati. Quartò, quia esuriem iustitiæ sequitur abundantia bonorum operum : vnde multiplicatur lætitia annexa bono operi. Anima bonis operibus abundans est sicut arbor benedicta habens fructuum abundantiam : anima verò sine bonis operibus, est vt arbor maledicta. Matth. 21. *Nunquam ex te fructus nascatur in sempiternum* : ait Dominus, maledicens ficui. Item anima abundans bonis operibus, est vt mulier quæ lætatur de multitudine filiorum : quæ verò est sine operibus, est vt mulier sterilis quæ se miseram reputat. 1. Reg. 1. Ait Anna quæ fuit sterilis ; *Mulier,* inquit, *infelix nimis ego sum.* Et notandum quod sicut mulieres steriles multùm desiderant fructum; sic anima multùm desiderare debet fructum bonorum operum. Exemplum primi desiderij habes in Rachele. Genes. 30. *Da mihi,* inquit, *liberos, alioquin moriar.* Exemplum secundi desiderij in Bernard. dicente super Cantic. Quàm mitius me priuare, ô amara mors, vitæ vsu, quàm fructu : nã vita sine fructu grauior morte. Denique duo mala parantur arbori in-

---

Opera bona sunt cibus animæ.

fructuosæ; securis & ignis. Fame iustitiæ multi sancti mortui sunt mundo. Multi etiam mortui sunt morte corporali, quia pro illa morti se exposuerunt. Esurienda est iustitia vt thesaurus aliis thesauris præualens. Eccles. 29. *Pone thesaurum tuum in præceptis Altissimi, & proderit tibi magis quam aurum.* Alios thesauros relinquit homo cum moritur: sed hunc thesaurum secum defert. Non est cessandum à bonis operibus pro amico aliquo. Bona enim opera faciunt homini societatem in morte, cùm amici nolunt hoc facere. Apocalyp. 14. *Opera enim illorum sequuntur illos.* Bona opera hominem ornant & honorant in illa magna curia quæ erit cum fiet vniuersale iudicium. In Psal. *Astitit regina à dextris tuis in vestitu deaurato, &c.* Item bona opera in futura vita hominem pascunt. Prou. vlt. *Date illi de fructu manuum suarum.* De iustitia require in tractatu de virtutibus Cardinalibus, vbi habes specialem tractatum de ipsa. Aptatur autem esuries iustitiæ dono fortitudinis. Vnde interl. Esuries iustitiæ spiritu fortitudinis fulcitur, ne in via lassescat. Item gloss. Hæc virtus sine spiritu fortitudinis non impletur: quia per eum esuriendo ad satietatem quandoque venimus. Aliqui verò ideò esuriem iustitiæ dono fortitudinis adaptant: quoniam de refectione & exercitio operum est robur virtutum. Posset tamen dici quoniam de fortitudine est ista esuries: sicut de fortitudine vis appetitiuæ corporalis est esuries corporalis, & de debilitatione fastidium. Et sicut de fortitudine bellica est esuries certaminum: sic de dono fortitudinis esuries iustitiæ in præsenti, quæ certamen habet. Iob 7. *Militia est vita hominis super terram.*

PARS IX.
De Misericordia.

SEquitur de Misericordia. De qua congruè post prædicta tangendum est;

quia post prohibitionem cordis per paupertatem spiritus à bono quod infra nos est, & per mansuetudinem à malo, & post ablutionem cordis per lauacrum lacrymarum, necessaria est directio ad verum bonum, ad quam pertinet esuries iustitiæ, & deindè ad malum quod fit per misericordiam qua malis proximi compatimur. Misericordes verò ideò beati sunt, quia literas patentes habent euangelij quod ipsi misericordiam consequentur. Misericordes alienam miseriam in præsenti per compassionem sibi assumunt: & ideò in futuro iure vicissitudinis Christus eos à miseria liberabit. De Misericordia, require in tractatu Cardinalium virtutum, vbi habetur specialis tractatus de ipsa. Ea verò quæ ponuntur ibi ad ipsius commendationem, valere possunt ad ostendendam misericordium beatitudinem. Adaptatur autem misericordia dono consilij. Vnde Glossa: Misericordia eget spiritu consilij, sine quo nemo circumspectè miseretur. Initium est sui misereri, finis est pro alio mori. Ordo enim est miserendi, vt vnusquisque incipiat à se. Finem Christus insinuat, pro peccatoribus mortuus est ex misericordia. Misericordiam specialiter consuluit. Veritas iuueni requirenti quid boni faceret, vt vitam æternam haberet: *Si vis,* inquit, *perfectus esse, vade & vende omnia quæ habes, & da pauperibus.* Matth. 19. Et notandum quod verè misericors est, qui est misericors de suo. Bern. in Serm. Sunt alij misericordes de his quæ ad ipsos non pertinent, qui scandalizantur quod non datur hominibus abundanter, sic tamen vt nihil penitus eos grauet: qui si misericordes essent, de suo facere deberent misericordiam. Si non possent de substantia terrena, de voluntate bona darent. His qui contra eos peccare forte viderentur, indulgentiam darent. Dulce signum, verbum bonum, quod est super datum optimum, vt eorum mentes ad pœnitentiam prouocarent. Denique & his omnibus quos in peccato

Misericordiæ adaptatur donū consilij.

Misericors verè quis sit.

esse cognoscerent, compassionem impenderent & orationem: alioquin misericordia eorum nulla est, & misericordiam consequuntur nullam.

PARS X.

De munditia cordis, & eius descriptione: de his quæ eam efficiunt vel custodiunt: quare etiam misericordes sint beati, vbi tangitur de his quæ faciunt, ad commendationem munditiæ de partibus eius, ac cui dono adaptatur.

Sequitur de munditia cordis, de qua hoc modo dicetur. Primò, ponentur eius descriptiones. Secundò, tangetur de his quæ munditiam efficiunt vel custodiunt. Tertiò, ostendetur quare mundi corde sint beati: vbi tangetur de his quæ pertinent ad commendationem munditiæ. Quartò, tangetur de partibus munditiæ. Quintò, ostendetur quod donum huic beatitudini adaptetur. Circa primum notandum quod munditia sic describitur. Munditia est vtriusque hominis integritas, diuini amoris intuitu obseruata. Potest etiam sic describi: Munditia est puritas animi, omnem abhorrens immunditiam. Bern. in epist. dicit, quod puritas cordis consistit, in quærenda gloria Dei & vtilitate proximi. Et loquitur de puritate cordis respectu operum. Super illa verba: Matth. 5. *Beati mundo corde*, dicit interl. quos non arguit conscientia peccatorum.

[Mūditiæ diffinitio.]

De his quæ efficiunt munditiam.

Circa secundum notandum, quod octo sunt quæ videntur valere ad munditiam efficiendam vel custodiendam. Primum est, aqua sapientiæ salutaris. Multum valet ad munditiam quod homo libenter audiat verbum Dei, vel quod libenter studeat in Scriptura sacra. Ioan. 14. *Vos mundi estis propter sermonem quem locutus sum vobis.* Eiusdem 18. *Sanctifica eos in veritate: sermo tuus veritas est.* Dupliciter valet sermo Dei ad munditiam. Primò, quia ostendit maculas cordis: & secundum hoc dicitur speculum. Secundò, quia dat aquam gratiæ. Prou. 13. *Doctrina bona dabit gratiam.* Et figuratum est per lauatorium, de quo legitur, Exod. 38. quod habebat specula exterius, in quibus ingredientes tabernaculum immunditiam suam videre poterant, & intus aquam vnde eam lauabant. Sapientiæ studium ad munditiam valet: quia tollit otium, quod est occasio munditiæ. Bernardus: Omnium tentationum & cogitationum malarum & inutilium sentina est otium. Propterea generat castas affectiones. Vnde dicitur: *Vinum germinans virgines.* Zachar. 9. id est, virginales affectiones. Bernard. super Cantic. Iurans sapientia dum sensum carnis infatuat, purificat intellectum cordis, palatum sanat, & reparat. Sano palato sapit, iam bonum sapit ipsa sapientia qua in bonis nullum melius. Secundum est contritio cordis ex qua est aqua lacrymarum. Multum valet ad munditiam, quod homo frequenter se abluat cum aqua ista. Cui aquæ admiscendus est cinis: memoria scilicet propriæ mortis, vel temporalis, vel æternæ, vel etiam memoria Dominicæ mortis. Per hunc modum fit lixiuia ad abluendum valde efficax, in qua bonum esset lauare quasi per singulas noctes linteamina illius lecti, in quo tantus hospes debet iacere, Deus scilicet. Hanc ablutionem non dedignabatur facere Dauid, licet rex esset: *Lauabo*, inquit, psal. *per singulas noctes lectum meum.* Tertium est frequens confessio. Confessione mundandum est templum spirituale. Quod figuratum est 1. Machabæo. 4. vbi legitur quod Iudas mundauit templum Gentibus inquinatum. Iudas enim, confitens interpretatur. Attendenda sunt verò verba quæ

[Mūditiā cordis 8. efficiunt.]

De Beatitudinibus.

quæ ibi dicit Iudas: *Ecce*, inquit, *contriti sunt inimici nostri: ascendamus nunc mundare sancta, & renouare.* Contritio inimicorum mundationem Iudæ præcessit: sic contritio de peccatis quam exauditu verbi diuini homo recipit, præcedit confessionem peccatorum. In Psal. *Facta est Iudea sanctificatio eius.* 4. Reg. 5. *Vade, & lauare septies in Iordane.* Septies in Iordane lauatur, qui humiliter septem criminalia peccata confitetur. Bern. in epistolis ad quandam virginem: Audi cui places, ama vnde places. Ama confessionem ob quam amaris: ama confessionem, si affectas decorem: Confessioni iungitur decor, iungitur pulchritudo. In Psalm. *Confessionem & decorem induit. Confessio & pulchritudo in conspectu eius.* Re vera vbi confessio, ibi pulchritudo, ibi decor. Quartum est, vitæ austeritas tam in victu quàm in vestitu. Sicut defricatio & abstersio cum panno aspero valere solet ad munditiam scyphi, sic vitæ austeritas valet ad munditiam spiritualem. De hac asperitate habemus exemplum in Ioann. Bapt. Matth. 3. *Ipse autem Ioannes habebat vestimentum de pilis camelorum, & zonam pelliceam circa lumbos suos: esca autem eius erat locusta & mel syluestre.* Quintum est eleemosynarum largitio. Luc. *Veruntamen quod superest, date eleemosynam, & omnia munda sunt vobis.* Sextum est, oratio: Luc. 9. *Facta est dum oraret species eius altera, & vestitus eius albus & refulgens.* Munditia orando acquiritur. Ideo orat Psal. 50. *Cor mundum crea in me Deus; & spiritum, &c.* Matt. 8. *Domine si vis, potes me mundare.* Orando etiam conseruatur: Machab. 13. *Sancte sanctorum Domine, conserua in æternum domum istam impollutam, quæ nuper mundata est.* Septimum est, lima correptionis. Qui munditiam desiderat, correptionem non fugiat, sed appetat. Bernard. in Serm. Sunt qui peccata sua sic confitentur, vt videri possint ex desiderio cordis mundandi id agere; omnia enim in confessione lauantur, nisi quod ea quæ sponte dicunt aliis, ab aliis patienter audire non possunt. Qui si verè mundari desiderarent, vt videtur, non irritarentur: sed haberent eis gratiam, qui suas illis maculas demonstrarent. Gregor. Ille solus amicus meus erit, qui ante aduentum districti iudicis maculas mentis meæ tergit. Sunt quidam infelices qui à lima correctionis ex qua debuerunt contrahere munditiam, potius contrahunt rubiginem, dum de correctione indignantur, & deteriores fiunt. De tali potest dici illud Psal. *Destruxisti* Psal. 88. *cum ab emundatione vel emendatione*, id est, vnde debuit emundari vel emendari. Octauum est, ignis tribulationis, quo Deus purgat illos quos aurum & argentum reputat. Vnde gaudere debet homo, cum videt se in igne tribulationis positum: Iac. 1. *Omne gaudium existimate fratres, cum in varias tentationes incideritis.* Ille qui in igne tribulationis per impatientiam exuritur, paleam se esse ostendit, non aurum vel argentum. Vnde multum potest timere illud Matth. 3. *Paleas autem comburet igni inextinguibili.* Ambrosius super Beati immaculati. Sicut aurum bonum: ita Ecclesia cum vritur, detrimenta non sentit, sed magis fulgor eius augetur.

Et notandum quod in veteri lege fiebat triplex sanctificatio. Primò, per aquam expiationis, de qua Numer. 30. Secundò, per sanguinem, ad Hebr. 9. *Omnia pene secundùm legem in sanguine mundantur.* Tertiò, vnctione, vt tabernaculum & vasa eius, & Aaron, cum filiis suis. Exod. 30. Possunt hæc referri ad triplicem baptismum, scilicet fluminis qui propriè dicitur baptismus. Et baptismum sanguinis, quo beatus Mauritius cum sociis suis baptizatus est. Et baptismum flaminis, scilicet Spiritus sancti, quo saluantur illi qui non possunt habere baptismum, sed credunt & conteruntur de peccatis suis: & libenter reciperent baptismum si possent habere. Vel in Legis veteris sanctificatio qualis.

ablutione per aquam facta, intelligi potest sanctificatio, quæ fit per solam gratiam Dei, vt in paruulis qui baptizantur. In ablutione facta cum sanguine intelligitur ablutio quæ fit per pœnitentiam, quæ est quædam carnis mortificatio & crucifixio, ad Gal. 5. *Qui Christi sunt, carnem suam crucifixerunt cum vitiis & concupiscentiis:* Per sanctificationem verò vnctione facta significatur sanctificatio quæ fit per augmentum gratiæ, & sanctificatio specialiter quæ fit in ministris Ecclesiæ. Sicut enim mundius seruanda sunt calix & alia vasa Ecclesiæ, quàm vasa cómunia: sic ministri Ecclesiæ maioris munditiæ debent esse, quàm laïci. Exod. 30. eadem vnctione iubentur sanctificari Aaron & filij eius, & vasa tabernaculi. In Ecclesia etiam ministri Ecclesiæ habent quoddam speciale sacramentum, scilicet sacramentum Ordinis quo excellentius cæteris sanctificentur.

Ecclesiæ ministri quo Laico superare debeant munditiæ splēdore. Myrrhæ significatio. Cinnamomi significatio. Casia quid.

Et notandum quod ea quæ intrabant in vnctionem illam, insinuant quòmodo ministri Ecclesiæ debent sanctificari. Primum erat myrrha prima & electa. Sic dicitur myrrha illa quæ sponte manat ab arbore, & est pretiosior quàm illa quæ eiicitur per incisionem corticis, & signat mortificationem carnis quæ fit in iuuentute, quæ Deo est gratior & homini vtilior. Prius myrrha pœnitentiæ condienda est, quàm vermibus vitiorum computruerit. Mira est fatuitas aliquorum qui myrrha ista nolunt se inungere, donec toti computruerint vermibus vitiorum, Secundum erat cinnamomum, quod est cinerei coloris, quod cum frangitur, in modum nebulæ spiramentum visibile emittit: vt dicit Gloss. super Exod. 30. Et signat humilitatem ministrorum Ecclesiæ, quæ talis debet esse, vt populum visibiliter ædificet, cùm debeat esse exemplaris. Tertium erat, casia quæ crescit in aquis: & significat fidem, quæ in aquis sacræ Scripturæ crescit:& sic tenenda est vt accipitur ex aquis sacræ Scripturæ. Non enim debet homo sequi rationem suam in iis quæ fidei sunt. Quartum erat calamus. Et dicit Gloss. Exod. 30. quod est arbor aromatica crescens iuxta Libanum, Et super illud Ezech. 26. *Calamus in negotiatione tua*, dicit Gloss. quod in calamo vocalis sonus significatur. Vnde per calamum intelligitur deuotio Ecclesiastici officij, eo quod calamo canitur. Quod multum consolatur & ædificat populum Dei: Iis quatuor speciebus admiscebatur oleum de oliuetis, per quod significatur pietas, cui quatuor prædicta debent deseruire. Minister Ecclesiæ pietati se totum debet dare, vt sit vir misericordiæ. Exemplum habemus de hoc in oculo, qui tenerior & compassibilior est cæteris membris & lacrymis propinquus. Idem debet esse in clero, qui est quasi oculus Ecclesiæ.

Item de hoc exemplum habetur in Christo qui totus fuit misericors. Misericordia eum traxit de cælo. Ipsa eum per vias speras huius vitæ duxit, pro redemptione miserorum eum vendidit, & morti crucis eum exposuit. Si ministri Ecclesiæ essent ipsius misericordiæ in præsenti, vix essent aliqui quin saluarentur. Misericordia enim iure vicissitudinis eorum esset in futuro. Mortificatio carnis tunc seruit pietati, quando quod ori subtrahitur, pauperibus datur. Humilitas, quando in propris vestibus parum expenditur, vt in pauperibus vestiendis multum expendatur. Fides, cum aliquis frequenter meditatur, pauperem esse membrum Christi vel filium Dei, vel quod Christus sibi reputat fieri quod pauperi fit, & alia quæ sunt fidei quæ pietatem incitant. Doctrina fidei pietati seruit; cum doctor intendit iis quæ Ecclesiam ædificant. Gloss. super 1. ad Corinthios 8. Hic Deum diligit, qui charitatis causâ scientiam temperat, vt prosit fratri pro quo Christus mortuus est. Ecclesiasticum etiam officium pietati debet seruire, vt ministri Ecclesiæ studeant subucnire animabus quæ in præsenti pererunt, & illis qui in purgatorio cruciantur.

Item notandum quod ministros Ecclesiæ maximè decet munditia, & maximè in eis indecens est immunditia seu macula, quinque de causis. Prima est, quia ipsi sunt oculi Ecclesiæ. In Psalm. *Oculi mei languerunt præ inopia*. Præ inopia, inquam, luminis. Exponit hoc glossa de Apostolis qui fuerunt maiores ministri Christi. Macula in oculo maximè est noxia. Macula in cæteris membris etsi ea deturpet, tamen non reddit ea inutilia: possunt enim exercere officia sua. Multi maculatis pedibus rectè incedunt Macula verò in oculo eum inutilem reddit.

Etiam modicum pulueris visum oculi impedit. Gregorius: Nequaquam in membro maculam purè considerat oculus, quem puluis grauat.

Secunda, quia sunt vt speculum Ecclesiæ. Laici enim multùm ad eos inspiciunt. Vnde satis possunt dicere illud 1. ad Corinth. 1. *Spectaculum facti sumus mundo*. Sicut de Christo dicitur, Sapient. 7. quod est speculum sine macula: ita pro possibilitate sua ipsi deberent esse speculum sine macula, in quo purè reluceret Christi imago. Si macula fuerit in speculo, illam videt qui in eo faciem videre quærebat: sic si macula fuerit in ministris Ecclesiæ, ad illam respiciet populus, & secundùm eam se maculabit. Minister Ecclesiæ debet dicere illud 1. ad Corinthios 3. *Estote imitatores mei, sicut & ego Christi*.

Tertia, quia sunt vasa electionis Regi regum, & Domino dominantium. Modica macula in scypho vinum infusum abominabile reddit & inutile quantum ad potum regis: sic sapientia in multis propter maculam vitæ abominabilis redditur Deo & hominibus. Gregor. Cuius vita despicitur, restat vt eius prædicatio contemnatur. De vno vase electionis habes. Actor. 9. *Vas*, inquit, *electionis mihi est iste, vt portet nomen meum coram Gentibus, & regibus, & filiis Israel*. Vasa verò electionis hodie in vasa communia sunt mutata. Oseæ 8. *Factus est Israel in nationibus quasi vas immundum*. Iudæi immundum commune dicebant. Huius immunditiæ in magna parte est negligentia circa custodiam oris. Numeror. 19. *Vas quod non habuerit oporculum nec ligaturam desuper, immundum erit*.

Quarta, quia habent mundare alios, ideo oportet eos esse mundos. Ecclef. 34. *Ab immundo quid mundabitur?*

Sicut non est calidi frigefacere, nec frigidi calefacere: ita non videtur immundi, mundare. Gregorius: Superiectas sordes tergere non valet manus quæ lutum tenet. Neemiæ duodecimo: *Mundati sunt Sacerdotes & Leuitæ, & mundauerunt populum*. 1. Mach. 4. *Elegit Iudas sacerdotes sine macula, voluntatem habentes in lege Dei, & mundauerunt sancta*. Quinta, quia ministri sunt Altissimi, ideo sicut ipse immaculatus est, oportet eos esse immaculatos. In Psalm. *Ero immaculatus cum eo, &c*. Item: *Ambulans in via immaculata, hic mihi ministrabat*. ad Ephes. 1. *Elegit nos vt essemus sancti & immaculati in conspectu eius in charitate*.

Quare mundi corde sint beati.

Circa tertium notandum, quod prima & maxima causa quare mundi corde sunt beati, est illa quam Dominus tangit: *Quoniam ipsi Deum videbunt*. In futuro videbunt eum facie ad faciem, in quo erit maxima delectatio. Ioann. 17. *Hæc est vita æterna, vt cognoscant te verum Deum, & quem misisti Iesum Christum*. Et super illud Psal. *Ostendam illi salutare meum*, dicit glos. id est, Christum, in maiestate. Et subditur: Hæc visio est tota merces. In præsenti etiam videtur Deus à mundis corde, eo modo quo prius ostensum est quarta parte, in tractatu de Contemplatione. Bern. Pura veritas non nisi puro corde videtur, ad Hebr. 12. *Pacem sequemini cum omnibus, & sanctimoniam, sine qua nemo videbit Deum.* Mundi corde non solùm sunt beati beatitudine spei, sed etiam beatitudine viæ, quia liberi à miseria immunditiæ, quæ magna est. In Psalm. *Beati immaculati in via.* Apocalyp. 12. *Beati qui lauant stolas suas in sanguine agni.*

De iis quæ faciunt ad commendationem munditiæ.

Munditiæ cõmendatio.

ET notandum quod duodecim sunt quæ faciunt ad commendationem munditiæ cordis. Primum est multiplex exhortatio quam Scriptura sacra facit ad munditiam vel mundationem. Leuit. 11. *Sancti estote, quoniam ego sanctus sum.* Item eiusd. 19. & 20. Item Deut. 18. *Perfectus eris absque macula cum Dei tuo.* Eccles. 9. *Omni tempore vestimenta tua sint candida.* 2. Petr. 3. *Satagite immaculati & inuiolati inueniri.* Esa. 1. *Lauamini, mundi estote.* Hierem. 14. *Laua à malitia cor tuum, Ierusalem.* Esa. 3. *Mundamini qui fertis vasa Domini.* Secundum est, quod ipsa est naturalis animæ. Bern. in Serm. Sicut corporis natura est sanitas, ita cordis natura est puritas. Tertium est, quod gaudium habet sibi adeò annexum, quòd ipsa vocatur gaudium, vnde super illud ad Gal. 5. *Fructus spiritus est charitas, gaudium,* dicit glos. id est, puritas animi. Quartum est, purgatio quam naturaliter faciunt creaturæ irrationabiles, & etiam insensibiles, quasi exosam haberent immunditiam. Purgat se mare, mortuos ad littus expellens, purgat se vinum, purgat se etiam quod decoquitur. Corpora etiam animalium vim expulsiuam habent, quâ noxia à se expellunt. Quintum est, detestatio sui

Immunditia timenda.

oppositi, scilicet immunditiæ peccati. Et notandum, quod quinque sunt ex quibus intelligi potest quàm timenda sit immunditia peccati. Primum est, dignitas rei quam peccatum inquinat. Panno pretiosiori magis timemus inquinationem, etiam anima quæ per peccatum inquinatur imago Dei est, & vnita diuinæ naturæ in persona Christi. Quid diceretur de illo qui imaginem Crucifixi, vel B. Virginis in lutum proiiceret, vel crucem quæ corpus Christi erigit paucis horis? Secundum est, difficultas recedendi, quæ patet in Lucifero, à quo immunditia peccati separari non potuit ex quo ei adhæsit. Item, ex quo homo peccauit, nullus purus homo à peccato perfectè purgatus est, vt dignus esset videre faciem Dei, donec Christi sanguis effusus est, quo illa purificatio perfecta est. Præterea immunditia vnius mortalis peccati non potest ablui totâ aquâ quæ sub cælo est, nisi aqua gratiæ de sursum descendat quæ cor abluat. Tertium est huius immunditiæ vilitas, quod patet per hoc quod Dominus immunditiam coporalem non reputat comparatione immunditiæ spiritualis. Matth. 15. *De corde exeunt cogitationes malæ, &c. Hæc sunt quæ coinquinant hominem: Non lotis manibus manducare, non coinquinat hominem.* Hæc immunditia pulcherrimam creaturam, scilicet Luciferum, ita deturpauit: & quum esset in tam sublimi statu, adeò eum vilificauit, vt serpentibus & bufonibus inferior videatur esse in hoc, quod bonum ei esset, si nunquam fuisset. Vilitatem huius immunditiæ ostendit Dauid, dicens: *Corrupti sunt, & abominabiles facti sunt in iniquitatibus suis.* Quartum est hoc, quod Deus non habet adeò bonum amicum quem non odiret ad mortem etiam æternam, propter maculam vnius mortalis peccati. Eccles. 12. *Altissimus odio habet peccatores.* Quintum est quod macula hæc adeò deturpat rem in quam cadit & deteriorat, quod nisi virtute diuina remoueatur, perdita est: & melius esse ei nihil esse, quàm sic esse. Sextum faciens ad commendationem munditiæ est, quod ipsa multùm placet Deo. 1. ad Thess. 4. *Hæc est voluntas Dei sanctificatio vestra.* Signa huius placentiæ multa sunt. Primum est hoc, quod ipse filius Dei dignatus est humiliare se ad mundationem hanc faciendam. Ad Hebræos 1. *Qui quum sit splendor gloriæ & figura substantiæ eius, portansque omnia verbo virtutis suæ purgationem peccatorum faciens & cætera.* Secundum est, quod ipse discessurus à discipulis suis documentum dedit eis de hac mundatione. Ioan. 13. *Si ego laui pedes vestros Dominus & magister, & vos debetis alter alterius lauare pedes.* Ablutio illa figura erat spiritualis ablutionis, qua volebat eos abluere seinuicem. Tertium est, quod cum tantis expensis voluit facere hanc mundationem. Voluit enim nos mundare sanguine suo. Ad Titum secundo: *Dedit semetipsum pro nobis, vt nos redimeret ab omni iniquitate, & mundaret sibi populum acceptabilem.* Ad Hebræos decimotertio: *Vt sanctificaret populum suum, extra portā passus est.* Apocalyp. 1. *Qui dilexit nos, & lauit nos à peccatis nostris in sanguine suo.* Pro mundatione mūdi fecit Deus diluuium in mūdo isto, Genesis septimo. Et ante diem iudicij præcedet ignis qui comburet faciem mūdi, qui ascendet tantum quantū aquæ diluuij ad purgandum mundum. Quartum est, quod voluit septem sacramenta esse in Ecclesia Dei: quæ omnia sunt vel ad sanctitatem faciendam, vel construēdam, vel augendam. Quintum est, quod Deus mūdos corde in sui societate recipit, & in præsenti, & in futuro: In Psal. *Domine, quis habitabit in tabernaculo tuo? &c.* Et respondetur, *Qui ingreditur sine macula.* Ioan. 13. *Si non lauero te, non habebis parte mecum.* 1. Ioan. 3. *Omnis qui habet spem in eo, sanctificat se, sicut ipse sanctus est.* Apoc. 3. *Habes pauca nomina in Sardis, qui non inquinauerunt vestimenta sua & ambulabunt mecum.* Eiusdem 21. dicitur de ciuitate cœlesti: *Non intrabit in eam aliquid coinquinatum.* Sextum est, quod mundis corde abundanter dat Deus bona sua. Iob. 17. *Mundis manibus addet Deus fortitudinem.*

Septimum faciens ad commendationem munditiæ est, quod ipsa cor hominis Dei habitaculum facit. Aug. Munda tantùm cubiculum cordis: intus est qui exaudiat. 1. Paral. 19. *Opus grande est: non homini paratur habitatio, sed Deo.* Octauū est, quod pinguedinem deuotionis recipit Psal. Psal. 64 *Pinguescent speciosa deserti.* Nonum est, quod gratiam labiorum tribuit. Quæ duo tanguntur: Prou. 22. *Qui diligit cordis munditiam propter gratiam labiorum suorum, amicum habebit regem.* Vndecimum est, quod radix est totius munditiæ. Ad munditiam enim interiorem sequitur exterior munditia: Ad Rom. 11. *Si radix est sancta, & rami.* Duodecimum est, quod ad Dei manifestam visionem perducit. Matth. 5. *Beati mundo corde &c.*

De partibus munditiæ.

Circa quartum notandum quod est munditia ficta, & est munditia vera. Ficta munditia est munditia superficialis: vt munditia Pharisæorū, de qua Matt. 23. *Væ vobis Scribæ & Pharisæi hypocritæ, qui mundatis quod de foris est calicis & paropsidis: intus autem pleni estis rapina & immunditia.* Et subditur: *Pharisæe cæce, mūda prius quod intus est calicis, & paropsidis, vt fiat id quod foris est mundum.* De ficta munditia tangitur: Prouerb. 30. *Generatio quæ sibi munda videtur, & tamen non est lota à sordibus suis.* Munditia vera est puritas cordis. Et diuiditur in mūditiam intellectus, & munditiam affectus. A quibus intellectus hominis purgādus. Bern. in Sermonib. Duo, inquit, sunt quæ in nobis purganda sunt intellectus & affectus. Intellectus vt nouerit affectus vt velit. Intellectus purgādus est à tribus, scilic. à falsis, ab otiosis, & vitiosis. Falsitas intellectū obtenebrat. Otiosa eum impediunt. Abusio enim intellectus est, cum occupatur circa inutilia. Omnis autē potentia sui abusione præpeditur: vitiosa verò eum coinquināt. Itē purgādus est in intellectū, vt oculus animæ à macula, quæ intelligi potest prudentia carnis, vel opinio propriæ munditiæ. Item à superaffluente humore, scilicet ab importunitate mundanæ solicitudinis. Affectus verò mundanus est à superaspersione, & infectione, & admixtione sordium. Superaspersio in primis motibus, infectio in desiderio moroso, admixtio in amore. Amor enim est quædam admixtio siue vnio amantis ad amatum. Item affectus purgandus est terrenëitate, scilicet ab amore diuitiarum, & à crassitudine deliciarum & rubigine iræ vel odij, vel alterius malitiæ. Itē purgādus est affectus à macula quæ est ex inordinato appetitu boni, & à macula quæ est ex inordinato appetitu mali, & à macula quæ est ex inordinato appetitu amborum. Prima macula est, vt macula luxuriæ vel auaritiæ. Secunda est, macula malitiæ. Tertia est, macula superbiæ. Superbus appetit alienū malum propter proprium bonum, vt proximi deiectione propter sui exaltationem. Ipse vult facere de fratre suo scabellum pedum suorū, vt sic altior appareat. Mūditia à macula malitiæ nihil aliud videtur esse quàm innocentia, quæ sic describitur: Innocentia est puritas animi omnem iniuriæ illationem abhorrens.

Item notandum, quod cor mundandum est vt speculum, vt sic Deo inspectori faciem suam purā reddat. Abluēdum est hoc speculū lauacro lachrymarum. Mundandum est tersione, quæ est confessio & oratio pro venialibus; & defricatione, quæ fit vitæ asperitate. Item mundandum est cor, vt vas cui balsamum cœlestis sapientiæ debet infundi. Munditia cordis adaptatur dono intellectus.

Circa quartum notandum, quod munditia cordis dono intellectus adaptatur. Facit enim munditia cordis ad intelligentiam, sicut puritas & claritas pupillæ facit ad visionem oculi, & munditia speculi ad speculationem faciei, & munditia vasis ad hoc quod pretiosus liquor ei infundatur. Gl. super Matth. 5. facit adaptationem his verbis: Spiritus intelligentiæ huic gradui adaptatur: quia intellectus mentis oculus est, & expletio mandatorum Dei aperit intellectum.

PARS XI.

De pace & eius descriptione: de commendatione Pacis, de iis quæ ad pacem habendam valere possunt: de iis quæ paci aduersantur, & de diuisionibus ad pacem pertinentibus: qui sint pacifici, & quare sint beati, ac cui dono hæc beatitudo adaptetur.

SEquitur de gratia quæ commendatur nobis in illo verbo, *Beati pacifici, &c.* De qua hoc modo agetur. Primo descriptiones pacis ponentur. Secundo, eius commendationes. Tertio, tangetur de iis quæ ad pacem habendam valere possunt. Quarto, de iis quæ paci aduersantur. Quinto, ponentur diuisiones ad pacem pertinentes. Sexto, ostendetur qui sint pacifici. Septimum, quare pacifici sint beati. Octauo, quod donum huic beatitudini adaptetur. Pax sic describitur: Pax est concordantium in bono mentium ordinata trāquillitas. August. 9. lib. de Ciuit. Dei, multas ponit descriptiones particulares pacis his verbis: Pax, inquit, corporis, est ordinata temperatura partium. Pax animæ irrationalis ordinata requies appetitionum. Pax animæ irrationalis, ordinata cognitionis actionisque consentio. Pax corporis & animæ, ordinata vita, & salus animantis. Pax hominis mortalis & Dei, ordinata in fide sub æterna lege obedientia. Pax hominum, ordinata concordia. Pax domus, ordinata imperādi atque obediendi cōcordia cohabitantium. Pax ciuitatis, ordinata imperādi atque obediendi concordia ciuium. Pax cœlestis ciuitatis, ordinatissima & concordissima societas fruendi, Deo & inuicem in Deo. Pax omnium rerum tranquillitas ordinis. Et subdit descriptionem ordinis. Ordo, inquit, est parium disparium que re

De Beatitudinibus.

rum sua cuique loca tribuens dispositio. Ad pacem generaliter pertinere videtur carentia repugnantis. Vnde dicit gloss. super Matth. 5. *Vera pax est vbi nihil repugnat.* Augustinus 19. lib. de Ciuitate Dei: Quid est aliud victoria, nisi subiectio repugnatiū? quod cum factū fuerit, pax erit.

De commendatione pacis.

Circa secundum notandum, quod 12. sunt, quæ ad pacis commendationem pertinere videntur.

Primum est, naturale desiderium pacis, quod inest omnibus. De quo Augu. in 19. lib. de Ciuitate Dei: Sicut nemo est qui gaudere nolit, ita nemo est qui pacem habere nolit. Quandoquidem & ipsi qui bella volūt, nihil aliud quā vincere volūt. Ad gloriosam ergo pacē bellando cupiūt peruenire. Nam quid est aliud victoria, nisi subiectio repugnantium? quod cùm factum fuerit, pax erit. Idem in eodem: superbus peruersè imitatur Deum: odit namque cum sociis æqualitatem sub illo, sed imponere vult sociis dominationem suam pro illo. Odit ergo iustam pacem Dei, & amat iniquam pacem suam. Non amare tamen qualemcunque pacem nullo modo potest. Nullius quippe vitium contra naturam est, vt naturæ deleat extrema vestigia.

Secundum est, multiplex exhortatio ad pacem quæ nobis fit. Ad pacem monuit nos multitudo Angelorum nato Domino, dicens: *Gloria in altissimis Deo, & in terra pax hominibus.* Luc. 2. Ad hanc voluit Christus apostolos monere illos, in quorum domum intrarent. Matth. 10. *Intrantes domum salutate eam, dicentes: Pax huic domui.* Et Luc. 10. dictum est discipulis: *In quamcunque domum intraueritis, primum dicite, Pax huic domui.* Ad pacem etiam monuit Christus, Ioann. 20. in duobus locis. Tota doctrina eius ad pacem videtur fuisse. Vnde super illud Ioan. 16. *Hac locutus sum vobis vt in me pacem habeatis.* dicit gloss. Non solum quæ in cœna, sed quæ ab initio & maximè quæ in cœna, hac de causa dicit dicta, vt in illo pacem haberent. Ad idem debet esse doctrina Ecclesiæ. Columba ramum oliuæ portat in ore suo. Genes. 8. Oliua signum est pacis: columba signum est Spiritus sancti. In hoc ergo signatum est, quod viri spirituales debent portare in ore pacem, vt ad ea quæ pacis sunt admoneant. Ad pacem monet Apostolus ad Roman. 14. *Quæ pacis sunt sectamini, &c.* Eiusdem 12. *Si fieri potest, quod ex vobis est, cum omnibus hominibus pacem habentes.* 2. ad Corinth. 4. *Pacem habete.* ad Ephes. 4. *Soliciti seruare vnitatem spiritus in vinculo pacis.* ad Heb. 12. *Pacem sequimini cum omnibus.*

Tertium est, frequens oratio quam sancti pro pace faciunt, & ab aliis fieri volūt. Num. 6. *Conuertat Deus vultum suum ad te, & det tibi pacem.* Ierem. 29. *Quærite pacem ciuitatis, &c.* In Psalm. *Rogate quæ ad pacem sunt Ierusalem,* 2. Machab. 1. *Adaperiat Dominus cor vestrum, &c. & faciat pacem.* Paulus ferè in singulis epistolis suis pacem optat iis quibus scribit. Similiter Petrus in suis epistolis.

Quartum est, quod pax est verum bonum amicorum Dei. Vnde super illud, *pax super Israel.* dicit glossa, Vno verbo omnia bona dicit: qui pacem non habet, infelix est. In Psalmo: *Contritio & infelicitas in viis eorum, & viam pacis non cognouerunt:* Pacem specialiter reliquit Christus discipulis suis recessurus ab eis. Ioan. 14. *Pacem relinquo vobis, pacem meam do vobis.* ad Heb. 4. *Relinquitur sabbatismus populo Dei.* Solent homines morituri aliqua relinquere dilectis suis, & magis dilectis meliora. In hoc ergo quod pacē Christus reliquit apostolis sibi dilectissimis monstrauit pacem optimam esse. Multum dolere deberet qui se videt exhæredatum ab eo quod Christus specialiter fidelib. legauit. 3. Reg. 21. dicit Naboth ad Achab: *Propitius sit mihi Dominus, ne dem hæreditatem patrum meorum,* nec voluit aliquo

---

Oliua signum pacis.
Colūba S. Sancti.

Freques oratio.

Psal. 122.

Bonitas.

Psal. 13.

modo vineam quam habebatis hæreditariè commutare. Pacem comitatur gaudium. Prouerbior. 12. *Qui ineunt pacis consilia, sequitur eos gaudium.*

Quintum est, quod pax, finis videtur esse, omnium, etiam sui contrarij. Augustinus: Tantum bonum est pax, vt etiam suo contrario quæratur. Idem, Constat pacem belli esse optabilem finem. Omnis homo etiam belligerando pacem requirit.

Sextum est, quod pax enumeratur inter fructus spiritus. Galat. 5. *Fructus autem spiritus, sunt charitas, gaudium, pax*: charitate diliguntur quæ sunt diligenda, & odiuntur quæ sunt odio habenda. Si assint quæ diliguntur, est gaudium: si absint quæ odiuntur, est pax.

Septimum est, quod pax est specialis locus Dei. Psalm. *In pace factus est locus eius.* Ad hoc signandum, templum Salomonis in pace factum est. 3. Reg. 5. *Nunc requiem dedit Dominus Deus mihi per circuitum: & non est sathan, neque occursus malus.* Quamobrem cogito ædificare templum nomini Dei mei. Ad idem ostendendum noluit filius Dei nasci in mundo isto, donec vniuersus orbis pacatus fuit: & durauit pax illa 12. annis 2. ad Corinth. vltim. *Pacem habete, & Dominus pacis erit vobiscum* 1. ad Corinth. 4. *Non est Deus dissensionis, sed pacis.* Deus est pacis quasi possessiuè: quia vbi pax, ibi Deus.

Octauum est, quod Deus ita carè pacem emere voluit. Chrysost. Pro pace loquimur pro qua Dei filius passus est, propter quam crucifixus est & sepultus, quam nobis pro omni censu hereditatis reliquit. Voluit Dei filius mori, vt nos reconciliaret Deo patri. Voluit quasi matrimonium contrahere cum sorore nostra: scilicet cu humana natura, vt pax in mundo reformaretur. Adhuc etiam pacem peccatorum paratus est emere regno cœlorum. Væ illis qui tam honorabilem pacem recusant.

Nonum est, quod pax mundissima est: Mundat enim aquam mundantem cætera. Si aqua turbata in pace dimittatur, clara efficitur.

Decimum est, quod clare videre facit. Aqua turbata non reddit imagines, vt ait Gregor. sicut cor turbatu, non clarè videt. In Vitis Patrum tres studiosè diligentes se facti sunt monachi. Quorum vnus elegit litigantes ad pacem reducere. Alius visitare infirmos. Tertius abiit quiescere in solitudine. Primus laborans circa lites hominum non valens eas sedare, tædio victus venit ad eum qui seruiebat infirmis, & inuenit eum animo deficientem. Qui de communi consensu abierunt tertium videre in eremo, dicentes ei tribulationes suas, & rogantes vt eis diceret statum suu: qui reticens paululùm, misit aquam in scyphum, dicens eis: Attendite in aquam, & erat turbulenta. Et post modicum dicit eis: Attendite quomodo limpida facta est. Et cum intenderent in eam, viderunt vultus suos tanquam in speculo. Et tunc dicit eis: Sic est qui in medio hominum consistit, non enim videt peccata sua. Cum autem quieuerit, & maximè in solitudine, tunc peccata sua conspicit.

Vndecimum est, quod pax præsens arra est futuræ pacis. Esaiæ vlt. *Erit sabbatum ex sabbato.*

Duodecimum est, quod pax grata est Deo & hominibus. Ecclesiast. 25. *In tribus beneplacitum est spiritui meo, quæ sunt probata coram Deo & hominibus: Concordia fratrum, amor proximorum, & vir & mulier sibi benè consentientes.*

De his quæ valent ad pacem habendam.

Circa tertium notandum, quod duodecim sunt, quæ ad pacem habendam valere possunt.

Primum est, amor pacis. Non enim dat Deus tantum bonum illud contemnenti, sed cum desiderio magno quærenti. In Psalm. *Inquire pacem, & persequere eam.* Hoc est contra quosdam qui pacem oblatam reciperent, sed eam primo non quærerent. Hi non videntur intelligere pacem

De Beatitudinibus.

pacem hæreditatem esse Christianorum. Si enim se agnoscerent exhæredatos ab eo, quod Christus eis legauit, non expectarent quod alius eos incitaret ad hæreditatem eorum recuperandam, ad Hebr. 12. *Pacem sequimini cum omnibus.* Rom. 14. *Quæ pacis sunt sectamini inuicem & in omnes.*

Secundum est, vt à peccato nos remoueamus, & ab eo pro posse caueamus. Non potest enim veram pacem habere qui malè viuit. Prou. 16. *Cum placuerint Domino viæ hominis, inimicos quoque eius conuertet ad pacem.* Augustin. 10. lib. de Ciuitat. Dei: Pacem, inquit, iniquorum in comparatione pacis iustorum: ille videt nec pacem esse dicendam, qui nouit præponere recta prauis, & ordinata peruersis. Sap. 14. *Magna mala pacem appellant.* Esa. 48. *Non est pax impiis, dicit Dominus.* Quomodo pax vera est illi qui guerram habet cum Omnipotente, cui iustitia Dei gladium euaginatum tenet super caput, qui in domo propriæ conscientiæ litem habet, cui omnia nocent & bona & mala? Sicut enim bonis bona & mala cooperantur in bonum: ita malis & bona & mala cooperantur in malum. Quomodo veram pacem habet qui iacet in spinis vitiorum, quem vermis conscientiæ mordet, qui onus diaboli continuè portat, qui iacet in immunditia quam nobilitas animi naturaliter refugit?

Tertium est, quod voluntatem nostram diuinæ voluntati studeamus conformare. Luc. 2. *Pax hominibus bonæ voluntatis.* Quomodo pacem potest habere qui ei resistit cui nequit præualere? Iob 9. *Quis restitit ei, & pacem habuit?* Voluntati illius cui placent ea quæ placent Deo, nihil repugnat, sicut neque voluntati diuinæ: ideo pacem habet Aug ust. Qui iugo Christi subiectus est, subiecta habet cetera, & non laborat: quia non resistit quod subiectum est.

Quartum est, frequentatio humilis confessionis. Esa. 57. *Creaui fructum labio-* *rum pacem.* 2. Reg. 12. *Peccaui Domino,* ait Dauid: *Dixitque Nathan ad eum: Dominus quoque transtulit peccatum tuum.*

Quintum est, districtio iustitiæ. Esa. 32. Ps. 84. *Erit opus iustitiæ pax.* In Psal. *Iustitia & pax osculatæ sunt.* Esa. 60. *Ponam visitationem tuam pacem, & præpositos tuos iustitiam.*

Sextum est, terrenorum contemptus. Non enim potest habere veram pacem, qui continuè sequitur quod non potest consequi. Eccl. 54. *Quasi qui apprehendit vmbram, & persequitur ventum: sic qui attendit ad visa mendacia.* Gregorius: Quid quietius, quàm nihil in hoc mundo appetere? quid laboriosius, quàm terrenis desideriis æstuare? Hinc est quod Israël sabbatum accepit in munere. Ægyptus percutitur muscarum multitudine.

Septimum est, mansuetudo. In Psalm. Ps. 36. *Mansueti hæreditabunt terram, & delectabunt in multitudine pacis.* Homo immansuetus & impatiens qui aduersa fugit: quæ si effugit, non potest habere veram pacem: sed qui aduersa amplectuntur tanquam pretiosa & salubria: exemplo Christi, qui quod carni molestius erat, elegit secundum, Bern. *Qui proposito sibi gaudio sustinuit crucem.* Ad Hebr. 12.

Octauum est, moderata occupatio. Otiosus veram pacem non potest habere. Inertia enim est impatiens sui, vt ait Sen. Prou. 21. *Desideria occidunt pigrum: noluerunt quidquam manus eius operari: tota die concupiscit, & desiderat.* Item nimia occupatio aufert pacem. Martha enim turbatur erga plurima. Lucæ 10 Exod. 18. *Stulto labore consumeris:* ait Iethro ad Moysen. Et subditur: *Vltra vires tuas est negotium.* glossa August. Vbi mihi videtur significari nimis intentum humanis actibus animum Deo quodammodo vacuari, qui fit tanto plenior quanto in superna & æterna liberius extenditur.

Nonum est, quod homo non se intromittat de impertinentibus ad se. Dilatatio enim solet habere scissurā: vt dicit beatus

Bern. Prou. 18. *Qui se iactat & dilatat, iurgia concitat.* De dilatatione reprehenditur Petrus, Ioan. vltim. à Domino dicente sibi: *Quid ad te?tu me sequere.* Et discipuli. Act. 1. *Non est vestrum*, inquit, *nosse tempora vel momenta, &c.*

Decimum est, amor sacræ Scripturæ. Ps. 118. In Psal. *Pax multa diligentibus legem tuam.* Iacob 3. *Quæ desursum est sapientia, primum quidem pudica est, deinde pacifica.* Sicut sacra Scriptura hominem reddit pudicum, ita eum in pace custodit. Et sicut piscis in aqua quiescit, extra aquam verò palpitat. Tob. 5. *Si cor humanum in aqua sapientiæ salutaris quiescit: extra verò inquietatur.*

Vndecimum est, frequentatio orationis in qua Spiritus sancti gratia hauritur, in quo solo est pax vera. Vnde pax numeratur inter fructus Spiritus. Ad Gal. 5. ad Rom. 14. Sed iustitia, & pax, & gaudium in Spiritu sancto. Iob 8. *Si diluculo consurrexeris ad Deum, & Omnipotentem fueris deprecatus: si mundus & rectus incesseris, statim euigilabit ad te, & pacatum reddet habitaculum iustitiæ tuæ.*

Duodecimum est, si sensus tuos diligenter custodias, Eccles. 20. *Ori tuo facito ostia, & seras auribus tuis.* Esa. 26. *Claude ostia tua super te.* Discipuli ostia habebant clausa quando Dominus dixit eis: *Pax vobis.* Ioan. 20.

De his quæ aduersantur paci.

Circa quartum notandum quod paci videntur aduersari bellum, & lites, & tumultus interiores & exteriores, & inquietudo secundum locum. Inquietudo etiam volutatis fugientis malum vel præsens vel futurum, vel sequentis bonum, & non consequentis: timor mali futuri, & dolor de malo præsenti pacem perturbât. Ps. 1, 7. In Psal. *Non est pax ossibus meis à facie iræ tuæ: à facie peccatorum meorum.* Item molestia quam aliquis in vitiis sustinet, pacem turbat. Eccl. 33. *Præcordia fatui, quasi rota carri.* Fatuus qui in murmure est, de hoc quod sustinet, sicut rota carri murmurat: vnde non est in pace. Item non est in pace qui transitoria ista fugacia appetit. Appetitio enim illa quædam spiritualis motio est. Vnde August. Pacem animæ irrationalis dixit esse ordinatam requiem appetitionum, vt prius habitum est.

De diuisione loci.

Circa quintum notandum, quòd triplex est pax, scilicet temporis, pectoris, & æternitatis. De prima legitur 4. Reg. 20. *Sit tantum pax & veritas in diebus meis.* In Psal. *Zelaui super iniquos, pacem peccatorum videns.* Esaiæ 47. *Vtinam attendisses ad mandata mea, facta fuisset sicut flumen pax tua.* Baruch. 3. *Si in via Dei ambulasses, habitasses vtique in pace super terram.* Aug. 19. lib. de Ciuitate Dei: Tantum est pacis bonum, vt etiam in rebus terrenis atque mortalibus nihil gratius soleat audiri, nihil desiderabilius concupisci, nihil postremò possit melius inueniri. De pace pectoris. Ioan. 14. *Pacem relinquo vobis.* De pace æternitatis. Esaiæ 32. *Sedebit populus meus in pulchritudine pacis.* In Psal. *Qui posuit fines tuos pacem*, ad Philipp. 4. *Pax Dei quæ exuperat omnem sensum, custodiat corda vestra.* Gloss. 1. Deus qui est summa pax, quæ nec cogitari potest: & ideò extra eum nullo opus est. Custodiat corda vestra & intelligentias vestras in Christo Iesu, id est, voluntates & intellectus vestros, vt extra ipsum nihil intelligatis vel appetatis. Gregorius. Quid est pax transitoria, nisi quoddam vestigium pacis æternæ? Quid ergo dementius esse potest, quàm vestigia impressa puluere diligere, sed ipsum à quo impressa sunt non amare?

Item notandum, quod est pax bona, & est pax mala. De bona iam dictum est. Pax verò mala est triplex, scilicet inordinata, simulata, inquinata. Inordinata est, quum superior obedit inferiori: vt ratio sensuasitati, vel prælatus subdito. Prou. penult. *Per tria mouetur terra, & quartum sustinere non potest.* Per seruum quum regnare cœperit. Eiusd. 19. *Non decet seruum dominari principibus:* Pax ista deterior est, quàm guerra. Hanc pacem seruauit Adam potius obediens vxori, quàm Deo. Gen. 3. *Quia audisti vocem vxoris tuæ, &c. maledicta terra in opere tuo.* Pax simulata fuit pax Iudæ. Lucæ 22. *Iuda, osculo Filium hominis tradis?* Et 2. Reg. 20. dixit Ioab ad Amasam, *Salue mi frater,* & tenens manu dextera mentum Amasæ, percussit eum in latere, & effudit intestina eius. In Psal. *Loquuntur pacem cum proximo suo, mala autem in cordibus eorum.* Ierem. 9. *In ore suo pacem cum amico suo loquitur, & occultè ponit ei insidias.* Pax inquinata, est eorum qui sunt in malo concordes: vt Pilatus & Herodes in morte Christi pacificati sunt. Luc. 23. Matth. 10. *Nolite arbitrari quod venerim pacem mittere in terram: non veni pacem mittere in terram, sed gladium.* Gregor. in 6. part. Moral. Sicut esse noxium solet si vnitas desit bonis: ita perniciosum est si non desit malis. Idem: Peruersos quippe vnitas corroborat, dum concordat, & tanto magis robustos quanto vnanimes facit.

Item notandum, quod distinguitur quadruplex bellum, scilicet inter carnem & spiritum, inter hominem & Deum, inter hominem & angelum, inter hominem & hominem. Et è contrario quadruplex pax. Pacem inter carnem & spiritum facit subiectio carnis ad spiritum. Gen. 13. dictum est Agar ancillæ Saræ: *Reuertere ad dominam tuam, & humiliare sub manibus eius.* Secundum pacem facit iustitia ex parte nostra, & misericordia ex parte Dei. In Psal. *Misericordia & veritas obuiauerunt sibi, iustitia & pax osculatæ sunt.* Tertiam pacem fecit incarnatio filij Dei. Reconciliati enim sunt angeli homini, quum agnouerunt humanam naturam associatam diuinæ naturæ in vna persona. Esa. 52. *Creaui fructum labiorum pacem.* Pacem ei qui longe, id est, homini: & pacem ei qui prope est, id est, angelo. Pacem vocat fructum labiorum: quia prædicta erat per Prophetas. Item quia orationibus erat impetrata. Vltimam pacem facit patientia, vel mansuetudo, ad Rom. 12. *Si fieri potest quod ex vobis est, cum omnibus hominibus pacem habentes, non vosmetipsos defendentes charissimi.* Gregor. in Pastoral. Lex Christi est charitas vnitatis: quam soli perficiunt, qui nec quum grauantur excedunt.

Qui sint pacifici.

Circa sextum notandum, quod gratia quæ in verbo isto, *Beati pacifici, &c.* commendatur, non est pax, sed gratia faciendi pacem in se vel in proximo, & hoc vel respectu Dei, vel respectu proximi. Vnde pacifici amatores pacis sunt, qui studiose intendunt paci faciendæ, vel in se, vel in proximo. Et primo in se. Vnde gloss. super Matth. 5. Pax à vobis incipit: quia dum lex carnis repugnat legi mentis, non modo alteri, sed nec nobis possumus esse pacifici. Sed postquam intus spiritus imperat vt totus homo spiritui seruiat: tunc pax ad alios deriuatur, vt pacem cum omnibus habeamus. Bern. in Serm. Sunt aliqui qui si viderint quempiam vel leuiter scandalizatum, valde soliciti sunt quomodo in pacem eum reducere possunt: & viderentur pacifici, nisi quod eorum commotio, si forte quidquam contra eos factum dictumve videbitur, tardius vniuersis difficiliúsque poterit sedari. Qui nimirum si verè pacem diligerent, haud dubium quin eam quærerent sibiipsis. Itē super Matth. 5. dicit gl. Pacifici sunt qui omnes motus animi componunt & rationi subiiciunt, quia his nihil repugnat. Bern. in Serm. Per munditiam cordis reconciliamur Deo: beati verò qui de sua reconciliatione non ingrati, & pro fratribus suis piè soliciti, eos quoque quantum præualent & sibi & Deo reconciliare laborant. Quibus enim laudibus dignum, quanto amplectendum putas affectu, fratrem illum qui sine querela conuersatur inter fratres, tota solicitudine cauet quid in eo sit quod ab aliis portari oporteat, & quidquid in aliis est onerosum patientissimè portat, qui singulorum scandala sua reputat. Et cum Apostolo loquitur: *Quis infirmatur, & ego non infirmor? quis scandalizatur, & ego non vror?* Qui verè pacificus est, etiam belligerando est pacificus. August. Pacem debet habere voluntas, bellum necessitas. Non pax quęritur vt bellum excitetur: sed bellum geritur, vt pax acquiratur. Esto ergo in bello pacificus, vt eos quos expugnas ad pacis vtilitatem vincendo perducas: *Beati enim pacifici.* Idem: Hostem pugnantem necessitas perimat, non voluntas. Sicut rebellanti & resistenti violentia redditur: ita victo vel capto misericordia iam debetur, maximè in quo pacis perturbatio non timetur.

Et notandum, quod pacem pectoris non abrumpit pugna cum vitiis, si quandoque accidat. Vnde Gloss. super Matth. 5. In praesenti homo pacatus, etsi bellum gerat cum vitiis, in nullo pacem abrumpit quam Dominus dedit: Vnde *pax multa diligentibus legem tuam Domine,* &c.

Psa.118.

Quare pacifici sint beati.

CIrca septimum notandum, quod causa qua pacifici sint beati, est illa quam Dominus tangit, *Quia filij Dei vocabuntur.* In praesenti meritò vocantur Filij Dei, quia exercent officium illud quod habuit filius Dei in mundo isto: Ipse enim in mundo isto bella pacificauit. In Psal. *Ibi confregit potentias, arcum, scutum, & gladium, & bellum.* In aduentu suo fuit impletum illud Esa. 2. *Conflabunt gladios suos in vomeres,* &c. Ephes. 2. *Ipse est pax nostra,* &c. Ipse sedauit litem quae erat inter nos & Deum Psal. *Quoniam fecisti iudicium meum, & causam meam.* Esa. 63. *Ego sum qui loquor iustitiam, & propugnator sum ad saluandum.* Primum pertinet ad litis sedationem. Secundum ad belli pacificationem. Item ipse tumultum sedauit, dum silentio suo silendi exemplum dedit. Esa. 53. *Quasi agnus coram tondente se obmutescet.* Et Luc. 23. Coram Herode nihil omnino respondit. In quietudinem quantum ad locum pacificauit, quando Apostolis dixit: *Sedete in ciuitate: donec induamini virtute ex alto.* Luc. vltim. Inquietudinem animi pacificauit, cum dixit Ioan. 14. *Manete in me, & ego in vobis.* Eius. 15. *Manete in dilectione mea.* Ibid. 17. *Haec locutus sum vobis vt in me pacem habeatis: in mundo autem pressuram habebitis.* Christus finis est, ideo in eo quiescitur. Non est quiescendum in via, sed in fine viae: ad Rom. 16. *Finis legis Christus ad iustitiam credendi.* August. in libro Confess. Fecisti nos ad te, & inquietum est cor nostrum, donec requiescat in te. Christus molestias mitigare venit, in cuius signum Ecclesia cruces oleo facit in his qui baptizantur, vel ordinantur, vel confirmantur, vel ad honorem regni sublimantur, & etiam in dedicatione Ecclesiarum. Cruciatus praesentis exilij per Adam factus est: oleatio verò siue mitigatio per Christum.

Donum sapientiae adaptatur paci.

CIrca octauum notandum, quod donum sapientię huic beatitudini adaptatur: qui enim pacem faciunt, quasi lectum Deo praeparant, locum scilicet quietis. In Psal. *In pace in idipsum,* &c. Vnde ipsi sunt quasi cubicularij Dei & secretarij, & consilia sapientiae eis reuelantur. Praeterea animus pacatus clarius videt: vt prius ostensum est per exemplum de aqua, Eccles. 18. *Sapientiam scribe in tempore vacuitatis,* id est, vacuationis & quietis: ideo dicitur in Psal. *Vacate primum:* Deinde subditur, *Videte quoniam suauis est Dominus.*

Pars XII.

De patientia persecutionem.

VLtimo tangendum est in tractatu de Beatitudinibus, de Patientia persecutionum. Et breuiter de ea dicetur, quia in tractatu de cardinalibus Virtutibus specialiter de Patientia tractatum est. Hanc beatitudinem post prædictas ordinat. Gloss. super Matth. 5. dicens: *Qui vsque ad sapientiam per prædicta conscendunt, perfecti & roborati non cedunt persecutioni: quia neque vita eos potest separare à Christo.* Item sicut tangit Gloss. in patientia persecutionum est ostensio perfectionis & probatio: sicut in præcedentibus perfectio. Eccles. 2. *In igne probatur aurum & argentum, homines vero receptibiles in camino humiliationis.* Eiusdem 27. *Vasa figuli probat fornax, & homines iustos tentatio tribulationis.* ad Rom. 5. *Tribulatio patientiam operatur, patientia autem probationem.* Qui patiuntur persecutionem propter iustitiam, sunt beati: non qui patiuntur propter scelera sua. 1. Pet. 4. *Nemo vestrum patiatur quasi homicida, aut. &c.* Eiusdem 3. *Si quid patimini propter iustitiam, beati.* Causa quare tales sint beati, est quam Dominus tangit: *Quia ipsorum est regnum cœlorum.* Bernardus in Serm. Pauperibus pariter & martyribus regnum cœlorum promittitur: quia paupertate quidem emitur, sed in passione pro Christo sine omni dilatione percipitur: *Eorum qui patiuntur persecutionem propter iustitiam, regnum cœlorum est.*

Primo, quia iustitia pro eis erit in futuro, sicut ipsi modo sunt pro iustitia. Vnde obtinebit eis regnum cœlorum. Non enim poterit aliquid fieri in iudicio extremo contra iustitiam. Ecclesiast. 4. *Vsque ad mortem certa pro iustitia, & Deus expugnabit pro te inimicos tuos.*

Secundo, quia regnum cœlorum expositum est vim inferentibus, Matth. 11. *Regnum cœlorum vim patitur, & violenti rapiunt illud.* Quasi publicè de illo clamatum est, *Qui potest capere capiat.* Matth. 19. Patientes persecutionem quasi quadam vi illud capiunt. Tertio, quia pretium habent pro quo regnum cœlorum venale positum est Matth. 20. *Sedere ad dexteram vel ad sinistram, non est meum dare vobis.* Vendere potius hoc volebat, quàm intuitu consanguinitatis eis dare. Augustinus in persona Domini: Venale habeo. Quid Domine? Regnum cœlorum. Quo emitur? Paupertate regnum, dolore gaudium, labore requies, vilitate gloria, morte vita.

Quarto, qui tales Christo societatem faciunt in vigilia præsentis afflictionis, in pane doloris, & aqua tribulationis: ideò merito erunt socij eius in festo æterno iocunditatis. ad Roman. 8. *Cohæredes autem Christi: si tamen compatimur vt simul & glorificemur.* 2. ad Tim. 2. *Si commortui sumus, & conuiuemus: si sustinemus, & conregnabimus.* 2. ad Cor. 1. *Sicut socij passionum estis, sic eritis & consolationis:* Luc. 22. *Vos estis qui permansistis mecum in tentationibus meis, & ego dispono vobis sicut disposuit mihi Pater meus regnum, vt edatis & bibatis super mensam meam in regno meo.* Ecclesiastic. 22. *Fidem posside cum amico tuo in paupertate ipsius, vt in bonis ipsius lateris.*

Quinto, quia ipsi habent onus cœlestis hæreditatis in præsenti, & ideo meritò in futuro emolumentum eiusdem hæreditatis ad eos pertinebit. Præsentes pressuræ, sunt debita quibus obligauerunt parentes nostri cœlestem hæreditatem.

Summæ Virtutum Finis.

INDEX RERVM OMNIVM QVÆ
in hac Virtutum Summa continentur.

A.

AB intellectu luminis quot radij fluant, & quæ singulorum officia. 36
Abel Innocentiæ speculum. 15
Abraham mundo Obedientiæ formam dedit. ibid.
Abrahæ spes. 20
Actus qui peccatum est, malus. 64
Adami peccatum quid exagitet. 61
Adorare opus manuum suarum, quale peccatum. 53
Adolescentes exerceri & senibus subiici decet. 216
Aduersa non fugienda, sed amplectenda. 496
Adultus rationis capax Deum qualiter cognoscere possit. 25
A Deo quæ petenda. 15
Æqualitas diuinarum personarum ostenditur. 96
Æquitas ad quid conducat. 365
Æquitas & æqualitas quid: & ad quid conferant, & quibus maxime necessaria. ibid.
Affectus animi quadruplex. 401
Affectus purgatio. 494
Affectuum obedientia. 333
Alas cordis extendere instar auium, ad quid necessarium. 434
Alexander magnus orat ad montes Caspios. 41.
Alexander magnus Iudæorum Sacerdotem adorat. ibid.
Idem Iudæos concludit. ibid
Alienatio mentis quibus gradibus ascendat 429
Alius alio cur magis diligatur. 182
Amandi Deum modus. 162
Amandi quomodo sint boni. 178
Amandi parentes duplici affectu. 183
Amandi proximum modus. 171
ad Amandum proximum quid nos hortetur. 168
Amare mundum quid. 184
Amatur Deus quadrupliciter. 165
Amauit nos Christus gratis. ibid.
Amicitiæ descriptio. 180
Amicitiam veram duodecim requirere. ibid.
eandem quæ dissoluant. 183
Amici eligendi ratio. ibid.
Amor Dei qualis esse debeat, & quotuplex. 164, 165

Amor inordinatus voluptatum dissuadetur. 210, ibid.
Amorem erga vxores quæ inducant. 176
Amor proximi qualis esse debeat. 174
Amor parentum, multùm Deo acceptus. 175
Amorem erga Deum prouocantia. 157
Amorem erga proximum incitantia. 167
Amoris erga Deum vtilitas. 161
Amoris diuersæ species. 175
Amoris diuini signa decem. 166.167
Amoris sui incommoda. 184
Amor sui radix malorum omnium. ibid.
Amoris nosmetipsius cur non sit datum præceptum. 166.167
Amoris mundi incommoda. 185
Angelorum Dei & Diaboli diuersitas. 85
Angelorum meritis Spem iuuari. 133
Animalis homo dicitur quis duplici ratione. 11
Anima an sit propriè potentia. 100
Anima quomodo paradiso assimiletur. 10
Anima quadrupliciter peccat circa bonum. 188
Animam nulla destructione posse corrumpi ostenditur. 101.
Animam mortalem vnde quidam colligant. 100
Animas creari quotidie, declaratur, contra quosdam. 80
Animas iuuari Ecclesiæ suffragiis. 116
Animas non esse Angelos Apostatas. 80
Animas esse & existere ostenditur. 81
Animas non esse dæmones euincitur. ibid.
Animas non esse simul creatas. 81
Animas non esse de substantia Dei. 88
Animas non esse duas in humanis corporibus, 86
Animas non perire simul cum corpore. 100
Animas non traduci ex semine. 89
Animarum immortalitas probatur. 100 & seq.
Animæ in mortali peccato decedentes æternaliter iustè puniuntur. 110
Animæ creatio solius Dei opus. 82
Animæ in charitate decedentes aliquando pœna purgatorij expiantur. 117
Animæ sanitas quando eueniat. 451
Apostolorum reuocatio, & linguarum donum, confirmant fidem Catholicam. 16.17
Apostolorum successoribus obediendum. 351 & seq.
Argumenta quibus Fides Christiana vnica ostenditur. 16

INDEX RERVM.

Articuli fidei quinam dicantur. 43
Articulorum fidei distinctio. 44
Articuli fidei quibus in locis collecti. ibid.
Articulis fidei errores contrarij. 46
Auditur à quibus temperandus. 254
Aureola quid, & quo pacto donetur & quib. 240, & 241
Aureola ad quam Animæ virtutem pertineat. 243
Authoritates destruentes errores Manichæorum. 65

B

BEata possessio quæ, & vbi. 6
Beatorum gloria quæ sit maxima. 237
Beatitudinis descriptio. ibid.
bellum quadruplex. 499
bene operare volenti tria necessaria. 18
beneficium conferens quæ cauere debeat. 368
beneficij accepti obliuio quantum sit malum. 367
Beneficia Dei generalia & particularia. 329
beneficia quo pacto amicitiam pariant. 172
circa beneficia Dei quæ obseruanda. 329
beneficiorum Dei magnitudo, consideratur ex quinque. 329. 330
Beneficiorum Dei quatuor species. 57
benignitas legislatoris Christi. 446
benignitas diuiditur in partes septem. 301
bona optima & perfectissima quæ sint. 7
bona fortunæ non esse nostra 9
bona temporalia non esse vera bona. 5
bona temporalia fallere sæpe homines. 36
bona opera hostis antiquus insequitur. 198
boni operis iucunda memoria. 14
Bonifaci misericordiæ illustre exemplum. 371
bonitas præualet propinquitati. 178
bonitatis Dei obseruatio iuuat spem. 316
boni cur sint amandi. 178
bonorum omnium radix fides. 37. 38
bonorum dissipatio tripliciter fit. 398
bonorum operum lucra quæ. ibid.
bonum proprium hominis virtus est. 8
bonum opus tria requirit. 18
bonum opus sine gratia comparatur ligno putrido. 7
Bonum vt ordine fiat quæ requirit. 450
bruta animalia prudentiam docere. 200

C

CAptiuatio intellectus nostri quadruplex est. 164
Carcere detenti visitandi. 384
cardinales virtutes. 5
cardinale opus quando digne, & quando indigne exerceatur. 250. 251
carnem se negantes non posse domare, irridendi. 357. 358
casia quid. 490
castitas cur Ecclesiæ ministros maximè deceat. 244
castitas vidualis commendatur singulariter in Iuuene. 242
causæ errorum. 12
in fide. 117
causæ admirationis Christi super veste nuptiali. 153
cautio quid. 207
certitudo duplex. 121
charitas mater omnium Virtutum. 146
charitas, aliena, bona sua facit. 149
charitas Deo placet. 150
charitas Diabolo displicet. ibid.
charitas sola, & vnica quomodo sit Virtus. 156. 157
charitas inter Virtutes omnes, fini propinquior. 145
charitas quomodo dicitur Vestis nuptialis. 154
charitas ignitos facit homines. 147
charitas Animam Deo reddet gratam. 148
charitas Fons est singularis bonorum. 149
charitas Vinculum est quo ligatur Deus. 152
charitas est locus securus. 148
charitas est chara vnitas. 155
charitas est locus quietis: gaudij: mors vitiorum, & vita operum. 148
charitas à quibus malis præseruet. 151
charitas Vnctio est, quâ filij Dei inunguntur. 153
charitas qualis sit virtus. 156
charitas omnibus modis laudabilis. 154
charitas quanti æstimanda. 146
charitatem quæ augmentent. 185
charitatis commendatio. 148
charitatis iugum sex reddunt suaue. 155
charitatis descriptio. 144
charitatis vtilitas. 151
charitas ordo quadruplex. 180
charitati contraria quæ. 183
charitati attribuatur cur nomen Virtutis. 156
ad charitatem quæ disponant. 144
charitatem habens, quare diues sit. 149
charitate stipatus cur non periculose erret. 153. 154
Christo quid proprium. 15
christus exemplum humilitatis & paupertatis. 14
christus in quibus pauper, & in quibus diues. ibid.
christus ad quid huc venerit. ibid.
christus quomodo nos adamauerit. 172

INDEX.

Christus verus homo fuisse ostenditur. 91
christi benignitas vnde maximè appareat. 364
christi incarnationem negantium error reiicitur. 99
Christianæ fidei auctoritatem quæ ostendunt. 31
Cinifes de puluere Philosophorum argumentis comparantur. 34
Cinnamomē significatio. 490
Clementia quid sit. 223. 224
Clementia Virtus seruans mediocritatem. ibid.
Clementiam in Principe quæ excitent. ibid.
in Collegiis communibus æquitas necessaria. 366
Compassio erga alios quomodo necessaria. 377. 378.
Compassio homini, non vitiis debetur. ibid.
compassionis multæ species. ibid.
Concionatori Verbi Dei duodecim necessaria. 207. 208.
Confidentia in homine fallax est. 134
confidentia in rebus inferioribus periculosa. ibidem.
Confidentia in creaturas triplex. 135
Conscientia est homini, quod vxor viro 13
Consideratio & contemplatio quomodo distinguantur. 428
Considerationis diuersæ species. ibid.
Consideranda esse quatuor. ibid.
Consiliarius eligendus. 413
Consilium Christi quod à multis despicitur, quale sit. ibid.
Consilij nomen dupliciter sumitur. 422
Constantiæ descriptio, & quotuplex. 292. 293
Constantiæ & perseuerantiæ differentia. ibid.
Constantiam sex efficiunt. ibid.
Constellationes non esse causam bonorum & malorum. 58
Contemplatio & Consideratio quid differant. 428
Contemplationis quatuor species 427
Contemplationis forma in Cæli volatilibus videtur. 428
Contemplationis, Cogitationis, & Meditationis differentia. ibid.
Contemplationis qualitates. 437
in Contemplationibus quomodo quis proficit. ibid.
Contemplationum genera sex. 429
Contemplationum alæ sex. 430. 431
ad Contemplationem diuinarum rerum quæ disponant. 440
Contemplatiui quibus ascendant gradibus 469. 470
Continentia quid eius officium. 231
Continentia coniugalis. 245
continentia Vidualis. 242
continentia Sacerdotalis. 243
continentia suadetur. 230
continentiæ partes. 231
continentiam quæ commendent. ibid.
contrariorum non sunt vniuersaliter causæ contrariæ. 63
Contumeliæ Verborum patienter quare & quomodo ferendæ. 166
cor quomodo mundandum. 493
cor assimilatur paradiso duplici. 10
Per gratiam fit hortus Domini. 11
cetera vide, Munditia cordis.
corona sponsæ Christi quibus virtutibus exornetur. 188
corpora quædam cælestia, quædam terrestria. 433
corporalia cur à Deo facta. 5
corporalia omnia per hominem in Deum vergunt. 8
Corporis bonum regimen quale sit. 13
corporis disciplina quæ. 318
corporis motus quis esse debeat. 226
corpus quomodo homini sit concreditum. 384
Corporum resurrectionem negantium error reiicitur. 106
Correptio quomodo fieri debeat. 354
libenter excipienda. 356
correptionem facturus Deo confidere oportet. 355
Correptionem quæ inducant. 352
correptionem octo impediunt. 353
corripere peccantem monemur.
creare quid. 44
creata omnia sunt vtilia. 61
creatura spiritualis ad quid creetur, iustificetur, & glorificetur. 433
creaturæ quomodo vtiles. 61
Quare productæ. 61
Creaturæ inferiori se subdere quando indecens. 53
creaturarum melius, homo. 86
creaturarum diuersitas non inducit contrarietatem principiorum. 71
credenda de Deo. 42
credenda de aliis. 43. 44
Credendum Dei filio, iisque quibus enarrauit. 21
credendorum vniuersitas. 42
credere Deo, & in Deum quid differant. 43
cruces per S. Oleum in morbo cur Ecclesia vsurpet. 303
cultus Dei triplex. 303
cultus Dei tria requirit. 305
cultus oris in quo sit. 304
cum Culpa non semper dimitti pœnam. 114

Damnati

RERVM.

D.

Damnati quid conquerantur in inferno 14
Dæmones non viuificare Corpora ab eis possessa. 83
Nec eadem vnire. ibid
Dæmones non detineri violenter in Corporibus. 84
Dæmonum Idololatria maxime detestabilis. 54. 55
Dæmonibus resistendi modus quis optimus. 286
Defunctis suffragia Ecclesiæ prodesse. 115
Delectatio secundum carnem multiplex. 237
Desperatio peccatum est in spiritum sanctum, & reddit hominem maledictum. 134
Desperationis causæ quatuor. 236
Deus amatur quadrifariam. 165
Deus cur fecerit corporalia. 6
Deus quare amandus. 163. 164
Et quid sit cum toto corde diligere. ibid.
Deus qui nos amet. 172
Deus quo vinculo ligari queat. 152
Deus libenter respicit dona humilium. 441
Deus totius esse causa est. 46
Deus laudandus non sermone solum, sed opere. 326
Deus quales habere velit ministros. 84
Dei amorem excitantia. 167
Dei amor qualis esse debeat. 164
Dei cognitio quid in nobis operetur. 18
Dei Cubicularij qui sint. 403
Dei largitatem prouocat gratiarum actio. 328
Dei incarnationem negantes reijciuntur. 99
Dei laudibus cur insistendum. 326
De Dei Misericordia & Iustitia errantes, refelluntur. 99
Dei Verbo qualicunque credendum esse. 20
Dei tria opera maxime admiranda. 26. 27
Deitas Filij, & Spiritus S. auctoritatibus comprobatur. 94. 95
Deum amandi modus. 162. 163
Et vt ab eo amemur quæ necessaria. ibid.
Deum esse quæ testentur. 50
Deum laudare quæ inducant. 325
Deum negantium error contunditur. 46. 47
Deum cognoscendi modus. 20
Deo credendum in his quæ sensibus & rationi repugnant. 21
Deo qui bene credant. ibid.
Deo soli obediendum foro iactantium error refellitur. 351
Deorum amicitia & odium. 57

Deuotio quid. 329
Diabolus quomodo nos impugnet. 288
Diabolus quo pacto in omne peccatum voluat hominem. 36
Diabolus quinque modis decipit hominem. 283
Diabolus mille tentandi modos habet. 282
Diabolus quos maxime impugnet. 284
Diabolus suadet ea quæ sunt præsumptionis & temeritatis. 282
Diabolus quare super terram graditur. 283
Diabolo quomodo resistendum. 285. & seq.
Diabolo charitas inimica. 152
Diabolum facile homines impugnare. 282. & seq.
Diabolici incursus quomodo expugnandi. 286. 287
Dies mortis cur melior die natiuitatis. 260
Dilecta quomodo ex munere dilecti accipiat duo remedia. 439
Diligere inimicos octo inducunt. 179
Dionysius Areopagita quomodo Christianus effectus. Cœcum illuminat. 27. 28
Discere Scripturam sacram, ad septem vtile est. 210
Disciplina quot modis dicatur. 357
Disciplina erga subditos duplex. ibid.
Disciplina proprij corporis multiplex. ibid.
Disciplina mali quomodo dupliciter intelligatur. 218
Disciplina morum ex diuina & humana institutione prouenit. 431
Disciplinæ variæ acceptiones. 357
Diuersitas credendorum. 42
Diues quare sit charitatem habens. 147
Diuini amoris signa. 166. 167
Species. 165
Diuinitatis vnitatem quæ respiciunt, humanæ intelligentiæ modum excedunt. 435. 436
Diuitias quomodo fides superet. 39
Docilitas quid. 207
Doctor tria attendere debet. 209
Doctor non debet esse timidus vel remissus. ibid.
Doctoris doctrinam quæ commendent. 206
Doctrina Christi quæ in monte data fuit, qualis sit. 449. 450
Doctrinæ nouæ Legis sublimitas. ibid.
Dolor damnatorum ex diuersis causis prouenit. 417
Dona quare dicantur. 398
Dona duo quæ pertinent, ad Contemplatiuam vitam. 402
Dona septem in remedium septem vitiorum data. 400
Dona spiritus S. commendantur. 399
Dona humana quatuor; tria diuina. 402

ſſ

INDEX

Doña tria in Intellectu. 402
Dona humilitatis Deo grata. 441
Donum timoris. 288
Donum Intellectus. 445
Donum Sapientiæ differt à dono Intellectus. 447
Donum Dei omni auro nobilius. 401
Dulia varie sumitur. 306
Duliæ variæ species. 307

E.

Ecclesia qua de causa imaginum cultum suscipiat 260
Ecclesia Cruces per S. Oleum cur administret. 403
Ecclesiæ ministris Castitas necessaria. 243
Ecclesiæ ministri cur Laicos superare debeant munditiæ splendore. 490
Ecclesiæ minister describitur. ibid.
Ecclesia suffragia viuis prodesse. 115
Ecclesiæ porta, fides. 34
Ecclesiæ superior pars, Virgines sunt. 297
Effectus Virtutis multiplex. 85
Electi cur glorientur in tribulationibus. 265
Electorum gaudium vnde oriatur. 141
Electorum status post Resurrectionem. 139
Electorum materia lætitiæ vnde sumatur. 141
Eleemosynam dare cupiens, obseruabit IV. 377
Eleemosyna tripliciter fit. 385
Eleemosyna cui danda, & quomodo. 386
Eleemosyna de quibus rebus præstanda sit. 385
Eligendi amicum ratio. 178
Enoch munditiæ typus fuit. 15
Esurientes pascendi. 381
Esuriem Iustitiæ adiuuantia. 485
Esurientes Iustitiam, habent Vitæ beatitudinem. 486
Esuries Iustitiæ aptatur dono Fortitudinis. 486
Excommunicationis vsus obseruandus. 360
Excommunicationis auctoritas Ecclesiæ data. ibid.

F.

Fides intellectum captiuat. 35
Fides quid. 24
Fides est multiplex. 118. & seq.
Fides viua & mortua. ibid.
Fides explicita & implicita. 126
Fides an idem sit quod fidelitas. 394. 395
Fides ficta, magna, & modica. 120
Fides quomodo necessaria. 19
Fides porta per quam ad cor intratur. 34
Fides est mentis Virginitas. ibid.

Fides est primogenita virtutum. ibid.
Fides est oculus dexter animæ. 35
Fides est virtus valde vtilis homini. ibid.
Fides est virtus probata. 41
Fides est lucerna. 25
Fides est lumen. 36
Fides Deo placet, Diabolo displicet, homini prodest. 33
Fides est annulus argenteus in digitis Sponsæ. 34
Fides est porta Ecclesiæ. ibid.
Fides est columna nubis. 36
Fides est stella matutina. ibid.
Fides est lumen illuminans. ibid.
Fides est radix omnium bonorum. 38
Fides est scutum triangulare. 39
Fides est initium Vitæ spiritualis. 37
Fides est radix Sapientiæ. 40
Fides est fundamentum bonorum omnium. 38
Fides est Mater cæterarum Virtutum. ibid.
Fides hominem filium Dei efficit. ibid.
Fides vincit regnum Inferorum, mundi delitias & honores. ibid.
Fides ad Deum vsque tendit. 41
Fides à Deo fortitudinem accipit. 40
Fides Diabolo displicet. 35
Fidei testificatio qualis sit & à quo. 100
Fidei nostræ testes quot. 17
Fidei vnitatem quinque efficiunt. 14
Fidei diuersa nomina & significationes. 11
Fidei laus credere quod non videtur. 23
Fidei faciem triplex mors præcedit. 37
Fidem viuam duo requirere. 23
circa Fidem quomodo erratur. 46. & 117
Fidem vnam quæ testentur. 27. & seq.
Fidem commendantia. 33. 34
Fidem adiuuantia. 15
Fidem quo pacto aliis debeamus. 394
Fide cognoscimus & Deum & parentes. 11
Fidelibus omnia in bonum, Infidelibus contra succedunt. 31
Fidelitas in quibus attenditur. 394
Fidelitatis commendatio. ibid.
Fiducia quid. 18
Fiducia alia bona, alia mala. ibid.
Fiducia triumphum de Diabolo refert. 187
Filij Deitas probatur. 95
Filij Dei qui sint. 401
Finis est in intentione prior. 18
Forma multiplex est. 99
Forma quomodo materiæ inhæreat. 100
Fortitudo Virtus est inseparabilis. 256
Fortitudo donum S. Spiritus. 341
Fortitudinis diuersæ significationes. 256
Fortitudinis descriptio. 257
Fortitudinis commendatio. ibid.

RERVM.

Fortitudinis quattuor partes. 258
Fortitudinem prouocantia. 259

G.

Gaudium Virtutis quadrupl. excellit mundi gaudium. 11. & seq.
Gaudium saeculi quale. 12
Gaudium mundi à Deo maledictum. ibid.
Gaudium futurum & praesens quomodo differunt. 124
Gaudium animae octo generant. 13
Gaudij & Solatij differentia. 124
Gens Iudaeorum & Turcae de Dei magnificentia pessimè sentiunt. 31. & seq
Gloria Sanctorum quam sit magna. 237
Gratiae descriptio. 366
Gratiae necessitas. ibid.
Gratiarum actionem prouocantia esse octo. 328
Gratiarum actioni insistendum. 329
Gratiarum actio quos fructus producat. 328
Gratiarum actio Deo grata. ibid
Gratiarum actiones de quibus beneficijs potiss. habendae sint. 329
Gratus qui esse desiderat, quid cauere debeat. 368

H.

Homo quomodo se reputare debet esse cinerem. 467
Homo absque gratia quasi arbor syluestris. 8
Homo creaturarum medius. 86
Homo multiplici ratione insufficiens ad bene viuendum. 133
Homo partim spiritualis partim corporalis. 86
Homini multa necessaria in Fidei cognitione 19
Homini quatenus fides adhibenda. 21
Homini voluptates nocent. 212. & seq.
Homini tria praestant occasionem Deum orandi. 313
Hominem occidere quando licitum. 422
Hominem ditat patientia. 267
Homines quomodo Diabolus decipiat. 282
impugnet ibid.
Homines quo pacto resistere eidem debeant. 286
Hominum tris genera detestanda. 111
Hominum duae personae laudabiles. 212
in Homine quadrup. Vitae ordo requiritur. 164
Honestas an idem quod virtus. 4
Honor multipliciter sumitur 307
Honor quibus exhibendus. 308

Hospitalitas commendatur. 382
Hospites suscipiendi frequenter. ibid.
Hospites protegendi. ibid.
Hospitio excipientes boni viri. 383
idque reuerenter. ibid.
Humilitas valet ad esuriem iustitiae. 471
Humilitas Deo gratus odor. 458
Humilitas intra, Superbia extra. 462
Humilitas supplet defectu saliorum bonorum. 463
Humilitatis descriptio. 452
Humilitatis diuisio. 471
Humilitatis gradus duodecim secundum Benedictum. ibid.
Humilitatis commendatio. 454
Humilitatis causae. 465
Humilitatis dona Deo grata. 441
Humilitatis vtilitas. 463
Humilitati quae conferant. 469
Humilibus triplici ratione debetur regnum coelorum 452

I.

Iacobus Patriarcha laboris tolerantiss. 15
Iacobi Apostoli dictum exponitur, Ante omnia nolite iurare. 395
Idololatria quàm magnum malum. 53
& quot eius species. ibid.
Idololatria Daemonum improbatur. ib. & seq.
Idololatria quae ad Daemones transfertur, antè omnia detestabilis. 54
Idololatria quae est cultus luminum. 57
Idololatria quando sit cultui militiae Caeli. 59
Idololatria honorem Deo debitum, Creaturae defert. 53
Idololatria quo pacto introducta sit. 51
Idololatria vna alteram destruit. 53. & seq.
Idololatriam quot causae inducant. 51
Idola quod non adorarit Socrat. occiditur. 53
Idolorum impotentia. 54
Idolorum cultura omnis mali causa. ibid.
Idolum quid. 51
Ieiunij descriptio. 359
eius species. ibidem. quae commendent. 357.
Iesum vniuersitas creaturarum Dominum agnouit. 28
Ignorans quis peccatum, dolere non potest. 85
Ignorantia vitiosa quae. 213
Ignorantes instruendi. 380
Imagines factitiae. 51
Imaginum vsus probatur. 309
Immisericordia non meretur veniam. 377
Immortalitas animarum astruitur. 100
Immunditia dedecet omnes. 491

ſſſ ij

INDEX

immunditia peccati quando abominanda. 493
impedimenta orationis. 317
imprudentes qui. 192
impugnat Diabolus quomodo homines. 280
incitantia ad Dei cognitionem. 48
inclinare se solet quis tribus de causis. 466
infirmitates contingere quinque modis. 280
infirmi visitandi. 383
infidelitas circa Dei beneficia. 394
infidelitas triplex. 395
infidelitas amicorum ex quatuor signis declaratur. 161
infidelibus omnia in malum. 32
infirmitas corporis homini vtilis. 279, 280
inferni pœna multiplex. 416
ingratitudinis quanta mala. 329
ingratitudo quid. ibid.
iniurianti parcendum. 380
iniuriarum remissio. ibid.
in iudicio extremo multa fore quæ timorem incutiant. 411
institutio recta in mente, quæ sit. 4
institutio alia diuina, alia humana. 431
intellectus donum Spiritus sancti. 445, 446
intellectus quomodo purgandus. 474
intelligentia s. scripturæ cur minus aliquando percipiatur. 211
Ioannis Baptistæ commendatio. 92
error eorum qui eundem lacerant, reiicitur. ibid.
Iob patientiæ exemplum in mundo fuit. 15
Ioseph bona pro malis rependit. ibid.
Iosue in aduersis fidelis & constans. ibid.
iram Dei & hominis mitigat patientia. 267, 268
Irenei & Platonis disceptatio. 83
irridendi qui negant se carnem non posse edomare. 358, 359
Isaac vitæ coniugalis Castimoniæ cultor. 55
iubilatio quæ dicatur. 326
iudicium extremum quare signa certa præcedent. 412
iudicium temerarium in duobus cauendum. 194
iugum Charitatis propter sex causas suaue. 154
iuramentum, septem dissuadent. 395
iuramento Veritatem confirmare licet. 392
non iurandum cur dixerit Dominus. 394
ius tribus de causis haberi in rebus. 44
iustitia varie sumitur. 298
iustitiæ descriptio varia. 299
iustitiæ significatio. ibid.
iustitiæ diuisio. 301
iustitiæ commendatio. 300

iuuenes & adolescentes senibus deberi subiici. 226

L.

Lacrymæ multa efficiunt. 483
Lacrymarum impedimenta sex. 484
Lacrymas lugentium commendant quatuor. 482
Latriæ descriptio. 301
Latriæ commendatio. ibid.
Latriæ partes. 305
Latria quid. 51. & seq.
Laus aduersitatis Deo gratior. 317
Laudi Dei insistere volenti, munditia necessaria. 317
Laudi Dei insistendum hominibus. ibid.
Laudare Deum quæ nos commonefaciant. 315
Laudandus Deus non sermone solum, sed opere. 317
in Dei Laudibus sensus vsui accommodandus, & effectus sensui, ex Bernardo. ibid.
Lex vetus bona. 78
Lex antiqua sapienter tradita. 79
Lex vetus, Lex noua quæ promittat. ibid.
Lex subintrauit vt abundaret delictum, ex Paulo. 77
Legis Veteris sanctificatio qualis. 490
Legis Veteris præcepta ad quæ pertineant. 80
Legis Nouæ doctrina quinque obseruari iubet. 449
Loquela homini cur data. 316
Lucrum bonorum operum in tres partes diuiditur. 396
Luctus duæ species. 481
item aliæ species sex. 480
Luctus diuisio generalis. ibid.
Luctus indifferens. ibid.
Lugentes quare beati. 483
Luctui adaptatur donum scientiæ. 485

M.

Magnanimitatis variæ significationes. 296
Magnanimus cur difficilia aggrediatur. ibid.
Magnanimitatis effectus varij, & quid ad eam pertineant. ibid.
distribuitur in tres partes. ibid.
Magnificentia quid. 297
Magnificentiæ officia Pacis & belli tempore. ibid.
Malefici puniendi. 361
Malum multiplex ex ingratitudine. 329
Malum culpæ est velut fructus degener. 64

RERVM.

Malum aliud culpæ, aliud pœnæ. 62
Mali non habent pacem. 155
Mali & peccatores multipliciter cruciantur 9
Mala multipliciter ordinata. 62
Mala cum inferuntur, quare lætandum. 292
Mala quæ ad donum scientiæ pertinent duplicia. 49
Mandatum de Proximi dilectione quomodo intelligatur. 193
Manichæi error. 41
Manichæorum errores refelluntur. 59. & seq.
Manichæorum rationes exploduntur. 44
Manichæi errores confutatur. 66
Mansuetudo quid. 476. 479
Mansuetudini adaptatur donum pietatis. 479
Mansuetudinem sexdecim commendant. 477
Maria virgo est sol, & acies castrorum. 132
Maria virgo est Turris. 131
Maria virgo est Virga, & Aurora. ibid.
S. Martinus non timuit latrones. 126
Matrimonium quare insepabile. 252
Matrimonium contrahens quid observabit ibid. & seq.
Matrimonium commendant duodecim. 247
Matrimonium contrahens quid observare debeat. 248
Matrimonio quæ secundum carnem licita, quæ prohibita. 249
Meditatio præparans ad tribulationem habet species quinque. 269
Meditationis, Cogitationis & Contemplationis differentia. 428
Memoria mortis valde vtilis. 469
Memoria habere monemur eorum, quæ ante nos fuerunt. 461. 463
Memoriæ, intelligentiæ, prouidentiæ & prudentiæ definitio. 200
Memoria quarum rerum sit laudabilis. 201
Memoriæ nimium confidere, aut de ea diffidere, vitium. 203
Memoriam bonam quinque efficiunt. ibid.
Mens quibus modis ad Deum ascendit. 156
Mentis alienatio vnde oriatur. ibid.
Meritum Christi spem nostram auget. 118
Ministri Christi maiora miracula fecere, quàm ipse Christus. 29
Ministri Dei quales esse debeant. 84
Ministros Ecclesiæ decere castitatem. 243
Minus malum est, credere Deum esse, quàm non esse: & maius bonum ex illo, quàm ex isto prouenit. 50. 51
Miracula apud Iudæos quando & quomodo fuerint. 26
Miracula cur facta. 28
Miracula confirmare fidem nostram. 26

Miracula maiora ab Apostolis quàm à Christo facta. 28
Miracula à solo Deo potuere. 29
Misericordia bona quæ dare videtur in cœlo collocat. 374
Misericordia traxit Dei filium è cœlo. 490
Misericordia non solum vtilis, sed etiam mirabilis. 374. 375
Misericordia vincit abstinentiam. 376
Misericordia hostem impugnat. 372
Misericordiæ descriptio. 369
Misericordiæ merces duplex. 375
Misericordiæ exemplum insigne à Bonifacio præstitum. 377
Misericordiæ commendatio. 369
Misericordiæ opera spiritualia. 378. & seq.
Misericordiæ opera corporalia. 380
Misericordiæ & Pietatis differentia. 376
Misericordiæ opera corporalia an plura sint septem. 385
Misericordiæ infinita opera, Virtutes, Effectus recitantur. 369. 370
Misericordiæ imperium in cœlo & in terra extenditur. 373
Misericordiæ opera alia commendanda, alia detestanda. 378
Misericordiæ adaptatur donum Consilij. 487
ad Misericordiam quæ inducant. 377
Misericors vere quis sit. 487
Modestiæ descriptio. 225
Modestia in quatuor consistit. ibid.
Modus seu Mensura ad sobrietatem pertinens duplex. 238
Monachi timor qualis esse debeat. 288
Moralis doctrinæ partes tres. 2
Morum disciplina vnde processerit. 431
Mors triplex. 37
Mortis memoria homini vtilis. 467
Mortis timorem quæ expellant. 258
Moyses mansuetudinis speculum. 15
Mundus quid. 186
Mundi honoris incommoda. ibid.
Mundi sapientia. 210
Mundi huius amor periculosissimus. 185
Mundus quasi duabus manibus nobiscum pugnat. 39
Mundum qui vincant. 38
Munditia commendatur ex duodecim. 492
Munditia cordis aptatur dono Intellectus. 493
Munditia decet Ecclesiæ ministros 491. & eos qui Deum laudare cupiunt. 326
Munditiæ partes. 493
Munditiæ definitio. 488. 494
Munditiam cordis octo efficiunt. 488
Munditiam Deo gratam, signa duo testantur. 493
Mundicorde quare beati. 491

INDEX

Mundi corde dupliei beatitudine felices sunt: ibid.
Myrrhæ significatio. 490

N.

Natura cognoscendorum requirit fidem. 11
Noe longanimitatis speculum. 15
Nudi vestiendi. 383

O.

Obedientia Christi à patre probata. 334
Obedientia non solum Deo, sed & homini exhibenda. 352
Obedientia in homine, Deo locum præparat. 335
Obedientia Abrahæ difficultates perpessa quatuordecim. 333
Obedientia circa quæ attenditur. 331
Obedientia quo in statu collocet hominem. 335
Obedientia sola Virtus, menti reliquas Virtutes inserens. 391
Obedientia perfecta se refert immediate ad Deum. 348
Obedientia alia commendabilis, alia reprehensibilis. 349
Obedientia reprehensibilis triplex. ibid.
Obedientia commendabilis duplex. ibid.
Obedientia cui debeatur. 331
Obedientiæ descriptio. ibid.
Obedientiæ commendatio. 332
Obedientiæ aduersantur Sensus proprius, & voluntas. 350
Obedientiæ varij effectus. 324
Obedientiæ gradus septem. 325
Obedientiam quomodo Christus docuerit. 334
Obediendum successoribus Apostolorum. 352
Obedientem quinque efficiunt. 349
Obligatio hominis in Deum infinita. 211
Obliuio quid. 461
Obseruantia quid. 307. 308
Occasio erroris quod quidam Patres Veteris Testamenti damnarunt. 70
Olfactus sub Visu quidem, supra reliquos inter Sensus. 253
Omnipotentia patris in quibus. 44
Operis boni, iucunda memoria. 13
Opera misericordiæ Spiritualia quæ. 378
Opera misericordiæ corporalia quæ. ibid.
Opus bonum tria requirere. 18
Opera bona sunt cibus animæ. 487
Vide bona Opera.
Operatio alia Naturæ, quædam industriæ. 411
Opus carnale quomodo meritorie exerceatur à coniugatis. 252

Vt sit sine culpa quæ necessaria. ibid.
quomodo congressum mutuum euitare debeat.
Oratio diuersis modis dicitur. 253
Oratio quid & qualia petere debeat. 310
Oratio quomodo duobus modis impediatur, ne exaudiatur. 311
Oratio alia fructuosa, alia infructuosa. 318
Orationis descriptio. 313
Orationis commendatio. 310
Orationis species. 311
Orationis commendatio à suo effectu. 313
Orationi quando præcipue insistendum. 319, 320
Orationis impedimenta. 317
Orationem quæ debeant præcedere. ibid.
Orandum cur semper. 319
Orandum quo desiderio. 311
Orandum vbique. 321, 322
Orandi modus. ibid.
Orandi locus. 321
Orantes, temporalia quærere non debemus. 312
Orbem non esse forte diuisum. 56
Ordinatio in homine quolibet requiritur. 104
Ordo Virtutum triplex. 145, 146
Ordo diligendi quo pacto mutetur. 182
Ordo quid sit. 456
Ordo mentem quietam reddit. 104
Ordo Virtutum Cardinalium. 111
Oris Cultus Deo exhibendus. 304

P.

Parentes quo affectu diligendi. 115
Parentum amor Deo gratus. 176
Passiones dupliciter oriri & nasci. 164
Patientia dupliciter sumitur. ibid.
Patientia perfecta. 151
Patientia asinina. ibid.
Patientia vincit seipsum. 165
Patientia hominem ditari. 166
Patientia iram Dei & proximi mitigat. 167
Patientia diuiditur tripliciter. 179
Patientiæ descriptio. 163
Patientiæ diuisio. 158
Patientiæ commendatio. 164
Patientiam tria adiuuant. 115
Patientia seruiunt peccatores. 166
Patiens in multis sapienter agit. ibid.
Patienti persecutionem debetur regnum Cœlorum. 167
Pauli Eremitæ ieiunium. 357
Paupertas quid. 471
Paupertas varie dicitur. ibid.
Paupertas spiritus in quibus consistat. 470
Paupertas mater & custos religionis. 471

RERVM.

Paupertas diuitum gloriosa. 476
paupertas spiritus, dono Timoris adaptatur. 452
pauperes spiritu quare beati. 451
pauperibus spiritu cur Regnum coelorum debeatur. ibid.
paupertas pluribus de causis amanda. 471
pauperum res, illis non reddere, sacrilegij pars 380
pax Corporis: Animæ quid sit. 494
pax amicorum Dei vnica possessio. 496
pax alia bona, alia mala. 498
pax, & Bellum quadrupliciter diuiduntur. 499
pax mala triplex. 498
pax Hæreditas Christianorum est. 495
pax Oculorum prospectum clarificat. 496
pax commendatur ex duodecim. 495
pax triplex. 498
pacis descriptio. 494
paci aduersantur multa. 498
paci adaptatur donum Sapientiæ. 500
pacem promouentia. 496
pacem veram qui habeant. 497
pacem vitiorum pugna non eximit. 500
pacifici qui sint. 495
pacifici quare beati. 500
pacifici quomodo in bello tranquilli. 499
pacifici sunt Dei cubicularij. 500
peccantem corripere oportet. 380
peccare quid sit. 111
peccati principia quæ sint. 188. 189
peccator iustè æternaliter punitur. 110
peccator cogitare debet à quibus vinculis liberauerit eum Dominus. 330
peccatores quomodo cruciandi. 11
peccatum quatuor modis & perpetratur & consummatur. 283
peccati immunditia quantum expauescenda. 492
peccatum in Spiritum S. est desperare. 134
peccata quomodo abundauerint lege data. 77
peregrinantium baculus Spes est. 114
perfectio quid requirat. 198. 101. & seq.
perfectionem Virtutum operatur Tribulatio. 176
perfectionis quot sint species. 186
persecutores sunt serui patientis. 266
Sunt quasi virga Dei. 270
persecutiones, felicitatem patientium augent. 501
perseuerantia est filia regis. 348
perseuerantia quid & quotuplex. 294
perseuerantia communicat cum Constantia & differt. 294
perseuerantiæ commendatio. ibid.
perseuerantiæ Effectus. 295

petenda quæ à Deo. 75
pietatis definitio. 566
Platonis & Irenæi disceptatio. 83
præcepta Legis Vet. ad quid pertineant. 78
præceptum de amore nostri cur non sit datum. 166. 167
præmia electorum. 238
præparatio ad orationem duplex. 315
præparatio, alia propinqua, alia remota. ibid.
pretiosum à vili separare quid sit. 1
principis clementiam quænam excitent. 223
propinqui quomodo agnoscendi. 176
prouidentia tribus exemplis commendatur. 104
prouidentia ad tria vtilis. ibid.
proximi amorem excitantia. 169
proximi amor qualis esse debeat. 174
proximi societas & amicitia quinque præstant vtilia. 170. 171
proximum amandi modus. 172
proximum amare an amari ab illo quid vtilius. 170. 171
proximum nescit diligere qui se non diligit. 174
proximus amandus triplici præcepto. 171. 172
prudentia quomodo dicatur virtus. 191
prudentia diuersimode sumitur. 190
prudentia Sanctorum assimilatur astutiis serpentum. 200
prudentia quomodo distinguitur secundum Tullium & Senecam. 101
Secundum alios. 105
prudentia diuiditur in cognitionem diuinorum & humanorum. 101
prudentia vitiosa quæ. 190
prudentiæ descriptio. 191
Eius species. 205
prudentiæ commendatio. 197
prudentiæ officia. 193
prudentiam docent nos bruta. 199
prudens dicitur quis non intellectu solum, sed & affectu. 192

Q.

Quatuor causæ desperationis. 136
Querelam facere de Ingrato indecens est. 368

R.

Radix bonorum omnium Fides. 38
Ratio eligendi amicum. 180
Rebus Deo dicatis debetur reuerentia. 307
Regnum Dei in cordibus Sanctorum esse. 14
Regnum coelorum quare pauperibus addictum & martyribus. 502

INDEX

& quare persecutionibus vexatis promissum. ibid.
Regni quae sit recta institutio. 4
Religionis cultos paupertas. 475
Religioni monasticae qui apti vel inepti. 340
Rerum corruptio quomodo fiat. 234
Ros sperandae. 237
Resurrectionem negantium error convellitur 107
Revelatio & Prophetia Christianae fidei veritatem ostendunt. 31
Revelatio & Prophetia de Synagoga ad Ecclesiam translatae. ibid.
Reuerentia quid. 307
Reuerentia debetur rebus Deo dicatis. ib.
Reuereri, tripliciter accipitur. 306

S.

Sacra scriptura quibus de causis non intelligatur ab omnibus. 211
sacrae scripturae scientia vtilis. 210. & seq.
sacrae scripturae doctor qualis esse debeat. 206. 207
ex scripturis Gentium Veritas eruenda. 4
saluator vide Christus.
saluari vnumquemque sua fide falsissimum. 109
sancti cur in mundum missi. 15
sanctificatio in Veteri Lege triplex. 305
sanctorum merita, iuuant spem. 128, 114
sanctorum gloria quam sit magna. 240, 241
sanctorum prudentia cui assimilanda. 100
sanitas laetificat Virtuti deditum. 10
sapere quàm sit Deo gratum, homini vtile. 214
sapientia dupliciter sumitur. 447
sapientia huius mundi quid. 214
scala Iacob. 348
scientiae donum. 419
sectas omnes male sentire de Deo. 32
securitas quid. 258
eius officium. 83
securitas timorem inordinatum expellit. 262
securitas commendabilis & reprehensibilis. ibid.
securitas pars fortitudinis. 258
senibus adolescentes deberi subiici. 226
sensus & Voluntas propria Obedientiae contraria. 350
seruitium intellectus erga Deum est credere Deo. 25
signa quibus cognoscitur Deum amare sunt decem. 164
sitientibus subueniendum. 380. & seq.
sobrietatis mensura duplex. 231
sobrietatis officia. ibid.

sobrietatis vtilitates.
sobrietatis commendatio. 228, 229
sobrietas Deum pascit. 230
sobrietas omnium rerum metas ponit. 231
socrates quare occisus. 53
socrates noluit exire de carcere. 261
societas insipientium prudentiae aduersatur. 213. 214
solatij & Gaudij differentia. 114
solatia contra mortis timorem. 159
sol & Luna quid in hominibus operentur. 58
species idololatriae cultus militiae coeli. 53
spes accipitur multipliciter. 111
spes omnipotenti innititur. 112
spes meretur intelligentiam & Dei auxilium. 123
spes liberat. ibid.
spes saluat. ibid.
spes Animam in possessionem Regni coelestis ante Christum introducit.
spes quomodo assumat carnem Lamentationis. ibid.
spes est baculus Viantibus necessarius. 114
spes est mola superior, Timor inferior. 115
spes est arbor sita optimo loco. 115
spes est columna totum spirituale aedificium sustinens. ibid.
spes est intra hortum voluptatis. ibid.
spes adiuuatur quatuor speciebus. 116
spei commendatio à suo contrario. 115
spei commendatio ab effectu. 112
spei commendatio ex Scriptura. ibid.
spei definitio. 111
spei diuisio. 141
spei promissio. 115
spem commendabilem tria efficiunt. 141
spem roborat Dei bonitas, misericordia, liberalitas. 114, 115
spem adiuuantia. 116
spiritus an possint beneficia praestare. 54
spiritus apostatici non colendi. 55
spiritus s. Deitas probatur. 91
spiritus s. quomodo procedat. 96
spiritus s. quo pacto in Christo maneat. 398
spiritus mali quid in homine possint. 56
spiritus mali non honorandi, nec timendi. 57
spiritus malus non infunditur corpori vt poenitentiam agat. 82
spiritui s. quae propria. 47
spiritui an cultus exhibendus. 54. Et qualis 55
spirituum potestas ligata. 56
spiritualis aedificij fulcrum, Fides. 17
spiritualis aedificij firmitas quae. 15
spiritualis Creaturae Formatio, Iustificatio, Glorificatio. 431, 434 Stabilitas

RERVM.

Stabilitas, vide Constantia.
Stultitia, imprudentia vel insipientia non solum ad intellectum, sed ad voluntatem refertur. 214. 215.
Stultitia imprudentium, qua in bello spirituali succumbunt. 197
Stultitiæ quibus peccatores inhærent. 215
Substantiæ quomodo operentur. 58
sublimitas doctrinæ Christi in monte. 449
subiectio alia Obedientiæ, alia Humilitatis. 331
superbia diuitum vermis. 478
Facit hæreticum. 117. & seq.
Sui amor quanta incommoda secum trahat. 583

T

Temperantia tripliciter sumitur. 218
Temperantiæ definitio. ibid.
Temperantiæ diuisio secundum tactum. 237
Temperantiæ commendatio. 218
Temperantiæ officia quinque. 231
Temperantiæ partes in regimine tum animæ, 228
Tum corporis. ibid. & 222
Templum locus est orationis. 321
Temporalia bona quomodo hominem fallant. 36
Temporalia bona esse vilia 1
Temporalia an in oratione petenda. 20
Tempus orandi Deus determinat. 195
Temporis pretiositas. 330
Tentatio ad multa vtil̂s. 281
Tentandi modi dæmonis prope infiniti. 282
Tentationes Diaboli omnes homines perpeti. 357
Tentationes Diaboli infinitæ. 280
Testificatio Fidei qualis & à quo sit. 27
Testimonium Fidei nostræ dant:
Deus, Angelus, & Homo. 29
Hominum auctoritates. 28
Domestici & exteri. 303
Creaturæ vniuersæ, etiam sectæ. 52
Theologicæ Virtutes tres. 18
Theologicæ Virtutes quare ante alias virtutes collocentur. ibid.
Timor afflictionis nocturnus, & cur. 282
Timor filialis fugit malum culpæ, & Naturalis malum pœnæ. 408
Timor mortis. Vide Mortis timor.
Timoris descriptio. 402. & seq.
Timoris species sex. 407, 408
Timoris species secundum Damascenum. 410
Timoris commendatio. 403
Timorem homini duodecim incutiunt. 409
Timendum est quibus secundum Bernard 406. 407.

Tria ad bene operandum exiguntur. 18
Tribulatio est locus quem elegit Dominus. 278
Tribulatio à quo, & in quo sit. 270, 271
Tribulatio non proiicienda, sed quadruplici sale condienda ibid.
Tribulatio perfectionem Virtutis operatur. 270
Tribulatio est virga Moysi in qua miracula fiunt. 269
Tribulationis multiplex vtilitas. 272
Tribulationis effectus varij. 161, 279
Tribulationem patienter sustinere quæ efficiant. 271
Tribulatis Deus assistit. 277
Trinitatis probatur æqualitas. 96

V.

Veniale peccatum negantes quantum peccent. 113
Veritas creata triplex. 368
Veritas erga omnes præstanda. 389
Veritas iureiurando confirmanda. 390
Veritas fidei quibus testimoniis approbari possit. 29
Veritas quæ in scripturis Gentium est quomodo eruenda. 4
Veritatis diuisio. 368
Veritatis fidei Christianæ commendatio. 28 & seq.
Veritatis habitus hac ce tempestate. 389
veritatem licere iuramento adserere. 391
veritatem christianam quæ testentur. 31
vermis conscientiæ cruciat peccatorem. 13
vidua debet peccantium occasiones declinare 243
vidualem continentiam quæ considerant. ibidem.
vidualis castitas in quibus maxime commendetur. ibid.
vidualis continentia nobilior coniugali. 242
vile à pretioso separandum. 1
vindicatio quantum, & cui necessaria. 369
virginitas quadrupliciter sumitur. 232
virginitas est flos non marcescens. 235
Facit hominem amicum Dei 236
virginitas est initium spiritualis pulchritudinis. ibid. sup.
virginitatem quot custodiant. 235
virginitatis commendatio. 231. & seq
virginitatis discriptio. ibid.
virgines sunt superior pars Ecclesiæ. 234
assimilantur Angelis. ibid.
virginibus sex timenda. 237
viri boni hospitio excipiendi. 302
Virtus eo quod ignoretur despicitur nec inquiritur.

T tt

INDEX RERVM.

Virtus & Honestas nomine diuersa, re eadem. 4
virtus commendatione eget. 1
virtus olim Fortitudo dicta. ibid.
virtus tripliciter in Anima nostra operatur. 3
virtus cognoscitiua triplex. 201
virtus quomodo dicitur bona, & quæ ea sit. 5
virtus non solum bonitas hominis est, sed etiam operum. 7
virtus Bonitas est rerum temporalium. 8
virtus mala pœnæ in bona conuertit. ibid.
virtus proprie est hominis bonum : Bona fortunæ aliena. ibid.
virtus possessio est habenti sufficiens. 9
virtus dignitatem & felicitatem progignit. 10
virtus quomodo gaudeat. 11
Et in bonis iucundetur. 9
virtus est vnctio non solum futuræ gloriæ, sed hic suppeditat vitam regiam. 14
virtus signum exhibet, quo distinguuntur hæredes a non hæredibus. ibid.
virtus est arrha æternæ hæreditatis. ibid.
virtus pretium est Regni cœlestis. ibid.
virtutis Etymon. 4
virtutis dignitas. 9
virtutis effectus multiplex. 15
virtutis significatio cum apud antiquos, tum Apud Theologos. 2
virtutis gaudium excedit omne mundi gaudium. 11
virtutis initium arduum. 14
virtutem quomodo Deus operetur in nobis. 6
virtutem quæ inducant. 4
virtutem habens assimilatur paradiso. 11
virtutem commendantia. 6
virtutem commendat saluator. 15
virtutes quare non apparentur. 2
virtutes sunt pretiosæ & veræ diuitiæ. 9
virtutes cardinales diuersis designantur scripturæ locis. 189
virtutes cardinales quare sic appellatæ. 187
virtutes cardinales valent contra 4. defectus originales. 188
virtutes cardinales excludunt obliquitatem: Theologicæ vero curuitatem. 5
virtutes Theologicæ priores cæteris virtutibus. 18

Virtutes Theologicæ quot sunt. ibid.
virtutum cardinalium ordo. 116
virtutum cardinalium numerus. 119
virtutum cardinalium excessus & defectus. 5,6
virtutum Cardinalium diuisio. 197
virtutum descriptiones variæ. 4
virtutum perfectionem operatur tribulatio 277.
virtutum omnium mater charitas. 147
virtutibus cardinalibus quasi quatuor lapidibus pretiosis, christi sponsæ corona contexta. iii
virtuosus vnde dicatur.
vis animæ duplex. 31
visus superat auditum. 143
visus habitus est sui ipsius. ibid.
visus periculosus & cur. ibid.
vita recta quæ. 47
vita triplex. 17
vita contemplatiua præeminet cur actiuæ. 424
vita quædam virtutum speciem præ se ferens. 206
vitiis non compassio sed rectitudo debetur. 378.
Vnctio qua Filij Dei vnguntur, charitas est. 153
voluntas propria hominis multipliciter nocet. 350
voluntas propria dupliciter accipitur. ibid.
voluntas propria Deo displicet, homini obest. 350.
voluptates multipliciter nocent. 221. & seq.
voluptatis amorem dissuadentia. 221
voluptatis monumenta. ibid.
vtilia discenda. 3
Vtilia docenda exemplo Domini. ibid.
Vxoris amorem inducentia. 176

Z.

Zelus quando idem quod disciplina. 351
Zelus & Ira per Zelum quid differant. 351
Zeli vsus. ibid.
ad Zelum quæ spectant. 351
Zenonis celebre dictum de conscientiæ &
Vxoris perpetuis tormentis aut gaudiis. 15

FINIS INDICIS RERVM.

PRIVILEGE DV ROY.

LOVIS par la grace de Dieu Roy de France & de Nauarre, A nos amez & feaux Conseillers les gens tenans nos Cours de Parlements, Maistres des Requestes ordinaires de nostre Hostel & du Palais à Paris, Baillifs, Senechaux, Preuosts, leurs Lieutenants & autres nos Iusticiers qu'il appartiendra, Salut. Nostre cher & bien amé LOVIS BOVLLENGER, Marchand Libraire en nostre Vniuersité de Paris, Nous a fait remostrer qu'il desireroit faire reimprimer, *Summa virtutum & vitiorum, Auctore Guillelmi Peraldi, Episcopi Lugdunensis, Biblia Sacra vulgata editionis & explanatio in Psalmos, Auctore Roberto Belarmino ex Societate Iesus, Presbitero Cardinali*, s'il nous plaisoit luy accorder nos Lettres sur ce necessaires, tres-humblement requerant icelles. A CES CAVSES, desirant fauorablement traiter l'exposant, Nous luy auons permis & accordé, permettons & accordons par ces presentes, de reimprimer ou faire reimprimer lesdits Liures en tels volumes, marges, caracteres & autant de fois que bon luy semblera, iceluy vendre & distribuer par tout nostre Royaume, pendant le temps de sept années consecutiues, à comencer du iour qu'ils seront acheué d'imprimer, pendant lequel temps Nous faisons deffences à tous Libraires, Imprimeurs & autres d'imprimer ou faire imprimer, vendre & distribuer lesdits Liures, sans le consentement dudit exposant ou ses ayans cause, sous quelque pretexte que se soit, sur peine de confiscation des exemplaires, amende arbitraire, despens, dommages interests. A la charge d'en mettre deux exēplaires de chacū en nostre Bibliotheque publique & vn en celle de nostre tres-cher & feal Cheualier Chancelier de France le sieur Seguier, à peine de nullité des presentes : du contenu desquelles à chacun de vous mandons & enioignons faire iouir l'exposant & ses ayans cause, plainement & paisiblement, cessant & faisant cesser tous troubles & empeschement au contraire. Voulons qu'en mettant au commencement ou à la fin desdits Liures l'extrait des presentes, elles soient tenus pour deuëment signifiées : Et qu'aux coppies collationnées par l'vn de nos amez & feaux Conseillers & Secretaires foy soit adioustée comme à cesdites presentes. Mandons au premier nostre Huissier ou

Sergent, faire pour icelles tous exploits & autres actes requis & necessaires, sans demander autre permission, & nonobstant Clameur de Haro, Chartres Normande, prise à partie & Lettres à ce contraires. CAR tel est nostre plaisir. DONNE' à Fontainebleau le deuxiéme iour de Septembre, l'an de grace mil six cens quarante-sept. Et de nostre regne le cinquiesme. Par le Roy en son Conseil. LE BRVN.

Acheué d'imprimer le 16. Decembre 1647.

www.ingramcontent.com/pod-product-compliance
Lightning Source LLC
Chambersburg PA
CBHW071359230426
43669CB00010B/1396